【唐】陸德明 撰

經典釋文

上

上海古籍出版社

據北京圖書館藏
宋刻本影印原書
版框高一九五毫
米寬一六五毫米

出版説明

《經典釋文》三十卷，唐陸德明撰。

本書專爲古代經典注音釋義。卷一是序録，自卷二至卷三十分别注釋《周易》、《尚書》、《毛詩》、《周禮》、《儀禮》、《禮記》、《春秋左傳》、《春秋公羊傳》、《春秋穀梁傳》、《孝經》、《論語》、《老子》、《莊子》、《爾雅》。其中《孝經》由於童蒙初學，《老子》因當時各種版本錯誤很多，故多摘全句； 其他各書則標出書名和章節，然後摘出字句，注釋音義。《經典釋文》收録了漢魏六朝二百三十餘家的音切和各家的訓詁，是研究中國文字學、音韵學、訓詁學以及經籍版本的重要著作。

中國國家圖書館藏宋刻宋元遞修本是現存《經典釋文》的最早最佳版本，我社曾於一九八〇年據以影印綫裝出版，一九八四年又據原版縮印出版，現爲滿足讀者需要，精裝兩册影印出版，並於書前編排篇名目録，俾便檢索。

上海古籍出版社　二〇一三年五月

經典釋文目録

上册

經典釋文卷三

尚書音義上

經典釋文卷四

尚書音義下

經典釋文卷五

毛詩音義上

國風

周南

經典釋文卷六

毛詩音義中

經典釋文卷七

毛詩音義下

經典釋文卷八

周禮音義上

經典釋文卷九

周禮音義下

經典釋文卷十

儀禮音義

經典釋文卷十一

禮記音義之一

經典釋文卷十二

禮記音義之二

經典釋文卷十三

禮記音義之三

經典釋文第十四

下 册

經典釋文卷十五

經典釋文卷十六

經典釋文卷十七

經典釋文卷十八

經典釋文卷十九

經典釋文卷二十

經典釋文卷二十一

經典釋文卷二十二

春秋穀梁音義

經典釋文卷二十三

孝經音義

經典釋文卷二十四

論語音義

經典釋文第二十五

老子道德經音義

經典釋文卷二十九

爾雅音義上

經典釋文卷三十

爾雅音義下

五福五代堂古稀天子寶

八徵耄念之寶

太上皇帝之寶

經典釋文第一　序録

唐國子博士兼太子中允贈齊州刺史吳縣開國男陸德明撰

序

夫書音之作作者多矣前儒撰著光乎篇籍其來既久誠無間然但降聖已還不免偏尚質文詳略互有不同漢魏迄今遺文可見或專出己意或祖述舊音各師成心製作如面加以楚夏聲異南北語殊是非信其所聞輕重因其所習後學鑽仰罕逢指要夫筌蹄所寄唯在文言差若毫釐謬便千里夫子有言必也正名乎名不正則言不順言不順則事

不成故君子名之必可言也言之必可行也
斯富哉言乎大矣盛矣無得而稱矣然人稟
二儀之淳和含五行之秀氣雖復挺生天縱
必資學以知道故唐堯師於許由周文學於
虢叔上聖且猶有學而況其餘乎至於處鮑
居蘭翫所先入染絲斲梓功在初變器成采
定難復改移一薰一蕕十年有臭豈可易哉
豈可易哉余少愛墳典畱意藝文雖志懷物
外而情存著述粵以癸卯之歲承乏上庠循
省舊音苦其太簡況微言久絶大義愈乖攻
乎異端競生穿鑿不在其位不謀其政既職

司其憂寧可視成而已遂因暇景救其不逮研精六籍采摭九流搜訪異同校之蒼雅輒撰集五典孝經論語及老莊爾雅等音合爲三袟三十卷号曰經典釋文古今並録括其樞要經註畢詳訓義兼辯質而不野繁而非蕪示傳一家之學用貽後嗣令奉以周旋不敢墜失與我同志亦無隱焉但代匠指南固取誚於博識既述而不作言其所用復何傷乎云爾

條例

先儒舊音多不音注然注既釋經經由注顯

若讀注不曉則經義難明混而音之尋討未易今以墨書經本朱字辯注用相分別使較然可求舊音皆録經文全句徒煩翰墨今則各標篇章於上摘字爲音慮有相亂方復具録唯孝經童蒙始學老子衆本多乖是以二書特紀全句五經人所常習理有大宗義行於世無煩覼縷至於莊老讀學者稀故于此書微爲詳悉又爾雅之作本釋五經既解者不同故亦略存其異文字音訓今古不同前儒作音多不依注注者自讀亦未兼通今之所撰微加斟酌若典籍常用會理合時便即

遵承標之於首其音堪互用義可竝行或字有多音衆家別讀苟有所取靡不畢書各題氏姓以相甄識義乖於經亦不悉記其或音一音者蓋出於淺近示傳聞見覽者察其衰焉然古人音書止爲譬況之說孫炎始爲反語魏朝以降漸繁世變人移音訛字替如徐仙民反易爲神石郭景純反餤爲羽鹽劉昌宗用承音乘許叔重讀皿爲猛若斯之儔今亦存之音内既不敢遺舊且欲俟之來哲書音之用本示童蒙前儒或用假借字爲音更令學者疑昧余今所撰務從易識援引衆訓

讀者但取其意義亦不全寫舊文典籍之文雖夫子刪定子思讀詩師資已別而況其餘乎鄭康成云其始書之也倉卒無其字或以音類比方假借爲之趣於近之而已受之者非一邦之人人用其鄉同言異字同字異言於茲遂生矣戰國交爭儒術用息秦皇滅學加以坑焚先聖之風埽地盡矣漢興改秦之弊廣收篇籍孝武之後經術大隆然承秦焚書口相傳授一經之學數家競爽章句既異踳駮非一後漢黨人既誅儒者多坐流廢後遂私行金貨定蘭臺漆書經字以合其私文

靈帝乃詔諸儒正定五經於石碑之上爲古
文篆隸三體書法以相參檢樹之學門使天
下取則未盈一紀尋復廢焉班固云後世經
傳既已乖離傳學者又不思多聞闕疑之義
而務碎義逃難便詞巧說安其所習毀所不
見終以自獘此學者之大患也誠哉是言余
既撰音須定紕謬若兩本俱用二理兼通今
並出之以明同異其涇渭相亂朱紫可分亦
悉書之隨加刊正復有他經別本詞反義乖
而又存之者示博異聞耳經籍文字相承已
又至如悅字作說閑字爲閒智但作知汝止

爲女若此之類今並依舊音之然音書之體本在假借或經中過多或尋文易了則翻音正字以辯借音各於經內求之自然可見其兩音之者恐人惑故也尚書之字本爲隸古既是隸寫古文則不全爲古字今宋齊舊本及徐李等音所有古字蓋亦無幾穿鑿之徒務欲立異依傍字部改變經文疑惑後生不可承用今皆依舊爲音其字有別體則見之音內然亦兼采說文字詁以示同異者也春秋人名字氏族及地名或前後互出或經傳更見如此之類不可具舉若國異名同及假

借之字兼相去遼遠不容踈略皆斟酌折衷務使得宜爾雅本釋墳典字讀須逐五經而近代學徒好生異見改音易字皆采雜書唯止信其所聞不復考其本末且六文八體各有其義形聲會意寧拘一揆並必飛禽即須安鳥水族便應著魚蟲屬要作虫旁草類皆從兩屮如此之類實不可依今並校量不從流俗方言差別固自不同河北江南最爲鉅異或失在浮清或滯於沈濁今之去取冀袪茲弊亦恐還是鷇音更成無辯夫質有精麤謂之好惡並如字心有愛憎稱爲好惡上呼報反

下烏路反當體即云名譽音預論情則曰毀譽音餘及
天自敗蒲邁反敗他補敗反之殊自壞乎怪反壞撤
音怪之異此等或近代始分或古已爲別相仍
積習有自來矣余承師說皆辯析之比人言
者多爲一例如而靡異邪不定之詞也助句之詞弗殊莫
辯復扶又反重也復音服反也寧論過古禾反經過過古卧反超過入以
登升共爲一韻攻公分作兩音如此之儔恐
非爲得將來君子幸留心焉五經字體乖替
者多至如黿鼉從龜亂辭從舌席下爲帶惡
上安西析旁著片離邊作禹直是字訛不亂
餘讀如寵丑隴反字爲寵力孔反錫思歷反字爲錫

音腸用攴音卜反字林音角反代文武云反將无音無俒无音既其

之流便成兩失又來旁作力俗以爲約勑字

説文以爲勞倈之字水旁作曷俗以爲飢渴

字字書以爲水竭之字如此之類改便驚俗

止不可不知耳

次第

五經六籍聖人設教訓誘機要寧有短長然

時有澆淳隨病投藥不相沿襲豈無先後所

以次第互有不同如禮記經解之説以詩爲

首七略藝文志所記用易居前阮孝緒七録

亦同此次而王儉七志孝經爲初原其後前

義各有旨今欲以著述早晚經義揔別以成次第出之如左

周易

雖文起周代而卦肇伏犠旣處名教之初故易爲七經之首周禮有三易連山乆亡歸藏不行於世故不詳錄

古文尚書

旣起五帝之末理後三皇之經故次於易伏生所誦是曰今文闕謬處多故不別記馬鄭所有同異今亦附之音後

毛詩

既起周文又兼商頌故在堯舜之後次於易
書詩雖有四家齊魯韓世所不用今亦[redacted]
不取

三禮

周儀二禮竝周公所制宜次文王禮記雖有
戴聖所録然志名已久又記二禮闕遺[redacted]
相從次於詩下三禮次第周爲本儀爲末[redacted]
後可見然古有樂經謂之六籍滅亡既久[redacted]
亦闕焉

春秋

既是孔子所作理當後於周公故次於禮左

丘明受經於仲尼公羊高受之於子夏穀梁亦乃後代傳聞三傳次第自顯

孝經

雖與春秋俱是夫子述作然春秋周公垂史書舊章孝經專是夫子之意故宜在春秋之後七志以孝經居易之首今所不同

論語

是門徒所記故次孝經藝文志及七錄以論語在孝經前今不同此次

老子

雖人不在末而衆家皆以爲子書在經典之

後故次於論語

莊子

雖是子書人又最後故次老子

爾雅

爾雅周公復爲後人所益既釋於經又非[redacted]

[redacted]次故殿末焉衆家皆以爾雅居經典之

後在諸子之前今微爲異

註解傳述人

宓犧氏之王天下仰則觀於天文俯則察於

地理觀鳥獸之文與地之宜近取諸身遠取

諸物始畫八卦或云因河圖而畫八卦因而重之爲六十

四文王拘於羑里作卦辭周公作爻辭孔子作彖辭象辭文言繫辭說卦序卦雜卦[redacted]十翼班固曰孔子晚而好易讀之韋編三絕而爲之傳傳即十翼也（先儒說重卦及爻辭爲十翼不同解見余所撰[redacted]）自魯商瞿子木受易於孔子以授魯橋庇子庸子庸授江東馯（戶旦反徐廣音寒）臂子弓子弓授燕周醜子家子家授東武孫虞子乘子乘授齊田何子莊（高士傳云字莊漢書儒林傳云臨淄人）及秦燔書易爲卜筮之書獨不禁故傳授者不絕漢興田何以齊田徙杜陵號杜田生授東武王同子中[redacted]洛陽周王孫梁人丁寬（字子襄事田何復從周王孫受古義作易說三

初言訓故舉大誼而已藝文志云易說八篇爲梁孝王將軍齊服生劉向別錄云齊人号服先皆著易傳漢初言易者本之田生同授淄川楊何字叔一本作字叔元太中大夫寬授同郡碭田王孫王孫授施讎及孟喜梁丘賀由是有施孟梁丘之學焉

施讎字長卿沛人爲博士傳易授張禹字子文河内縣叔人從遵勺以論語授成帝官至丞相及琅邪魯伯會稽太守禹授淮陽彭宣字子佩大司馬長平作易傳及沛戴崇字子平少府作易傳伯授太山毛莫如字少路常山太守及琅邪邴丹字曼容後漢劉昆字桓公陳留東昏人侍中弘農太守光禄勳受施氏易於沛人戴賓其子軼字君文官至宗正

孟喜字長卿東海蘭陵人曲臺署長丞相掾父孟卿善爲禮春秋孟卿以禮經多春秋煩雜乃使喜從田王

孫受易喜爲易章句授同郡白光字少子及沛翟放字子沉後漢洼丹字子王南陽育陽人世傳孟氏易作易通論七篇官至大鴻臚鮭陽鴻字孟孫中山人少府任安字定祖廣漢綿竹人皆傳孟氏易梁丘賀字長翁琅邪諸人少府本從太中大夫京房受易房淄川楊何弟子後更事田王孫傳子臨黄門郎少府臨傳五鹿充宗字君孟代郡人少府玄菟太守及琅邪王駿王吉子御史大夫充宗授平陵士孫張字仲方博士楊州牧光禄大夫給事中家世傳業及沛鄧彭祖字長夏眞定太守齊衡咸字長賓王莽講學大夫後漢范升代郡人博士傳梁丘易一本作傳孟氏易以授京兆楊政字子行左中郎將又潁川張興字君上太子少傳傳梁丘易弟子著録且萬人子魴傳其業魴官至張掖屬國都尉京房字君明東郡頓丘人本姓李推律自定爲京至

魏郡太守受易梁人焦延壽（字延壽名贛）延壽云嘗從孟喜問易會喜死房以延壽易即孟氏學翟牧白生不肯曰非也延壽常曰得我術以亡身者京生也房爲易章句說長於災異以授東海段嘉（漢書儒林傳作殷嘉）及河東姚平河南乘弘（一本作桑）弘皆爲郎博士由是前漢多京氏學後漢戴馮（字次仲汝南平輿人侍中兼領虎賁中郎將）孫期（字仲彧濟陰成武人兼治古文尚書不仕）魏滿（字叔牙南陽人弘農太守）並傳之費直（字長翁東萊人單父令）傳易授琅邪王璜（字平仲又傳古文尚書）爲費氏學本以古字號古文易無章句徒以彖象繫辭文言解說上下經（七錄云直易章句四卷殘缺）漢成帝時劉向典校書考

易說以爲諸易家說皆祖田何楊叔丁將軍大義略同唯京氏爲異向又以中古文易經校施孟梁丘三家之易經或脫去無咎悔亡唯費氏經與古文同范曄後漢書云京兆陳元（字長孫司空南閣祭酒兼傳左氏春秋）扶風馬融（字季長武陵人南郡太守議郎爲易傳又注尚書毛詩禮記論語）河南鄭衆（字仲師大司農兼傳毛詩周禮左氏春秋）北海鄭玄（字康成高密人師事馬融大司農徵不起還家凡所注易尚書三禮論語尚書大傳五經緯候箋毛氏作毛詩譜破許慎五經異義鍼何休左氏膏肓去公羊墨守起穀梁癈疾可謂儒）潁川荀爽（字慈明官至司空爲易傳）竝傳費氏易沛人高相治易與費直同時其易亦無章句專說陰陽災異自言出丁將軍傳至相相授子康（康以明易爲郎）及蘭陵母

將永（豫章都尉）爲高氏學漢初立易楊氏博士宣帝復立施孟梁丘之易元帝又立京氏易費高二家不得立民間傳之後漢費氏興而高氏遂微永嘉之亂施氏梁丘之易亡孟京費之易人無傳者唯鄭康成王輔嗣所注行于世（江左中興易唯置王氏博士太常荀崧奏請置鄭易博士詔許值王敦亂不果立）而王氏爲世所重今以王爲主其繫辭巳下王不注相承以韓康伯注續之今亦用韓本子夏易傳三卷（卜商字子夏衛人孔子弟子魏文侯師七略云漢興韓嬰傳中經簿録云丁寬所作張璠云或馯臂子弓所作薛虞記虞不詳何許人）孟喜章句十卷（無上經七録云又下經無旅至節無上繫）京房章句十二卷（七録云十卷録一卷目）費直章句四卷（殘缺）馬

融傳十卷七錄云九卷　荀爽注十卷七錄云十一卷　鄭玄注十卷錄一卷七錄云十二卷　劉表章句五卷字景升山陽高平人後漢鎮南將軍荊州牧南城侯中經簿錄云注易十卷七錄云九卷錄一卷　宋衷注九卷字仲子南陽章陵人後漢荊州五等從事七志七錄云十卷　虞翻注十卷字仲翔會稽餘姚人後漢侍御史　陸績述十三卷字公紀吳郡吳人後漢偏將軍鬱林太守七志云錄一卷　董遇章句十二卷字季直弘農華陰人魏侍中大司農七志七錄並云十卷　王肅注十卷字子邕東海蘭陵人魏衛將軍太常蘭陵景侯又注尚書禮容服論語孔子家語述毛詩注作聖證論難鄭玄　王弼注七卷字輔嗣山陽高平人魏尚書郎年二十四卒注易上下經六卷作易略例一卷又注老子七志云注易十卷　姚信注十卷字德祐七錄云字元直吳興人吳太常卿七錄云十二卷　王廙注十二卷字世將琅邪臨沂人東晉荊州刺史贈驃騎將軍武陵康侯七志七錄云十卷　張璠集解十二卷安定人東晉秘書郎參著作集二十二容解序云依向秀本鍾會字士季潁川人

魏鎮西將軍爲易無互體論向秀字子期河內人晉散騎常侍爲易義庾運字玄度新野人官至尚書爲易義一云易注應貞字吉甫汝南人晉散騎常侍爲明易論荀煇字景文潁川潁陰人晉太子中庶子爲易義七志云注易十卷張煇字義元梁國人晉侍中平陵亭侯爲易義王宏字正宗弼之兄晉大司農贈太常爲易義阮咸字仲容陳留人籍之兄子晉散騎常侍始平太守爲易義阮渾字長成籍之子晉太子中庶子馮翊太守爲易義楊又字玄舒汝南人晉司徒左長史爲易卦序論王濟字武子太原人晉河南尹爲易義衛瓘字伯玉河東人晉太保蘭陵成侯爲易義欒肇字永初太山人晉太保掾尚書郎爲易論鄒湛字潤甫南陽新野人晉國子祭酒爲易統略杜育字方叔襄城人國子祭酒爲易義楊瓚不知何許人晉司徒右長史爲易義張軌字士彥安定人京州刺史謚武公爲易義宣舒字幼驥陳郡人晉宜城令爲通知來藏往論邢融裴藻許適楊藻四人不詳何人並爲易義七錄云集二十八家七志云十卷

干寶注十卷字令升新蔡人東晉散騎常侍領著作

黃穎注十卷南海人晉廣州儒林從事

蜀才注十卷七錄云不詳何人七志云是王弼後人按蜀李書云姓范名長生一名賢隱居青城山自号蜀才李雄以爲丞相

尹濤注六卷不詳何人

費元珪注九卷蜀人齊安

西參軍荀爽九家集注十卷不知何人所集稱荀爽者以爲主故也其序有荀爽京房馬融鄭玄宋衷虞翻陸績姚信翟子玄子玄不詳何人爲易義注內文有張氏朱氏竝不詳何人謝万字万石陳郡人東晉豫州刺史韓伯字康伯潁川人東晉太常卿袁悅之字元禮陳郡人東晉驃騎諮議參軍桓玄字敬道譙國龍亢人僞楚皇帝卞伯玉濟陰人宋東陽太守黃門郎荀柔之潁川潁陰人宋奉朝請徐爰字季玉琅邪人宋太中大夫顧懽字景怡或云字玄平吳郡人齊太學博士徵不起明僧紹字承烈平原人國子博士徵不起劉瓛字子珪沛國人齊步兵校尉不拜謚貞簡先生七錄云作繫辭義疏自謝万以下十人竝注繫辭爲易音者三人王肅已見前李軌字弘範江夏人東晉祠部郎中都亭侯徐邈字仙民東莞人東晉中書侍郎太子前衛率

右易近代梁褚仲都陳周弘正弘正作老莊義疏官至尚書僕射謚簡子竝作易義此其知名者

書者本王之号令右史所記孔子刪錄斷自

唐虞下訖秦穆典謨訓誥誓命之文凡百篇而爲之序及秦禁學孔子之末孫惠壁藏之家語云孔騰字子襄畏秦法峻急藏尚書孝經論語於夫子舊堂壁中漢記尹敏傳以爲孔鮒藏之漢興欲立尚書無能通者聞濟南伏生名勝故秦博士傳之文帝欲徵時年已九十餘不能行於是詔太常使掌故晁錯受焉古文尚書云伏生年老不能正言言不可曉使其女傳言教錯伏生失其本經口誦二十九篇傳授漢書云伏生爲秦禁書壁藏之漢定伏生求其書亡數十篇獨得二十九篇以教齊魯之間以其上古之書謂之尚書鄭玄以爲孔子撰書尊而命之曰尚書尚者上也蓋言若天書然王肅云上所言下爲史所書故曰尚書伏生授濟南張生千乘歐陽生字和伯千乘人生授同郡兒寬御史大夫寬又從孔安國受業以授歐陽生

之子歐陽大小夏侯尚書皆出於寬歐陽氏世傳業至曾孫高作尚書章句爲歐陽氏學高孫地餘字長賓侍中少府以書授元帝傳至歐陽歙字三思後漢大司徒歙以上八世皆爲博士濟南林尊字長賓爲博士論石渠官至少府太子太傅受尚書於歐陽高以授平當字子息下邑人徙平陵官至丞相封侯子晏亦明經至大司徒及陳翁生梁人信都太守家世傳業翁生授殷崇琅邪人爲博士及龔勝字君賓楚人右扶風當授朱普字公文九江人爲博士及鮑宣字子都勃海人官至司隸後漢濟陰曹曾字伯山諫大夫受業於歐陽歙傳其子祉河南尹又陳留陳弇字叔明受業於丁鴻樂安牟長字君高河內太守中教大夫並傳歐陽尚書沛國桓榮字春卿太子太傅太常五更關內侯受尚書於朱普東觀漢記云榮事九江朱文文卽普字以授漢

明帝遂世相傳東京最盛漢紀云門生爲公卿者甚衆學者慕之以爲法桓榮子郁以書授和帝而官至侍中太常郁子焉復以書授安帝官至太子太傅太尉張生濟南人爲博士授夏侯都尉魯人都尉傳族子始昌始昌通五經以齊詩尚書教授爲昌邑太傅始昌傳族子勝字長公後屬東平長信少府太子太傅勝從始昌受尚書及洪範五行傳說災異又事同郡簡卿卿者兒寬門人又從歐陽氏問爲學精熟所問非一師善說禮服受詔撰尚書論語說藝文志夏侯勝尚書章句二十九卷號爲大夏侯氏學傳齊人周堪堪字少卿太子少傅光祿勳及魯國孔霸字次孺孔子十三世孫爲博士以書授元帝官至太中大夫關內侯號褒成君霸傳子光字子夏丞相博山侯光又事牟卿堪授魯國牟卿爲博士及長安許商字伯長四至九卿善筭著五行論商授沛唐林

字子高王莽時爲九卿及平陵吳章字偉君王莽時博士重泉王吉字少
音王莽時爲九卿齊炔欽字幼卿王莽時博士後漢北海牟融亦傳
大夏侯尚書夏侯建字長卿勝從父兄子爲博士議郎太子少傅師事
夏侯勝及歐陽高左右采獲又從五經諸儒
問與尚書相出入者牽引以次章句爲小夏
侯氏學傳平陵張山拊字長賓爲博士論石渠至少府山拊受
同縣李尋字子長騎都尉及鄭寬中字少君爲博士授成帝官至光祿大夫領尚書
事關內侯山陽張無故字子孺廣陵太傅信都秦恭字延君城陽內史增
師法至百萬言陳留假倉字子驕以謁者論石渠至膠東相寬中授東郡
趙玄御史大夫無故授沛唐尊王莽太傅恭授魯馮賓
爲博士後漢東海王良亦傳小夏侯尚書漢宣

帝本始中河内女子得泰誓一篇獻之與伏生所誦合三十篇漢世行之然泰誓年月不與序相應又不與左傳國語孟子衆書所引泰誓同馬鄭王肅諸儒皆疑之漢書儒林傳云百兩篇者出東萊張霸分析合二十九篇以爲數十又采左傳書序爲作首尾凡百二篇篇或數簡文意淺陋成帝時劉向校之非是後遂黜其書古文尚書者孔惠之所藏也魯恭王壞孔子舊宅漢景帝程姬之子名餘封於魯謚恭王於壁中得之幷禮論語孝經皆科斗文字博士孔安國字子國魯人孔子十二世孫受詩於魯申公官至諫大夫臨淮太守以校伏生所誦

爲潁古寫之增多伏生二十五篇藝文志云多十六篇又伏生誤合五篇凡五十九篇爲四十六卷藝文志云尚書古文經四十六卷五十七篇安國又受詔爲古文尚書傳值武帝末巫蠱事起經籍道息不獲奏上藏之私家安國并作古文論語古文孝經傳藝文志云安國獻尚書傳遭巫蠱事未列於學官以授都尉朝司馬遷亦從安國問故遷書多古文說劉向以中古文校歐陽大小夏侯三家經文脫誤甚衆藝文志云酒誥脫簡一召誥脫簡二文異者七百有餘脫字數十都尉朝授膠東庸生名譚亦傳論語庸生授清河胡常字少子以明穀梁春秋爲博士至部刺史又傳左氏春秋常授虢徐敖右扶風掾又傳毛詩敖授琅邪王璜及平陵塗惲字子其惲授河南乘欽字君長一

本作桒欽王莽時諸學皆立惲璜等貴顯范曄後漢書云中興扶風杜林傳古文尚書賈逵字景伯扶風人左中郎將侍中爲之作訓馬融作傳鄭玄注解由是古文尚書遂顯于世案今馬鄭所注竝伏生所誦非古文也孔氏之本絶是以馬鄭杜預之徒皆謂之逸書王肅亦注今文而解大與古文相類或肅私見孔傳而祕之乎江左中興元帝時豫章内史枚賾字仲眞汝南人奏上孔傳古文尚書亡舜典一篇購不能得乃取王肅注堯典從眘徽五典以下分爲舜典篇以續之孔序謂伏生以舜典合於堯典孔傳堯典止說帝曰欽哉而馬鄭王之本同爲堯典故取爲舜典學徒遂

盛後范甯字武子順陽人東晉豫章太守兼注穀梁變爲今文集注俗閒或取舜典篇以續孔氏齊明帝建武中吴興姚方興采馬王之注造孔傳舜典一篇云於大航頭買得上之梁武時爲博士議曰孔序稱伏生誤合五篇皆文相承接所以致誤舜典首有曰若稽古伏生雖昬耄何容合之遂不行用漢始立歐陽尚書宣帝復立大小夏侯博士平帝立古文永嘉喪亂衆家之書並滅亡而古文孔傳始興置博士鄭氏亦置博士一人近唯崇古文馬鄭王注遂廢今以孔氏爲正其舜典一篇仍用王肅本

孔安國古文尚書傳十三卷馬融注十一卷字季長鄭玄注九卷王肅注十卷謝沈注十五卷字行思會稽人東晉尚書祠部郎領著作錄一卷李顒注十卷字長林江夏人東晉本郡太守范甯集解十卷姜道盛集解十卷天水人宋給事中字道盛尚書大傳三卷伏生作爲尚書音者四人孔安國鄭玄李軌徐邈按成漢人不作音後人所託

右尚書梁國子助教江夏費甝作義疏行於世

詩者所以言志吟詠性情以諷其上者也古有采詩之官王者巡守則陳詩以觀民風知得失自考正也動天地感鬼神厚人倫美教

化移風俗莫近乎詩是以孔子最先删録既取周詩上兼商頌凡三百一十一篇毛公爲故訓時巳亡六篇故藝文志云三百五篇以授子夏子夏遂作序焉或曰毛公作序解見[redacted]口以相傳未有章句戰國之世專任武力雅頌之聲爲鄭衛所亂其廢絶亦可知矣遭秦焚書而得全者以其人所諷誦不專在竹帛故也漢興傳者有四家魯人申公亦謂申[redacted]云楚王大傳武帝以安車蒲輪徵之時申公年八十餘以爲太中大夫受詩於浮丘伯以詩經爲訓故以教無傳疑者則闕不傳號曰魯詩弟子爲博士者十餘人郎中令王臧蘭陵人御史大夫趙綰[redacted]臨淮太守孔安國膠西内史

周霸城陽内史夏寬東海太守魯賜碭人長沙
内史繆生蘭陵人膠西中尉徐偃膠東内史闕
門慶忌鄒人皆申公弟子也申公本以詩春秋
授瑕丘江公盡能傳之徒衆最盛魯許生免
中徐公免中縣名皆守學教授丞相韋賢受詩於江
公及許生傳子玄成賢字長孺玄成字少翁父子並爲丞相封扶陽侯又治禮論語
云成兄子賞以詩授哀帝大司馬車騎將軍又王式字翁思東平挑人昌邑王師受詩於
免中徐公及許生以授張生長安名長安字幼君山陽人爲博士
者石渠至山陽中尉及唐長賓東平人爲博士楚王太傅褚少孫沛人爲博士褚氏家
傳云即續史祀褚先生張生兄子游卿諫大夫以詩授元帝
傳王扶琅邪人泗水中尉扶授許晏陳留人爲博士又薛廣德

字長卿沛國相人御史大夫受詩于王式授龔舍字君倩楚國人太山太守
齊人轅固生漢景帝時爲博士至清河太傅作詩傳号齊詩傳
夏侯始昌始昌授后蒼字近君東海郯人通詩禮爲博士至少府蒼
授翼奉字少君東海下邳人爲博士諫大夫及蕭望之字長倩東海蘭陵人御史
大夫前將軍兼傳論語匡衡字稚圭東海承人丞相樂安侯子咸亦明經歷九卿家世多爲博士衡
授師丹字公仲琅邪人大司空及伏理字游君高密太傳家世傳業滿昌字君
都潁川人詹事昌授張邯九江人及皮容琅邪人皆至大官徒衆
尤盛後漢陳元方亦傳齊詩燕人韓嬰漢文帝時爲博
士至常除太傅推詩之意作内外傳數方言号曰韓詩
淮南賁生受之武帝時嬰與董仲舒論於上
董仲舒不能難嬰又爲易傳燕趙閒好詩故其易後唯韓氏自傳之其孫商仲

博士孝宣時涿韓生其後也河内趙子事典韓生授同郡蔡誼（誼以詩授昭帝至丞相封侯）誼授同郡食子公（爲博士）及琅邪王吉（字子陽王駿父昌邑中尉諫大夫吉兼五經能爲鄒氏春秋以詩論教授）子公授太山栗豐（部刺史）吉授淄川長孫順（爲博士）豐授山陽張就順授東海髮福（一本作竝段福）至大官藝文志云齊韓詩或取春秋采雜説咸非其本魯最爲近之毛詩者出自毛公河間獻王好之徐整（字文操豫章人吴太常卿）云子夏授高行子高行子授薛倉子薛倉子授帛妙子帛妙子授河間人大毛公毛公爲詩故訓傳於家以授趙人小毛公（一云名長）小毛公爲河間獻王博

士以不在漢朝故不列於學一云子夏傳曾申（字子西魯人曾參之子）申傳魏人李克克傳魯人孟仲子（鄭玄詩譜云子思之弟子）孟仲子傳根牟子根牟子傳趙人孫卿子孫卿子傳魯人大毛公漢書儒林傳云毛公趙人治詩爲河閒獻王博士授同國貫長卿（徐整作長公）長卿授解延年（爲阿武令詩譜云齊人）延年授虢徐敖敖授九江陳俠（王莽講學大夫）或云陳俠傳謝曼卿元始五年公車徵說詩後漢鄭衆賈逵傳毛詩馬融作毛詩注鄭玄作毛詩箋申明毛義難三家於是三家遂廢矣魏太常王肅更述毛非鄭荆州刺史王基（字伯輿東萊人）咬

王肅申鄭義晉豫州刺史孫毓字休朗北海平昌人長沙太守爲詩評評毛鄭王肅三家同異朋於王徐州從事陳統字元方難孫申鄭宋徵士鴈門周續之字道祖及雷次宗俱事廬山惠遠法師豫章雷次宗字仲倫宋通直郎徵不起齊沛國劉瓛竝爲詩序義前漢魯齊韓三家詩列于學官平帝世毛詩始立齊詩久亡魯詩不過江東韓詩雖在人無傳者唯毛詩鄭箋獨立國學今所遵用

毛詩故訓傳二十卷鄭氏箋　馬融注十卷無下袟　王肅注二十卷謝沈注二十卷江熙注二十卷字太和濟陽人東晉兗州別駕　鄭玄詩譜二卷徐整暢大叔裒隱　孫毓詩同

異評十卷陸璣毛詩草木鳥獸蟲魚疏二卷字元恪吳郡人吳太子中庶子烏　令爲詩音者九人鄭玄徐邈蔡氏孔氏阮侃王肅江惇干寶李軌阮侃字德恕陳留人河內太守江惇字思俊河內人東晉徵士蔡氏孔氏不詳何人

右詩梁有桂州刺史清河崔靈恩集衆解爲毛詩集注二十四卷俗閒又有徐爰詩音近吳興沈重亦撰詩音義

安上治民莫善於禮鄭子太叔云夫禮天之經地之義民之行也左傳云禮所以經國家定社稷序民人利後嗣者也禮教之設其源

哉帝王質文世有損益至於周公周公居攝曲爲之制故曰經禮三百威儀三千及周之衰諸侯始僭將踰法度惡其害巳皆滅去其籍自孔子時而不具矣孔子反魯乃始刪定值戰國交爭秦氏坑焚惟故禮經崩壞爲甚漢興有魯高堂生傳士禮十七篇即今之儀禮也而魯徐生善爲容孝文時爲禮官大夫景帝時河閒獻王好古得古禮獻之（鄭六藝論公後得孔氏壁中河閒獻王古文禮五十六篇記百三十一篇周禮六篇其十七篇與高堂生所傳同而字多異劉向別錄云古文記二百四篇藝文志曰禮古經五十六篇出于魯淹中蘇林云淹中里名或）曰河閒獻王開獻書之路時有李氏上周官

五篇失事官一篇乃購千金不得取考工記以補之瑕丘蕭奮以禮至淮陽太守授東海孟卿孟喜父卿授同郡后蒼及魯閭丘卿其古禮經五十六篇后蒼傳十七篇所餘三十九篇付書館名爲逸禮蒼說禮數万言号曰后蒼曲臺記在曲臺校書著記因以爲名孝宣之世蒼爲最明授沛聞人通漢字子方以太子舍人論石渠至中山中尉及梁戴德字延君号大戴信都太傅戴聖字次君号小戴以博士論石渠至九江太守沛慶普字孝公東平太傅由是禮有大小戴慶氏之學普授魯夏侯敬又傳族子咸豫章太守大戴授琅邪徐良字斿卿爲博士州牧郡守家世傳業小戴授梁人橋仁字季卿大鴻臚家世傳業及楊榮字子

孫琅邪太守王莽時劉歆爲國師始建立周官爲周禮河南緱氏杜子春受業於歆還教門徒好學之士鄭興父子興字少贛河南漢太中大夫子前並作周禮解詁等多往師之賈景伯亦作周禮解

禮記者本孔子門徒共撰所聞以爲此記人通儒各有損益故中庸是子思伋所作是公孫尼子所制鄭玄云月令是呂不韋所撰盧植字子幹涿郡人後漢北中郎將九江太守云王制是漢時所爲陳邵字節良下邳人晉司空長史周禮論序云戴德刪古禮二百四篇爲八十五篇謂之大戴禮戴聖刪大戴禮爲四十九篇是爲小戴禮漢劉

向別録有四十九篇其篇次與今禮記同名爲他家書拾撰所取不可謂之小戴禮後漢馬融盧植考諸家同異附戴聖篇章去其繁重及所欽略而行於世即今之禮記是也鄭玄亦依盧馬之本而注焉范曄後漢書云中興鄭衆傳周官經後馬融作周官傳授鄭玄玄作周官注鄭注引杜子春鄭大夫鄭司農之義鄭玄三禮目録云二鄭信同宗之大儒今賛而辯之玄本治小戴禮後以古經校之取其於義長者順者故爲鄭氏學玄又注小戴所傳禮記四十九篇通爲三禮焉漢初立高堂生禮博士後又立大小戴慶氏三家王莽又立周禮後漢三禮皆立博士今慶氏曲臺久亡大戴無傳

學者唯鄭注周禮儀禮禮記並列學官而喪服一篇又別行於世今三禮俱以鄭爲主■

馬融注周官十二卷鄭玄注十二卷王肅注十二卷干寶注十三卷

右周禮

鄭玄注儀禮十七卷馬融王肅孔倫字敬序會稽人東■廬陵太守集衆家注陳銓不詳何人裴松之字世期河東人宋太中大夫西鄉侯雷次宗蔡超字希遠濟陽人宋丞相諮議參軍田儁之字僧紹馮翊人齊宋平太守劉道拔彭城人宋海豐令周續之自馬融以下並注喪服

右儀禮

盧植注禮記二十卷鄭玄注二十卷王肅注

三十卷孫炎注二十九卷字叔然樂安人魏祕書監徵不就業遵注十二卷字長儒燕人宋奉朝請庾蔚之略解十卷隨潁川人宋員外常侍

右禮記

鄭玄三禮音各一卷王肅三禮音各一卷七録猚云撰禮記音李軌周禮儀音各一卷禮記音二卷劉昌宗周禮儀禮音各一卷禮記音五卷徐邈周禮音一卷録無禮記音卷射慈字孝宗彭城人吳中書侍郎齊三傳禮記音一卷謝楨不詳何人禮記音一卷孫毓禮記音一卷繆炳禮記音一卷曹耽字愛道譙國人東安人諮議參軍不禮記音二卷尹毅天水人東晉國子助教禮記音一卷蔡謨字道明濟陽考城人晉司徒文穆公音卷范宣字宣子濟陽人東晉員外郎不就禮記音二卷徐爰禮記三卷作周禮音一卷云定鄭氏音土江南無此書不詳何人

右作音人近有戚袞作周禮音沈
重撰問禮禮記音梁國子助教皇
侃撰禮記義疏五十卷又撰喪服
義疏並行於世

古之王者必有史官君舉則書所以慎言行
昭法式也諸侯亦有國史春秋即魯之史記
也孔子應聘不遇自衛而歸西狩獲麟傷其
虛應乃與魯君子左丘明觀書於太史氏因
魯史記而作春秋上遵周公遺制下明將來
之法褒善黜惡勸成十二公之經以授弟子
弟子退而異言丘明恐弟子各安其意以失

其眞故論本事而爲之傳明夫子不以空言說經也春秋所貶損人當世君臣其事實皆形於傳故隱其書而不宣所以免時難也及末世口說流行故有公羊名高齊人子夏弟子受經于子夏穀梁名赤魯人糜信云與秦孝公同時七録云名俶字元始風俗通云子夏門人鄒氏王吉善鄒氏春秋天氏之傳鄒氏無師夾氏有録無書故不顯于世桓譚新論云左氏傳遭戰國寢藏後百餘年魯人穀梁赤作春秋殘略多有遺文又有齊人公羊高緣經文作傳彌失本事漢興齊人胡毋生字子都景帝時爲博士年老歸敎于齊齊之言春秋者宗事之丞相公孫弘亦頗受焉趙人董仲舒官至江都膠西相竝治公羊春秋蘭陵褚大梁相東平嬴公諫大夫廣川段仲溫呂步舒步舒丞相長史皆仲舒弟子嬴公守學不失

師法授東海孟卿及魯眭弘字孟符節令弘授嚴彭祖字公子東海下邳人爲博士至左馮翊太子太傅及顏安樂字翁孫魯國薛人也孟姊子也爲齊郡太守丞由是公羊有嚴顏之學弘弟子百餘人常曰春秋之意在二子矣彭祖授琅邪王中少府家世傳業中授同郡公孫文東平太傅徒衆甚盛及東門雲荆州刺史安樂授淮陽冷豐字次君淄川太守及淄川任翁少府豐授大司徒馬宮字游卿東海戚人封扶德侯及琅邪左咸郡守九卿徒衆甚盛始貢禹字少翁琅邪人御史大夫事嬴公而成於眭孟以授潁川堂谿惠惠授泰山冥都丞相史踈廣字仲翁東海蘭陵人太子太傅事孟卿以授琅邪筦路筦路及冥都又事顏安樂路授大司農孫寶字子嚴潁

川騶陵人瑕丘江公受穀梁春秋及詩於魯申公武帝時爲博士傅子至孫皆爲博士使與董仲舒論江公吶於口而丞相公孫弘本爲公羊學比輯其義卒用董生於是上因尊公羊家詔太子受衛太子復私問穀梁而善之其後浸微唯魯榮廣字王孫浩星公二人受焉廣盡能傳其詩春秋蔡千秋字少君諫大夫郎中户將梁周慶字幼君丁姓字子孫至中山太傅皆從廣受千秋又事浩星公爲學最篤宣帝即位聞衛太子好穀梁乃召千秋與公羊家竝說上善穀梁說後又選郎十人從千秋受會千秋病死徵江公孫爲博士詔劉向

穀梁欲令助之江博士復死乃徵周慶丁姓待詔使卒授十人十餘歲皆明習乃召五經名儒太子太傅蕭望之等大議殿中平公羊穀梁同異（時公羊博士嚴彭祖侍郎申輓伊推宋顯穀梁議郎尹更始待詔劉向周慶丁姓並論）望之等多從穀梁由是大盛慶姓皆爲博士姓授楚申章昌曼君（爲博士至長沙太傅）初尹更始（字翁君汝南邵陵人議郎諫大夫長樂戶將）事蔡千秋又受左氏傳取其變理合者以爲章句傳子咸（大司農）及翟方進（字子威汝南上蔡人丞相封侯）房鳳（字子元琅邪不其人光祿大夫五官中郎將青州牧）始江博士授胡常常授梁蕭秉（字君房）王莽時爲講學大夫

左丘明作傳以授曾申申傳衞人吴起魏文侯相起傳其子期期傳楚人鐸椒楚太傅椒傳趙人虞卿趙相卿傳同郡荀卿名況況傳武威張蒼漢丞相北平侯蒼傳洛陽賈誼長沙梁王太傅誼傳至其孫嘉嘉傳趙人貫公漢書云賈誼授貫公爲河間獻王博士貫公傳其少子長卿蕩陰令長卿傳京兆尹張敞字子高河東平陽人徙杜陵及侍御史張禹字長子清河人禹數爲御史大夫蕭望之言左氏望之善之薦禹徵待詔未及問會病死禹傳尹更始更始傳其子咸及翟方進胡常常授黎陽賈護字季君哀帝時待詔爲郎護授蒼梧陳欽字子佚以左氏授王莽至將軍漢書儒林傳云

漢興北平侯張蒼及梁太傅賈誼京兆尹張敞太中大夫劉公子皆修春秋左氏傳始劉歆（字子駿向之子王莽國師）從尹咸及翟方進受左氏（哀帝時歆與房鳳王龔欲立左氏爲師丹所奏不果平帝世始得立）由是言左氏者本之賈護劉歆歆授扶風賈徽（字元伯後漢潁陰令作春秋條例二十一卷）徽傳子逵逵受詔列公羊穀梁不如左氏四十事奏之名曰左氏長義章帝善之逵又作左氏訓詁司空南閣祭酒陳元作左氏同異大司農鄭衆作左氏條例章句南郡太守馬融爲三家同異之説京兆尹延篤（字叔堅南陽人）受左氏於賈逵之孫伯升因而注之汝南彭汪（字仲博）記

先師奇說及舊注太中大夫許淑字惠卿魏郡人九江太守服虔字子慎河南人侍中孔嘉字山甫扶風人魏司徒王朗字景興肅之父荆州刺史王基大司農董遇徵士燉煌周生烈並注解左氏傳梓潼李仲欽著左氏指歸陳郡潁容字子嚴後漢公車徵不就作春秋條例文何休字邵公任城人後漢諫大夫作左氏膏肓公羊墨守穀梁廢疾鄭康成鍼膏肓發墨守起廢疾自是左氏大興漢初立公羊博士宣帝又立穀梁平帝始立左氏後漢建武中以魏郡李封爲左氏博士羣儒蔽固者數廷爭之及封卒因不復補和帝元興十一年鄭興父子奏

左氏乃立於學官仍行於世迄今遂盛行三傳漸微江左中興立左氏傳杜氏服氏博士太常荀崧奏請立二傳博士詔許立公羊云穀梁膚淺不足立博士王敦亂竟不果立左氏今用杜預注公羊用何休注穀梁用范甯注二傳近代無講者恐其學隊絶故爲音以示將來

士燮注春秋經十一卷字彦威蒼梧人吴衛將軍龍編侯　賈逵左氏解詁三十卷服虔解誼三十卷王肅注三十卷董遇章句三十卷杜預經傳集解三十卷字元凱京兆杜陵人晉鎮南大將軍開府儀同三司當陽穆侯　孫毓注二十八卷杜預春秋釋例十五卷四十篇服虔音一卷魏高貴鄉公音三卷曹髦字士彦魏廢帝　嵇康音三卷字叔夜譙國人晉中散大夫　杜預音三卷李軌音三卷荀訥

音四卷字世言，新蔡人，東晉尚書左民郎。徐邈音三卷

右左氏梁東宮學士沈文何撰

春秋義疏闕下袟陳東宮學士

王元規續成之元規又撰春秋音

何休注公羊十二卷王愆期注十二卷字門子，河東人，東晉散騎常侍辰陽伯。高龍注十二卷字文范陽人，東晉河南太守。孔衍集解十四卷字舒元，魯人，東晉廣陵相。李軌音一卷江惇音一卷

右公羊

漢更始穀梁章句十五卷唐固注十二卷字■下■■人，吳尚書僕射。糜信注十二卷字南山，東海人，魏樂平太守。孔衍集

解十四卷徐邈注十二卷徐乾注十三卷字文祚東
莞人東晉給事中范甯集注十二卷段肅注十二卷不詳何人
胡訥集解十卷

右穀梁

孝經者孔子爲弟子曾參説孝道因明天子
庶人五等之孝事親之法亦遭焚燼河閒人
顔芝之爲秦禁藏之漢氏尊學芝之子貞出之是
爲今文長孫氏博士江翁少府后蒼諫大夫
翼奉安昌侯張禹傳之各自名家凡十八章
又有古文出于孔氏壁中別有閨門一章自
餘分析十八章摠爲二十二章孔安國作傳

劉向校書定爲十八後漢馬融亦作古文孝經傳而世不傳世所行鄭注相承以爲鄭玄案鄭志及中經簿無唯中朝穆帝集講孝經云以鄭玄爲主檢孝經注與康成注五經不同未詳是非江左中興孝經論語共立鄭氏博士一人古文孝經世既不行今隨俗用鄭注十八章本

孔安國馬融鄭衆鄭玄王肅蘇林字孝友陳留人魏散騎常侍何晏字平叔南陽人魏吏部尚書駙馬都尉關內侯劉邵字孔才廣平人魏光祿勳一云劉熙韋昭字弘嗣吳郡人吳侍中領左國史高陵亭侯爲晉諱改爲曜徐整謝万孫氏不詳何人揚泓天水人東晉給事中袁宏字彥伯陳郡人東晉東陽太守虞槃佑字弘猷高平人東晉處士庾氏不詳何人殷仲文陳郡人東晉東陽太守車胤字武子南

人東晉陽尹 荀昶字茂祖潁川人宋中書郎 孔光字文泰東莞人 何承

東海人宋廷尉御 釋慧琳泰郡人宋世沙門 王玄載字彥運大齊光祿大夫

明僧紹

右並注孝經皇侃撰義疏先儒

爲音者

論語者孔子應荅弟子及時人所言或弟子相與言而接聞於夫子之語也當時弟子各有所記夫子既終微言已絕弟子恐離居已後各生異見而聖言永滅故相與論撰因時賢及古明王之語合成一法謂之論語鄭康成云仲弓子夏等所撰定漢興傳者則

有三家魯論語者魯人所傳即今所行篇次是也常山都尉龔奮長信少府夏侯勝丞相韋賢及子玄成魯扶卿（鄭云扶先或說先先生）太子少傅夏侯建前將軍蕭望之並傳之各自名家齊論語者齊人所傳別有問王知道二篇凡二十二篇其二十篇中章句頗多於魯論昌邑中尉王吉少府宋畸琅邪王卿御史大夫貢禹尚書令五鹿充宗膠東庸生並傳之唯王陽名家古論語者出自孔氏壁中凡二十一篇有兩子張（如淳云分堯曰篇後子張問何如可以從政以下爲篇名曰從政）篇次不與齊魯論同（新論云文異者四百餘字）孔安國爲傳後漢馬

融亦注之安昌侯張禹受魯論于夏侯建又從庸生王吉受齊論擇善而從号曰張侯論最後而行於漢世禹以論授成帝後漢包咸字子良吴人大鴻臚周氏不詳何人竝爲章句列于學官鄭玄就魯論張包周之篇章考之齊古爲之注焉魏吏部尚書何晏集孔安國包咸周氏馬融鄭玄陳羣字長文潁川人魏司空王肅周生烈燉煌人七録云字文逢本姓唐魏博士侍中之說并下己意爲集解正始中上之盛行於世今以爲主鄭玄注十卷王肅注十卷虞翻注十卷何晏集解十卷譙周注十卷字允南巴西人晉散騎常侍不拜陽城亭侯衞瓘注八卷少二卷宋明帝補闕崔豹

注十卷字正熊燕國人晉尚書左中兵郎李充集注十卷東晉人孫綽集注十卷字興公太原人東晉廷尉卿長樂亭侯盈氏注十卷不詳何人孟整注十卷一云孟陋陋字少孤江夏人東晉撫軍參軍不就梁覬注十卷天水人東晉國子博士袁喬注十卷字彥叔陳國人東晉益州刺史湘西簡侯尹毅注十卷江熙集解十二卷張憑注十卷字長宗吳人東晉司徒左長史孔澄之注十卷字仲淵會稽人宋新安太守虞遐注十卷會稽人齊員外郎王弼釋疑三卷欒肇釋疑十卷徐邈音一卷

右論語皇侃撰義疏行於世

老子者姓李名耳河上公云名重耳字伯陽陳國苦縣厲鄉人也史記云字聃文云曲里人一云陳國相人生而皓首劉向列仙傳云受學於容

成生於殷時爲周柱下史史記云爲周守藏史或言是老萊子蓋百六十餘歲或言二百餘歲衆家皆云先爲柱下史轉爲守藏史葛洪云文王時爲主藏史武王時爲柱下史或云老子在黃帝時爲廣成子云爲夫老在堯時爲務光子在殷時爲彭祖在周爲柱下史覩周之衰乃西出關周敬王時爲關令尹喜說道德二篇尚虛無無爲劉向云西過流沙莫知所終班固云道家者清虛以自守卑弱以自持此人君南面之術也漢文帝竇皇后好黃老言有河上公者居河之湄結草爲菴以老子教授文帝徵之不至自詣河上責之河上公乃踊身空中文帝改容謝之於是作老子章句四篇以授文帝言治身治國之要其後談論者莫不宗尚玄言唯王輔嗣妙

得虛無之旨今依王本博采衆家以明同異

河上公章句四卷不詳名氏毋丘望之章句二卷字仲都京兆人漢長陵三老嚴遵注二卷字君平蜀郡人漢徵士又作老子指歸十四卷虞翻注二卷王弼注二卷又作老子指略一卷鍾會注二卷羊祜解釋四卷字叔子泰山平陽人晉太傅鉅平成侯范望州注訓二卷字叔文會稽人吳尚書郎王尚述二卷字君曾琅邪人東晉江州刺史封杜忠侯程韶集解二卷鉅鹿人東晉郎中關內侯邯鄲氏注二卷不詳何人常氏注二卷不詳何人盈氏注二卷孟子注二卷或云孟康康字公休安平廣宗人魏中書監廣陵亭侯巨生内解二卷不詳何人袁真注二卷字彥仁陳郡人東晉西中郎將豫州刺史張嗣注二卷張憑注二卷孫登集注二卷字仲山原中都

東晉尚書郎蜀才注二卷　釋慧琳注二卷　釋慧[illegible]注二卷陳留人本姓范宋世沙門　王玄載注二卷　顧懽堂誥四卷一作老子義疏　節解二卷不詳作者或云老子所作一云河上公作　劉遺民玄譜一卷字遺民彭城人東晉柴桑令　想余注二卷不詳何人一云張魯或云劉表魯字公旗沛國豐人漢鎮南將軍關內侯　戴逵音一卷字安道譙國人東晉散騎常侍太子中庶子徵不就

右老子近代有梁武帝父子及周弘正講疏北學有杜弼注世頗行之

莊子者姓莊名周太史公云字子休　梁國蒙縣人也六國時爲梁漆園吏與魏惠王齊宣王楚威王同時李頤云與齊愍王同時　齊楚嘗聘以爲相不應時人

皆尚遊説莊生獨高尚其事優遊自得依老氏之旨著書十餘万言以逍遥自然無爲齊物而已大抵皆寓言歸之於理不可案文責也然莊生宏才命世辭趣華深正言若反故莫能暢其弘致後人增足漸失其眞故郭子玄云一曲之才妄竄竒説若閼弈意脩之首危言遊鳧子胥之篇凡諸巧雜十分有三漢書藝文志莊子五十二篇即司馬彪孟氏所注是也言多詭誕或似山海經或類占夢書故注者以意去取其内篇衆家竝同自餘或有外而無雜唯子玄所注特會莊生之旨故

爲世所貴徐仙民李弘範作音皆依郭本以郭爲主

崔譔注十卷二十七篇清河人晉議郎内篇七外篇二十

向秀注二十卷二十六篇一作二十七篇一作二十八篇亦無雜篇爲音三卷

司馬彪注二十一卷五十二篇字紹統河内人晉秘書監内篇七外篇二十八雜篇十四解說三爲音三卷

郭象注三十三卷三十三篇字子玄河内人晉大傅主簿内篇七外篇十五雜篇十一爲音三卷

李頤集解三十卷三十篇字景真潁川襄城人晉丞相參軍自号玄道子一作三十五篇爲音一卷

孟氏注十八卷五十二篇不詳何人

王叔之義疏三卷字穆琅邪人宋處士亦作注

李軌音一卷

徐邈音三卷

右莊子

爾雅者所以訓釋五經辯章同異實九流之通路百氏之指南多識鳥獸草木之名博覽而不惑者也爾近也雅正也言可近而取正也釋詁一篇蓋周公所作釋言以下或言仲尼所增子夏所足叔孫通所益梁文所補張揖論之詳矣前漢終軍始受豹鼠之賜自玆迄今斯文盛矣先儒多爲億必之說乖蓋闕之義唯郭景純洽聞強識詳悉古今作爾雅注爲世所重今依郭本爲正

犍爲文學注二卷一云犍爲郡文學卒史臣舍人漢武帝時待詔闕中卷劉歆注三卷與李巡注正同疑非歆注樊光注六卷京兆人後漢中散大夫沈旋疑

非光注　李巡注三卷汝南人後漢中黃門　孫炎注三卷音一卷　郭

璞注三卷字景純河東人東晉弘農太守著作郎音一卷圖贊二卷

右爾雅梁有沈旋約之子集衆家之

注陳博士施乾國子祭酒謝嶠舍

人顧野王竝撰音既是名家今亦

采之附於先儒之末

目錄

經典釋文第十五春秋左氏音義之一起第一盡第五
經典釋文第十六春秋左氏音義之二起第六盡第十
經典釋文第十七春秋左氏音義之三起第十一盡第十五
經典釋文第十八春秋左氏音義之四起第十六盡第二十
經典釋文第十九春秋左氏音義之五起第二十一盡第二十五
經典釋文第二十春秋左氏音義之六起第二十六盡第三十
右中帙十卷
經典釋文第二十一春秋公羊音義
經典釋文第二十二春秋穀梁音義
經典釋文第二十三孝經音義
經典釋文第二十四論語音義

右下帙十卷

經典釋文卷第一

經九千九百九十二字
注六千一百二十九字

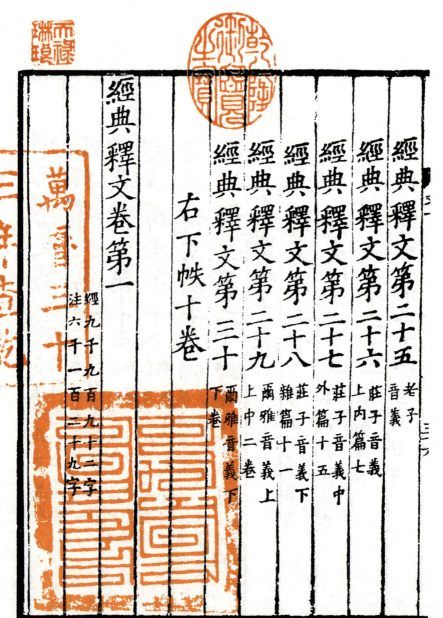

五福五代堂古稀天子寶

八徵耄念之寶

太上皇帝之寶

五福五代堂古稀天子寶

八徵耄念之寶

太上皇帝之寶

經典釋文第二

周易音義

唐國子博士兼太子中允贈齊州刺史吳縣開國男陸德明撰

周代名也周至也遍也備也今名書義取周普 易盈隻反此經名也虞翻注參同契云字從日下月正从日下勿 上經上者對下立名經者常也法也徑也由也 乾卦名 傳直戀反以傳述為義謂夫子十翼也解見發題

第一亦作弟 王弼注本亦作王輔嗣註音張具反今本或無注字師說無者非

䷀乾竭然反依字作𠦝下乙乾從旦㫃从音偃說卦云乾健也此八純卦象天 元亨許庚反卦德也訓通也餘放此 潛捷鹽反 龍喻陽氣及聖人 見龍賢遍反示也注及下見龍皆同 利見如字下皆同 大人王肅云聖人在位之目 離隱力智反 處於昌呂反衆經不音者放此 德施始豉反與也 不偏音篇 則過古卧反諸經內皆同 夕

大石二十女

惕他歷反怵惕也鄭玄云懼也廣雅同若厲力世反危也无音無易內皆作此字說文云奇字無也通於无者虛无道也王述說天屈西北爲无咎其久反易內同重剛直龍反下同竭知音智或躍羊灼反廣雅云上也上音時掌反所處一本作可處近平附近之近猶以救反與音預不謬靡幼反本或作繆音同夫位音符下皆同亢苦浪反子夏傳云極也廣雅云高也則佞乃定反邪字又作耶似嗟反彖吐亂反斷也斷音都亂反資始鄭云資取也乃統鄭云統本也雲行如字雨施始豉反卦內皆同之累劣僞反者邪或作耶同餘嗟反後協句辭皆放此象翔丈反精象擬象也自強其良反反復芳服反注同本亦作覆大人造鄭徂早反爲也王肅七到反就也至也劉歆父子作聚文言文飾卦下之言也夫子之十翼梁武帝云文言是文王所制之長張丈反之幹古旦反體仁如字京房荀爽董遇本作體信利物孟喜京荀陸績作利之不成名

一本作不成乎名遯世徒頓反无悶門遜反樂則音洛確乎苦學反鄭云堅高之
皃說文云高至可拔蒲八反鄭云移也廣雅云出也庸行下孟反閑邪似嗟反下同
幾既依反注同理初始微名幾能全一本作能令尟克本亦作鮮同仙善反少也怵
敕律反解怠佳賣反上下並如字王肅上音時掌反非離力智反相應應對之應
易內不出者並同流濕申入反就燥蘇早先皂二反聖人作如字鄭云起也馬融
作起而當都浪反易內皆同有異者別出故盡津忍反當其如字上治直吏反下
及注同放遠于萬反見而賢遍反粹雖遂反揮音輝廣雅云動也王肅云
散也本亦作輝義取光輝爲行下孟反下之行行而皆同日可人實反未見賢遍反以
辯如字徐扶免反重剛直龍反下同夫大人音符發端之字皆故此先天
悉薦反後天胡豆反知喪息浪反其唯聖人乎王肅本作愚人
後結始作聖人

☷坤 本又作巛巛今字也同困魂反說卦云順也八純卦象地 利牝 頻忍反徐邈扶忍反又扶死反

有攸 音由所也 喪朋 息浪反馬云失也下及注並同 必離 力智反 无疆 或作壃同居良反下及注同 必爭 爭鬬之爭 履霜 如字鄭讀履爲禮 積著 張慮反衆經不音者皆同 始凝 魚冰反 馴 似遵反向秀云從也徐音訓此依鄭義 任其 而鴆反衆經皆同

知光 音智注同 不擅 善戰反專也 括 古活反結也方言云閉也廣雅云塞也 囊 乃剛反 无譽 音餘又音預 不造 七到反又曹早反 否 皮鄙反 閉 必計反字林方結反云閭也 施愼 並如字愼謹也象詞同本或作順非 之飾 申職反本或作餝俗字 坤至柔 本或有文言曰者 爲邪 似嗟反 餘殃 於良反鄭云禍惡也說文云凶也 臣弒 式志反本或作殺音同下同 由辯 如字馬云別也荀作變 言順 如字 直方大不習

无不利則不疑其所行 張璠本此上有易曰衆家皆無 木蕃 伐袁反

而暢 勑亮反 陰疑 如字荀虞姚信蜀才本作凝 爲其 胡僞反注爲其同 嫌 戶謙

反注同鄭作謙荀虞陸董作兼 未離 力智反

䷂屯 張倫反難也盈也坎宮二世卦 則否 備鄙反 得主則定 本亦作則寧

而難 乃旦反卦內除六二注難可餘並同賈逵注周語云畏憚也 天造 祖早反注同 草昧

音妹廣雅云草造也董云草昧微物 而不寧 而辭也鄭讀而曰能能猶安也 經論 音論鄭如字謂論撰

書禮樂施政事黃頴云經論匡濟也本亦作綸 磐 本亦作盤又作槃步干反 桓 馬云槃桓旋也 晏安

本又作宴各依字晏一諫反宴一見反 下賤 遐嫁反 屯如 如字子夏傳云如辭也 亶如 張連反馬

云難行不進之皃 乘馬 繩證反四馬曰乘下及注並同鄭云馬牝牡曰乘子夏傳音繩 班如 如字子夏傳云相牽

不進皃鄭本作般 媾 古后反馬云重婚本作冓鄭云猶會本或作構者非 相近 附近之近下近並同又如字

即鹿 王肅作麓云山足 君子幾 徐音祈辭也注同又音機近也速也鄭作機云弩牙也

舍 式夜反止也注下同徐音捨 往吝 力刃反又力慎反馬去恨也 雖比 毗志反下皆同 之易

以豉反 不揆 葵癸反 以從 如字鄭黃手用反 合好 呼報反下同 恢弘 苦回

周易音義 三

反大也　博施式豉反及下文同　拯拯救之拯　亨于許庚反　他閒閒廁之閒
漣如音連說文云泣下也　應援于眷反又音袁　闉音因塞也春秋傳云當陳隧者井堙木刊
是也　阨於革反又於賣反　委仰如字又魚亮反　長也直良反
䷃蒙莫公反蒙蒙也稚也稽覽圖云無以教天下曰蒙方言云蒙萌也離宮四世卦　童如字字書作僮
鄭云未冠之稱廣雅云癡也　筮市制反決也鄭云問　告古毒反示也語也　再三息暫反又如字
瀆音獨亂也鄭云褻也　則復扶又反　能斷丁亂反　夫疑音扶六五注同
闍山五代反　時中張仲反注時中決中同又如字和也　童蒙求我一本作來
求我　不諂本亦作㕣又作資並通　果行下孟反注及六三注象同　用說吐活反注同徐又音
稅　桎音質　梏古毒反在足曰桎在手曰梏小爾雅云杻謂之梏械謂之桎杻音丑　所惡烏路反
苞蒙如字鄭云苞當作彪彪文也　用取七住反本又作娶下及注同　獨遠于萬反下
文同　能比毗志反　以巽音遜鄭云當作遜　擊蒙經歷反王肅云治也馬鄭作繫　繫

去紀呂反下同 為之于僞反又如字 扞胡旦反 禦魚呂反本又作衛

䷄需音須字從雨重而者非飲食之道也訓養鄭讀爲秀解云陽氣秀而不直前者畏上坎也坤宮遊魂卦

有孚徐音敷信也又作專 光師讀絕句 亨貞吉一句馬鄭揔爲一句 不陷陷没之陷 位乎如字鄭音涖 雲上時掌反干寶云升也 於天王肅本作雲在天上 宴烏練反徐烏殄反安也干同鄭云享宴也李軌烏衍反 樂音洛注同 最遠袁万反干遠險同 於難乃旦反及下文皆同

利用恒未失常也本亦有无咎者 于沙如字鄭作沚 轉近附近之近 後

時胡豆反 衍在以善反徐怡戰反 致寇如字鄭王肅本作戎 則辟音避下同 己

得音紀又音巳 所復扶又反 不速如字馬云召也釋詁云疾也釋言云徵也召也

䷅訟才用反爭也言之於公也鄭云辯財曰訟離宮遊魂卦 窒張栗反徐得悉反又得失反馬作至云讀爲躓猶止也鄭云至覺悔皃 惕湯歷反王注或在惕字上或在下皆通在中吉下者非 中如字馬丁仲反 吉

有孚窒一句惕中吉一句 涉難乃旦反 猶復扶又反下同 不枉紆往反 而令力呈

反正夫音符下法同斷不丁亂反下注並同契之苦計反下同其分符問
反相濫力暫反爭何爭鬬之爭陰和胡卧反而逋補吴反徐方吴反眚
生領反子夏傳云妖祥曰眚馬云災也鄭云過也下物遐嫁反竄七亂反徐又七外反逃也掇徐都
活反說文云拾取也鄭本作惙陟劣反憂也忤也五故反復即音服後同者更不音渝以朱
反變也馬同鄭云然也不邪似嗟反錫星歷反又星自反賜也鞶步干反馬云大也徐云王
肅作槃帶音帶亦作帶終朝馬云旦至食時爲終朝三息暫反注同或如字褫徐致紙
又直是反本又作補音同王肅云解也鄭本作拕徒可反
䷆師彖云衆也馬云二千五百人爲師坎宫歸䰟卦貞丈人絶句丈人嚴莊之稱鄭云能以法度長於
人之稱尺證反以王如字物歸往也徐又往況反毒徒篤反役也馬云治也畜衆
救六反聚也王肅許六反養也否音鄙惡也注同馬鄭王肅方有反臧作郎反善也三錫星歷反徐音賜
鄭本作賜天寵如字鄭云光耀也王肅作龍云寵也背高音佩有禽徐本作擒長

子丁丈反注及下同 軍帥色類反
䷇比毗志反卦內並同彖云輔也序卦云比比也子夏傳云地得水而柔水得地而流故曰比徐又甫履反坤宮歸
魂卦 凶邪似嗟反 求有本亦作求得 其炎于廉反 缶方有反瓦器也鄭云汲器
也爾雅云盎謂之缶 有它敕多反本亦作池 匪人非鬼反馬云匪非也王肅本作匪人凶 三驅
匡愚反徐六鄭作毆馬云三驅者一曰乾豆二曰賓客三曰君庖 狹矣戶夾反 則舍音赦又音捨
背已音佩 則射食亦反 惡而烏路反 舍逆音捨
䷈小畜本又作蓄同敕六反積也聚也卦內皆同鄭許六反養也巽宮一世卦 施未始豉反注
皆同 陽上時掌反 蒸職膺反 車說吐活反下文并注並同說云解也 輻也音福
雖復扶又反上九云同 輿音餘 輻音福本亦作輹音服馬云車下縛也鄭云伏菟 陰長丁丈
反下同 血如字馬云當作恤憂也 去起呂反注同 亦惡烏路反履卦同 攣力專反馬云連也徐
又力轉反子夏傳作戀云惠也 幾徐音祈又音機注同子夏傳作近 唯泰也則然一本作然

則讀即以也字絕句有難乃旦反可盡津忍反

䷉履利恥反禮也艮宮五世卦咥直結反齧也馬云齕說而音悅注及後同行夫音符

下同使邪似嗟反疚久又反馬云病也陸本作疾坦坦吐但反說文云安也廣雅云平也明也蒼

頡篇云著也不憙虛備反又音喜險厄於革反又作戹眇妙小反字書云盲也說文云小目

跛波我反足跛也依字作破不脩本又作循行未下孟反愬愬山革反子夏傳云恐懼皃

何休注公羊傳云驚愕也馬本作虩虩音許逆反云恐懼也說文同廣雅云懼也逼近附近之近夬古快

反考祥本亦作詳

周易上經泰傳第二

䷊泰如字大通也鄭云通也馬云大也坤宮三世卦道長丁丈反財成音才徐才載反

荀作裁輔相息亮反注同以左音佐注同右民音佑注同左右助也拔蒲八反

茅卯交反鄭音苗茹汝據反牽引也鄭湛同王肅音如彙音胃類也李于鬼反傅氏注云彙古偉字

美也古文作曹董作貪出也鄭云勤也苞木又作包必交反下卦同音薄交反荒本亦作巟音同鄭注禮云
穢也說文水廣也又大也鄭讀爲康云虛也用馮音憑注同荒穢於廢反不陂彼僞反徐
甫寄反傾也注同又破河反偏也象曰无平不陂一本作无往不復篇篇如字子夏傳作
翩翩向本同云輕舉皃古文作偏偏以祉音恥一音勑子反又音立女處本亦作文處盡夫音符
後皆放此以意求之隍音皇城塹也子夏作堭姚作湟所應如字舊音應對之應上承時掌反
下施始豉反否道備鄙反
䷋否備鄙反卦內同閉也塞也乾宮三世卦道長丁丈反辟難上音避下乃旦反
入邪似嗟反不諂勑檢反否亨許庚反疇直留反鄭作否𠷎字休否
虛虬反美也又許求反息也注同
䷌同人和同也離宮歸魂卦以邪似嗟反炎上時掌反辯物如字王肅卜免
反繫吝繫或作係本作黨係則否方有反又備鄙反褊必淺反狹戶夾反于

莽莫蕩反王肅冥黨反鄭云叢木也 物黨物或作朋 所比毗志反 所當如字

量斯音良又音亮 其墉徐音容鄭作庸 而效下教反 反則得則

得則則吉也一本作反則得則吉也 號户羔反 咷道刀反號咷啼呼也 而遠袁万反

內爭爭鬬之爭 異災本作屯从火

䷍大有包容豐富之象乾宮歸魂計 過於葛反止也徐又音謁 休命虛虬反美也徐又許求反

大車王肅剛除反蜀才作輿 不泥乃計反 用亨許庚反通也下同衆家並香兩反京云獻也干云享宴也姚云享祀也

其彭步郎反子夏作旁干云彭亨驕滿皃王肅云壯也虞作尫姚云彭旁俗音同

上近如字亦附近之近 下比毗志反 至知音智 可舍音捨

斯數色助反 晢章舌反王廙作晰同音徐李之世反又作晢字鄭本作遰去讀如明星晢晢陸本作逝虞作折

何難依象宜如字一音乃旦反 易而以豉反 祐之音又 不累劣偽反下同

盡夫津忍反 繫辭音係

䷎謙 卑退爲義屈己下物也兌宮五世卦子夏作嗛云嗛謙也 下濟 節細反 而上 時掌反下注上承上行同 虧盈 馬本作毀盈 而福 京本作而富 惡盈 烏路反卦末注同 而好 呼報反 裒 蒲侯反鄭荀董蜀才作捊云取也字書作掊廣雅云掊減 稱物 尺證反 平施 始豉反注同 大難 乃旦反 自牧 牧養之牧徐音目一音茂 名者聲名聞之謂也 一讀名者聲絕句聞音問 匪解 佳賣反 撝 毀皮反指撝也義與麾同書云右秉白旄以麾是也馬云撝猶離也鄭讀爲宣 下下 上遐嫁反下如字下句同 用侵 王廙作寑 征國 本或作征邑國者非 不與 音預 爲爭 爭鬬之爭

䷏豫 餘慮反悅豫也備豫也馬云豫樂震宮一世卦 不忒 他得反鄭云差也京作貣 地奮 方問反 殷 於勤反馬云盛也說文云作樂之盛稱殷京作隱 薦 將電反本又作荐同本或作廌獸名耳非 介于 音界纖介古文作砎鄭古八反云謂磨砎也馬作扴云觸小石聲 苟說 音悅 盱 香于反睢盱也向云睢盱小人喜悅之皃王肅云盱大也鄭云誇也說文云張目也字林火孤反又火于反子夏作紆京作汙姚作盱云

日始出引詩盱日始旦　睢香維反說文云仰目也字林火隹反　山豫由從也鄭云用也馬作猶云猶豫疑也　盍胡臘反合也　簪徐側林反子夏傳同疾也鄭云速也一坪蒼同王肅又祖感反古文作貸京作揩馬作臧荀作宗虞作戠戠叢合也蜀才本依京義從鄭　冥亡覓經反馬云冥昧眈於樂也王廙云深也又亡定反鄭讀爲鳴　有渝羊朱反　盡津忍反　樂音洛

䷐隨從也震宮歸魂卦　而下遐嫁反注下柔同　而說音悅注下皆同　大亨本又作大亨利貞　而天下隨時王肅本作隨之　隨時之義王肅本作隨之時義　而令力呈反　否之備鄙反　以嚮本又作向許亮反王肅本作鄉音同　入宴徐烏練反王肅烏顯反　官有蜀才作館有　故舍音捨下文同　以擅市戰反　盡隨津忍反盡卷末同　位正中也一本作中正　拘句于反　用亨許庚反通也陸許兩反云祭也　之濱音賓

䷑蠱音古事也惑也亂也左傳云於文皿蟲爲蠱又云女惑男風落山謂之蠱徐又姬祖反一音故巽宮

歸魂卦 先甲 息薦反彖并注同 後甲 胡豆反彖并注同 以斷 丁亂反 施
令 力政反下同 競爭 爭鬭之爭 治也 直吏反注同 說隨 音悅 創制
初亮反此俗字也依字作刱 復始 扶又反 以振 舊之愼反濟也師讀音眞振振仁厚也 育
德 正肅作毓古育字 有子考无咎 絶句周依馬王肅以考絶句 當事 丁堂反
盡承 津忍反下皆同 裕父 羊樹反馬云寬也 不累 力僞反
䷒臨 如字序卦云大也坤宮二世卦 剛浸 子鴆反 而長 丁丈反除六三注末及象咎不長皆
同一音此治良反 說而 音悅下同 敎思 息吏反注同 無疆 居良反注同 剛勝
升證反下同 佞邪 似嗟反下同 媚 密備反 位當也 本或作當位實非也 知臨
音智注同又如字
䷓觀 官喚反示也乾宮四世卦 盥 音管 而不薦 本又作薦同牋反王肅本作而■
薦 顒 魚恭反 足復 扶又反 旣灌 官喚反 不忒 吐得反 神道設

教一本作以神道設教省方悉非反童觀馬云童猶獨也鄭云雅也最遠袁万
反朝美直遥反所鑒古暫反下同趣促裕反闚苦規反本亦作窺[illegible]
者狹下夾反象曰闚觀女貞一本有利字不比毗志反觀國
之光如字或音官喚反最近附近之近居近如字德見賢遍反平易
以豉反盡夫觀盛故觀至大觀在上王肅音官以觀天下
徐唯此一字作官音觀盥而不薦觀之爲道而以觀感風行
地上觀處於觀時君子處大觀之時處大觀之
時大觀廣鑒亦音官居觀之時爲觀之主觀之盛
也從盡夫觀以下並官喚反餘不出者並音官

周易上經噬嗑傳第三

䷔噬市制反齧也嗑胡臘反合也巽宫五世卦齧研節反有間如字下同又音

閒廁之閒與過一本作有過頤以之反不合本又作而合不溷胡困反濁也不

也亂也韋昭云汙辱也上行時掌反注同勑法恥力反此俗字也字林作勅鄭云勑猶理也一云整也

屨紀具反校爻教反注及下同馬音教滅止本亦作趾趾足也桎章實反足懲直冰

反木絞交卯反械戶戒反不行也本或作止不行也噬膚方于反馬云柔色肥

美曰膚未盡津忍反下同其分符問反脃七歲反腊肉音昔馬云晞於陽而

煬於日曰腊肉鄭注周禮小物全乾曰腊乾音干胏緇美反馬云有骨謂之胏鄭云簀也字林云食食所

遺也一曰脯也子夏作脯徐音甫荀董同未光大也本亦無大字何校何可反又音何本亦作荷

音同下同王肅云荷擔聰不明也馬云耳無所聞鄭云目不明耳不聰王肅云言其聰之不明可

解佳買反

䷕賁彼僞反徐甫寄反李軌府瓫反傅氏云賁古班字文章皃鄭云有也文飾之皃王肅符文反云

有文飾黃白色艮宮一世卦剛上時掌反注剛上音同解天音蟹下同以明蜀才本作

命折之舌反注同鄭云斷也斷音丁亂反其趾一本作止鄭云趾足舍音捨下及注同車
音居鄭張本作輿從漢時始有居音安夫音符其須如字字從三水邊作非而比毗志
反下同上附時掌反循似遵反濡如臾反皤白波反說文云老人皃董音槃云馬
作足橫行曰皤鄭陸作皤音煩荀作波翰戶旦反董黃云馬舉頭高卬也馬荀云高也鄭云白也亦作寒案反
媾古豆反而闚五戴反寇難乃旦反下同賁于丘園黃本賁作世
束帛子夏傳云五匹爲束二玄二纁象陰陽戔戔在干反馬云委積皃薛虞云禮之多也又音殘
黃云猥積皃一云顯見皃子夏傳作殘殘有喜如字徐許意反無妄大畜卦放此
䷖剝邦角反彖云剝剝也馬云落也說文云裂也乾宮五世卦人長丁丈反下注皆同激經歷
反拂附弗反觸忤五故反以殞于敏反失處昌呂反又昌預反蔑
莫結反猶削也楚俗有削蔑之言馬云無也鄭云輕慢荀作滅猶削相略反或作消此從荀本也下皆然辨
徐音辦具之辦足上也馬鄭同黃云牀簀也薛虞膝下也鄭符勉反王肅否勉反道浸子鴆反下同稍

近附近之近　六三剝無咎一本作剝之無咎非　以膚方于反京作簠謂祭器　切近
如字徐巨靳反鄭云切急也　貫魚古亂反徐音官穿也　駢頭薄田反　得輿音餘京作
德輿董作德車　廬力居反　覆蔭於鴆反　所芘本又作庇必利反又悲備反
䷗復音服反也還也坤宮一世卦　朋來如字京作崩　反復芳福反劉本同本又作覆
豕并汪反復皆同　剛反絶向　剛長丁丈反下文注皆同　心見賢遍反　具存本亦
作其存　商旅鄭云資貨而行曰商旅客也　無祇音支辭也馬同音之是反韓伯祁支反云大也鄭云病也
王肅作禔時支反陸云禔安也九家本作𢻱字音支　幾悔音機下同又音祈　患難乃旦反　遠
矣袁万反　錯之七故反　休復虛虯反　最比毗志反　仁行下孟反　下
仁遐嫁反　以下仁也如字王肅云下附於仁徐戶嫁反　頻復如字本又作頻嚬眉也鄭
作卑音同馬云戚憂頻也　頻戚千寂反下同戚憂也又子六反　自考也鄭云考成也向云察也
有灾本又作災鄭作烖桉說文烖正字也灾或字也災籒文也　眚生領反下卦同子夏傳云傷害曰災妖祥
大百丰七

周易音義　上

小五百七十三

曰眚鄭云異自內生曰眚自外曰祥害物曰災　量斯音良　雖復扶又反

䷘无妄亡亮反无妄无虛妄也說文云妄亂也馬鄭王肅皆云妄猶望謂无所希望也巽宮四世卦

柔邪似嗟反　不佑音又鄭云助也本又作祐馬作右謂天不右行　茂對時茂盛也馬云茂勉也對配也　下賤遐嫁反　不耕穫黃郭反或依注作不耕而穫非下句亦然　不菑側其反馬云田一歲也董云反草也　畬音餘馬曰田三歲也董云悉耨曰畬說文云二歲治田也字林弋恕反　不

擅市戰反　行違下孟反下之行同　稼音嫁　穡音色　為獲如字或作穫非

比毗志反　近附近之近　可試試驗一云用也

䷙大畜本又作蓄勑六反義與小畜同艮宮二世卦　大畜剛健絕句　篤實

煇音輝　光絕句　日新其德鄭以日新絕句其德連下句　厭而於豔反　夫能音符發句皆然下非夫同　令賢力呈反下同　險難乃旦反下遇難同　多識如字又音試劉作志　往行下孟反　利已夷止反下及注已則能已同或音紀姚同　輿音餘下同本或作轝音同

說吐活反注及下同馬云解也　輹音服又音福蜀才本同或作輻一云車旁作复音服車下縛也作畐者音福老子所云三十輻共一轂是也釋名云輹似人屐又曰伏菟在輻上似之又曰輹伏於軸上　馮河皮冰反　良馬逐如字鄭本作逐逐衍云兩馬走也姚云逐逐姚並驅之皃一音胄　曰音越劉云曰猶言也鄭人實反云日習車徒　閑如字闌也馬鄭云習　險阸於革反本亦作厄　童牛無角牛也廣蒼作犝劉云童妾也　牿古毒反劉云牿之言角也陸云牿當作角九家作告說文同云牛觸角著橫木所以告人　抑銳於力反下同本又作挫災臥反　強其良反　爭爭鬬之爭　豶符云反劉云豕去勢曰豶　之牙徐五加反鄭讀爲互　剛暴一本作剛突　禁暴音金　何天音河梁武帝音賀　衢其俱反馬云四達謂之衢　亨許庚反

䷚頤以之反養也此篆文字也巽宮遊魂卦　舍爾音捨注同　朶多果反動也鄭同京作揣　嚼詳略反　令物力呈反　離其力智反　而闚苦規反　顛頤丁田反　拂符弗反違也辭同注下皆同一音敷弗反子夏傳作弗云輔弼也　此行下孟反下立行同　悖

也布內反逆也虎視徐市志反又常止反眈眈丁南反威而不猛也馬云虎下視皃一音大南
反逐逐如字敦實也薛云速也子夏傳作攸攸志林云當爲逐蘇林音迪荀作悠悠劉作跾云遠也說文跾
音式六反施賁始豉反下文同又如字而比毗志反得頤一本作得順難未
乃旦反厲吉厲嚴厲也馬王肅云危
䷛大過徐古臥反罪過也超過也王肅音戈震宮遊魂卦相過之過並古臥反棟
徐丁貢反橈乃教反曲折也下同拯拯救之拯弱本亦作溺並依字讀下救其弱拯弱皆同而
說音悅注同救難難乃並乃旦反上六注同遯本又作遁同徒遜反藉在夜反下
同馬云在下曰藉唯慎辰震反枯楊如字鄭音姑謂無姑山榆榆羊朱反稊徒稽反楊
之秀也鄭作荑荑木更生音夷謂山榆之實老夫如字下同特吝特或作持能令力呈
反得少詩照反下同則稺直吏反者長丁丈反淹溺乃歷反
生華如字徐音花无譽音預又音餘滅頂徐都冷反

䷜習 便習也重也劉云水流行不休故曰習 坎 徐苦感反本亦作埳京劉作欿險也陷也八純卦象水 險陷 陷沒之陷 謂便 婢面反下同 重險 直龍反注下並同 哨 七妙反

洊 在薦反徐在悶反舊又才本反爾雅云再也劉云仍也京作臻干作荐 德行 下孟反注同 險難 乃旦反下險難同 則夫 音符 窞 徒坎反說文云坎中更有坎王肅又作陵感反云窞坎底也字林云坎中小坎一曰旁入 處 欿 亦作坎字 而復 扶又反下雖復同 險且 如字古文及鄭向本作檢鄭云木在手曰 枕 徐針鳩反王肅針甚反鄭玄云木在首曰枕陸云檢閑礙險害之皃九家作玷古文作沈沈直林反 出則之坎 一本作出則亦坎誤 樽酒 音尊絕句 簋貳 音軌絕句 用缶 方有反絕句舊讀樽酒簋絕句貳用缶一句 自牖 音酉陸作誘 承比 毗志反下同 之食 音嗣飯也 象曰樽酒簋 一本更有貳字 祇 音支又祁支反鄭云當為坻小丘也京作禔說文同音支又上支反安也 盡平 津忍反 徽 許韋反 纆 音墨劉云三股曰徽兩股曰纆皆索名 寘 之豉反置也注同劉作示言衆議於九棘之下也子夏傳作湜姚作寔寔置也張作置 叢 才公反

法峻荀潤反

☲離列池反麗也麗著也八純卦象日象火　畜許六反注同　牝頻忍反徐扶死反又　外

強其良反　猶著直略反卦內同　草木麗如字說文作蘼　乎土五肅本作

也　重明直龍反　明兩作鄭云作起也荀云用也　明照相繼一本無明

照二字　履錯鄭徐七各反馬七路反　警京領反　辟其音避象同　日昃

王嗣宗本作仄音同　鼓鄭本作擊　大耋田節反馬云七十曰耋王肅又他結反云八十曰耋京作經蜀才作

咥　之嗟如字王肅又遭哥反荀作差下嗟若亦爾　凶古文及鄭無凶字　突徒忽反王肅唐屑反

舊又湯骨反字林同云暫出　逼近附近之近　出如字徐尺遂反王嗣宗勑類反　涕徐他米反

又音第　沱徒河反荀作池一本作沲　若古文若皆如此　戚千寂反子夏傳作嘁嘁子六反咨慙也

不勝音升　逆首本又作逆道兩得　離王公也音麗鄭作麗王肅云麗王者之後爲

公梁武力智反王嗣宗同　折首徐之舌反注同　以去羌呂反　王用出征以正

邦也王肅本此十更有獲匪其醜大有功也

周易下經咸傳第四

䷞咸如字彖云感也兊宮三世卦取七具反本亦作娶音同相與如字鄭云與猶親也

而說音悅男下遐嫁反下注必下同見於賢遍反各亢口浪反本或作有拇

茂后反馬鄭薛云足大指也子夏作䟛荀作母云陰位之尊腓房非反鄭云膊腸也膊音市䜌反王廙云腓腓腸也荀作

肥云謂五也尊盛故稱肥離拇力智反動躁早報反股音古憧憧昌容反馬

云行皃王肅云往來不絶皃廣雅云往來也劉云意未毐武抔定也徐又音童又音鐘京作憧字林云憧遲也丈家反月反又

音每心之上口之下也鄭云脢脊肉也說文同王肅又音天廣雅云胂謂之脢胂音以人反輔如字馬云上頷也虞作酺

云耳目之間頰兼叶反孟作俠滕徒登反達也九家作乘虞作媵鄭云送也口說如字注同徐音

脫又始銳反

䷟恒如字久也震官三世卦長陽長陰並丁丈反大衆注同媲普計反配也復

始扶又反見於賢遍反浚荀閏反深也鄭作濬令物力呈反餘綿紆粉

反廣雅云積也或承或有也一云常也鄭本作咸承德行下孟反詰去吉反而分

扶運反振恒之刃反馬云動也鄭云摇落也張作震

䷠遯徒巽反字又作遂又作遁同隱退也匿迹避時奉身退隱之謂也鄭云逃去之名序卦云遯者退也

乾宫二世卦夫静音扶非否備鄙反下同亢苦浪反浸子鴆反注同而

長丁丈反卦内同或如字以遠袁方反注此同辟内音避難可乃旦反何

災音河褚河可反今不用勝外證反又音外注同説王肅如字解説也師同徐吐活反又始鋭反

遯巳音以或音紀係遯古詣反本或作繫近二附近之近憊蒲拜反鄭云困

也廣雅云極也王肅作憊荀作備好遯呼報反注下同小人否音鄙注下同惡也徐方有反鄭

王肅備鄙反云塞也能舍音捨肥遯如字子夏傳云肥饒裕能累劣僞反繒

則能反繳章略反

䷡大壯　莊亮反，威盛強猛之名。鄭云：氣力浸強之名。王肅云：壯，盛也。廣雅云：健也。馬云：傷也。郭璞云：今淮南人呼壯爲傷。坤宮四世卦。

而愼禮也　愼或作順，義亦通。

用罔　罔，羅也。馬、王肅云：无。

羝羊　音低。張云：羖羊也。廣雅云：吴羊曰羝。

觸　徐處六反。

藩　方袁反，徐甫言反，下同。馬云：籬落也。

羸　律悲反，又力追反，下同。馬云：大索也。徐力皮反。王肅作縲，音螺。鄭、虞作纍，蜀才作累，張作虆。

雖復　扶又反。

藩決　音穴，注下同。

大轝　音餘。

之輹　音福，本又作輻。

行不　下孟反。

能說　吐活反。

喪羊　息浪反，注下同。

于易　以豉反，注下同。鄭音亦，謂佼易也。陸作埸，壃埸也。

險難　亦乃旦反。

剛長　丁丈反，下剛長同。

猶與　音預，一本作預。

其分　扶問反。

不詳　詳，審也。鄭、王肅作祥，善也。

䷢晉　彖云：進也。孟作齊，齊子西反，義同。乾宮遊魂卦。

康　美之名也。馬云：安也。鄭云：尊也，廣也。陸云：安樂也。

蕃　音煩，多也。鄭發袁反。

庶　如字，衆也。鄭止奢反，謂蕃遮禽也。

晝日　竹又反。

三　徐息暫反，下及注同。

接　如字。鄭音捷，勝也。

上行　時掌反，凡上行並同。

以著　直略反，下著明同。

三

虩勑紙反又直紙反　摧如罪雷反退也鄭讀如南山崔崔之崔　未著張慮反　自

喪息浪反　愁狀由反鄭子小反云變色皃　介音戒大也馬同　聞乎聞亦作文又作交義竝通

和之胡卧反　鼫音石子夏傳作碩鼠鼫鼠五技鼠也本草螻蛄一名鼫鼠　失得如字孟馬鄭虞王肅本作矢馬王云離爲矢虞云矢古誓字　失夫音符

䷣明夷夷傷也坎宮遊魂卦　以蒙大難乃旦反卦內同鄭云蒙猶遭也一云蒙冒也

文王以之王肅云唯文王能用之鄭荀向作似之下亦然　莅履二反又律秘反　蔽僞本或作弊僞

所辟音避下同　最遠袁万反下遠難同　遠遁徒遜反　匿形女力反

不遑音皇　夷于如字子夏作睇鄭陸同云旁視曰睇京作眱　左股音古馬王肅作般云旋也日隨天左旋也姚作右槃云自辰右旋入丑

用承拯救之拯注同說文云舉也鄭云承也子夏作抍字林云抍上舉音承　示行示或作亦　近難附近之近下最近同　疑憚但旦反　然後而免也一本作然後乃獲免也

南狩手又反本亦作守同　去闇羌呂反　逆忤五故反

箕子之明夷蜀才箕作其劉向云今易箕子作荄滋鄒湛云訓箕爲荄詁子爲滋漫衍無經不可致詰以識荀爽爲比毗志反

䷤家人說文家居也寀人所居稱家爾雅室內謂之家是也巽宮二世卦熾也尺志反而行下孟反注皆同閑馬云闌也防也鄭云習也中饋巨愧反食也嗃嗃呼落反又呼學反馬云悅樂自得皃鄭云苦熱之意荀作確確劉作熇熇嘻嘻喜悲反馬云笑聲鄭云驕佚喜笑之意張作嬉嬉陸作喜喜之長丁丈反以近附近之近王假更白反注同至也鄭云登也徐古雅反馬云大也愛樂音洛以著張慮反

䷥睽苦圭反馬鄭王肅徐呂忱並音圭序卦云乖也雜卦云外也說文云目不相聽也艮宮四世卦而上時掌反下上行同同行如字王肅遐孟反說而音悅喪馬息浪反注同自復音服注同必顯一本作必類下相顯亦然可援于眷反下得援同又音袁以辟音避于巷戶絳反說文云里中道也廣雅云居也字書作衖曳以制反掣昌逝反鄭作㸷云牛角皆踊曰

周易音義　十五

掣徐市制反說文作觢之世反云角一俯一仰子夏作㸷傳云一角仰也荀作觭劉本從說文解依鄭　其人

天天剠也馬云剠鑿其額曰天　劓魚器反截鼻也王肅作臲臲魚一反　相比毗志反下同

元夫如字　噬市制反　之弧音胡弓也　後說吐活反注同一音始銳反　之弧本亦

作壺京馬鄭王肅翟子玄作壺　媾古豆反　恢苦回反大也　詭九委反異也庪也　譎古穴

反本亦作決詐也乖也　吁可況于反　四剠其京反說文或作黥字

䷦蹇紀免反彖及序卦皆云難也王肅徐紀偃反兌宮四世卦　以難乃旦反卦內及解卦皆同

難解音蟹上六注同　未否備鄙反　知矣音智六注同　得中如字鄭云和也

又張仲反王肅云中適也解卦彖同　正邦荀陸本作正國為漢朝諱　宜待也張本作宜時也鄭本宜待

時也　遠害袁万反　內喜如字徐許意反猶好也　來連力善反馬云難也鄭如字

遲久之意　之長直良反　長難丁丈反

䷧解音蟹序卦云緩也震宮二世卦　解之為義音蟹下以解來復同　濟厄

厄或作危彖曰解音蟹自此盡初六注皆同坼勑宅反說文云裂也廣雅云分也馬陸作宅云根也否結備鄙反者亨許庚反宥罪音又京作尤磐結步丹反或有遇遇或作過咎非其理也一本無此八字所任而鴆反斯解佳買反之稱尺證反失枉紆往反旦乘如字王肅繩證反柔邪似嗟反自我致戎本又作致寇解而佳買反注同拇茂后反陸云足大指王肅云手大指荀作母而比毗志反維有解音蟹注有解及象并下注爲解之極同解難佳買反用射食亦反注下同隼荀尹反毛詩草木鳥獸䟽云鶻高墉音容馬云城也將解佳買反荒悖布内反象同以解佳買反

䷨損孫本反虧減之義也又訓失序卦云緩必有所失是也良宫三世卦曷何葛反二簋蜀才作軌用享香兩反下同蜀才許庚反上行時掌反凡上行皆同陰說音悅非長丁丈反下德長遂長同爲邪似嗟反能拯拯救之拯大難乃旦反二

盬應師如字舊應對之應偕行音皆其分扶問反懲直升反止也鄭云猶

清也劉作懲云清也蜀才作澄忿芳粉反窒珍栗反徐得悉反鄭劉作懫懫止也孟作侄陸作脊

欲如字孟作浴已事音以本亦作以虞作祀遄市專反速也荀作顓復自扶又反丸

二注同以上時掌反化淳尚春反以離力智反知者音智以盡津忍

反上祐音又本亦作佑不制一本作下制遂長丁丈反尚夫音符

䷩益增長之名又以弘裕為義繫辭云益長裕而不設是也巽宮三世卦民說音悅無疆

居良反下同下下上遐嫁反下如字注同涉難乃旦反下同天施始豉反之

處昌預反下其處同用亨香兩反注同王廙許使反用圭王肅作用桓圭不為于偽反

不處本或作不居用費芳貴反盡物津忍反無厭於鹽反莫以

胡卧反惡盈烏路反偏辭音篇孟作徧云周帀也

周易下經夬傳第五

䷪夬古快反決也坤宮五世卦　剛幾音祈　坦然他但反　夬決徐古穴反　而

說音悅注皆同　齊長丁丈反除上六象並同　則邪似嗟反下同　斷制丁亂

反注同　澤上時掌反注同　以施始豉反注同　壯于側亮反　前趾荀作

止　惕勑歷反荀翟作錫云賜也　號戶羔反注及下同鄭王廙音号　莫夜音暮注同鄭如字云

無也無夜非一夜　號呼火故反　頄求龜反顴也又音求又丘倫反翟云面顴頰間骨也鄭作頯頯

夾面也王肅音龜江比音琴威反蜀才作仇　若濡而朱反　有慍紆運反恨也舊於問反　面權

如字字書作顴　棄夫夫亦作去羌呂反　情累劣偽反　臀徐徒敦反　次本亦作趑

或作欧說文及鄭作趀同七私反注下同馬云卻行不前也說文倉卒也下卦放此　且本亦作趄或作跙同七餘反注

及下同馬云語助也王肅云趑趄行止之礙也下卦放此　牽羊苦年反子夏作掔　牴丁禮反本又作

抵音同或作觝丁啼反　很胡懇反　莧閑辯反三家音胡練反一本作莞華板反　陸如字馬鄭云莧

陸商陸也宋衷云莧莧菜也陸當陸也虞云莧蕢也陸商也蜀才作睦睦親也通也　柔脆七歲反　至

易以豉反　最比毗志反　號咷徒刀反

䷫姤古豆反薛云古文作遘鄭同序卦及彖皆云遇也乾宮一世卦　用娶七喻反本亦作取音同注及下同　正乃如字正亦作匹　誥四方李古報反一反正也王肅同鄭作詰起及下同　柅徐乃履反又女紀反廣雅云止也說文作檷云絡絲趺也讀若昵字林音乃米反王肅作抳從手子夏作鑈蜀才作尼止也　羸豕劣隨反王肅同鄭力追反陸讀爲累　蹢直戟反徐治益反一本作躑古文作蹢　躅直錄反本亦作躅蹢躅不靜也古文作⿰𧾷彖　牝頻忍反　豭音家　包有本亦作庖同白交反下同鄭百交反虞云白茅包之荀作胞　利賓如字　擅人市戰反　遠民袁万反　以杞音起張云苟杞馬云大木也鄭云柳也薛云柳柔韌木也並同　包瓜白交反子夏作苞馬鄭百交反瓜音工花反　不舍音捨下同　所復扶又反　物爭爭鬭之爭下卦同

䷬萃在季反彖及序卦皆云聚也兌宮二世卦　亨王肅本同馬鄭陸虞等並無此字　王假更白反　以說音悅下同注皆同　則邪似嗟反　孝享香兩反　聚

以正 荀作以正 取 澤上 時掌反 除戎器 如字本亦作儲又作治王肅姚陸云除猶脩治師同鄭云除云也蜀才云除去戎器脩行文德也荀作慮 若號 絶句户報反馬鄭王肅王廙户羔反 一握 烏學反傅氏作渥鄭云握當讀為夫三爲屋之屋蜀才同 至好 呼報反 懊 乃亂反 正 本亦作匹 妃 音配 禴 羊略反殷春祭名馬王肅同鄭云夏祭名蜀才作躍劉作禴 多僻 匹亦反 以遠 袁万反 之省 生領反下同 以比 毗志反 未光也 一本作志未光也 齎 徐將池反王肅將啼反 咨 音諮又將利反齎咨嗟歎之辭也鄭同馬云悲聲怨聲 涕 徐音體 洟 他麗反又音夷鄭云自目曰涕自鼻曰洟

䷭升 式陵反序卦云上也上音時掌反鄭本作昇馬云高也震宮四世卦 用見大人 本或作利見 以順德 如字王肅同本又作慎師同姚本德作得 以高大 本或作以成高大 允當 如字下同 閑邪 似嗟反 升虛 如字空也徐去餘反馬云丘也 用亨 許庚反通也馬鄭陸王肅許兩反馬云祭也鄭云獻也 岐山 其宜反或祁支反 攘來 如羊反 冥 覓經反闇昧之

義也注同又云曰冥也　則喪息浪反

☱☵困窮也窮悴掩蔽之義故彖云剛掩也廣雅云困悴也兌宮一世卦　剛揜本又作掩於檢反李於範

反虞作弇　以說音悅卦內同　困窮如字或作困窮非　臀徒敦反　株木張愚反

幽谷徐古木反　不覿大歷反見也注同　獲拯拯救之拯　隱遯徒困反　數

歲色柱反本亦作三歲　困解音蟹　朱紱音弗下同　亨祀許兩反注同　難之

乃旦反　不勝音升　豐衍延善反　蒺音疾　藜音黎蒺藜茨草　上比

毗志反　焉得於虔反　來徐徐徐徐疑懼皃馬云安行皃子夏作荼荼翟同荼音圖云內不定

之意王肅作余余　金車本亦作金輿　劓徐魚器反　刖徐五刮反又音月荀王肅本劓刖作臲卼

云不安皃陸同鄭云劓刖當爲倪仇京作劓劊案說文劊斷也　祭祀本亦作享祀　遐遠本或作遐

邇　藟力軌反似葛之草本又作虆毛詩草木疏云一名巨荒似虆薁連蔓而生幽州人謂之推虆　臲五結

功王肅妍喆反說文作㓷牛列反薛同　卼五骨反又音月說文作鼿云鼿不安也薛又作杌字同　曰動

悔音越向云言其無不然　令生力呈反

䷯井精領反雜卦云通也彖云養而不窮周書云黃帝穿井世本云化益作井宋衷云化益伯益也堯臣廣雅云井深也鄭云井法也字林作丼子挺反周云井以不變更爲義師說井以清絜爲義震宮五世卦　無喪息浪反　汔徐許訖反注同幾也王肅音其乞反　繘音橘徐又居密反鄭云綆也方言云關西謂綆爲繘郭璞云汲水索也又其律反又音述　羸律悲反徐力追反下同蜀才作累鄭讀曰虆　瓶白經反　幾至音祈或音機　而覆芳福反　而上水時掌反注及下注上水皆同　井養如字徐以上反　木上如字師又時掌反　以勞力報反注同　勸相息亮反注同王肅如字　井泥乃計反注及下同　滓穢側里反　不嚮許亮反　棄舍音捨下文同　井谷古木反又音浴　射食亦反注同徐食夜反鄭王肅皆音亦云厭也荀作耶　鮒音附魚名也子夏傳謂蝦蟇　甕屋迭反李於鍾反鄭作甕云停水器也說文作罋汲缾也　敝婢世反王肅徐扶滅反　谿谷口啼反　注下章喻反下同　而復扶又反　无與之也一本作則

莫之與也 渫 息列反徐又食列反黃云治也 心惻 初力反說文云痛也 汲 音急 停汙 音烏
其行 下孟反象井注皆同 甃 側舊反馬云爲瓦裏下達上也子夏傳云脩治也干云以甎壘井曰甃字林云井壁也 洌 音烈絜也說文云水清也王肅音例 不橈 乃孝反 不食 如字又音嗣
井收 徐詩救反又如字馬云汲也陸云井幹也荀作甃 勿幕 音莫覆也干本勿作网
䷰革 馬鄭云改也坎宮四世卦 樂成 音洛上六注同 相息 如字馬云滅也李斐注漢書同說文作熄 欲上 時掌反 革而信之 一本無之字 以說 音悅注同 鞏 九勇反固也馬同 堅仞 仁震反 行有 如字又下孟反 相比 毗志反 文炳 兵領反 文蔚 音尉又紆弗反廣雅云茂也數也說文作斐
䷱鼎 丁令反法象也即鼎器也離宮二世卦 革去 羌呂反下皆同 賢愚別 彼列反 尊卑序 本亦作有別有序 以木巽火亨 本又作亯同普庚反煑也下注聖人亨大亨亨飪亨者並同 飪 入甚反熟也徐而鴆反 以享 香兩反注享上帝同 上行

時掌切凝魚承反嚴皃鄭云成也翟作擬云度也顛丁田反倒也趾音止利出徐尺遂反
或如字注及下同否悲巳反惡也注及下同是覆芳目反下皆同趾倒丁老反下同以
爲于僞反下體爲同未悖必內反逆也我仇音求匹也鄭云怨耦曰仇可復扶又
反下同其行下孟切注同塞悉則反雉膏如字鄭云雉膏食之美者折足
示舌反注同餗送鹿反虞云八珍之具也馬云鍵也鍵音之然反鄭云菜也形渥於角反沽也鄭作剭
音屋且施始豉反所盛音成知小音智金鉉玄典反徐又古玄反又古冥反一音古螢
切馬云鉉扛鼎而舉之也用勁古政反
䷲震止慎反動也八純卦象雷以成成亦作盛虩虩許逆反馬云恐懼皃鄭同荀作愬愬
笑言言亦作語下同啞啞烏客反馬云笑聲鄭云樂也怠本又作殆惰徒臥反下同
解慢佳賣反下同恐致曲勇反下文注皆同不喪息浪反卦內並同匕必以反
鬯勑亮反香酒堪長丁丈反巳出音紀洊在薦反徐又在悶反億本又作噫

同於其反辭也六五同鄭於力反云十万日億喪息浪反注同荀如字貝如字荀音敗躋本又作隮
子西反升也雖復扶又反上六注同蘇蘇疑懼皃王肅云躁動皃鄭云不安也馬云尸禄素飡
皃无眚生領反遂泥乃計反下同荀本遂作隊泥音乃低反困難乃旦反索
桑洛反注及下同懼也馬云內不安皃鄭云猶縮縮足不正也視如字徐市至反矍矍俱縛
反徐許縛反馬云中未得之皃鄭云目不正婚媾古豆反彼動故懼故或作而

䷳艮根恨反止也鄭云艮之言很也八純卦象山其背必內反徐甫載反相背音佩
下相背同否之備鄙反令物力呈反而強其兩反姧邪似嗟反敵應
應對之應又音膺其趾如字荀作止腓符非反本又作肥義與咸卦同不承音拯救之
拯馬云舉也不快苦夬反其限馬云限要也鄭荀虞同夤引真反馬云夾脊肉也鄭本作
䏰徐又音胤荀作腎云互體有坎坎爲腎薰許云反荀作動云互體有震震爲動喪息浪反二

䷴漸捷檢反以之前爲義卽階漸之道艮宮歸魂卦女歸吉也王肅本還作女歸吉

利貞善俗王肅本作善風俗于干如字鄭云干水傍故停水處陸云水畔稱干毛傳詩云涯也又云澗也荀王肅云山間澗水也翟云涯也則困於小子本又作則困讒於小子於謗博很反讒諛音臾磐畔干反山石之安也馬六山中磐紆衎衎苦旦反馬云饒衍祿養羊尚反歡樂音洛于陸陸高之頂也馬云山上高平曰陸孕以證反說文云懷子曰孕戈甑反鄭云猶娠也荀作乘復反扶又反邪配似嗟反合好呼報反能閒閒廁之閒離羣力智反鄭云猶去也桷音角翟云方曰桷桷椽也馬陸云桷榱也說文云秦曰榱周謂之椽齊魯謂之桷安棲音西字亦作栖不累劣僞反峩峩五何反

䷵歸妹婦人謂嫁曰歸妹者少女之稱兑官歸魂卦少女詩照反下皆同之稱尺證反下同爲長丁丈反下皆同說以音悅後並同所歸妹也本或作所以歸妹不樂音洛妖邪似嗟反知弊婢世反以娣大計反跛波我反娣從才用反又如字眇彌小反以須如字待也鄭云有才智之稱荀陸作嬬陸云妾

也 愆期 起虔反馬云過也 遲 雉夷反晚也緩也陸云待也一音直異反 不正不應 本亦作无應 有待而行也 一本待作時 之袂 彌世反 月幾 音機又音祈荀作既 承匡 曲亡反鄭作筐 刲 苦圭反馬云刺也一音工惠反

周易下經豐傳第六

䷶豐 芳忠反字林匹忠反依字作豐今並三直畫猶是變體若曲下作者禮字耳非也世人亂之久矣彖及序卦皆云大也案豐是腆厚光大之義鄭云豐之言倎充滿意也坎宮五世卦 王假 庚白反至也下同馬古雅反大也 闡 昌善反 而令 力呈反 以徧 音遍 則昊 如字孟作稷 則食 如字或作蝕非 則溢 本或作則方溢者非 以折 之舌反斷也下及注同 其配 如字鄭作妃云嘉耦曰妃 雖旬 如字均也王肅尚純反或音脣荀作均劉昞作鈞 則爭 爭鬬之爭下皆同 蔀 音部王廙同蒲戶反王肅普苟反略例云大暗之謂蔀馬云蔀小也鄭薛作菩云小席 見斗 孟作見主 曖 音愛 鄣 音章又止尚反字又作障同 斗見者 賢遍反下不見同

不邪似嗟反　沛本或作旆謂幡幔也又普貝反姚云滂沛也王廙豐蓋反又補賴反徐普蓋反子夏作芾傳云小也鄭干作芾云祭祀之蔽膝　沫徐武蓋反又亡對反微昧之光也字林作昧亡大反云斗杓後星王肅云音妹鄭作昧服虔云日中而昏也子夏傳云昧星之小者馬同薛云輔星也　肱古弘反姚作股　幡芳袁反　幔末半反　以禦魚呂反　微昧音妹　豐其屋說文作豐云大屋也　闚苦規反李登云小視　闃苦鶪反徐苦鶪反一音苦鵙反馬鄭云无人皃字林云靜也姚作闅孟作窒並通　覿徒歷反　藏如字　廕於鴆反　其行下孟反　治道直吏反下同　天際如字鄭云當爲瘵瘵病也　翔鄭王肅作祥　翳光烏細反　自藏如字衆家作戕慈羊反馬王肅云殘也鄭云傷也　有爲于僞反　不出戶庭此引節卦九二爻辭應云門庭作戶誤也或云門戶通語

䷷旅力舉反羇旅也序卦云旅而無所容雜卦云親寡旅是也離宮一世卦王肅等以爲軍旅　特

重直用反　物長丁丈反　而復扶又反六五注同　令附力呈反　非知音智

瑣瑣悉果反或作璅字者非也鄭云瑣瑣小也馬云疲弊皃王肅云細小皃懷其資本或作懷其資斧非喪息浪反卦內并下卦同為施始豉反與萌如字又音頑得其資斧如字子夏傳及衆家並作齊斧張軌云齊斧蓋黃鉞斧也張晏云整齊也應劭云齊利也虞喜志林云齊當作齋齋戒入廟而受斧下卦同不快苦夬反斫諸若反平坦吐但反射雉食亦反注同而上時掌反上逮音代一音大計反號咷戶羔反道羔反于易以豉反注同王肅音亦所嫉音疾字林音自本亦作疾下同其義焚也馬云義宜也一本作宜其焚喪牛之凶本亦作喪牛于易

☴巽孫問反入也廣雅云順也八純卦象風象木巽弟大計反本亦作悌重巽直龍反齊邪似嗟反下并下卦同志治直吏反紛芳云反廣雅云衆也喜也一云盛也而復扶又反下同神祇祁支反頻顣千寂反又子六反此同鄭意不樂音洛遠不袁万反之咆步交反先庚西薦反注同後庚胡豆反卒以

寸忽反下同　不說字又作悅同　先申音身或作甲字非　以斷丁亂反下同

䷹兌徒外反悅也八純卦象澤　兌說音悅卦內並同　以先西薦反又如字　犯難

乃旦反　麗澤如字麗連也鄭作離云猶併也　黨繫本亦作係　商兌如字商商量也

鄭云隱度也　介疾音界隔也馬云大也　將近附近之近　比於毗志反　道長

丁長反

䷺渙呼亂反散也序卦云離也離宮五世卦　王假庚白反下同梁武帝音賈　而上如字

又時掌反　之難乃旦反卦內同　之累劣偽反　享于香兩反　用拯拯救之拯

馬云舉也伏曼容云濟也王肅云拔也子夏作抍抍取也　以逝逝又作遊　厄劇本又作危處又作厄

處　逃竄七亂反　險爭爭鬭之爭　机音几　有丘姚作有近　匪夷荀作

匪弟　丘墟去魚反　渙汗下旦反　以盪徒黨反　險阨於隔反　以假

古雅反　逖湯歷反　血去羌呂反　最遠袁万反下於遠象遠害並同　不近附近之近

䷻節 薦絜反止也明禮有制度之名一云分段支節之義坎宮一世卦 男女別 彼列反 復正 扶又反 說以 音悅注同 澤上有水 上或作中今不用 德行 下孟反下注同 故匿 女力反 所怨 紆万反又紆元反

䷼中孚 芳夫反信也艮宮遊䰟卦 豚 徒尊反黃作遯 說而 音悅下注皆同 乖爭 爭鬬之爭 之行 下孟反 畜之 許六反本或作獸 涉難 乃旦反 有它 音他 燕 音鷰 鶴 戶各反 和之 胡卧反注及下同 好爵 如字王肅呼報反孟云好小也 爾靡 本又作縻同亡池反散也干同徐又武寄反又亡彼反韓詩云共也孟同埤蒼作縻云散也陸作䌕京作劘 重陰 直龍反 不徇 似俊反 或罷 如字王肅音皮徐扶彼反 少陰 詩照反 長陰 丁丈反 相比 毗志反 而閡 五代反 憊 備拜反 幾望 音機又音祈京作近荀作既 而上 時掌反象同 攣 力圓反廣雅云拳也 可舍 音捨 翰 胡旦反高飛 喪 息浪反

☳☶小過古卧切義與大過同王肅云音戈兊宮遊魂卦遺之如字不宜上時掌切注同下及文不宜上上六注上亦同鄭如字謂君也而浸子鴆切以行下孟切所錯本又作措又作厝同七路切其妣必履切于僭子念切盡於津忍切或戕徐在良切注同故令力呈切注同先過西薦切而復扶又切卦末同晏安於諫切又音宴鴆除蔭切本亦作酖没怯去業切公弋餘職切則蒸章勝切字又作烝或作蔞字非小畜本又作蓄同勑六切其施始豉切而難乃旦切已上也竝如字上又時掌切注同鄭作尚云㾦幾也陽已上故止也本又作陽已上故少陰止少音多少之少上六弗遇王付切本多誤故詳之災眚生領切

☵☲既濟節計切下卦同鄭云既已也盡也濟度也坎宮三世卦亨小絶句以小連利貞者非則邪似嗟切下同曳以制切濡其音儒注同於燥西早切未造七報切易以豉切棄難乃旦切卦末并下卦同婦喪息浪切注皆同其茀方拂切首飾也馬同干云

馬髴也鄭云車蔽也子夏作髴荀作紱董作髢不比毗志切鬼方蒼頡篇云鬼遠也憊
備拜切鄭云劣弱也陸作備云當爲僃憊困劣也繻有而朱切鄭王肅云音須子夏作襦王廙同薛云
古文作繻衣袽女居切絲袽也王肅音如說文作絮云縕也廣雅云絮塞也子夏作茹京作絮有卻
去逆切禴羊略切祭之薄者沼之紹切沚音止蘋音頻非馨呼庭切
䷿未濟離宮三世卦小狐徐音胡汔許訖切說文云水涸也鄭云幾也令物力呈
切各得其所一本得作當經綸本亦作論同音倫又魯門切屯張倫切蹇
紀勉切循難似遵切猶覆也喪其息浪切已比上音紀下毗志切以近附近
之近暉許歸切字又作輝而耽丁南切於樂音洛

周易繫徐胡詣切本系也又音係續也字從毄若直作毄下系者音口奚切非辭本亦作𤔲辭依字
應作詞說也說文云詞者意內而言外也辭不受也受辛者辤辞籀文辤字也上第七本亦作繫
辭上王肅本皆作繫辭上傳說於雜卦皆有傳字本亦有無上字者非韓伯注本亦作韓康伯

注案王輔嗣止注六經講者相承用韓注繫辭以下續之

地卑如字又音婢本又作埤同　其易之門本亦作其易之門户　斷矣丁亂切　之分符問切章末注同　著矣張慮切　見矣賢遍切注同　縣象音玄　雨施始豉切　相摩本又作磨末何切京云相磑切也磑音古代切馬云摩切也鄭注禮記云迫也迫音百　相盪衆家作蕩王肅音唐黨切馬云除也桓云動也唯韓云相推盪　鼓之虞陸董皆云鼓鼓動也　霆王肅呂忱音庭徐又徒鼎切又音定京云霆者雷之餘氣挺生萬物也說文同蜀才云凝爲電　運行姚作違行　大始音泰王肅作泰　坤作虞姚作坤化姚云化當爲作　易知以豉切訖章末同鄭荀董竝音亦　簡能如字姚云能當爲從　而成位乎其中馬王肅作而易成位乎其中　繫辭音系卷內皆同　焉而明吉凶虞本更有悔吝二字　迭田節切　剛柔者晝夜之象虞作晝夜者剛柔之象　三極陸云極至也馬云三統也鄭韓云三才也王肅云陰陽剛柔仁義爲三極　能見賢遍切　易之序也陸云序象也京云次也虞本作象　所樂

音岳適會也虞本作所變而玩王亂切研玩也馬云貪也鄭作翫祐之音又後同爻者户交
反說文云交也小疵除才斯切馬云瑕也辯吉凶如字京云明也虞董姚顧蜀才竝云別也音彼
列切見乎賢遍切乎介音界注同王肅于韓云纖介也纖息廉切震
无咎馬云震驚也鄭云懼也王肅韓云動也周云救也險易以豉切注同京云險惡也
易善也之否備鄙切天地準如字京云準等也鄭云中也平也
弥如字本又作彌綸音倫京云弥遍綸知也王肅云綸纏裹也荀云弥終也綸迹也
天下之道一本作天地俯以音甫察於一本作觀於反
終鄭虞作及終之説如字宋衷始銳切云舍也烟音因
熅紆云切盡聚津忍切下同知周音智注同道濟
如字鄭云道當作導不流如字京作留樂天音洛注同
虞作變天功贍涉豔切範圍鄭云範法也馬王肅張作

犯違張云犯違猶裁成也而知如字荀爽荀柔之明僧紹音智以上時掌反之稱尺證反下

章及知者音智下之知注知者其知仁知並同其分符問反鮮矣悉淺反注同師

說云盡也鄭作尟馬鄭王肅云少也

藏諸才剛反鄭作臧云善也衣於既反被皮寄反則有經營之功

也本亦无功字一本功作迹成象蜀才作盛象爻法胡孝反馬韓如字云放也蜀才作效形

詰去吉反大虛音泰下大極同欻爾況勿反自造在早反下同稱

極尺征反爲稱尺證反不禦魚呂反禁止也乎迩本又作邇音尒也專如字

陸作塼音同也翕虛級反斂也也闢婢亦反開也易簡以豉反知崇

音智注同禮蜀才作體卑必爾反本亦作埤徐音婢下同賾仕責反下同九家作冊京作嘖云情

也典禮京作等禮姚作典體以斷丁亂反下注同惡也於嫁反荀作亞亞次也又

烏路反馬鄭烏洛反並通言天下之至動而不可亂也衆家本並然鄭本作

至賾云賾當爲動九家亦作冊 可遠 袁万反 之惡 烏路反 錯之 七各反 議之 陸姚
桓玄荀柔之作儀之 則盡 津忍反 子和 胡卧反注同 靡之 本又作縻亡池反徐又亡彼反
京作劘 行發 下孟反下同 見乎 賢遍反 樞 尺朱反王廙云戶樞也一云門臼 機 王廙
云弩牙也 先號 戶羔反 咷 道羔反 或默 亡北反字或作嘿 利斷 丁亂反王肅丁
管反 其臭 昌又反
初六藉 在夜反下同 用白茅 卯交反 无咎 或以此爲別章今不用 苟
錯 七故反本亦作措 可重 直勇反 愼斯術也 時震反鄭于同一本作順師用
義鄭云術道 不德 鄭陸蜀才作置鄭云置當爲德 下人 遐嫁反後同 爲階 姚作機
爲易者 本又云作易者 乘釁 許覲反 致寇至 徐或作戎宋衷云戎誤
乘也者 如字一讀繩證反 慢藏 才浪反 誨 如字教也虞作悔謂悔恨 冶容
音也鄭陸虞姚王肅作野言妖野容儀教誨淫泆也王肅云作野音也

大衍延善反又注演同鄭云衍演也干云合也王廙蜀才云廣也大極音泰掛一卦買反別
也王肅音卦揲時設反案揲猶數也說文云閱持也一音思頰反徐音息列反鄭云取也歸奇紀宜
反注下同於扐郎得反下同馬云指間也荀柔之云別也後掛京作卦云再扐而後布卦之策初革
反字亦作筴當如字下同期本又作朞音基同而伸本又作信音身而長丁丈反德
行下孟反酬市由反徐又音疇酢在洛反京作醋與祐音又助也馬云配也荀作侑
聖人之道明僧紹作君子之道以言者下三句無以字一本四句皆有如嚮許兩
反又作響能與音預下及注同參伍七南反錯七各反綜宗統反天地
之文一本作天下虞陸本作之爻无籌直周反研蜀才作揅幾也如字本或作機鄭云
機當作幾幾微也夫易開王肅作闓音同物成務一本無夫易二字冒天莫報
反注同覆也以斷丁亂反下二章同著音尸圓而本又作負音同方以知音智
注同下知以藏知注神知皆同有分符問反易以以豉反韓音亦謂變易貢如字告也

京陸虞作工荀作功洗心劉瓛悉殄反盡也王肅韓悉禮反京荀虞董張蜀才作先石經同洗

濯直角反藏往如字劉作臧善也能與音預不殺馬鄭王肅干所戒反

師同徐所例反陸韓如字者夫音符下同齊戒側皆反注同以神明其德

夫荀虞顧絕句衆皆以夫字爲下句一本無夫字闔戶胡臘反闢戶婢亦反王肅甫亦反

施生始豉反見乃賢遍反

是故易有大極大音泰注同大極无也馬云北辰也王肅云此章首獨言是故者總衆章之意

无稱之稱並尺證反縣象音玄探吐南反賾九家作冊索隱色白

反亹亹亡偉反莫善乎蓍龜本亦作莫大見吉賢遍反

河出如字又尺遂反下同洛出王肅作雒漢家以火德王故從各隹又以尚賢也

鄭本作有以子曰書不盡如字又津忍反下同之縕紆粉反徐於憤反王肅又

於問反之奧烏報反而上時掌反而錯七故反注同本又作措之賾本亦

作之至賾　而裁音才本又作財　默而成本或作黙而成之　德行下孟切

繫辭下第八

而重直龍切注同　明治直吏切　繫辭音係卷內皆同　而命孟作明

或否備鄙切　而斷丁亂切　則見賢遍切下及注皆同　趣時七樹切

貞勝姚本作貞稱　乎累劣僞切　殉吉辭俊切後同　夫離力智切

盡會津忍切下同　貞觀官煥切又音官　貞夫音符　確然苦角切馬韓云

剛皃說文云高至　人易以豉切下注同　隤然大回切馬韓云柔皃也孟作退陸董姚作妥

像此音象　施生始豉切　大寶孟作保　曰人王肅卞伯王桓玄明

僧紹作仁　禁民音金又金鴆切　包本又作庖白交切鄭云取也孟京作伏

犧許宜切字又作羲鄭云鳥獸全具曰犧孟京作戲云伏服也戲化也　氏包犧氏大

皞三皇之最先　之王于況切　不究九又切　爲罟音古馬姚氏

小五百卅　周易音義　十八　柴小吳之

网也黃本作爲网罟云取獸曰网取魚曰罟 以佃 音田本亦作田 以漁 音漁本亦作魚 又言庶切馬云取獸曰佃取魚曰漁 斲木 陟角切 爲耜 音似京云耒下耓也陸云廣五寸耓音勑丁切 爲耒 力對切京云耜上句木也說文云耜曲木垂所作字林同力佳切徐力猥切垂造作也本或揉木爲之耒耨非 耒耨之利 奴豆切馬云鉏也孟云耘除草 爲市 世本云祝融爲市宋衷云顓頊臣也說文云市時止切 噬 市制切 嗑 胡臘切 不解 佳賣切 易窮則變變則通通則久 一本作易窮則變通則久 祐之 音又本亦作佑 下治 直吏切章末同 以別 彼列切一本作辯 挎 本又作刳口孤切徐音口溝切 掞 以冉切本亦作剡 楫 本又作檝將輙切下同徐音集又子入切方言云楫謂之橈或謂之櫂說文云楫舟櫂也 致遠以利天下 一本無此句 諸渙 音喚 以利天下蓋取諸隨 一本無以利天下一句 重門 直龍切 柝 他洛切馬云兩木相擊以行夜說文作欜字林他各切同 暴客 白報切鄭作虣 斷木 丁緩切又徒緩切斷斷絕 爲杵 昌呂切 掘地 其月切又其勿切 爲臼 求酉切 爲弧 音胡說文云木弓 剡木 以冉切字林云銳也因冉切 諸睽 苦圭切又音圭 則

爭 爭鬬之爭下同 厚衣 於既反 朞期 並如字 无數 色具反 棺槨 上音
官下音郭 而治 直吏反下同 書契 苦計反 決斷 都亂反 象也者像
也 衆本並云像擬也孟京虞董姚還作象 卦奇 紀宜反注同 德行 下孟反下同 畫
奇 音獲下同 憧憧 本又作𢥞昌容反 以貫 古亂反 屈也 丘勿反下同 信
也 本又作伸同音申下同韋昭漢書音義云古伸字 尺蠖 紆縛反蟲名也徐又烏郭反 龍蛇
本又作虵同 之蟄 直立反 全身 本亦作存身 思慮 息吏反 而累 劣僞反
蒺 音疾 藜 音梨 死其 其亦作期 射 食亦反下注同 隼 恤允反 高墉 音容
不括 古活反結也 結閡 五代反 不懲 直升反 屨 俱遇反 校 胡孝反下同
滅止 本亦作趾 弗去 羌呂反 何校 河可反又音河 其治 直吏反下同 知小
音智 尟不 本亦作鮮仙善反少也 折足 之設反 覆公 芳六反 餗 音速馬作粥
形渥 於角反 不勝 音升 而上 時掌反 未離 力智反 先見 賢遍反

反介于徐音戒衆家作介徐云王廙古黠反斷可丁亂反注同復行扶又反注復行同造形七報反之分符問反无祇韓音祁支反注同王廙輔嗣音支舍凶音捨絪本又作氤同音因縕本又作氳紆云反化醇音享易其以豉反不迕五路反字亦作忤其易之門邪本又作門戶邪之撰仕勉反下章同數也廣雅去定也王肅士眷反數也色柱反爻繇直救反下同服虔云抽也抽出吉凶也韋昭云由也吉凶所由而出也於稽古兮反考也闡幽昌善反明也辯物如字徐扶勉反別也斷辭丁亂反注同辭文如字一音問而中丁仲反注同因貳音二鄭云當爲式民行下孟反注同所蹈徒報反之柄兵病反之脩如字鄭六治也馬作循之辯如字王肅卜免反不厭於豔反注同後易以豉反注同長裕丁丈反注同其施始豉反下同巽稱尺證反又尺升反和行下孟反以遠于万反注同不濫力暫反可遠馬王肅韓袁万反注皆同師讀如字上下時掌反章末同趣舍音捨處昧

音妹 而揆 葵癸反度也 其方 馬云方道 能循 似倫反 以度 待洛反 以要
一遥反下文要終同 其要 於妙反 易知 以豉反 撰德 鄭作筭云數也 噫 於其反王肅於力反
辭也馬同 亦要 一妙反絶句又一遥反則句至吉凶 則居 馬如字處也師音同鄭王肅音基辭 知者
音智 彖辭 吐貫反馬云彖辭卦辭也鄭云爻辭也周同王肅云彖舉象之要也師說通謂爻卦之辭也一云即
夫子彖辭 則思 息吏反 貫之 古亂反 轉近 附近之近下章以近同 而上 時掌反
須援 于眷反 剛勝 升證反一音升 勝其 音升 閑邪 似嗟反 其當 如字
下當文王同 紂 直又反 蒙難 乃旦反 能亨 許庚反 易者 以豉反注同 其
治 直吏反 德行 下孟反下德行同 易以 以豉反下注險易同 知阻 莊呂反 能說
音悅注同 亹亹 亡偉反鄭云沒沒也王肅云勉也 役思 息吏反 探 吐南反 射 食亦反
反 不厭 於豔反 以盡 津忍反下同 愛惡 烏路反注同鄭烏洛反 泯然 亡忍反
比爻 毗至反 辭枝 音支 誣善 音無

周易說卦第九

幽贊本或作讚子旦反幽深也贊明也蓍音尸說文云蒿屬生千歲三百莖易以為數天子九尺諸侯七尺大
夫五尺士三尺毛詩草木疏云似藾蕭青色科生鴻範五行傳云蓍百年一本生百莖論衡云七十歲生一莖七百歲生十神
靈之物故生遲也史記云生滿百莖者其下必有神龜守之其上常有雲氣覆之淮南子云上有叢蓍下有伏龜如
嚮香兩反本又作響參七南反又如字音三天或作大者非而倚於綺反馬云依也王肅其綺反云立
也虞同蜀才作奇通數色具反參奇紀宜反觀變一本作觀變化發揮音輝鄭云
揚也王廙韓云散也盡性津忍反要其一遙反迭用田節反六位而成
章本又作六畫相薄旁各反陸云相附薄也馬鄭顧云薄入也相射食亦反虞陸董姚王
肅音亦云厭也數往色具反又色主反而數色主反下文同晅況晚反京云乾也本又作晅徐古鄧
切又一音香元反以說音悅後皆同嚮明許亮反而治直吏反妙萬物
如字王肅作眇音妙董云眇成也橈徐乃飽反王肅乃教反又呼勞反熯王肅云呼但反火氣也徐本作暵音

漢云熱暵也說文同　莫盛是政反鄭音成云裹也　水火不相逮音代一音大計反鄭宋陸王肅王廙無不字　悖必內反逆也　爲豕京作彘　爲狗音苟　一索色白反下同馬云數也王肅云求　長男丁丈反下長女長子皆同　中男丁仲反下同　少男詩照反下少女皆同　爲圜音圓　瘠在亦反下同王廙云健之甚者爲多骨也京荀作柴云多筋幹　駁邦角反　爲釜房甫反　爲吝京作遴　嗇音色　爲柄彼病反　爲龍如字虞干作駹虞云倉色干云雜色　爲旉王肅音孚干云花之通名鋪爲花皃謂之藪本又作専如字虞同姚云専一也鄭市戀反　蒼筤音郎或作琅通　萑音丸廣雅云藡也藡音狄　葦韋鬼反　蘆　馵主樹反京作朱荀同陽在下　的丁歷反說文作駒　顙桑黨反的顙白顛　反生麻豆之屬反生戴莩甲而出也虞作阪云陵坂也陸云阪當爲反　蕃音煩　鮮息連反　爲臭昌又反王肅作爲香臭　寡髮如字本又作宣黑白雜爲宣髮　爲廣如字鄭作黃　爲近附近之近　三倍步罪反　其究九又反　矯紀表反一本作撟同　輮如九反王肅奴又反又女九反下又如又反馬鄭陸王肅本作此宋衷王廙作揉宋云使曲者

直直者曲爲揉京作柔荀作橈弓輪姚作倫美脊精亦反爲亟紀力反王肅去
記反荀作極云中也爲薄旁博反爲蹢徒低反爲曳以制反眚生領反王廙云病
甲冑直又反乾卦古丹反鄭云乾當爲幹陽在外能幹正也董作幹鱉卑列反本又作鼈同
蟹戶賣反蠃力禾反京作螺姚作蠡蚌步項反本又作蜯同科苦禾反空也虞作折槁
苦老反鄭作槀干作熇爲徑古定反果蓏力火反馬云果桃李之屬蓏瓜瓠之屬應劭云木實曰果
草實曰蓏說文云在木曰果在地曰蓏張晏云有核曰果無核曰蓏京本作果墮之字閽音昏寺如字徐音侍亦
作閹字黔其廉反徐音禽王肅其嚴反鄭作黗謂虎豹之屬貪冒之類喙況廢反徐丁遘反爲
堅多節一本無堅字爲巫亡符反附決如字徐音穴剛鹵力杜反鹹土也
爲羊虞作羔此六子依求索而爲次第也本亦有以三男居前三女後從乾健也章至此韓無注或有注者非也荀
爽九家集解本乾後更有四爲龍爲直爲衣爲言巛後有八爲牝爲迷爲方爲囊爲裳爲黃爲帛爲漿震後有三爲王爲鵠爲
鼓巽後有二爲揚爲鸛坎後有八爲宮爲律爲可爲棟爲叢棘爲狐爲蒺藜爲桎梏離後有一爲牝牛艮後有三爲鼻爲虎

狐兇後有二爲常爲轉頻注云常西方神也不同故記之於此

周易序卦第十

之稱直吏反本或作稚　爭興爭鬬之爭下同　所比毗志反下注同　所畜敕六反本亦作蓄下及雜卦同　以否備鄙反下同　以觀官喚反　亨則許庚反鄭許兩反徐音向同　實喪息浪反　所錯七各反注同徐七路反　之縕紆粉反本又作蘊　遠小人袁万反　有難乃旦反下同　以解音蟹下同　決邪似嗟反　而上時掌反　去故起呂反下同　以和胡臥反又如字　齊才細反又如字　若長丁丈反　說音悅下及注同　行過下孟反

周易雜卦韓云雜糅衆卦也孟云雜亂也第十一

雜糅如又反　比毗志反下同　樂音洛注同　臨觀古亂反　屯見賢遍反注及下皆同鄭如字　經綸本又作論音倫又力門反　上升時掌反下文離上升注同　豫怠如字姚同京作

周易音義　三　長董

治虞作怡則飭音敕注同整治也鄭本王肅作飾剝爛老旦反晝也竹又反誅
也荀云誅滅也陸韓云傷也解音蟹難也乃旦反衆荀作終去故起呂反豐
多故衆家以此絕句親寡旅也荀本豐多故親絕句寡旅也別爲句道長丁丈反
周易略例此是輔嗣所作既釋經文故相承講之今亦隨出音焉或有題爲第十者後人輒加之耳
明彖
動不能制動一本作天地不能制動貞夫音符後皆同
琁悉全反又作旋璣音機本又作機或作幾輻音福湊千豆反則思息吏反可
遠于万反能渝羊朱反至賾仕責反能與音預觀彖以斯
一本作以彖觀之
明爻通變
好靜呼報反度量音亮朝直遥反廷音定必
比毗志反隆墀本又作坻直其反坻螘冢遠壑火各反而濟一本作而載能
說音悅善邇善又作繕愛惡烏路反次章同語成而後有格舊本如此

一本栝作括 能與 音象

明卦適變通爻 本又作明卦通變適爻又一本直云適變通爻 否泰 備鄙反 險

易 以豉反章內同 於斷 丁亂反 要其 一遥反 辟險 音避本亦作避後章同 比

復 毗志反 好先 呼報反 侮妻 亡甫反 故當 如字 其介 音界本又作分符問反

明象 觀意 本亦作見意 猶蹄 音啼 在兔 他故反字又作菟 筌者 七全反筌

蹄事見莊子 重畫 直龍反下胡麥反下同 應健 音鷹 滋漫 末半反 縱復 扶又反

辯位 繫辭 戶計反下同 位分 扶問反下同 去初 羌呂反 無六爻 無亦作損

略例下 舊本如此本或無下字

率 音類又音律又所律反 相比 毗志反 險易 以豉反 之行 下孟反 去六 羌呂反

見咥 直結反 所怨 紆万反又紆元反

卦略 凡十一卦

屯難乃旦反遯明夷卦同所馮皮冰反本亦作憑蒙陰昧音妹不諮本亦作資四
遠袁万反觀明夷卦同初比毗志反履不處謂陽爻不處其位爲美履者禮
也今雜卦無此句韓注有或傳寫者誤臨剛長丁丈反遯卦同觀古亂反以所見
一本作知所以近附近之近明夷卦同大過棟橈乃孝反拯弱拯救之拯同
姤呼報反所贍常豔反褊矣必淺反遯浸子鴆反長張丈反難
者乃旦反亨在許庚反大壯觸昌錄反蕃扶袁反明夷最遠
香方反最近附近之近而難乃旦反能溺寧歷反睽最見賢遍
反豐卦同洽乃咸夾反本又作合豐惡闇烏路反之沛步貝反又普貝反之蔀
步口反明昧音妹本亦作妹又作沬皆末貝反下文同無與如字又音預折其之舌反

經典釋文第二

五福五代堂古稀天子寶

八徵耄念之寶

太上皇帝之寶

五福五代堂古稀天子寶

八徵耄念之寶

太上皇帝之寶

經典釋文卷三　　尚書音義上

唐國子博士兼太子中允贈齊州刺史吳縣開國男陸德明撰

尚書序此孔氏所作述尚書起之持代并叙為注之由故相承講之今依舊為音

伏右作虙犧本又作羲亦作戲許皮反說文云賈侍中說此犧非古字張揖字詁云羲古字戲今字氏一号庖犧氏三皇之最先風姓母曰華胥以木德王即太皞也之王于況反始畫乎麥反

八卦俱賣反書契苦計反書者文字契者刻木而書其側故曰書契也一云以書契約其事也鄭玄云以書書木邊言其事刻其木謂之書契也結繩易繫辭云上古結繩以治後世聖人易之以書契

文籍文字也籍籍書神農炎帝也姜姓母曰女登以火德王三皇之二也黃帝軒轅也姬姓少典之子母曰付寶以土德王三皇之三也史記云姓公孫名軒轅一號有熊氏三墳扶云反墳大也少施照反昊胡老反少昊金天氏名摯字青易一曰玄囂己姓黃帝之子母曰女節以金德王五帝之最先顓音專頊許玉反顓頊高陽氏姬姓黃帝之孫昌意之子母曰

景僕謂之女樞以水德王五帝之二也高辛帝嚳也姬姓嚳音口毒反毋不見以木德王五帝之三也

唐帝堯也姓伊耆氏堯初為唐侯後為天子都陶故號陶唐氏帝嚳之子帝摯之弟母曰慶都以火德王五帝之四也虞帝舜也姓姚氏國號有虞顓頊六世孫瞽瞍之子母曰握登以土德王五帝之五也先儒解三皇五帝並與孔不同並見發題夏禹天下號也以金德王三王之最先商湯天下號也亦號殷以水德王三王之二也

周文王武王有天下號也以木德王三王之三也雅誥故報反告也示也奧義烏報反深也

一揆葵癸反度也八索所白反下同求也徐音素本或作素左史史官在左

倚於綺反劉琴綺反相息亮反倚相楚靈王時史官刪色姦反以黜丑律反

斷丁亂反訖居乙反又許乙反芟色咸反翦咨淺反撮七活反機本又作幾

典凡十五篇正典二攝十三十一篇亡謨莫胡反凡三篇正二攝一訓凡十六篇正二篇亡攝十四三篇亡誥凡三十八篇正八攝三十十八篇亡誓市制反凡十篇正八攝二一篇亡命凡十八篇正十二三篇亡攝六四篇亡恢苦回反六也坦土但反

秦始皇名政二十六年初并六國自號始皇帝焚書坑苦庚反儒焚詩書在始皇之三十四年坑儒在三十五年逃難乃旦反解音蟹學校戶教反詩箋云鄭國謂學為校闡尺善反大也明也濟子禮反郡名也伏生名勝年過右臥反後同以傳直專反下傳之子孫同
裁二十餘篇即馬鄭所注二十九篇是也魯共音恭亦作龔又作恭王漢景帝之子名餘
好治呼報反下好古同壞音怪下同字林作𣪠云公壞反毀也及傳謂春秋也一云周易十翼非經謂之傳論語上如字又音倫科斗上若禾反科斗蟲名蝦蟆子書形似之隸古上音麗謂用隸書寫古文增多伏生二十五篇謂虞書大禹謨夏書五子之歌胤征商書仲虺之誥湯誥伊訓太甲三篇咸有一德說命三篇周書泰誓三篇武成旅獒微子之命蔡仲之命周官君陳畢命君牙冏命合於舊音閤又如字下同皐音高本又作咎陶音遥本又作繇盤步干反本又作般
復出上扶又反下同凡五十九篇即今所行五十八篇其一是百篇之序其餘
錯亂磨滅謂虞書汨作九共九篇槀飫夏書帝告釐沃湯征汝鳩汝方商書夏社疑至臣扈典寶明

居肆命祖后沃丁咸乂四篇伊陟原命仲丁河亶甲祖乙高宗之訓周書分器旅巢命歸禾嘉禾成王政將蒲姑賄肅慎之命
亳姑凡四十二篇亡悉上時掌反詔爲于僞反覃徒南反深也思息嗣反操
本又作采摭之石反一音之若反敷芳夫反暢丑亮反序所以爲于僞反又如字
義見賢遍反各冠工亂反巫音無蠱音古事漢武帝末征和中江充造
蠱敗戾太子故經籍道息焉貽以之反遺也
堯典第一虞書凡十六篇十一篇亡五篇見存孔氏傳傳即注也
以傳述為義舊說漢以前稱傳
昔古也堯唐帝名馬融云謚也翼善傳聖曰堯聰千公反思息嗣反又如字下同著張慮
反遜本又作遯徒遜反退也避也禪時戰反讓也授也放方往反注同徐云鄭王如字勳
許云反功也馬云放勳堯名皇甫謐同一云放勳堯字欽明文思馬云威儀表備謂之欽照臨四方謂之明
經緯天地謂之文道德純備謂之思被皮寄反徐扶義反各聞音問本亦作問溢音逸九族上自高祖

下至玄孫凡九族馬鄭同　黎力兮反　羲和馬云羲氏掌天官和氏掌地官四子掌四時　昊胡老反
重直龍反少昊之後　黎高陽之後　日月所會謂日月交會於十二次也寅曰析木卯曰
大火辰曰壽星巳曰鶉尾午曰鶉火未曰鶉首申曰實沈酉曰大梁戌曰降婁亥曰娵觜子曰玄枵丑曰星紀　嵎
音隅馬云嵎海嵎也夷萊夷也尚書考靈耀及史記作禺銕　暘音陽　谷工木反又音欲下同馬云暘谷海嵎
夷之地名　日出於谷本或作日出於暘谷暘衍字　寅徐以眞反又音夷下同　賓如字徐音
殯馬云從也　出日上尺遂反又如字注同　平如字馬作苹普庚反云使也下皆放此　秩如字　日
中貞仲反又如字　殷於勤反馬鄭云中也　七宿音秀同下　畢　見賢遍反下同　析
星歷反　孳音字　乳化上儒付反說文云人及鳥生子曰乳獸曰產　申　重直用反　南
訛五禾反　昧武內反　冥莫定反　餞賤衍反馬云滅也滅猶役也　毨先典反說文云仲秋鳥獸
毛盛可選取以爲器用也　分別彼列反下同　隩於六反馬云煖也　氄如勇反徐又而充反又如
充反馬云溫柔貌　辟音避　耎如兗反本或作濡音儒　毳尺銳反　暨其器反　朞居其

反下同旬似遵反十日爲旬迊子合反釐力之反熙許其反興也疇直由反放
方往反注同胤引信反馬云嗣也吁況于反徐往付反一音于嚚魚巾反訟才用反馬本作庸又
好呼報反下注同爭鬭也若予音餘又羊汝反采七在反馬云官也復求上扶又反驩
呼端反兜丁侯反共工上音恭注同僝仕簡反徐音撰馬云具也都於下音烏官
稱尺證反滔吐刀反漫末旦反下同又末寒反背音佩傲五報反下同很很懇反
湯湯音傷洪戶工反浩浩胡老反滌大歷反襄上時掌反俾必爾
反僉七廉反又七劒反曰於音烏鯀故本反馬云禹父也朝臣上直遙反咈扶弗反忿
矣也方命如字馬云方放也徐云鄭王音放圮皮美反戾力計反异徐云鄭音異孔王音
怡巳也朕直錦反馬云我也巽音遜馬云讓也否方久反不也又音鄙忝他簟反辱也不
肖音笑說文云肖骨肉相似也不似其先故曰不肖錫星歷反鰥故頑反虞舜
虞氏舜名也馬云舜謚也舜死後賢臣錄之臣子爲諱故變名言謚俞羊朱反德行下孟反下

其行同 瞽音古 傲五報反 瞍素后反 之稱尺證反又如字 諧戶皆反 烝之丞反 姦古顏反 女于上恧據反 妻千計反 嬀居危反 汭如銳反水之內也杜預注左傳云水之隈曲曰汭 嬪毗人反

舜典第二

王氏注相承云梅頤上孔氏傳古文尚書云舜典一篇時以王肅注頗類孔氏故取王注從慎徽五典以下爲舜典以續孔傳徐仙民亦音此本今依舊音之 難乃丹反 曰若稽古帝舜曰重華協于帝此十二字是姚方興所上孔氏傳本無阮孝緒七録亦云然方興本或此下更有濬哲文明溫恭允塞玄德升聞乃命以位凡二十八字異聊出之於王注無施也 徽許韋反王云美馬云善也 從才容反 八元左傳高辛氏有才子八人伯奮仲堪叔獻季仲伯虎仲熊叔豹季貍忠肅恭懿宣慈惠和天下之民謂之八元 揆葵癸反 八凱開在反左傳高陽氏有才子八人蒼舒隤敳檮戭大臨尨降庭堅仲容叔達齊聖廣淵明允篤誠天下之民謂之八凱 來朝直遥反 麓音鹿王云録也馬鄭云山足也 愆起虔反 詢音荀 底之履反王云致也馬云定也本

或作𠪚非正月音政又音征文祖王云文祖廟名馬云文祖天也天爲文萬物之祖故曰文祖璿音旋
上帝王云上帝天也馬云上帝太一神在紫微宮天之最尊者禋音因王云絜祀也馬云精意以享也六
宗王云四時寒暑日月星水旱也馬云天地四時也墳衍扶云反下音演輯徐音集王云合馬云斂也
五瑞垂僞反信也牧牧養之牧徐音同巡似遵反徐養純反守詩救反本或作狩岱
音代泰山也柴士皆反爾雅祭天曰燔柴馬云祭時積柴加牲其上而燔之巡行下孟反燔
扶袁反又扶云反瀆徒木反同律王云同齊也律六律也馬云律法也鄭云陰呂陽律也度
如字丈尺也量力尚反注同斗斛也衡稱也贄音至本又作摯纁許云反復扶又反下
同還音旋華戶化反華山在恒農十有如字徐于救反至于北岳如
西禮方興本同馬本作如初藝魚世反馬王云禰也四朝直遥反注同馬王皆云四面朝於方岳之下鄭云四朝四季朝京師也
敷音孚肇音兆十有二州謂冀兗青徐荊揚豫梁雍并幽營也
濬荀俊反宥音又馬云宥三宥也扑普卜反徐敷卜反榎皆雅反贖石欲反徐音樹眚所景反怙

音戶恤峻律反憂也共工上音恭左傳少皥氏有不才子毀信廢忠崇飾惡言靖譖庸回服讒蒐慝以誣盛德
天下之民謂之窮奇杜預云即共工裔以制反驩呼端反兜丁侯反左傳帝鴻氏有不才子掩義
隱賊好行凶德醜類惡物頑嚚不友是與比周天下之民謂之渾敦杜預云即驩兜也帝鴻黃帝也竄七亂反三苗
馬王云三苗國名也縉雲氏之後爲諸侯蓋饕餮也左傳縉雲氏有不才子貪于飲食冒于貨賄侵欲崇侈不可盈厭聚斂積實
不知紀極不念孤寡不恤窮匱天下之民以比三凶謂之饕餮杜預云縉雲黃帝時官名非帝子孫故以比三凶也貪財曰饕
貪食曰餮縉音晉饕土刀反餮他節反殛紀力反鯀故本反左傳顓頊氏有不才子不可
教訓不知話言告之則頑舍之則嚚傲很明德以亂天常天下之民謂之檮杌杜預云即鯀也檮杌凶頑無儔匹之貌
殂才枯反喪如字又息浪反考妣必履反父曰考母曰妣遏安葛反或音謁八音謂金鐘也
石磬也絲琴瑟也竹篪也匏笙也土塤也革鼓也木柷敔也匏白交反故復扶又反闢婢亦反徐
甫亦反惇音敦之長丁丈反下同而難乃旦反任音壬又而鴆反奮弗運反俞
以朱反懋音茂王云勉也馬云美也稽音啓首稽首首至地臣事君之禮契息列反陶

音遥　阻莊呂反王云難也　播波左反　猾户八反　寇苦豆反　宄音軌　劓魚器反截鼻也

剕扶味反刖足也　大辟婢亦反死刑也　三處昌慮反　於朝直遥反　垂如字徐音睡

共音恭　斨七良反　伯與下音餘　益皐陶子也　羆彼皮反　寅如字徐音夷

夔求龜反　胄直又反王云胄子國子也馬云胄長也教長天下之子弟　栗戰栗也　永徐音詠又如字

於如字或音烏而絶句者非　拊音撫徐音府　堲徐在力反　讒切韻士咸反　說如字注同徐失鋭反

殄切韻徒典反　行下孟反注同　喉音候　黜丑律反　北如字又音佩　令力呈反

釐力之反馬云賜也理也　下土絶句一讀至方字絶句　別彼列反　分方云反徐扶問反

汩音骨　共音恭王己勇反法也馬同　稾苦報反　飫於庶反稾飫亦書篇名也汩作等十一篇同此序其文皆云而序與百篇之序同編故序今馬鄭之徒百篇之序揔爲一卷孔以各冠其篇首而云篇之序即隨其次第居見存者之間衆家經文並盡此唯王注本下更有汩作九共故逸故亦作古

大禹謨第三　卷之二

徐云本虞書揔爲一卷凡十二卷今依七志七録爲十三卷　皐音高陶音遥矢本又作矢謨字又作謩

申重直用反下同　文命孔云文德教命也先儒云文命禹名　易以豉反　治直吏反

俞羊朱反　攸音由徐以帚反　寧安也說文安寧如此願辭也　舍音捨　告故毒反　矜居陵反

眷俱倦反　奄於檢反　迪徒歷反　響許丈反　應應對之應下應風同　吁况俱反

度徒布反注中度同　虞度下徒洛反後億度同　樂音洛　去起吕反　熙火其反

咈扶弗反　戾連第反　怠音待　情徒卧反　曰於音烏　歌樂下音洛　俾必爾反

壞乎怪反　治直吏反　格庚白反　朕直錦反　耄莫報反　倦其眷反　期頤以之反期要頤養也　厭於豔反　懈工賣反　種章用反　降江巷反　治直吏反注下同

當丁浪反又如字　懋音茂　愆起虔反　宥音又　辜音孤　好生上呼報反　儆居領反

重直用反　假工雅反　盡津忍反　爲民于爲反　丕普悲反大也徐甫眉反

聽徐天定反　出如字徐尺遂反　好如字徐許到反　枚音梅　蔽必世反徐甫世反　斷丁亂

反僉七潛反禁今鴆反又音金正月音政徐音征數音朔濟濟子禮反蠢
春允反侮亡甫反慢亡諫反咎其九反誥古報反憚徒旦反一音丹末反脅許業
反弗畐下音戒田本或作畋號戶高反旻武巾反慝他則反載見賢遍
反瞽音古瞍素后反夔夔求龜反齋側皆反諴音咸矧失忍反易以豉
反當丁浪反下同還經典皆音旋誕音但階徐音皆揗食允反翳於計反
闡尺善反洞徒弄反蠡音禮

皐陶謨第四

爲帝于僞反夫音扶治直吏反下同蹈徒報反身修絕句惇切韻都昆反
當丁浪反下同亦行下孟反注性行行正直之行同愿音願慤切韻苦角反恪苦各反擾
而小反徐音饒毅五旣反斷丁亂反撓女孝反浚息俊反馬云大也嚴如字馬徐
魚檢反翕許及反俊乂馬曰千人曰俊百人曰乂百僚本又作寮撫方武反凝魚凌

反馬云定也　兢兢居凌反　業業如字徐五荅反　幾徐音機　有典馬本作五典

有分符問反　有庸馬本作五庸　衷音中　明畏不如字徐音威馬本作威

有知如字徐音智　思如字徐音息吏反　襄息羊反上也馬云因也案爾雅作儴因也如羊反

益稷第五

當丁浪反本亦作讜　讜當蕩反李登聲類云讜言善言也　思徐如字又息吏反　孜孜音茲　浩浩戶老反

墊丁念反　督音務一音茂本或作務　溺乃歷反　予乘下音繩　刊苦安反

輴丑倫反漢書作橇如淳音蕝以板置泥上服虔云木橇形如木箕擿行泥上尸子云澤行乘蕝蕝音子絕反　樏力追反史記作橋徐音丘遙反漢書作梮九足反　隨行下孟反　槎士雅反下同說文云衺斫又莊下反

暨其器反　鮮徐音仙馬云鮮生也　距音巨　濬思俊反　畎公犬反　澮故外反

廣尺上音光浪反　深尺上尸鴆反下深二仞同　艱工閑反馬本作根云根生之食謂百穀　食

處昌慮反　鼈必滅反　懋音茂　鹽余廉反　烝之丞反　粒音立　治直吏反下同

當丁浪反好呼報反惡烏路反又並如字應應對之應徯胡啓反施始鼓反

重直用反股音古肱古弘反觀舊音官又官喚反蟲直弓反會馬鄭作繪胡對

反彝音夷馬同鄭云宗彝虎也藻音早本又作薻粉米說文作黺䊶徐本作絑音米

黼音甫白與黑謂之黼黻音弗黑與青謂之黻絺徐勑私反又勑其反馬同鄭陟里反刺也繡

音秀背音佩袞工本反僣子念反出如字又尺遂反注同納如字又音內撻他木反又

他達反笞勑疑反颺音揚否方有反徐音鄙任汝鴆反應應對之應傲五報反字

又作奡好呼報反傲五羔反徐五報反注同額額五客反殄徒現反娶促住反

復往上扶又反呱呱音孤弗子如字鄭將吏反度徒洛反至于五千

馬云面五千里爲方萬里鄭云五服已五千又弼成爲萬里州十有二師二千五百人爲師鄭云師

長也要一遙反薄蒲各反徐扶各反長丁丈反五長衆官之長別彼列反重

美上直用反夔求龜反戛居八反徐古八反馬云櫟也球音求搏音博拊音撫

柷尺叔反，所以作樂敔魚呂反，所以止樂穅音康歆許金反鼗音桃合如字，徐音閤籥余若反互音冱見賢遍反，下見細器同鏞音庸閒閒廁之閒鳥獸孔以為自舞也，馬云鳥獸筍簴也蹌七羊反，舞貌，說文作牄，云鳥獸求食聲迭直結反韶時昭反於亏並如字喜樂音洛，下同盡忠上津忍反颺音揚屢力具反省悉井反數色角反懈佳賣反賡加孟反，劉皆行反，說文以為古續字叢才公反脞倉果反，徐音瑣，馬云叢揔也，脞小也惰徒卧反墮許規反

禹貢第一 卷之三 夏書凡九篇，五篇亡。一云夏書唯四篇

別彼列反九州周公職錄云：黃帝受命，風后受圖，割地布九州。鄒子云：中國為赤縣，赤縣之內有九州。春秋說題辭云：州之言殊也圻其依反濬思俊反刊苦安反任而鴆反貢字或作贛之王于況反敷芳無反，馬云分也汎孚劒反隨行下孟反奠田遍反瀆音獨，下同冀居器反州九州名義見爾雅音載如字，載載於書也，馬同，鄭韋昭云：載事也壺

音胡馬云壺口山名治如字岐其宜反雍於用反後州名同岳字又作嶽太岳山名陽山南
曰陽水北亦曰陽覃徒南反厎之履反衡如字橫也馬云水名漳音章近河附近
之近壤丈反馬云天性和美也塊苦對反上如字賦第一錯倉各反馬云地有上下相錯通
率第一以供音恭中丁仲反又如字中馬云土地有高下肥符非反瘠在亦反既
從才容反島當老反馬云島夷北夷國夾音協注同帶也碣其列反韋昭其逝反逆上
時掌反篚方尾反濟子禮反下同兖悅轉反九河徒駭一太史二馬頰三覆釜四胡蘇五簡
六絜七鉤盤八鬲津九出爾雅灉徐音邕王於用反沮七餘反蠶在南反墳扶粉反後
同韋昭音勃憒反起也馬云有膏肥也繇音遙馬云抽也十有三載馬鄭本載作年漆
音七盛音成漯天荅反篇韻作他合反岱音代泰山也嵎音隅濰音惟本亦作惟又作維
淄側其反濱必人反斥徐音尺說文云東方謂之斥西方謂之鹵鄭云斥謂地鹹鹵涯魚佳反
鹽餘占反絺敇其反種章勇反畎工犬反徐本作畎谷枲思似反鈆寅專反字從㕣

合音以選反怪如字石怪石碱砆之屬萊音來牧牧養之牧徐音目一音茂注同檿烏簟反山
桑也汶音問沂魚依反水名藝魚世反豬張魚反馬云水所停止深者曰豬劉東胡反埴
市力反鄭作戠徐鄭王皆讀曰熾韋昭音試漸如字本又作蔪字林才冉反草之相包裹也包必茅反字或作
苞非叢生也馬云相包裹也黏女占反進長丁丈反叢才公反燾徒報反覆也苴
子餘反包裹也夏行雅反翟徒歷反嶧音亦一音夕泗音四水名淮夷鄭云淮水
之夷民也馬云淮夷二水名孔傳云淮夷之水本亦有作潍夷二水也蠙蒲邊反徐扶堅反字又作玭韋昭薄迷反
蚌也暨其器反見石上賢遍反纖息廉反縞古老反徐古到反繒似陵反達
于河如字說文作菏工可反云水出山陽湖陵南彭蠡下音禮張勃吳錄云今名洞庭湖案今在九江郡界
三江韋昭云謂吳松江錢唐江浦陽江也吳地記云松江東行七十里得三江口東北入海為婁江東南入海為東
江并松江為三江震澤吳都太湖厎之履反致也史記音致大湖音太胡篠西了反
蕩徒黨反或作簜他莽反夭於嬌反馬云長也喬其嬌反徐音驕少詩照反長丁丈反

瑤音遙琨音昆美石也馬本作瓚韋昭音貫屖細兮反旄音毛楩音緶又婢善反卉
徐許貴反橘均必反柚由究反裹音果沿悦專反鄭本作松松當爲沿馬本作均云均平
朝直遙反九江尋陽地記云一曰烏白江二曰蚌江三曰烏江四曰嘉靡江五曰畎江六曰源江七曰廩江八
曰提江九曰箘江張須元緣江圖云一曰三里江二曰五州江三曰嘉靡江四曰烏土江五曰白蚌江六曰白烏江七曰箘江
八曰沙提江九曰廩江參差隨水長短或百里或五千里始於鄂陵終于江口會于桑落洲太康地記曰九江劉歆以爲湖漢
九水入彭蠡澤也沱徒何反潛捷廉反馬云沱湖也其中泉出而不流者謂之潛雲徐本作云夢
云弄反一音武仲反徐莫公反治直吏反杶勑倫反徐勑荀反木名又作櫄榦本又作幹故旦反栝
古活反馬云白栝也柘章夜反礪力世反砥音脂徐之履反韋昭音旨砮音奴韋昭乃固反磨
木佐反鏃子木反一音七木反箘求隕反韋昭一名聆風簵音路楛音戶馬云木名可以爲箭
毛詩草木疏云葉如荆而赤莖似蓍近澤附近之近匭音軌菁茅上子丁反徐音精馬同鄭云茅
有毛刺曰菁茅匣胡甲反又音甲菹切韻側魚反縮所六反纁許云反璣其依反又音機

馬同說文云珠不圜也字書云小珠也玉篇渠依居沂二反　組音祖馬云組文也　納馬云入也　江沱
潛漢四水名本或作潛子漢非　逾羊朱反　灉直然反　澗故晏反　渾音魂又胡
困胡昆二反　沔亡淺反又亡忍反下同陸渾沔池二縣屬河南郡　滎戶扃反滎澤也　波如字馬本
作播滎播澤名　遏烏曷反　導音道下同　菏徐音柯又士可反注同韋胡阿反　被皮寄反徐扶義
反注同　孟豬張魚反又音諸左傳爾雅皆作孟諸宋藪澤也　壚音盧說文黑剛土也　絺勑其反
紵直呂反　纊音曠　緜切韻武延反　華胡化反又胡瓜反　岷武巾反　嶓音波徐甫
河反韋音播　旅如字音盧　和如字又作龢鄭云和讀曰洹　言治直吏反下同　黎
鄭力兮反徐力私反馬云小疏也　璆音虯徐又居虯反又閭幼反馬同韋昭郭璞云紫磨金案郭注爾雅鏐即紫磨
金　鐵天結反　鏤婁豆反　熊音雄　羆彼宜反如熊而黃　貍力疑反　罽紀例反
傾窺井反　渭音謂　雍於用反　涇音經　屬之蜀反　汭本又作內同如銳反馬云入也
逮音代　沮七徐反　灃芳弓反　治直吏反　終南終南山名漢書地理志一名太一三秦記

尚書音義上　十　李中

云又名地肺　惇 惇物山名漢書云垂山也　丕 普悲反　球 音求　琳 韋音來金反　琅 音郎　玕
音干山海經云崐崘山有琅玕樹　西上 時掌反　崐崘 下魯門反馬云崐崘在臨羌西　析 星歷反馬
云析支在河關西　搜 所由反漢書志朔方郡有渠搜縣武紀云北發渠搜是也　髳 音謀又音毛西戎國
名　導 言道從首起也　岍 音牽字又作汧山名一名吳岳馬本作開　底 之履反　柱 如字韋知
父反又知女反底柱山名在河水中　太行 戶剛反又如字　滄 音倉　勝 音升　傾 窺井反　圍
魚呂反　太華 如字又戶化反　陪 音裴　尾 陪尾山名漢書作橫尾　條列 如字本或作別
彼列反　漾 羊尚反　弱 本或作溺　合 如字　黎 力兮反馬云地名　溢 音逸　山見
賢遍反　虢 寡白反　孟津 如字洛北地名　湊 七豆反　伾 本又作岯音丕又皮鄙反徐扶
眉反又敷眉反韋音嚭郭撫梅反字或作阫　處 昌慮反　降 如字鄭戶江反　殺 所界反　溢
字又作隘於賣反　渤 蒲兀反　浪 音郎　澨 市制反　觸 切韻尺玉反　匯 徐胡罪反韋空
爲反　沱 唐何反　澧 音禮　迆 以爾反馬云靡也　沇 音兗又以轉反　數 色住反下同一本作

十所陶音桃折之設反灃音豐翊與職反鞏恭勇反縣名屬河南郡隩於六反玉篇於報反滌待歷反陂彼宜反槎仕雅反障章尚反貫工奐反較音角台徐音怡行下孟反注同甸田遍反爲天上于僞反納如字本又作内音同下如字總音揔近附近之近反槀故老反供音恭飼音嗣銍珍栗反穗字亦作穟音遂秸本或作稭工八反馬云去其穎音鞂男任而針反又而鴆反任王上而鴆反又而針反同爲于僞反綏息遺反揆葵癸反度待洛反奮方問反要一遥反束如字一音來夷馬云易也差初佳反又初賣反漸子廉反被皮寄反朔南朔北也皆與音預朝直遥反見賢遍反訖斤密反

甘誓第二

啓禹子嗣禹爲天子也扈音戶有扈國名與夏同姓馬云似姓之國爲無道者案京兆鄠縣即有扈之國也甘有扈郊地名馬云南郊地也甘水名今在鄠縣西誓馬云軍旅曰誓會同曰誥其將子匠

反侮云甫反正如字徐音征馬云建子建丑建寅三正也情徒卧反勦子六反玉篇子小反孥
馬本作巢與王篇切韻同罰音伐御魚慮反戮音六北如字又音佩軍走曰北
音奴子也累劣僞反

五子之歌第三

五人五子名字書傳無聞仲康蓋其一也須馬云止也汭如銳反本又作内音同逸本又作佾
豫本或作忬音同黎力兮反喪息浪反盤步干反本或作槃度如字樂音洛
畋音田羿五計反徐胡細反距音巨以從如字或作才用反非徯胡啓反近
附近之近分扶問反三失上如字又息暫反不見賢遍反懔力甚反朽許久反
索息洛反馭音御腐扶甫反甘一音戶甘反嗜市志反峻思俊反
牆慈羊反猒於鹽反又於豔反厎之履反貽以之反遺唯季反覆芳服反
供音恭曷戶割反鬱音鬱陶音桃鬱陶憂思也忸女六反怩女姬反徐乃私

反 思 息嗣反 雖 如字或作睢

亂征第四

湎 徐音緬面善反 差 初賣反又初佳反 亂 國名也 肇 音兆 舍 音捨 適 生[illegible]反

鐸 待洛反 鈴 音零 藝 本又作埶 更 音庚 技 其綺反 覆 芳服反 倒 丁老反 離 如字又力智反 冥 莫定反又亡丁反 俶 本又作俶亦作叔同尺六反 擾 而小反

嗇 音色 馳 車馬曰馳 走 步曰走 供 音恭 先時 上音悉薦反又如字注先時先天同

赦 亦作赦 治 直吏反 後天 上胡豆反 崐 音昆 殲 子廉反 魁 苦回反 脅 虛業反 帥 色類反 汙 烏故反汙辱之汙又音烏涴泥著物也一音烏卧反 懋 音茂 辟 音避 契 息列反卨之始祖 八遷 八遷之書史唯見四 亳 旁各反徐扶各反 嚳 苦毒反 帝告 下音工毒反 釐 力之反 沃 徐烏酷反此五亡篇舊解是夏書馬鄭之徒以爲商書兩義俱通 祗 巨支反 復 扶又反

湯誓第一　卷之四　商書 凡三十四篇十七篇亡十七篇見存

相 息亮反 湯 如字馬云俗儒以湯爲謚或爲號號者似非其意言謚近之然不在謚法故無聞焉及禹俗儒以爲名帝系禹名文命王侯世本湯名天乙推此言之禹豈復非謚乎亦不在謚法故疑焉 桀 其列反夏之末天子 升 音昇 陑 音而 格 庚白反來也 台 以之反下同 殛 居力反 恤 荀律反 舍 音捨廢也 復 扶又反 遏 於葛反徐音謁馬云止也 喪 息浪反注同 惰 徒卧反 罰 音伐 賚 力代反徐音來 社 后土之神 禪 時戰反 應 應對之應 創 初亮反 改正 音征又音正 句龍 上音鉤句龍共工之子爲后土 扈 音戶 績 子寂反 從之 上才容反 朡 子公反 俘 音孚 太行 戶剛反一音如字 誼 本或作義

仲虺之誥第二

坰 故螢反徐欽螢反又古螢反 虺 許鬼反 誥 故報反 左相 息亮反 成湯 伐桀武功成故號成湯一云成謚也 纘 子管反 應 應對之應 矯 居表反 誣 音無 藏

作郎反 繁音煩 莠羊九反 秕悲里反徐甫里反又必履反 鋤仕魚反 簸波我反 颺
音揚 矧申忍反 之惡烏路反 近附近之近 此行下孟反 懋懋音茂 吝
良刃反 王業上如字又于況反 仇音求 餉式亮反 徯胡啓反 蘇字亦作穌 推
土雷反 懈工債反 建中如字本或作忠非 裕徐以樹反 者王徐于況反或如字
好問上呼報反 鮮息淺反 覆芳服反 暴蒲報反字或作虣

湯誥第三

誕音但 告工毒反 罹力之反本亦作羅洛何反 荼音徒 冤紆元反 譴遣戰反
寤五故反 台音怡 牡茂后反 聿允橘反述也 勠舊音六又力彫反說文力周反史記音力
洛反 穢於廢反 僭子念反忒也劉創林反 賁彼義反徐扶云反飾也 煥呼亂反 樂
音洛 俾必爾反徐甫婢反使也 輯音集又七入反 戾力計反 慄慄音栗 隕于敏
反 彝徐音夷 慆他刀反 忱市林反 咎其九反 單音善卷末並同

伊訓第四

祀年也夏曰歲商曰祀周曰年唐虞曰載 祠音辭祭也 見賢遍反 甸徒遍反 總音揔 少康上詩照反 以上時掌反 禳如羊反 曁其器反 鼈必滅反 亳旁各反徐扶各反 惟長丁丈反 咈扶弗反 操七曹反又七報反 哲本又作喆 俾必爾反 儆居領反 酣戶甘反 巫音無 淫樂音洛 殉辭俊反徐辭荀反 畋音田 遠于萬反注同 耆巨夷反 比毗志反徐扶至反 穉直利反 嚚魚巾反 愆去乾反 必喪如字又息浪反 以爭諫爭之爭 鑿在洛反 額魚白反 涅乃結反 隸郎計反 洋洋音羊徐音翔 賚力代反

太甲上第五

朝政上直遙反 倚於綺反 顧音故 諟音是說文理也 祇巨支反 遠于萬反 監工暫反 辟必亦反徐甫亦反 丕普悲反徐甫眉反 先見並如字注同 相亦

上息亮反　昧音妹　俊本亦作畯　迪大歷反　越于月反本又作粵　覆芳服反注同　省息井反　括故活反　度如字　虞度待洛反　則中丁仲反　懌音亦　輕遣政反　義本亦作誼　俾必爾反後篇同　近附近之近　令太甲令音力呈反

太甲中第六

闋苦穴反　冕音免　胥息餘反　彊居良反　底之履反　敗必邁反徐甫邁反　縱子用反　戾郎計反　孽魚列反　逭胡亂反　背音佩徐扶代反　徯胡啓反　懋音茂　斁音亦　厭於豔反

太甲下第七

治直吏反注及下同　咈扶弗反　覆芳服反

咸有一德第八

諶徐市林反　而王于旣反下以王同或如字　僭子念反　德行下孟反　衰殺色界

反衺微也殺害也言小小害也爲上于僞反下爲民同爲德上如字下爲下同徐皆于僞反爲

易以豉反烝之承反之長丁丈反俠戶夾反盡徐子忍反注同沃烏毒反徐於毒

反陟張力反相息亮反太戊馬云太甲子桑蘇藏反穀工六反楮也朝直遥

反巫咸馬云巫男巫也名咸殷之巫也乂治也囂五羔反亶丁但反相息亮反在河北

今魏郡有相縣圮備美反徐扶鄙反馬云毀也

盤庚上第九　卷之五

盤本又作般步干反治直吏反胥徐思餘反怨紆萬反盤庚殷王名也馬云

祖乙曾孫祖丁之子不言盤庚誥何非但錄其誥也取其徙而立功故以盤庚名篇籲音喻慼千歷反

盡子忍反稽工兮反台音怡格苦各反五邦馬云五邦謂商丘亳囂相耿也

斷又音短從才容反蘖五達反本又作枿馬云顛木而肆生曰枿仆音赴又步北反底

之履反斅戶教反下如字度如字箴之林反馬云諫也朝臣上直遥反傲五報反

任而鴆反播波餓反匿女力反聒聒故活反馬及說文皆云拒善自用之意惕他歷

反拙之劣反紊音問徐音文昏馬同本或作暋音敏爾雅昏暋皆訓強故兩存越本又

作粵音曰于也昬強其丈反宄音軌奉孚勇反注同恫勑動反又音通痛也

相時上息亮反馬云視也徐息羊反憸息廉反馬云憸利小小見事之人也徐七漸反曷

何末反燎力召反又力鳥反又力紹反嚮許亮反撲普卜反近附近之近靖

馬云安也遲直疑反徐持夷反任而金反馬云占老成人選息轉反又蘇管反掩本又

作弇數色主反與音預烝之承反射食夜反準音准必中丁仲反

侮亡甫反易以豉反各長丁丈反伐去下羌呂反臧徐子郎反佚音逸

度徐如字亦作渡

盤庚中第十

話胡快反馬云告也言也誕徐音但亶丁但反馬本作單音同誠也造七報反注同馬在早

反云爲也　褻息列反　鮮息淺反　曷何末反下同　俾必爾反　咎其九反　比毗志反徐扶至反注又下同　共群用反　令力呈反　近附近之近　籲羊戍反　忱市林反　鞠居六反　臭徐尺售反　載如字又在代反　屬音獨注同馬云獨也　沈直林反　瘳勑留反　穢於廢反　倚於綺反徐於奇反　迂音于　僻匹亦反　迓五駕反　畜許竹反下同　脅虛業反　勞力報反又如字注同　重直勇反又直恭反　戕在良反又七良反　之行下孟反　斷丁緩反　治直吏反　盡子忍反　乃告工号反　我高后本又作乃祖乃父　易以豉反注同　遠于萬反又如字注同　汝分扶問反又如字注同　隕于敏反　暫才淡反　劓魚器反徐吾氣反　殄徒典反　易如字又以豉反注同　長丁丈反下遺長同

盤庚下第十一

奠田薦反　朝直遥反　腎時忍反　腸徐持良反　比毗志反　讒士咸反　降

工巷反徐下江反　去羌呂反　析先歷反注同　治直吏反　弔音的或如字　賁扶云反

長丁丈反注同　相爾上息亮反　好呼報反　任而林反　告故報反

說命上第十二

說本又作兊音悅注及下篇同　相息亮反下同　亮本又作諒如字又力章反　哲本又作喆

誥故報反　台音怡　賚力代反徐音來　俾必爾反　肖音笑　虢寡白反　壞

音怪　供音恭　朝張遥反　礪力世反　揖音接徐音集　瞑莫遍反　眩玄遍反徐

又呼縣反瞑眩困極也　瘳勑留反　警音景　跣先典反徐七顯反　爲己上于僞反

辟必亦反

說命中第十三

總音揔　宿音秀　后王于方反　長丁丈反　治直吏反下同　豫羊慮反　從

才容反　冑直又反　鎧苦代反　兜丁侯反　鍪莫侯反　易以豉反　笥息嗣

反省息井反一本作眚昵女乙反喪息浪反醇音純粹雖遂反黷徒木反

數色角反忱市林反

說命下第十四

台音怡遯徒頓反麴起六反蘖魚列反羹音庚一音衡鹽余廉反梅

亦作楳醋七故反以和如字又胡臥反斆戶孝反愆起虔反俊本又作畯仰

如字徐五亮反正長丁丈反下同俾必爾反撻他達反阿烏何反治直吏

反辟必亦反

高宗肜日第十五

雊工豆反己音紀肜音融繹音亦字書作襗爾雅云又祭也周曰繹商曰肜夏曰復胙

中丁仲反又如字台音怡乃復扶又反豐芳弓反昵女乙反尸子云不避遠昵

昵近也又乃禮反馬云昵考也謂禰廟也

西伯戡黎第十六

咎其九反馬云咎周者爲周所咎　黎力兮反國名尚書大傳作耆　受如字傳云受紂也音相亂馬云受讀曰紂或曰受婦人之言故號曰受也　伯亦作拍　戡音堪說文作𢦟云殺也以此戡訓刺音竹甚反　勝詩證反　近附近之近　圻巨衣反　王心于況反下注宜王者同　不相息亮反　不度待洛反　摯音至本又作𡠗　叅七南反馬云參字累在上

微子第十七

錯七各反馬云廢也　少詩照反　治直吏反　沈徐直金反　酗凶具反以酒爲凶曰酗說文作䣱云酒醟　湎面善反　醟音詠說文于命反䣱酒也　好呼報反　宄音軌　度如字　讎市周反　淪音倫徐力允反　喪息浪反　涯五佳反又五隹反　出尺遂反　耄字又作旄莫報反注同　遯徒困反徐徒頓反一音都困反　隮子細反玉篇子兮反切韻祖稽反　隕于敏反　不見賢遍反　省所景反　咈扶勿反　耇工口反　長丁丈反注同

攘如羊反因來而取曰攘　竊馬云往盜曰竊　神祇天曰神地曰祇　犧許宜反　牷音全　讎如字下同徐云鄭音疇馬本作稠云數也　斂力檢反馬鄭力豔反謂賦斂也徐云鄭力劒反　治直吏反　亟欺忌反數也又紀力反本又作極如字至也　懈佳賣反　脊在益反　臣僕一本無臣字　舊云馬云言也　刻音克馬云侵刻也　逃難乃旦反　靖馬本作清謂挈也　顧音故徐音鼓

經典釋文第三

經典釋文第四

尚書音義下　起第六盡十三

唐國子博士兼太子中允贈齊州刺史吳縣開國男陸　德明　撰

泰誓上第一　卷之六　周書　凡四十二篇九篇亡

虞芮 如銳反三國名 僉 七廉反 孟津 地名也 惟十有三年春 或作十有一年後人妄看序文輒改之 亶 丁但反 湎 面善反 冒 莫報反注下同 嗜 市志反切韻常利反 酷 苦毒反 榭 爾雅云有木曰榭本又作謝 陂 彼皮反 障 之亮反 匱 其魏反 刳 口胡反 剔 他歷反 孕 以證反徐養證反 悛 七全反 粢 音咨黍稷曰粢 盛 音成在器曰盛 懲 直承反 不爭 爭鬭之爭 爲立 上于嬀反 相 息亮反 否 方有反 度 徒洛反下注同 億 十萬曰億 貫 古亂反 類 師祭名 冢 中勇反 厎 之履反 從之 上才容反

泰誓中第二

徇以俊反字枯云徇巡也 愒苦曷反又苦蓋反 犂力私反又力兮反 眤女乙反 比毗志反 鮐他來反又音怡魚名 逋布吳反 酗況付反 脅虛業反 籲音喻 穢於廢反 辟次亦反 喪息浪反 之長丁丈反 謂巳音紀 十人周公旦召公奭太公望畢公榮公太顛閎天散宜生南官适及文母 我治直吏反 所惡烏路反一音如字 疆居良反 勗許玉反下同 將士子匠反下篇注同 懍懍力甚反

泰誓下第三

申令力政反 重直用反 夫長丁丈反 巳上上音以下時掌反 惰徒臥反 斮側略反又士略反 朝陟遙反 脛戶定反 剖普口反 耐乃代反 痡徐音數又普吳反 邪似嗟反 技其綺反 褻息列反 喪蘇浪反 斷丁管反 天惡烏路反 孜孜音滋 殄徒典反 殲子廉反 毅牛既反

牧誓第四

戎車音居釋名云古者聲如居所以居人也今曰車聲近舍車舍也韋昭辯釋名云古皆尺遮反從漢始有音居　夫長丁丈反　步卒子忽反　賁音奔　士稱尺證反　牧如字徐一音茂說文作坶云地名在朝歌南七十里字林音母　昧爽上音妹爽明也昧爽謂早旦也馬云昧未旦也　夜

陳直刃反　左杖徐直亮反　鉞音越本又作戉　旄音毛馬云白旄旄牛尾　麾許危反

逖他歷反　帥色類反下同　羌徐起良反說文云西戎牧羊人　髳莫侯反　濮音卜

叟所求反又蘇走反　比徐扶志反又毗志二反　楯食準反又音允　牝頻引反徐又扶忍反　索西各反　妲己丹達反下音紀紂妻也　復扶又反　俾必爾反使也徐甫婢反下同　宄音軌　愆去乾反　勗許玉反　剌七亦反　貔音毗　羆彼皮反爾雅云羆如熊黃白文　迓五嫁反馬作禦禁也　役馬云役爲也爲音于僞反

武成第五

獸徐始售反本或作嘼許救反旁步光反魄普白反說文作霸匹革反云月始生魄然貌

旁近附近之近哉徐音載豐芳弓反文王所都也華胡化胡瓜二反華山在恒農

非長丁丈反不復扶又反駿荀俊反亘本又作桓邊音邊以上時掌反燔音煩暨其器反大王上音泰肇音兆王迹上于況反又如字注王業王功同厎之履反烝之承反萃在醉反藪素口反魁苦回反窟口忽反遏烏末反周召上照反本又作邵貊云白反俾必爾反篚音匪

爲之上于僞反應應對之應相予上息亮反逾亦作踰陳于上直刃反注同徐音塵倒丁老反漂匹妙反徐敷妙反又匹消反杵昌呂反著張略反

散西旦反賚力代反徐音來已債上音以下側界反賙音周本亦作周養羊亮反

拱居勇反所任而鴆反治直吏反

洪範第六　卷之七

勝商證反　禄父下音甫　範音范　鎬胡老反本又作鄗武王所都也　陰默也馬云覆也　騭之逸反馬云升也升猶舉也舉猶生也　相協上息亮反助也　彝以之反　鯀工本反　陻音因　汩工忽反　五行戶庚反　不畀必二反徐甫至反注同與也　斁多路反徐同路反敗也　殛紀力反本或作極音同　錫星歷反　農馬云食爲八政之首故以農名之　嚮許亮反一音許兩反　沮在汝反　此巳上時掌反　禹所第　敘馬云從五行巳下至六極洛書文也漢書五行志以初一巳下皆洛書文也　炎榮鉗反　上時掌反又如字下同　糅如酉反　鹹音咸　鹵音魯　貌本亦作䫉　視常止反徐市止反　思如字徐息吏反下同　儼魚檢反　諦音帝　睿悅歲反馬云通也　哲之舌反徐丁列反又之世反　成當丁浪反　縱子用反或作從音同　士卒子忽反　宿音秀　迭田節反　見賢遍反　比毗志反注同　罹馬力馳反又來多反　之行下孟反　好呼報反　下人遐嫁反　無虐馬本作亡侮　煢岐扃反　畏如字徐云鄭音威　其行如字徐下

孟反 其爲于僞反 陂音祕舊本作頗音普多反 好呼報反 惡烏路反注同 闢
婢亦反 平平婢緜反 治直吏反 以近附近之近 克馬云勝也 御魚呂反
能治直吏反 燮息協反 辟徐補亦反 玉食張晏注漢書云王食珍食也韋昭云
諸侯備珍食異之食 頗普多反 僻匹亦反 僭子念反 忒他得反馬云惡也 蓍
音尸 霽子細反 蒙武工反徐亡鉤反 驛音亦注同 屬音燭 占用二馬云
占筮也 衍以淺反 逢馬云逢大也 冠官喚反 暘音陽 乾音干 煖乃管反
以長丁丈反 蕃音煩 廡無甫反徐莫柱反 美行下孟反 治直吏反下政治治其
職皆同 晢之設反徐音制又音哲 咎其九反 豫羊庶反徐又音舒 省悉井反 別
方列反 好呼報反 橫華孟反又如字 凶馬云終也 折時設反一音之舌反 尩烏黄反
班本又作般音同 分器扶問反注同

旅獒第七

獒五羔反馬云作豪酋豪也召公時照反後召公皆放此賄呼罪反厎之履反之

長丁丈反以供音恭不爲于僞反侈昌氏反又式氏反不易羊隻反

狎易以豉反盡津忍反下同玩五貫反喪息浪反觀官喚反畜

許竹反細行下孟反累劣僞反仞音刃字又作刃七尺曰仞一云八尺曰仞虧曲爲

反簣其貴反向許亮反乾乾其連反昃音側世王如字又于況反注同

巢仕交反徐呂交反朝直遥反芮如鋭反圻音祈

金縢第八

武王有疾馬本作有疾不豫縢徒登反緘工咸反豫本又作忬其

爲于僞反戚千歷反壇徒丹反築土也馬云土堂墠音善植時織反徐音置贄

音至祝如字或之又反下同遘工豆反遇也丕普悲反馬同徐甫眉反鄭音不瘳勑留反下同

籥予若反徐以略反馬云籥卜兆書管乃并必政反差初賣反喪蘇浪反孺

如樹反辟扶亦反治也說文作壁云必亦反法也馬鄭音避謂避居東都貽羊支反名如字徐亡政反
鵙尺夷反鴞于嬌反誚在笑反以遺唯季反穫戶郭反拔皮八反
弁皮彥反徐扶變反應應對之應說如字徐音始銳反倡昌亮反皆從
于用反又如字噫於其反馬本作懿猶億也沖直忠反新逆馬本作親迎遺使
所吏反築音竹本亦作筑謂築其根馬云築拾也并見賢遍反

大誥第九

三監古懺反視也相成王上息亮反注同誥本亦作弇猷音由道也邦馬本作大
誥繇爾多邦盡津忍反弔音的又如字割馬本作害不少馬讀弗少延爲句難
乃旦反累劣僞反矧失忍反賁扶云反徐音憤遺唯季反蠢尺允反大
難乃旦反下同又如字腆他典反馬云至也誕大旦反祿父下音甫後同疵在斯
反馬云瑕也令不力呈反鄙易以豉反下其易同敉亡婢反先應應對之應

弁必政反注及篇末同　逋布吾反　鰥故頑反　予造馬云遺也爲也　不卬五剛反我也
毖音秘　相息亮反　畏如字徐音威　省悉井反　閟音秘　棐徐音匪又芳鬼反
忱市林反　曰思上人實反　之難乃旦反下爲難同　厎之履反　構古候反　治直吏反
菑側其反草也田一歲曰菑　穫戶郭反　猶惡烏路反　不易以豉反
龍力勇反　儹子念反

微子之命第十

正朔上音政　裔以制反　令聞如字又音問　篤本又作竺東谷反　歆許今反
蕃方元反本亦作藩　毗房脂反　俾必爾反　斁音亦　好呼報反　猒於豔反
穎役領反　穟似醉反本亦作遂

康誥第十一　卷之八

數上所角反　叛叛亦作畔　梓音子　圻具依反　魄字又作魄普白反馬云魄朏也謂月三日

始生兆朏名曰魄 汭如鋭反 和見賢遍反 乃洪大誥治直吏反注及下

其治民安治用安治同一本作周公迺洪大誥治 皆勞力報反 孟長丁丈反下同 愼

去羌呂反下欲去去夫疾同 怙音戶 冒莫報反覆也 聞如字徐又音問 殪於計反 勗

適音聿又音述許玉反馬云述也 衣如字徐於既反 者音狗 恫音通又勑動反 瘝

古頑反 棐音匪又芳鬼反 忱市林反 往盡徐子忍反 好呼報反 懋音茂 應

應對之應注同徐於甑反 眚所領反本亦作省 宥于救反 咎其九反 孩亥才反 劓

魚器反 刵如志反 臬魚列反 要於霄反 蔽必世反 斷丁亂反下及篇末同 覆

芳服反 彝以支反下同 款苦管反 攘如羊反 宄音軌 暋音敏 憝徒對

反徐徒猥反 強其丈反 無不惡烏路反下所大惡疾惡亦惡並音同 鞠居六反 弔

音的 泯徐武彰反 戛簡八反 乃別彼列反注同 汝長丁丈反下同 忌其記反

懌音亦 為求上于僞反 之說如字徐始鋭反 假令力呈反 數所角反 殛

紀力反

酒誥第十二

嗜市志反　王若馬本作成王若曰注云言成王者未聞也俗儒以爲成王骨節始成故曰成王或曰以成王爲少成二聖之功生號曰成王没因爲謚衛賈以爲戒成康叔以慎酒成就人之道也故曰成此三者吾無取焉吾以爲後録書者加之未敢專從故曰未聞也　妹邦馬云妹邦即牧養之地　欲令力呈反下始令勿令同　文王第稱穆周自后稷而封爲始祖后稷生不窋爲昭鞠陶爲穆公劉爲昭慶節爲穆黄僕爲昭羗弗爲穆毁榆爲昭公非爲穆高圉爲昭亞圉爲穆諸盩爲昭大王爲穆王季爲昭文王爲穆故左傳宫之奇云大伯虞仲大王之昭也虢仲虢叔王季之穆也又冨辰云管蔡巳下十六國文之昭也昭一音韶窋音竹律反榆音投盩音張流反大並音太　毖音秘　少正上詩照反　爲祭上于僞反下同　惟行下孟反注及下注之行同　厥長丁丈反下注長官諸侯之長同　賈音古　養羊亮反　洗先典反馬云盡也　腆他典反　省悉井反　饋其位反　信任音壬　畏相

息亮反下同暇遐嫁反湎面善反祗辟扶亦反酣戶甘反樂音洛不
易如字馬以政反縱子用反注同泆音溢又作逸亦作佚畫許力反差初佳反又初賣反
很胡懇反腥聞音問監工陷反下及注同劼苦八反圻巨依反父音甫薄
蒲各反徐又扶各反違如字徐音回馬云違行也宏大也辟必亦反斷丁亂反佚
音逸盡子忍反惡俗上烏各反三申上息暫反又如字

梓材第十三

梓音子本亦作杍馬云古作梓字治木器曰梓治土器曰陶治金器曰冶塈其器反敬勞
下音力報反下同來力代反宄音軌亦見如字徐賢遍反戕徐在羊反又七良反馬云
殘也折獄上之舌反監工暫反劉工銜反下同爲民上于僞反注同其治直吏反
屬婦上音蜀妾之事妻也無令力呈反篇末同寃紆元反一本作以寃恬田兼反
辟扶亦反菑側其反畎工犬田反垣音袁墉音庸馬云卑曰垣高曰墉塈徐許氣反

說文云仰塗也廣雅云塗也馬云堊色一音故愛反茨徐在私反樸普角反馬云未成器也斲丁角

反雘枉略反徐烏郭反馬云善丹也說文云讀與靃同也又一郭反字林音同夾音協近也朝享

上直遥反付如字馬本作附拓音託懌音亦字又作斁下同先悉薦反注同監古陷反

爲于僞反

召誥第十四

召時照反相宅上息亮反下注同鎬胡老反見賢遍反下不見同先周公

上悉薦反又如字朏芳尾反又普沒反徐又芳憒反規度待洛反朝直遥反位處

昌慮反汭如銳反共音恭句故侯反屬音燭乃復扶又反瘝工頑反

夫知並如字注同籲音喻呼也號戶高反少詩照反諴音咸嵒五咸反徐

又音吟治直吏反下爲治致治皆同比毗志反徐扶志反近附近之近令丕上力呈反遺

唯季反讎字或作酬奉幣上如字又芳孔反供音恭徐紀用反注供待同

洛誥第十五　卷之九

既相息亮反注及下同使來上所吏反注遣使同辟必亦反少詩照反治

直吏反河朔朔北也瀍直連反南近附近之近伻普耕反徐敷耕反又甫耕

反下同貞正也馬云當也盡子忍反曰記上音越一音人實反燄燄音豔敘絕句

馬讀敘字屬下無令力呈反嚮徐許亮反注同惇都昆反頒音班徐甫云反馬云

猶也棐音匪又芳鬼反蘉徐莫剛反又武剛反馬云勉也被寬上皮寄反又彼美反裦

薄謀反切韻博毛反旁步光反迓五嫁反馬鄭王皆音魚據反毖音秘敉亡婢反治

直吏反下同監我上工銜反注同樂公上音洛無斁音亦猒於豔反單

音丹馬丁但反信也秬音巨鬯勑亮反香酒也卣由手反又音由中樽也禋音因遘工豆

反猒於豔反注同馬云猒飫也徐於廉反王在新邑孔馬絕句烝之承反鄭讀王在新邑烝絕句

騂息營反祝之又反一音之六反王賓絕句殺禋絕句一讀連咸格絕句太室

馬云廟中之夾室祼官喚反誕保文武受命絶句馬同惟七年攝政七年天下太平馬同鄭云文王武王受命及周公居攝皆七年

多士第十六

不則如字或作測非徙近附近之近弔音的旻天上閔巾反仁覆愍下謂之旻馬云秋曰旻天秋殺氣也方言降喪故稱旻天也愍眉隕反喪息浪反弋徐音翼馬本作翼義同治直吏反畀必利反下同秉爲于僞反明畏如字一音威逸樂音洛下同譴棄戰反嚮許亮反于時夏絶句馬以時字絶句泆音逸又作佾注同馬本作屑云過也不背音佩之行下孟反甸徒遍反已上時掌反齊敬上側皆反喪息浪反不復扶又反逖他歷反比事上毗志反注同遠於上于萬反攸賓如字徐音殯馬云却也不啻始豉反徐本作商音同下篇倣此

無逸第十七

好呼報反　怙音戶　相息亮反　諺五旦反　嚴如字又魚檢反注同馬作儼　治直吏
反　孝行下孟反　惸求營反字又作煢　耽丁南反注下同　樂音洛注下同　甲
服如字馬本作俾使也　鮮息淺反注同　昃音側本亦作反　昳田節反　供音恭　愆
起虔反　夫音扶　酗況付反　譸竹求反馬本作輈爾雅及詩作侜同侜張誑也　幻音患　誑
九況反　詛側助反　祝之又反　詈力智反　憾胡暗反　叢才工反

君奭第十八　卷之十

爲保太保也　爲師太師也馬云保氏師氏皆大夫官　相息亮反　左右馬分陝
爲二伯東爲左西爲右　不說音悅　奭始亦反召公名　弔音的　棐音匪又芳鬼反　忱
市林反　其終馬本作終崇云充也　君巳音以　遏於葛反徐音謁絕反　佚音逸　不
易以豉反注同　諶氏壬反　我道馬本作我迪　去之上如字又起呂反　尹摯
音至　隕于敏反　傅說音悅　安治直吏反下同　屏賓領反　辟必亦反　重

勸上直用反虢寡白反徐公伯反閎音宏夭於表反徐於驕反散宜上素但反顛丁田反又音田南宮括工活反南宮氏括名也馬本作南君胥附毛詩作疏附傳曰率下親上曰疏附鄭箋云疏附使疏者親也奔走奔又作本走又作奏音同詩傳云喻德宣譽曰奔奏鄭箋云奔走使人歸趣先後上悉薦反下戶豆反毛詩傳云相導前後曰先後禦侮詩傳云武臣折衝曰禦侮蔑徐云結反迪見賢遍反注同冒莫報反下同馬作勗勉也閎于上音問或如字輔相息亮反造才老反一音七到反鳴鳥馬云鳴鳥謂鳳皇也本或作鳴鳳者非以朝直遙反之易以豉反爲波民上于僞反亶丁但反喪息浪反否方九反勘音堪不勝音升俾必耳反懈佳賣反鮮息淺反

蔡仲之命第十九

辟婢亦反徐扶亦反七乘繩證反從車上才用反圻巨依反下同畋行下孟反封如字徐音甫用反治直吏反懋音茂蕃方元反注同厥度如字注同

斷丁亂反 踐似淺反馬同大傳云藉也 數色角反 覆芳服反 成王政如字馬本作征

蒲如字徐又扶各反馬本作薄云正 近中附近之近

多方第二十

費誓上音秘 鎬胡老反 別彼列反 譴棄戰反 迪徒歷反馬本作攸云所也

之行下孟反 麗力馳反 重亂上直用反又直龍反 憒勑二反說文之二反 劓

魚器反 不畀必二反 輔相息亮反 慎去羌呂反 要一遙反又一妙反注同

殄亭遍反 已上時掌反 辟必亦反 間之間廁之間 不蠲吉玄反馬云明

也一音圭 烝絕句之承反馬云升也 任音壬 畀并至反 夾音協注同 數色角反 要

一遙反 訊音信 倡音唱 殛紀力反本又作極 臬魚列反馬本作劓 相長丁丈反

閱音悅 頗破多反 探吐南反 僻匹亦反

立政第二十一

盡禮上津忍反下同 任而鴆反 準之允反 綴徐丁衛反又丁劣反 賁音奔 所長丁丈反除篇末文注以長音直良反餘並同 鮮息淺反 籲音喻 忱市林反 恂音荀 之行如字徐下孟反 釐力之反 耿工迥反徐公穎反又公東反下同 王天上往況反下王有同 見德上賢遍反下注同 受德受德紂字馬云受所爲德也 暋眉謹反徐亡巾反一音閔 爲作上于僞反下爲之同 自強其丈反 伻普耕反徐敷耕反又甫耕反 趣七口反 券音勸 契苦計反 藏才浪反 阪音反 遠惡上于萬反 譽音餘又如字 敉亡婢反 傳之上直專反 俾必爾反下同 治直吏反下同 相我上如字馬息亮反下勸相同 間間廁之間 可復扶又反 話户快反 稚直吏反本亦作稺 繹音亦 憸息廉反徐七漸反本又作憮同憸利之人馬云憸利佞人也 勱音邁 詰起一反馬云實也 之比必二反又如字 愼行如字

周官第二十二　卷之十一

還音旋徐音全巡行下孟反辟必亦反治直吏反下至家宰經注同之長丁丈反下官長助長君長同不逮音代一音大計反懈佳賣反燮素協反傅相息亮反處昌慮反少詩照反下同擾而小反徐音饒慝吐得反倡尺亮反下同阜音負治直吏反一朝直遥反巡守音狩下同本亦作狩已上時掌反議度待洛反蓄勑六反莅音利又音類斷丁亂反下注同厖武江反勝音升數音亦

長安上直良反厭於豔反肅慎馬本作息慎云北夷也駒俱付反又如字麗力支反馯戶旦反地理志音寒貊孟白反說文作貉北方豸種孔子曰貉之言貊貊惡也俾必爾反馬本作辨使近附近之近柩其久反

君陳第二十三

君陳鄭注禮記云周公之子監工銜反懋音茂治直吏反下注政治同孜孜音兹之行下孟反下德行同應應對之應繹音亦度之上待洛反從七容反辟

扶亦反下同厥中如字或丁仲反斷丁亂反狃女九反君長詩丈反坫
別彼列反沮在汝反否方九反又音鄙好呼報反長世上如字朽許久反

顧命第二十四

而治直吏反相息亮反顧工户反命臨終之命曰顧命馬云成王將崩顧念康王命召公畢公
率諸侯輔相之懌音亦馬本作不釋云不釋疾不解也洮他刀反徐音逃馬云洮洮髮也頮音悔說文
作沬云古文作頮馬云頮頮面也被皮義反徐扶僞反注同憑皮冰反下同說文作凭云依几也字林同
父冰反齊側皆反盥音管又音灌加朝直遥反奭音釋芮如銳反彤
徒冬反賁音奔之長丁丈反幾音機徐音幾下同瘳敕留反重光上直
龍反馬云日月星也太極上元十一月朔旦冬至日月如疊璧五星如連珠故曰重光麗力馳反肄徐以
至反又以制反侗徐音同又敕動反馬本作侗云共也斥昌亦反釗姜遼反又音昭徐之肴反夫
如字注同冒亡報反一音墨馬鄭王作勖貢如字馬鄭王作贛音敕用反馬云陷也出如字

徐尺彖反綴丁衛反下同王崩馬本作成王崩注云安民立政曰成幄於角反下同墉
音容本亦作牖首手又反俾必爾反伋居及反齊侯名太公子度舊音杜洛反恐誤注
云作冊書法度音宜如字傳直專反伯相息亮反供音恭鬴音甫徐音輔扆
於豈反屏步經反畫胡卦反牖音酉復扶又反嚮許亮反篾眠結反馬
云纖蒻純之允反又之閏反下同緣悅絹反本或作純底之履反馬云青蒲也蒻音弱華
音平豐芳弓反筦音官又音關鏤來豆反夾工洽反徐音頰注同筍息允反馬云箬
箬也徐云竹子竹為席于貧反紛孚云反漆音七徐七利反綬音受越玉馬云越地所獻玉也
五重直容反琬紆晚反琰以冊反削音笑夷玉馬云東夷之美玉說文夷玉即珣玗琪
天球音求馬云玉磬雍於用反本亦作邕鼖扶云反注同中法上丁仲反車渠上尺
遮反車渠車輞也兌徒外反共音恭作才故反南向許亮反塾音孰音音
重直用反弁皮彥反徐扶變反綦音其馬本作騏云青黑色夾徐工洽反戺音音

廉力占反棱也　鉞音越說文云大斧也　戣音逵徐音懼　瞿其俱反　銳以稅反　隮子西
反徐子詣反　蟻魚綺反　瑁莫報反　憑皮冰反　卞皮彥反徐扶變反　眇眇彌小反
咤陟嫁反字亦作宅又音妬徐又音託又豬夜反說文作詫丁故反奠爵也馬本作詫與說文音義同　酢才各反
供王音恭　隮才細反　互音護　宅如字馬同徐殆故反　徹丑列反徐直列反　處昌呂反

康王之誥第二十五

康王既尸天子馬本此句上更有成王崩三字　乘繩證反　鬣力輒反　壤
如丈反　見賢遍反下同　蕃方袁反　朝直遥反　喪息浪反　贄音至　盡子忍
反　羑羊久反馬云道也　戡音堪　遺唯季反注及下同　施以豉反　無壞音怪　甸男
衛馬本從此已下爲康王之誥又云與顧命差異敘歐陽大小夏侯同爲顧命　厎之履反　至齊
信馬讀厎至齊絕句　熊音雄　羆彼皮反　畀必利反徐甫至反　王天于況反　傳
直專反　督丁木反　鞠居六反　脫去羌呂反

畢命第二十六　卷之十二

別彼列反　絀普忽反徐芳尾反又芳憒反　王朝陟遥反　鎬戶老反　釐力之反

治正上直吏反一本作治政則依字讀　令得上力呈反　大師上音泰　毖音秘　密近如字又附近之近　度徒洛反舊作待路反　有上時掌反　更古行反　懋音茂　拱九勇反　仰如字徐五亮反　治直吏反　別彼列反　癉丁但反　俾必爾反　沮辭汝反又慈呂反　守徐始救反　重直用反　好呼報反　覆芳服反　鮮息淺反　悖布內反　敝步寐反　怙音戶　侉苦瓜反　厭於葉反又於甲反又於豔反　政治直吏反　弛始豉反　浸子鴆反　衽而甚反又而鴆反　爲周上于僞反　人少詩照反

君牙第二十七

穆王名滿　君牙或作君雅　畫胡卦反　蹈徒報反　噬市制反　陷陷沒之陷

膂音旅　累劣僞反　令有上力呈反　其易以豉反　鈌苦穴反　治直吏反下注同

辟必亦反

冏命第二十八

冏九永反字亦作煛長誅丈反怵勑律反惕他歷反礙五代反侍御如字一音禦僕從才用反注及下注侍從同繩市陵反俾必爾反更古衡反便婢緜反辟四亦反徐扶亦反足恭上將住反諛徐以朱反昵女乙反憸息廉反徐七漸反利口也本亦作思近附近之近道君道導也瘝故頑反

呂刑第二十九

贖音蜀注下同耄本亦作薹毛報反切韻莫報反度待洛反注同馬如字云法度也詰起一反蚩尺之反尤有牛反馬云少昊之末九黎君名鴟尺之反鴟梟惡鳥馬云鴟輕也義本亦作誼究音軌攘如羊反矯居表反虔其然反劓魚器反刵徐如志反椓丁角反黥其京反麗力馳反弁必政反泯泯面忍反徐音民棼棼芳云反徐扶云反覆

芳服反徐敷目反詛側助反背音佩約如字又於妙反發聞音問又如字注同腥音星
之行下孟反君帝君宜作皇字帝堯也遏於葛反重直龍反注同黎力兮
反棐音匪又芳鬼反鰥居頑反清問馬云清訊也折之設反下同馬鄭王皆音悊馬云智
也種章用反殖承力反斷丁亂反下同祇止而反治直吏反賂來故反爲
天上于僞反任重上而鴆反下輕重之重麗力馳反蠲吉緣反咎其九反聽如字
又他經反少詩照反長丁丈反日勤上人實反一音曰天齊于民絕句馬云齊中
也俾我絕句上必爾反馬本作矜矜哀也曰吁況于反馬作于于於也度待洛反注同馬云謀造也
兩造七報反注同核幸革反不應應對之應下同疵才斯反惟來馬本作求云有
求請賕也墨辟婢亦反鍰徐戶關反六兩也鄭及爾雅同說文云鋝也鋝十一銖二十五分銖之十三
也馬同又云賈逵說俗儒以鋝重六兩周官劒重九鋝俗儒近是閱音悅顙素黨反涅乃結反剕
扶謂反倍差測加反下同傳云五百鍰也馬云倍二百爲四百差者又加四百之三分之一凡五百三十二

鍰三分鍰之一也　刖音月又五割反絕也　互見賢遍反　無僭子念反　并必政反

數色住反　刑當丁浪反　謂上時掌反下注同　鞠九六反　劾亥代反玉篇胡得反

以儆音景　天相如字馬息亮反助也　治直吏反　令衆上力呈反　屬音燭

文侯之命第三十　卷之十三

平王馬本無平字　錫星歷反馬本作賜　秬音巨　鬯勑亮反　瓚才但反　杓上灼反

柄彼病反　義本亦作誼　和馬云能以義和諸侯　別彼列反　數聞音問　以

王于況反　辟必亦反　閔予如字又音與　愆去虔反　隤杜回反　隕于敏反

殄大見反　重稱上直用反　乃辟扶亦反　扞下旦反注同　遣令力呈反　賚力代反

卣音酉又音由　釀女亮反　彤徒冬反　馬供音恭　核戶革反　治直吏反

費誓第三十一

伯禽魯侯名　不開舊讀皆作開馬本作闢　賁音秘　諱戶瓜反　監工銜反
敹了彫反　敿居表反　弔音的　鎧苦代反　兜丁侯反　鍪音矛　楯常準反又音允
紛芳云反　不令力呈反　鍛丁亂反　礪力世反　鍊來見反　牿工毒反　杜本又作敷
擭華化反徐戶覆反　敜徐乃協反又乃結反　穽在性反　檻戶減反　窒珍栗反　畜許六反又丑六反　逋布吳反　佚音逸　商如字徐音章　賚力代反徐音來　度待洛反　攘如羊反　垣音袁　峙直里反爾雅云具也　糗去九反一音昌紹反　糧音良　糒音備　楨音貞徐音
榦二翰反　築陟六反　守手又反　堙音因　不供音恭　芻初俱反　茭音交

秦誓第三十二

秦穆公伐鄭事見魯僖公三十三年　三帥色類反下注同謂孟明視西乞術白乙丙　崤戶交反　塞悉代反　假工下反　樂音洛　俾必爾反下同　復扶又反　惟爲于僞反下爲我謀同　番番音波　仡仡許訖反又魚乞反馬本作訖訖無所省錄之貌徐云強狀　射神夜反　截

截才節反馬云辭語截剩省要也諞音辨徐敷連反又甫淺反馬本作偏云少也辭約損明大辨佞之人易羊石反昧昧音妹介音界馬本作介云一介耿介一心端愨者字又作个音工佐反斷斷丁亂反又音短猗於綺反又於宜反技其綺反本亦作伎他本亦作它吐何反樂音洛好之上呼報反啻失豉反冒莫報反音同惡烏路反背音佩壅於勇反塞先得反殆唐在反杌五骨反隉五結反徐語折反

經典釋文第四

五福五代堂古稀天子寶

八徵耄念之寶

太上皇帝之寶

五福五代堂古稀天子寶

八徵耄念之寶

太上皇帝之寶

經典釋文卷第五

毛詩音義上 起第一盡第六

唐國子博士兼太子中允贈齊州刺史吳縣開國男陸德明撰

周南周者代名其地在禹貢雍州之域岐山之陽於漢屬扶風美陽縣南者言周之德化自岐陽而先被南方故序云化自北而南也漢廣序又云文王之道被於南國是也 關雎七胥反依字且邊隹且音子餘反旁或作鳥 故訓傳第一舊本多作故今或作詁音古又音故傳音直戀反案詁故皆是古義所以兩行然前儒多作詁解而章句有故言郭景純注爾雅則作釋詁樊孫等爾雅本皆爲釋故今宜隨本不煩改字 毛詩詩是此書之名毛者傳詩人姓既有齊魯韓三家故題姓以別之或云小毛公加毛詩二字又云河間獻王所加故大題在下案馬融盧植鄭玄注三禮並大題在下班固漢書陳壽三國志題亦然 國風國者總謂十五國風者諸侯之詩從關雎至騶虞二十五篇謂之正風 鄭氏箋本亦作牋同薦年反字林云箋表也識也案鄭六藝論云注詩宗毛爲主毛義若隱略則更表明如有不同即下已意使可識別也然此題非毛公馬鄭王肅等題相傳云是雷次宗題承用既久未敢

爲異又案周續之與雷次宗同受慧遠法師詩義而續之釋題已如此又恐非雷之題也疑未敢明之

關雎 舊解云三百一十一篇詩並是作者自爲名 **后妃** 芳非反爾雅云妃媲也對也左傳云嘉耦曰妃禮記云天子之妃曰后 **之德也** 舊說云起此至用之邦國焉名關雎序謂之小序自風風也訖末名爲大序沈重云案鄭詩譜意大序是子夏作小序是子夏毛公合作卜商意有不盡毛更足成之或云小序是東海衛敬仲所作今謂此序止是關雎之序揔論詩之綱領無大小之異解見詩義序並是鄭注所以無箋云者以無所疑亂故也 **風之始也** 此風謂十五國風風是諸侯政教也下云所以風天下論語云君子之德風並是此義 **所以風** 如字徐福鳳反今不用 **風風也** 並如字徐上如字下福鳳反崔靈恩集注本下即作諷字劉氏云動物曰風託音曰諷崔云用風感物則謂之諷沈云上風是國風即詩之六義也下風即是風伯鼓動之風君上風教能鼓動萬物如風之偃草也今從沈說 **風以動之** 如字沈福鳳反云謂自下刺上感動之名變風也今不用 **故嗟** 迹斜反咨嗟也 **歎之** 本亦作嘆湯贊反歎息也 **蹈之** 徒到反動足履地也 **猶見** 賢遍反 **角徵** 陟里反 **上下** 時掌反 **相應** 應對之應下注同 **治世** 直吏反 **之音** 絶句 **安**

以樂音洛絶句其政和一讀安字上屬以樂其政和爲一句下放此以思息吏反正

得失周云正齊人之得失也本又作政謂政教也兩通莫近如字沈音附近之近厚人倫

音后本或作序非曰比必履反曰興虛應反沈許甑反曰頌音訟下以風福鳳

反注風刺同刺上本又作刾七賜反而譎古穴反詐也故曰風福鳳反又如字之苛

本亦作荷音何苛虐也吟疑今反動聲曰吟風其上福鳳反告於古毒反麟吕辛

反趾音止騶本亦作騶側留反召公本亦作邵同上照反後召南召公皆同從岐其宜反山

名也或音祇被江皮寄反大王音泰淑女常六反善也哀前儒並如字論語云哀而

不傷是也鄭氏改作衷竹隆反窈烏了反窕徒了反毛云窈窕幽閑也王肅云善心曰窈善容曰窕

恕音庶本又作念好呼報反逑音求雎七胥反鳩九尤反雎鳩王雎也鳥之有至別者

之洲音州水中可居者曰洲興也虛應反沈許甑反案興是譬諭之名意有不盡故題曰興他皆放此

摯本亦作鷙音至有別彼竭反下同説音悦樂音洛和諧戶皆反則朝

直遥反 廷徒佞反 好毛如字鄭呼報反兔罝詩放此 逑音求毛云匹也本亦作仇音同鄭云怨耦
曰仇 幽閒音閑下同 怨耦五口反 能爲于僞反 不嫉音疾徐音自後皆同 妬
丁路反以敗曰妬 參初金反 差初宜反又初佳反 荇衡猛反本亦作莕接余也沈有並反 左右
王申毛如字鄭上音佐下音佑助也 接余音餘本或作菨荼非 共荇菜音恭本或作供下共荇菜
並同 之菹阻魚反字又作葅 九嬪鼻申反内官名 皆樂音洛又音岳 寤五路反覺
也 寐莫利反寢也 覺也音敎 悠哉音由思也 輾本亦作展哲善反呂忱從車展鄭云
不周曰輾注本或作臥而不周者剩二字也 芼之毛報反擇也 樂之音洛又音岳或云協韻宜五敎反
關雎五章章四句故言三章其一章四句一章
章八句五章是鄭所分故言以下是毛公本意後放此
葛覃本亦作蕈徒南反覃延也 澣本又作浣戶管反 濯直角反 師傅夫附反
欲見賢遍反 施于毛以豉反移也鄭如字下同 萋萋切奚反茂盛皃 延蔓音萬

㥏㥏子鳩反　日長丁丈反　灌木古亂反叢木也　喈喈音皆和聲之遠聞也　摶黍徒端反鳥名也　叢木才公反俗作藂一本作最作外反　遠聞音問又如字下同　之稱尺證反　莫莫美博反成就貌　是艾本亦作刈魚廢反韓詩云刈取也　是濩胡郭反煑也韓詩云濩瀹也音羊灼反　爲絺恥知反葛之精者曰絺　爲綌去逆反麤曰綌　無斁本又作斁音亦猒也　猒也於豔反本亦作厭　玄紞都覽反紞織五采如縚狀用縣瑱也　紘獲耕反纓之無緌者從下仰屬於冠　綖音延冕上覆也　朝服直遥反下同　庶士謂庶人在官者本或作庶人　各衣於既反　謂嫁曰歸本亦無曰字此依公羊傳文　重言直用反　薄汙音烏煩也　副如字婦人首飾之上　褘音煇王后六服一曰褘衣　接見賢遍反下見於君子同　煩撋諸詮之音而專反何胤沈重皆而純反阮孝緒字略云煩撋猶捼莎也捼音奴禾反莎音素禾反　禒衣吐亂反六服之最下者　害澣戶葛反曷何也下同　害否方九反　絜清如字沈音淨

卷耳眷勉反苓耳也廣雅云枲耳也郭云亦曰胡枲江南呼常枲草木疏云幽州人謂之爵耳

險詖彼寄反妄加人以罪也崔云險詖不正也頃音傾筐起狂反毛云頃筐畚屬韓詩云頃筐欹筐也苓耳音零畚音本何休云草器也說文同易盈以豉反下同憂思息吏反下憂思同寘之豉反置也周行戶康反行列也注下同謂朝直遥反崔徂回反嵬五回反毛公崔嵬土山之戴石也毛此注及下釋𡸁與爾雅同虺呼回反徐呼懷反說文作瘣隤徒回反徐徒壞反虺隤病也爾雅同孫炎云馬退不能升之病也說文作頹使臣色吏反下同離其力智反我姑如字姑且也說文作夃音同云秦以市買多得爲夃罍盧回反酒罇也韓詩云天子以玉飾諸侯大夫皆以黃金飾士以梓禮記云夏曰山罍其形似壺容一斛刻而畫之爲雲雷之形以勞力到反不復扶富反岡古康反山脊也兕字又作兇徐履反爾雅云兕似牛觥古橫反罰爵也以兕角爲之字又作觵韓詩云容五升禮圖云容七升爲意于僞反劬勤並如字俗本下並加心非也爲樂音洛⿰石宜矣本亦作砠同七餘反毛云石山之戴土也瘏矣音塗病也本又作屠非痡矣音敷又普烏反病也本又作鋪同吁矣香于反憂也痡病也一本作痛亦病也者非樛木

居虯反木下句曰樛字林九稠反馬融韓詩本並作朻音同字林巳周反說文以朻爲木高 逮下徒戴反又徒帝反 之心焉崔集注本此序有鄭注撿衆本並無 藟本亦作櫐力軌反似葛之草也草木疏云一名巨荒似燕薁亦連蔓葉似艾白色其子赤可食 纍之力追反纏繞也本又作虆 上附時掌反 樂只之氏反猶是也 綏之音雖安也 樂樂上音岳下音洛 縈之本又作縈烏營反旋也說文作縈

螽斯音終斯爾雅作蜤音同螽斯蜙蝑也 諱惡烏路反 詵詵所巾反衆多也說文作㚴音同 蚣粟容反字林作蜙先凶反郭璞先工反許愼思弓反 蝑粟居反許愼呂忱並先呂反郭璞才與反案一名斯螽七月詩云斯螽動股是也揚雄許愼皆云舂黍草木疏云幽州謂之舂箕蝗類也長而青長股股鳴者也郭璞注方言云江東呼爲蚝蜢音竹白反蜢音猛 情慾音欲諸詮之音論 不耳本或作不然 振振音眞仁厚也 宜女音汝 薨薨呼弘反衆多也 揖揖子入側立二反會聚也 蟄蟄尺十反徐又直立反和集也

桃夭於驕反桃木名夭夭少壯也說文作枖云木少盛貌 鰥本亦作鱞古頑反老無妻曰鰥 少壯詩照反 倶當丁浪反 有蕡浮雲反實貌 蓁蓁側巾反至

盛也 盡以 律忍反或如字他皆放此 菟罝 菟又作兔他故反罝音子斜反菟罟也說文子余反 好
德 呼報反 椓之 陟角反 丁丁 陟耕反椓杙聲 菟罟 音古罔也 杙 本又作弋羊職反郭
羊北反爾雅云樴謂之杙李巡云橜也樴音特橜音其月反 赳赳 居黝反武皃爾雅云勇也 干城 如字爾雅云干
扞也孫炎注云干楯所以自蔽扞也鄭云干也城也皆以禦難也舊戶旦反沈音幹 扞也 戶旦反 以禦 魚呂反
難也 乃旦反下同 任爲 音壬 將 子匠反 帥 色類反沈所愧反 可任 而鴆反後不音者放
此 國守 手又反 折 之設反 衝 昌容反 施于 如字 中逵 求龜反九逵道也杜預注
春秋云途方九軌 施于中林 如字沈以豉反 制斷 丁亂反 芣苢 音浮
苢本亦作苡音以芣苡馬舄也又名車前韓詩云直曰車前瞿曰芣苡郭璞云江東呼爲蝦蟇衣草木疏云幽州人謂之牛舌
又名當道其子治婦人生難本草云一名牛遺一名勝舄山海經及周書王會皆云芣苢木也實似李食之宜子出於西戎衛氏傳
及許愼並同此王肅亦同王基已有駁難也 馬舄 音昔 掇 都奪反拾也一音知劣反 拾 音十 捋
力活反 袺 音結執衽也 執衽 入錦反又而鴆反衣際也 擷 戶結反扱衽也一本作擷同 扱衽

初洽反
漢廣漢水名也尚書云嶓家導漾水東流為漢被于皮義反紂時直久
反紂王也徧於邊見反喬木本亦作橋渠驕反徐又紀橋反木枝上竦也休息並如字古本皆爾本
或作休思此以意改耳上竦粟勇反流水本或作漢水泳音詠潛行為泳泭芳于反本亦作
附又作桴或作柎並同沈旋音附方言云泭謂之𥱼𥱼謂之筏筏秦晉通語也孫炎注爾雅云方木置水為柎栰也郭璞云水
中簰筏也又云木曰𥱼竹曰筏小筏曰泭𥱼音皮佳反栰筏同音伐樊光爾雅本作柎翹翹祁遙反沈其堯反薪貌
尢高絜者一本無絜字言秣莫葛反養也說文云食馬穀也以上時掌反下文同
禮餼虛氣反牲腥曰餼其蔞力俱反馬云蔞蒿也郭云似艾音力侯反汝墳
符云反汝水名墳大防也常武傳云墳涯也能閔其君子密謹反傷念也一本有婦人二字被
文皮義反條枚妹迴反榦也惄如本又作愵乃歷反毛飢意鄭思也韓詩作愵音同調張留
反朝也又作輖音同條肄以自反餘也斬而復生者沈云徐音以世反非復生扶富反於思如字
又息嗣反魴魚符方反魚名赬尾勑貞反赤也說文作𧹥又作䞓並同如燬音毀齊人謂火曰燬

郭璞又音貨字書作焜音毀說文同一音火尾反或云楚人名火曰燥齊人曰㷄吳人曰焜此方俗訛語也瘦病色救反

之酷苦毒反辟此一本作辭此之處昌慮反爲疎于僞反疎亦作疏

麟之止呂辛反瑞獸也草木疏云麕身牛尾馬足黃色員蹄一角角端有肉音中鍾呂行中規矩王者至仁則出毛云信而應禮鄭云角端有肉示有武而不用也服虔注左傳云視明禮脩則麒麟至麕音俱倫反序本或直云麟止無之字止本亦作趾兩通

之應應對之應序注及下傳應禮同振振音真信厚也相應音鷹當也之定都佞反題也字書作頲音同題也徒兮反郭璞注爾雅頟也本作顛誤示有武一本示作象

召南鵲巢第二召亦地名也在岐山之陽扶風雍縣南有召亭案周召皆周之舊土文王受命後以賜二公爲菜地二南之風皆文王未受命之詩也周南十一篇是先王之所以教聖人之深迹故繫之公旦召南十四篇是先王之教化文王所行之淺迹故繫之君奭

鵲巢七略反字林作䧿積行下孟反下注同尸鳩本又作鳲音同爾雅云鳲鳩鴶鵴也郭璞云今布穀也江東呼穫穀草木疏云一名擊穀案尸鳩有均之德飲其子旦從上而下暮從下而上平均如一揚雄云戴勝也秸古八反又音吉爾雅作鴶鞠音菊爾雅作鵴

架之音嫁俗本或作加功御之五嫁反本亦作訝又作迓同迎也王肅魚據反云侍也百乘[illegible]反
同送御五嫁反本作迎一方有之也一本無之字將之如字送也沈七羊反衆
媵音孕又繩證反國君夫人有左右媵姪待結反字林丈一反兄女曰姪謂吾姑者吾謂之姪娣徒帝反女
弟也采蘩音煩本亦作繁皤蒿也孫炎云白蒿于沼之紹反池也于沚音止渚也
皤薄波反白也蒿好羔反谿苦兮反杜預云澗也于澗古晏反山夾水曰澗山夾
古洽反一音古協反被之皮寄反注及下同首飾也僮僮音同竦敬也蚤也音早本多作早
下同視濯直角反漑古愛反饎昌志反酒食也爨七亂反髲皮寄反鄭音髮
鬄本亦作髢徒帝反劉昌宗吐歷反沈湯帝反鄭注少牢禮云古者或剔賤者刑人之髮以被婦人之紒因以名
焉春秋以爲呂姜髢是也紒音計祁祁巨私反舒遲也無罷音皮本或作疲
草蟲直忠反本或作虫非也虫音許鬼反草蟲常羊也草木疏云一名負蠜大小長短如蝗而青也喓
喓於遥反聲也趯趯託歷反躍也阜音婦螽音終阜螽蠜也李巡云蝗子也草木

疏云今人謂蝗子爲螽　躍音藥　蠜音煩　異種章勇反　忡忡敕中反猶衝衝　當
丁浪反下同　覯古豆反遇也　則降戶江反下也　其蕨居月反鼈也草木疏云周秦曰蕨齊
魯曰鼈　鼈甲滅反本又作鱉俗云其初生似鼈脚故名焉　惙惙張劣反憂也　則說音悅服也注同
其薇音微草也亦可食　相離力智反　采蘋符申反大蓱也韓詩云沈者曰蘋浮
者曰藻　共祭音恭本或作供注同　姆莫豆反字林亡甫反云女師也鄭云姆者婦人五十無子出不復嫁
以婦道教人今時乳母也　若婉怨遠反　娩音晚　麻枲絲似反　絲繭古顯反本亦作蠒
紝女金反何如鴆反繒帛之屬　組音祖綫也　紃音旬縧也　酒漿子詳反　菹醢音海
禮相息亮反　而笄吉兮反　之濱音賓涯也　采藻音早菜也　水行潦
音老　大蓱本又作萍薄經反一本作苹音平　涯也本亦作厓五佳反　先嫁蘇遍反　芼
莫報反沈音毛　言澡音早　之行下孟反　絜清如字又音淨　以盛音成　維筐
音匡方曰筐　及筥居呂反員曰筥　湘之息良反烹也　維錡其綺反三足釜也玉篇宜綺反

釜符甫反亨也本又作烹同普庚反煑也魚湆去急反汁也是錡本或作鉶音形鄭云三足兩耳有蓋和羹之器羹之音庚劉昌宗音儀禮音衡牖音酉下如字協韻則音戶後皆放此也與音餘有齊本亦作齋同側皆反敬也季少詩照反下同迎者宜敬反俎側所反其齍音資本或作粢甘棠杜也草木疏云今棠梨召時照反名奭音釋召康公名也燕世家云與周同姓孔安國及鄭皆云爾皇甫謐云文王之庶子案左傳富辰言文之昭十六國無燕也未知士安之言何所憑據封燕烏賢反國名在周禮幽州之域今涿郡薊縣是也蔽必袂反徐方四反又方計反沈又音必芾非貴反徐方蓋反蔽芾小貌勿翦子踐反去也韓詩竹剗初簡反所茇蒲曷反徐又扶蓋反說文作废云草舍也去也羌呂反聽斷丁亂反人被皮寄反說其音悅勿敗必邁反又如字所憩本又作愒起例反徐許罽反息也所說本或作稅又作脫同始銳反舍也拔備八反行露厭於葉反徐於十反又於盍反沈又於占反浥本又作挹同於及反又於脅反厭浥濕意也夜莫本又作暮同忙故反又亡博反小星詩同禮與音餘大

多 音泰舊吐賀反 而強來 其丈反下強委同沈其常反 不度 待洛反 可否 方九反

令會 力政反後不音者放此 昏昕 許斤反五禮用昕親迎用昏 穿我 本亦作穿音川 謂

女 音汝下皆同 我獄 音玉 埆也 音角又戶角反盧植云相質觳爭訟者也崔云埆者埆正之義一云

獄名 以咮 本亦作噣郭張救反何都豆反鳥口也 紂帛 側基反依字糸旁才後人遂以才爲屯因作純

字 五兩 音諒 媒 音梅謀也 妁 時酌反又音酌廣雅云妁酌也 我墉 音容牆也 我訟 如字

徐取韻音才容反

羔羊 小曰羔大曰羊 積行 下孟反 五它 本又作他同徒何反它數也本或作紽 數也 所具

反後不音者同 以英 沈音映又如字 委 於危反 虵 本又作蛇同音移毛云委虵行可從迹也鄭云委曲

自得之貌讀此句當云委虵委虵沈讀作委委虵虵韓詩作逶迤云公正貌 行可 下孟反崔如字 從迹

足容反字亦作蹤迹又作跡 緎 徐音域又于域反縫也孫炎云緎縫之界域 緎縫也 爾雅云緎羔裘

之縫也音符用反一本作緎猶縫也則當音符龍反 之縫 符龍反注同注縫殺之字又音符用反 五總

子公反　殺之　所界反徐所例反

殷其靁　殷音隱下同殷靁聲也靁亦作雷力回反　勸以義也　本或無以字下句始有　不遑　本或作偟音黄暇也　謂使　所吏反　復去　符福反　閒暇　音閑　振振　音眞

爲君　于僞反或如字　使　所吏反或如字　處　尺煮反

摽有梅　婢小反徐符表反落也梅木名也韓詩作楳說文楳亦梅字　男女及時也　本或作得以及時者從下而誤　被文　皮寄反　則隋　迫果反又徒火反　迨其　音待及也韓詩云願也　鄉晚　本亦作嚮又作向同許亮反　差多　初賣反　頃筐　音傾　塈之　許器反取也　以蕃　音煩　不禁　居鴆反一音金

小星之行　下孟反注同　能盡　津忍反後放此　嘒彼　呼惠反微貌　五噣　張救反又都豆反爾雅云噣謂之柳　四時更　音庚下同　見　賢遍反下同　列宿　音秀　寔命　時職反是也韓詩作實云有也　維參　所林反星名也一名伐　與昴　音卯徐又音茅一名留二星皆西方

毛詩音義上

宿也 留也 如字又音柳下同 抱衾 起金反被也 與裯 直留反毛云禪被也鄭云牀帳
也徐云鄭音直俱反 帳 張仗反
江有汜 音祀江水名毛云決復入為汜鄭云汜小水也 美媵 音孕又繩證反古者諸侯娶夫人則同姓
二國媵之 有嫡 都狄反正夫人也下同 江沱 徒何反江水之別也篇內同 決 古穴反又音穴 復
入 扶福反 並流 白猛反又步頂反 有渚 諸呂反小洲也水枝成渚韓詩云一溢一否曰渚 渚
小洲也 本或無此注 水枝 如字何音其宜反又音祇 岷山 本又作嶓武巾反山名在蜀 道
江 徒報反本亦作導下篇注同 我過 音戈下文同 其嘯 籥叫反沈籥妙反 蹙口
子六反本亦作蹴 解 華買反又閑買反 說 始拙反又音悅
野有死麕 本亦作麏又作麇俱倫反爾雅云郊外曰野麏獸名也草木疏云麏麞也青州人謂之麏
惡無 烏路反下同 被文 皮寄反 劫脅 上居業反下許業反 苞 逋茆反裹也 裹
也 音果 殺禮 所戒反徐所例反 絜清 如字沈音淨 欲令 力呈反 誘之 音酉

尊也　樸蒲木反又音僕　樕音速樸樕小樹也　純束徒本反沈云鄭徒尊反　如屯舊徒本反沈徒尊反云屯聚也　脫脫物外反舒貌注同　無感如字又胡坎反動也　我帨始鋭反沈始悅反佩巾也　使尨美邦反狗也　也吠符廢反　何彼襛矣如容反猶戎戎也韓詩作茙茙音戎說文云衣厚貌　王姬音基王姬式三女姬周姓也杜預云王姬以上爲尊　雝王姬一本作雝則王姬　車服音居他皆放此釋名云古者曰車聲如居所以居人也今曰車音尺奢反云舍也韋昭曰古皆音尺奢反從漢以來始有居音　不繫本或作繼　下王后遐嫁反注同　厭於葉反　翟庭歷反厭翟王后五路之第二者也翟雉也次其羽相迫故曰厭也　繪本又作繢户妹反畫文也　總作孔反　褕翟音遥翟或作狄王后六服之第二也　唐棣徒帝反栘也字林大内反　之華如字　栘也音移一音是兮反郭璞云今白栘也似白楊江東呼夫栘　之車協韻尺奢反又音居或云古讀華爲敷與居爲韻後放此　其釣音弔　伊緡亡貧反綸也　綸也音倫繩也　騶虞側留反騶虞義獸也白虎黑文不食生物有至信之德則至周書王會草木跡竝同又云尾長於身不履生草

尚書大傳云尾倍於身之應應對之應注皆同朝廷直遥反既治直吏反純
被皮寄反蕃殖音煩多也蒐田所留反春獵爲蒐田獵也杜預云蒐索擇取不孕者也穀
梁傳云四時之田春曰田夏曰苗秋曰蒐冬曰狩彼茁則劣側刷二反出也者葭音加蘆也蘆也
音盧草也著春張慮反後不音者放此壹發如字徐音廢五豝百加反豕牝也豕
牝頻忍反徐扶死反君射食亦反者蓬蒲東反草也五豵子公反徐又在容反
字又作豵同毛云一歲曰豵鄭云豕生三曰豵邶蒲對反本又作鄁字林方代反柏音百字又作栢舟
第三鄭云邶鄘衛者殷紂畿內地名屬古冀州自紂城而北曰邶南曰鄘東曰衛衛在汲郡朝歌縣時康叔正封于衛其
末子孫稍并兼彼二國混其地而名之作者各有所傷從其本國而異之故有邶鄘衛之詩王肅同從此訖豳七月十三國並
變風也柏舟柏木名以爲舟也頃公音傾君近附近之近汎彼敷劒反流
貌汎流貌本或作汎汎流貌者此從王肅注加耿耿古幸反儆儆也儆儆音景以敖
本亦作遨五羔反匪監本又作鑒甲暫反鏡也以茹如預反徐音如庶反度也待洛反下同往

愬蘇路反之愬協韻乃路反卷也眷勉反注同棣棣本或作逮同徒帝反又音代富而閑
習也可選雪兖反數也儼然魚檢反本或作嚴音同可數色主反悄悄七小反憂
貌慍于憂運反怒也遘閔古豆反本或作覯受侮音武徐又音茂寤辟本又
作擘避亦反拊心也有摽符小反拊心貌拊心音撫迭而待結反韓詩作戜音同云戜常也
澣衣戶管反憒辱古對反綠衣毛如字綠東方之間色也鄭改作褖
吐亂反篇反各同妾上時掌反注上僭皆同僭牋念反州吁況于反毋嬖補計反諡
法云賤而得愛曰嬖嬖卑也媟也黃裏音里閒色閒廁之閒鞠衣居六反言如菊花之色也
又去六反言如麴塵之色王后之服四曰鞠衣色黃也展衣知彥反字亦作襢音同王后之服五曰襢衣毛
氏馬融皆云色赤鄭云色白素紗音沙嫡妾本亦作適同丁歷反女所崔云毛如字鄭
音汝之行下孟反下同以上時掌反衣織於既反下音志俾無甲爾反沈必履反使
也訧兮音尤本或作尤過也過差初賣反又初佳反淒其七西反寒風也

六之四二六　毛詩音義上　十　三

燕燕於見反鳦也戴嬀居危反戴謚也嬀陳姓也名完字又作皃俗音丸即衞桓公也殺
之如字又申志反見已賢遍反差楚佳反又楚宜反池如字鳦音乙本又作乙郭烏拔反
于野如字協韻羊汝反沈云協句宜音時預反後放此已憤符粉反泣涕他禮反徐又音
弟頡之戶結反飛而上曰頡頏之戶郎反飛而下曰頏而上時掌反篇內皆同竚
立直呂反久也感激經歷反于南如字沈云協句宜乃林反今謂古人韻緩不煩改字實
勞實是也本亦作寔任只入林反毛云大也沈云鄭而鴆反塞瘞於例反崔集注本作實
六行下孟反下篇同以勗凶玉反徐又況目反勉也日月之難乃旦反
以至困窮之詩也舊本皆爾俗本或作以至困窮而作是詩也誤故處昌慮反又
昌呂反我顧本又作顧如字徐音古此亦協韻也後放此相好呼報反注同王崔申毛如字語
於魚據反不述本亦作術終風終日風也韓詩云西風也謔許約反
浪力葬反韓詩云起也笑本又作咲俗字也悉妙反敖五報反謔浪笑敖戲謔也且霾亡皆反徐

又莫戎反風而雨土爲霾　雨土于付反　肯來如字古恊思韻多音棃後皆放此　我思如字

且曀於計反陰而風也　且復扶富反　疌本又作嚏又作疐舊作利反又丁四反又渚疌反或

竹季反劫也鄭作嚏音都麗反　劫也居業反本又作跲音同又渠業反孫輔同崔云毛訓疌爲故今俗人云欠

欠故㰦是也不作劫字人體卷則伸志倦則㰦案音丘據反王篇云㰦欠張口也　嚏欬開愛反　女思

音汝下同後可以意求之疑者更出　虺虺虛鬼反

擊鼓文仲將子亮反注將者同　殤公音傷　子馮本亦作憑同皮水反　蔡

從才用反下陳蔡從同　其鏜吐當反擊鼓聲也　城漕音曹衛邑也　有忡勑忠反

愛喪息浪反注同　故處昌慮反　近得附近之近　契本亦作挈同苦結反　闊

苦活反契闊勤苦也韓詩云約束也　成說音悅毛數也鄭相愛悅也　數也色主反　偕音皆俱也

與之約如字又於妙反下同一本作與之約誓　於難乃旦反　相遠于万反　洵呼縣

反遠也本或作詢誤也詢音荀韓詩作敻敻亦遠也　信兮毛音申極也案信即古伸字也鄭如字相親信也

凱風開在反南風也　棘心居力反俗作棘　樂夏音洛或一音岳　之長丁丈反下皆同　夭
夭於驕反盛貌　劬勞其俱反　少長詩照反　叡悅歲反下同　叡知音智本亦
作智　在浚音峻衛邑也　浸潤子鴆反　逸樂音洛　睍胡顯反　睆華板反睍
睆好貌　色説音悅下篇注同　雄雉爾雅云飛曰雌雄　刺衛俗作刾同
七賜反詩内多此音更不重出　不恤本亦作卹　數起色角反　烝於之升反　泄泄
移世反　奮訊音信又音峻字又作迅同　自貽本亦作詒以之反遺也　遺也維季反沈羊類
反　阻難乃旦反下同　作緊烏兮反是也　君之行下孟反下君之行同　其朝直遥
反　下上時掌反　女怨如字下女怨同　德行下孟反下注皆同　不忮之豉反害
也字書云恨也韋昭音洎　不臧子郎反善也
匏有苦葉匏音薄交反瓠也　之瓠戶故反　以上時掌反下皆同　渡處昌慮
反　則厲力滯反以衣涉水也韓詩云至心曰厲説文作砅云履石渡水也音力知反又音例　則揭

苦例反褰衣渡水也揭揭衣竝苦例反下同一云下揭字音起例反一本作揭褰衣長幼張丈反爲

之于僞反求妃音配本亦作配下同瀰弥爾反深水也鷕以小反沈耀皎反雉雌聲或一音戶

了反說文以水反字林于水反所難乃旦反下同淫泆音逸之行下孟反不濡而朱

反漬也軌舊龜美反謂車轊頭也依傳意宜音犯案說文云軌車轍也從車九聲龜美反軓車軾前也從車凡

聲音犯車轊頭所謂軓也相亂故具論之其牡茂后反由輈竹留反車轅也旭許玉反徐又許袁反

曰始出大昕之時也說文讀若好字林呼老反大昕許巾反請期音情又七井反下同親迎

魚敬反迨冰音待及也未泮普半反散也招招照遙反號召之貌王逸云以手曰招以言

曰召韓詩云招招聲也卬否五郎反我也本或作仰音同號召戶羔反谷風

古木反東風也黽勉本亦作黽莫尹反黽勉猶勉勉也見譴遣戰反采葑孚容反徐

音豐須也字書作蘴孚容反草木疏云蕪菁也郭璞云今菘菜也案江南有菘江北有蔓菁相似而異菘音嵩

采菲妃鬼反芴也芴也音勿爾雅云菲芴又云菲蒠菜郭以菲芴爲土瓜解息菜云似蕪菁華紫

赤色可食莖河耕反蔓音万本又作蕪音無菁音精又子零反與葍音福本又作葍音富爾雅葍蕾郭云大葉白華根如指色白可食幷棄俾政反又如字有違如字毛離也鄭徘徊也韓詩云違張也我畿音祈門内也已訣音快本或作決裁於門内一本作裁至於門又一本作裁至於門内荼苦音徒苦菜也如薺齊禮反菜也宴爾本又作燕徐於顯反又烟見反安也涇音經濁水也渭音謂清水也湜湜音殖持正貌說文云水清見底其沚音止故見渭濁舊本如此一本渭作謂後人政耳動搖餘招反又餘照反屑以素節反絜也不復扶富反無發我笱古口反捕魚器韓詩云發亂也以捕音步不閱音悅容也泳之音詠游也音孚難易夷豉反下同爲求于僞反匍音蒲又音符匐蒲北反一音服鄭云匍匐盡力能慉許六反毛興也鄭驕也王肅養也說文起也驕樂音洛憎惡烏路反下皆同賈用音古市也不售市救反阻難乃旦反下難卻同一音如字覬其音冀育鞫本亦作諊居六反窮也顛覆芳服反注同育

長張丈反下皆同稚本亦作穉直吏反窮匱求位反乏也無辟音避本亦作避毒

螫失石反何呼洛反旨蓄本亦作畜勑六反御冬魚據反下同禦也徐魚舉反一本下句即

作禦字洸音光武也潰戶對反怒也韓詩云潰潰不善之貌既詒音怡肄以世反勞也徐

以自反爾雅作勩以世反遺也唯季反下同來塈許器反息也

式微黎力兮反國名杜預云在上黨壺關縣寓于音遇寄也于又作手

旄丘音毛丘或作古北字前高後下曰旄丘字林作堥云堥丘也亡周反又音毛山部又有嵍字亦云嵍丘亡

付反又音旄連率所類反禮記云十國以為連連有率佐牧州牧之牧蔓莚以戰

反又音延蒙如字徐武邦反戎如字徐而容反蒙戎亂貌案徐此音是依左傳讀作尨茸字之

行下孟反下同瑣兮依字作瑣素果反瑣尾少好之貌流音留本又作鶹離如字流離

鳥名少好而長醜爾雅云鳥少美而長醜為鶹鷅草木疏云梟也關西謂之流離大則食其母少好詩照

反下同長醜張丈反褕以朱反樂音洛褎如本亦作褏由救反又在秀反毛盛服

毛詩音義二　十三

也鄭笑貌能稱尺證反耳聾魯工反簡兮居限反字從竹或作蕑是草名非也泠
官音零字從水樂官也字亦作伶爲且于僞反大胥思徐反之版音板舍音釋
下篇舍軷同采音菜俁俁疑矩反容貌大也韓詩作扈扈云美貌執轡悲位反如
組音祖可任音壬執籥餘若反以竹爲之長三尺執之以舞毛云六孔鄭注禮云三孔郭璞同云形似
笛而小廣雅云七孔翟亭歷反翟翟羽也赫如虛格反渥於角反厚也赭音者丹也有
畀必寐反與也煇字亦作韗暄願反劉昌宗音運甲吏之賤者胞步交反肉吏之賤者翟樂吏之賤
者閽音昏守門之賤者一散素但反酒爵也容五升也厚傅音付有榛本亦作蓁同側
巾反木名子可食有苓音零大苦也本草云甘草與在音預或如字泉水
自見賢遍反注同思之至也一本思作恩毖彼悲位反流貌韓詩作祕說文作䀣云
直視也于淇音其水名孌彼力轉反好貌下篇同于泲子禮反地名飲餞音踐
徐又才箭反送行飲酒也于禰乃禮反地名韓詩作坭音同舍軷蒲末反道祭也遠父于

反汪同　載輂胡瞎反車軸頭金也　還車音旋此字例同音更不重出　遄臻市專反速
也　不瑕音遐毛遠也鄭過也　有害毛如字鄭音曷何也　於行下孟反　過差初懈
反又初佳反卷末注同　肥泉字或作淝音同　與漕音曹
北門　殷殷本又作慇同於巾反沈於文反又音隱爾雅云憂也　背明蒲對反　鄉陰本又
作嚮同許亮反　爲之于僞反　窶其矩反無禮也爾雅云貧也案謂貧無可爲禮　一埤避支反厚也
政偏音篇　交徧古遍字注及下同凡徧字從彳偏字從人後皆放此　讁直革反責也玉篇知革反
更音庚　迭待結反　敦我毛如字厚也韓詩云敦迫鄭都回反投擿也　遺我唯季反加
也　投擿呈釋反與擲同本或作擿非　摧我祖回反沮也或作催音同韓詩作讙音千隹子隹二
反就也　沮也在呂反何音阻
北風　相攜戶圭反　其涼音良　雨
雪于付反又如字下同　雱普康反盛貌　酷暴苦毒反　而好呼報反下及注同
同行音衡道也　其邪音餘又音徐爾雅作徐下同　既亟紀力反急也下同　只音紙

大百二十二　毛詩音義上

小五百三十七

且子餘反下同　虛虛也一本作虛徐也　之行下孟反　其喈音皆疾貌　霏芳非反甚貌　能別彼竭反

靜女　遺我唯季反下同　姝赤朱反美色也說文作姝云好也　可說音悅篇末注同

搔首蘇刀反　踟直知反　躕直誅反　貽我本又作詒音怡遺也下同下句協韻亦音以志反

彤管徒冬反彤赤也管筆管也　著于知略反又直略反下同　煒于鬼反赤貌　說懌說本又作悅毛王上音悅下音亦鄭說音始悅反懌作釋始亦反

自牧州牧之牧徐音目田官也　荑徒兮反茅始生也　洵本亦作詢音荀信也　以共音恭　窈烏了反　窕徒了反　之處昌慮反

之爲于僞反注同或如字　新臺馬云脩舊曰新爾雅云四方而高曰臺孔安國云土高曰臺　伋音急宣公世子名　而要於遙反　人惡烏路反　泚音此徐又七礼反鮮明貌說文作玼云新色鮮也

瀰瀰莫爾反徐又莫啓反水盛也說文云水滿也　汙穢音烏　之行下孟反篇注同　燕於典反又於見反安也　婉於阮反順也徐於管反　籧音渠　篨音儲籧篨

口柔不能俯也不鮮斯踐反鄭善也王少也依鄭又音仙有洒七罪反高峻也韓詩作漼音同云鮮貌
浼浼每罪反平地也韓詩作浘浘音尾云盛貌不殄毛徒典反絕也鄭作腆吐典反善也戚
施千歷反戚施面柔不能仰也下人遐嫁反
二子乘舟相爲于僞反汎汎芳劍反其景如字或音影愬伋
先路反令伋力征反於隘於賣反駛疾所吏反本或無駛字一本作迅疾有
害毛如字鄭音曷何也不遠于万反
鄘音容柏舟第四鄭云紂都以南曰鄘王云王城以西曰鄘也
柏舟共音恭下同姜居羊反共姜共伯之妻也婦人從夫謚姜姓也蚤死音早僖
侯許其反史記作釐曹大家音僖汎彼芳劍反常處昌慮反髧本又作优徒坎
反兩髦貌兩髦音毛說文作髳音同禮子生三月翦髮爲鬌長大作髦以象之鬌音丁果反昧爽
莫背反而朝直遙反櫛側乙反纚色蟹反又色綺反笄總子孔反冠緌

汝誰反靡它音他天只音紙不亮本亦作諒力尚反信也我特如字匹也韓詩
作直云相當值也靡慝他得反邪也邪也似嗟反牆有茨在良反茨音徐資反
茨蒺藜也頑五鰥反宣公庶子昭伯名也烝之升反載馳序注同蒺音疾藜音黎埽
去丘呂反下同之行下孟反中冓本又作遘古候反韓詩云中冓中夜謂淫僻之言也不
可詳如字韓詩作揚揚猶道也君子偕老音皆人君小君也注云或者小字誤作人耳
副芳冨反首飾也六珈音加笄飾也編蒲典反或必仙反以別彼列反步搖
餘昭反委委於危反行可委曲蹤迹也注同佗佗待何反德平易也注同韓詩云德之美貌行可
下孟反舊如字委曲如字平易以豉反揄音遥字本亦作翟王又作揄狄后第二服曰
揄狄欲觀古亂反又音官之行下孟反下同玼音此又且禮反鮮盛貌說文云新色鮮也字林云鮮
也音同玉篇且禮反云鮮明貌沈云毛及呂沈並作玼解王肅云顏色衣服鮮明貌本或作瑳此是後文瑳兮王肅注好
美衣服潔白之貌若與此同不容重出本檢王肅本後不釋不如沈所言也然舊本皆前作玼後作瑳字鮮盛

音仙鬒眞忍反黑髮也說文云髮稠也服虔注左傳云髮美為鬒不屑蘇節反絜也髢徒帝反髮也髲也皮寄反瑱吐殿反充耳揥也勑帝反摘也以摘他狄反本亦作擿音同本又作擿又作讁並非讁音丁革反擿音直戟反揚且七也反徐子餘反下同晳也星歷反審諦音帝之莊如字本又作壯側亮反與音餘瑳兮七我反說文云玉色鮮白展也陟戰反注展衣皆同沇張輦反縐側救反靡非也絺勑之反是紲息列反袢也符袁反丹穀戶木反袢延以戰反又如字之蹙子六反冬〻衣於既反著也下裏衣同則裏如字舊音吏禮見賢遍反於君子一本無子字作襢陟戰反媛也于眷反美女為媛韓詩作援援取也依倚於綺反

桑中相竊千節反弋氏羊職反沬之音妹衞邑也惡衞烏路反行也下孟反箋同列國之女一本作列國之長女長音丁丈反要我於遙反注下同淇音其衞水葑孚容反蔓菁音精又子形反

鶉之奔奔音純鵪鶉鳥鵪音烏南反行不下孟反下同彊彊音姜韓詩云奔奔彊彊乘匹之貌定之方中丁佞反下同定星名爾雅云營室謂之定孫炎云定正也衞為狄所滅一本作狄人本或作衞懿公為狄所滅非也漕音曹攘如羊反說之音悦熒澤迴丁反以盧力居反東辟音壁揆之葵癸反度也待洛反下同南視字又作眡音同廄居又反榛側巾反椅於宜反梓屬草木疏云梓實桐皮曰椅也梓音子漆音七長大丁丈反彼虛起居反本或作墟夾於居洽反濟水節禮反依倚於綺反使能所吏反能說如字鄭志問曰山川能說何謂也荅曰兩讀或言說說者說其形勢也或曰述述者述其故事也述讀如遂事不諫之遂偘本又作讄又作誄皆力水反說文云讄禱也累功德以求福也誄謚也為卿大夫一本無卿字倌人音官徐古患反主駕人也說文云小臣也星言韓詩云星晴也說于毛始銳反舍也鄭如字辭說星見賢遍反為我于僞反操也七刀反騋牝上音來馬六尺已上也下

頻忍反徐扶死反以上時掌反六種章勇反下同過禮一本作過禮制而復

符富反蝃蝀上丁計反下都動反蝃蝀虹也爾雅作螮蝀音同相長張丈反

虹工音洪一音絳遠父于万反下同惡之烏路反下惡之皆同朝隮子西反升也徐又子

細反鄭注周禮云隮虹氣應應對之應大無音泰注同

相鼠息亮反篇內同之行下孟反高顯之處昌慮反無止毛止所止

息也鄭止容止也韓詩止節無禮節也不遄市專反速也

于旄音毛美好呼報反篇內同孑孑居熱反又居列反在浚蘇俊反衛

邑也之旃之然反通帛爲旃紕之毛符至反鄭毗移反組也音祖之旒音留緣

所衛反何沈相沾反彼姝赤朱反畀之必寐反與也注予同說此音悅干旟

音餘鳥隼曰旟隼荀尹反州長張丈反總以子孔反驂馬七南反析

星歷反祝之毛之六反織也鄭作屬之屬反著也著也直略反沈知略反

載馳閔其一本作愍密謹反唁其音彥弔失國曰唁載驅字亦作驅如字

協韻亦音丘跋涉蒲末反草行爲跋水行爲涉韓詩云不由蹊遂而涉曰跋涉告難乃旦

反不臧子郎反不遠于万反注同協句如字不閟悲位反徐又方冀反閉也蝱

音盲貝母也藥名也以療力照反尤之本亦作訧音同過也穉本又作稚直吏反一槩

古愛反芃芃薄紅反徐又符雄反盛長長也張丈反控于苦貢反引也引

也夷忍反又夷刃反求援于眷反又音表沈于万反

衛淇奧第五鄭王俱云紂都之東也淇奧上音其下音於六反

一音烏報反淇水名奧隈也草木疏云奧亦水名入相息亮反綠竹並如字綠王芻也爾雅作菉音

同竹萹竹也韓詩竹作藩音徒沃反云藩萹筑也石經同猗猗於宜反美盛也隈也烏迴反孫炎云水曲

中也王芻初俱反郭璞云今呼白腳莎莎音蘇禾反一云即菉蓐草也蓐音辱萹竹本亦作扁匹善

反又音篇郭匹珍反一音布典反竹音如字又勑六反韓詩作筑音同郭云似小藜赤莖節好生道旁可食又殺蟲草木

疏云有草似竹高五六尺淇水側人謂之藁竹也 之烈 一本作之餘烈 有匪 本又作斐同芳尾反文貌

下同韓詩作邲美貌也 如磋 七何反治象名 如琢 陟角反治玉名 如磨 本又作摩莫何反治

石名 僩兮 遐板反寬大貌韓詩云美貌說文云武貌 赫兮 呼白反德赫赫然也 咺兮 況晚

反威儀容止宣著也韓詩作宣宣顯也 諼兮 況元反又況遠反忘也 青青 子丁反茂盛也本或

作菁音同 琇 音秀沈又音誘說文作璓云石之次玉者弋以反 瑩 音榮徐又音營又音瑩磨之瑩琇瑩

美石也 會 古外反注同鄭注周禮則如字說文作䯤 弁 皮變反皮弁也 之瑱 天見反 之縫

符用反 皪皪 本又作礫音歷又音洛 之朝 直遙反下及下篇同 如簀 音責積也 綽

兮 昌若反緩也 猗 於綺反依也 重 直恭反注同 較兮 古岳反車兩傍上出軾者 施舍

如字又詩豉反又式氏反 謔兮 香略反 有弛 本亦作施同式氏反

考槃 蒲寒反考成也槃樂也 在澗 古晏反山夾水也韓詩作干云墝埆之處也 樂也

音洛下同 山夾 古洽反 覺而 交孝反又如字 薖 苦禾反毛寬大皃鄭飢意韓詩作過過美

皃弗過古禾反注同崔古臥反不復符又反下同之軸毛音迪進也鄭直六反病也
告語魚據反碩人孌妾補惠反上時掌反僭作念
反其頎其機反長皃衣錦於既反注夫人衣翟今衣錦同褧苦迥反徐又孔穎反襌也
說文作檾枲屬也褧襜昌占反佼好本又作姣古卯反下同襌也音丹爲
其于僞反之大音泰下大子同舊音勑賀反邢侯音形姬姓國譚公徒南反國名
柔荑徒奚反蝤似脩反徐音曹蠐本亦作蠀又作齊同音齊又音茨爾雅云蟦蠐螬蝤蠐
蝎郭云蠀螬在糞土中蝎在木中蝎桑蠹是也蟦音肥分反蠹音妬蝎也音曷或音葛瓠犀戶故反
音西瓠瓣補遍反又蒲莧反沈又蒲閑反螓首音秦蛾眉我波反額廣蘇黨
反蜻蜻郭徐子盈反沈又慈性反方頭有文王肅云如蟬而小倩兮本亦作蒨七薦反好口輔
也韓詩云倉白色盼兮敷莧反白黑分也徐又敷諫反韓詩云黑色也字林云美目也匹間反又匹莧反
敖敖五刀反說于本或作稅毛始銳反舍也鄭作襚音遂衣服曰襚有驕起橋反壯皃

朱幩孚云反又符云反飾也說文云馬纏鑣扇汗也鑣鑣表驕反馬銜外鐵也一名扇汗又曰排沫爾雅
云鑣謂之钀钀音魚列反沫音末茀音弗車蔽也以朝直遥反注皆同用適丁歷反本亦作
嫡夙退韓詩退罷也案禮記云朝廷曰退爲妃音配洋洋音羊徐又音祥盛大也
活活古闊反又如字流也罛音孤魚罟濊濊呼活反毛云施之水中也馬云大魚罔目大豁豁也
韓詩云流皃說文云㴎流也鱣陟連反大魚口在頷下長二三丈江南呼黃魚與鯉全異鮪于軌反鱣也似
鱣大者名王鮪小者曰叔鮪沇云江淮間曰叔伊洛曰鮪海濱曰鮥發發補末反盛皃馬云魚著罔尾發發然
韓詩作鱍葭音加蘆也菼他覽反王篇通敢反揭揭其謁反徐居謁反長也孽孽魚竭反徐
五謁反盛飾也韓詩作钀牛遏反長皃朅欺列反徐起謁反武壯皃韓詩作桀云健也罛音孤罟音古
鮥音洛蘆也音盧鷊五惠反江東呼之烏蓲蓲音丘氓莫耕反民也韓詩云
美皃無別彼列反華落戶花反或音花復相扶又反弃背音佩喪其
息浪反妃耦音配以風福鳳反佚也音逸蚩蚩尺之反敦厚皃貿莫豆反買

也頓丘都寸反通稱尺證反愆期起虔反過也字又作𠎝將子七羊反毛
願也鄭請也故語魚據反垝俱毀反毀也垣音袁所近附近之近鄉其
許亮反本又作嚮漣漣音連泣皃爾筮市制反蓍曰筮體無如字卦兆之體也韓詩作
履履幸也咎言其九反蓍曰音尸之繇直又反卦兆之辭也我賄呼罪反財也
徑以經定反沃若如字徐於縛反桑葚本又作椹音甚桑實也士耽都南反樂
也鶻鳩音骨樂也音洛下同百行下孟反而隕韻謹反湯湯音傷
水盛皃漸車子廉反注同漬也瀸也帷裳位悲反隋也字又作墮唐果反猶
冒音墨此難乃旦反其行下孟反注同不解音懈浸薄子鴆反
咥許意反又音熙笑也又一音許四反說文云大笑也虛記反又大結反有泮音判毛云坡也鄭音畔畔
崖也坡本亦作陂北皮反澤陂詩傳云障也呂忱北髮反云陂阪也亦所以爲隰之限域也本或作破字未詳觀
王述意似作破自拱俱勇反本又作共音同之宴如字本或作非者非旦旦說文作悬悬悬

起很反 惻 本亦作惻楚力反 竹竿 籊籊 他歷反長而殺 以釣 音弔

而殺 色界反 遠莫 如字又于万反注同 遠兄 于万反 之瑳 七可反沈又七何反笑皃

之儺 乃可反說文云行有節也 不惡 烏路反 滺滺 本亦作悠音由流皃 檜 古活反又

古會反木名 楫 本又作檝子葉反徐音集方言云楫謂之橈或謂之櫂釋名云楫捷也撥水舟行捷疾也橈音

饒 櫂舟 直教反 思鄉 本又作嚮同許亮反 芄蘭 丸音丸本亦作丸芄蘭草名 悁

蔓於地 蔓音万本或作蔓莚於地者後人輒加耳 佩 蒲對反依字從人或玉傍作者非 觿

許規反解結之器 觿與 音餘下佩觿與同 悸兮 其季反韓詩作萃垂皃 紳帶 音身

不稱 尺證反 韘 失涉反毛玦也鄭沓也 玦也 本又作決音同 沓也 徒荅反 彄

沓 苦侯反 我甲 如字狎也爾雅同徐胡甲反韓詩作狎 狎也 戶甲反

河廣 一葦 韋鬼反 杭之 戶郎反渡也 廣與 音餘下遠與同 喻狹 音洽

非爲 于僞反 跂予 丘豉反 容刀 如字刀小船也字書作舠說文作⿰舟周竝音刀

伯兮為王 于僞反又如字注下為王並同 從王伐鄭 讀者或連下伯也為句者非 朅兮
丘列反武皃 桀兮 其列反毛云特立也鄭云英桀也 執殳 市朱反長丈二無刃 長丈 如字又直
亮反 軫 本亦作軡之忍反 酋 在由反 矛 音謀 誰適 都歷反主也注同 為
容 于僞反或如字 杲杲 古老反 出日 如字沈推類反 日復 扶又反下同 厭也
於豔反下同 心嗜 市志反 憂思 息嗣反 焉得 於虔反 諼草 本又作萱
況袁反說文作藼云令人忘憂也或作蕿 之背 音佩沈又如字北堂也 令人 力呈反 善忘 亡向
反又如字 心痗 音每又音悔病也 有狐 音胡 喪其 息浪反下注同 妃耦 音配下注
同 殺禮 所戒反又所例反 所以育民人也 本或作蕃育者非 生長 張丈反
綏綏 音雖匹行皃 無為 于僞反 淇厲 力滯反
木瓜 古花反楙木也 遺之 唯季反下注同 瓊 求營反美玉也說文云赤玉也 琚 音居徐又音渠
佩玉名 楙 音茂字亦作茂爾雅云楙木瓜也 為好 呼報反篇內同 結己國以為

恩也一本作結己國之恩也瑤音遥美玉也說文云美名玖音久王名字書云玉黑色苞苴子餘反橘均栗反柚餘救反

王黍離第六王國者周室東都王城畿内之地在豫州今之洛陽是也幽王滅平王東遷政遂微弱詩不能復雅下列稱風以王當國猶春秋稱王人黍離如字說文作穗過故古卧反又古禾反顛覆芳服反彷蒲皇反徨音皇鎬京胡老反能復扶又反而同於國風焉崔集注本此下更有猶尊之故稱王也今詩本皆無搖搖音遥所愬蘇路反蒼天本亦作倉采郎反爾雅云春爲蒼天莊子云天之蒼蒼其正色邪昊天胡老反夏爲昊天字書從日夰聲夰音工老反旻天密巾反閔也秋爲旻天之穗音遂秀也所更音庚如噎於結反

君子于役危難乃旦反下注同以風福鳳反曷至寒末反何也雞棲音西于時如字本亦作塒音同爾雅同王篇持理反鑿牆以棲雞鑿在各反言畜許又反其有佸戶括反說文口活反會也韓詩至也下括古活反至也

弋本亦作杙羊職反或音羊特反　君子陽陽　遠害于万反　執簧音皇
笙簧　其樂音洛注且樂和樂及下章同　只且子徐反又作且七也反　陶陶音遥和樂
皃　執翿徒刀反纛也　由敖五刀反遊也　纛也徒報反沈徒老反俗作纛　翳也
於計反　於燕本又作宴於見反　揚之水如字激揚也或作楊木之字非　遠屯
徒門反　戍東遇反守也韓詩云舍　怨思如字沈息嗣反　夂今力呈反　迫近附近之近
或如字　而數音朔　束薪音新　激揚經歷反　至湍吐端反　迅也音信又蘇
俊反　彼其音記詩内皆放此或作巳亦同　束蒲如字毛云草也鄭云蒲柳也孫毓云蒲草之聲不與
戍許相協箋義爲長今則二蒲之音未詳其異耳
中谷有蓷吐雷反爾雅云鵻也韓詩云茺蔚也廣雅又名益母　飢本或作饑居疑反穀不熟
饉音覲蔬不熟　暵呼但反徐音漢蓷皃也說文云水濡而乾也字作灘又作灘皆他安反　鵻音隹
爾雅又作萑音同　菸於據反何音於說文云鬱也廣雅云臭也　仳四指反徐符鄙反又敷姊反別也字林反

凡扶罪二反　嘅其口愛反　嘆矣本亦作歎叱丹反協韻也　其脩如字本或作蓨音同且乾也　歗矣籀文嘯字本又作嘯　徒用如字徒空也沈云當作從　啜張劣反泣皃　將復扶又反　兔爰　背畔音佩　不樂沈音岳又音洛注同　欲覺古孝反又如字下同　所操七刀反本亦作懆沈七感反今作躁與定本異與箋義合　戚子六反本亦作慼七歷反　百罹本又作罹力知反憂也　吪本亦作訛五戈反動也　我長張丈反　大音代賀反　罦音俘覆車也郭云今之翻車大罔也　覆芳服反　車赤奢反　罿昌鍾反罬也韓詩云施羅於車上曰罿字林上凶反　罬張劣反郭徐姜雪姜穴二反爾雅云罬謂之罦罦覆車也　葛藟力軌反藟似葛廣雅云藟藤也　刺相王本亦作刺平王案詩譜是平王詩皇甫士安以爲桓王之詩崔集注本亦作桓王　之滸呼五反水涯也　長不張丈反下同　水涯本亦作厓魚佳反　恩施始豉反下同　終遠于万反又如字注下皆同　之涘音俟涯也　王又無母恩也一本作王后　漘順春反爾雅云夷上洒下不漘旁從水郭云涯上平坦而下水

滌爲濟不發聲也隒魚檢反何音檢爾雅云重甗隒郭云形似累兩重甑上大下小李巡云隒阪也詩本又作水旁兼者字書音呂恬理深二反廣雅云濂清也與此義乖

采葛使出所吏反下並同以共音恭艾兮五蓋反

大車檻檻胡覽反車行聲毳衣尺銳反冕名如菼吐敢反騅也

本亦作萑音佳蘆之力吳反亂也五患反巡行下孟反衣繢胡妹反

無禮與音餘啍啍他敦反徐又徒孫反重遲皃如璊音門赬也說文作璊云以毳爲罽也解此璊云玉赬色也禾之赤苗謂之穈王色如之赬也勑貞反赤也皦日本又作皦古了反白也壙中苦晃反有別彼列反

丘中有麻墝本亦作墽苦交反埆苦角反又音學本或作遠此從孫義而誤耳之處昌慮反於朝直遙反

則治理直吏反將其王申毛如字鄭七良反下同施施如字伺音司閒音閑又如字來食如字一云鄭音飼復來扶又反詒我音怡佩玖音久石次

玉者說文紀又反云石之次玉黑色者能遺唯季反下同

鄭緇衣第七鄭者國名周宣王母弟桓公友所封也其地詩譜云宗周圻內咸林之地今京兆鄭縣是其都也漢書地理志云京兆鄭縣周宣王弟鄭桓公邑是也至桓公之子武公滑突隨平王東遷遂滅虢鄶而居之即史伯所云十邑之地右洛左濟前華後河食溱洧焉今河南新鄭是也在滎陽宛陵縣西南

緇衣側基反敝本又作弊符世反聽朝直遥反下同之館古亂反舍也子粲七旦反飡也飡也蘇尊反諸廬力於反欲飲於鴆反食之音嗣蓆兮音席大也韓詩云儲也說文云廣多

將仲子七羊反請也下及注皆同不勝音升祭仲側界反後放此弗聽吐丁反好勇呼報反無折之舌反傷害也下同樹杞音起木名驟諫竹救反服虔云數也君若與之一本若作將叚將此一將字如字誅與音餘垣也音袁樹檀徒丹反木名彊其良反一音居良反忍本亦作刃同而慎反依字木旁作刃今此假借也沈

云糸旁作刃爲是案糸旁刃音女巾反離騷云紉秋蘭以爲佩是也叔于田繕甲市戰反善也人說音悅甲鎧苦愛反巷無學絳反里塗也大叔音泰後大叔皆放此洵美蘇遵反信也于狩手又反冬獵力輒反大叔于田而勇本或作而好勇好衍字叔于田本或作大叔于田者誤乘乘馬上如字下繩證反後句例爾如組音祖中節竹仲反在藪素口反澤也禽之府也韓詩云禽獸居之曰藪襢本又作袒同音但裼素歷反襢裼肉襢也以搏音博將叔七羊反請也毋音無本亦作無狃女九反毛習也鄭復也狃復符又反下同上襄並如字鴈行戶郎反注同夾轅古洽反射忌注作已同音記辭也下皆同抑磬苦定反騁馬也控口貢反止馬也騁馬勑領反鴇音保驪白雜毛曰鴇依字作䲊驪白力馳反嫚本又作慢莫晏反遲也掤音冰所以覆矢也馬云櫝丸蓋也杜預云櫝丸箭筩也鬯弓勑亮反弢弓吐刀反清人高克一本作剋好

利呼報反注同惡而烏路反下同欲遠于万反克將子亮反而御魚呂
翺翔五羔反及注同馬介音界甲也旁旁補彭反云彊也王四馬四馬也
一本駟介四馬也二矛莫侯反方言云矛吳楊江淮南建五湖之間謂之鍦鍦音虵或謂之鋋鋋音蟬或謂之鏦鏦音
錯江反其柄謂之矜矜郭音巨巾反重直龍反注下同英如字沈於耕反酋矛在由反
麃麃表驕反武皃重喬毛音橋累荷也鄭居橋反雉名所以縣毛羽也韓詩作鷮逍
本又作消遥本又作摇累荷舊音何謂刻矛頭爲荷葉相重累也沈胡可反謂兩矛之飾相負荷
也矛矜字又作穊同巨巾反沈又居陵反近上附近之近室題音啼題頭也室劒削
名也方言云劒削自河而北燕趙之間謂之室此言室謂矛頭受刃處也削音笑以縣音玄在軸音逐
地名陶陶徒報反驅驅皃右抽敕由反毛抽抽矢也鄭抽抽刃也說文作搯他牢反云抽刃以習擊手刺也
作好呼報反注同謂將子亮反下同羔裘字或作求刺
朝直遥反下及注同以風福鳳反如濡音儒洵直徐音荀又音旬均也且

小五百十六

侯 侯君也韓詩侯美也 舍命 音赦處也王云受也沈書者反 不渝 以朱反變也 縁

以 悅絹反 晏兮 於諫反鮮盛皃 粲兮 采旦反衆意 美稱 尺證反

遵大路 摻 所覽反徐所斬反擥也 之祛 起居反又起據反袂也 擥也 音覽

袂也 面世反 惡兮 烏路反注同 寁 市坎反速也 故也 一本作故兮後好也亦爾

魗 本亦作𣫜又作𣫜市由反毛棄也鄭惡也或云鄭音為醜 好也 如字鄭云善也或呼報反

女曰雞鳴 不說 音悅下同 而好 呼報反 昧旦 音妹 相警 音景 有爛 力旦反

不見 賢遍反又如字 蚤於 音早本亦作早 別色 彼列反 弋 羊職反 鳧 音符

閒於 音閑 繫 音灼本亦作繳 殽 音爻本亦作肴 偕老 音皆 燕樂 音洛下同 珩

音衡佩上玉也 璜 音黃半璧曰璜 琚 音居佩玉名 瑀 音禹石次玉也 衝牙 昌容反狀如牙 豫

儲 直居反 出使 所吏反 問遺 尹季反 之好之 呼報反注同

有女同車 大子 音泰 請妻 七計反以女適人曰妻 不取 如字又促句反

有女同車讀與何彼襛矣詩同如舜戶順反木槿也華讀亦與召南同下篇放此
親迎魚敬反下同木槿音謹洵美恤旬反信也壻御音細字書作埍將
將七羊反王佩聲傳道直專反
山有扶蘇如字徐又音蹂扶蘇扶胥木也扶胥音蹂又相如反菡本又作欿又作莟户
感反萏本又作歒又作萏度感反菡萏荷華也未開曰菡萏已發四美蓉傎本亦作顛都田反
倒都老反狂求匡反狂人也且子餘反辭也注同人之好美色呼到反下同
狂睹都杜反本亦作覩有橋本亦作喬毛作橋其驕反王云高也鄭作槁苦老反枯槁也
狡童古卯反蘀兮他洛反槁也不倡昌亮反本又作唱注下同而
和胡卧反注下同槁苦老反長幼張丈反稱也尺證反漂女匹遙反本亦作
飄要女於遙反成也注同狡童擅命善戰反專也餐兮
七丹反不遑音皇暇也褰裳起連反本或作騫非說文云褰絝也涉

資利反行下孟反注下同更出音庚涉溱側巾反簒國初患反揭衣
欺例反又起列反告難乃旦反先鄉香亮反本亦作向也且子餘反下同涉
洧于軌反丰芳凶反面貌豐滿也方言作妦道缺丘悅反陽倡
昌亮反不和胡卧反親迎魚敬反下親迎同則爲于僞反堂兮並如字門
堂也鄭攺作棖方庚反門梱上近邊木梱本亦作閫苦本反近邊附近之近衣錦如字
或一音於記反下章故此褧衣苦迥反襌也下如字襌也音丹襌縠戶木反爲
其文于僞反之大音泰舊勑賀反紂衣側基反本或作純又作緇並同纁許云反
袡如鹽反又易以豉反東門之壇音義除地町町者也依字當作墠此
序舊無注而崔集注本有鄭注云時亂故不得待禮而行茹音如後篇同藘力於反茹藘茅蒐蒨
草也後篇同在阪音反又符板反町町吐鼎反又徒泠反茅皃交反又音妹蒐所留
反之爲難乃旦反易越以豉反下同行上並如字行道也左傳云斬行栗

咱復見反奉又作啖亦作噉並同甘耆常志反風雨淒淒七西反
喈喈音皆夷說音悅下同瀟瀟音蕭暴疾也膠膠音交不爲于僞
反不瘳勑留反愈也子衿音金衿領也本亦作襟徐音琴世亂本或
以世字在下者誤學校戶孝反注及下注同鄭國謂學爲校左傳云鄭人遊於鄉校是也公孫以云夏曰校
沈音教以校正音教青青如字學生以青爲衣夏緣衿也或作菁音非也衣純章允
之閏反嗣音如字毛嗣習也鄭續也韓詩作詒詒寄也曾不寄問也傳聲直專反碝
本又作瓀如兖反珉亡巾反組音祖綬音受挑兮他羔反又勑彫反說文作岁達兮
他末反挑達往來見皃說文云達不相遇也但好呼報反爲樂音洛揚之
水流漂匹妙反終鮮息淺反寡也注下同迋女求往反誑也徐又居望反誑也九況
反出其東門五爭爭鬭之爭注同子亹亡匪反又音尾莊公子思
存如字注反下皆同流息嗣反毛音如字鄭息嗣反縞衣古老反又古報反白色衣綦巾巨基

反綦反也聊樂音洛注並同一音岳或云箋留樂又音岳我貟音云本亦作云韓詩作䰟䰟神也所爲于僞反之難乃旦反闉音因曲城闍鄭郭音都城臺也孫炎云積土如水諸所以望氣祥也徐止奢反又音蛇如荼音徒茅秀茅秀本或作莠音同計昌宗周禮音荼音酉思且音祖爾雅云存也舊子徐反與娛本亦作虞野有蔓草音万蔓延也溥兮本亦作團徒端反團團然盛多也婉兮於阮反邂戶懈反逅本亦作逅胡豆反邂逅不期而會瀼瀼如羊反盛皃徐又乃剛反溱洧側市反下于軌反鄭國之二水名說文溱作潧云潧水出鄭溱水出桂陽也渙渙呼亂反春水盛也韓詩作洹洹音丸說文作汎汎音父弓反蕑兮古顏反蘭香也字從竹韓詩云蓮也若作竹下是簡策之字耳淫佚音逸之行下孟反士曰既且音祖往也徐子胥反下章放此寬閒音閑之處昌慮反洵息旬反韓詩作恂訏況于反大也韓詩作盱云恂盱樂皃也且樂音洛注下同相謔許略反勺時灼反藥勺藥香草也韓詩云離草也言將離別贈此草也劉

音留深也說文流清也力九反

齊雞鳴第八齊者太師呂望所封之國也其地少昊爽鳩氏之墟在禹貢青州岱嶺之陰濰淄之野都營丘

之側禮記云太公封於營丘是也　雞鳴賢妃芳非反　怠慢武諫反

警戒居領反本又作敬音同　朝旣直遥反注下皆同　蒼蠅餘仍反　纚笄

色解反何霜綺反　薨薨呼弘反　妃其音配本亦作配　猶樂音岳又五教反

會且七也反沈子餘反　卿大夫朝會此一朝如字音張遥反　見惡烏路

反下同　於夫人音符或依字讀者非　還音旋便捷皃韓說作嫙嫙好皃　好

田呼報反　無厭於豔反又於占反本或作饜音同止也　好焉蒿縞反　猱乃刀反山

名說文云猱山在齊崔集注本作嶩　便捷本亦作便旋　並驅本又作駈曲具反注下同　兩

肩如字獸三歲曰肩說文云三歲豕肩相及者本亦作豣音同又音牽　揖我一入反　儇兮

許全反利也韓詩作婘音權好皃　併也步頂反下文同　譽音餘下同　兩牡茂后反　佼好

古狎反本又作𢾺 著直居反又直據反又音於詩內協句宜音直據反 親迎魚敬反注同

象瑱吐遍反 以縣音玄下同 爲紞都覽反 瑩音榮又音營

東方之日刺衰色追反本或作刺襄公非也南山巳下始是襄公之詩 彼姝

亦朱反 我闥他達反門內也韓詩云門屏之閒曰闥

東方未明朝廷直遥反注皆同 挈苦結反又音結 壺音胡挈壺氏掌漏刻之官

顛倒都老反 促遽其慮反 別色彼列反 未晞音希明之始升 令

之力證反 折柳之舌反注同 樊圃音布又音補樹菜蔬曰圃 瞿瞿俱具反無

守之皃 柔肥七歲反 藩也方元反本又作蕃 不任音壬下同 則莫音暮

南山之行下孟反 公謫直革反責也反張革反 彭生乘繩證反一本作彭生

乘公乘則依字讀 而搤於革反説文云捉也公羊傳云拉公幹而殺之沈又烏詣反拉音郎荅反 猶

復扶又反下皆同 于禚音灼地名 行惡下孟反下之行皆同 崔崔子雖反又音嶉

高大皃　無別彼列反　淫佚音逸下同　可恥惡烏路反又如字　有蕩徒黨
反徐勑黨反平易皃　平易夷鼓反　屨九具反　五兩王肅如字沈音亮　冠緌
如誰反　傅姆上音付下音茂　同處昌慮反下同　人奇居宜反　埶魚世反樹
也本或作藝技藝字耳　衡音橫注同亦作橫字又一音如字衡即訓為橫韓詩云東西耕曰橫　從足容
反注同韓詩作由云南北耕曰由　取妻七喻反注下皆同　鞠止居六反毛窮也鄭盈也　令
至力呈反下同　析薪星歷反　其邪似嗟反　甫田維莠
羊九反　無田音佃下同　致治直吏反　忉忉音刀憂勞也　桀桀居竭反徐
又居謁反　怛怛且末反　婉兮於阮反　孌兮力轉反　緫角本又作揔
子孔反　丱兮古患反幼穉也　未幾居豈反注同　見兮一本作見之　突而
吐活反注同方言云凡卒相見謂之突吐訥反　弁兮皮眷反冠也　兩髦音毛　少自詩照反
盧令音零下同　好田呼報反　以風福鳳反　噣也直角反本亦作濁畢星名何音

犢 繳射音灼 繯於盈反又於政反 而樂音洛下同 而說音悅 重環直龍反下同 鬈音權毛好皃鄭勇壯也說文云髮好皃 鋂音梅一環貫二也 且偲七才反多村也說文云強也

敝笱婢世反徐扶滅反本又作弊敗也笱音古口反取魚器也 人惡烏路反 魴音房 鰥毛古頑反大魚也鄭古魂反魚子也 易制夷豉反 其從才用反注下皆同 魴鱮才呂反毛云大魚也廣雅云鰱也音連 唯唯維癸反沈養水反毛云出入不制也鄭云行相隨順皃韓詩作遺遺言不能制也 載驅欺具反又如字下皆同本亦作駈 淫播波佐反

薄薄普各反徐扶各反疾驅聲也 簟笰音弗車蔽 朱鞹苦郭反革也 發夕韓詩云發旦也 其乘車繩證反或音繩 魯竟音境本亦作境 平易夷豉反下樂易同 四驪力馳反 濟濟子禮反注同美皃 儞儞本亦作濔同乃禮反注同衆也 徒爲一本作從兩通 之行下孟反 豈開改反樂也 弟如字或音待易

反樂易音洛闓音開圛音亦汶水音問水名湯湯失章反大皃彭

彭必旁反彷音旁徉音羊滔滔吐刀反流皃儦儦表驕反衆貌說文云行貌

猗嗟於宜反字或作欹猗嗟歎辭技藝其綺反頎而音祈長皃佼古卯反本

又作姣抑若於力反美色皃巧趨本又作趍七須反又七遇反蹌兮七羊反巧趨皃

射侯食亦反注所射每射同正兮音征注同畫五采曰正參分七南反又音三選

兮雪戀反齊也則貫毛古亂反中也鄭古患反習也中也張仲反反兮如字

復也韓詩作變變易以禦魚呂反乘矢繩證反四矢也故處昌慮反

魏葛屨第九案魏世家及左氏傳云姬姓國也詩譜云周以封同姓其地虞舜夏禹所

都之城也在古冀州雷首之北析城之西南枕河曲北涉汾水葛屨俱具反褊也必淺反

反阨音洽本或作狹依字應作陜隘於懈反機巧如字徐苦孝反趨利七須反徐

七喻反儉嗇音色糾糾吉黝反沈居酉反猶繚繚也繚繚音了沈音遼摻

摻所銜反又所感反徐又息廉反說文作攕山廉反云好手皃 纖纖息廉反 廟見賢遍反

要之於遙反褸也 襋之紀力反衣領也 謂屬音燭 著之直略反 提徒兮反安諦也 宛然於阮反辟皃 左辟音避注同一音婢亦反 揥勑帝反所以爲飾也 安諦音帝

汾沮洳汾音扶云反水名也沮音子預反洳音如預反沮洳漸洳也 其君子一本無子字 其莫音暮菜也 其漸如字又接廉反 軞車本亦作旄音毛 趙盾徒本反 公行戶郎反注同 藚音續水舄也一名牛脣說文音似足反 水舄音昔 昭穆紹遙反說文作佋

園有桃之殽本又作肴音爻 省國色領反 且謠音遙徒歌曰謠 之行下孟反下文行國同 我所爲于僞反下所爲皆同 何其音基下章同 何爲如字 夫人音符 無復符又反 謗君博浪反毀也 有棘紀力反從兩朿俗作棘同

陟岵音戶毛云山無草木曰岵此傳反解屺共爾雅不同王肅依爾雅 國迫而數音朔 侵削本或作國小而迫數見侵

削者誤之處昌慮反夜莫音暮無解音介旃哉之然反岵音起
少子詩照反無者常志反十畝之間莫后反古作晦俗作畝皆
同閒閒音閑本亦作閑往來無別皃無別彼列反還兮本亦作旋泄泄以世反多人之皃
逝也徒賫反又徒帝反伐檀待丹反木名也坎坎苦感反伐檀聲寘之
之豉反置也漣力纏反風行水成文曰漣猗於宜反本亦作漪同廛本亦作壥又作廛直連反一夫之居
曰壥古者一夫田百畝別受都邑五畝之地居之故孟子云五畝之宅是也有縣音玄下皆同貆
本亦作狟音桓徐郭音暄貉子也宵田音消夜也貉子戶各反依字作貈素餐七丹反說
文作餐云或從水字林云吞食也沈音孫伐輻音福伐輪音倫之漘順倫反厓也本亦作脣
且淪音倫小風水成文轉如輪也韓詩云順流而風曰淪淪文皃囷兮丘倫反圓倉鶉兮音純
鳥也素飧素門反熟食曰飧字林云水澆飯也碩鼠音石大也斂也呂驗反下
同貫女古亂反徐音宮事也無復扶又反稅斂始銳反大比毗志反樂音洛

注下同 土 如字他古反沈徒古反 之訣 古穴反 肯勞 如字又力報反注同 倈我 本亦作來同力代反 咏 本亦作永同音詠歌也 號 戶毛反呼也注同 呼也 火故反 喜說 音悅

唐蟋蟀第十 唐者周成王之母弟叔虞所封也其地帝堯夏禹所都之墟漢曰太原郡在古冀州太行恒山之西太原大岳之野其南有晉水叔虞之子燮父因改爲晉侯至六世孫僖侯名司徒習堯儉約遺化而不能以禮節之今詩本其風俗故云唐也

蟋蟀 上音悉下所律反蟋蟀蛬也說文蟀作𧍢 僖公 許其反史記作釐侯 不中 丁仲反 虞樂 音洛下皆同 思遠 息嗣反注同 歲聿 允橘反遂也 其莫 音暮 其除 直慮反去也注同 蛬也 俱勇反沈又九共反趨織也一名蜻蛚 不復 扶又反 大康 音泰徐勑佐反下同 其居 義如字徧韻音據 好樂 呼報反下同 瞿瞿 俱具反顧禮義 禮樂之外 此一樂字音音

蹶蹶 俱衛反動而敏於事也 其慆 吐刀反過也 休休 許虯反樂道之心

山有樞 本或作藲烏侯反茎也 昭公 左傳及史記作昭侯 自樂 音洛下及注同 有

朝直遥反廷徒佞反洒所懈反沈所寄反下同埽蘇報反本又作掃下同有榆
以朱反茎田節反沈又直黎反弗曳以世反弗婁力俱反婁亦曳也馬云牽也宛
於阮反本亦反苑死皃是愉毛以朱反樂也鄭作偷他侯反取也有栲音考山樗有杻
女久反栲也山樗勑書反又他胡反檍也於力反廷內音庭又徒佞反弗鼓
如字本或作擊非灑也色蟹反又所綺反有漆音七木名不離力智反
揚之水封沃烏毒反邑名即曲沃鑿鑿子洛反激揚經歷反湍疾
吐端反洗蘇禮反又蘇典反去羌呂反垢濁古口反所惡烏路反又如字襮
音博領也字林方沃反繡音秀衆家申毛並依字下文同鄭改爲宵黼音甫爲宵音綃
本亦作綃爲純眞允反又眞順反不樂音洛皓皓古老反絜白也鵠戶毒反曲沃邑
粼粼利新反清澈也本又作磷同澈也直列反或作徹誤椒聊椒木
名聊辭也其蕃音煩衍延善反一捄音求又其菊反何音掬沈居局反朋比王肅

孫毓申毛必履反謂無比例也一音必二反鄭云不朋黨則申毛作毗至反　佼好古卯反　聊
且子餘反下同　匊本又作掬九六反兩手曰匊　綢繆上直留反下亡侯反綢繆
猶纏縣也　參也所金反　始見賢遍反下不見見於東同　薪芻楚俱反說文云芻刈草也
象芭束草之形　合宿音秀　後陰戶豆反　邂本亦作解戶懈反一音戶佳反　覯本又
作逅同胡豆反一音戶冓反邂覯解說也韓詩云邂覯不固之皃　解音蟹　說音悅　直戶音值
又如字　粲者采旦反三女爲粲字林作㛑　杕杜徒細反特皃本或作夷狄
字非也下篇同杜赤棠木　所弁必政反　湑湑私叙反不相比次也　相比毗志反下文及
注同　踽踽俱禹反無所親　遠其于万反　不佽七利反助也　菁菁本又作青
同子零反毛葉盛也鄭希少皃　睘睘本亦作煢又作惸求營反無所依也
羔裘不卹本亦作恤荀律反憂也　豹祛起居反又丘據反袂朱也　居居如字
又音據懷惡不相親比之皃　親比毗志反　有悖補對反　豹褎徐救反本又作

褎同究究九又反爾雅云居居究究惡也之好呼報反注同

鴇羽音保鴇似鴈而大無後趾性不樹止政役音征篇內注同養其羊亮反鄂

侯五各反于苞補交反稹也栩況禹反杼木也稹也本又作槙之忍反何之人

反沈音田又音振廣雅云槙也杼也食汝反徐治與反之處昌慮反迫迮測百反

梱口本反致直置反下同靡盬音古蓺魚世反何怙音戶恃也罷

倦音皮鴇行戶郎反注同翮也戶革反爾雅云羽本謂之翮無

衣始并卑政反下注同為之于偽反之使所吏反注同愈愈羊主反且奧

本又作燠於六反煖也煖奴緩反有杕之杜宗族本亦作宗矣

陰寡於鴆反又如字本亦作蔭同噬肯市世反逮也韓詩作逝逝及也與比毗志

反好之呼報反下同曷飲於鴆反下文同食之音嗣下同道周周曲也韓

詩周右也觀也古亂反葛生好呼報反攻戰音貢又如字

多喪息浪反注同弃亡也又如字 怨思息嗣反或如字 蘞音廉又力恬反又力儉反徐又力劍反草木疏云似栝樓葉盛而細子正黑如燕薁不可食 齊則側皆反本亦作齋下同 枕 篋口牒反 韣本亦作襡又作櫝徒木反 墳墓符云反 壙音曠

采苓力丁反大苦也即甘草葉似地黃 好聽呼報反 幽辟匹亦反下同 小行下孟反 爲言于僞反或如字下文皆同本或作僞字非 舍音捨下同 旃之然反 爲言謂爲人並于僞反若經文依字讀則此上爲字亦依字 訕人所諫反 采葑孚容反

秦車鄰第十一秦者隴西谷名也在雍州鳥鼠山之東北昔皋陶之子伯翳佐禹治水有功舜命作虞賜姓曰嬴其末孫非子爲周孝王養馬於汧渭之間封爲附庸邑于秦谷及非子之曾孫秦仲周宣王又命爲大夫仲之孫襄公討西戎救周周室東遷以岐豐之地賜之始列爲諸侯春秋時稱秦伯崔云秦在虞夏商爲諸侯至周爲附庸 車鄰本亦作隣又作轔栗人反 秦仲始

大絕句或連下句非白顛都田反的丁歷反顙桑黨反寺人如字又音
侍本或作侍字寺人奄人內小臣也之令力呈反注同又力政反沈力丁反韓詩作伶云使伶傳告直專
反阪有音反又扶板反阪者曰阪陂者彼寄反又普羅反又彼皮反以閒音閑安
樂音洛下文並同其耋田節反老也八十曰耋一音天節反之朝直遥反將後胡豆
反又如字鼓簧音黃笙也
四驖田結反又吐結反驖驪馬也始命絕句園囿音又沈又尤菊反之樂音洛
孔阜符有反大也馬驪也力知反媚子眉冀反獻麋亡悲反舍
音捨拔蒲末反括也射之食亦反括也苦活反善射音杜四種
章勇反輶車由九反又音由輕也鸞鑣盧端反鑣彼驕反獫力驗反長喙田犬也
說文音力劍反歇本又作猲許謁反說文音火過反驕本又作獢同許喬反獢短喙田犬也輕
也遣政反又如字下同喙沉廢反驅逆丘遇反或丘于反乘車繩證反搏

毛詩音義上　三十三

噬音博舊音付 小戎毛云小戎兵車也鄭云羣臣兵車故曰小戎王云駕兩馬者

矜其居澄反 夸大苦花反 有樂音岳又音洛 俴錢淺反淺也 收如字

軫也 五楘音木本又作鞪歷錄也曲轅上束也 梁輈陟留反 軫也之忍反 歷

録一本作歷録 句衡古侯反 脅驅本亦作駈起俱反 靷之忍反 鋈

音沃舊音惡白金也 續義如字徐辭屢反 靳環居覲反本又作靳沈云舊本皆作靳靳者

言無常處游在驂馬背上以驂馬外轡貫之以止驂之出左傳云如驂之有靳居釁反無取於靳也 以禦

魚呂反 愼駕具愼或作順義亦兩通 揜軓於撿反 常處昌慮反 著

服直略反又丁略反 軾前音式本亦作式 文茵音因文茵以虎皮爲茵茵車席也 暢

敕亮反長轂也 轂音谷 騏音其馬騏文也 馵之樹反馬左足白 駵音留赤馬黑鬣也

騧古花反黃馬黑喙也 驪本又作驪力馳反 兩騑芳非反 龍盾順允反徐又音

允 觼古穴反 軜音納內也驂馬內轡也 俴駟毛云四介馬也韓詩云駟馬不著甲曰俴駟

以下原缺

淮潭也鄭褻衣也說文作襗云袴也褻衣仙列反近附近之近汙音烏又汙穢之汙垢古口反謂陽音謂水名水北曰陽麗姬本又作驪同力馳反之難乃旦反大子音泰都雍於用反縣名今屬扶風乘黃繩證反注同我思息嗣反瓊瑰古回反石次玉也權輿音餘權輿始也夏胡雅反大也屋如字具也渠渠其居反猶勤勤也以食我音嗣注篇內同四簋音軌內方外圓曰簋以盛黍稷外方內圓曰簠用貯稻粱皆容一斗二升

經典釋文第五

大二百八

毛詩音義上

五福五代堂古稀天子寶

八徵耄念之寶

太上皇帝之寶

五福五代堂古稀天子寶

八徵耄念之寶

太上皇帝之寶

經典釋文卷第六

毛詩音義中 起第七盡第十五

唐國子博士兼太子中允贈齊州刺史吳縣開國男陸德明撰

陳宛丘詁訓傳第十二 陳者胡公嬀滿之所封也其先虞舜之冑有虞遏父者爲周陶正武王賴其器用與其神明之後故妻以元女其子滿乃封於陳以備三恪其地宓羲之墟在古豫州之界宛丘之側

宛丘 怨阮反毛云四方高中央下曰宛丘爾雅云宛中宛丘郭云中央隆高 之湯 佗郎反蕩也舊他浪反 洵有 音荀信也 則傚 戶教反 坎其 苦感反坎坎擊鼓聲 值其 直置反持也 鷺 音路白鳥也一名舂鉏 爲翳 於計反 指麾 毀危反字又作撝 缶 方有反盎也 盎 本亦作㼜烏浪反 翿 音導又音陶翳也

東門之枌 符云反白楡也 亟會 欺冀反 之栩 况浦反杼也 杼也 常汝

反說文丈與反婆步波反說文作媻音同娑素何反婆娑舞也穀旦鄭音旦明也本亦作且王七也反苟且也徐子餘反于差鄭初佳反擇也王音嗟韓詩作嗟徐七何反沈云毛意不作嗟案毛無改字宜從鄭讀曰相擇音越下曰往矣同以鬷子公反毛數也鄭揔也會處昌慮反如荍祁饒反芘芣也郭云荊葵也芘音毗又芳耳反芣音浮又芳九反相說音悅乃遺唯季反情好呼報反

衡門如字衡橫也沈云此古文橫字誘音酉愿音願謹也掖音亦扶持也棲遲音西興治直吏反泌悲位反泉水也洋洋音羊以樂本又作𤻲毛音洛鄭力召反沈云舊皆作樂字晚詩本有作疒下樂以形聲言之殊非其義療字當從疒下尞案說文云𤻲治也療或𤻲字也則毛本止作樂鄭本作𤻲注放此愨愿苦角反魴音房取妻音娶下文同

東門之池池城池也孔安國云停水曰池以漚烏豆反柔也可緝七立反西州人謂績爲緝叔姬音叔本亦作淑善也晤歌五故反毛遇也鄭對也紵直呂反字又作苧菅

古顏反茅巳漚爲菅

東門之楊 親迎魚㪍反下注同 牂牂子桑反盛皃 煌煌音皇 肺

肺普貝反又蒲貝反 晳晳之世反

墓門 陳佗本亦作佗同徒多反五父也史記以爲厲公 殺君音試本又作弑同

以斯所宜反又如字又音梳鄭注尚書云斯析也爾雅云斯侈離也孫炎云斯析之離讀者如字 析也星歷反 幽閒音閑 不睹都魯反又作覩 相也息亮反 猶去羌呂反

禍難乃旦反 有鴞戶驕反惡聲鳥也 萃止徂醉反集也 抩也舟鹽反

人則惡之烏路反 訊之本又作誶音信徐息悴反告也韓詩訊諫也

防有鵲巢防邑名也 邛有其恭反丘也 苕徒凋反草也 侜陟留反侜張誑也說文云有廱蔽也 予美韓詩作娓音尾娓美也 忉忉都勞反憂也 誑也九況反

甓蒲歷反令適也 鷊五歷反綬草也 令音零字書作瓴 適都歷反字書作甋 綬

草音受怚惕吐歷反

月出刺好色呼報反序同而說音悅澤陂詩同皦兮古了反本又作皎月光也

白皙星歷反佼人字又作姣古卯反好也方言云自關而東河濟之間凡好謂之姣僚

兮本亦作嫽同音了好皃舒窈糾烏了反又于表反糾兮其趙反又其小反一音其了反

窈糾舒之安說文音巳小反又居酉反悄兮七小反憂也皓兮胡老反劉兮本又

作嬼同力久反好皃埤蒼作嬼嬼妖也懮於久反舒皃慅兮七老反憂也燎兮力召

反又力弔反夭紹於表反慘兮七感反憂也

株林陟朱反株林夏氏邑也夏姬户雅反注下同御叔魚呂反又如字淫泆

音逸之行下孟反觝拒都禮反乘馬繩證反下乘驕注君乘馬君乘乘驕車乘並

同說于音稅舍也注同乘驕音駒沈云或作駒字是後人改之皇皇者華篇內同

澤陂彼皮反陂澤障也憂思息嗣反行父音甫涕他弟反自目曰涕泗音四

自鼻曰泗滂普光反沱徒河反下文同與荷音河夫渠也澤障章亮反夫音符本亦作芙下同渠其居反本亦作蕖之莖幸耕反佼大古卯反覺也音教與蕑毛古顏反蘭也鄭改作蓮練田反夫渠實且卷本又作㩀同其員反好皃悁悁烏玄反猶悒悒菡本又作莟又作歐戶感反萏本又作欿大感反且儼本又作曮魚撿反矜莊皃輾轉張輦反本又作展

檜本又作鄶古外反羔裘第十三檜者高辛氏之大正祝融之後妘姓之國也其封域在古豫州外方之北滎波之南居溱洧之間祝融之故墟是子男之國後爲鄭武所并焉工云周武王封之於濟洛河潁之間爲檜子

羔裘好絜呼報反下注同政治直吏反下注同得玦古穴反以朝直遥反注同下篇注亦同大蜡仕詐反祭名也見君賢遍反忉忉音刀如膏古報反有曜羊照反

素冠子爲于僞反下同欒欒力端反瘠皃瘠貌情音反縞冠
古老反素紕婢移反皆解佳賣反故覬音冀腴本亦作瘦所救反慱
徒端反憂勞也素韠音畢蘊結紆粉反子夏戶雅反下同見於
賢徧反下同援琴音袁下同衎衎苦旦反而樂音洛夫三音符其行
下孟反
隰有萇楚丈羊反萇楚銚弋也本草云一名羊腸一名羊桃恣也姿利反狡
古卯反狭古快反本亦作獪古外反猗於可反儺乃可反猗儺柔也銚弋音遙長大
張丈反下同尋蔓音万人少詩照反下同夭之於驕反少也沃沃烏毒反壯
佼也樂子音洛注下皆同妃匹音配
匪風禍難乃旦反偈兮起竭反疾也疾驅丘遇反又如字怛兮都達反慘
怛反飄兮符遙反迴風也又必遙反嘌兮本又作票匹遙反嘌嘌無節度也亨魚

普庚反注同養也溉之本又作摡古愛反滌也釜符甫反鬵音尋又音岑釜屬也說文云大釜也一曰鼎大上小下若甑曰鬵音才今反滌也庭歷反

曹蜉蝣第十四

曹者武王之弟叔振鐸所封之國也爵爲伯其封域在兗州陶丘之北荷澤之野今濟陰定陶是也

蜉蝣上音浮下音由蜉蝣渠略也國小而迫一本作昭公國小而迫案鄭譜云昭公好奢而任小人曹之變風始作此詩箋云喻昭公之朝是蜉蝣爲昭公詩也譜又云蜉蝣至下泉四篇共公時作今諸本此序多無昭公字崔集注本有未詳其正也楚楚如字鮮明貌說文作䵵䵵云會五綵鮮色也渠本或作蟝音同其居反注同略本或作蛒音同沈云略二字並不施虫是也之朝直遥反下皆同一讀下朝夕字張遥反之難乃旦反掘求勿反閱音悅解閱音蟹下同歸說音稅含息也協韻如字

候人官名刺近附近之近下同共公音恭下篇同遠君于万反下注同而

好呼報反 何戈何可反又音何揭也 祋都外反又都律反殳也 揭也又竭又苟謁反 殳也市朱反 彼其音記下皆同 赤芾音弗韠也祭服謂之芾沈又甫味反 曹朝直遥反下在朝同 緼音溫何烏本反赤黃之色 黝於糾反黑色 珩音衡 以上時掌反 鵜徒低反洿澤烏也亦曰淘河 洿澤音烏一音火故反 不稱尺證反注同 咮陟救反徐又都豆反喙也 喙也虛穢反又尺稅反又陟角反鳥口也 其媾古豆反厚也 薈兮烏會反 蔚兮於貴反薈蔚雲興皃 朝隮子兮反外雲也 婉兮於阮反少貌 孌兮力轉反好皃 少貌詩照反下同

鳲鳩音尸本亦作尸九鳲鳩秸鞠也 秸居八反又音吉 鞠居六反 莫從音暮 下上時掌反 其弁皮彥反 伊騏音其騏綦文也說文作璂云弁飾往往冒玉也或亦作璂 作璂音其 不稱尺證反 不忒他得反 正長張丈反下同 言任音壬 在榛側申反木名也又仕巾反字林云木叢生也字林榛木之字從辛木云似梓實如小栗音莊巾反馬

下泉泉下流也　思治直吏反　侵刻音克　洌音列寒也　寖本又作浸

子鴆反　稂音郎徐又音良毛童梁也鄭作涼音良蕭蓍之屬　非漑古愛反　蕭蓍

音尸　愾苦愛反歎息也說文云大息也音火旣反　覺音教　蒿也好刀反　芃芃

薄工反又蒲雄反　膏之古報反　郇伯音荀　勞之力報反　謂朝直遥反

豳筆巾反　七月第十五　豳者戎狄之地名也夏道衰后稷之曾孫公刘自邰而出居焉

其封域在雍州岐山之北原隰之野於漢屬右扶風郇

邑周公遭流言之難居東都思公劉大王爲豳公憂勞

民事以比叙巳志而作七月鴟鴞之詩成王悟而迎之以

致大平故大師述其詩爲豳国之風焉

七月王業于況反又如字下同　觱發音必說文作畢發音如字觱發寒也　栗

烈竝如字栗烈寒也說文作颲颲　無褐音曷以毛爲布也　于耜音似　饁炎輒反野

饋也字林于刦反　田畯音俊田大夫也　至喜王申毛如字鄭作饎尺志反酒食也下同

夏正戶雅反下深夏夏小正同　晚寒如字謂節晚而氣寒也　饋其媿反　饟來

式亮反又爲于僞反離黃本又作鵹作鸝同力知反穉桑直吏反本亦作稚祁祁巨之反一音上之反衆多也迨及音待始也皤蒿音婆萑户官反薍也葦韋鬼反葭也薍五患反葭音加豫畜本又作蓄同敕六反下同條桑他彫反注條桑同枝落也又如字沃暢遥反斨七羊反方銎也猗彼於綺反徐於宜反角而東之銎曲容反說文云斧空也荑桑徒奚反鵙圭覓反伯勞也字林工役反纁也許云反春暴蒲卜反染夏如琰反秀葽於遥反草也鳴蜩徒彫反螗也其穫户郭反下同隕于敏反墜也蘀音託落也螗音唐隊直類反王萯音婦于貉户各反獸名狐貍力之反獸名往搏音博舊音付自爲也于僞反載纘子管反繼也其豵子公反毛云豕一歲也鄭云豕生三曰豵獻豜古牽反又音辛豕三歲斯螽音終莎雞音沙徐又素和反沈云舊多作莎今作沙音素何反在宇屋四垂爲宇韓詩云宇屋霤也蟋音悉蟀所律反蜙相容反又相工反蝑相魚反又相呂反

訊音信本又作迅同　非卒寸忽反　穹起弓反窮也　窒珍悉反徐得悉反塞也

熏鼠許云反　塞向如字北出牖也韓詩云北向窗也　墐戶音覲塗也　牖也音酉

華戶音必　曰爲上音越下于僞反一讀上而實反下如字漢書作聿爲　及薁於六反蘡薁也

亨葵普庚反　及菽音叔本亦作叔藿也　剝棗普卜反擊也注同

以介音界　棣屬本計反　蘡於盈反或於耕反　凍丁貢反　醪老刀反

而釀女亮反　食瓜古花反字或加艸非　叔苴士餘反麻子也　采荼音徒

薪樗勑書反又他胡反惡木也　食我音嗣　瓠也戶故反　拾也音十　之

糝素感反　築場直羊反下同本又作塲塲場依字失陽反今亦宜直羊反　圃布古反一音布

菜茹如豫反　黍稷重直容反注同先種後熟曰重又作種音同說文云禾邊作重是重穋之字禾邊作童是種蓺之字今人亂之已久　穋音六本又作稑音同說文云稑或從翏後種先熟曰稑

之囷丘倫反　上入時掌反注同　索素洛反　綯徒刀反絞也

絞也古卯反 亟其紀力反念也 定將都佞反 鑿冰在洛反 冲冲直弓反聲也 凌陰力證反又音陵陵陰冰室也說文作滕音凌 其蚤早反 祭韭音九字或加艸非 水複音福 覿徒歷反 祭司寒本或作祭寒 朝之祿位直遥反 秋刷所劣反爾雅云清也三蒼云埽也 滌場廷歷反埽也 曰殺音越或人實反非 縮也所六反 閒於音閑 躋彼子奚反升也 兕徐履反本或作兕 觥號彭反本亦作觵 無疆居良反竟也或音注爲境非 學校戶教反 旣樂音洛

鴟鴞上尺之反下于嬌反鵋鴞鳥也 以遺唯季反本亦作貽此從尚書本也 鸋乃下反郭音甯 鴂音決鸋鴂似黃雀而小俗呼之巧婦 重言直用反 大平音泰 ⿰子烏子本又作孺如住反 誚公在笑反 鬻子由六反徐居六反稺也一云賣也 迨天音待及也徐又勑改反 桑土音杜注同桑土桑根也小雅同韓詩作杜義同方言云東齊謂根曰杜字林

林作皺桑皮也音同綢繆上直留反下莫侯反綢繆猶纏綿也恚怒於季反拮音吉又音
結据音居拮据撠挶也韓詩云口足爲事曰拮据捋力活反荼音徒雀苕也畜勑六
反本亦作蓄租子胡反本又作祖如字爲也韓詩云積也卒瘏本又作瘏音徒病也撠京劇
反本亦作㦸挶俱局反說文云持也萑音丸苕音條之難乃旦反譙譙本或
作譙同在消反殺也翛翛素彫反注同敝也殺也色界反又所列反下同翹翹
祁消反危也所漂匹遙反嘵嘵呼堯反懼也愬之音素
東山勞歸力報反其思息嗣反望女音汝樂男音洛
以說音悅下同金縢徒登反分別彼列反志伸音身慆慆
徒刀反又吐刀反久也其濛莫紅反雨貌爲之于僞反勿士行毛音衡鄭
音衡王戶剛反枚莫杯反毛云微也鄭注周禮云枚如著橫銜之於口爲繣絜於項中無行戶剛
反陳直震反下同蜎蜎烏玄反蠋貌蠋音蜀桑蟲也烝在之承反寘也

七

寘也音田又音珍一音陳字書云塞也大千反從穴下眞 寘填塵依字皆是田音又音
珍亦音塵鄭云古聲同案陳完奔齊以國爲氏而史記謂之田氏是古四陳聲同 敦彼都迴反法同
果蠃力果反果蠃括樓 亦施羊豉反 伊威並如字或傍加虫者後人增耳 在
室本或作堂誤也 蠨音蕭說文作蟰音夙 蛸所交反蠨蛸長踦也郭音蕭 町他典反或他頂
反字又作圢音同 畽本又作疃他短反町畽鹿迹也字又作墥 熠以執反 燿以照反又以灼反熠燿螢
火也下章皆同 括樓古活反 委黍並如字沈委音於爲反委黍鼠婦也本或並作虫邊 踦
起宜反韋昭呂忱音同云一足意也今詩義長踦長脚蜘蛛又巨綺反又其宜反又居綺反 燐也洛刃
反字又作䗲 螢火惠丁反 令人力呈反 慼思息嗣反下憂思同 作翳於兮
反是也又作繄 鸛本又作雚古玩反水鳥也 于垤田節反螘冢也 洒所懈反沈所寄反 埽
素報反 螘本亦作蛾又作蟻魚綺反 好水呼報反 拚甫問反 有敦徒端反專專也
注同 栗薪毛如字鄭音列韓詩作蓼力菊反衆薪也 專專徒端反下同 綴焉

張衡反之辯盧遍反又白莧反說文云爪中實也沈溥閑反皆爲于偽反樂之聶
皇駁邦角反之禕許韋反施衿繫佩帶其鴆反結帨始銳反
破斧以惡烏路反注同斨七羊反說文云方銎斧也隋徒禾反何湯果反孔形狹而長也
銎曲容反錡巨宜反字或作奇音同鑿屬也韓詩云木屬訛五戈反又作吪化也銶音求
徐又音虯木屬也韓詩云鑿屬也一解云今之獨頭斧是遒在羞反徐又在幽反毛固也鄭斂也之休
虛虯反美也
伐柯古河反斧柄也朝廷直遥反注及下篇同斧柄彼病反取妻七喻反本亦作
娶我覯古豆反見也有踐賤淺反行列貌行列戶郎反之饌士戀反
歡樂音洛以說音悅
九罭本亦作罭于逼反罭魚網鱒才損反沈又音撰大魚也魴音房緵子弄反又子公反字
又作總罟音古今江南呼緵罟爲百囊網也衮衣古本反六冕之第二者也畫爲九章天子畫升

龍於衣上公但畫降龍子或作卷音同卷龍卷冕反鳧音符鷖烏兮反又作翳所

賷子西反本或作齎同狼跋音郎獸名也跋音卜末反躐也

又蒲末反字或作拔同王功于況反大平音泰下大師大平同無愆起然反載

疐本又作疌丁四反又陟值反跲也躐也力輒反跲其劫反又居業反有難

乃旦反無玷丁簟反公孫毛如字公孫成王也鄭音遜公周公也孫遁也赤舄音昔盛

屨俱具反絇貌其俱反遁也徒遜反疵瑕才斯反

鹿鳴之什第十六音十作者若五等之君有詩各繫其國舉周南即題關雎至於王者

施敎統有四海歌詩之作非止一人篇數既多故以十篇編爲一卷名之爲什小雅從鹿鳴至菁菁者莪

凡二十二篇皆正小雅六篇亡今唯十六篇從此至魚麗十篇是文武之小雅先其文王以治內後其武王以治外

宴勞嘉賓親睦九族事非隆重故爲小雅皆聖人之迹故謂之正

鹿鳴既飲於鴆反注同食之音嗣注同筐丘房反篚音匪侑幣

音又呦呦音幽苹音平毛云蓱也鄭藾蕭蓱本又作萍蓱薄丁反江東謂之薸薸音瓢扶遥反
懇誠苦很反嘉樂音岳又音洛藾音賴鼓簧音黃好我呼報反注
同示我毛如字鄭作寘之豉反置也周行毛如字道也鄭胡郎反列位也之蒿呼毛
反菣也蒿菣去刃反字又作藍同本或作牡菣牡衍字耳視民音示不恌他彫反愉也
是傚胡教反愉也他侯反又音踰芩其令反草也說文云蒿也又其炎反和樂
音洛注下皆同且湛都南反字又作耽夫不音符四牡茂后反勞
力報反篇末注同使臣所吏反注皆同則說音悅歌樂音洛騑騑芳非反行
不止之貌倭本又作委於危反遲倭遲歷遠之貌韓詩作倭夷而朝直遥反靡
盬音古不堅固也情思息嗣反嘽嘽他丹反喘息也駱音洛白馬黑鬛曰駱喘
息川兗反黑鬛本又鬛力輒反本又作髦音毛啓跪求毀反郭巨元反沈堪彼反舍
幣舍音釋于禰乃禮反翩翩音篇鵻音隹夫不也本又作隹苞栩

況甫反夫方于反字又作鳺同不方浮反又如字字又作鴀同草木疏云夫不一名浮鳩殻謹

起角反將養也以尚反下注同一音如字杞音起枸檵也枸音苟本亦作苟同檵

音計載驟助救反又仕救反駸駸楚金反驟貌字林云馬行疾也七林反來諗音審

毛念也鄭告也

皇皇者華使臣所吏反注下並同不辱命也一本作不辱君命煌

音皇又音晃駪駪所巾反衆多貌維駒音俱本亦作驕如濡如朱反鮮澤也

咨本亦作諮諏子須反咨事爲諏爾雅云謀也說文云聚謀也維騏音其調忍音刃

難易夷豉反沃若烏毒反沈又於縛反咨度待洛反注同咨禮爲度維駰

音因馬陰白雜毛也咨詢音荀諮親爲詢謂親戚之謀

常棣大計反字林大內反召公上照反爲作于僞反鄂五各反毛云華外發

鄂鄂然也鄭云承華曰鄂不毛如字鄭改作拊方于反拊鄂足也韡韡韋鬼反光明也常棣

棣也本或作常棣栘音以支反又是兮反按爾雅云唐棣栘常棣棣作移者非不柎同不音如字又芳浮反二聲相近也柎亦作跗前注同一云不亦方于反畏怖普故反裒矣薄侯反聚也脊井益反亦作即又作䳭皆同令音零本亦作鴒同雝渠也急難如字又乃旦反注同則搖音遥又餘照反其常處昌慮反況也或作兄非也永歎吐丹反又吐旦反以協上韻閱許歷反很也于牆本或作𤖟在良反外禦魚呂反其務如字爾雅云侮也讀者又音侮此從左傳及外傳之文很也戶墾反烝也之承反烝塡依字音田與寘同又依古聲音塵塵久也故箋申之云古聲塡寘塵同戎相如字又息亮反下同切切然定本作切切偲偲然相琢陟角反儐爾賓胤反陳也之飫於慮反私也聽朝直遥反和樂音洛下皆同且擩本亦作擩如具反屬也好合呼報反相應應對之應和也胡臥反旣翕許急反合也且湛荅南反又作耽韓詩云樂之甚也妻帑依字吐蕩反經典通爲妻帑字今讀音奴子也亶其都但反信也

伐木丁丁陟耕反伐木聲也嚶嚶於耕反毛云驚懼也鄭云兩鳥聲喬其驕反
高也鄉時本又作嚮同許亮反則復扶又反相彼息亮反視也注同矧尸忍反況
也許許沈呼古反柹貌釃徐所宜反又所餘反葛洪所寄反謂以籭漉酒漉音鹿有
藇音敘又羊汝反美也柹貌孚廢反又側几反以藪素口反曰湑思敘反
肥羜直呂反未成羊也於粲如字舊音烏粲采旦反鮮明也洒所懈反徐所寄反
埽素報反陳饋其位反八簋居偉反已灑所蟹反又所懈反
㩡本又作拚甫問反食音嗣乾餱音侯食也爾雅云餥餱食也以愆
起虔反訕也所諫也之饌士戀反遠之于万反亦如字湑我本又
作醑思敘反莤之也酤我毛音戶一宿酒也說文同鄭音顧又音姑買也莤之所六反與左傳縮酒同義
謂以茅泲之而去其糟也字從艸則泲子禮反坎坎如字說文作竷音同云舞曲也蹲
蹲七旬反本或作壿同舞貌也爾雅云喜也說文云士舞也從士尊爲我于僞反下同以樂樂已上下

音岳音洛追我音待及也今閒音閑

天保下下俱户嫁反注中下及下臣同俾必以反使也單厚毛都但反云信也原也鄭音丹盡也不除治慮反注同開也戩子淺反福也汲汲七及反縱足用反長張丈反吉蠲古玄反舊音圭絜也爲饎尺志反酒食也孝享許丈反獻也禴本又作礿餘若反夏祭名祠嗣絲反春祭名烝之丞反冬祭名嘗秋祭名諸盩直留反周大王父名無疆居良反尸嘏古雅反傳神直專反弔矣都歷反至也

詒爾以之反遺也遺也唯季反相燕樂音洛徧爲音遍之恒本亦作緪同古鄧反沈古恒反弦也不騫起虔反虧也

采薇音微菜也

昆夷本又作混古門反昆夷西戎也玁本或作獫音險狁音允本亦作允玁狁北狄也之難乃旦反注皆同命將率子亮反下所類反本亦作帥同注及後篇將率皆同以勞力報反後篇勞還皆同杕杜大計反重言直用反下重叙同莫止音暮本或作暮協韻武傳

反肥七歲反腕音問或作早晚字非也靡使如字本又作靡所少而詩照反
堅忍音刃時坤本亦作巛困魂反孔疚久又反病也彼爾乃禮反注同華盛貌
說文作薾業業如字又魚及反或五盍反壯也三捷息韏反又如字騤騤求龜反彊
也所腓符非反毛云避也鄭作芘必寐反倚也芘倚其綺反舊於蟻反象弭
彌氏反弭弓反末彆也以象爲之解紒音計又音結本又作紛芳云反彆說文方血反又邊之入聲
埤倉云弓末反戾也曰戒音越又人栗反警勑音景昔我韓詩昔始也雨雪
于付反霏霏芳菲反甚也以說音悅
出車如字沈尺遂反勞力報反還音旋彼牧音目多難乃旦反注及下
皆同使裝側良反本又作粧北旐音兆彼旄音毛屬之音燭致也彼旟
音餘旆旆蒲貝反鳥隼息允反旒垂音留悄悄七小反況
瘁似醉反本亦作萃依注作悴音同憔悴慈遥反憂其馬之不

正一本作之不正也一本作馬之政 央央本亦作英同於京反又於良反 近玁附近之近下近西戎同 軍壘力軌反 于襄如字除也本或作攘如羊反 雨雪于付反又如字 嘤於遥反 趯趯吐歷反 阜螽音終 躍音藥 而嚮許亮反或作鄉音同 而興許應反 忡忡勑中反 則降戶江反又如字注下皆同 卉木許貴反草也 萋萋七西反 喈喈音皆 采蘩音煩 祁祁巨移反 執訊音信辭也言也

杕杜 睆華版反字從白或作目邊實貌 蕃滋音煩 巳閒音閑 以說音悅 亦莫音暮本亦作暮 則思息嗣反又如字 其杞音起 檀車徒丹反檀車役車 幝幝尺善反又勑丹反敝貌說文云車敝也從巾單韓詩作繟音同 痯古緩反罷貌 敝貌婢世反 罷貌音皮 孔疚居又反 於繇直又反

魚麗力馳反下同麗歷也 以上時掌反 於逸本或作佚 樂音洛 諸夏戶雅反 于罶音柳寡婦之笱 鱨音常楊也草木疏云今江東呼黃鱨魚尾微黃大者長尺七八寸許

鯊音沙字亦作魦鮀也今吹沙小魚也體圓而有黑點文舍人云鯊石鮀也鮀待何反大平音泰不暴蒲下反草木不折不操草刀反斧斤一本作草木不折不芟定本芟作操草刀反豺祭仕皆反獺祭勑鎋反又他末反後漁音魚一本作獻同取魚也罻羅音畏不麛亡兮反本或作麑同不卵魯短反不隱如字本又作偃亦如字塞蘇代反又新勒反不數七欲反又所角反陳氏云數細也罟音古

君子有酒旨絶句且多此二字爲句後章放此異此讀則非魴鱧音禮鯛也鯛直冢反鰋音偃郭云今偃額白魚鮎乃兼反江東呼鮎爲鮧鮧音啼又在私反毛及前儒皆以鮎釋鰋鱧爲鯇鱧爲鯉唯郭注爾雅是六魚之名今目驗毛解與世不協或恐古今名異逐世移耳

南陔古哀反以養餘尚反白華華黍此三篇蓋武王之詩周公制禮用爲樂章吹笙以播其曲孔子刪定在三百一十一篇內遭戰國及秦而亡子夏序詩篇義合編故詩雖亡而義猶在也毛氏訓傳各引序冠其篇首故序存而詩亡縣中音玄合編必仙反以見賢遍反

南有嘉魚之什第十七

南有嘉魚〔自此至菁菁者莪六篇并亡篇三是成王周公之小雅成王有雅名公有雅德二人協佐以致太平故亦竝爲正也〕樂與〔音洛又音岳徐五教反序文同〕大平〔音泰後大平皆同〕於朝〔直遥反下注同〕燕樂〔音洛下注皆同〕烝然〔之承反鄭塵也王衆也〕罩罩〔張教反徐又都學反籗也字林竹卓反云捕魚器也〕篧〔助角反郭云捕魚籠也沈音擭又音護說其形非罩也〕遲之〔直異反下同〕以樂〔音洛協句五教反得賢致酒歡情怡暢故樂〕汕汕〔所諫反樔也說文云魚游水貌〕樔〔側交反字或作罺同〕橑罟〔力弔反又力條反沈旋力到反〕以衎〔苦旦反樂也〕樛木〔居虬反〕甘瓠〔音護〕纍之〔力追反本亦作蘽同〕君子下〔遐嫁反〕翩翩〔音篇〕者鵻〔音隹本亦作佳〕又復〔扶又反下同〕

南山有臺〔臺夫須也〕能爲〔如字又于僞反〕有萊〔音來草也〕夫須〔音符〕樂樂〔上音岳下音洛〕無疆〔居良反〕有杞〔音起草本疏云其樹如樗一名狗骨〕栲〔音考山樗也〕杻〔女久反檍也〕山樗〔勑居反〕檍也

音憶　枸 俱甫反枳枸也　椇 音庾鼠梓楸屬　枳枸 諸氏反　黃耇 音茍壽也　保艾 五蓋反養也沈音别

由庚崇丘由儀 此三篇義與南陔等同依六月序由庚在南有嘉魚前崇丘在南山有臺前㕘同在此者以其俱亡使相從耳　乃間 古莧反

蓼蕭 音六蓼長大貌蕭蒿也　外薄 音傅諸本作外敷注音芳夫反　四海 九夷八狄七戎六蠻也海者晦也地險言具去中國險遠禀政敎昏昧也　五長 張丈反　湑兮 息敘反湑湑露貌

長大 如字又張丈反　不爲 于僞反　朝見 直遥反下賢遍反下燕見同　瀼 如羊反徐又乃剛反露蕃貌

蕃貌 音煩　被 皮寄反　泥泥 乃禮反霑濡也　豈 開在反本亦作愷下同樂也後豈弟放此　弟 如字本亦作悌音同易也後皆放此　樂也 音洛下篇同　易也 夷豉反

濃濃 奴同反又女龍反厚貌　鞗革 徒彫反轡也　沖沖 直弓反徐音同音勑弓反垂飾貌

在軾 音式　在鑣 彼苗反　湛露 直減反湛湛露茂盛貌

不晞 音希乾也　厭厭 於鹽反安也韓詩作愔愔和悅之貌　是渫 息列反　飲

桓公於鴆反其椅於宜反木名也陔節古哀反字亦作祴音同戒也

彤弓徒冬反彤弓赤弓也以講德習射所愾苦愛反很也杜預云很年也說文作鎎火既反大世戰也

玈弓音盧黑弓也本或作旅字誤弨兮尺昭反弛也說文云弓反也字林充小反弛貌式氏反

大飲於鴆反樂也音洛右之毛音又勸也鄭如字薦右也卒爵遵律反本或作啐者誤也啐音七內反

櫜之古刀反韜也韜也本又作弢吐刀反弓衣也好之呼報反悅也說也音悅醻之本又作酬市由反毛報也鄭厚也勸也賓酢才洛反

菁菁者莪上子丁反下五何反菁菁盛貌莪羅蒿也能長張丈反下注並同

喜樂音洛下并注同選士雪戀反中沚音止汎汎芳劍反

則休虛虯反美也六月從此至無羊十四篇是宣王之變小雅和樂音洛篇末注同

鈌矣苦悅反蓄積勑六反隊矣直類反諸夏戶雅反

棲棲音西簡閱之貌既飭音勑正也依字從力脩飭之字從巾不同也今人食邊作芳以爲脩

飭之字借作勑音非騤騤求龜反簡閱音悅孔熾尺志反盛也比物毗志
反齊同也有顒王容反大貌說文云大頭也有嚴如字威也共武鄭如字注下同
王徐音恭羣帥所類反下將帥同後篇放此匪茹如豫反徐音如度也焦穫音護
焦穫周地爾雅十藪周有焦護侵鎬胡老反鄭云北方地名王云京師茹度徒洛反下同織
文音志又尺志反注同白茷本又作旆蒲貝反繼旐曰茷左傳云蒨茷是也一曰旆與茷古今字殊
央央音英鮮明也或於良反下篇同徽織音幟將帥子亮反下大將同後篇將帥放此
皆著知略反十乘繩證反啓行戶郎反注前行同夏后戶雅反
鉤古侯反股音古今經注作鞶無股字以先蘇薦反敵陳直覲反輊竹二
反車佶其乙反又其吉反毛正也鄭壯健貌摯也音至大原音泰飲御於鴆反注
可炰白交反徐又甫久反鼈甲滅反膾鯉古外反芑音起菜也徐又
音呂反菑側其反田一歲曰菑郭云反草曰菑曰畬音餘田三歲曰畬莅止本又作涖音利

又音類沈力二反臨也　扞也胡旦反　千乘繩證反下乘同　士卒子忽反下皆同　羨卒錢面反餘也又徐薦反　有奭許力反赤也　簟茀音弗車蔽也　鞗革音條　樊纓步干反馬大帶　約軝祁支反廣雅云轂篆　錯衡如字沈七故反　瑲本亦作鎗七羊反徐七羮反聲也　朱芾本又作常或作紱皆音弗下篇赤芾同　有創本又作瑲亦作鎗同皆七羊反　葱珩音衡　煌煌音皇又音晃　朱衣裳本或作朱衣纁裳纁衍字　駜彼唯必反　鉦人音征說文云鐃也又云鐲也　鞠旅居六反告也　將戰此如字餘並子匠反　闐闐徒顛反　長幼張丈反下之長同　蠢爾尺允反動也爾雅不遜也　執訊音信　嘽嘽吐丹反衆也徐音他　焞焞吐雷反又他屯反本又作啍同　盛也　霆音廷徐音挺又音定　無罷音皮　車攻攻堅　外攘如羊反除也卻也　之竟音境　器械戶戒反王肅云械揔名也說文云無所盛曰械　復會扶又反　而選宣兖反數也沈思戀反下同　齊豪戶刀反依字作毫也　龐

麃麃同反徐扶公反充實也甫草毛如字大也鄭音補謂圃田鄭藪也大艾魚廢反
褐纏音曷爲槸魚列反何魚子反門中臬轚音計劉兆注穀梁云繼也本又作擊音同或古
歷反之左者之左一本無上之字下句亦然而射食亦反抗苦浪反舉也大
綏本亦作綏同而佳反下同出頃苦頴反甫田舊音脯十藪鄭有圃田下同毛依字甫大
也嚻嚻五刀反或許驕反聲也唯數所主反摶獸音博舊音付今近
附近之近金舄音昔有繹音亦陳也時見賢遍反下同決本又作決或作抉同古穴
反鉤弦也既佽音次利也說文子利反云便利也比次毗志反舉柴子智反又才寄反積
也說文作𢱭士賣反不中丁仲反下中者同不猗於寄反又於綺反舍矢音捨如
椎直追反不讙音歡又音喧譁也音花大庖蒲茅反左膘頻小反又
扶了反三蒼云小腹兩邊肉也說文云脅後髀前肉也本亦作髀蒲禮反或又作髆射之食亦反下射左髀同
右腢本亦作髃音愚又五厚反謂肩前也說文同郭音偶謂肩前兩間骨何休注公羊自左膘射之達于

右腢中心死疾鮮潔也又五回五公二反 射右耳食亦反 左脾本又作髀方爾反又蒲禮反謂

股外 右䯚餘繞反又胡了反謂水䑋也字書無此字一本作䯚音羊紹反又羊招反呂忱于小反本或作膘 踐

毛子淺反 有聞音問注同本亦作問 讙呼端反又作諠 譁音花 去穀起呂反

大平音泰 吉日伯馬祖也 禱丁老反馬祭也說文作禂 爲之

于僞反 既差初宜反又初佳反擇也 麀鹿音憂鹿牝曰麀 麌麌愚甫反說文作

噳云麌鹿羣口相聚也鄭云麕牡曰麌麌復麌言多也 麀牝頻忍反徐扶盡反又扶允反 麕

牡本又作麇俱倫反下音茂 麌復扶又反 沮七徐反 其祁毛巨私反又止之反大也鄭改

作麎音辰郭音脤何止尸反沈市尸反 麎亡悲反 儦儦本作麃又作爊表嬌反趨也廣雅云行也

俟俟音士行也徐音矣 或羣或友獸三曰羣二曰友 之射食亦反 既

挾子洽反又子協反又戶頰反 小豝音巴豕牡曰豝 殪於計反 大兕徐履反本

又作光 能中丁仲反 鴻鴈 勞來力報反下力代反 矜

寡本又作鰥同古頑反徐又棘冰反篇內矜寡同老無妻曰矜老無夫曰寡 肅肅所六反本或作𦒍同羽聲也

劬勞其俱反注及下文同韓詩云數也毛云疾苦也 王使所吏反 矜人棘冰反 偏喪息浪反 欲令力呈反 賙音周救也 餼之許氣反 去其丘呂反 于垣音袁 百堵丁古反 其究居又反窮也 嗸嗸本又作嗷五刀反聲也

庭燎力照反徐又力燒反大燭也鄭云在地曰燎執之曰燭又云樹之門外曰大燭於內曰庭燎皆是照衆爲明

箴之之金反諫誨之辭 將朝直遙反下皆同 何其音基辭也下皆同 未央於良反毛云且也鄭云猶言夜未渠央也說文云久也已也王逸注楚辭云央盡也 將將七羊反本或作鏘注同

且也七也反又子徐反又音且經本作旦 鸞鑣表驕反又必苗反 未渠其據反

未艾毛五蓋反云久也鄭音刈云芟末曰艾 晣晣本又作晢之世反明也 噦噦呼會反徐又呼惠反徐行有節也 芟末所銜反 夜先悉薦反 鄉晨許亮反字又作嚮

有煇音暉毛云光也 其旂音祈巨譏反 別色彼列反

沔水緜善反沔流滿也徐莫顯反朝宗直遥反注皆同春見賢遍反下文夏見同下不
鴥彼惟必反飛隼息尹反湯湯失羊反波流盛貌復不扶又反不
蹟井亦反弭忘彌氏反止也下音亡好詐僞呼報反毀惡烏路反
鶴鳴草木疏云鶴鳴聞八九里九皐音羔澤也韓詩云九皐九折之澤聲聞音問
下同數至色主反則見賢遍反治平直吏反樂彼音洛沈又五孝反注
及下同之爰音袁檀音檀維蘀音託落也之觀古亂反下同朝廷
直遥反它山古他字爲錯七落反說文作厝云厲石也字林同千故反琢玉
陟角反穀工木反說文云楮也從木㱿聲非從禾也毛云惡木也以上章上檀下蘀類之取其上善下惡
故知穀惡木也祈勤衣反父音甫下同圻父司馬也掌封圻兵甲者若
𠷎此古疇字本又作壽按孔注尚書直留反馬鄭音受爲王于僞反下母爲父同底止
之履反至也亶不都旦反誠也不得供九用反養也羊亮反

白駒 馬五尺以上曰駒 皎皎 古了反絜白也 場苗 直良反 縶之 陟立反絆
也徐丁立反 絆也 音半繫足曰絆 於焉 於虔反又如字下同 作繄 烏兮反 場
藿 火郭反 賁然 彼義反飾也徐音奔鄭云山下有火賁毛鄭全用易爲釋 逸樂 音洛
遯思 字又作遂徒遜反徐徒損反 度已 待洛反下音紀 訣之 音決 生芻
楚俱反 毋金 音無本亦作無毋字與父毋之毋字不同宜詳之他皆倣此
黃鳥 聯兄弟 音連 無啄 陟角反 妃匹 音配 于栩 況甫反
我行其野 蔽 必制反徐又方四反 芾 方味反蔽芾葉如生皃 其樗 勑書反惡木也
其蓫 勑六反本又作蓄毛惡菜也鄭牛蘈也 牛蕢 本又作蘈徒雷反 其葍 音福
毛惡菜也鄭葍也 葍 音富 嫁女 女不思女 並皆汝 肯媵 音孕又繩證反 亦
柢 音支適也 可惡 烏路反 斯干 干澗也 皆佼 古卯反 而舋
許靳反 落之 如字始也或作樂非 秩秩 直乙反流行皃 干澗 音諫 相好 呼報反

猶矣毛如字道也鄭改作瘉羊主反病也詢病呼亘反似毛如字嗣也鄭音巳午之巳妣
祖必履反姜嫄本或作原音同西鄉本又作嚮同許亮反下同安樂音洛閤閤
音各猶歷歷也椓之陟角反㨨土也橐橐音託用力也本或作柝縮所六反㨨呂忱丈牛反沈
呂菊反說文音勑周反引也從手留聲攸除直慮反去也攸芋毛香于反大也鄭作幠火吳反覆也或作吁
弘殺所界反堅致直置反本亦作緻同相稱尺證反如跂音企跂竦粟勇
反斯棘居力反毛稜廉也鄭云戟也韓詩作朸朸隅也旅即反斯革如字翼也韓詩作鞠云翅也稜
廉力登反挾弓子沓反又子協反又音協其肘張久反翬音輝雉名說文云大
飛也攸躋子西反升也殖殖市力反平正也噲噲音快其正音政長也噦
噦呼會反其冥毛莫形反幼也鄭莫定反夜也正長王丁丈反崔直良反冥幼王如
字本或作窈崔音杳熠熠音謂呂忱云火光貌下莞音官徐又九還反草叢生水中莖圓江南以爲
席鄭云小蒲席也形似小蒲而實非也乃鋪普吳反又音敷以樂音洛本亦作落應人

應對之應維熊于弓反維羆彼宜反維虺許鬼反維蛇市奢反大
人音泰後大人同載衣於既反注衣以裳下衣之裼同璋音章半圭曰璋喤喤音横
華彭反沈又呼彭反聲也朱芾音弗煌煌音皇裼他計反褓也韓詩作禘音同褓
也音保齊人名小兒被爲褓紡芳罔反塼也音專本又作專毋詒本又作貽以之反遺也
罹本又作離力馳反憂也無遺唯季反無羊其犉
本又作犉而純反黃牛黑脣曰犉濈濈本又作湒亦作戢莊立反美畜許又反濕濕始立
反又尸立反又處立反呞本又作齝亦作齝丑之反一音初之反郭注爾雅云食已復出嚼之也今江東呼齝
爲齥音漏洩或訛五戈反徐又五何反動也韓詩作譌譌覺也何河可反又音河下及注同蓑
素戈反草衣也何笠音立其餱音侯何揭音竭又其謁反索則色白反以
蒸之烝反薪也搏禽音博下同亦作捕音步兢兢其冰反不騫起虔反
麾之毁皮反以肱古弘反臂也擾馴音巡又常遵反旐維音兆旟

矣音餘以養羊亮反下同相供九用反溱溱側巾反衆也

節南山之什第十九從此至何草不黃凡四十四篇前儒申毛皆以爲幽王之變小雅鄭以十月之交以下四篇是厲王之變小雅漢興之初師移其篇次毛爲詁訓因改其第焉

節南山在切反又如字又音截下及注同高峻貌韓詩云視也家父音甫注及下同巖巖如字本或作嚴音同赫赫許百反如惔徒藍反又音炎燔也韓詩作炎字書作焱說文作㶾字才廉反小熱也大師音泰下皆同燔也音煩脅下許業反本又作脇卒子律反不監古銜反注同視也韓詩云領也斷也都緩反其猗於宜反毛云長也鄭云倚也倚也於綺反下同山㸎本亦作䀪古犬反薦徂殿反重也注及下篇注同瘥才何反病也重也直用反下同疫病音役本又作疢勑覲反長幼張丈反憯莫本或作憯七感反弔唁音彥服虔云弔生曰唁曾也之氏丁禮反毛云本也徐云鄭音都履反是毗婢尸反毛厚也鄭輔也王作埤埤厚也卑民本又作俾同必爾反後皆放此桎之實反又丁履反凝

也本有作手旁至者誤也鎋字又作轄胡瞎反不弔如字又丁歷反至也下同昊胡老反空
我苦貢反注同窮也愬之蘇路反本亦作訴下同勿罔毛如字鄭音未式已毛音
以鄭音紀殆近附近之近又如字下同瑣瑣素火反小也本或作璅非也璅音早亞於嫁反膴
仕音武厚也不傭勑龍反均也韓詩作庸庸易也鞫九六反盈也訩音凶訟也大戾音麗
乖也之行下孟反乖爭爭鬭之爭下皆同儆爲下敎反如届音戒毛極
也鄭至也心闋苦穴反息也易也以豉反下同反覆音服本又作覆芳服反酲
音呈病酒曰酲爲用于僞反又如字蹙蹙子六反縮小也王七歷反所騁勑領反極
也日見而乙反縮小所六反相爾息亮反注同視也矛矣亡侯反戈矛也
旣懌音亦服也相酬市由反又作醻夷說音悅下同其已音以酢也音昨
覆怨芳服反正長張丈反邪心似嗟反爲王于僞反家父音甫
式訛五戈反以畜許六反正月音政夏之四月也四

月純陽用事故曰正月繁霜扶表反多也夏之胡雅反下同建巳音似心

爲于僞反行酷苦毒反癙憂音鼠病也字林癙音恕以痒音羊病也

我瘉音庾病也不長張丈反下正長伯長長者皆同莠言餘久反醜也惸

本又作煢其營反憂意也一云獨也篇末同并其必正反注并制同圜土音圓

圜土獄也是難乃旦反下難之難同侯蒸之丞反之處昌慮反下之處同朝廷

直遥反下皆同夢夢莫紅反亂也沈莫滕反韓詩云惡貌也弗勝毛音升乘也鄭尸證

反尚復扶又反篇末同作繄烏兮反憎惡烏路反蓋卑本又作庳

同音婢又必支反之行下孟反訙之本又作訊音信問也別異彼列反不局

本又作跼其欲反曲也不蹐井亦反徐音積累足也說文小步也維號音豪注同雷

霆音庭又音挺陷淪音淪又倫峻反怖普故反號呼好路反爲誣

音無虺暉鬼反蜴星歷反字又作蜥螈也螈也音元阪田音反又扶版反有菀

音鬱茂也徐又於阮反　崎起宜反　嶇丘俱反　墝苦交反　埆户角反又苦角反又音角

在閒音閑　辟匹亦反　扤我五忽反徐又音月動也　迅疾音峻　謷謷

本又作嗸五報反沈五刀反　燎之力詔反徐力燒反　炎熾尺志反　熛怒必遥反

褒補毛反國名　姒音似毛云姓也鄭云字也　烕之呼悅反齊人語也字林武劣反說文云從火戌

聲火死於戌陽氣至戌而盡本或作滅　鎬胡老反　又窘求殞反毛困也鄭仍也字林巨畏反　泥

陷乃計反　遠賢于万反　爾載才再反注及下同　將伯七羊反注將請也皆同

輸墮許規反本又作墯待果反　員于音云益也　輻方六反　屢顧力住反數也又

作屢　數也音朔下同　于沼之紹反池也　克樂音洛注同　之炤音灼之若反

易見夷豉反下如字又賢遍反　慘慘七感反戚戚也　戚戚千歷反　嘉肴

本又作殽戶交反　洽比毗志反　孔云本又作員音同毛旋也鄭支也　慇慇音殷又於

謹反　佌佌音此小也說文作伵音徙　蔌蔌音速陋也　方穀本或作方有穀非也　窶

陋其矩反一音慮天於兆反又於遥反災也是椓陟角反哿哥我反可也
十月之交刺幽王毛如字鄭改爲刺厲王從此至小宛四篇皆然節刺在結反皇
父音甫後皇父皆同惡褱烏路反番也方表反徐甫言反本或作潘音同韓詩作
繁下同夏八戶雅反政治直吏反爗爗于輒反震電貌沸騰甫味
反沸出騰乘也山崒舊子恤反徐子綏反鄭云崔嵬也宜依爾雅音徂恤反本亦作卒山頂丁冷反
崔徂回反爾雅作厜子規反嵬五回反爾雅作㕒五規反虘昌呂反胡憯七感反曾也亦作慘
聚子側留反蹶俱衛反趣馬七走反注同趣馬官名掌王馬之政楀音矩
反豔妻餘贍反美色曰豔毛云豔妻褒姒鄭云豔妻厲王后煽音扇熾也說文云熾盛也
方處一本作熾熾尺志反盛也后嬖必計反司朝直遥反下同擅
市戰反抑此如字辭也徐音噫韓詩云意也汙音烏注同萊音萊噫於其反下同
令我力呈反趣農七住反本又作趨七俱反不戕在良反殘也王本作臧臧善也孫毓

評以鄭爲改字**下共**音恭本亦作供**于向**式亮反邑名下及注同**亶**都但反信也**多藏**才浪反注同**知厭**於鹽反**不慭**魚覲反爾雅云願也強也且也韓詩云閒也**強之**其丈反**黽勉**民允反本又作僶同**囂囂**五刀反衆多貌韓詩作謷謷**之孽**魚列反妖孽**噂**子損反說文作僔云聚也**沓**本又作沓同徒荅反**背憎**蒲妹反注同**天隋**徒火反**我里**如字毛病也鄭居也本或作瘇後人改也**之痗**莫背反又音悔本又作悔病也**有羨**徐箭反餘也**敢傚**戶教反**雨無正**音政**浩浩**古老反又胡老反**昊天**胡老反**不駿**音峻長也**饑饉**其靳反**更相**古衡反**旻天疾威**密巾反本有作昊天者非也**威恐**起勇反**舍彼**音赦除也一音捨**淪胥**上音倫率也下息魚反相也**以鋪**普烏反福也王云病也**鋪徧**音遍下同**于毳**直例反**我勩**曳世反勞也又音曳**正長**張丈反下同**無復**符富反**罷勞**音皮**朝夕**直遙反舊張遙反**覆**芳服反**不**

退徐音退本又作退暬御思列反憯憯千感反日瘁徂醉反病也餼許氣
反曾在登反之畜勑六反用訊音信徐息悴反告也又音碎排步皆反惡
直烏路反是出尺遂反音毳處休虎虬反注同風切福鳳反剴微
古愛反又古哀反一音祈不悖補對反遻五故反本亦作逆順說音悅急笮
本又作進側格反鼠思息嗣反注癙思同爲其于僞反距止本又作歫音巨
小旻武巾反下同敷撫扶反徧知音遍回遹音聿僻也韓詩作鴥義同斯
沮在呂反毛壞也鄭止也邪也似嗟反僻也匹亦反下同不悛七全反改也沈又七
旬反覆用芳服反之邛其凶反病也潝潝許急反訿訿音紫爾雅云潝
潝訿訿莫供職也韓詩云不善之貌稱其尺證反一本作稱乎胡底之履反至也背違
音佩旣厭於豔反注同筮數音朔不復扶又反占繇音胄不中
丁仲反莫適音的訩訩音凶沮當丁浪反跬步缺氏反舉足曰跬動

毛詩音義中　二十二

輗音刃礙車木也字林如戰反則泥乃麗反不潰戶對反遂也或否方九
反徐音鄙靡膴王火吳反大也徐云鄭音謨法也又音武沈音無韓詩作靡膴猶無幾何或艾音刈
治也艾治也直吏反下皆同有知也音智馮河符冰反陵也徒涉曰馮河徒搏
音愽兢兢己冰反恐也丘勇反恐隊直類反本又作墜下篇同小宛
於阮反小貌翰飛胡旦反高也鶻音骨鵰陟交反何音彫字林作鵃云骨鵃小種鳩也草木疏
云鳴鳩班鳩也溫克王如字柔也鄭於運反蘊藉也溫藉在夜反又慈夜反又復扶又
反下同有菽音叔藿也火郭反螟亡丁反蛉音零螟蛉桑蟲也俗謂之桑蟃一名
戎女蟃音万蜾音果蠃力果反蜾蠃蒲盧也即細腰蜂俗呼蠮螉是也蠮於結反螉音翁煦況甫
反又況具反嫗紆甫反又紆具反鄭注禮記云以氣曰煦以體曰嫗題彼大計反視也脊
令音零本亦作鶺注同自舍音捨視睇大計反我日而乙反下同視朝
直遙反毋忝音無下他簟反字林他念反桑扈音戶場大良反啄粟

陟角反竊脂音切之治直吏反塡寡徒典反盡也韓詩作疹疹苦也宜岸如字訟也韋昭注漢書同韓詩作犴音同云鄉亭之繫曰犴朝廷曰獄握於角反惴惴之瑞反恐隕丘勇反下丁敏反小弁步干反樂也下同大子音泰注大子皆同之傅音付鸒音豫斯鸒斯鵯居也一名雅烏小爾雅云小而腹下白不反哺者謂之雅烏說文云雅楚烏也一名鸒一名鵯居秦謂之雅一云斯語辭提提是移反羣飛貌樂音洛下同卑居本亦作鵯同音匹又必移反于罹力知反憂也王取七住反大子音泰又說音悅日號上而乙反下戶刀反旻天云巾反踧踧徒歷反平易也鞫爲九六反窮也平易夷豉反惄焉乃歷反思也如擣丁老反心疾也本或作𤻲同韓詩作疛除又反義同疢如勑覲反病也又作疹同不脫本亦作稅吐活反一音始銳反與梓音子木名不屬音燭徐音蜀于裏音里長大丁丈反胞音包胎他來反菀彼音鬱鳴蜩音條蟬也

嘒嘒呼惠反蟬聲也有漼千罪反深貌萑音丸葦韋鬼反淠淠徐孚
計反又匹計反衆也譬彼本亦作辟匹致反下同所屆音戒至也伎伎本亦作跂其宜
反舒貌朝雊古豆反雊雉鳴也妃匹音配壞木胡罪反又如字瘣也說文作瘣云病也一
日腫旁出也又音同瘣也胡罪反本瘤腫也爾雅云瘣木符婁郭云尫傴癭腫無枝條也相彼
息亮反投兔他故反或先蘇薦反或墐音覲路冢也說文作殣云道中死人人所
覆也先歐起俱反又作驅同隊直類反涕音替隕之音蘊醻之市由反
掎矣寄彼反扡矣勑氏反又宅買反徐又直是反觀其理也踣之蒲北反挫
折子卧反舍彼音捨注同又音赦之佗吐賀反加也注同莫浚蘇俊反深也
默存本亦作嘿云北反無易夷豉反耳屬音燭注同于垣音袁我
笱音苟不閱音悅容也高叟素口反關弓烏環反下同本亦作彎而
射食亦反下同夫高音符磯也居依反又古愛反一音祈復有扶又反

巧言曰父母且徐七餘反協句應爾觀箋意宜七也反此憮火吳反下同毛大也鄭傲也思也息嗣反下同憮傲五報反下同本又作敖愬王音素大憮音泰本或作泰徐勑佐反僭始毛側蔭反數也鄭又子念反不信也既涵毛音含容也鄭音咸同也韓詩作減減少也僭數音朔下同不別彼列反遄市專反疾也沮辭呂反止也如祉音恥福也遄已音以屢盟本又作婁力住反數也用長丁丈反又直良反相要於遙反屢數音朔相背音佩時見賢遍反下同用餤沈旋音談徐音鹽止共音恭本又作恭之邛其恭反病也好爲呼報反不共音恭本亦作供又爲于僞反奕奕音亦大也秩秩音帙莫之如字又作漠同一本作謨桉爾雅漠謨同訓謀莫協韻爲勝予忖本又作寸同七損反度之待洛反注皆同躍躍他歷反毚兔士咸反狡兔也遇犬如字世讀作愚非也進知音智狡兔古卯反馴者音旬又音脣荏而甚反染音冉數之所主反注同

猗桐於宜反梓漆上音子下音七蛇蛇以支反淺意也其行下孟反如
簧音黃之麋本又作湄音眉水草交曰麋惡之烏路反無拳音權力也
徐又已袞反易誅夷豉反且尰市勇反腫足也骭戶諫反腳脛也瘍音羊本亦作傷音同創也
腫足諸勇反幾何居豈反注同大夕音泰又如字傃能音素
何人斯女與音豫下疑其與之大切音泰由已音紀言
我音彥見王賢遍反得譴遣戰反女即音汝下注同今日而乙反
於已音紀睹女丁古反本又作覩不媿九位反或作愧飄風避遙反疾風也沈又
方消反祇音支適也攪交卯反亂也亟行紀力反疾也胎音支其盱況于
反病也心易夷豉反注同韓詩作施施善也否難方九反不通也一云鄭符鄙反俾我
必爾反祇祈支反毛病也鄭安也一云鄭上支反說也音悅下同解說音蟹與
音豫復難扶又反下章同壎況袁反土曰壎篪音池竹曰篪相應應對之應和

胡卧反 如貫 古亂反 諒 音亮信也 以詛 側助反以禍福之言相要曰詛 比次 毗志反 繩索 素洛反 爲其 于僞反 欲長 如字又張丈反 蜮 音或沈又音域 短狐也狀如鼈三足一名射工俗呼之水弩在水中含沙射人一云射人影 有靦 土典反 姡 户刮反面醜也 吕極 音以古以字本作以 巷伯 官名也 寺人 如字又音侍 巷伯奄 於檢反 官 本或將此注爲序文者 相近 附近之近下近嫌同 萋兮 七西反 斐兮 孚匪反本或作菲萋斐文相錯也 餘蚳 直基反貝黄白文曰餘蚳 大甚 音秦注同徐勑佐反 哆 昌者反大貌說文云張口也玉篇尺紙反又昌可反 其侈 尺是反又式是反 辟嫌 音避下同 釐婦 力之反寡婦也依字作嫠 放乎 甫往反 蒸盡 之升反 縮屋 所六反又作縮同 閒居 閒厠之閒又音閑 嫗 紆甫反又紆具反本或作煦況甫反 踵 章勇反足根也 狹 音洽 誰適 如字往也王徐皆都歷反下同 緝緝 七立反口舌聲也說文作咠云聶語也又子立反 翩翩 音篇往來貌字又作扁 惡

其烏路反捷捷如字又音妾幡幡芳煩反訕也所諫反又所姦反倉

卒寸忽反誹女方味反投畀必二反下同豺士皆反字或作犲猗

于於綺反徐於宜反加也作爲此詩一本云作爲作詩

谷風之什第二十

谷風音穀東風謂之谷風將恐亡勇反注下同與女音汝遭厄本又作阸

於革反難乃旦反將樂音洛注下皆同頹徒雷反風之焚輪也而上時掌反

寘予之豉反置也崔徂回反嵬五回反崔嵬山巔也又作嵬不萎於危反

生長張丈反下同槁者苦老反切磋七河反蓼莪上音六下

五河反蓼蓼長大貌終養餘亮反注除鞠養也穀養也二字餘並同伊蒿呼毛反長

大張丈反下皆同憂思息嗣反伊蔚音尉牡菣也牡菣去刃反勞

瘁似醉反病也缾之蒲丁反罄矣苦定反盡也維罍音雷鮮民

息淺反寡也供養九用反何怙音戶韓詩云怙賴也何恃恃負也拊
我音撫畜喜郁反顧音故反覆也芳福反飄風避遙反後篇同本又
作票卒子恤反終也重自直用反大東譚徒南反國名
饛音蒙滿也簋音軌飧音孫熟食也有捄音虯又其牛反長貌下章同棘
匕必履反饔於恭反施予始豉反如砥之履反共之音恭本又作恭
睠言音卷本又作眷潸焉所姦反潸下貌說文作潸云涕流貌山晏反出如字徐尺
遂反涕音體爲之于僞反杼直呂反說文云盛緯器柚音逐本又作軸斂之
力豔反後同糾糾居黝反葛屨九具反佻佻徒彫反徐又徒了反沈又徒高反獨
行貌韓詩作嬥嬥往來貌並音挑本或作窕非也周行戶郎反注周行下載施之行并注同轉
餫音運心疚音救病也有冽音列寒意也氿泉音軌泉側出也字又作晷無
寖子鴆反漬也字又作浸穫薪戶郭反毛刈也鄭落木名也字則宜作木傍契契

苦計反徐苦結反憂苦也悍人丁佐反徐又音旦勞也下同字亦作癉濕腐音輔朽也畜

之勑六反不來音賚注同勤也熊羆下彼皮反舟檝音接字又作楫相

近附近之近下同使搏音傅冥氏莫歷反一百僚力彫反字又作寮同鞙鞙

胡犬反玉貌字或作琄佩璲音遂監古蹔反視也闓音開字亦作開跂彼

說文作歧丘豉反徐又丘婢反隅貌更其音庚歷也睆彼華板反明星貌服箱息羊反車

箱也何鼓何可反又音河何鼓星名牝服頻忍反皷揚波我反徐又府佐反有斗都口反沈

音主挹音揖㪺也㪺也矩于反廣雅云㪺酌也本又作㪺載翕許急反毛合也鄭引也柄彼病反

揭居竭反徐起謁反四月國構古又反患難乃旦反淒淒

本亦作棲七西反涼風也百卉許貴反草也具腓房非反病也韓詩云變也瘼矣音莫

病也其亟紀力反養其餘亮反蹂踐如久反廣雅云履也令不力呈反

蕃茂音煩與受音豫廢為如字一音發忕時世反下同一本作廢大也此

是王肅義其行下孟反下之行同相彼息亮反視也注同曷云舊何葛反鄭云
何也一云毛安葛反滔滔吐刀反大水貌長理張丈反盡瘁本又作萃似醉反病也下
篇同鶉徒丸反鵰也字或作鷻鳶以專反鴟也鱣張連反鮪于軌反鵰也音彫
蕨居月反桋本亦作荑音夷枸音苟檵音計赤楝所華反爾雅云楝赤楝郭霜狄
反
北山役使如字已勞音紀下注喻己同養其餘亮
反其杞音起偕偕音皆強壯也徐音諧說文云強也靡盬音古溥天音普大也
之濱音賓涯也涯也魚佳反字又作崖傍傍布彭反不得已也鮮
我息淺反沈云鄭音仙得已音以叫本又作嘂古弔反呼也號戶報反召也協韻戶刀反
慘慘七感反字亦作懆棲遲音西偃卬音仰本又作仰鞅掌於兩反何
也猶何戶可反又音河棒之芳勇反或湛都南反樂音洛畏咎
其九反風音諷放也議如字協句音宜
無將大車祇自

音支適也憂累劣僞反篇末同本或作辱疧兮都禮反病也不任音壬瘉
負起連反冥冥莫庭反又莫迥反令無力呈反干頻古迥反沈又古頃反
光也雝兮於勇反字亦作壅蔽也又於用反自重直龍反又直用反累也
小明艽野音求艽野遠荒之地則更音庚大苦音泰共人音恭注下
皆同罪罟音古網也方除直慮反如字案鄭云四月爲除若依爾雅則宜餘舒二音云莫
音暮注及下同憚我丁佐反勞也徐又音旦亦作癉同睠睠音眷譴弃戰反怒
乃路反方奥於六反煖也煖音暄又奴緩反愈蹙子六反促也穫戶郭反菽
音叔詒遺唯季反下同我冒莫報反又士北反反覆芳福反注同之處
昌慮反爲治直吏反若祐音又本或作右又作佑並同好是呼報反注同介
爾音界鼓鍾將將七羊反聲也注同湯湯音傷流盛也下
注同德比毗志反爲之于僞反下同犧象素何反犧象尊名王音羲喈

喈音皆喈喈户皆反回邪似嗟反鼛古毛反大鼓長丈二尺妯勑留反徐又直留反毛動也鄭悼也郭音爾雅盧叔反又音迪不猶如字若也鄭改作瘉羊主反病也樂

音岳四縣音玄以籥以灼反樂器不僭七心反沈又子念反又楚林反韎夲又作昧音妹又莫戒反東夷樂名曰禁居蔭反北夷樂名

楚茨徐咨反楚楚茨棘貌茨蒺蔾也田萊音來田廢生草曰萊言抽勑留反徐直留反我蓺魚世反蒺音疾蔾音黎一音梨與與音餘蕃廡貌注同

露積如字又子賜反蕃音煩廡音無又音武以妥湯果反安坐也以侑音又勸也神坐才卧反爲其于僞反濟濟子禮反大夫之容也蹌蹌七羊反士之容也

或亨普庚反飪之也注同或肆音四陳也飪之而甚反夲又作腍將齊才細反下或齊同解剥上佳買反下邦角反有肆他歷反解肆也奉持芳勇反又如字

于祊補彭反門內也說文作鬃云門內祭先祖所彷徨也之處昌慮反皇[illegible]于況反下

篇同無疆居良反下篇同竟界音境執爨七亂反注唯言爨竈一字七端反餘並同
踖踖七夕反又七略反爨竈有容也或燔音煩廩爨力甚反膟音律膋
音寮脂膏肝炙之赦反莫莫音麥内羞如字内羞房中之羞或作肉羞非也適
妻音的之稱尺證反庶胗字又作袳昌紙反何沈都可反主共亦作供音恭獻
醻市由反又作酬卒度如字法也沈徒洛反邪行似嗟反以徧音遍下同熯
矣而善反敬也又呼但反徂賚如字與也徐音來受嘏古假反苾蒲蔑反一
音蒲必反下篇同芬孚云反苾芬有馨香也神耆市志反徐云又巨之反下章同幾
音機期也卜予羊汝反下同乃歆喜今反女之音汝下同既齊王申
毛如字整齊也鄭音資減取也一音才細反謂分齊也既筐本亦作匡丘方反擩而專反又音芮
又而純反何耳誰反醢音海祭禮畢禮或作祀尸謖所六反起也肆夏戶雅
反廢方吠反徹直列反去也起呂反下同復皆扶又反長幼張丈反

勿替天帝反信南山甸之毛田見反治也鄭繩證反六十四井為乘畇畇音勻又作畇蘇遵反又音旬墾辟貌墾辟上苦很反下婢亦反所佃音田本亦作田一乘繩證反雨雪于付反崔如字雰雰芳云反雪貌霢士革反霂音木霢霂小雨也既優說文作瀀音憂既渥烏學反疆場音亦下同畔也彧彧於六反茂盛也畀我必寐反與也注同齊則側皆反有廬力居反剝邦角反是菹側居反以便毗戰反削思約反淹英鉗反漬子賜反淹也之祜音戶福也以騂息營反字林許營反享于許兩反徐許亮反注及下同酒鬱雍勿反五齊才細反納享普庚反血膋音聊中節丁仲反臭昌救反無疆居良反

甫田之什第二十一

甫田倬彼陟角反明貌韓詩作菿音同云菿卓也甫之言丈夫也

直兩反依義丈夫是也本又作大夫本甫之言夫也又一本甫之言大也大古音泰欲見賢遍
反食我音嗣賖音奢貰音世又食夜反說文云貸也以紓音舒何常汝反之
蓄勑六反芸音芸沈又音運本又作耘音同除草也耔音子沈音茲壅禾根也薿薿
魚起反徐又魚力反茂盛也攸介音界鄭舍也王大也烝我之承反髦士音毛
俊也民鋤本或作助同仕魚反閒暇音閑之處昌慮反講肆以四反字亦作
肄同之行下孟反齊明本又齎又作盞同音資注同器實曰齊犧羊許宜反
爲五穀于僞反下爲農親爲爲之皆同大蜡仕詐反勞農力報反篇末勞賜同
以御牙嫁反迎也注同吹豳彼貧反本亦作邠以樂音洛饁彼于輒反饋也
田畯子峻反本又作俊後篇同至喜毛如字鄭爲饎饎酒食也尺志反下篇同攘其
如羊反鄭讀爲饟式尚反饋也王如字饋也巨愧反從行才用反禾易以豉反治
也徐以赤反如茨徐私反積也鄭屋蓋也之庾羊主反如坻直基反水中中之高地

也如字又子賜反下皆同　有藁吉老反　納稯作孔反　委積如字又於
僞反　年收手又反又如字　無疆居良反　無竟如字　大田
矜寡古頑反注皆同字或作鰥　既種章勇反此注及下注擇種並同　可墾苦很反
先相息亮反　土長張丈反　冒莫報反　橛其月反　覃以冉反徐又以廉反
利也　俶載衆家並如字俶音尺叔反始也載事也鄭讀爲熾菑熾音尺志反菑音緇　栗音列鄭注周禮
云讀如裂繻之裂　既皁才老反　不稂音郎又音粱童粱草也說文作蓈云稂或字也禾粟之莠
生而不成者謂之童蓈也　不莠餘久反　去其起呂反注同　螟莫庭反　螣字亦作蟘
徒得反說文作蟘　蟊賊本又作蛑莫侯反爾雅云蟲食苗心曰螟食葉曰螣食節賊食根蟊隨所食爲
名郭云皆蝗類也　田穉音稚下同　秉如字執持也韓詩作卜卜報也　畀必二反與也
炎火手沾反沈于凡反　氣嬴音盈　有渰本又作弇於檢反雲興貌漢書作黤
萋萋七西反雲行貌　興雨如字本或作興雲非也　祁祁巨移反徐也　雨

我于付反注內主雨同一本主作注雨如字不穫戶郭反斂穡上力檢反下才計反又子計反穡也滯穗音遂秉把巴馬反故矜音鰥饋食音嗣勞倦力報反禋祀音因以享許兩反徐又許亮反黝伊糾反黑也瞻彼洛矣洛水名泱泱於良反深廣貌溉古愛反浸水子鴆反灌溉古亂反韎音昧又亡界反韐音閤又古洽反有奭許力反赤貌茅如字蒐所留反代韠音畢任音壬軍將子匠反下同紂衣音緇纁裳許云反鞞字或作琕補頂反說文云刀室也琫字又作鞛必孔反佩刀削上飾有珌字又作琕賓一反佩刀下飾珧珌音遙以蜃者謂之珧璗徒黨反字又作瑒音同爾雅云黃金謂之璗璆珌音虯又巨樛反又舊周反玉也沈舉彪反又與彪反又張疇反鐐音遼爾雅云白金謂之銀其美者謂之鐐徐何盧到反又力弔反本又作璙亦音遼又力小反說文云玉也字書力召反鏐珌力幽反又力幼反沈又力虬反黃金之美者郭云紫磨金士珕力計反說文云蜃屬能斷丁亂反纂

殺之本亦作試同言試初忠反

裳裳者華裳裳猶堂堂也諂勑撿反湑兮思叙反盛貌而治直吏反遠矣于萬反又如字我覯古豆反見也芸其音云徐音運微見賢遍反有駁邦角反四駱音洛沃若如字徐於縛反朝祀直遥反下及下篇同

桑扈音戶桑扈竊脂鳥也說文扈作雇鶯於耕反有文章也佼佼交卯反樂胥毛如字皆也鄭徐思叙反有才知之稱之祜音戶才知音智下同屏卑郢反爲天下于僞反捍音汗患難乃旦反下患難同之翰戶旦反幹也百辟音璧注同君也之楨音貞不戢莊立反兕徐履反獸名觥古橫反罰爵也以兕角爲之其觩音虯本或作斛其樂音洛不憮火吳反敖五報反下文同

鴛鴦於袁反沈又音溫下於崗反又於良反鴛鴦匹鳥也止則爲耦飛則爲雙大平音泰畢掩於檢反性馴音巡又音脣獺勑轄反又

毛詩音義中　三七

他末反戢其側立反斂也韓詩云捷也捷其噣於左也無恐立勇反乘馬王徐
繩證反四馬也鄭如字下同在廄音救摧采臥反芻也秣音末穀馬也芻之
楚俱反今莝采臥反韓詩云委也則委紆僞反猶食也與於皆豫齊而
側皆反本亦作齋盛饌士戀反減焉古攬反艾之魚蓋反養也徐音刈
綴之音士果反又如字頍弁缺婢反著弁貌說文云舉頭貌弁皮
弁燕樂音洛卒章同燕又作宴如雨于付反卒章同朝服直遥反下皆同
蔦音鳥說文音弔寄生章也爾雅云寓木宛童是也女蘿力多反在草曰兔絲在木曰松
蘿又唐蒙施于以豉反下同弈弈音亦說音悅懌音亦本又作繹依
怙音戶解懌音蟹何期本亦作其音基辭也王如字怲怲兵命反憂盛滿
也霰蘇薦反消雪也字亦作霓樂酒音洛而摶徒端反死喪息浪反無
幾居豈反注同復幾扶又反車舝胡瞎反車軸頭鐵也孌

音疾又音自妬丁故反敗國必邁反又如字下注同思孌力兗反美貌有
齊側皆反下同美好之少女詩照反本亦作季女來括本又作佸
音活會也徐古闊反覭得音異好反呼報反注下並同維鷮音驕雉也無射
音亦猒也下同射猒於豔反下同相樂音洛析其星歷反柞薪子洛
反析之以爲薪湑兮思敘反茂盛也爲其于僞反下亦爲同必辟婢亦反又音壁
鮮我息淺反徐音仙善也覯爾古候反見女音汝行如是下孟反一
本無行字仰止本或作仰之景行下孟反注有明行同四牡茂口反騑騑非
孚非反調均音條有和胡卧反慰怨也於願反王申爲怨恨之義韓詩作以
慍我心慍恚也本或作慰安也是馬融義馬昭張融論之詳矣青蠅餘仍反
營營如字往來貌說文作營云小聲也于樊音煩藩也方元反一本甫煩反
汙白汙辱之汙烏路反令力成反遠物于万反愷開在反悌音弟樂

音洛易也以豉反于榛士巾反又側巾反構我古豆反韓詩構亂也賓之初筵音延席也媟息列反近附近之近沈如字直林反字或作耽都南反湎莫衍反飲酒齊其色曰湎徐又莫顯反淫液音亦淫液者飲酒時情態也情態他代反秩秩直乙反毛肅敬也鄭智也折旋之舌反知也音智下同肴核上戶交反下戶革反菹醢側俱反孔偕音皆舉醻市由反改縣音玄既抗苦浪反舉也斯張如字舉鵠戶沃反鳱鵠也說文云即鳱鵠也小而難中又云鵠者覺也直也射者直已志而棲音西著也梓人音子烝衎苦旦反其非祭與音餘本作乎又作也並非發功如字徐音廢既比毗志反中的丁仲反有勺音的質也本亦作的同以祈音其拾發其劫反更也飲不於鴆反其爭爭鬭之爭下同籥舞余若反烝衎苦旦反以洽戶夾反相應應對之應滌蕩徒歷反衎樂音洛下樂其湛樂喜樂下又曰樂並同

徧至音遍錫音析純嘏古雅反其湛荅南反樂也爾能如字徐奴

代反又奴來反手仇毛音求匹也鄭讀爲𠛬音俱謂挹取酒登餕子峻反又復

扶又反下皆同手挹一入反中者也張仲反人無次也一本人作又反

反如字重慎也韓詩作昄昄音蒲板反善貌曰既音越下是曰皆同下章放此幡幡孚袁

反失威儀也舍其音捨其坐如字徐才卧反屢力具反數也注及下同本作婁僊僊

音仙屢數音朔之態他代反率如此音類又所律反抑抑於力反慎

密也怭怭毗必反又符筆反媟嫚也說文作佖平一反媟嫚息列反下音僈載號胡毛

反注同載呶女交反僛僛起其反舞不能自正也注本正或作止按下傞傞是舞不止此宜爲

正說文云醉舞也其郵音尤過也之俄五何反傾也廣雅云衰傞傞素多反舞不止

也一音倉柯反號呼火故反讙呶呼端反下女交反箴之之林反欲令力呈

反非惡烏路反式勿徐云毛如字又云用也鄭讀作慝他得反惡也大息音泰徐勑

三一三

佐反勿語魚據反又如字故爲于僞反下同顛都田反本作傎仆何音赴一音蒲
北反說文云頓也語魚據反將恚一瑞反怒也俾出如字徐尺遂反童羖
音古脅許業反矧敢失忍反況也

魚藻之什第二十二

魚藻音早水草也鎬胡老反自樂音洛篇內唯注八音之樂一字音岳餘並同
頒符云反大首貌說文同韓詩云衆貌著見賢遍反豈樂本亦作愷同苦在反
樂也下同悛心七全反改也沈又七旬反有莘所巾反長貌有那乃多反鄭安貌王多
也采菽本亦作尗菽大豆也侮慢亡甫反來朝直遙
反篇內皆同數徵色角反音朔爲合于僞反筐之音匡筥之音舉
以芼亡報反則薇音微爲藿火郭反用鉶音刑羹古衡反
乘馬繩證反下注車乘驂乘同玄衮古本反玄衮冕服及黼音斧徐又音補卷

龍卷勉反下同本又作袞黻音弗絺衣知里反本又作黹同豬知反鷩必㓕反冕也
毳尺鋭反毛也觱音必沸音弗觱沸泉出貌檻泉銜覽反徐下斬反爾雅云檻泉正出
正出涌出也其芹巨斤反水菜也爲菹側魚反絜清如字一音才性反其
旂巨機反淠淠匹弊反徐孚蓋反又芳計反動也嘒嘒呼惠反中節也載
驂七南反騑馬曰驂載駟音四所屆音界極也中節丁仲反諸侯
將朝于王一本無于字皆以王字絶句一讀諸侯將朝絶句以王字下屬乗乗上音承證
反下音繩赤芾音弗在股音古脛本曰股邪似嗟反注同幅音福偪也如今之行
縢匪紓音舒紓緩也所予音與偪彼力反大古音泰之韠音必
上廣光曠反下同長三直亮反脛本胡定反行縢徒登反解音
怠古賣反樂只上音洛下音止申重直用反下同禮樂樂之
上音岳下音洛維柞子洛反又音昨木名蓬蓬步公反盛貌注同殿天多見反填

也注同鎮陟填反又音珍本作填平平婢延反辯治也韓詩作便便云閑雅之貌汎
汎芳劍反紼音弗爾雅云紼繂也繂音律纚力馳反綏也韓詩云筰也筰音才各反綏
也如誰反葵之其維反揆也膍頻尸反厚也韓詩作肶注同一
角弓而好呼報反騂騂息營反調利也沈又許營反說文作弲音火全反翩
其匹然反紲息列反繫弓𩏂也檠音景弓匣也說文云榜也謂轉也胥息徐反易
以羊豉反傚矣戶教反綽綽處若反寬大也有裕羊樹反饒也爲
瘉羊主反病也一處昌慮反怨恚一瑞反比周毗志反爲駒
音拘鄙爭爭鬬之爭而孩、本作咳戶才反許愼云小兒笑也幼穉音稚如
食音嗣注同宜如字本作儀注同韓詩云儀我也饇於據反飽也徐又於具反孔取
如字沈又音娶宜令力呈反如飲於鴆反度待洛反所勝音升其量
音亮猱乃刀反沈乃邁反猨屬塗附如字毛着也鄭木桴也一猨屬音袁字或作猿

附著直略反下同　木桴音孚　有徽音暉美也　與屬音蜀注同讀者亦音
樹　亦樂音洛又音岳又五教反下樂善同　雨雪于付反注及下同　瀌瀌符嬌反徐
符彪反又方苗反雪盛貌　見如字下文同韓詩作曣音於見反云曣見日出也　晛乃見反日氣也
曰消音越下同韓詩作聿劉向同　始見賢遍反又如字　肯下遐嫁反注卑下同又
如字　遺王申毛如字鄭讀曰隨　婁驕王力住反數也徐云鄭音樓歛也爾雅云裒鳩摟聚也沈
力俱反　如髦舊音毛尋毛鄭之意當與尚書同音莫侯反　之行下孟反
菀柳音鬱木茂也徐於阮反　不中丁仲反下注不中同　欲朝直遥反篇內同　甚
蹈音悼毛動也鄭作悼病也　自暱女栗反又女筆反徐乃吉反近也　俾予必爾反本
作畀使也後皆同　予極毛如字至也鄭音棘誅也　愒焉欺例反徐丘罽反息也　自
瘵側界反毛病也鄭音際際接也　亦傅音附至也　四裔延世反
都人士　長民張丈反注同　不貳音二變易無常謂之貳　從容七容

反從容休燕也 不復 扶又反下注同 倡率 色類反 朝夕 直遥反 出言 如字 士行 下孟反下文行歸注操行同 則衣 於既反 過差 初賣反又如字 所望 如字協韻音亡 臺 如字爾雅作臺草名 笠 音立 緇 側基反 撮 七活反 夫須 音符夲亦作扶 綢直 直留反密也 密致 直置反本亦作緻 無隆 俗本作降 殺也 所界反又所例反 我不見 第二章作不見後三章作弗見一本四章同作不字 不説 音悦 琇實 音秀徐又音誘 爲瑱 他見反 尹吉 毛如字鄭讀爲姞其吉反又其乙反 苑結 於粉反屈也積也徐音蘊又於阮反 垂帶 音帶本亦作帶 而厲 毛如字帶之垂也鄭當作裂音列 卷髮 音權注及下同 如蠆 勑邁反又勑界反蠆蟲也通俗文云長尾爲蠆短尾爲蠍 蠍 音虚伐反 如鞶 薄寒反 螫蟲 音釋夲又作蠚呼莫反 未揵 其言反又音虔漢書音義云舉也又渠偃反一音其蹇反 曲上 時掌反 有旟 音餘揚也 何盱 喜俱反病也 采緑 緑王芻也 憂思 息嗣反下皆同 一匊 弓六反兩手曰

匊注本或一手曰匊王芻楚俱反草也易得以豉反曲局其玉反卷也卷
也音權下同又眷勉反沈其言反采藍盧談反沈力甘反染草也一襜尺占反衣蔽前謂之
襜郭璞云今之蔽膝不詹音占至也于狩尺救反言韔勑亮反弢也沈治亮
反本亦作弮于釣音弔言綸音倫釣繳音灼亦作燩同狩與音餘
下同爲之于僞反下同維魴音防及鱮音叙觀者古玩反多也注同韓
詩作觀多技其綺反
黍苗膏潤古報反下同召伯上照反注及下同芃芃蒲東反長大貌
一音扶雄反長大張丈反勞之力報反注及下篇注同營謝一本作營謝邑
將徒役一本作將師旅勞來音賚勸說音悅又始鋭反我任音壬
注同我輦力展反沈連典反轉餫音運本又作運有輓音晩牽傍
薄浪反所爲于僞反士卒尊忽反一本作上衆師從才用反下同士

治直吏反下同　相其息亮反　隰桑有難乃多反盛
貌　庇必利反又彼備反　廕於鴆反　其樂音洛注下皆同　有沃烏酷反
有幽於糾反　膠音交　臧之鄭子郎反善也王才郎反
白華音花野管也　王取七與反　以孽魚列反　爲之于僞反　適
子音的　菅兮音姦茅已漚爲菅　已漚烏候反柔也　柔忍音刃　爲
脃七歲反又音毳　任妃后音壬一本作任王后　之遠于願反下注遠善同又如字注及下
皆同　俾必爾反　不復扶又反　譖申側鴆反　宜咎音柩　英英
如字韓詩作泱泱同　昔夏戶雅反　漦士其反沫也又只醫反爾雅云漦盝也盝音鹿　黿
音元　甓之補惕反又必計反　滮池符彪反皮流二反水流貌　浸彼于鴆反字亦作
寖　生殖市力反　豐鎬戶老反　歗歌音嘯本亦作嘯　妖大古卯
反本又作姣姣音於驕反　樵彼祖焦反　卬五綱反我也　烘火東反燎也徐又音洪　說

文巨凶甘凶二反孫炎音恭于煁市林反烓也燎也音了又力弔力召二反烓

竈音𤅰又丘弭反郭云三隅竈也說文云行竈也呂沈同音口頴反何康瑩反顧野王口井烏攜二反

以炊昌垂反注同饔於恭反饎尺志反之爨七亂反食人

音嗣用炤音照卑賤如字下又卑兮井注同聲聞音問形見賢遍

反懆懆七感反說文七倒反云愁不申也亦作慘慘邁邁如字不說也韓詩及說文

並作怖怖乎吠反又乎葛反又匹代反韓詩云意不說好也許云很怒也不說音悅下同有

鶖音秋鳥名禿鶖也有鶴呼各反禿吐木反鶴絜音結餒

奴罪反近惡附近之近不別彼列反相下遐嫁反下同令我力成

反有扁邊顯反又必淺反乘石貌乘石者登車所履之石疧兮徐都禮反又祁

支反病也緜蠻面延反下如字緜蠻小鳥貌飲食上於鴆反下音嗣篇

內皆同注如字末介音界賙音周贍市豔反之處昌慮反我罷音皮下同

倅車七對反副車憚行徒旦反難也下同難也乃旦反下同能極如字瓠葉戶故反牲牢老刀反饔於恭反熟曰饔字又作饔餼許氣反腥曰音星膰燔孚煩反瓠葉貌亨之普庚反孰也注同之菹莊魚反賢行下孟反易兌徒外反易卦名也訓悅肴兔他故反下同斯首毛如字此也鄭作鮮音仙白首也炮本作炰白交反毛曰炮燔之音煩加火曰燔相近附近之近不下遐嫁反炙之音隻酢之才洛反炕火苦浪反何沈又苦郎反醻之市周反導飲也道飲徒報反本亦作導同復酌扶又反俗之一本作俗人漸漸之石士銜反沈時銜反山石高峻也亦作嶄嶄下同戎翟徒歷反本或作狄叛之音畔將率上子亮反下所類反注及後篇將帥放此役久病於外一本作役人久病人衍字舒鄝音了本又作蓼士卒尊忽反下篇士卒同勞矣

如字孫毓云鄭音邉而上時掌反卒服寸忽反皇朝直遥反注同人
罷音皮其卒毛子卹反竟也鄭在律反崔罪回反嵬五回反本作嵔之
處昌慮反下同令力呈反下注同出使所吏反白蹢音的蹄也都歷反烝
涉之丞反將久雨一本作天將雨能水奴代反本又作耐曰駭戶楷反爾
雅說文皆作駭古哀反尤蹂子到反今離力智反其繒在陵反爾雅豕所寢
曰繒方言作橧從木音同波漣音連一本作瀾力安反勇悍下旦反滂普郎反
沱徒河反注同噣也直角反又音晝本又作濁先見賢遍反它音他
苕之華音條徐音韶苕陵苕草名下音花王距音巨其難乃旦反下之難
同近危附近之近芸其音云沈音運諸夏戶雅反下同罷病
音皮青青子零反注同為鄣章亮反葉見賢遍反下同牂羊
子桑反墳首扶云反大也在罶音柳本又作霤嫠婦笱也牝羊頻忍反之

笱音苟 復興扶又反 鮮可息淺反 治曰直吏反

何草不黃 背叛音佩 數起所角反 不矜古頑反注同無妻曰矜

牙蘖魚列反 猶復扶又反 匪兕徐履反 有芃薄紅反小獸貌沈又扶東反 有棧士板反役車也 輦者一本作輦車

經典釋文卷第六

五福五代堂古稀天子寶

八徵耄念之寶

太上皇帝之寶

五福五代堂古稀天子寶

八徵耄念之寶

太上皇帝之寶

經典釋文第七

毛詩音義下 起第十六盡二十

唐國子博士兼太子中允贈齊州刺史吳縣開國男陸德明撰

文王之什第二十三大雅 自此以下至卷阿十八篇是文王武王成王周公之正大雅據盛隆之時而推序天命上述祖考之美皆國之大事故爲正大雅焉文王至靈臺八篇是文王之大雅下武文王有聲二篇是武王之大雅

文王而王 于況反 於昭 音烏歎辭也注及下於緝并注皆同 昭見 賢遍反下著見同 著 珍慮反 崩謚 音示愼也悉也生存之行終始悉錄之以爲謚也 大王 音泰後大王皆同 亹亹 音尾勉也 令聞 音問注同 哉周 如字毛載也鄭始也左傳作載本又作載同 敷恩 音孚 之施 始豉反 適爲 音的字或作嫡 之楨 音貞幹也 其爲 于僞反下天爲此同 濟濟 子禮反多威儀也後濟濟皆同 緝 七入反 熙 許其反緝熙光明也 假

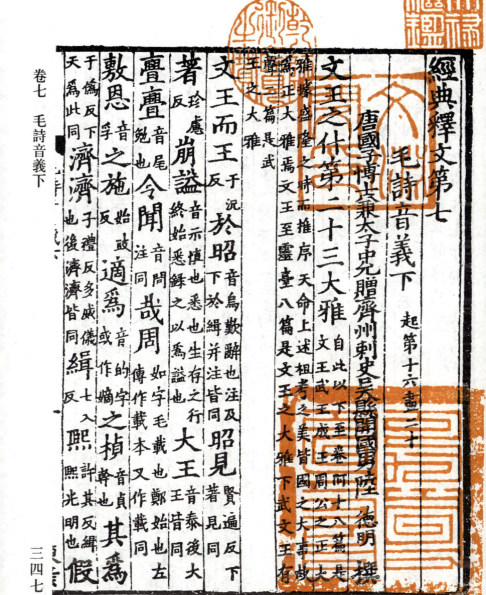

哉古雅反固也其麗力計反沈又力知反數也祼將古亂反灌也黼音甫冔況甫反殷冠名字林作絹又火于反鬯也勑亮反夏后戶雅反藎臣才刃反

爲之法一本作爲之法度聿脩于必反述也未喪息浪反注同已上時掌反本作巳目紂直又反駿命音峻又音俊大也不易毛以豉反不易言甚難也鄭音亦言不可改易也下文及後不易維王同無遏於葛反或作謁音同止也韓詩遏病也義問毛音儀善也鄭如字虞度待洛反下同宣徧音遍下同

大明復命扶又反赫赫呼伯反恐也徵應應對之應炤章遥反本或作灼晳之設反見於賢遍反忱斯市林反信也殷適音的注同不挾子燮反達也一作子協反摯仲音至摯國名仲字氏任音壬注同下大任皆放此曰嬪毗申反婦也之中丁仲反下同大任音泰後大任大姒大姜皆同身重直勇反又直龍反謂懷孕也廣雅云有娠也下同懷孕以證反在洽戶夾反一音庚合反

水名也案馮翊有郃陽縣應劭云在郃水之陽郃音戶荅反在渭音謂水名之涘音上水涯也合妃音配字亦作配下皆同則爲于僞反下天爲亦爲同之處昌慮反俔牽遍反磬也徐又下顯反說文云譬譽也韓詩作磬磬譬也親迎魚敬反造舟七報反又七道反毛云天子造舟方言云浮梁也廣雅作艁音同說文艁古造字一音才早反煇音暉纘女子管反繼也維莘所巾反大姒國也長子張丈反注同保右音祐助也字亦作佑注同燮伐蘇接反和也協戶頰反會古外反牧野州牧之牧徐音目在朝歌南七十里是周武王與紂戰於牧野之地維予毛羊慮反鄭羊呂反不爲于僞反又如字陳於如字又直刃反洋洋音羊廣也檀車徒丹反煌煌音皇明也駟騵音元駵馬白腹曰騵駵馬音留涼彼本亦作諒同力尚反佐也韓詩作亮云相也大師音泰鷙之利反上將子匠反肆伐音四毛疾也鄭故今也師帥所類反亦作率坶誓音牧本又作牧昧爽音妹

緜彌延反率由一本無由字大王也序舊無注本或有注者非瓜古華反瓞田節反瓝也韓詩瓞小瓜也沮七余反漆音七毛云沮漆二水名瓝蒲剥反小瓜也長大張丈反嚳苦毒反高辛氏帝也之胄直又反封邰他來反王業子況反亦如字後王業同亶都但反父音甫本亦作甫陶音桃復音福注同累土於地上也說文作覆或剬以名言絶句翟音狄屬音燭其岐其宜反其壤而丈反鑿在洛反爲二于偽反來朝直遥反水滸呼五反水涯辟惡音避本亦作避後放此相可息亮反賢知音智膴膴音武美也韓詩同堇音謹毛菜也案廣雅云堇藋也今三輔之言猶然藋音徒弔反荼音徒苦菜如飴音移爰契苦計反開也本又作挈一音苦結反灼之略反迺疆本亦作壃同居良反注及後放此迺宣如字鄭云時耕曰宣王云徧卑立必爾反本亦作俾注同後皆放此位處昌慮反其繩如字本或作乘案經作繩傳作乘箋云傳破之乘字後人遂誤改經文縮

版色六反廄音救廣輪光浪反以索桑洛反捄之音俱呂忱同虆也徐又音

鳩陾陾耳升反又如之反眾也說文云築牆聲也音而度之待洛反注同毛居也鄭投也韓詩云

塡也薨薨呼弘反沈呼萌反爾雅云眾也王云亟疾也削屢力注反又力朱反注同馮

馮扶冰反注同虆力追反沈力戈反字或作樏或作蔂音同劉熙云盛土籠也鍜丁亂反

捊也薄侯反爾雅云聚也說文云引取土盛之音成百堵丁古反鼛音羔大鼓

也長一丈二尺弗勝音升謂之應應對之應小鼓也鼙薄迷反臯門

音羔有伉本又作亢苦浪反高也韓詩作閌云盛貌將將七羊反注同嚴正也朝門

直遙反下同大社音泰下大社同蜃市軫反器名不殄田典反厥慍紆問

反恚也不殞韻謹反墜也柞子洛反櫟也後同棫音域白桵也後同三蒼云棫即柞也

字林于目反拔矣蒲貝反又蒲蓋反下同兌矣吐外反成蹊也又徒外反患也

一遂反隊也直類反成蹊音兮櫟音歷白桵如誰反後同絕去羌呂反

恚惡惡人上烏路反下如字　脫然通外反本亦作兌　混夷音昆　駾矣徒對反突也　其喙許穢反困也徐又音尺鋭反　之使所吏反　惶怖上音皇下音普故反　虞芮如鋭反二國名　蹶俱衛反動也　盍往胡臘反　其竟音景　提挈苦結反　閒田音閑　先蘇薦反注同　後胡豆反注先後同　夲音奔本亦作奔注同　奏如字本又作走音同注同　御魚呂反本又作禦音同　侮又亡甫反　相息亮反　道音導本亦作導　折之設反　衝昌容反　棫樸上雨逼反下音卜沈又符卜反樸抱木也　芃芃薄紅反盛也　槱之音酉積也字亦作槱弋九反云積木燒也　抱木必茅反　蕃興音煩　樸屬之欲反　豫斲一本作斫　燎之力召反　辟王音壁君也注及下同　趣之七喻反趣也　奉璋音章毛半圭曰璋鄭璋璋瓚也　瓚在但反字或作賛　祼以古亂反　峨峨本又作俄五哥反盛壯也　髦士音毛俊也　淠匹世反舟行貌沈孚計反　涇音經　烝徒

之丞反楫之音接櫂也徐音集方言云楫謂之橈或謂之櫂郭注云楫橈頭索也所以縣櫂謂之楫說文云
楫舟棹也釋名云在傍撥水曰櫂又謂之楫櫂也直教反倬陟角反大也追對迴反雕也毛云金
曰雕鄭云亦治玉也注同琢陟角反治玉也注同雕都挑反其相如字一云鄭息亮反研
倪延反其好呼報反而樂音洛下同罔罟音古
旱麓戶但反下音鹿本亦作鹿旱山名麓山足榛側巾反字林云木叢又仕人反楛音戶
草木疏云楛木莖似荊而赤其葉如蓍上黨人篾以爲管籍又屈以爲釵也豐樂音洛下同
被其皮僞反豈弟本亦作愷又作凱苦亥反弟亦作悌徒禮反一音待豈樂也弟易也
後豈弟皆同樂易以豉反下同瑟彼所乙反絜鮮貌字又作璱黃金所
以流鬯也一本作黃金所以爲飾流鬯也是後人所加秬音巨黑黍鬯勑亮反以
黑黍米擣鬱金草取汁而煑之和釀其酒其氣芬香調暢故謂之秬鬯爲勺上灼反字或作杓攸
降如字下也又戶江反注同鳶飛悅宣反鴟尺尸反騂牡息營反字林火營反

畜頊香又反　以享許丈反徐許亮反　以介音界後同　所燎力召反又力弔反說文作尞一云柴祭天也又云燎放火也字林同尞音力召反燎音力小反　熂許氣反芟草燒之曰熂何沈虛刈反　所勞力報反注同　勞來力代反本亦作倈同　佑助音又　藟力軌反字又作蘽同　施于以豉反注同　枚莫回反　延蔓音萬

思齊側皆反本亦作齋齋莊也下同　思媚美記反後同愛也沈音眉　德行下孟反　見其賢遍反　徽音許韋反美也　恫音通痛也　殄禍音凶本又作凶

刑于刑法也韓詩云刑正也　以御毛牙嫁反迎也鄭魚據反治也　適妻丁歷反　兄勗許玉反下同　辟必亦反下同　廱於容反　無射毛音亦厭也鄭食夜反射藝　保安無猒也於豔反下同一本作保安也射猒也非　烈毛如字業也鄭作厲力世反又音賴病也　假古雅反大也　不瑕毛音遐遠也鄭古雅反已也　之行下孟反下皆同

孝弟音悌本亦作悌　諫爭爭鬭之爭　無斁毛音亦猒也鄭作擇　髦俊俊也

一本此下更有古之人無斁於有譽之俊士也此王肅語 故令 力成反 俊乂 音刈

皇矣 一本無矣字 天監代殷莫若周 絶句 周世世脩德

一讀莫若周世絶句周世脩德爲一句一本無下一世字義並通崔集注莫若周也世世脩德 王天下

往況反下追王當王同 其政 如字政政教也鄭作正正長也 爰究 九又反 爰度 待洛

反篇内皆同毛居也鄭謀也 謂夏 戸雅反下文長夏并注同 正長 張丈反篇内皆同 共

也 音恭下同 其行 下孟反 耆之 巨夷反毛惡也鄭云老也 式郭 苦霍反大

也又如字本又作廓 乃眷 本又作睠又作劵並音卷同 須假 戸嫁反本又作暇 浸

大 子鴆反 屏之 必領反除也 菑 本又作甾側吏反又音緇木立死也韓詩云反草也

翳 於計反毛云自斃爲翳爾雅云木自斃神蔽者翳郭云相覆蔽韓詩作殪云因也因高填下也

神音申 灌 古亂反木叢生 栵 音例又音列栭也 辟之 婢亦反必亦反沈 檉 勑貞

反河柳也 椐 羌居反樻也字林紀庶反又音舉 攘之 如羊反 剔之 他歷反字或作鬄又

作栵同　檿烏簟反山桑也　柘章夜反　自斃婢世反本或作蔽必世反　栭音而舍人
注爾雅云江淮之間呼小栗爲栭栗　樻去愧反又去軌反何音匱草木疏云節中腫以扶老即今靈壽是也
今人以爲馬鞭及杖　險隘於懈反　刋除苦干反　串夷古患反毛云習也鄭云串
夷混夷也一本作患或云鄭音患　混夷音昆　路瘠在昔反詩本皆作瘠孫毓評作應後之解
者僉以爲誤　以應應對之應下應和同　厥配本亦作妃音同注同　嫓普惠反配也郭
璞音譬字林匹地反　又爲于僞反下爲生明君爲之立後同　省昔井反善也　斯拔
蒲貝反　斯兌徒外反易直也　易以豉反下施易同　大伯音泰注大伯同　著珍慮
反　傳世直專反　貉本又作貊武伯反靜也德正應和曰貉左傳作莫音同韓詩同云莫
定也　勤施始豉反　王此如字鄭云君也徐于況反　比必里反　徧復音遍　帝
祉音恥　施于以豉反注同易也延也　畔援毛音袁取也又于願反鄭胡喚反畔援拔
扈也韓詩云畔援拔扈也　歆許金反　羨錢面反　誕但且反大也　拔蒲末反下同字

或作踐　扈音戶　阮魚宛反　徂共音恭注同毛云徂往也共國名鄭云徂共皆國名　赫虎格
反　斯怒毛如字此也鄭音賜盡也　以按安旦反本又作遏安葛反此二字俱訓止也　周
祜音戶　鄉周本又作嚮許亮反下同　阮疆居良反注同　脊井亦反　而令
力成反　重言直用反　鮮息淺反又音仙毛小山別大山曰鮮鄭善也　別大彼列反
見於賢遍反　詢爾音荀　鉤古侯反又古侯反鉤梯也　援音袁　臨如字韓詩
作隆　衝呂容反衝衝車也說文作䡴䡴陷陣車也　崇墉音容城也　鉤梯他兮反　執
訊音信言也字又作訊又作誶並同　馘古獲反獲也字又作聝殺而獻其耳也字林截耳則作耳
傍獻首則作首傍　是類如字本或依說文作禷　是禡馬嫁反師祭名　動搖如字
一音羊照反　致其社稷羣神本或作羣臣　孽孽魚列反又五葛反　茀
茀音弗強盛　仡仡魚乙反韓詩云搖也說文作忔　肆音四毛云疾也鄭云犯突也　無拂符弗
反鄭佹也王違也　擊刺七亦反　佹也九委反宊也　無復扶又反

靈臺神之精明稱靈四方高曰臺靈臺所以觀祲象察氣之妖祥也杜預注左傳云靈臺在始平鄠縣今屬京兆府所管昆古門反鄭注禮記云明也蟲直弓反本或作虫非冥也亡丁反冥冥無知貌字林云幽也又亡定反祲子鴆反陰陽氣相侵漸成祥觀臺占亂反下觀臺節觀同經度待洛反下同應天應對之應言說音悅勿亟居力反亟急也靈囿音又徐于目反麀音憂麀牝牝也頻刃反之處昌慮反濯濯直角反娛遊也翯翯戶角反肥澤也字林云鳥白肥澤曰翯高下沃反喜樂音洛下文於樂注喜樂皆同靈沼之邵反池也於牣音刃滿也魚躍羊略反皆跳徒彫反虡音巨植曰虡樅徐七凶反又音衝衝牙也沈又音子容反賁符云反字亦作鼖大鼓也鏞音容大鐘也於論於音烏鄭如字下於樂於論皆同論音盧門反思也一云鄭音倫下同辟音壁水旋立如壁注同植者侍職反曰栒旬尹反栒者曰栒所以縣鐘鼓以縣音玄鼉徒何反沈又音檀毛云魚屬草木疏云形似蜥蜴四足長丈餘甲如鎧皮堅厚宜冒鼓逢逢薄紅反和也埤蒼云鼓聲也亦作韸徐音豐

矇音蒙有眸子而無見 瞍依字作叟蘇口反無眸子也字亦作瞍說文云無目也字林先公反云目有眸無珠子也 眸子莫侯反 下武 復受扶又反 王業于況反 哲王張列反本又作悊又作喆皆同 知也音智下同 登假音遐已也本或作遐 成王如字又于況反 此爲如字 來許王如字鄭音賚賚勤也下篇來孝同 之枯音戶下同 文王有聲 遹尹橘反述也又音述 駿音峻大也 觀厥古亂反多也注同 令聞音問本亦作問 烝哉之丞反君也韓詩云美也 以應應對之應 減況域反溝也成閒有淢廣深八尺字又作洫韓詩云洫深洫 匪亟居力反下亟同或作棘 其慾音欲本亦作欲 廣古曠反 深尸鴆反 之行下孟反 伊濯直角反大也韓詩云美也 之垣音袁 維翰戶旦反幹也徐音寒 維辟音璧君也注及下昔同又音婢亦反法也 亦汜芳劒反字亦作汎 濫力暫反 大王此及下言大者並如字 必挈苦計反本又作契或苦結反 有芑音起草也 詒厥以之反傳也 孫謀王申毛如字鄭音遜順也 猶傳

毛詩音義下　七

直專反下同

生民之什第二十四自生民至卷阿八篇成王周公之正大雅

生民姜嫄音原姜姓嫄名有郃氏之女帝嚳元妃后稷母也鄭云高辛氏之世妃克禋音因毛敬也鄭祭天名以弗音拂去也注同去也起吕反下同禖音梅下同祠于嗣緣反本亦作祀九嬪婢人反韣音獨弓衣祓也音拂又音發下同齊肅側皆反本亦作齊篇末齊敬同武敏密謹反毛疾也鄭拇也歆許金反毛饗也鄭歆歆然攸介音戒毛大也鄭左右也載震眞愼反毛動也鄭有娠也而見賢遍反齊敏側皆反又如字敏如字毛云疾鄭云拇也育長張丈反下同拇也音母足大指介右如字掮處昌慮反不復扶又反下故復同誕彌面支反終也如達他末反注同毛云生也鄭云羊子也說文云小羊也沈云毛如字言易以豉反下同不坼勑宅反不副孚逼反說文云分也字林云判也匹六反無菑音災注同寘之之豉反置也下

同隘於懈反巷戶降反腓符非反避也藉之在夜反呱矣青孤注声
也尚書云啓呱呱而泣是也覃徒南反本或作譚毛云長也鄭云始能坐也訏况于反毛大也
鄭張口鳴呼也匍音蒲又音符李亦作扶匐蒲北反又音服本亦作服岐其宜反知意也嶷
魚極反識也說文竹嶷云小兒有知覃長張丈反或如字識別彼列反蓺之魚世反樹
也茬叔而甚反叔或作菽音同毛云茬叔戎菽也鄭云戎叔大豆也郭璞云今胡豆是旆旆
蒲貝反長也穟穟音遂苗美好也幪幪莫孔反茂盛也瓜天田節爪反唪唪
布孔反徐又薄孔反多實也長也如字又張丈反有相[redacted]亮反注同助也茀厥音弗治也
韓詩作拂拂弗也實種支勇反注種雜種種生不雜下嘉種恭注同實褎徐秀反長
也實穎營井反穗也尚書云唐叔得禾異畝同穎是也有邰他來反后稷所封国也今在京
兆武功縣維秬音巨黑黍也維秠孚鄙反亦黑黍也一稃二米又孚悲反郭芳婦反穈音門赤苗
也爾雅作虋同郭士偉反赤粱粟也芑音起白苗也徐又巨巳反郭云白粱粟也稃芳于反字書云麃麷穛

也天應應對之應故爲于僞反下天爲已同恒之古鄧反徧也本又作亘是稷
反[redacted]郭是任音壬佳同肇祀音兆毛始也鄭郊之神位也徧音遍下同春傷容反
揄音由又以朱反抒臼也說文作舀弋紹反簸波我反蹂音柔叟叟所留反字又作
溲濤米聲也爾雅作溞音同郭音騷烝之之丞反浮浮如字氣也爾雅說文並作烰云
米也持食汝反蒼頡篇云取出也穅者音康字亦作康俗米旁作康非淅米星歷
反說文云汏也汏音大將復扶又反於鑿子洛反精米也字林作糳云糲米一斛舂爲八
斗也子沃反簠音甫簋音軌取羝都禮反牡羊也字亦作牴軷蒲末反道祭也說文云出
必告道神爲壇而祭爲軷字林同父末反燔音煩傳火曰燔後皆同⿰火立音利又音類芟所銜反
獮息淺反旣奠徒縛反爇如悅反馨呼反[redacted]傳音附貫古亂反
諏足須反謀也卬五郎反我也盛音成注同其香一本作馨亶都但反誠也菹
莊居反醢音海上行時掌反以迄許乙反至也

行葦韋鬼反行道也葦草也耉音苟凍梨也爾雅云壽也凍梨利知反又利兮反方言云
凍梨老也敦史如字本又作惇同敦彼徒端反聚貌注同泥泥乃禮反注同張揖作苨苨
云草盛也爲此于僞反注內爲設同之筵以然反席也鋪陳曰筵藉之曰席年稺直吏反
有緝七習反重席直龍反下同蹴子六反踖子亦反或酢才洛反奠
斝古雅反又音嫁爵名也夏曰醆殷曰斝周曰爵夏曰戶雅反醆側簡反字或作琖同醓他感
反肉醬也鄭注儀禮云醓汁也醢呼改反脾婢支反臄渠略反函也字或作醵或咢
五洛反毛云徒歌曰咢爾雅云徒擊鼓謂之咢徒歌謂之謠函胡南反何又戶感反本又作肣同說文云
函舌也又云口裏肉也通俗文云口上曰臄口下曰函比於毗志反炙用者夜反敦
弓音彫畫弓也注及下同徐又都雷反鍭音候又音侯矢名鈞規旬反舍矢音捨注同參
亭七南反中蓺丁仲反下皆同可與者音預下與爲同一本直云可者無與字
矍俱縛反相息亮反矍相圃名之圃布古反又音布觀者古亂反又音官如堵

丁古反奔軍音奮奮覆敗也之將子匠反序點都簟反揚觶之豉反爵
名容三升語魚據反孝弟音悌耆耋徒節反好禮呼報反下皆同者不
弗武反下同耄莫報反字或作耄同八十曰耄勤音其百年曰期頤僅其靳反旣句
古豆反說文作彀云張弓曰彀旣挾子協反又子合反一个古賀反巳徧音遍維
醹如主反厚也說文厚酒也字林同音女父反大斗字又作枓都口反徐又音主三尺也
謂大斗之柄也有醇音淳台背湯來反徐又音臺台背大老也爾雅云壽也鮐湯來反魚
名一音夷維祺音其吉也以介音戒毛大也鄭助也後皆放此
旣醉大平音泰後大平皆放此之行下孟反第四章以下注皆同下徧音遍下同
乃見賢遍反惠施式豉反有俶尺叔反毛始也鄭乃也嘏古雅反褻
味息列反絜清如字又才性反志好呼報反不匱求位反竭也敎道
音導施及以豉反壼苦本反毛廣也鄭梱致也梱苦本反致直置反胙本又作祚

才路反胥羊刃反嗣也天被皮寄反注同附著直略反下同釐爾力之
反予也淑媛于眷反之妃音配又芳非反賢知音智傳世直專反
鳧鷖音符水鳥也鷖音於雞反鳧屬也蒼頡解詁云鷖鷗也一名水鴞神祇祁支反
安樂音洛篇末注同遠聞音問或如字品齊才細反來爲于僞反助
也注同協句如字渚之與反沚也音止既湑息汝反酒之泲者泲子禮反字又作
薺同在潨在公反毛水會也說文云小水入大水也徐云鄭音在容反水外之高者也瘞於例反
埋亡皆反字亦作薶同攸降戶江反崇重直龍反下同亹音門毛云山絕水也
鄭云亹之言門也熏熏許云反毛和說也鄭坐不安之意說文作醺云醉也和說音悅但
令力呈反
假樂音暇嘉也保右音又助也注同申重直用反且君且王一本且並
作宜字相勗香玉反不愆起連反過也無惡烏路反又如字注同立朝直遙

反緻直致反本或作致其行下孟反無疆居良反下篇同徒樂音洛百辟音壁注同媚于眉備反注同匪解佳賣反注同攸塈許器反息也

公劉王云公號劉名也尚書傳云公爵劉名也王基云公劉字也后稷之曾孫召康本亦作邵上照反後皆同涖音利又音類徐力自反夏之戶雅反下夏人同幼少詩照反

相成息亮反迺埸音亦迺裹音果餱音侯食也字或作糇糧本亦作粻音良糇也槖他洛反囊乃郎反小曰槖大曰囊說文云無底曰囊有底曰槖思輯音集又七立反之難乃旦反積委上子智反下於僞反爲夏于僞反又如字戚揚七歷反斧也鉞也音越之從才用反又如字盾也字又作楯順允反又音允

句子音鉤士卒尊忽反下餘卒士卒皆同曰爲于僞反下非爲爲公劉皆爲同永歎他安反字或作嘆宣徧音遍相此息亮反下相此皆同巘本又作巘魚輦反又音言又音魚偃反又音彥毛云小山別於大山也與爾雅異復降音服又扶又反注復下同及

瑤音遙鞞必頂反琫必孔反山別彼列反反復之本亦作覆同芳福反
溥原音普大也迺覯古豆反見也之處昌慮反下之處同廬旅力居
反寄也論難魯困反下乃旦反館客一本作館舍蹌蹌七羊反乃
依毛如字鄭於豈反箋云或扆字乃造七報反用匏步交反則殺所戒反
搏豕音博沈又音付食之音嗣飲之於鴆反相其息亮反注同寒
煖況袁反又乃管反浸潤子鴆反三單音丹度其待洛反注及下同爲
羨音賤又音衍下同其廣古曠反取厲本又作礪取鍛本又作碫丁亂反鍛
石也說文云碫厲石字林大喚反材木一本作材末夾其古洽反又古協反皇澗古晏
反遡其音素嚮也過澗古禾反注同遡鄉本又作嚮許亮反文與卷阿篇注同
挍其音教芮本又作汭如銳反毛云水涯也鄭云內也鞫居六反毛究也鄭水外也水
涯五佳反字亦作厓曰澳於六反又於報反字或作奧

洞酌音迥遠也行潦音老行潦流潦也挹彼音揖又音邑餴甫云反餾也又
作饙字書云一蒸米也饎尺志反酒食也字林充之反餾力又反又音留爾雅饙餾飪也孫炎
云蒸之曰餴均之曰餾郭云餴孰為餾齊絜側皆反本或作齋繄物於兮反樂以
音洛易以羊豉反說安音悅罍音雷祭器也滌也徒歷反溉古愛反清也清
才性反又如字卷阿音權曲也篇內同大陵曰阿飄風避遙反迴風也本亦
作飄被德皮寄反長養張丈反下同猥來烏罪反為長于僞反
樂易音洛下樂王同易音以豉反後樂易皆放此伴音判徐音畔奐音喚徐音換毛
伴奐廣大有文章也鄭伴奐自縱弛之意自從子用反本又作縱施本又作弛同書氏反
各任音壬或如鴆反而治直吏反下為治同也與音餘共己音恭本亦作恭
酋在由反又子由反又在幽反終也昄徐符版反大也孫炎郭璞方滿反字林方但反又方旦反
茀沈云毛音弗小也徐云鄭音廢福也一云毛方味反鄭芳弗反有馮符冰反注同本又作憑

饌几士戀反又士轉反具也本亦作撰贊道徒報反本亦作導放傚方往反顯

顒魚恭反溫貌卬卬五剛反盛貌令聞音問本亦作問令望如字協韻音亡切

磋七何反或作瑳聲論魯困反德行下孟反翽翽呼會反衆多也說文云羽

聲也字林云飛聲也又外反仁瑞垂僞反藹藹於害反爾雅云臣盡力也說文作譪譪云

臣盡力之美也之朝直遥反亦傅音附戾也令不力呈反下欲令同梧桐

音吾被溫皮寄反不棲音西菶菶布孔反又薄孔反又薄公反萋

萋七西反菶菶萋萋梧桐盛也喈喈音皆鳳皇鳴也行中丁仲反下同有

乘繩證反不復扶又反

民勞如字從此至桑柔五篇是厲王變大雅賦斂力豔反重數音朔繇

役本亦作傜音遥姧宄下音軌本亦作軌汔許一反危也鄭幾也說文巨气反諸

夏戶雅反下同幾也音祈下同民罷音皮詭隨俱毀反式遏

於葛反止也　憯不 七感反本亦作憯曾也　揉遠 音柔本亦作柔　能邇 徐云毛如字鄭奴代反伽也　伽 檢字書未見所出廣雅云如若也均也義音相似而字則異舊音如燕反義亦難見鄭注尚書云能恣也與此不同　民逑 音求合也　惽 音昬說文作惛云怓也釋文惛亦不憭也　怓 女交反惛怓大亂也鄭云猶讙譊也說文云怓亂也　讙 音歡又許元反　譊 女交反本又作譁音花　謂好 呼報反　爭訟 爭鬭之爭　王休 許虯反美也　誘掖 音亦　作慝 吐得反惡也　以近 附近之近注同　小愒 起例反息也徐丘厲反　憂泄 以世反又息列反毛去也鄭出也發也　應之 應對之應　繾綣 上音遣下起阮反字或作卷繾綣反覆也　反覆 芳服反　欲令 力呈反　板 音版　卒 子恤反　僤 本又作癉當但反病也沈本作癉　出 如字徐尺遂反　話 戶快反善言也說文云會合善言也　于亶 丁旦反誠也　言行 下孟反　憲憲 許建反猶欣欣也　方蹶 俱衛反動也　泄泄 徐以世反猶沓沓也爾雅云憲憲泄泄制法則也說文作呭云多言也

爲之于僞反輯矣音集又七入反和也繹矣音亦本亦作懌說也說也音悅
下同戒語魚廬反同僚字又作寮力彫反官也囂囂五刀反謷謷
五報反善道音導下牖道道民皆同芻初俱反蕘如謡反芻蕘薪采者也說
文云蕘草薪也或知音智又如字謔謔虛虐反喜樂也灌灌古亂反猶欵欵也
蹻蹻其略反驕貌喜樂音洛言耄莫報反熇熇徐許酷反沈又許各
反熾盛也說文云火熱也方懠才細反疾怒也夸毗苦花反體柔也不復扶又反
弭謗彌耳反止也殿都練反郭音坫說文作唸屎許伊反郭音香惟反殿屎呻吟
也說文作吚呻音申吟如字本又作唫同揆度待洛反賦斂力豔反
以共音恭本亦作供惠施式豉反賙音周贍市豔反如壎許元反
如篪音池如攜下圭反相和如字又胡卧反孔易鄭音亦注易易也上
字同又以豉反多辟匹亦反邪也注同立辟婢亦反法也注同易也以豉反下同

摩本又作掣尺製反 東與西與並音余 之行下孟反 爲邪似嗟反 价人音界毛云善也說文同鄭作介云甲也 維藩方元反屛也 大師音泰注大師同 維垣音袁 維翰胡旦反幹也徐音寒 被甲皮寄反 世適丁歷反下同 踈遠于万反 於難乃旦反 之渝用朱反變也 昊天胡老反 曰明音越下同 遊羨餘戰反溢也一音延善反本或作衍

蕩之什第二十五

蕩唐黨反蕩蕩法度廢壞之貌 召穆時照反本又作邵卷內召公召伯皆同 之辟必亦反注同君也沈云毛音埤益反 多辟匹亦反邪也本又作僻注同 賦斂力豔反 駿刑荀閏反本亦作峻 多邪似嗟反 烝民之承反衆也 匪諶市林反誠也 鮮克息淺反注同寡也 敎道音導本亦作導 彊禦魚呂反 掊克蒲侯反聚斂也又自伐而好勝人也徐又甫垢反 而好呼報反 朝廷

直遥反下朝廷同　滔德他刀反漫也　滔漫亡諫反本亦作慢又作漫下同一音亡半反
倨慢居庶反　多懟直類反　寇攘如羊反　姦宄音軌　侯作側慮反祝詛也注同本或作詛　侯祝周救反注同本或作兄非　靡届音界極也　靡究音救
炰白交反　烋火交反注同炰烋猶彭亨也　亨也許庚反　不逞勑領反　無
背布內反又蒲妹反後也　無陪本又作培蒲迴反貳也　湎面善反徐莫顯反飲酒齊色曰湎韓詩云飲酒閉門不出容曰湎　既愆本又作㥶起連反過也　式號戶刀反注同
式呼火胡反又火故反注同崔本作諕或一本作或號或呼　畀晝必爾反使也本亦作俾後皆同
耽湎本或作湛都南反　不爲于僞反　蜩音條蟬也　螗音唐蝘也　如
沸方味反　蟬市延反字林云蟪蛄　蝘音偃蟬屬也草木疏云一名蚻蟟青徐謂之螇螰楚人名之蟪蛄秦燕謂之蛥蚗或名之蜓蚞郭云俗呼爲胡蟬江南謂之唐蜩名沓
沓徒荅反　近喪附近之近又如字注同　奰皮器反舊音備怒也不醉而怒曰奰

覃徒南反忕於市制反又時設反說文云習也好怒呼報反臣扈音戶

顛鄧田反仆也沛音貝拔也之揭紀竭反見根貌先撥蒲末反絕也仆

也蒲北反又音赴拔也皮八反又半末反見貌賢遍反謂樹根露見王如字言可見

蹶貌其厥反沈居衛反一音厥夏后戶雅反注同

抑於力反抑抑密也自警居領反靡喆本又作哲亦作悊陟列反智也下同

則知音智德行下孟反注同以倡昌亮反道之徒報反本亦作導下

敎道同訏況于反大也謨莫蒲反謀也沈云本亦作漠音莫爲天下于僞

反篇末今我爲王同顛覆芳服反下覆謂覆用并注同荒湛都南反注及下同

樂於音洛下文及注同克共九勇反執也注同雖好呼報反耆酒

市志反儆女戶教反廣索所白反淪胥音倫率也洒色解反灑

也注同又所寄反埽素報反廷內音庭灑也色蟹反用逷他歷反毛

云遠也鄭作剔音同治也沈土益反故復扶又反戒將子匠反帥所類反本或作率
非度待洛反下不億度同出話戶快反善言也之玷丁簟反沈丁念反缺也說
文作㓠磨鑢音慮反復音服又豐服反本亦作覆無易以豉反注同捫
音門持也不讎市由反用也徐云鄭市又反則售市又反一本作讎讎謂讎物價也
此音則與毛同賈加霸反下同靡不承一本作是靡輯柔徐音集又
七入反和也脅肩本又作脇香及反又虛劫反沈又於闔反諂笑勑檢反趙岐注孟子
云脇肩竦體也諂笑強笑也近之也附近之近一本無之字近則依字讀相在
息亮反注同不媿俱位反屋如字或云鄭於角反漏魯豆反西北隅謂之屋漏云
覯古豆反於奧烏報反西南隅謂之奧饌仕眷反而厞扶味反隱也沈
云許愼凡非反度思待洛反注度知同矧可申忍反況也射思音亦厭也
不譖本亦作僭子念反差也注及下我譖同鮮不息淺反少也猶擿直赤

反實虹戶公反潰也鄭戶江反潰也戶對反荏而甚反染而漸反荏染柔
意言緡亡巾反被也共人音恭本亦作恭被也皮寄反下同柔忍
音刃本亦作刃告之話言戶快反話言古之善言說文作詁云詁故言也語魚慮反下
面語之同賢知音智於乎上音烏下音呼凡此二字相連音皆放此臧否音鄙注同
臧善也否惡也言提音啼掣之尺世反挽也提撕音西借曰子夜反假也注
及下同未知如字沈音智下夙知亦同假令力呈反幼少時照反下同長
大丁丈反而莫音慕本亦作暮成與音餘靡樂音洛注同夢夢
莫空反沈莫登反亂也注同慘慘七感反愬其音素後皆同諄諄
字又作訰之純反又之門反說文埤蒼並云告曉之熟藐藐美角反不入也爾雅云悶也
聆音零既耄莫報反老也曰喪上音越下息浪反韓詩作聿喪不忒他得
反差也回遹于橘反維邪似嗟反其行下孟反匱盡求位反

永

桑柔　芮伯如銳反國名　苑彼音鬱注同茂貌又於阮反　侯旬如字又音荀均也　捋采力活反注同　瘼此音莫病也　言陰於鴆反本亦作蔭下同　爆本又作暴同音剝下同　爍本又作爍或作落同音洛郭盧角反　柔濡而轉反　人　庇必寐反又音祕本亦作芘同　當彼皮寄反　倉初亮反喪也注同　兄音況注同滋也本亦作況　塡兮音塵久也　倬彼陟角反明大貌　騤騤求龜反不息也　旟音輿　旐音兆　有徧音篇本亦作翩　不泯面忍反又名賓反滅也徐又音民　烏　隼荀允反　適長上丁歷反下丁丈反　有黎力奚反毛齊也鄭不齊　以　藎才刃反災餘曰藎本亦作燼同　猶比毗志反又如字下同廣雅云頻比也　蔑資音滅輕也　止疑魚陟反定也　令復扶又反下不復考慎同　爲梗古杏反病也　而好呼報反　力爭爭鬭之爭下同　慇慇於巾反樊光於謹反爾雅云憂也　僤怒都但反厚也本亦作亶同　士卒尊忽反　瘨武巾反病也一音賢注同　我

毛詩音義下　十六　余

圉魚呂反毛云垂也鄭改作禦音同謂禦寇也爲毖音秘慎也斯削相略反以濯直角反我語魚據反禍難乃旦反下患難同遡風音素之僾音愛唈也荓云字又作迸音普耕反徐補耕反本或作拼同使也不逮音代一音大計反及也好是呼報反注但好同家王申毛音駕謂耕稼也鄭作家謂居家也下句家穡惟寶同穡本亦作嗇音色王申毛謂收穡也鄭云吝嗇也尋鄭家嗇二字本皆無禾者下稼穡卒痒始從禾鄉也本又作嚮同許亮反下同唈烏合反令代力呈反不能治人者食人音嗣蟊莫侯反說文作蟊卒痒音羊病也蟲孽魚列反說文作蠥云衣服謌謠草木之怪謂之妖禽獸蟲蝗之怪謂之蠥哀恫音通痛也本又作恫具贅之芮反又拙稅反屬也穹蒼起弓反朝廷直遷反下皆同者與音餘下所行者惡與同其相毛如字質也鄭息亮反助也宣徧音遍下同之行下孟反下荼毒之行悖逆之行民之行皆同有肺本又作胇芳廢反

甡甡所巾反衆多也声類云聚貌　巳譖子念反不信也本亦作僭　相輩一本作相鄙　欺背音佩卒章同　罷役一本作罷役罷音皮　覆復芳服反下及注除覆復蔭字皆同　狂干居況反鄭求方反　爲王于僞反　分別彼列反　皁白才早反　弗迪徐徒歷反　索音色　荼毒音徒　慍恚紆運反　大風毛如字鄭音泰泰風西風也　有隧音遂道也　中垢古口反　敗類伯邁反注同　則懟應對之應　我悖蒲對反逆也　之閒如字又音閑　陰女鄭音蔭覆蔭也王如字謂陰知之　赫毛許白反炙也與王赫斯怒同義本亦作嚇鄭許嫁反口距人也莊子云以梁国嚇我是也　患難乃旦反　職涼毛音良薄也鄭音亮信也下同　至酷口毒反　邪者似嗟反　令民力呈反　善詈力智反　觝距都禮反距或作拒

雲漢雲漢天河也自此至常武六篇宣王之變大雅　仍叔而升反　撥亂半末反　脩行下孟反　欲銷音消　去之起呂反　復行扶又反下注復

𡍮并篇末注同見憂並如字徐憂音於救反倬彼陟角反王云著也說文云
著大也愒雨苦蓋反貪也本又作渴苦葛反篇末同饑音飢又音機饉其靳
反薦在見反重也臻側巾反至也重也直用反下同罪與音餘
下所困與精誠與殺我與同我聽依義吐定反協句吐丁反為旱于僞反下為旱
同聽聆音零大甚音太徐他佐反下大甚並同蘊隆紆粉反本又作熅紆
文反韓詩作鬱同蟲蟲直忠反徐徒冬反尒雅作爞云熏也郭又徒冬反韓詩作烔音徒東
反雷聲尚殷殷於謹反或如字然一本作雨雷之声尚殷殷然奠徒薦反
瘞於例反埋也則索色白反不齊側皆反本亦作齋言徧音遍
耗呼報反韓詩云惡也斁丁故反敗也說文字林皆作殬可推吐雷反去也注同兢兢
本又作矜居陵反恐也業業如字郭五荅反危也如霆音庭又音挺一音徒佞反孑遺
居埶反去也起呂反下同恐也丘勇反下同不相毛如字鄭息亮反于摧在雷反又子雷反毛至也

鄭作嗺子雷反嗟也　可沮在呂反止也　炎炎于廉反熱也本或作惔音同　民近
附近之近　所芘音祕又必二反本亦作庇　蔭於鴆反本亦作廕　百辟音壁下同
雩音于祭名　滌滌徒歷反旱氣也　旱魃蒲末反旱神也　如惔音談燎也說文
云炎燎也徐音炎　如焚本又作樊同扶云反　憚暑毛丁佐反勞也韓詩云苦也鄭徒旦
反畏也　如熏本又作燻許云反灼也　燎也力皎反又力照反　燋枯子消反
畏難乃且反　我遯本亦作遂徒困反　黽勉彌忍反又音湎　瘨都田反病
也洗又都薦反韓詩作疹恥吝反云重也　憯七感反曾也　急禱丁老反或都報反　不
莫音暮本亦作暮　明祀本或作明神　悔怒協韻乃路反　虞度待洛
反下同　鞫哉居六反窮也　疚哉音救病也本或作安又作究同　趣馬七口
反趣馬官名　不秣音末穀馬也說文作䬴　施其式氏反本又作弛同　不縣音玄
祿饎許氣反　之長丁丈反下之長同　勞倦力報反　作賙音周　嘒

卬音仰本亦作仰下同何里如字憂也本亦作瘇爾雅作悝並同王云瘇病也有嘒
呼惠反衆星貌昭假音格毛至也鄭升也沈云鄭古雅反無贏音盈無幾居豈
反爲我于僞反注同令心力呈反
崧高胥忠反高貌山大而高曰崧釋名云崧竦也吉甫本又作父音同後人名字
放此復平音服又扶又反褒賞保毛反維嶽字亦作嶽魚角反白虎通
云嶽者何埆功德也駿極音峻大也巡守音狩本亦作狩虞夏戶雅反下
同之翰戶旦反又音寒榦也于蕃方元反賢知音智本或作哲楨榦
音貞有難乃旦反往扞戶旦反相穆息亮反贖刑音樹一音
常欲反亹亹亡匪反勉勉也王纘祖管反繼也韓詩作踐踐任也欲離
力智反下欲離同令往力呈反下皆同傅子直專反爾庸本亦作墉音容
毛云城也鄭云功也井牧手又反又如字後放此有俶本又作俶尺叔反作也藐藐

户角反美也蹻蹻渠略反壯貌濯濯直角反沈士學反明也樊纓步冊反

爲將于僞反乘馬繩證反注同故復扶又反下同介圭音界往

近音記毛已也鄭辭也王餞賤淺反送行飲酒也沈祖見反音賤字林子扇反云送去食也

于郿亡悲反又亡冀反地名屬扶風今爲縣告語魚據反復重直用反意

解音蟹土疆居良反以時如字本又作時直紀反兩通其粻音張糧也式

遄市專反速也委於僞反積子賜反番番音波武貌勇嘽嘽

吐丹反毛喜樂也鄭云安舒虎賁音奔喜樂音洛良翰協句音寒周

徧音遍下同揉此本亦作柔汝又反順也又如字一音柔注同聞于音聞

其風福鳳反注同王如字云音也贈送也詩之本皆爾鄭王申毛並同崔集注本作

贈增也崔云增益申伯之美烝民之丞反衆也中興張仲

反彝音夷常也好是呼報反注皆同禮知音智哀樂音洛好惡烏路

反昭假音格至也注同訓道音導不解佳賣反本或作懈下文匪解同百
辟音壁出納並如字納亦作内音同喉舌音侯發應應對之應
若否音鄙惡也注同舊方九反王同云不也夜莫音暮茹之音汝又如
庶反廣雅云食也濡如朱反一音如宛反毳昌銳反本又作脃士歲反堅強其良
反下同或其丈反矜寡古頑反德輶餘久反又音由輕也民鮮息淺反寡
也我義毛如字宜也鄭作儀儀匹也易耳以豉反袞職古本反冕服名
捷捷在接反言樂事也犯軷步葛反道祭也將將七羊反本亦作鏘同逼
本亦作偪彼側反隘於懈反臨菑側其反臨菑地名騤騤求龜反喈
喈音皆韓奕音亦韓姞姓國也梁山奕奕然爲韓國之鎮故
曰韓奕馮翊音翼始騷素刀反動也之祚徂路反甸之毛徒遍反
治也鄭繩證反或云鄭亦徒遍反有倬陟角反明貌韓詩作晫音義皆同匪解音懈

虔共（毛九勇反執也鄭音恭云古恭字）榦不（古旦反）戎辟（音辟君也）當

爲（于僞反）楨榦（音貞）覲見（賢遍反下同）黒水西河（一本黒上有書曰二字）璆（其樛反又其休反）琳（字又作玪音林孔安國云璆玪美玉也鄭注尚書云璆美玉玪美石也）琅（音郎）玕（音干琅玕珠也）綏章（本亦作緌毛如誰反大綏也鄭音雖車綏也）簟（徒點反）茀（音弗車蔽也）錯衡（七洛反雜也沈采故反）赤

舄（音昔）鏤（音漏）錫（音羊當盧也）鞹（苦郭反革也皮去毛曰鞹）鞃（苦弘反沈又音泓軾中也亦作軏胡肱反又弦三同）淺幭（莫歷反一音篾覆式也本又作篾同）

鞗革（音條鞗革謂轡也）金厄（於革反毛云烏蠋也鄭謂纒搤）烏蠋（音蜀爾雅作蠋蠋桑蟲也韓子云大如指似蠶沈音晝）王爲（于僞反）來朝（直遥反）藩

也（方袁反本又作蕃同）樊纓（步丹反）纒搤（於革反一本作厄同）于屠（音徒地名）顯父（音甫本亦作甫注同）其肴（戶交反本亦作殽同）炰（鄭薄交反徐甫九反）

毛詩音義下　二十

鼈卑滅反其蔌音速菜肴維筍字或作笋恤尹反爾雅云竹萌也乘

馬繩證反注同下百乘亦同蒻音弱中鱠古外反有且子餘七敉二反多貌

燕胥思徐反皆也又思咨反取妻七喻反本亦作娶下注同汾王符云反毛

大也鄭水名蹶父俱衛反流彘直例反梨音離又力兮反又作黎比公

音毗梨比莒君号也將將七羊反本亦作鏘諸娣大計反妻之女弟為娣從之

才用反注同又如字祁祁巨移反徐靚也靚也音靜又才性反媵之音孕又繩證反

曲顧一本作回顧道義如字又音導為韓于偽反注同姞其一

反又其乙反姓也又音佶相攸息亮反注同韓樂音洛注反下文注同使於所吏

反訏訏況甫反大也魴音房鱮音序麀音憂噳噳愚甫反本亦作

麌同熊羆音雄彼皮反有貓如字又武交反虎淺毛也本又作猫音同爾雅云虎

竊毛曰虥猫虥音仕版反令居力呈反使也又力政反命也王力政反善也燕譽於遍

反又於顯反安也譽協句音餘 溥彼 音普大也 所完 音桓 燕師 於見反注同安也徐云鄭
於顯反王肅孫毓並烏賢反云北燕國 其追 如字又都向反 其貊 武伯反追貊戎狄國名說
文作貉云北方人也 長是 張丈反 令撫 力呈反 獫 本亦作玁音險 允 如字本亦作狁
實墉 毛如字鄭作寔市力反寔是也下同 實壑 火各反城池也 濬脩 音峻
深也 貔皮 本亦作豼音毗猛獸也即白狐也一名執夷草木疏云似虎或曰似熊遼東人謂之白羆
江漢 二水名 滔滔 吐刀反廣大貌 淮浦 音普 夷行 下孟反 命將
子匠反 帥 所類反或作率 循流 如字本亦作順流 主為 于偽反下主為同 至
竟 音境本亦作境同 來鋪 普吳反病也徐音孚 湯湯 書羊反 洸洸
音光武貌又音汪 復經 扶又反 使傳 張戀反以車曰傳 遽 其據反以馬曰遽鄭
注玉藻云以車馬給使 有爭 爭鬭之爭 之滸 音虎沈又音許水涯也 疆土
居良反注及下同 匪疚 音救病也 王命行伐 一本作王法征伐 非可以

毛詩音義下　二十一

兵操切之也操音七刀反一本無兵字又一本兵操作急躁躁音早報反其分符問反來毛如字鄭音賚云勤也下同旬毛音巡又音荀偏也鄭作營維翰戶旦反又音寒徧也音遍下同名奭音釋爲虎于僞反下爲虎爲其同肈音兆謀也韓詩云長也爾祉音恥福也大諫音泰釐爾力之反賜也沈又音賚圭瓚才旱反秬音巨鬯勑亮反一卣音酉又音由中尊也本或作攸錫山土田本或作錫之山川土田附庸者是因魯頌之文妄加也王休許虯反令聞音問矢施如字爾雅作弛式氏反

常武繹音亦騷素刀反徐音蕭赫赫火百反字又作爀盛貌大祖音泰下及注大師大相皆同大將子匠反第一章注同言警音景暴掠音亮左右陳如字徐直覲反行戶剛反列也淮浦音普涯也說文云水瀕也爲之于僞反下爲其同使軍將子匠反下同有嚴毛魚檢反鄭如字匪紹

如字繼也徐云鄭尺遥反緩也繹音亦毛云陳也鄭作驛音同謂傳驛也騷如字徐音蕭舒序也一本作舒徐也憚之徒旦反非解音懈傳遽張戀反相恐丘勇反下同如霆音庭如震如怒一本此兩如字皆作而闞呼濫反徐火斬反又火敢反一音敢虓虎火交反虎怒貌鋪普吴反徐音孚陳也韓詩作敷云大也敦王申毛如字厚也韓詩云迫鄭作屯徒門反淮濆符云反毛涯也鄭大防也仍執如字仍就也本或作扔音同而勃步忽反之降戶江反截才結反治也而斷端亂反嘽嘽吐丹反盛也鄭云閒暇有餘力之貌摯如音至閒暇音閑緜緜如字靚也韓詩作民民同測度待洛反未陳直刃反下同瞻卬音仰此及召旻二篇幽王之變大雅也昊天戶老反孔填音塵久也下篇同其瘵側界反病也字林側例反蟊賊本又作蟊音牟夷届音戒罪罟音古夷瘳勑留反愈也士卒尊忽反女覆芳服反服也注及下

同　說之音稅赦也注同一音他活反　哲知音智王申毛如字　喆音哲本亦作哲
懿厥於其反痛傷之聲王同沈又如字　爲梟古堯反惡聲鳥　褒姒音似
婦寺徐音侍亦如字近也　寺近附近之近下近愛近川同　由上時掌反
語王魚據反　鞫人居六反窮也　忮之豉反害也　忒他得反變也
譖始本又作僭子念反不信也　竟背音佩注同　爲慝他得反　好窮
呼報反　如賈音古注同爾雅云市也　三倍蒲罪反　無與音預　朱紘
獲耕反　秉耒力對反　大昕音欣　奉芳勇反下同　種章勇反　風
戾力計反爍也　以食之音嗣　單矣音丹　奉繭古顯反　君
服與音餘　副褘音輝副首飾褘是褘衣　少牢詩照反　繅素刀反本
亦作縿同　盆蒲門反　織紝女金反　而與音預　朝廷直遙反下朝廷同
舍爾音捨注同　介音界　狄毛他歷反遠也鄭如字謂夷狄　見變賢遍反

被甲皮寄反　不弔如字又音的　殄瘁似醉反病也　渥於角反　譴弃戰
反　離人力智反　觱沸音必音弗觱沸泉出貌　檻胡覽反徐音下斬反　藐藐徐反
亡角反〈毛大也鄭美大也　克鞏九勇反固也　箴之之林反　召旻上時
照反下密巾反下同　瘨我都田反沈又音殄又音田病也　令民力呈反一本作令故民　居
圉魚呂反垂也　邊竟音境本亦作境　內訌戶工反潰也徐云鄭音工爭訟相陷入之
言　爭訟爭鬭之爭下同　讒惡烏路反　昬椓丁角反　靡共音恭注皆
同　潰潰戶對反亂也　回遹音聿一音述　奄人如字本又作閹　王遠
于万反　而近附近之近　維邪似嗟反　皐皐音羔頑不知道也爾雅云刺素
食　訿訿音紫窳不供事也爾雅云莫供職也　其玷丁簟反缺也　窳音庾裴駰云病
也說文云嬾也一本作泉　業業如字一音五荅反危也　孔貶彼檢反墜也　隊也
直類反又作墜　不潰毛戶對反遂也鄭作彙音謂茂貌　棲音西謂棲息也　苴七加反毛

水中浮草也鄭樹上槉苴也枯槁口老反我相息亮反之疚音救病也字或作㝌斯粺皮賣反職兄音況下同糲米蘭末反沈音賴又音厲兹復扶又反下同主長如字又張丈反之率字又作繂音類又音律又所律反鑿子洛反又音昨字林云糲米一斛舂爲八斗音子波反自頻舊云毛如字鄭作濱音賓俱云厓也案張揖字詁云瀕今濱則頻是古濱字者與音餘溥斯音普徧也不烖音災徧也音遍下同辟國音闢開也日蹙子六反促也以喪息浪反

清廟之什第二十六　周頌

周頌三十一篇皆是周室太平德洽著成功之樂歌也名之曰頌頌者誦也容也歌誦盛德序太平之形容以此至美告於神明皆成王周公時作也

清廟本又作庿古今字也苗笑反廟貌也清廟者祭有清明之德者之宮也杜預云肅然清淨

之稱也　雒邑音洛本亦作洛水名字從水後漢都落陽以火德爲水剋火故改爲各傍隹

朝諸侯直遥反　於穆音烏注同於歎辭穆美也後發句歎辭皆放此以意求之

顯相息亮反注同　見也賢遍反下著見同　駿奔音峻毛云長也鄭大也下篇同

無射音亦厭也　見厭於豔反下同　德與音餘下同

維天之命韓詩云維念也　大平音泰後大平皆放此　假以音暇嘉也　溢我音逸毛愼也鄭盈也徐云毛音謚　溢愼也市震反本或作順案爾雅云毖神溢愼也不作順字王肅及崔申毛並作順解也　明與音餘　乃單音丹　成王能厚之也一本作能厚行之也今或作能厚成之也　猶重直龍反

維清　刺伐七亦反　緝七入反　熙許其反　緝熙光明也　肇音召始也　禋音因祀也徐又音烟　迄用許乞反至也　之祺音其祥也爾雅同徐云本又作禎音貞與崔本同

烈文烈光也　以朝直遥反　辟公音壁注下皆同　祉

福音恥 無疆居良反竟也 傳世直專反 累也劣僞反下同 訓道音導
天作謂大王音泰後大王大祖皆同 諸盩直留反又音儔 不窋陟律
反 岐山其宜反 道音導 汧口田反又口見反 自函彼貧反 之行如字
道也王徐並下孟反 夷易羊豉反下徐易曰皆同 佼易古卯反 乾以其連反
巛以苦魂反字亦作坤 訂大王待頂反沈又直丁反說文云評議也譜云參訂時驗
謂平比之也字詁云訂平也 昊天有成命成王王如
字徐于況反 其命音基本亦作基始也 宥密音又寬也 王功于況反 敢
解音懈下同 止苛音河 刻也 克音克 單厥都但反厚也注同
我將如字毛云將大也鄭云將奉也 我享許丈反徐許亮反 右之音又注及下同
本亦作佑 肥腯徒忽反說文云羊曰肥豕曰腯 伊嘏古雅反毛大也鄭受福曰嘏
時邁邁行反 巡音句 守手又反本或作狩注同 柴望士佳反說文字林作

崇巡行下孟反下出行同封禪市戰反徧于音遍賓右音又注同助也
震疊徒協反懼也懷柔如字本亦作濡兩通俱訓安也喬音橋高也嶽
本亦作嶽同音岳賢知音智載戢側立反聚也載櫜音羔韜也韜
也吐刀反不復扶又反肆于音四時夏戶雅反大也注同
執競其敬反執持也競強也韓詩云執服也大功本或作天功斤斤紀覲
反明察也喤喤華彭反和也徐音皇又音宏注同磬筦音管本亦作管同將
將七羊反集也注同說文作蹩蹩行貌穰穰如羊反衆也反反如字毛難也鄭
順習貌沈符板反又音販反復扶又反重也又音服以重直用反
思文烝民之烝反衆也作粒音立阻飢莊呂反難也馬融注尚書作徂
云始也作艾音刈鄭注尚書五蓋反本或作乂音同貽我音夷字又作詒同遺
也來牟並如字牟麥也字書作麰音同牟字或作麰孟子云麰大麥也廣雅云麰小麥

麰大麥也疆居良反竟也爾介音界大也後放此時夏戶雅反注同遺

也唯季反下同出涘音仕以燎力召反封竟音境本或作境

臣工之什第二十七

臣工王釐力之反理也來茹如預反度也徐音如茹度待洛反下

同來朝直遙反下皆同維莫音暮本或作暮注同新畬音餘田二

歲曰新三歲曰畬耒力對反耜音似措七故反於夏戶雅反被甲

皮寄反於皇音烏注同迄用許乞反至也康樂音洛下同明見

賢遍反庤乃持耻反具也錢子踐反銚也鎛音博鎒也奄鄭音淹久

也王徐並如字觀古玩反又如字注同多也銍珍栗反穫也艾音刈銚七遙反何

士堯反沈音遙世本云垂作銚鎒乃豆反或作耨呂氏春秋云耨柄尺此其度也其耨六寸

以間稼也高誘注云耨芸田也六寸所以入苗間也字詁云頭長六寸柄長一尺鎒古字也今

作𢪔同銍穫也戶郭反本或作鑊音同釋名云銍穫纖也說文云銍穫禾短鎌也此則銍
器可以穫禾故云銍穫也小爾雅云截穎謂之桎截穎即穫也
意嘻意又作噫同於其反嘻音僖毛云噫嘆也嘻和也噫嘻有所多大之聲也禱也
丁老反又丁報反龍見賢遍反而雩音于是與音餘成王如字
又于況反注同假爾鄭王並音格至也沈云毛如字光被皮寄反浚發本亦
作駿音峻毛大也鄭云疾也發發伐也一本無一發字有徑古定反有畛
之忍反又之人反有洫況域反有澮古外反耜廣古曠反
振鷺上之愼反鼻飛貌下音路白鳥也一名舂鉏水鳥也一音盧夏[illegible]戶雅反
杞音起其虡昌慮反無斁音亦厭也無厭於豔反豐年芳弓
反大也豐年大有年也多稌音杜稻也徐勑古反高廩徐力錦反又力荏反倉也
及秭咨履反數億至萬曰秭一本作數億至億曰秭韓詩曰陳穀曰秭也齍盛上音

資下音成之穗音遂數萬色主反下數億同爲醴音禮烝畀必寐
反予也注同祖妣必履反祫胡甲反本或作洽皆徧音遍畀予音與
有瞽音古樂官也無目眹曰瞽眹音直謹反本或作鼓而合乎祖也本或
作合乎大祖治定直吏反設虡音巨植者曰虡應應對之應小鞞也注同
田毛如字大鼓也鄭作𣙙音胤小鼓也縣鼓音玄注皆同鞉磬字亦作鼗音桃鞉鞉
鼓也柷尺叔反木椌也圉魚古反楬也飾栒荀允反如鋸音據植者時力
反又直吏反衡者華盲反卷然音權又起圓反小鞞步兮反木椌
苦江反楬苦瞎反矇音蒙有目眹而無見也視瞭音了視瞭有目人也相
之息亮反喤喤華盲反又音橫又音皇編小薄殄反又必緜反史記音
甫連反字林聲類韻集並布千反賣餳夕清反蜜也又音唐方言云張皇也即乾餹也
音唐如篴字又作笛同徒歷反併而步頂反永觀古玩反又如字注同多也

和樂如字或音洛無愆去連反潛在廉反槮也爾雅作涔郭音潛又音岑韓詩云涔魚池小雅作槮時砧反獻鮪于軌反猗於宜反與音余漆音七沮七余反有鱣張連反鰷音條白鰷也鱨音常鰋音偃鯉音里槮也素感反舊詩傳及爾雅本並作米傍參小爾雅云魚之所息謂之橬橬槮也謂積柴水中令魚依之止息因而取之也郭景純因改爾雅從小爾雅作木傍參音霜甚反又疏廕反又心廩反字林作罧音山沁反義同鮥也音洛爾雅云鮥叔鮪鮎也乃謙反沈又奴廉反雝和也禘大計反大祭也大祖音泰於祫戶夾反合也大祭名也相維息亮反助也注同辟公音辟君也注同於薦鄭如字王音烏假哉音暇嘉也徐古雅反宣悊音哲本亦作哲同宣徧音遍下同才知音智克昌如字或云文王名此禘於文王之詩也周人以諱事神不應犯諱當音處亮反瑞應應對之應既右音祐

下同助也　大姒音泰下音似文王妃　載見賢遍反下並同　辟

王音辟下同　和鈴音零和在軾前鈴在旂上左傳云錫鑾和鈴昭其聲也　央

央於良反徐音英　鞗革音條　有鶬七羊反本亦作鎗同　休有許虯反又

許求反注同　在軾音式　多祜音戶福也　朝見直遥反下篇並同　畀必爾反本

又作俾　緝熙七入反　純嘏古雅反　福祚才故反　有客

二王之後爲客也　來見賢遍反序注同　既絀勑律反又作黜同　有萋

七西反　有且七序反萋且敬愼貌　敦都回反徐又音彫　琢陟角反　重

言直用反　不肖音笑　駮而鄭邦角反又音角雜也　之縶陟立反絆

也　絆也音半　餞送音賤　安樂音洛　夷易以豉反下同

武大武如字徐音泰注同　於皇音烏注同　遏劉於葛反止也　耆

定毛音指致也鄭巨移反老也韓詩音同鄭云惡也　汲汲音急

閔予小子之什第二十八

閔予小子毛云閔病也鄭云閔傷悼之言朝於直遥反注同嬛嬛其傾反孤特也崔本作煢在疚本又作安音救病也上下時掌反又如字孝行下孟反敢解音懈訪落訪謀也落始也有艾五蓋反數也徐音刈判普半反分也渙音奐散也多難如字協韻乃旦反未任音壬下二篇注皆同年長張丈反休矣許虯反敬之一本無之字不易鄭音亦王以豉反顯見賢遍反遠人于万反上下時掌反佛時毛符弗反大也鄭音弼輔也仔音茲毛云仔肩克也此二字共訓鄭亦同訓此二字云仔肩任也肩古賢反德行下孟反注同侵也子鴆反示道音導小毖音祕慎也患難乃旦反下禍難之難皆同懲而直升反艾也韓詩云苦也荓普經反爾雅作甹音同蜂

本又作峯孚逢反莽蜂摩曳也 辛螫音釋韓詩作辛赦赦事也 摩尺制反本又作掣
曳以制反 艾音刈字或作忞下同 創初亮反 復有扶又反 譎音決 誑
九況反 拚飛芳煩反 鷦也子消反鳥始小後大者也 于蓼音了
載芟所銜反除草也 甸師田見反 載柞側伯反除木也 澤澤音釋
釋注同爾雅作郝音同云耕也郭云言土解也 千耦五口反 其芸音云本又
作耘除草也 徂畛之忍反徐又音眞 侯彊其良反有餘力 畛易本又
作場音亦 家長張丈反下同 有徑古定反 謂閒音閑 傭音容
賃也女鴆反 烝達音證 解散音蟹 有嗿粉感反衆貌 饁
于輒反饋饟也 饋其愧反 饟也式亮反 有略如字利也字書作畧同 俶
載毛並如字鄭作熾菑下篇同 實函戶南反含也下篇同 熾尺志反盛也
菑側其反 實種章勇反下其種同 根株音誅 驛驛音亦爾雅

作繹繹云生也　有厭於豔反下同　緜緜如字爾雅云麃也韓詩作民民云衆貌

其麃表嬌反芸也說文作穮音同云穮耨鉏田也字林云穮耕禾間也方遥反　達

射食亦反　先長張丈反　載穫戶郭反　其積子賜反又如字注同

及秭音姊　烝之承反　畀必二反予也注同　有飶蒲節反芬芳也說文云食之香也字又作苾音同一音蒲必反注同　有椒子消反徐子料反毛云猶飶也沈作俶尺叔反云作椒者誤也此論釀酒芬香無取椒氣之芳也案唐風椒聊箋云椒之性芬芳王註云椒芬芳之物此傳云椒猶飶飶芬香椒是芬芳之物此正相協無故改字爲俶俶始也非芬香

其馨呼庭反　匪且七也反且此也又子餘反下同　來見賢遍反

良耜音似良善也耜田器也　秋報社稷也本或有冬字者非

畟楚側反猶測測也爾雅云畟畟耜也郭云言嚴利也　其種章勇反　筐丘方反

筥紀呂反　饟式亮反　其笠音立　伊糾居黝反又其皎反　其鎛

音博趙徒了反刺也又如字沈起了反又徒少反以薅呼毛反說文云拔田草也又云

或作茠引此以茠荼蓼荼蓼上音徒下音了趙刺七亦反下同以盛

音成薅去起吕反朽止虛有反爛也挃挃珍栗反穫聲也積之

子賜反其比毗志反注同如櫛側瑟反祭酺音蒲又音步合醵

其據反又其略反合錢飲酒也犉牡如純反本亦作犉黃牛黑脣曰犉有捄音虯角貌

復求扶又反下同絲衣絲衣繹祭之服繹音亦祭之

明日又祭也字書作襗之融餘戎反尚書作彤音同其紑孚浮反徐孚不反絜鮮也

又音培又音弗載如字又音戴同弁皮變反俅俅音求恭愼也說文作絿同

鼐乃代反郭音乃大鼎也鼒音兹小鼎也徐音災爾雅云圜弇上謂之鼒郭音才

說文作鎡字音兹門塾音孰門側堂也或音育舉鼏亡歷反本亦作鼏

圜音圓弇古奄字光字又作兕徐履反觵古横反罰爵也字又作觥同

其斛音蚪本一作斛不吳舊如字譁也說文作吳吳大言也何承天云吳字誤當為吳從口下大故魚之大口者名吳胡化反此音恐驚俗也音話不敖五誥反本又作傲注同譁也音花不讙火官反又火元反敖嫚云諫反

酌音灼字亦作汋大武如字徐音泰於音烏注同鑠舒灼反美也蹻蹻居表反武也之造毛才老反為也鄭七報反詣也傳相直專反

桓禡也馬嫁反師祭也桓武志也本或以此句為注婁豐力住反亟也亟也欺冀反數也下同匪解音懈注同於昭音烏注同閒之閒廁之閒代也注同

賚來代反與也徐又音來敷時音孚徧也繹思音亦猶徧音遍下篇同於繹思鄭如字王於音烏

而王于況反又如字下篇同

般薄寒反樂也注同巡守手又反般樂也音洛崔集注本用此注為序文於皇音烏注同隋

山吐果反注同郭云山狹而長也又同果反字又作墮喬嶽上音橋高也下音岳翕
河許及反合也裒時蒲侯反毛聚也鄭衆也於繹思毛詩無此句齊
魯韓詩有之今毛詩有者衍文也崔集注本有是揀三家之本崔因有故解之

駉第二十九本或作駉之什者是例而加耳商頌亦然隨魯頌
魯者周公之子伯禽所封之國也周公有大勳勞於天下成王留之輔相而封
伯禽焉其封域在禹貢徐州蒙羽之野十七世至僖公當周惠王襄王之時能
遵伯禽之法外征淮夷內脩德教國人美之於是國卿季文子請周而使史克
作頌四篇夫子刪詩錄之者以周公有致太平之勳成王命魯郊祭用天子禮
樂故取魯頌而同於王者之後焉

駉古熒反說文作驍又作駫同牧乎徐音目坰野古熒反徐又苦營反或苦
瓊反遠也林外曰坰下同行父音甫注同行父季文子名也牡馬茂后反草木蹠

云騰馬也說文同本或作牧有驈户橘反阮孝緒于密反顧野王餘橘反郭音述驪馬白跨曰驈有驪力知反沈又郎西反純黑馬也說文字林云深黑色馬也白跨苦化反又苦故反又胡瓦反郭云髀間也蒼頡篇云兩股間也黃騂息營反赤黃曰騂下文同字林火營反四種章勇反有騖音敄飲食上音蔭下音嗣又並如字無疆居良反音也反覆芳服反有騅音隹蒼白雜毛曰騅有駓符悲反字又作駓黃白雜毛曰駓郭云今桃花馬也字林作⿰馬舌音丕有騏音其蒼祺曰騏伾伾敷悲反有力也說文同字林作駓走也父之反音丕蒼祺音其字又作騏驒徒河反青驪驎曰驒說文云馬文如鼉魚也韓詩及字林云白馬黑髦也駱音洛白馬黑鬣曰駱樊孫爾雅並作白馬黑髦鬣尾也駵音留赤身黑鬣曰駵字林云赤馬黑髦尾也雒音洛黑身白鬣曰雒本或作駱同繹繹音亦善足也一本作善走也崔本作驛驎本亦作驎郭良忍反毛色有深淺斑駮隱驎今之連錢驄也呂忱良振反

孫炎音隣云似魚鱗也黑驑力輒反無斁音亦厭也騆舊於巾反讀者並音因陰白雜毛曰騆騢音遐形白雜毛曰騢說文云赤白雜色文似鰕魚驔音簟徒點反字林云又音譚豪骭曰驔有魚如字字書作驈字林作瞧音並同毛云一目白曰魚爾雅云一目白瞯二目白瞧瞯音閑祛祛起居反彊健也彤白徒冬反赤也豪骭

戶晏反無邪似嗟反注同無復扶又反

有駜備筆反又符必反馬肥彊貌字林又父必反乘黃繩證反下同大學音泰咽咽本又作鼝同烏玄反又於巾反鼓節也樂兮音洛注喜樂下于胥樂兮及注安樂同之朝直遥反駽呼縣反徐又火玄反又胡眄反青驪曰駽又音炫歲其有本或作歲其有矣又作歲其有年者矣皆衍字也詒孫子以之反遺也本或作詒厥孫子詒于孫子皆是妄加也詒遺唯季反下同

泮水普半反頌僖音希頖宮音判本多作泮泮宮諸侯之學也泮半也半有

水半無水也鄭注禮記云頖班也所以班政教其芹其巾反水菜也天子辟音璧下同廱如音貟來觀古亂反又音官伐伐蒲害反又普貝反有法度本又作茷言噦噦呼會反有聲也其藻音早水草也蹻蹻居表反彊盛也昭昭之繞反其茆音卯徐音柳韋昭萌藻反鳧葵也干寶云今之鳧蹏草堪爲葅江東有之何承天云此菜出東海堪爲葅醬也鄭小同云江南人名之蓴菜生陂澤中草木䟽同又云或名水葵一云今之浮菜即猪蓴也本草有鳧葵陶弘景以入有名無用品解者不同未詳其正就以小同及草木䟽所說爲得鳧葵音符者與音餘屈此丘勿反毛云收也鄭云治也徐云鄭又其勿反韓詩云屈收也收斂得此衆聚昭假古百反至也之行下孟反又如字伊祜音戶福也蟜蟜本又作矯亦作蹻居表反武貌馘古獲反截耳也皐陶音遥皐陶唐虞之士官狄彼王他歷反遠也孫毓同鄭作剔音同治也沈云毛如字未詳所出韓詩云鬄鬄除也烝烝之承反皇皇毛如字美也鄭作暀暀于況反猶往往也不吴鄭如字譁也又王音誤作吴音

話同瘍余章反于訩音凶訟也讙也音歡讙譁音花無爭爭鬭之爭其觓音虯毛云弛貌鄭云持弦急也其搜依字作捘色留反毛衆意鄭勁疾也孔博徐云毛如字王同大也鄭作傅音附無斁本又作射又作斁或作懌皆音亦厭也施貌式氏反本又作弛同致者直置反士卒尊忽反堙井音因塞也刊木苦干反服虔云削也度已待洛反翩彼音篇飛貌飛鴞于嬌反惡聲鳥也桑黮說文字林皆作葚時審反桑實也爲此于僞反憬彼九永反遠行貌況又孔永反說文作懬音獷云闊也一曰廣大也其琛勑金反捷爲舍人云美寶曰琛大賂音路遺也遺也唯季也閟宮筆位反毛閟閉也鄭閟神也音祕同僖公音希有侐況域反清靜也說文云靜也一音火李反枚枚莫回反礱密也韓詩云閒暇無人之貌也姜嫄音元是禖莫回反礱密路東反礪也無災字又作灾本亦作甾音同回邪似嗟反

天用是馮依本又作憑同皮陵反一本作馮依其身不坼敕宅反裂也不副孚逼反重直容反本又作種同穋音六本又作稑音同稙徵力反先種曰稙徐時力反韓詩曰長稼也稺音雉後種曰稺韓詩云幼稺也菽麥音叔大豆也畀民必爾反本又作俾下皆同長大張丈反有秬音巨黑黍也纘禹子管反繼也粒食音立大王音泰後大王大平皆同前羽商子踐反毛齊也鄭斷也斷也音短下同自豳彼貧反王迹于況反之屆音戒極也無貳音二屆極紀力反下同虞度待洛反下同無復扶又反敦商鄭都回反治也注同王徐都門反厚也又與音預東藩方元反乃筴初華反令尃力呈反匪解音懈不忒他得反騂息營反赤色也犧許宜反純毛牲福衡音福逼也犧尊鄭素何反毛云有沙飾則宜同鄭王許宜反尊名也將將七羊反毛炰蒲包反胾側吏反肉

也羹音庚又音衡洋洋音羊徐音翔衆多貌不禴羊灼反秋祫咸夾

反以楅音逼有沙素河反刻鳳皇於尊其羽形婆娑然也一云畫也豚也字又作㹠

徒門反鈃羹字又作鉶音刑爲其于僞反觗都禮反有横古曠反一

音光有柎方于反爾熾尺志反僭踰子念反千乘繩證反注

千乘同朱英如字徐於耕反矛飾也緑縢徒登反繩也重弓直龍

反注同鬯中勑亮反弓衣也字或作韔同貝胄直又反朱綅息廉

反說文云綫也沈又倉林反又音侵烝徒之升反增增如字綴之沈知稅反又張

劣反艾也音刈台背他來反下音貝而艾五蓋反中時張仲反而

重直用反大山音泰本又作泰下注大室皆同遂荒如字毛有也鄭奄也韓詩

作荒云至也近海附近之近鳧音符山名繹音亦一音夕字又作嶧同山名也

蠻貊字又作貉武伯反夷行下孟反應辭應對之應純嘏

古雅反魯朝直遥反在薛字又作薛息列反是與音余兒齒五兮反齒落更生細者也字書作齯音同一音如字爲之于偽反祝慶之又反下同是

斷音短是度待洛反松桷音角榱也方曰桷有舃音昔大貌徐又音託

奕奕音亦榱也色追反其姣古卯反屬功音燭孔曼音萬長也

那第三十　商頌

商者契所封之地名成湯伐桀王天下遂以爲國号後世有中宗高宗中興時有作詩頌之者當周宣王之時宋大夫正考父校商之名頌十二篇於周之大師以那爲首歸而祭於先王孔子錄詩之時止五篇而已乃列之以備三頌

那祀乃河反多也微子名啓紂庶兄周武王封之於宋爲郼後正考父音甫本亦作甫宋湣公之曾孫孔子七世祖大師音泰後大甲大古大戊大祖皆放此朝聘直遥反

曲折之設反猗於宜反歎辭也與音余下同置我毛如字殷人置鼓鄭作植字時

職反又音值爲楹貫而樹之　鞉鼓音桃小鼓也　夏后戶雅反注同　縣鼓音玄下同
爲楹音盈柱也　貫而古亂反　作濩戶故反殷湯樂曰大濩　衎我苦旦
反　樂奏假毛古雅反大也鄭作格升也　衎樂音洛下以樂我同　齊之側皆
反本亦作齋下同　所耆市志反　所爲于僞反　僾然音曖　愾然苦代
反　淵淵古玄反又烏玄反　嘒嘒呼惠反和也　依倚於綺反　於赫
音烏注同　庸鼓如字依字作鏞大鍾也　有斁有奕夷繹並音亦繹字又
作懌同　有恪苦各反敬也　夷說音悅下同　蒃牋鍊反本又作薦同　饌士戀
反　烝嘗之丞反　烈祖烈祖有功烈之祖　復興扶又反下
亦復同　斯祜音戶福也　無疆居良反音也下同　清酤音戶酒也　賚我
毛如字賜也鄭音來　申重直用反下皆同　王天下于況反　無竟音境本又作境
以祼古亂反　致齊側皆反亦作齋　鬷子東反總也　假毛古雅反大也鄭音

格至也下以假以享同有爭爭鬬之爭注同綏我音妥安也黃耇音苟總也音揔調腥音條裸音灌約軧祈支反轂飾也諸侯助祭者乘篆轂金飾錯衡之車駕駟馬故曰軧錯衡如字徐又采故反鶬鶬七羊反本又作鏘言文德之有聲也溥將音普穰穰如羊反轂飾古木反下音式在鑣彼苗反篆轂直轉反來朝直遙反來假音格鄭云升也王云至也玄鳥玄鳥燕也一名鳦音乙祀高宗毛王如字鄭作祫戶夾反三年喪畢之祭也高宗殷王武丁也雊雉古豆反之異尚書云高宗祭成湯有飛雉升鼎耳而雊是也復興扶又反於契息列反殷之始祖也本又作偰同又作卨古字也後放此古者喪三年既畢祫于大祖明年禘于羣廟一本作古者君喪三年既畢禘于其廟而後祫祭于大祖明年春禘于羣廟案此序一注舊有兩本前祫後禘是前本兩禘夾一祫是後本也芒芒莫剛反大貌後同有娀息忠反契母之本國名郊禖

音梅本亦作高禖遺夘力管反居亳傍各反地名正長張丈反下同徧

告音遍不解音懈武王于況反又如字注同不勝毛音升任也鄭式證反

十乘繩證反注同大糦尺志反黍稷也韓詩云大祭也勝任音壬下何任同

大國與音余畿疆居良反來假音格至也下同祁祁巨移反或

上之尺之二反景員毛音圓均也鄭音云維河鄭云河之言何也王以為河水本或作何

是何音河河可反本亦作荷音同毛云任也鄭云擔負也下篇何天同來朝直遥反

擔負都藍反下篇同長發如字久也大禘大計反鄭云大禘者

郊祭天也王云殷祭也王者于況反又如字濬音峻深也悊音哲字或作哲芒芒

音亡依韻音忙是疆居良反幅方目反廣也隕音圓毛均也鄭周也徐于貧反

諸夏户雅反下皆同作圍音還又音圓深知音智發見賢遍反禎

音貞祥也其音音墇王天下于況反下湯王言王之王德皆同桓撥本末反治

也韓詩作發發明也徧也音遍下同政治直吏反相土息亮反注相土皆同相土契孫也
有截才結反整齊也出長張丈反湯齊如字浸大子鴆反日躋
子兮反升也鄭注禮記讀上爲湯躋讀此爲日齊齊莊也昭假古雅反鄭云暇也徐云毛音格鄭音
暇案王肅訓假爲至格是王音也沈云鄭箋云寬暇此以義訓非韓字也是祗諸時反下
士遐嫁反小球音求美玉也下同綴流陟劣反徐又張衛反毛云表也鄭云結也
二同之休虛虯反美也珽吐頂反天子王笏長三尺杼上終葵首長三直亮反
旒縿所銜反著焉直略反歸鄉本亦作嚮許亮反下篇同不絿音求
徐音虯急也是遒子由反又在由反聚也小共大共毛音恭法也鄭音拱執也一云
毛亦音拱駿音峻毛大也鄭俊也又一云毛亦作俊讀厖莫邦反厚也徐云鄭音武講反是叶拱及
寵韻也之龍毛如字和也鄭作寵傅奏音孚本亦作敷不戁奴版反恐也
不竦小勇反懼也是總子孔反本又作鬷音宗恐也曲勇反驚憚

載旆丹末反蒲貝反秉鉞音越得中張仲反三蘖五葛反餘也韓

詩云絕也韋顧二國名也漢書古今人表作韋鼓已姓音紀又音杞中葉

如字又張仲反橈敗女教反一音女卯反亂也實左音佐注同右音又注同左右助也

阿倚於綺反下同殷武撻彼他達反疾也韓詩云達也

罙入面規反毛深也鄭冒也說文作冞從网米云冒也其阻莊呂反險也裒荊

蒲侯反聚也冒也莫報反下同之隘於懈反窄也而俘音孚囚也猶處

昌慮反下同氏都啼反西方夷狄國世見賢遍反而背音佩多辟音僻下同

君也注放此王音僻邪也禍適直革反徐張革反注同過也韓詩云數也匪解音懈注同

來朝直遥反不僭子念反王天下于況反重告直用反是

斲音短注同方斲陟角反說文云斫也是虔其連反椹也爾雅作榩松桷

音角有梴丑連反又力鱣反長貌柔梴物同耳字音羶俗作易直以豉反下同

椹陟金反掄材魯門反擇也沈音倫理也

經典釋文卷第七

勘官登仕郎前守趙州柏鄉縣主簿臣張　崇甫

勘官登仕郎前守丹州司法參軍臣李　守志

勘官登仕郎試大理評事前守唐州湖陽縣令兼監察御史賜緋魚袋臣皇甫　與

勘官宣德郎試大理評事前守許州錄事參軍兼監察御史臣姜　融

勘官朝請大夫行國子監丞柱國臣馮　英

詳勘官通議大夫守國子司業兼太常博士上柱國賜紫金魚袋臣聶　崇義

銀青光祿大夫檢校工部尚書守司農卿兼判國子監事臣衛　融

乾德三年五月　日

重詳勘官朝散大夫太子中舍權判大府寺國子監事柱國賜紫金魚袋臣陳　鄂

重詳勘官嶺南西道節度判官奉行尚書司封郎中上柱國臣姚　恕

開寶二年　正月　日

推忠協謀佐理功臣金紫光祿大夫尚書吏部侍郎參知政事上柱國東平郡開國侯食邑一千戶臣呂　餘慶　等進

推忠協謀佐理功臣金紫光祿大夫尚書吏部侍郎參知政事上柱國河東郡開國侯食邑一千戶臣薛　居正

推忠協謀同德佐理功臣起復光祿大夫尚書左僕射兼門下侍郎同中書門下平章事昭文館大學士監修國史上柱國天水郡開國公食邑二千戶食實封肆伯戶臣趙　普

五福五代堂古稀天子寶

八徵耄念之寶

太上皇帝之寶

五福五代堂古稀天子寶

八徵耄念之寶

太上皇帝之寶

經典釋文第八

周禮音義上　起天官盡春官下

唐國子博士兼太子中允贈齊州刺史吳縣開國男陸德明撰

天官冢宰第一本或作冢宰上非餘卷放此

惟王如字干寶云王天子之號三代所稱雒音洛水名也本作洛後漢都洛陽改爲雒之京京領反下皆同辨本亦作辯徐邈劉昌宗皆方免反別也一音平勉反別也彼列反下同以縣音玄下同槷魚列反下同召誥上詔反下古報反太保音泰汭人銳反體國鄭云體猶分也干寶云體形體面朝直遥反令天力呈反冢宰鄭云宰主也干云濟其清濁和其剛柔而納之中和曰宰掌邦治直吏反注邦治下治官皆同大宰音泰注及後放此副貳徐音二府藏才浪反下同官長丁丈反下皆同自辟必亦反徐方狄反胥鄭徐劉思敍反戚思餘反下皆同徭役音遥

譎劉思敘反宮正此以下鄭摠列六十職字干注則各於其職前列之膳夫上戰反庖

人徐扶交反賈八人鄭徐音古劉音嫁下放此褢肉音果苞苴子餘反物

賈音嫁內饔鄭於容反割亨戚普庚反劉普孟反之稱尺證反亨人

劉普庚反主爲于僞反下爲主同甸師田遍反主共音恭下皆同獻人

音魚本又作魚亦作歛同又音御鼈人必列反腊人音昔醫師意其反有

和胡卧反又音禾齊才計反瘍音羊瘍創初良反奄於檢反謂精氣閉藏也劉

於驗反徐於劔反奚如字又胡禮反從坐才卧反奚如字又胡禮反從坐才卧

漿人子良反凌人力證反字從水或力外反醢人呼在反不盡津忍反醯

人本又作醢呼西反冪人莫歷反解止佳賣反掌幕武博反貨

賄呼罪反司會古外反注同鄭云主天下之大計尚書音常簿書步古

反後簿書皆同少內詩詔反歲斷丁亂反閽音昏囿音又斿本亦作游

音由末冠古亂反嬪符眞反婦也內治直吏反女祝之六反鄭徐之又反
典枲絲里反裁縫戚奉容反徐扶用反下同縫人劉扶用反染人如豔反劉而險
反追師丁回反治玉石之名一曰雕屨人紀具反夏戶雅反注同翟雉名采如字或作菜
夏翟音狄爲緌如誰反大宰邦國鄭云大曰邦小曰國邦之所居亦曰
國于云國天子諸侯所理也邦疆國之境治典直吏反注下治典邦治治官治職之治皆同以擾而小
反鄭而昭反徐李尋倫反以諧戶皆反以詰起一反禁也于云彈正糾察也馴也似倫反度
作待洛反猶傳側吏反下同猶立也灋古法字官聯音連以斃必世反斷也鄭
蒲計反徐劉府世反斷也丁亂反下同斂弛戶氏反以比毗志反鄭旁利反簡稽
古奚反鄭又音啓以版音板傅別音附下彼列反書契苦計反劑子隨反爾雅云劑翦
齊也以要於妙反徐於召反後不音者放此朝覲直遥反凡言朝覲皆同辠古罪字劓
魚冀反刖音月又五刮反以馭魚慮反賦貢鄭云賦口率出泉也貢功也于云賦上之

所下貢下之所納於上采邑音菜周召上照反毛聃乃甘反月奉

符用反本或作俸口率徐劉音類戚音律一音所律反下同所稅舒銳反八柄兵命反

反其行下孟反注同極紀力反鮌古本反敺起俱反園圃布古反又音布

毓古育字藪速苟反牧牧養之牧徐音目劉音茂蕃鳥扶元反飭化音勑

商賈音古行曰商處曰賈下注同閒民音閑秫音述曰瑳七何反

曰琢陟角反曰鏤婁豆反爲人于僞反傭音容賃女鴆反粱

苽音孤彫胡也字或作菰果蓏力果反其樊如字又方元反畜牧許又反又許六反

羨稱尺證反下同釐降力之反曰圉魚呂反養馬曰圉質於豬二反

疏不孰色居反菜也劉音蘇曰饉其靳反家削本亦作稍又作鄁所敎反徐所召反

敝餘鄭婢世反于必世反名與音餘鄉大夫劉音香毋處昌慮反後可以

意求羞服干去羞飲食也服車服也服或作膳芻初俱反匪頒鄭音班徐音墳好用

呼報反注同　贈勞力報反　嬪貢鄭音頻司農音賓　爲摯音至本亦作贄　楛
矢音戶　櫄敕倫反　幹古旦反　篠西了反　簜大黨反　絺勑其反　紵直呂
反　璣徐音鐖劉音其既反一音機　琅音郎　玕音干　柚羊救反一音羊受反或音牏　繫
邦音計　以治直吏反下注王治凡治眡治皆同　曰藪干云宜作叟　德行下孟反　耡
音助　乃縣音玄注同　挾日子協反字又作浹同干本作帀子合反十日也　木鐸待洛反　以
徇辭俊反　其參七南反鄭云卿三人也干云三公也　傅其咸音附徐方慕反　各監
古銜反　爲民于僞反　之平音評　要之一遙反　糞弗運反　灑色賣反
前期如字干本同徐昨見反本或作先如字又悉薦反　所諏子須反謀也　散齊西但
反下側皆反下同　眡音視本又作視後皆同　滌直歷反　濯直角反　謂溉古愛反　甑
甗魚善反徐音彥一音言本又作甗音歷　納亨普庚反注同劉普孟反　鄉祭許亮反
獻齊才計反　神示本又作祇音祇　享先生許兩反劉音向注享幣同　時

見賢遍反下同春朝直遥反下文同之酢音昨依前於豈反本亦作扆含

王本又作唅戶暗反後同既窆彼驗反徐補贈反辟琮孝宗反巡守音狩

本亦作狩後巡守皆放此

小宰宮刑鄭如字謂宮中之刑也下同杜作官之治直吏反下及注皆同爭訟

爭鬭之爭專達干云達決也其委於偽反下賙委同積子賜反斂弛

尸氏反劉本作施音弛杜作施涖音利又音類玉鬯敕亮反牲鑊戶郭反玉

齍音資六鄉音香屬其音燭六約徐音胤劉音引本或作引上相

息亮反豕與音餘政役鄭音征司農如字以比毗志反注同以傅音附

注同別彼列反注同要會古外反凡要會會計之字皆放此士卒子忽反下同簡

閱音悅貸子他代反傅著直略反平賈音嫁月平劉音病

弊群必世反治也如字下文治其弛舍同斷也丁亂反下同不解佳賣

反傾邪似嗟反共其音恭禮本供字皆作共可以意求之祼將古亂反不
爲于僞反莫稱尺證反啐之寸對反含襚音遂所賙音周
使齎子兮反今上時掌反下同夏之戶雅反後放此
宰夫掌治直吏反注及下之治贊治官掌又治皆同朝之直遙反後皆同治藏
才浪反注治藏同別異彼列反辟於音譬本亦作譬下皆同傳吏直專反
辟名徐芳石反劉芳益反于云不當也畜獸許又反作見賢遍反比
官如字注同戚毗志反委積上於僞反下子賜反此二字相連皆同此音飲鄭徐於鴆反注同
食音嗣注飲食公食同賓賜之飧音孫牽一本作賓賜掌其飧牽干本同俶
獻昌六反用賻音附而賵芳仲反共辦蒲莧反期會如字
警戒京領反
宮正比宮徐方履反一音毗志反注下竝同直宿戚如字劉息就反下同析

吐各反　夕莫 音暮本亦作暮　行夜 下孟反　爲其 于僞反下注皆同　有解
佳賣反　惰 徒卧反　離部 力智反　重門 直龍反　聞於 音問又如字
忘守 手又反又音手下文同　出疆 居良反　之倅 七内反　分別 彼列反
德行 下孟反　荷其 呼何反又音何　持操 七曹反　疏數 音朔　祿
稟 彼錦反　去其 起呂反　其哥 音羈徐去宜反　衺 似嗟反亦作邪　譎 古穴
反　觚 音孤　會其什 如字注同　教道 徒報反下道導同　蹕 音畢徐又音擗
讀火 戚如字徐音豆　塡 音田　街 音佳　倚廬 於綺反
宮伯適子 丁歷反　於儌 古弔反　候便 婢面反　頒其 音班
膳夫之食 音飼飯也注及下食用公食同　食飯 扶萬反依字作飰　二十甕
徐劉音瓮屋貢反　之饌 仕眷反　盡閒 津忍反　淳 之純反下同　熬 五刀反　淳
毋 莫胡反一音武由反　炮 步交反　牂 作郎反　擣珍 丁老反　膋 了彫反　五

齏作西反　三臡劉奴兮反徐耳齊反　稌音杜徐他古反　苽古吳反　䣼本又作涼
力羊反徐力放反　醫於計反　酏以支反劉書支反　朝食如字下奉朝同
陪鼎徐蒲來反　授祭品鄭云禮飲食必祭示有先也干云祭五行六陰之神與民起居
刌寸本反劉音付沇寸沒反徐倉典反　大札側八反徐音截杜注左傳大死曰札疫癘也　有
烖音災　疫音役　癘音厲　君爲于僞反　見於賢遍反下文及注同　而
間劉古莧反戚如字
庖人六畜許又反注同即六牲也　六獸司農云麋鹿熊麏野豕兔鄭云有狼無熊干注
麏作麞熊作貆　六禽鄭云羔豚犢麛雉鴈也司農及干鴈鶉雉鳩鴿鶡　麕本又作麇亦作麏居
倫反麞也　鶉音純　鷃於諫反　鴿古合反　麛音迷鹿子　未孕以證反一音乘
鱻悉然反生肉也　薨苦老反乾肉也　計數色柱反下校數同　不褻息列反　好
羞呼報反　鱐側雅反　蟹戶買反　胥息徐反劉音素字林先於反蟹醬也　乃令

力呈反 付使所吏反 乘禽繩證反下同 膏香牛脂也禮記作薌音同
腒其居反乾雉也 鱐所留反乾魚也 臊素刀反杜云犬膏也司農及干云豕膏也 腥音星杜云
豕膏鄭干云鷄膏也或作雉膏 鱻羽鄭云鮮魚也羽鴈也杜云鮮羽鴈也 羶書然反羊脂也 煎
和胡卧反下文同 膜熱呼旱反劉呼旦反 水涸胡洛反徐戶格反 爲人于僞反
内饔 割亨普庚反注及下同 肆解託歷反 齊以才細反 胾側吏
反 膰音燔本亦作燔 脀職升反 庮音由徐餘柳反干云病也司農云朽木臭也 泠毛音零
徐郎年反 而躁早到反 皫本又作臕芳表反又芳老反又芳表反徐又孚趙反 而沙如字一音
所嫁反或蘇他反 鳴貍音鬱徐於弗反 豕盲亡亮反 眂視二反又音視 睫音接一音
捷業反 而般音班 臂如字徐本作辟辟音方紙反 螻音樓如螻蛄蟲臭也干音漏内病也此依禮記
文 是別彼列反 澌也音西 蛄音姑 掌共羞共依注音具 膴火吴反徐凶武
反 胖普半反 鍛丁亂反 牒切直輒反又之涉反 鉶羹音刑 大臠力轉

反好賜呼報反注同外饔饔食音嗣長帥色類反

亨人之齊才細反注同爨七亂反大羹音庚又音衡下同肉湆去及反

甸師耕耨乃豆反齍盛音資芸音云徐音運本或作耘

芧音子徐音茲三推出誰反又他回反茜所六反酒滲所鴆反浚也荀閏反劉思順反焫如悅反苴音祖又子餘反以藉在夜反泲酒子禮反醴齊才細反蓏力果反胅大結反受眚生景反斷其丁亂反不踐

音翦

獸人掌罟音古搏所音博劉音付後同觸攫俱縛反又俱碧反又作擭華霸反弊田如字徐蒲計反注于之樹反仆也普卜反一音芳豆反

又音趙斄所音來本亦作萊植虞直吏反又時力反徐音栽而珥徐如志反以享許丈反劉音向後皆放此禴由若反祀祊音方折之設反馘古獲反以數色主反一音所筋角音斤

獻人水偃於建反徐本作匽一返反關空

戚音孔下同 王鮪位軌反 魚鱻 薧本又作槁苦老反 鼈人取

互戶故反干云對也 滿莫干反 簎戚𢆶角反劉倉伯反徐倉格反沈槍昔反案莊子云冬則

擉鼈於江擉音又角反義與此同今從彼讀 蜃上軫反鄭云大蛤也干云鱛類 貍物莫皆反 以

杈音叉 共蠯薄佳反徐又父幸反 蠃郎戈反 蚳直其反徐長梨反蚍蜉子 螔音夷

又音移 蝓音由又音揄 蜯字又作蚌蒲項反又蒲杏反 蛾子宜綺反 蟲舍音捨

蚳蝝悅全反字林允綃反 腊人 解 肆勑歷反 捶之蘂反 豆

脯豆音壽出注 胖普半反杜音版 夾脊戚古洽反劉古協反 公食音嗣 豕

麕京倫反 反覆芳服反 腍而甚反 爓徐廉反 乃亨普庚反

天官下本亦作天官冢宰下

醫師 瞑眠見反徐亡千反 眩玄見反徐音玄劉虎縣反 無瘳勑留反 疕戚匹婢反

徐芳鄙反劉芳指反一音芳夷反頭瘍也亦秃也 瘍音羊身創也 造焉七報反 則稽

古兮反考也後皆放此 食醫 六食音嗣下食齊同 之齊才細反下皆同徐蔣細反 眂音視 凡和胡卧反 飴蜜以之反 堇音謹 荁音丸 枌符云反 娩音問 槁苦老反 滫劉思酒反徐相幼反 瀡相桒反 冝稌音杜又他杜反 冝苽音孤 稉本亦作秔音庚 彫胡劉本作凋音彫 恒放甫往反 疾醫 痟音消 痒以掌反 疥音介 嗽西豆反本亦作欶 上氣時掌反注同 欬也苦代反 喘昌兗反 作見賢遍反下同 其贏音盈後不音者同 治合如字又音閤下同 劇易以豉反 五藏才浪反下文及注同 角徵張里反 休王往況反 扁本亦作鶣蒲典反徐扶忍反 鵲漢書音義云扁鵲魏桓侯時醫人史記云姓秦名少齊越人 倉公史記云姓淳于名意臨淄人爲齊太倉令漢文帝時人 九竅苦弔反 秦和左傳昭元年晉平公疾秦伯使醫和爲之即此人也 岐伯其冝反 榆羊朱反本亦作俞 柎劉音附徐音鈇岐伯榆柎皆黃帝時醫人 少者詩照反 瘍醫 折瘍劉本作㫁

同時設反之祝之樹反出注剮音刮徐工滑反之齊才細反生創初良反踠

於阮反徐烏臥反跌待結反徐徒紇反劉徒沒反附著徐豬略反刮去羌呂反

黃堥本又作蝥劉音武又音無徐音毋又音務沈武侯反礜音豫上著直略反

五氣氣音穀出注獸醫畜獸許又反下同爲其于僞反

麴聚本亦作驟同仕救反食之音飤酒正功沽音古大酋將由

反下同秫稻音述必齊戚才細反下皆同一讀此如字麴糵魚列反湛接廉反

饎昌志反自釀女亮反泛芳劒反盎烏浪反緹音體醪魯刀反

猶翁烏動反下同一音於勇反鄭白即今之白醝酒也宜作醝作酇假借也在何反差酒

初責反醳音亦徐音昔曰醫於己反徐於計反注同酏以支反泲者子禮反下同

從毆烏苟反徐烏例反本或作毉省也所景反醆昨再反之粥之六

反劉音育稀者音希清醩音糟下同沈子由反臆本又作醷於紀反徐於力反

三貳徐音二下同　為尊于僞反　唯嗛苦簟反　衮古本反　鷩

必列反徐劉方利反　毳充芮反　希冕本又作絺同張里反　醆側産反　粢才計反

醍音體本亦作緹　以飲於鴆反　度當徒洛反　侯朝直遥反

酒人比其戚必履反又毗志反徐扶利反　親食音嗣　侑音又　漿人

若糗丘酉反又昌紹反　留閒如字徐音澗　用柶音四　凌人治鑑

胡暫反本或作濫音同　如甀直僞反與縋音同　盛冰音成　為二于僞反　廣

八尺長丈二尺深三尺凡度長短曰長直亮反度淺深曰深尸鴆反度廣狹曰廣光曠

反度高下曰高古倒反相承用此音或皆依字讀後放此　漆赤中用朱漆其中　朝覿

直歷反　秋刷所劣反　清也如字又才政反下同　籩人麷芳弓反徐又芳勇反

或郎第反　蕡符文反徐蒲悶反　膴火吳反　鱐所求反　枲思里反　牒戚章涉反

又直輒反　𥹷皮逼反本又作煏同　糗乾音乾又作乾析乾同　穜直龍反又音童　其腴

音臾以啗劉徒覽反徐徒暫反乾橑音老徐刀到反榛側巾反劉士隣反少牢
詩詔反凡言少牢皆放此不祼古亂反蔆音陵芡音儉㮚古栗字重言
直用反蔆芰其寄反餌而志反餈財資反餌餅必領反爲
餌于僞反下文同黏女廉反著直略反醢人韭音久菹莊魚反
醓吐感反本又作盜或一音昌審反麋臡乃兮反又人齊反菁作寧反又音精茆
音卯北人音柳麇京倫反膊乾普博反莝倉卧反骭戶諫反徐戶幹反蔓
音万又莫干反徐音蠻蠃力禾反脾婢支反徐蒲佳反析星歷反蠯蒲佳反徐薄雞
反蜃市軫反豚拍音博螔音移又音夷蝓音榆又音由大蛤音閤蛾
子魚綺反爲膊音博下鏄同芹音勤徐又音謹說文作菦云菜類蒿也音謹箈
音迨鄭云葥萌也爾雅作⿱竹怠同鄭司農云水中魚衣也當徒來反沈云北人音禿改反又丈之反未知所出筍
息尹反蒲蒻音若酏食音飼下同糝素感反餗音速䬸之然反糔

思柳反劉相早反徐相幼反溲所柳反臅昌蜀反一音粟爲王于僞反五齊徐劉
于西反下同沈才細反若牒直輒反少儀詩照反爲軒音獻皆牒之涉
反本或作膞下同爲辟必亦反又音檗爲宛於阮反又於月反之醢呼兮反之
稱尺證反醯人五齊子兮反下之齊共齊醬齊皆同鹽人苦
鹽音監工戶反出注散鹽悉但反下同不涑音練下同齊事才細反齎
音賚盬音古冪人莫歷反氣與音餘皆鬴音甫宫人之
脩劉音修本亦作修朝直遥反下同辨色如字本又作別彼列反井匽於建
反徐音偃不蠲音圭又古玄反絜也去其起呂反爲饎尺志反謂霤力救反
受畜勑六反絜清戚才性反本亦作清掌舍梐步禮反枑
戶故反再重直龍反下同爲拒音矩下同徐胡故反榱音衰戚跡關反居舉慮
反溜力救反水涑徐劉色遘反戚色胄反橐當路反爲藩方元反壝

戚唯季反劉欲鬼反徐羊誰反一音待果反又時累反埒徐音劣遊觀工喚反一音官

幕人幄烏學反帟音亦綬音受掌次張事劉音帳戚如字下邦之張事同皇邸徐當禮反一本作皇羽邸後版徐音板屏風薄刑反朝日直遥反注朝日同重帟直龍反注下同爲之于僞反大府受藏才浪反注受藏言受藏同稍秣音末好用呼報反下同使者色吏反斥幣音尺徐蚩柘反玉府玩好呼報反及內府皆同之藏才浪反注同蠙

珠劉薄田反徐音蠙一音父賓反含玉戶暗反枕尸之鴆反楔先結反令可力呈反飯哈扶晚反衽而甚反又而鴆反牀第側美反徐側畝反袍襗劉音澤徐待各反簀也音責玉敦音對徐丁雷反注同盛血音成下同歃之色洽反徐霜獵反文織音志一音如字劉音至爲王于僞反獻遺唯季反下同

內府使者所吏反小治直吏反外府不徧古遍字下同復

出扶又反徐音服後數音朔有奇紀宜反足枝如字一音奇幣齎音咨注同一音祖係反問幾徐舉豈反司會古外反下同之治直吏反注同

攷音考司書九正音征注同猶比毗志反餘見賢遍反下同

之簿步故反下同朽蠹都路反器械戶戒反六畜許又反稅斂力驗反職內種章勇反寫下戶嫁反藏中才浪反

職歲而編必緜反又必連反一音方千反職幣拼也音拯楬之其列反

以著直略反徐張恕反司裘中秋音仲注同毴音毛毨先典反裘

與音餘鶉音淳麛音迷其鵠古毒反爲祭于僞反可以與音預下得與同德行下孟反比於毗志反下同而中丁仲反下天子中之以下中之而難中以中皆同所射食亦反下自射所射共射皆同爲𦎫諸允反本亦作準著

於直略反又張略反參七素感反干五五旦反劉音鴈本又作犴遠尊于万反射

正音征下同鳱音干劉音鴈一音岸歛許金反徐又火歛反遣車弃戰反興

也虛譍反下同掌皮毛毦尺銳反細縟音辱餘見賢遍反

內宰省文所景反其奇紀宜反衺似嗟反本亦作邪紝女金反組

音柤紃似倫反縫線仙戰反字亦作綫后裸古亂反瑤爵音遥不

與音預酳士斬反劉侯吝反又音胤玉齍音咨淳劉諸允反注皆同徐音純市朝

直遥反下同介次音界或作分非爲純諸允反下同四翄音紙與音餘中春

音仲調度徒弔反下待洛反或如字穜直龍反本或作重音同先種後孰曰穜槩如字書禾旁作重是種稑

之字作童是穜殖之字今俗則反之稑音六後種先孰曰稑本又作穋同之種章勇反注藏種同傳

類直宣反下同畨音煩孳音兹本又作滋又上時掌反而徧云音遍

絕句從容如字內小臣使令力呈反道之音導相九息亮反注

同爲后于僞反好事呼報反下同問遺唯季反御見賢遍反下同

掖庭劉音亦閽人兩觀古喚反衰絰徐音崔刻識
式志反又音式尨亡江反狂易以豉反徐音陽無帥色類反注同使者色吏反
將帥子匠反苛本又作呵呼河反又音何徐黑嗟反則爲于僞反之闢本又
作辟婢亦反避也注同掌埽素報反門燎力召反又力弔反寺人
相息亮反下及注同道徒報反後同弔臨良鴆反後同內豎使
疾婢面反侯朝直遥反下同則爲于僞反注下同遣車弃戰反後遣車
皆放此類沐呼內反九嬪婉於阮反娩音晚御見賢遍反
月上時掌反放月方往反王齍音咨劉相稽反王敦音對
世婦濯摡古愛反拭也拭音式清也涖陳音利又音類女御
持翣所甲反如使所吏反之介音界女祝禱祠丁考
反一音都赧反梗古猛反徐依鄭音亢禬古外反又戶外反禳如羊反去之起呂反下

同　女史治之直吏反注同　典婦功事齎音咨
本亦作深　凡授音受出注　其苦音古　而賈音嫁注下同　而楬其列反
分別彼列反　布紵音佇　而著直略反徐張庶反　典絲受
良良音古出注　及依於豈反　盥巾音管　線似戰反　纊音曠劉古曠反
著直略反下同徐豬略反　盰口香于反　綦劉音其沈音忌　握烏學反劉烏豆反
文織音志　茵音因　會之舊古外反戚戶外反　傅著音附
典枲數物色主反一音所　蕢苦迴反又口穎反劉祜熒反　苦功音古
內司服褘衣音暉　揄狄音遥　鞠衣居六反又丘六反　展衣
張彥反注同　緣衣或作椽同吐亂反　君卷古本反下同　朝服直遥反　屈
狄音闕　襢衣張彥反　翬音暉　見王賢遍反　言亶丹但反　玼
音此劉倉我反本亦作瑳與下如字同倉我反　展如字　媛也音援　其行下孟反　作稅

劉吐亂反白縳劉音絹聲類以爲今作絹字說文云鮮色也居援反徐升卷反沈升絹反張

顯如字徐音張喪衰七雷反以上時掌反紛本又作帉芳云反帨始銳反佩

巾徐音歲鞶步干反袠陳乞反縫人錦褚張呂反僞荒

鄭注禮記改僞爲帷纁許云反翣本又作翜所甲反纁披彼僞反衣翣

於既反注同度西音宅古文庑與度字相似因此而誤接櫝劉上所甲反下音柳歰

所甲反一音所立反湅人春暴步卜反劉步落反注同秋湅如琰反[illegible]

湅夏同夏戶雅反後除春夏之字皆同可以意求不復重出作[illegible]音勳一音鬱始

湛徐子廉反劉慈鴆反羽甽古犬田反曰𠷎直劉反劉音壽徐音酬曰蹲音存徐祖

混反一音遵曰希如字劉張履反以放方往反追師丁回反下及注同編

步典反又必先反注同冠禮古亂反後冠禮同毋追音牟君卷古本反紞

丁敢反紘音宏綖以然反徐羊戰反步繇以招反本或作摇假紒音計髲

皮寄反髢本又作鬄大計反劉音地以見賢遍反亦纚所買反又所綺反追
豚丁角反以縣音玄瑱吐見反鬒之忍反肩鬄大計反下同沈音剃卷
髮卷免反劉羌權反衣鞠於既反下衣緣同移袂昌氏反下同純衣側其
反徐如字屨人繶於力反青句音劬一音姜瑜反著服徐丁庶反
一知略反反與音餘有約音劬有純章允反下同下緣悅面反下同礫
音歷反覆芳服反以見賢遍反之救如字劉音拘著舄知略反又
直略反中紃音巡衣翟於既反非純如字去飾起呂反下皆同散
屨素但反注同夏采以乘繩證反注乘車皆同建綏而誰反注下同依字
作緌誤作綏耳適室丁歷反東榮如字劉音營衣尸於既反復反
扶又反朝服直遥反以卷古本反屈狄音闕玄赬敕貞反爲
遺音維徐音遂於橦直江反

地官司徒第二

鄉師音香下以意求之師長丁丈反後皆同相左音佐右音又比長毗志
反徐扶二反注下同稱也尺證反下同爲民于僞反言帥所類反才知
音智堳音眉埒音劣封疆居良反縣役音遥牧人牧養之牧徐音目
何胡可反又音河下同蓑素禾反何笠音立其糇音侯乾食其犉而純反一
音而專反黃牛黑脣曰犉遺人維季反注饋遺同司農音維楀維俱禹反召公上照
反相成息亮反人行下孟反媒氏劉音梅麴起六反糵魚列反又
五結反徐去蘖反物賈音嫁下物賈及賈八人同廛人直連反徐長戰反賈師音古
自辟必亦反徐力歷反校尉胡孝反酇長作管反王爲于僞反
丘甸繩正反又如字委人烏僞反注同土訓如字司農音馴爲馴似遵反劉
音訓徐餘倫反告道音導虞度徒洛反下同麓本亦作禁音鹿瀦源徒歷

反大藪素口反既陂彼宜反卝人徐音礦虢猛反劉候猛反礦虢猛反金玉未成器藍蒨千見反象斗本或作橡音同掌荼音徒徐音餘茅莠劉音酉毛詩注作秀掌蜃上忍反大蛤古荅反囿人音又爲墠音善圃中音補又音布廩力甚反倉也盛米音成奄二於檢反劉於驗反抌二音由又音揄或羊笑反抒臼蔣女反饎人尺志反注饎同爨七亂反槁人注音犒同苦報反主究如勇反大司徒廣輪古曠反墳衍扶云反原本又作邍猶徧音遍兖雍於用反輪從子容反之壝維癸反別方彼列反下同土會古外反計也注同早物音皁本或作皁注同鱗物劉本作䗲音鱗而津如字一本作濜音同潤也覈物音核民專徒丸反注同而長如字下注長於土圭同介物音界莢古協反皙而音錫白色也蠃物力果反叢物才東反豐肉如字劉而樹反而庳音婢貂

音彫貒吐官反貉胡洛反依字作貈縟毛音辱一音如勇反專圜音圓又音徒
丸反臞其俱反又作臞音稍與考工記耀後音同貔音毗一音房私反貙勑宜反萑音丸
葦于鬼反柞栗子洛反理致直記反為橐古毛反劉古到反蓮
芡音儉韜吐刀反不爭爭鬬之爭不愉音偷又音揄不虩蕭報反不
解佳買反少而詩照反以相息亮反注同以毓音育分野扶問
反其種章勇反榛栗側人反猶蒔時至反騂剛雖營反赤
緹音低土深尺鴆反日景如字本或作影非下及注同猶度待洛反下同近
日附近之近下同遠日于万反日跌待結反封疆居良反下同顓之宣反
臾音揄其率音律又音類後注同正之音征字之如字一音滋為其于僞
反百畝本亦作畮古畮字丘甸劉常證反乃復扶又反下同奠也劉音定
弛力式氏反舍禁音捨注同去幾羌呂反注及下注去蹄同眚禮所景反注

省殺哀所界反餘所例反注同 蕃樂方袁反注同餘文注皆音煩 種食章勇反
幼少詩照反 抍音拯 捄音救本亦作拯救 曰矜古頑反 令瘽音墐 筭
卒子忽反 媺音美 聯兄弟一本作聚兄弟 約椓陟角反 乃縣
音亟注同 挾日子協反 爲比毗志反下同 相賙音周 給足劉子喻反 餝
材音勑注同 商賈音古 閒民音閑 六行下孟反 睦婣音因 不
弟音悌注同 情思悉吏反 心應應對之應 大招上朝反本亦作韶 大
濩音護本亦作護 地治直吏反注及下正治并注同 而斷丁亂反注同 不厭
於涉反或於驗反 其肆託歷反注肆解肆去同司農音四注肆陳同 六引如字又音胤
六紼音弗 大札側八反 上其時掌反 計簿蒲戶反注同
小司徒 九比毗志反注下皆同 施舍式氏反 六畜許又反後六畜皆同
之卒子忽反注及下皆同 相別彼列反 猶徧音遍 七人以上時掌反

毋過音無爲羨錢面反爲甸繩證反出注注同夫仁音扶少康
詩照反溝洫況逼反爲除于僞反言乘繩證反下同治澮古外反
其政依注音征其肆託歷反使臣所吏反脩行丁孟反引窆
彼驗反劉補鄧反復土劉音福一音服斷其丁亂反治成直吏反注治成及下
文同鄉師其治直吏反下六鄉之治同復免音福之辟婢亦反
不偪鄙力反匱其位反茅蒩子都反一音子餘反或云杜側魚反鄭將呂反爲
菹側魚反爲藉慈夜反下皆同此如字下皆慈夜反苴子都反又將呂反[illegible][illegible]
音忖而去羌呂反守祧他彫反其隋戚吁恚反劉相恚反是輿音餘
輂九玉反人輓音晚一梩里其反執纛桃報反劉音毒御匶音舊
執紼音弗執翿劉音桃戚徒報反羽葆音雨橦也直江反其
行戶剛反下行列同而僃補鄧反謂封彼驗反斷其丁亂反明

爲于僞反下爲州長爲鄉大夫爲州黨同　鳥隼雖允反　之旟音餘　別異彼列
反　課殿都遍反下同　市朝直遙反下同　之囏古艱字本亦作艱　楬豆
苦瞎反　輁九勇反　軸音逐　楅音福又音逼　鄉大夫所治直吏
反下考治下治所治處同　德行下孟反下及注德行之行六行皆同　復多音福下同　上其書
時掌反　寶藏才浪反　寧復扶又反下猶復同　張皮　射之食亦反　樂
與音餘　矍俱縛反本或作瞿音同　相息亮反　如堵丁古反　揚觶支豉反
州長　各屬音燭合也聚也注下皆同　會民如字注同　重申直用反
黨正　教治直吏反族師治令同　彌數所角反　祭禜榮敬反　大蜡
仕詐反依字作䄍　爲民于僞反　農隙去逆反本又作郤　孝弟音悌下同　昏
冠古亂反　族師　祭酺音步或音蒲　校人戶教反　蝝悅全反
螟覓經反　酺與音餘下步與同　雩禜榮敬反本亦作榮下黨禜同　葬如字劉才

郎反　埋本或作貍莫皆反　閭胥月各數色主反　政役如字杜音征

皆會如字下會同　爲暨其器反又斤乙反　觵古橫反　撻吐達反　扑也

普卜反　比長之治直吏反　有辠本亦作罪　衺似嗟反　不便

婢面反　則苛呼何反又音何　封人唯爲于僞反下同　單出

音丹　丘乘繩證反　其楅音福　置絼本又作紖持忍反　水稾古老反

絜清如字又才性反　著牛直略反　令不力呈反　得抵丁禮反

如椵音加沈一音瑕　以豕直氏反　毛炮薄交反　爓似鹽反　去其

起呂反　肥腯徒忽反　鼓人又別彼列反　鬼享許丈反劉虛讓

反牛人職同　鼖扶云反　鼛音羔長丈二尺　編鐘必仙反　錞音淳錞于也　錞

碓頭音對本又作椎直追反　鐲直角反鉦也　鉦音征　鐃女交反　有秉兵政

反本又作柄下同　且卻起略反　鐸待洛反大鈴　大鈴音零　帗音拂劉音弗

鼜千歷反　發眗本又作朐亦作煦休具反劉休武反或況冢反　之眚生領反　舞師　旱暵呼但反　爲𦏺音皇　牧人　阜蕃音煩　牲牷音全　黝於糾反司農音幽　尨云江反　表貉莫霸反　爲甈丘例反　副普逼反　辜音孤　禳如羊反　憚其待旦反　牛人　職人戠音特或餘式反劉之式反注樴同　以繹音亦徐音夕　之杙餘式反劉餘則反　積膳子賜反注同　飧音孫　食也音嗣下文同　執冪民狄反　折俎之設反　犒牛苦報反注同　遣奠弃戰反　牽傍薄浪反注同　之互劉音護徐音乎　盆簝音老劉魯討反受肉籠也　以盛音成　縣肉音玄　充人　散祭素但反注同　近之附近之近

地官下

載師　廛里直連反　以場直良反　圃布古反又音布　賈田音古注同　畺地居良反　吏爲于僞反　果蓏力果反　州長丁丈反後皆同　亦

監古銜反盡如津忍反者與音餘林麓音鹿涂巷音徒去
一起呂反下同如比徐方二反率之音律又音類桼林本又作漆音七劉本作桼字之變也
音同疊場音亦儳布劉音讒徐才鑒反皆說音悅欲令力呈反以
衣於既反下同有閒音閑閭師以飭音勑以畜許又反下
同不衰七回反下同縣師大比毗志反後放此之卒子忽反
量其音良遺人唯季反劉音遂施惠式豉反後施惠皆同稟人良甚
反易以以豉反作墐音覲又音謹有庌劉音雅均人地政
音征出注下同上下時掌反四鬴房甫反甾甾音均又舒均反又音
旬聶氏常純反師氏以媺音美行本下孟反下及注同以知音智之
稱尺證反覆燾徒報反說命音悅敬孫音遜夫孝音扶
王朝直遥反注及下皆同國中鄭丁仲反注中中禮者同杜音得則從才用反下同爲

與音預下同　聽治直吏反下同　且蹕音畢　保氏五馭音御
德行下孟反下文及注同　劀羊冊反　注之樹反下同　襄尺音讓本作讓諸音非
差分初佳反又初宜反下同　重差直龍反　夕桀音的沈祥易反此二字非鄭注　嚴
恪如字又音儼　濟濟子禮反　蹌蹌七良反　闞呼檻反　仰仰本又
作卬五剛反　齊齊皇皇上子禮反又音齊下于況反又音往　纍纍顛顛上律
悲反下音田又如字　暨暨其器反　詻詻五格反　匪匪芳非反　王闈音韋
宮中巷門　司諫而強其丈反注同　則易以豉反　以行如字下注同
司救如字劉音拘　之衺似差反注作邪同　酗況付反　醟音詠　好訟呼報反
去其起呂反　著之直略反一音丁略反　近罪附近之近　調人之難
乃旦反注及下同　共和並如字　之畜許又反　辟諸音避下同　從兄才用反　眡
音視　盥而音管　謂重直用反　後復扶又反下不復聽同　媒氏以

上時掌反奇數於綺反本或作倚音同以別彼列反下同冠子古喚反純帛
側其反依字從糸才中𦃇古侯反而棧士板反劉才產反或士諫反有茨疾私反
司市之治直吏反下及大治小治同豆區烏侯反行列戶剛反下行列同者易
以豉反下之易同售受又反商賈音古注曰賈下商賈賈師皆同成賈音嫁注下不音者皆同聶
氏及沈云成賈定賈奠賈物賈其賈平賈大賈小賈賤恒賈而故賈凡十二音嫁餘音古徵儥劉音育聶
氏音笛字林他竺反質劑子隨反月平皮命反下月平同賈氏劉音嫁聶沈音古注
賈氏同禁虣薄報反而去起呂反扑也普卜反下文同斂賒
傷蛇反同共如字則爲于僞反下爲民同賒貰音世貸也劉傷夜反一時夜反
[illegible]音側本又作是販夫方万反其便婢面反奠賈音定又田見反上旌
皆掌反注同殳也音殊防誑九況反物行遐孟反又如字聶胡剛反苦者音古
以郤起略反好奢呼報反在賈音古注同得粥音育下同中度

丁仲反下同廣夾音洽數十二色主反爲樹劉方符反沈音附一幕
劉音莫一帟音亦遊觀古喚反下同或音官爲說如字解說也聶如銳反
質人用長如字其淳音准幅廣光曠反匹長直亮反當
中丁仲反淳尸劉章純反下同國基如字本或作朞同之好呼報反
廛人絘布音次本或作次總布劉依杜音讒鄭音揔爲儳音讒租穗
音揔官爲于僞反下同以畜勑六反皆說音悅帾知呂反本或作貯又作褚皆同
藏於如字劉本作葬音同瘦本又作腴所又反臞其俱反又作臞音稍以紓音舒劉當
汝反胥師表縣音玄飾行下孟反慝者他得反惡也巧
飾苦教反又如字令欺力呈反下文同小治直吏反下之治同而斷丁亂反
賈師音古下注賈師同而奠音定別也彼列反重困直用反而
更音庚爲官于僞反司虣鬬嚻五羔反讙也反許驕反讙

音歡 則摶音傳下同 司稽所操七曹反 以徇辭俊反
肆長相近附近之近下及注同 相遠于万反注同 或數色主反 故
別彼列反 令相力呈反 賈人音古 泉府楬而音竭 其
抵音帝本也又都禮反 爲癉音旦又丁左反 揃音賤又倉廉反 著其直略反
別治直吏反 之貸音特注不出者同 別其彼列反 貸民吐代反 本賈
音嫁 音古 一所賈音古 假令力呈反 償時亮反 則會古外反後放此
司門管鍵其展反又其偃反司農音蹇居免反 籥羊略反 正其音征 轂音計本入
作繫 監門古銜反注同 造焉七到反注同 司關猾商音滑 其
治直吏反 辟稅音辟一音芳益反 節傳張戀反注下皆同 凶札側八反又音截
札瘥才何反病也 猶苛呼多反又音何 令犴力呈反 皆說音悅 敂關
音叩苦狗反 則爲于僞反 謂朝直遥反 掌節則別彼列反下

相別同使者所吏反下之使注使節使者同英蕩如字又吐黨反爲帑吐黨反盛
此音成郵行音尤字從垂作卸誤遂人爲酇作管反後同制
分扶問反又如字下分制同比閭毗志反下同追胥如字劉張類反致甿云耕反
興耡音助李又音鉏以彊其良反懵懵本又作懜莫崩反又音蒙李武冰反猶
會古外反下一字同爲率音律又音類錢音翦劉音踐鎛音博復予扶又反
令相力呈反百畮音畝萊音來有數色主反奇受居宜反有
畛之忍反劉音真有洫況域反有澮古外反乘車繩證反遂從
子容反下同去山起呂反盡主津忍反施舍式氏反下施舍皆同政役音征注同
而屬音燭六綍音弗及窆劉昌絹反穿也本作窆之戚彼驗反與注相應與說始銳
反千人輿音餘啟朝直遥反之封彼驗反或如字之傰補鄧反政治
直吏反下治訟皆同遂師耕耨奴豆反斂芟音刈庀其又作庀匹爾反

具也劉副美反一音芳米反脩行下孟反抱磨劉音歷丘籠力董反及

蠶古軫反以爲于僞反神坐才卧反復土音服或音福乃說始鋭

反或吐活反更復扶又反龍輴勑倫反作槫市專反李徒官反作輇

市專反適歷音的又音釋比敘匹爾反出注行列戶剛反遂大

夫徑術音遂善相息亮反道民音導大比毗志反下比及注同徵

屬其音燭聚也注同一地治直吏反縣正趣其如字李倉苟反本又

作趨音促鄙師禜也音詠數其色主反下同其媺音美

里宰治處直吏反令街音佳彈如字一音丹因放沈方往反

旅師閒粟音閑注同而用而音若出注興積子賜反注同之治

直吏反注同復之音福期不音基以上時掌反稍人丘乘

繩證反注丘乘曰乘丘甸并爲甸甸讀禹敶之敶皆同音輂輂居錄反卒伍子忽反所

調徒弔反下同 皆徧音遍 遞焉徒禮反又音弟本又作適音釋 委人賦斂力豔反 凡畜勑六反注同 葵芋于附反 稍聚俗裕反下文同 藩蘿音羅本亦作羅 土均之政音征出注 為之于偽反 豐省所景反 草人相其息亮反 之種章勇反注除種禾以外並同 氾勝芳劒反李又音凡 凡糞粉運反本亦作糞 赤緹音低李他奚反聶吐弟反 墳壤符粉反 用麋音眉 渴澤其列反 鹹潟音昔一音鵲 用貆呼丸反又音丸李一音喜元反 埴時力反一音職 壚音盧李一音閭 彊其兩反注同 㯺本又作𥂕呼覽反劉音檻 用蕡扶云反一音蒲悶反 輕爂孚照反李音婦堯反 縓色七絹反 潟鹵音魯 貒也他官反 粉解胡買反下同 作坌苻粉反 稻人畜水勑六反注同 蕩水如字李吐黨反 以列禄計反注同 以澮古外反 寫水戚如字劉殤故反 其芟所銜反 町原徒頂反 以去起呂反下同 之畦劉音圭又下圭反 埒也音劣 萊之

薀崇紆粉反或憂羣反　水涸胡洛反　芒種章勇反注芒種同　旱暵呼旦反　雩斂戚力驗反注同　以闉音因　土訓　宜麻如字一本作麋李及聶氏云皮反劉沈皆作麋音紀倫反案注辨土所宜荆揚皆言穀幽并不應論獸紀倫之音恐非　地慝他得反　别其彼列反　虺虚鬼反　蜮孚目反　行視下孟反　誦訓　辟忌音避注同　所惡烏路反　山虞　爲守者于僞反下爲文同　堅濡戚如兖反又音柔　柔忍音刃　掄材魯門反又音倫　不拘音俱本亦作佝音同　場壇徒丹反或音禪　植虞時力反又音值　而珥如志反又音耳　林衡　林麓音鹿　部分扶問反下同　蕃茂扶袁反　川衡　川奠音電　魚鱐所留反下同　蜃上忍反　蛤古荅反　澤虞　以當丁浪反後文皆同　自爲于僞反下注同　芹音勤　茆音卯　蔆音陵　芡音儉　迹人　麛音迷　卵力管反　丱人華猛反又號猛反劉侯猛反沈工猛反　錫

石星歷反 錫也以忍反劉常忍反 啖直覽反本亦作淡 角人漆浣

戶歡反 以度度上如字下待洛反 羽人羽翮戶革反 爲摶

除轉反注同 爲縛劉古本反沈除轉反 之蔵之林反 之緷古本反劉音渾

一音戶本反李又基遠反 相近附近之近 掌葛蕢紵苦迴反

可緝七入反 掌染草茅如字劉音妹 蒐所留反茅蒐蒨也

槖音託又音妒 紫茢音列劉閭計反或音例 染夏如玦反 掌荼畜

聚勑六反 茅莠音秀劉音酉 掌蜃互物戶故反 蚌蛤

蒲項反 御濕魚呂反本亦作禦 以白器如字劉蒲霸反 囿人苑

鸛古亂反 燕樂音洛 鳧鶴戶各反又作鸛古亂反 場人枇

蒲梨反或旁迷反 把白加反 享亦許丈反劉几身皆音向後放此 廩人匪頒

上音分亦如字下音班 稍食音嗣注同 好用呼報反 上下時掌反司稼職同 數

邦色主反注同　殺邦所界反下注同殺減也　糒也音備　則椄依注音扱　一扱
初洽反劉初輒反又差及反李聶創涉反　舍人　簠盛音甫或音蒲李又方于反　筥米
姜呂反又音呂　飯米扶晚反注同　熬穀五羔反　錯于七故反　蚍阜夷反　蜉
音孚　四種章勇反下同　縣音玄注下同　穜稑直龍反下音六同稼職同　見內賢遍
反　司稼之種章勇反注知種同　循徧音遍下同　出斂力驗反注同
度平徒洛反　舂人　其齍音資注同本亦作粢　饗食音嗣注燕
與食及饎人職同　饎人昌志反　致飧音孫　槁人苦報反　內朝
直遙反注同　宂食如勇反　之食音嗣　斷獄丁亂反　弊訟必世反　丞
相息亮反　者與音餘　尚書音常又時掌反　直上時掌反　掌豢
音患　其潘芳袁反本或作蕃音同　灡魯旦反　戔餘音淺本亦作殘　可褻息列反

春官宗伯第三

僉曰七潛反皆也 曰俞羊朱反然也李一音由 女秩音汝 氏姓如字劉音紙 大廟音泰下放此 躋本又作隮子兮反升也 夏父音甫 釁夏虛覲反 鬱人於物反 鬯人勑亮反 秬其許反李其虛反 一稃音孚 鋪之普具反又音孚 藉之在夜反 守祧他堯反 奄八人於檢反劉於驗反 周爲于僞反 才知音智 三昭上招反說文作佋 少府詩照反 冢塋音營 之長丁丈反後皆放此 之稱尺證反 矇音蒙 眡音視鄭常至反 瞭音了又力小反字林同云明也 杜蒯如字劉音屠下苦怪反 目眹直忍反本又作眣或作眣劉又音睫 之瞍本又作瞍素口反說又云無目也字林云目有眹無珠子也先玄反 鎛師音博 韎師戚莫拜反劉李音妹 味食飲之味如字又莫介反 嗼莫戒反又音味 荎直基反劉直棃反李音姪 著直居反李張慮反 韎韐古洽反又音閤 籥師餘若反 猶繹音亦祭之明日又祭也字書作襗 去籥起呂反下同 鞮鞻丁兮反許慎云屨也 鞻九具反又力異反呂忱云鞮革屨也鞻者韐鞻 所扉房味反 蹋鼓

徒臘反李吐臘反　省行他荅反又如字　謂楯食允反又音允　菙氏時髓反　燋哉約
反　焌音俊又子寸反　問著音尸　眡祲子鴆反李且荏反　甸祝音電後不音者同
詛祝側慮反　謂祝之之又反　使沮在呂反沈音敘　馮音憑　相氏息亮反注
同　宿劉息就反一音夙　離力計反　不貣吐得反或音二　巾車如字劉居覲反　猶
衣於旣反　大宗伯地示音祇本或作祇下神示地示之例皆放此下卷亦然　佐
王本或作佐音同　享之許丈反後不音者同　以禋音因李又音煙　以槱羊九反本亦作楢音
同積也　燎良召反　飌師音風　芃芃薄工反一音房逢反　棫音域　樸音卜　三
能他來反下同　圜丘于權反　以貍亡皆反劉莫拜反　沈如字劉直蔭反　疈孚逼反一
音方麥反　共工音恭　句龍古侯反下同　厲山如字本或作烈　爲禩音祀又作祀
爲罷如字一音芳皮反　披磔張格反　亦食此音嗣下食宗族同　少昊
詩照反下少昊同　曰重直龍反　該古來反　蓐收音辱　不見賢遍反此內不音者同

四竇音獨本亦作瀆下同 省文所景反 礫禳如羊反 及蜡士詐反 百
種章勇反 及郵有牛反 畷音綴井田閒道左思吳都賦云畛畷無數又陟劣反 以肆
他歷反解骨體 裸古亂反 以禴餘若反 以烝之承反 是袷戶夾反 率
五音律又音類 含戶暗反本亦作唅 禭音遂 凶札如字又音截 不縣音玄 爲
火于僞反下苟偃爲同 以禬劉戶外反徐古外反 以更音庚下同 所喪
息浪反 于澶善然反 日朝直遙反注下不出者皆同 更遞音弟 而徧
音遍下同 猶朝也張遙反 矧覜他弔反一音他堯反 竟外音境 僭子念反沈
創林反 差初佳反沈初宜反 閱衆音悅 封疆居良反 不別彼列反 昬
冠古亂反 脤上忍反 膰音煩 見命如字下士相見同 以上時掌反 虡
甫伏反 賓先悉薦反下先時同 後之胡豆反 爲瑑直轉反 信圭
音身 麤縟音辱 愼行下孟反 六摯音至本或作贄 鶩音木 守

介音界或作分扶問反以繢胡對反衣之於既反皮與音餘神坐才臥反後神坐放此植璧音值又時力反一音置黃琮才宗反赤璋音章白琥音虎玄璜音黃混戶本反本又作崑音昆論音倫本又作崙魯明反各放方往反爲制于僞反其中丁仲反又如字令民力呈反下同淫失如字本亦作佚蕩滌徒歷反邪穢似嗟反道人音導急悍戶幹反劉音旱戚胡板反其種章勇反省牲本又作眚同息井反後省牲鑊皆同鑊戶郭反玉齍音咨下同詔相息亮反注下同後詔相皆放此溉祭古愛反本或作漑享牲普庚反不與音預下同載果音祼古亂反出注小宗伯職放此曰儐必刃反本或作賓同純衣側其反假祖音格至也立依於豈反南鄉許亮反以筴初華反乃頒音班小宗伯戚仰如字劉五郎反熛怒必消反含樞昌朱反紐女九反招拒居禹反沈又音巨汁光音叶劉子集反之卲常遥反適子丁歷反

毛六牲戚如字劉莫報反茲也音孤斝彝音假又音嫁蜼音誄又以水反

獻尊素何反著尊直略反大尊音泰饎人昌志反視享

普庚反劉普孟反將贊才但于反之齎子兮反本又作賫被社孚物反劉音廢以

從才用反齊車側皆反則與音預注則與與其祭與祭與與執事同大甸音田出注下甸

役同而饁于輒反劉于法反謚曰音誄卷湏云婢反杜音泯云忍反李云辮反大

斂力豔反下及注同九稱尺證反縣音玄衰冠七雷反甫竁昌絹反李

依杜昌銳反鄭大夫音穿腐房甫反脃之脃七歲反舊作脺誤劉清劣反或倉沒反字書無

此字但有膬字音千劣反今注本或有作膬字者則與劉音爲脇沈云字林有脺音卒脺者牛羊脂膬者耎易

破恐字誤緊如沈解義則可通聲恐未協脺巳下皆非鄭義離也力知反肄儀以志反習

也沈音四李又似二反肆師牲牷音全及其祈祈及注機同巨既反或巨依反

珥而志反注衈同刲羊苦圭反俠室古洽反劉古協反職人劉之弋反戚音弋注

職同　監門古銜反　及果古亂反下同　鬻音羹　相治息亮反下相其禮反注同

爲剽芳遥反或方遥反　徽識式志反又昌志反　匪饔於貢反　公食

音嗣下同　誤與音餘下倂與同　之衰七雷反注同　不中丁仲反注同　爲夫

于僞反下爲取同　師甸音田下大甸同　類造七報反注造猶同　牧之戚音目劉音茂　表

貉莫駕反鄭音陌後表貉皆同　蚩蚘音尤　之芟色銜反　輒柞側百反　獮

息淺反　及禜音詠　酺也音蒲又音步　鬱人焦中子遥反劉似消反本

人作鐎音同李元即脩反　造冰七報反下同　士倂薄令反　襢章善反沈又音但　第

側几反　遂貍士皆反　遣奠弃戰反　斝之古雅反　嘏古雅反

王酳侯吝反又音胤　脯鐇音煩　鬯人社壝唯癸反劉欽鬼反　大

罍音雷或郎追反　壇墠音善或音禪　禜門音詠　用瓢婢遥反　齎

音齊在兮反杜音資　營鄭作管反　作剽匹召反　蠡也力兮反或郎戈反　割

去起呂反柢音帝用脩音卣羊久反又音由中罇也凡祼音埋出注用概

古愛反凡䣉孚逼反用散素旱反注及下注同獻象素何反蚌步項反曰

合音含本亦作含將如字本又作漿設斗音主注同給淬七內反共介音界被

之普皮反又皮寄反爲執于僞反神與音餘眕於之忍反致也某父音甫

本又作甫鷄人用黝於糾反嘑旦火吳反本又作呼以䛐古弔反以

警音景朝服直遙反比於毗志反禳如羊反司尊彝

泲之子禮反下同醴齊才計反下文注除齊語齊人並同兩獻本或作戲注作犧同

素何反注及下注汁獻同斝彝音嫁兩著直略反注同朝享直遙反注朝享

朝受政猶朝及下注朝用同蜼音誄又以水反兩大音泰注同酌盎烏浪反王

琖莊產反爲酢才洛反彝卣音酉又音由本亦作攸蛇虺上虵下許偉反

射隼食亦反下亦尹反荀禺屬音遇劉音禺卬鼻魚丈反又五剛反獻

酌 素何反司農音儀 涗酌 舒銳反李一音雪 脩酌 直歷反注同 爲數 音朔下同
爲賁 子兮反 挩飾 舒銳反飾或作拭 勺而 上酌反下同 齊和 胡卧反
醴醆 莊產反 粢 才計反記作齊音同 緹 音體 舊澤 音亦下曰醳音同 摩
沙 素何反 去滓 起呂反 浩酒 胡老反或古老反 司几筵 彤 徒冬反 莞
音官又音丸 藻 本又作繅音早 朝覲 直遙反下注來朝朝者同後朝覲朝見之類放此 黼
音甫 依 於豈反下及注同 南鄉 許亮反下及注同 紛純 章允反劉之閏反司農音均下
同 爲王 于僞反下爲布同 爲函 彼貧反 緣也 悅絹反 藻率 音律
下同 馮玉 皮冰反 蒲蒻 音弱 編以 必緜反 繢 胡內反 柔檽 本或作儒
又作襦同如兖反 甸役 音田注同 其柏 鄭音搏劉依司農音迫 用萑 音丸 毒
敦 音道劉音疇 藏中 才浪反 曰燾 音導 翌日 音翼劉音育 於祊
補庚反 天府 守藏 手又反下才浪反 傳世 直專反 玉鎮 珍忍

反又音珍 作瑱 他見反 琬 於阮反 琰 以冉反 天球 音求 賁鼓

扶云反 兌之 徒外反 垂之 如字劉音端 見於 賢遍反 之治 直吏反下

反注同 中 丁仲反下注同 沃盥 音管 朝于 直遙反 者與 音餘 數穀

數 上所主反下所具反 下能 他來反 而上 時掌反 典瑞之藏 才浪反

以見 賢遍反下見於時見殷見同 繅藉 在夜反下同 以朝 直遙反注及後放此 韋

衣 於既反 薦中 如字下同一音箭 謂函 初洽反或初輒反 杼上 除汝反 信

圭 音身 瑑圭 直轉反 以覜 他弔反 有圻 魚斤反 鄂 魚各反 有

邸 丁禮反又音帝 著其 直略反 僢而 昌絹反 同柢 音帝 以肆 如字

又他歷反注同 以挹 於十反又於集反 衈彼 音[illegible]又作[illegible] 取殺 色界反劉色例反下同

郈射 食亦反注同 以造 七報反 射剡 以冉反或因冉反 度其 待洛反下

度地度日同 地中 如字劉丁仲反 徵守 劉守又反注徵守同 王使之 所吏反下令使

者亦王使於使者皆同闓府音開冡音茂駔圭音祖以斂力驗反注同令
汁力呈反下令爲同和難乃旦反注同及鄭音誕叚嘉音遐本又作瑕亦作假皆同結
好呼報反注同易行下孟反注同除慝吐得反飯玉扶晚反注同含玉
戶暗反柱左張注反右顛如字儀禮作巔音同典命樊纓畔干反
介牢音界適子丁歷反則下遐嫁反射姑音亦司服鷩
必滅反劉府弊反毳昌鋭反劉清歲反希冕本又作絺陟里反劉猪履反注下皆同不
窋張律反諸盩直留反或音冑裨衣婢支反又方支反罽衣居例反作
繢胡對反作黹張里反希刺七亦反劉七賜反沈此擊反下同以韎劉音妹又
莫拜反衣韎於既反之跗方符反又音附注之樹反緹衣音體或音提眂
朝音視凡甸音田注同斬衰七雷反下皆同齊音咨此近附近之近作
絣音弁爲天于僞反下及注除爲害一字皆同骨易以豉反去其起呂反下同

縞冠古老反劉剛操反其齊側皆反注士齊同有襦音儒本亦作檽而屬音燭是廣古曠反後廣袤同其袪起呂反以上時掌反袳之昌氏反斂衣力驗反廞衣虛今反典祀而蹕音畢遮列章奢反令入力呈反守祧黝於糾反司農音幽堊烏路反或烏洛反本或作惡同其隋許恚反劉相恚反世婦比其本亦作庀鄭毗志反注及下同司農匹氏反劉芳美反沈又上二反齍盛音咨下文同相外息亮反朝莫音暮下同而呵胡何反譴也弃戰反内宗佐傳直專反注同則從才用反外宗羞齍音咨不與音預注同冢人夾處古洽反劉古協反亦併薄冷反別尊彼列反請度待洛反注量度同之窆彼驗反又補鄧反去碑起呂反以咸本又作緘同古鹹反巾車如字劉居覲反猶語魚據反下同俑者音勇以溢音利又音類職喪贈賵芳鳳反齍

號音咨

宗伯下

大司樂 瞽宗音古瞽宗殷學 命夔求龜反 育子音冑本亦作冑 泮宮音判本亦作頖同 興道許應反劉虛䛐反注同下音導 諷誦方鳳反 以剴古愛反劉古哀反 倍文音佩 大卷大劉皆音泰戚如字卷音權又眷勉反又居遠反沇又居勉反 大磬上昭反 大濩戶故反 共財音恭 能禪時戰反 傳土音乎或音附 其邪似嗟反 以說音悅 其長如字 上生時掌反後上生字皆同 去一起呂反下文去樂及注同 度律待洛反 謂偏音遍 物彪眉𡖋反 羽贏力果反下贏物同 戛擊居八反劉古八反 鳴球音求 搏音博 拊芳甫反 鼗徒刀反 柷昌六反 敔本又作梧魚呂反 以間間廁之間 愴愴本又作蹌七羊反 於予上如字劉音烏下羊汝反 效應應對之應後皆同不更音 夏正音征

大蔟音太下七豆反下同 西竇本又作瀆同音獨 樂與音餘 蕤賔人誰
反 函鍾胡南反函鍾林鍾也 中呂音仲亦如字後同 姜嫄音元本亦作原 所
妃音配本亦作配 閟宮音祕 無射音亦注下同 夾鍾古洽反 圜鍾
于權反 被也皮寄反 介物音界 大蜡士嫁反 易致以豉反 孔
竅苦弔反 蛤蟹古荅反 之分扶問反 之知音智 爲畜許又反下
同 魚鮪于軌反 不淰音審 不矞休律反本又作獝亦作鱊同 不狘休越反
爲角如字古音鹿 爲徵張里反下同 靁音雷 九磬依字九音大諸書所引皆
依字 崐崘本又作混淪各依字讀 而裸古亂反 嚳苦篤反 大屒如字劉音泰
與鬼音餘本亦作輿 辟之音避下同 宿縣音玄下樂縣之類皆放此 屍出音尸
本亦作尸 騶虞側留反 召南上照反下召南同 挾矢子協反又音協 三宥音又
勸也 敗楚必邁反 城濮音卜 大傀劉九靡反舊音怪說文以爲傀偉之字解引此

文字林公回反李一音杜回反會稽古外反沂山魚依反雍州於用反奔賁
于敏反猶繹音亦大札側八反鄭音截令弛式氏反哀樂音洛廞樂
許金反興也許應反後皆放此鎛師音博樂師幼少詩照反
舞勺章略反帗音拂一音弗作翌音皇析羽星歷反下同旄牛舊音
毛劉音來沈音狸或音茅字或作犛或作氂皆同旱暵呼旦反趨以劉清須反采齊
本又作薺徐私反朝廷直遥反下同作趨倉付反鼓陔改才反撞黃直江
反采蘋音頻采蘩音煩毋怠音無下同視瞭音了令相息亮
反注及下同冕見賢遍反下注同饗食音嗣下注蔬食同凡言饗食皆放此遂倡
昌亮反治訟直吏反大胥之版音板之酎直救反適子丁歷反
以上時掌反下六上同舍采音釋下音菜注同蔬食所居反劉音蘇以下戶嫁反
曲折之設反爲大于僞反不紕匹毗反劉博雞反比樂鄭如字下同比校也杜毗

志反次比也鄭大夫匹婢反具也爲庀匹婢反陳數所主反大肵音欣

小胥觵古橫反本或作觥同兕徐履反其觩巨樛反而撻吐達反抶

也勑乙反又勑栗反荊扑普卜反士犆音特本亦作特筍息允反簴音巨去

其起呂反下同縏纓步干反以朝直遥反辟王音避爲堵丁古反

大師鞄白交反玄枵虛驕反娵子榆反訾子斯反大梁如字

劉音秦降婁户江反貿劇音茂取妻七喻反土塤虛袁反

曰興虛應反注皆同治道直吏反下治功皆同言鋪普吳反又音孚爲之

于僞反下爲之爲作皆同歌邶步內反知仁音智擊拊音撫鼓朄音胤小鼓

也道音導引之引音胤授將子匠反下同士卒子忽反下同大

呼火故反數怒所角反之行下孟反下同小師搖之

音遥本亦作摇飴以之反餳辭盈反李音唐漆筩音動有椎直追反六

空音孔篪音馳遂音狄併而薄冷反令奏力呈反應鼙薄西反
喪與音預其和戶卧反注同錞于音淳本或作淳瞽矇世
奠音定繫戶計反注同以刺七賜反瞍賦素口反德行下孟反怵
懼勑律反北本作休眡瞭擊頌衆家不音當依字戚音容相瞽息亮反注
同鼓鼜音戚愷樂音洛疾數音朔典同聲碮古本反或胡本
反陂聲彼義反聲韽劉音闇又於贍反鄭於貪反戚於感反李烏南反後
聲昌氏反又式氏反笮側百反弇沈戚音掩劉於驗反甄音震注同作硍音艱又苦
耕反字林音限云石聲鏗苦耕反鎗初衡反劉初耕反唶唶側百反短罷
皮買反字或作䍲音同桂林之閒謂人短為䍲雉雉音苦買反鶕烏南反當𨀁音婢李又孚葵
反一音豐巳反或音蕭年反正傭勑龍反形大上大音泰下形大下大厚同舊葱佐反上音時掌
反飛鉆張林反又其廉反戚或音沾劉又渠金反說文云鍾鋣也一日脅車鐵鉆鋣音竹涉反涅

乃結反劉其兼反鴆殺色介反色例反舊約也舊如字戚於教反掉也徒弔反劉

奴較反之齊才計反注同廣古曠反長也音亮反

磬師教縵莫半反杜音慢學操七曹反鍾師夏納

本或作納夏齊夏側皆反本又作齋祴夏音陔古哀反驁夏五羔反劉

五到反使臣色吏反與聞音預繁遏於葛反執傹音競詩作

競穰穰如羊反合好呼報反和之胡卧反笙師龡

昌垂反竽音于春牘音獨或大祿反七空音孔下同髤香牛反或七利反

鞔之莫干反鎛師以鼖扶云反將趨左傳作掫音莊九反

杜注云行夜籥章豳彼貧反注邠同蒯苦對反劉苦壞反桴音浮

伊耆又作帆阢二皆音耆中春音仲下同以樂音洛田畯音俊饁于輒

反劉于法反而索色白反爲其于僞反勞農力報反穫稻戶郭

反躋堂子兮反無疆居良反鞮鞻氏曰任音任下同
典庸器博選胥兗反從者子容反爲鐻音距舊本作此字今
或作虡大卜三兆音兆亦作兆之釁舊許靳反沈一依聶氏音問云依字一作璺璺
玉之坼也龜兆文似之占人注同呼劉火嫁反又音呼坼之呼謂繇直又反下同又重直用反
坼也勑白反曰濟節細反又才禮反曰圛音亦曰蟊音濛劉莫遘反沈音謀
揲時設反劉音舌虙音服戲本又作戲音義重之直龍反三𡖅音𡖅本多作夢
觭夢居綺反注掎同又紀宜反杜其宜反咸陟如字或音得作緷胡本反字林云大束
也說文音運云緯也聶音徽爲煇音運視祲子鴆反曰瘳勑留反以命
龜命亦作令謂菑音灾見吉賢遍反鮒也音附左傳作魴演其以善
反視高音示下同冢適丁歷反竟界音境疆居良反鄆田音運
骨近附近之近令可力呈反爇也人悅反龜燋哉約反西塾

音孰舊音育　卜師謂與音餘　辨龜如字劉皮勉反　左倪
五計反又五未反　後弇於檢反　龜人繹音亦　果魯火反注贏同　靁力胄反又
如字　龜郤起略反　乾解音蟹一音佳買反　釁龜許靳反
垩氏本又作堊同時髓反　燋哉約反李又粗堯反一音哉益反　契苦計反劉苦絜反　薪
樵在消反　楚焞吐敦反又徒敦反又在悶反又祖悶反一音純李一音祖館反　謂炬其呂
反　焌音俊又存悶反又祖悶反李祖館反　戈鐏存悶反劉祖悶反　契柱張主反
占人八簭音筮　龜長如字下同　則毄音係　以比毗志反一音必履反　中
否丁仲反　簭人巫更九巫皆音筮出注　巫比毗志反注同　僉也七廉
反　不說音悅下同　相簭息亮反注同　者與音餘　占夢本又作㝱音同　建
厭於琰反　休王于況反　倮魯火反　而轉如字又張戀反　入郢以井反劉餘政反
有適直革反　噩五各反注鄂同　覺時古孝反下同　寤本又作𡪈五故反　幾

終如字又音祈 乃舍音釋注舍萌同 萌亡耕反 去故起呂反 始難戚乃多反劉依拄乃旦反注以意求之難字亦同 磔陟百反 禳如羊反 眡祲十煇音運 烖也音氣本亦作氣 曰鑴鄭許規反劉思隨反或下圭反 曰瞢亡鄧反 曰隮子兮反 鄉許亮反 如暈音運本亦作煇音同 白虹音洪又古巷反劉古項反 則弊必世反下注同 斷丁亂反 大祝六祝之秀反後除大祝宗祝諸官皆同以意求之 永長如字 遠罪于万反 曰造七報反注下皆同 禬戚古外反劉音會 禜音詠 祈嘄音叫劉音禱 爲有于僞反 號戶羔反 呼火故反 作見賢遍反 是禡莫駕反 禜社烏縈反 焆焆章搖反 瀸滅子廉反 四曰會如字注同 卑婢支反 諶市林反 蒯苦怪反 聵五怪反 在難乃旦反 自佚音逸 德行下孟反 閔天音旻武巾反 不憖魚覲反 嬛嬛求營反 在疚九又反 尼父音甫 奐焉音奐 九京音原 齍號音咨 美稱尺證反 大

武如字劉音泰剛鬛力輒反香其音基嘉蔬所魚反劉音蘇衍
祭音延炮祭百交反兼也劉依司農白交反擩祭而泉反一音而劣反劉又而誰反繚
祭音了劉音料共祭音恭注同虞芮人劣反又而歲反下同爲坐才卧反從
持肺劉沈皆子容反今本或無持字從則如字禮殺色界反劉色例反左郤去逆反又
起略反執食音嗣猶徧音遍下同九拜音拜下同䭫首音啓本又作稽
振動如字李依大夫音董杜徒弄反今俗人拜以兩手相擊如鄭大夫之説蓋古之遺法奇拜
紀宜反褎拜音報享右音又勸也相近附近之近哀動徒弄反倚
拜於綺反下同撎於至反即今之揖爲事于僞反使者所吏反朝
獻直遥反大禋音因司烜況彼反爲祊必庚反隋釁許規反又
思恚反後同右亦音又令皐皐音嗥戶高反劉戶報反爲卒劉子忽反嗥呼
火故反相尸息亮反下同渳彌爾反相飯扶晚反賛斂力驗反付

練付音附出注復梯他兮反猶語魚據反下同祓社芳弗反劉音廢以
從才用反一音如字下注同舍奠音釋一音赦山川與音餘小祝彌
裁依注音救云侖反下注同遠辠于万反敖五羔反爲名音銘下取名同績
未勑貞反竹杠音江重木直龍反下同粥之六反又音育盛以音成二鬲
音歷可別彼列反識識並傷志反一讀下識如字斯盡津忍反蚍音毗蜉音浮
四種章勇反下同西坫丁念反道齎音咨遣奠弃戰反作禩
音祀無令力呈反下令可同喪祝爲披彼寄反下同倡帥昌亮反
傾戲音虧菆塗才官反龍楯勑倫反及朝直遥反注皆同御匶
音舊離其力智反下同飯於扶晚反還車音旋一音回鄉外許亮反執
翿音導與更音庚說載吐活反注同劉詩悦反去棺起吕反四翣所甲
反本亦作翣安錯七故反便其婢面反窆彼驗反劉補鄧反桃厲劉音例記

作蒭黍苕穰也音例亦音列　惡之烏路反　亳社步博反　而棧劉才産反一音士諫反

甸祝表貉莫駕反注禡同　甸以音田下文同　舍奠音釋下同　乃屬音燭

饁于輒反　禂牲音誅一音禱　別其彼列反　爲馬于僞反下同　今侏音誅字林音朱

司巫　巫尫烏黃反　共匰音丹　及蒩子都反　爲鉏子都反下同

鉏藉慈夜反下同　租飽劉上音緇又音卷下音苞又音弭沇租音子餘反

茅裹音果　爲神于僞反　刌茅音村　守瘞於例反　下禓音傷

男巫　望衍依注音延　爲之于僞反　爲贈音曾　彌兵與弭同及下救皆亡氏反

女巫　上巳音祀　旱暵呼旱反　繆公音穆　縣子音玄　暴巫蒲卜反

大史之治直吏反下及注其治同　爲王于僞反下爲有同　厎曰音旨　于朝直遥反下同　攷焉音考　爭訟爭鬭之爭　則

辟婢亦反劉芳益反注同　抵冒丁禮反　中數所主反下同　作叶音協　爲

汁音執又音協劉子集反 與大師音泰注大師同 抱式劉音勑令俗音如字 焉

知於虔反 夾日古洽反劉古協反 當先悉薦反 遣之弃戰反注同 其行

下孟反 舍筭音釋 以盛音成 中則釋丁仲反 於竟音境

小史奠音定 繫世戶計反注同 昭穆如字或作佋音韶 校比毗志反

馮相氏音憑下息亮反 以會如字注同 以見賢遍反下皆同 南僞五和反 直

某音值 保章氏 文識音志又音試又如字下同 運本又作煇又作暈音同

朓他了反晦而月見西方 側慝女力反劉吐則反朔而月見東方曰側慝亦名朒朒女六反 有分

扶問反注同 參爲所林反 娵訾上子須反下子斯反 降婁戶江反 彗似歲反又

息遂反 孛音佩 之相息亮反下同 內史八柄本又作枋兵病反 王

治直吏反下同 興父音甫 逖吐歷反 王慝吐得反 食九音嗣下同 牘

也音獨 外史令下戶嫁反 之乘繩證反 檮杌徒刀反五忽反

反三墳扶云反使于所吏反注同御史之治直吏反注及下凡治同
數凡所主反見在賢遍反巾車錫音陽樊纓步干
反下同二斿音留盤華步干反三重直龍反罽居例反為幓所銜
反又所廉反則屬音燭大旂其依反以賓如字劉沈方刃反婁領
戶感反繂以音律又音類以朝直遙反注皆同龍勒如字戚音尨條纓
依注作條他刀反鞔莫干反前樊依注作翦子踐反淺也鵠纓戶篤反重
翟直龍反注同朱總作動反厭翟於涉反注同繢戶對反鷖烏兮
反劉烏計反坐乘繩證反下皆坐乘同或如字為緄戚云檢字林蒼雅及說文皆無此字衆家
亦不見有音者唯昌宗音廢以形聲會意求之實所未了當是廢而不用乎非其音也李兵廢反本或作緄恐是意
改也作緊烏兮反著馬直略反兩鑣表驕反幨車昌廉反潼
容本亦作潼詩注作童皆音同衡輨劉音管一音胡瞎反謂蔽劉音弗下及文並同

一音少世反見於賢遍反下同去飾起呂反下去戈去毛同有握劉音屋下
馬皆作幄烏學反沈云劉音非軿車薄經反連車音輦本亦作輦組音祖輓
音晩有翣所甲反從容七容反爲輇市專反爲翳烏帝反
爲髦爲鬣並音獵髦或音毛五乘繩證反下五乘同犬禛莫歷反
尾櫜沈音羔劉姑道反謂贏魯火反劉又音果覆笭力丁反劉又音泠
爲揟本又作胥同思如反之弢吐刀反之緣悅絹反下同攝菔音服虎
賁音奔子釗古堯反又音昭棼蔽扶云反堊車烏路反又烏洛反爲
蕡扶文反作轓音揔又音藻李一音倉會反萑音丸髹飾香求反爲
⿰車次音次爲桼音七垸之胡翫反豻禛五旦反胡犬也此禫直感反
夏篆音瑑直轉反縵莫干反棧車才產反又仕板反有約如字又於
皃反下同方箱息羊反散車素旱反輜車側其反有沽音古入

齎音咨以償時讓反遣車弃戰反注同從車才用反注同敝
車婢世反不任音壬以和胡臥反下相應和同警衆音景爲軨音零劉音
領典路用說書銳反舍車也注及下駕說并注同有朝直遥反下同趣
馬倉口反贅路章銳反又作綴張衛反左摯音執上計時掌反屬
車音燭路從才用反注及下注同車僕之萃七內反副也下及注同
廣車古曠反注同苹車薄經反又薄田反輕車遣政反注同橫陳
直刃反下同猶屏并領反又薄經反公喪息浪反四十乘繩證反下千乘乘車同
爲輧薄經反司常爲旜之然反鳥隼息允反爲
旟音餘爲旐音兆爲旞音遂徽識式志反又音志又昌志反下同所被
普皮反又皮寄反著絳丁略反又直略反大閲音悅升朝直遥反下朝各就同
扞難乃旦反辟害音避題別彼列反下相別同亡則音無解說

吐活反　弊之婢世反劉薄許反　仆之蒲北反一音赴　甸亦音田　獲旌如字
李一音胡霸反　都宗人之壝唯癸反劉欲鬼反　禱祠本亦作禱
丁老反一音丁報反　報塞西代反　家宗人居句紀慮反下紀具反
繭栗工典反　齊肅側皆反　其知音智　曰覡胡歷反李音胡隔反
令此力呈反　物髟眉祕反　以禬依注胡對反劉又戶外反　之札側八反又
音截　於墠音善　螭髟勑知反

經典釋文第八

五福五代堂古稀天子寶

八徵耄念之寶

太上皇帝之寶

五福五代堂古稀天子寶

八徵耄念之寶

太上皇帝之寶

經典釋文卷第九

周禮音義下 起夏官盡考工記下

唐國子博士兼太子中允贈齊州刺史吳縣開國男陸德明撰

夏官司馬第四

輿司馬 音餘衆也 行司馬 戶剛反注同行行列也 軍將 子匠反凡軍將將帥之類放此 師帥 所類反下將帥之字皆同 爲卒 子忽反後皆同 卒長 丁丈反卷內不出者放此 一比 毗志反 大祖 音泰下大師及下文大僕同 皇父 音甫 旣儆 本亦作敬京領反 見於 賢遍反下同 廣有 光浪反 作勛 香云反劉音訓 賈 音嫁注及下同 量人 音亮或音良下同 猶度 待洛反下同 司爟 古喚反 爲燋 哉約反李又音灼 若觀 古喚反下同 火與 音餘 掌疆 居良反注及後同 環人 戶關反劉戶串反 郤也 起略反下同 挈壺 劉苦結反一音結又戶結反 盛

水音成射鳥氏食亦反摶鳥音博一音付本又作捕音步掌畜許六
反注同劉許又反虎賁音奔下同世爲于僞反放想方丈反本或作旊音同
事褻息列反弁師皮彥反大稱尺證反鎧也苦愛反戈盾
常允反又音允句子古侯反下音結矢箙音服稾人古老反箭幹如字沈古
旱反參乘繩證反齊右側皆反下齊僕弁注同大馭音御朝覲直遙
反後朝覲皆同朝朝上如字下直遙反莫夕音暮校人戶教反字從木若從手旁作是
比校之字耳今人多亂之注校之校人同趣馬七口反劉清須反注同皁一才早反趣
養清須反又七口反一音七句反蹶惟居衛反牧師舊音目劉音茂沈音木度
人所求反數也色主反數之同圉師魚呂反乘一人繩證反注同麗
一人如字稱也訓道音導下同遼音原撢人他南反與探同以語魚據
反大司馬制畿音祈別也彼列反下皆同樂業如一又音洛下音五

敎反監國古銜反詰禁去吉反鄉民許亮反比小毗志反注同親也
九伐如字劉扶發反馮弱皮冰反馮猶乘陵眚之所景反瘦所又反粗
者音麤本亦作麤其竟音境則壇依注作墠音善墠之以徒旦反下同本
或無之者荒蕪音無坐殺才臥反放弒本又作殺同音試獸行下孟
反悖人必内反去之起呂反夫唯音符聚麀於牛反牝鹿也乃
縣音玄注同治象直吏反挾日子協反有分符問反所共音恭
凡供字皆作共後放此假令力呈反中春音仲下放此列陳直覲反下之陳
可陳陳前徇陳行陳巡陳皆同餘以意求之蒐狩所留反辨鼓如字劉方免反鐸
直各反鐲直角反鐃女交反賁鼓扶云反將軍如字本或作軍將
執提徒兮反鼙薄兮反謂鉦音征讙火官反譊女交反攝
提爾雅云大歲在寅曰攝提格跳數音朔下注疏數同表貉莫駕反注同火弊

椑世反劉薄計反後射食亦反下王射同其豵子工反獻肩詩作豜音同施生式豉反爲禡莫駕反茇舍蒲末反撰車息轉反又仕轉反注音算息緩反萊沛步末反一音貝又普貝反謂數色主反簿書步古反後簿書皆放此徽識音志一音試下同朝位直遙反被之皮僞反下同治於直吏反至比毗志反鄉甀直僞反不見賢遍反享礿餘共反不孕羊證反去不起呂反大緌而誰反下同各書音畫出注雲氣本或作气同獮田息淺反祀祊音方出注皆殺如字劉色界反大閱音悅空辟音避芟除所銜反令車力呈反下令走同田卒子恤反汚萊音烏正行戶剛反下行列行陳皆同仆也音赴鄉表許亮反搢劉如字又音箭一音初洽反扑普卜反甘誓如字劉胡甘反摝音鹿李扶表反鐸待洛反涿鹿丁角反沈音濁劉音獨過闔吐剛反闟吐臘反劉湯荅反過琅音郎車驟

在救反劉才邁反先人悉薦反三關若穴反且郤起略反呂和胡臥反爲

止于僞反下爲相疑同以分扶問反又如字注同易野以豉反注同壘門力軌反

驅逆起具反又如字逆要於遙反如著直慮反有繣戶卦反劉又胡麥反

或音卦自畀必二反與也曰豝音巴本亦作巴爲慎如字亦音辰麎音辰又音

腎止尸反麎麋牝也三豵子工反本亦作豵皆駴本亦作駭胡楷反李一音亥皆譟

素報反鼓𪔐音符又芳甫反饁獸于輒反劉于法反亨烝之升反後皆放此

以從才用反下同比軍必履反注同或毗志反劉方吉反作庀匹是反劉芳美反具也沈

方二反眡事音視秉鉞音越猶道音導城濮音卜則厭於涉

反李一音於入反注同於殽戶交反劉音豪鄉師許亮反弔勞老報反注

同則相息亮反注同與慮音預又如字注與謀同屬其音燭注同植直吏

反注同華元戶化反楨也音貞饗食音嗣後饗食皆放此遣奠

弃戰反後遣奠遣車之類皆同司勳治功直吏反注同若咎音羔繇音遙以識音志般庚步干反從與音預國正音征注同本亦作征少府詩照反馬質物賈音嫁注及下同無種章勇反下同以亢苦浪反又音剛下同御也魚呂反本亦作禦下同禁去起呂反小子注去之同以縻亡皮反内更音庚下及注同償也不任用音壬又而鴆反乃復扶又反月直音值爲傷于僞反量人市朝直遙反下及注同州涂本又作塗國分也扶問反還市如字劉戶串反支湊七豆反肉炙章夜反奠竁昌絹反苞筲所交反斝歷古雅反劉依司農音嫁琖側產反劉本作湔音同之嘏古雅反小子羊肆依注音鬄他歷反一音餘四反節折之設反掌珥依注音衈而志反後同一音仍祈于音機作禩音祀爲刏音機字書云劃也一曰斷也或古愛

反又公內反 字與 音餘 侯禳 如羊反 謂磔 陟格反 以豭 音家 徇
陳 辭俊反
羊人食饗 音嗣本又作飤養 爲眦 徐賜反與漬同 楢 羊久反 燎 良召反
其賈 音古 司爟 柞 子洛反 楢 羊久反又音由 見於
賢遍反 掌固 枳棘 居氏反 刺者 七賜反 遮守 劉侍
禮反又待計反 塹築 七豔反 凡守者 劉收又反注凡守者下有守同 難易 以豉
反 妄離 力智反 巡行 下孟反下皆同 爲衆 于僞反 解惰 佳賣反 鼜
音戚 造次 七報反下同 將趣 莊久反劉祖侯反杜七柱反 者與 音餘 相近 附近
之近 與燎 音預 之竟 音境注及下同 司險 猶徧 音遍 洫 況域反 澮
古外反 畛 之忍田反
候人 道治 直吏反注道治及下方治同 何戈 胡我反又音河 與祋 都外反劉

睹律反　于朝直遥反　轘轅户關反

環人以蕞側留反劉子侯反　捙馬音兩又音亮　掉徒弔反又如孝反　鞅於兩

反　折之設反下同　馘古獲反　執俘音孚　軍慝他得反　搏音博又房

布反劉音付　諜音牒　反間間廁之間　降圍户江反注同　降鄣音章劉諸

讓反　挈壺氏　畚音本　爲軍于僞反下爲沃同　縣其音玄

下皆同　令軍力呈反　以盛音成下同　稾假彼錦反劉方鴆反　讙呼端反

囂五高反一音許驕反　省煩所景反　事便婢面反　聚欜音託　次更

音庚下同　相敲苦交反又苦教反　行夜下孟反　共百如字　火爨七端反

射人見君賢遍反下同　不與音預　西鄉許亮反　朝燕直遥反下

文及注皆同　詔相息亮反下及相孤同　以齊側皆反　治逆直吏反　射三侯

食亦反下及注射侯所射射牲射豕皆同　三獲如字劉胡伯及　五正音征下及注同　豻侯五旦

反劉音鴈注同肆之劉餘二反一音四九重直龍反長杠音江有貙勑誅反下

同言正音政下志正大射正同能中焉丁仲反下文注射中中侯同去白起呂反下去扑同

之廣古曠反曰鵠古毒反下大夫戶嫁反下天子同以上時掌反下上曰以上同

德行下孟反善搏音博劉音付而擬本又作儗同度焉待洛反參

七讀爲摻素感反干五與豻同五旦反告卒子恤反注同史數所主反注同去

扑普卜反劉方遘反說文父豆反貙劉力朱反一音如字夫介劉古拜反注及下同

之倅七內反劉倉愛反夫從才用反注同比其毗志反苛罰音何又呼

何反朝位直遙反下皆同

服不氏擾之而小反馴也劉音饒熊羆彼皮反馴也似遵反一音脣熊

蹯音煩掌也抗皮注亢同苦浪反劉公郎反巾車如字劉居吝反者中丁仲反

射鳥氏食亦反下射鳥同鳧音扶鴈鴇音保鴟于苗反毆起俱反

烏鳶弋專反　善鈔初教反又初交反　便汚婢面反劉持絹反　并夾
音甲　著侯直略反　鍼箭其炎反李其嚴反沈云或作鉆
羅氏　罼居音匹又如字　羅襦女俱反或音須注繻同　索饗色白反
衣絮女居反字又作袽　中春音仲
掌畜　阜蕃音燔注同　鵞五何反　卵鳥劉本作卵音卵　鶩音木
鶉音純　鴽音如
夏官司馬下
司士之版音板　王治直吏反下注治處同　奠食音定　乃食音嗣　其
論魯頓反下同又如字　任官音壬　正朝直遙反注下皆同後內朝外朝朝聘朝覲視朝朝位
之類放此以意求之　南鄉許亮反下注同　大僕音泰下放此　宿衛音夙劉息就反
士擯必刃反　逡遁七巡反下音巡　告見賢遍反　主食如字劉音嗣

詔相息亮反昭穆上招反後同長幼丁丈反士從才用反注并諸子職同
使爲色吏反又如字注士使命使同介音戒歸脤上軫反眞斂力豔反執
披方寄反注同有守劉手又反下皆同
諸子之倅七內反教治直吏反注同大子音泰下注同卒伍子忽反前
後注及下皆同弗正音征下國正同適子丁歷反
司右齊右側皆反而比毗志反注同其乘繩證反屬其音燭注皆
屬同殳矛音殊虎賁氏音奔劉方問反先後悉薦反下戶豆
反又皆如字出將子匠反局分扶問反梐薄禮反枑戶故反之難
乃旦反葬從才用反下并節服氏從車從尸車同所馮皮冰反四方使所吏反注
及下同旅賁氏戈盾常準反又音允夾王古洽反劉古協反後放此
則衰七雷反則介音戒被甲皮僞反

方相氏時難乃多反注同敺疫起俱反魌頭音欺先匶悉薦

反下音柩之道音導下同入壙苦晃反又音曠方良上音罔下音兩注同又並如字蔓

求龜反大僕與遽其據反窮寃於元反上變時掌

反傳張戀反下文同急聞如字劉音問肺石芳廢反遽令力呈反郵

驛音亦參乘繩證反辟王音避劉芳亦反之眚色景反窆彼驗

反注之封音同劉皆逋鄧反而傰補鄧反汜祭芳劍反縣喪音玄注同謂

免音問髽莊瓜反弔勞力報反下命勞後弔勞皆同則相息亮反注及下

并御僕藏同小臣觀苑古喚反盥音管

祭僕不與音預注同歸胙存故反臂臑奴報反字林人于反又云羊臭

反折之舌反九个古賀反注同御僕奉槃芳勇反

爲王于僞反持翣所甲反夾蜃辰軫反劉薄忍反序更音庚隷

僕之埽素報反注氾埽洒埽同除如字劉直庶反糞方問反洒所賣反劉霜寄反

唯桃粉彫反曰拚方問反本又作扮同灑也所買反劉霜寄反乗石如字劉常烝反

上車時掌反下同有扁邊典反蹕音畢儆字又作警音景弁師聯數所主反

冠卷起全反當簪莊林反廣袤音茂冠縰所買反劉霜綺反象

與音餘罙纚音早司農云古藻字璲延息遂反劉詩遂反二斿音留下同屬兩音燭

鷩必滅反希衣張里反劉豬履反諸侯依注侯音公瑉玉本又作珉士貧反

玉瑱吐練反作璑音無會五采劉古外反注同井䯤撍二字亦同或一音戶外反玉璂音其本亦作琪

象邸丁禮反乃著張略反反紒本又作紒音計如綦音其下同縫

中扶用反下同如薄劉芳惡反下柢丁禮反劉音帝辟積必亦反劉博歷反下同

司兵干櫓音魯卒兩子忽反下同廞虛金反興也虛應反下同干

笮字又作筰側白反劉舟伯反

司戈盾乗車繩證反後

乘馬陪乘參乘皆準此注王所乘車依字讀 扶蘇與音餘
司弓矢其守劉手又反亦如字下攻守同 藏才張反沈如字 中春音仲下同
矢箙音服盛矢器也以獸皮爲之詩云象弭魚服 盛矢音成 射甲食亦反下以意
求之 椹質張林反 夾弓古洽反劉古協反 庾弓師儒相傳讀庾本或作庾 豻
侯音岸又音鴈 使者所吏反注同 蹲甲音存劉才官反 參侯素感反
則易以豉反 爲艱戶根反一音魂或胡本反李音良一音居言反又音很 利攻如字劉音
貢 非強其丈反又其良反 枉紆往反 絜劉苦結反又音結一音戶結反弩矢也 鍭
音侯劉音侯弩矢 矰音增 茀劉扶弗反李一音孚忽反一音敎或音弗弩矢 庳方二反弩矢
散射素旦反注同 言中丁仲反下中深射中同 結繳章藥反 刜也孚物
反 後訂李音亭呂忱同劉當定反 軒輖音周一音丁二反 痺病方二反 倫
比方二反 弊弓婢世反惡也徐扶滅反 之衺初危反 而圜音圓 得與

音頒并夾音甲注同乘矢繩證反四矢曰乘矢矢箙劉奴輒反又女十反物
從才用反籠魯東反爲其于僞反則更音庚注同
繕人抉古穴反注同彄也苦侯反韝古侯反劉云彄字之異者扞胡旦反挾
矢子協反一音戶牒反著右丁略反或直略反下同若檡劉音澤又音亦一音徒洛反
胥與音餘弨弓昌選反無會古外反下大會同後會計之類放此
槀人以齎音咨後皆同勞之力報反試其音考出注下上時掌
反注同見在賢遍反戎右革使色吏反注使謂同傳
王直宣反下注傳敦同陳中直眞反劉直吝反爲王于僞反下爲衆同玉敦音對
劉又都愛反沈都迴反注同歃血所洽反徐所輒反桃茢音烈沈音例盛以音成
苕音條帚之受反齊右側皆反下齊車齊僕皆同王乘
劉繩證反沈音繩右輿音餘則拱居勇反卻行音却

周禮音義下

道右從車才用反下及注同馭夫職放此　大馭犯軷蒲末反注跋涉同　下祝之又反　言劉音負一音倍　芻初俱反　轢之音歷　險難乃旦反　別異彼列反下同　磔犬陟格反　取羝丁兮反　乃舍音釋　兩軹音紙　祭軓音犯注軓同　爲軒劉音鷄　當重直龍反　兩轊音衛　軌當媿美反又音犯　采薺才私反　爲鈴音零　戎僕　自將子匠反　王倅七内反副也劉倉愛反　齊僕　以賓如字劉方刃反　王乘車如字　道僕　朝夕直遥反注朝夕同　朝朝上如字下直遥反　莫夕音暮　田僕　循行下孟反　驅逆如字又起遇反後同　逆衙本又作御同五嫁反　植旌直吏反樹也又時力反　植樹如字一音豎　比禽毗志反次也注同　種物章勇反下同　數之所主反　人扣音口下同

校人三乘繩證反注及下注乘四同四圉魚呂反爲皁才早反趣馬

倉走反劉沈清須反下同爲轂音計本又作繫爲廄九又反八麗依注八皆音六此

應應對之應之筴初革反駷音來牝頻忍反劉扶忍反數與音餘下禮

與同降殺所界反無令力呈反下令皆同近毋附近之近駣徐音肇劉音道

李湯堯反沈徒刀反爲其于僞反下爲蹄齧同蹄齧大計反又音啼後同騬音繒

又音繩藏僕子郎反相士息亮反見成賢遍反下同從車才用

反毛馬如字劉莫報反執扑普卜反劉方遘反遺人唯季反貍

之亡皆反本亦作埋祈沈直金反劉直蔭反使者所吏反注同

趣馬駕說始銳反居治直吏反注同牧庌音雅後同

巫馬相醫息亮反注同其賈音嫁注同徐音古粥之音育賣也

牧師中春音仲注同累牛力追反劉音類

廋人佚特音逸散馬素但反注同聒馬古活反毋令音無下力呈反下使令同括押音甲中物丁仲反不復扶又反以上時掌反下同牡驪茂后反下力知反絕句牝玄頻忍反絕句駒褭奴了反劉音繞郭璞音同劉義異鄭圉師除蓐音辱茨牆在私反翦闔戶臘反為詩五嫁反廡也亡甫反庇馬必二反又音祕苫也傷占反鈇椹方符反所射者食亦反圉人捧衆家並扶恭反

職方氏七閩亡巾反又音文又亡千反漢書音義服虔音近蠻應劭音近文鄭氏音旻九貉孟白反六畜許又反下皆同芊蠻亡氏反劉音如芊鳴近米李云今周禮本或無此字國語則有會稽古外反澤藪素口反具區起俱反其浸子鴆反本云作寖為陂彼宜反灌溉古愛反鑞也音臘篠也素了反鵁音交鶄音精雲瞢亡貢反劉亡鳳反李一音亡雄反潁湛直減反劉

又音沈李唐感反　華山如字劉胡化反　圃田布古反　滎洛戶扃反　波溠
音詐左傳音同李莊加反字林同劉昨雖反云與音大不同故今從高貴公　絲枲思似反　六擾
而少反徐劉音饒　中牟上如字下莫侯反李中音仲牟又無不反　泆爲音逸　曰播音波
下同　既都張魚反本或作豬　沂山魚祈反　淮泗音四　沂沭音述李一音餘戍反
明都禹貢作孟豬今依書讀　睢陽音綏　東莞音管劉音灌　爲洙
音殊　大野如字劉音與　河泲子禮反　盧維上音雷下於恭反　鉅野音巨
雍沮七餘反　雍州於用反下注州名同　涇汭如銳反李又而類反　在汧徐口千反
劉苦見反李一音空定反　在豳彼貧反　汭垙弓六反詩作鞫　貕養音兮　般
陽步干反　楊紆於于反　汾扶文反　潞音路　長子丁丈反長子縣名屬上黨
虖喚胡反李呼哥反又香刑反　池徒多反李如字　嘔夷烏侯反一音驅　在鄔徐於
據反縣名屬太原劉烏古反　鹵城音魯　此率音律又音類　徧知音遍　有奇

紀宜反 亦見 賢遍反 比小 毗志反下文比小國并注同 猶女 音汝 國竟 音境 共具 音恭又九用反 盡朝 直遙反

土方氏日景 如字 相宅 息亮反注同 度地 大洛反 之深 尸鴆反

稙 張力反 稺 直吏反 糞種 章勇反

懷方氏續食 音嗣

合方氏相奏 采豆反本或作湊 好善 呼報反注及下同 高尚 如字劉古到反

訓方氏爲王 于僞反下同 之傳 直專反注同 好惡 烏路反 行辟 下孟反下匹亦反

形方氏華離 華依注音呱苦蛙反 哨 劉羊售反 沈且笑反 呱邪 似嗟反

山師岱畎 古犬反劉孤名反又孤善反

嶧陽 音亦 螫 音釋劉呼洛反 噬 音逝

川師蠙蛛 薄田反劉扶忍反沈音蠙 暨魚 其器反沈其氣反 萑蒲 音丸

遂師 墳衍(房云反) 相其(息亮反)
匡人 其慝(他得反) 猶背(音佩)
撢人 而語(魚據反) 諭說(如字劉尸銳反) 和說(音悅) 猶鄉(許亮
反下同) 都司馬 其正(音征本亦作政音下同) 鬷(子公反) 戾
(力計反)

秋官司寇第五

侀也(音刑) 鄉士(音香) 訝士(五嫁反迎也) 朝士(直遥反卷內同) 司刺
(七賜反三殺也) 三訊(音信) 司約(劉於妙反一音如字注同) 約束(劉詩樹反一音如字)
約辭(於妙反) 歃血(所洽反) 賈四人(音嫁又音古) 司圜(于權反) 罷
民(音皮下同) 閩隸(亡巾反又音文) 貉隸(孟百反) 蜡氏(讀爲狙清預反注同) 蠅
蠱(以繩反) 掩骼(更白反) 貍(亡皆反本又作埋) 骴(本又作胔似賜反) 雍氏

於勇反劉如字注同隄防丁兮反萍氏音平又蒲丁反爲蛢蒲丁反爾雅云

蛂黃蛢郭注云甲蟲大如虎豆綠色萍號蒲丁反萍蓱上音平本亦作苹同下蒲

丁反者蘋音頻寤覺音教下同司烜音毀注爟同火也爲垣劉音袁

條狼氏音滌徒歷反除也注同冥氏如字又莫歷反縻取亡皮反庶氏

依注音藥煑之煑又章預反毒蠱音古搏蟄音博劉音付下直立反翨氏

音翅失豉反又吉豉反鳥翮柞氏側百反注唶星笮皆同挍剝古飽反薙氏李或

作雉同他計反徐庭計反去草起呂反芟夷所銜反薀崇紆粉反徐憂群反

鬀小他計反硩音摘他歷反徐丈列反沈勑徹反李又思亦反蔟氏倉獨反蠱

蠹都路反赤犮氏赤如字一音采昔反犮徐音跋畔末反劉房末反捇拔上采

昔反徐呼陌反下畔末反劉房末反或蒲八反蟲豸直氏反蟈氏古獲反注同劉音或又音

國爲蜮劉音或一音古獲反蝦音遐蟇音麻螻音樓鼃戶媧反又胡佳反

鼃莫幸反食蛙戶蝸反劉斛佳反沈和佳反蜮乃音或短狐與音餘下官
與同壺涿氏陟角反又音濁相近附近之近主射食亦反絜清才性
反又如字囂五高反一音許驕反下同讙音歡如箸直慮反爲繣戶卦反又胡麥
反伊耆巨之反爲蜡仕詐反國使所吏反環人戶關反劉戶串反才
知音智狄鞮丁兮反曰譯音亦跛者波可反之好呼報反國
治直吏反
大司寇詰四起吉反㡉荒莫報反度作待洛反爲民于僞
反簒初患反殺音試本亦作弑糾守劉音狩注同將令子匠反上
愿音願劉又音原糾暴依注暴作恭慤愼苦角反罷民音皮注下皆同
不愍音敏劉云靦反尚書作愍音敏又作昏皆訓強寘之之豉反置也又音示爲邪似嗟
反下同著其丁略反一音直略反兩造七報反至也注同百个古賀反與音餘

兩劑子隨反 文石如字劉音問 封之樹音樹 桎音質 梏古毒反 未著直略反下附著猶著皆同 肺石芳廢反肺石赤石也 惸獨其營反 其長丁丈反下及注同 上書時掌反 乃縣音玄注及下同 挾日子協反 盟約於妙反 之藏才浪反 司會古外反下司會皆同 之治直吏反下同 斷之亂丁亂反下注皆同 弊之必世反斷也後訓斷者皆同 爲憋劉芳滅反又音畢設反 事比必利反 納亨普庚反劉普孟反注同下納亨放此 趩本亦作蹕音畢止行也

小司寇之難乃旦反 冢適丁歷反 芻蕘而招反 南鄉許亮反 州長丁丈反 不見賢遍反 賓以必刃反注同 敘更音庚 訊音信 之盡心津忍反 讀鞫九六反 爲治于僞反 元咺況晚反 鍼其廉反 嚴子劉音莊左傳作莊案漢書明帝名莊改爲嚴 則赧女板反 則喘昌兖反 聽聆音零 牟子莫侯反劉無不反 眊然莫報反本又作旄同 不

愉他侯反徐吐豆反德行下孟反夫謀音扶而鮮息淺反叔向許亮反謂憔昨遥反悴秦醉反之後與音餘三刺七賜反斷庶丁亂反後皆同劓魚器反刖音月又五刮反大比毗志反注同以上時掌反下注同數所主反民鑊戶郭反水而辟毗亦反劉符益反一音匹亦反沈音避注同後而辟皆放此王道音導宣徧音遍入會古外反後要會之字皆放此士師之灋音法以左右音佐下音又注左右助也同徇之似俊反縣于音玄其觕劉音粗沈才古反曰詰古報反後射食亦反閭比毗志反下同比追如字劉張類反胥之如字劉思敘反注胥同司搏音博劉音村事比必利反邦汋上灼反注同斟汋之林反下音灼刺探七亦反又七賜反邦諜音牒反間間廁之間干冒音墨撟邦音矯賣藏才浪反作傰劉音崩徐音朋又補鄧反荒辯依注辯音駢風別之

別皆彼列反下傳別及注同數條所主反紓民音舒本亦作舒傅別音附
注同約於妙反又如字亳社步各反道王音導下三公道盜賊道同洎其器反或
音冀凡刉音機劉音奇珥而志反注衈同反將子匠反于行戶剛反陳
也直刃反計簿步古反
鄉士令劾戶代反反覆芳服反方士職注同汁日音協合也本亦作協下同
不中丁仲反所措七故反夾道古洽反劉古協反則為于僞反遂士縣士訝
士職同方士畫地居良反而上時掌反注下並同鄙田
許六反劉勑六反或音勖相近附近之近上治直吏反注下有治並同
訝士造焉七報反謂讞魚竭反則道音導
朝士州長丁丈反注同罷民音皮司圜職同外刺七賜反下同纆亡北
反示于之豉反又如字本或作寘叢棘才公反兩觀古亂反閽人音昏

繹於 音亦徐音夕 見於 賢遍反 內與 音餘下國服與同 呼趨 本又作趣同七須反劉音清欲反 傳語 徐子損反劉才官反李一音篹 俘而 音孚 而搏 音博 又音付 放失 音逸又如字 自畀 必二反 齓 初謹反又勑謹反劉測吝反沈創允反毀齒也

之治 直吏反下之治以治及司民職王治并注同 國期 居其反 乞鞫 九六反劉己目反

爲治 于僞反下爲治爲民同 爲別 彼列反下同 共賈 上如字下音古 畜積 勑六反下子賜反又如字 出者 尺遂反劉勑類反又如字 坐臧 才卧反 地傅 音付注同 凡

屬 如字或音燭注同 町畦 徒頂反又他頂反 比屬 毗志反下及下文大比同 抵冒 丁禮反 上人 時掌反下文以上并注同 相辟 音避 爲窆 彼驗反

司民 猶去 起呂反下同 更著 丁略反 三能 吐才反 近文

昌 附近之近

司刑 劓 魚器反李魚界反又疑婢反 刖 音月又五刮反李五骨反 黥也 其京反 窒之 本又作涅同乃結反徐丁吉反又丁結反 類與 音餘 斷

足丁管反　臏頻忍反徐方忍反劉苻人反　攘傷如羊反　降畔戶江反
撟虔居兆反　司刺七賜反下及注同　遺忘音妄注同　不
坐才臥反下同　而軼待結反　中人丁仲反　若間間廁之間　投射
食亦反　老秏本又作旄同士報反　惷愚勅江反又貞巷反劉癡用反　癡騃五駭反李
又五亥反又吐在反　以上時掌反　司約於妙反後及注皆同　蔓子
求反　龜之比毗志反又必二反　者與音餘　斐豹音非徐方尾反劉方持反沈芳
尾反　辟藏才浪反注下皆同　爲之于僞反　請隧音遂
司盟　子痤才戈反　禮義音儀　詛其側慮反　與共如字
惡之烏路反　臧紇恨發反劉胡沒反沈胡謁反　使卒子忽反　出
豭音加　出行戶剛反　詛射食亦反　以省所景反　則爲
于僞反注同　職金　楬而音竭　璽之音徙　守藏劉音

狩以著直略反沈張慮反揃其音翦表識中志反又如字又音志罰

常戍反下同一音蜀金版音板鉼金必領反槍七羊反雷劉音誄沈云當爲礌郎對

反推搏直追反下宅耕反本又作拵劉去皆如字劉亦誤

司厲賁而音嫁舂稾古老反謂坐才臥反下同戮女音汝以

上時掌反毀齒況僞反下同犬人用牷音全方亦作佺伏

瘞於例反徐烏計反轢之音歷用駹亡江反爲衼九委反劉居綺反衼

縣音玄罷辜劉孚逼反凡相息亮反注同政治直吏反

司圜著黑丁略反幪莫公反劉莫貢反刑與音餘

掌囚梏古毒反張揖云參著曰梏偏著曰桎說文云梏手械也所以告天桎足械也所以質地拲

劉云三家姜奉反一家居辱反漢書音義韋昭音拱云兩手共一木曰拲兩手各一木曰梏李奇音恐而桎

之實反以上時掌反爲王于僞反而著丁略反徐張慮反

掌戮賊諜音牒而搏注作膊同普博反礫也鈇鉞音斧令要一遙
反反閒閒廁之閒去衣起呂反踣諸皮北反僵也僵尸居良反
禁御音禦遠之于万反守囿音又斷足丁管反髡苦門反
守積子賜反注同司隸而搏音博爲百于僞反注及下
注同涅廁乃結反厲遮章奢反例也本又作列同音烈罪隸使令
上如字劉色吏反下力呈反沈力政反牽傍步浪反注同助轉如字劉張戀反
蠻隸校人戶教反閩隸阜蕃扶元反下注同
貉隸不生如字劉色勑反乳而樹反於圈求阮反檻戶覽反
秋官司寇下
布憲以詰起吉反謹也縣之音玄下同
禁暴氏橋誣居表反好爲呼報反下文則爲下注皆爲同謾誕武諫

反一音亡半反又免仙反徐陞山反本或作慢誕音但
野廬氏巡行下孟反聚欜音託得令力呈反下欲令同轚互
音計沈古的反迫隘烏賣反環轘戶關反本亦作轘同坻閣徐之鵅反劉都禮反
砥柱音旨射邪食亦反下似嗟反隄渠丁兮反兵杖直亮反則
莫音暮操持七曹反閒閒廁之閒
蜡氏清預反骴似賜反注殰齒皆同殰又作漬作舂子亦反李慈益反掩骼
古百反不蠲古玄反舊音圭絜也惟饎昌志反罷民音皮服衰七雷
反皆為于僞反下為其陷為其就禽同所薉紆廢反今本多作穢惡也烏路反
罝楬音竭縣其音玄
雍氏澮池古外反為阱在性反塹也擭胡化反作鄂也謂陂彼宜
反障之尚反為塹七豔反本又作壍柞劉才伯反戚在洛反鄂也劉五格反

戚五各反　粊誓音祕　𢾊乃音杜　敜乃乃協反又乃結反　徐戎劉本
作郤音徐　爲苑紆阮反劉於願反
萍氏　捕魚音步　苛察音何又呼何反　沽買音姑又音故下如字一本作賣
波洋音翔又音羊　卒至寸忽反
司寤氏　行夜下孟反下行夜同　徼候古弔反　先明悉薦反　星隕
于敏反　司烜氏　夫遂方苻反或云司農音苻　明齍音資注作粢
同　墳燭苻云反　庭燎力召反　爲蕡扶云反李音婦輩反　中春音仲　爲
季于僞反下爲葬皆爲同　風燥素早反又素報反　明竁昌絹反　刑劉徐音
屋劉音渥　葬與音餘
條狼氏　趨辟七須反下婢亦反又音避劉薄易反徐扶亦反注趨辟辟行人同　今
卒子忽反下衍卒同　辟車必亦反又婢亦反　車轘户串反一音環　大文音泰注同

行前戶剛反以警京領反復請劉上音服下音情

脩閭氏掌比毗志反下同宿互如字劉息就反國粥音育其追如字劉張

類反爲偦音胥又息呂反冥氏音覓置量昌容反劉上凶反罦音浮以扃

古熒反絹古犬反一音古縣反翨氏注同毆之丘于反後同搔也音爪

庶氏章預反毒蠱音古說禬劉音潰戶內反嘉艸音草本亦作草

敎令力呈反求去起呂反爊之許云反

翨氏而掎居綺反注同鷹隼息允反羽翮戶革反

柞氏側百反林麓音鹿刊陽苦干反斫去起呂反其肄以四反

薙氏秋繩音孕以證反含實也注同而芟所銜反萌音萌茲其音基

茲其鉏也鉤鎌音廉取茭音交剗之初產反劉側展反

硩蔟氏掌覆芳復反毀也注同夭鳥音妖後夭鳥同若鴞于驕

反服鳥音服　縣其音玄　從娵徐劉沈並子須反　至荼劉沈音餘李音舒又音徒案爾雅正月爲陬即離騷所云攝提貞于孟陬皆側留反又子侯反爾雅又云十二月爲涂音徒今注作娵荼二字是假借耳當依爾雅讀　從攝提格至赤奮若爾雅曰大歲在寅曰攝提格在丑曰赤奮若

翦氏蠹物丁故反　以攻如字劉音貢　禜音詠　莽草亡蕩反又莽草藥名　爲蘂劉古毛反本或作櫜他各反　凡庶章預反

赤犮氏　以蜃市軫反　灰洒色買反劉霜寄反　蟲豸直氏反　以坋蒲悶反　淳之之純反　貍蟲其皆反劉莫拜反　䗪章夜反　肌居其反　求本或作蛷音求劉音俱

蟈氏　掌去起呂反注去之同　鼃戶媧反　黽莫幸反　牡蘜莫口反下弓六反　爲聒于僞反下古活反銜枚氏放此

煙被皮義反注同　假令力呈反注同

壺涿氏炮土步交反注泡苞同　狐蜮音或或　燔之音煩　牡橭劉音怙杜音讀爲枯云枯榆木名也劉亦音枯橐如杜義則音姑山榆也　爲梓音子本或作榟　爲橭勑居反

庭氏掌射食亦反下注同　嗚呼烏故反下文嗚呼同

大陰音泰下文同　陽與音餘　譆譆許其反　詘詘劉音出本亦作出

銜枚氏司囂五羔反下同　讙者呼九反　在朝直遥反下同　禁

嘂音叫　嗚吟魚今反

伊耆氏爲函音咸　去之起呂反　別吏彼列反　卒子忽反

杖鉞直亮反又音丈下音越　大行人要服於遥反下文及注同

春朝直遥反後皆同　以比毗志反注同　春見徐賢遍反戚如字夏秋冬放此

更音庚　迭直結反　而徧音遍下文注皆同　時見賢遍反下殷見同　九伐如字劉扶發反

之好呼報反注同　殷覜通弔反　之慝吐得反　使來色吏

反惡行下孟反間問間廁之間注同歸脤上忍反致禬音會澶
淵市然反繅音藻藉在夜反下及注同九斿音留下同樊纓畔干
反下同九乘繩證反下同介九音界下及注同車軹之氏反或居氏反擯
者必忍反後皆同冉祼古亂反而酢才洛反食禮音嗣下及注皆同五
積子賜反後皆同二勞老報反下及注并小行人司儀職放此信圭音申後信圭同衣
旂於既反著冕丁略反屬其章玉反幓音衫以罽居例反齊
僕側皆反當軫與音餘下是與步與與皆同以飲於鴆反下同不恙
羊尚反餽之本又作饋求位反徐絕畏反柱地張矩反九飯扶晚反降殺
色界反無相息亮反注同李息丈反其摯本又作贄音至見賢遍反下文壹見而
見之朝見皆同傳辭直專反齊酒才計反各下戶嫁反注同嬪物
婢人反絺敕之反劉豬履反纊音曠徐劉古曠反見傳上賢遍反下直戀反

一音上如字下直專反屬象徐劉皆章束反下及注同作叶音協詞音辭譯

官音亦爲汁之十反叶也又音協爲諝思叙反耆慾市志反下音欲本多作欲

狄鞮丁兮反重譯直龍反才知音智以上時掌反齎其

子兮反賓而劉云應言擯小行人職同詔相息亮反注同

小行人之使色吏反注同後使者使適使之四方竹使使臣皆同眂館音視所

爲于僞反瑱圭劉吐電反案王執鎮圭瑱宜作鎮音琮才宗反琥音虎璜

音黄之好呼報反犒襘苦報反下音會作槀古老反敎治直吏反

康樂音洛

司儀擯相息亮反此職內經注除相爲賓相朝相授相親相隨相待相爲國客相聘相禮皆同

壝土唯癸反劉欲鬼反爲與音餘下尺與同三重直龍反下三重重耳同敦丘

音頓沈又都門反陶丘徒力反昆侖力門反三復音服或芳服反之玷丁簟反沈

都念反宮縮吐刀反之行下孟反見王賢遍反諸侯毛毛謂須髮也劉本作耄音毛皆旅如字又音臚力於反傳辭直專反下除春秋傳皆同末上時掌反下上傳上車同致飱素尊反下同授幣依注授音受賓拜送依注賓音擯下賓使者同告辟音避劉薄歷反注同下客辟三辟趨辟放此已辟音避詔侑音又拂闑魚列反中棖直庚反鴈行戶剛反還圭音環又音旋饗食音嗣凡饗食皆同費也芳味反降殺色界反下豐殺則殺及後殺禮皆同逡巡七旬反客甚勞如字下甚勞勞辱同客刅本亦作從同才用反乘禽繩證反下乘皮同上下時掌反各稱尺證反東紡芳往反不朝如字又直遙反不背音佩東鄉許亮反下同行夫傳張戀反注司遽其庶反其使色吏反注及下同有難乃旦反注同傳命直宣反象胥職同焉使劉焉音夷

環人殉環徐音循或辭俊反及疆居良反苛留音何又呼何反象胥

閩亡巾反又音文貉亡百反國使所吏反壹見賢遍反而賓音擯下同

相之息亮反下同

掌客政治直吏反注同侯長丁丈反注同敵用丁歷反從者才用反下注從賓同

藺栗古典反鉶音刑牲三十有六依注牲音星下牲十有八受牲禮同

二十筥姜呂反二十甕烏弄反五藪素口反劉色縷反三秅丁故反或丈加反

乘禽繩證反下及注同三食音嗣下食大牢再食壹食注不食同皆見賢遍反注下除相見見讀皆同

皆餁而甚反西夾古洽反劉古協反下同非衺初危反下同差也初佳反又初宜反倍鼎音裴二行戶剛反下六行四行二行皆同

從陳子容反稾實古老反并刈必政反又必盈反曰總本又作緵子工反李又音摠

手把必馬反楝梠音呂一穧才計反參差初林

反下初宜反不復扶又反勞賓老報反造館七報反秏秭徐音姊劉
祖禮反皆爲于僞反下同愛費芳味反芻稍所教反舊疎詔反煎
子然反劉子賤反亨普庚反劉普孟反掌訏野盧力於反求
索色白反道之音導下文注道之道賓道王同退復入迎復扶又反爲之
于僞反亦如字之治直吏反注下同訏爲于僞反下則爲同凡從才用反注同於
竟音境詔相息亮反掌交之好呼報反注下皆同惡
烏路反注同辟行音避注同之說音悅注同之難乃旦反
朝大夫國治直吏反注下同君長丁丈反注同殿之都練反

冬官考工記第六鄭云此篇司空之官也司空篇亡漢興購千金不得此前世識其事
者記錄以備大數爾

與居音預監百古銜反以上時掌反凡言以上放此共工音恭面埶

音勢以飭音勑下同以辨皮莧反具也注及下同以長丁丈反下同操也七曹反販甫万反粤無音越鎛音博田器也注及後同燕無音烟函戶南反鎧也後同無盧魯吳反下皆同本或作蘆侍乃直里反錢子淺反斯撊音趙一音大了反合垢工口反鎧也苦代反為纑音盧下同竹欑才官反李音篡柲也音祕劉又音筆摩鐧力庶反夫人徐劉方無反沈音扶草蕆音織劉云蘵字之異者燕近附近之近矜柲其巾反李其京反畜牧許又反下音目又音茂知者音智創物初亮反依字作刱始闓音開爍金徐劉余灼反義當作鑠始灼反合此如字劉音閤為枳吉氏反鸛徐劉音權公羊傳同本又作鸜左傳同其俱反鵒音欲踰濟子禮反四瀆水貉戶各反獸名依字作貈踰汶音問水名為猨音袁之削如字李思約思詔二反妢胡扶六反之笴古老反注作槀同矢榦古旦反或古旱反穮勑倫反箘其隕反李其轉反

簵音路 枯音戶，尚書作楛，音同 爲邠彼貧反 以泐音勒 以澤音亦，李音
釋 再扐音勒 後卦如字，又俱賣反 解散音蟹 刮摩古八反 摶
李音團，劉音慱 埴時職反 言拍普百反 黏土女廉反 作抏劉音刮，戚
音完，李侯管反 㮚古栗字 段桃徐丁亂反，劉徒亂反 韗況万反，劉音運，本或作韗同
畫繢戶對反，後同 筐音匡 㡛莫黃反 玉楖側筆反 陶旊
甫罔反，又音甫 侏儒音朱 榎屬古馬反，字或作檟 爲鞄匹學反，劉音僕 鞄
[illegible]如兖反，柔革工 芒芒莫黃反，下同 放於甫罔反，方下同 甒大音武，下音
泰 畢宮如字，劉音婢 盡力津忍反 溝洫況域反 六畫音獲
而迆以氏反，後同 崇於本亦作古崈字 殳長音殊，下直亮反，後放此 酋
矛在由反，或且州反 皆捷徐劉初輒反，戚初洽反 車輢於綺反，劉於寄反，車
倚也，一音起寄反 倚移於綺反，下以氏反，下放此 著戈丁略反 邪倚似嗟反

其樸普剝反劉音僕一音扶祿反屬章欲反下及注同戚速徐劉將六反李音促

注同附著直略反下同以操七曹反作數色角反下同則易以豉

反已庳音婢登陁徐丈爾反劉堂何反李音他輈人同已大也音泰劉他餓反

阪也音反乘車繩證反後乘車皆放此軹音只轂末也轐焉音卜又音

僕軹軎音衛旃僕之然反下如字又音卜軌廣古曠反後放此

輪人輻牙音許下皆同中冬音仲下中夏同以橿居良反其

鑿在洛反又曹報反内如銳反依字作枘而合音閤又如字輪輮而久反劉音柔李而又反

輪敝婢世反徐劉伏滅反幎爾莫歷反諸圜于權反均致直置反下注積致同

揱音蕭又色交反又音朔李又所咸反肉稱尺證反注同易直以豉反纖殺

色界反劉色例反下同一音如字揱參上色交反又音蕭劉音朔下所林反桑螵戚毗昭反

劉平堯反蛸音蕭又音消其眼魚懇反其幬音疇下同劉又音濤李一音持

株反或一音蹈幔轂莫干反則褁音果隅見賢遍反限切魚懇反李如字下同切五日如字李倉愛反其緶依注音餅李方善反又姑杏反玉篇去鄭衆音補管反其蚤音爪下同言餅必井反劉本頃反輪箄劉薄歷反李又方四反一音薄計反下皆同爪牙劉音雅其菑側吏反注及下皆同不齵五溝反一音隅相俛九委反匡刺洛割反下同如𢧵側吏反立梟古堯反稹理之忍反本又作稹劉依司農音眞一音眞不歉李戚好角反劉呼報反作秏呼報反歉暴步角反下同劉步莫反一音蒲報反必撓乃孝反則柞莊百反則槷讀爲槷劉魚列反戚魚結反迫唶莊百反令牙力呈反卷內皆同厚一寸胡豆反後放此而中丁仲反詘之丘勿反庢兩待洛反下度之同之防音勒捎音蕭其藪素口反李一音倉后反轂空音孔趨也七住反又七須反下同去一起呂反後去一去二皆同爲賢如字劉李胡田反注同相稱尺證反下同陳篆直轉反必

數色角反李色住反轂約烏孝反又如字丸漆如字又胡喚反量其音良下量其數同鑿曹報反又如字後同深尸鴆反下放此大扤五骨反或五活反而強其良反劉其尚反不勝音升故竑獲耕反而殺色界反劉色例反注同之濂依字力簟反依注音黏女廉反衰小劉初危反一音如字黏著直略反下附著同爲骹胡飽反又下教反李又苦教反近轂附近之近人脛刑定反揉輻而九反又音柔李又奴丑反一音而又反火槁劉苦老反沈居趙反平漸子廉反下同無槷魚列反依注音涅乃結反李一音素結反倨句音據鑿內如稅反檕也素結反足見賢遍反注同綆參方穎反下七南反又音三不掉徒弔反欲杼直呂反欲侔亡侯反劉莫豆反是摶徒丸反李又丈轉反不藃本又作[illegible]音各李一音鱗不挫作卧反李又祖加反瘣也胡罪反中規丁仲反下同萬之姜禹反李又音俱注同蔞良主反劉音流下文同李又里俱反縣之音玄後皆

同相直音值則斲陟角反難易以豉反杠中音江桯圍讀爲楹音盈信其音申部廣古曠反劉音經下同爲下于僞反下爲兩同弓鑿才報反蓋橑音老劉力報反鑿空音孔弓菑側吏反劉音廁撓之乃教反剡其以冉反又才冉反庛軹方二反輨或作幹俱音管近部附近之近蚤圍音爪幾半音祈欲卑音婢下同隤下大回反霤力又反潦車音老車輿音餘轂畝音隱不隊直類反落也

輿人參稱尺證反注同爲隧雖遂反注邃同又音遂注燧同如鑽作官反之較古學反兩輢於綺反劉於既反下同作榷音角植者直吏反下同轛音對又張歲反李一音都回反繫綴張歲反軨立劉音領又音零下同鄉人許亮反中規丁仲反下音同弘殺色界反凡居如字舊音據無弁如字又必政反偏邪似嗟反棧車士板反劉才

反反産欲弇劉於驗反又於撿反爲其于僞反華轙莫于反易

圻以豉反下勑白反

輈人張留反車轅也方言云楚衞之間轅謂之輈五棨音木本又作鞪同種馬章勇

反齊馬則皆反輿轐音卜舊方木反又音僕之咸本又作減同洽斬反

率寸音類又音律下同軓前劉音犯注同作軋音犯所尌音樹

輿隧雖遂反兩軶於革反不勝音升其孫音遜注同無

弧音胡杜音烏不汙李音烏一音紆今夫音符輈摯竹二反輈也

覆車芳服反必易以豉反下注之易諭易同輖也音周一音弔或竹二反上

阪時掌反下登上同必縊一臂反劉一計反作偪音逼不援音袁

其邸丁禮反必緧音秋作緌音秋與緧同欲頎苦很反典

音殄又勑珍反注同馬倚於綺反利準音水又如字下及注皆同重讀直用反又直龍

反不揵杜音蹇鄭音倦不便婢面反不罷音皮不契苦結反注同需

音須又乃亂反注同衣袵而甚反又而鴆反環濟子召反李音在學反之被皮寄反

沂鄂魚斤反下五各反九斿音留宿之音秀下同象伐如字劉扶廢反輿

參色林反東辟音壁弧韣音獨張幓所銜反本又作縿同又為于僞

反下齊才細反下及注皆同段氏丁亂反刃削如字李音笑下同鑒隧

音遂錞于音淳豆區烏侯反鬴也音輔錢鎛子淺反則忍

音刃

築氏鋒鍔五各反

冶氏鋌徒頂反三垸音丸異齊才細反稾中古老反句子

古侯反下句兵同接柲音祕而邪似嗟反以啄丁角反必横劉華孟反

又如字磬折之設反而便婢面反曼胡莫干反三鋝色劣反又音劣

或音環鋄也戶關反又于眷反萊稱尺證反中矩丁仲反注同輿刺

七賜反注同著柲直略反鏄徂悶反劉祖悶反折臾音餘

桃氏臘廣力闔反一音獵李魯頰反之莖戶耕反鋏夾古協反又古洽反下同

鐔戚音遙徐劉音尋一音徒南反於把劉音霸戚必雅反易制以豉反裨

覓婢支反劉音畢笏音忽虎賁音奔說劍吐活反劉詩悅反

鳧氏兩欒本又作鑾力端反之銑先典反之鉦音征上祛丘書反徐丘庶反

之甬音勇之旋如字李信犬反蹲熊音存盤龍畔千反辟邪必亦反下似嗟反

之篆直轉反之攠音摩劉亡奇反又莫賀反之隧音遂

窐而劉烏華反徐於蛙反又於圭反似夫音苻從爲子容反下同數也色主反

有說徐始銳反注同大厚音泰劉他賀反下同則柞側百反注咋同鍾掉徒弔反

則近附近之近短聞音問下同易竭以豉反

㮚氏消湅音練下同不復扶又反咸也洽斬反本亦作減同齊

寸計反稱分尺證反其麤徒門反徐劉徒恩反謂覆芳服反聲中
丁仲反應律應對之應槩而古愛反愳索所白反求也允臻側巾
反為民于僞反以觀古亂反示也又如字注同使放方往反啓道音導
函人七屬之樹反下及注同合甲如字舊音閤注同謂要於遥反下同甲
鍛一亂反不摯音至大孰音泰劉菟餓反言致直置反下同其鐨
作官反空音孔又如字下同其宛於阮反或云司農音鬱其易以豉反下同敗
藏音藏本或作藏其朕直忍反櫜之音羔劉古道反謂卷眷勉反下
文同衣之於既反齘戶界反更也音庚便利婢面反
鮑人作鞄匹學反劉音樸蒼頡戶結反鞄⿱北宂人兗反荼白
音徒芧莠音酉又音秀煩撋人專反劉而垂反或如詢反摶之直轉反或
除面反下同縳一直轉反如瑱他見反本或作顚音同不⿸虍韋音虧又許皮反

其著直略反下眡其著同之札側八反劉側列反者鋪普吳反又音孚著之直略反又丁略反其線思賤反注綫同澣之戶管反而腥於角反劉音屋則需人兗反注同作劀而髓反又人兗反沾渥於角反信之音身劉音新下皆同爲帴音踐或山箭反如俴音踐劉仕顯反羊豬戔劉音普見反依字才丹反字林昨善反沈云馬融音淺于賓爲殘與周易戔戔之字同亦音素干反不知其義或云字則如沈釋而羊豬戔之語未見出處俗謂羊豬脂爲膻音素干反豈取此乎案周禮注殘餘字本多作戔宜依殘音不甐音吝或作鄰音同注同韗人況万反衆家並音運爲鞠音陶徒刀反爲穹起弓反下同空邪似嗟反上三音參七南反近晋附近之近之賁扶云反本或作斵又作鼖皆同短聞音問下同以園音環爲獐音章謂麇俱倫反爲其于僞反易漬以豉反鍾氏朱湛子潛反或子鴆反又音鴆丹秫音述漸

車子潛反下漚漸同湻而章均反注及下同爲纁許云反緅側留反劉祖侯反

又復扶又反以紺古闇反之緅倉絹反范倉亂反之竀勑貞反本又作

經亦作赬者與音餘

㡛氏音荒湅絲音練下同涚水書銳反漚絲烏豆反李又烏侯反

㬥之步卜反劉步莫反下同作湄劉音眉一音奴短反所泲子禮反曰渜

烏禾反又於偽反一音乃罪反以欄音練李又來踐反或音蘭渥烏豆反與漚同涯渥營同以蜃

常軫反繒人似陵反渥菅古顏反爲湛子潛反士冠古亂反白

屨九具反以魁苦迴反又作魁柎之方于反魁蛤古盍反粉之如字

劉方問反而盝音鹿而揮音輝去其起呂反朝更此一字張遥反餘皆

朝廷之朝

冬官考工記下

玉人信圭音身朝覲直遥反下皆同用龍莫江反用瓚才旱反下同司農音讚伯用將如字劉音陽讀餮之然反餍作旦反下尊遐嫁反見禮賢遍反下同中必府結反戚如字鹿車縪劉府結反沈音畢云劉音非也案此俗今猶有此語音如劉音蓋古語乎劉音未失組約如字劉阿駮反爲執于僞反失隊直類反有邸丁禮反又音帝下文同杼上直呂反之珽他頂反椎也直追反下同閷也色界反劉色例反殺字之異者本或作殺下取殺殺文同相玉息亮反首炤音照度景待洛反此下注同祼圭古亂反注淉果皆同琬圭於阮反而繅音早王使所吏反下同藉也慈夜反琰圭餘冉反除慝吐得反易行以豉反又音亦改也行音下孟反注同以上時掌反瑑飾直轉反去起呂反煩苛音何璧羨以善反延也又音賤徑也好三呼報呼老二反壁孔也注同肉倍柔又柔育二反下同之瑗于眷反劉于願反其袤音茂璧琮才宗

反射四食亦反注反下注同金勺上灼反注同衡四音横注衡謂並同祈
沈如字劉居綺反小爾雅曰祭山川曰祈沈案爾雅祭山曰庪縣祭川曰浮沈祈音九委反今讀宜依爾雅
爾雅音大祝音泰校人戶教反以覜吐弔反視也有鉏劉李測魚反沈徐加
反騶琮音祖爲稱尺證反錘直僞反劉直危反之柢音帝劉作柘戶
古反僢倡絹反勞力報反注同玄被皮寄反造賓七報反
楖人莊密反本或作櫛雕人音彫本亦作彫
磬氏倨音據句沈音鉤注同劉如字先度待洛反去一起呂反假
令力呈反後皆同已上時掌反注同大上音泰劉他賀反下同磨鑢音慮其
耑音端劉又音湍本或作端矢人候矢音候劉音侯茀
矢依注音殺色黠反劉色例反李音拂參訂音亭劉當定反槀中古老反下同絜
矢苦結反又音結矰矢音增綱依注爲茀劉府弗反李音拂而綱本又作殺色界

反注下皆同令趣七踰反一音促鏃也子木反或比木反而羽于付反注及下同其

笴古老反下相笴同以辨皮勉反劉方勉反夾其古洽反劉古協反其比

眦志反下反注同能憚音怛都達反李直旦反注同李又直丹反綎十直頂反三垸

音丸則撓音躁子到反旁掉也沈又色到反掉也徒弔反而搖本又作搖羊招反

橈之乃孝反之稱尺證反搦其女角反凡相息亮反注同而

摶徒丸反瑕蠹丁故反陶人爲甗魚輦反又音言劉魚建反

沈魚偃反一音彥甗也二鬴音輔鬲實音歷五觳音斛

瓬人方往反髺音刮貇苦很反頓傷也薜卜革反劉薄駁反破裂也注同暴

音剝又音雹或蒲到反墳起也爲其于僞反不任音壬爲跀劉音月或五刮

反一音兀又五活反墳起扶粉反堅致直致反器中丁仲反下同膞

市專反注輇同中縣音玄後皆放此既拊音附又方附反尌音樹本又作樹儗

度疑紀反下徒浴反則垺芳苻反又普回反相勝音升

梓人爲筍息允反本又作筍橫者曰筍虡音巨植者曰虡植曰直吏反又時力反

臝力果反下同貔音毗螭勑知反卻行羌略反劉去逆反仄行音側

紆行乙俱反李又香于反以脰音豆頸也以注陟又反劉都豆反一音之樹反胷

鳴本亦作骨又作肖于本作骨云敝昆屬也賈馬作胃賈云靈蠵也鄭云榮原屬也不知榮原之屬以何鳴作骨者恐非也沈云作胷爲得亦所未詳聶音胃劉本作胷音鹵雕瑑丁角反蟞屬必滅反本又作蟞螾衍上羊忍反下如字爾雅云螾衍入耳郭璞云云蚰蜒也案此蟲能兩頭行是卻行劉云或作衍蚓衍音延今曲蟮也鼃戶蝸反黽莫幸反蜩音條蟬也蜺五兮反又五歷反又五結反蚣思容反蝑思餘反又思呂反榮原如字原亦作螈音同又五丸反弁

口於檢反燿後所敎反劉羊李羊肖反爲哨音稍劉李音與燿同沈蘇堯反頃

小音傾李一音悤銳喙況廢反一音昌銳反決如字又烏穴反吻劉無憤反戚亡粉反

數目劉音促粗角反李顅苦顏反又楷田反李又古慳反又戶弔反遠聞音問下同
口腃音權作㹦劉苦顏反又客田反一音工定反棄左傳有華㹦音苦耕反爲鬜劉苦
顏反呂忱同云鬜禿也或苦瞎反一音枯曷反摶身徒丸反傭勑龍反凡貜俱縛
反舊居碧反李又九夫反閷色界反劉色例反援簭上音袁下音筮頰領許慎口忽
反云禿也劉古本反李又其懇反一音苦紇反又音混撥爾必末反沈蒲末反其匪芳鬼
反注下同頹爾如字李湯過反廢措七故反注同作厝劉音錯七洛反又七故反勺
一升上灼反注同觚三升依注作觶之豉反下同則一豆矣依注作斗舊音
主亦多口反下一豆酒同觚豆音孤鄉衡許亮反注同之長丁丈反參分方云
反注參分下身居一分同而鵠古篤反注下同所射食亦反下射三侯下文射女同兩个
讀爲幹古旦反下及注同李云大鄭依字傅地音附擠幹力荅反亦爲于僞反象
率音類本又作類又音律縜于貧反或尤粉反劉侯犬反一音古犬反於植直吏反籠

綱鹿工反　而棲音西　則春讀爲蠢出允反作也出也　畫正音征下皆同　三
獲如字下皆同或音胡化反　謂勞力報反　使臣色吏反　折俎之設反　猶
女音汝下文并注同　毋或音無　強飲其丈反下同　詒曾孫羊之反又羊志
反　遺也唯季反
盧人力吳反下同　戈柲音祕　殳音殊　酋矛在由反　言遒在由反或子由
反沈慈有反　言罷音皮　言羸劣皮反　句兵音劉俱具反沈音鉤下注同　無彈
徒旦反注同　刺兵七賜反注同　無蜎於全反又於兗反李又烏犬烏玄二反或巨兗反　兵
椑薄兮反注鞞同　兵摶徒丸反　謂掉徒弔反　悁邑烏玄反　謂橈
乃教反下同　蟲蜎巨兗反　隋他果反　圜音圓　則校古飽反李又侯巧反
傅人音附下及注同　所操七曹反　絞而古飽反　爲矜巨巾反下同　之
被皮義反注同　去一起呂反下同　晉圍如字又音箭　把中音霸　鐏也

存悶反劉子悶反　所捷初洽反　置而如字李直吏反　灸諸音救　封也音樹

猶柱知主反下同　輓而音晚　牆翣所立反本又作濇又作翜同　反覆芳服反注

同　軒輖音周　匠人置槷魚列反注臬同　作弋以職反下

杙同劉杙音子則反　為其難于僞反　度兩待洛反　朝夕如字　經涂音塗

綆三方穎反　金轄胡瞎反　猶鄉許亮反　兩夾古洽反劉古協反　窻

初江反一音怱　蜃灰常軫反　堊牆烏路反又烏洛反　之墼音孰劉又音育　重屋

直龍反下及注同　放夏方往反　複笮音福下側白反　度九劉直路反戚待洛反

下及注同　禹單如字劉音婢　堂與音餘　大扃古熒反　七个古賀反注及下

同　闈門音韋劉音暉　廟鼎音香　浮思並如字本或作罘罳同　高一

古報反後放此　度長待洛反下同　環涂如字劉戶串反　作轘戶關反　溝洫

況域反　之甽古犬反　之隧音遂本又作遂　併發步頂反　畎也古犬反與

大マ七十　周禮音義下　三十

眦同古今字也劉古善反　所佃音田又音電　二仍音刃　之澮古外反　園廛

直連反　筋音助　校數音教下色主反下此數者同　以別彼列反　雨我于付

反　徹與音餘　爲其于僞反下爲其爲此同　埶也音藝　其率音律又音

類下同　通雍於勇反　地阞音勒　水屬讀爲注之樹反　理孫音遜注同

梢溝劉音簫注蛸一音色交反　螵蛸婢遥反　奠水音亭　磬折之設反後

放此　爲歆許金反　水漱色救反前注同　水淤於據反　留著直略反　滛

淢音亦　其閷色界反劉又色例反注下同　去一起吕反　里爲式里讀爲巳音以

出注　傅衆音附　格格音各　椓之丁角反　橐橐音託　葺屋七入

反劉音集又子入反　囷丘貧反　窌劉古孝反依字當爲窖作窌假借也　令甓上音零下蒲歷

反爾雅云瓴甋謂之甓郭璞云今甗甎　祴也音階　竇其音豆　相勝音升

車人謂之宣如字本或作寡亦作宣　脛也户定反　晧落胡老反本或作

顯音同劉作皓音交柯欘古阿反之欘張玉反爾雅句欘謂之定郭云斫也句欘音劬又音湨之定丁寧反或音如字上俛音免耒力對反劉音誄或良水反庛依注

音刺七賜反李又似斯反類庛似斯反緣其如字沈悦戰反相中如字又丁仲反應

一步應對之應利推如字李湯雷反或作摶徒丸反謂牙五嫁反李五家

反下同本或作逆大安音泰又菟餓反下同反輮人九反劉音柔仄輮音側則

易以豉反耎者人兖反爲泥于僞反下同綆寸方穎反牝服

步忍反又扶死反李扶緬反服依注音負詩音如字輪箄薄歷反謂較音角鬲

長沈於華反劉音隔厭牛於甲反

弓人既聚似主反具也檍於力反一音意劉又烏克反檿桑烏簟反杻

檍女丑反箕箙音服凡相息亮反下同鄉心許亮反則遠于万

反下遠於同近根附近之近射遠食亦反下同菑側冀反又側其反沈子冀反劉音刺

栗音烈李又如字　不迣羊氏反　不菑側其反　畬音餘　以鋸音據　副
析普逼反下星歷反　倚移於綺反下羊氏反下同　邪行似嗟反　裂繻音須
秋繝戚色黠反劉色例反下同　紾劉徒展反許慎尚展反又徒展反與注抮縛之抮同角紾縛之意
而昔七各反下同　抮縛並與紾同縛又徒轉反　觕理才苦反又七奴反　錯然
七各反李云鄭且若反　瘠牛在亦反　夫角音扶下皆同　戚於子六反注同李又音促又且六
反　𠛎乃老反本又作腦　而休音煦下同　爲煦況付反劉音休下同　之畏讀爲隈烏
回反下同　故脃七歲反　而摶徒丸反　凡眤女乙反又音職　作樴音職　爲䵒
女乙反爾雅云膠也劉沈並音刃　膱敗音職呂忱云膏敗也　必剽芳妙反戚芳昭反或扶召反後同
撊然下板反或胡簡反　登陴婢支反劉蒲佳反又房卑反　敝之敝婢世反扶搭反
爵之才略反　惻隱本或作濦同　測度徒洛反　液角音亦下同　爲醳
音亦劉沈音釋下同　奠體讀爲定下同　檠中音景　析灂子召反　復內

扶又反　則易以豉反　滑致直致反，下言致同　則合讀爲洽　被弦皮寄反　無邪似嗟反　必荼音舒，下同　由幨昌廉反，注同　重醳直龍反　稱尺證反，下各稱同　其帑女居反　則需人兖反，下注需同　襦有劉音須，沈音偽，本亦作襛　衣絮本亦作帑，周易作袽，皆女居反　中陴苻支反，又音卑　疏數音朔　必倅莫侯反，或亡又反　繳不音灼　由挫子卧反　蹴折子六反　之隈烏回反　恒角古鄧反，又如字，下同　不校古卯反，注及下同　爲裻音督　緪古鄧反，或古登反，沈又居肯反　爲揯古鄧反　辟如音譬，下注變辟同，或房赤反　紾紲息列反，弓䩛也　䩛音柲，又補結反　爲發于偽反　緄古本反，劉古龜反　縢本又作縢，徒登反　茭司農古歷反，鄭戶卯反　解戶賣反，注同　茭讀音交，下茭亦同　激發古歷反　足掔烏喚反　骹之骹戶卯反　蕭臂如字，下文同，本或作辟，一音房赤反　於挺勑頂反，注同，或徒令反　有樹万輔反，下同　爲湖音胡　漂絮匹妙反，下

相預反 **引如** 引依注音譬 **重明** 直用反 **撟幹** 居兆反劉枯老反沈古了反

無燂 音替又音尋或大含反 **鬻膠** 章呂反 **苟愉** 吐侯反或吐豆反 **其**

畏 烏回反 **其敝** 讀爲蔽必世反劉又博瞥反 **宛之** 於阮反 **已應** 應對之應

注下皆同 **不罷** 音皮 **柎卑** 劉音婢 **於綱** 色界反劉色例反注下同 **而翦** 讀爲

扈音户 **難易** 以豉反 **牚之** 直庚反或之亮反又詩尚反注同沈云或音堂非 **辟**

戾 劉必亦反衆家皆匹亦反 **不勝** 音升下注同 **有三** 有讀爲又三讀爲參 **被筋**

皮寄反 **擐之** 户串反劉郭犬反 **三侔** 本又作枠亦作桙同莫侯反侔等也 **三鋝** 色劣

反又音劣 **三邸** 丁禮反或丁計反 **三斞** 羊主反 **鍰也** 音環又于卷反 **合九**

如字一音閤下同 **豐肉** 如字劉而樹反 **忿埶** 音勢 **中且** 丁仲反注及下同 **作**

數 音朔 **以愿** 音願愨也一音元 **愨也** 苦角反 **夾臾** 古洽反劉古協反下音同

刷射侯 食亦反注下除繳射大射小射用射外皆同 **獲** 劉胡檗反 **繳射** 諸若反

木椹張林反　梱復苦本反　昔背補內反注同　角環如字又户串反

筋蕡扶文反注同　斥音尺　蠖枉縛反又於郭反　臬實絲子反　上

再時掌反　覆之孚服反注下皆同　句弓劉九具反沈音鉤　猶善音善本又作善下同

經典釋文第九

經四千八百四十三字
注一万二千三百八十一字

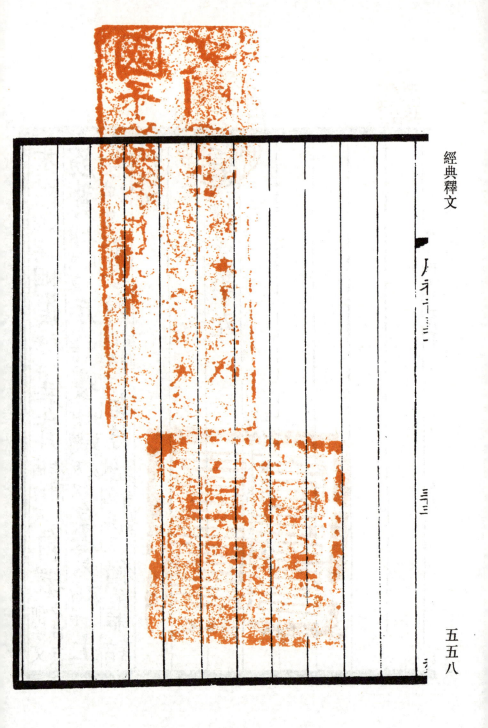

五福五代堂古稀天子寶

八徵耄念之寶

太上皇帝之寶

五福五代堂古稀天子寶

八徵耄念之寶

太上皇帝之寶

經典釋文第十

儀禮音義

唐國子博士兼太子中允贈齊州刺史吳縣開國男陸德明撰

士冠古亂反禮第一鄭云童子任職居士位年二十而冠主人玄冠朝服則是於天子諸侯之士朝服皮弁素積古者四民世事士之子恒爲士 士冠古亂反下以意求之筮于市例反 庿門劉昌宗音廟案庿古廟字 以蓍音尸 謂禰乃禮反父庿也 朝服直遥反注同後朝服放此 緇帶側其反 素韠音畢蔽膝也 黑繒似陵反 再繚音了劉音遼 長三直亮反凡度長短曰長直亮反度廣狹曰廣古曠反他皆放此 上廣古曠反 以眡音視本或作視下同 皮弁皮彦反 爲緅則留反劉子侯反 六入 與音餘 自辟必亦反 卒吏子忽反 假吏古雅反 具饌劉村轉反一音士戀反 西塾音孰劉又音育爾雅云門側之

小三下

堂謂之塾以畫音獲下同闑魚列反門橜也閾音域劉況逼反門限橜其月
反閫苦本反劉音困槷魚列反蹙子六反執筴初革反上
韇音獨少儀詩召反右還音旋後皆放此識爻戶交反反
還音環一音旋作臚力居反撤去起呂反警也居領反爲
衆干僞反擯者必刃反劉方刃反曰介音界直音值下放此東
榮如字劉云榮屋翼堂深申鴆反凡度淺深曰深後放此承盥音管夏
屋戶雅反後同壘力回反纁裳許云反韎音妹又武拜反劉又武八反
韐古洽反又音閤之綼七絹反范散騎音倉亂反再染如琰反下二字同之
赬丑貞反欲令力呈反下近附近之近縕音溫劉烏本反韍音弗而
幽於糾反茅亡交反一音妹蒐所留反名蒨七見反猶辟必亦
反下同其要一遙反此莫音暮於朝直遙反夫玄音扶鈇

依注音頍去蘂反又音跬劉屈絹反下皆同此項下講反青組音祖屬于章玉
反注同緇纚山買反舊山綺反笄音雞組紘音宏纓從下而上者同篋
苦協反著頍丁略反下著卷同四綴丁衛反有緺劉紀屈反著卷
去圓反名蔮古內反猶著直略反以弢土刀反之簪側金反
以上時掌反隋方他果反狹而長櫛實莊乙反于簞音丹笥也
笥息嗣反字林先字反甒云甫反又音武有篚方尾反實勺上若反
觶之豉反爵容三升也字林音文角柶音四七也脯醢音海如笭力丁反一
音泠以𣂔九于反又音俱挹也作廡音武一匴素管反本或作算西坫
丁念反無繅音早玉琪音其象邸丁禮反爲篹素管反劉
音纂爲檐以占反于阼才故反猶酢才各反袗玄之刃
反劉之慎反一音眞同紒音計後同錦緣以絹反并紐女九反道

之音導 當碑彼宜反 相鄉許亮反本又作嚮 近其附近之近 作爲賓于僞反下爲不

浣戶管反 適子丁歷反 辟主音避下辟爲同 爲賓于僞反下爲不

同 乃祝之又反一音之六反注皆同 鶬焉七良反 復出扶又反 見

者賢遍反 屬音燭 面枋音柄彼命反 薦脯本又作蒙子見反或

作廌非也廌依字直買反解廌獸名後放此 啐七內反 捷柶初洽反本又作插亦作扱 見

于母賢遍反下及注入見如見見于君贄見與見姑見母同 闈音韋劉音暉宮中小門也 猶

俠古洽反劉古協反下同 應也應對之應 處也昌慮反 帷幕武博

反 後賓戶豆反 奠贄本又作摯音至 非朝直遙反 少牢

詩召反 泲其子禮反下同 清糟子曹反劉本作湔酒音糟 儷皮音麗

兩也 飲賓於鴆反 皆與音預注同 爲介音界 則醮子召反劉

側敎反 以盛音成 由便婢面反 撓之劉好高反 爲聶女輒

反折俎之說反注同嚌之才詣反嘗也若殺如字劉色例反下同離肺芳吠反扃古螢反扛鼎也鼏亡歷反鼎覆也胖普半反於鑊戶郭反曰亨普庚反爲鉉玄犬反范古顏反劉音關又玄犬反蠃醢力禾反螔音移劉音夷蝓音踰劉又音由爲蝸力禾反又古華反加俎嚌之音齊祭出注美稱尺證反下之稱美稱同能共音恭重有直用反下注同涖之音利一音類惟祺音其爾女音汝下同作麋亡悲反黃耉音苟無疆居良反竟也下同疆竟音敬又音景之休虛虯反亶丁但反時劉本作古旹字爲癉劉音旦一音丁但反爲嘏古雅反又作假既滑息呂反之祜音戶福也于假古雅反大也長幼丁丈反作父音甫又如字下同屨九遇反青絇其于反繶於力反純章允反劉之閏反注下同縫中扶用反紃也音旬純緣以絹反以魁

苦回反栫方于反劉音鈇㞑上忍反蛤音閤以繢戶內反繐屨
音歲大古音泰注同齊則側皆反注同本亦作齊其緌如離反注同而
潎婢世反劉齊斃反以上時掌反下以上同適子丁歷反本又作嫡毋追
音牟下丁回反注同猶堆丁回反本或作塠同殷冔況甫反於槃畔干反
幠火吳反篡初患反殺本又作弒亦作試同申志反下同坊記音房之
殺色界反舊所例反注同而謚時志反
士昏禮第二鄭云士娶妻之禮以昏爲期因而名焉必以昏者取其陽往而陰來納采
士在反釋也取妻七住反亦作娶下同紹介音界爲神于僞反下明爲鄉爲
今爲同尊處昌慮反於禰乃禮反使者所吏反後使者舉使皆同莫
凶音暮内霤力又反榼間音盍合好呼報反甒醴亡甫反下音禮鄉
爲神亮反本又作嚮如冠古亂反下同投校劉胡飽反又下孝反一音苦交反雜同

几辟劉旁益反一音避注同拂拭上音弗下音式逡巡士旬反下音旬角柶音四
梧授吾故反面枋彼命反疑立魚乞反又音嶷主爲于僞反下巾爲蓋爲同執
觶之豉反坐啐七內反猶扱初洽反從者才用反後從者皆同復使扶又反下
不復皆同玄纁許云反儷皮音麗偶也純帛側其反請期音情又士井反陰
和戶卧反去蹄起呂反注同下大西反肫劉音純音之春反字林之閏反髀步米反字林方
爾反云骹骨也又作髀皆飪而甚反扃古螢反鼏亡狄反壻之悉計反從士從
胥俗作壻女之夫鄉內許亮反右胖音判飯必扶晚反近竅附近之近
下苦弔反以扛音江爲髀必爾反又毗支反作鉉胡畎反承盥音管饌
于仕戀反劉仕轉反醯醬呼西反巾之如字劉居近反四敦音對劉又部愛反下
敦南對敦同食齊上音嗣下才計反下同大羹湆如字大又音太亦作泰羹劉音戶庚反字林
作臛云肉有汁也戶耕反劉亦太義同湆劉云范去急反他皆音泣字林云羹汁也口恰口劫二反在爨

七亂反　大古音泰　北墉音容牆也　綌冪去逆反　加勺上灼反　以庪居委

反劉居綺反　合巹音謹劉羌愍反字林作𢀹居敝反蠡也以此巹爲謦身所奉之謦　破匏白交

反　三酳以刃反劉士客反下文同　緇袘以豉反又音移注同　從車才用反下注同　二乘

纚發反　以上時掌反後以上倣此　親迎魚正反下同　衣緇衣上於旣反下如字

謂緣以絹反又以全反下皆同　持炬音巨　炤道音照　有裧昌占反　共

之音恭　爲神于僞反下注爲神爲行同　纁袡如占反　髲也皮義反　追

師丁回反　編次必連反劉步典反　袗玄之忍反一之愼反又音真後同　毋莫候反字林亡

又反劉音母又音茂　纚笄山買反劉霜綺反　縚髮他刀反本又作弢同　朱綃音消　相

別彼列反下別出同　被皮義反下及注同　頍苦迴反劉音古燊反禪也　黼音斧劉音補　姪

大結反字林丈一反　娣大計反　禪也音丹　朱襮音博　刺黼士亦反劉

音刺史之刺　而下遐嫁反　婦乘如字劉音繩證反下記同　御塵魚呂

反令衣力呈反作憬劉音景道之音導下同媵席以證反又御
證反于奥烏報反西南隅媵御依注音訝五嫁反迎也下注媵御御受御衽餕御贊盥者
枕者必復反劉云匕器名枕者枕載也由便婢面反下同啓會古外反卻于
去涖反啜湇昌悅反嚌醬子闔反三飯扶晚反注及下同主爲于僞
反下爲媵爲尊盥同漱也所又反演也以善反齊肝才計反肝炙諸夜
反洒撤劉直列反餕之音俊說服吐活反劉詩悅反下親說同劉云訓解通同勿
言脱也絜清如字又才性反下倣此作稅舒鋭反劉詩說反御衽而甚反又
而鴆反卧席將闚劉古遍反今本亦作見因著丁略反俟見賢遍反注及下
皆同執笲音煩竹器而衣於既反𥬔劉羌居反蘆劉音盧拜處
昌慮反則俠古洽反劉古協反後倣此段脩丁亂反本又作腶同脯也戶牖予九
反疑立魚乞反又音嶷注同始冠古亂反下猶冠冠子同盥饋其位反孝

儀禮音義　五

養予亮反記注共養同 取女七住反 作併步頂反 倅劉七內反本或作倸如琰反
汙汙穢之汙 娣從才用反 勞人力報反 用董音謹 考妣必履反
帥道音導下帥道同 扱地初洽反劉芜及反又魚及反 昬昕音欣 不腆他典
反 用鮒音附 不餧奴罪反 始扱初洽反劉芜及反 左奉芳勇反 攝
之之涉反注及下同 猶辟必亦反 爲門于僞反 阨狹於賣反下音洽 見
文賢遍反下注婦見同 官長丁丈反 俟迎魚敬反下親迎同 三屬音燭注同
說水舒鋭反 緇被皮義反注同 纚裏劉音里 爲鎬戶老反 則辟
音避 醮之子召反 適婦丁狄反下同 共養九用反 貺室音況賜也 可
妻七計反 惷失容反劉勑用反又池江反一音竹降反字林丑凶反又丑降反愚也 子爲一僞反 我
與音預注同 虞度大各反下同 不億於力反 謂卒七忽反 服期音朞
下同 爾相息亮反注同助也 朂帥許玉反劉朽目反 猶女音汝下同 大以音泰

毋違音無注同　施衿其鴆反　結帨舒銳反　施鞶步干反　無愆去蓮反　以盛音成　申重直用反　使識申志反又音式　適長丁狄反下丁丈反　紀裂上音巳下音列　繻音須　而傳直專反　齊喪側皆反　壻見賢遍反注下除相見皆同　請覿音狄見下　得濯丈角反　摡於古代反　造緇七報反　闔扉音非

士相見禮第三

鄭云士以職位相親始承贄相見之禮

贄本又作摯音同　用腒其居反乾雉也　奉之芳勇反下同　願見賢遍反凡卑於尊曰見敵而曰見謙敬之辭也下以意求之他皆倣此　耿古幸反　介音界　別有彼列反　爲其于僞反下爲其同　爲脰音豆頸也　大祟音泰劉唐餓反下同　下人遐嫁反　復見扶又反又音服注同　曰鄉許亮反曩也　乃蕩反　猶傳丈專反下文皆同　謂擯必刃反　相者息亮反　請還劉音旋下皆同

嫌褻息列反辟正音避以索悉各反注同有行户郎反衣其於既反繫聯音連麛莫兮反彌蹙子六反注及下同恭愨苦角反摯鶩亡卜反鴨也必辯皮勉反劉方勉反不疑音擬又如字注同邪鄉似嗟反下許亮反疑度大各反君近附近之近下同妥而他果反安坐也已爲于僞反下爲嫌示爲皆同孝弟音悌中視如字劉丁仲反抱劉薄報反毋改音無下同嫌解古賣反惰他臥反毋上時掌反侍坐如字又才臥反欠起劒反劉欺劒反伸音申猶辦皮莧反作蚤音早膳葷香云反葱薤户界反先飯扶晚反注同徧嘗音遍注同呫嘗音貼他篋反穀梁未嘗有呫血之盟呫嘗也劉音當窔反云此意謂未快或楚未詳或音沾其釂子召反盡爵也隱辟匹亦反一音避劉房益反此同君爲于僞反若食音嗣飲之於鴆反俛而音逸逡七旬反遁音巡比及比利反命使所吏反注

同有饋其位反曳踵諸勇反備蹝音致跲也其業反劉居業反作拙以制反劉音滯草茅莫交反刺草七亦反劉此歷反猶刻初限反劉測展反

鄉飲酒禮第四鄭云諸侯之鄉大夫三年大比將獻賢者能者於其君以禮賓之與之飲酒之禮

賓介音界知仁音智六行下孟反下德行同而頒音班大比毗志反劉音鼻少師詩照反邦索色白反禮屬音燭下文共注同尊長丁丈反警也音景所爲于僞反敷席音孚又普吳反劉豐其反牖前音酉斯禁如字劉音賜二勺上灼反堂深申鴆反後皆放此更不音東榮如字劉音營禮內皆放此羹如字劉戶庚反卷內皆同定丁佞反注同一相息亮反傳命丈專反賓厭於涉反推手曰揖引手曰厭巳下皆同當楣亡悲反復拜扶又反下復盥不復復重同

爲手于僞反 坋汚步困反劉扶問反 疑立魚乞反又魚力反注同後疑立皆放此 趙

盾徒本反 小辟音避劉房益反 設折之設反注及下同 弗繚音了劉力彫反又力

弔反 嚌才計反字或作嚌同嘗也 猶紾音軫又徒展反劉徒典反一音土展反 以上時掌反

坐挩始銳反拭也注帨同 啐酒七內反嘗也 專爲于僞反下當爲爲工同 由便婢面

反下由便皆同 取觶之豉反字林音至 殺於所界反劉色例反下殺皆同 言疑魚乞反又音嶷

省文所景反 下賓遐嫁反下下賓下主人禮下同 示徧音遍下同 之長丁丈反注下皆

同 辯有音遍注下皆同 相者息亮反下及注同 何瑟戶可反又音何擔也 挎口孤反一

音口侯反持也 之少申召反少長同 視瞭音了 瞽音古 矇音蒙 晃見賢遍

反 則爲于僞反下不爲同 擔之丁甘反 近其附近之近 則詨戶孝反本又作傚同

君勞力報反下勞賓同 使臣所吏反下同 更是音庚又古鸚反 賢知音智 大師

音泰注大師大平大皆同 則爲于僞反注同 南陔古才反 相風上如字下方鳳反 復重

直用反惡能音烏考父音甫和一胡臥反乃間間廁之間注及下注笙間或間皆同魚
麗力知反本或作離下同纍力追反蔓音万宴安樂音洛下人樂同之治直吏反之
長如字關雎七徐反葛覃大南反卷耳力轉反劉居晚反召南
音卲注同采蘋毗人反后妃芳非反劉音配干岐其宜反一音祇王業如字劉于
況反之采七代反化被皮義反肆夏戶雅反下同繁遏於葛反作
相息亮反下及注同爲有于僞反下爲賓同解古賣反惰徒臥反以監古銜
反退共丸勇反注同少長丁丈反下及下庭長同皆弟大計反以鄉許亮
反下皆鄉同相旅息亮反下注升相同仲別彼列反下同辟受音避下辟國君同媵
爵以證反又成證反送也不弛式氏反下同傳請丈專反之少申召反爲
僎音遵說屨吐活反劉詩悅反注同爲稅始銳反胾醢壯吏反鄉設
許亮反本又作鄉同子札壯八反酒罷皮賣反劉音皮三重直龍反下注同公如音若

少四、七五　儀禮音義

出注人去起呂反下同之朝直遥反下皆同復自扶又反下而復復差同息勞力報

反下皆同不殺所八反注同劉色例反以筋居勤反不與音預注及幕末文注同禮瀆

音獨劉又音濁素韠音畢而衣於既反布純劉之閏反或章允反注同純緣以絹

反冪迷狄反亨于普庚反下注亨狗同劉虛讓反五挺大頂反本亦作脡同猶樴音職

本亦作職音同陳處昌慮反冠禮古亂反左朐其于反屈中曰朐胳肺劉音

格一音各進奏本又作腠同千豆反理也前脛戶定反辟臑乃報反字林人于反膞

劉音純猶挂苦圭反作骼古白反降殺所界反下同其妨如字一音芳亮

反之長丁丈反復差初佳反又初賣反又初宜反雖爲于僞反縮所六反下同

霤力又反縮從子容反下同特縣音玄爲蹙子六反援從才用反

鄉射禮第五鄭云州長春秋以禮會民而射於州序之禮也謂之鄉者州鄉之屬鄉射

食夜反州長丁丈反猶警音景語也魚據反此爲于僞反下同殊

別彼列反　斯禁如字劉音賜　加勺上灼反　篚音匪　縣于音玄注同　辟射
音避下辟射同　所射食亦反　中掩劉丁仲反　束之如字　以爲于僞反下爲人同　獲
者如字劉胡蘗反下文同　羨定多佞反注同　朝服直遥反下及注及朝同　一相息亮反注
同　傳命丈專反下傳同　賓厭一涉反下賓厭同　當楣亡悲反　作浣戶管反
疑立魚乞反又音疑注下同　小辟婢亦反一音避　折俎之設反後皆放此　嚌之才計
反注同　坐挩始銳反注下同　啐七內反　拭也音式　醋主才各反報也劉云與酢同音義
便也婢面反後放此　取觶之豉反　禮殺所界反劉色例反後皆同　人復扶又反　示
徧音遍下同　之長丁丈反注及下注同　德行下孟反下德行同　辯有音遍後皆同　爲
僎音遵　別於彼列反　夾尊古洽反劉古協反　不去起呂反注同　再重直容
反下同　欲大音泰劉唐餓反　相者息亮反下及注同　何瑟胡可反又音河　于縣
音玄　乃合如字劉音閤下合足同　不閒閒廁之閒　大王音泰下大師同　成王如字劉于

大字七十三　儀禮音義

況反瞽矇音蒙則爲于僞反下注爲有爲己爲位爲當明爲同人相息亮反下文作相以
相注相謂同解倦古賣反以監古咸反袒徒旱反決古穴反兼挾
劉音協一音子協反下皆同乘矢繩證反後乘矢皆同猶闓音開下同著右丁略反一
音直略反大擘補革反劉薄歷反大指也射韝古侯反劉苦侯反見賢遍反鏃於
子木反一音七木反弣右芳甫反劉方輔反年少中召反福豐音福倚于於綺
反下同比括古活反以比毗志反劉音鼻注同相近附近之近爲涖音利又音類說
束如字又吐活反又始銳反注同當辟音避相工息亮反三笴劉古老反矢幹也字林云箭笴
也公但反矢幹古但反又古旱反鄉堂許亮反弓矢拾其劫反劉其輒反更也除決拾
以外皆同拾更音庚搢三音進又音箭劉又祖雞反插也後同一个古賀反下皆同捷也初洽
反下同復言扶又反下復言同豫則音謝出注下鄉遐嫁反猶併步頂反下皆同
不去起呂反下注同取扑普卜反劉方逼反後皆同以撻他達反欲令力呈反於

中丁仲反下中人者中則以中並同猶閒閒廁之閒儀省所景反仆也音赴還其

劉戶串反一音環下還其後同無射食亦反注同從傍蒲郎反或作旁說決吐活反又始銳

反下說決拾皆同而乘成證反下乘同拊之芳甫反四四數所主反下俟數同不索

悉各反盡也應曰應對之應乃復扶又反下注復言復射同曏獲許亮反又作嚮下皆同

皆與音預下將與同繹已音亦尊別彼列反下尊別同立比毗志反下及注同

見其賢遍反乃徧音遍下同卻手去逆反注同掊弓蒲北反毋周

亦作無同覆手芳伏反注同命去起呂反下皆同共而九勇反下共而俟同不貫古亂反中也

猶中丁仲反下中正下文若中同中正音征近其附近之近下自近近司馬同有題

大兮反識也申志反劉音式貢桔音戶字又作楛先數所主反下及注同爲其

于僞反下爲其爲侯爲將同爲純如字全也禮記音全縮從子容反下同爲蹙子六反

易校以豉反爲奇居宜反下同面鄉許亮反本或作嚮以中丁仲反下皆同將

飲於鴆反下相飲同而卑如字劉音婢其少詩召反下無遐嫁反下相下同加弛
尸氏反執弣芳甫反辟飲音避下辟舉辟中辟俎同三處昌慮反下放此右个劉音
幹義見周官下同辟設扶益反注辟之辟舉及下注辟薦同先三耦悉薦反下同又如字說
矢如字又始鋭反後說矢同以樂樂下音洛下句同又皆如字傳尊直專反相應應對之應
下同騶虞壯由反還鄉許亮反下同五豝音巴五豵子工反說侯
吐活反下說韇并注同不復扶又反下不復復尊皆同當監古銜反相工息亮反禮
殺所界反下皆同小逡七旬反遁音旬則長丁丈反注及下皆放此不與音預
下同授從才用反注及下從者同亦為于僞反下同則摳苦侯反其被皮義反狗
胾壯吏反設啗徒覽反迭於大結反皆與音預注同朝服直遙反下
皆同說朝吐活反下同猶勞力報反下除勞倦一字皆同無介音界不殺如字劉色
例反不與音預注及下大夫與皆同德行下孟反見物賢遍反所好呼報反

享手普庚反下注同綌冪去逆反布純之閏反又諸允反注同純緣以絹反五

職音職脡也脡也大頂反作植常職反腠七豆反猶捲苦圭反之長丁丈

反下注州長皆同一和戶臥反注同之少詩召反謂先悉薦反麋侯亡悲反二

正音征下正鵠同正鵠戶沃反射熊食亦反下射麋與射之同謂從子容反與跬

丘蘂反劉闕彼反一舉足曰跬五架音駕曰庪九偽反又九委反糅女又反雜也杠音江仞

音刃七尺曰仞鴻脰音豆頸也韜吐刀反此翿徒刀反杠橦直江反將指于正反中

指始射食亦反又食夜反復用扶又反下注不復復自同厚寸戶豆反直心音值而

也乗繩證反縣虛求反注同拳之音權中人丁仲反下中人侍中並同不與音預

注同奉之芳勇反敎擾而小反劉音饒薰許云反下大遐嫁反下下鄉同體

比毗志反下同貫之音串下同鄉之許亮反下以鄉同囿中音又一音于救反射

與音餘臑奴報反說文讀爲儒字林云臂羊豕也人于反若膊音純胳音搚又音各轂

之苦角反又戶角反 右个音幹下及注同 謂刌寸本反 尊別彼列反 殽胡飽反又下巧反李又苦教反

肱古弘反 爲褻初危反 篠也息了反 刋之苦干反 稍屬章欲反 若

飲於鴆反注同 則夾古洽反劉古協反 觚于音孤 爲縮吐刀反 大學音泰

歧蹄巨支反一音支 析羽悉歷反 於竟音景注同 龍旜之然反 兕中

徐履反山海經云狀如牛蒼黑色可重千斤 厭於一涉反

燕禮第六鄭云諸侯無事若卿大夫有勳勞之功與羣臣燕飲以樂之禮也

戒與音預注與者同 相君息亮反 勞力報反下君勞以勞同 使臣所吏反下文使者使臣皆

同 樂之音洛下尚樂宴樂同 告語魚據反 人縣音玄注同 爲燕于僞反下爲卿爲拜

同 東霤力又反 罍水音雷又力回反 象觚音孤 瓦大音泰尊名注同下放此 用

綌去逆反 若錫悉歷反劉音余章反 兩圜音圓 瓦甒亡甫反 卑而如字劉又音婢

爲緆悉歷反又余章反又羊豉反 布純之閏反又章允反後放此 西鄉許亮反本又作嚮下及注

同　莞筵音官　加繅音早　師長丁丈反下同　太僕音泰下大宰太平大王皆同

由闑魚列反　之近附近之近　又復扶又反下復與復去復冊拜又復將復而復同　敢伉

苦浪反敵也　辟正音避下辟正主辟君皆同　爲觶章豉反　坋步困反劉扶悶反　塵如字

劉直吝反　嚌之才計反　挩手始銳反　坐啐七內反　酢主才各反　辛

胥劉思敘反一音如字不胥薦同　媵觚上以證反又繩證反送也　酌散思旦反注及下同　禮殺

所界反下皆同　壹弛尸氏反　類與音餘下人與與並同　命長丁丈反後不出者同　爲其

于僞反下爲拜猶爲爲其爲祭同　相飲於鴆反　文辯音遍下同　作徧音遍後同　別尊彼列

反　兼卷九轉反劉居遠反　重席直容反注下皆同　猶去起呂反下同　則先悉薦

反下先大夫同　牧有牧養之牧劉音目　大尊音泰劉徒鐵反　近君附近之近下同　私昵女乙

反　之坐才臥反　之處昌慮反　無胥之承反　瞽矇音蒙　執技其綺反

少牢詩召反　左何胡我反又音河　相入息亮反注及下相祭井注同　則儌戶教反太又作詼同

其更音庚賢知音智便其婢面反南陔工才反風切方鳳反重雜
直用反惡能音烏考父音甫乃間間廁之間注及下注放此魚麗力知反下賢
迴嫁反纍力追反蔓音万之治直吏反之長如字關雎七如反葛藟
大南反召南上照反注同後放此采蘋音頻興王如字又于況反之采七代反被于
皮寄反以監古銜反俱相息亮反爲君于僞反下爲位所爲同皆說吐活反劉
寄悅反注同䐪士戀反劉才悶反肝膋音遼狗胾壯吏反南鄉許亮反縢
觚觚依注音觶欲令力呈反亦學戶教反斆也大樂音泰別於彼列反鎛
人本又作鏄音博下同皆辟音避劉房益反甸人六練反燋也哉約反劉哉妙反
闇人音昏掌共音恭陔夏戶雅反下同之使所吏反下使人同不腆
它典反寡鮮息淺反重直用反傳命大專反朝服直遙反注同素
韠音畢今辟音辟而衣於既反亨于普庚反注同公食音嗣饗

時許兩反或作鄉非　燕爲于僞反　公父音甫下同　飲南於鴆反下文若飲并注同　堵父音者劉音覩　猶遠于万反　樂闋若穴反　應之應對之應　示易以豉反　則勺音灼劉又音照　於鑠上音烏下舒若反　栗蹙子六反　酏以皮反劉書支反　糝食素感反　糗去久反乾飯屑也劉香久反孟子曰舜糗飯茹菜　餌音二　粉餈才私反　祖徒旱反　朱襦如朱反　稍屬章欲反　辟不音避　俟復扶又反　一笴工但反又工老反　厭於一涉反下同　公鄉許亮反　相者息亮反

大射儀第七

鄭云諸侯將有祭祀之事與其羣臣射以觀其禮也

大射食夜反　治官直吏反下之治同　視滌大歷反　謂漑古代反　命量音亮下量人皆同　參七依注音糝素感反後放此　干五依注音豻五旦反劉音鴈後放此　巷除音徒　所射食亦反下射之射麋侯同　以爲于僞反　豹鵠古毒反後同　下天戶嫁反　巾車如字劉居覲反後皆放此　見鵠賢遍反又如字注同　掌裝音莊　所射食亦反下射之所射

侯同中此丁仲反下難中中之皆同任巳音壬言較音角鳱鵠音干劉音岸又音鴈正者音征下爲正同題肩大西反捷黠戶八反參分七南反又音三大半音泰下大蔟同宿縣音玄注同鑮本又作鎛音博大蔟七豆反沽音姑洗西典反皆編必連反又甫千反下同爲堵丁古反應鼙應對之應注同下步迷反之跗方于反便其婢面反後皆同頌磬如字一音容無射音亦爲賓于僞反下同省文所景反簜在大黨反鼗大刀反倚于於綺反西紘音宏有柄彼命反劉本作秉音同以挩尺六反用錫悉歷反劉相亦反細布也若絺勑其反細葛也劉作綌音郤綴諸陟衞反又丁劣反近似附近之近而畢如字劉音婢箭篠素了反爲鼏于僞反下注爲隷爲有爲射同卷辟必亦反横之如字劉古曠反作緆悉歷反劉余章反又羊豉反兩圜音圓壺獻素河反出注下注獻並同爲沙素河反下同泲之子禮反說于始銳反醆酒壯簡反西鄉許亮反下皆同當共音恭劉居倖反羨定

多侯反亨肉普庚反大史音泰後大平大師大史皆同在干音岸從者才用
反正相息亮反之長丁丈反又復扶又反下復冊同賓辟婢亦反又音避
注同逡七旬反遁音旬肆夏戶雅反凡代名及樂章九夏皆放此巡守手又反敢亢
苦浪反劉音剛辟正音避下注上辟皆同于篚音匪宰胥相呂反又如字後同齊之
才計反挩手始銳反坐啐七內反樂闋苦穴反以醋才各反本亦作酢酌
散思但反下皆同禮殺所界反下禮殺皆同命長丁丈反注及下皆同降造七報反一
人與音餘下同爲拜于僞反下猶爲爲大尊爲君爲皆同相飲於鴆反夫辯音遍
後并注作徧皆同重席直容反注下皆同布純之閏反又章允反猶去起呂反辟
君音避下辟君同臑奴到反則先悉薦反下注先大夫同大尊音泰近君附近
之近下同私昵女乙反之坐才卧反之處昌慮反下放此無胥之承反諷
方鳳反少師詩召反下丈及注皆同相大息亮反下及注皆同視瞭音了杜蒯

苦怪反 分別彼列反 左何胡可反又音何 挎越口胡反又口侯反 西縣音玄下同
則詨戶教反亦作傚 於勞力到反 陪于劉蒲來反 餘長丁丈反下之長同
皐陶音遥 長六直亮反 東坫丁念反 以監古銜反 不背音佩
下爲背同 挾音協又子協反下皆同 乘矢繩證反注同 見賢遍反 鏃子木反又七木
反 於弣芳甫反或方武反 猶闓音開 著右丁略反又直略反下同 射韝
古侯反劉苦侯反 弓把音霸 大擘彼革反劉薄歷反 楅音福 踈數音朔 壹
從子容反 公射食亦反下三字同 中之丁仲反下注於中矢中同 遂比毗志反劉音鼻
注同 不拾其業反劉其輒反下文及注拾發拾取既拾皆同 一个古賀反下同 捷也初洽反本
又作扱 射三食亦反下二字同 取扑普卜反下同 以撻土達反 欲令力呈
反 猶閒閒廁之閒 併也步頂反下皆同 合足如字劉音閤 命去起呂反注下同
去扑去侯注塵皆同 共而九勇反下共而侯皆同 還其劉戶串反下注還其同 說決上活

反又始銳反劉詩悅反下說涗拾皆同 曰毋音無下同 射獲食亦反注同 拾更音庚 坐

乘承證反注下同 數之所主反 不索悉各反一音所伯反 乃復扶又反下注復言復賓復

並行爲復復釋君復皆同 比耦毗志反下同 見其賢遍反 左還音患注下放此一音環

南踣步比反 將背音佩下同 覆手芳伏反注同 梱之口本反劉音涃 作魁

古回反 中離丁仲反注矢中中鵠值中猶中不中下所中中三侯若中皆同 其邪似嗟反 爲絹

劉侯犬反又于貧反一音占縣反又古犬反 不著直略反下同 傳告直專反 一笴工但反劉

古老反 以筒息嗣反字林先字反劉音司 萑音完 葦于鬼反 以韜土刀反 將

指子匠反 契於苦計反 以袂面世反 右隈烏回反 揉之而九反劉

奴丑反又耳了反 宛紆阮反 爲紐女九反 稍屬之王反注及下稍屬同 眂筭

音視本亦作視 先數所主反注數者校數同 則縮所六反 從也子容反下同 作

蹙子六反 易校以豉反 自近附近之近下注近其同 爲奇居宜反下同 當

飲 於鴆反下文相飲公飲君皆同 奉豐 芳勇反下同 其少 詩召反 加弛 尸氏反 辟
飲 音避下辟中辟俎皆同 爲之 于僞反下爲大侯當爲嫌爲爲復爲其皆同 两獻 素多反
教擾 而小反劉音饒 卒錯 劉音昔 右个 劉音幹注及下同 祝侯 之又反下
同 若女 音汝下同 而射 食亦反下始射同 彊飲 其丈反下同 貽女 以之
反遺 辟薦 婢亦反注同 鄉 許亮反注同 言拾 其業反下大夫拾同 坐說
也 劉詩悅反又始銳反下同 一个 古賀反下同 用應 應對之應下同 失正 音征 無當
丁浪反 奏貍 里之反 不朝 直遥反 有弧 音胡弓也 蹠數 音朔 所儗
音擬 度也 大各反 乘之 繩證反 若長 丁丈反下士長同 授從 才用反注
同 去藏 起呂反 皆說 土活反下同 猶蹴 子六反 踖 子亦反 謂䐑
音損又才悶反又士戀反 肝膋 力彫反 狗胾 莊吏反 有炮 薄交反或作炰缹同音缶
鼈 本又作鼈必滅反 膾鯉 古外反 鶉 市春反 鴽 音如 洗象觚 音觶

出注欲令力呈反曰復扶又反中三丁仲反注同而和戶卧反懽樂

音洛聯事音連教治直吏反相大息亮反釋縣音玄別內

彼列反皆辟劉芳益反一音避閒合閒廁之閒所樂如字又音洛甸人

大見反闇人音昬燋也劉哉約反字林子弔反掌共音恭薪蒸章淩

反內霤力又反入鶩五刀反注同鶩夏樂章

聘禮第八鄭云大問曰聘諸侯相於久無事使卿相問之禮也小聘使大夫

聘禮匹正反問也因朝直遥反後皆同命使所吏反下以意求之上介音界

副也下故此易於以豉反大宰音泰官名下放此先行悉薦反管人

古緩反劉音官管人掌館舍之官後同布幕音莫玄纁許云反皆乘繩證反

辟使音避南鄉許亮反下以意求之賈人音嫁後同掌物價之官監其

古銜反爲當于僞反下同復展扶又反下不復入復扱復請不復皆同之稱尺證

反之率音律劉音類四只劉音紙于笲音煩器名必盛音成躐
行力涉反載旜之然反通帛爲旜孤卿所建表識知字又音試相近附近之近
櫝大木反函也繅音早圭藉也注璪同藉圭在夜反後皆放此璋音章半圭
加琮〃才宗反劉又音綜半璧也繒也似陵反又才陵反妃合音配本亦作配瑑圭
大轉反以覜他弔反脫舍音捨于竟音景後同直徑古定反猶
道音導下請道同非爲于僞反下爲其且爲所爲來爲主凡爲明爲同餼之許氣反猶
遺也牲腥曰餼謂殺而未孰積唯子賜反或如字用少詩照反下少牢皆同以秣音禾
執筴音策掠也音諒師從才用反下同一肆以二反劉常一反習也注同
爲壝劉以垂反一音以癸反一壇大是反封土曰壇畫階音獲注同外垣音袁皆
與音預注同以幾音機本亦作譏問從才用反下注授從同幾人居豈反當共音恭
本或作供同後放此委積上於僞反下子賜反後放此各下戶嫁反拭圭音式拭

清如字劉才姓反放而方往反私覿大歷反有勞力到反下文及注皆同便疾婢面反後放此者與音餘乘皮繩證反後乘馬乘禽乘皮皆同儐勞必刃反劉云與擯同簠方音甫劉音蒲本或作簋外圓內方曰簠內圓外方曰簋圜音圓不腆他典反善也厚也之祧他條反遠廟爲祧祧謂始祖廟也既拚方問反謂洒埽也劉符變反俟間如字劉音閑奄卒寸忽反齊戒側皆反本亦作齋設飧音孫注同熟食曰飧飪一而審反劉而鴆反熟也六鉶音刑稾實古老反并刈魚廢反訝五嫁反迎也俟辦蒲莧反辦具之辦而傳大專反下同後傳命放此所爲于僞反下爲其皆同直音值闑魚列反閾外音域又況域反而上時掌反所別彼列反皆裼西歷反相君息亮反下放此賓辟音避劉房益反注同後賓辟之類幷注各放此逡七旬反遁音旬必後戶豆反又如字下反後同鴈行戶郎反下同中棖直庚反爾雅謂之楔門兩傍木也西塾音孰劉又音育猶近附近之近下同依前於豈反本又作衣繢戶內反純劉之閏反一音章允反後放此鄉

入許亮反下同又盡津忍反先賓悉薦反立處昌慮反當楣亡悲反言辟音避又扶益反見其賢遍反下皆可以意求之坫之丁念反麛音迷或作麑同青豻五旦反胡地野大也劉音鴈褎本又作褏詳又反絞衣戶交反爲溫于僞反下及注賓爲同凡襢音但劉上戰反則攝之涉反下及注皆同并執必性反一音如字下同告糴大歷反汶陽音問公食音似下親食同加萑音完几輿音餘塵坋蒲悶反劉本亦作坋被也或作被皮義反爲梧五故反几辟婢亦反又音避注同加柶音四面枋彼命反以歆於鴆反尚攕劉音纖一音以涉反啐七內反相幣息亮反下以相并注同殺也所界反右勒丁歷反從者才用反注及下注可從從者皆同辟享音避下辟堂辟君又辟皆同扣馬音口還牽劉戶串反纖縟音辱儷皮音麗兩也其復扶又反下乃復復時同重入直用反道入音導下亦道賓道師道放此遽伯其居反無恙羊亮反公勞力到反注及下同之行下孟反又如字足躩駈碧反劉俱碧反嫌近附近

之近下放此　下見戶嫁反　韎韋音昧又亾拜反劉又武八反　魚腊音昔　扃古螢反　鼏亾狄反　膷音香牛臛也　臐許云反羊臛也　膮許堯反豕臛也　牲臛火各反字林火郭反　唯燖劉音尋一本作爓音潛　窆用彼驗反　韭音九　菹莊居反　醓醢他感反又注曰醓醢也　百甕烏弄反　百筥居呂反　二行戶郎反下同　五籔劉色縷反一音速注不數之數同卷末放此　爲逾劉音余後同說文大潸反　三秅丁故反四秉爲秅字林文加反　比輈丁留反車轅　大祖音泰　不下戶嫁反後下君下朝皆同　治令直吏反　執紖直軫反　別於彼列反下同　于宁直呂反劉直慮反　亦見如字劉胡眄反　亦爲于僞反下文注爲之爲大夫爲賓皆同　相拜息亮反下注如相同　醙所九反白酒也　黍閒閒廁之閒　從拜才用反又如字　壹食音嗣注反下皆同　亨大普庚反　以飲於鴆反　俶獻昌叔反始也　鴈鶩劉下音木　以脩音又　易以以豉反　琥璜音虎　若鄉許亮反　賄用呼罪反劉音誨下同　束紡劉敷罔反　之繻劉音須一本作縛息絹反案說文白鮮色也居掾反聲類以爲今正絹字　以

大百六十五　儀禮音義

遺唯季反車造七到反下同爲拜于僞反下爲且見爲爲行注君爲酢爲之爲皆同展

軨力丁反劉音領以好呼報反見爲賢遍反受勞力到反後同惡其烏路反

使之將子匠反一本作使之將兵將則後如字纕乃如羊反衆從才用反盡言津忍反

猶女音汝當復扶又反下將復又復復以復記同尊長丁丈反於闑魚列反劉魚子

反于禰乃禮反獻從才用反注同辟國音避下辯音遍下文辯復明辯同亦

與音預饗食音嗣凡饗食皆同喪殺色界反素紕諸允反又之閏反下紕同衰

起呂反下七回反下注皆同作訃音赴別於彼列反下別處同括髮古活反爲之

具于僞反又如字下爲之棺同爲致于僞反下爲大下文爲客同棺古患反一讀如字斂之

力豔反下同俟間劉音閑又如字不享本又作饗百名名謂文字也以上

時掌反凡以上放此方版音板人裯直由反處嚴昌慮反下常處

同必壐音徙幾月居豈反作齋子兮反釋軷

蒲末反道神也注跋涉音同車騎其義反爲難乃旦反餞之在淺反送行飲酒也轢
之力狄反作祓芳弗反又音廢與繅音早注藻及璪音同剡上以冉反字林才冉反云銳厚
半戶旦反韋衣於既反玄纁許云反劉又音訓繫音計劉胡帝反長尺直亮
反又如字絢呼縣反劉云舊音縣李胥倫反一音巡組音祖作約音巡劉音圖聲類以爲約字亻又
賷子兮反注同爲行戶郎反下有行同爲肆以二反孫而說音遜下音悅注及卷
末注同爲秖之氏反爲大音泰劉唐餓反下大宜同飧不素昆反絜清才性反又
如字訝大五嫁反其贄音至鞠窮劉音弓本亦作躬不勝音升上如示掌
反踧踧所六反如爭爭鬭之爭失隊直類反怡焉以之反卷去阮反豚
他門反見於賢遍反下不見同蹌焉七羊反俞俞羊朱反劉音庚鵞也五何反一
相間間廁之間注及下猶間同畜獸許又反從廄居又反衣食於既反下音嗣
聘于于音爲羽危反出注谷稱尺證反以緼於問反瓦大音泰而覃劉音

婢五臟音臟之脡大頂反再扱初洽反以相息亮反注及下注相拜同爲

蹙子六反猶遺唯季反辟正音避若昭式遙反注同作脸而甚反劉音審

祝祝上之六反下之又反胳肉音班賦也及庚所求反下之戶嫁反士中丁仲反注

同比放也甫往反有齊才計反和者戶卧反請觀古亂反下注同又如字

猶道音導爲之于僞反私樂音洛恩殺所介反君復扶又反下

同量名音亮穧名才計反下同萊易音來聚把百馬反曰稯

劉宰孔反字林子工反作緵劉音總

公食大夫禮第九鄭云主國君以禮食小聘大夫之禮也

公食音嗣下注後食饗食食禮同易以以豉反以爲于僞反下爲既爲從爲公爲賓同三

辭息暫反又如字拜使所吏反下同賓朝直遥反下及注同羹定多佞反生

同若編必緜反劉方緜反兼亨普庚反鼏扛音江作鉉胡犬反一音扃劉古

頑反又音玄又音關槃匜以支反設湆劉羌立反下及注並同酨漿昨再反別

於彼列反賔辟婢亦反又音避及下同逡遁七旬反遁音旬賔從才用反道

之音導遠下戶嫁反東夾古洽反劉古協反北鄉許亮反後皆放此不拾音涉

下同曰辵敕略反去鼏起呂反卷末注去會同大夫長丁丈反注及下注之長同猶

更音庚腊飪而審反進奏千豆反注同七个古賀反鬐也巨之反魚

近附近之近下宜近相近同胂羊朱反骨鯁古孟反滑胞七歲反組拒劉音

巨由便婢面反後放此殺於所界反授醢呼西反處也昌慮反下放此疑

立魚乞反又魚力反注同君離力智反醓他感反麋臡奴兮反醢有骨者也字林作腝人兮反

反菁子丁反劉音精蕡亡丁反不綪側耕反直豕音值並併步頂反下

皆同不和戶卧反注不和同于鐙音登瓦豆也大古音泰下大牢皆同爲風

于僞反下爲其爲將同設鉶音刑而畢劉音婢又如字食有音嗣下爲食食禮同以

辯音遍下同 擩于人悅反劉而玄反又而誰反 涚也人漸反又七內反 少儀詩召
反 刌之寸本反 捝手始銳反 扱上初洽反 拭也音式 爲鬹力轉反
之膴火奴反 復出扶又反下復告復發將復不復復自皆同 膷音香 臐許云反 膮呼堯
反 牛炙章夜反下同 膗火各反又火沃反 牛鮨巨之反注鰭音同郭璞云鮨鮓屬 衆
人 騰依注音媵以證反又繩證反 三飯扶晚反注同 歠湆昌悅反 漱所又反 乘
皮繩證反下乘皮下文之乘同 以侑音又 相幣息亮反 爲君于僞反下爲其爲之致同
從者才用反注同 曰梧五故反 易退以豉反 盡以津忍反 它時土多反本
又作他 不與音預注同 爲施如字又注式豉反 賔朝直遥反除之朝一字皆同 拜食
音嗣下以意求之 蝸醢力禾反 毋過音無 鶉音淳 鴽音如 于甕烏送反
辟正音避 亨于普庚反 布純諸閏反又諸允反下及注同 加雚音丸 純
緣以絹反 作莞音官或音丸 敷之如字又普吳反劉芳蒲反 鉶芼亡報反 豕

薇音微苦荼音徒菫荁音丸爲芐音戶爾雅云地黃也劉又云芐一音遐嫁反作
幕音莫凡炙章夜反和也戶卧反加繅音早

覲禮第十

鄭云覲見也諸侯秋見天子之禮曰覲禮
覲禮其靳反辟勞力到反注同下王勞注勞之勞其以勞請事勞同之朝朝服竝直
遥反下以意求之使者所吏反下放此爲人如字又于僞反見侯賢遍反下侯見畀見同
乘馬繩證反下乘馬皆同左驂七南反騑芳非反之從者才用反司空與
音餘篇末注月與館與同女順音汝下注猶女同卿爲或作鄉非訝者五嫁反詔相
息亮反先朝悉薦反分別彼列反諸任音壬裨冕婢支反劉音卑注同
衣裨衣上於既反下如字下衣此衣放此而冠古亂反下冠冕同言埤毗支反一音卑公
袞工本反鷩必列反毳尺銳反孤絺丁里反劉本作希張里反於祧他彫
反弧音胡韣音獨有繅音早張繆所銜反又所感反本又作幓下同侯信

音申以藉才夜反下繅藉同韋衣於既反廣袤上古曠反下音茂爲璪音早
斧依於豈反注依如同今綈大西反屏風步丁反莞席音官紛純諸允
反劉之閏反下同纘之戶內反南鄉許亮反下放此傳大專反下傳此傳而皆同而上
時掌反下而上同四享四依注音三享音香丈反劉虛讓反積畫音獲絲纊音曠劉古曠反卓
上劉丁角反折其之設反右肱古弘反奉篋苦協反大史音泰後大史大
常大陰皆同是右音又亦如字注右王之右同耋老大結反又音鐵毋下音無謂食
音嗣下同壝土以垂反後同爲埒音劣猶重直龍反下同監之工銜反巡
守音狩下同方琥音虎黃琮才宗反見王賢遍反侯先悉薦反下同
四傳大專反注同一音乎作傅音付俠門古洽反樊纓步干反二乘
繩證反盟約如字又於妙反詛祝莊慮反如皦古了反燔柴音煩地
瘞乙例反愒苦蓋反作殪一計反之處昌慮反

喪服經傳第十一 鄭云天子以下死而相喪衣服年月親疏降殺之禮也喪必有服所以爲至痛飾也

斬衰 七回反字又作縗後皆同斬者不緝也縗以布爲之長六寸廣四寸在心前縗之言摧也所以表其中心摧痛 苴 七如反有子之麻 絰 大結反實也 絞帶 戶交反後皆同一音如字 菅 古顔反草也毛詩傳云茅已漚爲菅 屨 九具反屨也 明爲 于僞反下同 在要 一遥反後放此 之鈌 丘蘂反劉屈絹反 齊衰 音咨緝也後同 不緝 七入反下同 有蕡 扶云反麻實 大搹 音華扼也 去五 起呂反下同 各齊 如字劉才計反 擔主 市豔反注同 條屬 音燭注同 六升 衆並如字鄭音登登成也 鍛 丁亂反 菲也 扶未反杜預云草屨也 倚 於綺反 廬 力居反 寢苫 失古反草心 枕 之鴆反 塊 苦對反土也本又作凷由說文云塊俗由字 歠 昌悅反 粥 之六反劉音育 一溢 如字劉音實鄭云二十兩曰溢爲米一升二十四分升之一射慈同王肅劉逵袁準孔葛洪皆云滿手曰溢 柱 丁主反注同 楣 亡悲反梁也 疏食 音嗣又如字 飯素 劉扶晚反

今本多作餼字食如字又音寺扼也於革反爲殺所界反劉所例反猶著直略
反下同以別彼列反下遠別別於同右縫扶弄反下左縫出縫皆同梁闇烏南反壘
劣委反又力水反擊古狄反劉薄歷反涂塈劉其旣反又許氣反一古慨反爲父于僞
反凡爲服之例放此意求之長子丁丈反後長子長殤皆同言嫡本又作適同丁歷反所傳
太專反與禰乃禮反爲所爲上于僞反注同下如字布總子孔反箭笄
音雞髽側瓜反篠也素了反露紒音計下同之括如字劉音活如
著丁略反幓頭七消反子冠古亂反子免音問無衽而甚反又而鴆
反裳際也長六直亮反後放此厭於一葉反後皆放此家相息亮反闇寺
音昏守門人也寺內小臣牡麻茂后反枲麻思似反沽功音古後同藨皮表反劉
扶表反蒯苦怪反草也女以音汝下同期矣音基本又作朞後皆放此帶緣以絹反
同大子音泰無施以豉反注同從爲于僞反旁尊劉薄浪反下注同

如字胖合普半反則辟音避下注辟大同適子丁狄反本又作嫡後除適人之類可以意求之
遠別彼列反下同而見賢遍反下同將上時掌反孰後如字又音候下放此何
算素管反劉音選大祖音泰注大祖同近政附近之近稷丮息列反序昭
市選反又如字下昭穆皆放此綴之丁劣反適人施隻反妻稺直吏反爲之于僞
反下爲其同敢與音預注同於朝直遥反注下章注同及者與音餘所寓
音遇寄也圻內巨衣反本又作畿同越竟音景恩殺所界反未冠古亂
反文縟音辱不樛居虯反猶數音朔下同散帶悉但反爲其
于僞反姪大結反字林丈一反嫂本又作嫂同素早反人治直吏反注治猶同猶行
戶郎反下同卑遠于万反猶傻素口反人稱尺證反之別彼列反下
有別并傳同上而時掌反相爲于僞反下其爲之下文所爲同爲見恩賢遍反下
以見同不復扶又反繐衰音歲接見賢遍反注同下章不見并注放此澡

儀禮音義　二三一　余共

麻音早治去起呂反後注猶去則去同莩音敷垢古口反無絇其俱反娣大計反姒音似兄弟之妻娣姒或云謂先後亦曰妯娌弟大計反本亦作娣長丁丈反注同孺子而注反有食音嗣傅姆音茂劉音母字林亡又反見於賢遍反則劬其俱反總麻音絲省文色景反朝服直遙反後章放此庶孫之中殤依注中音下不見賢遍反章末注同則爲于僞反下記所爲下注必爲相爲爲其同壻息計反女之夫緦七絹反范倉亂反緣以絹反下及注同一[亻杂]而漸反不見賢遍反嫌其爲如字又于僞反若辟音避下同袒徒旱反免音問字或作絻注同幼少詩召反虞祔音附錫衰思狄反謂墳扶云反屍音尸柩其又反其斂力驗反之稱尺證反滑易以豉反素總子孔反折笄之設反有著丁略反下同櫛莊乙反榛笄莊巾反刻鏤劉音陋摘頭他狄反大飾音泰劉唐餓反三袧劉音鉤又恪憂反猶

殺色界反，劉色例反，下同大古音泰以便婢面反謂辟音壁博歷反，下皆同廣古曠反袤音茂袂屬音燭，劉又音蜀之肱古弘反袪尺起魚反併兩步頂反拱尚九勇反

士喪禮第十二鄭云：士喪其父母，自始死至於既殯之禮，於五禮

適室丁狄反，注同。適室，正寢之室也幠火吳反，覆也用斂力豔反，後皆同者齊側皆反，本亦作齋比庸如字，牆也，本亦作墉當牖音酉，窻也衽而甚反，曲禮注云：卧席也去死起呂反簪裳側林反，劉左南反左何戶我反，又音河扱領初洽反，劉初輒反則

夏戶雅反，後夏祝皆同純衣側其反纁裳許云反中屋如字，劉丁仲反用篚方鬼反，本或作篋，苦協反以衣於既反，注及衣戶同西北扉扶未反，本或作屝，音非楔齒息結反爲將于偽反，下并注不爲同含戶暗反，本亦作唅，後放此綴足丁劣反，劉張歲反辟戾音壁，下力計反以馮音憑俠牀古洽反亦適

丁狄反使者至所吏反屋劉羌據反閉也者三息暫反人襚音遂衣服同襚執要一遙反後放此言遺唯季反與也別於彼列反下皆同爲銘亡丁反禮記云銘明旌也經末丑貞反旗識識上音試下音式亦作試爲旆步貝反竹杠音江橦也丈江反梠也音呂甸人大練反搖坎其勿反又其月反爲役音役東鄉許亮反注同後放此塊竈苦對反劉先苦雷反謂宜用土塊也廢敦劉音對又都愛反及注下皆同重直容反注重鬲於重同鬲音歷下放此皆濯大角反造于七報反注同五種章勇反以盛音成下同渜濯上奴亂反下直孝反下文放此以汲居及反將縣音玄滌大歷反漑古愛反事遽其據反不綪注作綪側庚反後皆同說文云綪縈繩也江沔音緬水名也一本作沱大何反江別爲沱謂縈於營反繩索悉各反以親如字劉音清刃反鬠劉音膾又戶膾反後同纋中音憂一音何侯反廣袤古曠反下音茂實爲

呼偽反下同有惡烏路反掩練劉音奄析其西歷反裹首音果瑱
他見反充耳白纊音曠劉古曠反緜也幎依注音縈於營反劉宛名反又武遍反又音緜後同組
繫戶計反下同葛藟力水反以絜息據反爲消古玄反握手
於角反劉烏豆反下設握同牢中牢音樓出注若檡音澤猶闓音開挾
弓音協又子協反令不力呈反下令可同挈指苦結反劉本作契苦計反吒鼠劉音
託冒亡報反後皆同手齊如字又才計反䞓殺所界反劉色例反注及下注同韜
尸土刀反而上士掌反純衣莊其反注同所衣於既反下所衣同褖衣他亂
反後同緣之悅絹反言緣同不襌音丹下同一稱尺證反韎音妹又武拜反劉又武八反韐古荅反又
古洽反縕音縕劉烏本反韍音弗蔽膝以璆音虯劉巨虯反文竹如字劉目眞反去
一起呂反珵他頂反本又作珽同俟荼音舒笏作音忽皆繶於力反緇
純諸允反劉之閏反注同組綦音其一音其記反注同于踵諸勇反士冠

古亂反以魁苦回反柎方于反馬絆音半于笲音煩於筐丘方反
用給去逆反櫛莊乙反於簞音丹笥也葦于鬼反笥息嗣反通
裁在代反又音才管人如字劉又音官不說土活反劉舒悅反注同繘均必反劉俱筆
反綆也淅米西歷反汏也徒頼反受潘芳元反下及注同淅米汁也用重
直龍反用爨七端反又七亂反盛米音成下注盛物巾盛盛笙同處也昌慮反造
冰七到反下同士併步頂反下皆同襢之善反下同第壯矣反下同牀簀也侍從
才用反倮裎力果反下直貞反挋用之慎反劉居玄反晞也清也清如字又才性反下絜
清同用枓音主作湪劉土亂反蚤依注音爪下鬠蚤同揃子淺反斷爪
丁管反揃鬚音須本亦作須大蜡士嫁反扱諸初洽反劉初輒反下同以從
劉才用反下同爲飯于僞反下扶晚反下佐飯并下文同南首手又反便扱婢面
反于跗方于反連絇其于反足坼丑宅反三稱尺證反杜預云衣襌複具

曰稱下放此而衣於既反下同不紐女九反不數所主反省文所景反欿
見賢遍反捷也初給反下同于擘烏亂反大擘補革反劉薄歷反大指也下同
爲藉才夜反有軀苦侯反擐劉郭大反一音患作挽烏亂反橐之
古刀反劉古道反爲橐音託鬠音舜劉又音旬亂髮也辟奠婢亦反又音避重木
直容反下及注同縣物音玄下同簪孔側林反劉左南反鬻本又作粥之六反一音育餘
飯扶晚反注同謂以飯尸之餘米爲粥於養羊亮反冪用本又作鼏亡狄反久之
依注音灸用軨劉舉琴反下同說文其闇反竹簭音蔑辟盈音辟綪絞戶交
反後同縮從子容反下同赬裏丑貞反赤也無紞丁敢反被識申志反無
別彼列反散衣息但反下及注同袍繭古典反盡用津忍反取稱尺證反
饌于劉牀轉反一音士眷反後同鍛濯丁亂反下大角反齊坫丁念反爲奠于舉
反下爲舉爲不爲塵皆同苴七如反大鬲音革又作搹同絰大結反搤音厄本又作扼去

一起呂反下并注同後放此齊音咨後同易服以豉反冝差初賣反簀也音責
殺之色界反劉色倒反四鬄託歷反解也去蹄大兮反兩胉音博劉音百又
音䰧脅也扃古螢反肩髀步啓反又必爾反下文同則辟婢亦反或傎本又作顛
丁田反倒衣丁老反馮尸音憑後皆同髺髮音括劉音活人免音問
後放此雞斯所買反劉霜綺反下作纚同而紒音計下同令著丁略反下同幓
頭七消反作絻音問髽側瓜反宮縚他刀反爾毋音無下同縱范音
揔劉又在紅反扈扈並音户侇子音夷鄉賓許亮反東夾古洽反劉
古協反錯七故反下及注同其便婢面反爲鉉胡犬反劉古頑反又音關又音玄乃札
必李反進柢丁計反本也後同爲髀必爾反又毗支反爲胝劉音帝俎從
劉才用反巾巾並如字劉下居覲反由重直龍反代更音庚下同憔悴在遂反下
在季反禮坊音房本亦作防挈壺苦結反縣壺音玄不背音佩以褶

音牒一特獵反雖複方服反與禪音丹爲燎力召反或力弔反火燋劉哉約反又祖堯反一音哉益
反後同本作燭紟其鴆反劉居鴆反下皆同盡津忍反下注同又復扶又反下不復將復復執皆同瓦甒
亡甫反髺苦聒反劉苦割反蠃醢力禾反無縢大登反四脡大頂反縢緣悦面
反祕緄古本反劉古魂反爲蝸力禾反又古華反掘其勿反又其日反肂以二反劉音四見賢遍
反衽而甚反小要一遥反用楯勑倫反欑至在官反劉本作攢音同云禮記作欑不暨
其器反劉本作塈古慨反用軸大六反輁軸九勇反輓而音晚本又作挽熬五刀反蚍音毗蜉
音浮令不力呈反下令足同爲舉于僞反下同鱄市轉反劉市專反鮒音附左胖音判鋪
於普吳反又音孚奉尸芳勇反又如字下放此爲銘于僞反下爲安爲神祝爲爲葬同設柎方于反從
設才用反下皆同于奥一報反鬐巨之反闔戶戶臘反下同堊室於各反厭於一涉
反下注同招彌亡婢反又作弭桃茢音列又音例惡之烏路反下天子戶嫁反下尊下王同釋
菜七代反人辟婢亦反又音避下不出者同爲謔許略反耆酒市志反窟室苦忽反

朝至直遥反下朝者同公爲於僞反在堊火各反由便婢面反敢讙火官反又
許元反下同頭鄗許驕反劉五高反下同聒尊古活反逡七旬反遁音旬辟位音避下文不辟
注同立乗繩證反下文及注乗車同小俛音免始歠昌悦反粥矣之六反劉音育辟門
婢亦反注同拊心芳甫反直東音值下直西同併於步頂反又必性反啓會古外反注同
猶度大各反下文度茲并注同免絰如字又音勉注同下放此之處昌慮反下灼處同少儀詩召
反上韇音獨函也爲其于僞反注爲其爲下同右還劉戶串反一音旋注及下同畫地
音獲之竁昌絹反偏視音遍楚焞存悶反劉吐敦反又徒敦反又子悶反又音純以鑽子官
反一本作灼炬也音巨華氏時髓反掌共音恭燋挈本又作契苦計反劉苦結反下同
爇燋人悦反其焌劉音俊又存悶反又子悶反李作館反族長丁丈反注及下同涖音利又音
類于闑魚列反閾外音域劉呼逼反有近附近之近

既夕禮第十三鄭云士喪禮之下篇也既已也謂先葬二日已夕哭時也與葬間一日若上士二廟則既夕哭在前葬三日也

請啓舊士井反　啓肂以二反劉音四　侇牀音夷本亦作夷　饌于劉士轉反
朝柩直遥反下朝祖殷朝周朝同　用蒸之承反薪也　髽側瓜反　散帶
悉但反　爲將于僞反下爲有爲啓爲其同　相見賢遍反　子免音問後放此
子冠古亂反　袒音但　止讙火官反　囂也許驕反劉五高反　聲三息暫
反又如字下放此　拂㧍本又作仿佛上芳味反下芳丈反　噫於其反又於喜反　作絻
音問後同　夏祝戶雅反下之六反後皆放此　于重直龍反後放此　幠火吾反　拂
去起吕反　輁九勇反　轉轔音鄰　爲軹音紙　著金丁略反下著之同
之楯勑倫反　負從才用反後以意求之　鄉戶許亮反下鄉外鄉柩皆同　巾之
如字劉居觀反　直柩音值下文同　爲禦于僞反下爲褻爲遷爲其爲載爲設爲苞同　北
輈竹求反　辟新音避下同　馬鞅於丈反　絛絲佗刀反下同　如爵側九
反　執筴初革反　側昳大結反　紐女九反　䞓丑貞三　齊三如字劉才計同

注同　承霤力又反　車笭力丁反　衣以於既反　縣於音玄　不揄

音遥　絞戶交反　以聯音連　上鞻俊誰反　設披彼義反劉方寄反下同　爲

藩方元反　屬引音燭注同著也引音胤又如字注引所以引同後屬引皆放此　猶著直略

反　曰綍音弗　乘車釋證反注及下注乘車同　成味武葛反劉音妹　成斲丁角

反　竽音于　笙音生　筍息允反　虡音巨　折横之設反後皆同　猶庪九委反劉

居綺反下以庪同　窆事彼驗反劉逋鄧反　壙上苦見反又音曠　抗席苦浪及劉

音剛後皆同　苞筲色交反　綪於側耕反　便也婢面反後放此　見善

賢遍反　御也魚呂反亦作禦下同　加茵音因　以藉才夜反下當藉同　緣之

以絹次　上綪側耕反　以裹音果　畚音本　種類章勇反劉之用反　一

觳音斛劉又戶角反　甕烏弄反　冪亡狄反本又作鼏　甒二閭甫反注廡音同　木

桁戶庚反又戶郎反　久之依注音灸　兩敦音對劉又都愛反　兩杅音雨于又作芋

音同槃匜音移劉音徒何反杅盛音成爲桙音牟劉音杅下筰
側白反矢服也甲鎧苦代反兜丁侯反鍪音牟干楯常允反又音允矢
箙音服本亦作服杖笠音立箑所甲反扇也爲神于爲反爲將爲還爲柩爲
其爲哭爲行皆同馮依音憑後放此還柩劉音患下還車同公賵芳鳳反車馬曰賵
旌繁步干反前輅音路使者所吏反下公使同奠幣如字劉音定
子棧士板反劉才產反注輚同胥徒如字劉思敘反之長丁丈反下注之長同相
間間廁之間復有扶又反下同若賻音附貨財曰賻則梧五故反于
陳如字劉直吝反下同玩好呼報反九行戶郎反下同書遺弃戰反注及下讀遺
井注同爲燎力召反少牢詩召反左胖音判髀不步禮反又方爾反
作脾必爾反又婢支反挂也苦圭反後肫劉音純又之春反溷音患又戶困反
腴音臾脾析劉音毗注同一音婢支反下思狄反蜱皮佳反羸力禾反脾肶

（尺之反）蜯也（步講反）爲蝸（力禾反又古華反）棗糗（去九反）粉餌（而志反）
辟醴（音避下不辟注同）猶併（步頂反）倚之（於綺反後放此）由闑（魚列反）
道稾（古老反）脛骨（戶定反劉胡孟反下同）三个（古賀反）臂臑（乃到反）
取骼（音格劉一音各）毋哭（音無下同）低仰（五郎反）去杖（起呂反）說載
（土活反）於緘（古咸反劉古陷反）拾踊（其業反劉其輒反後放此）加見（賢遍反注皆同）
不復（扶又反）聖周（子疾反）容柷（尺六反）拾更（音庚）彷徨（音旁
音皇）離也（方智反）猶屬（音燭下同）適寢（下狄反注同）東首（手又反）
比墉（音庸）者齊（側皆反本又作齋後同）養者（于亮反後燕養并注同）
去樂（起呂反後同）皆埽（素到反）爲有（于僞反下放此以意求之）穢惡
（紆廢反劉烏外反下烏路反）屬（音燭下屬幅并注同）纊（音曠劉古曠反新緜）盡孝
（于忍反）人諦（大兮反）纚（所買反又所綺反）牀笫（側几反）衽（而甚反又而鴆反）

朝服直遥反後同　執要一遥反後同　衣朝於既反　楔貌悉結反
如軛於革反　綴足丁劣反劉丁儒反　校在劉胡飽反一音苦交反　辟戻
必亦反　當髃五口反劉五侯反　或卒七忽反　長子丁丈反下注長猶同　作計
音赴　別尊彼列反　淅米西歷反　差盛七何反又初佳反劉藏何反下音成　抗
衾苦浪反劉音剛　襢之善反　倮力果反　袒音但　簀音責　盝音祿
便也婢面反　鬠古外反　褌音昆　襂音衫　于笲音煩　柱丁主反　顛
丁千反　瑱塞他殿反　掘坎其勿反又其月反　從也子容反　爲坽五錦反劉
音作感反埤蒼云坎也坑也　甃用音役　塊苦內反　堛也普逼反劉音逼　不辟必亦
反劉又薄歷反注同　及㲉苦角反又戶角反　足跗方于反　不見賢遍反下不見同　不
被皮義反　縓七絹反范倉亂反　綼毗支反劉音畢　緆他計反劉羊豉反　一染而漸反
緇純諸允反劉之閏反注同　設握如字劉烏豆反　中指如字劉丁仲反　于掔

烏亂反　涅廁乃結反塞也　復往扶又反　設棜於庶反　齊于如字
劉才計反　坫丁念反　素勺上汋反注同　面枋彼命反　及錯七故反　辟
幎婢亦反劉音芳益反注辟襞幎同　神遠于方反　辟斂音避下辟忌同　髺髮
音枯　便離力智反　奉尸芳勇反下奉之同　人說土活反劉詩悅反下不說同　髦
音毛　爲鬌丁果反劉徒禍反　之散息但反　外縪音必劉反扶紱反　屬
音燭注同　厭一涉反注同伏也　著於直略反注同　寢苫失占反編槀也　枕之鴆
反　編必連反　槀古老反　歠昌悅反　粥之六反劉音育　一溢音逸劉音實　糜
也亡皮反　曰蓏力果反　端衰七回反　作堊烏洛反一音烏路反　狗幦亡狄
反覆苓也　覆笭力丁反劉音領本或作軨　其臑乃管反　爲幕音莫　蒲
菆側留反劉作侯反牡蒲菆也　木館音管　爲鎋戶瞎反　木鑣彼苗反
齊如字又子淺反　繅車音早　駹亡江反　車輿音餘　布裧尺占反

猶緣悅絹反下同差飾初皆反比眞必二反注同諸宊本又作突
一弔反又音杳見爾雅內鬣音獵又以接反猶先悉見反供養九用反洗
去悉禮反劉本作淬七對反聽朝直遙反下文及注同猶相息亮反下同之昕
音欣饌于士轉反近西附近之近先先上如字下西見反後後
柩上如字下戶豆反乘車繩證反後皆同革靾息列反載旜之然反
縣于音玄下注同夏毛戶嫁反士齊側皆反豹犆音直韇也
居良反劉本作纑音攫槀車古老反劉古到反載蓑素禾反猶散
悉但反用茶大奴反茅莠且御魚呂反劉本作衙音禦易也以豉反管
古頑反筲三所交反皆綸餘若反皆湛子廉反劉子廕反以爲
如字還車音患爲鄉許亮反翿好呼報反於堩古鄧反道也
斂服收斂之斂注同祝說土活反劉詩悅反蜃車市軫反之團作

輇作榑並音市專反又市轉反劉圌反輇市專反榑大官反湆功音古有弭面爾反無緣以絹反弓檠音景弛則式氏反緄古本反縢大登反注同為柴音祕揵他逹反為銛劉音括一音息廉反有韣音獨弓衣也矢鍭音侯又音候骨鏃子木反一音七木反射之食亦反笴古老反又工但反軒輖音周字林云重也一曰摯車也又音弔輖摯音至本又作贄音同又字林竹二反同

士虞禮第十四

鄭云虞猶安也士既葬其父母迎精而反日中而祭之於殯宮以安之禮

饋食其位反側亨普庚反劉虛兩反注同一胖音判用鑊戶郭反饎尺志反冪用云狄反苴子徐反劉子都反下及記同刌七本反猶藉在夜反後皆同便其婢面反後放此別於彼列反二敦音對劉又都愛

又都放此匜水音移鍇七故反後同簞巾音丹作鉉玄犬反南鄉許亮反羞燔音煩臨位力蔭反下同髽側瓜反散帶悉但反祝免音問注同澡葛音早爲其于僞反下爲神同長丁丈反下文并注同近南附近之近後放此東縮所六反從也子容反下從并注同爲蹙子六反倚杖於綺反注及下同祔杖音附啓會古外反後放此顯相息亮反下文不相并注同擐衣音宣手發衣曰擐又作擐音患古患反少牢詩召反後放此祝祝劉下之又反及注下放此奉篚芳勇反下芳鬼反本亦作篚哭從才用反後以意求之既封彼驗反劉通鄧反湻尸章純反注及下同辟執音避妥尸他果反劉湯回反坐安也擩人悅反劉而玄反又而誰反墮祭許恚反注同又相恚反猶隮許規反嚌之才計反湆去及反胾側吏反尸飯扶晚反注及下并下注九飯同啗肉太敢反舉胳音格一音各三个古賀反曰個古賀反肵俎音祈後同

酳尸以刃反、劉侯吝反賓長丁丈反下賓長皆同肝炙支夜反進柢丁計
反後同併也步頂反以醋才各反本亦作酢直室音值繶爵於力反
有篆六轉反猶養予亮反下同尸謖所六反起也前道音導
下前道尸爲道同厞用扶未反劉音非隱也爲厭一鹽反下同飫也於庶反不
櫛莊乙反期以音基篇末同用棜於庶反凡爲于僞反下爲浅爲神本爲
圭爲同羹飪而甚反辟臑乃報反肫音純又之春反骼音洛又音各
左臑音益脰肉也後同脰音豆頸也後同殳矛音殊下莫侯反鱄市專反又市轉
反鮒音附髀步禮反又方爾反鬐巨之反爲胝音帝下尸戶嫁反以
盛音成浅劉音箭一音贊汚汚穢之汚負依於豈反注同若薇音微
用苣音丸苦荼音徒堇類音謹爲枯如字又音姑劉本作枯音先古反
爲苄音戶劉音下羸力禾反不楬苦瞎反劉苦割反本或作髡同不說

他活反劉詩悦反下說經說首并注同鄉尸許亮反下注皆同踧子六反踖子亦反辟
退音避又婢亦反使適丁狄反不綏依注音墮許恚反劉相恚反湆胾
莊吏反劉本作截酢再反拾踊其業反注下同更也音庚下同牖鄉許亮反亦
窓也不復設扶又反又下皆復又復同重閉直用反顯相息亮反注及下顯相
同悲思息嗣反剛鬣力涉反豕曰剛鬣昧冒亡比反又亡報反香合
本又作薌音同黍曰薌合普淖女孝反劉徒較反普大也淖和也謂黍稷明齊才計
反注同明齊新水也溲酒所求反注醙同涗齊始銳反明粢音咨一音側其反
祫事音洽爾女音汝下同勸彊其丈反下同報葬禮記音芳付反下同
令正力呈反離也力智反乃餞摵淺反送也于濟子禮反于
禰乃禮反劉本作泥音同四脡徒頂反又他頂反烏翅申鼓反從也
子容反入臨力蔭反重餞直勇反下重帶同又直用反朐在其俱反闈

門音韋劉音暉　不與音預注同　隮祔子兮反升也　差䟽初賣反
搔依注音爪　揃子淺反注鬋同　頭嗌音益　中月劉丁仲反注同　而禫大感反
猶間間廁之間下同　言澹大斬反　其妃豐非反劉又音配

特牲饋食禮第十五鄭云諸侯之士以歲時祭其祖禰之禮

不諏子須反謀也　職褻息列反　爲詛莊助反　來與音預　闑西魚列反
閾外于逼反又況逼反　爲筮于僞反下爲神爲視皆同　作槷魚列反
爲蹙子六反　西塾音孰　謂著音尸　之長丁丈反下長占并注同　言妃音配又芳非反
禫月大感反　還即音環　由便婢面反後放此　畫地音獲
其馮音憑　主人辟劉芳益反一音避　傳命丈專反下同　將涖音利又音類
有鼏亡狄反　棜在於庶反　從也子容反　木輿音預　鉶音刑
兩敦音對劉又都愛反後放此　當夾古洽反劉古協反後皆同　近南附近之近下同

兄弟從如字又才用反後以意求之　濯溉古愛反　省文所景反下文省同
以筴初革反　羹飪而甚反　視饎尺志反注糦同　齊坫丁念反　亨
于普庚反注及下注不能亨亨者同　以鑊戶郭反　摡之古愛反　釜鬵音尋
劉側林反　藉用慈夜反　萑音完細葦也　細葦于鬼反　尸盥音管
匜音移　簞音丹　不揮許葦反　凡鄉許亮反下同　敷席音孚
本又作鋪普吳反後同　纚所買反又所綺反　宵音消依字作綃綺屬　猶辨皮莧反
少牢詩召反下少牢皆同　蝸醢力禾反　直室音值　賓長丁丈反下注庭
長下賓長弟長并注放此　用鮒音附　爲其于僞反下當爲不爲爲將爲改同　道之
音導下以道猶道同　既錯七故反下文及注同　朼載必履反　刋其若干反　惡
桑烏路反　抽扃古熒反　東枋音柄本亦作柄下同　升肵音祈　鉶芼
亡報反　啓會古外反下并下注於會同　祝曰州又反下文卒祝祝曰同　普淖女孝反

儀禮音義　三下四

爲厭一葉反　詔侑音又　武方音無　妥尸他果反劉湯回反　彊之
其丈反　挼祭依注音隓許恚反劉相恚反後隋祭挼祭皆放此　擩醢如悅反劉而玄反又
而誰反後同　啐酒七內反　刌肺寸本反　齊敬側皆反　共之音恭　菜
和戶卧反下不和同　客絜丑慮反調和之也　湆去及反　不嚌才計反　先
食悉薦反又如字　啗之大敢反　三飯扶晚反注及下同　膮許堯反　炙章夜反下
肝炙同　胾醢莊吏反　得綪側耕反　舉骼音格又音各後皆同　不復
扶又反下爲復復拜不復并復入同　者三息暫反　盛肵音成注同　三个古賀反干個同
及臑乃報反　酳以刃反又士刃反　樂之音洛　下大戶嫁反下下戶同　以醋
才各反　聽嘏古雅反受福曰嘏嘏長也大也　摶黍大官反　挂于俱賣反一音卦
注同　奉納芳勇反　季少詩召反下同丁少年之少亦放此　以燔音煩　爲
王于僞反下爲絕爲異爲將爲酬必爲同　不提丁禮反　染汙而漸反　襲處

昌慮反之別彼列反之輿音余下爲之輿燕飮輿同位辯音遍後皆同加
勺時灼反鄉賓許亮反獻長丁丈反注下皆同薦脀之丞反殺
也所界反下皆同將傳大專反孝弟音悌定好呼報反洗散悉但
反下音同猶養羊亮反下同供養九用反尸謖所六反起也爲將餕
于僞反下同去之起呂反奠然本或作暮或作蕢食蕢劉子峻反與餕同有
以依注音似或如字言女音汝下同其坐才卧反親昵女乙反扉用扶未反
厭一鹽反飫於庶反朝服直遥反下皆同韠音畢齊服側皆反順
從子容反下南從從橫同饌于扶轉反又如字覆兩芳伏反注同盝音鹿瀝
音曆且爲于僞反下爲婦爲餕爲尸爲其同裹之音果玄被皮義反若薇
音微冬荁音丸苦荼音徒堇屬音謹膴膴亡甫反如飴以之反爲
芐音戶劉又音下西辟步曆反又音辟直屋音值梠音侣皆去起呂反近

南附近之近　奉槃芳勇反　淳沃之純反劉音純　作激古狄反一本作浮劉本作徼音敫　辟位婢亦反又音避注同　逡七旬反　遁音旬　弟婦大計反或作娣下弟同　姒婦音似本或作似　燔燎力召反或力弔反　肫痔倫反又之春反又之罪反　有併步頂反　放而方往反　數奇居宜反下同　猶挂苦圭反　不提丁禮反　髀步禮反又方爾反　脡他頂反　觳戶角反又苦角反　辟大音避　長兄丁丈反注同　皆殽戶交反　見政賢遍反又如字　皆與音預

少牢饋食禮第十六鄭云諸侯之卿大夫祭其祖禰於廟之禮

少牢詩召反後放此養牲所曰牢少牢羊豕也　而芻初俱反猶養也　丁巳音杞注皆同　先諏子須反　朝服直遥反後朝服皆放此　上韇徒木反　大廟音泰下文大筮大祝皆同　著之音尸　圜而于宣反　重以直用反　占繇直又反卦兆辭　由便婢面反後者同　畫地音獲　命滌大歷反　當共音恭　且齊側皆反下同　滌溉

古愛反一本作濯又爲于僞反下爲此爲尸同下人戶嫁反比於毗志反次也注同封
羊苦圭反省也所景反人概古愛反割亨普庚反亶人力甚反注
同甑甗子孕反下魚展反人音言劉音彥又魚變反與敦音對劉又都愛反後皆放此
爲烝之膺反放于方往反注司猶依也羹定多佞反右胖音判髀
步禮反又方爾反辟臑奴到反又人于反膊劉音純說文之允反骼音格又音各下同
脡他頂反猶上時掌反下同近竅附近之近下苦弔反從前劉子容反縪
側耕反後同併也步頂反下文同作辯音遍一音皮莧反作髀必爾反又婢支反
溷音患又戶困反腴羊朱反副倅七內反卒脀之承反鄉內許亮反兩
甒亡甫反注甒同音棜於據反去足起呂反設罍音雷有枓音主㪺
水九于反劉又苦侯反爲賓于僞反下爲尸爲將爲其爲神同槃匜以支反與
簞音丹于奧烏報反神坐才臥反道之音導下爲道同作枋

大又五 儀禮音義 三十六 東

彼命反 以從如字又才用反後放此 以相息亮反注同助也 肵俎音析 長

杜丁丈反注及下賓長同 爲刌七本反 俎拒音巨 進腠七豆反 相見賢遍反

用鮒音附 今其力呈反 被錫依注讀爲髲鬄上音皮義反下大計反劉士歷反下

同 侈袂本又作移昌爾反 醓他感反 蠃力禾反 韭菹側魚反作葅亦同 或

剔他計反 之紒音計 不纚所買反又所綺反 亦衣於既反 綃衣音消

爲錫音羊 爲蝸力禾反又工華反 相從息亮反注及下注同 啓會古外

反及下同 以重直容反注同 柷柷下之又反 剮鬣力輒反 普淖女孝

反 皆辟音避又房益反下同 後尸戶豆反 奉槃芳勇反下同 没霤

力又反 妥尸他果反 不啐七内反 而殺所界反後禮殺同 隋祭許規反劉

相規反下同 辯音遍 擩于如悅反劉而誰反 作徧音遍後皆同 重言直用

反 直於音值下注直室同 皆芼士報反 有柶音四 尸扱初洽反 用

薇音微　先食作飲飯者皆非　啗之大敢反　嚌之才計反　羞胾莊吏

反　膷許云反　膮許堯反　又復扶又反下復嘗同　小數所角反　獨侑

音又　爲祝于僞反下同　操以七刀反　乃酳音胤又士刃反　既食音寺　又

飮於鴆反　樂之音洛　從也子容反　爲蹙子六反　尸醋才各反

以綏許規反劉相規反并注挼及隋亦放此下皆同　受嘏古雅反　摶之大官反　無

彊居良反　于女音汝下同　來女依注音釐力之反賜也劉音釐亦音來力代反亦訓賜也

下音汝　猶傳大專反　抉音決　㦸大結反劉土結反　挂于俱賣反又音卦　屬

于音燭　尻苦刀反　折一之設反後同　辟人音避　猶養予亮反下文同　尸

謖所六反　爲不于僞反　四人養音餕　乃辯音遍下同　湆于

去及反

有司第十七　本或作有司徹於去大夫既祭賓尸於堂之禮

有司徹直列反字又作撤以厭一豔反於祊百庚反大廟音泰
下大宰同爲賓于僞反下爲尸同少儀詩召反下之少年少同氾埽芳劒反下
素到反日拚方問反爲聶女輒反䞘音尋劉徐鹽反温也注燖同肵
亦音祈不與音預扃古熒反注同鼏亡狄反去其起呂反下拂去同
禮殺所界反劉色例反下皆同爲鉉玄犬反侑于音又道尸音導爲
蹙子六反並併步頂反後皆同匕湆去及反豕脀之承反長左
丁丈反後皆同麷芳中反熬麥也蕡扶云反熬枲也醓他感反麋臡乃兮反又
人兮反枲也思治反辟餅音避下亦辟辟併辟主同肫音純胳音格又音
各本亦作骼臑奴到反脡他頂反復序扶又反下不復復言同折分之設
反下皆同嚌才計反下尸戶嫁反下注下尸下之亦下下賓下主人下大夫下上大夫同而
摭之石反加膴火吴反依注音哻况羽反劉呼孤反後同刳魚口吴反口侯反

大臠力轉反㨎人悅反劉而誰反執挑湯堯反劉湯姚反又他羔反一音由又食汝反以挹一入反之歠初洽反劉初輒反下扱同或作桃本又作挑劉弋羔反飯橾七消反以抒食汝反覆手芳伏反下同啐七內反羊燔音煩由便婢面反糗去九反與腶丁亂反本又作段音同加薑桂以脯而鍛之曰腶脩餌也音二擣肉劉本作搗同丁老反為斷丁亂反之柶音四捝手由鋭反注紛帨音同宜鄉許亮反粉餈在私反則酏以支反劉書支反食音寺下同糝食素感反臐許云反膮呼彫反有胾側吏反以辯音遍注徧同後放此儀度大各反作儀劉音儀不別彼列反親眤女乙反為衆于僞反下為不為鬼同隆汚音烏延熹許其反不綏許恚反本亦作隋同七飯扶晚反後皆同乃盛音成注及下同無髀步禮反又方爾反三个古賀反為擫之石反劉音與摭同也與音余酳尸以刃反又士刃反

其緌并注挼及隋皆許恚反後放此　弟婦音娣　㲉折苦角反又戶角反

尸謖所六反　乃餕音俊　扉扶味反　取敦音對劉又都愛反下同　厭一豔反　飫於庶反　不令力呈反　作茀音弗

經典釋文卷第十

五福五代堂古稀天子寶

八徵耄念之寶

太上皇帝之寶

五福五代堂古稀天子寶

八徵耄念之寶

太上皇帝之寶

經典釋文第十一

禮記音義之一　起第一盡第五

唐國子博士兼太子中允贈齊州刺史吳縣開國男陸德明撰

曲禮第一　本或作曲禮上者後人加也檀弓雜記放此曲禮者是儀禮之舊名委曲説禮之事　禮記　此記二禮之遺闕故名禮記　鄭氏注

毋不敬　音無説文云止之詞其字從女内有一畫象有姦之形禁止之勿令姦古人云毋猶今人言莫也案毋字與父母字不同俗本多亂讀者皆朱點毋字以作無音非也後放此疑者特復音之　嚴　魚檢反本亦作儼同矜莊皃　若思　如字徐息嗣反　矜莊　居冰反　樞機　昌朱反　敖　五報反慢也王肅五高反遨遊也　不可長　丁丈反盧植馬融王肅並直良反　欲不　如字　可從　足用反放縱也　樂　舊音洛皇侃音岳　不可極　如字皇紀力反　桀　其列反夏之末主名癸　紂　直丑反殷之末主名辛　狎而　戶甲反習也近也　近也　附近之近下注內不出者皆同　貴㑶　音戚

本亦作戚誣人音無後並同有畜勑六反以賙音周樂氏音岳謂宋司城樂喜有害如字本亦作難乃旦反咎犯其久反重耳直龍反爲傷于僞反下爲傷爲近皆同臨難乃旦反很胡懇反閱也勝舒證反分扶問反閱呼曆反猶鬬也謂爭爭鬬之爭下文皆同傷知音智若夫方于反丈夫也如齊側皆反本亦作齋音同注同士丐本亦作匃音蓋乃還音旋後放此使從色吏反牲幣徐扶世反弗享許兩反夫禮者音扶凡發語之端皆然後放此親踈所居反或作踈決徐古究反嫌疑戶恬反別同彼列反下注下文同說人音悅又始悅反注同佞乃定反口才曰佞媚眉忌反意向曰媚不辭本又作詞同說文以詞爲言詞之字辤不受也後皆放此費芳味反言而不行爲辭費侵侮徐云撫反輕慢也不好呼報反注同善行下孟反下行脩同取於人舊七樹反謂趣就師求道也皇如字謂取師之道取人如字謂制師使從巳辯訟皮勉反徐方勉反君臣上下上謂公卿下謂大夫士宦學

音患班朝直遥反涖官本亦作莅徐音利沈力二反又力位反臨也禱丁老反鄭云求福曰禱祠音詞求得曰祠共給音恭本或作供不莊側良反徐側亮反學或爲御鄭此注爲見他本也後放此撙節祖本反趨也猶趨七俱反就也向也嬰本或作鸚厄耕反母本或作鵡同音武諸葛恪茂后反不離力智反下同狌狌本又作猩音生禽獸盧本作走獸聚麀音憂牝鹿也鹿牝頻忍反徐扶盡反舊扶死反大上音泰注同大上謂三皇五帝之世施而始豉反下文同負販方万反輕恌吐彫反好禮呼報反下同不懾之涉反怯也惑也猶怯丘劫反何胤云憚所行爲怯冠古亂反曰艾五蓋反老也謂蒼艾色也一音刈治也曰耆渠夷反賀瑒云至也至老境也不與音預而傳直專反沈直戀反八十九十曰旄本又作耄同亡報反惛忘也注同本或作八十曰耋九十曰旄後人忘加之惛音昏一音呼困反忘也亡亮反又如字將知音智曰悼徒報反謂可怜愛也期頤羊時反養也猶要於遥反又如字下同養道羊尚反又

如字猶聽吐丁反後可以意求皆不音勞苦如字又力報反坐乘繩證反稱
也尺證反長者丁丈反下皆同必操七刀反而夏遐嫁反凊七性反字從冫
水冷也本或水旁作非也牀衽而審反徐而鴆反席也儕仕皆反等也沈才諧反四皓戶老反四
皓園公綺季夏黃公角里先生卑遠于万反僚友本又作寮了彫反同官者其弟大計
反下注同之行下孟反必告古毒反冠工奐反惇行都溫反差退
初佳反徐初宜反主奧烏報反西南隅也沈於六反尊處昌慮反下同棖直衡反闑
也闑魚列五結二反以上時掌反凡言以上皆放此食音嗣饗本又作享香兩反爲
槩古愛反量也饌具士戀反爲其于僞反下注除不爲孤皆同苟訾音紫
毀也沈又將知反君子樂音洛瞑本亦作冥莫定反下同爲卒子忽反不純諸允
反又之閏反緣也下及注皆同純緣悅絹反縞冠古老反沈又古到反素紕婢支反徐補移反
早喪息浪反適子丁歷反常視音示無誑本或作誆同九況反欺也不衣

於皈反下同大溫音泰徐他佐反便婢面反易也以豉反提大兮反攜戶圭反
手奉芳勇反又扶恭反下及注奉扃奉席奉箕皆同辟匹亦反側也徐芳益反沈扶亦反注同咡如
志反口旁也何云口耳之間曰咡挾之音協掩口於檢反鄉尊許亮反本又作嚮後文注皆同
屏氣必領反從於才用反下皆同拱手俱勇反而上時掌反下同不呼
火故反號叫也警内京領反二屨紀具反單下曰屨言聞音問又如字下同視
必常止反下同徐音示沈又市志反奉扃古螢反何云關也一云門扇上鐶鈕瞻無徐如字戶
闔胡臘反不拒其許反毋踖在亦反一音席躐也摳衣苦侯反提也下及注同趨
隅七俱反向也注同本又作趍徐音奏又如字慎唯于癸反應辭也注同徐于比反沈以水反諾乃各反
乃應應對之應由闑魚列反門橛也門橛求月反門中木踐閾于逼反一音況域反
門限也下賓遐嫁反敷也芳夫反道之音導復就音服後此音更不重出拾
依注音涉級音急躡女攝反之併步頂反以上時掌反下皆同重直勇反徐治恭

反蹉本亦作差同七何反跌大結反相過古臥反後不音者放此帷薄位悲反帷幔也

薄平博反簾也爲其于僞反下並同迫也音伯上介音界並坐如字又步頂反後放此

此横肱古弘反不跪求委反本又作危授坐本又作俛仰凡爲于僞反擭

本又作糞徐音畚掃席前曰擭加帚之手反於箕音基膺於陵反葉如字箕舌以

袂武世反衣袖末拘而古侯反徐音俱謂掃先報反又先早反擁帚於勇反而

扱依注音吸許急反斂也箕去丘呂反下注同如橋居廟反井上桔槔令左力呈

反卬本又作昂又作仰同五剛反又魚文反下同揳本又作契又作絜同音結槔古毫反絜皋伏

字作桔槔見莊子請袵而審反臥席也何趾音止坐在才臥反又如字函胡南反容也

丈如字丈尺之丈王肅作杖指畫胡麥反於牖羊九反重席直龍反注同冉

辭曰固一本作曰固辭不恙羊尚反爾雅云恙憂也所爲于僞反下同無怍才洛反慙

也去齊音咨注同本又作齎謂裳下緝下緝七立反毋擭半末反發揚毋蹶本又

作歷居衛反又求月反行急遽皃行遽其據反書筴本又作策初華反編簡也盡後津忍
反後此爲汙汙辱之汙又一故反後放此毋儳徐仕鑒反又蒼鑒反又蒼陷反暫也旣說
音悅毋勦初交反一音初教反擥取說如字注同徐舒鋭反擥也徐力敢反應也應對
之應下同侍坐才卧反後放此篇卷音眷徐久戀反唯而于癸反徐于比反注同爲
有于僞反下爲饌同不見賢遍反跋半末反本也則去起吕反下風去免去同
燼多才信反有厭於豔反下同不叱尺質反狗古口反風去方鳳反不
唾吐卧反有穢紆廢反徐烏外反惡也烏路反欠丘劒反伸音身撰仕轉
反猶持也杖屨紀具反下同曰蚤音早莫音暮離席力智反必令力呈
反少閒音閑注同探人音貪耳屬之玉反干垣音袁毋噭古弔反
淫視如字徐市志反毋倨音據毋跛彼義反又波我反徐方寄反偏任也毋髢徒細
反髢垂如髲毋袒徒旱反露也毋褰起連反皆爲于僞反下爲妨爲于皆爲爲其

爲後同號户高反本又作啼字呼火故反又如字睇太計反眄莫遍反伏覆
芳伏反髲皮義反袪丘魚反爲肄以二反餘也不上時掌反爲妨音芳
猶著丁略反同椸羊支反衣架也枷本又作架徐音■古本無此字巾櫛側乙反
嫂叔字又作㛮素早反漱裳悉侯反澣上於梱本又作閫苦本反同限也重別
彼列反下及注同澣也户管反行媒音梅不相知本或作不相知名名行字耳傳
昏直專反判妻普叛反齊成側皆反取妻七住反本亦作娶下賀取妻同
非媵羊證反又繩證反本繫音計又户計反有見賢遍反辟嫌音避
本亦作避下同餘皆放此筋力音斤黑臀徒孫反揞擿徐吐曆反或音的爲醫
於其反二十冠古亂反許嫁笄古兮反左殽户交反熟肉有骨曰殽
右胾側吏反大臠食居音嗣飯也注食飯蜀同徐音自羹居古衡反舊音衡皆便
婢面反下同其近如字膾古外反炙章夜反注同醢徐音海本又作䤈呼兮反醬

子匠反 葱渫 以制反烝葱也 烝 之承反 酒漿 子羊反字亦作將 客燕 本亦作宴
於遍反 宜放 方兩反 公食 音嗣此儀禮篇名也後放此下文及注執食同 左朐 其俱反屈
中曰朐 客祭 禮飲食必祭示有所先也干寶注周禮云祭五行六陰之神與人起居 延道 音導 徧
音遍下注同 魚腊 音昔 湇醬 音泣 三飯 符晚反下注禮飯以手同依字書食旁作卞扶
万反食旁作反符晚反二字不同今則混之故隨俗而音此字 後辯 音遍卞同 酳 音胤又士覲反漱口也以酒曰酳以
水曰漱 親饋 徐其類反 爲 于僞反 汗 下半反本或作汗 捼 乃禾反沈耳佳反 莎 息禾反沈
又息隨反 毋摶 徒端反 爲欲 [redacted]僞反皆同 去手 起呂反 流歠 川悅反 毋
咤 陟嫁反吒咤也 毋齧 五結反 固獲 並如字徐云鄭擴霸反專之曰固爭取曰獲一音謹 飯
黍 扶晚反 以箸 直慮反說文云飯攲也 嚃 他荅反一音吐計反又音退不嚼菜也 不
嚼 疾略反又才略反 絮 勑慮反調也謂加以鹽梅也 毋刺 七亦反 弄 魯凍反 淡
度敢反 能烹 普彭反煑也 辭以窶 其禹反貧也 濡肉 音濡字亦作濡 斷

五、艾小　禮記音義之一　王　㒷、

也音短　嘬初怪反　炙章夜反　臠也力轉反　少牢徐式照反凡少牢皆同
嚌之才細反　卒食子恤反後更不音者同　齏本又作齊將兮反　相者息亮反注
同　鄉音向　少者式召反下皆同　未釂子妙反盡也　先尊悉薦反又如字　亢禮
苦浪反　僮僕音同　其核戶革反　溉者古愛反　重汗直勇反徐治龍
反　陶梓音桃瓦器也沈音遥　萑竹音丸葦也　傳已直專反　侑曰音又
餕餘子閏反食餘曰餕　重穀直龍反　偶坐五口反配也一曰副貳也下才卧反又如字
用梜古協反沈又音甲字林作筴云箸也公洽反　梜箸直慮反　爲天于僞反下同　削
息略反　瓜古華反　副之普逼反四析也　絺勑宜反細葛　副析星曆反下同　橫
斷音短下同　華之胡瓜反中裂　以綌去逆反[illegible]葛　累之力果反一音如字　倮也
力果反沈胡瓦反　疐之音帝　去疐丘吕反　齕之恨沒反徐胡切反　冠者如字
徐古亂反　不爲如字徐下爲反　不惰徒禾反一音徒卧反　私好呼報反　至別本又

作哂失忍反又詩忍反齒本也不至詈力智反罵詈則見賢遍反水潦音老雨水謂之
潦拂其本又作佛扶弗反下同戾也爲其于僞反下爲其同喙害吁廢反又陟溝
反又知胄反又丁角反佛戾力計反竹籠力東反以冒莫報反畜馬許六
反養也徐況又反則駠似遵反狎也徐食倫反沈養純反筴綏音雖執以登車者胄
直又反兜鍪操右七刀反持也下及注皆同右契苦計反操量音亮一音良升斛
鼓隱義云樂浪人呼容十二石者爲鼓醬齊本又作齏同子兮反便也婢面反鎧
苦愛反兜丁侯反鍪莫侯反券要字又作絭音勸凡遺于季反與也注
同弛弓本又作施同式是反謂不張也注同隤然本又作穨徒回反順皃承弣音撫
把中也徐音甫下同弭頭亡婢反弓末也耶也似嗟反把中音霸手執處也垂
帨徐始銳反佩巾磬徐苦定反折徐時列反又之列反沈云舊音逝還辟辟拜
上辟扶亦反下辟音避注同覆手芳服反與音餘其鐏在困反舊子困反銳底曰

鐏注同一讀注音作管反矛戟本又作鉾音謀兵器其鐓本又作鐏徒對反平底曰鐓注同一
讀注丁亂反鋭以稅反底丁礼反拂之如字所馮皮水反去塵起吕
反效馬胡教反呈見也下同手便婢面反呈見賢遍反犬齛本亦作噬
帝曲反以繢胡對反畫也以掬九六反手中也兩手曰掬弗揮音輝何云振去餘酒
曰揮胞也七歲反苞苴子餘反苞裹也苴藉也簞音單笥思嗣反字林先
自反沈息里反簞笥竹器也圓曰簞方曰笥裹魚音果以葦韋鬼反盛飯音成
圜曰音負如使色吏反注及下使者使也並同凡爲于僞反下注爲哀樂爲其廢喪事並同
朝服直遙反強識如字又式異反善行下孟反皇如字怠音代昭穆
時招反○幼少式召反乘必繩證反下注二處乘車同齊者側皆反哀樂
音洛下無容樂非樂所同思也絲嗣反又如字毀瘠在昔反瘦也骨見賢遍反
下才故户反○門隧音遂道也有創初良反又初亮反○瘍有音羊本或作痒

勝音升任也金反衰麻七雪反數也所主反下皆同殯必刃反下同斂
力驗反下同貶於彼檢反字林方犯反者傷如字下同舊式亮反能賻音附公羊傳曰錢財
曰賻穀梁傳曰歸生者曰賻不問其所費芳味反一本作所費下句放此有能遺
千季反與也皆爲于僞反下爲其皆同登壟力勇反冢也塋域音營執紼
音弗引棺索引棺本亦作引車索悉各反望柩求又反入臨如字舊力鴆反舂
束容反不相息亮反注同送杵聲杵昌呂反由徑經定反邪路也不辟音避本亦作避
下注同内荏而審反柔弱皃心狠胡墾反小俛音免禮不下遐嫁反又如字遽
於其其庶反沈又其於反不上時掌反不與音預車綏耳隹反則載音戴本亦
作戴下及注同塵埃烏來反鳴鳶悦專反鵄也車騎其寄反有摯音至
貔婢支反徐扶夷反孔安國云貔執夷虎屬皆猛健貅本亦作貅許求反又虛蚪反貔貅摯獸以鷙
音景師從才用反下同行列戶剛反招搖並如字北斗第七星急繕依注音勁

吉政反軍陳直覲反杓端敷招反徐必遥反分也扶問反之讎常由反
多壘徐力軌反又力水反軍辟本又作壁布狄反數見色角反爲無
于僞反下爲不爲其爲有皆同則埋徐武乖反褻之息列反慢也之使也色吏反諱
辟音避下辟皆同禹與雨並于矩反一讀雨音于許反丘與區並去求反一讀區音羌蚪
反又丘于反案漢和帝名肇不改京兆郡魏武帝名操陳思王詩去脩阪造雲日是不諱嫌名逮事音代
一音大計反心瞿本又作懼同俱附反適士丁歷反入竟音境所惡烏路
反筮市制反冠娶古亂反假爾古雅反下同是瀆徒木反麗
力知反猶與音預本亦作豫必踐依注音善王如字云履也爲蓍音尸監
古銜反且爲于僞反展軨歷丁反一音領盧云車轄頭韜也舊云車闌也由
右上時掌反下之馬不上下注而上車同去塵羌呂反跪乘繩證反下除乘君不乘奇車乘
路馬皆同分轡悲位反四馬八轡故云分幷轡必政反右攘如羊反郤也又音讓辟

音避徐扶亦反本或作避字非也車驅起俱反徐起遇反而騶仕救反又七須反徐仕遘反拘之古侯反又音俱非贄本亦作摯音至朝位直遥反下同善藺力刃反自御之依注音訝五嫁反迎也跛者波我反眇者名小反為其于僞反下注爲若爲感爲揜同蓌拜于卧反又側嫁反詐也挫也沈租穋反又子偎反盧也作蹲惡空烏路反遠嫌于万反奇車居宜反奇邪不正之車何云不如法之車廣欬開代反五巂本又作巂惠毛反規也車輪轉一周為巂一周丈九尺八寸地為縈本又作縈如捶反徐而辟反策彗音遂徐雖醉反又因歲反竹帚也卹蘇沒反注同勿音沒注同卹勿搔摩也驅如字又羌遇反搔表刀反摩莫何反齊牛側皆反載鞭必緜反足蹙本又作蹴徐采六反馬芻初俱反又子六反

曲禮下第二

凡奉本亦作捧同芳勇反提者徒兮反上衡時掌反衡謂心平也綏之

依注音妥湯果反又他回反謂下於心也勝音升操幣七刀反行舉足一本作行不舉
行曳以制反踵支勇反磬折之列反又市列反一音逝垂佩步內反本或作
珮非佩倚范於綺反謂附身也徐又音其綺反有藉在夜反下同則裼星曆反
藉藻音早本又作繅見美賢遍反辟琮才冬反姪大節反字林丈一
娣大計反家相息亮反長妾丁丈反下注長老同辟天子音避本又作避
下同僭作念反儌胡孝反使音史射市夜反則辭以疾如字本又
作有疾為疾如字本又作疢音救去國三世鄭云自祖至孫盧王云世歲也万物以歲也万物
畿畱朝直遥反下皆同復立扶富反下復還同臧紇恨發反徐胡切反沈胡謁反不
為父于偽反作謚音示倒筴多老反去塵羌呂反下徹猶去去琴瑟同
滇丁田反重素直龍反注同重素衣裳皆素袗絺之忍反單也士輤千見
反葦席于鬼反為其于偽反苞屨白表反草也扱初洽反衽

而審反厭冠於涉反伏也藨白表反一音扶苗反齊衰本又齋音咨下七雷反
下文同蒯苦怪反之菲扶味反屨也方板字又作版音同書賵芳作反車馬曰
賵廞車九又反凡家造才早反一本作凡家造器器衍字犧賦許宜反養
器羊尚反一如字不粥音育賣也不衣於既反去國祭器不踰竟
音境注及下同一本作大夫士去國下去國踰竟亦然寓祭魚具反寄也覬巳音異爲壇
徐音善注同鄉國許亮反撤縁悅絹反鞮屨都兮反又徒兮反鞮屨屨無句
素幭本又作幭莫曆反注同白狗皮覆笭髦馬音毛不蚤依注音爪謂除爪也鬋
子淺反鄭云謂鬋鬢也無絇求俱反覆笭力丁反車闌不鬄吐曆反又他計反
不自說亦劣反又如字惡其烏路反接見賢遍反下文見國君注謂見同爲幕
莫曆反又音莫勞之力報反注及下君勞同還辟婢亦反下同還辟逡巡也使者色吏反非
見賢遍反下大夫見士見下注拜見同辟正音避男女相荅拜也一本作不相荅

拜皇云後人加不字耳　遠別彼列反　麛音迷　卵力管反　生乳如注反　祭

肺芳廢反　不縣音玄下同　皆爲如字舊于僞反下爲妨于僞反　夏樂音洛

出疆居良反下同　不恙羊尚反　分職方云反徐扶問反　皆擯必刃反

予一人依字音羊汝反鄭云余予古今字則同音餘　皆祝辭也本或作皆祝祝辭也

下祝字之又反又之六反　眕於之忍反致也　某父音甫注同　大祝音泰下文注除大宗皆同

百辟必亦反　登假音遐注同已也　登上時掌反下同　若僊音仙　措之

七故反置也　而祔音附　有嬪音頻　廾人華猛反又虢猛反徐如猛反廾人掌金玉錫石

未成器者　陶音桃陶人爲瓦器也　瓬方往反瓬人爲簋簠之屬　築音竹築氏爲書刀　冶音

冶氏爲箭鏃　鳧音符鳧氏爲鐘也　叚本又作鍛多亂反叚氏爲錢鎛　函音含函人爲甲鎧

韗况万反一音運一音况運反韗人爲皷　雚葦音丸　曰亨許兩反獻也舊許亮反後

皆放此不復重出　其治直吏反　其會古外反　之長丁丈反後皆同　自陝式冉

反依字當作陝何休注公羊傳云弘農陝縣是也一云當爲郟古治反謂王城郟鄏也召公時照反又作邵音同
一相急亮反其擯本又作儐必刃反天子謂之伯父本或有同注一字衍文
曰牧牧養之牧徐音目辟二音避下同謙稱尺證反當依本又作扆同於豈反
注同狀如屏風畫爲黼文高八尺而見賢遍反下文注除相見皆同覲其靳反當宁徐珍呂反
又音儲門屏之間曰宁夏戶嫁反唁音彥穀梁傳云弔失國曰唁取易以豉反於郤
立逆反涖牲音利徐力二反又音類曰盟音明徐亡幸反郤閒如字又音閑坎用
苦感反徐又苦敢反後同嗇夫音色自謂寡人一本作自稱適子音的其行
百孟反使於色吏反下同濟濟子禮反蹌蹌本又作鶬或作鏘同七良反僬
僬子妙反體盤步丹反蹙將六反之妃芳非反穪人而樹反貶於
彼檢反去上羌呂反小童本或作僮陪重直恭反之稱尺證反使自
稱色吏反注使謂同本或作使者自稱所遠于万反爲奪于僞反則號戶刀反

禮記音義之一　一

度其侍各反　物齊才細反　儗人魚起反注同猶比也　所褻息列反　數
地色主反下數畜同　數畜許又反鄭注周禮云始養曰畜　歲徧音遍本亦作遍下同　句芒
古侯反下音亡　蓐收音辱　玄冥亡丁反　禋祀音因　中霤力救反　爲其
于僞反　復廢扶又反　妄祭本亦作無福　索牛所白反性同求也　犧牷
音全本作純　於滌直的反養牲官也徐又同弔反　大武如字一音泰　剛鬣力輒反　豚
曰徒門反　腯肥徒忽反注同木或作豚　翰音戶旦反長也　羹獻古衡反徐又音衡
槀魚苦老反乾魚　鮮魚音仙　脡祭他頂反徐唐頂反直也　薌音香　合
如字或音閤　薌萁字又作箕同音姬語亂也王音期期時也　稷曰明粢音咨一本作明梁右
本無此句　嘉蔬本又作蔬色魚反　韭音久　曰鹹咸本又作醎音咸　鹺才何反　量
音亮又音良　作腯徒忽反　翰長如字　稻菰音孤本又作苽音同　爲人于僞
反　傎壞音顛　澌也本又作凘同音賜盡也　曰柩音舊白虎通云究也久　曰降

戶江反又音絳落也注同　曰漬　辭賜反　相懺　子廉反　汙　纖汙之汙一作汙戶旦反　祖妣
必履反母也　皇辟　婢亦反法也徐扶亦反　稱號　尺證反下之稱皆同　德行　下孟反下同
言媲　普計反　短折　市設反　任爲　音壬又如字　不上　時掌反下及注同　於
袷　音劫交領　綏視　依注音妥他果反　遊目　如字徐音流　則敖　五報反　辟頭
本又作僻匹亦反　君命　絕句　大夫與士肄　本又作肆同以二反習也　之處　昌慮反下
皆同　寶藏　才浪反　貨賄　呼罪反字林音悔　輟朝　丁劣反止也　莫適　丁歷
反　腥　音星　凡摯　音至徐之二反本又作贄同　天子鬯　勑亮反香酒　摯匹　依注
作鶩音木鴨也　樊纓　本又作繁步丹反　射韝　徐音溝又古侯反一音古豆反　椇　俱羽反木
名　榛　側巾反木名字林云仕巾反木叢也古本又作亲音壯巾反云似梓實如小栗也　見以　賢遍反
枳椇　居紙反　令邳　被悲反下邳也　郯　音談東海縣名　掃　悉報反　灑　所買
反又山寄反　覿迎　魚敬反　戚婦人之職　本又有無婦字者

檀弓第三　檀弓魯人檀大丹反姓也弓名以其善於禮故以名篇　卷之二
公儀仲子　公儀氏仲子字魯之同姓也其名未聞　免焉　音問注同以布廣一寸從項中而前
交於額上又郤向後繞於髻　乃祖　音佪　舍其　音捨下皆同　適子　多曆反下皆同　何
居　音姬下同語助　孫蔑　忙結反　孫腯　徐本作遁徒本反又徒遜反　立衍　以善
反　爲親　于僞反下爲禮爲師同　晉　孔子曰否　絕句　左右　徐上音佐下音佑今
並如字左右扶持也下同　就養　以尚反下同　稱其　尺證反　以語　魚據反又如字　叔
向　香亮反叔向羊舌肸　之葬　徐才浪反又如字　請合　如字徐音閤後合葬皆同　欲文
如字徐音問　不喪　如字下同徐息浪反下放此　子思　伋　音急子思名也孔子之孫　毋期
居疑反本又作朞後放此　道隆　力中反盛也　道汚　音烏下同殺也　殺也　所戒反又所例反
下同　自予　羊許反許也一云我也又音餘　稽顙　素黨反稽顙觸地無容　頹乎　徒回
反順也　頎　音懇側隱之皃又音懇　觸　昌欲反　少孤　詩召反下丈同　不憤　扶云反

於識式志反又如字常處昌慮反之度本又作之數防墓防地之墓也庾云防
衛墓崩不應應對之應三息暫反又如字泫然胡犬反涕音體使者
色吏反下反注同醢之音海蒯苦怪反聵五怪反蒯聵衛靈公之大子出公輒之父莊公也
簒輒初患反輒出公名也啗食本又作啖待敢反以怖普故反命覆芳服
反注同期可音朞衣衾音欽以爲極亡並如字極巳也徐紀力反王以極字絕句亡作
忘向下讀作亡而如王分句孫依鄭不樂如字又音岳聊側留反又作鄒梁紇恨發反徐胡切
反又胡没反五父音甫注及下同衢求于反亦爲如字又于僞反曼父音万其
愼依注作引羊刃反以輤七見反翣所甲反不相息亮反注同不緌本又
作緌同耳佳反去飾起呂反陶大刀反即周本又作堲同子栗反又音稷注下同何云治土爲甎
四周於家燒叔招反折即之設反管子云左手執燭右手折即即燭頭燼也弟子職其篇名棺
音官椁音郭上梓音子牆置在良反長殤丁丈反下式羊反十六至十九

爲長殤十二至十五爲中殤八歲至十一爲下殤七歲已下爲無服之殤生未三月不爲殤　爲正音征下同又如字　斂用力驗反下皆同　乘驪力知反徐郎兮反純黑色馬　騋音來馬七尺已上爲騋　乘翰字又作鶾胡旦反又音寒白色馬　物萌亡耕反　乘騵音原騵馬白腹　駵力求反赤馬黑鬣尾　用騂息營反徐呼營反純赤色也一云赤黃色　曾參所金反一音七南反後同　齊斬音咨本亦作齋𪗋衰之字後皆放此　饘本又作飦之然反說文云糜也周謂之饘宋衛謂之餰　粥之六反徐又音育字林云淖糜也　布幕本又作冪音莫徐音覓下同　繆音綃徐又音蕭　縑也古謙反　綃音消徐本又作綃桑堯反　僭已子念反　爲辟莫歷反　孋姬本又作麗亦作驪同力知反　重耳直龍反注皆同　子蓋依注音盍戶臘反下同何不也　蚤卒音早　姐　嬖必計反　欲弑本又作煞音試注同徐云字又作嗣音同　皆惡烏路反　突徒忽反　傳音富　咎犯其九反　皐落古刀反　子少詩召反　多難乃旦反　爲君于僞反下爲時同　雉經如字徐古定反如雉之自經也　共世子音恭本亦作恭注同　言行下孟反

而莫音暮爲樂音洛又音岳終無已夫音扶絕句本或作已矣夫又復方目
反乘丘繩反年夏戶嫁反縣音玄卷內皆同賁父上音奔下音人名字皆同
馬驚敗一本無驚字公隊直類反綏息隹反圉人魚呂反股裏
上音古下音里中馬丁仲反誄之力軌反謚也以上時掌反隅坐不與成
人竝音並絕句睆華板反明皃孫炎云睆漆也徐又音刮之簀音責牀第也與音餘下同
畫衡賣反牀笫上音床下側吏反爲刮古滑反瞿然紀具反下同曰
吁音虛注同吹氣聲也一音況于反憊皮拜反羸困也革矣紀力反極急也注同徐又音
請七領反覬也音冀斃音弊仆蒲北反又音赴而沒音殁慨苦愛反
而廓苦郭反何云開也揂索所白反郰音誅婁力俱反或如字郰人呼郰聲曰
婁故曰郰婁公羊傳與此記同左氏穀梁但作邾升陘音形魯僖許宜反之髽側瓜反
反臺駘上音胡下音臺去羌呂反纚所買反又所綺反黑繒韜而紒音計

大十五　禮記音義之二　十三

錫衰上悉歷反下士雷反與音餘吉笄音雞素總音摠韜吐刀反閱

音悅爾毋音無後同從從音揔高也一音崇又仕江反扈扈音戶廣也大也爾女

音汝大高音泰一音勑佐反下大廣已猶大大重同蓋榛側巾反木名又士鄰反長尺

直亮反凡度長短曰長皆同此音子禫大感反比御必利反下比及同蔑迷結反

彈琴徒丹反成笙音生絲屨音句組纓音祖無絇其俱反縞

古老反又古報反厭于甲反溺奴狄反弗除如字徐治慮反大公音泰注及下注大史

云皆同忍離力智反下相離同曰樂樂並音岳一讀下五教反又音洛丘首手又

反注同期音基名鯉音里誰與音餘下餘閣也歟同曰嘻許其反又於其反悲恨之

同聲蒼梧音吾陟知力反升也帝嚳苦毒反高辛氏帝也騷素刀反又一音蕭

夫音扶差之初佳反又初宜反嬪也婢人反蓋袝音父於爨士亂反

矯之居表反謙儉其檢反適室丁歷反而語魚據反澌也本又

音斯音賜下同 顓孫音專 相近附近之近 易成以豉反 之奠田見反

餘閣音各 庋藏字又作庪同九毀反人居僞反 街里音佳 哭嫂悉豆反注同

人倡長尚反注同 踴音勇 娣姒大計反下音似 縮所六反從也 縫音逢又扶用反

下同 衡依注音橫華彭反 從也子容反 解佳買反 曰伋音急 水漿子良反

俯音甫 跂丘豉反 爲曾于僞反 不稅徐他外反注同 以上時掌反 使者

色吏反 賻音附 賵芳用反 乘馬繩證反四馬曰乘 貸他代反 副音仆 何

傳直專反一本作傅音附 惡乎音烏惡乎猶於何也 別親彼列反下同 夫由舊音

扶皇如字謂丈夫即伯高 見我如字皇賢遍反 爲爾于僞反下注爲其來爲褒爲我我爲皆同 來

者一本作爲爾哭也來者 之滋音咨 不嗜市志反 薑居良反 而喪息浪反下

喪明喪爾明同 女何音汝下同 洙音殊 泗音四洙泗二水名 華陰徐胡化反 異

稱尺證反 罪與音餘 離羣羣朋友也上音詈 索居悉各反猶散也下注索居

禮記音義之一

同責知又反致齊側皆反見齒賢遍反衰與七雷反下同後五服之衰

皆放此不復音不當丁浪反注同惡其烏路反精麄本又作麤七奴反廣

狹音洽不應應對之應褻息列反偏倚於彼反又於寄反稅本又作說同他活反

徐又始銳反下及注同驂七南反騑馬曰驂夾服馬也騑芳非反偏頗破多反予鄉

本又作嚮許亮反而出如字徐尺遂反涕音體施惠始豉反予惡烏路反夫

涕音扶識式志反又音式下及注章識皆同啼呼火故反饋祥其位反遺

也于季反拱而恭勇反儌孔本又作效胡敫反下同之嗜市志反食也注同

蚤作音早枻羊世反亦作曳消搖本又作逍遙頽徒回反所放方兩反

委乎本又作萎同紆危反注同病也殆幾音祈又音機在阼才故反兩楹音盈

夾之本又作挾古洽反下注同饋食如字又音嗣疇直留反嚮明本又作鄉同許亮反

聽治直吏反正坐才臥反又如字之處昌慮反置知吏反翣所甲反

木於既反　如攝所甲反又所洽反　與音餘　設披彼義反　綢練吐刀反韜
也徐直留反注同　設旐直小反　杠音江竿也　乘車繩證反　布廣光浪反
度廣狹曰廣他皆放此　幅方木反　褚張呂反　幕音莫褚幕覆棺者　蟻魚綺反蚍蜉也
又作蛾　蚍避尸反徐扶夷反　蜉音浮　之仇音求讎也　寢苫始占反草也　枕干
之鴆反　干楯本又作盾食允反又音允　市朝直遙反注同　銜音咸　而使色吏反
爲負于僞反下爲其負相爲同　從父如字徐才用反　爲魁苦回反首也　杓必遙反又匹遙
反　而陪步回反　皆經大結反　易墓以豉反注同　芟治所銜反　塡
池依注音奠徐盧王並如字　載處昌慮反下同　遣奠弃戰反本或作遣奠非　推
昌隹反又叶回反　柩其久反　辟音擗下辟辟不懷並同　復升扶又反　從者
才用反下同　禮與音餘下同　夫祖音扶　飯於煩晚反　牖下羊久反
小斂力驗反禮家凡小斂大斂之字皆同不重出　於作才故反　且服也本或作且服過

裼裘星曆反　夫夫上音扶下如字一讀並如字注及下同　袒括徒旱反下古活反

而見賢遍反注及下同　予之羊汝反下同　和之音禾或胡卧反下同　樂由音岳又音

洛　未忘音亡　彌亡卑反　牟莫侯反　爲之于僞反注爲之重服下爲之服皆同　廢

適丁歷反下又及注同　涕洟上他計反下音夷自目曰涕自鼻曰洟　子瑕音遐本又作蝦古雅

反　也中丁仲反注及下注禮中之中同　冠字古亂反　掘求月反又求勿反　中霤

力救反　綴足丁劣反又丁衞反　躐行良輒反　不復扶又反　子碩音石　請

鬻本又作粥音育賣也注同　惡因烏路反　蘧伯本又作璩其魚反　玉從才用反又

如字　名拔皮八反徐蒲末反　樂哉音洛下同一讀下音五教反　則瑗于卷反又於願反

刺其七賜反　弁人皮彥反　孺子而注反　可傳直專反　括古活反　蚩

昌之反　卜人師依注音僕師長也謂大僕也本或無師字者非也前儒如字卜人及醫師也　從

母才用反　二夫人音扶注同　相爲于僞反注及下注夫爲妻同　爨緦上七亂反

下音絲 縱縱依注音揔急遽皃 折折大兮反安舒皃注同 陵躐力輕反 怠惰

徒臥反 騷騷素刀反急疾皃 謂大音泰一音他佐反下注同 謂絞戶交反後同 紟

其蘆反 衾冒莫報反 遠之于万反 遠別彼列反 妻期音基 不

知音智 成味依注音沫士曷反 成斵陟角反 縢本又作縢徒登反 靧也音悔

洗面 竽笙音于下音笙 不和胡臥反 之調直弔反 簨息允反橫曰簨 虡

音巨植曰虡 植曰時力反又音值 問喪問或作聞喪息浪反注及下皆同 孫于音遜

朽許久反 有爲于僞反下爲桓司馬爲敬叔則爲之注爲民作爲嫁母皆同 宋向式上反 戌

音恤 名雕大回反 侈也昌氏反又申氏反 而朝直遙反注同 孟僖許宜反

閱音悅 將應應對之應 汲汲音急 繆公音木 出竟音境 焉得於虔

反 公叔木音式樹反又音朱徐之樹反 贈檖音遂 子璪息果反依字作瑣 滕

伯徒登反 爲孟上僞反下及下注爲人同 伯鞏恭勇反 外內易以豉反

帷堂意悲反　䋈衰去逆反麤葛也下七回反　繐裳音歲布細而疎曰繐　輕
涼音良反　子皐音高　無相息亮反　沽也音古略也　易之音亦徐以豉反
稱家尺證反　有亡皇如字無也一音無下同　惡乎音烏注同　齊才細反又如字
注同　豐省所領反　之比必利反　毋過音無　還葬音旋便也　縣棺
音玄　已斂力驗反　而封依注作窆彼驗反下棺也徐又甫鄧反　設碑彼皮反　繂
音律　作堋北鄧反　士賁音奔人名　汏哉本又作大音泰自矜大　醯呼兮反
醢音海　甕烏弄反　慶遺于季反又如字　革矣紀力反　不墾苦很
反　衎爾苦旦反注同自得之皃　爲小君于僞反下爲之般爲其父爲君服同　深邃
先遂反　難人乃旦反　見之如字又賢遍反　反壤而丈反　反復扶又反
音服非　大古音泰　自燕烏田反　爲壟力勇反　坊者音防　旁殺
色戒反下同　茨瓦徐在私反茅覆屋　門廡音武　卑如字又音婢　狹戶夾反　又

易以豉反馬鬣力輒反斷其音短下同上之時掌反一以上同廣
褎古曠反下音茂徐又云侯反重雷直容反衣以于既反椑蒲歷反房益反
尸棺杝音移堅著直略反水兕徐里反漆之音七不令力政反本又作
合楔齒悉節反綴丁劣反又丁衛反飯煩晚反唅也不剝邦角反也與
音餘下同倮力果反謂不巾覆也埃加音哀乾腊音昔逮日音代或大計反縓七絹
反淺赤色今之紅也緣悅絹反下注同於薫本又作纁許云反要絰一遙反下注小要同下大
結反無絇其俱反屨頭飾角瑱吐練反充耳衡依字作横華彭反下衡三同長袪
起魚反一昔丘據反謂褎本又作袖昔徐秀反袂口面世反袪裼音昔麛裘音迷
本又作麑同鹿子也青豻音岸胡地野犬褎絞戶交反四重直龍反注皆同深
邃雖遂反被之皮寄反注同其厚胡豆反度厚薄曰厚皆同此音杝棺
羊支反木名椵杝徒亂反梓音子謂屬音燭周帀本又作迊同子合反

能濕乃代反　袵而審反又而鴆反小要　髹又作髤許求反　題徒低反頭也　湊七豆反聚也　紂衣本又作緇又作純同側其反　明爲于僞反下文及注爲其變皆同　衍以善反　菆塗才宮反　龍輴勑倫反　畫輴音表　謂黼音甫　以刺七亦反　於縿音消　幕音莫　別姓彼列反注同　於朝直遙反下同　誄力軌反　耆老巨支反　莫相息亮反佐也注同　尼父音甫　其行下孟反　大縣郡縣之縣　皆厭于葉反注同　大廟音泰　惡野烏路反　銜枚上音咸下木坏反　叫呼火故火胡二反　稅人始銳反謂以物遺人也　謂遺維季反　縞古老反注同　紕避支反　月禫大感反　月樂音岳　賜帟音亦幕之小者　共焉音恭本亦作供

檀弓下第四　卷之三

君之適丁歷反下及下適室同　長殤丁丈反下及注同下式羊反　三乘繩證反下及注

同皆下戶嫁反降殺色戒反遣車弃戰反爲差初佳反又初宜反遠

之于万反朝亦直遥反注同越疆居良反本又作壃下越疆同蟜固居表反蟜

固人姓名不說他活反本亦作稅徐又音申銳反下同入見賢遍反矯失居表反

點多忝反倚其于綺反徐其綺反字晳星歷反擯者必刃反本又作儐同

後放此則爲于僞反下亦爲爲之變同是日人一反不樂音岳又音洛注同執

引音胤注同車索及壙苦晃反又音曠後同執紼音弗棺索嬴音盈曰臨如字徐力

鳩反袒免音問辟正音避下辟難同使人色吏反又如字狎則戶甲反近

南附近之近與哉音餘悼公音道游擯必刃反注同擯相息亮反下

同詔音照侑音又齊穀依注音告又古毒反爲之于僞反下及注同王者

如字徐于況反重耳直龍反注及下皆同辟難乃旦反在翟音迪本又作狄嚴

然魚檢反本亦作儼同喪亦息浪反注及下皆同孺子如樹反後同穉也直吏反本又作

稚同得與音預稽音啓顙桑黨反子顯依注音韅呼遍反徐苦見反使者色吏反子縶陟立反後同仁夫音扶則遠于万反伯歜昌燭反有禱丁老反一音丁報反祠之音詞鄉其本又作嚮同許亮反飯用扶晚反道褻息列反銘音名旌音精別已彼列反注同本或無已字非識之式至反皇如字重與奠也與音如字一本作重與奠與二與並音餘綴重丁劣反又丁衛反聯也音連筭桑亂反縣諸音玄齊敬側皆反辟踊婢亦反下音勇慍哀庾皇紆粉反積也又紆運反怨恚也徐又音鬱袒括觀闊反去飾羌呂反下及注去樂去桃茢並同其衰七雷反侈袂昌氏反下彌世反哀衰所追反吁況甫反歠徐昌悅反歠歠粥一音常悅反為其于僞反下注為父母為有凶為人甚同食之音嗣易也以豉反粥之六反後同之處昌慮反下同所養徐羊尚反既封依注音窆彼驗反下同已慤本又作㲉苦角反注及後同

北首手又反舍奠音釋注同離力智反下同卒哭遵聿反易喪

以豉反徐音亦祔音附比至必利反末有莫曷反無也期而音基桃茢

音列徐音例萑苕杜預云黍穰也鄭注周禮云苕帚惡之烏路反注及下注同凶邪似嗟反下注同萑

音宁苕大彫反難言乃旦反之朝直遥反注及下皆同用殉辭俊反以人從死曰

殉殆幾音祈又音機下同芻靈初俱反束茅爲人馬曰芻靈俑者音勇偶人爲

舊于僞反下爲君爲使人皆同古與音餘下同諸滕音悉將隊本又作墜

直媿反捷在接反爲瘠徐在益反疑夫音扶食食上如字下音嗣

遣車弃戰反下文及注同一乘繩證反下同七个古賀反下及注同焉知

於虔反大儉音泰或他佐反偪音逼本或作逼包伯交反子相息亮反下注同

西鄉許亮反下皆同俠古洽反一音頰羨道徐音賤音義隱云羨車道曰噫本又

作意同于其反毋音無斯音賜盡也沾依注音覘勑廉反視也其行下孟反會

見賢遍反下文不敢見同矣夫音扶下同本亦有無夫字者從祖才用反欲去羌呂反之號戶刀反而徑古定反人喜則斯陶徒刀反斯咏音詠謳也咏謳本亦作嘔烏侯反斯猶依注作搖音遙相近附近之近也慍斯戚紆運反怒也戚憤恚也此喜慍哀樂相對本或於此句上有舞斯慍一句并注皆衍文戚憤扶粉反恚一瑞反歎吟本或作唫魚今反斯辟婢亦反撫心也躍羊灼反惡之烏路反斯倍音佩下同所復扶又反絞衾戶交反下音欽設蔞音柳翣所甲反而食音嗣注同謂虞祭也有舍音捨注同廢也之眚似斯反病也疫病音役師還音旋出竟音境大宰音泰注及下文注大宰大師大史大廟大傅皆同嚭普彼反使於色吏反夫差音扶下初佳反夫差吳王名闔廬子盍嘗戶臘反斑白伯山反本又作頒音同厲與音餘下及注有此與同慨焉苦愛反憊皃皮拜反乃讙音歡喜說音悅下同知悼

音智下同彪彼蚪反李調如字左傳作外嬖嬖叔樂闋苦穴反止也杜蕢
苦怪反注蒯同作屠音徒曠飲於鴆反下飲斯飲之飲曠飲調飲寡人皆同曩者
乃黨反嚮也嚮也本亦作鄉同許亮反諫爭爭鬬之爭子卯不樂如字賈逵
云桀以乙卯日死受以甲子日亡故以爲戒鄭同漢書翼奉說
則不然張晏云子刑卯卯刑子相刑之日故以爲忌而云夏殷
亡日不推湯武以興乎疾日人一反比葬必利反下同爲一于僞反嬖必計反
匕必季反是共音供敢與音預知防音房又扶放反揚觶之豉反字林音
支又云酒器揚近附近之近下聲相近同名拔蒲八反粥音祝行之下孟反有難
乃旦反注同石駘大來反石碏七畧反適子丁歷反注同言齊側皆反
子亢音剛又苦浪反莫養羊尚反下皆同度諫大洛反啜叔昌劣反叔或作菽音同大豆也
王云熬豆而食曰啜叔斂手力檢反還葬音旋後同稱其尺證反下注之稱同於
從才用反注下同執羈音基靮丁歷反紖陳忍反疾革本又作亟居力

反急也注同篴之音遂脫君本亦作說又作稅同他活反與縣音玄注同潘氏

苦干反乾昔音干屬之玉反夾我古洽反猶繹音亦去羌呂反注

同籥羊勺反般請音班注及下同機封彼驗反多技其綺反下同豐

碑彼皮反時僭子念反後皆同斲大丁角反其綍音律繞而沼反

各重直龍反下天戶嫁反四植時力反爾邑古以字強使其丈

反女者音汝與音餘下苦與同其毋音無噫於其反禺人音遇又音務注

同走辟音避罷音皮倦其卷反頸上吉領反振之音亦繇役

本亦作繇音遙弗能弗亦作不爲謀于僞反下注國爲下爲懿同復無扶又反下復射謂不

復同死難乃旦反隣重依注音童下同汪烏黃反踦魚綺反未冠古亂反

士行下孟反馬裻音篤本亦作督子射食亦反下同斃一人本亦作弊

婢世反仆也下同韔弓勑亮反韜也仆也蒲北反又音赴韜之吐刀反又及

本或作又及一人又一人後人妄加耳朝直遥反不與音預參乘繩證反戈盾食允反又音允曹桓公依注音宣請舍胡闇反相啖徒暫反食音嗣徐音自衣於既反之強之其丈反下注同拂槐芳勿反下其久反茢音列叔肸許乙反為介音界注及後同副也難惠乃旦反昭穆常遥反蕢苦怪反碎於徐音避又婢亦反畫宮音獲注同于奪徒外反注并兑同杞音豈殖時職反華還胡化反且于子餘反肆諸殺三日陳尸音四市朝直遥反以上詩掌反執拘音俱弊盧力居反子贛吐孫反魯哀公子設撥半末反紼也輴車勑倫反榑幬上音郭下大報反覆也欑塗才丸反下音徒楡沈本又作瀋同昌審反澆古堯反之汁之十反滑于八反不中丁仲反又如字何學如字或音戶斅反非注同廢去羌呂反下同士摑求勿反又求月反又戶忽反肂本又作肄以二反棺坎也見賢遍反衽而審反為之于偽

反下爲妄注爲之下弗爲服皆同 禮與音餘 嬖必計反 犯蹕力軼反 庚古衡
反 償徐音尚 僭子念反 侈昌氏反又赤氏反 邑長丁丈反 有餽
本又作饋其位反遺也 使焉色吏反 見在賢遍反 辟其音避 木鐸
大各反 舍故音捨 所敗必邁反 櫜音羔甲衣 韔本亦作韔勑亮反弓衣 不
戢側立反 似重直用反 無苛音何本亦作荷 識之申志反又如字 執贄
音志 下賢戶嫁反 已夫音符 重強其丈反 虛墓本亦作墟同起魚反注同
之處昌慮反下同 以莅音利又音類 不解佳買反舊胡買反 憔在遙反
悴在醉反 爲無于僞反下同 長子丁丈反下官長并注同 於嬴音盈 名
札側八反 坎深式鴆反 廣輪古曠反 揜坎本又作掩於檢反 可隱
於刃反注同據也 從也子容反 目號戶高反注同 郲婁力俱反下同 弔含
胡闇反注及下同 僭稱子念反 易則易並以豉反下及注同 拒之本又作距 頖

也徒固反本亦作鈍祝先之六反畿内音祈刎其勿粉反徐亡粉反大饑居宜反字林九衣反本又作飢同黔敖其廉反徐渠嚴反而食音嗣下奉食同蒙袂彌世反輯屨側立反斂也貿貿徐亡救反又音茂目不明皃一音牟輯斂力檢反下同左奉芳勇反微與音餘注同狂狷音絹有殺本又作弒同式志反下臣殺子殺同貜俱縛反且也子餘反瞿然本又作懼紀具反斷斯丁亂反殺其人如字壞其音怪洿其音烏豬音誅復處扶又反奐焉音喚本亦作煥奐爛言衆多也輪囷起倫反全要一遙反注及下注要君同九京依注音原下同下亦作原字善禱丁老反祈也之畜許六反又許又反騶守上音巡下如字又手又反子貢本亦作贛音同為埋于僞反下亡皆反下並同狗古口反其封彼劒反出注閽人音昏守門人也弗内上如字下音納其廄九又反鄉者許亮反下之戶嫁反人辟音避下同内霤力又反子罕吁旱反

覘勑廉反下同民說音悅下注同窺去規反扶服並如字又上音蒲下音蒲北反本又作匍匐音同當之丁郎反子般音班殺音試遏之於葛反不與音預原壤如丈反材也音才貍力知反女手如字徐音汝之卷音權本又作拳佯不音羊從者才用反以邑並音以叔譽音預叔向許亮反名肸許乙反處父音甫注同大傅音賦行舊下孟反皇如字弁必正反專也注同植直吏反又時力反注同其知音智狐射音亦又音夜辟難乃旦反要君一遥反追然音退本亦作退和柔皃不勝音升妥他果反呐如悅反徐奴劣反舒小皃官長丁丈反鍵也其展反徐其偃反籥也不屬音燭學子柳戶教反教也注同衣衰依注衣作齎音各而繆依注讀曰樛音居虯反爲舅于僞反下爲舅爲天子不爲兄不爲蠶同魯頓徒困反又作鈍仲衍以善反繐衰上音歲下七雷反之縷力主反好輕呼報反喪如字末吾莫曷反

成人本或作郕音承　蠶士南反　而蟹户買反　有緌耳佳反　蚩昌之反
蜂也孚逢反　蜩也音條　喙呼惠反又丁角反　勉強其丈反　吾惡音烏注同
歲旱音汗　懸子音懸　作繆音穆　欲暴步卜反下同　尫烏光反　面
鄉許亮反　不雨于付反注下同　庶覬音冀本又作幾音同　暴人之疾
子一讀以子字向下　可與音餘　錮疾音固　曰覡胡狄反　早暵呼旦反　舞
雩音于　徙市上音死下音是　爲之于僞反　不亦可乎可或作善　祔也
音附下同　合葬音閤下同　以間間廁之間　善夫音扶

王制第五如字徐于況反盧云漢文帝令博士諸生作此篇　卷之四

王者如字徐于況反　十日人一反　取晷音軌日景　朝會直遥反卷内皆同　畿
求衣反　尚狹音洽後文同　太平音泰　斥昌石反　黜陟上丑律反下竹力反　主
爲于僞反下爲有亦爲有同　之分扶問反　食九人音嗣下同徐音自　爲差初佳

反徐初宜反下注同 肥墝本又作墽苦交反 官長丁丈反下文注皆同 爲糞方運反

覜聘吐弔反 三分如字 爲介音界 閒田音閑下同 章管之尚反又如字

本亦作障音同 以朌音班賦也 不與音預注及下注不與同 塗山音徒 要服一遥反下

要服皆同 相幷必政反又如字 地減古斬反 關盛衰並讀如字 以共音恭 有

帥色類反注及下同 爲卒子忽反下及注同 曰牧音木 自陝失冉反一音古合反

召公時照反 曰甸大薦反 曰采蒼改反 以當丁浪反又如字 里蠻莫還

反 選用宣戀反 欲見賢遍反 二卿與音餘 三監古蹔反 監

於古銜反卷末同 冠禮古亂反 命卷依注音袞古本反 復加扶又反 冕

而音勉 德行下孟反 任事而鴆反 與之如字又音預 不畜許六反

之涂音徒本又作塗 屏之必政反 放去羌呂反 無賙音周 餼許既反

有宅王肅注尚書如字鄭音知嫁反懲艾也下同 劓者魚氣反 刖者五刮反又

音月守圍音又髡五忽反本又作完音同徐戶官反守積子智反一朝直遥反
數來色角反又所具反巡守手又反本或作狩後巡守皆同省之色景反岱宗
音代柴仕佳反依字作祡覲見如字舊賢遍反大師音泰後大學大祖大子大樂正太史
皆同納賈音嫁注同所好呼報反下及注同惡烏路反好辟匹亦反徐芳亦
反則侈昌氏反又式氏反滛邪似嗟反君削息約反君絀丑律
反退也昭穆常遥反凡言昭穆放此易樂音岳南嶽音岳下同歸假
音格至也祖禰乃禮反父廟也禷音類造乎七報反下及注同與諸侯如字
曰朝直遥反以柷昌六反男樂音岳以鼗音桃鈇方于反又音斧鉞
音越賜圭字又作珪案說文珪古字圭今字瓚才旦反爲鬯勑亮反秬酒
音巨黑黍也曰辟音辟明也注同頖宮音判班也禡於馬怕反師祭也又音百姓
同爲兵于僞反下爲盡物同禱丁老反以訊本又作誶音信注同馘古獲反截耳

斷耳音短下斷殺同乾豆音干之庖步交反曰蒐所求反曰獮
息淺反臘音昔不合如字徐音閤不揜音掩本又作掩大綏依注音緌耳隹反下
注同田獵力輒反驅逆丘于反又丘遇反獺徐他達反又他瞎反豺仕皆反設
罻音尉一音鬱小網也零落本又作苓音同說文云草曰苓木曰落昆蟲直隆反下同
禾蟄直立反不麛本又作麑音迷同不卵力管反殺胎吐來反
殀夭上於表反殺也下烏老反少長斷殺丁亂反又音段少長上詩召反下丁丈反不
覆芳服反注同之杪亡小反末也度支大各反下音之豐耗呼報反所
殺色戒反又色刈反量入音亮之率音律又音類本又作繂之畜勑六反後皆同
之仂音勒又音力什音十越紼音弗躐也力輒反輴車勑倫反
索悉各反曰浩胡老反食日人一反下同降期居宜反縣封
上音玄下音窆彼驗反不爲于僞反注又爲同引紼音弗以上時掌反下大夫

以上同　無辟音避之　祧他彫反　契及息列反　適寢丁曆反
曰礿余若反　夏曰戶嫁反注夏曰礿夏禘祭曰下云夏薦同　禘大計反　曰烝之承反
曰祠音詞　中霤力救反　郊鯀古本反　黃能乃登反本又作熊音雄　犆
音特　祫禘音洽絶也　歲朝直遥反　互音戶又戶故反　下天子戶嫁
反　大牢如字又音泰　少牢詩照反　四之日人一反　稻音盜　卵
力管反　繭栗字又作蠒公典反　握厄角反　長不丁丈反　出膚方于
反　燕伊見反　藉在亦反　稅式銳反　借子亦反　市廛直連反　邸
舍丁禮反　關譏居宜反　不征本又作正音同注下皆同　凶札側八反又音截
林麓音鹿山足也　夫圭音珪　不粥音育賣也後皆同　執度度地
上如字丈尺也下大各反量也　沮澤將慮反沮洳也　寒煖乃管反又況袁反下又同　謂
萊音來何胤云草所生曰萊庾云草　沛也蒲貝反何胤云水所生曰沛何休注公羊傳云草棘曰沛　之

處昌慮反任而鴆反築邑音竹食壯音嗣又如字下側狀反燥素老反

好惡上呼報反下烏路反異齊才細反緩急户管反異和胡卧反下同

臭尺救反器械户戒反何休注公羊云攻守之器曰械鄭注大傳云禮樂之器及兵甲也郭璞三蒼解詁云械

器之揔名旃裘上之然反下音求與絺勑宜反綌去逆反被髮彼義

反下同雕本又作彫同彫刻鏤也題大兮反交趾音止刻其音克肌音飢

涅之乃結反相嚮許亮反僢昌戀反衣皮於既反下同不粒

音立耆欲市志反曰寄京義反狄鞮丁兮反知也曰譯音亦

閒之如字又閒廁之閒度大洛反必參七南反咸行緘反樂事

音岳又音洛以防本又作坊音同恤孤辛聿反以逮音代又大計反不肖

音笑以絀勑律反帥音率循音巡謂敖本又作傲同五報反很胡墾反孝弟大計

反本又作悌皆朝直遥反于庠音祥與執音預國蜡仕詐反覬其音冀亦

復扶又反下又復復移復與同爲之于僞反下又爲親爲爲其大亦爲皆同選士宣戀反下皆同

德行下孟反不給音急傜役本又作繇音遙樂正音岳之長丁丈反下同

蔓求龜反命女音汝冬夏戸嫁反注反下注夏官同適子丁歷反下注同

皆造才早反徐七到反小胥息餘反又息呂反下同去食丘呂反屏之必郢反

曰棘依注音僰又作僰蒲比反偪也言偪彼力反大遠音泰舊他佐反其

論如字舊力困反任官而金反下注同衣甲於既反發卒子忽反執技其綺反本或作伎後同

羸本又作羸力果反肱古弘反擐衣舊音患今讀宜音宣依字作揎字林去揎揎臂也先全反

辟脛胡定反見勇賢遍反明辟婢亦反注同三

刺七智反殺也斷其丁亂反下制斷斷計同之中如字又丁仲反天論音倫理也注同

郵罰音尤俗作郵過也麗郎計反當丁郎反假他古雅反之量

徐音亮後皆同以別彼列反氾輿本又作汎孚劒反比必利反注同例也正平皮命

反棘木紀力反要之於妙反謂要最舊一遥反槐回懷二音三叉義作宥遺
忘音妄爲人于僞反易犯以豉反後易犯同侀人音刑折言思曆反
亂名如字王肅作循名巧賣起敎反又如字巫蠱音古鷸冠尹必反徐音述
瓊弁皮戀反般百間反行僞下孟反虛華戶瓜反又如字日卜
人一反金璋之羊反不中丁仲反下皆同幅廣方服反耒耜力對
反下音似仲夏戶嫁反下春夏同蜃常忍反雉化爲之竟上音境苛察
音何又呼河反本亦作呵諱惡烏路反注同札書側八反齊戒側皆反本亦作
齋下皆同司會古外反注同司會家宰之屬掌計要者勞農力報反食禮音嗣
注及下注并下文食之並同養於如字徐以尚反下同瞽亦音古異粻陟良反糧也
不離力智反止觀古亂反唯絞戶交反紟其鴆反衾冒亡報
反不煖乃管反温也下同珍從才用反又如字不與音預下及注同言糾居黝

反徐居酉反 作綵 音求又音虯 昪 音皇本又作皇 咠 倪甫反 縞衣 古老反又古報
反 纁 許云反 則牟 亡侯反 追 丁雷反 復除 上音福下如字又直慮反 不
養者 如字又以尚反 期 音基 少而 詩照反下注少者同 之矜 本又作鰥同古頑反
廩 兵品反 瘖 於金反瘂也 聾 力東反 跛 彼我反 躄 必亦反兩足不能行也
侏儒 音朱 遠別 彼列反下文并注同 隨行 如字一音戶剛反下鴈行同 任并 必性
反本又又併 提 音啼 契 本亦作挈苦結反 十億 於力反 雍州 於用反 斷
長 音短 去一 羌呂反 爲率 音律又音類 閒田 音閑下同 祿食 音嗣
又如字下皆同 爲朝 于僞反 絜清 如字徐才性反 用潘 芳袁反米汁也 辟賢
音避 冠 古亂反 長幼 丁丈反 斛 洪谷反 幅 方服反 狹 戶甲反
月令第六 此是呂氏春秋十二紀之首後人刪合爲此記蔡伯喈王肅云周公所作 卷之五
孟春昏參 所林反 中 如字徐丁仲反後放此 長也 丁丈反 於諏 足俱

反又足侯反本又作娵同訾子斯反爲人于僞反軋也乙八反解孚音敷大

皡上音泰後文及注大蔟大史大寑大室大微大廟大祝大尉大宰皆同皡亦作昊胡老反大皡宓戲也句

芒古侯反下音亡句芒木正也少昊之子曰重爲之後句芒皆放此宓戲音密又音服戲又作虧亦作犧

又作羲同許宜反曰重直龍反律中丁仲反猶應也後放此凡如此之例十二月文注皆可以類求

之大蔟七豆反奏也猶應應對之應下皆放此律長直亮反又如字後皆放此律

空徐音孔臭羶失然反先脾婢支反於藏才浪反後放此直脾

弋吏反又如字下宿直同後放此于奧烏報反及腎時忍反解凍東送反

蟄蟲直立反上冰時掌反下注以上同獺祭他達反又他瞎反左个古賀

反偏也後放此乘鸞力官反路本又作輅載青音戴後放此旂巨機

反後放此衣青於既反後放此下注衣甲倮猶衣同其器本又作器同冬夏此卷內可以意

求之衡璜音黃火畜許又反貫土古亂反朝祀直遥反下文注同龍

卷本又作衮古本反玄端音冕先立春悉薦反乃齊側皆反本亦作
齋卷內放此還乃音旋後放此命相息亮反注同下善相并注放此施惠如字又始
反休其許收許虯二反美也毋有音無本亦作無下同不當丁浪反宿息六反徐
音秀離依注音儷呂計反偶也不貸吐得反徐音二馮音憑相息亮反又如字候
伺音司又息嗣反載耒力對反字林云耕曲木垂所作力佳反又力水反耜音似措七故
反置也保介音界注同帝藉在亦反說文作耤云帝耤千畝三推出佳反又吐回反下
同推謂伐也參乗繩證反爲天于僞反下爲仲春爲傷爲死氣皆同勞酒力報
反注同氣上時掌反注土上同萌動莫耕反蒸達音證又之丞反冒莫報
反覆也瓪求月反封疆居良反注皆同徑術古定反注同術依注音遂田畯音俊
之分扶問反嵎夷音愚阪險上音反又蒲版反下許儉反道民音導既
飭音勑農率所類反謂田正用牝頻忍反妊而林而鴆二反毋覆芳服

反孩蟲戶哀反胎吐來反夭烏老反麛音迷卵力管反掩骼
江百反埋胔才賜反蔡云露骨曰骼有肉曰胔胔亦作骴肉腐扶矩反蚤落音早
有恐丘勇反大疫音役猋風必遙反徐芳遙反本又作飄宿直音秀好
風呼報反藜力兮反莠音酉水潦音老大摯音至蔡云傷折首
種章勇反鄭云首種謂稷蔡云宿麥仲春日在奎苦圭反昏弧音胡降
婁戶江反夾鍾古洽反一音頰四隙去逆反倉庚並如字本或加鳥非驪
黃力知反搏穀音博幼少詩召反省所景反注同減也徐所幸反囹音零
圄魚呂反囹圄今之獄去羌呂反桎音質今之械也梏古毒反今之杻也木在足曰桎在手曰梏
掠音亮考捶械戶戒反暴尸步卜反捶治之蘂反高禖音梅施
生始豉反孚乳上如字一音芳付反下而樹反季春同娀簡風中反簡狄有娀氏女生
契息列反九嬪毗人反謂從才用反弓韣大木反弓衣有娠

音身一音震謂懷妊始電大練反先雷悉薦反奮鐸方問反大各反度
重上音杜丁音亮注同斗甬音勇斛也權槩古代反稱上尺證反下同稱
錘丈僞反又丈爲反闔扇戶臘反小間音閑毋漉音鹿竭也陂池
陂宜反畜水曰陂穿地通水曰池尚書傳云澤障曰陂停水曰池畜水勑六反乃鮮依注音獻
朝覲大歷反沍寒戶故反朝之直遥反秬黍音巨旨輿音預
祭寒而藏之一本或作祭司寒案左氏傳無司字之長丁丈反中丁音仲本亦作仲
爲季于僞反下注同好雨呼報反大陰音泰煖氣乃緩反又音暄蝱
螟亡丁反爾雅云食苗心螟季春在胃音謂季少詩召反姑洗素典反
爲鴽音如毋無也蔡云鶉鴿之屬虹音紅又音絳螮蝀也始見賢遍反蓱
始步丁反水上浮萍也毋無上音牟又如字蝃本又作螮丁計反亦作蝃同蝀本亦作東
同丁孔反蓱萍音平曰蘋毗人反鞠衣居六反如菊華也又去六反如麴塵爲

將于僞反下文乃爲爲鳥同　覆舟芳服反下及注同　薦鮪于軌反　發泄

息列反　句者古候反屈生也　倉廩力甚反　上騰時掌反下注以上同　循

行下孟反　隄防丁兮反下音房　道達音導　有障之亮反又音章　便民

婢面反　罝子斜反　罘音浮　畢翳於計反　餧於僞反　獸罟音古

爲弋羊職反　桑柘之夜反　戴勝音帶注同本亦作載載戴勝鳥名　織紝女今

反　曲植直吏反曲薄也植蠶槌也　籧筐居呂反亦作筥下丘往反方曰筐圓曰筥　槌也

直追反又直類反又丈僞反　東鄉許亮反注同　母觀古喚反注同　省婦所景

反　去容起呂反　線息賤反　組音祖　紃音旬　分繭古典反　效功

戶教反　以共音恭　敢惰徒卧反　之量音亮注同　筋角音斤　箭

幹古旦反　凡輮如力反　監工古銜反注同　悖必內反　淫巧如字又反

又苦注同　春液音亦　纍牛力追反注同　騰大登反　遊牝毗忍反徐扶死反

皆乘繩證反在廄居又反校數所主反國難乃多反後及注同驅疫鬼
磔竹伯反磔磔牲也穰本又作攘如羊反氣佚音逸後同索室所白反毆
疫丘于反大恐丘勇反暵呼旱反又呼旦反蚤降音早孟夏婺女
音務言炳音丙長育丁丈反此月內除律長長大繼長皆同著見賢遍反
炎帝于廉反炎帝神農也顓頊上音專下音勗音徵張里反後放此去一起呂
反く中呂音仲又如字無射音亦臭焦子遥反先胏芳廢反竈
陘音刑螻音樓蟈古獲反螻蟈蛙也蔡云螻螻蛄蟈蛙也蛙烏蝸反即蝦蟇也丘
蚓以忍反萆挈上皮八反下起八反王萯房九反赤騮音留本又作騮
菽本又作叔音同以粗七奴反大也木畜許又反下水畜同先立悉薦反欣
説上許斤反下音悦熛怒必遥反下奴故反爲將于僞反下爲逆爲妨爲傷下文爲天子皆
同飲酎直又反重釀之酒長大如字下繼長同或丁丈反非也必當丁浪反蕃

廡音煩下云甫反下同　有壞音怪注同　隋許規反又作隳下注同　始絺勑其反

出行下孟反下同　勞農力報反　聚畜丑六反又許六反　斷薄丁亂反

反注同　薺才禮反　草艾魚廢反後皆同　言醇音純　謂重直龍反或直用反

反　釀女亮反　於朝直遙反　飲蒸之承反後皆同　數來所角反　則

蝗徐華孟反范音橫字林音黃　仲夏昬亢音剛又苦浪反　蕤賓人誰反

應鍾應對之應　交酢才各反　螳音堂　蜋音郎螳蜋螵蛸母也　鶪古闃

反搏勞鳥字林工役反　反舌鄭云百舌鳥蔡伯喈云蝦蟇　螵匹遙反　蛸音消　搏

勞音博又作伯　壯佼古卯反　助長丁丈反下長氣同　鞀大刀反本亦作鞉同　鞞

步西反　竽音于　篪音池本又作箎同　簧音黃　飭鍾音勑　柷昌六反　敔

魚呂反本又作圉　爲將于僞反下文爲民注爲傷爲其皆同　大雩音于　百辟音必亦

反注同　句龍古侯反　龍見賢遍反下御見同　以雛仕于反又仁俱反難也爾雅云

生吺雛　含桃本又作函湖南反含桃櫻桃也　櫻於耕反　艾藍力甘反　可別彼列反下文別羣同　暴布步卜反　太陽音泰　無索所白反　不難乃旦反又如字　挺重大頂反寬也　則執如字蔡本作蟄　相蹢大計反躅也本或作蹍音同

瘦人所留反　教駣音兆又音道字林音桃　陽爭爭鬬之爭注同　從能子用反　致和戶臥反　嗜欲市志反　晏陰伊見反　角解戶買反　蟬

始市志反　半夏戶嫁反半夏藥草　木堇音謹木堇王蒸也一名舜華　王蒸之承反　臺榭音謝　樓觀古喚反　闍者音都　雹步角反　凍丁貢反

百螣音特食苗葉蟲　乃饑居疑反又音機　零落本又作苓音同　民殃於良反　疫音役　季夏去起呂反後放此　不任音壬又如字　純恪苦各反　蟋蟀上音悉下音率　腐草扶矩反　為熒本又作螢戶扃反螢火蟲也或作腐草化為螢者非也

攫俱縛反一音九碧反　搏音博　始鷙音至本亦作摯同　蛟音交　鼉大多反又徒丹

禮記音義二　三七

反黿音元冒亡報反榜人必孟反材葦于鬼反柔刃而慎反
爲艾于僞反下文爲民注爲求福爲其同以共音恭黼音甫黻音弗差貸
音二又他得反以別彼列反旗音其章識申志反又如字行木下孟反徭
役音遥徑音逕辱暑如字本或作溽音同濕也燒薙他計反芟草又直履反
芟草所銜反萊地音來夏日人一反畜於勑六反不復扶又
反以糞方問反土彊其丈反注同易行以豉反強其兩反驟好覽
反鮮落音仙又仙典反風欬苦代反鷹隼息允反蚤鷙上音早下
音至亦作鷙擊也走竄七亂反中央於相反蟲倮力果反虎豹之屬淺毛者又采
瓦反露見賢遍反中霤力又反復穴方服反五藏才浪反圜
于權反以閎音宏之長丁丈反土畜呼又反下金畜同孟秋少皞
詩召反注下放此少皞金天氏黃帝之子蓐收音辱蓐收少皞之子曰該爲之應涼應對之應

狐貉戶各反依字作貈生旃之然反則陂彼義反左樞昌朱反行

戮音六寒蜩大彫反蜺也五兮反寒螿總章子孔反白駱音洛

黑鬛音獵本亦作髦音毛又一本作旄尾也先立秋悉薦反軍帥所類

反下同本或作師注放此於朝直遥反招拒音矩將諸子匠反下同詰誅

去吉反好惡並如字又上呼報反下烏路反繕囹市戰反罪邪似嗟反搏執

音博察創初良反注同審斷決丁亂反下同蔡徒管反一讀絶句決字下屬贏

音盈注同猶解古賣反完胡官反隄丁兮反本又作提防坊音房本又作謹

壅於勇反畢好呼報反坏步回反牆垣音袁大使色吏反介

蟲音界注同稻蟹胡買反復還扶又反下音環又音旋多瘧魚略反

仲秋觜子斯反又子髓反觿戶圭反又戶規反盲風亡庚反疾風謂閩

音文依字作蟁又作蚊蚋人銳反又如悅反其養餘亮反下同糜亡皮反粥

之六反字林羊六反具飭丑力反後放此有量音亮下度量同朝宴直遥反此爲于僞反下爲民同必當丁浪反下不當反注同枉紆往反撓女教反又乃絞反字林作橈非申重直用反循行下孟反芻初俱反草也豢音患養也養牛羊曰芻犬豕曰豢以所食得名瞻音占肥瘠在亦反皆中丁仲反乃難乃多反注同竇音豆窖古孝反脩囷丘倫反隋曰他果反謂狹而長趣民七住反本又作趨又七緣反坏戶音陪務畜丑六反浸盛子鴆反始涸戶各反竭也角見賢遍反下同易關以豉反注同便婢面反圜其位反注同賈客音古又古雅反應陽應對之應有恐丘勇反復生扶又反數所角反季秋無射音亦喆貞列反來賓高誘注呂氏春秋則云賓雀與鄭異爲蛤古荅反鞠本又作菊九六反豺音柴僇禽音六本或作戮甲重直用反之簿步古反徐步角反之收如字又守又反之委紆僞反

紆偽反猥卒溫罪反下七忽反習吹昌睡反注同爲將于偽反下文縣爲注爲又

爲同徧祭音遍合諸侯制絶句而縣音玄殳音殊矛亡侯反

度大各反同乘繩證反校人户教反而須音班騶側求反

載丁代反又如字注同旐音兆以級九立反趣馬七注反又七走反駕說

之陳直覲反大常音泰載旟音餘搢如字又音箭扑普卜反挾

矢子協反又音協祀祊鄭注周禮音方爲炭吐旦反皆墐其靳反辟

殺音避乃趣音促又七住反不當丁浪反注同供養九用反下餘亮反注同

以去起呂反貪耆市志反能乎弓反蹯音煩鼽音求說文云病寒鼻

窒嚏丁計反邊竟音境注及後同隆六中反坼丑白反煖風乃管

反又許元反氣解古買反惰徒臥反孟冬析木思歷反顓音專

頊許玉反顓頊高陽氏玄冥亡丁反少昊之二子脩及熙爲玄冥玄冥水官黿鼈必滅反財

匱其位反 應應對之應注同 臭朽許九反本亦作殠字林云乃腐臭也說文云殠或爲朽字

辟除必亦反又婢亦反 爲軷步曷反 壤如丈反 厚二戶豆一反 廣

五古曠反 爲蜃常忍反大蛤 不見賢遍反下注錄見同 鐵驪力知反

與蝨直吏反 爲袗之忍反又之刃反 先立冬悉薦反 叶光

本又作汁音協 禺人音遇 椓聚丁角反又作涿同 釁龜許靳反 筴初格

反 蓍音尸 繇文直又反 相爲于僞反下爲仲冬爲天子皆同 上騰時掌反又

如字下上柑同 蓋藏才浪反又如字 循行下孟反 積聚子賜反下才柱反又竝如

字仲冬同 鍵閉其輦反又其偃反 管籥羊灼反 封疆居良反注及下注同 要

塞先代反注同 塞徯上先則反下音奚 徑古定反 鍵牡亡古反又茂后反

摶鍵音博一本作傳直專反 害處尺慮反 爲璽音徙 塋音營 丘

壟力勇反 襲音習 斂力驗反又力撿反 効功戶教反 淫巧如字又苦孝反

注同功致直吏反下注同之長丁丈反不當丁浪反注同别之彼列反

國索所百反屬民之玉反下同滌大歷反場直良反躋彼

子兮反兕徐履反觵古宏反臘先祖力合反謂蜡仕迓反字

林作稓勞農力報反將帥上子匠反下色類反大閱音悅唯狩

手又反上泄息列反下同復出扶又反參伐所林反下同仲冬東

辟必亦反又必狄反益壯莊亮反曷旦本亦作鶡同苦割反曷旦鳥名暢月

勑亮反充也猶女音汝大陰音蔭必重直龍反注同省婦所景

反注同大酋子由反又在由反大酋酒官之長秫稻音述麴丘六反蘖魚列反

湛子廉反漬也熾尺志反炊也火齊才計反注火齊同監古銜反差貸

音二又他得反注同之長丁丈反穫稻戶郭反畜獸許六反不詰起吉

反藪澤素口反教道音導陽爭爭鬬之爭注同去聲起呂反注及下

同禁耆市志反從八子用反芸音云香草荔力計反馬䪥挺出大頂反馬䪥戶介反麋亡悲反角解音蟹上行時丈反氛霧芳云反雨汁于付反下音執注同謂雨雪雜下也瓜瓠戶故反好雨呼報反多疥音介季冬務女無付反昬婁力侯反旦氐丁兮反一音丁計反玄枵許驕反北鄉音向雉雊古豆反雉鳴雞始乳如住反大難乃多反下注同磔出竹百反爲厲于僞反題肩大兮反神祇音祁腹堅本又作複又方服反厚也五種章勇反注同鎡音茲錤音其合古荅反吹昌睡反而罷如字又音皮乃復扶又反君子説音悅小人樂音洛以共音恭下文以共皆同薪燎力召反可析思歷反下同炊爨七亂反幾終音祈又音機故處昌慮反猶女音汝令之力呈反而縣音玄辟寒毗異反胎吐來反犬

烏老反注同　少長上詩召反下丁丈反　乃句古侯反　消釋如字一本作液音亦

經典釋文卷第十一

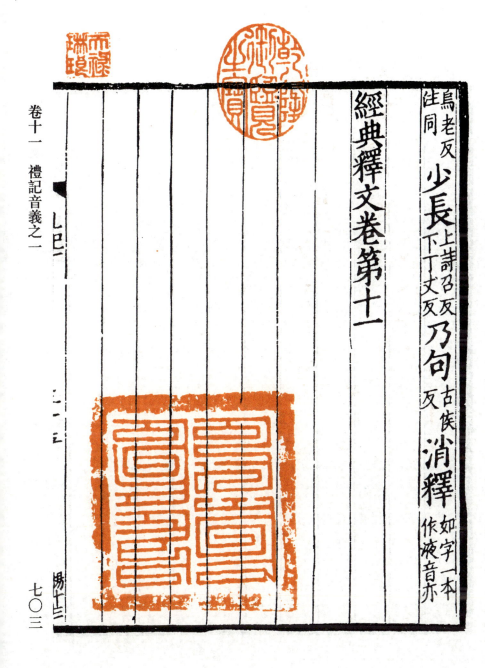

三十五

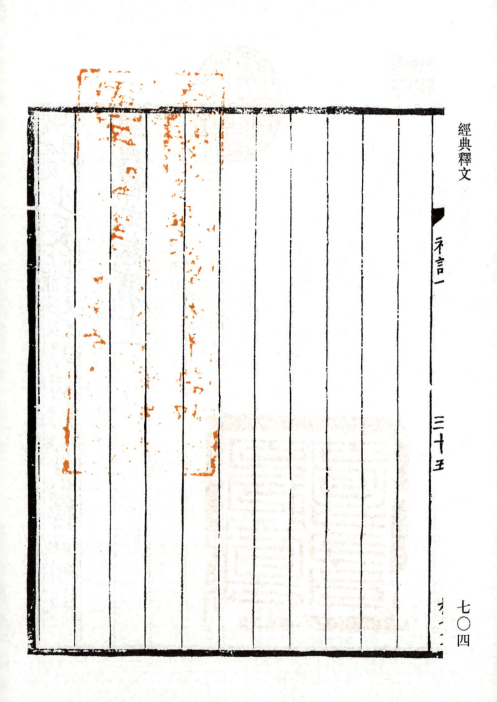

五福五代堂古稀天子寶

八徵耄念之寶

太上皇帝之寶

五福五代堂古稀天子寶

八徵耄念之寶

太上皇帝之寶

經典釋文卷第十二

禮記音義之二 起第六盡第十

唐國子博士兼太子中允贈齊州刺史吳縣開國男陸德明撰

曾子問第七 曾子孔子弟子曾參也以其所問多明於禮故著姓名以顯之 卷之六

大祝 音泰下文注大祝大宰大宗大廟大史皆同此音下之六反說文云祝祭主贊詞者 裨冕 婢支反 命毋 音無本亦作無 絺冕 知里反本又作黹徐張履反 祝聲 之六反下同徐之又反 三 息暫反又如字下聲三及三者三皆放此 噫 於其反 歆 許金反 警 居領反 神 少 師 外召反下少喪弁注同 奉 芳勇反下注奉者同 以褁 七雷反下同 子從 才用反下同 敢見 賢遍反下而見伯父廟見旅見同 偏告 音遍下同 於禰 本又作祢乃禮反 視 朝 直遙反注及下同 爲將 于僞反下爲事同 公袞 古本反 鷩 必列反 毛毳 昌銳反 韠韍 步末反 牲幣 依注牲音制制幣一丈八尺 於殯 音賓出注 將冠

古亂反下及注皆同徹饌仕戀反埽悉報反冠醮子妙反酌而無獻酬曰醮以與

音預下至脫裦與奠皆同相爲于僞反注爲人其所爲服爲君爲其皆同辟正音避下同士則朋

友一本作士則朋友奠脫湯活反擯相息亮反取七住反本亦作娶下文取婦取女同累

力彌反親迎魚敬反下同縞古老反總音揔服期居宜反下同償音尚過

古卧反相飲於鴆反食音寺相離力智反有供九用反養羊尚反

盥饋音管下其位反不菲一本作扉扶畏反草屨朝廟直遥反猶爲于僞反下

爲庶毋爲其下文君爲皆同禮與音餘下禮與同亟舉徐起吏反西鄉許亮反

先相子悉薦反夏卒戶嫁反巡守手又反本亦作狩齊車側皆反本

亦作齋注及下同齊車祭祀所乘金輅也祫祭音洽老聃他甘反老聃即甘子也祔之音附

以從才用反下從而從同禪必蹕音畢止行少喪如字下及注皆同讀者亦息浪反以

遺如字猶垂反又于季反者幾居豈反下同雨霑竹廉反衣青於既反又

如字下同　嘗禘大計反　簠音甫徐方于反又音蒲　簋音軌　陳饌仕戀反又仕轉反下同　三飯扶晚反下同　不侑音又絶句下皆放此　酳音胤又仕覲反　不酢才各反　比至必利反　賓長如丈反下丈謀長同　爲其于僞反下爲彼爲親妻爲婦爲爲巳病皆同　之治直吏反　義斷丁亂反　服除如字徐直慮反　民中如字又丁仲反　適妻丁曆反　不誄力水反累也謂謚也　時行下孟反　作謚音示徐又以二反　出疆居良反　以椑薄曆反襯身棺謂杝棺也　共殯音恭注同下必刃反　苴絰七餘反下大結反　散帶息但反　弁皮彥反　柩其又反　如爵如或作加誤也　爲巳音以　子免音問　旣引以刃反下皆同　旣封依注音窆彼驗反　及塗音徒　扱初洽反　上衽而審反又而鴆反　祝曰皇之六反舊之又反下同　爲介子于僞反下注爲有異居爲無曰同介音界副也下同　庶子爲大夫其祭也本或此下有如之何三字非也　不厭本或作懕於豔反注下皆同　不綏注作墮同許垂反徐又況垂反注同　皆辟音避

下同 厭飫於去反 尸謖色六反起也 俎敦音對又東論反 爲蝦古雅反 奠
觶之豉反字林音支 不歸如字徐其位反 諸與音預 其詞如字告也下及注同
昭穆常遙反下音木後放此 爲壇大丹反下注同注或作墠音善 遠辟徐于万反 之
稱尺證反 不附祭附依注音備本或作祔亦同 於奧烏報反 無所音其又忌
依反歆也 之適丁歷反下同 如有昆弟一本作加有昆弟 共其音恭 于堩古鄧反道也
且不如字徐子餘反 吾從才用反又如字 既明反絶向 遲數音速出注 朝
天子直遙反 大夫使色吏反下君使所使同 不蚤音早 不莫音暮 則
近附近之近 慝作他得反惡也 痁患始占反病也 而恐丘勇反 爲君
于僞反又如字 塗迩音迩近也 即周本又作堲子栗反下同 繩絙本又作縆古鄧反一
音古恒反 鉤之本又作拘古侯反 斂葬力驗反下同 史佚音逸 長殤丁丈反下
同 則棺古患反下文棺斂衣棺注棺謂皆同 召公本又作邵同上照反下同 爲史于僞反下爲辟

爲並有下文同　周公曰豈絶句言是豈絶句於禮不可絶句同處昌慮反　辟道婢亦反　無辟音避下同　禮與音餘下皆同　作難乃旦反　粊音祕

文王世子第八文王周文王昌也鄭云以其善爲世子之禮故著謚号標篇言可法也

朝於直遥反　曰三如字又息暫反　衣服徐於旣反又如字　内豎上主反小臣　又復扶又反　及莫音暮注及篇末皆同　蹈徒報反　憂解胡買反　食上時掌反　寒煖乃管反徐況煩反　末有亡曷反勿也　應曰應對之應　爲失于僞反　飪而審反生孰之節　不稅本亦作脫又作説同音他活反　而養羊尚反　壹本亦作一　飯扶晚反下及篇末皆同　籤藥本亦作鍼之林反　所勝音升　瘳丑由反差也　女何音汝後同　九聆音零本或作齡　人壽音受後同　安樂音洛　子爾羊汝反　傳直專反　蒞作音吏又音類下同　蒞視本或作莅臨也　周

公相息亮反而治徐直吏反下注治定同一音如字抗苦浪反舉也長幼丁丈反後皆同則捷他達反擊也凡學世子戶孝反教也下小樂戚學千籥師學戈學舞干正同俊選息戀反後同春夏戶嫁反下放此羽籥羊灼反千楯食準反又音尹句子古侯反秉翟大曆反大胥如字又音泰胥息徐反又息呂反注皆放此之版音板本又作板舍采音釋後舍采同秋頒音班旄人音毛不僭七尋反又子念反大師音泰下文注大樂正大學大傅大祖大寢皆同瞽宗音古瞽宗殷學名上庠音詳上庠虞學名播詩彼我反功易以豉反合語如字徐音閤注同下大合樂放此語說如字徐始銳反注語說同論說力門反徐力頓反注同三行下孟反下又德行同侍坐才卧反又如字遠近間並如字間猶反同注同徐古辦容也指畫乎麥反分別彼列反廣三尺古曠反又如字三寸一本作廣三尺三寸三分函丈胡南反相辟音避下辟君同億可本又作噫音抑有蘡

求龜反　小拔其彼反　後復扶又反　遠之于万反注同　近是附近之近

旣興依注爲釁音虛覲反　擯手必刃反本亦作擯注同　無介如字下注同副也　米

廩力甚反　懌音亦悅懌　少傅詩召反下音賦後同　積浸子鴆反　爲之

于僞反下爲說其爲君皆同　國治直吏反下而治國治並同　況于依注作迂音同又音紆大也

欲令力呈反　學之音效下及注同　孝弟大計反又作悌下孝弟皆同　之倅七對

反副也　其朝直遥反後不出者並同　登餕音俊　之適丁歷反　負盥

音管　行列戶剛反　者稠直由反密也　出疆居良反　守於如字又手又反

下同　諸父守貴室本或作守貴宮貴室　冠取古亂反下七喩反後放此　相爲

于僞反下注爲君同　宜免音問下及注同　于賵芳鳳反下同　賻音附　承音贈出注

含胡暗反本又作唅賵賻唅襚皆贈喪之物也車馬曰賵布帛曰賻珠王曰唅衣服曰襚揔謂之贈贈猶送也

甸人大遍反　縣音玄　縊一智反　則纖依注音鍼之林反刺也徐子廉反注本或作纖

讀爲纖者是依徐音而改也 剸之兗反割也 亦告依注作鞫久六反 鍼刺七亦反又
七智反下同 臏頻忍反徐扶忍反 劓魚器反 刀鋸徐音據 讞徐魚列反言也
大辟婢亦反後不音者放此 宥之音又寬也 又復扶又反下不復復自行皆同 爲
之于僞反下不爲服爲忝祖注非爲又爲之舞同 之比必利反 之殺色戒反徐所例反差也 差
也初佳反徐初宜反 弔臨如字徐力鴆反 官治直吏反 衆鄉許亮反注同
百姓本或作異姓非 遠之于万反 大昕音欣說文云旦明日將出也讀若希 警
衆音景起也 養也如字徐羊尚反後皆依徐音 之處昌慮反下同 五更江衡
反注同蔡作叟音素口反 咏焉音詠 以樂闋苦穴反終也 以樂音洛 里⿰馬豈
皇音與冀及也本又作愷又作駿亦作驥 兌命注作說同音悅 朝夕至于直遙反旦曰朝
暮曰夕舊如字 朝朝上如字下文朝夕之食上同下直遙反 食上時掌反 親齊側皆反注
同 齊才細反 和胡卧反

禮運第九鄭云禮運者以其記五帝三王相變易及陰陽轉旋之道　卷之七
與於音預 蜡仕嫁反索也祭名夏曰清祀殷曰嘉平周曰蜡秦曰臘字林作䄍 索所百反 於觀
古亂反注同闕也 喟然去媿反又苦怪反說文云大息 之處昌慮反下同處同 逮音代反也
一音代計反 俊選宣面反下文皆同 爲其于僞反下文爲己皆同 禪位善面反
所長丁丈反 矜寡古頑反 無匱其媿反 有分扶問反注同 艮
奧烏報反 惡其弃上烏故反下同 不憚大旦反 施無始豉反 吝心
力刃反又力覲反 禦風魚呂反 傳位丈專反 俗狹音洽 嗇音色 勇知
音智 敦朴普角反 之綢直由反 成治直吏反 在埶音世本亦作勢 者
去羌呂反注同 爲殃於良反 復問扶又反下復問同 相鼠息亮反注同
遄死市專反疾也 殽於戶教反法也徐戶交反 冠昏古亂反 朝聘直遥
反 則易以豉反 之極言如字徐紀力反 聞與音餘 小有正音征本或作有

禮記音義之二 小四四十五

夏小正 坤苦門反 乾其連反 其燔音煩 捭豚卜亥反，注作擗，又作擘，皆同

汙尊烏華反，注同，一音作烏 抔步侯反，手掬 蕢依注音由，苦對反；又苦怪反，土塊也 桴

音浮，鼓槌 齊敬側皆反 釜本又作鬴，音父 甑即孕反 燒石如字，又舒照反 鑿

地在洛反 掬九六反，本亦作曰，音蒲侯反 堛普逼反 摶土徒端反 築徐音竹 屋

而號戶毛反 皐某音羔 飯扶晚反，注同 腥音星 而苴子餘反，苞也，徐爭初

反 遣奠弃戰反 知氣音智 北首手又反，注同 南鄉許亮反，注同 營

窟苦忽反 居橧本又作增，又作曾，同，則登反 樔本又作巢，助交反 茹其音汝 衣

其於既反 鑄作之樹反 合土如字，徐音閤 令音零 甓步歷反 及瓦無

音武 大也音泰，甒大皆樽名 臺榭音謝，本亦作謝 牖戶音酉 以炮薄交反，徐

扶交反 裹燒音果 以燔音煩，如於火上 亨普伻反，煑也，下合亨同 鑊戶郭反

以炙之石反 貫之古亂反 醴音禮 酪音洛 烝之承反 釀女亮反 酢

王 本

七故反 截 子再反徐祖巽反 醴 醆 側眼反 粢 依注爲齊子細反注五齊皆同 醍 音體
祝 嘏 古雅反本或作假 之 祜 音戶福也 粢 讀 音咨 泛 齊 芳劒反徐音汎 盎
齊 烏浪反 爲 主 人 于僞反下同 其 祝 之六反徐之又反注同 其 殽 本或作肴
戶交反 越 席 音活注同字書作𧾷越席翦蒲席也杜元凱云結草 以 冪 本又作鼏同莫歷反 衣
其 於旣反 澣 帛 戶管反 示 號 音祇本又作祇 齍 號 音咨皇云黍稷 大
古 音泰下大史同 爓 似廉反 湅 如豔反又如琰反 樂 也 音洛 鉶 本又作鉶音刑盛和
羹器形如小鼎 羹 音庚舊音衡 分 別 彼列反下文同 於 音烏 乎 好奴反 吾 舍
音捨下舍禮皆同 郊 禘 大計反 䞋 冕 音弁 契 息列反 醆 斝 古雅反又
音嫁爵名也夏曰醆殷曰斝周曰爵 僭 君 子念反 脅 君 許劫反 儗 於 音擬 焉
於虔反 期 不 居其反 入 朝 直遥反注同 或 與 僕 相 息亮反一讀如字則連下
爲句 等 輩 卜內反 第 鍼 其廉反又祇廉反 千 乘 時證反 壞 法 音怪

諱惡烏路反 自拱徐居勇反後拱持同 爲詭許約反 孔甯本又作寧案左
傳作寧公羊作甯各依字讀 行父音甫 數如色角反 取殺申志反又如字 大柄
兵命反 儐鬼必刃反 以治政皇如字徐直吏反下文注以治政同 爲言于僞反下又爲
皆同 遂爲 所操七刀反 臣倍步内反 俗敝音弊本亦作弊 疵國才斯反病也
肅峻恤俊反 煇光音暉 不見賢遍反 殽以戶教反注及下同 大會
古外反 而上時掌反下上配上生皆同 共國音恭 所樂音岳又音洛又五孝反好也注同
治也直吏反注同下以自治注身治成治皆放此 並併步頂反 過差初佳反一音初買反
何以守位曰仁本亦作人 所養羊尚反又如字下同 百姓則君則音明
出注 分定扶問反後文注除三分去一三分益二皆同 舍義音捨 之知音智注同 去其
羌呂反後皆同 之斷丁亂反 之施始豉反下施生同 謂之變音攣出注 耐以
音能 辟於婢亦反開也徐芳益反 傳書文專反 愛惡烏路反下皆同 弟弟

上如字下音悌 長惠丁丈反 爭奪爭鬬之爭 測度大洛反 不見賢遍反 竅於徐苦弔反孔也 播於彼左反舒也 五行四時絶句本亦作播五行於四時 屈伸音申 迭相大計反又田結反 竭也義作揭其列反負擔也 還相音旋下同 六和戶卧反注同 更相古衡反下同 角徵張里反 南事律名京房律始於執始終於南事凡六十 畫繢戶對反 以圜音環又音圓 別聲彼列反 被色皮義反徐扶義反 爲柄本又作枋兵命反 爲量音亮下同 爲畜許六反下同 政治直吏反 於麟良人反 相近附近之近 操七刀反 所捊薄侯反徐音普徧反 介僎上音界下音遵 可睹丁古反 爲倪五計反視也 魚鮪于軌反魚名 淰音審徐舒冉反 矞字又作獝況必反 狘況越反 閃失冉反 秉蓍音尸 瘞於例反一音於器反 繒本又作增同似仍反又則登反又似登反 儐鬼皇音賓敬也舊必信反 在朝直遥反下同 卜筮市制反 瞽音古 侑

音又皆應應對之對列宿音秀之藏如字徐才浪反大一音泰下注同合

於月之分本或作日月之分日衍字曰養音義出注冠昏古亂反摯幣

本又作贄音至罷也音皮大竇音豆孔穴也壞國音怪又乎怪反喪家息浪反

有蘖魚列反醇耳市春反養菁子丁反耨之奴豆反鉏也所感

市正反又音成乖刺力達反本或作制無耜音似不種之用反不亦作弗何休注公羊云弗者不之深也下皆放此

不穫戶郭反知收如字又手又反不見賢遍反不菀于粉反積

也不繆音謬有畜丑六反不殺所戒反徐所例反注同渚者之汝反漁

人音魚獻鼈必列反蜃石忍反司爟古亂反丱人華猛反又瓜猛反徐

古猛反仲夏戶嫁反下同謂食音嗣齊才細反下皆同須爵音班必

當丁浪反媒氏音梅而取音娶本又作娶稽士古兮反之裁音災妖

孽又作蠥魚列反妖又作祅說文云衣服歌謠草木之怪謂之祅禽獸蟲蝗之怪謂之蠥螟亡丁反螽

徐音終　澧本又作醴音禮　麒麟音其下音栗人反　郊棷素口反徐揔會反澤也本或作藪

宮沼之紹反池名　夘力管反　胎土才反　可俯音府　而窺本又作闚去規反

銀甕本又作罋烏弄反徐於弄反

禮器第十鄭云以其記禮使人成器孔子謂子貢瑚璉之器是也

錯則七路反本又作措又厝音同　猶去起吕反　回邪似嗟反　辟也匹亦反　如

竹箭節見反　有筠于貧反鄭云竹之青皮也　故貫古亂反　改柯古何反

篠西了反徐音小　柔刃而慎反　廣狹音洽又戶夾反　常差初佳反徐初宜反

上下時掌反　大殺色戒反徐所例反注同　恇懼音匡又丘往反　猶恐丘勇反　稱

次尺證反後皆同　匪革紀力反注同急也　堵者本又作闍音都又丁古反徐音常邪反　七

介音界副也後皆同俗讀古賀反非也　五重直龍反下及注皆同　八翣所甲反　相食

音嗣下同　餼許既反　西夾古洽反又古協反　其使色吏反　抗木苦浪反又音剛

又戶剛反卣茵音因縮二所六反以犢音獨本亦作特相朝直遥反下及注同
灌用古亂反注同鬱鬯丑亮反脯醢上音甫下音海緐纓步干反下及注
同琥音虎又作虎璜音黃單席音丹翦緐子淺反一音賤鵠纓胡毒
反之量音亮器皿命景反字林音猛以散悉旦反注同畢韠支敀反外
缶方有反瓦甒音武曰甗音孤不壇大丹反棜禁於據反猶
去起吕反斯禁如字劉昌宗音賜隋長他果反足高如字又古報反龍
卷本又作衮同古本反黼音甫黻音弗熏字又作纁許云反裳緑繰本又
作璪亦作藻同子老反注同不琢字又作瑑丈轉反徐又依字丁角反大羹音泰不和
胡卧反越席音活犧尊鄭素何反王如字幎本又作冪又作鼏莫歷反樿章善反又
市戰反白理也杓市灼反長三直亮反杼上直吕反作幕音莫不殺
所戒反又所例反下而殺注芟殺皆同詡萬況矩反也徧也徧也音遍樂五孝反注同

猶見賢遍反下外見吉見皆同之致直置反注皆同誠設字又作愨苦角反下文同為樂音洛匠士
本或作正上之攘如羊反盜竊以上時掌反鏤簋力豆反下音軌朱紘音宏藻梲章悅反依
字當作棳梁上侏儒柱栭謂音而達棱力登反斲陟角反而礱力工反澣衣又作浣尸管反
濯冠直角反以朝直遥反隘矣本又作阨於賣反狹也不為于偽反下為母為父母皆同不
摩本又作麾毀皮反齊人謂快為麾蚤音早藻大音保又保毛反本又作保夏父音甫不綦
音忌不亦作弗燔柴音煩又芳雲反於奧依注作爨七亂反下同子彊若侯反大廟音泰下注大平
下文大廣皆同躋僖子西反升也本又作隮饎爨昌志反下七亂反盛於音成於鉼步丁反不當
丁浪反期也音基猶去起呂反下去寅貝同有擲所監反又所覽反芟也芟也所咸反有放方往
反下有放必放同不致本或作不至而擫之石反詔侑音又本或作宥武方音無出注就養
羊讓反詔圜音圓下圜丘同本亦作詔圓猶醵其庶反又其約反合錢飲酒曰醵與音餘近人
附近之近注同而遠于万反獻燗似廉反下彼户嫁反已蹙本又作慼子六反又音促愿貌

大二百五　乚巳　音義二　乙　彪丁王

音顥大愿〔音泰〕不見〔賢遍反下龍見同〕頖宫〔本或作泮依注音判〕惡〔依注皆呼又作虖好胡反〕池〔大河反注同〕嘔夷〔烏侯反〕泰山〔本或作大音目下注放此〕順之至也〔順亦作愼〕散齊〔悉旦反下側皆反後放此〕相步〔息亮反注同〕温之〔紆運反注同〕縕藉〔徐子夜反〕告導〔音導〕朝事〔直遥反下朝夕注視朝同〕以樂樂之〔上音岳下音洛〕鸞刀〔力端反〕莞〔音官一音丸〕簟〔徒點反〕而稾〔字又作藳古老反〕蘇〔江八反徐古八反〕穗〔音遂〕而烝〔之承反〕亹亹〔亡匪反徐音尾勉勉反〕樂之〔音洛〕升上〔持掌反〕巡守〔手又反〕燔燎〔力妙反又力弔反〕禪於〔善戰反〕梁父〔音甫本亦作甫〕龍假〔音格至也〕爲暘〔音陽〕爲燠〔於六反〕大治〔直吏反下及注同〕罍〔音雷〕犧尊〔素河反注反下同〕縣鼓〔音玄〕應鼓〔應對之應〕作獻〔本又作戲同素可反下同〕之分〔扶問反〕夏籥〔户嫁反下音樂〕祼用〔古亂反〕鷄彝〔徐音夷〕作護〔户故反本亦作濩〕以道〔音導〕蘧伯玉〔其居反〕名瑗〔于卷反〕之知〔音智〕而從〔才用反〕薦盞〔烏限反〕血膋〔了彫反〕洞洞〔音動〕屬屬〔之玉反〕美定〔一作丁磬反一音恕子〕

爲祊百彭反　繹祭音亦　一處昌慮反　王事與音餘　魚腊音昔　内金

音納　見情賢遍反下注世一見同　炤物音照本亦作照　緜纊音曠緜也劉昌宗古曠反　篠蕩

太嘗黑反　蕃服本又作藩方煩反下同　近之附近之近　肆夏依注作陔古來反注又作祴音同　袒

襲音但下音習　受和户臥反　強言其丈反　跛彼義反偏任曰跛注同　倚於綺反依物曰倚注同

子路與音預　晏朝直遥反又張遥反

郊特牲第十一鄭云以其記祭天用騂犢之義也郊者祭天之名用一牛故曰特牲　卷之八

膳市戰反　用犢音獨　牲孕餘證反　誠慤苦角反　繁纓步干反　三獻

爓本亦作爓以廉反　灌用本又作祼古喚反　腶腊丁喚反鍛脯加薑桂曰腶腊　三重直龍反下注同

而酢才各反　之介音界注同　猶單音丹下文注同　饗禘音樂出注下春禘同　而

食音嗣　夏禘户嫁反　俎奇居宜反下鼎俎奇同　用褻息列反　旦明旦音神出

注　篆字直轉反　示易以豉反注同　朝聘直遥反下文注朝覲朝服皆同　樂闋

大司八十五　禮記音義二　七

苦穴反止也 婁嘆 力注反本又作屢 麭竹 步郊反麭笙也竹䈽笛也 别土 彼列反下注無別同

爲作 于僞反下文爲君同 往德 皇如字徐于況反 庭燎 力妙反徐力弔反 僭天

子 子念反後竝同 私覿 大歷反下同 而使 色吏反 私見 賢遍反下同 慶父

音甫 鴆牙 直蔭反 殺二君 音試 升自阼 才路反本又作升自阼階 宮縣 音玄注及

下同 說錫 音陽注同 干盾 本亦作盾純尹反又音尹 傅其 音附 背 補偑反 反坫

丁念反 繡 依注作宵音消注或作綃亦同 黼 音甫 以簾 音廉 於反爵焉 本或作賓

反爵焉非 領緣 稅絹反 繒 似陵反 朱襮 音博 過 古臥反 寓公 音遇寄也 南

鄉 許亮反下君南鄉同 以辟 音避注同 鄉人 裼 音傷強鬼名也 強鬼 其丈反 時難

乃多反下同本又作儺 索室 色百反下文注皆同 歐疫 字又作驅同起居反 縣弧 音胡 設帨

始銳反 三日齊 本又作齋同側皆反後放此 何居 音姬 繹之 音亦 祊 百彭反 商賈

音古 販夫 甫万反 北庸 本亦作墉音容牆也 大社 音泰下文注大社大陽大廟大古大王皆同 王爲

于僞反下文爲社爲禁皆同　喪國息浪反　薄社本又作亳步各反　牖音酉　乘時證反注同又徒編反　共音恭　粢音資　巳甸徒練反又繩證反　卒伍祖忽反　算具思管反　爲

省思淺反　而鹽依注音豔　行行田上如字下及下行田皆下孟反　使歆許金反　燔柴音煩　巡守手又反　岱宗音岱　夏正音征下同　猶徧音遍　以稱尺證反　用

騂息營反徐呼營反　圜立本又作圓音員　凡爲如字或于僞反非也　擇可與如字一音預　而還音旋下同　重相直用反　爲廄九又反　省鑊戶郭反　氾芳劒反本亦作

汎埽素報反　剗初産反徐又初限反　令力呈反　王被皮義反　卷本又作袞同古本及注卷冕同　冕亡展反字林亡辯反　載丁代反本亦作載　璪音早

不過古和反　在滌范音迪徐徒嘯反　以別彼列反　所搜本又作廋所流反　除處昌慮反下之處皆同　大蜡八仕詐反蜡祭有八神先嗇一司嗇二農三郵表畷四貓虎五坊六水庸七昆蟲八　伊耆巨夷反伊老耆古天子號也或云即帝堯是也

百種之勇反下之種也同 鄆本亦作尤有周反字或作郵 表畷丁劣反田畯所以督
約牛聞處也又丁劣反 田畯音俊 督約因妙反 教擾而沼反馴也 迎
貓字又作貓音苗 爲其于僞反下同 猇坊音房後注同 其壑
火各反 祝辭之六反又之又反 猶坑苦衡反 螟莫經反 螽
音終又作螺 榛杖側巾反以榛木爲杖也 褎殺所界反徐所例反注及下德之殺
並同 臘先祖力合反 勞農力報反 草笠音立 使
使上音史下及下使者皆色吏反 緇撮七活反又七括反 其餉如尚反 伊
糾居黝反 好田呼報反下好女可好皆同 果蓏力果反 以蓄尹六反又許六反
薀財於粉反 以移以豉反注同羨也 羨也才箭反又辭見反 烝之承反
畀必利反 祖妣必履反 之與音餘 既嗜而收絶句 積
聚並如字徐上音慈賜反下才樹反 之菹争居反 其醢音海

麋臡音眉字又作臡乃兮反字林作腝人兮反　茆音卯又力首反

麕九倫反　蠃力戈反　豚拍音博　藨即見反又作薦同或作廌非

可者市志反　路車本亦作輅音同　可樂皇音洛下同徐五孝反

可便婢面反徐扶絹反　莞音官徐音丸　簟大點反　越音活注同

稾又作槀古老反　鞂簡八反徐古八反　不和胡臥反　不琢依注爲文轉反

彫多調反又作雕字　幾巨依反注同　之乘時證反　樸也普角反

司烜音毀　陰鑑古暫反　籍神字夜反　沂魚斤反

鄂五合反　爼寄居宜反　醯醢上呼兮反本又作醓同　斷也丁乱反

冠義古乱反下文始冠冠而敝之而冠於阼冠而字之冠礼士礼冠皆同

齊則側皆反　其緌耳佳反　以上時掌反後以上皆同　敝

本亦作敝婢世反徐又旁列文不復扶又反適子丁歷反近
主附近之近醮子妙反毋追上音牟下多雷反毀冔况甫
反字林作⿰糸冔火于反見墓訪患反殺音弒賢行下孟反下
德行同·取於音娶本又作聚附遠皇于万反厚別兵列
反下及注皆同不腆天典反信事側吏反又如字正也注同
親迎魚敬反男先悉見反及見注同倡昌亮反道
音導執贄音至本亦作摯聚麀音憂出乎大門
而先如字絕句又悉遍反以知音智婦盥音管饋
其位反一本無婦盥饋三字婦餕音俊爲腊直輒反
滌蕩音狄徐又同弟反樂三如字徐息憝反同

灌用卷臭絶句瘐以卷字絶句鬱字又作鬱同合卷絶句焫蕭如悅

反燒也下音蕭香蒿也合如字徐音閤羶依法音馨許經反薌音香圭瓚在旦

反鉶南音刑蒿也呼毛反湅以如琰反羶當失然反詔

祝之六反下及注並同又之又反膟音律膋力雕反燎于力妙反又力弔反下文同

爐音盧以墮許恚反或許垂反之奥烏報反北墉音容室與

堂與並音餘下遠者與同本作室與堂也與則如字讀遠人徐于万反倞也音亮

肵音祈爲尸于僞反鍜辭古雅反爲犆徒得反相息亮反注及下之相

并注同侑音反妥尸他果反鍜長直良反徐知兩反或詁音古祭

齊才細反注及下說齊并注同謂綏許恚反說齊始銳反清也字又作涚泲

之子禮反下同慌氏莫剛反漚絲烏豆反爲汎本又作泛同齊絜

側皆反篇末文注同腥肆勑歷反注同爓腍而審反[illegible]直輕反舉斝

古雅反 之坐 才卧反 縮酌 所六反注同 醴齊 才細反下皆同 去滓 起呂
反 醳酒 音亦 不共 音恭 斟也 章金反 尊彝 音夷 注于 之樹
反 醆 側產反 盎齊 烏浪反 差清 初賣反又初佳反 汁 之十反 獻
依注爲素何反下注同 舊澤 依注讀爲醳音亦徐詩石反 爲其 于僞反 腊
毒 上音昔隱義云腊久也久酒有毒 辟 依注作弭亡婢反 遠罪 于万反

內則第十二

鄭云以其記男女居室事父母舅姑之法

后王 鄭云后君也謂諸侯也王天子也盧云后王后也王天子也孫炎王肅云后王君王也 井六
卿 必政反 或兼 如字一音古念反 咸盥 音管洗手 漱 所救反徐素遘反漱漱口
也下同 櫛 側乙反梳也 縰 所買反徐所綺反黑繒韜髮 笄 古兮反 總 子孔反束
髮也 拂髦 音毛 冠緌 耳佳反緌纓飾也 韠 音必 紳 音申大帶 搢
徐音箭又如字搢插也 笏 音忽 韜髮 吐刀反 振去 起呂反 著之 丁略

反下又及注同鬌多果反扱本又作捷又作插初洽反徐采協反使令力星反紛
芳云反拭物巾或作帉同帨始銳反佩巾也小觿許規反本或作觽音同解結錐金燧音遂
火鏡拭物音式礱力工反捍户旦反拾也謂射捍管遰時世反徐作滯刀鞞也筆
軀苦侯反刀鞞必頂反鑽火子官反偪本又作幅彼力反行縢也行縢
徒登反屨九具反著綦其記反注及下同屨繫也如父母一本作如事父母衣
紳如字又於旣反注同今簪徐側林反又作南反箴之林反線本又作綫息賤反纊
音曠縏字又作鞶同步干反袠陳乙反又作帙小囊奴郎反又作橐徐音託明爲子僞
反衿纓本又作紟其鴆反結也注同纓又作纓衣燠本又作奧同於六反煖也苛音何疥也
養本又作飬以想反搔之素刀反摩也怡說音悅苛疥音界說文云搔瘍也
時便婢面反少者詩召反後皆同奉槃芳勇反本或作捧下同長者丁丈
反後皆同以帨始銳反拭手也本又作稅同以溫本又作蘊又作韞同於運反注同藉也

字夜反　饘之然反厚粥也　酏羊支反薄粥也　芼毛報反　蕡字又作䕯扶云反徐扶畏反大
麻子注同　粱音良　秫音述　粥之六反又羊六反　熬五羔反　枲思里反　飴
羊之反餳也　堇音謹菜也　荁音丸似堇而葉大也　枌扶云反白楡也　免音問注同新生曰免
薨字又作槀苦老反乾也　滫思酒反溲也　瀡音髓滑也　以滑胡八反又于八反諸諸卷皆
同　以膏之古報反　調如字又徒弔反　和如字又胡卧反　夏用戶嫁反　溲所九反
未冠古亂反　爲迫于僞反　而朝直遙反下而朝同　後成人如字徐胡亙反
下同　衣服如字又於既反　枕簟徒點反　灑本又作洒所買反又所賣反　埽素報
反　蠕子如樹反　蚤寢音早　以上以或作巳上時掌反後放此　奉席芳勇反下
同　何鄉許亮反　將衽而鴆反又而甚反卧席也　何止本又作趾足也　卧處昌慮
反　縣衾音玄　篋枕口協反　而襡音獨韣也　不傳文專反注同移也
敢近附近之近　敦音對又丁雷反　牟木侯反齊人呼土釜爲牟　卮音支酒器也　匜

羊支反一音以氏反杜預注左傳云沃盥器也　非餕音俊　如蝥字又作蟊木侯反　應唯

反徐伊水反　愼齊側皆反　噦於月反　噫於界反　嚏音帝　咳苦愛反　欠

丘劍反　伸音申　跛彼義反　倚於義反又其寄反　睇大計反傾視也　視如字徐市志反

唾吐卧反　涕本又作洟同吐細反　重衣直龍反　袒音但　裼思歷反　撅居衛

反揭衣也　揭衣起例反又起列反一音起言反　不見賢遍反下同　爲其于僞反　可

襪紆廢反又烏會反　刷色劣反　去丘呂反　帶垢古口反　請漱素侯反後皆同

請澣本又作浣户管反　和漬似賜反　綻字或作綻直莧反徐治見反　裂本又作列

紉箴女陳反徐而陳反下之林反　補綴丁劣反又丁衛反　猶解胡賣反又佳買反　燂

湯詳廉反温也　潘芳煩反浙米汁　靧音悔洗面　爛力旦反　喪遽其據反

以篚非鬼反　共湢彼力反本又作偪浴室也　不嘯依注音叱尺失反　障也音章

解也佳賣反下解倦同　若飲於鴆反　食音嗣　不耆市志反　而去起呂

反本又作而食之謂難乃旦反姑予以諸反下同遠于万反懟直類反本又作
懟姑縱本又作從足用反寧數色角反譴責弃戰反猶爲丁偽
反說則音悅下同而撻吐達反擊也思貽以之反遺也遺也以季反
謂傳文專反介婦音界注下同解勌本又作倦其卷反掉磬
徒弔反隱義云齊人以相紾訐爲掉磬崔云北海人謂相激事爲掉磬也下冢戶嫁反使
令力呈反私畜許六反又許又反又勑六反茝蘭本又作芷昌改反韋昭注漢書
云香草也昌以反又說文云虈也虈火喬反齊人謂之茝昌在反必復扶又反適子丁歷反皆
齊側皆反稰思呂反穫曰稰穛側角反生穫曰穛膷音香牛臛也臐許云
反羊臛也膮許堯反豕臛也字林云豕羹也火攸反牛炙章夜反下同胾側吏反牛
膾古外反芥醬徐姬邁反鶉順倫反鷃音晏公食音嗣飤食摻食並同爲
鴽音如下文同重醴直龍反注同陪也清糟子曹反徐祖到反醇也常倫

反清浰子禮反酢七故反醆才載反醷本又作臆於紀反徐於力反檻力暫
反以諸乾桃乾梅皆曰諸糗起九反又昌紹反餌音二下同酏讀曰餐又作餰之然
反又之善反擣本又作搗丁老反下同與餈本又作粢自私反下同糝西感反狼臅
昌錄反徐又音燭食音嗣飤也下茲食麥食食食齊皆同徐如字蝸力戈反醢而苽音孤
字又作菰同雉羹絕句麥食脯羹鷄羹絕句折之列反稌音杜徐他
古反稻也和糝上胡臥反下三敢反注同不蓼音了羹齊才細反下文同析星曆
反下同濡豚音而下同苞苦伯交反濡雞醢音海一本作醯一兮反次下句同
卵醬依注音鯤古門反魚子也亨普彭反煑也荼音徒作欄音闌本又作捫音門
腶脩丁亂反蚳直其反蟻子也捶脯徐之藥反蜱本又作蚍音毗蜉本又作桴
音浮卵鹽力管反爲胖音判視夏戶嫁反下放此膏薌音香牛膏
腒其居反乾雉也盧云雉腊也說文云北方謂鳥腊曰腒鱐本又作䏜所求反乾魚也膏臊

索刀反大膏也麛音迷鹿子也膏腥音星鷄膏也說文作胜云犬膏臭也膏羶
升然反羊膏也爲其于僞反大盛音泰麏九倫反本又作麇又作麕下田豕麏同
有軒意憲出注後放此切肉如藿葉也蜩范上音條蜩蟬也下音犯范蠭也蠭本又作蜂芳凶反芝音之栭
音而本又作檽蔆音陵芰也椇音矩枳椇榛側巾反柹音俟柤側如反芰
其寄反枳椇上居氏反用䪥戶界反俗本多作薤非也藙魚氣反茱萸也會古外
反稽古兮反之榝色八反似茱萸而實赤小和戶臥反注皆同又如字用醯呼兮反酢
也畜與許又反又許六反鶉鷄羹本又作鶉羹鷄羹魴鱮上音房下音叙
烝皇絕句之丞反雛字又作鶵仕俱反又匠俱反賀讀魴鱮烝鶵爲句燒如字一音焦皇絕句雉
皇此一句一讀雉薌爲句蘇荏而甚反言調徒弔反狼去起呂反下並同尻
苦刀反腦奴老反皆爲于僞反下皆爲同伏扶又反乳而樹反鰫魚音容
如篆直轉反鯁人本又作哽古猛反字林云鯁魚骨也又工孟反竅也苦叫反贍

丁敢反攢之再官反本又作鑽庮音由惡臭也冷音零冷結毛如鬡也毳昌銳反而
蹜早報反麃本又作皫劉昌宗音普保反徐芳表反又普表反而沙如字一音所嫁反注同
交睫音推腥依注作星皇云肉中如米者說文云腥星見食豕令肉中生小息肉也字林音先定反
而般音班臂本又作擘必避反徐方避反漏依注音螻鵠胡篤反鴇
于驕反胖音判鴇音保奧於六反鹿胃音謂字又作腸同一薰許云反或
作君又作葷不解胡買反嘶也音西字又作斯音同腐臭扶甫反前脛
胡定反螻蛄音古鵝五何反鶩音木脾扶移反肶昌私反肉腥
音星字林作胜云不熟也先丁反聶而本又作攝又作牒皆之涉反下同麕為九倫反辟
鷄必益反徐芳益反注同為宛於晚反脾婢支反諸醢徐呼今反本或作醓麛
[歹委]於僞反益州人取鹿殺而埋之地中令臭乃出食之名鹿[歹委]是也近由附近之近羹食音嗣
注羹食并下文食禮同庪食字又作庋九委反或居彼反本亦作庪於坫丁念反夾室

古洽反又古協反同處昌慮反異粻知良反糧也字林云量也絞古交反紟

其鴆反本又作衿同衾冒云報反不煖乃管反於朝直遥反下同珍從

才用反又如字不與音預下同齊喪側皆反衰麻七回反東膠音交

㝵而況甫反縞古老反又古報反樂其心音洛下同忠養羊亮反爲

法于僞反德行下孟反三王有音又出注爲惇音敦敦厚也淳

熬之純反下五羔反下及注同淳母依注音模莫胡反下同黍食音嗣炮步交反

若將依注音牂子郎反牝羊也刲苦圭反刳之口孤反又口侯反編必縣反又步典反

雈音丸蘆也以苴子餘反苞裹也以謹依注作墐音斤徐如字炮之絕句塗

乾絕句涂本亦作塗擘之必麥反絕句濯手直角反去其起呂反注同皽

章善反覭臭也糔息酒反又相流反又息了反溲所九反以付徐音賦鉅音巨其據

反鑊戶郭反使湯一本作使其湯穰如羊反草也魄莫上普伯反或普博反下亦

作漠武博反解析星歷反必胲音垓徐古代反夾脊肉其餌音二筋腱也本或作
轂下句作餌筋音斤腱徐其偃反皇紀偃反一音其言反隱義云筋之大者王逸注楚詞云筋頭也
醢與音餘湛諸子潛反直蔭反又將鴆反一音陟鴆反注同漬也期朝音碁以
洒所買反徐西見反而鹽音豔又如字乾而之食一本無而食之三字濡肉
音儒下同肝膋音遼徐音勞糝食音飼下酏食同幪之音蒙舉焦字又
作燋子消反爲酏讀爲餰之然反又之善反注餰反臆音憶⿱尸食矣本又作餰又作⿱尸食並同
之然反又音贊閽寺音昬同椸本又作榹以支反枷音嫁縣音玄之楎音輝
篋笥息吏反竿音干謂楎杙音弋無間徐間廁之間皇如字讀
年未五十本又作年未滿五十必與音預不復扶又反下文夫復同姪大結
反娣大計反兩媵羊證反又繩證反齊漱爭皆反下皆同澣音浣如
朝直遥反下文朝服注朝於君皆同爲繆居虯反必後胡豆反辟女音避

下辟人雖辟皆同　敢見賢遍反下及注同　使姆音茂字林云又反女師也一音母又音云久反
鄉前休亮反下文西鄉皆同　接以依注音捷字妾反勝也下接子同　謂食音飼
下注食子食乳皆同　射天地食亦反　言承如字徐音拯救之拯　大古音泰　嫡妾
本亦作適同丁歷反　一處尺御反　者市志反　爲兒于僞反下爲改爲大溫皆同　爲
鬌丁果反徐大果反　夾囟言信又思忍反　當楣音眉　相息亮反　孩而
字又作咳戶才反　左還音旋轉也　辯音遍下同　如養羊尚反　緣衣通亂
反　適子丁歷反注及下同　易諱以豉反　三月之末一本作子生三月之
末　申繻音須　食子音飼注及下文食母同　勞賜力報反　旬音均出注　尊
別彼列反下其別同　食食上如字下音飼　男唯于癸反徐以水反　女俞以朱反然
也　鞶革步干反　盛帨音成　緣之于絹反　裂音列或音厲　與
音預　如厲音列　必後胡豆反　數日所主反　襦字又作襦音儒　袴苦故反

請肄本又作肆同以二反習也爲大音泰舞勺章略反注同而冠古亂反
以衣於既反惇行如字又下孟反孝弟音悌孫友音遜注同所好
呼報反則去如字娩紆晚反徐紆願反娩音晚徐音万麻枲思里反絲
繭古典反織紝女金反又如林反組音祖紃音巡以共音恭絛也他刀
反禮相息亮反謂應應對之應接見賢遍反爲衛古縣字本又作
御字魚據反

玉藻第十三鄭云以具記服冕之事也冕之旒以藻紃貫玉爲飾因以名之卷之九
玉藻本又作璪音早二旒力求反邃雖醉反深也注同延如字徐餘戰反冕上覆也
字林作綖弋善反龍卷音袞古本反注同玄端音冕出注下諸侯玄端同而朝直遥反篇
內除下注朝之餘皆同則闔胡獵反左扉音非一本作則闔門左扉而餕音俊酏以支
反御瞽音古樂人也上下時掌反哀樂音洛裨冕婢支反伯

鷩必列反　男毳昌銳反　大廟音泰後大廟同　下天子戶嫁反　辨
色如字徐扶免反別也　別也彼列反　必復扶又反　相挾戶頰反　四簋音甫
本或作簋　膶也音胃　稷食音嗣　同庖步交反徐扶交反下同　君子遠于万反
踐音翦子淺反出注　爲旱于僞反下皆爲爲猶爲明爲爲失皆同　春夏戶嫁反　衣
布於既反注君衣布同　搢本徐音箭又如字　去丘呂反下刷去同　珽他頂反　荼
音舒　笏也音忽　遮列支奢反　靈射音亦周禮作繹爾雅作謝　圻也勑白
反　羔幦音覓徐苦效反　虎犆依注音直下同　苓也本又作軨音零　緣也
尹絹反後文注皆放此　齊車側皆反下文注皆同　鄉明許亮反　東首手又反注
同　迅雷音峻又音信　衣服於既反下衣布同又如字　五盥音管　而饋音悔　櫛
側乙反　用樿章善反　禨其既反　絺丑疑反　綌去逆反　刷色劣反　去
垢右口反　出杅音雩浴器也　履蒯苦怪反　連用力旦反注同　釋　澀

所戢反便於婢面反乃屨九具反本又作履輝如音暉長三直亮反後放此杼上直呂反終葵如字終葵推也如椎直追反下同相玉息亮反珽他頂反本又作珵音呈自炤音照侯荼音舒出注前詘丘勿反後直如字徐胡豆反懦者乃亂反又奴臥反怯懦也又作儒人于反弱也皇云學士圜音圓殺其色戒反徐所例反篇內皆同黨鄉之細也退謂傍側也一本或作黨鄉之細者謂傍側也避君之親黨爲于偽反又如字躐力輒反爲汙于偽反下爲大有同汙汙穢之汙又烏臥反先飯煩晚反下至三飯文注皆同辯嘗音遍辟貪音避先徧音遍本又作備覆手芳服反注同敢飧音孫注反下同循咡耳侍反先君息薦反下同從者才用反凡侑音又巳偞虛涉反猒也猶大音泰下同下瓦大亦同洒如先典反又西禮反肅敬皃王肅作察云明皃也言言魚斤反注同和敬皃油油音由悅敬皃本亦作由王肅本亦作二爵而言注云飲二爵可以語也又云言斯禮注云語必以禮也三爵而油注云悅敬

兒無巳反下油字也説敬音悅隱辟匹亦反徐房亦反注同而屨一本作而後屨俛
音免逡七巡反遁音巡著屨丁略反猶鄉許亮反飲賊於鴆反
用棜於據反注同斯禁如字又音賜始冠古亂反下冠而注始冠同而敝音弊
本亦作弊繢戶內反注繪同緌本又作蕤耳佳反注及下皆同齊冠側皆反下同綦組
音其徐其記反雜色也以上時掌反下而上同後皆放此縞冠古老反又古報反下同子
爲于僞反冠卷起權反下同素紕音埤又婢支反閒古閑反傳直專
反惰游徒臥反罷民音皮屬武章欲反著冠皇直略反徐丁略反
去飾丘呂反下同散送悉旦反注同始衰所追反不旄音毛蓋僭
子念反後同朝玄直遙反深衣三袪起魚反本或無衣字要中一遙反下文注同
縫音逢紩也齊音咨本又作齎注同紩也直乙反徐治栗反衽當而審反又而鴆反
反屬衣音燭下同袂可面世反回肘竹丑反今褎音袖下文同袷

二音功曲領也　緣廣徐公曠反後放此　裏布音里　相稱尺證反　不衣於既反注及下注同　織音志注織染同　染繒似綾反　去位如字　間色間廁之間　振絺依注爲紾之忍反禪也　禪也音丹下文注同　當裼思歷反　纊音曠緜也　爲繭古典反　緼紆粉反又紆郡反　爲袍步羔反　絮也昔慮反　爲絅苦迥反徐又音迥　爲褶音牒袷也　有黼音甫　誓省依注作獮息典反秋獮名　君衣於既反下文不衣同　復有扶又反　服輿音餘　辟君音避　豹包教反　玄綃音消綺屬　麛音迷　青豻音岸胡地野犬　絞衣尺交反蒼黃色　大蜡仕嫁反　臘先祖力合反　見美賢遍反注下注及下文同　以球音求美玉也　魚須文竹崔云用文竹及魚班也隱義云以魚須飾文竹之邊須音班　無說本又作稅同他活反下及注同　事免音問注同　爲必于僞反　搢畫乎麥反　造受皇七報反舊七刀反　去起呂反下注去上則去飾同　素帶音戴　終

辟依注爲裨婢支反下同徐又音卑下緇辟綼辟皆放此　率音律注及下同　并必政反

紐女久反　用組音祖　下天子戶嫁反　繂音律　幧頭七消反又七曹反　韠音必　圜音圓　後挫作卧反　其頸吉井反又吉成反　再繚音了

無箴音針　下土崔如字或戶嫁反　緼音温赤黃閒色　韍音弗　幽讀爲黝幼紉反黑也下同　韎莫拜反又音妹　褘衣音翬許韋反注及下同　揄狄音摇羊消反翬揄皆雉名爾雅云伊洛而南素質五色皆備成章曰翬江淮而南青質五色皆備成章曰鷂鷂音遥謂刻畫此雉形以爲后夫人服也　翟雉直曆反　著於直略反又丁略反　紳長音申本亦作申下同

而重直龍反　屈狄音闕注同　再命褘衣依注音鞠居六反　襢衣張戰反　褖衣吐亂反注作税音同　履齊音咨本又作齋注同

頤以支反　霤力救反　及袷居業反交領　聽鄉許亮反　磬折反又市列反篇末放此　裳緝七入反　使使上音史下色吏反　鎮圭珍刃反徐音珍

徵守手又反漢使色吏反事處昌慮反士辟音避下同辟辟光辟

德皆同祝蝦古雅反爲或于僞反下爲幼爲起事同右徵張里反注同所中

丁仲反下文同趨十須反本又作趣采齊依注作薺疾私反采薺詩篇名周還音旋本亦

作旋下同宜圜音圓折還之設反玉鏘七羊反見於賢遍反下同非

辟本又作僻匹亦反又婢亦反徐芳益反齊則側皆反注同績側耕反結也屈也有衡

昌容反與裁音災眚色耿反組綬音受而純讀爲緇側其反佩瑜

羊朱反而綦音其佩瓀而兖反徐又作碝同玟武巾反字又作砇同而緼音溫并

紐必正反下女丑反未冠古亂反下並同之稱尺證反衣紒音計肆束

音肆以四反餘也屨絇其俱反見先生賢遍反幼少詩照反下少儀同猶

免音問先飯扶晚反客飧音孫注及下同于核行隔反所操

七刀反忖也本又作刌寸本反切也徐子本反後君子胡豆反先君子悉見反

火齊才細反補脫音奪重也直用反又直龍反覆案芳服反愼
乎尊卑也愼一本作順有葷許云反注焄同桃茢音列又音例去
茢起呂反下同皆造七報反注同辟凶必亦反邪也似嗟反菼
吐敢反郭璞云烏蓲也取其苗爲帚帚本或作箒之手反爲君于僞反下注爲其同復以扶又
反下不復同辟也音避下辟尊者同敵者本又作適音狄不聽天丁反唯而
于癸反徐以水反親齋才細反病也杯圈起權反注同卮音支匜以支反介
拂音界下及注同闑魚列反門橛也中棖直衡反門楔也謂兩傍木門楔徐古八反
皇先結反鴈行戶剛反相沿悅宣反履閾音域又況域反蹈半徒報反
毋移上音無下如字蹝數色角反下同靡迆羊爾反圈舉遠反又去阮反注
同腞本又作豚同犬本反徐徒困反注同齊如流音咨本又作齋同曳踵章勇反尊
虡尺慮反弁行皮彥反急也剡剡以漸反字林因冉反頤霤上音夷下力救

反爲遷音夷徐音追宿宿色六反本或作蹜同惕惕音傷又音陽直而疾也齊齊才兮反恭慤皃賀在啓反濟濟徐子禮反有威儀也翔翔本又作洋音詳齊遬音咨又側皆反下音速蹙蹙子六反不睇大計反噦於厥反欬苦大反立容德如字得也徐音置如睹丁古反纍纍良追反羸力皮反儽皮拜反顛顛字又作巔音田又丁年反憂思息嗣反視容本又作目容瞿瞿紀具反又紀力反蘁蘁吉典反暨暨其記反詻詻五格反視容如字徐市志反辨卑讀爲貶彼撿反字林貶音方犯反毋讇音諂舊又音臨注同有下戶嫁反顛實依注讀爲闐音田自別彼列反又如字分陜失冉反守臣手又反之適丁曆反謂見賢遍反臣孽依注音枿五葛反徐五列反傳陟戀反注同遽其庶反事使色吏反注同爲賔必刃反介也注同

明堂位第十四鄭云以其記諸侯朝周公於明堂所陳列之位

朝諸侯直遙反注及下皆同　辟王音避一本作辟正王　負斧音甫　依本又作扆同於豈反注同　南鄉許亮反　偝也本又作背音倍　屛風並經反　户牖音酉　九采七在反　四塞先代反注同又先則反　此周公明堂之位也本或無周公之字　上近附近之近　藩服本又作蕃万元反下同　壹見壹又作一下賢遍反下同　要服一遥反　殷紂直九反　相武息亮反　頒音班　度量徐音亮注同　豆區烏侯反　筐音匡　筥紀呂反　千乘繩證反注同　單侯必爾反本又作俾下同　緑縢大登反　載音戴　弧音胡　韣音獨弓衣也　旂其衣反本又作旗音其　二旒本又作斿万求反　季夏戶嫁反注及下季夏夏礿皆同　以禘大計反　大廟音泰後大廟皆同　犧象素何反注上皆同　山罍音雷　灌用古亂反　玉瓚才旦反圭瓚也　彫本亦作雕　篹息緩反又祖管反籩屬　玉琖

側眼反夏爵名用玉飾之　辟散先旦反注同　梡苦管反虞俎名　嶡居衛反又作橛音夏
夏俎名　裼而星曆反　昧音妹　任而林反或而鴆反　以沙素何反　黃彝
音夷　其直如字柄也　大盾字又作楯常準反又音允　自卷本又作袞同音古本反下又同
不僭七尋反又則念反　副褘音輝注同　肉袒音誕　步搖本又作繇同以昭反
六珈音加　追師丁回反　揄翟羊昭反　夏礿音藥　秋省讀爲獮仙
淺反　大蜡仕嫁反　巡守手又反　祀祊音方本又作方　索鬼所白反　門
與音餘　有侊苦浪反　將將七長反　木鐸大各反　警衆京領反
藻本又作繅音早　棁專悅反　復廟音福注同　重直龍反注同　檐以古反　刮
楹古八反　達鄉許亮反注同　反坫丁念反　康圭音抗苦浪反出注　欂
音博又皮麥反一音旁各反徐又薄歷反字林平碧反　盧如字本又作櫨音同　侏儒音朱　劘
莫何反　爲好呼報反　桴思音浮　鉤車古侯反　乘路徐食證反注同

爲欒力丸反之緌依注爲緌耳佳反謂注之樹反旄牛音毛於杠音江大麾毀皮反左伏直亮反黄鉞音越駱音洛黒鬣力輒反蕃鬣字又作旛音煩郭璞云兩被髮騂剛息營反又呼營反順正音征又如字爲純于僞反大音泰本又作泰著直略反注同以罕音嫁又古雅反注同其勺市灼反下同夏籥音藥裸用古亂反蕢讀爲由苦對反桴音浮葦于鬼反籥音藥蕢其位反又苦怪反如笛本又作篴音狄拊芳甫反搏音傅揩擊居八反注同大琴徐本作琹以穅音康柷昌六反敔魚呂反本又作圄米廩力甚反頖宮音判之委于僞反又作積子賜反瞽矇音蒙貫鼎古喚反大璜音黄封父音甫注同分魯扶問反縣鼓音玄注及下注同簨本又作筍恤尹反虡音巨植我市力反又音置徐音徒吏反又徒力反鼗鼓音桃應音應對之應朄音胤和鍾章凶反說

文作鍾以此鍾爲酒器字林之用反女媧徐古蛙反又古華反共工音恭窓音窻本又作虙音伏

戲音羲無句其俱反字又作朐重直龍反辟翣所甲反又作萋植市力

反徐徒力反蠃力果反重乎直龍反以挂音卦縣紘徐音宏載

以音載兩敦音對又都雷反四連本又作璉同力展反六瑚音胡八簋音軌

椇俱甫反斷木丁亂反又丁管反蹷俱衛反橫古曠反又音光又華盲反言

枳吉氏反曲橈音擾下跗方于反楬徐苦瞎反注同又苦八反周獻素何

反禿土木反黻音弗韍莫拜反綏耳佳反注並同綢練吐刀反注同徐

音籌從車才用反下同遣車弃戰反翣夾古洽反柩路其又

反熏字又作纁香云反縿所銜反傳之丈專反注同相弑本又作殺音試

注同有誄力軌反人髽側瓜反於臺音胡駘大來反近誙

如字又附近之近

喪服小記第十五鄭云以其記喪服之小義 卷之十

斬衰七雷反下並同括髮古活反爲母于僞反注及下注同免音汶篇内同

齊衰音咨又作齋惡笄古兮反卷俱免反下皆同子冠古亂反下同

髽側巴反別男女彼列反下文有別注不服別畢別皆同苴杖七余反削杖

思略反爲父母于僞反下爲夫注爲無後並同長子丁丈反篇内並同稽音啓顙

素黨反恩殺所戒反徐所例反後文注同爲出母于僞反下注爲其族人爲其昆弟同

所傳文專反下傳重皆同巳上音紀王者如字又于況反下同禘其大計反

兄縶知急反繼禰乃禮反適士丁歷反篇内同不爲于僞反下注爲君母

自爲巳同祭殤音傷祔食徐音附所食音嗣共其音恭爲墠

皇音善徐徒丹反巳音以則不爲于僞反注妻爲猶爲皆同之期音基下文及注不及

期皆同無施以豉反其爲妻于僞反注爲妻猶爲皆同伸音申正見賢遍

反以上時掌反凡以上皆同養以尚反爲父母于僞反下文不爲注不相爲同應
歲應對之應益裒裒則並色追反下益裒同不禫大感反則必爲
于僞反注爲之下注父爲之下爲君皆同幼少詩照反說喪皇他活反徐他外反注及下同補脫
音奪朝覲直遥反闍寺音昏羣介音界不爲君母于僞反下
妻爲君注大夫爲庶子同去一起吕反下去扶并注同經大結反如要一遥反下文要經注上至
要皆同不辟婢亦反徐扶亦反如不知姓一本無知姓二字報葬依注音赴
芳付反下同喪借音皆假令力呈反不厭一妾反徐於豔反下文注皆同爲
慈母于僞反下其妻爲爲母之爲妻禫爲庶母爲祖庶母皆同不貳降一本作隆見
同賢遍反亾則如字又音無昭穆常遥反後昭穆皆放此猶閒閒廁之閒
爲父母妻于僞反注目所爲下文則爲其母子爲妻下注恩爲已爲之變爲今死者皆同冠
而古亂反視濯大角反溉祭古代反縞麻古老反下適戶嫁

反下丁歷反得伸音申養羊尚反惡其烏路反適祖丁歷反下

女戶嫁反而省所領反下及注同不爲衆子于僞反下注猶來爲下文爲出母爲

大杖同繰麻本又作藻音早一本無麻字不絶本或作不絶本非也詘而丘勿反

澡率上音早下所律反又音律而上時掌反而糾居黝反徐居虯反散帶

先但反下文注並同廟從才用反毋爲長子于僞反注毋爲子爲已下文爲父母並同

報虞音赴下同皆冠如字又古亂反下及注皆同爲兄弟于僞反下注爲人君

爲母下文爲之小功皆同比反必利反絞垂古卯反不縟音辱不朝直遥

反下文同

大傳第十六

鄭云以其記祖宗人親之大義故以大傳爲篇

不王如字又于況反下同不禘徒細反下同大微音泰下文注大祖大王皆同熛怒

必遥反含樞紐中昌朱反下女九反招拒俱甫反叶本又作什汜配戶牒反

芳劒反 省於 舊仙善反善也案爾雅云省即訓善息靖反無煩改字 干祫 徐音洽 大

難 乃旦反 壇 大丹反 墠 音善 逡奔 息俊反疾也注同 追王 丁況反

亶 丁但反 父 音甫 著焉 知慮反 祖禰 本或作祢年禮反 昭繆 音木

別之 彼列反下至其庶姓別文注並同 繆讀 莫侯反又音謬 而聽 體寧反 與

焉 音預 不贍 本又作儋食艷反 紕 匹彌反徐孚夷反又方齊反錯也 繆 音謬本或

作謬 度量 音亮注同 正朔 音征 殊徽 諱韋反 器械 戶戒反 別

衣 彼列反 權稱 尺證反 作椲 詐韋反 長長 並丁丈反後除注遠者長

並同 有別 彼列反 際會 音祭 名著 知慮反 爲子 于爲反下相爲

同 屬乎 音燭 是嫂 本又作㛮悉早反 名遠 于万反下同 復謂 扶又

反 則令 力呈反 人治之 直史反注同 袒免 音問 殺同 色界反徐所例反

而戚 千歷反 單於 音丹 婚姻 如字 繫之 音計又戶計反 弗別 皇如

字舊彼列反注及下同綴之丁衛反連合也以食音嗣定繫戶計反一音計夫
爲妻于僞反下至其義然也注皆同而上時掌反別嫌彼列反不得爲于僞
反下爲其士注死爲之爲其妻爲之大功不相爲皆同辟宗音避世適丁歷反下文及注皆同
唯已音紀無移本或作施同以豉反移猶傍也罰中丁仲反無斁音亦猒
也於豔反下同

少儀第十七詩照反少猶小也鄭云以其記相見及薦羞之小威儀

始見賢遍反下文注除注二相見並同間名如字徐音問注皆同嗛音謙本又作謙遜
之于万反重則直用反傳辭丈專反下傳辭同階上時掌反罕見
賢遍反亟見去冀反注及下同數也色角反皆爲于僞反下文爲君喪注雖
爲並同適它音他本亦作他從者才用反朝會直遥反致襚音遂
賈人音嫁徐音估注同以斂力豔反文織音志鄭注周禮云畫繢之屬納內

甸大見反 賵馬芳仲反 膊馬音附 戶樞音舊 由便婢面反 有
跪其委反 長臨直良反 排薄皆反 闔初臘反又音合 說屨吐活反本
亦作脫下注同 尊長丁丈反下文注尊長皆同 其音母 三行下孟反 不度大洛
反計也注同 民械戶戒反 不訾子斯反 汜埽上芳劒反下悉報反 曰拚
弗運反又作擸 以鬣力輒反帚也 膺於陵反胷前也 擖以涉反舌也徐音葉 挈清
徐才往反又如字 將去起呂反下擢去同 自鄉許亮反 於著音尸 義與
音餘下同 大十音泰 恭孫音遜本亦作遜同 燕見賢遍反下請見同 卑褻
息列反 不特本文作犆音特 不畫胡麥反 不翣本又作萎所甲反盧云扇也
端慤苦角反 侍射食夜反下注客射同 拾取其劫反 直飲音蔭 不
勝詩證反 觥古橫反 不擢直角反去也 乘車繩證反 轡冰媚反
扡徒可反引也又他佐反 諸幦徐音覓 苓也力丁反 右腋音亦 以散

禮記音義之二　二八

悉但反 請見 賢遍反 朝廷 直遥反後朝廷皆同 近君 附近之近 曰罷 音皮
注同 師還 音旋下文注皆同 欠 起劒反 伸 音申 運笏 音忽 還屨 音旋
蚤 音早 莫 音暮 解倦 古賣反 頻伸 本又作嚬音頻 玩弄 五亂反
易以 以豉反 汗澤 户旦反一音烏 量 音亮 乞假 如字又音氣 爲人 于僞反
遠罪 于万反 不窺 苦規反 伺人 音司 曲處 昌慮反 或爭 爭鬬之爭
不偷 他侯反 不長 丁丈反絕句 無訕 所諫反徐所姦反 疾惡 烏路反 無
讇 勑檢反 而相 息亮反注同 怠惰 徒卧反 而更 音庚 毋拔 蒲末反注
同急疾也王本作狡古孝反 毋報 音赴 可卒 才忽反 謂數 色角反 循枉 上音
句下紆往反邪曲也 可復 扶又反 意度 如字本又作億音抑下大各反 於說 如字注同又始
銳反 鴻 字又作洪 殺 色界反 侈 昌氏反 弇 於檢反 毋訾 子斯反 傳疑
丈專反 之美 音義出注下同 濟濟 子禮反 齊齊皇皇 齊如字皇音往出注

徐于況反 匪匪 讀爲騑芳非反 牡 音母 長幼 丁丈反下及注同 樂人 音岳 典 如字又許證反 道 音導 諷誦 福鳳反 大卷 音權 大濩 戶故反 龜筴 音策 近尊 附近之近 迫狹 音洽 介者 音界 下人 戶嫁反 低頭 丁兮反 爲夫 于僞反 柄尺 兵命反 毋跣 悉典反 爲懽 于僞反 稅屨 本又作脫又作說吐活反 還立 音旋注同 朝祀 直遥反 公喪 息浪反 傳乘 上丈專反又陟戀反下繩證反下文除乘車同 費賈 音稼 便也 婢面反下同 糟也 早勞反 已解 上如字又音異下庚買反 執緤 息列反 守犬 守又反又如字注同 執紖 丈引反 執靮 丁曆反 畜養 許六反 宋鵲 七略反大也 囚俘 音孚 稅緌 本又作脫又作說同吐活反 袒 音但 櫜 音羔甲衣也 奉 芳勇反 胄 直又反 鎧 苦代反 弢 吐刀反 兜 丁侯反 鍪 亡侯反 韣 音獨弓衣也 執 拊 芳武反 并於 必政反 啓櫝 音獨劒函 夫襓 上音扶注同下如遥反劒衣也

𦵹函音咸 襲卻去略反下文同 苞苴子余反 茵席音因 潁
京頃反注同警枕也又坰迴反 編束必緜反 菅音姦 葦于鬼反 以裹音果 著
蓐上音宁下音辱 授潁役頃反 削授音受 辟用音避 謂把音霸 刺
刃七智反又七亦反 則辟匹亦反注同 正鄉許亮反下鄉國同 卒尚子忽反注
同 行伍戶剛反下音五 主詡況矩反 險阻側呂反 覆芳富反謂伏兵也徐
音赴 諼況煩反諼詐也或云諼譁 之處昌慮反 虞度大各反下同 先飯煩晚
反下小飯同 流歠昌悅反 而亟紀力反注同 噦噫上於月反下伊結反 數色角
反 噍字又作嚼子笑反又在笑反 介爵音界注同 僎爵音遵 為騶責留
反本又作馴音巡 羞濡音儒 擗之補麥反下同 鯁肉格猛反 易離以豉
反下同 析也星曆反 右腴以朱反腹下也 右鬐音祈脊也 脊子昔反 祭膴舊火吳反
依注音冔況甫反徐況紆反 大臠力轉反 謂刳口胡反又苦侯反 凡齊才細反注

及下以齊并注同　謂食音嗣　齊和户卧反下齊和同　由便婢面反　謂爲于僞反下爲君同　軌媿美反　范音犯　兩軹音旨　轉頭音衞　軾前音式　圂腴圂與豢同音患　濊本又作穢紆廢反一音烏外反　必盥音管又古亂反　不提心丁禮反注同絶句　挂苦圭反　犂之本又作離同力兮反又知力反　有湆起及反　爲君子于僞反注同　葱薤户戒反　萎乾上於危反又於僞反下音竿　進喙許穢反　出見賢遍反　樽者本又作尊注下皆同　鄉尊許亮反下鄉人同　禨者其記反　醮者子笑反　折俎之設反下及注皆同　始冠古亂反　聶而之涉反注及下皆同　爲膾古外反　言牒直輒反　復報扶又反　麋鹿音眉　爲軒音獻注同　麕俱倫反　爲辟音壁又補麥反徐扶益反注同　兔爲他故反　宛脾上於阮反下毗支反　切葱若薤實之絶句　皆菹莊居反　與焄許云反　淹之於廉反又於劫反　燔亦音煩　柄尺兵命反　齊之才細反　悦

手本又作捝始銳反饋食音嗣擩干本又作儒而專反又而悅反徐耳誰反爲

罔本亦作罔又作網亡兩反道瞽音導爲其于僞反下爲宵下文爲人爲己同晃

見賢遍反抱燋側角反又子約反或音在遥反未藝人悅反禮殺色戒反

辟四亦反徐孚益反咡而志反不歆許金反臭之許又反使者色吏

反臂本亦作辟必豉反注同臑奴報反又奴到反說文云臂羊犬讀若儒字林人於反九个古賀

反下同犆豕大得反折斷丁管反又大喚反分之方云反又扶問反本又作个古賀反

靡敝亡皮反注同彫幾其衣反注同不組音祖縢大登反不常

如字恒也本亦作嘗秣音末穀馬稅亟本又作極紀力反急也一音其力也沂魚巾反鄂

五各反及紒其蔭反結也朱縿息廉反又音侵鎧飾苦代反

經典釋文卷第十二

五福五代堂古稀天子寶

八徵耄念之寶

太上皇帝之寶

五福五代堂古稀天子寶

八徵耄念之寶

太上皇帝之寶

經典釋文卷第十三　禮記音義之三

唐國子博士兼太子中允贈齊州刺史吳縣開國男陸德明撰

學記第十八　鄭云學記者以其記人學教之義　卷之十一

慮憲 音獻法也 以謏 思了反徐所穆反小也 聞 音問聲聞 擬度 大各反 躬下 户嫁反 方策 初革反 不琢 丁角反治玉曰琢 大學 音泰後大學皆同 兑命 依注作説音悦下兑命放此 不舍 音捨 兑當 徒外反 嘉肴 户交反 則睹 丁古反 己行 下孟反下注德行同 自強 其丈反又其良反下注同 相長 丁兩反下注長稱長者皆同 學學 上胡孝反下如字 言學人 胡孝反又音教 有塾 音熟一音育 術有 音遂出注 中年 徐丁仲反注同 猶閒 閒廁之閒下同 大比 毗志反 樂羣 五孝反又音岳下不能樂學同 斷句 丁亂反 謂別 彼列反 所趣 七住反 鄉也 許亮也 之比 必履反一音必利反 説服 音悦 蛾子 魚起反注

同本或作蟻蚍音毗蜉音孚爾雅云蚍蜉大蟻乃復扶又反大垤大結反毛詩傳
云蟻冢也之朝朝服並直遙反芹音勤藻音早宵雅音消小也
肄三本又作肆同以二反注同習也宴樂音洛相勞力告反又如字爲始于僞反
鼓篋苦協反孫其音遜注及下皆同警衆京領反夏楚古雅反注同槄也
吐力反爾雅云稻山榎扑普卜反尚書云扑作教刑撻他達反卜禘大計反斿其音由本亦作游斿
假戶嫁反舊古雅反弗語魚據反悱悱芳鬼反憤憤扶粉反一本直作悱憤學不儠
等學胡孝反注同儠音里輙反長稺直吏反操七刀反注同縵末旦反雜弄徂合反愽
依於豈反注皆同不興虛應反歆也許金反謂閒音閑樂其音岳又音洛又五孝反
雖離力智反呻其音申一音新吟也佔敕沾反視也其訊字又作誶音信問也呻吟魚金
反又作訡同其難乃旦反爲訾才斯反又音紫于數色住反其施始移反下同也
悖布內反也佛本又作拂扶弗反其去如字又起呂反心解胡買反則忘亡亮

反之易以豉反下文注皆同禁於居鴆反又音金下同情慾音欲一音喻下注同頓者徒困反謂摩本又作靡非莫波反徐亡髮反思專息吏反下思放同切磋七多反扞胡半反注同格胡客反又戶隔反扞格不入也注同不勝音升又升證反凍洛胡客反下同此二字並從氵或作旁作非一音戶各反時過姑卧反則壞音怪徐胡拜反燕朋音鷰循褻息列反下同燕辟音譬注下罪辟同道而音導注道示及下同強而沈其良反徐其兩反下同爲發于僞反下爲學者同好問呼報反下好思好述同長善丁丈反下文及注同善教如字一本作學胡孝反樂放方往反傚也胡教反而臧子郎反而解胡買反下文注同美惡烏路反又如字顓頊上音專下許玉反見與音餘則齊側皆反下同奉書芳勇反折而之設反相說音悅如撞丈江反叩之音口從容從依注讀爲舂式容反富父音甫重撞直用反而

復扶又反雜難乃旦反語之魚據反下同雖舍音捨又如字注下同良
治音也錮音固穿字又作穿音川鑿在洛反為箕音基注同撓而小反下
同曲屈也一音力孝反角幹古旦反相勝音升任也一本作稱尺證反始駕者一本
作始駕焉諸則貫古患反習也無當丁浪反主也下及注皆同不治直吏反不
約徐於妙反沈於略反注同不齊如字或原本又作源或委於偽反注同一
勺時酌反

樂記第十九鄭云名樂記者以其記樂之義

角徵張理反後放此雜比毗志反下文同猶見賢遍反相應應對之應
篇內同彈其徒丹反足樂音岳又音洛羽旄音毛干盾本又作楯述允反
又音允翟羽音狄執籥羊灼反噍子遥反徐在堯反沈子堯反踧也謂急也以殺色界反徐所似
反其樂音洛嘽以昌善反寬綏也以散悉旦反粗以采都反又才古反踧也子六

反寬綽處約反以道音導其行下孟反出治直吏反下同治世
之音絕句安以樂音洛絕句雷讀上至安絕句樂音岳以樂二字爲句其政和上句崔讀
依雷下以樂其政和揔爲一句下亂世亡國各放此以思息吏反又音司和否音不玉藻音早御
聲音古幾聲居希反又音祈上下時掌反怗徐昌廉反弊也懘昌制反又昌紙反敃
也滯敗音弊則陂彼義反注同傾也其財匱其媿反乏也迭相田節反猶
散蘇旦反旄荒莫報反比於毗志反猶同也注同又如字濮上音卜水名誣上
音無下同師涓古玄反爲晉于僞反下爲作法度同分也扶問反克諧戶皆反而
治直吏反下民治行同則幾音譏一音巨依反注同食饗音嗣下食饗同䟽越音踈下同
壹倡昌諒反注同腥魚音星不和胡卧反瑟底都禮反畫䟽音獲
袷祭音洽不臑音而肉湆去及反好惡上呼報反下烏路反又並如字後好惡二
字相連者皆放此猶見賢遍反知誘音酉猶道音導有悖布內反下同

淫佚音逸　強者其良反　脅弱許劫反　知者音智　苦怯起劫反　以遏於葛反本亦作節　衰麻七雷反　安樂音洛　冠古亂反注同　笄音鷄　以別彼列反下文注皆同　樂勝始證反　析居思歷反　飭貌音勑本又作飾音式　斌斌彼貧反本又作彬　好惡　著張慮反　不肖音笑　必易以豉反注同　不爭爭闘之爭　明長丁丈反　若敖五羔反　賢知音智　相㳂悦專反因也述　功偕古諧反俱也　作大濩戶故反下同　屈伸音申　綴兆丁劣反徐丁衛反下綴遠綴短皆同　簠簋上音甫下居洧反並祭器名　上下時掌反　周還音旋　裼思歷反　襲音習　謂酇作管反後同　無邪字又作耶同似嗟反　王者如字徐于况反　治定直吏反注治定治主下治辯同　治辨本又作辯舊音遍案廣雅辨徧也薄莧反　辨徧音遍　孰亨普衡反徐許兩反　獻爓在廉反　禮粗倉都反後皆同　則徧音篇下同　所好呼報反　淫侉苦瓜反　及夫音扶下皆放此　夏長

戶嫁反下丁丈及下注長養皆同仁近附近之近又其靳反下同惇和音純本又作敦地畀
如字又音婢下同上齊上時掌反齊依注讀爲躋又作隮子兮反升也相摩本又作磨末河反迫
也相蕩本或作盪同大黨反動也雷霆音廷又音挺奮之甫問反奮迅也易作潤之
煖之徐許表反沈況遠反猶迫音伯奮訊本又作迅音信而蟠步丹反委也或蒲河反注
同樂著直略反處也注著之言同大始音泰注同言處昌呂反夔求龜反舜臣
命女音汝舞行戶剛反下同知其行下孟反注同大咸如字一本作大卷卷音權
韶上遥反注同大濩音護則饑居祈反法治直吏反注同夫豢音患
養也穀食音嗣善酗許具反綴知劣反以樂之音洛下所樂哀樂康樂皆同
之分扶問反著其知慮反心知音智應感於甑反篇內同猶見賢遍
反噍子遥反殺色界反又色例反思憂息吏反又音斯嘽昌善反諧戶皆反
慢本又作慢莫課反易以豉反注同粗七奴反廣賁依注讀爲憤怏粉反勁

正吉政反寬裕羊樹反肉而救反肥也注同好呼報反流辟匹亦反
邪散似嗟反後皆同狄成他歷反注同滌大歷反注同濫力暫反子札
側八反賁讀音奔又補義反按憒本又作交占卯反又音郊僭差子念反之
傚戶教反稽之古奚反道五音導之行下孟反不懾之涉反四
暢勑亮反恐懼曲勇反省西頂反猶度大各反興道上許寧反下音
導諷誦芳鳳反大卷音權之稱尺證反比終毗志反大蔟
音泰下七豆反長幼丁丈反下同形見賢遍反土敝音弊禮慝吐得反注
及下同慢易以豉反流湎緜鮮反狹則音洽注同平和胡卧反慝
穢字又作薉紆廢反徐烏會反倡昌尚反又音唱下同其分扶問反其行下孟反
情從則反邪辟匹亦反心知音智以著張慮反假祖古伯反周
還音旋注同迭相大浩反中呂音仲鄉方許亮反詩言其

志一本無言字　歌咏音詠　以警音景　見方賢遍反下及注皆同　以著張慮
反注同　往復音伏　以飭音勑注同　不拔步葛反又支八反　獨樂皇音洛庾
音岳　不厭於豔反　以好呼報反　以聽　以過本或作以聖過如字　鳴鐃女交反　施
始豉反　也　九流本又作旒音流　黑緣悅絹反　來朝直遥反　去僞起吕反
傎天音負猶依象也　精粗七奴反　理治直吏反　訢合依注音僖許其反猶
蒸也一讀依字音欣　煦許具反徐況甫反　嫗於具反徐於甫反下反注同　區依注音句古侯反徐丘于反一
音烏侯反　萌莫耕反　翼奮方問反　角觡古伯反無䚡曰觡　蟄蟲直立反
嫗伏扶又反　孕以證反　鬻音育生也徐又扶奏反　胎生他才反　不殰音獨
鄭云內敗曰殰案謂懷任不成也字林云胎敗　卵生力管反　不殈呼闃反范音溢徐況逼反一音
況狄反卵坼不成曰殈猶裂也　猶蒸之膺反　無䚡息才反　內敗乃對反或作骨肉之字者
誤　鋪筵普胡反又音敷　去僞起吕反　而上如字或時掌反　行成下孟反注同

才技其綺反爲治直吏反令夫音扶下同以廣如字舊古曠反弦匏

白交反笙音生簧音黃拊鼓音撫注同復音伏以相息亮反注同即拊也以韋

爲之實之以糠王云輔相也徐思章反訊疾音信大師音泰播樂彼佐反輮

音亂以糠音康漆音七甬音勇有椎直追反進俯本又作府以濫

力暫反溺乃狄反及優音憂侏音朱儒音儒獶雜乃刀反獼猴也依字

亦作猱獼音彌武移反本亦作彌猴音侯本亦作侯所好呼報反注同相近附近之近

徐如字鏗苦耕反鎗七羊反又士衡反時當丁浪反下及注同疾疢勑覲反莫

其云伯反克長丁丈反注同王此于況反克俾依注音比必履反注同徐扶志反

帝祉勑紀反施于以豉反注施延同應和加字又胡卧反炤臨上音照本亦作

照下如字勤施始豉反徧服音遍玩習又作翫音五換反燕女於見反安也

趨音促數音速傲字又作敖同五報反辟匹亦反徐芳益反喬志徐音驕本或作驕

敗名必邁反　孔易以豉反　鞉鼓音桃　椌苦江反柷也　楬苦瞎反敔也　壎許袁反　篪直支反　柷昌六反　圉本又作敔魚呂反　簨息尹反　虡音巨　竽瑟音于　以和如字徐胡卧反　獻酬市由反　酳音胤又仕覲反　酢音昨　長幼丁丈反　聲鏗苦耕反徐苦庚反　立號胡到反　立橫古曠反充也下及注同　石聲磬依注音罄口挺反一音口定反　聽磬口定反　封疆居良反下是疆同　聲濫力敢反下及注皆同　立會戶外反又古外反下同　畜聚勑六反　擥力敢反　鼓鼙步西反　聲讙呼端反又音喧　思將子亮反下注大將下將帥同　帥本又作率所類反下將帥同　讙囂許驕反又五羔反　鎗七羊反又吐衡反徐勑庚反　牟賈亡侯反　侍坐才卧反又如字　咏嘆上音詠下音歎　淫液音亦　不逮音代又大計反　歌遲直兾反　蹈厲音悼　已蚤音早　憲左依注音軒　其傳直專反下文注同傳猶說也　老旄莫報反下同　萇弘其良反　遲之遲並直詩反徐直

尼反吾語魚據反女音汝下且女同大公音泰周召音邵注及下同之治直吏反下注及下同持盾述尹反又音允失行尸剛反下同且夫音扶復綴丁劣反又丁衛反注及下同孟津本亦作盟音孟夾振古治反注及下同鐸大各反一刺本亦作壹刺七亦反分夾扶問反注同分部曲牧野音也徐又以汝反欲語魚據反反商依注音及封黃帝之後於薊音計今涿郡薊縣是也即燕國之都也孔安國司馬遷及鄭皆云燕國郡邵公與周同姓案皇帝姓姬君奭蓋其後也或黃帝之後封薊者滅絕而更封燕郡乎疑不能明也而皇甫謐以邵公為文王之庶子記傳更無所出又左傳富辰之言亦無燕也於祝之六反於杞音起使之行下孟反注同視也商容如字孔安國云殷之賢人也鄭云商禮樂之官也而復音伏弛政始氏反注同發也華山如字又戶化反而弗復扶又反下同衅而字又作釁同許靳反倒載丁老反建依注讀為鍵其展反徐其偃反櫜音羔注同殷虛音墟皆令力呈反去其起呂反苛政音何本又作荷役也甲

鎧苦代反又開改反為鑄止樹反郊射食亦反左射下右射同沈皆食夜反貍首
側由反騶虞側由反貫革古亂反後同裨婢支反搢音進笏音忽虎
賁音奔注同憤怒也孔安國云虎賁若虎賁獸言其猛也說劒此活反朝覲直遙反射
穿食亦反衣裨衣上於旣反下如字而冠古亂反猶捷本亦作插初合反徐
采協反憤怒扶粉反食三老音嗣五更古衡反注同大學音泰注大
學同而饋其媿反而酳音胤又仕覲反弟也大計反東膠音交則夫
音扶為重于偽反則易以豉反下反注皆同子如字徐將吏反諒音亮油然音由
好貌行成下孟反與爭爭鬬之爭德煇音輝而錯本亦作措同七路反
其減胡斬反又古斬反注及下同勉強其丈反又其兩反則銷音消有報
依注讀曰褒音保毛反下同則樂樂上音洛下音岳而耐古能字下及注同三台
吐才反以道音導繁瘠在亦反廉肉如又反注同邪氣似嗟反曲

折之設反　鴻本亦作洪　殺色界反徐所例反　闋作苦穴反　族長丁丈反
閨門音圭　比物毗志反注同雜也　以飾音式又音勑　詘伸丘勿反　要其一遥反注要猶會同　行列戶剛反注同　荷戈本又作何胡可反一音何　與綴詩作祋同都外反　鈇方夫反又音甫　鉞音越　其儕仕皆反輩也　猶輩布内反　子贛音貢
請誦七領反徐音情　能斷丁亂反下及注同　好禮呼報反　文換戶亂反　下行戶剛反　字處昌慮反　而屢力住反　數也色角反下同　上如時掌反　抗苦浪反　如隊直媿反　如折之設反　槀苦老反　倨音據　中矩丁仲反　句中紀具反　鉤古侯反　纍纍本又作累力追反　説之音悦　和續胡卧反

雜記第二十　鄭云雜記者以其雜記諸侯及士之喪事　卷之十二

乘車繩證反下及注同　左轂工木反　其緌依注作緌耳佳反下及注同　復

音伏下同予使羊汝反褏衣本又作褎保毛反後皆同去其起呂反下去輤同其輤千見反注與蒨同有裧昌占反緇裳帷本或作緇布裳帷將殯必刃反本或作賓音同取名於櫬初靳反又楚陣反與蒨絕句一本作輤讀以與字絕句與則音餘蒨斾上千見反下步具反邊緣悅絹反為說吐奪反本亦作脫下并注皆同亦侇音夷隱義云侇之言移也侇依韻集大兮反息也遠之于万反輲車依注作輇及摶同市專反又布轉反注及下同所別彼列反蜃車慎忍反相近附近之近以楯敕倫反下同一本作輴同葦席于鬼反凡訃音赴注及下同長子丁丈反後長子皆同大子音泰後大子同適子丁歷反下文注適子其適宗適適妻並同適者依注音敵大歷反下適者同使其實依注音至下同朝廷直遥反下注同大夫為其于偽反下士為其同注除為士卿為為正皆放此齊晏於諫反晏嬰一盈反麤衰七雷反苴七餘反絰大結反杖菅古顏反屨九具反食粥之六反

大司六十五　禮巳　楊十三

倚廬於綺反寢苫始占反枕草之鴆反下同其縷力拄反齊

斬音咨下齊衰皆同不緝七入反以上時掌反卷内以上皆放此高行下孟反

賢著知慮反則爲其于僞反下則爲之注爲之造作同而著丁略反朝

服直遥反注反下文皆同之絻音準又之潤反薦音薦本又本亦作薦讀賵芳鳳

反宗人相息亮反注同以鞠九六反又曲六反注同以襢張戰反復音伏狄

稅他喚反下文放此爛力旦反脫音奪下同叔隗五罪反趙衰初危反

下之戶嫁反作展張戰反下同有褘音輝自揄音遥下文并注

同紗縠戶木反皆袍步羔反不襌音丹令袿音圭撰仕眷反

重直龍反繒矣茨陵反陽長丁文反褕絞戶交反注同屬於

音燭注及下絛屬并注同翟也音狄去振起呂反下同大夫附依注作祔音同下並同昭

穆常遥反卷内皆同別於彼列反并祭必政反敢援音袁要絰一遥反麻重直龍反功

衰七雷反冠而古亂反下而冠同之稱尺證反惻怛且末反散帶悉但
反後散帶皆同妾爲手僞反下不爲妻注爲舊君同以殺色界反徐所例反與殯音預錫
衰思歷反辟尊音避稽徐音啓顙桑黨反以別徐彼列反注同右縫
音逢注同又扶月反大古音泰下大古同異材才再反又如字右辟必亦反下同繆纓
依注爲繰音早當所銜反又音早而絞古卯反朝服直遥反後朝服放此注同去其起呂反注同
相襚音遂遣車弃戰反注同下遣車遣奠皆放此者與音餘九个古賀反
同有章本或作鄣音同注亦同隱翳於計反載粻陟良反米糧也脯
醢音海義稱昌升反又尺證反衣衰上於旣反下七雷反下同玄縞古老反又古報
反注同冠卷苦圓反而迎魚敬反注同鬯敕亮反本亦作暢臼其究反以椈
弓六反椈木也杵昌呂反以梧音吾桐木也以擣本亦作擣丁老反枇音匕本亦作朼音同
注同長三尺直亮反下同刊苦干反削也其柄兵命反率帶上音律下音帶本亦

作帶綷也音律加箴之金反甕於貢反盛醯醢之器甒音武瓦器筲所交反竹器
衡依注作桁戶剛反徐戶庚反庋也實見音間廁之間棺衣也注同間如字注同徐古莧反一解云鄭
合見間二字共爲覸字音古辯反折入之設反注同承席也形如牀無足也以庋九委反又九僞反徐居綺反字
亦作皮同重直龍反埋之亡皆反所倚於綺反處昌慮反皆辯音遍
不惟位悲反下同殯肂以二反埋棺之坎其戹字林戶臘反閉也纂文云古闔字玉篇羌
據公荅二反云閉也遂去起呂反繭古典反與稅他奐反注同纁許云反袡
字又作緂而占反裳下襈也王肅云婦人蔽膝也大褟音燭絖字又作纊音曠緼于粉反爲
袍薄勞反一稱尺證反下放此之緣悅絹反爲君于僞反又如字使色吏反復
音伏官館本亦作觀音同必拾其劫反下同卷衣音衮古本反申重直龍反又直用
反下同佩韍音弗稱尺證反下同與音餘一股音古纆經直連反鋪席
普胡反又音敷徐芳烏反後放此絞戶交反下文同紟其鴆反爲之于僞反廣尺古曠

反長直亮反終幅方服反其介音界後皆同相者息亮反下皆同知適丁歷反含者本又作晗說文作琀同胡闇反下同襚音遂執要一遥反内霤力救反賈人音嫁介䝿芳鳳反孤須矣從此盡篇末皆無某字有者非陳乘繩證反注同北輈竹由反車轅也鄉許亮反注同不見賢遍反上客臨如字視也徐力鴆反注及下同一介音界舊古賀反相息亮反執紼音弗賓爲于僞反寡君命絕句下放此毋敢音無下同使臣色吏反注同爲恭如字舊于僞反下同與客拾其劫反辟其音避下辟之同士盥音管于斂力劍反下同馮之皮冰反本或作憑下同脫字音奪重著直用反夜燎力召反又力弔反乘繩證反注同執引以刃反一音餘刃反

雜記下第二十一

猶爲于僞反下乃爲同期大功音基殤長丁丈反下長子同既顈口迥反徐

孔頴反沈苦頂反草也注同又喪如字又息浪反下又喪同去麻起呂反附於義作祔出
注未袷音洽將與音預下同視濯大角反其它音他同處昌慮
反下之處同使者色吏反差緩初賣反又初佳反適子丁歷反爲新
于僞反下爲人說同之酢音昨嚌之才細反皆啐七内反徐倉快反入口也脊爲
徐在益反稱其尺證反下同少連詩召反不解佳賣反注同期悲哀
音基怠惰徒卧反解倦其眷反堊室烏各反字亦作埡同時見賢遍
反注同長中丁丈反已殺已或作以下巴界反徐所例反醲美女龍反目瞿
九遇反下同朝服直遥反注及下武叔朝皆同釋禫大感反綅冠息廉反黑經白緯曰
綅當袒音但犆牲音特同與音餘祝之六反徐之又反注同稱昌升反徐
尺證反注祝稱同相爲于僞反下賓爲飯爲其同關轂工木反輠胡罪反又胡瓦反又胡管
反回也州仇音求鑿巾在各反以飯扶晚反注同冒者莫報反下及注

揜形於險反將惡烏路反旣遣棄戰反注同而裹音果餘與音餘注何異與同不見如字夫大音扶卷三紀轉反又厥挽反歸于如字徐音匱同非爲于僞反注及下注爲毋爲姑姊妹皆同問與賜與並音餘注皆同滅脫音奪下同問遺于季反下文皆同必三如字又息暫反施惠始豉反縣子音玄期之音基下同如剡徐以漸反惻怛旦末反執紼音弗功衰弔本又作大功衰弔庾云有大字非不與音預下文注不與同旣封彼驗反又如字執贄音至盈坎口敢反下同長少丁丈反下詩詔反爲壙苦晃反又音曠視不如字徐市音反皆爲于僞反注爲食父爲三父毋所爲亦爲不爲並同人食之音嗣注見食同鹽酪音洛食食上如字下音嗣酢七故反截才代反有瘍音羊有創初良反無免音問注同於堩古鄧反道路也不辟音避注同期之音基給繇音遥本又作徭鷖於奚反彌徐五兮反一音迷啼徒奚反本又作謕同號徐本作唬胡刀反不

偯於豈反下文同說文作悠 重則直龍反 喪冠古亂反下及注皆同 三者息暫反

取婦七住反又如字 侈昌氏反 袂彌世反 不與音預注同 聲聞音問又如字

辟琴音避一音婢亦反 不紳音申 要絰一遙反下六結反 衣朶者於既反又

如字 玄纁許云反 不屝本又作菲扶味反 世柳良九反 相者息亮反下及注

皆同 飯九扶晩反注同 飯含本又作唅胡闇反下文同 賵臨如字徐力鴆反 無筭

悉亂反 比葬必利反下同 爲士干僞反 銜枚音梅 執鐸大洛反 羽

葆音保 執引以愼反注同 以茅亡交反 朝干直遥反 道正音導 縷

音陋 簋音軌 朱紘音宏 反坫丁念反 藻音早 梲章悅反 有笄音鷄

上屬音燭 薄音博又皮麥反又步博反徐又薄歷反 櫨音盧 侏儒音朱 不

弇於檢反本亦作揜 言併步頂反 偪下音逼本又作損 越疆紀良反 自

闈音韋宮中之門劉昌宗音暉 髽麻側瓜反 嫂不悉早反 遠別彼列反 無

其行下孟反　駑馬音奴　自貶必檢反　易共上以豉反下音恭　六種章勇反　禯悲而樹反本亦作孺　乃復扶又反　於蜡仕嫁反　樂乎音洛　下及注同　索也色百反下同　屬民音燭　先嗇音色　飲烝之承反　勞力報反　非女音汝　不弛尸是反下及注同　弓弩乃古反　大廟音泰　外宗爲于僞反注同下爲火爲之服下注爲其亦同　廄焚九又反　上以時掌反　辟也匹亦反　不與焉音預注同　弗辟音避注同　同僚本又作寮力彫反　内難乃旦反下同　厚半戶豆反　剡上以冉反　畫之胡卦反徐胡麥反　再行戶剛反　奚當如字注同舊下浪反　則釁許靳反　純衣側其反　拭羊音式　干碑彼皮反　拭靚本亦作靜同才性反　刲羊苦圭反　夾室古洽反　其衈如志反　刉古代反又古對反一音其既反　珥如至反　皆鄉許亮反下同　朝服直遙反注同　以豭音如　尊彝以之反　比至必利反　使者色吏反下使臣使者同　儐

者必刃反本又作擯 傳焉丈專反 器皿武景反字林又音猛 所齊子兮反下同
畀所必利反與也又婢支反償也 而共音恭 粢盛上音咨下音成 不肖音笑 不敢
辟音避 少施失召反下及注同 食我音嗣 而爲于僞反下來爲亦爲同 倨音據 慢
武諫反本亦作慢 施、父音甫 吾飧音孫 十个古賀反 其卷音眷徐紀勉反
下同 云與音餘 婦見賢遍反下注同 供恭用反 養羊尚反 不復扶又反 則
鬈音權又居阮反 去之起居反 髯丁果反 紒音計字又作紒 韠音必 長三
直諒反 下廣古曠反下同 會古外反注同 紕以婢支反又方移反注同 純以之閏反又
反注同徐方移反 紃以音巡徐辭均反 領縫扶用反下同 之條本又作條同吐刀反

喪大記第二十二 鄭云以其記人君以下始死小歛大歛殯葬之大事故以大記爲名 卷之十三

皆埽悉報反 爲賓于僞反下爲其爲賓爲主人皆同 徹縣音玄注同 士去
起呂反注及下注同 東首手又反下注南首同 北牖依注音酉舊音容下注牖下放此 爲墉

音容廢牀仕良反本或作床字褻衣息列反新朝直遥反後朝服皆同屬音燭纊音曠新緜也一音古曠反易動以豉反適寢丁歷反注同正處昌慮反下同林麓音鹿階梯他兮反簨恤尹反虡音巨以卷本又作衮同古本反注同屈狄音闕注同玄頳敕貞反禮衣知彦反稅衣他亂反東滎如字屋翼也劉昌宗音營三號戶高反注同捲衣俱勉反徐紀阮反禕衣音輝以鷩必列反揄狄音遥以毳昌銳反東霤力又反以篋苦牒反乘車繩證反左轂工木反之惡烏路反衣尸於既反注衣尸同以斂力驗反後不出者皆同而去起呂反以裲而廉反婦人嫁時上服人諦大兮反本又作帝扳本又作攀普班反一音班援音袁徐于願反爲寄于僞反下皆同下注爲毋爲其罷倦皆同徒跣悉典反扱初洽反衽而審反又而鴆反裳際也拊心音撫使者色吏反鄉其許諒反馮之皮冰反本或作憑後皆同人袒天旱反說髦本作

稅同他活反徐他外反注同髦音毛 人髽側瓜反 奉尸芳勇反注同 夷于堂

如字夷尸也陳也本或作侇同音移一本作奉尸于堂 從而才用反又如字 佀拜芳𡙡反 而免

音問後放此 拾踊其劫反 裼裘思歷反 之卷起權反 出壼音胡 縣

之音玄及下注同 代更古行反下同 罷音皮 倦其卷反 爲漏音陋 給

爨七亂反又七官反下爨𤍽鼎同 爲斞音俱水斗也隱義云容四升也 挈壼苦結反又音結

下君戶嫁反下成君不相下下大夫同 照饌仕眷反 滅燎力石反又力弔反 南

鄉許諒反 事處昌慮反 以衰七雷反 人爲于僞反下人爲注爲下注爲君皆同

竟內音境下同 輯之側立反下同斂也 則去起呂反後去杖皆同 以見賢遍

反 斂也力檢反下同 以柱知主反 近尸附近之近 爲夫人于僞反下及注妾爲

君爲人得並同 棄杖本亦作弃古弃字 斷而丁管反下注斷足瓜同 大盤步干反本又作槃

造冰七報反下及注皆同造猶內也 士併步頂反注同 襢之善反單也注同 第側里反簣也

含一胡暗反濡奴亂反下文同濯直孝反下文同于坎口感反札側八反爛力旦反祖簣音責盛水音成廣八古曠反長丈直亮反深三尸鴆反幠用好胡反去死起呂反注同楔齒桑結反角柶音四綴足丁劣反又丁衛反下注同適室丁歷反管人如字掌管籥之人又古亂反掌館舍之人也下同汲音急不說吐活反繘均必反汲水綆也抗衾苦浪反舉也用盆蒲奔反沃水烏谷反用枓音主又音斗絺巾勑其反一本作綌去逆反挋音震拭也如它音他下同挋拭音式差七何反淅也注差淅同沐音木甸人田遍反爲垼音役鄭注儀禮云塊竈也陶人音桃出重直龍反鬲音歷煑諸許反西北厞扶味反隱也舊作扉音非門扉也爨之七逭反差淅先歷反其潘芳袁反米汁也差初佳反率音律又音類而上時掌反食粥之育反又音育下同一溢音逸劉昌宗又音實下同莫一音暮蔬食音嗣下及下注蔬食皆同不盥古緩反於

大マ七九

篹本又作匴又作算悉緩反又蘇管反竹筥也以醯呼雞反杯杅音于竹筥居呂反
歠昌悅反手飯扶晚反作巽息尹反徐音撰期之音基下同爲母
爲妻並于僞反下注爲其同不與音預下同比葬必利反君食之音嗣下父
之友食之皆同不辟音避粱肉音良粱米也以簟徒點反以葦于鬼反有
莞音官又音完布絞戶交反後同縮者所六反縞衾古老反九稱
尺證反杜預云衣單複具曰稱後放此絞紟其鴆反後皆同縮從足容反連數色主反
見之賢遍反絞一幅本又作畐方服反爲三絕句不辟絕句補麥反又音璧
徐扶移反無紞丁覽反廣終古曠反析其思歷反下同之強其丈反被
識式志反又音志又音式下同去之起呂反下注同不倒丁老反注及下同散衣悉但反
無檖音遂複衣音福褶音牒袷也袷也古洽反袍必步毛反不
褌音單繭古典反與稅吐亂反衻而廉反纁許云反袗絺之忍

反亦爲于僞反下文則爲之同之篋苦協反不詘丘勿反綌紵直吕反便
也婢面反大胥依注作祝之六反下同胥樂官思餘反不紐女九反舊紖而愼反
鄉左許亮反士輿音預注同爲埶音執本亦作執錦冒莫報反下及注同
黼音甫殺色戒反徐所例反下及注同之裁才再反注同韜尸本又作弢吐刀反下同
鋪席普吴反又音敷下皆同亚止本或作亚止門外門外衍字耳主辟必亦反凶邪
似嗟反姪大結反娣大計反長子丁丈反下同服膺於陵反奉之
芳勇反拘之音俱一音古侯反同處昌慮反居倚於綺反苫始占反
枕之鴆反甴苦內反襢章善反注同露也障之音章下同柱張主反楣
音眉見面賢遍反適子丁歷反屬目音燭無辟音避下注猶辟同
黝於糾反堊烏路反又烏各反注同禫而大感反作道音導不復扶又反
期居音基下同爲母爲妻並于僞反下爲之賜注爲之則爲並同以上時掌反

直君如字又音值當也先後君悉見反下胡豆反一音並如字夾階古洽反祝
相息亮反下相止並同下正君戶嫁反屬六音燭後皆同押步歷反四
重直龍反下同水兕詞履反被之皮義反下同其厚戶豆反抴棺
以支反是差初佳反徐初宜反時偕子念反金鐕子南反釘也椽陟用反本
又作琢著直略反小要一遥反下同鬠爪音舜亂髮下側功反實于綠
音角出注小囊乃剛反徐音託盛之音成為簍魯口反用輴勑倫反櫕
才完反下同以幬音道注同覆也不暨其器反注同見衽賢遍反注同猶菆
才工反本亦作叢記參初金反差初宜反題音啼湊七豆反四注徐之樹反下同
差寬初賣反又初佳反搔地其越反又其勿反作錞徒對反又徒卧反又徒猥反
作埻依字支允反又支閏反徐都卧反沈都雷反熬五羔反四種章勇反下及注同八
筐音匡魚腊音昔蚍七毗蜉音浮黻三音弗錦褚張呂反下同加

僞依注讀爲帷位悲反齊五如字徐才細反黼萋所甲反皆戴丁代反下及注同纁披彼義反徐甫髲反下同戴緌依注爲緌音蕤耳佳反下同紐女九反揄絞音遥注同緇側其反及壙苦晃反惡其烏路反以衣於旣反下衣以皆同以上時掌反下魚上同車苓音零縣池音玄下皆同動搖音遥一音以照反則去起呂反齊象車蓋蕤絶句一讀以蕤向下瓜古華反分扶問反又皮莧反又夫云反廣三古曠反高二古報反又如字柄長直諒反又如字後放此而從才用反用輴依注音輇市專反下同王敕倫反四綍音弗二碑彼皮反御棺一本作御柩羽葆音保用國依注亦作輇市專反王如字云一國所用比出必利反注同作團徒丸反曰引音胤爲率音律凡封依注作窆彼驗反下及注機封同以咸依注讀爲緘古緘反毋音無下同譁音華說載吐活反輓棺音晚繞而沼反要一遥反舒縱子用反下同縱舍音捨有隧音遂延道

也爲棫古或反一本作緎而上時掌反抗木苦浪反徐戶剛反五重直龍反下

同容祝昌六反容甒音武

祭法第二十三鄭云以其記有虞氏至周天子以下所祭祀羣神之數也　卷之十四

禘黃帝大計反嚳口毒反顓音專頊許玉反鯀本又作縣古本反篇

末皆同冥莫經反祖契息列反下同圜丘音圓大昊音泰下大廟大祖大

昊同昊亦作皞胡老反下放此句古侯反芒音亡夏曰戶嫁反後夏日皆同少昊

詩召反下放此蓐收音辱本[illegible]音辱以上時掌反下上去以上同之殺色界反徐所例

反燔柴音煩爾雅云祭天曰燔柴泰壇大丹反下同瘞於滯反埋武皆反爾雅云

祭地曰瘞里泰折之設反注同舊音逝又音制用騂私營反字林云火營反祭處昌慮

反言坦吐但反炤本又作昭同音章遙反又之召反晢之設反一音制用黝於糾反相

近依注讀爲禳如羊反下音巨依反王肅作祖迎也於坎苦感反幽宗雩宗宗依注並

注並讀爲禜禜敬反王如字 見怪賢遍反注同 亡其如字無也一音無 吁嗟許于反
癘疫音役 大凡如字徐音泰 腐爲音輔 更立古衡反 通數色主反下同
設廟本亦作庿古字 墠音善 有禱丁老反一音丁報反 適士丁歷反篇內同
顯考無廟顯音皇出注 大夫采七代反 昭穆土遙反 不
腆他典反 祫乃音洽 魯煬餘讓反徐音傷 王爲于僞反下皆同注爲社事亦同 雷
力又反 作譴棄戰反 此輿音餘 脾婢支反 肺芳廢反 肝音干 腎
上忍反 使者色吏反 惡言烏路反 繆乎音謬 祭殤音傷 之輿
烏報反 陰厭於豔反下同 能禦魚呂反 菑音裁下同下文或作災注作裁並同 能
扞胡旦反 厲山力世反左傳作列山 共工音恭下及注同 鄣鴻音章 而殛紀力
反注同尚書云殛鯀於羽山又云鯀則殛死 顓頊 能脩之本或作顓頊脩黄帝之功 以文
治直吏反 去民起呂反 及夫音扶 丠陵此古丘字 而王于況反 蒼

梧音吾

祭義第二十四鄭云名祭義者以其記齊戒薦羞之義

欲數色角反下同則怠大改反曰祠嗣思反悽音妻愴初亮反既溤本亦作濡音儒怵勑律反惕他曆反皆爲于僞反下文見所爲并注同放其方往反致齊側皆反後不出者同散齊悉但反注同所樂音岳又五孝反所耆市志反注及下並同屈到居勿反屈到楚莫敖耆芰其寄反楚人謂菱爲芰僾然音愛微見兒周還音旋本亦作旋注同愾然開代反闔戶戶臘反致愨苦角反敬養羊尚反鄉也許諒反下文鄉也鄉之注鄉之同言夫曰音扶本或作言夫忌日爲相息亮反下文同不怍才各反奠盎烏浪反齊齊乎如字舊子禮反愉愉乎羊朱反盎齊才細反繹曰音亦儐尸音賓之忠如字謂盡中必文王與音餘樂與音洛下同尸侑音又仲尼嘗

絶句旹秋祭奉薦而進絶句其親也慤絶句趨音促注及下注皆同以
數色角反速也徐音速注同子贛音貢濟濟子禮反下同漆漆依注音切下同
濟濟者容也口白反賓客也下客以遠同漆漆者容也羊凶反儀
容也下若容以自反同樂成音岳又五教反慌況往反注及下同一音荒惚音忽注及下同本又
作忽所當丁浪反一槩古代反比時必利反徐甫至反注同先時悉薦
反又如字洞洞音動下同屬屬音燭下同如弗本亦作不何休云弗者不之深
也勝音升也與音餘黝於糾反堊烏路反祝祝上之六反下之又反又並
之六反仿孚往反佛孚味反以詘求勿反注及下篇末同徐丘勿反敬齊如字
注及下同王徐側皆反婉順憂阮反熬也五報反如奉芳勇反儼魚檢反
恪苦各反既冠古亂反孺子而樹反敬長丁丈反下注皆同下及爲
其于僞反下爲其同近於附近之近乎王于況反至弟音悌下同五更

古衡反下更相同措諸七路反序從才用反注同于碑彼皮反袒而徒旦反
鸞刀力端反以封洗圭反膟音律膋力彫反爓祭音燖泄息列反
䐑直輒反神見賢遍反一本作神可見則如字曰暘音陽以別彼列反下同相
巡依注音沿悅專反汜說芳劒反不悖布內反以去起呂反爭爭鬭之爭
有奇紀宜反邪似嗟反不治直吏反魄也普白反噓音虛吸
許及反斃于本亦作弊婢世反陰爲依注音蔭於鴆反土壤如丈反焄
許云反香臭之氣耳蒿許羔反氣烝出皃烝出之膺反爲藨表驕反又皮表反
以爲黔首則其廉反徐又其嚴反黑也黑首謂民也秦謂民爲黔首則法也爲民于僞
反復加扶又反遠邇音爾燔音煩燎力召反又力弔反羶依注音馨許經反後
羶薌同薌音香見以依注見作覸音間廁之間徐古辯反見間依注合爲覸字音間廁之間
以俠古洽反甒音武爲藉在亦反藉田說文作耤朱紘音宏秉耒

力內反 醴酪 音洛 齊 音咨本又作齊 朝之 直遙反注躬朝同 犧牷 音全 近
川 附近之近 仞有 音刃七尺曰仞 大昕 許斤反曰欲出 使蠶 才南反 奉 芳勇
反下及注同 種 章勇反 風戾 力計反燥也 以食 音嗣 蚤 音早本亦作早 脃 七歲
反 氣燥 悉早反 惡濕 烏路反 旣單 音丹 奉繭 古典反 服
與 音餘注同 副褘 音暉 其率 音類又音律又所律反 夫人繅 悉刀反下
同說文作繅云抽繭出絲也以此爲旒繅字音所咸反 三盆 蒲奔反掩也 三掩 本亦作淹徐於
驗反又於斂反 則易 以豉反下同 子 如字徐將吏反下及注同 諒 音亮下同 油然 音由 則
樂樂則安■ 音洛下不樂同 與爭 爭之爭■ 德煇 音輝 言行 下孟
反下理行而行皆同 而措 本亦作錯七故反 其減 胡斬反又古斬反下同倦也 則銷 音消 有
報 依注音裒保毛反下音同 能養 羊尚反後皆同 言與 音餘 先意 悉薦反 參
直 徐所林反 莅官 音利又音類本又作涖 戰陳 直覲反 裁及 音災 於親

本亦作裁及於身亨孰普彭反而薦將見反不遺如字又于季反樂白
音岳皇五孝反溥之本亦作敷同芳于反而放甫往反下同至也而準諸尹反平也
無輟張劣反斷一丁管反不匱其媿反下同愽施始豉反惡
之烏路反數月色主反下同瘳矣丑留反差也頃步讀爲跬缺婢反又丘弭反
一舉足爲跬再舉足爲步不徑古定反邪也邪似嗟反趨七俱反於朝直遥反後皆同而
弟音悌下及注同爲之于僞反不併步頃反徐扶頃反車徒辟音避
注同鴈行戶剛反下同所擔都甘反少者詩照反下同不遺如字棄忘也一
本作匱其媿反而長丁丈反下文皆同爲甸田見反頒禽音班於廋本又作傁
音蒐所求反狩音獸士卒子忽反下同放乎方往反食三音嗣下同五更
古衡反下同大學音泰下大學注大卜皆同而酳音胤又仕覲反巡守手又反本或作狩于
竟居領反不復扶又反下文注將復入同舉觶之豉反見爵賢遍反之

施始豉反卷冕古本反明知音智斷其丁亂反必恐曲勇反所以語魚預反陶陶音遙遂遂本又作燧音遂思慮息嗣反而術義作述出注

祭統第二十五鄭云統猶本也以其記祭祀之本故名祭統

五經吉凶軍賓嘉之五神祇祈之反心怵勅律反祐助音又君長丁丈反下所長同道之音導其爲于僞反注爲謂同一音如字追養羊尚反下同者畜許六反下同盡此徐子忍反下同之行下孟反取夫人七住反所共音恭下文以共皆同芹其斤反茆音卯蚳丈之反蝝悅專反蜩音條蔆本亦作菱音陵芡音儉榛側巾反齊盛本亦作齋與粢同音咨下及注同純服側其反注及下純冕同以見賢遍反少陽詩召反乃齊側皆反本又作齋下不出者同言齊也齊不齊並如字下以齊之同耆欲市志反其邪似嗟反

反　訖其居乙反止也　先期悉薦反又如字　大廟音泰後大廟皆同　副禕音輝　圭瓚才但反　祼尸古亂反　執紖直忍反注同徐以忍反　大夫從才用反下皆同　執芻初俱反　宗婦執盎烏浪反注同　從夫人絕句一讀以從字絕句　薦涚水舒銳反徐音歲　羞齊本亦作齊才細反注同　爲柄兵命反　作繆直忍反　槀也苦老反下同　共其音恭　盎齊才細反下盎齊同　以樂音洛下同　竟內音境篇內皆同　近主附近之近　獻之屬莫重於祼一本無之屬二字　道之以禮音導　有餕音俊　施惠始鼓反下文注並同　能知音智　尸謖所六反起也　百官進依注作餕　自畀如字隱義音必利反　以別彼列反下同　見其賢遍反下同　脩於廟中也一本脩作徧　徧及音遍下同　積重直龍反下同　凍餒乃罪反　夫人音扶　見之如字舊賢遍反　畜積勑六反　本與音餘下是與同

君長丁丈反下長幼皆同　所惡烏路反　見事賢遍反下皆同　之殺色界反徐所例
反下同　鋪普胡反又芳夫反　筵羊然反　爲依于僞反下注爲其皆同　于祊伯更反
言詷徒貢反　索祭所伯反　則伸音申　子行戶剛反注同徐胡孟反
之適丁歷反　以瑤音遥　以散悉但反　之差本又作之等　謂酳音胤
又仕覲反　有昭上遥反後放此　南鄉許亮反　而舍依注音釋　卷冕古本反
執校戶教反又戶交反又下卯反下同柄也　執鐙音登又丁鄧反豆跗也　襲處
昌慮反　下跗芳符反　貴髀必氏反又必履反　不重直龍反　臂臑
乃報反胘骨也　有畀必利反下及注同與也　煇依注作韗同况万反又音運下同申吏也　胞步交反下同肉
吏也　翟音狄樂吏也　閽音昬守門者也　以見賢遍反注皆同　見此畀如字舊必利反
下同　韗磔知宅反　曰礿羊灼反字又作禴　夏祭戶嫁反下注夏者孟夏同　草
艾音刈　可芟所銜反　給爨七亂反　亨普彭反徐普孟反　自名如字徐武政反

下及注自名同論譔音撰身比毗志反謂次比也下及注皆同斟之林反酌傅音附徐音

賦一音直專反謂傳述著直略反徐張慮反之行下孟反以見賢遍反注同知

足音智注同孔悝口回反公假加百反至也注同蒯苦怪反聵五怪反褎

之保毛反左音佐右音又下啓右并注同一讀此左右並如字難乃旦反奔走本亦作犇無

射音亦注同爲筴初革反猶女音汝後皆同從馬才用反坐殺才卧反

寘之之豉反厭也於豔反下同鎬京胡老反纂乃子管反侯衎

苦旦反烝之承反下文注同鉏仕居反耆欲市志反不解古賣反休哉

許虯反予圉魚呂反予女羊許反注同以辟必亦反又婢尺反注同明也施

于如字著也彝鼎以支反猶著張慮反又直略反下同約如字徐於妙反劑

子隨反是誣音無不傳直專反不本亦作弗八佾音逸赤盾食準反又音允

羽籥羊灼反

經解第二十六 鄭云經解者以其記六藝政教得失解音佳買反徐胡賣反一音蟹 卷之十五

易良 以豉反下易良同 屬辭 音燭往及下同 比事 毗志反下同 朝聘 直遥反篇內同 近愚 附近之近下除遠近一字並同 愛惡 烏路反 戰爭 爭鬬之爭下文同 淑人 常六反 不忒 吐得反 玉鎗 七羊反本又作鏘 皆鈴 音零 在軾 音式 和應 應對之應 民說 音悅 除去 羌呂反下而去之同 霸王 徐于況反 所操 七刀反 方圜 音圓 誠縣 音玄注同 衡稱 尺證反 謂錘 直僞反 彈 徒丹反 畫 胡麥反 朝覲 其靳反 長幼 丁丈反下皆同 昏姻 音因 之别 彼列反 猶坊 音房本又作防下同 而壞 音怪 春見 賢遍反 嫁取 七住反本亦作娶 淫辟 匹亦反 而倍 音佩下同 之行 下孟反 止邪 似嗟反 遠罪 于万反 差若 初佳反徐初宜反 豪 戶刀反依字作毫 氂 李其反徐音來本又作釐 繆以 音謬

哀公問第二十七魯哀公也鄭云善其問禮著謚以顯之
長幼丁丈反以別彼列反疏數色角反雕本亦作彫鏤力豆反黼音甫
黻音弗喪筭悉亂反備其鼎組本亦無此句豕腊音昔卑
其如字又音婢雕幾音祈注同幾附纏之也語以魚據反好實呼報反
無厭於豔反敖慢五報反午其五故反一音如字注同王肅作迕迕違也當
欲丁浪反注同猶稱尺證反侍坐才卧反愀然七小反舊慈糾反又在由
反又音秋又千了反下同夫婦別彼列反不肖音笑親迎逆敬反下及注同
舍敬音捨不親不正一本不皆作弗本與音餘下本與敬與並同已猶大音泰
之好呼報反焉得於虔反爲言于僞反之分扶問反外治直吏
反下同之行下孟反下君之行同妃以芳非反則愾許乞反又許氣反至也大至
音泰注同居豳彼貧反樂天音洛下及注同怨天於元反又於願反朝會

炤察音照本亦作照　惷愚始容反徐音容反又湯邦反一音丁絳反字林丑凶反又丑絳反愚也　冥煩莫亭反徐亡定反　子志依注音識徐音試　使易以豉反　蹴然子六反又在育反敬皃　辟音避

仲尼燕居第二十八鄭云善其不倦燕居猶使三子侍言及於禮著其字言可法也退朝而處曰燕居

燕居於見反　汎說芳劒反　女三人音汝後同本亦作汝　吾語魚據反下及注語女音同　不徧音遍　不中丁仲反下同　之給音急徐渠急反又其劫反下同　足恭將注反又如字　鮮仁仙淺反　近於附近之近　能食音嗣　敏頓徒遜反　乘車繩證反又如字　者與音餘下無相與同　昭穆上遥反穆亦作繆音同　食饗音嗣注同　句龍古侯反　長幼丁丈反後皆同　朝廷直遥反下及注皆同　量鼎音諒注及下同　而錯七故反本又作措後同　易知以豉反　別也彼列反下其別同　豆區烏侯反　之治直吏反下其治治國並同　瞽之音古　無相息亮反　倀倀勑良反無見皃　其

策初革反爲衆于僞反又如字倡始尺亮反畎畝古犬反而縣音玄
注同樂闋苦穴反夏籥音藥行中丁仲反下同還中音旋采齊
本又作薺在細在私二反注同序更音庚下同振鷺音路禮繆音謬注同禮
行下孟反又如字冬夏戶嫁反大子音泰下大子下文大平同適子丁歷反俊選
宣面反皆造才早反徐七到反蒉夔求龜反窮與音餘傳於文專反注同
子曰師乎絶句復問扶又反必鋪普胡反徐音孚行而樂之
音洛又音岳所治直吏反注同奧字又作嗅烏報反胙才故反符長丁丈反隱義云
符謂甘露醴泉之屬長謂麟鳳五靈之屬瑞應應對之應徐於甑反之處昌慮反昭然
章遥反徐之紹反明也發矇音蒙矣本亦無矣字

孔子閒居第二十九

閒音閑鄭云名孔子閒居者善其倦而不褻猶使一子侍爲之説詩著其氏言可法也退燕避人曰閒居

閒居音閑凱本又作愷又作豈丘在反注同弟本又作悌徒禮反注同樂音洛易以豉反

禍裁音災 哀樂相生音洛舊音岳 頃耳音傾 好惡並好字一音上呼報反下烏路反 近之附近之近 長人丁丈反 其命依注音基 宥密音又 逮大計反注同安和皃 選宣面反 匍音扶 匐音服又蒲北反 儌之胡孝反 賙音周 恤 衰七雷反 絰大結反 施及以豉反下同 畜許六反 曰聞音問下令聞并注同 施易也並以豉反 以勞力報反注及下同 勞來力代反 私炤音照本亦作照 湯齊依注音躋亦作隮子兮反詩如字 曰人實反 齊側皆反注齊莊同詩作躋子兮反 昭假音格至也注同 遲遲直私反 是祗諸夷反敬也 使王于況反下王天下王功皆同 神氣風霆音廷絕句 風霆流形絕句 耆欲市志反注同 嵩高息忠反 惟嶽音岳 峻極私俊反 之翰胡旦反徐音寒 于番方表反 爲之于僞反下川爲嶽爲皆同 賢知音智 弛其徐式氏反一音式支反注同皇作施 大王音泰注同 弛施也如字皇本作施布也 蹶然居衛反徐音厥 隊直媿反

辟後 音避

坊記第三十 坊音防徐扶訪反經文皆同鄭云名坊記者以其記六藝之義所以坊人之失也

辟則 匹亦反注同舊芳益反徐又音辟 坊與 音餘 邪 似嗟反 侈 昌氏反又尺氏反 斯

驕 音驕本亦作驕下同 不慊 口簟反恨不滿之皃 之級 音給 而好 呼報反下同 樂

音洛又音岳 其幾 居豈反又音機 荼毒 音徒 之行 下孟反 惡之 烏路反下

猶惡皆同 千乘 繩證反下注同 高一 古報反 長三 直亮反下同 別微 彼列反下

同 朝廷 直遙反下皆同 僭號 子念反下同 辟其 音避下同 皆爲 于僞反

相彼 息亮反 盍旦 音渴徐苦蓋反注同 以殺 音試本又作弑 子云 自此以下本或作子

曰 則近 附近之近 觴酒 音傷 衽席 而審反又而鴆反 以上 時掌反 好

得 呼報反 不借 音佩下及注同 不愉 音偷本亦作偷 以畜 許六反注同毛詩作勖

定姜之詩 此是魯詩毛詩爲莊姜 子衎 苦旦反 而號 戶羔反注同 稱

窕於表反　尚技其綺反注同　不吝力刃反又刃鎮反　往行下孟反　以畜勑六反　上施始豉反下同　以莅音利又音類　其難乃旦反　詢于音荀　芻初俱反　蕘如遙反　不爭爭鬬之爭　履無如字毛詩作體　爾女音汝下及下文皆同　嚮卜許亮反本亦作鄉　度是徒洛反注同毛詩作宅　鎬京胡老反　於乎音烏下火吳反注同　大誓音泰本亦作泰注同　弛其式氏反注同弃也　駁親邦角反　乃讙音歡火官反　喜樂音洛　鄂鄂五各反本又作諤　說則音悅　復諫扶又反　不匱其媿反　綽綽昌灼反　有裕羊樹反　爲瘉羊主反病也　猶更古衡反　以衣於既反　差遠初賣反　能養羊尚反　爲其于僞反下專爲同　相褻息列反　厥辟不辟並必亦反君也注同　孺子而注反　長民丁丈反注及下事長同　簋音軌　鈃音刑　饗食音嗣下文食禮同　盤步干反　盂音于　以菲芳鬼反薄也　去禮起呂反　親饋其位反　禴

祭音藥寔受時力反易作實豕與音餘酒肴戶交反三日齊側皆反注同散齊悉但反醍酒音體羣昭常遥反卒度如字法度也徐徒洛反中霤力救反飯於扶晚反牖下音酉於壙苦晃反不爭爭鬭之爭下民爭同殺其音試注及下同于音如字君卓敕角反注同弟以音悌鄭段徒亂反本亦云鄭叔段也遲直志反而爲于僞反貳圉魚吕反晉惠公太子懷公名饋獻本又作媿音同之贄音至以見賢遍反脩好呼報反饋違于季反下同遺民不內音納反如字耕穫戶郭反不菑側其反田一歲也畬以音餘田二歲也賤行下孟反注同斂穧子賜反又才計反捃君運反拾音十采葑芳容反采菲芳尾反蔓音万徐音蠻菁音精又子丁反葍音富又音福則并必政反又如宫下同不離力智反與女音汝無媒音梅注同伐柯古何反斧柄取妻七樹反後皆同横從子容反注同横行治其田也本亦作遊

行治其田　易治以豉反　不取同姓如字又七樹反　猶去起呂反注同　大伯音泰

猶殺音試注同一音如字　繆侯音穆　來朝直遥切　有見賢遍反注及下

同　以辟音避　遠于万反下遠色同　好德呼報反下及注同　猶捕蒲布反

中網丁仲反　以篚音匪　淫泆音逸本又作佚同　妃匹音配一音如字　親

迎魚敬反　行父音甫

經典釋文卷第十三

經典釋文卷第十四

禮記音義之四 起第十六盡第二十

唐國子博士兼太子中允贈齊州刺史吳縣開國男陸德明撰

中庸第三十一 鄭云以其記中和之爲用也庸用也孔子之孫子思作之以昭明聖祖之德也 卷之十六

率性 所律反循也 則知 音智下知者大知皆同 人放 方往反 傚之 胡教反 離也 力智反下及注同 惡乎 音烏 不睹 丁古反 恐懼 匡勇反注同 閒居 音閑下同 莫見 賢遍反注顯見同一音如字 有佔 勑廉反 哀樂 音洛注同 中節 丁仲反下注爲之中同 長也 丁丈反 小人之中庸也 王肅本作小人之反中庸也 忌憚 徒旦反忌畏憚也憚難也 畏難 乃旦反 常行 下孟反 中庸其至矣乎 一本作中庸之爲德其至矣乎 民

鮮羊患淺反下及注同罕也罕也呼坦反希也少也知者音智下文大知也子知注有知皆同

不肖音笑下同矣夫音扶也與音餘下強與皆同舜好呼報反下同易

以以豉反罟音古罔之揔名擭胡化反尚書傳云捕獸機檻陷陷沒之陷阱

才性反本或作穽同阱穿地陷獸也說文云穽或爲阱字也知辟音避注知辟辟害皆同期月

音基拳拳音權又起阮反徐羌權反奉特之皃服膺徐音應又於陵反奉持芳勇

反可蹈音悼又徒報反問強其良反下同所好呼報反言女音汝下抑

女同不校交孝反報也衽金而審反又而鴆反不厭於豔反哉矯居表

反下同不倚依彼反徐其蟻反所傃音素猶鄉本又作嚮許亮反下皆同行

俛又委反下同譎音決汲汲音急隱行下孟反遯世本又作遁同徒頓反

費而本又作拂同扶弗反猶佹也徐音弗注同以與音預注皆與之與以其與同舜好

呼報反故與音餘所憾本又作感胡暗反恨也注同鳶飛悦專反字又作鳶

矣力計呂結二反　魚躍羊灼反　猶著張慮反下同　道造在老反　伐柯古何反　睨而徐音詣睥睨也　言顧行行顧言皆下孟反注聖人之行同或一讀皆如字　慥慥七到反守實皃　言行下孟反　相應於陵反舊音應對之應　患難乃且反下同　不援音園注同牽持也　已音紀　無怨於願反又於元反下反注並同　居易以豉反注同平安也　徼幸古堯反　正音征注同　鵠古毒反注同正鵠皆鳥名也一曰正正也鵠直也大射則張皮侯而棲鵠賓射張布侯而設正也　棲皮細兮反　辟如音譬下同　自邇音爾近也　自卑音婢又如字注同　好合呼報反　旣翕許急反合也　和樂音洛下及注同　且耽丁南反　妻帑音奴子孫也本又作孥同尚書傳毛詩箋並云子也杜預注左傳云妻子也　相應應對之應　和胡卧反　齊明側皆反本亦作齋　洋洋音羊　其傍皇薄剛反謂左右也徐方岡反　僾徐於愷反又音愛　之格古百反來也　不可度待洛反注同　思矧詩忍反況也注同

可射音亦厭也厭也於豔反字又作猒下同盡敬子忍反不可揜
音掩於檢反此夫音扶而著張慮反也與音餘令聞音問下令聞同
故栽依注音災將才反注同植也培之蒲回反益也覆芳伏反初載之載
並音災本或作裁同嘉樂戶嫁反詩本作假音同假嘉也皇音加善也憲憲音顯注同
興戲皃一音如字保佑音佑助也下注同纘徐音纂哉管反繼也大王音泰下及
注大王皆同壹戎衣依注衣作殷於巾反戎兵也謂一用兵伐殷也尚書依字讀謂一著戎衣而天下大
定冑與直救反下音餘武王末亡過反老也追王于況反注追王同期之
音基注同組音組紺古闇反組紺大王之父也亦曰諸盩盩音置留反以上時掌反不為
服千偽反埽悉報反糞弗運反本亦作糞亦作拚同昭穆常遙反穆又作繆音
同以還本又作逮同音代燕毛於見反注並同別所彼列反共雞音恭
饋食其位反舉觶音至於其長丁丈反下謂長同省文色領反

色領反示諸依注音寘之豉反置也易爲以豉反知力音智本亦無力字治之

要也治音直吏反一本作治國之要治則如字方筴初革反方版也筴簡也方版音板

本亦作板蒲盧並如字爾雅云蜾蠃蒲盧即今之細腰蜂也一名蠮螉蜾音果蠃力果

反本亦作蠃音同土蜂芳封反字亦作蠭同螟莫瓶反蛉音零螟蛉桑蟲也爲已

音紀之殺色界反徐所例反而治直吏反一音如字脫誤音奪重在直用反

知仁音智下近乎知注言有知皆同長丁丈反已臨之音紀勉強其兩反注同

好學呼報反近乎附近之近下同力行皇如字徐下孟反子庶民如字

徐將吏反愛也下句放此蕃國方元反不眩玄遍反齊明側皆反去

讒起呂反遠色于方反好惡呼報反下烏路反又並如字注同薄斂力驗

反既依注音餼許氣反稟彼錦反一本又力錦反既稟謂哨食也稱事尺證反

朝聘直遙反槀人苦報反一音古老反以下上時掌反不跲其劫反皇

音給蹟也 行前下孟反 不疚音救病也 蹟也徐音致 雨中丁仲反又如字下中道同 從容上七容反 弗措七路反下及注皆同置也 必強其良反 大平音泰 楨祥音貞 妖於驕反左傳云地反物爲妖說文作祅云衣服歌謠草木之怪謂之祅 孽魚列反說文作蠥云禽獸蟲蝗之怪謂之蠥 見乎賢遍反下不見注著見同一本乎作於 著龜音尸注同 皆爲于僞反 自道音導注自道同 知也音智注同 無疆居良反 不貳本亦作貳音二 令夫音扶下同 昭昭章遥反注同本亦作佋同猶耿耿小明也 一撮七活反 華嶽戶化戶瓜二反本亦作山嶽 不泄息列反 一卷李音權又羌權反范羌阮反猶區也注同 寶藏才浪反 一勺徐市若反 黿音元 鼉徒河反一音直丹反 鮫龍音交本又作蛟 鼈必列反 耿耿公迴反又公頂反舊音孔頂反 猶區羌俱反 於穆上音烏下於乎亦同 於乎好奴反 愼德如字一本又作順 是與音餘 洋洋音羊 峻極思閏反高大也 優優於求反倡優也 不

凝本又作疑魚澄反成也　如燽音壽　不驕本亦作喬音嬌　不倍音佩　其默

士比反　且哲陟列反徐本作知音智　謂與音餘　而好呼報反下同　裁及音災

行同倫下孟反　杞不音起　王天下于況反又如字　不繆音謬　不

悖布内反後同　遠之如字又于万反　近之如字又附近之近　不厭於豔反後皆同

無射音亦注同　而蚤音早　行在下孟反　而斷丁亂反　曷爲于僞

反又如字　撥亂半末反　莫近附近之近又如字　道與音餘　編年必緜

反又甫運反　辟如音譬下同　覆幬徒報反　之錯七各反　當焉

丁浪反又丁郎反　淩潤子鴆反　作燾徒報反　明叡音銳　知音智

下聖知同　齋莊側皆反　有別彼列反　溥博音普　普徧音遍　思

慮息嗣反又如字　見而賢遍反　不說音悅　施及以豉反　蠻貊

本又作貊武伯反說文云北方人也　所隊直類反　能經論本又作綸同音倫　夫

焉於虔反　所倚依綺於寄二反注同　肫肫依注音之淳反懇誠皃　浩浩胡老反　被德皮義反　偏頗破河反　懇誠苦很反　純純音淳又之淳反　尚絅本又作顈詩作褧同口迥反徐口定反一音口穎反　惡其烏路反　之著張慮反　闇然於感反又如字　而日而一反下同　的然丁曆反　易知以豉反下易舉同　禪爲音丹　爲其于僞反　露見賢遍反　淡而徒暫反又大敢反下注同　不厭於豔反　其睹音覩　探端音貪　之昭本又作炤同之召反又章遙反　不疚九又反　隱遯大困反本又作遁字亦同　無愆起虔反　相在息亮反注同　不愧本又作媿同九位反　視女音汝　奏假如字詩作鬷子公反　假古雅反大也　有爭爭鬪之爭注同　大平音泰　鈇方于反又音斧　鉞音越　百辟音辟君也注同　末也亡曷反　德輶音酉一音由注同　易之以豉反　載依注讀曰栽音災生也詩音再　猶比必履反下同或音毗志反又必利反皆非也　有

重 直勇反又直容反

表記第三十二 鄭云以其記君子之德見於儀表者也 卷之十七

不矜 居陵反自尊大也 應聘 應對之應 用已 音紀 心厭 於豔反 足憚 大旦反 裼襲 思曆反下音習 毋相 音無下同 瀆也 大木反 以樂 音洛注同 朝極 直遥反下注朝聘同 以倦 本又作勌其眷反 分別 彼列反 已至 音以 以辟 音避 以遠 于万反 不揜 於撿反 遠恥 于万反 日強 上人實反下同下其良反 安肆 音四 日偷 他侯反注同苟且也 放恣 咨嗣反 儳焉 徐在鑑反又仕鑒反輕賤皃 齊戒 側皆反 以見 賢遍反注同 邑竟 音境 狎 下甲反習也 侮 亡甫反 忕於 時世反又時設反 褻 息列反 謂摯 音至本亦作贄 初筮 市制反 再三 息暫反又如字 所懲 直陵反 創 初亮反又初良反 乂 本又作艾魚廢反皇魚蓋反 不讎 音酬 大甲 音泰注同 無能

胥以寧尚書作罔皃胥匡以生以辟音璧君也之仁音民出注刑戮

音六本或作慘音同而好呼報反而惡烏路反強仁其兩反下文同知者音智

所辟音避謂斷丁亂反道有至義依註讀爲道有至有義以

王于況反字脫音奪有數所住反憯七感反怛丹葛反豐

水芳弓反有芑音起詒厥以之反遺也烝哉之承反君也數世

色主反拘本亦作苟繼音計遺于季反下同我今毛詩作我躬不閱音悅

容也能勝音升取數色住反度人待洛反注同擬度魚起反難

中丁仲反德輶音酉一音由輕也民鮮息淺反注及下並同仰止本或作仰

之景行下孟反注明行同行止詩作行之好仁呼報反下同鄉道許亮

反年數色住反強焉其兩反一本作俛音勉本或作僶非也孳孳音茲斃

而音弊仆也本又作弊危已音以罷音皮頓如字又徒困反能復扶又反仆

仆也蒲北反又音赴 易辭以豉反下同 猶解古買反徐又音蟹 恭近附近之近下同 罪咎其九反 制行下孟反 以巳音紀 以移昌氏反注汜移之移移猶大也同徐又怡者反一音以示反 汜移芳劒反 慹怖普故反 其行下孟反注無其行同 衰七雷反 絰田節反 甲冑直又反 色稱尺證反下文并注同 惟鵜音啼徒兮反鵜鶘汚澤之鳥一名淘河 不濡而朱反 彼記本又作巳音同徐紀吏反 汚澤音烏本又作洿一音火故反 濡汚汚辱之汚 粢盛音咨杜預云黍稷曰粢在器曰盛 秬音巨黑黍 鬯勑亮反香酒也 庇民必利反徐方至反又音祕覆也 易道音亦 徼祿古堯反 葛藟音誄力水反 施于以豉反 條枚亡回反毛詩傳云枝曰條幹曰枚 凱本亦作愷又作豈同開待反樂也後放此 弟如字本又作悌音同 易也注及下皆同 樂也音洛下同 易也以豉反下同 回邪似嗟反曲也 之行下孟反下至下文行之浮於名也文注皆同 以要一遥反 延蔓音万 之謂

六百五十四字

與音余 聿懷尹必反述也 謂王于況反 謚以音示 下賢戶嫁反

不復扶又反 欲行下孟反 便人婢面反又婢緜反注同謂便習也 辟仁音避 以強其良反徐其兩反 以說音悅 毋荒音無 憐之力田反 而遠于万反注及下同 近人附近之近注及下同 朝廷直遥反下同 惷而傷容反徐昌容反范湯江反又丁絳反字林音丑降反又丑凶反 喬而音驕 朴而普角反 詐譲況袁反詐也忘也 以贊音至 相施始豉反下文同 勝而始證反 以本忕音誓與上忕於同 令其力呈反 謡巧苦教反又如字 而蔽畢世反又音弊 本數色角反 未厭於豔反 強民其兩反注同 貢稅申鋭反 不勝其敝音升任也注同敝音弊 猶任如金反 難復音伏 易之音亦

不勝世謚反又音升 憯七感反 怛旦達反 恥費芳貴反注同 不傳文專反 辯別彼列反下不別同 刑曰音越 惟威如字威畏也讀者亦依尚書音

畏也不誣音無爲君于僞反大畜勑六反彖吐亂反靖共音恭本亦作恭同以女音汝注同則讇本亦作諂勑檢反藏之如字鄭解詩作臧云善也易退以豉反下及下注易絶同以遠于方反爲主人于僞反下同出竟音境不要於遥反注同言爲于僞反其强其良反其兩反舊不辟音避難乃旦反朝廷直遥反則愼本亦作古昚字不復扶又反唯天子唯音雖出注不易以豉反鵲之字林作鵲說文作䧿音士略反姜姜居良反鶉之士倫反賁賁音奔注同餘行下孟反下文并注同能賻音附所費芳貴反饋焉其位反皆辟音避如醴徐音禮淡以大敢反又大暫反徐徒闞反注同酸悉官反酢七故反餤音談徐本作鹽以占反口譽音餘注同繩也市升反左傳以繩爲譽則衣於旣反則食音嗣皆爲于僞反歸說音悅又始悅反注同怨菑音災

所惡烏路反　有已音以　晏晏於諫反　信誓本亦作矢誓　旦

旦如字字林作悬　亦已音以　和說音悅　反覆反覆並芳服反　穿

音川　窬范羊朱反徐音豆　也與音餘　順而說音悅　夏至戶嫁反

別乎彼列反　牲牷音全純色也本亦作全注同　齊盛音咨本亦作齍　易

富以豉反注同　傳世丈專反下同　共儉音恭　以迄許訖反至也　祭

𩊠昌慮反下建國之𩊠同　巡守手又反　大廟音泰　朝聘直遙反　君

長丁丈反　下應應對之應　慢也字又作僈武諫反

緇衣第三十三鄭云善其好賢者之厚故述其所稱之詩以爲其名也緇衣鄭詩美武公

也劉瓛云公孫尼子所作也

子言之曰此篇二十四章唯此一子言之後皆作子曰　上易以豉反下同　不苟

音何　以錯七故反本亦作措同　好賢呼報反注同　如緇側其反　惡惡上烏

路反下如字注同巷伯戶降反巷伯小雅篇名作愿音願還子音旋綦兮
七旦反衣緇衣上於既反下如字取彼讒人本又依詩作譖人投畀
必利反下同豺虎仕皆反有昊朝老反本或作皓同有格古伯反來也有
遯徒遜反亦作遁逃也不倍音佩下注同涖之音利又音類孫心音遜注同蚩
尤尺之反倍畔本或作叛俗字非也不任而鴆反所行下孟反注同又如字不
拘音俱上好呼朝反下皆同好惡烏路反如景如字一音坱領反儆禹
胡孝反赫赫許百反成王如字徐于況反故長丁丈反以說音悅有
梏音角詩作覺大也直也德行下又反如綸音倫又古頑反綬也如綍音弗
大索嗇夫音色棺索悉洛反不倡昌尚反危行而行皆下孟反
注及下皆同相應應對之應不𠐊起虔反過也愼女音汝道人音道必
稽古兮反出話胡快反善言也於音烏注同緝七入反熙許其反毛詩傳

云緝熙光明也 長民丁丈反下君長同 不貳本或作貣同音二下同 從容七凶反
黄黄徐本作横音黄 大蜡仕嫁反 而說古悅 尹吉依注爲告音誥羔報反
不忒他得反本或作貳音二 章義如字尚書作善皇云義善也 癉惡丁但反病
也 靖共音恭本亦作恭 好是呼報反 章好如字又呼報反注同 愼惡
如字又烏路反注同 貪侈昌氏反又式氏反 臣儀音義出注 行如字 不援音袁
注同 知慮音智 版版布綰反注同 卒亶丁但反病也本亦作癉 辟也匹亦
反字亦作僻同 上共音恭皇本作躬云躬恭也 之卭其恭反勞也 以褻息列反
播刑徐補餓反 不迪音狄道也 折字延善反 不治音值 臣比毗志
反注同親也 見遠賢遍反下同 君母音無下同 柄權音秉兵永反 交爭
爭鬭之爭 不蔽必世反 葉公舒涉反注同葉公楚大夫沈諸梁也字子高爲葉縣尹僭稱公
也 毀大補蔑反 以嬖必惠反徐甫詣反又補弟反字林方豉反賤而得幸曰嬖云便辟愛妾

莊后側良反齊莊也下及注同　適夫人丁歷反　齊莊側皆反下同

仇仇音求爾雅云敖也　君陳本亦作古陳字　若已弗克見音紀尚書無已字　小人溺乃歷反　謂覆芳服反　水近附近之近注虫近人同　德易以豉反下同　狎徐戶甲反　絜清如字又才性反　洪波本又作鴻　泳之音詠潛行爲泳　游之音由　則侮亡甫反　捍胡旦反　格戶白反　口費芳貴反注同　煩數色角反　所覆芳服反又芳又反　爲哱或爲悖並布内反　可慢本又作慢音武諫反　難卒寸忽反　大甲音泰　自覆芳服反注同　省括古活反　于厥度如字又大各反注同尚書無厥字　蹷其反又紀衞反一音厥　女之音汝　擬魚起反本亦作擬　射食亦反下同　兌命依注作說本亦作說　起兵尚書作戎　在笥司吏反　爲說音悅　傳說音悅　朝祭直遥反　天作孽可違也魚列反下同尚書作天作孽猶可違也　不可以逭本又

作逭平亂反逃也尚書作弗可逭無以字猶辟音避尹言音誥出注報反天見
大依注音先西甲反相亦息亮反在亳步各反好之呼報反下同莊齊
側皆反詩云昔吾有先正從此至庶民以生揔五句今詩皆無此語餘在小雅節南
山篇或皆逸詩也且清舊才性反一云此詩協韻宜如字上先正當音征誰能秉國成
毛詩無能字卒勞力報反注勞來同詩依字讀君長丁丈反勞來力再反
者與音餘君雅音牙注同尚書作牙夏曰戶嫁反注同尚書無曰字資冬資依
注音至尚書作咨違上句云怨咨祁寒巨伊反徐巨尸反是也字林上尸反行無下孟反下行有
格同比式如字比方法式是故一本作是以精知如字一音智注同氾愛音泛
虞度待洛反下同能好呼報反下皆同其正音匹下同出注有鄉許亭反又
音香下同輩類布內反徼利古堯反下同惡惡上烏路反下如字不
著張慮天此近附近之近問遺于季反邪似嗟反徐以車反辟

匹亦反周行戶剛反又如字其軾音式其敝鄭婢世反敗也庾必世反隱蔽也

人苟或言之一本無人字不見如字又賢遍反葛蕈徒南反

毋射音亦注同射厭於豔反後皆同令君子力呈反行從而下孟

反下則行下注以行同寡言寡音顧出注之玷丁簟反又丁念反玷缺也下及注同

可摩莫何反君奭音釋周田觀文依注讀為割申勸寧召公

尚照反本亦作卲近之附近之近使王于況反言與音餘兌命音悅

毋予音無放方往反傚戶教反德偵音貞問也周易作貞幹事

古半反

奔喪第三十四鄭云奔喪者居於他邦聞喪奔歸之禮實曲禮之正篇也卷

之十八

奔喪此正字也說文云從哭亾亾亦聲也以哭空木反荅使色吏反注同

驚怛都達反 猶辟音避 之分扶問反又方云反 別於彼列反

冒昏亡北反又亡報反 唯著張慮反 有爲于僞反一音如字 至竟

音境下同 哭辟音避 市朝直遥反 爲驚于僞反 斬衰七雷

反後皆同 括髮古活反 袒徒旱反 去飾羌呂反 西鄉許亮反下西鄉

同 絞帶古卯反下同徐戶交反 成踊音勇 不散悉但反 闔門戶臘

反 相者息亮反下相者皆同 次倚於綺反 不以數也色主反本亦作不以

爲數數色具反 爲之于僞反注變於爲父下注爲母皆同 自齊音咨下同 免麻

音問下及注皆同 而免本或作而不免者非 東髽側瓜反 拾踊其劫反更

也注同 闈門音違舊音暉 去起呂反 纚色買所綺二反 大紒音計

更也音庚下同 相者息亮反下同 爲父于僞反 遂冠音官 祖

成音但 殺之色界反下衰殺同 不復扶又反 既期音基下同 爲母

于僞反注及下爲父同有鄭子短反之處昌慮反一不離力智反明

曰之朝朝旦也下同而數色主反亦爲于僞反待齎子西反資糧也

一音咨之差初佳反又初宜反下同辟爲音避使於色吏反皆爲于僞

反下注各爲同拾踊其劫反便也婢面反祔則音附長者丁丈反

如昆弟之喪如若也不稅吐外反唯嫂悉早反凡爲于僞

反下注同

問喪第三十五鄭云問喪者善其問以知居喪之禮所由也

雞斯依注爲笄纚笄音古兮反纚音色買反徐所綺反徒跣悉典反扱初洽反

上衽而鴆反又而甚反注同惻怛都達反傷腎市軫反乾肝並音

于焦肺方廢反水漿本亦作𣿬子羊反之糜武皮反本亦作糜同粥

之六反字林與六反云淖糜也以飲音蔭食之音嗣去冠起呂反耶巾以嗟

反亦作邪栢頭士瞎反本或作貊五藏才浪反心脾婢支反夫悲音扶
相應應對之應而斂力豔反下同曰極其又反志懣亡本反又音滿范音悶下同
殷殷並音隱如壞音怪字林作㰥音同辟踊婢尺反徐扶亦反注及下皆同拊心
芳甫反汲汲音急上堂時掌反不可復扶又反下復反復生皆同心悵
勑亮反愴焉初亮反惚焉音忽愾焉徐音慨苦代反儌幸古堯反
成壙古晃反倚廬於綺反寢苫始占反草也枕之蔭反塊苦對
反又苦怪反土也匍音蒲又音扶匐蒲北反又音服盆衰色追反為之于僞反下
注相為為褻同斷決丁段反下古穴反猶傎丁年反蹷求月反又九月反冠
者音官之免音問注及下皆同為褻息列反則著張慮反又張略反
而廣古曠反禿者吐祿反無髮也傴者於縷反一音紆矩反背曲也跛者
補禍反又彼我反足廢也有錮音故稽音啓注同顙桑朗反下注同何為于僞反盡

篇末文注皆同不緦音思謂緦服也冠之古亂反苴杖七餘反削杖悉若
也体羸力垂反劣也疲也辟尊音避之處昌慮反下同不遽
其慮反

服問第三十六鄭云服問者善其問以知有服而遺喪所變易之節也傳曰此引
大傳文也有從如字范才用反爲其于僞反注及下皆同齊衰上音咨下七雷反後放此
不厭於涉反下同服差初佳反又初宜反下同有期音基下及注皆同累
重劣彼反又劣僞反以上時掌反澡麻音早斷本丁管反下文同於
免音問下及注不免者皆同去絰起呂反下同爲稅上如字下吐外反注及下皆同此
要一遙反殤長丁丈反月筭悉亂反徐音蒜重麻直勇反徐治龍
反注同爲其于僞反注除爲殤在緦皆同不縟音辱繁縟飾也君爲于僞反後
文皆同注諸侯爲天子下注亦爲此三人士爲國君同遠嫌于万反畿外音祈大

大卞罕四

子音泰下及注同適婦丁歷反下同見大賢遍反驂七南反乘音剩所不爲于偽反下爲其母同伸君音申錫衰思歷反無免絰音勉去也下無免絰并注皆同徐並音問恐非雖朝直遥反有稅吐活反注同說或吐活反又始銳反罪多本或作辠案辠正字也秦始皇以其似皇字改爲罪也上附符掌反列也徐音例注同本亦作例等比必利反

閒傳第三十七鄭云名閒傳者以其記喪服之間輕重所宜也

服苴士余反而見賢遍反齊衰音咨下同若枲思里反喜樂音洛而偯於起反聲餘從容也說文作悠云痛聲三折之設反從容七容反唯而于癸反徐以水反士與音預斂焉力驗反食粥之六反一溢音逸劉音實二十兩也莫一音暮疏食音嗣下疏食同醯醬本亦作醢呼兮反下同醴酒音禮期而音基下及注皆同中月如字

徐丁仲反而禫大感反居倚於綺反寢本亦作寑七審反苫始占反枕之鴆反塊苦對反又苦怪反不稅吐活反芐戶嫁反蒲苹也翦子踐反牀可徐仕良反柱知矩反一音張炷反楣音眉居復音伏去其起呂反下去麻同其縷力主反之差初佳反後放此爲母于僞反下注爲後同三重直龍反注三重同一縓七戀反緣徐音掾悅絹反要絰一遥反素縞古老反又古報反注同而纖息廉反注同黑經白緯曰纖去一起呂反下同四糾居黝反下同一股音古辟男音避朝服直遥反素紕婢支反又音綼白緯音謂紛芳云反帨始銳反縿徐息廉反又音侵麻葛重直龍反注及下不言重言重者同著張慮反主爲于僞反長中丁丈反

三年問第三十八鄭云名三年問者善其以知喪服年月所由也

稱情赤證反注及下皆同別親彼列反無易音亦注同創音瘡初良

反　鉅音巨大也　其愈徐音庾差也　遲徐直移反　倚廬於綺反　枕
塊之鴆反　思慕如字一音息吏反　是斷丁亂反　復生音伏　之
屬音蜀　失喪息浪反又如字　反巡徐詞均反　過其徐音戈一音古卧反
鳴䟠音豪戶羔反　蹢本又作躑直亦反徐治革反　躅直録反徐治六反蹢躅不行也
踶徐音馳字或作踟　躕音廚　燕於見反　雀本又作爵　有啁張留反
噍子流反啁噍聲　頃苦穎反　莫知音智　由夫音扶下皆同　邪淫
似嗟反　人與音餘下君子與同　曾鳥則能反　夫焉於虔反　若
四音四馬馬也　之過古卧反徐音戈　隙本又作郤去逆反空隙之地也　爲之于僞反下
注爲毋同　立中如字又丁仲反注同　去也起呂反　至期音基注及下同　期
斷丁亂反下注同　加隆焉爾一本作加隆爲爾　焉使徐如字一音於乾反
焉由然也一云發聲也注及下同　倍之步罪反注同　爲殺色界反徐所例反

深衣第三十九

鄭云以其記深衣之制也名曰深衣者謂連衣裳而純之以采也有表則謂之中衣以素純則曰長衣也

以應於證反短毋音無下同見膚賢遍反被土彼義反爲于僞反汙汚辱之汚一音烏卧反續衽而審反又而鴆反鉤邊古侯反屬也音燭下皆同鳥喙許穢反裕以樹反要一遥反注同縫扶用反下注同袼之本亦作胳音各腋也運肘竹九反又張柳反當掖本又作腋音亦袂之彌世反袪末曰袂反詘丘勿反爲腕烏亂反毋厭於甲反徐於涉反下同髀畀婢反徐卞婢反一音步啓反厭脅許劫反當無丁浪反注同又丁郎反爲中丁仲反又如字以應應對之應下同之殺色界反徐所例反袂圜音圓胡下下垂曰胡曲袷音劫交領也下注同及踝胡瓦反謂裻音督跟也音根下齊音咨亦作齋下同緝也七入反行乃下孟反又如字若卬音仰本又

作仰一音五郎反志者與音餘擯相息亮反完且音丸弗費芳貴反又孚沸反注同苦衣於既反而易以豉反鍛丁亂反濯音濁衣純之允反又之閏反後皆同朝祭直遙反以上時掌反大父母音泰大父母祖父母也以繢胡對反畫文也袂緣悅絹反注同廣各古曠反注同緆徐音以豉反皇音錫案鄭注既夕禮云飾衣領袂口曰純裳邊側曰綼下曰緆也

投壺第四十鄭云投壺者主人與客燕飲講論才藝之禮也別錄屬吉禮亦實曲禮之正篇也皇云與射為類宜屬嘉禮或云宜屬賓禮也　卷之十九

投壺壺器名以矢投其中射之類奉矢音捧芳勇反下及注皆同徐音如字下奉中同枉矢紆往反哨壺七笑反徐又以救反枉哨不正見王肅云枉不直哨不正也樂賓音洛下同一讀下以樂音岳言投壺以樂嘉肴户交反又重直用反下及注同稅屨本亦作脫上活反請投七井反下文同人般步干反下同還音旋下同曰辟

音避，徐扶赤反，注及下同。南鄉許亮反。度壺徒洛反，注同。以二杀半一本無此四字，依注則有。八筭悉亂反，下皆同。之處昌慮反。去坐才卧反，又如字，下同。邪行似嗟反。比投毗志反，頻也，徐扶質反，注同。勝飲上尺證反，下於鴆反，注及下同。請爲于僞反。勝者立馬俗本或此句下有一馬從二馬五字，誤。不拾其劫反，下文及注皆同。技藝其綺反。任爲而林反。將子匠反。帥色類反。爲樂音洛。貍首吏持反。閒若一閒廁之閒，注同。大師音泰。拾更古衡反，下同。請數色主反，注同。爲純音全，下及注同，鄭注儀禮如字，云純全也。爲奇紀宜反，下同。遂以奇筭告一本此句上更有有勝者司射王字，誤。鈞居旬反，等也。則縮色六反，直也。其它音他。勝與音餘，下勝與同。尚技其綺反。行觴失羊反，字或作觴同。皆跪其委反。奉觴芳勇反，下注奉觴同。賜灌古亂反。敬養羊尚反，注同。猶飲於鴆反，下飲不勝同。各直

如字又持吏反　請爲于僞反　去其起呂反　其坐如字又才卧反注同　籌室中直由反　五扶方于反下及注同　鋪四指普烏反又芳夫反　禮褻息列反　常處昌慮反　箕長直亮反注同　壺頸吉井反又九領反徐其聲反　爲其于僞反　躍而羊略反　圜音圓　囷去倫反　有奇紀宜反　其滑乎八反　以柘止夜反木名　毋音無下皆同　去其起呂反注同　毋憮好吾反下同敖也　毋敖五報反舊五羔反敖慢也　偝立音佩徐扶代反　舊又蒲來反　若是者浮縛謀反罰也　年稺直吏反　爲其于僞反　憮敖五報反又五羔反下同　傲也五報反　正鄉許亮反　梁丘　據本又作處同音据　作鞄蒲交反　○圜音圓　鼙薄迷反鄭呼爲鼙也　其聲下其音榻榻然榻音吐臘反　□方鼓鄭呼爲鼓也其聲高其音鏜鏜然鏜音吐郎反　庭長丁丈反注同　及冠古亂反　皆與音預

儒行第四十一行音下孟反鄭云以其記有道德之所行儒之言優也和也言能安火能服人也此注云儒行之作蓋孔子自衞初反魯之時也

服與音餘　少居詩照反注同　衣於既反注所衣也衣少所居同　逢掖上如字下音亦逢掖大掖也　長居丁丈反注同　冠章甫古亂反注而冠焉冠長所居同章甫殷冠也　單衣本又作禪音丹　袪尺去居反　儒行下孟反下力行同　遽其械反卒也急也　數之色主反下同　更僕古衡反代也注同一音加孟反　猶卒七忽反　大僕音泰　燕朝直遥反　擯必慎反　相息亮反　爲乂[illegible]僞反下爲孔子同　猶鋪普吾反又音孚下同　如慢音優　而易以豉反下險易同　粥徐本作鬻章六反卑謙皃一音羊六反　不愊普力反一音逼謂愊怛也　怛丹達反驚怛也本或作恨者非　處齊側皆反注同齊莊也　難乃旦反注同可畏難也　行必皇如字舊下孟反　冬夏戶嫁反　有爲于僞反　選處昌慮反　以遠于万

反多積子賜反又如字易祿以豉反又如字難畜許六反不見

賢遍反近人附近之近下可近同淹之於廉反以樂五孝反又音岳好呼報

反劫之居業反沮之在呂反注同鷙蟲貞摯同音至攫俱縛反一

音九碧反搏音博不程音呈不斷音短直卯反絕也又丁亂反注同浸子鴆

反漬才賜反劫脅許劫反恐曲勇反怖普路反省聲

所景反猶量音亮又音良下同不更居孟反不溽音辱面數

所具反剛毅魚既反傾邪似嗟反甲胄直又反甲鎧胄兜鍪也

干櫓音魯干小楯櫓大楯也載仁音戴本亦作戴鎧開代反兜丁侯反

鍪莫侯反小楯時準反又音允徐辭尹反環堵音覩方丈爲堵面一堵牆也

篳門徐音畢鄭云篳門荊竹織門也杜預云柴門也圭窬徐音豆鄭云門旁窬

也穿牆爲之如圭矣說文云穿木戶也郭璞三倉解詁云門旁小窬也音臾左傳作竇杜預云圭竇小戶

也上鋭下方狀如圭形也蓬戶步紅反蓬戶以蓬爲戶也甕烏貢反牖音酉以甕爲牖
并日必政反注同下而一反以諂本又作讇勑檢反穿牆音川君應
應對人應與稽右奚反注同合也爲楷苦駭反法式也弗援音袁引也
取也注下同弗推昌誰反進也舉也注同讒諂仕咸反有比毗志反徐扶至
反竟信依注爲信音申憂思息嗣反篤行下孟反上通時掌
反又如字注同寬裕羊樹反去已起呂反不遠于万反又如字不辟音避
下同怨於元反又於願反推賢而進達之舊至此絶句皇以達之連下爲句
患難乃旦反任舉如字徐音據有澡音早靜而如字徐本作諍
音爭麤本又作麄七奴反翹之祁饒反世治直吏反注同不沮徐在
自反注同獨行不孟反注及下注同又如字脫脫吐外反怪姤丁路反壞
己乎怪反又音怪近文附近之近砥音脂又音旨厲力世反分國如字錙

側其反八兩爲錙說文云六銖也銖音殊說文云權分十黍之重貲知音智竝立
如字又步項反本亦作竝則樂音洛又音岳相下戶嫁反不厭於豔反其
行皇音衡又下孟反本方絕句立義絕句志行丁于反下注儒行同毀
謗補浪反孫音遜接似輒反又如字分散方云反徐扶問反之施
始敢反斥已音尺隕于敏反獲本又作穫同戶郭及注同隕獲困迫失志皃
充詘求勿反注同徐音丘勿反充詘喜失節之皃不慁胡困反注同辱也不累
力僞反注同係也一音力追反長上丁丈反不閔本亦作愍武謹反病也不爲
于僞反命儒命名也妄常鄭音亡亡無也王亡尚反虛妄也相詬徐音
遘恥也又呼候反斬故居覲反杜預云戲而相媿爲斬也行加王孟反注同

大學第四十二

鄭六大學者以其記博學可以爲政也

大學舊音泰劉直帶反則近附近之近其知如字徐音智下致知同在

格古百反　所好呼報反　國治國治並直吏反下同　毋自音無　如
惡惡上烏路反下如字　臭昌救反　好好上呼報反下如字　自謙依注讀為慊徐
苦簟反厭也　閒居音閑　厭讀為黶黶烏斬反徐又烏簟反厭然閉藏兒也　揜其於撿
反　而著張慮反後同　其肺芳廢反　肝然音干　言厭於琰反一音於涉反
體胖步丹反大也注及下同　顯見賢遍反　淇音其　澳本亦作奧於六反本又作
隩一音烏報反　菉竹音綠　猗猗於宜反　有斐芳尾反一音匪文章兒　如瑳
七何反　如琢丁角反　如磨本亦作磨末何反爾雅云骨曰切象曰瑳玉曰琢石曰磨　僩
兮下板反又胡板反　赫許臣反　喧兮本亦作咺況晚反　可諠許表反詩作諼
或作喧音同忘也　恂依注音峻思俊反一音思旬反　慄利悉反　澳於六反　隈烏回
反　嚴峻私俊反　於音烏下於緝熙同　戲好胡反徐范音義　樂其樂
並音岳又音洛注同　康誥古報反　大甲音泰　顧諟上音故本又作顧同念也下音

是正也　峻德徐音俊又私俊反　爲題徐徒兮反　盤步干反　銘徐音冥亡
丁反　邦畿音祈又作幾音同　緡蠻音緜一音亡巾反毛詩作緜傳云緜蠻小鳥皃　岑
仕金反　蔚音鬱又音尉　安閒音閒　止處齒慮反　樂土音洛　焉
於虔反　得知音智　於緝七入反　熙許其反　吾聽訟似用反　猶
人也論語作聽訟吾猶人也　毋訟音無　虛涎音但　所忿弗粉反　懥
勑值反忿懥怒皃也范音稚徐丁四反又音勅　恐懼丘勇反　所好呼報反下故好而知同
樂徐五孝反音岳　作懫音致　作疐音致又得計反　而辟音譬下反注同
謂譬喻也　賊惡烏路反下惡而知同　所敖五報反　惰徒臥反　其惡惡
上如字下烏路反　鮮矣仙善反注同　故諺魚變反俗語也　心度徒洛反　美
與音余下薄與同　志行下孟反　弟者音悌　事長丁丈反下長幷注同
不中丁仲反注同　耆欲時也反　貪戾力計反　賁事徐音奮本又作

僨注同猶覆敗也　覆敗芳福反　于濟子禮反　爲犇音奔　所好
呼報反注同　君行下孟反或如字　夭夭於驕反　蓁音臻　不忒他得反
興弟音悌　不倍音佩注同　有挈音結　拒之音矩本亦作矩　借棄
音佩本亦作倍下同　挈也苦結反　爲巨音拒本亦作拒其巨反　所惡烏路
反下皆同　毋以音無下同　樂只音紙　所好好呼報反皆同　節彼音截徐音前
反一音如字　巖巖五銜反　辟則四亦反注同　僇矣音六　其所行
下孟反又如字　邪辟似嗟反　未喪息浪反　峻命恤俊反大也　不
易以豉反注同　爭民爭鬭之爭　施奪如字　言悖布內反下同　以
上時掌反　多藏才浪反　專佑音又　觀射父食亦反又食夜反父音甫
時辟音避　驪姬力宜反本又作麗亦作孋同　在翟音狄　子顯許遍反
爲之于僞反　若有一个古賀反一讀作介音界　臣此所引與尚書文小異

斷斷丁亂反無它音他技其綺反下及注同休休許虯反尚書傳曰樂善也鄭注尚書云寬容皃同休注公羊去美大之皃好之呼報反不啻音試詩豉反媢疾莫報反妬也尚書作冒音同謂覆蔽也以惡烏路反下能惡人同俾不本又作卑必爾反使也所敗必邁反於殽戶交反皆樂音岳又音洛妬也丁路反佛戾上扶弗反下力計反迸諸北孟反又逼諍反諍音爭鬬之爭皇云迸猶屏也放去丘呂反命也依注音慢武諫反能遠于万反好人呼報反下皆同之所惡烏路反下同拂人拂弗反注同危也菑必音哉下同逮音代一音大計反夫身音扶猶佹九委反不肖音笑於施始豉反予由汝反畜許六反下同馬乘徐繩證反下及注同仲孫蔑莫結反以上時掌反采地七代反本亦作菜○爲之于僞反長國丁丈反患難乃旦反猥至烏罪反捄之音救本亦作救已著張慮反

冠義第四十三冠音古亂反鄭公名冠義者以其記冠禮成人之義　卷之二十

和長丁丈反下同三行下孟反故冠古亂反除下文玄冠及注緇布冠玄冠以外並同衣紒音計筮日市至反蓍曰筮重禮直用反後同於阼才故反以著張慮反醮於子笑反彌尊音弥適子音嫡不醴音禮見於賢遍反下皆同奠摯本亦作贄同音至鄉大夫鄉先生並音香注同於朝直遥反爲人少詩照反之行下孟反下同重與音余孝弟音悌可以治直吏反不敢擅市戰反

昬義第四十四鄭云昬義者以其記娶妻之義内教之所由成也

昬者一本作昬禮者婚禮用昬故經典多止作昬字將合如字徐音閤之好呼報反納采七在反采擇也請期徐音情又如字筵几音延使者色吏反所傳直專反醮子子妙反之迎魚敬反下以迎同男先

悉反
薦子承命　本或作子承父命誤
壻　字又作聟悉計反女之夫也依字從士從胥俗從知下作耳
拜奠　大見反
授綏　音雖
合　徐音閤又如字
卺　音謹破瓢爲杯也說文作⿱蒸豆云蠡也字林几敏反以比卺爲誓身有所承說文云讀若赤舄几
而酳　徐音胤又仕覲反
酬酢　音昨
如冠　古亂反下文始於冠同
醮與　音余
先道　音導
之別　彼列反下同
朝聘　直遙反下匹政反
沐　音木
浴　音欲
俟見　賢遍反下及注同
執笲　音煩一音皮彥反器名以葦若竹爲之其形如筥衣之以青繒以盛棗栗腶脩之屬
棗栗　音早爾雅云棘實謂之棗俗作⿱来木誤
段脩　丁亂反本又作腶或作鍛同脩脯也加薑桂曰腶脩何休云婦執腶脩者取其斷斷自修飾也
贊醴　依注作禮
脯醢　音海
婦以特豚饋　其位反一本無婦字
供　俱用反
養　羊尚反
適寢　丁歷反
以上　時掌反
當於夫　丁浪反稱也一音丁郎反下注同下注和當亦同
委　於僞反
積　子賜反
蓋藏　才浪反
猶稱　尺證反下同

行和下孟反先嫁悉薦反芼莫報反以蘋音頻藻音早毛詩傳云蘋大萍藻聚藻
詩箋云蘋之言賓藻之言早婉紆免反娩音晚詩箋云婉娩貞順皃又音挽齊盛
音咨爲壇徒丹反九嬪毗人反内治直吏反下及注除后治陰德皆同相
應如字音應對之應適直革反下注同責也見賢遍反下及注同曰爲于僞
反下文皆同蕩上徒浪反下直滌曆反又杜亦反去起呂反穢紆廢反斬
衰七雷反下同資衰依注作齊音咨注又作齋者同

鄉飲酒義第四十五

鄭云鄉飲酒義者以其記鄉大夫飲賓於庠序之禮尊賢養老之義也別錄屬吉禮
于庠音詳鄭云鄉學也州黨曰序學記云古之教者家有塾黨有庠術有序國有學
盥洗音管揚觶之豉反說文云鄉飲酒角也字林音支致絜音結下同
一本作致絜敬也不爭爭鬭之爭下同則遠于万反鬭辯如字徐甫免反

下同鄉人士君子鄭云鄉人鄉大夫士州長黨正也君子謂卿大夫士也周禮天子六鄉鄭司農云百里內爲六鄉外爲六遂司徒職云五家爲比五比爲閭四閭爲族五族爲黨五黨爲州五州爲鄉鄉大夫每鄉卿一人州長每州中大夫一人黨正每黨下大夫一人族師每族上士一人閭胥每閭中士一人比長五家下士一人諸侯則三鄉州長丁丈反篇內皆同謂卿去京反注同飲

國於鴆反羞出音修主人共之也音恭東滎如字屋翼也劉音營

猶清如字皇才性反介音戒下放此輔賓者僎音遵輔主人者成魄普百反說

文作霸云月如生魄然也之坐才卧反又如字嚴凝魚矜反成也祭薦本又作虆

同嚌才細反肺芳廢反啐七內反專爲于僞反下及注專爲同孝

悌音悌下同之行下孟反國索色百反禮屬音燭大守

音泰下手又反相息亮反漢制郡有太守國有相或息羊反則以連下句易易皆以豉反

注及下易易同別矣彼列反注及下注同省矣所領反徐踈幸反注同不酢音昨

隆殺色戒反注及下同笙入音生間歌間廁之間合樂如字徐音岳不復扶又反少長詩召反於沃於木反能弟音悌下弟長同猶脫徒活反又音奪廢朝直遥反注朝夕既朝同莫不音暮下同先夕悉薦反五行下孟反亨狗普萌反在阼才路反之委於僞反大古音泰南鄉許亮反下及注鄉仁南鄉東鄉皆同蠢也尺允反蠢動生之皃者夏戶嫁反下同假也古雅反下同大也愁也依注讀爲揫子留反下同斂也爾雅云揫聚也中者藏也如字下同徐才浪反偝藏音佩嚴殺如字又色戒反介觀音間廁之間所共音恭三鄉去京反大參七南反

射義第四十六鄭云射義者以其記燕射大射之禮觀德行取於士之義也別録屬吉禮

長幼丁丈反言別彼列反老稺音值德行下孟反下文注德

行皆同 必中丁仲反下同 正音正 鴇古毒反徐又如字 騶虞
側尤反徐側侯反 貍首力之反貍之言不來也首先也此逸詩也鄭以下所引曾孫侯氏爲
貍首之詩也 采蘋音頻 采蘩音煩 樂循徐辭均反 五
豝百麻反獸一歲曰豝詩傳云豕牝曰豝 南澗音諫山夾水曰澗 之濱
音賓涯也 被之皮義反徐扶義反 僮僮音童本亦作童毛詩傳云
竦敬也 可數色角反下同 長學丁丈反下同 比於毗志反下
同親合也 而中丁仲反下同 得與音預下皆同 而削息略
反 計偕音皆俱也 共工音恭 矍俱縛反注同 相息亮反矍
相地之名 之圃音補徐音布樹菜蔬曰圃 蓋觀如字又古亂反 如堵
丁古反 菜蔬一本作蔬所魚反 賁軍依注讀爲僨音奮覆敗也 之將子匠反
與爲音預奇也注同 不入一本作不得入者非也 賁讀音奮 覆敗芳卜反 奇也

居宜反下同後人者如字又音候公罔人姓也又作罔之裘裘名也之語助
序點多簟反序姓點名也揚觶之豉反孝弟音悌耆音祁巨文
反六十曰耆耋大結反七十曰耋一云八十曰耋好禮呼報反下同修身以俟
死絶句者不此二字一句下及注皆同旄本又作耄莫報反八十九十曰耄期本又作旗
音其如字百年曰期頤頤養也稱道如字稱言也行也不亂絶句本或作而不亂蓋
廑音勤又音覲少也期頤以支反鄭注曲禮云期要也頤養也言有此行
不絶句行音下孟反繹音亦徐音釋舍也如字舊音捨中矣丁仲反下及注
皆同父鵠古毒反徐如字注同各射食亦反下射天地四方同得與音預下皆同
絀地勑律反朝者直遥反先令力呈反已乃音以課中口卧
反桑弧音胡以桑木爲弓蓬矢步工反飯扶晚反食音嗣注同人
爲于僞反所爭爭鬭之爭下及注有爭皆同揖讓而升下絶句而

飲一句者袒音但決遂古穴反說吐活反決拾音十一郤左手丘逆反又羌略反弛弓式氏反又始是反爭中丁仲反下文注同失正音征注同若夫音扶不肖音笑棲皮音西梏音角直也下同有的丁歷反辭養如字徐羊尚反之識音式音志一飲女音汝

燕義第四十七鄭云名燕義者以記君與臣燕飲之禮上下相報之義也

之卒依注音倅七對反又蒼忽反副也敎治直吏反注及下同別其彼列反大子音泰後大子大字同朝位直遥反合其如字徐音闇卒伍子忽反注同伍音五弗正音征游卒七内反注同南鄉許亮反莫敢適音敵大歷反本亦作敵爲其于僞反下文爲疑同踧本亦作蹴子六反踖子昔反又精亦反亢禮苦浪反使宰夫本亦作使梏夫上至時掌反復以扶又反大音泰舊絶佐反相近附近之近稽首徐本作道音啓以道民音導下同

什一音十　不匱求位反　等差初佳反又初宜反　脯醢音海

聘義第四十八鄭云名聘義者以其記諸侯之國交相聘問重禮輕財之義

七介音界下及注同　各下戶嫁反　而傳丈專反下同　陳擯必刃反本又作擯下文及注皆同說文云擯或儐字　之使所吏反　于竟音境　郊勞力報反　拜況本亦作貺音同貺賜也　當楣音眉　私覿大曆反見也　饔字又作饔音同　餼許旣反　還圭音旋下及注同　璋音章　賄贈呼罪反字林音悔　享許而反本又作饗　食音嗣下同　比年必履反　使者色吏反　以媿本又作愧音同　皆爲于僞反　辟琮才工反　三積子[illegible]　芻薪初俱反　倍禾步罪反　乘禽繩證反　一食一又作壹食音嗣　幾中徐音饑又音基　行成下孟反　人渴若葛反　肉乾音干　日莫音暮　齊莊側皆反　敢解佳賣反　惰徒臥反　長幼

丁文反　有行有行　並下孟反下有行同　順治　直吏反　為陳　直斬
反　賤碏　武巾反字亦作瑉以王之石　為玉　子為反下同　多與　音余　作
玟　武巾反又音救　為濡　音儒　縝密　音軫一音真　知也　音智　致　直置
反本亦作緻　不劌　九衛反傷也字林云利傷也又音巳芮反　如隊　直位反又音遂　叩
之　音口　詘然　其勿反絕止皃　枯木　苦老反亦作槁　瑕　音遐王病　揜　音掩
瑜　羊朱反王中美　孚　依注音浮　尹　依注音筍又作筠于貧反　隱翳　於計反
作妥　音孚徐方附反　白虹　音紅天氣　見於　賢遍反　朝聘　直遙反

喪服四制第四十九　鄭云以其記喪服之制取其仁義禮智四者也別錄屬喪禮

訾之　徐青紫毀也一音子斯反　知也　音智下同　故為　于為反下及注同　斬
衰　七回反注及下同　之治　直吏反下同　恩揜　於檢反　義斷　丁亂反
猶操　七刀反皇云持也　期而　音基下同　苴衰　七余反　墳墓　扶云反

反不培步回反徐扶來反爲毋于僞反下注爲君同齊衰音咨見無賢遍反食粥之六反擔主是豔反又食豔反又餘壍反不言而事行者扶而起一本作扶而後起扶或作杖非面垢音苟禿者吐木反不鬄側瓜反傴者紆主反不袒徒旱反跛者彼我反男子免音問下同不解佳買反、期悲音基之殺色戒反不解衣古買反不肖音笑諒闇依注諒讀爲梁闇讀爲鶕音烏南反下同徐又並如字案徐後音是依社預義鄭謂卒哭之後翦屛柱楣故曰諒闇闇即廬也孔安國讀爲諒陰諒信也陰默也楣謂音眉如鶉音淳柱楣知主反殷衰色追反而復扶又反下同言不文如字徐音問事辨本又作辯同皮莧反當共音恭唯而余癸反徐以水反注同齊衰音咨本又作齋侑者音又爲之于僞反應耳應對之應衰冠七雷反菅音姦屨徐紀具反食粥之六反期

二年音基　比終必利反　知者音智本或作智　弟弟上音悌下如字

經典釋文卷第十四

經三千七百二十四字
注一万八百七十二字

五福五代堂古稀天子寶

八徵耄念之寶

太上皇帝之寶

經典釋文

【唐】陸德明 撰

下

上海古籍出版社

五福五代堂古稀天子寶

八徵耄念之寶

太上皇帝之寶

經典釋文卷第十五

春秋音義之一　起第一盡第五

唐國子博士兼太子中允贈齊州刺史吳縣開國男陸　德明　撰

春秋序　此元凱所作既以釋經故依例音之本或題爲春秋左傳序者沈文何以爲釋例序今不用

繫曰　工帝反　別同異　彼列反　錯舉　七各反下皆同　於策　本又作冊亦作筴初革反　簡牘　徒木反　孟子　孟子書名姓孟名軻字子輿鄒邑人與齊宣王同時人箸此書　檮　徒刀反　杌　五忽反檮杌四凶之一杜云頑凶無儔匹之皃　之乘　繩證反車乘也一云兵車　韓宣子適魯　宣子名起晉大夫適魯在昭二年　盡在　津忍反後放此　以王　于況反又如字　赴告　古毒反一音古報反崩薨曰赴禍福曰告　記注　張住反字或作註　則刊　苦干反削也　先經　悉薦反　後經　戶豆反　所重　直用反又直龍反　將令　力呈反下令學者同　要終　於遙反　究其　久又反　饜　於□反　飫

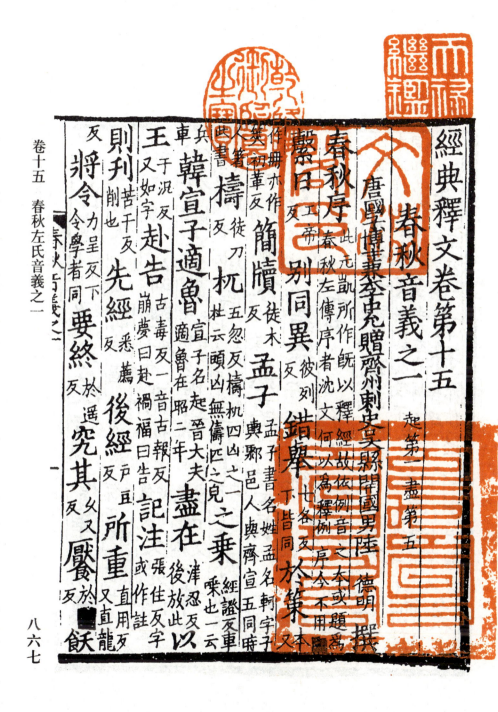

於預反自趨七住反又七俱反之浸子鴆反膏澤古刀反渙然
呼亂反怡然以之反闡幽昌善反明也褒保刀反貶彼檢反字林方犯反
暢之勑亮反歸趣七住反爲例于僞反又如字文見賢遍反下同
舍族音捨參會七南反又音三與謀音預婉而於阮反諱辟
本亦作避音同後放此辟假古雅反後不音者同不汙於俱反曲也丹楹音盈刻
音克桷音角獻捷在妾反懲惡直升反而長丁丈反所傳直專
反數句色主反下同錯綜宗宋反爲斷丁亂反膚引方于
反條貫古亂反而去起呂反子駿音俊子駿劉歆字創通初亮
反字書作刱亦復扶又反下同以見賢遍反下同比其毗志反譜第
本又作諜同布古反歷數所具反後不音者皆同素王于況反下王魯素王同黜周
勑律反危行下孟反言孫音遜本亦作遜不出如字又尺遂反矣夫

音扶下若夫同嘉瑞垂偽反其應應對之應之祚才路反胤也以刃反中興丁仲反不隊直類反成王如字又于況反周正音政讀者多音征後皆放此人包必交反之防扶放反又音房通論力頓反近誣如字舊音附近之近誣音無小邾張俱反射音亦反袂緜世反拭面音式

春秋經傳集解佳買反舊夫子之經與丘明之傳各卷杜氏合而釋之故曰經傳集解隱公名息姑惠公之子母聲子謚法不尸其位曰隱第一此不題左氏傳公羊穀梁二傳既顯姓别之此不言自見

杜氏盡十一年

傳惠公名不皇謚法愛人好與曰惠其子隱公讓國之君元妃芳非反傳曰嘉耦曰妃始適本又作嫡同丁歷反無謚實至反之姪直結反字林文一反兄女也娣也大計反女弟也始娶七住反娣媵以證反又繩證反婦人謂嫁曰歸本或無曰字此依公羊傳以楨音貞爲桓于僞反尚少詩照反大子音泰

春秋音義之

舊大字皆作大後大字皆放此**爲經元年**于僞反後凡爲經爲傳張本起本之例皆放此更不音**經元年朝廟**直遥反下同**儀父**音甫儀父邾子之字凡人名字皆放此**于蔑**亡結反地名**繼好**呼報反**鄬縣**側留反**卞縣**皮彦反本或作井**克段**徒亂反鄭伯弟名**于鄢**於晚反又於建反又於然反**不弟**音悌又如字**儁儀**音俊**熒陽**下音滎戸扃反本成作滎非**宛陵**於阮反又於元反**宰咺**吁阮反**之賵**芳鳳反**亦與**音預下同**睢陽**音雖**祭伯**側界反國名傳祭仲同**稱使**如字又所吏反**小斂**力驗反**以見**賢遍反下同**傳元年以别**彼列反**夏殷**戸雅反三代之号可以意求**見異**賢遍反**故不書爵**一本無故字**以弉**將丈反**求好**呼報反**與盟**如字又音預**費伯**音祕**有郁**於六反**皆放**甫往反後此例皆同**娶于**取住反**宛縣**於元反**共叔**音恭共地名凡國名地名人名字氏放皆不重音疑者復出後放此**在鄂**五各反**寤生**五故

反惡之烏路反注同亟請欺冀反數也爲之于僞反嚴邑五銜

反本又作巖虢叔瓜百反國名復然扶又反大叔音泰注及下皆同過百

古臥反後不音者皆同曰堵丁古反長三直亮反又如字高古報反又如字經三

古定反參國七南反又音三焉辟於虔反何厭於鹽反滋蔓音万

自斃婢世反本又作獘舊扶設反踣也斃踣蒲北反稟延力錦反不暱

女乙反親也完音桓繕申市戰反具卒子忽反步兵也注及下同乘繩證反注

反下同奔共音恭汲郡居及反不弟大計反又如字難之乃旦反注同

遂寘之豉反置也封疆居良反舍肉音捨以遺唯季反下同不

啜川悅反華元戶化反緊烏兮反又烏帝反語助公語魚據反闕地

其月反隧而音遂其樂音洛注及下同融融羊弓反和樂也洩洩羊世

反舒散也施及以豉反又式智反不匱其位反以別彼列反通稱尺證反

已上時掌反　則衰七雷反　諒闇音亮又音良下如字　東莞音官
傳見賢遍反下三見同　有蜚扶味反負蠜也　負蠜音煩又音盤　敗宋
必邁反敗佗也後放此　子少詩照反　朝歌如字　孫滑于八反又乎八反　爲
之于僞反　陜縣失冉反依字作陜　豫音預　衆父音終　不與音預　小
斂力驗反注同　經二年　氏羌都兮反下卻良反　別種章勇
反　駒支音拘　濟陽子禮反濟水名凡地名皆同　入向舒亮反國名　譙國
在遥反　龍亢音剛又苦浪反　將卑子匠反　無駭戶楷反　方輿上音房下
音預　紀裂繻音列音須　卿爲于僞反下爲魯同　以別彼列反　子
帛音白　和解如字又戶買反　結好呼報反　傳二年　之好
呼報反注及下同　氏還音旋後皆同　岑父音琴　復脩扶又反　卿
爲于僞反　經三年　己巳音紀下音祀後放此　食之如字本或

音同 大量音亮 盈縮所六反 即傳直專反 印段因忍反 求

賻音附 在殯必刃反 不共音恭本又作供音同 致令力呈反 不復

伏又反 別內彼列反 爲君于僞反 惡其烏路反 傳三年

不柎音附 爲公于僞反 隱見賢遍反 以別彼列反 王朝直遥

反 不復扶又反 專任而鴆反後不音者皆同 子狐音胡 交質音致下同

將畀必二反與也 祭足側界反 蓋芟所銜反 要之於遥反 閒

之閒廁之閒 澗谿苦兮反爾雅云山夾水曰澗山瀆無所通曰谿 沼之紹反池也 畤音止

本又作沚亦音市小渚也 之毛毛草也 蘋音頻大蓱也 蘩音煩皤蒿也 蘊紆粉

反聚也 藻音早 大蓱蒲丁反 皤蒿蒲多反白蒿也 筐丘方反 筥九呂

反筐筥皆器也方曰筐圓曰筥 錡其綺反有足釜 潢音黃 汙音烏潢汙停水也 行潦

音老行潦流潦也 又焉於虔反 盟約如字又於妙反 行葦于鬼反 泂酌

音迴以共音恭之行下孟反而屬章欲反注同殤公舒羊反先
君舍音捨與夷如字一音餘以殺音没奉馮皮冰反本亦作憑義夫
音符注同商頌似用反是何本又作荷河可反又音河注同任也任何音壬忿而
芳粉反之稱尺證反必傳直專反僨于弗問反仆也所爲于僞反
厲嬀九危反州吁況于反嬖人必計反親幸也賤而得幸曰嬖而好呼報反弗
禁居鴆反一音金惡之烏路反石碏七略反於邪似嗟反下同淫泆
音逸夫寵音扶發句之端後放此不憾本又作感同胡暗反恨也五年同能眕之忍
反重也鮮矣息淺反少也妨貴音芳少詩照反陵長丁丈反間親
間厠之間下同之比必二反去順起呂反下同弑其音試先經悉薦反弑其
經翬伐杞音起取牟亡侯反言易以豉反雍丘於用反
本又作殺同音試凡弑君之例皆放此可以意求不重音君完音丸翬許歸反強君

其文反去族起呂反下同羣溺乃歷反于濮音卜傳四年諸篡初患反不復扶又反下文復伐同蔡從才用反賦調徒弔反而棼扶云反亂也棼緼於云反弗戢莊立反王覲其靳反見也朝陳直遙反後不出者皆放此褊小必淺反一音必殄反耄矣至報反八十曰耄請涖音利又音類臨也獳羊奴侯反惡州吁烏路反與焉音預于邢音刑國名經五年入郕音成國名將卑子而反二嫡都歷反爲別于僞反螟亡丁反蟲食苗心者公子彄苦侯反傳五年觀魚者本亦作漁者以度待洛反一音如字亟行欺冀反數也春蒐所求反蒐索也秋獮息淺反說文作𤢦殺也穀梁傳云春曰田秋曰蒐冬狩手又反圍守也蒐索所百反不孕以證反爲苗于僞反農隙去逆反振旅之慎反整也旅衆也猶復扶又反下同以數所主反注同器械戶戒

反　辨等如字又方免反別也　行伍戶郎反　順少詩照反注皆同　長丁丈反下注同
鳥獸之肉一本作其肉　於俎莊呂反　不射食亦反　皁隸才早反
臣輿音餘　雜猥烏罪反　巡行下孟反　捕魚音步一音傳　不從
才用反　他竟音境　曲沃烏毒反　傳見賢遍反一本作具　衛牧州牧之牧
徐音目　以燕於賢反國名　伳駕息列反　曼伯音万　剛父音甫　八
音金鐘石磬絲琴瑟竹簫管土塤木柷梧匏笙革鼓也　八風八方之風謂東方谷風東南清明風南方
凱風西南涼風西方閶闔風西北不周風北方廣莫風東北融風　匏白交反　蹈之徒報反　六佾
音逸　而僭子念反　爲道音導本亦作導　其郛芳夫反郭也下同　於使
色吏反下同　之難乃旦反　經六年　渝平羊朱反變也　于艾
五蓋反　言易以豉反傳同　傳六年　狐壤如掌反　使者所吏
反　頃父音傾　之長丁丈反下丈反注同　諸鄂五各反　不復扶又反下同

結好呼報反 子佗徒何反人名皆同 實難乃旦反注同 不悛士全反止也 之燎力召反又力弔反 鄉邇本又作嚮同許亮反 鄉近附近之近 可僕普十反 周任音壬 去草起呂反 芟所銜反刈也說文作癹四末反云以足蹋夷草 薀紆粉反積也 信矣如字一音申 公爲于僞反 請糴直歷反 傳見賢遍反 焉依如字或於虔反非 雍縣於用反 左右音佐下音祐又並如字 不暨其器反至也 經七年 與嫡本又作適同丁歷反 沛國音貝 琅邪音郎 臨沂魚依反 共縣音恭 汎城音凡 之使所吏反下同 見夷賢遍反 彊虣蒲報反 戰陳直覲反 傳七年 繼好呼報反注同 爲宋于僞反注爲宋同 爲援于眷反 鄭復扶又反 歃色洽反歃血也 如忘亡亮反服虔云如而也 洩伯息列反 政治直吏反 請妻七計反 爲鄭于僞反 經八年 句陽古侯反

使宛於阮反歸祊必彭反費縣音秘見在賢遍反繼好呼報反宿與盟音預下不與同禱河丁老反或丁報反有邴蒲慧反邴來閒如字小斂力驗反傳八年泰山如字東岳能復扶又反巡守手又反所近附近之近下同又如字欲為于僞反下爲魯同遂界必二反鍼子其廉反誣其亡符反莊共音恭本亦作恭不與音預而背音佩紀好呼報反注同嬀汭如銳反胙之才故反報也舊邑之稱尺證反經九年震電徒練反雨雪于付反傳同挾卒音協華縣戶化反傳九年雨霖音林爾雅云久雨謂之淫淫雨謂之霖不共音恭本亦作供說宋音悅宋使所吏反注同故復扶又反侵軼直結反又音逸突也覆扶又反注及下同伏兵也戎輕遣政反以逞敕領反解也音蟹或佳買反祝聃乃甘反一音土甘反

衷戎丁仲反又音忠 盡殪於計反死也 三處昌慮反 後駐丁住反 將
令力呈反 要終於遥反 經十年去氏起呂反傳同 于
菅古顔反 未陳直覲反 取郜古報反字林又工空反 代載音再字林
作戴云故國在陳留 易也以豉反傳同 傳十年以勞力報反注同
饔餼許氣反 通稱尺證反 經十一年薛侯
息列反 郲音來 釐城音來王元規力之反 與謀音預 還使音環
傳十一年爭長丁丈反下注及丈同 夏所户雅反 周諺音彦俗言也
則度大洛反 諸任音壬注同 大宮音泰大宮鄭祖廟 公孫閼安葛反
挾音協 輈張留反車轅 大逵求龜反爾雅云九逵謂之逵杜云道方九軌此依考功記 傳
中音附注同 蝥莫侯反 弧音胡 射之食亦反下及注同 隊而直類反 周
麾許危反又許僞反招也 而呼火故反 周徧音遍 逭逃徒頓反 不共

音恭本亦作供音同注及下同與聞音預共億於力反安也餬其口音胡粥也

說文云癬食鬻本又作粥之育反又與六反以壽如字又音授復奉扶又反又音服

昬媾古豆反重昬直龍反覆亡芳服反不暇行嫁反禋祀

音因絜齊側皆反本亦作齋之爲于僞反吾圉魚呂反財賄呼罪反

反字林音悔無寘之豉反置也乃亟紀力反急也下注同大岳音泰既厭於豔

反度德待洛反量力音良下同相時息亮反無累劣僞反注同

使卒尊忽反注同出豭音加豬別名行出戶剛反注同以詛側慮反

故令力呈反正邪似嗟反下及注同鄔劉烏戶反緱氏古侯反一音苦侯反

鄔聚才遇反蔿尤委反邘音于忿生芳粉反在沁七浸反字林先

衽反郭璞三蒼解詁音狗沁之沁沈文何跡鳩反韋昭思金反水名絺勑之反樊扶袁反隰

詳立反郕尚征反欑茅才官反向舒亮反注同軹縣音紙盟音孟

陘音刑隤徒回反于竟音境郎音息一本作息不度待洛反不韙
韋鬼反是也蒼頡篇同其喪息浪反傳聞直專反臧否音鄙又方九反注同
大宰音泰注同爲其于僞反少故詩照反菟裘兎都反下音求梁
父音甫復居扶又反下同反譖側鴆反請殺音試下同一音如字賂尹
氏音略而禱丁老反或多報反鍾巫士夫反齊于側皆反社圃布古
反寪氏于委反
桓公名軌惠公之子隱公之弟母仲子史記亦名允謚法辟土服遠曰桓第二
杜氏盡十八年
經元年篡立初患反脩好呼報反傳同近垂附近之近祊田
百庚反令鄭力呈反傳元年請復扶又反爲周公于僞
反獨見賢遍反渝盟羊朱反變也無享許丈反遣使所吏反

宋華戶化反大夫氏也後皆同父督音篤而豔以贍反美色也

經二年閏門音圭取郜吉報反大廟音泰傳大廟放此召陵

上照反主帥所類反或作師傳二年爲賂于僞反注除爲會一字並同

惡其烏路反婉而於阮反大宰音泰數戰音朔子馮皮冰反

同遂相息亮反下注傳相同著儉張慮反後不音者同之稱尺證反越席

戶括反越蒲結草衵天車本或無天字者非粢音咨稷也爾雅云食音嗣飼也不

鑿子洛反精米也字林作糳子沃反云糲米一斛舂爲八斗衮冕古本反黻音弗下同珽

他頂反玉笏也韋韠音必玉笏音忽持簿步古反徐廣云持簿手版也幅

舄音逼行縢也下音昔行縢徒登反複履音福紞多敢反字林丁坎反冠之垂者

紘獲耕反纓從下而上者綖音延字林弋善反冠上覆而上時掌反下上下同藻率音律

鞞補頂反鞛布孔反鞞鞛刀削之飾藉玉在夜反刀削音笑鞶步干

反紳帶也游音留注同旌旗之游馬膺於稜反如索悉各反黼音甫相戾
力計反色比并是反器械戶戒反鍚音揚鄭玄云馬面當盧鈴音零馬
額頻洛反在鑣彼驕反旂勤衣反而寘之豉反聞也官邪似嗟反
雒邑音洛本亦作洛受夏戶雅反郟古洽反鄏音辱近楚附近
之近舊好呼報反注同舍爵音赦置也舊音捨自參七南反一音三以上時掌
反曰仇音求君之名子如字或弥政反嘉耦五口反曰妃芳非反其
替他計反廢也少子詩照反以諷方鳳反請侯才井反欒賓力官
反適子丁歷反爲小宗本或作爲大宗誤有分扶問反又如字親七刃反又如字
等衰初危反殺也注同無復扶又反分別彼列反衰殺所界反覬
音冀覦羊朱反字林羊住反說文云欲也侯甸徒練反陘庭音刑
經三年正月從此盡十七年皆無王唯十年有二傳以爲義或有王字者非于嬴音盈約言

如字又於妙反不歃所洽反長垣音袁干讙呼端反蛇丘以支反

傳三年汾隰扶云反汾水名下溼曰隰驂七南反騑馬也絓止戶封反騑馬芳非反

共叔音恭注同各殉似俊反媒介音界之好呼報反注同齊侯送姜氏本或作送姜氏于讙公子則下卿送公子公女芮伯如銳反國名

惡芮伯烏路反馮翊音翼

經四年公狩手又反冬獵曰狩夏之戶雅反下同伯糾居黝反

傳四年

經五年侯鮑步飽反從王如字又才用反大雩音于祭名龍見賢遍反螽音終蚣相容反蝑相魚反定陶同勞反

傳五年子佗大何反子免音問五父音甫龔之音習將右軍子匠反下及注大將同左拒俱甫反方陳也下同方陳直覲反下文之陳及注同王卒尊忽反下同萃於似類反曼伯音万魚麗力知反注同彌縫扶容反五乘繩證反繻葛

音須　檜古外反又古活反旝也說文作檜建大木置石其上發機以磓敵　麾也許危反　射王
食亦反　中肩丁仲反　猶殿多見反　無隕于敏反　勞王力報反注同　名
仲字足一本作字仲足　重言直用反　啓蟄直立反　夏正音征　龍見
賢遍反注同　龍宿音秀　遠爲于僞反　閉必計反又必結反字林方結反　而烝之丞
反　度其待洛反　不復音服後不音者皆同　危難乃旦反　經六年
寔來時力反實也　省文所景反　大閱音悅簡車馬也　是適丁歷反傳同
長子丁丈反　傳六年　遂章于委反　於瑕下加反　少
師詩照反注及下同後皆放此　而被皮寄反下注被甲同　難間間廁之間　隨張音亮
反自後大也注同一音如字　師侈昌氏反又式氏反　羸師劣追反注及下同　熊率
音律　且比子餘反　抗衡苦浪反　民餒奴罪反餓也　嬌舉居兆反　性
牷音全　肥腯徒忽反肥也　其畜吁又反注及下皆同　蕃滋音煩　瘯七木反本

又作蔴同蠡力果反說文作瘰云瘯瘰皮肥也無疥音界癬息淺反說文云乾瘍讒慝

他得反遠聞音問又如字九族杜釋與孔安國鄭玄不同禋祀音因民饑

音飢又音機於難乃旦反下同二帥所類反少良詩照反饋之其媿反遺

也餼許既反牲腥曰餼妻鄭七計反下及注同接以如字鄭注禮記作捷讀此者亦或捷

音食之音嗣桑弧音胡蓬矢步工反射天地食亦反于阼

才故反申繻音須曰鯉音里周人以諱事神名絶句衆家多以名字

屬下句木鐸待洛反徇曰似俊反本又作狥同舍故音捨下同具敖五羔反

經七年焚咸丘扶云反火田也綏來須唯反筑陽音逐

傳七年辟陋匹亦反本又作僻同盟音孟向傷亮反而背音佩于

郟古洽反經八年烝之承反此夏戶雅反爲下于僞

反復烝扶又反見瀆賢遍反雨雪于付反祭公側界反

傳八年有釁許覲反注同弋陽餘職反請下遐嫁反注同不
然將失楚師一本無師字天去起呂反注同弟縎亡巾反
經九年仲父母音申射姑音亦又音夜傳九年爲
書于僞反爲好呼報反鄾人音憂沔水面善反耼甥乃甘
反衡如字橫也一音橫陳直覲反注同又如字而北如字一音佩嵇康音智背背巴
音佩注同而夾古洽反又音古協反宵潰戶對反夏陽戶雅反適子丁歷
反享曹許兩反施父色䜴反人名字下音甫經十年中
背如字一音丁仲反下音佩惡三國烏洛反又烏路反傳十年譜
其側鳩反詹父章廉反求旃之然反之也周諺音彥吾焉
於虔反以賈音古注同買也無厭於豔反下同共池音洪一音恭以見賢遍反
交綏荀隹反經十一年聽迫吐定反于折之設反又市列反

反　夫鍾音扶　于闟口暫反　須昌宣瑜反　傳十一年
屈瑕居勿反楚大夫氏　貳軫音二下之忍反皆國名　鄖人音云國名　蒲騷
音蕭又音繆　隨絞古卯反　州蓼音了本或作鄝同隨絞州了四國名　江夏戶雅反　湞
城音云本亦作鄖　棘陽紀力反　湖陽音胡　莫敖五刀反　且日人逸反　虞
度待洛反　郊郢以井反又以政反　恃近附近之近　盍請戶臘反何不也　濟
箋計反　億兆於力反　將妻七計反下注同　大援於眷反　子亹亡匪反本
或作亹　封疆居良反　爲公于僞反　鄧曼音万　女於巨據反注曰女同　雍
於恭反　姞其吉反又其秩反　應命應對之應　經十二年　汶陽音問
侯躍羊略反　于虛去魚反　武父音甫地名有父字者皆同甫音　重書直用反下
同　以見賢遍反　皆陳直覲反　傳十二年　于句古侯
反　瀆音豆　婁盟力具反本又作屢音同　用長丁丈反注同　故數音朔下同　而

憾戶暗反　而輕遣政反　無扞戶旦反衛也　采樵在遥反薪也　而覆扶又反伏兵也注同　諜之徒協反伺也　數之色主反　枝江質而反　諜伺也音笥　巡徧音遍

經十三年

傳十三年　遂見賢遍反　心濟箋詣反　難言乃旦反　風諫方鳳反本亦作諷　不解戶買反　狃於女九反　狃怵時世反又時設反　而好呼報反又如字　假易以豉反注同　不借子夜反　貸他代反　慢武諫反　盡行津忍反比類可以意求　使徇似俊反宣令也　及鄢於晚反又於万反　亂次以濟本或作亂次以濟其水　盧戎如字本或作盧音同　縊于一豉反自經死也　荒谷如字本或作巟音同　冶父音也　脩好呼報反

經十四年　之好呼報反　曹與音預　御廩力錦反倉也　先其悉薦反又如字　致齊側皆反

傳十四年　大逵求龜反　大宮音泰　之椽直專反榱也圓曰椽方曰桷說

文云周謂之椽齊魯謂之桷 經十五年倚任於綺反 守介音界 小行
下孟反 史立音庚 年人亡侯反 于櫟音歷 陽翟徒歷反 豖昌氏反
相縣息亮反 傳十五年舍其音捨 之汪烏黃反池也 暴
其步卜反 檀伯徒干反 經十六年城向失亮反 定之
丁佞反 傳十六年故復扶又反 烝之承反 急子如字詩作
伋 上淫時掌反一音如字 屬諸音燭下同 爲之于僞反 右媵羊政反
朔構古豆反 會古外反 公使所吏反 諸莘所巾反 惡用音烏安也
注同 飲以酒於鴆反一本以作之 子洩息列反 黚牟其廉反又音琴
經十七年于雔翠軌反 皆陳直覲反 傳十七年
疆事居良反注及下皆同 疆場音亦 虞度待洛反下同 齊背音佩下同 以
底音旨下同 惡之烏路反下及注所惡皆同 子亹音尾 復惡扶又反注同一音服則乖

注意　復重直用反下同　經十八年于濼盧篤反又力角反一音洛説文四沃
反　言戕在良反　傳十八年相瀆徒木反　公讁直革反責
也王又丁革反　讁譴遣戰反　爲公于僞反　乘公如字又繩證反注同　上車時掌
反　拉公力荅反　幹而古旦反　舊好呼報反　歸咎其九反　彌相
息亮反　而轘音患車裂也　車裂音列　以知音智又如字　欲弑申志反
屬諸音燭　匹嫡丁歷反注同　臣擅市戰反　於難乃旦反
莊公名同桓公子母文姜謚法勝敵克亂曰莊　第三　杜氏盡三十二年
經元年遜于本亦作孫音同注及傳同　單伯音善　采地七代反　且
別彼列反　諒闇音梁又音亮　親迎魚敬反　之比必利反　鄁蒲丁反
鄑子斯反　郚音吾　臨朐其俱反　訾城子斯反
傳元年父殺音試一音如字　而復扶又反　去姜起呂反　未閔苦亢反

經二年于禚諸若反公馮皮冰反傳二年好會呼報反

經三年溺乃狄反故去起呂反以酅戶圭反本又作攜于滑乎八于八二反

傳三年重盟直用反以難乃旦反在櫟音歷或音書灼反

經四年享食音嗣又如字本或作會以見賢遍反狩于手又反越竟音境本又作境

傳四年孑吉熱反方言云楚謂戟為孑戟為陳直覲反將齊側皆反注同僻陋匹亦反僭號子念反衛應應對之應樠郎蕩反木名又莫昆反又武元反屈重直用反一音直容反梁溠高貴鄉公音側嫁反水名字林壯加反入貟音云或作鄖漢汭如銳反內也漢水西也水曲曰汭下齊遐嫁反難也乃旦反

經五年郳五兮反國名後為小邾犂來力兮反昌慮如字又力於反

傳五年數從音朔

經六年螟亡丁反衛俘芳夫

反囚也

傳六年甯乃定反跪其毀反宥之音又不度

待洛反下同立衷丁仲反節適也注同王音忠弗強其丈反注同必披普靡反又

普知反蕃滋音煩說魯音悅祁侯巨支反字林上尸反騅甥音佳噬

齊市制反下粗兮反齧也五結反焉取於虔反無復扶又反下文同

經七年不見賢遍反注及傳皆同夜中夜中夜半也丁仲反又如字星

隕于閔反落也不匿女力反漂殺匹妙反又匹遥反傳七年

數與音湖偕音皆俱也經八年郕降戶江反傳皆同諸

見如字一音五兮反傳八年夏書戶雅反後放此皐陶音遥連

稱尺證反又如字期戌音基本亦作朞如適丁歷反注同絀之勑律反從

妹于用反下從者皆同閒公如字注同或古莧反非曰捷在接反克也以女音汝姑棼

扶云反貝立補蓋反而啼田兮反樂安音洛敢見賢遍反射

之食亦反 隊于直類反 喪息浪反 屨九具反 徒人費音祕 奚御魚呂反 袒而音但 之紛數文反 于牀士良反 鮑叔步卯反 召忽時照反 子糾居黝反 雍廩力錦反 經九年 于蔇其器反 繒縣才陵反 乾時音干 岐流其宜反又巨移反 竭涸戶各反 惡齊烏路反 譎古穴反 浚蘇俊反深也 洙音殊水名 泗音四 傳九年 公喪息浪反 傳乘直專反又丁戀反下繩證反注同 傳乘 乘他車如字 辟于音避本亦作避一音婢亦反 管召時照反 讎也市由反 射祖公食亦反 生竇音豆 而稅本又作説同土活反一音失銳反 解嬙蟹反 夷吾縛扶略反舊扶𠛸反 治於直吏反注同 高傒音兮 使相息亮反 經十年 長勺上酌反 未陳直覲反注同 十一年經 宋強其丈反 背蔇音佩 傳 乘丘繩證反 于莘所巾

反將率子匠反率又作帥同所類反滅譚徒南反
傳十年曹劌古衛反請見賢遍反下同何閒閒廁之閒注同與也
猶與音預未徧音遍注同犧牲許宜反之屬音蜀請從才用反
之乘繩證反三鼓息暫反又如字其轍直列反登軾音式有伏
如字舊扶又切旗音其靡音美旆普布反遽也其據反雩門音于皐
比音毗注同過譚古禾反經十一年鄑子斯反
傳十一年爲宋于僞反未陳直覲反下及注皆同撓敗乃孝反二音乃
巧反沮岸在呂反壞也一音子餘反岸崩謂之沮喪其息浪反得儁音俊本或
作俊之比必利反退復扶又反狡壯交卯反下側亮反之難乃旦反京
師敗本或作京師敗績者非得校音教悖焉蒲忽反一作勃同盛皃桀紂
直久反言懼而名禮絕句或以名字絕句者非公子御魚呂反本或作禦說

音悅 共姬音恭 射南宮食亦反 長萬丁丈反 歂孫生市專反 搏之音傳取也 靳之居覲反戲而相媿曰靳服云恥而惡之曰靳

經十二年于鄬音攜 不警居領反 傳十二年 批而普迷反又蒲穴反字林云擊也父迷父節二反 大宰音泰 奔亳步各反 南宮萬奔陳本或作長萬長衍字也下亦然 乘車繩證反注同 奔好呼報反注同 亦請南宮長萬於陳以賂絕句 飲之於鴆反 犀革音西 裹之音果 比及必利反 皆見賢遍反 醢之音海肉醬也

經十三年北杏戶猛反 蛇丘音移 于柯古河反

傳十三年通好呼報反 背北杏音佩十四年經注同

經十四年于郪音絹 甄城音旨絹一音真或音旃又舉然反或作鄄

傳十四年自櫟音歷 苟舍音捨 鄭子子儀 內蛇市奢反 申

繻音須有妖於驕反炎以音豔洛誥古報反餤餤音豔無

釁許靳反無裏音里憾焉戶暗反宗祏音石藏主石函也守臣

手又反莊公之子猶有八人傳唯見四人子忽子亹子儀並死獨厲公在八人名字記

傳無聞乃縊一賜反爲莘于僞反下所巾反以語魚據反繩食承反說

文作譝譽音餘又如字以食音嗣注同堵敖丁古反下五羔反杜云楚人謂未成君爲

敖史記作杜敖以說音悅之易以豉反注同之燎力召反又力弔反鄉邇

許亮反撲滅普卜反般庚步干反本又作盤易長丁丈反

經十五年伐郳五兮反傳十五年復會扶又反

諸侯長丁丈反爲宋于僞反間之間厠之間一本作閒

經十六年介於音界而爲三恪苦各反本或作爲三恪之客都

費扶味反又音祕緱氏古侯反一音苦侯反傳十六年宋故

大一八十　春秋音義之二　十六

也本或作爲宋故爲不禮于僞反與於音預公子閼安末反案隱十一年鄭有公孫閼距此三十五年不容復有公子閼若非閼字誤則子當爲孫刖音月又五刮反強鉏仕魚反斷足丁管反公父音父王音如字共叔音恭遂并如字王必政反詭諸九委反采地七代反後放此爲國于委反報施始豉反之難乃旦反不見賢遍反下同復自扶又反經十七年鄭詹之廉反始伯音霸又如字本又作霸殲于子廉反盡也翫而五亂反而盡津忍反遁逃徒遜反多麋亡悲反傳十七年領氏烏納反又苦荅反工婁力侯反饗齊本又作享經十八年有蜮本又作蜮音或短弧也本草謂之射干短弧本又作斷同丁管反弧又作狐音胡射人食亦反傳十八年饗醴音禮之宥音又五瑴音角雙王爲瑴字又作珏是借子夜反爲王于僞反少子

詩照反后稱尺證反闘緡士巾反以畔絶句本或作扳俗字那處那又作明同乃多反下昌吕反又昌慮反編縣必緜又一音步典反游涌音勇水名

經十九年滕陳以證反又繩證反送也出竟音境之好呼報反

傳十九年鬻拳音育求圓反大閽音昏守門人也嬴音盈姓也字從女踖陵在亦反一音七略反及湫子小反鄀縣音若夕室朝夕之夕絰皇田結反經皇闕也強諫其文反太伯音泰校尉戶教反字從本王姚羊消反嬖于必計反子頹徒回反之圃必古反又音布園也爲圃音又徐于目反苑也苑也於阮反近於附近之近祝跪求委反而收式周反

經二十年

傳二十年爲伐于僞反下文同于鄔烏苦反徧舞音遍哀樂音洛殃咎於良反下其九反去盛是吕反饌仕眷反奸王音干盍納胡臘反何不也

經二十一年　袝姑音附　傳二十一年　于弭面爾反

圍門魚呂反　西辟蒲歷反　復與扶又反　效尤戶教反　徧舞音遍

號守音狩本或作狩後放此注同　于玤蒲項反　鞶步干反又蒲官反紳帶也

鑑土暫反鏡也　始惡烏路反又如字　王使所吏反　經二十二年

大眚所景反　盪音蕩本又作蕩　滌徒歷反　御寇音禦本亦作禦　惡其烏咯反

不見賢遍反又如字　傳二十二年　顓孫音專　弛失氏反

於負擔丁暫反　去離力智反　官謗布浪反　翹翹祁堯反遠皃

車乘繩證反　飲桓公於鴆反注同　酒樂音洛下注同

卜妻七計反　和鳴如字又戶卧反注同　將將七羊反本又作鏘鏘　並于正

卿本或作鄉並爲誤　陳佗大多反　其少詩照反　見陳侯如字又賢遍反　大

史音泰　使筮上制反　著音戶　遇觀古亂反注皆同　之否備矣反注

同爻辭戶交反乾天其然反陳摯音至本又作贄同有觀
古亂反而著直略反大嶽音泰下音岳楚復法又反猶豫音預
本亦作頯南蒯苦怪反卜僭子念反其應應對之應縣驗音玄
經二十三年祭叔側界反爲祭公于僞反丁穀音谷宫
楹音盈射姑示亦反又音亦于扈音戶巻縣音權字林丘權反韋昭丘云反說文
丘粉反傳二十三年長幼丁丈反族偪彼力反士蔿
于委反去富子起呂反下同惡其烏路反間之間廁之間
經二十四年刻音克鏤也桷音角椽也字林云齊魯謂榱爲桷桷椽直專
反要公於遥反孟任音壬後孟皆同覿徒歷反見也以見賢遍反下
同奢夸苦瓜反傳二十四年御孫魚呂反本亦作禦
侈昌紙反又尸氏反男贄眞二反別貴賤彼列反榛栗側巾反

褰脩脩脯也鍛脯加薑桂曰脩虔音乾經二十五年女叔
音汝陳大夫氏嘉好呼報反傳同傳二十五年相魯息亮
反下同正月音政正月建巳之月慝未他得反陰氣夏之戶雅反之眚
所景反災也城聚才喻反經二十六年傳二十
六年簡牘徒木反不究音救不復扶又反申解居蟹反
經二十七年于洮他刀反具見賢遍反自爲于僞反所
黜勑律反城濮音卜傳二十七年越竟音竟所
畜勑六反下及注皆同哀樂音洛力強其丈反亟戰欺異反將
饑居疑反又音機召伯音邵廖力彫反經二十八年郲
子瑣素果反築郿云悲反告糴徒歷反
傳二十八年烝於之承反重耳直龍反驪戎力知反女

人昵據反注以曰女同　卓子勑角反　閨音圭　闉吐達反　闕塞素代反　二屈
求勿反一音居勿反　之疆居良反下同　疆埸音亦　故復扶又反　說之音悅
諸羣責鴆反　二耟音似　廣一古曠反　共墾苦很反　欲蠱音古
惑也　六百乘繩證反　入桔反結反　扶待結反　闘御魚呂反本亦作禦下
注反禦同　彊其良反又居良反　闘梧音吾　不比井里反　爲旆蒲見反　長壽
直亮反　曰旐音兆　王孫喜殿丁見反　純門如字　及逵求龜反
縣門音玄注同　夜遁徒困反　諜告音條　楚幕音莫　諜間
間廁之間　經二十九年　延廄居又反　有蜚扶味反　備
難乃旦反　皆重直用　傳二十九年　饗入許亮反本或作
向同　輕曰遣政反　龍見賢遍反注下皆同　角亢苦浪反又音剛　而栽
字林才代反一音再　定星多佞反　經三十年　將
說文云築牆長版

甲子匠反 將降戶江反下文注同 鄣音章下同 魯濟子禮反

傳三十年射師食亦反又食夜反 而梏古毒反 曰桎之實反 楚僭子念反 鬬穀奴走反楚人謂乳曰穀漢書作穀音同 於菟音烏音徒 以紓音舒一音直汝反緩也 之難乃旦反下注同 欲為于僞反 薊縣音計

經三十一年刺奢七賜反 戎捷在妾反 相遺唯季反傳同 俘音孚

傳三十一年以警音景戒懼也

經三十二年飲酖音鴆本亦作鴆 不與音預 斂力豔反 子般音班 書殺音試一音如字下同

傳三十二年為管仲于僞反注及下同 先見賢遍反又如字 芊華所巾反 內史過古禾反 監其本又作鑑古暫反 先脾婢支反 宗區丘于反 史嚚五巾反 大祝音泰下同 涼德音良薄也 黨氏音掌 閟音祕 講肆音四又以二反 圉人犖音洛又力

角反　反覆芳服反　鄉者許亮反　鍼巫其廉反　晝酒音獲　共

仲音恭　閔公云謹反

閔公名啓方莊公之子母叔姜史記云名開謚法在國遭難曰閔　第四

杜氏　盡二年

經元年　出疆居良反　省難乃旦反下及傳同　傳元年

豺仕皆反　狼音郎　可厭一鹽反　諸夏戶雅反注同　親暱女乙反近也

宴安於見反本又作晏音同一音烏諫反　酖毒直蔭反　勞來力報反一力代反

仲孫湫子小反　不去起呂反下同　自斃婢世反　踣蒲北反　間攜

間廁之間注同　覆昏芳服反注同　霸王于況反注同　見莊賢遍反　公將

子匠反下及注同　趙衰初危反　魏犨尺由反　滅耿古幸反國名　還爲于僞反

又焉於虔反　大伯音泰注同　適子丁曆反本又作嫡　且諺音彥　若

祚在路反　遇屯張倫反　之比毗志反注及下同　辛廖力彫反　蕃昌
音煩　兄長丁丈反　經二年　吉禘大計反　入桃他彫反　昭
穆上饒反　未闋苦穴反　大廟音泰　孫于音遜注同　美稱尺證
反　見惡烏路反　師潰戶內反　傳二年　渭汭如銳反　隈
曲烏回反　舟之僑音喬　卜齮魚綺反　共仲音恭　武闈音韋一音暉
費縣音祕又扶味反　乃縊一賜反　與知音預　故孫音遜　亳社
步各反　好鶴呼報反下戶各反　乘軒許言反大夫車也　余焉於虔反　玦
古穴反　使守手又反下告守及注同　決斷丁亂反　禦難乃旦反　孔嬰
齊　殿丁見反　熒澤戶扃反　無復扶又反下復逐同　為之于僞反下文爲
衛同　不去起呂反藏也一云除也　華龍戶化反　大史音泰　故恐丘勇反
也　少詩照反　烝於之承反　強之其丈反　共滕音恭　以廬力居反舍

也于曹詩作漕音同歸唁音彥無虧去危反三百乘繩證反下同及注同別見賢遍反五稱尺證反雞狗音苟歸遺于季反單複音丹下方服反人惡烏路反注同好利呼報反能遠于万反爲之于僞反皐落古刀反別種章勇反粢盛音咨下音成朝夕如字又張遙反君膳市戰反則守手又反下同則從才用反下同監國古銜反嗣適丁歷反本又作嫡下配適同將焉於虔反謂將子匠反下將上軍並同不共音恭本又作供於難乃旦反下同公衣之偏於既反下衣身之偏衣之純衣之尨服注衣之同叔向許丈反無慝他得反遠災于万反注及下同衷音忠旗也音其閟其音祕尨服莫江反受脤市軫反祭社之肉盛以音成阻之莊呂反疑也盡敵子忍反下盡敵同諗周音審吉也說文云深謀之繇直救反而屬章欲反衛文公大布之衣本或作衣大布之衣誤厚

繒疾陵反 諒闇音良又音亮 三十乘繩證反下同 迸散檗諍反

僖公上名申莊公之子閔公之兄母成風謚法小心畏忌曰僖第五

杜氏　盡三十三年

經元年聶北女輒反 覿舋許覲反 于檉勑呈反 于酈力知反 莒挐女居反又女加反 傳元年復入扶又反下文同 常準之尹反 人潰戶內反 撰具仕眷反又仕轉反 分災甫問反又如字 州長丁丈反 于犖音洛又力角反 虛丘起居反 要而於遙反 爲魯于僞反 重來直用反 無厭於鹽反 汶陽音問 及費音祕 萊蕪音來 經二年大陽音泰一音如字 見經賢遍反 于貫古亂反 貰城市夜反又音世 傳二年屈產求勿反又居勿反注同 之乘繩證反注同 宮之奇其宜反 懦本又作燸乃亂反又乃貨反弱也字林偄音乃亂反愞音讓夫反云

弱也　強諫其良反又其丈反　且少詩照反　長於丁丈反　暱之女乙反　顚

軨音零　伐鄍亡丁反　坂音反　以說音悅　聚抄初教反又楚稍反強取物　賄

故呼罪反　惡貪烏路反　故爲于僞反下同　寺人如字又音侍寺人奄官名　貂

音彫　豎貂上主反　擅貴時戰反　漏洩息列反又以制反　必易以豉反

五稔入甚反熟也　聃伯乃甘反　侵掠音亮　經三年下邳

皮悲反　僮縣音童　盧江力居反　涖盟音利又音類臨也

傳三年夏六戶雅反　爲陽穀于僞反　鄭難乃旦反　于

囿音又苑也　經四年于陘音刑　召陵上照反傳皆同　陳袁

袁陳大夫氏也本多作轅　濤塗音桃　與謀音預下同

傳四年所近附近之近　大公音泰注同　公奭音釋　女實音汝　夾

輔古洽反舊古協反　以夸苦瓜反　無棣大計反　齊竟音境下皆同

不共音恭本亦作供下及注同以縮所六反裹束也音果菁茅子丁
反苞匭音軌本或作軌苞或作包巡守手又反而溺乃歷反水濵音賓
故復扶又反完乗繩證反注同是爲于僞反注同之好呼報反下及注
同謙稱尺證反儌福古堯反要也漢以爲池本或作漢水以爲池水衍字
葉縣始涉反以當丁浪反之費芳味反郯莒音談申侯
見賢遍反資糧音良扉屨符費反草屨也齊侯說音悅以衮
古本反衮冕上公服斂力驗反不如依字讀或一音如據反其繇直救反兆辭也渝
羊朱反變也攘公如羊反除也之揄羊朱反美也一薰許云反香草也一
蕕音由臭草也易消以豉反卓吐濁反歸胙才故反祭之酒肉也姬
寘之豉反地墳扶粉反犬斃婢世反原款苦管反必辯
兵免反不樂音洛注同被此皮寄反又皮綺反縊于一賜反遂譖

經五年惡用烏路反杞伯姬來絶句來歸寧朝其子猶言其子朝越竟音境自爲于僞反復稱扶又反軼縣音大言易以豉反

傳五年遂登觀古亂反注同臺以望絶句而書本或作而書雲物非也審別彼列反重申直用反爲二公字丁僞反下乃爲之請同寘薪之豉反譴讓弃戰反焉用愼將麦反尨莫江反又音蒙茸如容反又音戎尨茸亂皃適從丁歷反及難乃旦反寺人披普皮反不校音教乃徇似俊反踰垣音袁其袪起魚反袂也奔翟音狄袂面世反取焉七喩反本又作娶美城之絶句樓櫓音魯秋諸侯盟本或此下更有于首止三字非撫安音汲以輕遣政反下同所喪息浪反侯復扶又反六年經注同輔車尺奢反牙車也大伯音泰下及注同之昭上饒反注同後昭穆放此唯偪彼力反吾享與兩反遠聞音問反如字

繄物烏兮反是也　所馮皮冰反下注同　晉使所吏反　不臘力盡反　童
謡音遙　不見賢遍反　均服如字同也字書作袀音同　振振音眞注同　鶉
之述春反又常倫反　賁賁音奔　焞焞他門反　傳說音悅　近日附近
之近　巳上時掌反　童齓初問反又恥問反毀齒也　嬉戲許宜反　或中丁仲反
夏之戶雅反下同　言易以豉反　經六年　傳六年
郤去逆反　芮如銳反　近秦附近之近　以見賢遍反　各罷扶罵反又扶買
反　宛縣於元反　衰絰七雷反下直結反注同　輿櫬於覲反棺也　爲質
如字一音置本又作贄音至　其縛如字舊扶卧反　而祓芳弗反徐音廢說文云除惡之祭也
經七年　不厭於鹽反傳同　甯母如字又音無注同　方輿音房下音預　泥
母乃麗反又音甯王奴兮反　傳七年　何憚徒旦反難也　難也乃旦
反此年及八年經傳並同　請下戶嫁反　朝不如字　知女音汝下皆同　疵瑕似斯反又

疾稜反　罪釁許靳反下文同　政狹音洽　洩氏息列反　去之起吕反　不

奸音干　共時音恭注同　釁隙去逆反　覆亡芳服反　替矣他計反

雖復扶又反　介於音界　堵敖丁古反又音者　可間間廁之間　惡大叔

烏路反大音泰叔又作付　經八年于洮他刀反　未與音預下同　大

廟音泰　與殺音試　傳八年虢射食亦反　期年

音基本或作朞注同　不祔音附　茲父音甫　目夷長丁丈反

經九年御說魚吕反下音悅　不復扶又反　殤式長反　而笄古兮反

之冠古喚反　相比毗志反　故重直用反　不與音預　佹諸九委反

殺其君之子上如字又音弒傳同公羊音弒　傳九年之稱尺證

反　一人釗古堯反又音昭　脩好呼報反下于好弁注同　賜齊侯胙才素

反　耋老田節反一音他結反　加勞力報反　一級音急等也　咫尺之氏反八寸曰

𠬝 顛隊直類反下同 以遺于季反 先諸侯悉薦反 復西扶又
反下不復會同 平鄭普悲反 藐諸妙小反又云角反 縣藐音玄 無猜
士才反疑也 焉辟之於虔反下丈焉能克同 之玷丁簟反又丁念反缺也 令不及
魯力政反本又作命 令復扶又反 重發直用反 從吏吾才用反 隰音習
易出易入並以豉反 不好呼報反 長亦丁丈反 不僭子念反下注同 鮮
不息淺反 無好呼報反又如字 無惡烏路反 宋治直吏反
經十年雨雪于付反 傳十年不寘初患反 共大
子音恭本亦作恭大音泰 故復扶又反下文及注同 畀秦必利反下注同 不歆許金反饗
也 西偏匹緜反 遂不見賢遍反又如字 所馮皮冰反 郤稱尺證反一
音如字 泠至力丁反 七乘繩證反 左行戶郎反下同 共華音恭 騅音隹
歂音隹下市專反 纍虎力追反 山祁巨之反字林上尸反 胥大音倪 焉

能於虔反　經十一年　踰閾音域門限也一音況域反

傳十一年　内史過古禾反　受玉惰徒卧反　長丗直良反又丁丈反

揚拒俱宇反　泉臯古刀反　經十二年　陳侯杵臼昌呂反下其九反

傳十二年　之郛芳夫反　狄難乃旦反下同

不共音恭　焉能於虔反　二守手又反注同　始見賢遍反下同　陪臣步回反

之使所吏反　謂督音篤　凱開在反本亦作愷　悌音弟本亦作弟　所勞力報反注同

凱樂音洛下同　悌易以豉反下同　勞力報反　來力代反　不復扶又反

經十三年　濮陽音卜

傳十三年　爲戎于僞反下注欲爲同　難故乃旦反　戎卒子忽反　荐在薦反重也

饑音飢又音機　乞糴直歷反　重施式豉反下同　自雍於用反秦國都

反絳古巷反晉國都　汎舟芳劒反　河汾扶云反

經十四年鄫子(似綾反本或作繒)侯肸(許乙反)

傳十四年澶淵(市然反)而還(戶關反)期年(音基)大咎(其九反)幾亡(音祈又音機)背(音佩後皆同)施(式豉反注及下除施毛十五年皆同)安傅(音附)

經十五年牡丘(茂后反)不復(扶又反)冬螽(音終本亦作蝝)中絶(丁仲反又如字)愎諫(皮逼反)己卯晦(音悔)于婁(力侯反)下邳(蒲悲反)

傳十五年諸夏(戶雅反下注同)屬賈君(音燭)詛無(莊據反)烝於(之承反)解梁(音蟹下注同)詰之(起吉反)遇蠱(音古)千乘(繩證反)三去(起居反又起據反一音起呂反下同)不孫(音遜注同)惡其(烏路反)小駟(音四)狡(古卯反)憤(扶粉反)張脈(中亮反注同下音麥)僨興(方問反動也)三施(式氏反年末注同)可狃(女九反)忕也(時世反又時設反)還濘(乃定反泥也)故隋(大果反)公號(戶刀反王戶報反)

輅秦五嫁反迎也　拔舍蒲末反注皆同　猒息於冉反一音於甲反又於輒反下同　子罃於寅反　履薪如字徐本作屨九具反　抗絕苦浪反　荐之在薦反　上下時掌反　絻服音問又作免音同　衰絰七雷反下大結反　令行人力呈反下同　曰上天降災此凡四十一字檢古本皆無尋杜注亦不得有有是後人加也　鄠縣音戶　焉用於虔反　以要於遙反　重其直用反下皆同　難任音壬注及下同　子縶張執反又丁立反　聚慝他得反後同　復相息亮反　質其音置下注質秦同　祗以音支　史佚音逸　大史音泰　無怙音戶　飴甥音怡　爰田于元反　孺子如喻反　喪君息浪反後注　輯睦音集又七入反　好我呼報反　惡我烏路反　衆說音悅　州長丁丈反下長男同　之睽苦圭反又音圭　其繇直又反　士刲苦圭反刺割也　無衁音荒血也　承筐曲方反　無貺音況本亦作況　無應應對之應下無

同應中女丁仲反鄭責側介反又如字可償市亮反又音常相息亮反注同助

也爲嬴音盈車說吐活反注同其輹音福又音服案車旁著畐音福老子所云

三十輻共一轂是也車旁著复音服是車下伏菟下縛如字又扶臥反寇難乃旦反之

警音景姪其待結反字林丈一反其逋補吳反之虛去魚反王相

于況反下息亮反講虛本又作構各依字讀此夫音扶先君之敗德及

絕句可數乎一讀及可數乎數則音色主反雖復扶又反下同之孽魚列反

傳尊本反沓徒合反有邪似嗟反以風方鳳反知達音智不憚

徒旦反而舍如字又音捨言還音環饋七其位反蛾魚綺反本或作蟻一音五

何反晳本或作析星歷反盍行戶臘反焉入於虔反又餼許氣反

經典釋文卷第十五 經四千一百六十七字注八千五百一十六字

春秋左氏音義之二　起第六盡第十

唐國子博士兼太子中允贈齊州刺史吳縣開國男陸德明撰

僖中第六　杜氏　盡二十六年

經十六年隕石于敏反落也數之色主反而隊直類反是月本或作是日六鷁五歷反本或作鶂音同鷁水鳥六其數也過古禾反重言直用反傳注同公與音預斂力驗反本亦作公與小斂鄫季似陵反邢侯音刑于淮音懷

傳十六年迅風音信又音峻疾也焉在於虔反先見賢遍反又如字錯逆士各反餘殃於良反取狐音胡廚直誅反受鐸徒各反涉汾扶云反水名大原音泰戎難乃旦反注同鄫爲于僞反而呼火故反而還音旋

經十七年英氏於京反滅項胡講反國名魯滅之

也二傳以爲齊滅千卞皮彥反 傳十七年爲徐于爲反子
圉魚呂反 爲質音致下同 而妻士計反下同 梁嬴音盈下同 孕以證反懷
孕子曰過古禾反 卜招之遥反 大卜音泰 宦女音患 好内呼報反 内
嬖必計反 長衛丁丈反下注同 少衛詩照反 公子潘判丹反 華子
戶化反 屬孝公音燭 共姬音恭本亦作恭 寺人貂音彫 易牙音亦
爲長丁丈反 夜殯必刃反 經十八年于甗魚免反又
魚偃反又音言又音彥 傳十八年以説音悦又如字 鑄兵之樹反
不勝音升又升證反 闉菟音徒 圃布古反又音布 燬吁委反衛侯之名 訾婁
子斯反下郎句反又郎鉤反 經十九年嬰齊於盈反 雖與音預
下亦與同 致餼許氣反 畜產許又反 以惡烏路反 傳十九年
不復扶又反 次睢音雖 以屬朱欲反 東徑音經 譙在消反 沛

音貝入泗音四杜祠音辭或音祠六畜許又反注同爲用于僞反下爲人目又

如字注放此伯長丁丈反不降戶江反下同而復之扶又反注同一本作而復伐之伐衍

字也因壘力軌反軍壘以御如字治也詩音五嫁反迎也適妻丁歷反本或作嫡大

姒音泰下音似盍姑胡臘反脩好呼報反下同亟城欺冀反氏罷

音皮溝塹七豔反而潰戶內反經二十年郜子古報

反姬姓國字林工坌反入滑于八反傳二十年啓塞素則反洩

息列反堵寇丁古反王又音者爲邢于僞反衛難乃旦反鬭穀奴口

反於菟音烏音徒鮮矣息淺反下同召南上照反早莫音暮本亦

作暮汙辱汙穢之汙一音烏路反相時息亮反經二十一年爲

邢于僞反下爲郜同于盂音于揔見賢遍反須句其俱反傳同獻

軒建反捷在接反于薄如字傳二十一年巫尪烏黃

反祈禱丁老反或丁報反瘠病在亦反上鄉許亮反本亦作向故爲干僞反貶食彼撿反省用所景反以懲直升反戰泓烏宏反任宿音王注同顓臾音專羊朱反風姓也本或作皆風姓大皡音泰下胡老反存濟子禮反注及下注同伏戲許宜反本或作犧又作羲封近附近之近諸夏戶雅反注及下同爲之于僞反猾夏于八反亂也叔孫豹百教反案杜注所引是叔孫婼語今傳本多作豹恐是傳寫誤也宜爲婼音勑若反紓禍音舒解也

經二十二年之比必二反升陘音刑郲人縣音玄公冑直救反主帥所類反

傳二十二年被髮皮寄反下注同陸渾戶門反一音胡困反爲質音致所妻七計反巾櫛側乙反甲稱尺證反下之稱同大叔音泰注同恊比毗志反焉能於虔反士說音悅仲孫湫子小反而御魚呂反本亦作禦可易以豉反下同兢兢居陵反本或作矜蠭芳容

反本又作蠭俗作蜂皆同蠆勑邁反一音勑戒反字林作蠆丑介反又他割反登陘本亦作升陘
縣諸音玄兜丁侯反鍪莫侯反既陳直覲反殲焉將廉反盡也
皆咎其九反不重直用反下同阻隘於賣反勍敵其京反強也胡
耇音苟為利于僞反鼓儳仕銜反又仕減反儳巖也整陳直覲反一音如
字芊彌爾反楚姓也勞楚子力報反柯澤音哥師縉音晉俘
芳扶反因也馘古獲反戰所獲踰閾音域一音況域反門限爾近如字又附近之近下同
為鄭于僞反叔詹章廉反不歿門忽反卒於子恤反無別
彼列反下同城濮音卜所殺音試經二十三年圍緡
亡巾反絀稱本又作黜勑律反傳二十三年不與音預復召
扶又反下不復戍嫁同焦夷子消反薳呂臣爲彼反不任音壬以靖
音靜其人能靖者與音餘絕句有幾居豈反重耳直龍反期

期上如字下音基下亦作朞下注末期亦音基從重耳才用反後皆同委質如字乃
辟婢亦反注同罪也屈膝辛七反不濫力暫反以逞勑景反本或作逞已
見賢遍反重發直用反下重詳同又爲于僞反又如字於難乃旦反而
校音教報也趙衰初危反顛頡戶結反魏犨尺由反臼季其久
反賈佗徒河反廧在良反咎古刀反叔隗五罪反伯儵直由反本又作
儵音同妻趙七計反下同生盾徒本反請待子絕句之塊苦對反又苦怪
反二十乘繩證反注及下皆同實敗必邁反醒星頂反曹共公音恭
聞其駢薄賢反脅絕句許業反駢脅合幹也說文云駢脅并也廣雅云脅幹謂之肋通俗云
腋下謂之脅欲觀如字絕句一讀至裸字絕句裸力果反又戶化反浴音欲薄而
如字迫也國語云薄簾也合幹古旦反負羈紀宜反相國息亮反下及注同子
盍戶臘反蚤自音早自別彼列反乃饋其貴反遺也盤飧

音孫說文云餔也字林云水澆飯也實辟之豉反竟外音境令人力呈反不蕃音煩注同息也而從之如字一音才用反同儕仕皆反等也其過王古禾反鞭弭莫爾反弓末也爾雅云弓有緣者謂之弓無緣者謂之弭右屬音燭注同櫜古力反受箭器鞬九言反弓衣無緣悦絹反惡之烏路反大咎其九反與焉音預奉芳勇反匜以支反一音以紙反器名也說文云似羹魁柄中有道可注水沃盥古緩反揮之許韋反湔也湔也音薦王音贊一音箭又音賤去上服起呂反自拘音拘如衰初危反下同見意賢遍反斷章丁緩反一級音急

經二十四年蔽於必世反之難乃旦反

傳二十四年羈絕宜反說文云馬絡頭也紲息列反馬繮也說文云係也從君才用反又如字馬繮居良反皦日古了反質信音致令狐力丁反曰衰初危反解縣戶買反廬柳力居反下力九反公子縶張立反于郇音荀畏偪

彼力反　爲文于僞反　而殺音試又如字　寺人披普皮反本又作侍人披　請
見賢遍反　女郎至音汝下皆同　田渭音謂水名　濱音賓　女爲于僞反
女中宿丁仲反下注中鈎同一本作女中宿至　夫祛起魚反　衣袂滅制反　及
難乃旦反下及注同　置射食亦反注同　仲相息亮反　行者甚衆一本
甚作其　未輯音集又七入反本亦作集　秦卒子忽反　共之音恭本亦作供　之豎
上注反左右小使也　守藏才浪反下同　里鳧須房孚反韓詩外傳云晉文公云過曹里鳧
須從因盜重耳資而亡重耳無糧餒不能行介子推割服以食重耳然後能行　盡用津忍反　求見
賢遍反下得見同　心覆芳服反下同　之守手又反又如字　懼者其衆矣
本或作甚衆矣　公遽其據反　妻趙七計反　屏括步丁反下古活反　爲嫡
本亦作適丁歷反注同　下之遐嫁反下同　從亡才用反　介音界　之推昌誰反　盍
亦戶臘反　誰懟直類反怨也　欲令力呈反　焉用於虔反　與女音汝

俞彌羊朱反下亡皮反爲滑于僞反不聽吐定反而執二子本或作而執其二子其衍字也大上音泰以蕃方元反郕霍音成毛聃乃甘反郜

雍於用反注同酆音風郇音荀邘音于凡蔣將丈反邢茅亡交反

胙才故反下注祭胙同祭側界反召穆上照反注同糾合居黝反收也常

棣丈計反字林天內反鄂五各反不方九反韡韡韋鬼反鬩于呼歷反爭訟皃毛詩傳云很也外禦魚呂反下同其侮亡甫反詩作務訟爭爭鬬之爭本又作諍

外扞戶旦反暱近女乙反親也即聾鹿工反從昧音妹用嚚魚巾反堵叔丁古反又音者不別彼列反又渝羊朱反變也頽叔徒回反

桃叔如字本或作姚亦宜音桃取櫟力狄反施者如字注同未厭於豔反又於鹽反

貪惏力南反方言云殺人而取其財曰惏近之附近之近遠之于万反王替他計反坎欿苦感反下大感反鞏縣九勇反于汜音凡後皆同好聚

呼報反鸛冠尹猛反翠鳥也惡之烏路反注同不衷音忠適也一音丁仲反注
同彼已音記不稱尺證反注及下同刺小人七賜反子臧之及一本
作之服也夫音扶自詒以支反遺也詒遺唯季反下同夏書戶雅反後夏書
皆放此其施始豉反膰焉苻袁反祭肉也周禮又作鐇字音義皆同享宋公有
加絕句禮也一本無也字讀則揔為一句告難乃旦反下同守官手又反注及下同
左鄢父於晚反將鉏仕居反後聽吐定反經二十五
年侯燬況委反惡其烏路反自為于偽反越竟音境于
洮吐刀反傳二十五年掖以音亦說文云以手持人臂曰掖惡其
烏路反文侯仇音求下卑遐嫁反隰城音習享醴音禮之宥
音又助也請隧音遂闕地通路曰隧今之延道闕地其月反皆縣音玄樞其又
反所惡烏路反欑茅才官反呼曰火故反其俘芳夫反伐鄀

音若國名字林云楚邑楮斫反禦寇魚呂反屯兵徒門反援于眷反秦人

過古卧反玉音戈析星歷反俗作拼隈烏回反而係音計輿人音餘而傅

音附注同之處昌慮反欲令力呈反掘地其勿反又其月反本又作闕其月反乃降

注江反後除注降名皆同不復扶又反爲頓于僞反諜出音牒諜間間厠

之間所庇必利反又音祕伯貫古亂反狐溱側巾反之好呼報反注同

酈之力知反原守手又反勃鞮步忽反下丁兮反壺飧音孫從

才用反舊如字徑古定反行也一讀以壺飧從徑爲經連下句乘於杜意餒而奴罪反餓也披

普皮反經二十六年于向舒亮反至巂本又作酅戶圭反注

同一音似轉反魯竟音境傳同滅夔求龜反秭歸音姊圍緡士巾反

傳二十六茲丕普悲反犒師苦報反勞也勞齊力報反下文同王

趾音止足也恐乎丘勇反下及注皆同縣罄音玄罄同罄亦作磬盡也大公音泰下及

(注同)夾輔(古洽反舊古協反)彌縫(扶容反)副使(所吏反)而道(音導)祝融(余忠反)鬻熊(音育)熊摯(音至)自竄(七亂反字林又千外反)適子(丁歷反)二十乘(繩證反)左右(如字並)寘桓(之豉反)魯援(于眷反)

僖下第七　杜氏　盡三十三年

經二十七年有好(呼報反)與盟(音預)傳二十七年

不共(音恭本亦作恭下注同)責禮也(本或作責無禮者非)於睽(苦圭反又音圭)終朝(如字注同)不戮(音六)復治(扶又反)於蔿(于委反)貫三人(音官又古亂反)飲之(於鴆反)伯嬴(音盈)幼少(詩照反下同)傳政(直專反)幾何(居豈反)三百乘(繩證反下同)先軫(之忍反)報施(式豉反注同)蒐于(所求反)被廬(皮義反下力居反)元帥(所類反注同)郤縠(本又作穀同胡木反)臣

亟欺冀反數也說禮音悅將中子面反下將上將下皆同郤溱側巾反欒
枝魯官反中行戶明反少長丁丈反執秩直乙反
經二十八年刺之七賜反殺也子叢似東反不枉紆往反畀
宋必利反與也注同譎而古穴反城濮音卜小子憖魚覲反不與音預
踐土似淺反上如字或一音杜同歃所洽反本又作唼元晅況晚反雖爲于僞反下
爲共同訟許本又作愬蘇路反陳共音恭下共公同狩于本又作守音同比
再如字王俾利反侯獳乃侯反傳二十八年汲郡音急
將中子匠反注同胥臣思徐反斂盂徐音廉又力檢反盂音于以說于
晉音悅或如字以說焉如字王音悅磔張宅反輿人音餘衆也爲將
如字又于僞反兇懼凶勇反恐懼丘勇反棺而古患反一音官乘軒許言
反大夫車報施始豉反注同報飧音孫顛頡戶結反從士才用反

爇如悅反燒也見賢遍反使者所吏反距音巨躍羊略反三百上如
字又息暫反百音陌勱也下放此跳踊徒彫反猶勱音邁乃舍如字又音捨下同
以徇似俊反門尹般音班舍我音捨藉之在亦反借也使為于僞
反公說音悅以畀必利反允當丁浪反過分扶問反伯棼扶云
反王扶粉反以間間廁之間注同讒慝吐得反乘入繩證反西廣古曠
反注同六卒子忽反注同宛春於元反又於阮反出竟音景三施始豉反
公說音悅乃拘音俱過楚古禾反背惠音佩下及注同以亢苦浪反當
也崔夭於表反背酅戶圭反丘陵險阻名也每每亡回反又梅對反舍
音捨其子搏音博手搏也而盬音古啑也其腦乃老反啑也子荅反又所荅
反又子甲反上嚮許亮反下同或作向君馮皮冰反軾音式得臣與音預寓
目音遇寄也為大夫于僞反令戒力呈反車乘繩證反下注皆同詰起吉

反朝如字注同詰朝平旦將見如字又賢遍反韅許見反王又去見反在背曰韅說文作顯革云著掖皮
靷以刃反在胷曰靷說文云軸也鞅於杖反在腹曰鞅說文云頸皮也靽音半在後曰半一云縶也
在背如字有莘所中反之虛丘魚反少詩照反注同長丁丈反注同
攻如字又音貢陳于直覲反六卒子忽反下同將中軍子匠反下及注同
師潰戶內反二旆薄貝反僑遁徒困反夾攻古洽反又音頰衡
雍於用反卷縣音權又丘權反往勞力報反故爲于僞反下丈同鄉
役許亮反本又作鄉同屬也猶屬音四音燭馬四介音界被甲皮義反步
卒子忽反傳相息亮反大輅音路彤弓徒冬反赤弓玈弓音盧
黑弓也本或作旅字非也矢千本或作玈弓十玈矢千後人專輒加也秬音巨黑黍也鬯勑亮
反香一酒也一卣音酉又音由器名爾雅云卣中尊也虎賁音奔糾逖勑歷反遠反王
慝他得反惡也三辭息暫反又如字後例放此丕顯普悲反大也休命許糾

小四ㄋ六千　春秋左氏音義之二

反注同美也三見賢遍反使攝君事並如字或讀連上奉字爲句使音所吏反非也
別於彼列反皆辯將丈反助也有渝羊朱反變也殛之紀力反本又作
極誅也下是糾是殛同畀必爾反本亦作俾使也隊其直類反隕也祚國才故反隊
隕于敏反德攻如字一音公送反瓊求營反說文云赤玉玣本又作弁皮彦反會
弁本又作瑜古外反又戶外反先戰如字又悉薦反畀余必利反與也賜女音汝
之麋亡皮反水草交曰麋宋藪素口反剛愎及逼反糞土弗問反盡
心盡力並津忍反皆從如字又才用反荅王使所吏反下前使同欲令
力呈反連轂胡木反縊而一賜反一音於計反縣絕音玄屬文音燭喜
反見賢遍反從公才用反又如字入守手又反故聽吐丁反宛濮於阮
反甯渝羊朱反近濮附近之近其衷音忠或丁仲反下同誰扞戶旦反
牧圉音目養牛曰牧養馬曰圉先期悉薦反長牂子郎反使也所吏反

歜犬市專反　華仲戶化反又如字　射而食亦反下法同　枕之支鴆反注同

左旃章然反通帛曰旃爾雅云因章曰旃　祁瞞莫干反　奸命音干　茅茷扶發反

之僑其驕反　旅凱開在反　樂也音洛　授馘古獲反　授數色主反

鍼莊其廉反　爲坐如字或一音才卧反　長吏丁丈反　吏卒子忽反

刖鍼音月又五割反　寘諸之豉反　納橐音託衣橐也　饘之然反糜也

幽隘於賣反　衣囊乃郎反　糜也亡皮反　子適丁歷反　諸侯

見賢遍反　之殺音試　泄冶息列反下音也　危疑如字一本危作佹音九委反　爲

解戶賣反注同又古買反　振鐸待洛反　正邪似嗟反　舍此音捨　公說音悅

三行戶郎反下反注同　將中行子匠反　屠音徒　擊古狄反又音計　先

蒧亡結反　今復扶又反　經二十九年　介音戒國名　黚巨廉反又音琴

陬子侯反又側留反　翟泉直歷反　大倉音蒼　大雨于付反傳同　雹

蒲學反
傳二十九年昌衍以善反饋之其媿反芻
米初俱反陳轅音袁濤塗音桃小子憖魚覲反向戌式亭反
輯睦音集又七入反以瀆徒木反上敵時掌反又如字公輿音預重發
直用反復來扶又反燕好呼報反注同三犧許宜反
經三十年魯為于偽反函陵音咸氾南音凡傳同兼家宰
如字又經念反傳三十年狄間間廁之間醫衍以善反酖衛
侯音鴆公為于偽反注同十轂音角同好呼報反周歂市專反治音也
廑音覲又音謹人名也漢書音義云古勤字也鄭氏音勤子適丁歷反過鄭古禾反
佚之狐音逸夜縋丈偽反縣城音玄焉用於虔反下焉取之同陪鄰
蒲回反益也若舍音捨又如字共其音恭本亦作供使人所吏反朝濟上如字注
同設版音板言背音佩何厭於鹽反封疆居長反伯說音悅

反爲于僞反微夫人音扶注同不知音智無與音預周公閱音悅

昌歜在感反昌蒲菹菹莊居反敖稻五刀反經三十一年

分野扶問反自爲于僞反狄難乃旦反顓頊音專許玉反之虛

起魚反傳三十一年竟界音境重館直龍反注同方

與音房下音預自洮吐刀反東傅音附盡曹津忍反樂安音洛

三行戶郎反軍帥所類反卜曰三百年曰音越或人實反非也相

奪息亮反注及下皆同夏后戶雅反下同不歆許金反以閒閒廁之閒惡

公子烏路反下同經三十二年伯捷在接反盧力於反帳

張亮反傳三十二年交使所吏反窆棺彼驗反一本作塗

柩有其救反禮云在牀曰尸在棺曰柩牛呴呼口反過古禾反又古卧反軼我

直結反又音逸籥也餘若反蹇叔紀輦反悖心必内反孟子本或作孟

号中壽音授又如字木拱九勇反合手曰拱輿師音預於殽本又
作崤戶交反劉昌宗音豪澠池縣善反又緜忍反夏后戶雅反注同皐古刀反所
辟音避南谷古木反又音欲相歡許金反又音欽本或作嵚力含反惡其烏路
反爲明于僞反經三十三年背喪音佩掎之居綺
反同陳直覲反呰子斯反隕霜于敏反傳三十三
年免冑直救反塊丁侯反鍪亡侯反大將子匠反超乘繩證
反下及注皆同師輕遣政反下同則脫他活反易也脫易以鼓反先牛
悉薦反注又以先之同犒師苦報反行賈音古獻遺唯季反步師
步猶行也從者才用反下同不腆他典反厚也爲從于僞反下爲吾子同之積
子賜反注同使遽其據反傳也傳車張戀反秣馬音末穀馬也說文作
餗云食馬穀也餼牽許氣反性腥曰餼性生曰牽原圃布古反其麋亡悲

反 以間 開廁之間 令瘷 力呈反 郊勞 力報反注同 贈賄 呼罪反
審當 丁浪反又如字 天奉 扶用反與也注及下同 可縱 子用反下同 秦施
始豉反注及下同 一曰縱 子用反 數世 所主反 背君 音佩 墨衰 七雷
反 經 直結反 萊駒 音來 文羸 音盈 三帥 所類反注同 所妻 七司反
適毋 丁歷反 不厭 於豔反又於鹽反 就戮 音六 以逞 勑領反 而拘
音俱 猶卒 子忽反 墮軍 許規反毀也 而長 丁丈反 而唾 他卧反 左
驂 七南反 以纍 律追反繫也 釁鼓 許覲反 鄉師 許亮反 不
替 他計反 一眚 所景反過也 掩大德 於檢反 復伐 扶又反 及箕
音基 別種 章勇反 曰季 其九反 使 所吏反 過異 古禾反又古卧反 鈌
耨 乃豆反鉏田也 饁之 于韓反字林于劫反野饋也 鉏也 本又作鋤仕居反 野饋
其位反餽也 冀芮 如說反 欲殺 音試或如字 殛 紀力反誅也 鯀 古本反禹父也

實相息亮反　不共音恭　采葑芳逢反　采菲芳匪反　先且居

子余反　將中軍子匠反　復與扶又反重也又音服還也　軍行戶剛反　桔

戶結反　柣大結反　覆于芳服反注同　之汪烏黃反他也　髡苦門反　屯

徒門反　斂而力豔反　鄶城古外反　夾古洽反一音古協反　泜音雉又直里反王又徒死

反　東徑音經　而陳直覲反注同　紓我音舒緩也一音直呂反　費財芳味

反　遁矣徒困反　簡編必連反又布千反　倒錯丁老反　而祔音附　以

上時掌反　烝之承反　嘗禘天計反

文上文公名興僖公子母聲姜謚法慈惠愛民曰文忠信接禮曰文　第八　杜氏　盡十年

經元年來錫星歷反　其比必利反例也又如字　喪邑息浪反　君

頵憂倫反又丘倫反　傳元年能相息亮反　見其賢遍反下

注孤見同　食子音嗣注同　難也乃多反又如字　供俱用反　養余亮反　期之日

居其反朞同不愆起虔反不悖必內反毛伯衛來錫公命一本作王使又一本作天王使緐訾子斯反新汲居及反諒闇音良又音亮且居子余反陳共音恭更伐古孟反又音庚大甚音泰又如字彊戚居良反注同尚少詩照反下文同蠭目本又作蜂芳逢反豺聲仕皆反江芊亡氏反杜云江芊成王妹史記以爲成王妾曰呼好賀反發聲注同役夫如字役夫賤者稱者稱尺證反殺女音汝大事謂弑君申志反一本無此注宮卒子忽反從子玉如字又才用反熊蹯音煩掌也不瞑亡丁反又亡干反未斂力驗反大師音泰而環如字又音患舊好呼報反下及注同要結於遙反外援于眷反秦帥所類反芮良夫如銳反之詩大雅桑柔篇有隧音遂道也敗類必邁反注同蹊音兮徑古定反誦言似用反湣亂音昏本亦作昬覆芳服反畀必爾反本亦作俾注同復使扶又反經二年

彭衙音牙不見賢遍反郃陽戶納反族去起呂反常稱尺證
反厭不於涉反士穀戶木反本又作穀同垂隴力勇反有收如字及手又反
大廟音泰注及傳大廟同躋僖子兮反升也廟坐才卧反又如字玄纁許云反
傳二年禦魚呂反將中子匠反趙衰初危反郤溱側巾反
鞠居九六反故蚩尺之反因呼火故反狼瞫尺甚反字林式衽反公乘
繩證反盍死戶臘反死處昌慮反與女音汝爲難乃旦反共用
音恭注同不得復扶又反既陳直覲反遄市專反疾也沮在汝反止也王
赫火百反重施式豉反必辟音避毋念音無注同以厭於涉反注同塡
也士蔿于委反書士穀本或作書曰晉士穀爲衛于僞反令居
力呈反閔上時掌反一本無上字夏父戶雅反昭穆上遥反後昭穆之例放此又
長丁丈反年少詩照反不先悉薦反下不先皆同先鯀古本反禹父先

契息列反殷始封之君 不窋知律反不窋后稷之子 不肖悉召反 匪解佳賣
反 不忒他得反荎二也 邶風音佩 不知音智下同 塞關悉再反 販
席甫万反 藻棁章悅反 祀爰居爰居海鳥也爾雅一名雜縣樊光云似鳳皇爰居事
見國語莊子云魯侯御而觴之于廟 公子成音城本或作戍音恤 轅選息兖反 取汪
烏黃反 爲穆公于僞反 好舅呼報反注同 娶七住反 元妃芳非反
粢盛音咨下音成 適夫人丁歷反 共祭音恭
經三年 伐沈尸甚反 沈潰戶內反 平輿音餘一音預 爲赴于僞
反又如字本或作來赴 雨于付反注及傳同 螽音終 而惰徒火反傳注同 天祐音又
傳三年 輕走如字又遺政反 逃竄七亂反 爲衛于僞反 大陽
音泰 不解佳賣反下同 采蘩音煩 于沼之紹反 于沚音止 以共
音恭 詒厥以之反 詒遺唯季反下同 隊而直類反 之帥所類反 兵

解音蟹又佳買反　菁菁子丁反　者莪五多反　樂且音洛下文何樂小國之樂同　還上時掌反又如字　嘉樂戶嫁反下如字注同

經四年　甯俞羊朱反　祔姑音附

傳四年　雨壞音怪　圍邧顏晚反一音元　爲之于僞反下文注爲賊爲哥皆同　去盛起呂反　饌仕眷反　不矜居陵反　爰究音救謀也　爰度待洛反亦謀也注同　湛露直減反　彤弓徒冬反　肄業以二反習也注同依字作肆　詳不音陽一音祥　宴樂音洛下注宴樂同　不睎音希　所愾苦愛反恨怒也　旅弓音盧　以覺音角　舊好呼報反　辱貺音況　取戾力計反罪也

經五年　歸含本亦作含戶暗反口實也珠玉曰唅說文作琀云送終口中玉　且賵芳鳳反車馬曰賵　召伯上照反　入鄀音若　盧江力居反

傳五年　公子燮息協反　滅蓼音了字或作鄝音同　皋陶音遙　甯嬴音盈　沈漸似廉

反注同　滯溺一本作滯弱　元爽苦浪反　其行下孟反　其難乃旦反　軍帥所類反下同　蒐于所求反　經六年　侯驩呼官反　郤共音恭　狐射姑音亦一音夜　不告月月或作朔誤也　故闕不告朔本或作苦月

傳六年　舍二軍音捨注同　軍帥所類反下同　將中子匠反　趙盾徒本反　過溫古禾反　當也丁浪反　辟獄婢亦反後同者更不音　逋逃補吾反　舊洿音烏本又作汙同　大傅音泰下同　賈佗徒何反　從文公才用反　求好呼報反　且娶七住反　越竟音境　自爲于僞反　任好音壬　子車氏音居　中行音仲本亦作仲下戶郎反　鍼虎其廉反　爲殉似俊反殺人從死曰殉字林弋絹反　爲之賦于僞反下注爲立聲教爲作善言同　猶詒以之反　殄瘁似醉反病也　王者如字一音于況反　聖知音智　分之扶問反注同　話言戶快反善也　度量音亮

引道音導下同以遺唯季反不復扶又反注同焉用於虔反從
者才用反卒得寸忽反三思息暫反公少詩照反注同以難乃旦反注
及下皆同長君丁丈反下皆同好善呼報反下皆同且近附近之近必杼直呂反又
時呂反除也公子樂音岳一音洛嬖於必計反辟也匹亦反又作僻下同社祁
巨之反讓偪彼力反姞其吉反又其乙反季隗五罪也故復扶又反下將復怨
亞卿於嫁反諸鄍婢支反軍帥所類反下命帥同使臾羊朱反駢
蒲賢反又蒲丁反其帑音奴妻子也欲盡津忍反介人音戒因也非知
音智帥扞戶旦反諸竟音境爲民如字治也或于僞反非也
經七年須句其俱反郲復扶又反易也以豉反城郚音吾
郲難乃旦反王臣如字往方反本或作王臣令狐力呈反殷適丁歷反本亦作
嫡諱背音佩于扈音戶卷縣音權又丘權反分別彼列反書將

子匠反帥所類反涖盟音利又音類傳七年閒晉
之間或如字難也乃旦反注同寘文之豉反下同大皞音泰下戶老反鱗矔
古亂反華禦事魚呂反本又作御音同將去起呂反下及注同庇必利反又悲位反下同
同廕矣本又作陰於鴆反葛藟力軌反本或作蘽能蘽類龜反蔓
音万廕麻許求反又作庥本為比必爾反舍司馬音捨下同子卬五郎反
之難乃旦反穆嬴音盈舍嫡丁歷反本亦作適同將焉於虔反下焉用同
而屬音燭畏偪彼力反乃背音佩箕鄭音基居守手又反下注同
將中子匠反下注同步招上遥反堇陰音謹一音勤卒然寸忽反而
復扶又反先人悉薦反有奪人之心本或此下有後人待其反誤訓卒
子忽反秣馬音末蓐食音辱刳首苦胡反之使所吏反為寮
本又作僚力彫反為賊于僞反下為同寮同芻初俱反蕘音饒中行戶郎反下同

惡有烏路反　酆舒芳忠反　狄相息亮反　戴己音紀音祀　其
娣大計反　難也乃多反　則爲于僞反下且爲自爲同　鄢陵於晚反　舍
之音捨注同　復爲音服又扶又反　用休許虯反注同　不樂音洛　盍使戶臘
反　說之音悅　經八年　衡雍於用反　會雒戎音洛本或作伊
雒之戎此後人安取傳文加耳　宜去起呂反　不舍音捨　傳八年　解
揚音蟹　中屬丁仲反　令鄭力呈反　皆見賢遍反　且復扶又反
公壻音細俗作聟　之竟音境下注同　能相息亮反　適祖母丁歷反
效節戶教反致也　士穀戶木反　將中子匠反　從己才用反　蒯得苦怪
反　爲明于僞反　經九年　以共音恭本亦作供下同　之襚音遂
衣服曰襚說文作裞云贈終者衣被曰裞以比襚爲衣死人衣　僻陋匹亦反　曹共音恭
傳九年　君少詩照反下注同　狼陂彼皮反　公子尨莫江反　以懲

宣升反不愘苦各反言爲于僞反公子茷扶廢反厭貉武百
反執幣傲本又作慠五報反注下同從子才用反若敖五刀反奉使
所吏反諸夏戸雅反方嶽音岳接好呼報反下文注同
經十年公與音預斂力驗反稱將子匠反帥所類反女栗音汝
一音如字頃王音傾傳十年少梁詩照反下注同夏陽戸雅反北
徵如字三蒼云縣屬馮翊音懲一音張里反裔似尹必反強死其丈反城濮音卜
毋死音無縊一豉反而縣音玄王使所吏反沿漢悅專反順流曰沿泝
江息路反逆流曰泝入郢以井反又以政反渚宮章呂反水中可居者曰洲小洲曰渚洲音州
令復扶又反見賢遍反麇子九倫反勞且力報反遂道音導大
藪素口反睢陽音綏右盂音于獵陳直覲反弋陽以職反兩
甄吉然反命夙眉病反載燧本又作遂音遂取火其扶其恥乙反以

徇似俊反　子舟音州　不茹如呂反　詭隨九委反

文下第九　杜氏　盡十八年

經十一年伐麇九倫反　叔彭生叔又作紂本或作叔仲彭生仲衍字　郤缺丘悅反　子鹹音咸

傳十一年復伐扶又反　錫穴音羊本或作錫星歷反　來見賢遍反　鄋所求反說文作鄋云北方長狄國也在夏爲防風氏郯爲汪芒氏字林鄋一音先牢反　瞞莫干反鄋瞞狄國名　漆姓音七　叔夏户雅反　駟乘四又時證反注及下皆同　僑如木又作喬其驕反　蓋長如字又直亮反　摏舒容反衝也　其喉音侯　以戈古禾反　其處昌呂反　而名如字或亡政反　御之魚呂反本亦作禦　耏班音而　征稅舒銳反　滅潞音路　且壽如字一音授　之種章勇反　郕音成　朱儒如朱反　夫種音扶　弗徇似俊反順也

經十二年見公賢遍反　復稱扶又反一音服　舍夷音捨　皆陳直覲反　蒲坂音反　及鄆

姑幕音莫負亭音云一音運本又作鄖音同

傳十二年郕郜音圭不復扶又反見其賢遍反未笄古兮反之好呼報反注及下皆同重之直用反珪璋音章不腆他典反儌福古堯反要也儌要於堯反下同瑞節垂僞反以藉在夜反薦也注同厚賄呼罪反秦爲于僞反令狐力丁反將中子匠反下皆同臾駢步邊反欒力官反盾徒本反步招上遥反深壘力軌反曰穿音川年少詩照反且惡烏路反輕者遣政反肆焉音四禱求丁考反一音丁報反裹糧音果軍帥所類反散位悉但反致爭爭鬬之爭未憖魚覲反又魚轄反缺也方言云傷也字林云閒也牛吝反使者所吏反將遁徒困反薄諸蒲莫反下同必敗卑賣反復侵扶又反

經十三年

蘧其居反蒢文居反大室音泰注及傳同于沓徒荅反于棐方屠

反又非尾反傳十三年詹嘉章廉反之塞悉代反令

帥力呈反華陰户化反潼關音童難日乃旦反下人實反中行户郎

反注同始將子匠反其知音智其帑音奴躡士女涉反與夫音扶

若背音佩下同繞朝如字又張遥反以筴本又作策初華反馬檛也馬檛張瓜

反馬杖也王鄒華反字林作箠云箠也竹瓜反譟而素報反而還音旋劉累劣彼反

于繹音亦鄒縣側留反必與音預傳世直專反傾頹大回反以

見賢遍反鰥寡古頑反欲爲于僞反下皆同鄘風音容三捷息暫

反又如字下在接反經十四年侯潘判干反星孛音佩徐扶憒反嵇康

音渤海字彗也嵇似歲反一音雖遂反既見賢遍反捷菑側其反不度

特洛反之竟音境單伯音善爲魯于僞反王使所史反

傳十四年頃王音傾公閲音悦懲不直升反妃齊音配本亦作配

驗仕斂反[illegible]　施於式豉反　數也音朔　盡其津忍反　貸於公音特又音忒注

殺舍如字又音試　多畜勑六反本亦作蓄　憾本又作感戶暗反恨也　將復扶又反

宋殺音試下同　八百乘繩證反注同　玃俱縛反徐居碧反　且子餘反　長丁丈反下

注同　立適丁歷反　聃啓乃甘反　儀守手又反　舒蓼音了　而還音旋　盧

力於反又音盧注同　戠黎側立反　子燮昔協反　麇九倫反　己氏音紀又音祀　爲

請如字一音于僞反下以爲請同十五年亦放此　使與音預　盡室津忍反　以復扶又反　尚少

詩照反　立難乃多反又如字　汗君汗辱之汗　告難乃旦反　夫己氏音扶己音紀　焉

用於虔反　經十五年　華孫戶化反　奉使所吏反　皆從才用

其郛音孚郭也　傳十五年　爲單于僞反下爲孟反下注爲惠叔皆同　皆從

才用反注旅從同又音如字　執幣音至　率多所類反又音律　使重所吏反　亞

旅於嫁反　長庶丁丈反　寘諸之豉反　竟上音境　不殯必刃反

卞人皮彥反期年居其反爲孟于僞反共仲音恭聲己音紀史佚音逸毋絕音無仲說音悅聞於國音問或如字下同孫蔑亡結反遠於于万反下同于句古侯反鼆本又作黽莫幸反戾丘力計反去盛起呂反饌仕眷反等差初佳反又初宜反爲魯于僞反下似爲同拘執音俱不與音預下同怠解佳賣反而還音旋王使所吏反下王使同且數音朔齊難乃旦反下注同惡其烏路反爲公于僞反己則音紀王使所吏反女何音汝相畏息亮反又如字以守手又反

經十六年郪丘音西又七西反壞之音怪巴人必麻反杵臼昌呂反下強柳反

傳十六年魯爲于僞反君閒如字疾差也瘳也勑周反差也伯禽至僖公十七君史記魯世家魯公伯禽子考公酋弟煬公熙子幽公宰弟魏公費子厲公擢子獻公具子順公濞弟武公敖子懿公戲弟孝公稱子惠公弗皇子隱公息姑弟桓公允子莊公

同子閔公門兄僖公申十七也魏公世本作徽公順公一作慎公 故壞音怪 大饑音飢音機 眥

枝子斯反 麇九倫反 百濮音卜 於選息兗反又息戀反 阪高音反一音扶板反

反 蔿賈于委反 無屯徒門反 聚才住反又如字 見難乃旦反一音如字 自

盧力於反又音盧 振廩力甚反倉也 句古侯反 澨市世反 揚窗初江反

王卒子忽反 潘尩烏皇反 可克本或作可擊 蚡扶粉反 冒莫報反杜

云蚡冒楚武王父也史記楚世家云蚡冒卒弟熊達殺蚡冒子而代立是爲楚武王與杜異 服陘音刑 隰

音習 皆北如字軍走曰北一音佩 唯裨婢支反 儵直留反 乗馹人實反傳

車也 傳車丁戀反 二隊徒對反注同部也 石溪苦兮反本又作谿 子貝

補蓋反今俗本多作貟音云 自仞人愼反 子鮑步卯反 以上時掌反 不饋

其媿反 詒也以支反又以志反遺也 不數音朔注同 而豔移驗反 鮑適丁歷

反 之施式豉反 鱗矔古亂反 公子朝如字 所庇必利反又悲位反 姑

紓音舒緩也　盂適戶臘反　之稱尺證反　其難乃旦反　帥甸徒遍反　故重直用反　蕩虺況鬼反　經十七年西鄙西當作北出注　見殺音試本或作弒下同　傳十七年齊難乃旦反下及注皆同　黃父音甫　黑壤如丈反　遂復扶又反注同　不與音預　執訊音信　侯偕音皆　言汲汲音急　之適丁歷反　以蒧勑展反勑也　前好呼報反一本作事　比近毗志反　一朝直遙反　再見賢遍反　餘幾居豈反　所菻虛求反　蔭於鴆反　鋌而他頂反疾走皃　蔭芘必利反又悲位反本或作菻　於儵直留反　之竟音境　爲齊于僞反　鞏朔九勇反　爲質音致下同　甘歠昌欲反　邥垂音審　語偷他侯反苟且也　經十八年伯罃於耕反　爲介音界　諱殺申志反本或作弒　之稱尺證反　傳十八年欲令力呈反　先師悉薦反下同　見於賢遍

反邴音丙又彼病反歜昌欲反乃掘其卧反又其月反而刖音月又五刮反斷其
丁管反職驂七南反乘繩證反注同以扑音十反字宜從手作木邊非也挟職
敕乙反擊也扑華市燊反又之燊反感激古歷反女妻音汝舍爵
音赦置也惡懿烏路反敬嬴音盈嬖必計反宣公長丁丈反而
屬音蠋仲見賢遍反何聽吐定反復發扶又反過市古未反又
古卧反殺適丁歷反季佗徒何反諸竟音境大史音泰失隊
直類反之養餘亮反鷹於陵反鸇之然反說文止仙反字林巴仙反度功
待洛反注及下同以食音嗣也注同養壞法音怪匱也女力反還觀音旋
去之起呂反帝顓音專頊許玉反苗裔以制反隤徒回反敳
五才反一音五回反韋昭音見檮直由反韋昭音投戭以善反漢書作戭韋昭巳震反尨降
莫江反下江反皐陶音遥八愷開在反和也帝嚳苦毒反伯奮

大口六千五　二十　雲

甫問反 仲熊音雄 季貍力之反 稷契息列反依字當作偰古文作卨 熊羆彼皮反 宣徧音遍 不隕下敏反隕隊也 隕隊直類反 以揆葵癸反 契作斯列反 諸夏戶雅反 好行呼報反 頑嚚魚巾反心不則德義之經為頑口不道忠信之言為嚚 比周毗志反比近也周密也 渾戶本反 敦徒本反渾敦不開通之皃 驩呼端反 兜都侯反 少皞詩照反注同下胡老反 蒐所留反 慝他得反惡也 回邪似嗟反 窮奇其宜反其行窮其好奇 共工音恭 其行下孟反 其好呼報反 話言戶快反善也 舍之音捨 傲五報反 很戶墾反 檮徒刀反 杌五忽反檮杌頑凶無儔匹之皃 謂鯀古本反 能去起呂反注及下皆同 盈厭於豔反 窮匱其媿反 饕他刀反貪財曰饕 餮他結反貪食曰餮 闢四婢亦反 四窻七工反本亦作聰 以禦魚呂反 螭勑知反山神獸形 魅亡備反說文作彪云老精物也彪或從未 戴舜多代反 十六相息亮反下注同 去四起呂反 數舜色主

反愼徽許歸反美也㵼稱古歷反宋武氏之族本或作武穆之族者後人取下文妄如也道昭音導向魚舒亮反宣上宣公名倭一名按又作委文公子母敬嬴諡法善問周達曰宣第十杜氏盡十年

經元年喪取七喻反本亦作娶卿爲于僞反宥之音又牟縣亡侯反趙盾徒本反棐林芳尾反非好呼報反侵崈音崇本亦作崇

傳元年尊稱尺證反舍族音捨簒立初患反得復扶又反爲立于僞反下同陳共音恭解揚音蟹秦急崈絶句必救之本或作崇急秦必救之是後人改耳侯後昌氏尸氏二反驟諫仕救反

經二年鄭爲于僞反下同夷皐古刀反

傳二年命於楚本或作受命于楚非也元帥所類反見贖食欲反十乘繩證反下皆同俘二芳夫反馘百古獲反本或作馘百人者人衍字狂狡古卯反輅

大百八十字

鄭五嫁反迎也注同倒戟丁老反宜其禽也一本作宜其爲禽果毅魚既反著於心直略反食士音嗣羊斟之金反不與音預私憾戶暗反本又作憾注同敗國必邁反又如字殄民大典反以逞勑領反叔牂子郎反爲植直吏反注同將主也將主子匠反謳曰烏侯反睅戶板反出目也說文字林云大目也蘇林云寢視不安皃孟康云猶分然也皤步何反大腹也于思于思如字又西才反多鬚皃賈逵云白頭皃棄甲復扶又反來力知反又如字以協上韻多鬚字又作鬚脩于反驂乘七南反犀音西兕徐里反則那乃多反丹漆音七不吝力刃反其咎其九反陸渾戶昏反而惡烏路反其難乃旦反將斃婢世反國以殺申志反厚斂力驗反彫牆本亦作彫下在良反彈人徒丹反胹音而煑也熊蹯扶元反寘諸之豉反畚音本草器也草索素各反之管九呂反見其手一本作首及溜力救反屋

霤也　鮮克息淺反少也下同　衮職古本反　鉏仕俱反　麑音迷一音五兮反　鬭矣婢亦反　盛服音成本或作成　而睡垂僞反　觸槐音懷又音回　飲趙於鴆反　祇本又作提上支反　彌明面支反　遂扶以下舊本皆作扶房孚反服虔作䟫先典反云徒跣也今杜注本往往有跣者　公嗾素口反說文云使犬也服本作㖩　夫音扶　獒五羔反杜云猛犬也尚書傳云大大也爾雅云狗四尺爲獒說文云犬知人心可使者　明　槫音傅　翳桑於計反　多蔭音陰又於鴆反　食之音嗣下同　舍音捨　以遺唯季反下注同　簞食音丹笥也　笥也思嗣反　諸橐他洛反　既而與音預　公介音界　以御魚呂反　趙穿攻如字本或作弒　竟　之音境下文注同　聞公弒申志反　大史音泰　爲法于僞反注同　黒　臀徒門反　無較音角　麗姬力知反　詛無側慮反　之適丁歷反本又作嫡下注同　爲置于僞反　公行戶郎反注及下同　以括古活反　中子

如字又丁仲反屏季步丁反見偪賢遍反旄車音毛一本作軞爲衰
初危反經三年傳三年復發扶又反及
郔音延周疆居良反勞楚力報反昔夏戶雅反鑄鼎之樹
反著之張慮反舊直略反螭勑知反山神也魅亡備反本又作彫怪物也罔亡丈反
兩本又作蜽音同罔兩水神也說文云山川之精物也天休許虯反下同天祐音又載祀
杜云皆年也爾雅云商曰祀唐虞曰載周曰年夏曰歲商紂直九反天祚才故反所底
音旨致也郟古洽反鄏音辱燕姞其乙反又其吉反伯儵直留反爲女
音汝人服媚亡冀反欲令力呈反陳嬀九危反子臧作郎反酖
之直蔭反及葉式涉反子俞音揄惡瑕烏路反下同從晉如字
又才用反石癸居揆反必蕃音煩下同亢龍苦浪反將鉏仕俱反大
宮音泰注同刈蘭魚廢反經四年及郯音談取向

舒亮反　承縣韋昭之甑反音承又音拯　稻卒徒老反

傳四年不治直吏反　獻黿音元　將見賢遍反　將解如字又音蟹

及食音嗣　染指如琰反　先公悉薦反　爲難乃旦反　畜老許又反注

同王許六反　猶憚徒旦反難也　御亂魚呂反　去疾起呂反下皆同　豎長

丁丈反　而舍音赦下同　於難乃旦反　餒而奴罪反餓也　鬬般音班　蔿

賈于委反　賈爲于僞反　椒處昌慮反　又惡烏路反注同　圄魚呂反囚

也　伯嬴音盈　轑陽音遼　烝野之承反　爲質音致　鄣音章　澨

市制反　皐滸呼五反　伯棼扶云反　射王食亦反下同　汏他末反過也

輈陟留反車轅也　鼓跗芳扶反　著於直略反　鉦音征　以貫古亂反

笠音立　轂古木反　於䢵本又作鄖音云國名　畜于許六反養也　夢中

音蒙又亡貢反　乳之如主反　乳穀奴口反　於音烏　菟音徒　妻伯比

七計反　箴尹之金反　使於所吏反　自拘音俱　經五年不

與音預　小斂力驗反　傳五年強成其丈反　厭尊

於涉反　累其劣僞反　自爲于僞反　以別彼列反　廟見賢遍反下

同　遣使所吏反　經六年　傳六年數戰所角

反　其貫古患反習也注同　可殪於計反　爲于僞反下注同　召桓上照

反　曼滿音万　伯廖力彫反　蔀步口反又普口反　闚其苦規反　闃其

苦鵙反　不覿徒歷反　閒一閒廁之閒　經七年　伐萊音來

不與音預　黑壤如丈反　傳七年　脩好呼報反　不與音預

下及注與謀同年末不與放此　應命應對之應　倒別彼列反下注同　向陰舒亮反　故

相息亮反　同歃所洽反又所甲反　以監古銜反

經八年大廟音泰傳同　爲繹于僞反　省文所景反　魯竟音竟

猶繹去起呂反注及傳同籥羊略反管也音管惡其烏路反聲

聞音問又如字傳八年秦諜徒協反間也今謂之細作絳市

古巷反楚爲于僞反疆之居良反汲滑于八反納如銳反一音如悅反會

稽古外反下古兮反楚疆其良反蠱疾音古喪志息浪反葛茀

方勿反引棺索也引柩其又反經九年竟外音境洩息列反冶

音也傳九年加諷方鳳反厚賄呼罪反字林音悔言易以豉

反無將子匠反帥所類反夏姬戶雅反皆衷音忠王丁仲反懷也其

衵女乙反一音汝栗反說文云日日所衣裳也字林同又云婦人近身內衣也仁一反御叔如字一音魚呂反

近身附近之近無儌戶敎反具聞如字一音問弗禁居鴆反又音金多

辟本又作僻匹亦反注同邪也立辟婢亦反法也注同辟邪似嗟反下同危行下孟

反言孫音遜爲厲于僞反事見賢遍反柳棼力手反下扶云

反

經十年濟西子禮反　略見賢遍反下同　陳夏戶雅

反　取繹音亦　傳十年崔杼直呂反　其偪彼力反　守

臣手又反　之使所吏反注同　恩好呼報反　夏氏戶雅反　似女音汝　其

殹居又反　射而食亦反　斲子竹角反　經十一年楚復

扶又反下復封陳同　于欑才端反　函音咸　播蕩補賀反又如字

傳十一年及櫟力狄反　兵爭爭鬬之爭　我焉於虔反　夏楚

盟于辰陵本或作楚子　諸鄢音延　艾獵五蓋反下力涉反　城沂

魚依反　無慮如字一音力於反廣雅云無慮都凡也　板幹古旦反本亦作榦楨也　楨

音貞也　畚築音本　盛土音成　爲作于僞反又如字　基趾音止　略行

下孟反　具餱音侯乾食也　糧音良　乾食如字一音嗣本或作乾飯　度有

待洛反　監主古銜反　不愆起虔反過也　潞氏音路　以創初亮反　爲

陳于僞反　少西詩照反　轘諸音患車裂也　使於所吏反　皆僭子念反　女獨音汝　以蹊音兮徑也　徑也古定反　吾儕仕皆反輩也

乃復扶又反　夏州戶雅反　又徼古堯反

經典釋文卷第十六

經四千四百九十六字
注九千四百八十三字

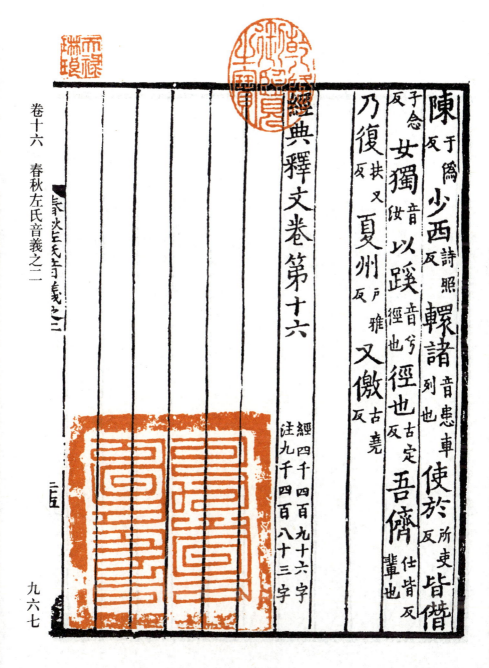

五福五代堂古稀天子寶

八徵耄念之寶

太上皇帝之寶

五福五代堂古稀天子寶

八徵耄念之寶

太上皇帝之寶

經典釋文卷第十七

春秋左氏音義之三　起第十一　盡第十五

唐國子博士兼太子中允贈齊州刺史吳縣開國男陸　德明　撰

宣下第十一　杜氏　盡十八年

經十二年又傲古堯反于郔扶必反一音弼成陳直覲反背盟蒲對反下注同

傳十二年十臨徐力鴆反哭也下注同大宮音泰注同守陴婢支反徐扶移反僻普計反倪五計反復圍扶又反注同故爲于僞反于逵求龜反塗方九軌也爾雅云九逵謂之逵說文作馗云九逵道似龜背故謂之馗逵或馗字肉祖徒旱反所祐音又其俘芳夫反因也海濵音賓其翦子淺反削也前好呼報反注同厲宣鄭桓公友周厲王之子宣王之母弟桓武鄭武公名滑突桓公之子不泯彌忍反徐亡彰反滅也要福於遥反九縣莊十四年滅息十六年滅鄧僖五年滅弦十二年滅

黃二十六年滅夔文四年滅江五年滅六滅蓼十六年滅庸傳稱楚武王克權使鬭緡尹之又稱文王縣申息凡十一國不知句以言九能下遐嫁反可幾音冀潘尫烏黃反出質音致將中子匠反下反注並同下沈尹將將左將右皆放此先穀戶木反本又作穀音同彘季直例反臾羊朱反駢蒲邊反鞏朔九勇反而勦初交反勞也徐又于小反焉用於虔反觀釁許靳反罪也服云間也不爲于僞反注同不罷音皮怨讟徒木反謗也此陳直覲反下同工賈音古而卒子忽反注同乘繩證反注皆同輯睦音集又七入反不奸音干犯也蔿敖于委反追蓐音辱挾輈胡牒反又古洽反一音古協反蹋伏徒臘反爲幡芳元反見騎其寄反旌識申志反一音志後勁吉政反殿丁練反別也彼列反等差初佳反又初宜反攻昧音妹仲虺許鬼反侮亡亡呂反左相息亮反汋曰章略反於音烏鑠舒若反美也耆昧也音旨致也

徐又其夷反老也注下同無疆居良反以務烈所絕句軍帥所類反下及注有帥元帥三帥同知莊音智否臧子郎反故應應對之應川壅於勇反本又作雍注皆同夭且於表反飲馬於鴆反嬖人必計反字林方豉反伍參士南反反旆蒲貝反大旆也南鄉本又作嚮同許丈反剛愎皮逼反很也愎很胡墾反誰適丁歷反敗乘繩證反於管古緩反熒陽管城管叔所封也本或作管古顏反非也在敖五力反山名鄗苦交反山名皇戌雖律反使如所吏反師驟仕救反敗楚必邁反不易以豉反申儆敬領反紂之直九反蚡扶粉反冒莫報反華路音必藍力甘反縷力主反箴之章金反誡也不匱其位反要也一遙反二廣古曠反下及注皆同一卒子忽反注同五乘繩證反下同復以扶又反下不復逐同序當其次一本作序當其夜知季音智荀首後爲智氏原屏步丁反必長丁丈反身行下孟反少宰詩召反注及下同

夾輔古洽反舊古協反　毋廢音無　候人戶豆反　謂伺音司一音息嗣反　爲諂勑檢反　單車音丹　挑戰徒了反下文同　羣帥所類反　摩末多反近也　壘力軌反　摩近附近之近　左射食亦反下三字同　以菆側留反矢之善者　兩馬徐云或作柄皆力掌反或音亮飾也　掉徒弔反徐乃較反正也　鞅於丈反　示閒音閑　折之設反注同　馘古獲反　斷耳音短　麋興亡悲反　麗著直略反　從者才用反下從者同　魏錡魚綺反　魏犨尺周反　欲敗必邁反又如字　請使所吏反　及滎戶扃反　射一食亦反　於鮮音仙注同　二感胡暗反　能好呼報反下同　喪師息浪反　儆警音景　儆去起呂反　七覆扶又反注同　帥將如字又子匠反　七處昌慮反　爲乘繩證反下三十乘元戎十乘升注皆同　而說舒銳反注及不同　屈蕩居勿反　楚王更音庚　迭直結反　搏之音博　使軘徒溫反　使騁勑景反　出陳直覲反下注皆　先人悉薦

反注及下同 卒奔 子忽反下及下注同 可掬 九六反兩手曰掬 右拒 音矩本亦作矩下同

唐狡 古卯反 四十乘 繩證反下從之乘并注易乘同 君萃 似醉反集也 殿其

多練反注同 廣隊 直類反 甚之 其器反教也 脫扃 古熒反徐公冥反車上兵闌也

服云扃橫木校輪間一曰車前橫木也西京賦云旗不脫扃薛綜云扃所以上旗也 不帆 凡劒反本又作帊普霸反 差

輕 初責反 之數 所角反 二子乘 繩證反 趙傁 素口反老稱 老稱

尺證反 尸女 音汝 皆重 直龍反 知罃 於耕反 還戰 音環 廚武

直誅反 毋射 食夜反又食亦反 抽擢 直角反 可勝 音外 池陂 彼宜反

射連尹 食亦反下同 將不 子匠反 楚重 直勇反又直用反注上重字同 輜車

側其反 重也 直用反 衡雍 於用反 君盍 戶臘反 京觀 古亂反注

及下京觀同 載戢 側立反藏也 載櫜 古刀反韜也 韜也 他刀反 時夏

戶雅反注同 耆定 音旨注同致也 鋪時 普吳反徐音敷布也 繹思 音亦陳也 屢

春秋左氏音義之三　三

豐力注反數也注同　屢數所角反下數致同　㬥骨蒲卜反本或作曝　焉得
於虔反　而強其丈反　鯨其京反大魚名　鯢五兮反大魚也　以懲直升反　淫慝
他得反　史佚音逸　毋怙音無下音戶　以要一遥反　瘼矣音莫病也　者也
夫音扶　渥濁於角反　城濮音卜　未歇許謁反盡也　國相息亮反下熊相同
喜見賢遍反　不競其敬反　以重直用反　宜僚了彫反　蕭潰戶內反
拊而芳甫反撫慰之也　如挾戶牒反　纊音曠緜也　言說音悅　遂傅音附
還無社音旋　司馬卯馬鮑反　號申叔徐戶到反一音戶刀反呼也　麥麴去六
反　山鞠起弓反　以禦魚呂反下同　不解音蟹下同　眢井烏丸反眢井廢井也字林云井無水
也一皮反　而承拯救之拯注同　茅絰直結反　則已音紀舊音以　乃應應對之應　號而
戶刀反哭也注同　無守手又反　宋為于偽反　有約於妙反又如字　陳共音恭舊
好呼報反　欲背音佩十四年經注同　經十三年　傳十三年

累及劣僞反 使人所吏反 我說如字又音悅 以說音悅又如字 而亢苦浪反
反禦禀也 誰任音壬 經十四年 傳十四年 縊而一賜反
復室扶又反 以妻七計反 爲郯于僞反 蒐焉所留反 簡閱音悅
中行戶郎反 質於音致 子馮皮冰反 惡宋烏路反又烏洛反 挾宋勑乙
反 宋聾力工反暗也 晉使所吏反下殺其使同 殺女音汝 見犀賢遍反 過
我古卧反一音古禾反 投袂面世反袂袖也 袖也徐又反 屨及九具反 窒皇直結反室
皇門闠也 魯樂音洛 薦賄呼罪反 公說音悅 經十五年 潞氏
音路 別種章勇反 王札子側八反徐又側乙反 召伯上照反 倒札丁老反 蟊
音終 稅畝始銳反 復十扶又反 蝝生悅全反字林尹絹反蟊子也劉歆云蚍蜉子也董仲舒云
蝗子 傳十五年 度時待洛反 納汙音烏注同 山藪素口反 瑾
其斬反 瑜羊朱反 匿瑕女力反藏也 含垢古口反本或作詬徐云亦音垢 爲說于僞反

解揚音蟹無降戶江反望𣟴音魯女則音汝下注而女也同無霣于敏

反廢隊也廢隊直類反其守手又反將子匠反利道音導析思歷反

骸戶皆反本又作骨公羊傳作骸何休注云骸骨也以爨七亂反炊也國斃婢世反爲

質音致酅舒芳忠反潞相息亮反三雋音俊耆酒市志反黎

民禮兮反國名復立扶又反及雒音洛魏顆苦果反有嬖必計反

必以殉似俊反本或作必以爲殉其治直吏反下治命同以亢苦浪反禦也躓而

陟吏反徐丁四反以瓜古華反衍以善反吾喪息浪反說是音悅叔向

香丈反也夫音扶能施式豉反獻狄俘芳夫反于周不敬一本一不敬

作而敖之魄普白反　經十六年留吁況于反別種章勇反

又并必政反一音如字宣謝本又作榭音同郯伯音談　傳十六年

鐸辰待洛反以黻音弗將中子匠反大傅音泰注同人遠于万反也

夫音扶 競競居陵反本亦作矜 諺曰音彥 爲毛召于僞反 之難乃旦反注同
復亂扶又反 相禮息亮反注同 殽戶交反 烝之承反 有折之設反注同
經十七年 錫我星歷反 斷道直管反一音短 叔肸許乙反 傳
十七年 齊頃音傾 跛而波可反 不復扶又反下同 欒京廬音盧
又力於反 於鞌音安 蔡朝如字 及斂徐音廉一音力漸反 孟于音于 卷楚音權
一音居免反 苗賁扶云反 皇使所吏反注及下同 不逮音代或大計反 汲汲音急 或
沮在呂反止也 君好呼報反 爲是于僞反 犯難乃旦反 將焉於虔反 不
拘九于反 復爲扶又反 [illegible]乎素協反 者鮮息淺反 庶遄市專反 如
祉音恥 鳩乎徐音貌直是反解也本又作貌注同或音居牛反非也 鳩解音解此訓見方言
嘉好呼報反下同 經十八年 子臧子郎反 人戕在良反徐又在
精反 鄗子才陵反 僭而子念反 以徵如字明也本又作懲直升及上也 至笙音生徐又

勑貞反云本作檉亦作朾案徐後音是依二傳文 魯竟也音境 傳十八年盟于繒才陵反 爲質音致 解緌佳責反 曰弒音試注同弒字從式殺字從殳他皆放此 以別彼列反 一朝如字 卒暴寸忽反 欲去起呂反下注將去並同 以張如字一音陟亮反 殺適丁歷反注同 大援于眷反 仲也夫音扶 請爲于僞反 壇帷音善除地爲墠而張帷也 於介音界 袒音但 括髮古活反

成上成公名黑肱宣公子謚法安民立政曰成第十二 杜氏 盡十年

經元年爲甸徒練反一音繩證反 一乘繩證反 卒七尊忽反 重斂力驗反 茅戎亡交反史記乃二傳皆作貿戎 別種章勇反 傳元年郯垂音審 詹嘉之廉反 單襄音善 爲平于僞反下文同 徼戎古堯反要也 欲要[illegible]遥反 背盟音佩下同 齊難乃旦反下同 繕完市戰反下和端反 具守手又反 結好呼報反 逞解音蟹

經二年新築音竹皆陳直覲反僑如其驕反郤克去逆反
于鞌音安以與音預匹敵如字本或作適亦音敵公鮑步卯反汶陽
音問以好呼報反匱盟其位反傳二年頃公音傾嬖人
必計反就魁苦回反封竟音境而膊普各反磔也磔也陟百反甯相
息亮反向禽舒亮反石碏七略反甯俞羊朱反復欲扶又反
子喪息浪反隕子于敏反止御魚呂反鞫居居六反曲縣
音玄注同繁纓步干反注同不愆起虔反百乘繩證反下同城濮音卜
將中子匠反且道音導以徇似俊反于莘所巾反靡笄如字
又音摩笄音雞不腆他典反詰朝起吉反如字注及下朝夕朝食同請見賢遍反
釋感胡暹反本又作憾無令力呈反輿師如字下無令輿師同一音所類反不復
扶又反擔也丁甘反齊壘力軌反賈余音古買也注同欲賈摩懈反

師陳直覲反　邴音丙又彼命反　夏戶雅反　解張音蟹下如字一音直亮反　軍將子匠反下將在左同　貫余古亂反下注同　及肘竹九反　余折之設反　朱殷於閑反徐於辰反注同　近烟附近之近　汗車汗穢之汗字林一故反　推車昌誰反又他回反注及下推車同一　殿之多練反注同　若之何其以病句絕　擐甲音患　左并必致反徐方勝反　右援音袁　枹音浮鼓槌也字林云擊鼓柄也　三周華如字又戶化反　不注之住反　元帥所類反　射其食亦反下并注皆同　越隊直類反　綦毋音其下音無　喪車息浪反　寓乘繩證反寓寄也　其處昌慮反　俛定音勉俯也　什車音赴又蒲北反　華泉戶化反　絓於戶卦反一音卦　驂馬七南反　轏中仕產反又仕板反士車也字林仕諫反云卧車也　以肱古弘反　而匿女力反注同　執縶張立反絆馬也　絆也音半　奉觴式羊反　爲魯于僞反注同　無令力呈反　屬當音燭注同適也　戎行下部反　奔辟音避注同徐扶臂反服氏扶亦

反從君才用反又如字宛紆元反茷扶廢反呼曰火故反任患音壬不
難乃旦反狄卒子忽反注及下同輕出遣政反迸入補諍反弋楯食準
反又音允冒之亡報反守者手又反辟女子音避注皆同一音扶赤反單還音舟
鋭司徒悦歲反可復扶又反辟司徒音壁必覓反注同徐甫亦反石窌
力救反一音力到反馬陘音刑賓媚美冀反賂以音路紀甗魚輦反徐音彥又音
言字林牛健反王甑也玉甑子孕反又慈陵反為質徐音致下同難斥乃旦反
盡東津忍反使龍力勇反東西行戶郎反又如字疆理居良反注下皆
同易也以豉反四王夏禹殷湯周文王武王也之王于況反五伯夏伯昆吾商伯
大彭豕韋周曰齊桓晉文也或曰齊桓晉文宋襄秦穆楚莊疆竟如字又音境是遒在由反徐子由
反聚也命使所吏反以犒苦報反從者才用反橈敗乃教反曲也不
泯彌忍反舊好呼報反收合如字一音閤餘燼似刃反背城音佩

復借扶又反親暱女乙反而紓音舒緩也音直呂反於難乃旦反注同以爲于僞反以藉在夜反注同薦也上鄭覓經反三帥所類反注及下同用蠡市忍反蛤也炭吐旦反燒蠡蛤爲炭也用殉似俊反殺人從葬燒蛤古荅反以瘞於例反壙苦晃反一音曠重器備直恭反多也注同椁有音郭有翰户旦反一音韓檜古外反徐音會去惑起呂反下去之同而爭爭鬬之爭其侈昌氏反又式氏反過衛古禾反又古臥反夏氏户雅反下同殺死申志反下文殺同靈侯殺御叔魚據反喪陳息浪反下注而喪同死易以豉反黑要一遥反烝焉之承反使道音導注同吾聘女匹政反下音汝屈巫居勿反知罃音智下於耕反共王音恭申叔跪其委反一音吕委反從其父才用反適郢以井反又以政反使介音界邢大夫音刑錮之音固勿令力呈反自爲于僞反如字爲吾于僞反必屬章欲反後同代帥所類反下

注稱帥軍帥將帥同吾知免矣一本無知字郤伯見賢遍反下同世夫音扶
勞之力報反庚將子匠反下同求好呼報反下同行使所吏反濟
濟子礼反吾儕仕皆反等也閱民音悅棄逋補吳反逮鰥古頑
反施及始豉反王卒子忽反注同令二君力呈反皆強其丈反冠
之古亂反執斲竹角反執鍼之林反織紝女金反徐而鴆反爲質
音致大夫說音悅去疾起呂反不見賢遍反之別彼列反不解
佳賣反攸塈許器反息也數年所主反宴樂音洛誰居音基
語辭也有任音壬當也是夫音扶齊捷在妾反淫緬面善反而
勞力報反僾敗必邁反親暱女乙反淫慝池得反謂暴本又作虣
薄報反掠音亮又奸音干大師音泰淫從子用反本亦作縱三吏三吏三公
也三公者天子之吏也使相息亮反注同經三年所馮皮冰反蛇丘

以支反音如字廧在良反咎如古刀反別種章勇反書將子匠反帥

沂類反傳三年覆諸扶又反伏兵也注同鄍亡丁反又莫干反徐武且

反一臣万不勝音升下注同俘芳夫反馘古獲反以釁許覲反求紓

音舒緩也各徵直升反相宥音又纍力誰反繫也其好呼報反下同

不與音預不爲于僞反臣不任音壬下亦不任同封疆居良反楚

將子亮反帥所類反如潰戶內反僭王子念反蒍雎音佳君爲

于僞反下爲兩君同敢任音壬注同賈人音古下同寘諸之豉反褚中

中呂反經四年城鄆音運傳四年宋共音恭

不易以豉反大史音泰疆許居良反展陂彼皮反取鉏仕居

反任音壬泠敦力丁反將中子匠反取汜音凡注同或云祀祭側界反

許愬音素經五年傳五年原屏步丁反

能令力呈反舍我音捨又音赦弗聽吐丁反福女音汝從人才用反
餫諸音鄆野饋其媿反以傳中戀反驛也注及下同驛也音亦辟
重匹亦反徐甫亦反本又作僻曰辟音避捷之在妾反邪出似嗟反絳人
古巷反朽壤如丈反君爲于僞反去盛起呂反饌也仕戀反乘
縵武旦反又莫半反請見賢遍反注皆同爲質音致下注同鼓譟素報反
復入扶又反下同向爲人舒亮反辭以子靈之難乃旦反又一本
無之難二字以新誅子靈爲辭一本無爲辭二字月倒丁老反
經六年取鄟徐音專又市轉反伯貴音秘傳六年子
游相息亮反下寧相同端諦音帝魯倚於綺反其難乃旦反注同
言易以豉反夏陽戶雅反說音悅下文注同陸渾戶門反別種
章勇反于鍼其廉反一音針登陴毗支反復命扶又反郇瑕音荀

解縣音蟹而近附近之近下及注近寶皆同盬音古盬也猗氏於宜反君樂
音洛下謂樂同將新子匠反下注軍將同大僕音泰惡易以豉反不注同覯古豆反成也
疾疢勑覲反本或作疹同墊丁念反隘於賣反羸困劣僞反沈溺
乃歷反沈溺濕疾也重膇治僞反一音直媿反重膇足腫足腫章勇反一音常勇反有汾扶云
反水名也澮古外反水名垢穢古口反驕佚音逸公說音悅公子成音城欒
諸魚呂反桑隧音遂軍帥所類反下注同子盍戶臘反何不也經七
年鼷鼠音兮伐郯音談傳七年者也夫音扶昊
天戶老反號天戶刀反相成息亮反如晉見賢遍反于氾音凡
共仲音恭鄖公本亦作貟音云邑名軍藏才浪反此申呂所邑
也一本作所以邑也以御魚呂反共王音恭子閻音鹽黑要一遙反子
罷音皮下同遺二子唯季反讒慝他得反貪惏力含反請

使所吏反壽夢莫公反說之音悅季札側八反一卒子忽反注同舍
偏音赦舊音捨九乘繩證反下注同令吳力呈反戰陳直覲反寘其
之豉反諸夏戶雅反惡孫烏路反反戚七狄反經八年來
語魚據反通稱尺證反來勝以證反又繩證反適夫人丁歷反姪
大結反字林大一反娣大計反傳八年餞之餞淺反送行飲酒也說文云送
去食也字林子扇反毛詩箋云祖而舍軷飲酒於其側曰餞不復扶又反其行下孟反下注同過
差初賣反又初佳反猶喪息浪反妃耦音配下五口反長有諸侯如字一音丁丈反
反申驪力馳反沈子揖徐音集又於立反平輿音餘一音預愷開在反樂也
悌徒禮反易也也夫音扶過許古禾反自為于偽反下文為趙嬰同共
姬音恭祁奚巨之反字林上尸反趙衰初危反趙盾徒本反皆數
所主反無僻匹亦反注及下同前喆陟列反有邪似嗟反敢侮亡甫反

鱞寡古頑反　蘧里其居反　城巳惡如字巳猶太也本或作城巳惡矣　虞

度待洛反　狡焉交卯反　狡猾于八反　封疆居良反注同　唯然音維本或

作雖後人故也　暴掠音亮　勇夫重直龍反又直勇反　閉補計反又補結反一音戶旦反

不復扶又反　君後諸侯如字徐胡豆反　經九年之好呼報反

頃公音傾　傳九年魯復扶又反下同　強請其丈反　爲

杞于僞反下注爲魯下文爲歸汶陽同　逆叔姬絕句　我也本或作爲我也爲衍字　以御

魚呂反　以要一遥反　蹶父九衞反　爲女于僞反　相所息亮反　韓樂

音洛下同　施及以豉反　重勤直勇反又直用反　緑衣如字本又作禒吐亂反注同　邛

風音佩又作鄁　銅鞮丁兮反　伯蠲古玄反又音圭　使在所吏反　而縶

中立反　拘執九于反　使税吐活反解也徐始鋭反注同　泠人力丁反樂官也依字作伶　操南

音七刀反下同　公語魚據反　不背音佩下同　舍其音捨　少小詩照反

君盍戶臘反浹辰子協反徐又音子荅也夫音扶菅古顏反蒯苦怪反
蕉在遙反萃在醉反代匱其位反爲將並如字或于僞反非也本或作僞將
也而紓音舒晉使所吏反注及下同勿亟紀力反急也或欺異反數也脩好
呼報反經十年見生代賢遍反獳卒乃侯反
傳十年糴徐徒弔反一音杕敖反又士弔反茷徐扶發反一音發又蒲艾反大宰
音泰之使所吏反下及注使在同公子繻音須立髡苦門反頑如字徐五班反州
蒲本或作滿州爲質音致卷縣音權字林丘權反如淳漢書音同被髮皮寄
反搏膺音溥而踊音勇壞大門音怪下同及寢門一本無及字公
覺古孝反求醫於其反懼傷我絕句焉徐於虔反一讀如字屬上句逃
之絕句居肓徐音荒鬲也說文云心下鬲上也肓鬲音革攻之音工達
之不及達鍼也鍼也音針甸人徒練反饋人其媿反爲之如字張

中亮反腹滿也注同

成下第十三　杜氏　盡十八年

經十一年郤犨尺由反僑如其驕反　傳十一年且莅音利又音類不娉本亦作聘匹政反叔肸許乙反無媒亡回反爲姒音似失儷力計反耦也沈其徐直蔭反注同一音如字已不能音以又音紀庇其必利又又音柲伉苦浪反敵也不復扶又反下文注復出皆同惡惠烏路反伯與音餘于鄄本亦作與音絹前好呼報反注同郲田音矦字林音俟候人如字本又作音人音侯單襄音善與檀徒丹反勞文力報反狐溱側巾反華元戶化反令狐力丁反史顆苦果反而背音佩卷内皆同　經十二年瑑澤素果反依字宜作瑣　傳十二年之難乃旦反公子罷音皮好惡並如字又上呼報反下烏路反菑危音災交贄本又作摯之二反

無壅於勇反　有渝羊朱反　殛本亦作極紀力反誅也注同　畀必爾反使也本亦作
俾　隊其類反失也注同　胙國才故反　成好呼報反盡年皆加
子反　相息亮反　而縣音云注同　云莫音暮本亦作暮　施及以豉反　重
之直用反　加遺唯季反　焉用於虔反　之治直吏反下注治世同　間於
音閑注同　享宴許丈反舊又許亮反本亦作饗宴音於見反徐於顯反　不倚於綺反　則
折之設反　朝而直遙反朝曰朝徐音朝旦之朝　以扞戶旦反蔽也　赳赳居黝反一音居
醜反　扞難乃旦反　貪冒莫報反又亡北反　爲搏音博　噬之市制反　以
駁邦角反　能爲于僞反又如字　干城戶旦反本亦作扞又如字　以語魚據反　矣
夫音扶本亦無此字　必復扶又反　鄢陵謁晚反漢書音義一建反　經十
三年郤錡魚綺反　道過古禾反或古臥反　伯廬力吳反本亦作盧
傳十三年而惰徒臥反　先使所吏反　子從才用反　爲介

音界輔相息亮反下同受脤市軫反宜社之肉也盛以音成盡力津忍反下同

同執膰音煩祭肉也呂相息亮反注同逮我音代一音大計反相好

呼報反下同勠力相承音六嵆康力幽反呂靜字韻與飂同字林音遼辟麗上音避下力知反

畀我必爾反本亦作俾下及注同躬擐音患甲冑直又反跋履蒲末反草行也

之疆居良反場音亦不詢思巡反謀也擅及市戰反恐懼丘勇反

蔑死我君本或以我字在死上非迭我直結反徐音逸殽地户交反奸

絕音干費符味反滑于八反緱氏古侯反撓亂乃卯反徐許高反傾

覆芳服反下同之隕于敏反下同事見賢遍反逞志勑景反使也欲

闕其月反徐如字蝥賊莫侯反爾雅蟲食苗爲蝥食節爲賊不悛七全反改也涑川

徐息錄反又音速字林同浮我芳夫反不復扶又反惠稱尺證反注同狄難

乃旦反箕音基一音其郜古報反芟所銜反痍音夷本又作夷傷也之聚才喻

才偷反衆也注同徼福古堯反與女音汝下文皆同同好呼報反一音如字復

脩音服又扶又反我寡君讀者亦作寡人季隗五罪反廧在良反咎

如音羔狄應應對之應注同惡君烏路反下同昊天戶老反康共音恭

以懲直升反昵就女乙反親也要也一遥反欲道音導將中軍

子匠反凡將其軍者放此以意求之趙旃之然反欒鍼其廉反晉帥所類反注

同乘和繩證反注同麻隧音遂成差初佳反徐初宜反不更音庚女

父音汝復不扶又反侯麗力馳反徑扶風音經迋本又作誑五稼反迎

也子般音班林作班自訾子斯反大宮音泰下同子印一刃反子

駹武邦反負芻初俱反守子又反欣時如字徐云或作款亦音欣案公羊傳

作喜時宜音忻經十四年傳十四年侯彊其丈反注

同見賢遍反注強見下而見之同又以爲如字或于僞反雖惡烏路反而宥

音又子相息亮反注同叔傲五報反本又作敖音同下同享食音嗣兒徐辭姊反觥

古橫反其觩徐音蚪又巨彪反一音巨秋反好禮呼報反所敗必邁反下同復伐

扶又反彊許居良反下同舍族音捨注同之稱尺證反而晦呼內反婉

而怨晚反不汙憂于反曲也注同懲惡直升反子衎徐苦旦反不內如字

徐音納酌飲市略反又章略反國也夫音扶鱄也徐市戀反一音專不聳

息勇反舍其音赦或音捨盡寘之豉反經十五年世

子成音城共公音恭欲挾音協士燮息協反無咎其九反子

鰌音秋同好呼報反于葉舒涉反傳十五年將

見賢遍反應天應對之應不拘九于反子囊乃郎反以庇必利反又

音祕暴隧音遂數戰所角反少司寇詩召反下同鱗矔古亂反

向帶音帶本又作帶大宰音泰戌在音恤故去起呂反於睢

音雖徐許惟反又音綏　得復扶又反　登丘而望之則馳絶句　騁而
勑景反　睢澨市制反木涯也　水涯本又作崖魚佳反一音宜　決壞音怪　登陴
毗支反　樂裔以制反　州犂力兮反　而驟仕救反　民惡烏路反　子
好呼報反　於難乃旦反　傳見賢遍反　經十六年雨木
冰如字公羊傳云雨而木冰也舊子付反　著樹直略反　欒黶於斬反徐於玷反　鄢
陵謁晚反又於建反　茗丘音條　非使所吏反　刺公子七賜反爾雅云殺也
依字作刺　傳十六年近鄭附近之近　將鉏仕魚反徐在魚反　諸
汋七藥反徐音酌一音市藥反　陂彼庇反　夫渠音扶　不儆京領反　覆之
徐敷目反一音扶又反又芳又反　汋陵音勺又七藥反一音常藥反　爲晉于僞反　居守
手又反　句耳古侯反　與往音預注同　非使所吏反　過申古禾反　正
邪似嗟反注皆同　下應應對之應　烝民之承反注同　敦厖莫邦反敦厚也厖大

也 其好呼報反 瀆齊徒木反 話言戶快反 奸時音干本或作干 而

罷音皮本亦作疲下注同 所底徐音旨一音之履反 吾不復見子矣扶又

反一本無復字 喪列息浪反下同 以紓音舒緩也 以遺唯季反下注問遺也同 集

睦集又作輯音同亦七入反 復從徐子容反音或如字 之亟去吏反數也 亟數所角

反 驕亢苦浪反 盍釋戶臘反 晨壓於甲反徐於輒反 而陳直覲反下

及注皆同 笮其側直反 范匄本又作丐古害反 行首戶郎反一音如字注同 營

壘力軌反 輕窕勑彫反又勑弔反 相惡如字又烏路反 王卒子忽反下皆同 而

顓頊許驕反徐讀曰歊五高反注及後同 諠況元反本又作喧 譁音華本人作嘩 巢車說文

作轈云兵車高如巢以望敵也字林同 爲櫓音魯 大宰音泰官名大者多同以意求之 張幕

音莫 塵上時掌反 爲行戶郎反下夾公行同 皆乘繩證反下同 左將子匠反下

去將同 帥所類反下元帥同 戰禱丁老反或丁報反 賁皇扶云反 故憚徒旦

反萃於似醉反國蹶子六反射其食亦反注及下射之同中厥丁仲反注同

陽長丁丈反激南古狄反有淖乃孝反徐徒徐反泥也共王音恭夾公

古洽反焉得於虔反冒也莫報反徐莫北反離局力智反注同遠其

于萬反掀公徐許言反云捧轂舉之則公軒起也一曰掀引也胡根反一音虛斤反字林云舉出也火氣也又丘近反潘

尪烏黃反之黨一本作潘尪之子黨案注云黨潘尪之子也則傳文不得有子字古本此及襄二十三年申鮮

虞之傳摯皆無子字蹲甲在尊反徐又在損反聚也一音才官反七札側八反徐又側乙反夸王

苦瓜反尚知音智詰朝如字注同言女音汝夢射食亦反下至使射呂錡皆同

中之丁仲反下及注皆同中項戶講反伏弢他刀反弓衣也韎韋莫拜反又音妹

徐莫蓋反之跗方于反注之樹反若袴苦比反而屬章玉反猶近

如字一本作與音預介者音界為事于僞反使者所吏反注及下同今撎

伊志反揖也字林云舉首下手也杜溷戶昏反又戶本反茀府勿反翰胡徐音韓

諜音牒 輅之五嫁反 之乘繩證反 輕兵遣政反又如字 不去起呂反
於熒戶扃反 内旌音精 叔山冉如琰反 爲國故于僞反 乃
射食亦反 再發如字徐音廢 盡殪於計反 搏人音博 中車丁仲
反 折之設反又市列反 軾音式 子茷扶廢反 謂夫音扶 之麾許危反
曰臣人實反 之使所吏反下免使者同 好以呼報反下及注皆同 閒暇音閑 不
使所吏反又如字 往歆於鳩反 埶榼苦臘反 造于七報反 得犒
苦報反 從者才用反 而復扶又反注及下同 卒乘繩證反下同 展陳
如字 徇曰似俊反 蒐乘所留反 秣馬音末 脩陳直覲反又如字 蓐
食音辱 申重直用反 逸縱子用反 能見賢遍反 天敗楚也
夫音扶 三日穀本或作三日館穀訝也 君幼本或作君幼弱 之覆芳服反 臣
之卒從此已前皆子忽反 初隕于敏反 盡圖戶臘反 壞隤戶怪反徐音懷

下徒曰反欲去起呂反晉難乃旦反子鉏仕居反女不可音汝儆
蒲京領反設守手又反未弭亡氏反有篡初患反殺音試不
復扶又反下及下文復請同以伯如字又音霸申守手又反下注同敢過古卧反又古禾反
食使者音嗣使音所吏反注同之介音界下文敢介大國同而後食一本
作聲伯而後食不與音預將主子匠反我斃婢世反廩丘力甚反苟
去起呂反下同淫慝吐得反下文同則夫音扶若朝如字吾爲于僞
反相二息亮反不衣於既反不食舊如字對上句應作嗣音偃與音預
其難乃旦反始見賢遍反亦閒徐音閒廁之閒讀者或如字語諸魚據
反不見賢遍反又如字注同經十七年北宮栝古活反柯
陵古河反狸力之反脤市軫反貜俱縛反徐居碧反且子餘反傳十
七年虛滑起居反髡頑苦門反侯獳乃侯反爲質音致

戲童許宜反 曲洧于軌反 洽曲直吏反 驕侈尺氏反又尸氏反 難

將乃旦反下同 祝我之又反 與婦人如字徐行預反 于閎音宏巷門也 相

冒亡報反 謫我直革反責也 譴責遣戰反 相靈息亮反下相施氏同

處守手又反 而索所白反注同 塡公音傾 刖鮑音月又五刮反 匡句

須其俱反 之知音智 鄕日許亮反本亦作向 危行下孟反 涉洹

音桓一音恒今土俗音袁 林慮力於反 長樂音洛下樂平縣同 瓊求營反玉也 瑰

古回反珠也 含象戶暗反本亦作唅 言之之莫音暮 戒數所角反 崔

杼直呂反 以難乃旦反下及注同 盧降下江反 反自鄢一本又作自鄢陵

盡去起呂反下文同 而嬖必計反 魚矯居表反 而梏古毒反 械也

戶戒反 軍帥所類反 居守手又反 敵使所吏反 君盍戶臘反 嘗

使所吏反又如字 覘之勑廉反 伺也音同又絲嗣反 射而食亦反 不偪

彼力反下同易有以豉反信知音智下同清沸甫味反魋徒回反結社
西甚反徐而鴆反坐處昌慮反一朝如字爲軌本又作宄音同御姦魚呂反下
同不施如字或式豉反違去起呂反下同厭少詩照反焉用於虔反道
吳音導下及注同伐駕如字一音加釐力之反虺許鬼反棗師
他洛反經十八年復入扶又反鹿囿音又遣輕遣政反
士魴音房于虛起居反朾他丁反傳十八年一乘
繩證反注同其少詩照反菽麥音叔易別以豉反下彼列反癡者
敕疑反齊爲于僞反之難乃旦反王湫子小反徐子鳥反奔萊
音來殺絕音試施舍如字一音始豉反止逋布吳反逮鰥古頑反淫
慝他得反賦斂力驗反宥音又罪戾力制反節省所景反下同
不從子用反本亦作縱魏相息亮反魏頡戶結反魏顆苦果反孝弟音悌本或作悌

春秋左氏音義之三　十七　汶

渥濁於角反 右行戶郎反 士蔿下委反 辛將子匠反下軍將同

弁皮彥反本又作卞同 絹居黜反 校正戶孝反注同 共時音恭本亦作供下文同

省卿所景反 令軍力呈反 鐸待洛反 遏於葛反徐音謁 訓卒子忽反

乘繩證反下及注皆同 六騶側留反 之長丁丈反 軍帥所類反下之帥爲帥皆同

以復扶又反下及注復入皆同 以上時掌反 取朝如字 郟古洽反 城郜古報

反 三百乘繩證反 惡其烏路反 曰復歸音服一音扶又反 以惡

曰復入本或作以惡入曰復入 西鉏仕居反徐在居反 吾音魚西鉏吾人名也 無

猒於鹽反 猶憾戶暗反 以閒如字又閒廁之閒 吾釁許靳反 而披

普彼反注同分也 崇長丁丈反 患難乃旦反 勞公力報反 語之

魚據反注同 來見賢遍反 台谷勑才反一音臺 彘季直例反 世適

丁歷反 襄元襄公名午成公子母定姒謚法因事有功曰襄辟土有德曰襄 第十四 杜氏盡九年

經元年魯與音預于鄫才陵反 公孫剽匹妙反字林匹召反

傳元年爲宋于僞反 彭城降戶江反注同 歸寘之豉反 瓠丘徐侯吳反音戶故反 東垣音袁 爲質音致 其郛芳夫反 元帥所類反 於洧于軌反 焦夷如字徐在堯反 不與音預 鄫縣才河反又子旦反 迂迴音于 繼好呼報反

經二年伯貙古因反徐又胡忖反

傳二年伐殖市力反 齊姜如字謚法執心克莊曰齊或音側皆反非 萊音來 正輿子音餘本亦作與 以索所白反 謚應應對之應年末同 其行下孟反 美檟古雅反木名 爲櫬初覲反棺也 養姑徐余亮反 話言戶快反善也 哲知音致下同 爲不哲矣一本作不爲哲矣 不妣必履反 公適丁歷反本亦作嫡 烝之承反 畀必利反與也注同 以洽戶夾反 孔借音皆 偕偏音遍 越疆居良反 齊竟音境 負擔都暫反 射楚食亦

大司空　秋左氏音義之三　十八　文

反 非異人任音壬注同絕句一讀至人字絕句 不爲于僞反 若背音佩 棄

力服本作棄功 誰暱本又作昵女乙反徐乃吉反 復憂扶又反下文復復會同

經三年 長樗勑居反 單子音善 表僑其驕反 傳三

年 鄧廖力彫反 組甲音祖下皆同 被練皮義反徐扶僞反注及下同 要而

於遙反 咎子其九反 憂恚一僞反 子相息亮反下皆同 介在音界 晉

爭爭鬭之爭 爲鄭于僞反 吳好呼報反 不易以豉反注同 多難

乃旦反年內同 虞度待洛反 于耏音而 解狐音蟹 爲諂他檢反 爲

比毗志反 能舉善也夫音扶絕句一讀曰夫爲下句首 頃公音傾 亂行

戶郎反 行陳直覲反 用鉞音越 公跣先典反 無重直用反注同 禮

食音嗣注同又如字 特爲于僞反 經四年 傳四年

爲陳于僞反 鮦陽孟康音紂直九反一音童或音直九反非 有咎其九反下同 肆

夏戶雅反注及下同奏九夏一曰王夏二曰肆夏三曰韶夏四曰納夏五曰章夏六曰齊夏七曰族夏八曰陔夏九曰驁夏肆夏一名樊國語云金奏肆夏樊遏渠杜逐分爲三夏之别名吕叔玉云肆夏時邁也樊遏執競也渠思文也韶夏上招反名遏於葛反夏納本或爲納夏誤名渠其居反子貟音云徐于貧反通使所吏反下注及文皆同藉之在夜反薦也舍其音捨而重直用反下皆同敢與音預下及與同牧伯徐音目相樂音洛以勞力報反注以此勞同騑騑芳非反咨諏子須反咨度待洛反下文注同咨詢音荀咨難乃旦反不過古禾反君長丁丈反注同爲已于僞反下注爲定姒爲言下爲執事同蒲圃布古反場直良反不御魚吕反止也注同須句其俱反顓音專臾羊朱反之比必二反蓋相息亮反朝夕如字褊小必淺反不共音恭顛借子亦反注同閒陳閒廁之閒伺音司閒音閑又閒廁之閒又如字其使所吏反夏訓戶雅反下注皆同后羿音詣

自鉏仕居反 大康音泰 中康音仲下同 子相息亮反下及注同 熊髡
苦門反 尨莫邦反 圉魚呂反 寒浞仕角反徐在角反 樂之音洛下樂安同 詐
慝他得反後同 不悛七全反改也 而亨普彭反煑也 以食音嗣注同 有鬲
音華 生澆五弔反 及豷許器反 斟之林反 灌古亂反 于過古禾反注
及下同 干戈古禾反 掖縣音亦漢書作夜孟康音掖 之燼才刃反遺民也 少康詩照
反注及下同 后杼直呂反 官箴之林反 芒芒莫郎反遠皃 畫爲平麥
反分也 攸家如字本或作攸埶 不擾如小反亂也 冒于莫報反貪也又云北反 其
麀音憂鹿牝也 牡茂后反 可重直用反下文同 猶數所角反 不恢
苦回反大也 以好呼報反下文同 不懲直升反 荐居在薦反又才遜反聚也或云草也
易土以豉反輕也徐神豉反注同 可賈音古 不聳息勇反懼也 公說音悅
臧紇恨發反 狐駘徒來反徐勑才反 番縣本又作蕃應劭音皮一音方袁反白

襃魯國記六陳子遊爲魯相畨子也國人爲諱改曰皮目台吐才反皆髽側瓜反合

髻音計本又作結又作紒音同朱儒本或作侏亦音朱經五年子

巫云扶反鄫見賢遍反不復扶又反下同傳五年愬

戎悉路反淩虣白報反奉使所吏反覿鄫直歷反見也見也

賢遍反之好呼報反將爲于僞反共王音恭嚴斷丁亂反挺

挺他頂反正直也扃扃工迥反徐孔穎反明察也背盟音佩鄫近附近之近下文陳近

同魯賁音墳致譴棄戰反故復扶又反所以見賢遍反子

囊乃郎反我喪息浪反改行如字徐下孟反民朝如字城棣直計反一

音徒妹反入斂力豔反西鄉許亮反宰庀匹婢反具也無衣於既反

無食如字又音嗣無重如字又直龍反相三息亮反私積子賜反

經六年　傳六年少相詩照反狎戶甲反習也長相

丁丈反　調戲徒弔反　梏華古毒反　以貫古亂反　其懦乃亂反又乃卧反
反　射子罕食亦反注同　幾日居豈反　射女音汝　不勝音升　見
且賢遍反注同　復託扶又反　堙之音因土山　環城戶關反又音患　傅於
音附　堞音牒女牆也一名俾亦謂之俾倪徐養涉反　王湫子小反徐子鳥反　共公音恭　遷于
郳五兮反本或作遷萊于郳萊衍字　其疆居良反　經七年　郯子
音談　城費音秘　事難乃旦反　于鄬于軌反字林几吹反　于鄵七報反又采南反字
林千消反　所殺音試下同　爲書于僞反　上其名時掌反　傳七
年　啓蟄直立反　夏正戶雅反　隧正音遂　多難乃旦反　長
子丁丈反下師長同　好仁呼報反注及下同　請共音恭下注同　介爾音界下及注同
參和七南反或音三　臣後胡豆反下文不後寡君同　子相息亮反下子駟相同　未嘗
後如字徐胡豆反　無悛七全反　委蛇於危反下以支反下同　召南上照反　爲

執于僞反　背君音佩　經八年公子燮悉協反　邢丘音刑

徐音　悼難乃旦反　傳八年復脩扶又反　伯業音霸又如字本亦作霸覇　先之悉薦反又如字　辟殺婢亦反罪也注同　子熙許其反又徐音怡　以疆居良反注同　子蟜居表反　人壽音授或如字注同　幾何居豈反　之難乃旦反　以紓音舒　敬共音恭　二竟音境注同　而庇必利反又音祕下同　不罷音皮　背之音佩至卷末皆同　杖莫直亮反下同　完守手又反或如字下手官弃注同

其咎其九反下同　無適丁歷反下同　騑也芳非反　伯駢扶賢反又扶經反

儆而居領反　悉索悉各反盡也注同一音所百反　女何音汝　馮陵皮冰反注同

啓跪其委反　傾覆芳服反　所控苦貢反引也　夫人音扶　一个古賀反注同　獨使所吏反　以見賢遍反或如字　摽有徐扶妙反又扶表反落也　以興許應反　今辟音辟本多即作辟字後放此　彤弓徒冬反　復受扶又反

城濮音卜衛雍於用反孫臧如字徐才浪反經九年于戲許宜反傳九年畚音本草器也挶九録反土轝也具綆古杳反汲水索缶方九反汲水瓦器蕢其位反籠力東反𦈢音頃汲音急索悉各反盆鼜戶暫反所任音壬畜勑六反本又作蓄水潦音老繕守手又反注守備同巡行下孟反下同丈度待洛反下同之處昌慮反標表必遥反隧正音遂華閱音悅官庀芳婢反見也下同樂遄市專反皇鄖音云本亦作負音同校正戶敎反注同出馬如字徐失遂反下同武守手又反下同西鉏吾音魚儆宮音景四庸本又作墉音同城也般庚步干反字亦作盤以襄如字徐如呈反遲濁於角反於味竹又反徐丁遘反以出如字徐尺遂反內音納鶉火音純得見如字又賢遍反閼伯於葛反相土息亮反注同契孫息列反之釁許靳反猶數所主反下同所更音庚遇艮

古恨反　日云如字猶無也讀者或音無　元亨許庚反下同　論彖吐亂反　以折之設反　之長丁丈反下同　嘉德易作嘉會　而與音預　而姣戶交反注同徐又如字服氏同埶叔夜音效　士雅苦田反　失選息戀反注同　少於詩照反下同　中行戶郎反　欒黶於斬反　新軍將子匠反　晉饑音飢又音機　郟門音專本亦作專　行栗如字行道也栗表道樹　于汎音凡　盛音成　糇糧音侯音乾食也　肆眚生領反徐所幸反　人恐丘勇反　鄭復扶又反　敝罷音皮　暴骨蒲卜反注同徐扶沃反　以爭爭鬭之爭注同又如字　未艾魚廢反息也一音五蓋反注同　公孫蠆敕邁反　皆從才用反　適子丁歷反　使介音界注同　介猶間也音間廁之間又如字　以要之一遙反注強要下要人要盟皆同　強要其丈反　歆其許今反　墊丁念反　隘於懈反　所底音旨至也　以庇必利反　能休許虯反　復伐扶又反下注同　閏月依注讀爲門五日

陰阪音反又扶板反三番芳元反更攻音庚洧津于軌反冠而
古亂反注下皆同盍爲戶臘反以裸古亂反謂灌古亂反罍酒
勑亮反之祧他彫反罷戎音皮徐音彼中分並如字徐音丁仲反輸積
子賜反下同聚才住反以貸他代反崇省所景反期年音基本亦
作朞于向舒亮反

襄二第十五　杜氏　盡十五年

經十年于柤莊加反偪陽徐甫目反又彼力反本或作逼妘姓音云不
復扶又反傳十年壽夢莫公反相大子息亮反注
同賢行下孟反秦堇徐音謹步挽音晚縣門音玄注及下同
郰人側留反紇恨發反抉之烏穴反徐又古穴反以出如字一音尺遂反狄虎
音斯彌徐音弥一音武婢反爲櫓音魯大楯也大楯常尹反又音尹一隊徒對

反徐徒偎反 郥風音佩 及堞音牒徐養渉反 隊則直類反 而復扶又反注
同上時掌反 者三息暫反又如字 其斷徒亂反 以徇似俊反 水
潦音老 知伯音智 以几本又作机同 女成音汝下及注皆同 余言[illegible]劣危
反 可重直用反 任乎音壬注同 帥卒子忽反 何䩞音況賜也 有
禘大計反 題以大兮反識也 旌夏戶雅反注同 師帥所類反 題
識申志反又如字下同 其行戶郎反 卒見寸忽反 去旌起呂反 及著
徐都慮反一音除慮反 雍於用反 桑林見賢遍反注同 祟見息遂反 請
禱丁老反 疾差初賣反 夷俘芳夫反 令居力呈反下令在勸令同 秦
丕茲一本作泰不茲 于訾毋子斯反下音無 師數所角反 疲病音皮
問繇直救反兆卦之辭 而喪息浪反下同 禦寇魚呂反 孫蒯苦怪反
爭競爭鬭之爭下文有之爭同 幼少詩照反 任其音壬 間諸侯間廁之間

故長丁丈反　田洫況域反　堵氏音者或丁古反　皆喪息浪反下同　封疆

居良反　子巸許其反本亦作熙又音怡　知難乃旦反　其處昌慮反　不

儆音景　公孫夏戶雅反　庀羣匹婢反　閉藏才浪反又如字　完

守手又反　七乘繩證反　尉翩音篇　政辟婢亦反　得與音預下魯不與

同　請爲于僞反　至治直吏反　城梧音吾　鄭復扶又反　以見

賢遍反下同　還鄭本又作環戶關反徐音患注同繞也　夾頳音頳　能御魚呂反

能庀必利反　難要一遙反　伯與本又作輿音同　王右音又注同助也　史

狡古卯反　以說音悅注同又如字　篳門音必篳門柴門也　閨音圭本亦作圭

竇音豆　從王才用反注同又如字　騂息營反字林許營反　旄音毛　王爲于僞

反　共祭音恭　東厎音宜　之相息亮反下同　以賄呼罪反　不勝

音升　之長丁丈反　則何謂正矣何或作可設也　所右音又下同亦並如字

所左音佐下同亦並如字其契苦計反注同　經十一年復在
扶又反于亳蒲洛反徐扶各反鄭輿音預良霄徐音消　傳十
一年更帥音庚賦稅舒鋭反將復扶又反僖閎音宏詛諸
側慮反五父音甫之衢其俱反相要一遥反其乘繩證反注及下並同壞
其音怪足成將住反亦如字不舍音捨國幾音機近也注同餘音譏說之
音梲使疆居良反注同埸之音亦注同之難乃旦反其莫音暮于
向舒亮反于瑣素果反宛陵於阮反又於元反濟隧子禮反下音遂數
伐所角反罷於音皮毋音無下皆同薀年紆粉反毋壅於勇反
留慝他得反下同速去起吕反同好惡並如字或讀上呼報反下烏路反
將王將丈反助也閒茲間厠之間茲命本或作茲盟誤大祖音泰凡大祖大廟大
宫皆放此之比必利反巳姓音紀或音祀任姓音壬殛之紀力反注同誅也俾

失本又作卑必爾反隊命直類反踣其蒲北反徐又敷豆反斃婢世反大夫詹之廉反不與音預以復扶又反注同石㚟勑略反以攝如字又之涉反言使所吏反注同爲介音界納斥徐音尺一音昌夜反侵掠音亮叔肸許乙反叔向許丈反以藉在夜反注同鮮不息淺反赦宥音又師悝苦回反師蠲古玄反又音圭廣車古曠反注同軘車徒溫反淳十述倫反耦也徐又之倫反五乘繩證反下及注同二肆音四縣鍾音玄其鎛音博九合諸侯謂五年會戚又會城棣救陳七年會鄬八年會邢丘九年盟于戲十年會柤又伐鄭戍虎牢十一年同盟亳城北又會蕭魚與子樂之音洛一音岳注同殿天都遍反注及下同便蕃音煩注同數也所角反庶長丁丈反下及注同鮑步卯反御之魚呂反後放此于櫟力的反徐夫灼反易秦以豉反

經十二年圍台勑才反又音臺一音翼之反入鄆音運

不與音預 傳十二年 臨於力蔭反下同 嚮其許亮反或作向

於禰乃禮反 魯爲于僞反下皆同 爲邢音刑 凡蔣將丈反案富辰所稱邢在蔣下今傳在凡上未知何者爲是 茅亡交反 胙才故反 祭側戒反徐又如字 庶長丁丈反下同 敢譽音餘又如字 非適丁歷反 先守手又反 劉夏戶雅反 秦嬴音盈

經十三年 取邿音詩 任城音壬 亢父苦浪反又音剛下音甫 言易以豉反傳同

傳十三年 舍爵如字又音捨 俘馘古獲反 爲將于僞反 軍帥所類反下文無帥同 伯游長丁丈反 事見賢遍反 將佐子匠反 難其乃旦反或如字 什吏音十 卒乘子忽反下繩證反 爲汏音泰 數世所主反 也夫音扶 休和許虯反 有好呼報反 之治直吏反 讒慝他得反 黜遠于万反又如字 不爭爭鬭之爭 其技其綺反 以馮皮冰反注同 少主詩召反 而喪息浪反 于鄢音偃

以殁音沒 窀張倫反厚也一音徒門反 穸音夕夜也 以共音恭下同 諸夏戶雅反
必易以豉反徐神豉反 三覆扶又反注同伏兵也 庸浦判五反 昊天胡考反
事閒音閑 先征息薦反 巡守手又反下同本又作狩 不習則增絕句一本
無增字則連下惣爲句 焉用之於虔反本或作將焉用之 其使所吏反注同
經十四年其使所吏反 雖介音界 惰慢徒臥反 傳十四
年爲吳于僞反注爲吳卒不爲同 務婁徐莫侯反下力侯反務又音如字婁或音力俱反 楚
使所吏反 迫逐音百 瓜州古華反 令燉徒門反 煌音皇 被普皮反
苫式占反 蓋戶臘反爾雅曰白蓋謂之苫 蒙冒莫報反 不腆他典反 與
女音汝下同 剖分普口反中分也 中分丁仲反又如字 漏洩息列反徐以世反 詰
朝起吉反下如字注同 無與音預注及下同 使復扶又反 裔以制反 冑直又反
毋是音無 狐狸力之反又作貍同 豺狼仕皆反 所嘷戶羔反 有殽戶交反

戎亢苦浪反當也捕鹿音步徐又音賦掎之居綺反踣蒲北反又敷豆反僵也
僵也居良反離遏他歷反贄幣音至不與於會音預無瞢
莫贈反徐又武登反悶也一音武忠反青蠅以仍反凱悌開在反下徒禮反下文及注同子介
音界其使所吏反注同之長丁丈反季札側八反少弟詩召反適
子丁歷反奸君音干相傳直專反于竟音境朝那如字下乃多反
如淳朝音株匏有白交反則揭起例反子說音悅棫林位逼反徐于日反一
音於鞠反黶惡烏路反從帥所類反下及注皆同多遺唯季反汏侈
昌氏反本或作侈又尺氏反而女音汝召公上照反注同公奭詩亦反所施如字又始豉反
爲之于僞反日旰古旦反晏也而射食亦反於囿音又入使所吏反又如字
公飲於鴆反之麋亡悲反本或作湄無拳音權有嬖心計反不解
音蟹欲先悉薦反弁必政反帑音奴子也蘧伯玉其居反傾覆

芳服反蘧瑗于眷反知愈差主反差也當差初賣反懼難乃旦

反出竟音境下文皆同子蟜居表反近戚附近之近如鄄音絹故爲

于僞反下爲孫氏同公佗徒何反公差初佳反徐初宜反射爲食亦反下及注徐禮射一字皆同或

一讀射而禮乎音食夜反背師音佩求中丁仲反兩軥其俱反徐又古豆反說文同云軛下曲者

服云車軛兩邊叉馬頸者車軛於革反卷者音權又起權反子爲于僞反貫臂

古亂反一音官注同子鮮音仙適毋丁歷反舍大臣音捨之比必二反中

櫛側乙反厚成叔本或作郈音同弔于衛本或作弔于衛侯侯衍字也使瘠

在亦反發洩息列反大叔音泰之好呼報反又重直用反注及下同語

臧魚據反以守手又反弟鱄徐市癬反又音專以郲音來從而才用

反又如字注同不說音悅注及下同羔袖本又作褎在又反公孫剽匹妙反一音甫遥反

字林父召反相之息亮反唁衛侯魚變反徐作喭音唁弔失國曰唁糞土

方問反　彧輓音晚　彧推如字又他回反　舍新軍音捨下及注同　知朔音智　之

長丁丈反　彘裘直例反　無帥所類反注同　未任音壬　出其君

如字徐出音黜　卬之音仰本亦作仰　雷霆徒丁反又音挺本亦作電　匱神其位反　之

祀本或作之祀誤也　弗去起呂反　親暱女乙反　其難乃旦反　瞽爲

詩音古　盲者莫庚反　以風方鳳反　箴諫之林反　士傳直專反注同

不與音預　非謗如字本或作誹音亦同又甫味反　其技其綺反　道人在由反徐又在

幽反又子由反　木鐸待洛反　徇於似俊反　鈴也力丁反　以從子用反本或作

縱　爲庸于僞反　囊殿多練反　不儆音景　之隘於懈反　要而

一遇反　險阨於賣反　右我音又　世胙才故反　不壞如字服本作懷　繄烏兮

反　命女音汝　環戶關反　史佚音逸　仲虺許鬼反　侮之亡甫反　左

相息亮反　析羽星歷反　見意賢遍反　行歸下孟反注同　經十五年

傳十五年令聞音問重勞直用反敢間間廁之間過魯

古禾反公監古銜反罷戎音皮又皮買反蔿于委反子馮皮冰反從

子才用反槖師音託公子成音城屈到居勿反箴尹之林反

宮廄徐音救無䚕羊朱又徐音喻無覬音冀寘彼之豉反下同

周行戶郎反注及下同周徧音遍下同各任音壬曰圻音祈四十乘

繩證反下千乘同師茷扶廢反徐音伐爲質音致子皙星歷反女父

音汝諸卞皮彥反其相息亮反注及下皆同易淫樂以豉反輕也之矇

音蒙不爲于僞反下文爲之攻之同湨古歷反卿共音恭皆喪息浪反

堵苟音者苟本或作狗娶於七位反

經典釋文卷第十七　經四千九百二字　注一万一千八十六字

經典釋文卷第十八

春秋左氏音義之四 起第十六盡第二十

唐國子博士兼太子中允贈齊州刺史吳縣開國男陸德明撰

襄三第十六 杜氏 盡二十二年

經十六年湨梁 古闃反徐公壁反 軹縣 之氏反韋昭音枳 重序 直用反 數侵 所角反 圍郕 音成

傳十六年彪也 彼虯反 羊舌肸 許乙反 叔向 許丈反 就間 音閑 乘馬 繩證反 烝于 之承反冬祭也 警 居領反 守 手又反 莒犂 徐力私反一音力兮反 比公 音毗注同 將爲 于僞反下文爲叓同 之使 所吏反 向戌 舒亮反下音恤 公孫蠆 勑邁反 子蟜 居表反 遂相 息亮反 從公 才用反又如字注同 棫林 爲逼反徐于目反 亟氏 音咸 欒黶 於斬反 子格 古百反 湛 市林反徐丈林反一音直斬反

阪音反，徐又扶板反　復伐扶又反　孟孺本又作孺，如住反　子速本亦作遫，音同

徼之古堯反，要也　要也一遥反　好勇呼報反　海陘音刑，徐古定反　魯

隘於懈反　禘祀大計反　朝夕如字，下同　釋感胡暗反，本亦作憾　比及必利反

之間音閑　中行戶郎反　圻父其依反，下音甫，注同　嗸嗸五刀反　劬勞求于反

句在占害反　無鳩居牛反，集也　經十七年　子䍧

苦耕反，徐戶耕反　桃虛起居反　華臣戶化反　傳十七年　莊

朝如字，凡人名字皆放此　司徒卬五郎反，注同　孫蒯苦怪反　曹隧音遂　越

竟音境　遂飲於鴆反　重丘直龍反　其瓶步經反　而詬呼豆反，駡

也　駡也馬嫁反　揌干悉路反　臧紇恨發反　近防附近之近，下居近澤門同

郰叔側留反　復還守扶又反，又音服　唁之音彥　以杙羊職反　抶

烏穴反，徐又古穴反　其傷如字，一本作傷，音羊　為齊于偽反　皐比音毗　侵昜

以皷反 以鈹普皮反 畀余必利反與也注同 必聘勑領反 惡之烏路反年末注同 瘈狗徐居世反一音制字林作猘九世反云狂犬也 大宰音泰後放此 爲平公于僞反 妨於音芳 農收如字又手又反 謳曰烏侯反 澤門如字本或作皋門者誤 之晳星歷反徐思益反白也 之黔徐音琴一音其廉反黑也 執扑普十反杖也 以行下孟反 而抶恥乙反 吾儕仕皆反 有闔戶臘反 廬力居反 區區丘于反小兒 有詛莊慮反 有祝之又反 分謗補浪反 麁本又作麤 衰七雷反本又作縗同注同 不緝七入反 苴七余反麻有二者也 絰帶直結反以苴麻爲絰及帶 杖竹杖也禮記云苴杖竹也 菅古顔反草也 屨九具反以草爲屨 食鬻之六反音羊天反謂朝一溢米暮一溢米 倚廬於綺反廬倚東牆而爲之故曰倚廬 寢苫傷廉反編草也 枕草之鴆反注同王儉云夏枕古冬枕草 枕凷苦對反一音苦怪反 不解音蟹

經十八年之使所吏反 入竟音境 齊數所角反 負芻初俱反

傳十八年長子丁丈反或如字純留徒温反或如字地理志作屯爲曹于僞
反所殺申志反首隊直位反跪而其委反奉之芳勇反梗
陽古杏反巫皋古刀反二瑴古學反而檮丁老反一音丁報反怙恃音戶
棄好呼報反背盟音佩謂數所角反實先悉薦反後之
戶豆反守宦手又反又如字敢復扶又反下注復次同沈玉音鴆或如字魯濟
子禮反禦諸魚呂反塹防士豔反廣里古曠反注同析文星歷
反敢匿女力反千乘繩證反子盡戶臘反公恐曲勇反斤
山澤音尺一音昌夜反必旆步蓋反跣陳直覲反注同乃脫勑活反注同一
音他外反旗識申志反一音赤志反夜遁徒困反聲樂音洛注同班別彼列
反連大並如字塞隧音遂道也而殿丁練反下及注同郭最徐子會反
於隘於懈反射殖食亦反下注同中肩丁仲反矢夾古洽反或古協反

脰音豆頸也其衷音忠殺女音汝乃弛式氏反本又作施音同亦舍音捨皆
衿其鴆反城守手又反克邿音詩雍門於用反之萩音秋本又作楸
示閒音閑其楢勑倫反又相倫反木名劉難乃多反或如字左驂七南反迫
音百還于音旋一音患以枚每回反馬檛也數所主反注同闔戶臘反門板馬檛
陟瓜反不恐曲勇反郵棠音尤扣馬音口略行下孟反以輕遣政
反下同斷鞅音短及維本又作濰音同水名及沂魚依反東莞音官蓋
縣古害反下邳蒲悲反入泗音四欲去起呂反下同揚豚徒門反見
使所吏反難易以豉反於汾扶云反子西守手又反下完守同犨
縣尺由反旃然章延反入汴皮彥反薳于委反本人作蔿子馮皮冰
反侵費扶味反滑于八反雍梁於用反右回如字徐胡猥反蟲
牢力刀反純門如字一音市荀反濰水音維多凍丁弄反幾盡

大一八十四 之四 三

音析吾驟仕救反經十九年祝柯古多反漷水好號反徐音郭又虎伯反字林口郭口獲二反西郛芳夫反傳十九年督揚丁毒反毋侵音無疆我居良反蒲圃布古反過魯古禾反如鞌音安賄荀呼罪反乘馬繩證反又四馬爲乘同先吳悉薦反又如字壽夢莫公反元帥所類反癉丁但反徐音旦疽七徐反生瘍音羊惡創初良反及著張慮反又直慮反雍於用反請見賢遍反而視如字徐市至反下同不可含戶暗反本亦作唅下同口噤其蔭反盥而音管其爲于僞反下注爲懷子同乃復扶又反乃瞑亡丁反一音亡平反桓譚以爲荀偃病而目出初死其目未合尸冷乃合非其存所知也傳因其異而記之耳兵并如字又必政反將中軍子匠反後放此召伯上照反下同勞力報反來力代反之長丁丈反之仰如字徐五亮反下同膏雨如字徐古報反常膏古報反又如字輯睦音集本又作集鑄鍾之樹反聲應應對

之應　則借如字一音倩下反　且夫音扶　彝器以之反　而懲直升反　娶季
七住反　其姪直結反　瞉聲子公反　中子音仲亦作仲下皆放此　子孌
必計反　屬諸之蜀反注同　立適丁歷反本或作嫡　間諸侯間廁之間　番傳
詩照反下注簡公猶少同　崔杼直呂反　黥其京反　刖音月又五刮反　不暴蒲卜反
於句古侯反　瀆音豆　灑藍色買反徐所綺反藍音力甘反　之難乃旦反注及下同
甲守手又反下問守備同　圭嬀居危反　亞宋子於嫁反　寘相息亮反注同
號之徐胡報反召也一音戶刀反　將傳音附　食高唐音嗣　工僂呂侯反
夜縋直僞反　醢衞音海　大隧音遂　控于苦貢反　度齊待路
反　共子音恭　蹷其徐求月反拔也一音居月反又居衞反　經二十年
于向許亮反　于澶市然反　繁汙音紆　又近附近之近　公子
瘦悉移反　傳二十年　莒數所角反下同　和解古買

大七五十　春秋左氏音義之四　四　永

反又戶買反自復扶又反下始復同其好呼報反下皆同背楚音佩之偪彼力

反與於音預呼於大故反而去起呂反褚師張呂反段徒亂反

共公子音恭常棣大計反樂爾音洛妻帑音奴魚麗

力馳反樂只之氏反本亦作旨奉使所吏反之策初革反出其君

如字徐音黜有餒奴罪反餓也經二十一年以漆本或作淶

徐音七閭丘力於反商任音壬傳二十一年公姑姊

杜以公之姑及姊是二人也或曰列女傳稱梁有節姑姊謂父之妹也此云姑姊是父之姊也一人耳以杜氏爲誤案成二年楚侵及陽橋孟孫往賂以公衡爲質杜云衡成公子也楚師及宋公衡逃歸臧宣叔云衡父不忍數年之不宴以棄魯國則公衡之年下計猶十七八成公是其父固當三十有餘從成二年至此三十八歲姑又成公之姊則年近七十矣假令公衡非成公之子猶是成公之弟成九年伯姬歸于宋伯者長稱九年始嫁則爲成公之妹成公不得有姊矣若成公別有庶長之姊以成公公衡之年推之亦不復甚嫁故知二人也唯公羊以成公即位年幼據左氏成四年傳云公如晉晉侯見公不敬公歸欲求成于楚得季文子諫而止此非年

幼也反覆推之杜氏不誤 妻之七計反下同 其從才用反下同 子盍胡臘反下盍反同 詰
盜起吉反治也 務去起呂反下皆同 阜牧在早反 凡八等之人謂阜輿隸僚僕
臺圉牧也 洒西禮反 濯直角反 軌度待洛反 不懲直升反 當令力呈
反 復討扶又反 公子鉏仕居反 叔孫還音旋 殺之申志反又如字 闕
地求月反 繭古典反絲衣也禮記云纊爲繭 衣裘於既反 鮮食息淺反少也下鮮過
并注同 瘠則在亦反 瘦也所又反 彊逐其丈反 不相能如字徐乃代反
幾亡其依反 不爲于僞反下文吾爲同 作難乃旦反 懷子好呼報反
施式豉反 城著直據反又張慮反 易逐以豉反 郱豫音丙 叔羆彼皮
反 不知音智下及注同 詩小雅案今小雅無此全語唯采叔詩云優哉游哉亦是戾矣 王
鮒音附 弗應應對之應下注同一夲作不應 皆咎其九反 德行下孟反注同
較然音角 乘馹人實反傳也 無疆居良反下注同 有謩莫胡反 勳

如字書作訓　宥之音又　鯀古本反　殛紀力反　大甲音泰　而相息亮反　右

王音又　宣子說音悅　之乘繩證反　入見公賢遍反下文始見并注同　言

爲國于僞反下不爲巳亦爲子皆同　姤叔丁故反　禍女音汝下同　人閒閒廁之閒　於

難乃旦反　掠之音亮　守臣手又反注同　罪重直用反注同　郊甸徒練反

伏竄七亂反　輔相息亮反　保任音壬　儌之戶教反或作效　環轅音袁

錮欒音固　齊殺申志反下同　剽匹妙反　知起音智　中行喜戶郎反

邢蒯否怪反　先二子悉薦反　欲與音預下同　其枚本亦作板　子

爲于僞反　胥射食亦反　經二十二年　寵近附近之近

傳二十二年之守手又反　爲公于僞反　兩過古禾反　御叔魚呂反又

魚據反　焉用於虔反　多知音智又如字　而傲五報反　使人所吏反注同

不任音壬　之蠹丁故反　少正詩照反注反下少年同　孫僑其驕反　有戲

許宜反不共音恭下共祀同觀釁許靳反差初宜反又初佳反一音七何反注同沘徐本作沱直知反一音徒何反注同重之直用反石盂音于石㚟勑略反公孫夏戶雅反下同見於賢遍反又如字甞酎直又反與埶音預燔焉夲又作膰音煩祭肉也間二年間廁之間又如字先澶悉薦反罷病音皮荐至在薦反仍也不愓他歷反懼也朝夕如字堪任音壬黑肱古弘反盡歸津忍反凡此例可求故時音之復錮扶又反注同下復使下注復生不復行皆同馬數所主反十乘繩證反令富力呈反君焉於虔反下焉入同泄命息列反漏也又以制反轘觀起音患車裂也四竟音境下同取殯必刃反吾與音預殺吾如字一音試遂縊一賜反公子齮五綺反屈建君勿反弗應應對之應不敢不見賢遍反游販普板反大叔音泰請舍音捨

襄四第十七　杜氏　盡二十五年

經二十三年伯匄古害反畀我必利反復入扶又反注同還與戶關反君爭爭鬬之爭雍揄於用反朝歌如字爲之于僞反廢長丁丈反立少詩召反輕行遣政反傳二十三年喪之如字徐息浪反徹去起呂反禮爲于僞反下注爲召下而爲並同絕期居其反愬二悉路反使慶樂往絕句從陳侯才用反又如字板隊直類反注同其長丁丈反析歸父星歷反塍之以證反又繩證反以藩方元反注同有鄣之亮反又音章知不音智又如字無咎其九反所祐音又而觴式羊反午匽女力反而飲於鴆反偏拜音遍原屏薄經反之難乃旦反知悼音智子少詩照反注同嬖於必計反七輿音餘王鮒音附侍坐如字一音才卧反以走如字一音奏民柄彼命反可強其丈反下注強取同無解徒賣反墨縗七雷反本又作衰音同冒莫報反經

直結反冒結以經冒其首也一云纏冒經三者皆墨之內應應對之應臺觀官喚反備

守手又反既乘繩證反下騎乘趨乘并注同備隋待果反隊也直類反

跳徒彫反上獻子時掌反左援音袁斐豹音非一音芳匪反督戎

丁毒反閉著陟略反帥卒子忽反訟女音汝注同射之食亦反不中

丁仲反又注之住反注同屬矢之玉反槐本音懷而覆芳服反注同轢

槐音歷斵音短肘張九反王孫揮許韋反召揚上照反申鮮虞

音仙之傅摯音至本或作申鮮虞之子傅摯晏父戎音甫貳廣古曠反注同

邢公音刑牢成魯刀反一本作罕成襄罷師音皮徐音彼一音皮買反狼音郎蘧

踈其居反胠起居反徐又音怯脅或起業反侯朝如字一音直遥反桓跳徒彫反大殿

都練反注同夏之戶雅反御寇魚呂反駟乘繩證反閒大國閒廁之閒

又如字其咎其九反其難乃旦反欲殺申志反下同以說音悅又如字於

背音佩二隊徒對反徐徒猥反登大音泰行徐戶郎反一音如字隘道於懈反
熒戶扃反廷音庭本亦作庭築壘力軌反辟也音辟郫婢支反少水
詩照反少水地名下注孟氏之少立少同京觀官喚反趙勝音升一音申證反晏氂力之
反徐音來無適丁歷反公彌長丁丈反下皆同公鉏仕居反紇也根發反具
敝車婢世反徐扶滅反飲我於鴆反下皆同吾爲于僞反下注爲定爲公鉏同重
席直恭反新樽音尊本亦作尊復絜扶又反下非復下文復戰同濼之音早
慍而紆運反怨也怒也位處昌慮反朝夕如字恪居苦各反舍旃
音捨惡臧烏路反下之惡子之惡我亦君所惡同騶側留反豐點都簟反徐之廉反
好呼報反羯居竭反弗應應對之應焉在於虔反疾疢恥刃
反之療力召反將辟婢亦反徐甫亦反注同藉除徐音借又如字藉亦借也穿
藏才浪反隧正音遂下文且于之隧同申從才用反上同一音如字娶于七住反

鑄之樹反 蛇丘音移 所治直吏反 其姪大結反又丈一反 大蔡龜名也一云龜出蔡地因以爲名 宗祧他彫反 請爲先人于僞反下爲已請自爲請爲其先人下文遂自爲也同 知不足音智 要君一遥反下同 毋或音無下同 不聽吐定反

殺適丁歷反 蕩覆芳服反 盍以戶臘反 誰居音基注同 猶與音餘 且于子餘反 杞殖市力反 華還胡化反下音旋 狹路戶夾反 近莒附近之近 敝廬力居反 得與音預 臧孫聞之見賢遍反 齊侯絕句一讀以見字絕句齊侯向下讀 知之音智下同

經二十四年陳鍼其廉反 宜咎其九反 惡之烏路反 大饑居疑反又音機

傳二十四年以上時掌反注同 所治直吏反 事見賢遍反 隰叔徐入反 復爲扶又反下同 主夏戶雅反注同 既沒其立言今俗本皆作其言立於世檢元熙以前本則無於世二字 大上音泰 史佚音逸 周任音壬 宗祊布彭反注同 寓書音遇

寄也長國丁丈反之難如字又乃旦反之賄呼罪反沒沒如字一音妹沈溺也將

焉於虔反遠間音問又如字則樂樂則並音洛也夫音扶下也夫同臨

女音汝毋寧音無浚我思俊反取也以焚扶云反斃也服云焚讀曰僨僨僵也焚

斃婢世反子說音悅爲重幣于僞反下注魯爲同子西相息亮反介

恃音戒因也注及下同是以請請罪焉請並七井反徐上請字音情蘧啓

彊其良反又居良反蒐軍所求反因閱音悅數所主反不戢側立反藏也

黔其廉反又其今反如淳音耿弇反陬縣側留反又子侯反韋昭音諏計其音基又如字漢

書作斤如淳斤音基張骼庚百反一音古洛反輔躒力狄反徐音洛宛於元反射犬食亦

反徐神后反子大叔音泰卑下遐嫁反常分扶問反部蒲口反徐扶苟反

婁本或作塿路口反徐力侯反部婁小阜也小阜扶有反在幄於角反帳也而後食

音嗣御廣古曠反注同已皆乘乘車下乘字繩證反注及下皆同皆踞

慮反轉張戀反注及下同衣裝也一音張巒反衣裝側良反一本作囊取冑直救反

於櫜古毛反入壘力軌反搏人音博徐甫各反挾囚音協復踞

扶又反下復討同曩者奴黨反曏也怯也去業反之亟居力反急也注同爲

楚于僞反下注同荒浦判五反師祁犁力兮反又利之反城郟古洽反

公孫揮許韋反降下戶嫁反又如字以語魚據反鬷蔑子公反下

人戶嫁反言易以豉反且夫音扶知人音智亡釁許覲反

經二十五年雖背音佩重丘直龍反衛衎苦旦反吴子

遏於葛反徐音謁

傳二十五年爲晉于僞反下爲己娶同孟

公綽昌若反徐本作卓音綽使偃取之如字又七住反注同音七住反注本或作娶字辯

別彼列反坎下苦敢反兑上徒外反巽下音遜中男丁仲反風隕

于敏反不可取七住反注同其繇直又反蒺音疾藜力私反無應

應對之應則 喪息浪反 嫠也本又作斄力之反寡婦也 驟如愁又反徐在遘反 間

代間廁之間注間晉之難同 之難乃旦反 欲殺申志反 以說音悅又如字 又近

附近之近下近於公宮并注同 乃爲于僞反下甚爲下注爲崔子同 且于子餘反 公拊芳甫反拍

也 楹音盈 衆從才用反 重言直用反 別下彼列反 陪臣干徐云

讀曰犴胡旦反注同服音如字 掫側柳反徐又子俱反一音作侯反說文云掫夜戒有所擊也從手取聲字林同音子侯反服本

作諏子須反云謀也今傳本或作諏猶依掫音 行夜也下孟反下同 又射食亦反 之中丁仲反

股音古反 隊直類反 封具求付反 鐸父徒洛反 僂力侯反 堙音因

祝佗徒何反 不說他活反 弁皮彥反 申蒯苦怪反 監取古銜反 以

帑音奴 鬷蔑子公反 死難乃旦反下皆同 豈爲于僞反注皆爲及下文同 私

暱女乙反 敢任音壬當也 而殺申志反 吾焉於虔反下同 枕尸之[illegible]反

同 三踊羊寵反 叔孫還音旋 而相息亮反下同 大宮音泰注同 曰

所不與崔慶者本或此下有有如此盟四字者後人妄加乃歃所洽反又所甲反

故復扶又反以帷位悲反縛其直轉反虞乘繩證反推而

如字又他回反知匿女力反藏也其暱女乙反親也及弇於檢反又於廉反狹道

音洽枕轡之鴆反食馬音嗣瘞於滯反埋之無皆反四翣所甲反

不蹕音必行也七乘繩證反注下七百乘同自泮普半反以莊公說

如字又音悅任同隰鉏仕居反獨使所吏反三十帥所類反注及下注將帥同正

長丁丈反注同處守手又反注處守同守國者如字或手又反宛沒於元反

陳隧音遂徑也徐又徒猥反下同井堙音因塞也木刊苦干反除也隧徑古定反

無別彼列反下文同親御魚呂反侵掠音亮陳侯免音問注同徐又音万

喪冠也擁社於勇反抱也社社主也而纍類悲反一音呂軌反執縶陟立反而

見賢遍反注同數俘所主反注但數同下芳夫反祝袚芳弗反徐音廢少弭亡氏反

道之音導邲之役扶必反左廣古曠反遽以其據反子捷

在接反子駢蒲賢反又蒲丁反子盂音于墊丁念反方言云下也隘於懈反

私卒子忽反下同陳以直覲反注同後駐張住反復逐附又反下復伐陳同

傅諸音附舒鳩潰戶內反虞閼於葛反大姬音泰妃胡公

音配本亦作配之長丁丈反三恪苦洛反五父佗徒何反夏氏戶雅反

播蕩補賀反介恃音戒以馮皮冰反可億於力反逞勑景反億

度待洛反其衷音忠開道音導其辟婢亦反注同誅也一圻音祈以

衰初危反注同差降也數圻色主反下數甲兵數疆潦各并注同城濮音卜能詰起吉

反相鄭息亮反以足將住反又如字下反注同使厇四婢反治也度山待洛

反注及下注同以共音恭藪澤素口反焚燎力召反之處昌慮反辨

別彼列反下同表淳音純鹵音魯淳鹵埆薄之地也說文云鹵西方鹹也埆薄音學

疆居良反注同賈其兩反潦音老規偃於建反一音如字豬陟魚反尚書傳云停水曰豬

町原徒頂反防隄丁兮反小頃苦頴反牧隰州牧之牧衍沃以善反賈云下平曰衍有流曰沃

量入音良又音亮注同步卒子忽反甲楯食準反又音尹

器杖直亮反而輕遣政反獲射食亦反下同必殪於計反死也疆

其居良反鷹於陵反鸇之然反徐又居延反以語魚據反朝夕如字不

說音悅注同討作闓容也匪解佳賣反弈音亦圍棋也棋音其

襄五第十八　杜氏　盡二十八年

傳此傳本爲後年脩成當續前卷二十五年之傳後崩編爛脫後人傳寫因以在此耳城郟古洽反

別二十彼列反涖盟音利又音類伯車音居鍼也其廉反傳爲于僞反

特跳直彫反傳寫直專反一本作轉　經二十六年君

剽四妙反背國音佩于澶市延反以駁邦角反世子痤才禾反

大反十

惡其烏路反　傳二十六年子貟音云不應應對之應

暴骨蒲卜反徐扶沃反　道二國音導能御魚吕反拂衣芳弗反騫

褰起虔反本或作褰音騫同非也說文云褰袴也　於治直吏反　而力爭爭鬭之爭　己

傒昌氏反又尸氏反　子鮮音仙　爲復于僞反注同　敬姒音似　強命其丈反

蘧伯玉其居反　瑗于眷反徐于万反　今殺申志反　譙畜許六反注同容也一

音勑六反　請使所吏反　可還音環　遂見賢遍反一音如字　淹恤於廉反徐於嚴反又

也　猶夫人也夫音扶　孫襄居守手又反　復攻扶又反下復愬同　於

竟音境　頷之本又作頷五感反摇頭也　易生以豉反　大叔音泰　朝夕如字　貟

羈居宜反　紲息列反　扞戶幹反　牧圉魚吕反下同　復愬悉路反　先

輅音路本亦作路　先八邑徐悉薦反下同或如字　降殺所界反　見經賢遍反

人爲于僞反　及雩音于徐況于反如淳同韋昭音虛或一呼反　婁如字徐力俱反如淳音樓

城麇 九倫反 皇頡 戶結反 穿封戌 音恤 易 以豉反 別識 彼列反
上其手 時掌反下注同 介弟 音界 道囚 音導 抽戈 敕留反 印 一刃反
堇父 音謹 以爲請 于僞反又如字 更遣使 所吏反 疆戚 居良反注同
不得與 音預 女齊 音汝 爲衛侯故 于僞反下爲臣注爲林父爲臣同 嘉樂 戶嫁反注同 相齊 息亮反下同 蓼蕭 音六 大平 音泰 緇衣 側其反 粲兮 七旦反 違遠 于万反 宗祧 他彫反 見周書 賢遍反 將仲子兮 將音七羊反注同本亦無兮字此依詩序 鄭七穆 謂子展公孫舍之罕氏也子西公孫夏駟氏也子產公孫僑國氏也伯有良霄良氏也子大叔游吉游氏也子石公孫段豐氏也伯石印段印氏也 穆公十一子 謂子良公子去疾也子罕公子喜也子駟公子騑也國公子發也子孔公子嘉也子游公子偃也子豐也子印也子羽也子然也士子孔也子然二子孔巳亡子羽不爲卿故止七也 宋芮 如銳反 諸隄 徐丁兮反沈直兮反
共姬 音恭 長而 丁丈反 而婉 紆阮反 而很 胡墾反 而惡 烏路反下皆同

惠廧音牆或作牆 伊戾力計反 復發扶又反 夫不音扶注同 惡女
音汝 敢遠于万反 好之呼報反 敢近附近之近 有共音恭本又作供下同
欿用口感反 盟處昌慮反 而騁勑景反 聒而古活反下同讙也 讙
也呼端反 乃縊一賜反 乃亨普彭反 使饋其位反 先之悉薦反又如字
左師令力呈反 使者所吏反下文通使同 左師諛羊朱反 使夏戶雅反
先下遐嫁反 子朝如字 娶於七住反 子牟亡侯反 爲申公如字
舊于僞反 爲國于僞反 杞梓徐上音起下音子皆本名也 不僭子念反下皆同 不
濫力暫反 殄徒典反盡也 瘁在醉反病也 怠解佳賣反 爲之于僞反下
爲之不舉同 則飫於據反饜也 饜也本亦作厭於豔反下同 饌仕眷反 朝夕如字
救療力召反治也 析公星歷反 人寘之豉反 之殿多練反注同 將遁
徒困反 輕窕徐勑堯反又通弔反 易震以豉反 鈞聲音均除居旬反 宵

潰戶內反　桑隧音遂　申麗力馳反　復侵扶又反　華夏戶雅反　之鄐許六反徐又起六反　蒐所留反　乘繩證反　閱也音悅　秣馬音末　蓐食音辱　師陳直覲反　降彭城戶江反　而雍害於勇反注同　之邢音刑　譙國在遙反　酇縣才多反又子旦反或作贊　楚罷音皮　事見賢遍反　伯賁扶云反下同　鄢陵音偃　晨厭本又作壓於甲反徐於輒反　而陳直覲反下成陳并注同　精卒子忽反　欒范易以豉反注及下易成同賈音亦　行戶郎反注及下同賈音衡　欲令力呈反下同　不復扶又反下復注同　郤錡魚綺反　四萃在醉反　師熸子潛反火滅為熸　娶於本又作取七住反　女賈音汝　許恚一睡反　為許于偽反下為國同　昧於音妹　貪冒亡報反又亡北反　釁於許覲反　以足子住反又如字　子展說音悅下注同　不禦魚呂反　隳其許規反　縣門音玄　子汜音凡徐扶嚴反　廩丘力甚反　所治直吏反　其竇

音豆介于音戒於比必利反經二十七年孔奐呼亂

反不與音預下同楚先悉薦反又如字晉歃所洽反又所甲反弟鱄市轉

反又音專復患扶又反倚順於綺反傳二十七年諸

喪息浪反注同不稱尺證反爲賦于僞反注同相鼠息亮反注同鄘

風音容祇成音支適也注同勿與音預復攻扶又反衣其於既反枕

之之鴆反欲斂力驗反内我音納本又作納以沮在呂反止使者所吏

反不鄉許亮反本亦作嚮誰愬悉路反公喪息郎反又息浪反稅服徐云

讀曰繐音歲注同謂繐衰也服音吐外反繐衰七雷反本亦作縗一乘繩證反通稱

尺證反少師詩照反欲弭徐武婢反之螙本又作蠹丁故反大菑音災

難之乃旦反下懼難同我焉於虔反下將焉用之焉用有信焉能害我同爲介音戒

後注同折之設反注同徐又音制俎莊呂反使舉是禮也沈云舉謂記錄之也

黑肱古弘反 更相音庚 朝見賢遍反 使駟人實反 傳也陟戀反
子晳星歷反 得復扶又反 以藩方元反 楚氛芳云反徐扶云反 哀
甲音忠丁徐仲反 單音丹盡也注同 斃婢世反踣也 踣也蒲北反 以僭子念反不信也
則夫如字或音扶 不與音預 先晉悉薦反或如字 狎主戶甲反更也 狎更
音庚 德只之氏反 辦具皮莧反 一坐才卧反 飲大夫於鴆反 而重
直用反下二字同 聞於音問又如字 事治直吏反 無媿九位反 以語魚據反下
同 能歆許金反 之好呼報反 垂隴力勇反 二子石從才用反
草蟲直忠反 召南上照反下同 忡忡敕忠反 既遘古豆反 則
降戶江反又如字下注同 鶉之順倫反 賁賁音奔 牀第側里反簀也 踰
閾音域徐況逼反門限也 非使所吏反注同 簀也音責 盡心津忍反 其
樂音洛下注及文至樂以安民並同 蔓音万 邂戶賣反 逅戶豆反 印段一刃反

蟋蟀所律反 大康音泰 其居音據 好樂呼報反下同 瞿瞿俱付反 受天之祜音戶 匪敖五報反 焉往於虔反下政其焉往同 倡賦昌亮反 已侈昌氏反又尸氏反字林充豉反 五稔而甚反熟也穀一熟故為一年 皆數所主反 能去起呂反下皆同 蔽諸侯必世反徐甫世反服虔王肅董遇並作弊婢世反云踣也 無厭於鹽反徐於廉反 彼已音記 偏喪息浪反 娶東七住反 无咎音無本亦作無下其九反 相崔息亮反 朝陽如字一音直遥反 盧蒲嫳普結反徐敷結反 復告扶又反 難乃旦反 吾助女音汝 圉人魚呂反 請為于偽反下注嫳為為齊莊同 堞其音牒徐養涉反 辟諸婢亦反徐甫亦反 蘧罷音皮 僕賃女鴆反 以喪如字又息浪反

經二十八年 以應應對之應 惡之烏路反 孫蝎居謁反 老青酒市志反 為宋于偽反

傳二十八年 梓慎音子 玄枵許驕反 時菑音災注同 發泄息列反下同

之宿音秀下同　角亢音剛又苦浪反　秏名呼報反　時復扶又反　北燕烏賢反　虈縣音計　不與音預下同　後賄呼罪反　重丘直龍反　從子才用反　圃布古反　石碏七略反　日其人實反　過此古禾反又古卧反　迋于況反往也後同　勞于力報反　而傲五報反下同　而惰徒卧反　君不國事大國古本無小字　將爲于僞反　還之音環　使驛人實反　之休許虯反生同　乘皮繩證反　不易以豉反　之難乃旦反　曰女音汝　何與音預　跋涉白末反草行爲跋水行爲涉　敢憚徒旦反　之頤以之反　無應應對之應　不幾居依反又音祈近也　不能復扶又反下復償同　裨竈避支反　鳥帑音奴　惡之如字一音烏路反　禍衝尺容反　之分扶問反　相鄭息亮反下同　爲壇徒丹反　郊勞力報反　焉用於虔反下焉用作壇焉避之焉用盟同　宥其音又　其菑音災　怠解佳賣反　共其音恭　好田

呼報反耆酒市志反數日所主反見於賢遍反之難乃旦反妻

之七計反注及下注同辯別彼列反下同可相取七住反本亦作娶斷章音短惡

識宗音烏安也注同皆嬖必計反下同欲爲于僞反而先悉薦反

後之戶豆反親近附近之近兵杖直亮反公膳市戰反公膳謂公家供卿大夫

之常膳以鶩徐音木鴨也則去起呂反藏也其洎其器反肉汁也說文云洎灌釜

也字林巳莅反饋其位反知無音智干莢音來无宇從才用反奉龜

芳勇反慶嗣繼嗣之嗣本或作慶翩誤無悛七全反攺寤五故反而戕

在羊反殘也救難乃旦反下外難同夫子愎皮逼反大公音泰慶舍

戶結反環公宮如字徐音患爲優於求反俳優也優俳皮皆反絆之

音半介慶音界抽桷音角擊扉音非門扇也椽也直專反門

闔戶臘反自後刺七亦反猶援音袁於甍亡耕反屋棟也字林亡成反

爲君于僞反下爲之誦同説服吐活反一音如字反陳直覲反于嶽五角反以
鑑古暫反必瘁在醉反本或作萃同食慶封音嗣汜祭芳劒反弗
説音悦茅亡交反鴟尺之反刺不敬七賜反吳句餘古侯反下句讀同
而殲子潛反盡也喪羣息浪反故鉏仕居反公子鉏也本或作故公鉏者非句
瀆音豆邶蒲對反殿多薦反又如字注及下同非惡烏路反且夫音扶有
幅音福無黜勑律反放也嫚徐音慢北竟音境亂治也直吏反
能令力呈反拱辟居勇反徐音恭其柩其救反著崔杼丁略反
爲宋于僞反過鄭古禾反廷勞力報反黄崖本又作涯魚佳反
濟澤子禮反行潦音老之蘋音頻蕰藻音早寘諸之豉反之
爲于僞反下除而爲之備一字並同駕音加鵞鳶五何反喪之如字又息浪反之隙
去逆反本或作郤廢好呼報反徵過張陵反審也本或作懲誤

襄六第十九　杜氏　盡三十一年

經二十九年侯衎皆旦反閽音昏守門人殺吳子中志反餘祭側戒反仲孫羯居謁反杞復扶又反使札側八反北燕音烟

傳二十九年親襚音遂說文云衣死人衣遺使所吏反下同賵襚芳鳳反一本作贈之比必利反祓殯音拂徐音廢凶邪似嗟反桃茢音列徐音例黍穰如羊反鄭注周禮云茢苕帚郟敖古治反熊麇九倫反取弁本又作卞皮彥反魯邑公冶音也璽書音徙印也廣雅云印謂之璽說文作壐從土云王者印也籀文從王印也一刃反致使所吏反注并下注而賞其使同祇見音支本又作多音同服云祇適也強之其丈反邶風音佩寄寓音遇服斂力驗反年少詩照反靡盬音古不堅固也啓跣其委反以藩方元反明近附近之近鑰國許氣反以貸他代反下同施而治豉反下文同叔向許丈反知悼子音智子大叔音泰下同而夏戶雅反注下皆放此肆

以二反餘也詩傳云斬而復生曰肄方言云枿餘也秦晉之閒曰肄 協比毗志反 女齊音汝 相禮
息亮反注同 司徒侈昌氏反又尸氏反 力斃婢世反 專則人實斃
之絶句 將及矣本或作侈將及矣者非 爲杞于僞反下文爲杞之歌皆同 三耦五口反
邵伯上照反 鄫鼓父才陵反 黨叔徐音掌 慍曰紆運反怒也怨也
虞虢瓜百反 焦子消反 滑乎八反 玩好呼報反下好善同 瘠魯在亦
反 毋寧音無 而焉於虔切 說之音悅 壽終音授 召南上照反本亦作
邵 未盡津忍反 安樂音洛下和樂聲下文樂而不荒同 邶鄘音容 盡被
皮義反 以思息嗣反下憂思同 以爲別彼列反 隕滅于敏反 有治直吏反
泱泱於良反又於郎反弘大也韋昭於康反 大公音泰 將復扶又反下不復識同 歌
豳彼貧反 樂而不淫音岳又音洛注同下而又何樂而可以樂放此 爲成王于僞
反 王業如字又于況反 删定所姦反 汧隴苦賢反 去戎起呂反又如字 渢

渢扶弓反徐敷劒反中庸之聲也韋昭音凡大而婉紆阮反約也險而依注音儉易

行以豉反注同思深息嗣反注同自鄶古外反至矣哉一本無矣字不

倨音據徐音居倨傲五報反屈橈乃孝反不偪彼力反不厭於豔

反徐於贍反不匱其位反施而始豉反不費芳味反不底丁禮反

角徵張里反象箾徐音朔南籥羊略反有感戶暗反本亦作憾恨也

大平音泰舞韶上昭反本或作招音同濩音護徐又音戶郭反溝洫況域反

韶箾音簫不幬徒報反覆也說晏音悅下皆同於難乃旦反下皆同未

歇許謁反縞帶古老反徐古到反繒也紵衣直呂反蘧其居反瑗于眷反

史朝如字下文公子朝同史鰌音秋猶爭爭鬬之爭于慕音莫其

萃在醉反集也厚施式豉反公孫蠆勑邁反宥之音又好以

呼報反爲高氏于僞反下注爲子産同高豎上主反曾孫鄭於顯反

高傒音兮城緜音綿而寘之豉反旃之然反子晳星[illegible]反言
女音汝將強其丈反裨婢支反湛市林反本亦作諶其與如字或音預幾
何居豈反屢盟力住反用長丁丈反下同能紓直呂反徐音舒解也紓
解音蟹將焉於虔反下同喪其息浪反驅除音並如字一讀上丘具反
下直據反經三十年薳罷音皮世子般音班傷夫
乃定反以惡王烏路反下惡宋同一音如字共姬音恭注皆同傳亦放此耆酒
市志反言復扶又反于澶市然反字林丈仙反云水在宋
傳三十年問王子圍之爲政一本無圍字服虔王肅本同吾儕
仕皆反焉與於虔反下音預下將與與於食同慝其女力反相鄭息亮反方
爭爭鬭之爭下注駟良爭同而愎皮力反很也很也胡墾反好在呼報反相
下戶嫁反食音嗣輿人之音餘衆也年長丁丈反夏正戶雅反使

走如字，速疾之意也。一曰走使之人也。服虔、王肅本作吏，云吏不知歷者。干鹹音咸。僑如其驕反。及虺
虛鬼反。二畫音獲，下同。併三步頂反。復陶徐音服，一音福。魯使所吏反。以語
魚據反。可媮他侯反，薄也。咨度待洛反。鄭難乃旦反。詛盟側慮反。
爲大子于僞反。娶於士住反。儋季丁甘反。子括古活反。將
見賢遍反，注同。單公音善。愆期起虔反，下同。諸廷音庭，注王廷同。鳴
呼本又作烏，乎音同。此夫音扶。視躁早報反。圍蔿于委反。平時
音止，又音市。本或作畤。甘過音戈。鞏成九勇反。瑕廖力彫反，音勠留反。戓
叫徐古弔反。千宋大廟音泰，一本無大字。叫呼火故反。譆譆許其反，熱
出出如字。鄭注周禮引此作詘詘，劉昌宗亦音出。亳社步各反，殷社也。待姆徐音茂，字
林亡又反，一音母，女師也。結好呼報反。繕城上戰反。弱植徐直吏反，一音時力反。大
夫敖五報反，本亦作傲。服本作放，云溪放也。以介音界。卿共音恭。耆酒市志

市志反窟室口忽反地室也公焉於虔反壑谷呼洛反而罷皮買反徐扶彼反
雍梁於用反醒而星頂反左相息亮反侮之亡甫反汏
侈音泰禍難乃旦反下及注同弭難彌氏反方爭爭鬭之爭附著
直略反斂伯有力豔反下同不與音預下文不與同之瀆徐音豆師
頡戶結反介于音界下同縊之音遂枕之之鴆反殷音古聞難乃旦
反與子上用兩珪質于河質音如字一音致一本作與子上盟絶句用兩珪質于河
別爲句沈珪音鴆又如字公孫肸許乙反非復扶又反子蟜居表反
公孫揮許韋反生莠羊九反草也降婁戶江反下及注同奎婁
苦圭反娵子須反訾子斯反東辟音辟玄枵許驕反爲任音壬
之比毗志反公孫鉏仕居反芋尹于付反相楚息亮反下善相之同
去身起呂反艾王魚廢反爲宋于僞反北宮他徒何反不

信也夫音扶一讀以夫爲下句首而偪彼力反偪近附近之近在治直吏反
而要一遙反下注同焉往於虔反必大焉先並如字復命扶又
反如是三息暫反又如字受策初革反惡其烏路反注同分部
扶運反封洫況域反溝也封疆居良反大人之忠儉者本或作大
夫者非踣之蒲北反豐卷眷勉反徐居阮反芻豢初俱反豢音患牛羊曰芻
犬豕曰豢而褚張呂反褚蓄勑六反又許六反本又作畜同並畔薄杏反又薄頂反
殖之時力反徐是吏反此協下韻經三十一年所樂音洛一音
岳又一音五教反殺者申志反傳三十一年語之魚據反下
吾語諸同語偷他侯反諄諄徐之閏反或一音之純反盇與戶臘反懦弱
乃亂反無厭於鹽反民生幾何居豈反本或作民生無幾何朝不
如字注同讒慝他得反以說如字工僂力侯反灑所蟹反所綺反舊

渻竈生領反徐本作省所幸反一音息井反一音銷　孔虺許鬼反　之難乃旦反

好其呼報反　大誓音泰本亦作泰　君欲楚也夫音扶　若不

復扶又反　拱辟九勇反大辟也　毀瘠在亦反　之娣大計反　齊歸

如字注同　公子裯直由反　立長丁丈反　非適丁歷反　鮮不息淺反

比及葬必利反本無及字　三易如字又息暫反　禳本又作纕亦作襄同七雷反下同

衷衵而甚反徐而鵠反裳下也　嬉戲許其反　惰而徒卧反　多涕他禮反

相鄭息亮反　使盡子忍反　壞音怪下皆同　其館古亂反字從食

字林云客舍也旁或作舍非　之垣音袁牆也　斥見賢遍反　是以令力呈反下注同

完客音丸　其閈戶旦反說文云閭也汝南平輿縣里門曰閈此云閈也　閎獲耕反杜云門

也爾雅云衖門謂之閎是也爾雅又云所以止扉謂之閎然爾雅本止扉之名或作閣字讀者因改左傳皆作各音案下

文云門不容車此云高其閈閎俱謂門耳於義自通無爲穿鑿　客使所吏反注同　雖從才用反下

賓從同　葺牆侵入反徐音集一音子入反覆也謂以草覆牆也　共命音恭　寡君使

丏本又作匄古害反士文伯名也今傳本皆作此字或作正字釋例亦然解者云士文伯是范氏之族不應與范宣子同名作正是也案士文伯字伯瑕又春秋時人名字皆相配楚令尹陽丏字子瑕即與文伯名字正同又鄭有駟乞字子瑕匄與乞義同則作匄者是又案魯有仲嬰齊是莊公之孫又有公孫嬰齊是文公之孫仲嬰齊於公孫嬰齊爲從祖同時同名鄭有公孫段字子石又云伯石印段字伯石傳又謂之二子石然印段即公孫段從父兄弟之子尚同名字伯瑕與宜子何廢同乎　褊小必淺反　介於音界注同　悉索所白反一音悉各反　不閑音閑

未得見賢遍反下及注同　敢暴步卜反下同　燥濕素早反　朽蠹丁故反蠹敗也　以重直用反下重罪同　僑聞其驕反　重耳直龍反　卑庳庳音婢亦音卑　無觀古亂反　臺榭音謝本亦作謝土高曰臺有木曰榭　庳廄九又反　平易以豉反注同治也　汙人本又作圬同音烏汙人塗者　塓館莫歷反塗也

甸設徒遍反　庭燎力妙反徐力遥反一音力弔反庭燎大燭　行夜下孟反下巡行同

巾車如字巾車掌車官也劉昌宗周禮音居數反　脂轄户瞎反　各瞻之廉反挸也

憂樂音洛　菑患音災　當復扶又反　銅鞮丁兮反　數里所士反　迫迮側百反　水潦音老　賓見賢遍反　贏諸侯音盈受也

宴好呼報反　如是夫音扶讀者亦以夫爲下句首　之輯音集七入反　之繹本亦作懌音亦　說繹音悅　莒犂徐力私反或音力兮反　比公音毗　去疾起呂反　展輿音餘本又作與音同　殺之乃立殺音試本或作乃自立者設　買

朱鉏仕居反　故復扶又反　重明直用反　屈狐庸君勿反狐音胡

巢隕于敏反　闔音昏　戕在良反　餘祭側界反　傳國直專反

相衛息亮反　過鄭古禾反　廷于況反　勞于力報反下及注同　斐林芳尾反本又作斐　數世所主反　以濯直角反　以上時掌反　能斷丁亂反下同　裨婢支反　諶市林反　乘以繩證反　鮮有息淺反　鄉校户孝反下同學也鄭

國謂學爲挍謗議布浪反夫人音扶下并注同朝夕直遙反舊如字所惡
烏路反又如字不遽其據反使道音導注同長而丁丈反曰少詩照
反注同曰愿音願謹善也知佁直吏反下注之治同能操七刀反其傷
多一本作其傷實多棟也丁弄反榱崩所追反椽也將厭本又作壓於甲
反徐於輒反下同學製音制所庇必利反又音秘貫則古患反習也注同厭
覆芳服反慢易以豉反鮮克息淺反令聞音問本亦作問衛
詩此邶風刺衛頃公故曰衛詩棣棣本又作逮直計反可選息兗反注同選
數所主反下文同斟酌之林反而降戶江反注同而復扶又反之行下孟
反下可樂音洛又音岳
昭元昭公名稠襄公子母齊歸在位二十五年遜于齊在外八年凡三十二年薨于乾侯謚法威儀恭明曰昭第二十
杜氏盡三年

經元年公二招常遥反于虢瓜百反當先悉薦反取鄆音運不稱將子匠反下同帥所類反言易以豉反弟鍼其廉反大鹵大如字徐音泰下音魯穀梁傳云中國曰大原夷狄曰大鹵莒去疾起呂反莒展出奔吴一本作莒展輿彊鄆居良反注同子麇九倫反以瘧音虐書弒申志反或作殺音同

傳元年旦娶七住反爲介音界注同人惡烏路反褊小必淺反下同從者才用反請墠音善除地也辱貺音況布几本亦作机筵音延莊共音恭草莽莫蕩反而懲直升反不憾戶暗反所雍於勇反本文作壅注及下注同之祧他彫反遠祖廟也垂橐古刀反弓衣也先歃所洽反復得扶又反下雖復同而駕如字又音加注及下同衷甲音忠楚重直用反子相息亮反東夏戶雅反淳于音純不罷音皮謗讟音獨誹也方畏反行諧

子念反下同是穮彼驕反耘也是蔉古本反耘也音云除草也鐖鏈

其靳反耜鉏仕居反之收手又反又如字鮮不息淺反是難乃旦反下

注並同特緝七入反欲背音佩注同誕也音但便篡初患反二子

樂音洛注及下樂憂而樂同小國共音恭注及下同樂王鮒音附小旻亡斤反

馮河皮冰反絞古卯反切也而婉紆阮反注同臧否悲矣反舊方九反持

之如字本或作特誤當身丁浪反瀆齊徒本反其使所吏反下注其使出

使下召使者同相趙息亮反注同而爲于僞反下注爲諸侯同深其踁戶定反

以藩方元反之隙去逆反之咎其九反注同也賄呼罪反思難

乃旦反下同辟汙音烏注及下同疆居良反注及下至莒之疆事同場音亦注同表旗

首其饕吐刀反餮吐結反夏有戶雅反觀音館舊音官扈音戶

鄅縣音戶姺西典反又西禮反邳皮悲反嬴姓音盈狎主戶甲反

故更音庚又焉於虔反注同吴濮音卜有釁許靳反過也勿與音預無亢苦浪反徐又音剛禦也禦也魚呂反去煩起呂反宥善音又小宛紆阮反可復扶又反褒姒音似滅之如字詩作威又音呼悅反少懦乃亂反弱也過鄭古禾反瓠葉戶故反猶與賓客享之許丈反又普庚反夫人音扶注同於幕武博反折俎之設反釆蘩音煩省穡所景反徐所幸反注同死麇九倫反脫脫吐外反我帨始銳反使尨武江反也吠扶廢反常棣直計反兄弟比毗志反下注得比同兕爵徐履反於戾力計反下同飲酒樂音洛注同不復此扶又反注及下不復年弁注同勞趙孟力報反下以勞之同於潁營井反水名於雒汭如銳反劉夏戶雅反弁端委本亦作弁是端委子盍戶臘反何不也亦遠績功本或作亦遠績禹功大庇必利反又音祕焉能於虔

反下焉用焉能同吾儕仕皆反朝不如字下同以語魚據反將知音智

而耄莫報反亂也不歆許金反曾天於兆反幾被音析⿱曾阜

扶九反數月所主反注同賈而音古注同欲嬴音盈注同利也而惡

烏路反下同嚻乎許驕反徐五高反注同惡讙呼端反或作諠指攍音盈

枉也可去起呂反使強其丈反贄幣音至超乘繩證反櫜

甲古刀反本或作要丁隆反及衝尺容反交道也我好如字一音呼報反直鈞音均

絕句女皆音汝下皆同奸之音干犯也其長丁丈反下同養其親

如字下同女嬖必許反弗下戶嫁反兵其從兄如字又才用反無重

直用反又直勇反能亢苦浪反私難乃旦反而蔡蔡叔上蔡字音素葛

反放也說文作⿱殺米音同字從殺下米云⿱殺米散之也會杜義下蔡叔如字夫豈音扶懼選息轉

反徐素短反注及下同數也選數所主反注及下文數世同千乘繩證反下及注同爲

晉侯于僞反 造舟七報反注同造舟爲梁也李巡注爾雅云比其船而度也郭云併舟爲橋
自雍於用反 自齎子兮反本又作賷同 而還音環 不徑古定反 得
見賢遍反 已坐才卧反 女叔齊音汝 未艾魚廢反注同 其
幾何居豈反下同 鮮不息淺反注同 五稔而甚反 不啻始豉反
視蔭於金反本亦作陰 朝夕如字注同 日景如字又於領反 翫歲五喚
反説文云習猒也又作忨云貪也 而愒苦蓋反貪也 其與如字文音預 鄭爲
于僞反 閨門音圭 竇薰許云反 隧音遂 數子晳色主反又色具
反 強與其丈反下音預 大原音泰 崇卒子忽反下及注皆同 又阨本又作隘
於懈反 不便婢面反 以什音十 共車音恭 今去起吕反下皆同 爲行
戶郎反 步陳直覲反下文五陳未陳同 五乘繩證反注五乘同 以徇辭俊反 前
拒九甫反 彊鄆居良反注同 務婁並如字務又音謀一音無 瞀胡徐音

茂一音謀大尨武江反也夫音扶臺駘他才反爲崇息遂反閼
伯於葛反帝嚳苦毒反相能如字又奴我反相土息亮反大夏
戶雅反注及下同主參所林反注及下同方震本又作娠之慎反又音申懷任也大
叔音泰注及下同懷胎他來反屬諸之玉反而蕃音煩叔虞封
唐是爲晉侯案史記叔虞封唐侯叔虞之子燮父改爲晉侯有裔以制反遠
也曰昧音妹爲玄冥師師長也爲官之長少皞詩照反下戶老反之長
丁丈反下殖長同纂昧子管反宣汾扶云反洮他刀反障大澤之尚
反又音章注同陂障彼皮反顓頊音專下許玉反沈音審姒音似癘音例
疫音役禜之音詠徐又音營營欑子管反哀樂音洛朝以如字
所壅於勇反湫子小反集也徐音秋又在酒反服云著也底丁禮反滯也服云止也露
羸劣危反下同嬪御婢人反以惡如字又烏路反取同七住反辨別

彼列反有省所景反徐所幸反注同去同起呂反其與如字反音預幾
何居豈反而好呼報反怙富音戶近女附近之近下同如蠱音古以
喪息浪反不祐音又以降音絳下及注同罷退也或音戶江反容彈徒丹反又
徒旦反慆吐刀反下同堙音因乃舍音捨注同發見賢遍反赤聲
徵張里反為菑音災下同喘渴昌兗反洩注息列反下如字思慮
息利反主相息亮反敗行下孟反其咎其九反能御魚呂反本亦作
禦淫溺乃狄反耆欲時志反皿蠱命景反說文讀若猛字林音猛巽下
音遜艮上古根反長女丁長反下同少男詩照反下同而說音悅城䧢
尺州反櫟音歷徐失灼反郟古洽反為介音界出竟音境縊而一豉
反紾也殺之申志反絞也古卯反幕音莫平夏戶雅反宮廄
居久反共王音恭為長丁丈反從車才用反五乘繩證反下同之

餼許氣反　一卒子忽反　厎祿音旨　且夫音扶　不侮亡甫反　鰥寡古頑反　史佚音逸　自別彼列反　遂罷音皮　遂啓彊其良反又居長反　汏後音泰　自說徐音悅一音始悅反　不數所主反　既烝之承反冬祭名　趙襄初危反　及雍於用反

經二年　惡之路烏路反

少姜詩照反傳放此　致襚音遂

傳二年　來見賢遍反　脩好呼報反　所以王于況反周弘正依字讀　而說音悅　四臣大顛閎夭散宜生南宮适　四輔謂先後奔走疏附禦侮　彌縫扶恭反　補合如字音閤　賦節才結反又如字　式訛五禾反　譽之音餘注同　殖長丁丈反　邵南上照反下同　爲平公于僞反下文爲之請同　使見賢遍反下見彊同　亢也苦浪反　淇音其　澳於六反　爲好呼報反後文注皆同　少齊詩照反　以適丁歷反　介休音界下許料反　郊勞力報反注料同　女無音汝下及注皆同　郊使

所史反下同以近附近之近下同欲去起呂反擊創初良反乘遽其據

反爾雅云馹遽傳也孫炎注云傳車驛馬傳中戀反驛音亦務共音恭下文注皆同

無厭於鹽反女矯居表反朝夕如字下同以印一刃反褚師張呂

反注同之衢其于反非伉苦浪反儷力計反其使所吏反巳

頗普多反

經三年重丘直恭反鄉共音恭傳放此

大雨于付反雹蒲學反

傳三年張趯他歷反

爲此來于僞反閒朝閒廁之閒而數於所具反徐所王反守

適丁歷反注同本或作嫡下同而令力呈反復薦扶又反下不出者皆同有知

音智朝夕如字奉質徐之二反又音如字多難乃旦反不腆他典反

焜胡本反又音昆服云明也燿羊照反服云照也殞命于敏反之好呼報反

徼福古堯反大公音泰要也一遙反敢譽音餘董振之刃

反一音眞注同嬪嬙本又作嬙在良反獨任音壬在衰七回反本亦作縗經
直結反其貺音況吾弗知絶句四量音亮下及注同豆區烏侯反注
及下皆同以五升爲豆四豆爲區四區爲釜舊本如此直加豆爲五升而區釜自大故杜云區二斗釜八斗是也本或作五豆爲區五區爲釜者謂加舊豆區爲五亦與杜注相會非
於五升之豆又五五而加也量貸他代反蜃食軫反蛤古荅反賈如音嫁
民參七南反又音三賦斂力驗反公聚徐在喻反一音在主反朽蠹丁故
反三老杜云八十以上上中下壽也服云工老商老農老也凍丁貢反餒奴罪反上壽
音授下同以上時掌反屨賤九具反踊貴音勇刖足者之履也刖者
音月又五刮反而或燠於喻反徐音憂又於到反一音於六反休之虛喻反徐許留反燠
休痛念之聲也賈云燠厚也休美也將焉於虔反伯戲許宜反其相息亮
反服如字大姬音泰軍行戶郎反公乘繩證反卒列子忽反注同無

長丁丈反注同　罷音皮　潎後尺氏反又昌氏反　道殣音覲餓死爲殣說文云道中死者人所覆也毛詩作殣傳云殣路家也　欒郤去逆反　皁才早反隸力計反　不悛七全反改也　以樂音洛又音岳　慆夏吐刀反藏也　讒鼎士咸反鼎名也服云疾讒之鼎也　昧旦音妹　丕顯普悲反　怠解佳賣反　況日人實反　此難乃旦反　肸聞許乙反　近市附近之近下同　湫子小反徐音秋又在酒反下同　隘於賣反小也　囂塵許驕反一音五高反囂聲也塵土也　爽塏苦待反爽明也塏燥也　燥也素早反　朝夕如字下雖朝夕同　有鬻羊六反賣也　令不與力呈反　爲是于僞反　省於所景反下周　如祉音恥　遄已市專反　卒壞音怪　故復音服下卒復爲其復欲復之同　還其音環　諺曰音彥　段相息亮反　筴初革反　賜女音汝　以胙才路反　之汏音泰驕也　猶荷戶可反任也又音可　自郤稱尺證反　以別絕句　三傳

矣直專反注同　乃舍音赦又音捨下同　又焉於虔反　爲之請之于偽反下爲其復爲少姜下注爲之辟仇爲平公逆皆同　爲介音界　辟仇音避　公孫蠆勑邁反　而遠于万反　猜焉七才反疑也　糞除甫問反　寘不忘我好呼報反下同絶句一讀以好字向下　東竟音境下同　盧蒲嫳普結反又匹舌反　見賢遍反　種種徐本作董董音章勇反短也　欲去起呂反　大夫比毗志反注同　衛術苦旦反　子產相息亮反　之嫈如字徐莫公反注同　又喪息浪反　而嬌九危反　一个古賀反

經典釋文卷第十八

經四千八百二十二字
注一万一千二百六字

五福五代堂古稀天子寶

八徵耄念之寶

太上皇帝之寶

五福五代堂古稀天子寶

八徵耄念之寶

太上皇帝之寶

經典釋文卷第十九

春秋左氏音義之五 起第二十一盡第二十五

唐國子博士兼太子中允贈齊州刺史吳縣開國男陸德明撰

昭二第二十一 杜氏 盡七年

經四年大雨于付反傳大雨雹同雹蒲學反沈子音審爲齊于偽反取鄫才陵反傳四年復田扶又反注同與焉音預不易以豉反注同有難乃旦反下文注同結驩喚端反請閒徐音閑一音如字虞度待洛反方侈昌氏反又尺氏反欲逞勑景反所相息亮反助也注同不殆直改反危也多募初患反殺申志反何鄉許亮反本又作嚮四嶽音岳岱音代在兖州華如字又胡化反在雍州衡如字在荊州恒如字本或作常在冀州案作恒者是也此岳本

名恒山漢爲文帝諱改作常耳三塗山名服云大行轘轅崤澠也陸渾戶昏反又戶囷反大室音泰下文大室同大室即中岳嵩高山也在豫州祈鄉音市又音尒漢書音義音釋或一音肄則當水旁作尒恐非本或作漯字誤也燕代烏賢反以亨許庚反注同通也其疆居良反以喪息浪反下同里丕普悲反衛邢音刑紂作直九反以隕于敏反許楚使所吏反叔向許丈反時見賢遍反下注朝見昏見同少安如字將焉於虔反注同偪彼力反可禦魚呂反止也下誰能禦之同謂夏戶雅反下同西陸朝如字注同覿徒歷反在昴音卯蟄蟲直立反下除中反奎星苦圭反沍寒戶故反閉也以道音導獨共音恭黑牡茂后反黑牡黑牲也秬黍音巨黑黍玄冥亡丁反桃弧音胡以桃爲弓以攘如羊反凶邪似嗟反皆與音預喪浴音欲祭寒而藏之本或作祭司寒者非祭韭音九傳之直專反輿人音餘風壯

側亮反也偏音遍無愆起虔反過也淒風七西反寒也霖雨音林
震霆音亭又音挺又音亭佞反無菑音災下同癘疾音例天札側八
反一音截天死曰札字林作壯列反云天死也而殺如字又色界反徐色例反飆風彼貧反
鑿在洛反沖沖直忠反淩陰陵證反一音陵其蚤音早以難乃旦
反夏啓戶雅反注放此啓夏禹子鈞臺音均臺陂彼宜反景亳
步各反鞏縣九勇反盟津音孟岐陽其宜反之蒐所求反酆
宮芳弓反召陵上照反向戌舒亮反下音恤公孫僑其驕反共
職音恭薦守手又反善相息亮反屬有章玉反適也宗祧
他彫反言爲于僞反將墮許規反布也服云輸也後見如字一音賢遍反
爲仍而承反有緡亡巾反爲黎力兮反汏也音泰而愎
皮逼反很也胡墾反時見賢遍反又如字費遂扶味反大夫從才用

反注同屈申居勿反播於波佐反又波可反揚也徐云字或作播敷衮反焉用之於虔反斧鉞音越以徇似俊反崔杼直呂反楚共音恭麇九倫反士袒音但輿櫬初覲反棺也造於七報反所將子匠反下將帥同釋其縛如字舊扶臥反於鄢於晚反又於建反爲許于僞反城竟音境注同與爭爭鬭之爭言易以豉反著立公直居反徐直據反去疾起呂反潰散戶對反將帥所類反重發直用反蠆尾勑邁反渾侯溫反罕徐許但反於涼音良薄也徐音亮棘櫟力狄反徐又失灼反酇縣才河反沈尹射食夜反又食亦反一音夜於夏戶雅反汭如銳反箴尹之林反宜咎其九反薳于委反啓彊其良反又居良反罷賴皮買反徐甫綺反之難乃旦反娶於七住反天壓於甲反又於輒反弗勝音升下同上僂力主反肩傴紆甫反而猳音如豬也喙

許穢反口也號之徐胡到反一音戶刀反下同從者才用反志識申志反一
音式饋之求位反餉也召女音汝下同始見賢遍反下接見同問其
姓女生曰姓姓謂子也子長丁丈反下同能奉芳勇反曰唯維癸反徐以水
反唯應辭猶咏也爲豎上注反小臣也取之七住反又如字丘猶音由强與
其丈反下同爲孟鍾于僞反又如字釁鍾許覲反使拘音俱萊書
音來萊書人姓名觀於公古亂反注同又如字見仲賢遍反下及注并杜泄見同
杜泄息列反不食音嗣何去起呂反注及下同使寘之豉反置也本或作置
寘于个古賀反謂廂屋廂也本又作箱息羊反令空力呈反而相息亮
反叔孫婼勑略反牛賂音路使惡烏路反葬焉於虔反下將焉用同
介卿音界次也左乎如字注同不便也舊音佐不便婢面反舍路式夜反置
也注同或音捨而復賜扶又反以媚眉冀反經五年

舍中軍音捨傳同牟夷亡侯反姑幕亡博反蚡泉扶粉反

傳五年臧氏子郎反復以扶又反取二分扶運反或如字於殯必刃反之柩其又反僖閎音宏詛諸側慮反之衢其俱反擲地直亦反葬鮮音仙徐息淺反不以壽終為鮮注同不以壽音授勿與音預之虛起居反射之食亦反中目丁仲反使亂大從如字社云使從於亂也服云使亂大和順之道也殺適丁歷反本又作嫡又披普彼反析也析也星歷反其見賢遍反塞關悉代反死語魚據反周任音壬德行下孟反注同艮下古恨反坤上苦門反以餒奴罪反餓也爲皁才早反爲輿音餘爲僚力彫反晡時布吳反日昳田結反禺中遇俱反有應應對之應謙下如字又遐嫁反避難乃旦反敗言必邁反又如字注同有攸音由牝牛頻忍反舊扶死反過鄭古禾反勞子蕩

力報反後皆同于汜徐扶嚴反薳氏大胡反子産相息亮反其使所吏反往見賢遍反贈賄呼罪反女叔齊音汝焉於虔知反子家羈居宜反奸大國音干取鄆音運之難乃旦反下及注並同思莫徐息吏反謂羣臣慮也一音如字無爲于僞反屑屑先結反以亟紀力反急也以此諷方鳳反本亦作風音同爲介音界子大叔音泰索氏悉落反焉能於虔反道之音導其好呼報反度之待洛反注同吾仇音求爲闇普昏刖足音月又五刮反羊舌肸許乙反享覜他弔反徐又他彫反有璋音章享饗並許丈反鄭服皆以享爲獻耳覜見賢遍反下同臣爲于僞反君使所吏反述職述其所治國之功職也巡功巡所守之功績巡守手又反設机音几不倚於綺反有好呼報反注及下同飧有音孫熟食陪鼎薄迴反徐扶坯反加

也城濮音卜於邲皮必反於鄢謁晚反重之以睦直用反姻
親音因而麇丘隕反又其鄖反羣也注同中行吳戶郎反范鞅於丈
反知盈音智之將子匠反張趯他歷反張骼古百反或音各輔
櫟力狄反又力各反本又作躒同苗賁皇扶云反之選息戀反而使所吏
反注及下注同任出音壬韓賦七邑韓襄起之兄子箕襄邢帶二人韓氏族韓須叔禽叔
椒子羽四人皆韓起子凡七人人一邑百乘繩證反下皆同羊舌四族見注不錄銅
鞮丁兮反若喪息浪反楊肸叔向本羊舌氏食采於楊故又号楊肸也食
我音嗣長轂古木反往遺唯季反王欲敖五報反叔向以
其所不知絕句多知如字一音智不敢見賢遍反娶七住反於
自爲于僞反騶見仕救反愬于悉路反誘也音酉惰徒卧反
閒而音閑注同又如字未陳直覲反故重直用反還射食夜反又

音食亦反 常壽過 古禾反 於瑣 素果反 遽不 其據反 鵲岸

五旦反 以馹 人實反傳也 中戀反 蹶由 居衞反 犒師 苦報反 以

釁 詐覲反 女卜 音汝 以守 手又反下同 余亟 紀力反 好逆 呼報反

使臣 所吏反下並同 休解 佳賣反 馮怒 皮冰反盛也徐又敷冰反注同 雖羸

力危反 脩完 音丸 難易 以豉反 豈爲 于僞反 以禦 魚呂反 一否

悲矣反舊方有反 萊山 音來 觀兵 舊音官注云示也讀爾雅者皆官奐反注同 岻

箕 直夷反 雩 音于徐況于反如淳同韋昭音虛 婁 力侯反徐力俱反如淳音樓 五

稔 而甚反 經六年 華 戶化反 合比 如字又毗志反 薳

罷 音皮 傳六年 鑄刑 之樹反 使詒 以之反遺也

遺 唯季反 虞度 待洛反下同 刑辟 婢亦反下皆同 有爭 爭鬭之爭注及

下皆同 禁禦 魚呂反 嚴斷 丁亂反下及注同 聳之 息勇反 以

行下孟反說以音悅蒞之音利又音類之長丁丈反而傲本又作遨
古堯反其巧如字又苦孝反夏有戶雅反注同相鄭息亮反封洫
況或反立謗布浪反參辟七南反一音三目睛音靜錐刀音隹畫
爭此一字如字數攺所角反見鍼之林反火見賢遍反注同求貺
音況爲驩音歡好貨呼報反注同寺人本又作侍柳良久反寺人名惡
之烏路反盟處昌慮反下同乃與寺人柳比毗志反見於
賢遍反又如字女夫音汝下并注同夫音方于反注同女喪息浪反毋俾必尔
反過鄭古卧反又古禾反從鄭伯才用反或如字以勞力報反注及下同
諸柤側加反不敢見賢遍反下見如見王注見鄭伯如見楚王私見鄭伯同乘
馬繩證反降殺所界反芻初俱反采樵似遥反下同不抽勑留
反不強其丈反又其良反匄本或作丐音蓋乞也說文作匃云乞也逯安說云人爲匃廢

黜勑律反　不慁戶困反患也　晉竟音境下注同　楚僻匹亦反注及下同邪也

我衷音忠　僻邪似嗟反　效僻戶孝反下同　焉用於虔反　侯說音悅　蘧泄息列反　乾谿苦兮反　城父音甫　宫廄九又反　士匄古害反本或作丐　相息亮反爲介也注同　士鞅於丈反今傳本皆作士匄相士鞅古本士匄或作王正董遇王肅本同學者皆以士匄是范宣子即士鞅之父不應取其父同姓名人以爲介今傳本誤也依王正爲是王元規云古人質口不言之耳何妨爲介也案士文伯是士鞅之族亦名匄無妨今相范鞅即文伯也然士文伯名古本或有作正者解見前卷襄三十一年　爲介音界　左右諂勑檢反　諛羊朱反

經七年　曁齊其器反與也傳同　不重直用反　叔孫諾勑略反徐又音釋　舊好呼報反

傳七年　于虢瓜百反　燕竟音境　瑶音遥　甕烏送反徐於容反　玉櫝徒木反　公孫晳星歷反徐思益反　俟舋許覲反　濡上徐音須說文女于反一音而又而于二反

鄭縣音莫本又作莫斝耳古雅反一音嫁玉爵也禮記夏曰醆殷曰斝周曰爵說文斝從斗匵也其位反王旌音精析羽星歷反游至音留於軫之刃反芋尹于付反斷之音短封疆居良反下同定分扶問反溥天音普毛傳云大也今之左氏傳本或作普之濱音賓濱涯五佳反所以共音恭有圉魚呂反養馬者也女胡音汝將焉於虔反荒閱音悅閱蒐所求反僕區烏侯反徐又如字僕區刑書名也服云僕隱也區匿也爲隱匿亡人之法也數紂色具反或色主反逋逃布吳反萃在醉反藪素口反故夫音扶又方于反之好呼報反以輯音集又七入反失隕于敏反宗祧他彫反共王音恭傳序直專反郟敖古洽反復有扶又反質子音致又如字使臣所吏反質幣音至徐之二反又如字而見賢遍反以道之音導下同勞于力報反下同爲介音界相儀息亮反仲孫

玃俱縛反又俱碧反惡之如字或烏路反非也降婁戶江反下同大咎其九
反取謫直革反譴也譴也遣戰反故復扶又反下復伐同爲孟于僞
反注及下爲杞取成同孫守手又反下守臼同挈苦結反缾蒲丁反之知
音智注小知同汲者音急以借子夜反喪邑息浪反有猜七才反
閒晉如字注同桃虛起居反萊音來柞子洛反又音昨長鬛力輒
反者相息亮反鬚音須光夸苦華反好以呼報反注同大屈
君勿反大屈弓名服同又云大曲也賈云寶金可以爲劍出大屈地見公賢遍反公語魚據反
無適丁歷反而傳直專反祈禱丁老反一音丁報反無瘳勑留反
黃能如字一音奴來反亦作熊音雄獸名能三足鼈也解者云獸非入水之物故是鼈也一曰既爲
神何妨是獸案說文及字林皆云能熊屬足似鹿然則能既熊屬又爲鼈類今本作能者勝也東海人祭禹廟
不用熊白及鼈爲膳斯豈鯀化爲二物乎堯殛紀力反誅也本又作極音義同鯀古本反禹父也

夏郊戶雅反注及下同差也初賣反爲豐于僞反下爲初言同以夫音扶能任音壬下同析薪星歷反負荷本亦作何河可反又音何擔也丁甘反若屬音燭有疆居良反碭音亦介而音界公孫泄息列反復立扶又反說也如字下及注同徐始鋭反治政直吏反說而後信音悅曰䰰普白反強死其丈反注及下同馮依皮冰反之胄直又反從政三世矣子良公子去疾生子耳公孫輒輒生伯有良霄三世爲鄭卿無腆他典反蕞爾在最反小皃政柄彼命反公孫鉏仕居反馬師頡戶結反罕䰱徒回反爲賁之鼓反爲子產于僞反注同從嬖必計反庇其必利反又音秘鶺精亦反本又作即鴒力丁反本又作令急難如字又乃旦反注同行則搖音遥又以照反宣子說音悅還衞音環陟恪苦各反高圉魚呂反孟僖子病不能禮本或作病

不能相禮相音息亮反相儀息亮反郊勞力報反適嗣丁歷反而

僂力主反而傴紆甫反敢侮亡甫反饘之然反爾雅餬饘也鬻

之六反孫炎云淖糜也以餬音胡必屬音燭單獻音善襄頃音傾

或憔在遙反詩作盡悴在醉反多語魚據反媢音周又直周反徐又

勑周反姶烏荅反孟縶張立反烝鉏之承反使羈居宜反

相之息亮反下同史朝如字跛也波我反遇屯張倫反之比

毗志反注同元亨許庚反注元亨皆同非長丁丈反注同康叔名之

如字徐武政反其繇直又反嗣吉何建本或作可建又焉於虔反

昭三第二十二　杜氏　盡十二年

經八年招常遙反偯溺乃歷反干徵師古丹反蒐所求

反于紅戶東反千乘繩證反沛國音貝公子過古禾反不

春秋左氏音義之五　東月中

稱𤖃子匠反帥所類反復稱扶又反孔奐呼亂反嬖人
必計反傳八年魏榆地名服云魏邑也榆州里名或馮焉
皮冰反注同聽濫力暫反失也怨讟徒木反崇侈昌氏反又尸氏反虒
音斯本又作傂同祁巨之反一音旨之反臨汾扶云反怨遠于万反注同怨
咎其九反下文同僭而子念反注同不信也是出如字又尺遂反是瘁在醉反
哿矣古可反嘉也毛詩傳云可也卑躬必爾反本又作俾處休許虯反美也
適夫人丁歷反本又作嫡公子勝升證反又音升屬諸音燭癈
疾甫肺反哀公縊一豉反憂恚一睡反疑爲于僞反下爲子良立
宰爲之立宰同故重直用反相鄭息亮反下而相吾室同若何弔也本或
作若可弔也千乘繩證反注同數軍色主反西竟音境且見賢遍反
頃公音傾下文並同鑄也之樹反捷也在接反孺子而樹反本亦作孺

長矣丁丈反 則數人色主反下同 去戎起呂反 著常張略反
子盍胡臘反下同 請從才用反 稽顙音啓下素黨反 請賓之鼓
反 於幄於角反 加經直結反 使穿音川 封戍音恤 城麇
九倫反 不諂勑檢反 皇頡戶結反 女知音汝下同 顓音專頊許玉
反 鶉火市春反 析木星歷反 將復扶又反一音服 自幕音莫 瞽
音古 瞍素口反 舜重直用反 曰嬀九危反 已見賢遍反
經九年仲孫貜俱縛反徐居碧反 郎囿音又苑也於郎地築苑也舊于目反
傳九年趙黶於減反 濮西音卜 於葉始涉反 其處昌慮
反 閻嘉以廉反 張趯他歷反 詹桓之廉反 自夏戶雅反注
同 駘他來反依字應作邰 芮如銳反 岐其宜反 之長丁丈反下師長同 所
治直吏反 漦城他來反又音來一音力之反本或作釐 蒲姑如字又音薄

商奄於檢反樂安音洛巴必加反燕於賢反亳步各反以
番方元反屛周必井反廢隊直類反注同是爲于僞反注同
如卞本又作弁皮彥反髦音毛始冠古亂反檮徒刀反杌五忽反
四裔以制反以禦魚呂反螭敕知反魅本又作鬽武冀反之姦古顏
反瓜州古華反敦徒門反煌音皇使偪彼力反郊甸徒遍反
戎焉於虔反又如字之咎其九反封殖時力反封疆居良反以
畜許又反一音許六反牧音目又音茂文之伯如字又音霸子說音悅與
襚音遂贈死衣服頒俘芳夫反實滑乎八反又于八反以說如字又音
悅將復扶又反下注復封皆同水妃也芳非反一音配注同所相息亮反注同治
也妃以五成妃音配注竝同自爲于僞反戲陽許宜反飲酒
樂音洛屠音徒禮記作杜蒯苦怪反請佐公使尊使音如字亦所

吏反以飲於鴆反下又飲同女爲音汝下皆同甲子喪息浪反人舍音捨爲疾于僞反下爲是同公說音悅知氏音智下同悛七全反荀躒本又作擽力狄反徐音洛舊好呼報反勿亟紀力反勸樂如字又五教反一音洛焉用於虔反以勦初交反又子小反勞也

經十年耆酒市志反傳同好内呼報反侯彪彼虬反宋公成音城何休音恤

傳十年發女武付反非孛蒲對反禆竈婢支反之虛起魚反注同玄枵許驕反任氏音壬注同大公音泰之妣必履反二十八宿音秀說婦人音悅而惡烏路反注同而騁勑領反傳言者直專反先伐諸一本無伐字焉往於虔反下焉歸同不差初賣反靈姑銔扶眉反又音平率吉所律反徐所類反請斷丁管反注同于稷杜云祀后稷之處也一云稷地名六國時齊有稷下館之處昌慮反有爭爭鬭

之爭可強其丈反注同蕰利紆粉反生蘖魚列反蕰畜勑六反
滋長丁丈反具幄於角反幕音莫從者才用反衣屨九具反
載周如字詩作哉毛云哉載也鄭云始也能施始豉反下注同周徧音遍爲
之于僞反取鄭古杏反獻俘芳夫反亳社步洛反視民如字
詩作示字不佻他彫反偷也畜牲許又反見新賢遍反下不得之見下文因見同
贄音至喪焉於虔反百乘繩證反自費芳味反下同幾千
人居豈反不可數所角反在衰七雷反本又作縗絰直結反嘉
服見如字又賢遍反下同是重直用反以見賢遍反下同欲敗必邁反下
同自勝音外語諸魚據反親推如字又他囬反注同能任音壬下同
喪夫人息浪反夫音扶注同惡寺人柳烏路反寺又作侍柳熾尺志
反炭吐旦反則去起呂反其處昌慮反比葬必利反元公

好呼報反惡烏路反經十一年子虔其連反侯
般音班雖殺申志反傳放此比蒲音毗徐扶夷反祲祥子鴆反徐又七
林反北宮他徒河反厥慭魚覲反徐五巾反一音牛轄反齊歸如字
傳十一年萇弘直良反歲復在扶又反下歲復在同然壅於勇
反注及後同蔡近附近之近下同於慼戶暗反以斃婢世反有緡武巾
反以喪息浪反下且喪君同而隕于敏反而亟欺冀反數也無咎其九
反下同非胙本又作祚在路反無拯拯濟之拯救也注同沒振之慎反弃捐
以專反捄助音救本亦作救不可復振扶又反本亦無此字脩好呼報反夢
以帷位悲反一本作夢以其帷幕孟音莫其僚力彫反薳氏爲彼反本
又作蔿之簉本又作簉初又反副倅也說文簉從卄副倅七對反令副力呈反
雙生如字或一音所劣反鄉四月本又作嚮亦作向同許亮反將焉於虔反

鮮矣息淺反復在扶又反本或作於狐父音胡有著張慮反徐治居反注及下同常𣫂昌慮反有襘古外反領會也說文云帶所結也所以道音導下同以語魚據反歸祐音又岡山音剛侯盧力吳反相爲于僞反或如字不羹舊音郎漢書地理志作更字城櫟力狄反而寘之豉反下同檀伯徒丹反之長丁丈反不勝音升曼伯音方實出如字徐音黜不掉徒弔反

經十二年高傒音奚成熊音雄公子憖魚覲反一讀爲整正領反不書將子匠反帥所類反

傳十二年將爲于僞反過女音汝迂直音于一音於則朝如字而堋此鄧反徐甫贈反下棺也禮家作窆彼驗反義同豈憚待旦反爲賦于僞反蓼蕭音六壽樂音洛相鄭伯息亮反下同有酒如淮舊如字四瀆水也學者皆以淮坻之韻不切云淮當爲濰

濰齊地水名下稱澠亦是齊國水也桀澠是齊水齊侯稱之荀吳既非齊人不應遠舉濰水古韻緩作淮
足得無勞改也如坻直疑反徐直夷反杜云山名也詩云宛在水中坻坻水中高地也中此
丁仲反下及注同如澠音繩入時水如字本或作澠音同代更音庚齊
君弱吾君輕吾君以爲弱也軍帥所類反強禦魚呂反卒
子忽反乘繩證反公孫傁素口反徐又所流反日旰古旦反别種
章勇反沾縣張廉反韋昭音坫字林他兼反縣皐古刀反肥累劣彼
反又力輒反伯絞古卯反跪尋求委反又音詭弟過古禾反下庚皮之子過同
將去起呂反孫鰌音秋南蒯苦怪反費邑音祕子叓音庚
注同蒯語魚據反注同殺適丁歷反無頗普河反偏也逃介音界
注同副使所吏反湫乎子小反徐又在酒反一音秋攸乎如字徐以帚反愁
隘於賣反懸危音玄本又作縣深思息嗣反注同枚簦武回反沉

卜芳劔反 遇坤困門反 之比毗志反注同 之長丁丈反 外內
倡昌亮反 和戶卧反 供養九用反下餘亮反 弗當如字注同或丁浪反
且夫音扶注同 欲令力呈反 參成七南反又音三 歛鄉人於鳩反
有圃布古反園也 之杞音起 枸杞音苟本又作狗 通稱又證反 倍
其音佩 爲季于僞反下同 守于本亦作狩同手又反注同 潘子普于反
司馬裻音篤本亦作督 嚻尹午五刀反徐許驕反 之援于眷反 雨
雪于付反 王皮冠一本作楚子皮冠 秦復陶復音服一音福陶音徒刀
反復陶雨衣也 所遺唯季反 翠被普義反注及下同 豹舄音昔 執鞭
必縣反或華傍作更者五孟反非也 析父星歷反 從才用反 莫見音暮下賢遍反
去冠起呂反 舍鞭作捨 熊繹音亦 呂級音急本又作伋 燮父
素協反下音甫下同 有分扶問反下及注皆同 辟在匹亦反 沶鄉音市又音示

篳路音必藍縷力甘反下力主反草莽武黨反跋涉蒲末反以共音恭禦魚呂反長曰丁丈反少曰詩照反曾居才能反一本作嘗遠我于万反不羹音郎千乘繩證反子輿音預剥圭邦角反鏚音戚斧也柲音祕柄也如響許丈反本又作嚮音同響應應對之應以斷音短淫慝他得反出復扶又反左史倚於綺反徐其綺反相息亮反三墳扶云反八索所白反本或作素周行如字又下孟反車轍直列反祭公側界反祈招常遙反又音昭祈父音甫獲殁音没祗宮音之又音祁篡初患反殺申志反其焉能於虔反愔愔一心反徐於林反安和皃金冶音也去其起呂反饋不食其位反數日色主反於難乃旦反克勝升證反又音升

昭四第二十三　杜氏　盡十七年

經十三年圍費音祕乾谿苦兮反長垣音袁不與音預

注同讒慝他得反侯盧音盧又力居反

傳十三年囚俘芳夫反治區夫上音也區音烏侯反一音丘于反

衣之於既反食之音嗣而共音恭若憚待旦反爲之聚

也于僞反將焉於虔反其效戶孝反薳于委反掩於檢反

而質音致蔡洧于軌反使與音預於守手又反中犨

尺州反郊亭音壇蔓成然音万羣喪息浪反常壽過

古禾反其子從如字朝吳如字子皙星歷反強與其丈反

已徇音紀下似浚反能爲于僞反黑肱古弘反不羹音郎許

葉始涉反築壘力軌反辟音辟本亦作辟請藩方元反注同離也

離也依字應作籬今作離假借也力知反須務牟亡侯反史狸皮佳反徐

扶盤反又扶移反又或扶瞻反本或作箄音同罷敝音皮徐甫綺反一音蒲買反魚陂
彼宜反後者劓魚器反截鼻之刑訾梁子斯反注同而潰戶內反
知擠子細反隊也說文云排也一音子禮反溝壑許各反隊也直類反祗
取音支王沿以全反順流也夏戶非反漢水也入鄢徐於建反二音於晚反入本或
作至芋尹于付反徐又音羽再奸音干謂斷丁管反棘闈音韋
棘里名闈門也孔晁云棘楚邑闈巷門王縊一豉反殉而似俊反觀從謂子干本或
作謂子于曰夜駭戶楷反相恐丘勇反下同而呼好故反反同周徧音遍不書
殺申志反熊居音雄衣之於既反子旗音其五帥所類反謂蕩侯潘子司馬督囂尹午
陵尹喜五人見舟賢遍反淮汭如銳反羣賂音路宥罪音又為君于僞反
犨欒力狄反自說音悅不復扶又反下將復使同毋勤音無王樞
其又反詬天本又作詢呼豆反徐許后反而呼火故反余畀必利反徐甫至

大、七十三　春秋左氏音義之五　十四

反與也　無厭於監反　共王音恭　冢適丁歷反下無適音同　乃徧音遍
見於賢遍反下注微見同　巴姬必加反　密埋亡皆反　大室音泰　五
人齊便皆反本又作齋　而長丁丈反注及下同　跨之苦化反　肘加中九
反　皆遠于万反　皆厭於甲反徐又於[illegible]反　紐女九反紐鞞紐也　審識申志反又
如字　屬成然音燭　市賈音古　好惡並如字又上呼報反下烏路反下皆放此
爲應應對之應　無釁許靳反　苛音何本或作荷音同下同　慝他得反
芊姓彌爾反　以去起呂反　數其所主反　又遠于万反　其
貴亡矣亡音無又音如字　下善遐嫁反　齊肅側皆反注同嚴也　藏
賄呼罪反　不從子用反　不厭於豔反　好學呼報反　趙衰初危
反　顛頡戶結反　從出才用反　賈佗徒河反　齊妻七計反　欒
魯官反　郤去逆反　轂戶本反　方相息亮反下同　共有音恭　輿主

烏報反無施式豉反虒祁音斯爲取于僞反郠故工杏反下
邳皮悲反四千乘繩證反下及注皆同羊舌鮒音附幄幕於角
反下音莫四合象宫室曰幄在上曰幕軍旅之帳也淫芻初俱反說文云刈草也蕘如遥反飼
性曰芻草薪曰蕘屠伯音徒饋叔其位反一篋苦協反瀆貨徒木
反無厭於鹽反數也音朔爲此役也如字或于僞反以底音旨
傾覆芳服反間朝間廁之間長幼丁丈反巡守手又反方
嶽音岳於好呼報反下注同好同不治直吏反舊如字齊犧許宜反不
旆步貝反復旆之扶又反以恐丘勇反下同愬于音素朝夕
如字注同幾亡音祈不共音恭注下注同雖瘠在亦反僨於方問
反什也什也音付一音蒲北反杞鄫才陵反近魯附近之近數以
音朔敢與音預下文不與同造于七報反爲墠音善本或作壇會

虘昌慮反先盟悉薦反好以呼報反使人所吏反咎之其九反

瀆易以豉反競爭爭鬭之爭下爭蒞同蒙裹音果司鐸射

徒洛反下食亦反又食夜反奉壺芳勇反以蒲本又作匍同步都反又音扶本亦作扶

伏本又作匐同蒲北反又音服守者手又反又如字御之魚呂反往飲於鴆反

箭筩音童又音勇子服湫子小反徐音椒又子鳥反案子服湫又作子服椒止一人耳

從才用反注同爲治直吏反不警音景舊好呼報反守

備手又反若爲于僞反下爲夷將爲同何瘳敕留反差也初賣反

諺曰音彥將焉於虔反卿稱尺證反坐叔才卧反使近附近之近

經十四年去疾起呂反意恢苦回反惡之烏路反

傳十四年以舍音捨司徒老祁巨夷反字林上反閒差初賣反遂劫居業反畀子以及今絶句能復

扶又反子韓晳星歷反假好呼報反分貧如字徐甫問反長孤
幼丁又反收介特音界又古賀反注同單身音丹宥孤音又賦
稅始銳反罪戾力計反詰姦起吉反責問也慝他得反屈罷音皮
召陵上照反好於呼報反注同邊疆居良反著丘直居反徐直據
反庚輿音餘本亦作輿共公音恭惡公子烏路反下同公子鐸
待洛反氏比毗志反無厭於鹽反本又作饜下注同居鄖音云公子
鉏仕居反鄐許六反又超六反命斷丁亂反注同蔽罪必世反斷也注同徐
甫世反王補弟反鬻獄羊六反賣也掠美音亮取也敗官必邁反又如字之
稱人證反臯陶音遙乃施如字服云施罪於邢侯也孔晁注國語云施廢也口氏反
荅當丁浪反三數色主反又色具反下同不爲于僞反末減武葛
反末薄也減輕也義也夫舊音扶一讀方于反下同爲頗普河反故重

直用反　經十五年籥入羊略反去樂起呂反爲
叔弓于偽反復立扶又反不遠于万反　傳十五
年將禘大計反齊戒側皆反有咎其九反之祲子鴆反祆
氣也喪氛芳云反徐扶云反惡氣也蓋見賢遍反蒞事音利故爲
于偽反去樂起呂反注及下同費無極扶味反亦長丁丈反必及
於難乃旦反故寘之豉反女何音汝而背音佩鼓聚才喻反
好惡呼報反下烏路反或並依字讀下并注皆同不愆起虔反過也復加扶又
反以庇必利反又音祕所喪息浪反而繕市戰反守備平又反請
降戶江反民見賢遍反將焉於虔反以貫音古下同戴本又
作鳶悅全反鞮丁兮反不與音預荀櫟力狄反本又作躒爲介音界
樽以本或作尊又作罇並同分器扶問反年內同彝器以之反常也而遠

丁方反又如字故數音朔大蒐所求反姞姓其吉反又其乙反闟翬

九勇反出鎧開代反處參所金反注同鍼音戚鉞音越秬音巨鬯

音暢彤弓徒冬反虎賁音奔東夏戶雅反福祚之不登

叔父絕句焉在於虔反下將焉用之同孫伯黶於斬反女司

典音波數典色主反所樂音洛下文注皆同絕期居其反下同靜

黙亡北反本或作嘿同　經十六年誘音酉雩音于

傳十六年無質之實反信也或音致既而復扶又反蒲隧音遂

下邳被悲反取慮上音秋下力居反如淳取音陬訾之陬慮音郲婁之婁如

陂彼皮反鄭人音談甲父音甫之亢苦浪反也夫音扶我

肄以制反勞也徐又以自反注同恭恪苦各反禦之魚呂反止也注及下同適

縣音玄注同幾為居豈反數也服音機近也言數音朔陵侮亡甫反

夫猶音扶不衷丁仲反又音忠衷當丁浪反或如字刑之頗普河反類如字事類也一音力對反徐注同又力猥反放紛芳亡反放從子用反罷民音皮承命以使所吏反下奉命以使同百乘繩證反受賑市軫反數世色主反焉得於虔反下將焉用之同僻匹亦反邪似嗟反共朴普角反之守手又反無幾居豈反可偷他侯反若屬音燭盍求戶臘反之難乃旦反下同又如字一共音恭下而共無藝同何猒於鹽反不復扶又反下弗敢復并注同賈罪音古下我無強賈同銑乎怳歲反細小也成賈音嫁本或作價請夫音扶重求直用反比耦毗志反更相音庚以艾魚廢反蓬蒲東反蒿呼高反藜力兮反藋徒弔反我無強其丈反下強奪同又其良反注放此毋或音無下同匄奪古害反舊又姑末反乞也寶賄呼罪反或作貨勿與音預以好呼報

反下及注並同背盟音佩以徼古堯反餞宣子賤淺反字林子扇反子齹才何反字林才可士知二反說文作齹云齒差跌也在河千多二反蔓草音万邂戶賣反逅戶豆反孺子如住反別於彼列反彼己音記舍命音赦又音捨不渝羊朱反褰裳起虔反涉溱側巾反不復扶又反令子力呈反下同愛樂音洛又五孝反蘀兮他洛反印段一刃反其唱昌亮反本或作倡同和女戶卧反下同女音汝貺起音況皆𠮟女乙反親也數世色主反私覲其靳反命起舍音捨夫玉音扶藉手在夜反注同語季魚據反奢傲五報反惡識烏路反尚少詩照反屠擊音徒豎柎音附又方于反蓺山音藝令繁力呈反

經十七年陸渾戶門反孛音佩一音勃長岸五旦反

傳十七年菁菁子丁反

者莪五河反　樂且音洛　饌仕眷反　禦之魚呂反注同　正月
音政　慝未他得反　於夏戶雅反下文當夏四月注當夏家同　是宿音秀
瞽奏音古　嗇夫音色　少皞詩照反下胡老反　已姓音紀又音祀
師長丁丈反　縉雲音進　共工音恭　大皞音泰下同　少皞
摯音至　燕也於見反　鶬音倉　鴳本亦作鷃於諫反　鷩雉必滅反
爲蜃市軫反　鷦鳩音隹本又作隹本或作鵻子遙反或子堯反　鶻鳩本又
作睢七徐反　鷙鳥音至本亦作摯下同　而有別彼列反　鴶本亦作秸簡八反又音吉
鵴本亦作鞠居六反　爽鳩所丈反　鶻鵰陟交反又陟留反又音彫　五種
章勇反下同　曰鷷音存又音遵本或作蹲　鶅雉側其反　曰翟音狄又音
濁　曰希如字一音丁里反本又作鵗　曰翬許韋反　度量音亮　九
扈音戶　鳻扶云反又如字　鶞勑倫反　唶唶口口側百反又子夜反又助額反　嘖口

嘖音責又音嘖顓頊音專下許王反詹蒯苦怪反於雒音洛乃謦音景欬俘芳扶反以應應對之應夏之戶雅反下文同星見賢遍反彗所以似銳反息遂二反嚮伏許亮反又作向火出而見賢遍反下及注皆同其與如字又音預之虛起居反下同之分扶問反濮陽音卜之牡茂后反相搏音博一反作溥音同當復扶又反椑竈婢支反瓘古亂反斝古雅反王瓚才旦反勺也上若反以禳本亦作攘如羊反下同陽匄古害反易用以豉反魴也音房乘舟如字又繩證反下同環而如字又音患塹之七豔反其隧音遂炭吐旦反闔廬戶臘反下力居反喪先王息浪反長鬣力輒反髭子斯反鬚須音須我呼呼路反又如字下同皆迭待結反又音弟更也迭更音庚

昭五第二十四　杜氏　盡二十二年

經十八年入鄅音禹許慎郭璞皆音矩國名琅邪音郎本或作郎自
葉始涉反傳十八年毛伯過古禾反萇弘直良反
稔之而審反孰也侈故昌氏反又尺氏反夏伯戶雅反昏見賢遍反
壬午大甚本或作火甚其處昌慮反下祭處同故登以望
氣本或作以望氛氣數日所主反禳火如羊反今復扶又反下同國幾
音祈又音機下同竈焉於虔反有中丁仲反里析星歷反將有
大祥本或作大祥非也身泯面忍反將先悉薦反以知音智使與
音餘其樞巨又反爲其于僞反欲令力呈反巡行下孟反下文行
火下注屨行同主祏音石石函音咸易救以豉反各儆音景寘諸
之豉反所焮許靳反炙也玄冥亡丁反四鄘音容城也賦稅始銳反
妘姓音云盡俘芳夫反從帑音奴不說學音悅歸以語

魚據反　上替他計反　殖也時力反　生長丁丈反　爲火故于僞反下將爲蒐同

祓禳芳弗反徐音廢　蒐場直良反　處小昌慮反　過女音汝注同

而鄉許亮反本亦作向注同　及衝昌容反　使從才用反　登陴婢支反

忘守手又反音如字　一撊然遐板反勁忿皃　勁忿吉政反　恐懼丘勇反

讒慝他得反　之間間厠之間　荐爲在遍反重也　荐重直用反下文同

他竟音境注同　楚喪息浪反　君盍戶臘反　許先悉薦反

而復扶又反　蔽障章亮反　不可易以豉反注同輕也　子說音悅

於析星歷反　經十九年爲鄅于僞反　加殺音試

不舍音捨　傳十九年城郟古洽反　其僅音覲

以持如字本或作恃怙之字非也　郹陽古闃反　五員音云　少師詩照反

王爲之于僞反注同　與逆音預　嬴氏音盈　向戍傷亮

反下音恤 圍蟲直忠反 悼公瘧魚略反病也 舍藥音捨注及下注舍子

同 郳人五兮反 伐濮音卜 之伯音霸又如字 諸夏戶雅反 僻

陋匹亦反 城父音甫 而寘之鼓反 王說音悅 紀鄣音章 贛

榆古弄反如淳音耿弇反下音俞 嫠婦力之反寡婦也依字作嫠 紡焉方往反

以度待洛反注同 而去之起呂反藏也裴松之注魏志云古人謂藏爲去案今關中猶有此音

紡纑力吳反麻縷也 夜縋直僞反 鼓譟素報反 上之人亦譟

一本作城上之人亦譟 共公音恭 幼少詩照反 駟氏聳息勇反懼也 札

側八反一音截大死也字林作殃壯列反云夭死也 瘥于何反小疫也字林作磋 夭於表反短折也

昏如字未名而死曰昏 小疫音役 又喪息浪反 懼隊直類反 立

長丁丈反注同 實剝邦角反 諺曰音彥 無過古禾反下同又一音

古臥反 猶憚待旦反 其使所吏反注同 沈尹戌音恤 葉公始涉

子旗音其以挑徒了反民樂音洛勞罷音皮或作疲洧
淵于軌反爲縈爲命反我覿大歷反見也賢遍反之
知音智蹶由九衛反舍前音捨又音赦經二十
年自鄭莫公反一音亡增反字林亡忠反之使所吏反兄縶
張立反華亥戶化反君爭爭鬭之爭惡之烏路反侯盧
力烏反本又作廬力於反傳二十年望氛芳云反氣也幾
亡音祁又音機後弭彌耳反汏侈音泰奮揚方問反大子
冤於元反遣令力呈反使而所吏反又如字再奸音干使還
音環下還豹同盍以戶臘反棠君尚君或作尹弟員音云之長
丁丈反吾知音智注及下知也同一音如字不逮音代一音大計反度功待洛
反擇任音壬注同愈差初賣反其肝古旦反僚也力彫反

姑爲于僞反乃見賢遍反鱄設諸音專吳殺申志反
而惡烏路反御戎魚呂反，又如字公孫援于眷反拘向勝九于
反其廩力甚反大子欒力官反爲質音致，下同辰及地
皆元公弟案公子辰是景公之母弟地是辰兄皆當爲元公之子今注皆作元公弟誤耳
無戚千歷反狎齊豹戶甲反，輕也與鄄音絹惡北烏路反
褚師中呂反圃布五反欲去起呂反公子朝如字適母丁歷
反，本亦作嫡見宗魯賢遍反爲驂七南反乘焉繩證反，注及下
驂乘、與乘、一乘、駟乘、就公乘皆同勿與音預，又如字吾遠于万反借我
子夜反親近附近之近聞難乃旦反是僭子念反，不信也祝鼃
烏媧反寘戈之豉反要其一遙反從公孟如字，又才用反華齊
戶化反，下同及閎音宏斷肱丁管反，下古弘反以中丁仲反，下中南楚同

乘驅如字又繩證反閱門音悅慶比如字又毗志反鴻駵音留魋徒回反復就扶又反之衢其俱反遂從才用反注及下注同肉袒徒旱反氏爭爭鬬之爭之處昌慮反射公食亦反欲令力呈反從公才用反又如字下從公同析朱星歷反鉏仕居反竇出音豆頃公音傾在竟音境草莽莫蕩反之好呼報反宗祧他彫反以其良馬見賢遍反下注客禮見同爲未于僞反致使所吏反注同乘馬繩證反又如字將掫側九反又祖侯反行夜也行夜下孟反從者才用反牧圉魚呂反扞外戶旦反執鐸待洛反終夕與音預下不與聞謀與於青之賞同燎力召反又力弔反一本作終多與於燎徧賜音遍苑何忌於元反名牢力刀反女何音汝不爲于僞反疚於居又反病也回邪似嗟反下同知難乃旦反下同郳甲五兮反鬼閻似廉

反又以冄反必盥古緩反而食音嗣下食公子同所質音致下同贄遂

扶味反求去起呂反滋長丁丈反注及下同其詢許侯反耻也本或作詬同少

司詩照反下注少皞同寇牼苦耕反三公子為質如字信也注同公

遽其據反而女音汝齊侯疥舊音戒梁元帝音該依字則當作痎說文云兩

日一發之瘧也痎又音皆後學之徒僉以疥字為誤案傳例因事曰遂若痎已是瘧疾何為復言遂痁乎

遂痁失廉反瘧疾也期而音基不瘳勑留反裔款以制反齊嬖

必計反君盍戶臘反史嚚魚巾反公說音悅屈建居勿反事

治直吏反不媿九位反本又作愧無猜七才反建以語魚據反與

焉音預注同下祝史與焉亦同以蕃音煩祉音恥為信于僞反又如字下為

暴君使同外內頗普何反邪似嗟反辟違匹亦反從欲子用反下淫從

同或音如字厭私於鹽反注同撞鐘直江反斬艾魚廢反本又作刈輸

掠音亮 其聚才住反又如字 謗讟徒木反 無悛七全反 數美所主反 矯誣居表反 求媚眉記反 其言僭子念反下僭令同 嫚武諫反 萑蒲音丸 舟鮫音交 藪之素口反 薪蒸之丞反廣雅曰薪細曰蒸 鹽蜃市軫反 入從其政如字一音征 偪介彼力反下音界 迫附近之近 強易其丈反 其賄呼罪反 則應應對之應注同 養長丁丈反 皆詛莊慮反 祝有益之又反下善視同 億兆於力反 公說音悅 去禁起呂反下以去其否同 薄斂力驗反 已責本或作債音同 除逋布胡反 于沛音貝 旃以之然反 韙之于鬼反是也 至自佃音田本亦作田 遄臺市專反 而造七報反 和夫音扶 焉得於虔反 如羹音庚音衡 舊醯呼兮反 醢音海 以亨普庚反煮也 燀之章善反然也 炊也昌垂反 齊之才細反又如字 以泄息列反減

也　無爭爭鬬之爭　和齊並如字一讀上戶卧反下才細反　騣子工反總也

豭古雅反大也　總也音揔　一氣杜解以爲人氣也服云歌氣也　五聲宮爲君商爲臣角爲民徵爲事羽爲物　角徵張里反　大蔟音泰下七豆反　蕤賓人誰反　無射音亦　七音宮商角徵羽變宮變徵也　八風易緯通卦驗云東北曰條風東方曰明庶風東南曰清明風南方曰景風西南曰京風西方曰閶闔風西北曰不周風北方曰廣莫風條風又名融風景風一名凱風　六府水火金木土穀　三事正德利用厚生　哀

樂音洛下同注皆同　周流傳本皆作流然此五句皆相對不應獨作周流古本有作跡者案注訓周爲密則與跡相對宜爲跡耳　豳風彼貧反　專壹如字董遇本作摶音同

季蒯仕側反　虞夏戶雅反　大公音泰　爽鳩氏　樂之本一作之樂　鮮死息淺反　水懦乃亂反又乃卧反一音儒　民狎戶甲反　而翫五亂反　以治直吏反　數月所主反　萑音丸　符音蒲又如字　盡

之 本或作盡殺之殺衍字 糾之 居黝反 訖可 許乙反其也 苛政 音何

無 本又作毋 從 子用反注同 詭隨 九委反 式遏 於葛反 慘不 七感反曾也 不絿 音求急也 是遒 在由反又子由反聚也

經二十一年頃公 音傾 披其 普彼反

傳二十一年將鑄 之樹反 無射 音亦注同 律中 丁仲反 泠州鳩 力丁反字或作伶樂官也或作冷字非也 不窕 他彫反 不槬 戶化反 心億 於力反安也 則樂 音洛 不咸 如字本或作感戶暗反 適子 丁歷反 以長 丁丈反 不解 佳賣反 攸塈 許器反息也 欲惡 烏路反

歸費 音秘注同 故爲 于僞反 人恐 丘勇反下注同 華貙 勑俱反 少司 詩照反 相惡 如字又烏路反 亟言 欺冀反 飲之 於鴆反下同 及從 才用反 張匄 古害反本亦作丐 而訊 音信問也 又重 直用反

將見賢遍反不勝音升曰任音壬鄭翩音篇豐愆起虔反本或作衍睢陽音雖舊鄘音容本或作墉廚人直誅反濮音卜反

先人悉薦反後人戶豆反盍及戶臘反二帥色類反注同苦雉古含反偃州員音云又音圓死難乃旦反而不能送

亡君絕句待復扶又反下文復即之同乃徇似俊反揚徽許歸反說文作徽云識徽識本又作幟申志反又昌志反一音式去備起呂反褁首

音果而荷何可反又音何翟僂新力主反說甲他活反下注同華

娃他口反下注同不訾本又作呰才斯反又音紫曹翰胡音寒又戶旦反中行戶郎反豬丘音者丘又作业為鸛古喚反為鵞五多反皆陳直覲

反莊堇音謹本或作菫父干犨尺由反將注之樹反則關烏環反本又作弯同下同傳天音附相余息亮反豹射食亦反又音食夜反下及注皆

同狎更音庚殪一計反死也抽殳音殊長丈直亮反又如字折股之設反下及注同扶伏並如字上又音蒲下又蒲北反本或作匍匐同言女音汝伍乘繩證反注及下同君焉於虔反搏膺音博而呼好故反我迋求枉反恐也迋恐丘勇反睢上音雖乃復扶又反薳越于委反朱愬音素懼泄息列反又以制反

經二十二年別從彼列反大蒐所求反昌閒如字叔鞅於丈反單子音善鞏縣九勇反子朝難乃旦反郟古洽反鄩音尋

傳二十二年苑羊於元反牧之州牧之牧齊帥所類反下之遐嫁反大惡烏路反無過古禾反無亢苦浪反不衷音忠能復扶又反下復欲同省臧悉井反又所景反下子郎反邊卬五郎反祁犁力私反又力兮反仲幾音機樂輓音晚後

弭彌氏反 王子朝如字凡人名字告張遥反或云朝錯是王子朝之後此音潮案錯姓
亦有兩音 之長丁丈反 說之如字又音悅 王語魚據反 伯盆扶粉反一
音扶云反 劉摯音至下同 惡賓烏路反下注同 願去起呂反 有欲
位之言一本位作立 自斷丁管反 自憚徒旦反 其犧也
許宜反 遽歸其據反 實難乃旦反 弗應應對之應注同 皆從
才用反 比芒音亡 縈錡魚綺反 錡澗古晏反 見王賢遍反注
同 略行下孟反 僞糴音狄 鳶悅全反 鞮丁兮反 涉佗徒多
反 守之手又反又如字 之喪息浪反下注羣喪同 郊要一遥反 餞賤淺反
召莊上照反 伯奐音喚 單旗音其 不捷才接反 背盟音佩
注同 樊頃子音傾本或作須字 令單力呈反 以說如字或音悅 奔
平時音止又音市一本作千平時下同本或作平壽誤 鬷子工反 稠直由反

鞏簡九勇反圃車音補鄩音尋肸許乙反東圉魚呂反

荀躒力狄反于社市者反本或作杜下皆同王子匄古害反司馬

督音篤于氾音凡于解音蟹任人音壬右行詭戶郎反下九委反

昭六第二十五　杜氏　盡二十六年

經二十三年叔孫婼勑略反執使所吏反庚輿音餘

雞父音甫胡子髡苦門反沈子逞勑并反夏齧戶雅反下五結反大倉音泰

傳二十三年郊鄩音尋潰戶內反告閒音閑道徑音經公孫鉏仕居反下同將御魚呂反

欲過古禾反下遂過同茅地亡交反斷其丁管反弗殊如字說文云死也一曰斷也

而蹷其月反又音厭又居衞反人愬息路反言使

所吏反重發直用反下重發同命介音界注同去衆起呂反士彌
云支反牟云侯反將焉於虔反下同分別彼列反從者才用反下
同以芻初俱反蕘而昭反期焉本又作朞同居其反從且至且爲朞模
法莫胡反字從木不解音蟹爲叔孫于僞反告女音汝吠狗
扶廢反必葺七入反補治也毀壞音怪取訾子斯反尹圉魚呂反
劉佗徒河反阪道音反又扶板反近東附近之近西闈音韋一音暉
攻蒯苦怪反而好呼報反苟鑄之樹反埶殳音殊著立
公直除反又直慮反師熸子潛反字林子兼反無復扶又反下注往復敗復增脩同而
狂求匡反帥賤所類反注及下帥賤同去備起呂反敦陳直覲反下末陳
幷注同師譟素報反所厭於甲反本又作壓同在郥古闃反吳
子諸樊案吳子遏号諸樊王僚是遏之弟子先又以爲遏弟何容僚子乃取遏号爲

傳寫誤耳未詳以傲古堯反要其一遥反乃縊一賜反遂澨市制反公爲于僞人注及下注鄰國爲之寸相爲同囊瓦乃郎反城郢以井反又餘政反守在手又反下文除守其交禮並同四竟音境下及注同四援于眷反民狎戶甲反國焉於虔反其疆居良反埸音亦之壘力軌反辟也音辟不僭子念反不懦乃亂反又乃卧反弱也不耆巨之反一音巨支反強也蚠扶粉反冒莫報反一圻音祈土數所主反

經二十四年仲孫貜俱縛反徐俱碧反郁於六反斄本又作釐力之反又音來

傳二十四年南宮嚚魚巾反見王賢遍反度義待洛反注同紂有直九反億兆於力反有治直吏反于鄔烏戶反緱氏古侯反又苦侯反鄔聚才住反梁其踁戶定反而欬苦代反不腆他典反從者才用反莅問音利

乾祭音干下側界反介衆音界注同大也其使所吏反猥出烏罪反陽不克莫絶句攻瑕戶加反及杏戶孟反皆潰戶內反大叔相息亮反斄不本又作犛力之反其緯有貴反之隕于敏反蠢蠢昌允反動貌動擾而小反本又作動攘五儕仕皆反瓶之本又作缾步丁反惟蠱音靈器也黄父音甫用成周之寶珪于河本或作沈于河沈音直蔭反又如字拘得音俱王定而獻之本或作王定之東訾子斯反吴壃居良反略行下孟反下同吴踵章勇反躡楚女輒反疆埸音亦胥犴五旦反勞王力報反之納如銳反歸王如字又其媿反遺也乘舟繩證反又如字歸遺唯季反壽夢莫公反圉陽魚呂反之師所類反注同幾如是居豈反又音機爲梗更猛反病也

經二十五年叔詣（五計反）鸜（其俱反嵇康音權本又作鴝音劬公羊傳作鸛音權郭璞注山海經云鸜鵒鴝鵒也）鵒（音欲）重上事（直龍反又直用反）公孫（音遜本亦作遜注及傳同）魯竟（音境下同）唁公（音彦弔失國曰唁）不與（音預）小斂（力驗反）取鄆（音運）

傳二十五年車轄（本又作舝胡瞎反）將爲（于僞反）酒樂（音洛下哀樂同）相近（附近之近）禮坐（如字又才卧反）樂哀（音洛注及下同）皆喪（息浪反下同）以妻（七計反）強橫（華孟反）公若從（才用反又如字注同）焉得（於虔反）逞其志（勑景反）之行（下孟反注同）發見（賢遍反下解見同）角徵（張里反）六畜（許又反又褚六反）麇（亡悲反）麕（九倫反本亦作麇）黼黻（上音甫下音弗）畫繢（戶對反）昏媾（古豆反妻父曰昏重昏曰媾）姻（音因壻父曰姻）亞（於嫁反本亦作婭同兩壻相謂曰亞）重昏（直龍反）治功（直吏反）以效（戶孝反）長

育丁丈反民有好呼報反注及下於好皆同惡烏路反下注及下於惡同哀
樂音洛下及注皆同以赴禮者赴或作從之難乃旦反子焉於虔
反宋背音佩下同以使所吏反師已音紀一音祀童謠音遙
往饋求位反遺也唯季反跦跦張于反又張留反跳行皃跳行直彫
反徽褰起虔反袴也字林己偃反又音愆與襦本或作襦而朱反袴也袴也
苦故反說文作絝裯父直留反下音甫下同喪勞息浪反注同娶妻七住
反申夜姑本或作射音夜又音亦相其息亮反注同季姒音似人
檀直丹反人名也或市戰反抶己勑乙反秦遄市專反又愬音素又作
訴展與夜姑並如字公思展及申夜姑也與及也讀或作餘音者非也將要一遙
反下同將爲于僞反季郈音后字林下藎反相近附近之近介其
又作芥音界不下遐嫁反從弟才用反後從者皆同將禘大計反謀

起呂反　公賁　音奔又扶云反又彼義反　侍人　本亦作寺人　僚柤　側加反　數月　所主反數世同　下不見　賢遍反　臧孫以難　如字注同　郈孫以可　絶句　勸　勸公逐季氏也　儌幸　古堯反　舍民　音捨　臣與　音預　若洫　息列反又以制反注同漏洫也　如闞　口暫反　於沂　魚依反　五乘　繩證反　慝作　他得反姦惡也　曰冥　亡定反　可畜　勑六反本亦作蓄　下皆同　將蕰　本亦作蘊　紆粉反　鬷戾　子公反下力計反　陷西　陷沒之陷　北隅　本或作堣音同　而踞　音據　櫝丸　音獨下胡官反　箭筩　音童　又音動一音勇　爲近　于僞反　自咎　其九反下同　令魯　力呈反　下之遐嫁反　莒疆　居良反　若胙　才路反　勠力　音六又力彫反　繾綣　音遣起阮反繾綣不離散也　好亡　呼報反　而惡　烏路反　焉可　於虔反　於難乃旦反　不與　音預　稽顙　音啓息黨反　幄內　於角反　自鑄　之樹

反復納扶又反齊於側皆反本又作齋乘馬如字騎馬也俱輕遣政反將爲于僞反而相息亮反以殁音没楄蒲田反柎步口反又音附以籍在夜反苓林力丁反骸骨戶皆反昵宴女乙反失隊直類反祇辱音支僂力主反又力具反句居具反與僭子念反注同魴假音房賈正音嫁注同計簿步戶反戈楯食準反又音允州屈居勿反一音其勿反茄人音加熊相息亮反禖音梅郭卷音權一武眷勉一反爲巢于僞反

經二十六年帥賤所類反鄟陵音專又市轉反一音徒丸反召伯依注當音召氏

傳二十六年魯竟音境女賈音汝縛直轉反卷也如瑱他殿反易懷以豉反高齮魚綺反五千庾羊主反十六斗日庾能爲于僞反下當爲下文爲魯君同其說

如字又始鋭反公子鉏仕居反公孫朝如字納質音致信女音汝
欲降戶江反下同之飲於鴆反於淄側其反以厭於冉反又於葉
反注同入紋音問不勝音升注同又始證反炊鼻昌垂反泄聲息列
反射之食亦反下及注皆同中丁仲反下中手同楯瓦常允反又音允瓦楯脊也
脊也子亦反繇音由過也朐其俱反本又作軥同車軛也汰他達反矢激也輈
陟留反車轅也匕入必履反矢鏃也車軛於革反矢激古狄反矢鏃子木
反或七木反斬鞅於丈反殪於計反死也吒之昌貴反將亢苦浪
反下同復吒扶又反下復欲同而罵馬嫁反白皙星曆反鬒
之忍反黑也須眉本又作鬚脩手反苑何於阮反刜芳弗反說文云
擊手也又父勿反又忿勿反斷其丁管反鑿遣政反又音磬又苦頂反一足行也字林
丘貞反呼曰火故反林雍乘繩證反褚氏張呂反一音物呂反雚

谷音丸又古亂反　知躒音智下音歷　女寬音汝本亦作汝　闕塞素代反　之長丁丈反下文同　非適丁歷反　而好呼報反　則治直吏反下同　瀆嫚武諫反　賂吾音路　于滑于八反　重見直用反下賢遍反　爲後還于僞反下且爲同　圍澤魚呂反　隄上音低或音啼　成公般音班　以藩方元反亦作蕃　傾覆芳服反　而溺乃歷反　于難乃旦反　王愆起虔反惡疾也　于彘直例反　以間間廁之間注同猶與也一音如字　與也音預下同　敎官戶敎反　尚少詩照反下文同　而長丁丈反下文同　攜王戶圭反　奸命音干下同　替之他計反　郟古洽反　鄏音辱　與鄫才陵反　于戲許宜反　生頹徒回反　施于以豉反　避難乃旦反　虢汜音凡　黜去起呂反下同　爲王于僞反　降妖本又作訞於驕反說文云衣服謌謡草木之怪謂之妖　頵王子斯反　共職

音恭有間間廁之間注及下以間先王并注同剝亂布角反羣不弔

如字舊丁歷反至也注同無猒本又作厭於鹽反貫瀆古患反習也瀆易

以豉反倍好音佩傲五報反佷戶懇反矯誣居音反震盪本又

作蕩徒黨反竄在七亂反字林七外反攸底音旨犿順犿文反狡滑

古卯反滑又作滑于八反毋速音無其難乃旦反無適丁歷反遠晉

于万反彗星似歲反又息遂反分野扶問反使禳如羊反祗取

音支不諂本又作慆他刀反疑也聿懷戶橋反夏后戶雅反注同公說

音悅下注書說同有施式豉反下不出者皆同豆區烏侯反公量音亮下同

其施之如字又始豉反厚斂力驗反與女音汝少惰徒卧反本亦作憜同

工賈音古本亦作商賈不滔吐刀反慢也慢也武諫反本又作慢武半反臣共

音恭下同而箴之林反而婉於阮反

經典釋文卷第十九

經六千五百五字
注一万一千六百五十五字

五福五代堂古稀天子寶

八徵耄念之寶

太上皇帝之寶

五福五代堂古稀天子寶

八徵耄念之寶

太上皇帝之寶

經典釋文卷第二十

春秋左氏音義之六 起第二十盡第二十

唐國子博士兼太子中允贈齊州刺史吳縣開國男陸德明撰

昭七第二十六 杜氏 盡三十二年

經二十七年居于鄆音運 吳弒申志反注同 君僚力彫反 亟欺異反 罷音皮 殺始察反 郤去逆反 宛於阮反又於元反 信近附近之近 祁犁力兮反又力之反 扈音戶 曹伯午音五 邾快苦夬反

傳二十七年掩餘於撿反 後復扶又反 蔿尹由九反 工尹麇九倫反 沈尹戌音恤 有復音福 校人胡孝反 沙汭如說反 以殺申志反下文同 鱄設諸音專 上國有言賈云上國與中國同服云上古國也 不索所白反 堀室本又作窟同苦忽反 掘其勿反又其月反 夾之古洽反又

古協反下同以鈹普皮反說文云劍也恐難乃旦反寘劍之豉反炙音夜

反抽劍敕留反刺王七亦反闔廬戶臘反相傳直專反立

適丁歷反使命所吏反說之音悅鄢將師於晚反又音烏戶反費

無極扶味反比毗志反而惡烏路反注同賄而呼罪反譖郤側鴆反

飲子於鴆反好甲呼報反吾幾音祁羣帥所類反爇如悅

反燒也一編必然反又必于反菅古顏反秉秆古但反說人云禾莖也或古旦反

苫也式占反李巡云編菅茅以覆屋曰苫把必馬反稾古老反炮之步交反又彭交

反燔也燔音煩及佗徒河反匃古害反呼于火故反而說他活反堅

守手又反不慆他刀反疑也也夫音扶且知子餘反近郼附近之近之

難乃旦反年末同進胙才故反詛也側慮反中廏九又反謗讟音獨

去朝起呂反朝如字下朝夕同喪大子息浪反邇近附近之近幾及音祁

又音機 將焉於虔反 矯子居表反 不愆起虔反 疆場居良反下音亦
知者音智 在坐才卧反 曰重直勇反又直恭反 重見賢遍切注同 子
慭魚覲反 媟息列反
經二十八年斥丘音尺一音昌夜反 竟音境傳同
傳二十八年其造七報反 一个古賀反注同 單使所吏反 逆著中略反一音直略反 祁勝巨之反字林云大原縣上尸反 鄔臧舊烏戶反又音偃案地名在周者烏戶反隱十一年王取鄔留是也在鄭者音偃成十六年戰于鄢陵是也在楚者音於建反又音偃昭十三年王沿夏將入鄢是也在晉者音於庶反字林乙袪反郭璞三倉解詁音瘀於庶反間騶音厭飫之飫重言之大原有鄔縣唯周地者從烏餘皆從焉字林亦作隱音同傳云分祁氏之田以爲七縣司馬彌牟爲鄔大夫即大原縣也鄔臧宜以邑爲氏音於庶反舊音誤 惡直如字又烏路反 實蕃音煩 多僻本又作辟匹亦反 立辟婢亦反 無與音預 爲之于僞反 慭使魚覲反發語音也 楊食我

音嗣叔向許丈反欲娶七住反夏姬戶雅反下皆同庶鮮息淺反少也注同
吾懲直升反妾媵蠅證反又時證反少妃詩照反子貉亡白反黰
黑之忍反美髮也說文作㐱又作鬒云稠髮也以鑑古暫反鏡也后夔求龜反取
之如字又七住反君長丁丈反貪惏力耽反方言云楚人謂貪爲惏無饜本亦作厭
於鹽反忿纇本及作纇力對反戾也服作纇后羿音詣篡夏初患反共子
音恭本亦作恭末喜本或作嬉音同國語云䇐伐有施有施氏以末喜女焉韋昭注漢書云嬉姓也妲
己丁達反下音几國語云有蘇氏之女也韋昭云己姓也褒姒音似龍漦所生褒人所養者也毛詩
云姒姓也鄭箋云姒字也孋姬本又作麗同力知反獻公伐孋戎所得而以爲夫人穀梁傳云滅虢所得莊
子云支封人之子女何音汝不敢取七住反又如字強使其丈反叔向嫂
素早反兄妻也依字宜如此長叔丁丈反是豺本又作犲同仕皆反莫喪息浪反
梗陽古杏反盂音于下文同銅鞮丁兮反魏戊音茂知徐音智

揄次資利反又如字樂霄音消趙朝如字僚安力彫反見於賢遍
反注及下見魏子同成鱄音鄟又市轉反又音附不偪彼力反淫行下孟反唯
此文正詩作准此正季帝度待洛反下及注同莫其詩音亡白反又如字爾雅云貌莫安定也
下及注同克長丁丈反下及注同王此于況反注能王同帝祉音恥施于以豉反注同
應和應對之應下如字又胡卧反勤施式豉反注及下注同徧服音遍注同悔吝
力刃反近文附近之近鬷蔑子工反以上時掌反下并注同娶妻七住反爲
妻于僞反射雉食亦反女遂音汝下同夫音扶不颺餘常反吾幾
音毋墮音無下許規反損也不能斷丁亂反闇沒以占反聞於如字
又音問饋入求位反比置必利反令坐力呈反自咎其九反食之音嗣
軍帥所類反本又作率同屬之玉反注同厭於鹽反又於豔反注同
經二十九年來唁音彥復不扶又反鄆潰戶對反

傳二十九年君祇音支故復扶又反召伯上照反不說音悅數日所主反于鄟列勉反賈馬音古買也注同具從才用反下同衣屨九具反乘馬如字又繩證反塹而七豔反隋塹徒火反將爲如字一音于僞反之櫝徒本反棺也爲作于僞反下同以食音嗣帷裹古火反龍見賢遍反下見龍朝夕見同莫知音智下謂之知實知注無知同豢音患養也飂力謬反古國名有裔以制反甚好呼報反耆時志反以飲於鴆反下同食之音嗣下不能食能飲食之食夏后同乃擾而小反順也鬷川子工反有夏戶雅反下皆同少康詩照反下少皞同乘龍繩證反河漢各二杜云合爲四出服云河漢各二乘所治直吏反以更音庚注同代也復承扶又反潛醢音海不知音智朝夕如字下朝夕見同若泯彌忍反滅也乃坻音旨又丁禮反此也鬱堙音因塞也君長丁丈反下皆同句芒古侯反注及下皆同祀重直龍反下皆同祀犂力兮

反蓐收音辱本又作厗摧徂回反玄冥亡丁反中霤力救反在
乾其連反本亦作乹之姤古豆反巽下音遜爻辭户交反其夬古快反
兌上徒外反亢龍苦浪反其巛本又作坤空門反之剝邦角反艮上
古恨反少皞户老反曰重直龍反曰該古亥反顓音專頊許王反
共工音恭大皞音泰烈山如字禮記作厲山以上時掌反汝濵音賓
中行户郎反以鑄之樹反計令力呈反詖盧皮義反下力居反文
公搜本又作蒐所求反中軍帥所類反擅作市戰反令復扶又反
其咎其九反輿焉音傾朝歌如字　經三十年去疾
起呂反頃公音傾　傳三十年且徵直升反明也本或作懲誤非
復扶又反詰之起吉反子蟜居表反共使所吏反在共音恭注及下同
備御魚呂反注同及辦皮莧反嘉好呼報反之間音閑下同執

紼音弗索也　輓索本又作挽音晚下悉各反　明厎音旨　印段一刃反　少
卿詩照反注同　女盍音汝下胡臘反下同　有省所景反下同　監馬古銜反
於竟音境　蒍尹音誘　吾好呼報反一本作若好吾　邊疆居良反　以
重直用反　之冑直又反　大王音泰　翦喪息浪反　以祚才故反
姑億於力反安也　將焉於虔反　播揚彼我反又波賀反注同　防壅於勇
反　以灌古亂反　斷其丁緞反注同　伍員音云　又惡烏路反　莫
適丁歷反　任患音壬　以肆本又作肆以制反下同勞也　罷敝音皮下文同
亟肆欺異反注同　數也所角反　經三十一年荀躒
力狄反　適歷丁歷反　童丘直龍反　以濫力甘反或力暫反　昌慮音閭
又如字　傳三十一年　無咎其九反下注放此　爲子于僞反　出
君如字又勑律反　跣行素典反　于費音祕　探言他南反　知伯音智　之

好呼報反施及以豉反宗祧他彫反夫人音扶下及注同敢與音預之
難乃旦反敢復扶又反一乘繩證反衆從才用反馬稽首啓又古
兮反不為利回于僞反下不爲同義疚久又反病也懲不義直升反下
同而去起呂反下同攻難乃但反以徼古堯反貪冒亡北反又亡報反將
寘之豉反數惡所主反注同之稱尺證反婉而於阮反言別彼列
反蠃而力果反本又作臝入郢以井反又羊政反之應應對之應有謫直革
反
經三十二年取闞口暫反國參七南反
傳三十二年疆事居良反小爭爭鬬之爭之分扶問反其殃
於良反狹小音洽俾我本又作卑同必爾反注同親暱女乙反弛周式氏反注
同重耳直龍反徼文古堯反下同蟊賊亡侯反無徵怨張升反召
也榮施式豉反勿與音預以紓音舒又焉於虔反袁序初危

反注同衛彪彼虯反傒音兮大咎其九反之渝羊朱反譴怒

弃戰反揣高卑丁果反度高曰揣又初委反度高待洛反下文及注同仞溝

本又作刃而愼反洫況域反相也息亮反下同幾時居豈反下皆同知費芳貴反

書糇音侯本又作餱糧音良屬役之欲反授帥所類反注同而效

戶孝反致也徧賜音遍從公才用反下同雙琥音虎陪貳蒲回反有

妃音配世從子用反本亦作縱始震如字一音身嘉聞音問遂以名

之如字又武政反受費音祕殺適丁歷反

定公上定公名宋襄公之子昭公之弟謚法安民大慮曰定第二十七

杜氏　盡七年

經元年仲幾音機大雩音于煬宮羊讓反禱之丁老反

隕霜于敏反殺叔本或作菽音同　傳元年涖政音利反音

類奸義音干大咎其久反屬役之欲反原壽過古禾反荒

蕪音無近吳附近之近去其起呂反注同柏樽音郭庚寅栽才代

反又音再注同薛郳五兮反小邾國爲夏戶雅反注同于邳皮悲反仲虺

許鬼反左相息亮反薛焉於虔反納侮亡甫反過分扶問反故

復扶又反萇弘直良反旣厭於豔反其祚才故反亟言起冀

不中丁仲反故朝夕如字羈未居宜反子家子也得見賢遍反下同而

從君才用反注義從同又如字下從君從公放此守龜手又反壞隤徐音懷又戶怪反下

徒回反如闞口暫反惡昭烏路反又如字駕鵞音加下五何反自旌音精

惡之如字又烏路反將焉於虔反鞏簡九勇反而好呼報反

經二年兩觀古亂反注及下同囊瓦乃郎反傳二年爲

我于僞反注及下同見舟賢遍反夷射姑音亦音夜閽音昏守門人也以

敲苦孝反又苦學反說文作毃云擊頭也字林同又一曰擊聲也口交反又口卓反訓此敲云橫擿也又或作茅或作掣口交反　經三年子穿音川　子拔皮八反　傳三
年臨廷音庭下同　缾水步丁反本又作鉼　鑪力吳反　炭他旦反　隋也徒火
反　先葬悉薦反又如字　五乘繩證反　殉五人辭俊反　藏中才浪反
下急皮彥反　而好呼報反下文及注同　躁疾早報反　于郯音談　肅
爽上如字又所六反下音霜肅爽駿馬名　駿馬音俊　先從才用反下同　飲先於鴆
反　自拘九于反　弄馬魯貢反　請相息亮反注同　夫人音扶注同　以
償市亮反　不共音恭注同　而沈音鴆　若復扶又反　爲質音致
經四年國夏戶雅反　召陵上照反　楚竟音境　公孫生本又
作姓音生　皐鼬由又反　復稱扶又反　畀處昌慮反　伯成音城　劉
卷音權一音眷勉反　劉蚠扶粉反　爲告于僞反下吳爲蔡同　孔圉魚呂反

皆陳直覲反　死難乃旦反　幷數所反　惡之烏路反

傳四年水潦音老　疾瘧魚略反　祗取音支　羽旄音毛　析羽星歷反下故此　戓旆步貝反　旐音兆　令賊力呈反下次令慕同　嘖有仕責反至也一音責　忿爭爭鬬之爭　梲侘徒河反　從才用反下師從旅從同　大梲音泰下大梲大上大史大原同　共二音恭注同　儌大古堯反　且夫梲音扶　出竟音境下同

祓社音弗徐音廢　釁鼓許靳反　鼓鞞步西反本又作鼙　以從如字又才用反　嘉好呼報反　將長丁丈反　欲令力呈反　先衞悉薦反下文先衞同

歃也所洽反又所甲反　以蕃方元反　相王悉亮反　分魯公扶問反下並同　大輅音路本亦作路大輅金路也下皆同　大旂其依反交龍爲旂諸侯所建　錫星歷反錫

同姓也　夏后戶雅反下皆同　之璜音黃美玉名　封父音甫下武父同封父國名　緐弱扶元反緐弱弓名　索素洛反下同　長勺市灼反下同　輯其音集又七入反　共

大マ七十五

E

魯 音恭下文以共王職同 倍敦 本亦作倍同步回反 典策 本又作冊亦作策或作篇皆初革反 彝器 羊之反 迸散 彼諍反 皆令 徐力呈反 少皥 詩照反注及下同下胡老反 之虛 起居反注及下皆同 綪 七見反 茷 步貝反又音吠 旃旌 章然反 陶氏 徒刀反 緐氏 步河反 錡氏 魚綺反 封畛 之忍反一音真 甫田 布五反本亦作圃同 塗所徑 音徒下音經 鄭藪 素口反 蓋近 附近之近下近戎同 相土 息亮反 東蒐 所求反 巡守 手又反 聃季 乃甘反 彊以 居良反注及下同 闕鞏 九勇反甲名 沽洗 鍾名上音孤下音息典反 之長 丁丈反下文乃長衞同 惎 音忌毒也 間王 間廁之間 道紂 音導 蔡蔡叔 上素達反放也注同下蔡叔如字 七乘 繩證反 啟行 下孟反 見諸 賢遍反 之昭 上饒反說文作紹 伯甸 徒練反 晉重 直龍反 鄭捷 在接反 齊潘 普安反 宋王臣 如字本或作壬如林反 茲丕 普悲反 可覆 芳服反 弘說 音悅 為之 于僞

反下楚爲沈同　臨力鴆反　黃父音甫　語我魚據反　無怙音戶　無斁五報反　無復怒扶又反重也注同　伍負音云　州犂力兮反　嚭普鄙反　子乾其連反　爲質音致　舍舟音赦置也又音捨舍舟也注同　淮汭人銳反　夾漢古洽反　㳂漢悅全反　上下時掌反注同　遮使正奢反　大隧音遂　冥亡丁反本或作寘之豉反　阨於懈反本或作隘音同　惡子烏路反　而好呼報反　而陳直覲反下文及注同　江夏戶雅反　難而所旦反　其卒子忽反下同　其乘繩證反　廣死古曠反　雍澨市制反　季芊面爾反楚姓　畀我必利反世族譜季芊畀我皆平王女也服云畀我季芊之字　涉睢七餘反下同　鍼尹之林反　燧象音遂火燧以繫象尾　被創初良反　吴句古侯反　剄而古頂反　裹之音果　雲夢如字又音蒙　中肩下仲反　奔鄖音云　以從才用反下同一音如字　將殺如字又申志反下我殺同　蔓成音万

不茹音汝矜寡古頑反非知音智殺女音汝其衷音忠又
竄七亂反竄匿女力反施及以豉反之辟匹亦反若難乃旦
反楚竟音境鑢金音慮氏也金名本又作鑢使見賢遍反下注敢見同
以約如字又於妙反申包必交反以荐在薦反荐數也所氣反
草茅舊作茅曰交反今本名作莽莫蕩反下同無厭於鹽反疆居良反埸音亦
逮吴音代取分扶問反勺飲市灼反又音灼爲之于僞反同仇
音求

經五年

傳五年周亟紀力反注同行東野下孟反下桓子行同璵本又作與
音餘璠音煩又方煩反斂力驗反當去起呂反不狃女九反彼爲僞
反注同子洩息列反使㬜子念反迸勞力報反下同時從求用
反下從父昆弟皆從王並同百乘繩證反注同于沂魚依反遂射食亦反又

亦反又食夜反散卒子忽反堂谿芳兮反下同居麇九倫反下同㬥

骨步卜反以歆許金反闉音因輿音餘本又作與羊汝反輿罷

音皮復失扶又反葉公舒涉反從其母如字又才用反公父音甫

音甫公何藐亡角反一音彌小反大詛莊慮反父歜音欲反秦遄

市專反焉能於虔反成曰具九反聊屈其勿反又君勿反藍尹

力甘反亹亡匪反其帑音奴舍音捨又音赦諜殺式志反大難

乃旦反爲君于僞反下爲身同無厭於鹽反遠丈于万反以妻

七細反脾洩婢支反下息列反脾洩地名袒而音但經六

年祁犁力兮反又力之反公爲于僞反圍鄆音運

經六年爲晉于僞反注同儋翩丁甘反下音篇豚澤杜孫反

發大夫必計反之難乃旦反盤鑑盤又作鞶步丹反又蒲官反下古暫

反爲質音致注同大姒音泰下音似鄭俘芳夫反強使其丈反注
同下放此不復扶又反其釁許靳反爲之于爲反欲令力呈反終
纍力追反又力執反夫差音扶下初佳反小惟子位悲反本又作惟亦如字之帥
所類反大惕他歷反於鄀音若此見賢遍反下文見涸非注同爲戌子僞
反下同令使所吏反其憾戶暗反說子音悅有難乃旦反下文同見
圍侯溫反又侯困反飲之於鴆反楊楯食允反又音允賈禍音古爲國
于僞反下同越疆居良反而使所吏反下同比趙毗志反亳社步各反
詛于側慮反五父音甫之衢其俱反姑蕕音由又作猶一音由舊反單
劉音善經七年于鹹音咸非使所吏反于沙如字又星和反
傳七年甲貳丁仲反復黨扶又反瑣素果反涉佗徒何反
捘子對反公斂力檢反又音廉或音慮點反墮伏許規反而女音汝下又同苫

萯始占反　於難乃旦反　黨氏音掌

定下第二十八　杜氏　盡十五年

經八年皁䶌由又反　國夏戶雅反年末注同　于瓦顏寡反　燕縣音煙　侯柳力九反本或作抑　曲濮音卜　不見賢遍反　之璜音黃　封父音甫

傳八年六鈞音均三十斤爲鈞　古稱尺證反　畀強其丈反　而傳直專反　子鉏仕居反　與一人俱斃婢世反仆也顏高與一人俱爲子鉏所繫而仆　仆也音赴又蒲北反孫炎云前覆曰仆　偃且如字　射食亦反下同　子鉏中丁仲反下同　頰古協反　殪於計反死也言顏高雖爲子鉏所擊偃仆且射子鉏中頰而死言其善射也一讀且音子餘反云偃且人姓名也撿世族譜無此人一讀者非也　乃呼大故反注同　也殿丁電反注同　單子音善　儋翩丁甘反下音篇　代盂音于　好逆呼報反　其使所吏反　使溷侯溫反又侯困反　大行音太下戶郎反一音衡　廩丘力甚反　之

郛芳夫反 焚衝昌容反戰車也說文作幢云陷陣車也 或濡人于反 馬褐戶葛反褐馬衣也 必復扶又反 盡客苦百反 苦越式占反 僑如其驕反

入竟音境 中行戶郎反 鄟澤音專又市轉反本亦作鄟音同 徏佗徒河反

焉得於虔反 將歃所洽所 捘衛子計反擠也 及捥烏喚反 捘擠

也子計反一音子禮反說文云排也 晉詬呼豆反恥也 語之魚據反 爲質音致

注及下同 羈紲息列反 以從才用反下注從弟下從者同 有難乃旦反 以激

古狄反 丨監帥古衒反 爲周報子僞反下同 季寤五故反 不狃女九反

欲去起呂反 更季氏音庚代也舊古孟反下皆同 褅于本計反 丨蒲圃

布五反 [illegible] 先癸巳悉薦反 以鈹普皮反 盾食允反又音允 夾之五洽反 陽

越殿丁見反 咋爲仕詐反暫也 於難乃旦反 圉人魚呂反 以爲于僞

反 而騁勅領反 射之食亦反下同 不中丁仲反 闔門戶臘反 劫公

居業反　州仇音求　說甲本又作稅同他活反　得脫徒活反或他活反　曰嘻

許其反懼聲　辨舍上音遍注徧同下如字　于讙音歡　駟歂市專反　鄧

析星歷反　經九年伯蠆勑邁反　分器扶問反

傳九年向巢舒亮反　衰絰七雷反下田結反下同　舍鍾音捨　其

邪似嗟反注同　彤管徒冬反　邶風音佩　雝說音悅　竿旄音于

下音毛　鄘風音容　蔽芾芳味反蔽芾小皃　召伯音邵注同　所茇畔末

反草舍也　而祇音支　若麟本又作驎呂辛反　俘為芳夫反　萊門音來

天菑音災　師罷音皮　焉於虔反　塡覆音傾本又作傾下芳服反　鍥

苦結反刻也　其軸音逐　葱靈初江反或音怱　輜車側其反說文云衣車也　爲

衛于僞反下同　必娶七注反　鄉相息亮反　於霤力又反　所樂如字

又五孝反　犂彌力兮反　又譎古穴反　曩者乃黨反曏也　之難乃旦反

如驂七南反騑馬也之靳居覲反車中馬也本或作如驂之有靳非也與書爭爭鬭之爭又如字千乘繩證反不復扶又反褚師中呂反其帥所類反注同事見賢遍反致襚諸忠反媢武冥反杏戶猛反晳星歷反幘音策又音責齒上下相值也說文作齰音義同而衣於既反貍力之反製音制裘衣也吾貺音況賜也今常力呈反不共音恭三襚音遂比殯必利反故挽音晚親推如字又他回反

經十年夾谷古洽反又古協反二傳作頰谷音古木反鄆音運讙火官反汶陽音問孔子相息亮反圉郈音后字林下遘反弄馬魯貢反暨其器反與也仲佗徒河反石彄苦侯反向魋大回反靜難乃旦反

傳十年丘相息亮反注同兵劫居業反合好呼報反下同裔以制反遠也之俘芳夫反謀夏戶雅反不偪彼力反爲愆去連反遽其據反辟之婢亦反又音避

注同去莱起吕反出竟音境三百乘繩證反盟詛側據反兹
無還音旋以共音恭注同要盟一遥反犧象許宜反又息河反注同犧
象皆尊名秕音鄙穀不成者也字林音匕或作秕又必履反稗皮賣反草似穀者子盍戸臘反下
同齊爲衛于僞反邯音寒鄲音丹午城其西北而守
之一本或作城其西北隅宵熸子潛反涉佗徒河反如植市力反立也一音值不
遄市專反若藐音貌又亡小反射之食亦反下并注同緰鋒芳逢反向
巳許亮反亦作嚮逆呵呼多反刺之七亦反復闉扶又反在楊水
卒章本或作惕之水卒章齊使所吏反注同爲之于爲反下注爲齊同衆
兇音凶一音凶勇反得紓音舒偪魯彼力反必倍步罪反走呼火故
反介侯犯音界犯殿丁見反物識申志反又如字與之數色主
反注同名簿步古反嬖必計反遽其居反富獵力輒反尾鬣

力輙反爾雅舍人注云馬鬉也鬉音子工反　扶魋勑乙反　盡腫章勇反　有頹

普多反　出竟音境　辰爲于僞反注猶爲同　迋吾求往反又古況反欺也　褚

師張呂反　屬與音燭　封疆居良反　所惡烏路反十一年傳注同一音如字

經十一年叔還音旋　叔詣曾孫也案世族譜叔還是叔弓曾孫此云叔

詣誤也

傳十一年

經十二年墮郈許規反毀也注及下傳同　毀壞音怪又戶怪反　公孟彄

苦侯反　孟縶陟立反　隋賁音祕　大雩音于

傳十二年滑于八反　羅殿丁見反下同　曹竟音境下同　在行

戶郎反　申句須音劬　樂頎音祈　保障之尚反又音章　子爲不

知竝如字一本爲作僞　陽不知也陽本亦作佯音同

經十三年

垂葭音加　圉音又　大蒐所求反　比蒲音毗　士吉射食亦反又

食夜反朝歌如字○傳十三年郹氏古闃反邴意茲彼命反又音丙

傳必張戀反又直專反注同數日所主反言當丁浪反衛侯乘繩證反下同

乘廣古曠反比君必利反乃介音界侯輕遣政反著丁略反

是以爲于僞反注同一音如字而寘之鼓反好不呼報反其從才用反

說劒他活反注同不與音預反如字中行戶郎反知文子音智相

惡如字入烏路反下同曼多音万沈之如字又音鴆蔨躒力狄反三如字又息

暫反折之設反肱古弘反欲令力呈反史鰌音秋於難乃旦反下注同者鮮

息淺反必與音預注同始惡烏路反將去起呂反宋朝如字愬音素

經十四年趙黶於咸反佗人吐何反又徒何反子牂子郎反皆惡

烏路反檇李音醉依說文從木亂陳直覲反下同黎陽力兮反于洮吐刀反

歸脤市軫反盛以音成蒯苦怪反聵五怪反比蒲音毗莒父音甫

○傳十四年惡董烏路反　知文音智　盍以胡臘反　發難乃旦反
與謀音預　將焉於虔反　莫矣音暮　乃縊一四反　背楚音佩　陳
好呼報反　句踐古侯反　陳于直覲反　三行戶郎反下同　屬劒之欲
反下同又之注反　自頸古頂反本又作刎　闔廬戶撒反　將指子匠反　一屨九具反
於陘音刑　夫差音扶　於廷音庭本又作庭　曰唯唯癸反舊以水反　于脾
婢支反　析星歷反　成鮒音附　桃甲如字本又作姚　為夫人于偽反　獻盂
音于　婁豬力侯反字林作[redacted]力付反豭云求子豕也下張魚反　盍歸戶臘反　艾五蓋反老也字
林作𢿱音[redacted]艾三毛聚居者音加壯豭也　戲陽速許宜反　少君詩照反本亦作小君　將戕
在良反殘殺也　以紓音舒　諺曰音彥　於潞音路　籍父
經十五年鼷鼠音兮　食處昌慮反　渠蒢直居反　下昃音側　城漆
音七　○傳十五年之贄音至　替也他計反　近亂附近之近下皆同　取費芳味反

而中(丁仲反)　徼知著知之難(並如字又音智)　其易(以豉反)　子蠆(才何反)　爲之(于僞反)　事見(賢遍反)　蘧(音渠)　挐(女居反又女加反)　不祔(音附)　不克襄(息羊反成也)

哀上(哀公名蔣定公之子蓋夫人定姒所生敬王二十八年即位謚法恭仁知折曰哀)　第二十九

杜氏盡十三年

經元年得見(賢遍反下同)　此復(扶又反)　一處(昌慮反)　○傳

元年　而栽(才代反又音再注同說文云築墻長版)　圍壘(力軌反)　周帀(子合反)

廣大(古曠反)　高陪(並如字高又古報反注同)　厚一(戶豆反)　夫屯(徒門反夫兵也屯守也)

故令(力呈反)　以辨(扶免反又方免反別也)　別也(彼列反下同)　係纍(力維反)

出降(戶工反)　使彊(居良反)　夫楸(音扶叔又作松子[redacted]反)　檇李(音醉)

大湖(音泰)　甲楯(食允反又音允)　會稽(古外反下古兮反會稽山名)　上會

稽時掌反 大夫種章勇反 大宰音泰 嚭普鄙反 伍員音雲

去疾起呂反本又作去惡 有過古禾反國名注及下同 澆五叫反一音五報反下同

殺斟之林反 灌古亂反 斟鄩音尋 寒浞仕捉反 夏同

姓户雅反下注皆同 夏后相息亮反注及下注同 復爲扶又反

后緡亡巾反 昬忘亡亮反 方娠音震又音身懷妊也 自竇

音豆 少康詩召反 之長丁丈反 甚澆音忌毒也 庖正

步交反 妻之七計反注同 二姚羊昭反虞姓也 諸綸音倫

有鬲音革 之燼徐刃反又秦刃反 女艾上如字又音汝下五蓋反

諜澆音牒 季杼直呂反 誘豷許器反 過戈竝古禾反

之續一本作迹 吴難乃旦反 務施始豉反 而長丁丈反下同

可竢本又作俟音仕待也介在音界求伯如字又音霸生聚才喻反又
如字爲沼之兆反池也汙池音烏故復扶又反邯鄲音寒下音丹
逢滑于八反土芥古邁反草也不艾魚廢反暴骨步卜反
如莽亡黨反孔圉魚呂反烝鉏之承反下仕居反不重直龍反
崇壇徒丹反不彤徒冬反丹漆也鏤魯豆反刻也不觀古亂反注同
臺榭音謝取費芳味反天有菑音災癘本或作天無菑癘非
疾疫音役而共音恭熟食者分如字一讀以分字遠下句猶徧
音遍卒子忽反乘繩證反與焉音預不罷音皮陂池彼宜反
妃嬙本又作廧或作嬙在羊反嬪御毗人反玩好呼報反夫先自
敗也已夫音扶本或作夫差先自敗者非經二年取漷
火虢反又音郭及沂魚依反易也以豉反句繹古侯反下音亦以要

一遥反　于鐵天結反　皆陳直覲反　傳二年伐絞
古卯反　郢也以井反　立女音汝　三揖一入反三揖卿大夫士也　祇辱音支
立適丁歷反下適孫同　大子絻音問喪冠也　衰絰七雷反下田結反
子般音班　先陳直覲反下注同　爰契苦計反又苦結反　謀協以故
兆絶句　詢可也思遵反　斬艾魚廢反　欲擅市戰反　而滅
其君滅或作戕音殘　除詬呼豆反又音苟　作雒音洛　千里百縣
縣方百里　縣有四郡郡方五十里　斯役如字又作廝音同何休注公羊云艾草
為防者曰廝及水漿者曰役蘇林注漢書云廝取薪者韋昭云析薪曰廝　志父音甫杜云志父趙簡子之
一名也服云趙鞅入晉陽以畔後得歸改名志父春秋仍舊猶書趙鞅　絞縊一賜反　以戮音六
桐棺三寸禮記云夫子制於中都四寸之棺五寸之椁以斯知不欲速朽也鄭康成注云此庶人之
制也案禮上大夫棺八寸屬六寸下大夫棺六寸屬四寸無三寸棺制也棺用難朽之木桐木易壞不堪為棺故以為罰

墨子尚儉有桐棺三寸不設屬音燭注同次大棺也辟步歷反注同親身棺也禮大夫無臂之重直龍反下同王棺四重禮記云水兕羊棺破之其厚三寸柂棺一梓棺二椸棺辟也梓棺二屬與大棺也被木牛及兕之革爲一重辟爲二重屬爲三重大棺爲四重君再重君謂侯作子男侯伯巳下無革棺屬與辟爲一重大棺爲再重上公則唯無水革耳兕革與辟爲一重屬爲再重大棺爲三重大夫一重大夫唯屬與大棺爲一重今云不設辟者時僭耳非正禮也襆馬普角反載柩其又反爲衆于僞反郵無恤音尤其怯去業反百乘組證反牖下羊九反麇之丘隕反麇束縛也注同吏詰起吉反痁作詩占反瘧疾也瘧疾魚略反禱曰丁老反一音丁報反在難乃旦反下注爲難同自佚音逸持矛亡侯反絕筋居銀反中肩丁仲反斃于婢世反本亦作獘踣蒲比反蠭旗芳恭反旗名復伐扶又反傅傁素口反又作叟有知音智未艾魚廢反又五蓋反公孫尨武江反稅焉始銳

反爲范于僞反下文爲其主同幕下音莫姚般子般子緞反林殿丁見反

而射食亦反伏弢吐刀反弓衣也嘔血本又作㱁烏口反吐也吐也他㥾反

兩剸以刃反洩庸息列反一音作息引反未詳中悔丁仲反經三

年曼姑音万爲子于僞反樂髡苦孫反

傳三年司鐸行洛反南宮閱音悅曰疕匹婢反具也女

音汝命不共音恭校人户敎反注及下同乘馬細諡反注及丁音同脂轄

户瞎反本又作鎋同爲駕于僞反之易以豉反變難乃旦反濟濡

子細反又子禮反注同帷幕位悲反下音莫欝攸音史欝敊木氣也蒙葺七入反

反一音丁入反以悛七全反次也縣敎音玄富父音甫槐音懷官辦辦具

之辨注同猶拾音十瀋也尺審反汁也北土呼汁爲瀋去表起呂反注同之稾

古老反注同所鄉許亮反稾積子賜反道還本又作環户關反又音患

惠同 勑令力呈反 南孺子如住反 共劉音恭 其郛芳夫反 惡
范氏烏路反注同 經四年盜殺申志反 蔡侯申今本
皆如此案宣十七年蔡侯申卒是文侯也今昭侯是其玄孫不容與高祖同名未詳何者誤也 公孫姓音生本又
作生或一音性 恥爲于僞反 亳社步各反 頊公音傾 傳四年
也 承音懲直升反 公孫翩音篇 而射食亦反下同 文之鍇音楷又音皆
客駭反 併行步頂反 中肘丁仲反下竹九反 公孫盱況于反 䏑普版反字林匹
姦反 葉公始涉反 負函音咸 繒關才陵反 泝江音素 入郢以井反又
以政反 單浮餘音善 氏潰戶內反 陸渾戶門反 豐析星歷反注
同 莬和音徒 監尹古銜反 少習詩照反又如字少習即武關也 之難乃旦反
將爲于僞反下注同 以畀必利反與也 楚復扶又反 甯跪其委反
邯鄲 降戶江反 遂墮許規反 取邢音刑 任音壬 欒力官反

春秋左氏音義之六

鄗呼洛反郭璞三蒼解詁音膗字林火沃反韋昭呼告反闞駰云讀虓确同　逆畤音止　盂音于

經五年城毗頻夷反　杵臼昌呂反下求又反　傳五年惡

張烏路反下同　柳朔良女反　夫非音扶　好不呼報反　不去起呂反

以僭子念反後同　爲吉射于僞反　燕姬於賢反　未冠古奐反

鬻姒音育下音似　子荼音舒又音徒又丈加反　嬖必計反　齒長丁丈反

間於音閑又音閒廁之間又如字　疾疢敕覲反本或作疹乃結反　謀樂音洛

寘羣之豉反羣或作諸　於萊音來　公子黚巨廉反又音琴　公子鉏仕居反

不與音預下同　埋云皆反　而侈昌氏反又尸氏反　惡而烏路反　不

解佳賣反　攸塈許器反息也　鮮矣息淺反　不濫力暫反　濫溢音逸

經六年郲瑕音遐　任城音壬　亢父苦浪反又音剛下音甫

廢長丁丈反　立少詩照反　于柤莊加反　楚子軫之忍反史記作

珍　殺荼音試下皆同　傳六年復脩扶又反　城父音甫
驂乘繩證反　偃蹇約免反下紀晚反　驕敖五報反　必偪音逼　盡
戶臘反下同　去諸起呂反下同　需音須疑也一音濡弱持疑也　多難乃旦反　鮑
牧州牧之牧　乘如繩證反　晏圉魚呂反　五辭本又作辤說文云辭不受
也受辛宜辭也辤籀文　大冥亡丁反　舍其音捨　夾日古洽反　大史音泰
下同　若禜音詠　禳祭如羊反　而寘之豉反　其夭於表反　又焉
於虔反　爲祟音遂　竟內音境　雎七餘反　漳音章　楚昭
王知大道矣本或作天道非　夏書戶雅反下注同此語在尚書五子之歌書無帥
彼五常一句下亦微異　其行如字又下孟反尚書作厥道　乃滅而亡尚書作乃底滅亡　且
于子餘反　上乘繩證反　闞止若暫反　壬也而林反　洩言息列反又
以制反　欲令力呈反下同　與饋其位反　差車所宜反　鮑點之廉反又
反

如字女忘音汝而折之舌反又市列反注同而背音佩後年背同故要一遥反

去巂起吕反拘音俱江説音悦句竇音鉤下音豆不匱其位

反多難乃旦反少君詩照反長君丁丈反夫鴸子音扶鴸或作孺

同於駘他才反又徒來反野幕音莫殳音列冒亡報反湻于音純駐

於中任反　經七年皇瑗于眷反于繒才陵反一本作鄫

傳七年百牢力刀反吳過宋古禾反以後如字又戶豆反上物

如字一音時掌反注同道長丁丈反注及下注同既共音恭大伯音泰注同斷髮

丁管反羸以力果反本又作倮故效戶孝反將焉於虔反惡賢

音烏安也注同無數所主反不樂音岳一音各不禦魚吕反擊柝

音託以兩木相擊以行夜也字又作欜同閒於音問又如字晝掠中救反下音亮于

繹音亦鄒縣則留反乘韋繩證反下及注同馮恃皮冰反注同辟

匹亦反注同振鐸待洛反注同公孫彊其良反好田呼報反下同弋以職反繳射也田弋之說如字說之音悅下大說同彊言霸說如字一音始銳反而奸音干揖丘音集一音於入反鍾邪音干

經八年褚師中呂反之詬呼豆反取讙音歡及闡尺善反伯過古禾反盲使所吏反

傳八年肥殼丁練反下注同詬之本又作訽呼豆反詈辱也詈辱力智反吳爲于僞反下注則爲之隱惡同不狃女九反死其難乃旦反曾所在增反且夫音扶之行下孟反又如字所惡烏路反又如字注同之好呼報反下文好焉同欲覆芳服反子泄息列反又作洩與斃婢世反子洩率絕句故道險絕句吳竟音境僑田其驕反拘鄫音俱下同之漚烏豆反菅古顏反水玆音玄本亦作滋子絲反濁也字林云黑也道之音導澹臺待甘反內應應對

之應 析朱鉏 星歷反注及下同 泗上 音四 私屬 音燭 於幕庭 亡博反 設格 更百反 令士 力呈反 試躍 羊灼反 與焉 音預注同 任行 音壬 三遷 息暫反 析骸 戶皆反本又作骨 而爨 七亂反 及虧 去危反 吳輕 遣政反 負載 如字謂載書或音戴 造於 七報反 萊門 音來 爲質 音致下同 復求 扶又反 妻之 七計反 魴侯 音房 前爲 于僞反 荐之 本又作栫在薦反 荐雍也 於勇反 使女 音汝 千乘 繩證反注及下同 故諷 方鳳反 愬之 音素 於潞 音路 麇之 丘隕反束縛也

經九年 雍丘 於勇反

傳九年 公孟綽 昌灼反本又作卓同 武子賸 以證反 作壘 力軌反 塹成 七豔反 郟張 古治反又音甲 城邦 音寒 射陽 食亦反又音亦 可游 音由 可馮 皮冰反 之需 音須 以祉 音恥 儆 音景

經十年 不與 音預 書殺 申志反

孟彄(苦侯反) 傳十年 剡子(音談) 于鄎(音息) 兵并(必政反) 人殺(申志反) 襲重(直龍反又直用反) 取犂(力兮反又力之反) 及轅(音袁一音于春反) 名隰(音習本或作濕音同) 來復(扶又反) 壽夢(音蒙) 少子(詩照反)

經十二年 轅頗(破可反又普多反) 艾陵(五蓋反) 公與伐(音預下同)

傳十一年 齊爲(于僞反) 無丕(音悲反) 一子守(手又反) 從公(如字又才用反) 御諸(魚呂反本又作禦) 竟(音境注同) 自度(待洛反) 封疆(居良反注同) 二子之不欲戰也宜(絕句) 黨氏(音掌) 強問(其丈反) 而共(音恭) 不成丈夫也(本或作大夫非) 蒐乘(所留反下繩證反) 閼(音悅) 孟孺子(而住反) 彘(直利反) 郰洩(音丙) 又(彼命反) 管周父(音甫) 年少(詩照反) 徒卒(子忽反注同) 雩門(音于) 繇役(本或作傜同音遥) 陳瓘(古奐反) 涉泗(音四) 爲殿(丁練反) 抽

春秋左氏音義之六　二十

矢勑留反策其初革反本或作筴誰不如如字一音而庶反注同惡賢音烏

注同宵諜音牒齊人遁徒困反諜間間廁之間語人魚據反能

默本亦作嘿亡比反其嬖必計反童本亦作僮音同注烏黃反錡魚綺反

乘繩證反無殤音商八歲至十九為殤用矛亡侯反皆陳直覲反轃

咺況阮反稻醴音禮以稻米為醴酒粱糗起九反糗乾飯也以粱米為之一音昌紹

反腶脯丁亂反字亦作鍛加薑桂曰脯也為郊子偽反于羸音盈公

孫夏户雅反虞殯必刃反陳子行如字又户郎反具含玉户暗

反本又作唅公孫揮許韋反問遺惟季反王卒子忽反八百

乘繩證反兵從才用反又如字勞公力報反甲劒鈹普悲反寘

之之豉反新篋苦協反尉衣以音尉薦也一本作褽之以玄纁玄纁許云

反本亦作勳加組音祖不衷音忠善也饋賂其位反或作餽下音路是豢

音患養也也夫音扶爲沼之兆反其泯亡軫反盤庚步干反之
語古報反不共音恭注同則劓魚器反殄大典反無俾必爾反易
種章勇反注同從橫子容反育長丁丈反使於所吏反屬其
音獨注下同屬鏤力俱反又力侯反屬鏤劍名墓檟古雅反木名脩守手又
反子朝如字妻之七計反於犂力兮反孔姞其乙反又其吉反
向魋徒回反於鄖音云少褅詩照反下大計反子慭魚覲反一作整
征領反而飲於鴆反遂聘匹政反夏戊戶雅反下同戊音茂胡簋
音軌遽止其據反度其待洛反注下同之難乃旦反別其田如字
一音彼列反施取尸豉反斂從力豔反貪冒亡北反一音莫報反無厭
於鹽反經十二年諱取七喻反又如字本或作娶櫜皐章夜
反或一音託逡音峻又七倫反遁音因又音巡繇音遥螽音終

傳十二年取于七喻反本亦作娶與弔音預注同不絻音問放

經大結反故去起呂反奉贄音至以要一遙反注同尋重直龍反

寘歇許謁反且姚子餘反之斃婢世反不摽敷蕭反又普交反擊

也國狗音苟之瘈吉世反狂也噬也市制反齧五結反本或作嚙藩

衛方元反注及下同籬也力知反歸餼許氣反以難乃旦反注同子

盍戶臘反不爲于僞反是隳許規反注下皆同嚭說音悅下同乃

舍音捨釋也又音赦效夷戶教反蟄者直立反隙地去逆反間

田音閑一本作間地一音如字彌作士支反又士爾反頃丘苦潁反又音傾玉暢

勑亮反一本作壬暢嵒五咸反戈古禾反錫音羊一音星歷反爲之于僞反令

倒丁老反爲別如字又彼列反經十三年男成音城本或作戍

近濟附近之近自去起呂反其僭子念反星孛步內反乃見

賢遍反陳夏戶雅反區夫烏侯反故復扶又反
傳十三年使徇似俊反成讙火官反郜延古報反或古毒反
爲虛並如字或音墟非單平公音善不與音預二隧音遂注同道也
謳陽烏侯反自泓烏宏反姑蔑亡結反之旗音其大夫音泰孟康云大音闥屬徒音燭注同地守手又反下注同復戰扶又反王
惡烏路反注同自剄古頂反爭歃所洽反又所甲反爲長丁丈反注下同
大伯音泰日旰古旦反輕德遣政反見晉侯如字又賢遍反對
使所吏反以見賢遍反於吳有豐芳中反八百乘繩證反下及注同
及六人從才用反戶牖音酉坐爲才卧反恐之丘勇反不
共音恭而祇音支繠兮而捶反又而水反一盛音成又市政反注同與褐戶葛反
之父如字又音甫睨之五計反視也麤則本又作麁七奴反以呼

上言三五火故反 殺其丈夫 直兩反本或作大夫誤 悖惑 補內反

哀下第三十

經十四年西狩 手又反冬獵也 獲麟 呂辛反又力珍反瑞獸也解見詩音 嘉瑞 常恚反 無應 應對之應 中興 丁仲反 小邾射 音亦 句繹 古侯反下音亦 其手 之豉反 宗豎 上主反 宋向 舒亮反 魋 徒回反 子狂 其廷反 趙鞅 於丈反 復入 扶又反 星孛 步內反

傳十四年鉏商 仕居反 要我 於妙反又於遙反注同 于乘 繩證反年內同 闞止 苦暫反 憚之 大旦反 驟顧 仕救反數也 數顧 所角反 而遺 唯季反 之潘 芳袁反注皆同米汁也 沐 音木 米汁 之十反 介達 音界媒介也亦因也 長而 如字又丁丈反 上僂 力主反 與之言 政說 音悅 立女 音汝 我遠 如字又于万反 數人 所主反 廩丘 力甚反 子芒盈 音亡 在幄 於角反帳也 之處 昌慮

處反御之魚呂反本亦作禦檀臺大丹反大史音泰將爲于僞反下文逆爲余

請下注爲公同需音須疑也屬徒之欲反攻闈音韋弇中於檢反又音淹

狹路音洽及彤音而橋命本又作橋居表反出雍於用反務施

式豉反數請所角反以鞌音安余長丁丈反注同少長詩照反所

惡烏路反迹人子亦反有介音界大也麇九倫反獐也本又作麋亡悲反難以

及旦反下文及注同子頎音祈騁而勑領反祗取音支欲質音致注及下同

乃舍音赦又音捨注同夏后戶雅反之璜音黄惡之烏路反阮氏

苦庚反或音剛丘輿音餘三日齊側皆反本又作齋伐齊三如字又息暫反

子洩息列反將圉魚呂反爲成于僞反從者不得入

才用反有司使所吏反注同佷恚一瑞反弗內如字又音納袒免音但

音問于衢其俱反聽共音恭注同經十五年高無丕

普悲反大雩音于公孟彄苦侯反傳十五年桐汭

如銳反既斂力驗反反同造于七報反下文同介將命音界下文注皆放此嚭

勞力報反水潦音老廩然力甚反傾動貌隕大夫于敏反下同以重

直用反不注同寡君敢辭上介絕句芋尹于付反荐伐在徧反

備使所吏反盡芋尹蓋辭同共音恭注同積子賜反又如字注同且殯必刃反積

聚才喻反又如字草莽亡黨反內之如字又音納陳瓘古喚反過

衛古禾反既斲陟角反喪公室息浪反下幷注皆同故爲于僞反下文齊

爲衛故爲請於伯姬幷注同有背音佩將焉於虔反同好呼報反冠氏

如字又古喚反自濟子禮反⿰衤無媢詩若反于贏音盈孔圉魚呂反

蒯苦怪反聵魚怪反生悝苦回反渾良夫戶門反長而美

舊丁丈反人如字使之所吏反又如字無與音預外圃布五反而乘繩證

反下及注同欒寧力丸反姻妾音因杖戈直亮反又音丈輿猳音加
被甲皮寄反迫孔悝本又作叔悝於廁初吏反強盟其丈反
故劫居業反欲令力呈反炙未章夜反下同召獲上照反注同其
難乃旦反注及下皆同復入扶又反有使所吏反焉用於虔反若燔音煩
必舍音捨又如字盂黶音于下於減反斷纓丁管反去之起呂反瞞
成莫于反褚師中呂反經十六年子還成音旋夏
四月己丑孔丘卒孔子作春秋終於獲麟之一句公羊穀梁經是也弟子欲記聖師之卒故
採魯史記以續夫子之經而終於此丘明因隨而作傳終於哀公從此已下無復經矣魯襄二十二
年生至今七十三也本或作魯襄二十三年生至今七十二則與史記孔子世家異此本非也
傳十六年鄅武子於晚反肸也許乙反逋布吳反竄七亂反
寘諸之豉反其衷音忠單平公音善余嘉乃成世絶句

之休許料反注下同美也公誄力軌反說文云諡也旻天亡巾反不弔如字又音的至也不憖魚覲反且也俾屏必爾反下必領反煢煢求營反在疚久又反病也尼父音甫言喪息浪反則愆起虔反飲孔悝於焉反令人力呈反反祏音石藏主石函西圃布五反石函音咸許公爲如字人性名返祏音石本亦作反人爭爭鬭之爭先射食亦反下同三發如字一音廢皆遠于萬反之殪於計反車從才用反又如字注同於槖音託城又音甫華氏户化反使諜徒協反葉公始涉反邊竟音境下同衛藩方元反注同好復言呼報反告女音汝如卵來管反而長丁丈反楚國第大細反次第也乃不復扶又反不悛七全反有熊音雄宜僚者本或作熊相宜僚相音息亮反與之言謊音恍其喉音侯不爲利于偽反下同諂敕檢反威惕他歷

反不泄息列反又以制反鎧苦代反杖直亮反而劫居業反以袂彌世

反扶豫章烏亢反無聚才住反注同徼幸古堯反無厭食

於豔反後庇必利反又音祕圉公陽魚呂反不胃直又反以幾音冀

本或作冀得艾魚廢反一音五蓋反注同夫有方于反或音扶奮心方問反將旋

音精以徇以俊反箴尹之林反使興國人如字興請興發也一本作與羊汝反而

縊一賜反微之如字匿也爾雅云匿微也微匿女力反生拘音俱而長丁文

反注同將亨普庚反王孫燕烏賢反又烏練反頯黃求龜反舊求悲反

於葉始涉反嬖人必計反大叔音泰人比毗志反弗去起呂反輿

豭音加而強其丈反傳十七年虎幄於角反幄幕

武傳反成絶句求令名者絶句應爲應對之應乘衷甸時證

反說文作佃云中佃一轅車也春秋乘中佃兩牡茂后反袒裘音但御之魚呂反下

春秋左氏音義之六

同 笠澤音立 夾水居洽反 而陳直覲反 左右句古侯反注同
卒子忽反注及下注同 相著直略反 鼓譟素報反 幷力如字又必政反 以
難乃旦反 使極中角反訴也 其處昌慮反 國觀工喚反 陳瓘
工喚反 齊柄彼命反 其聚才任反注及下注邑聚同 積聚子賜反 問帥所類
皆相息亮反注及下而相國幷經同 令復扶又反 率賤所類反本又作帥下同 鄀俘
音若下芳夫反 州蓼本又作鄝音了 封畛之忍反一音眞 不謟本又作滔佗刀反疑也 有
憾本又作感戶暗反 君盍戶臘反 舍焉音捨又音赦注同 公孫朝如字
鶉火音純 枚卜亡極反 之觀工喚反注同 之虛去魚反下大同 濮陽
音卜 被髮皮義反 之瓜古華反 幷數必政反下所主反 懼難乃旦
反下文而難作同 其縣直又反 竀尾勑呈反赤也 衡流華青反又如字 方
羊蒲郎反注同 裔焉以制反 闔門戶臘反 塞竇音豆 復伐

扶又反叔向許丈反怙亂音戶般師音班下同自郰音緅從子
才用反而隊直類反折之設反股音古己氏音紀又音祀髡之苦存
呂姜髢也太計反又庭計反髲也髲也皮義反與女音汝下同其焉
於虔反諸踏音路平公敬如字一本作驁五報反又五刀反東莞音官武
伯相息亮反郈衍以善反石魋徒回反郎也音云曼姑音万
彘也直例反皇瑗于眷反子麇九倫反酁般仕咸反慍而
紆問反怒也不與音預杞姒音似適子丁歷反召令力呈反
傳十八年皇緩戶管反從子才用反圍鄾音憂將卜帥
所類反燧象音遂皆爲于僞反薳固于委反於析星歷反
能蔽志必世反注同斷也尚書能作克克亦能也昆命于龜本或依尚書作昆命
于元龜蔽斷丁亂反下同傳十九年至冥亡丁反于

敖五刀反 三種章勇反 敬王崩故也案傳敬王崩在此年世本亦尒世族譜云敬王四十二年崩敬王子元王十年春秋之傳終矣據此則敬王崩當在哀公十七年史記周本紀及十二諸侯年表敬王四十二年崩子元王仁立則敬王是魯哀十八年崩也六國年表起自元王及本紀皆云元王八年崩子定王介立定王元年是魯哀之二十七年則與杜預世族譜爲異又世本云魯哀公二十年是定王介崩子元王赤立則定王之崩年是魯哀二十七年也衆說不同未詳其正也

傳二十年 廩丘力甚反 爲鄭于僞反下爲降同 于艾五蓋反 以說如字又音悅 親暱女乙反 有質如字信也 先造七報反 犯間間廁之間 諸夏戶雅反 不共音恭 在難乃旦反 簞音丹笥也 笥絲嗣反 問遺唯季反 句踐古侯反 溺人乃歷反 史黯於減反 謗言博浪反

傳二十一年 遺使所吏反 爲公于僞反年末文注同 之皋古刀反緩也 數年所主反注同 不覺音角又古孝反 高蹈徒報反 令齊力呈

反先期悉薦反將傳中戀反遽其據反比其必利反

傳二十二年甬東音勇會稽古外反下古兮反句章九具反如淳音拘韋昭亦音拘洲也音州水中可居曰洲焉能於虔反乃縊一賜反

傳二十三年輿有音預執紼音弗輿人音餘衆也不腆他典反旌繁步干反注同知伯音智御之魚呂反及壘力軌反以守手又反宇桃他彫反犂丘力兮反隰也音習本又作隰

㴾聚丁角反始使所吏反

傳二十四年汶陽音問欲徼古堯反令繕市戰反萊章音來天奉扶用反又焉於虔反躛言戶快反過也謂過謬之言服云僞不信言也字林作䜕云夢言意不慧也于例反餼臧許器反大史音泰注同毋嬖必計反釁夏許覲反下戶雅反女爲音汝娶於七住反下同孝惠娶

於商商宋也定公名宋是哀公之父故譽夏爲諱而稱商也孝公稱尺證反次如字

始惡烏路反注同適郢以井反適郢越王句踐之太子名親說音悅將

妻七計反大宰嚭普美反納賂音路

傳二十五年藉圃布五反褚師張呂反韈亡伐反足衣也

見君賢遍反有創初羊反㱉之許角反又許各反嘔吐也嘔吐

於口反下他故反抵徙音紙屈肘竹九反必斷丁管反亥乘時證反

公文要一遙反夏丁戶雅反其帑音奴飲公於鴆反大

叔音泰從孫甥如字又才用反注同少畜詩照反優狡音憂下古卯反

拳彌音權俳優皮皆反甚近附近之近下注皆同喪邑息浪反

反譟以息報反鄄子士音絹禦之魚呂反後放此彌援音袁

欲令力桯反而易以豉反閒也閒厠之閒下注内閒爲君閒皆同適泠

力丁反城鉏仕居反以鉤古侯反本或作拘同注同之卒子忽反陳名直覲反揮音暉彼好呼報反先道音導注同共評音平又音病難面乃旦反弗內如字又音納五梧音吾郭重直龍反又直用反爲祝之六反又之又反注同上壽時掌反下音授又音受惡郭烏路反訾毀音紫請飲於鴆反注同獲從才用反又如字劬勞其居反以激古曆反之數所角反不樂音洛公孫音遜本又作遜

傳二十六年樂茷扶廢反君愎皮逼反很也胡懇反掘褚其勿反又其月反本或作搰胡忽反國幾音祈又音機守陴毗支反甲重直龍反下同設守手又反恐公丘勇反公子黚起廉反相之息亮反令茍力呈反注同爲悼公于僞反遂復扶又反從昆才用反欒溷戶門反又戶困反朱鉏仕居反欒輓

音晚惡之烏路反下注惡其同欲去起呂反連中如字一音輩興空
澤如字與發也或作輿非沃宮烏毒反六子畫音獲劫之居業反
少寢詩照反下注同大宮音泰戓蠱音古又匿女力反所弒
申志反比首手又反注同咮加張又反鳥口復盟扶又反唐盂
音干子潞音路使徇似俊反無別彼列反注同於使所吏反孫
於陳音遂本亦作遂下及注除孫莊子皆同甯武乃定反宛濮於阮反下音卜
傳二十七年駘上他來反又音臺封竟音境三子皆從如字
注同或才用反非也此夫音扶臨難乃旦反多忘亡亮反本又作妄下文放此駟
歂市專反屬孤子音燭注同乘車繩證反注及下皆同豚聚中角
中角反隰之役音習多難乃旦反未女音汝下同毋廢音無傍
何蒲浪反徑音經濟陰子禮反下同國參七南反成子衣

於既反 製衣 音制雨衣也 杖戈 直亮反又音丈 於阪 音反一音扶版反 袁焉

音忠善也 中行 戶郎反 輕車 遣政反 以厭 於甲反又於輙反 有爲 于僞反下

爲鄭同 三思 息暫反又如字 之侈 昌氏反又尺氏反 去之 起呂反下而去同 之衢 其俱反 有

陘 音刑 因孫 音遜下同 而好 呼報反 畀 下之 戶嫁反一本畀作早 梏 戶結反 桎 大結反

俘 芳夫反 鄬 戶圭反 魁 苦回反 壘 力軌反 適子 丁歷反 不悛 七全反 甚

知伯 其冀反毒也 遂喪 息浪反下同 後序

申杼 時汝反又直呂反 汲郡 音急 簡編 必仙反又布千反下同 科斗

苦禾反科斗蟲名形似科斗 彖象 吐亂反 繫辭 戶計反 殤叔 音傷

大歲 音泰 周赧王 女版反 齊湣王 亡謹反一音亡巾反 足見 賢遍

反 儀父 音甫 守于 手又反本亦作狩 數條 所主反 洞澤 大弄反一

音童 爲洞 古熒反又音瑩又音迥 熒澤 音瑩 之甗 魚輦反又音言一音彦

仲壬而林反居亳步博反大甲音泰中分並如字又丁仲反而相息亮反下同老叟素口反昏忘亡亮反爲其于僞反粗有才故反又音麤

經典釋文卷第二十

經五千二百三字
注一万一千二十四字

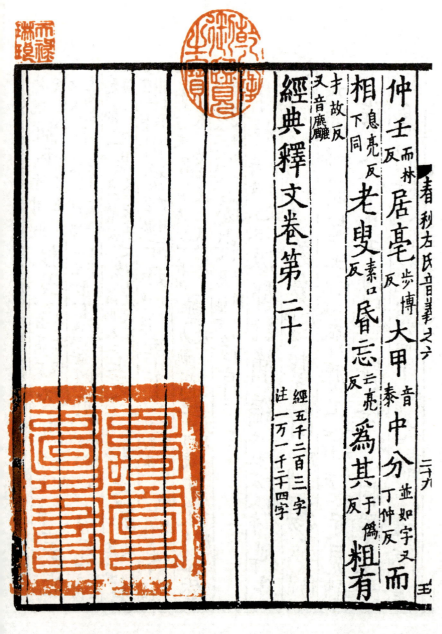

五福五代堂古稀天子寶

八徵耄念之寶

太上皇帝之寶

五福五代堂古稀天子寶

八徵耄念之寶

太上皇帝之寶

經典釋文卷第二十一

春秋公羊音義

唐國子博士兼太子中允贈齊州刺史吳縣開國男陸　德明　撰

春秋公羊序

掾弋絹反　治世直吏反　之論盧困反下持論同　讓嘲陟交反　胡毋音無　隱括古奪反結也

春秋公羊經傳解詁佳買反下音古訓也　隱公第一

何休學學者言爲此經之學即注述之意

元年正月音征又音政後放此　開辟婢亦反本亦作闢　之稱尺證反下之稱卑稱同　徽號許韋反　器械戶戒反　夏以戶雅反後放此以意求之　物見賢徧反下並見同　之治直吏反　夫不音扶　而去起呂反下去同　刺欲七賜反後皆同更不

音隱長丁丈反注及下皆同巳冠工亂反下同適子丁歷反下同醮於
子笑反俱媵以證反又繩證反以上時掌反他皆放此扳隱普顏反又必顏反引
也舊敷間反能相息亮反背正步內反下同爲栢于僞反注同繆公
音穆玃且俱縛反下子餘反姪娣大結反下大計反爰爭爭鬬之爭下同郲
音誅婁力俱反郲人語聲後曰婁故曰郲婁禮記同左氏穀梁無婁字儀父音甫本亦作甫人名字放
此于眛亡結反穀梁同左氏作蔑及曁其器反下皆同曷爲如字或于僞反後皆同此
襃之保刀反不見賢徧反下皆同爲其于僞反注爲其獨爲皆同歃血
所洽反又所甲反詛命莊慮反約東並如字一音上於妙反下音戍故復扶又反下
復爲同王魯于況反下而王同一音如字後王魯皆放此倡始尺亮反造次七報反
其處昌慮反惡之烏路反下惡不惡其皆同大甚音泰或勑賀反近正附近
之近柯之音歌克段徒亂反于鄢音偃郤缺去逆反下起悅反忍

戾力計反讞魚列反于宥之音又赦也內難乃旦反下此難同州吁況于
反宰咺況阮反一音況元反之賵芳仲反禰乃禮反禰姒必履反乘
馬繩證反注乘馬同玄纁許云反以共音恭曰賻音附曰襚音遂猶
遺唯季反隱爲于僞反下注爲并年末注同告于古毒反一音古報反歸唅
本又作含戶暗反下同一使所吏反別公彼列反上僭子念反而治直吏反下
皆同所傳直專反下文同所傳并注同來被皮寄反于宿音夙國名者說
音悅而逮音代又大計反故省所景反後省文皆同祭伯側界反五年注放此選
舉息變反不小月音笑采邑七代反不日人實反此傳皆以日月爲例後放此諸
見恩賢徧反下見治皆同少殺所介反麤觕才古反又七奴反說文大也諸
夏戶雅反凡諸夏皆放此攢函才官反下音咸大平音泰毋期音基齊
衺音咨本亦作衰下七雷反自盡津忍反

二年惡其烏路反外好呼報反非朝直遙反凡此字不音者皆同
踰竟音境今本多即作境字更不音所傳直專反年末相傳同莒人音舉入向
舒亮反國名更相音庚報償時亮反擅興市戰反無駭戶楷反
貶彼檢反損也昉於甫往反適也滅郜古報反復見扶又反下不復同見
音賢遍反當爲于僞反下爲後背隱同背隱音佩屨緰音須左氏作裂繻
遠別彼列反猶譴遣戰反親迎魚敬反注及下同先女悉薦
妃匹音配又芳非反下治直吏反未離力智反下同將取七住反紀
子伯左氏作子帛遠害于萬反將燔扶元反胡毋音無姒氏
音似已去起呂反卑下遐嫁反
三年殺其申志反下殺其君同子翬許韋反諂諛勑檢反懦
弱乃亂反又乃又反越紼音弗以別彼列反下同恩殺所界反爲

天于偽反下故爲主爲傳所爲同尹氏左氏作君氏子朝如字劉卷音權卒去起呂反見譏賢編反下同造次七報反覆問芳服反孫順音遜宋繆公音穆左氏作穆凡此後放此北首手又反解緩古邂反又古賣反當時丁浪反又如字下同與夷如字又音餘凡人名字及地名之類皆放首音借假字則時復重出愛女音汝下及注同盍終戶臘反四年傳同公馮皮冰反生毋音無下同傳與直專反下音與馮弑音試注同不爭爭鬭之爭

四年牟婁武侯反見疾賢編反年末見衆同差爲初賣反弑其中志反弑字從式殺字從殳不同也君父言弑積漸之名也目予云殺卑賤之意也字多亂故時復音之可知則不重出也君完音丸要之一遥反注同慢易以豉反與弑音預下及注同說音悅子將辟音避令木多即作辟字後不更音可復扶又反本爲于偽反下自爲傳吾爲皆同作難乃旦反注同禱解丁老反或丁報反下古賣反又古買反曰覡

戶狄反于濮音卜一音剝石碏七略反一音七洛反篡初患反
五年觀魚左氏作矢魚浚思俊反洙常朱反登來依注登音得
罟音古鄣谷之尚反又音章未解戶買反或佳買反故復扶又反下不得
復同濟上子禮反注同濟水之上入盛音成左氏作郕將尊子匠反注及下皆同
咎如音羔分別彼列反元率所類反本又作帥隱爲于僞反下注同下
傚戶教反八佾音逸列也之相息亮反注及下同自陝失冉反何云弘農陝縣也
一云當作郟古治反王城郟鄏邵公上照反又作召音同絀陟勑律反夫樂
音扶發句之端放此朝廷徒佞反好義呼報反下同聞徵張里反好施
式豉反不敢爭爭鬭之爭離也力智反下同姦邪似嗟反未
曾在能反下同淫辟匹亦反釋縣音玄治定直吏反簫韶
常昭反夏日戶雅反下同大護戶故反伐紂直久反螟亡丁反蟲食苗

心設苛音河彄卒苦侯反始見賢徧反彊渠羌反下同惡其烏路反

六年輸平式朱反墮也左氏作渝平猶墮許規反狐壤如丈反見隱賢徧反獨惡烏路反死難乃旦反于艾五蓋反編年必連反字林聲類皆布千反一音甫連反昊天戶老反更年音庚暴師步卜反

七年從適下歷反本亦作嫡下同賢行下孟反下異行同以酅戶圭反號稱尺證反美惡烏路反又如字注同所傳直專反見其賢徧反故復扶又反至令力呈反崩弛戶爾反又式氏反分別彼列反大廟音泰下同其難乃旦反惡凡烏路反

八年要宋一遙反爲事于僞反下欲爲魯爲小國爲桓幷年末注皆同使宛於阮反人名也一音烏卯反又烏勉反歸邴彼命反又音丙鄭邑左氏作祊皆從才用

反巡守手又反本又作狩下除循守守視以外同絜齊側皆反本多即作齊字後放此更不

音而共音恭下同其費芳味反廣世古壙反衮世音茂臯

穀古老反甚惡烏路反下同背叛步內反録使所吏反循行

下孟反度量音亮贄音至至嵩夙忠反歸格本又作假同古百反于

禰乃禮反本又作藝復書扶又反下故復同難也乃旦反一音如字注及下同

見重賢徧反下同包來左氏作浮來高傒音兮公行戶孟反死

難乃旦反令翬力呈反僅能其靳反之應應對之應

九年震電徒練反雉雊古豆反可見賢徧反雨雪于付

反俶甚尺叔反始也大甚音泰俠卒音協穀梁云所俠少略詩照

反于邴左氏作防

十年復稱扶又反又音服明爲于僞反下先爲同公敗必邁反凡臨佗曰敗

日敗皆同此音于菅古顔反取郜古報反取闞苦暫反取漷火虢反又
音郭反及沂魚依反數動所角反因見賢徧反下同易也以豉反下及注
同屬爲音燭適也入盛左氏作郕後皆放此
十一年別外彼列反見法賢徧反年末注同復出扶又反下文不復注
故復同祁黎祁音巨之反又上之反黎音力兮反又力私反左氏作時來爲弟于僞反年
末注同數行所角反之釁許靳反弑也申志反注及下並同冠氏
古亂反下同僵尸居良反之處昌慮反去正起吕反
桓公第二　何休學
元年繼弑申志反注皆同二年放此爲下于僞反下爲告同去王起吕反
以見賢徧反故復扶又反下同恭孫音遜朝朝上如字下直遥反莫
夕音暮別治直吏反背叛音佩凡背叛之類皆放此近許附近之近分別

彼列反于越本亦作粵音同以上時掌反凡言以上皆放此蓄積勑六反

二年舍此音捨下同見先賢徧反下形見目見斤見見愚並同下悉薦反殤公式羊反

死焉於虔反注同致難乃旦反嚴然魚檢反本又作儼重道直用反

故爲于僞反傳爲隱諱下注不爲諱爲後同傳聞直專反注傳聞及下注傳之皆同

以復扶又反下反復同少殺所介反下同煬宮餘亮反舊始郭反子般音班

令宋力呈反相長丁丈反下同有帥所類反下同爲卒子忽反下皆同

封疆居良反未解音蟹妻媦音胃妹也大廟音泰下及注同

所嗜市志反僾音愛又烏改反慨然苦愛反與會音預

三年于嬴音盈以見賢徧反下并年末以見同以復扶又反下同去之起呂反

不歃本又作㰯所洽反又所甲反近正附近之近下及注同相背音佩

于盛音成于讙呼官反親迎魚敬反下同爲夫于僞反下同

分別彼列反僅有其靳反劣也之行下孟反秏減呼報反下佳斬反
國喪息浪反四年公狩手又反冬獵也曰廋本又作搜
亦作蒐所求反簡擇也長大丁丈反年末同未離力智反苑囿音又左
膘眺小反又扶了反三蒼云小腹兩邊肉說文云脅後髀前肉射之食亦反下同右髃
本又作腢魚俱反又五苟反說文云肩前也字林云肩前兩乳骨也五口反中心丁仲反下同如鐙
都鄧反又音登遠心于万反之庖步苞反左髀方爾反又步啓反股外也本又作膘
右䯚羊紹反字林子小反一本作胘音賢汚泡普交反又百交反因以捕音步
本又作搏音慱又音付共承音恭爲田于僞反下皆同伯糾居黝反氏采
七代反後放此盖弟大計反五更音庚食音嗣於辟必亦反親袒
音但而饋其愧反而酳以刃反又士刃反其近附近之近下同王札側八
反叔肸許乙反下去起呂反見其賢徧反

五年怴呼述反狂也齊人語不與音預著治直吏反見意賢編反下
文注並同以別彼列反縣車音玄從王如字又才用反下及注同撮要七活
反不爲于僞反下所爲與爲六年同一與音餘下同苞苴子餘反應
變應對之應下同蠑音終本亦作螽說文螽或𧖄字過我古禾反又古卧反
六年寔來市力反慢易以豉反見其賢編反下見無正同大
閼音悅任用音壬陳佗大阿反侯般音班据戕在良反鄶子
才陵反惡乎音烏烏乎猶於何也注同而去起呂反嚴公音莊本亦作莊案後
漢諱莊改爲嚴桓與音餘正稱尺證反疾惡烏路反射天食亦反
徧告音遍七年樵之似遥反薪也火攻音貢又如字下
同可復扶又反郱步丁反鄑子斯反一音晉郚音吾其難乃旦反
不愉他侯反本又作偷下去起呂反見不賢編反

八年烝之承反冬祭也 曰祠嗣絲 韭卵力管反 猶食音嗣下同 以
別彼列反 曰礿予若反本又作禴同 於祊必庚反 少牢詩照反 索牛
所百反 譏亟去冀反數也注及下同 數也所角反 屬十音燭下同 令復扶又
反下同 則黷徒木反 渫黷息列反 敬養餘亮反 散齊素旦反下
側皆反 相君息亮反下同 洞洞大董反 弗勝音升 濟濟子禮反又似兮
反 愉愉羊朱反 勿勿如字 疏音踈下注同 怠解古賣反 折中
之設反下丁仲反 御寒魚呂反又如字 不與音預 雨雪于付反 沠血古流字
祭公側介反後祭仲祭叔放此 下應應對之應 成使所吏反注及下成使同 爲
媒亡盃反 請期音情又七井反 親迎魚敬反 妃匹音配絕句
九年治自直吏反 射姑音亦 齊與音餘絕句下同 重惡如字
或烏路反 十年見要一遥反注同 惡乎音烏 明近附近

公羊音義 七

之近幾與音祈不復扶又反下同戮力音六又力彫反字亦作勠

十一年公行下孟反屬上音燭今復扶又反下故復同故爲于僞

反寤生吾故反鄭相息亮反欲見賢徧反下同防難乃旦反下同

稱也尺證反以別彼列反鄶公古外反爲我于僞反下注爲宊非能爲

宊爲賂爲宊歸爲承同令自力呈反下同乘便婢面反大甲音泰反覆

芳服反出使所吏反挈乎苦結反提挈也質省所景反于折之設

反又時設反一夲作析思歷反夫童音扶下音鍾又如字左氏作夫鍾于闞口暫反

十二年毆蛇丘于反又音曲侯反蛇音移又音池左氏作曲池燕人音烟躍卒

子若反佗子大何反故復扶又反下同去躍起呂反于郯音談二傳作虛

武父音甫惡乎音烏十三年傳同

十三年鞌音安以勝詩證反不蔽必婢反于菅古顔反其

處昌慮反 行伍戶郎反 背殯音佩後背殯皆放此 爲龍于僞反

十四年 淫泆音逸 陽行下孟反 莅盟音利又音類下同 御廩力甚反 粢盛音咨下音成 委之于鬼反注同 積也子賜反 以共音恭 天應應對之應 難曰乃旦反 背恩音佩 分別彼列反 見輕賢徧反

十五年 共費音恭下芳味反 桓行下孟反下行惡同 今復扶又反下注故復及傳文復入井注下不復皆同 別之彼列反 于郜戶老反又火各反左氏作艾穀梁作蔦 于櫟力狄反一音匹沃反 易得以豉反 于侈昌示反二傳作裏 爲桓于僞反下同

十六年 復加扶又反 城向式亮反 屬負茲音燭注同屬託也諸侯有疾稱負茲言朝託有疾

十七年 于趡翠癸反 去夏起呂反下同 國幾音祁 井於必政反又如字 桓行下孟反 深爲于僞反

十八年于濼郎沃反又音洛說文云匹沃反內爲于僞反譖公側鴆反下同乘便婢面反以別彼列反之稱尺證反懲惡直升反遣使所吏反

莊公第三

何休學

元年君殺申志反下皆同孫于音遜下及注皆同孫猶遁也遁也徒困反與殺音預下同譖公側鴆反如誣曰譖將上時掌反下同搚幹路合反本又作擸亦作拉皆同折聲也幹音古旦反脅也背本音佩蒯聵苦怪反五怪反下見王賢編反下同爲內于僞反下爲畢爲營同逐去起呂反單伯音善後放此逆王姬左氏作送王姬共治直吏反之好呼報反風旨如字又方鳳反陽倡昌亮反陰和戶卧反惡天烏路反齊衰音咨下七雷反爲

解古賣反必爲于僞反下必爲爲襄公非注同遠別彼列反大甲音泰一音
他賀反來錫星歷反令有力呈反虎賁音奔鈇鉞音甫又方于反
下音越秬音巨黑黍也鬯勑亮反香酒善行下孟反下同復加扶又反
尤悖補內反郱步丁反鄑子斯反又音晉郚音吾
二年幼少詩照反于部古報反二傳作糕四年亦爾則近附近之近亦如
字　三年溺乃歷反不見賢徧反下皆同以酅戶圭反共祭
音恭難辭乃旦反下皆同惡公烏路反
四年曰犒苦報反勞也絕期音基絕緦音絲爲襄于僞反下爲賢
注爲諱及下注爲諱爲襄同亨乎普庚反注同煑殺也祖禰乃禮反師喪息浪
反注同著曰音尸筮市制反幾世居豈反崧高息忠反本亦作嵩
怒與音餘無說音悅注同說懌音亦將去起呂反下及注同若

行下孟反注同　於治直吏反　閒其苦賜反　大斂力驗反　夾之古洽反　以見賢徧反下同　以共音恭　可勝音升　不復扶又反

五年倪五兮反二傳皆作郳　黎來力兮反　小邾婁力居反二傳亦無婁字　得見賢徧反　爲僖于僞反下文注同

六年之稱尺證反　一使所吏反　令交力呈反　爲王于僞反下因爲不爲危錄皆同　不復扶又反下皆同　殺而申志反下皆同　屬託音燭　螟亡丁反　衞寶左氏經作衞俘　極惡烏路反

七年辛卯夜一本無夜字穀梁作昔　不見賢徧反注及傳皆同　雨星于付反一音如字下注雨星同　常宿音秀下同　參伐所林反下同　狼注張又反與咮同一朱鳥口星也一音之住反　斬艾魚廢反　未墜直類反　齊分扶問反　螟螽音終　數出所角反　淫泆音逸

八年屈完居勿反本爲于僞反傳及注爲乂皆同屬與音燭祠兵音辭祭也左氏作治兵下文注同士卒子忽反振訊音信又音峻本亦作迅相見賢徧反下同難在乃旦反長幼丁丈反圍成如字二傳作郕降于戶江反下注皆同傳及慰勞力報反下同其罷音皮下同諸兒如字一音五兮反從弟才用反

九年干曁其器反左氏作蔇爲其于僞反注爲是及下注實爲魯爲同歃血所洽反又所甲反之難乃旦反納糾左氏經亦作納子糾去國起呂反下放去同別嫌彼列反見臣賢徧反自誇苦瓜反本又作夸下同夏徵戶雅反邵忽本又作召上照反惶恐丘勇反當坐才臥反後當坐之類皆放此浚思俊反深也洙音殊水名

十年長勺時灼反犓者七奴反又才古反有數所主反屬北

音燭　不復扶又反　乘丘繩證反　齊與音預下及注同　折衝之設反下昌容反　于莘所巾反　梁雍於用反　以見賢遍反　孫順音遜　惡惡並如字一讀上烏路反　其傳直專反　而近附近之近　卒暴七忽反　滅譚人南反　別於彼列反　惡不烏路反

十一年于鄑子斯反　漷移火號反又音郭　不見賢遍反下同　不省所景反　報應應對之應　過我古禾反

十二年君接左氏作捷　仇牧音求下音牧　舍此音捨下舍孔父同　復扶又反年末同　反覆芳服反　驕樂音洛下宴樂同　彊禦魚呂反　數月所主反　公博如字戲名也字書作簙　慢易以豉反　故訐九列反九謁反一音九刈反又一本作揭其例去列二反　妬其丁故反　爾女音汝下同　稱譽音餘又音預　惡乎音烏注同　摶閔音博　其脰音豆頸也　而叱昌實反　萬臂

必賜反本又作辟婢亦反摋素葛反又素結反側手擊也齒著直略反門闔戶臘

反門扇也乳犬如住反攫虎俱縛反又九碧反一本作搏又音付伏雞扶又反

搏貍力之反復見賢遍反

十三年信鄉許亮反年末同畢下遐稼反于柯音歌易也

以豉反注及下同猶佼古卯反能復扶又反下同外壇大丹反以長

丁丈反上壇時掌反造栢七報反下同公卒七忽反愕五各反能

應應對之應爲此言于僞反下爲殺同壓境於甲反又於輒反齊數所角

反圖與音餘摽劒普交反辟也辟劒置地劉北去辟捎也辟也婢亦反下同去

離力智反要盟一遥反注同強見其丈反

十四年分別彼列反于鄄本亦作甄規面反

十五年伐見音郥

十六年滑于八反爲慕于僞反如瑣息果反

十七年鄭瞻二傳作詹爲甚于僞反惡之烏路反下惡之皆同遠

佞于万反下同瀸于子廉反二傳作纖積也本又作漬齊強其丈反將

帥子匠反下所類反重言直用反明行下孟反多麋亡悲反

十八年濟西子禮反爲中于僞反注及下皆同有蜮音或短狐也或

謂之射工音食十九年媵陳以證反又繩證反娣從才用反下注同

嫉妬音疾又音自爲其于僞反注及下注同專矯居表反之難乃旦反

後背音佩二十年大瘠在亦反病也本或作𤸃才細反一本作漬才賜

反鄭注曲禮引此同癘力世反疾疫也疾疫音役邪亂似嗟反

二十一年鄭伯突徒沒反厲公也

二十二年肆音四本或作佚大省所景反除自省皆同二傳作眚跌也大結反過

反過度也 此行丁孟反 之思息嗣反 猶爲于僞反 無適丁歷反下同
高傒音兮 玄纁許云反 儷皮力計反本又作麗
二十三年 陳佗大何反 祭叔側界反 惡公烏路反下同 宮
楹音盈柱也下傳及注同 爲將于僞反 斲而丁角反下同 礱之力工反
射姑音亦 不復扶又反 于扈音戶 有汙汙辱之汙一音烏卧反後放此
之行下孟反 二十四年 宮桷音角椽也 親迎魚命
反 見宗賢徧反下傳文見也見用幣及注同 難也乃旦反下及注同 一不僂力主反疾
也注同 約遠于万反 要公一遙反 縰笄所買反又所綺反 惻隱初力
反 覿用大歷反見也 爲贄音至 斷脩一亂反注同本又作腶音同鍛脯加薑桂
曰脩 耿介古幸反下音界 行列戶郎反 不號戶刀反 必跪其委
反 而醇音純 粹雖遂反 爲調于僞反下仕爲同 令力呈反 昭穆上遙

反凡昭穆之例皆同復水扶又反曹羈居宜反下同則守手又反又如字下同

成隗普白反素餐七干反諷諫方鳳反自墮許規反爭

諫爭鬭之爭贛諫陟降反又呼弄反又丑用反赤歸于曹郭公

此連爲句郭音號亦如字連讀郭公爲一句二十五年女叔音汝故

去起呂反年末同營社一傾反入如字本亦作禜同爲闇于僞反注爲闇爲日光同

大廟音泰應變應對之應不復扶又反

二十六年子髡苦門反爲曹于僞反下同避難乃旦反爲

去于僞反下去起呂反二十七年于洮他刀反惡公

烏路反下惡并同不別彼列反告糴音狄下同使乎所吏反內難乃旦

反注及下比日同之治直吏反下之治同得與音預胥更音庚不背音佩

喪婦息浪反長女丁丈反悖德補內反夏後戶雅反城

濮音卜　二十八年伐者為客何云讀伐長言之伐人者也

伐者為主何云讀伐短言之見伐者也　蓋為于僞反　見直賢徧反

瑣卒素果反　築微左氏作麋　之委於鬼反　之儲直魚反　之畜勑六反　不匱其位反

二十九年延廄九又反　功費芳味反　差輕初賣反　有蜚扶味反臭蟲也　之行下孟反　別君彼列反

三十年降鄣戶江反下注同鄣音章　為桓于僞反注同　而復扶又反　惡其烏路反下同　比殺申志反　魯濟子禮反　以操七刀反迫也注同　已蹙子六反　故去起呂反　貶見賢徧反

三十一年漱素口反　浣戶管反　無垢古口反　去垢起呂反　為瀆于僞反下為臧同　相殺申志反　之觀工喚反　恐怖丘勇反下普故反　軍幟音志又申志反又天志反本又作織同　忌難乃旦反　因見賢徧反　不

施申豉反 三十二年叔肸許乙反 爲季于僞反下爲季同而爲注故爲同 之遏於葛反止也 以別彼列反 將焉於虔反 般也音班 夫何音扶下及注同 反覆芳服反 思難乃旦反 俄而五多反 牙殺申志反注及下親弑同 械成戶戒反 而飲於鴆反注同 酖毒本亦作鴆直蔭反 無傫無本又作巫傫音力委反又力追反 王堤丁兮反 無將如字閔公本將不誅將而皆同或子匠反非也 之與音餘 不去起呂反 見隱賢徧反 扈樂音洛 不暴步卜反

閔公第四

何休學

元年繼弑申志反 復發扶又反下同 不見賢徧反 不探他南反 之辟婢亦反 首匿女力反 惡乎音烏 扈樂音洛或如

字　曾涇才能反　盍殺戶臘反　故令力呈反　主爲于僞反下文注皆同

子女乎音汝　仲孫與音餘　二年　不爲于僞反下爲涇同

吉禘大計反　大廟音泰下同　君數所主反下同　則袷音洽　取期

音基　而禫大感反　弒音試下及注同　當復扶又反下同　見賢徧反下文復見同

別尊彼列反　故絕去起呂反下欲去同　甲革更百反　皆鎧苦愛反

胄直又反　鹿門魯南城東門也　其使所吏反　惡其烏路反下及注同　將

也子匠反下同　趙盾徒本反

僖公第五

何休學

元年　繼弒申志反　斬衰七雷反　聶北女涉反　爲桓于僞反下爲桓

邑爲并下注爲諱爲桓爲內爲傳皆同　夏陽戶雅反　大平音泰　陳儀左氏作夷儀

復言扶又反下同　鄫子似陵反　而縊一賜反一本作搤於華反　因見賢徧反

淫泆音逸　于朾勑貞反又他丁反左氏作檉　惡之烏路反下同　于纓左氏作偃

于犂力知反又力兮反左氏作酈　莒挐女居反一音女加一本作茹音同　內難乃旦反下同

南涘音俟　曰嘻許其反　扼輈竹由反車轅也　外購古豆反　去氏起呂反

與殺音預又如字下申志反　差輕初賣反又初佳反　別逆彼列反

二年　爲栢于僞反下爲栢曷爲注深爲同　見栢賢徧反下傳荀息見幷注同　復發扶又反

倉卒寸忽反　夏陽左氏作下陽　安與音餘下者與見與同　不應應對之應

虞郭音虢又如字注及下同　屈產具物反　之乘繩證反注及下同　垂棘一本作棘音同

內藏才浪反注同　內廄九又反　何喪息浪反　知則音智　下及注同

而好呼報反　牽馬本又作掔音同　已長丁丈反注同　又惡烏路反

戲謔許略反　之別彼列反　貫澤古亂反二傳無澤字　徧至音遍下同

三年大平音泰　飭過音勑下同　理冤於元反　澍雨之樹反　其應應對之應後灾祥之應皆放此　易也以豉反注同　不爲于僞反　無障之亮反一音章注同

障斷丁管反　曰溪口兮反　無貯中呂反　莅盟音利又音類注同　以

見賢徧反下同　遣使所吏反

四年蔡潰戶內反下及注同　重出直用反　惡蔡烏路反下惡其專并六年注同

于陘音刑　召陵上照反下文同　屈完居勿反　卒暴寸忽反　爲下于僞反下爲桓公同　去月起呂反　方見賢徧反　袁僑其驕反一本作驕音同　之重直用反又直容反　之復扶又反下年末乃復同又音福　而亟去冀反　數侵音朔　若綫思賤反　而攘如羊反卻也　卒怗他協反一本作貼服也劉兆同廣雅云靜也玉篇又丁篳反一本作拈戠音章貶反　濤塗徒刀反　辟軍匹亦反又音避下同　濱海音賓　涯也五佳反　近海附近之近　所便婢面反　沛澤音貝又普貝反草棘曰沛漸洳曰澤　漸

子廉反洳人庶反故令力呈反所傳丈專也公孫慈左氏作茲患

誑九況反五年令舍音捨為下于僞反初冠古亂反

如年莫侯反首戴左氏作首止殊別彼列反再見賢徧反省

文所景反下同不與音預為解古賣反比殺申志反知去起呂反下

同戮力音六又作勠力彫反六年彊也其良反

七年子款苦管反甯毋音無成音某

八年于洮他刀反遣使所吏反下錄使同大廟音泰始見賢徧反下

同以省所景反篡嫡初患反下音的下同

九年禦說音悅為襄于僞反下注為天為柏皆同惡不烏路反勝

其音外而笄古兮反不泄息列反遂別彼列反簪也莊林反猶

俠音協不預音預詭諸九委反殺其音試下及注放此冠子古亂反見

矣賢偏反　十年君卓子敕角反又丁角反左氏經無子字　舍此音捨
下同　驪姬力知反　少傅詩照反　大傅音泰　之選息戀反　欲爲于僞
反下文爲文公不爲故爲皆同　廢長丁丈反注同　嘗訊音信上問下曰訊　不背音佩
鄉生許亮反　所復扶又反下同　欲難乃旦反　殺夫音扶　二孺如住
反　踊爲音勇豫也　言運戶昆反又戶本反下同　美見賢偏反下同　較然
音角下同　大雨于付反　雹步角反　十一年丕鄭父普悲反
十二年陳侯處臼左氏作杵臼
十三年于鹹音咸　不復扶又反下同
十四年見恐丘勇反　曷火葛反　爲桓于僞反下爲桓爲天下并注臣爲同　使
要一遥反　遮諸奢反　淫泆音逸　甚惡烏路反　侯肸許乙反注同　其
背音佩　十五年別尊彼列反　伐厲如字舊音賴　傲揚

古歷反解古賣反隋也徒卧反螺之戎反夂暴步卜反冥也亡丁反

反又亡定反注同當去起呂反爲滅于僞反据泓烏宏反以惡烏路反

十六年本或從此下別爲卷案七志十録何注上十一卷公羊以閔附莊故也後人以僖卷大輒分之爾

霣石于敏反是月如字或一音徒兮反六鶂五歷反水鳥磌然之人反又大年反

反聲響也一音芳君反本或作砰八耕反僅其靳反劣也逮音代又大計反反也幾盡音祈卓

佹九委反遰盟尋軌反不復扶又反下同所給直吏反爲王于僞反注同

同耿介音戒之行下孟反隳功許規反

十七年滅項戶講反國名爲桓于僞反下及注同惡惡並如字一讀上烏路反

反其行下孟反于卞皮彥反

十八年于巘魚輦反又音言與伐音預下不與同豎刀音彫爲是于僞

反注同

十九年爲襄于僞反下故爲起爲爲襄公深爲若不爲皆同見其

賢徧反　惡乎音烏　惡無烏路反　用處昌慮反

二十年　惡奢烏路反　郜子古報反姒姓之國下同　爲適丁歷反又作嫡

二十一年　爲犯中于僞反下不爲襄下文爲執皆同　會于霍左氏作孟　湨梁古闃反　復出扶又反下同　獻捷在接反　乘車繩證反下同　隋之許規反　誰諼誰本亦作詐諼音許元反詐也又音援　守械手又反又如字　應之應對之應　國爲于僞反下爲襄爲公子注爲沒故爲皆同　惡乎音烏　幾亡音祈　遭難乃且反

二十二年　須朐其俱反左氏作句　升陘音刑　不殺所戒反注同　殺省所景反　喪國息浪反注同　幾爲音折　畢陳直近反下及注同　王德于況反又如字下王佳同　醇粹音純下雖遂反

二十三年　圍緡亡巾反　重故直用反又且龍反注同　故創初良反下同　屬爲音燭　雜然七合反又如字　以惡烏路反　慈父左氏作茲父　故復

扶又反　不去起呂反　始見賢徧反
二十四年　謂與音餘　不復扶又反　供養九用反餘亮反
二十五年　侯燬況委反　爲魯于僞反下同　見姑賢徧反　絶去起呂
反　惡國烏路反　不別彼列反
二十六年　甯遬音速　于向舒亮反　至嶲戶圭反又似充反　侈也昌南
反又昌者反大也　士卒子忽反　自爲于僞反下深爲同　當復扶又反下同　別
外彼列反下同　滅隗五罪反二傳作蘷　惡不烏路反下同　所傳直專反　見
治賢徧反下直吏反　二十七年　屬脩音燭　爲執于僞反　有
難乃旦反　今復扶又反　以見賢徧反　得與音預
二十八年　衞雍於勇反下同又作壅同　遏於葛反　起爲于僞反下爲下卒爲
晉深爲不爲同　畀宋必二反與也下同　師斷丁亂反下當斷同　數侵所角反下數道

同城濮音卜据邲皮必反數道音導譎也古穴反卒致七忽反下倉卒同以見賢遍反下不見當見見其同當復扶又反令殺力呈反下令自同元咺況阮反所惡烏路反下惡衞同此難乃旦反下方難同分別彼列反爲叔武于爲反下爲賢爲叔武及注而爲故爲傑爲皆同爲去起呂反篡我初患反大傑音泰下同放乎甫往反屬巳音燭爭也爭鬭之爭下注同悖君必内反能降戶江反

二十九年介葛音戒國名故復扶又反年末同惡霸烏路反大雨于付反雹步角反不中丁仲反

三十年不復扶又反別尊彼列反以見賢遍反下同爲殺于僞反惡天烏路反撟君居表反本又作矯

三十一年惡乎音烏惡差初賣反下同布徧音遍下文同哥者居宜反幼少詩照反大平音泰王功于況反惡之烏路反下皆同豪

席古老反陶匏白交反不瑑大傳反不和戶卧反爲天于僞反丁則爲
本爲主爲皆同復爲扶又反下同見免賢編反下以見同大山音泰本亦作泰下同繭
栗古典反天燎力召反地瘞於例反山縣音玄風磔陟百反膚寸
方于反側手爲膚按指爲寸崇朝如字注同雨乎于付反又如字崇重直龍反下同
三十二年鄭伯接二傳作捷別有彼列反下同可去超呂反復出
扶又反重耳直龍反三十三年干殽本又作肴戶交反成戶高反
輕行遣政反蹇叔居輦反拱矣九勇反以手對抱嶔苦銜反鄒誕生褚詮之音上林
賦並同徐音欽韋昭漢書音義去瞻反又本或作嵚同巖五銜反韋音嚴其處昌慮反阻隘
於賣反可要一遥反傳要之同介胄直又反爲其于爲反如蹲音有
賈人音古蟜以居表反而犒苦報反勞也勞也力報反下同虜掠
音亮隻輪如字一本又作易輪董仲舒云車皆不還故不得易輪轍隻踦也居宜反一本作

易踴 惡不烏路反下同 詐卒七忽反 取蕞才工反工傳作取訾樓 賈霜
于敏反 復榮扶又反 列索息各反

文公第六

何休學

元年 歸含本又作唅戶暗反五年經同 且䁠芳鳳反 不爲于僞反下不爲同
長幼丁丈反 稱也尺證反 來錫思歷反 復發扶又反 惡天烏路
反 無恙餘亮反 干戚千寂反 君髡苦門反左氏作頵
二年 彭衙音牙本或作牙 惡烏路反 其將子匠反 今復扶又反下不復
皆同 重師直用反 爲僖公廟于僞反下蓋爲以爲下欲爲同 下壙苦晃反客
音曠 麤觕才古反又七奴反 期年音基三年同 人正音征下同 別昭彼列
反下同 去氏起呂反 士穀戶木反 垂斂左氏作垂隴 大廟音太下大祖皆

反 躋僖子兮反升也本又作隮同 大祫音給大祭 禘數大帝反下所主反 室
笮側白反 炊沐昌垂反下音木 東鄉許亮反下同 猶諦音帝 不約
羊略反 先禰乃禮反 喪取七住反本亦作娶同 之好呼報反 傳之直專反
慟杜貢反 三年伐沈音審國名 沈潰戶內反 新使所吏反
雩螽于付反下及注同一音如字螽音終 而隊直類反注同 隋地大果反 地上時掌反
醇音純 爲王于僞反 貴近附近之近 重出直用反 爲諼許元反
四年不爲于僞反 録使所吏反 見與賢編反 甯俞乃定反下音餘
五年加飯扶晚反 宰咺況阮反 去天起呂反下同 任宿音壬 顓
臾音專下音榆 入鄀音弱
六年侯讙好官反 數如所角反 射姑音亦又音夜穀梁作夜 君漏
如豆反此也 言泄息列反又以制反 姑將子匠反下同 不說音悅下同 刺陽七亦反又

音七賜反大祖音恭比時必利反朝朝上如字下直遥反敢渫息列反
七年須朐其俱反并爲于僞反年末注同城郚音吾令狐力丁反
先眛音蔑左氏作蔑其咎其九反眣晉音舜本又作眣丑乙反又大結反以目通指曰眣本又作
眹音同字書云眣瞚也以忍反故復扶又反
八年衡雍於用反雒戎音洛于暴步報反本又作曝一音蒲沃反再見
賢徧反壅塞於勇反復還扶又反螽音終
九年信恩音申涼音亮又音良闇如字又音陰者與音餘惡文烏路
反陽行下孟反星孛音佩使椒子遥反一本作菽子小反見升賢徧反
卒備七忽反襚音遂贈喪之衣服一使所吏反以別彼列反下同欲上
時掌反又如字少繫詩召反共公音恭
十年女栗音汝本亦作汝屈貉居勿反又音厥下音麥又户各反二傳作厥貉

十一年伐圈求阮反一音卷說又作圈字林曰万反二傳作欒于鹹音咸復扶又
反于犂力知反又力兮反狄行下孟反
十二年而筓古兮反遠別彼列反使遂二傳作術賢繆音穆諓
諓徐在淺反又子淺反又音戔尚書作截截淺薄貌也賈逵注外傳云巧言也善諍在井反撰也本或作諞皮
他反又必淺反本作譔七全反又仕勉反俾君必爾反注同使也易怠以豉反注同輕隋
大卧反一介古拜反一介猶一槩也尚書音古賀反斷斷丁亂反專一也注同佗技其綺反
一槩古愛反奇巧其宜反本又作琦同休休許虬反美大貌曲折之設反數
興所角反不別彼列反下同及運二傳作鄆後皆爾
十三年盈爲于偽反下文盈爲爲周公皆同故復扶又反籧篨其居反下直居
反世室屋壞二傳作太室大廟音泰下同以養餘亮反注皆同供養
九用反下同死以爲如字注死以爲周公王同千乘繩證反有王于況反趣鄉

許亮反騂息營反犅音剛詩作剛騂犅赤脊也爲盛成政反又音成粢盛也在器曰盛公
燾徒報反一本作濤音同冒也冒也云報反公廩力甚反財令力呈反下同
于沓徒合反于斐本又作棐芳尾反之難乃旦反
十四年爲臣于僞反下爲後故爲同侯潘普干反更相音庚下吴楚更同
簒殺申志反下同趙盾徒本反星孛步內反扶憒反並爭爭鬭之爭
捷菑在妾反又如字下側其反二傳作捷菑百乘繩證反沛若普貝反有餘皃玃
且俱縛反下子餘反壓之於甲反又於輒反服也齊復扶又反下同也長丁丈反注
同見挈賢徧反下音苦結反惡商烏路反卓子勑角反分別彼列反
惡乎音烏十五年華孫户化反見宋賢徧反惡二
烏路反下皆同筍將音峻竹篾也將送也竹篾婢緜反一音步賢反服虔音編韋昭音如頻編
必緜反一音篇郭璞音步典反輿音餘爲叔于僞反下父爲子爲若爲實爲同傳送直專反

令受力呈反下同解也戶買反不省所景反其郛芳夫反郭也恢

郭苦回反大也鄉者許亮反下同幾亦音祈

十六年爲叔于僞反乃復扶又反下同犀丘音西左氏作郪丘穀梁作師丘

漱素侯反浣戶管反令自力呈反暴揚步卜反巴人布加反處

曰二傳作杵曰以別彼列反梟古堯反斬要一遙反刎亡粉反頭如字

本又作脰音脰十七年聖姜二傳作聲姜

十八年伯罃乙耕反何云穆公也左氏穆公子康公復見扶又反下同下賢徧反弒也

音試下及注同

宣公第七

何休學

元年差輕初賣反摘巢吐狄反刳胎口孤反復屬音燭叢

棘扌工反 尋況甫反 要經一遥反 又孫音遜 濟子禮反 遺齊唯季反 兼將子匠反 斐林芳尾反 閒音閑 貿音茂

二年華元戶化反 夷獆戶刀反又古刀反二傳作夷皐

三年則扳普顏反又甫姦反 于滌大歷反養牲宮名 迭生大結反 更王音庚下于況反 賁渾舊音六或音奔下戶門反二傳作陸渾 鄭繆音穆

四年公爲于僞反

五年爲重宜用反下同

六年見何賢徧反 升餕音俊 已趨音紀 是樂音落 有人何本又作荷胡可反又音河 畚音本 爲解佳賣反又如字 摮五羔反又苦交反猶擊也 摮口弔反擊也 愬所革反又許路反 心作在洛反 魚殞音孫 祁彌工支反 頸居郢反 自斷音短 重門直容反 擊柝他洛反 而食音嗣下同 仡然魚乙反 躇丑略反與蹠同一本作辵音同 劇不其據反本亦作遽 比周毗志反 之

獒五刀反 而踆音存以足逆蹋之 逆蹋徒臘反 其頷戶感反 蚤免音早 不說音悅 黑臀徒門反 剽匹妙反 七年爲代于僞反 八年難辭乃旦反 編必連反 屬音燭 曰彤羊弓反 謂楯食允反 人扞戶旦反 頃熊音傾 無詡音刃 莫者音暮 九年諱亟去冀反 未期音基 十年及僤本又作闡昌善反 取蘱類又力對欺類二反 贍振常豔反 十一年公孫寗乃定反音亭 十二年斷曰音短 藉在夜反 沛焉普蓋反 墝埆上苦交反下音确 多索所白反舊本作策音索 屢往力住反又作數音朔 數千所主反 扈養餘亮反 艾草魚廢反 杅不音于 喪費芳味反 可掬九六反注同 扱普顏反又必顏反 造舟七報反 而佚音逸注同 欲壞音怪 十三年秋螽音終

十四年者惡烏路反　十五年得與音預憊矣皮誡反

柑馬其廉反以木銜馬口　大貊亡百反　之費芳味反　數萬所主反　以

食音嗣　伉健若浪反一音苦杏反　塾音俶　莫音暮　蝝生與專反

十六年宣謝災左氏作宣榭火

十七年錫我思曆反　于鞌音安　斷道音短又大短反

十八年節斷音短　賢行下孟反　墠帷音善埽地張帷　之殺所戒反

怨懟直類反

成公第八

何休學

元年舒恒如字緩也尚書作務　奧若本又作燠於六反煖也　幼少詩召反少　甲

鎧苦代反　辟土婢亦反　粥貨羊六反　貿戎音茂一音芽左氏作茅戎

二年新築音竹公子手一本作午左氏作首鞌音安以見賢偏反年末注同惡內烏路反不使所吏反下及注使手大夫同佚獲音逸下同一本作失不去起呂反師還音環注同逡巡七巡反頊公音傾驂乘繩證反道尚時亮反公操七刀反持也法斮莊略反又仕略反斬也死難乃旦反姪子大結反又丈乙反踊于音勇上也棓普口反又步侯反高下有絕加躡板曰棓而闚去規反本又作窺上也時掌反加躡女輒反或跛布可反或眇亡小反迓跛本又作訝五嫁反迎也致飱音孫腍而審反踦閭居倚反踦足也又音於倚反又初義反何云閈一扇開一扇一人在外一人在內曰踦閭芻初俱反蕘如遙反之甗音言又魚輦反又音彥邑也爲質音致下注及下同眣魯音舜又丑乙反又達結反之使所吏反爲之于僞反注皆同公鮑自卯反侯遬音速汶陽音問一處昌慮反數道所角反下音導

三年衛繆音穆素縞古老反幼少

詩召反下同 大重 音泰一音他賀反 去疾 起呂反 爲内 于僞反 將咎如

咎音古刀反左氏作廧咎如 尋繹 音亦 惡之 烏路反下同 屢盟 力住反 用

長 丁丈反 反復 扶又反 數侵 所角反下同 比周 毗志反

四年伯臤 苦刃反本或作堅 五年荀秀 左氏作荀首 壅河

於勇反 不泝 音流 爲天 于僞反 通道 音導 湨 古闃反 徧刺 音遍

又重 直用反 蟲牢 直弓反下力刀反 六年得復 扶又反 而

好 呼報反 取鄟 市轉反又音專 諱亟 去冀反注同 魯背 音佩 屬相 音燭

伯費 音祕 爲中 于僞反 故去 起呂反

七年鼷鼠 音兮 重有 直用反下同 伐郯 音談 見者 賢徧反下同

八年曰嘻 許其反 所喪 息浪反 語之 魚據反 履緰 音須 趙

括 古活反 以見 賢編反 瑞應 應對之應 爵稱 尺證反 爲王 于僞反下

爲魯爲一同幼少詩召反勞來力報反下力代反來勝以證反又繩證反九年悖義布内反廟見賢徧反下同操禮七刀反以別彼列反且爲于僞反復發扶又反莒潰戶内反十年重難乃旦反數卜所角反怨懟直類反侈也昌氏反大也妒丁故反取十七住反本或作娶侯獳乃侯反去冬起吕反惡成烏路反今復扶又反十一年郤州本亦作犨尺由反十二年沙澤素禾反又如字二傳作瑣澤定七年同十三年郤錡魚綺反鑿行在洛反造意也復出扶又反伯廬力吳反本亦作盧十四年凡取本又作娶十五年未見賢徧反下同年末及注並同復氏扶又反年内同使于所吏反及下使乎同有長丁丈反相之息亮反下同殺子音試皆雜七合反又如字

世子戌音恤本或作成爲篡于僞反宋共音恭士燮息協反無
咎其九反子鰌音秋所傳直專反之行下孟反差醇初賣反下音純
葉公舒涉反下文同者說音悅十六年少陽詩召反復食
扶又反欒力官反黶於斬反冥也亡定反又亡丁反其治直吏反鄢
陵於晚反又於建反于泓烏宏反王痍音夷傷也所中丁仲反爲重
于僞反下爲代公同恚一睡反易也以豉反注及下同復舉扶又反下而復同喜時
左傳作欣時令專力呈反舍是音捨注同下傳舍呂放此無難乃旦反下注同招
丘章遥反又上饒反二傳作苕丘悕矣音希悲也別嬰彼列反出使所吏反
十七年柯陵古河反因見賢徧反下同惡如字又火吳反池如字又大河反
蜚林芳尾反又音配泮宮音判本又作郊告牷音全荀罃乙耕反貍
力之反軫之忍反左氏作脤穀梁作蜃以爲于僞反下文爲公同以徼古狄反貜

且俱縛反下子餘反 十八年復入扶又反注同 楚爲于僞反下爲宋同 士匄古害反 鹿囿音又 士彭二傳作士魴襄十二年同 崔杼直吕反 虗朾起魚反下勑丁反

襄公第九

何休學

元年竊殖市力反 爲宋于僞反下爲宋楚爲幷注同 于合二傳作鄖 鄭背音佩 孫剽匹妙反 二年伯睔古困反 繆姜音穆 人與音餘下同 爲中于僞反下及注幷下文鄭爲皆同 三年長樗勑居反 不別彼列反 表僑其驕反 爲其于僞反注同 不復扶又反下同 不重直用反 四年弋氏以職反莒女也左氏作姒氏 定弋左氏作定姒

五年子巫亡扶反爲叔于僞反疑讞魚竭反善稻左氏作善道
通好呼報反數用所角反賦斂力驗反惡鄫烏路反不見
賢徧反雜然七合反又如字十年徙同乃解古賣反
六年曷爲于僞反爲重直用反
七年郯子音談城費音秘螽音終一音鐘于鄬于委反字林凡吹反髡
原苦門反左氏作髡頑于操七報反一音七南反左氏作鄵殺也音試下及注皆同爲
中于僞反下及注皆同楚屬音燭旤由音禍舍止處昌慮反見辜
賢徧反當肯音佩八年以殺音試爲中于僞反當
去起呂反子變素協反易不以豉反禦難乃旦反候伺音司
又息嗣反邢丘音刑九年宋火二傳作災離本力智反見
火賢徧反爲王于僞反浸踈子鴆反于戲許宜反惡公烏路反

十年于相莊加反偪陽音福又彼力反惡諸烏路反開道音導
連蔓音万公與音預下同子斐芳尾反左氏作騑爲蕃方元反諸
侯莫之主有絶句見其賢徧反下同
十一年爲軍于僞反年末同故復扶又反事省所景反想上息亮
反下同爲治直吏反不共音恭怨懟直類反京城北左氏作亳城北
常難乃旦反鄭與音預良霄音消
十二年圍台他來反又音臺所背音佩亟作去冀反最難乃旦
反務長丁丈反迭爲大結反十三年取詩二傳作邿諱亟
去冀反注同諱背音佩十四年公孫蠆勑邁反二傳作蠆于
向舒亮反綴流知銳反又作丁悅反一本作贅旒復納扶又反華閱音悅
十五年向戌音恤劉夏戶雅反采邑七代反下謂采同租稅子奴

反下舒鋭反見義賢編反下同大夫稱尺證反貶起呂反過我古禾反共音恭至擕戶圭反又因兖反爲不于僞反成郛芳夫反侯周一本作雕

十六年狊梁本又作湨古闃反偏刺音遍下及下注同若贅章鋭反本又作綴丁衞反又丁劣反繫屬也旒然音留本又作流旌旗之旒繫屬音燭見惡賢編反最難乃旦反肯復扶又反不重直用反甚惡烏路反

十七年邾婁子瞷音閑或下姧反左氏作㹤圍洮他刀反左氏作挑

十八年言朝直遥反下同

十九年祝阿二傳作祝柯爲其于僞反下同亟伐去異反注同憍搴紀橋反本又作騫下紀輦反并數必政反下所主反下數年同漷水火虢反徐音郭取濟子禮反下同侯瑗于眷反一音環二傳作環有難乃旦反故見賢編反公子喜二傳作嘉于柯古河反

二十年孫遫音速 澶淵市然反 弟光左氏傳作弟黃

二十一年以漆音七 閭丘力於反 据怢呰夬反 惡受烏路反 商

任音壬 庚子孔子生傳文上有十月庚辰此亦十月也一本作十一月庚子又本無此句

二十二年今與音預 得復見賢徧反

二十三年伯匄古害反 鼻我二傳作畀我 以治直吏反下治治之漸同

近升平附近之近下近升同 所傳直專反 見治賢徧反下同 所諱

側鳩反 復入扶又反注同 雍渝羊朱反左氏作揄 聶北女輒反 惡其烏路

反 孫紇恨發反 二十四年仲孫偈本又作褐亦作揭同居謁反

陳儀二傳作夷儀二十五年同 咸本又作鍼其廉反 宜咎其九反

二十五年鄭背音佩 故爲于僞反 重丘直龍反 入櫟力狄反

諼君況元反 以弒音試注同後年放此 伺便音司下婢面反 惡之烏路反 屈

建居勿反子謁左氏作過卒暴七忽反而射食亦反復見扶又反
二十六年君剽匹妙反喜爲于僞反下文爲惡曷爲同惡剽烏路反注及下
惡剽以惡并上注故惡反惡惡輕以惡皆同有說音悅注同以見賢偏反下出見同復納
扶又反子痤在禾反男甯乃定反
二十七年孔瑗二傳作孔奐弟鱄市轉反又音專一音直轉反射姑音亦
又音夜爲殺于僞反下爲殺爲我爲衛注深爲皆同黜公勑律反下文注同女能音汝
羈縶本又作馽下陟立反馬絆也馬絆音半鈇鑕音甫又方于反之實反從
君才用反又如字注同庶孽魚列反又五割反注及下同敢與音預令必力呈反肯
約音佈下同挈其苦結反𢢼恚一睡反昧雉舊音刎云扮反一音末又音蔑
割也見獻賢偏反下見此同雖復扶又反小介音界閽殺音昏下音試二十九
年同餘祭側界反

二十八年閏數(所主反下同) 期月(居其反又作朞)

二十九年而復(扶又反下皆同) 惡襄(烏路反下惡以同) 爲臣(于僞反下故爲爲季子傳凡爲同) 墨劓(魚器反) 臏(毗忍反) 大辟(婢亦反) 畫象(音獲) 應世(應對之應) 黠巧(閑八反) 不近(附近之近下同) 士鞅(於丈反) 使札(側八反) 迮而(子各反起也) 倉卒(七忽反) 迭爲(大結反更也) 更也(音庚) 必祝(之又反又之六反注同) 䟽食(音嗣) 季子使(所吏反下同) 僚者(力彫反) 長庶(丁丈反下注同) 闔(戶臘反) 廬(力居反) 命與(音餘下命與同) 僚焉(於虔反本又作惡音烏) 刺僚(七賜反又七亦反注同) 僚者(市志反) 爾殺吾君(申志反注殺僚同) 篡也(初患反) 則遠(于万反) 以見(賢徧反) 北燕(音烟)

三十年蘧(于委反) 頗(音皮又音彼一音普何反一本作跛者音同二傳作蘧罷) 公數(所角反) 子般(音班) 深爲(于爲反下爲伯不爲爲中國同) 極思(息吏反) 年夫(音佞又如

字二傳作俟夫　惡失烏路反下皆同　不去起呂反　子行下孟反下子行其行同　重失

直用反又直勇反　共姬音恭　傳母如字又武候反本又作姆同　加殺音試下同　凡爲

于僞反下及注所爲同　更宋音庚又古孟反復也償也　所喪息浪反下注同　解浣戶管反

復生扶又反　共償常亮反

三十一年好其呼報反　見者賢徧反下同

昭公第十

何休學

元年國酌二傳作國弱　子招上遙反　軒虎軒依字許言反舊音罕二傳作

罕虎　于鄆音郭又音號左氏作虢穀梁作郭　爲殺于僞反下注爲内爲仕皆同　難八

乃旦反二年注同　故令力呈反　見者賢徧反下同　復貶扶又反　弟鍼其廉反

千乘繩證反注同　大原音泰下同　大鹵力古反　曰隰音習　分别彼列反

去疾起呂反　彊運居良反下同　子卷音權左氏作麇　二年乃難奴旦反下有難同　三年大雨于付反　雹步角反　爲季于僞反　著治直吏反　大平音泰　四年大雨雪于付反左氏作大雨雹　爲季于僞反下文及注爲齊誅並同　不復扶又反下同　去吳起呂反　滅厲如字又音賴左氏作賴　五年舍中音捨下及注同　爲難乃旦反下同　爲其于僞反　將復扶又反　濆泉扶粉反濆泉涌泉也左氏作蚡泉穀梁作賁泉　戰處昌慮反　報應應對之應　嫡之丁歷反注及下同　六年復卒扶又反　內行下孟反下同　可勝音升　見其賢徧反　合比如字又毗志反　賦斂力驗反或無此字　十年暨齊其器反　叔孫舍二傳作婼　當時丁浪反又如字　鮮不息淺反　八年故重直用反年末同　侯溺乃狄反　庾所留反本亦作蒐　公子過音戈

費多芳味反　詐諼況元反　復書扶又反下同　列見賢徧反

九年復見扶又反下同下賢徧反　陳火左氏作災　悕矣音希悲也　辟門婢亦反開也　本爲于僞反　孫貜俱縛反又居碧反　郎囿音又

十年晉欒施左氏作齊欒施　季孫隱如左氏作意如　侯彪彼虬反

宋戌讀左傳者音成何云向戌與君同名則宜音恤　去冬起吕反

十一年戎曼音蠻　爲其于僞反　文譎古穴反　以好呼報反　比蒲音毗　侵羊二傳作祲祥　宮佗大河　屈銀並如字二傳作歐慭　嫡夫丁歷反　惡乎音烏　惡不烏路反

十二年斷三丁管反又丁亂反　生刋苦干反　柰女音汝　可強其丈反

欲令力呈反下令楚同　妄億於力反　錯也七故反或七各反字或作措　惡納烏路反

成然左氏作成熊　公子整之領反或作慭魚覲反

十三年園費音祕乾谿苦兮反衆罷音皮惡靈烏路反子朝如字不與音預注二不肯與及下文不與焉注公不與不宜與皆同不復扶又反爲公于僞反侯盧力吳反

十四年去疾起呂反意恢苦回反

十五年夷昧音末本亦作末籥入羊略反去樂起呂反注去籥及下文去樂同爲卒于僞反昭吳左氏作朝吳

十六年戎曼音蠻又音万二傳作戎蠻哀四年同見王賢遍反數如音朔

十七年賁渾音六下戶門反星孛音佩彗星息遂反又因歲反參伐所林反以別彼列反邪亂似嗟反檇李音醉本或作醉

十八年爲天于僞反不忒他得反天應應對之應入鄅音禹又音矩

十九年于殺音試下于殺加殺皆同復加扶又反下同一飯扶晚反下同

二十年自鄸音蒙又亡忠反又亡貢反一音亡增反者此舊於此下有比者非復

出扶又反 爲公子于僞反下爲賢爲會爲之諱同 從與才用反下音餘下從與同 絮從女居反說文云絜縕也一曰敝絮也 逡巡七旬反 惡惡並如字一讀上烏路反下同 通濫力甘反又力暫反 兄輒左氏作縶 立嫡丁歷反 以長丁長反 瘖於今反 聾路工反 癘力世反又力大反 禿吐木反 跛布可反 傴於矩反 惡衞烏路反

至令力呈反 向甯二傳作向寧

二十一年重皐直用反 叔痤在禾反左氏作叔輒 惡背烏路反下音佩

二十二年復録扶又反 別從彼列反下同 大庱所求反本亦作蒐 昌姦二傳作昌閒 邪庶似嗟反 見當賢徧反下同

二十三年閒田音閑 惡背烏路反下同背音佩 不共音恭 皐錯七故反 雞父音甫 子髠苦門反 子楹音盈左氏作逞穀梁作盈 夏齧戶雅反下五結反 艾陵五蓋反 別客彼列反下及傳同 之行下孟反下同 于華

所巾反庶孽魚列反其難乃旦反子朝如字更起音庚數年

所主反地爲于僞反二十四年民被皮寄反欒黶音來

又力之反本亦作釐二傳作郁釐二十五年叔倪音詣又五兮反左氏作詣樂

世心世如字又以制反左氏作大心黄父音甫鸛音權左氏作鸜音劬鵒音欲下孫

音遜下文同去辰起呂反爲下于[illegible]反下而爲同楊州左氏作陽州唁公音彥

將殺音試下及注同兩觀工亂反注同干楯食尹反又音尹玉戚千寂反以玉飾

斧大夏戶雅反注同株離音誅曰禁音金又居鴆反八佾音逸且夫

音扶下有夫弁注同維婁力主反委已于僞反注同已音紀委食音嗣下同執紼

音弗曰繞音問喪息浪反下同亡也嗛自音謙本亦作謙再拜顙息黨反拜而稽

顙也大難乃旦反下同鈇音甫又方于反鑕之實反要斬一遥反執簞

音丹葦器食音嗣注同葦器于鬼反曰筍思嗣反糗也丘九反又昌紹反

四脡他頂反又大頂反　曰朐其俱反　餒音俊　于從才用反注及下皆同　糒音備　以袵而甚反又而鴆反掩裳際也　求索所白反　大畢音泰下大學同　不腆他典反厚也　所著丁略反　裨冕婢支反　黻衣音弗　欲令力呈反　故稱尺證反　嗷然古弔反一音古狄反　爲菑側其反又側吏反　埒垣力悅反下音袁　分別彼列反　辟廱音壁　以幦亡歷反車覆笭也一音呼聞反　覆笭力丁反　以鞌音安　爲公于僞反注同

二十六年　不復扶又反下同　惡公烏路反　郼陵音專本亦作專　爲天于僞反　渠率所類反或作帥

二十七年　爲季于僞反下同　方見賢徧反　郤宛去逆反下紆阮反　祁犂力兮反又力秋反　邾婁快本又作噲苦夬反

二十八年　爲下于僞反　伯甯乃定反下同左氏年下滕子名並作寧

二十九年

三十年去疾起呂反 頓公音頓 見義賢編反

三十一年荀櫟本又作嚛又作濼亦滴櫟也皆同力狄反一音與灼反 適歷丁歷反一音狄

負䈙章蘂反本又作捶 創惡烏略反 亟取去冀反 盈孫音遜 黑

弓二傳作黑肱 以濫力甘反又力暫反 武公與音餘下及注皆同 湊公七豆反

周愬音素本亦作訴 爲之于僞反下爲爲我爲之則爲並同 嫗盈紆具反一音紆羽反

爲行下孟反下殺顙者之行同 盰目許于反又許孤反本或作盱一音夸 夏父戶雅反盰及夏父邾

頓公之二子 而食音嗣 長必丁丈反 先見賢編反下欲見見王者同 曰嘻許其反

也夫音扶 父兄之行戶郎反 惡有音烏注同 有數所主反 傳復扶又反

三十二年取闞口暫反 諱亟去冀反注同 權量音亮

定公第十一何以定公爲昭公子與左氏異

何休學

元年喪失國 息浪反 仲幾 本或作機 不衰 素戈反一或作蓑一或音初危反

草衣 于既反 爲天 于僞反下善爲同 見伯 賢徧反 復發 扶又反下皆同 此

難 乃旦反 未解 音蟹 復別 彼列反 小斂 力驗反下皆同 北墉 音容本又作牖

中霤 力又反 飯 扶晚反 含於 戶暗反 阼階 才故反 立煬 餘亮反

霣霜 于敏反 二年雨觀 工喚反下及注皆同 不復 扶又反下同 先

去 起呂反下同 以見 賢徧反 三年于枝 二傳作拔 易辭 以豉反

四年國夏 戶雅反 邵陵 上照反本或作召音同 數年 所主反下數年皆同 雜

然 七合反又如字 惡蔡 烏路反年末同 吝一 力刃反 公孫歸姓 二傳無歸字姓

音生又音性 爲不 于僞反下爲季爲下爲治爲蔡同 浩油 戶老反又古老反下音由一音羊又反二傳作

皐鼬 數如 所主反 楚復 扶又反下而復復討同 翕然 許及反 伯戊 音茂

又音恤二傳作成 劉卷 音權 孔圉 魚呂反左氏作圄 鮮虞 本或作吴音虞 舉

采七代反下采地同　伯莒左氏作伯舉　挾弓音協又子協反　雕弓丁遼反　彤弓大冬反　嬰弓於耕反見司馬法　盧弓力吴反　禮見賢編反下不見同　將爲于僞反下不爲也不爲匹爲是注爲于胥同　囊瓦乃郎反　南郢以井反又以政反　瓦將子匠反　激發古狄反　非當丁浪反　墮平許規反　除去起呂反　便辟婢亦反　辯佞如字本又作便佞　相迿音峻又音巡又玄編反先也　擊刺七亦反　進行下孟反

五年　時爲于僞反　以見賢編反　士卒子忽反　罷弊音皮弊亦作敝音同　起弑音試

六年　爲其于僞反　令難力呈反　而易以豉反　以長丁丈反　大平音泰　欲見賢編反　治定直吏反　所復扶又反

七年　于鹹音咸　費重芳味反下同　重之直用反

八年　不別彼列反　曹埩才井反本亦作埥　曲濮音卜　惡乎音烏

迭而大結反注同食之音嗣下注佚食同睋而五多反下同鋟其本又作鑯七廉反又且審反以爪刻鑽鍛板也本或作鍛誤蒲圃本又作甫同布古反又音布其乘繩證反下皆同有女音汝從弟才用反下同數十所主反而隊直類反馬捶章蘂反駷馬本又作撽字書無此字相承用之素動反而射食亦反矢著直略反注同莊門本或作嚴亦音莊言幾音祈中季丁仲反殺不音試下同郤反去略反本又作却說然本又作稅始銳反又他會反注同說解舍也然猶如也稱也尺證反切遽其慮反趣駕七欲反一音七住反慬然其靳反璋判音章琮在宗反璜音黃峨峨五多反本又作娥髦士音毛貿楙芳甫反又方于反青純之閏反緣也注同純緣悅絹反下同甲䫇而占反疊疊亡匪反乎著音尸喪其息浪反九年伯囆勑邁反左氏作蠆喪之息浪反郤難起略反下乃旦反郤亦作却

十年不易以豉反下同頰谷古協反左氏作夾谷熒惑音螢一音于瓊反
異處昌慮反為是于僞反復得扶又反年末及十一年同圍郈音后公
子池左氏作地于鞌左氏作安甫暨宋其器反仲佗大多反石彄
呰侯反惡仲烏路反强與其丈反亦見賢徧反
十一年不復扶又反叔還音旋
十二年見殺音試墮郈許規反下同吏數所角反下同采長七代
反下丁丈反說其音悅不厭於豔反去甲起呂反而堵丁古反吉
射食亦反又食夜反朝歌如字
十三年垂瑕如字又音加二傳作垂葭大廋所求反本又作蒐比蒲音毗操
兵七曹反鄉國許亮反十四年晉趙陽左氏作衛趙陽公
子佗人大河反二傳作公孫佗人子牄七良反二傳作牂不別彼列反醉李本又

作■音同　爲下于偽反　于堅如字本又作掔音牽左氏作牽　于洮他刀反　歸脤

市軫反　曰燔本亦作膰又作繙音煩　蒯聵苦怪反下五怪反　譏亟去冀反　閒

隙音閑下去逆反　莒父音甫　去冬起呂反　攝相息亮反　粥羔羊六反

以閒閒廁之閒　近害附近之近　十五年鼷鼠音兮　漫也

六半反猶偏也　徧食音遍　復舉扶又反下同　軒達左氏作罕達　籧篨其居

反下直居反　歸含戶暗反　且賵芳鳳反　不爲于偽反　厭死於甲反

下昃音側　晡時布吳反　城漆音七

哀公第十二

何氏學

元年復見扶又反下賢徧反　恩殺所戒反

二年鄟東火號反徐音郭　及沂魚依反　句繹古侯反下音亦　不與音預

可爲（于僞反）不去（起吕反）見挈（賢徧反下去結反）于栗（一本作秩二傳作[illegible]）惡失（烏路反）三年上爲（于僞反下爲輒爲衛不爲同）不中（丁仲反）復立（扶又反下及注同）見者（賢僞反下同）兩觀（工喚反）開陽（左氏作啓陽開者爲漢景帝諱也）樂髡（苦昆反）惡大（烏路反）治（直吏反）大平（音泰）

四年盜殺（音弑下同）近罪（附近之近）戎曼（音蠻）畀宋（必利反下同）西郛（芳夫反）蒲社（左氏作亳社）揜之（意冉反）背天（音佩）俠轂（古洽反下古大反十三年同）驂乘（繩證反十三年同）天去（起吕反）滕頃（音傾）

五年城比（本又作芘亦作庇同音毗左氏作毗）閏數（所主反下及注月數閏數同）

六年邾婁葭（音加又音遐左氏作邾瑕）魯數（所角反）未曾（才能反）狄之行（下孟反）于相（莊加反）君舍（二傳作荼音舒）爲諼（况元反）千乘（繩證反）析玉（思歷反）爲後（于僞反下乞爲同）矯也（居兆反）期而（音基）

下同難言乃旦反鎧苦代反巨囊乃郎反又音託中霤力又反色然如字本又作垝居委反驚駭皃本或作危闖然丑鴆反又丑甚反一音丑今反逡巡七旬反七年皇瑗于眷反于鄫似陵反隗子五罪反惡魯烏路反復入扶又反八年侯燬況委反及僤昌善反一音昌然反字林作僤左氏作闡爲以于僞反故復扶又反伯過古禾反所喪息浪反九年雍丘於用反易也以豉反下同陷阱才性反爲征于僞反十年薛伯寅二傳作伯夷同音以尼反十一年袁頗破多反艾陵五蓋反與伐音預下不與伐同十二年爲河于僞反下爲同宗同爲率音律又音類一乘繩證反故復扶又反槀皐章夜反一音託于運左氏作鄆蝝音終本亦作螽注同當見賢徧反十三年于嵒五咸反一音魚及反易也以豉反下同

鄭復扶又反秋以下注同報償時亮反男成本亦作戍反背音佩當

見賢偏反年內皆同惡諸烏路反魏多左氏作魏曼多之費芳味反下同

孛于音佩彗星因歲反又息遂反王治直吏反燔書扶元反陳夏

戶雅反一本作廉彄夫苦侯反又古侯反一本作嫗音同二傳作夏區夫

十四年西狩手又反獲麟力人反薪采音新王芟所銜反

艾魚廢反采樵在焦反去周起呂反行夏戶雅反下子夏同爲

獲于僞反下爲獲孰爲注爲誰知爲皆同鸛音權鵒音欲振振之人反大平

音泰下大平皆同拊石芳甫反援神音袁麒麟音其有麏本又作麇亦作

麏麕皆九倫反麞也反袂彌世反衣袖也涕他禮反沾袍步刀反又步報反衣前襟也

襟也音金王於于況反下火王而王之王同從横子容反駈除並如字又上丘

具反下直據反曰噫於其反咄嗟丁忽反天喪息浪反子羊汝反我也祝

斷丁管反所傳直專反注傳聞同以復扶又反臣見賢偏反下欲見同少

殺所戒反下同子般音班道洟子協反本作帀一瑞應應對之應撥亂

卜末反理也莫近附近之近又如字演孔以善反其爲于僞反注所爲同是

與音餘下及注同

經典釋文卷第二十一　經五千六百三字　注一万二千三百一十八字

五福五代堂古稀天子寶

八徵耄念之寶

太上皇帝之寶

五福五代堂古稀天子寶

八徵耄念之寶

太上皇帝之寶

經典釋文卷第二十二

春秋穀梁音義

唐國子博士兼太子中允贈齊州刺史吳縣開國男陸德明撰

春秋穀梁序

乾綱其連反天也絕紐女久反彝倫以之反彝常也倫理也攸斁丁故反字書作殬敗
也弒逆申志反又作殺音同篡盜初患反爾雅云取也淫縱子用反因釁許靳反
爲之于僞反下同愆度起乾反七燿日月五星本又作曜盈縮所六反疵
厲才斯反下音例又作癘恩缺丘悅反小弁步寒反之刺七賜反此所引皆詩篇名谷風
在邶風餘在小雅桑扈音戶之諷方鳳反又作風見吉賢遍反厥行下孟反
藐藐亡角反兩觀古亂反權喪息浪反下道喪同上替他計反僭
逼子念反喟然起愧反又苦怪反大師音泰能復扶又反以被皮義反

拯拯救之拯穨徒回反本又作頹同華袞古本反袞冕上公之服之貶彼檢反市
朝直遙反之撻吐達反匿非女力反麟感本又作驎呂辛反瑞獸也來應
應對之應之邪似嗟反臧子郎反否音鄙又方九反臧否猶善惡也鬻音育拳音權
子糾居黝反祭仲側界反而闚本又作窺去規反是嫡丁歷反本又作適同
強通其丈反必當丁浪反下同夫至音符並舍音捨據理音据亦作据
之難乃旦反壞古回反紛錯七洛反準裁在代反又音才下同父子異
同謂劉向好穀梁劉歆善左氏之論力困反石渠其居反閣名漢宣帝時使諸儒講論同異
於石渠閣也分爭爭鬭之爭好惡呼報反下烏路反辯訥字書云訥或作吶乃骨反
字詁云訥遲於言也包咸論語注云遲鈍也豔而移驗反也巫音無而婉於阮反北
蕃方元反又作藩子姪徒節反字林丈一反杜預注左氏傳云兄子曰姪雖近附近之近昊
天胡老反詩云欲報之德昊天罔極本又作旻亡巾反匍音蒲又音扶匐蒲北反又音服逾邁

音揄跂及丘弭反又丘豉反夏隊直類反從弟才用反泯沒亡忍反又作泯

喪予息浪反

春秋穀梁傳隱公隱公名息姑惠公之子周文王八世孫平王四十九年即位第一

范甯集解

元年正月音征又如字後皆放此焉成之於虔反隱長丁丈反又作丈音同

之惡烏各反下注之惡同惡桓烏路反下其惡桓同弑之申志反又作殺如字下同信道

音申下同信邪似嗟反下及注皆同已探吐南反千乘繩證反公侯之國賦千乘蹈道

上徒報反覆行之名也下如字邾音誅國名儀父凡人名字皆音甫後放此更不重音于眜音蔑

地名左氏作蔑注下皆同美稱尺證反以上時掌反不日人實反不日謂不書日也穀梁

皆以日月爲例他皆放此渝也羊朱反變也于鄢音偃地名見段賢編反大辟

婢亦反積思息吏反宰咺況阮反注同仲子惠公之母也與左氏不同之賵芳鳳

反注及下同 乘馬繩證反四馬曰乘 曰縿音遂 曰含戶暗反口實也又作唅 曰賻
音附 祭伯側界反 來朝直遥反 寰內音縣古縣字一音環又音患寰內圻內也 畿
內本或作圻音祈 鍭矢音候又音侯 出竟音境本或作境下同 場音亦 聘遺唯季反
之好呼報反 當稾彼錦反 日卒人實反下不日卒同 股肱古弘反
二年以見賢徧反下同 下屬章玉反 不黷徒木反 皆放甫往反後此例
不音 皆氏丁兮反本又作底 別種章勇反 知者音智 能斷丁亂反
者守如字注同 莒人音舉 入向舒亮反 時惡烏各反下次惡同 無侅
音該又戶楷反左氏作駭 履綸音須左氏作裂繻下注同 爲其于僞反注來爲同 有當
丁浪反 故去起呂反下同 以別彼列反 美惡烏路反又如字 舍族音捨 或
厭於葉反 繼弒音試 長子丁丈反下注伯長同 親迎魚敬反 不復扶又反
子伯如字長也左氏作子帛 夫稱尺證反 常處昌慮反 隱殺音試 壞

宮（音怪又戶怪反）

三年日有食之（本亦作蝕音同後皆放此）大量（音亮）下賢（遐嫁反）爲

消（于僞反）外壤（而丈反）所吞（勑恩反又音尺）咽者（於見反）不見（如字）

（又賢編反）之鍵（渠吝反）見於（賢徧反又如字）不可知知也（上知如字下知音智）太

上（並如字）夫名（音符發句之端皆同）相別（彼列反）尹氏（如字周大夫也左氏作君氏）

詔相（息亮反）稱謚（市至反後皆同）短（丁緩反）折（時設反下同）有壽（市又

反又如字）宋繆公（音穆本亦作穆）之使（所吏反下同）史策（本又作筴初革反）殺

君（音弒下同）足算（素緩反數也）宋共（音恭本亦作恭下同）悉去（起呂反）

四年伐杞（音起）牟婁（亡侯反）易辭（以豉反）所見（賢徧反）蓋

爲（于僞反）所惡（烏路反又如字）於傳者（直專反）祝吁（香于反左氏公羊及

詩作州吁）弑其（音試釋舊作殺注下同）君完（本又作皃音丸）今復（扶又反）翬

音暉下同皆去起呂反與于音預于濮音卜之挈本又作挈苦結反注同

致令力呈反下同惡也烏各反注同嫡長丁歷反下丁丈反下同建儲直魚反

名分扶問反無嬖必計反

五年觀魚如字左氏作矢魚獻人音魚之難乃旦反入郕音成

將卑子匠反注同爲其母于僞反長子丁丈反舞夏戶雅反注及下

同八佾音逸列也降殺色界反始僭子念反僭侈昌是反又尺氏反

螟亡丁反公子軀豈俟反乃暴步卜反本或作曝暴露也僅而渠吝反

之行下孟反不塡音田不復扶又反下同塡厭於甲反毆丘于反注

同壞宮音怪一音戶怪反

六年輸平失朱反墮也左氏作渝平墮也許規反壞毀之也壞前音怪

又戶怪反子艾五蓋反七年之娣徒細反女弟曰娣滕之

以證反又繩證反從也才用反下同一音如字以上時掌反共事音恭本亦作供愆
期起虔反取妻七喻反必少詩照反下文及注同滕侯徒登反長曰
丁丈反注同狄道也戎狄之道長嫡本又作適丁歷反爲保于僞反下爲其同
刺公七賜反之稱尺證反遠別彼列反下同之使所吏反注同猶愈
羊主反過諸侯古卧反又古禾反在彊本又作壃亦作強音姜場音亦致餼
許氣反牲腥曰餼伐鮮音仙
八年使宛於阮反歸邴彼病反一音丙左氏作祊惡與烏路反注及下同去
其起呂反擅易市戰反不別彼列反無復扶又反廢朝直遥反下
同覲巨靳反諸侯春見天子曰朝秋見曰覲若令力呈反之參七南反交喪
息浪反盟詛莊慮反下文同誥古報反誓市制反五帝孔安國云少昊顓頊
高辛唐虞鄭玄有黃帝無少昊餘同范依鄭顓頊音專下音許玉反帝嚳苦篤反高辛帝

名 三王夏商周也 夏殷戶雅反下同 鈞臺音均 景亳步各反 盟
津音孟本亦作孟 交質音置注同 二伯如字又音霸齊桓晉文 召陵上照反
包來音苞一音浮左氏作浮來 螟云丁反 貶去起呂反 若俠音協九年經同
九年 以別彼列反 祭伯側界反下同凡國名邑名及人名氏皆於始音後不復出若假借之字時
復重音後放此 之好呼報反 殷覜他弔反 之慝他得反惡也 閒問閒廁之閒
歸脤市軫反祭肉也 致禬戶外反或古外反 震電徒練反 霆也徒丁反又徒項反
雨雪于付反 疏數色角反 劉向舒亮反 以見賢徧反下同 當復
扶又反
十年 以見賢徧反 簒殺音試 數會色角反 公敗必邁反又皮邁反注
同 于菅古顏反 取郜古報反字林工竺反 取訾子斯反 不重直用反
逐比如字又音俻本又作逐奔 復取扶又反 代載如字本或作戴 其易以豉

反下文同 其惡 烏各反 惡入 烏路反 十一年薛侯 息列反 巡守 音狩本亦作狩 犆言 音特獨也本或作特 累
數 所主反注同 之比 必利反 君弑 音試
桓公 名允桓王九年即位 第二 范甯集解
元年弟殺 申志反本又作弑下及下注同 能去 起呂反 與聞 音豫下文及注與弑皆同 為易 于僞反 借人 子夜反 魯朝 直遥反下皆同 邴者 彼病反又音丙
大山 音泰本亦作泰 用見 賢徧反 鄭竟 音境 從天王 在用反 巡守 音狩 擅相 市戰反 換易 一本亦作渲胡奐反 編年 必連反字林聲類韻集皆布千反史記音義甫連反
二年宋督 丁毒反本又作督 弑其 音試下及下注同 與夷 如字音餘 別內 彼列反 先殺 如字下先殺同 謂扞 下旦反 死難 乃旦反 蓋為 于僞反下注辟為同 及郯 音談 大廟 音泰下文及注同 二日見 賢徧反

則治(直吏反) 躋(子兮反)信 取郜(古報反) 內殺(音試下文注皆同) 爲討之鼎(如字麋氏云討或作紏) 紀侯(左氏作杞侯) 爲齊(于僞反下同) 數(色主反注同) 乃復(扶又反) 惡之(烏路反) 厶地(本又作某不知其國故云厶地後皆放此)

三年于贏(音盈) 近古(附近之近) 約言(如字又於妙反) 不歃(本又作喢所洽反) 是必一人先(如字絕句) 親比(毗志反) 相應(應對之應) 齊僅(巨靳反) 泯然(亡忍反) 于郕(音成) 而復(扶又反) 于讙(音歡) 祭門(如字祭門廟門也) 兩觀(古亂反) 諸母般(步干反一本作鞶音同鞶鞶囊也) 以盛(音成) 踰竟(音境) 親迎(魚敬反一本作逆) 之好(呼報反)

四年皆爲(于僞反下注因爲同) 秋曰蒐(所由反麋氏本又作搜音同) 舍小(音捨) 中心(丁仲反下同) 射(食亦反) 髀(步啓反又必爾反) 骼(音嫁) 差遲(初賣反) 庖(步交反) 汚泡(汚穢之汚下普交反又百交反)

五年傳信

直專反下同必辟音避本又作避過我古禾反下文及注同任叔音壬左氏作仍叔從王
才用反又如字下同爲天王于僞反冀州案鄭本京兆鄭縣是雍州之域後徙河南新鄭
爲豫州之境冀在兩河之間非鄭都也冀州言去京師近也麋氏云韓侯滅鄭韓本都冀州故以目鄭爲天
子如字則近附近之近大雩音于祭名蠡音終蜙相容反蝑音胥蟲
蝗華孟反六年寔常式反來朝直遥反下七年同晝我
音獲注同以過古禾反注同會紀侯左氏作杞侯大閱音悅以觀古亂反視也
陳佗徒河反匹夫行下孟反下同侯憙虛記反嫡子丁歷反又作適人
僉七廉反七年其惡烏各反
八年烝之承反冬祭名曰禴餘若反又作礿黍肫本又作豚徒門反大廟
音泰下同黷祀徒木反雨雪于付反祭公側界反寰內音縣又音環
親迎魚敬反下皆同大姒音似大姒文王妃也在郃音洽本又作郃之涘音仕

愀然在九反又親小反之好呼報反不復扶又反

九年之中丁仲反又如字注同關與音豫射姑音亦麋氏本即作亦來朝直遥反下同

伉諸苦浪反本又作亢有爭諫爭之爭之愆去虔反

十年見殺申志反下同本又作弒故復扶富反列陳直覲反先巳蘇薦反為內于僞反

十一年寤生吾故反不弟下並音悌又如字祭仲側界反為下于僞反惡其烏路反廢嫡丁歷反

易辭以豉反下文及注同篡兄初患反君難乃旦反惡祭烏路反

謂去起呂反于折之設反又時設反夫鐘音扶注同麋氏本鐘作童音鍾于闞口暫反

十二年燕人音煙國名躍卒餘若反于虛如字又去魚反武父音甫注同前見賢徧反

十三年禮柩其救反自見賢徧反

十四年政治直吏反不哲陟列反一本作

晳之列反 常燠於六反煖也下文同 夏五本或有月者非 弟御魚呂反本亦作禦左氏作語 傳疑直專反 御廩力甚反倉也 盡其津忍反 以共音恭一本作供

下同 粢盛音咨黍稷曰粢在器曰盛 三推昌誰反一音他回反 齊戒側皆反本亦作齋

三繅先刀反 黼音甫亦作黼 黻音弗俗作黻 祖禰乃禮反 用見賢徧反

曰甸徒薦反 三宮如字范云三宮三夫人也糜氏官作官 親春傷容反 兼甸如字十日爲旬一本作甸注亦然 刺四七賜反

十五年 于蒿左氏作艾公羊作鄗 行惡下孟反又如字 于櫟力狄反 袲昌氏反

十六年 城向舒亮反

十七年 于趡翠軌反 戰于郎左氏作奚 爲內于僞反

十八年 于濼力沃反又音洛舊音匹沃反 之伉苦浪反一本作亢 稱數色戶反注同 故舍音捨 別內外彼列反 君弑音試又作殺 行之下孟反下同 定

稱尺證反 知者音智 者守如字又音狩

莊公名同莊王四年即位第三

元年繼弑申志反 孫于音遜本亦作遜 去姜起吕反下去姜氏同 孫遁徒旦反 不與祭音豫 單伯音善單姓伯字左氏以爲王卿士 逆王姬左氏作送王姬 君弑申志反又作殺如字注同 爲尊于僞反下爲之築同 朝之直遥反下於朝同 俟迎魚敬反下同 衰麻七回反 弁冕皮彦反 來錫星歷反 虎賁音奔 鈇方胡反 鉞音越 秬音巨黑黍 鬯勑亮反香酒也 殺逆申志反 悖亂補對反 歸含胡暗反 且賵芳鳳反 刺比七賜反 一使所吏反 任叔音壬 則泥乃計反一本作滯 於朝直遥反 則儐必刃反 郱步丁反 鄑子移反 郚音吾郱鄑郚三字爲國名 不復扶又反 見矣賢徧反下同

二年爲之大功于僞反 于禚章略反 踰竟音境後踰竟之例皆同 公

馮皮冰反　三年　溺乃狄反　爲之于僞反　惡其烏路反　禮緦息詞反　緬亡善反遠也　郤尸去略反又去逆反杜預云尸未葬之通稱　發揮許歸反　冥極亡丁反　稟靈彼錦反　知於音智　毋之子也可絕句　下放此　尊稱尺證反下卑稱同　以鄰下圭反　吞并必性反　不泯彌忍反

四年　饗齊本又作享香丈反　著時張略反又張慮反　屨綸音須　爲之于僞反　傍朞居其反　織其申志反下同　縱失子用反下同　見義賢偏反　舍此音舍　狩于音獸　郜古報反左氏作禚　而怨紆元反又紆願反後同　刺釋七賜反

五年　郳五兮反國名　黎來郎兮反黎來郳君名　來朝直遥反

六年　卑者之稱尺證反下常稱同　見公賢偏反　螟亡丁反　分惡烏各反下同　則殺色界反舊色例反　過齊古禾反　差減初賣反

七年辛卯昔 如字昔夜也日入至於星出謂之昔夲或作㫺同 不見 賢徧反下不音者同
列宿 夙又反下同 星隕 云敏反 而復 扶又反 是夜中與 音餘 晦
暝 亡定反 傳著 直專反 億度 徒各反 我見其隕 見音如字注同
是雨 于付反注同 見于下 如字或賢徧反 不見者 賢徧反 隕隊 直類反
八年善陳 直覲反下文皆同 道之 徒報反下同 至陳 直覲反下同 民盡
津忍反 奔背 音佩 郕降 戶江反下文及注同 師還 音旋 遯也 徒因反
弒其 音試下同 諸兒 如字一音五兮反
九年之挈 苦結反 于暨 其器反左氏作蔇 渝也 羊朱反 故惡 烏路
反下及注惡內皆同 伐齊納糾 居黝反左氏作子糾 非適 丁歷反 重耳 直龍反
敗惡 烏路反注同 不復 扶又反 不迂 音于一音紆又於武反 親迎 魚敬反
弒襄 音試 惡之也 烏路反 易辭 以豉反 逃難 乃旦反下注同 千

乘繩證反浚音峻深也洙音殊杜預云水名

十年敗齊必邁反又皮邁反下同長勺時勺反惡之烏路反無復扶富反下文及注同見也賢徧反于葉舒涉反乘丘繩證反于莘所巾反獻武本亦依左氏作舞于邲皮必反又扶必反一音弼敗績如字爲中于僞反

十一年敗必邁反下及注同于鄑子移反列陳直覲反過我古禾反

十二年所見賢徧反豺狼仕皆反德行下孟反弑其申志反下注先弑同仇牧音目扜衞曷旦反致令力呈反

十三年于柯古河反曹劌居衞反要盟於遥反内與音預注同

十四年單伯音善言介音界手鄄音絹復同扶又反注同

十五年復同扶又反注同爲欲于僞反

十六年滑伯于八反寮一力彫反同官爲寮

十七年鄭詹者廉反令得力呈反

佞人乃定反殲于子廉反盡也遂人盡齊人絶句飲戍於鴆反
狎敵戶甲反輕也多麋亡悲反十八年朝日直遥反下同之
處昌慮反下同有長丁丈反濟西子禮反濟水名邇於我如字邇近也一本作
介音界亦近也入竟音境爲公于僞反有蜮本亦作蜮音或短狐本草謂之射工射
人食亦反下文同一亡音無又如字十九年傳本或分此以下爲莊公與閔公同卷
媵陳以證反又繩證反爾雅云送也要盟於遥反注同見其賢徧反但爲于僞
反數渝音朔惡之烏路反以難乃旦反邇我如字本又作介音界
二十年如莒音舉踰竟音境二十一年弗目謂不題目
文姜薨所也一曰弗目其罪有弑音試二十二年肆音四大眚
所景反宥罪音又蕩滌音狄爲嫌于僞反禦寇魚呂反又作御
夏五月范云以五月首時甯所未詳高傒音奚伉也苦浪反爲贄音至

告迎魚敬反 惡見賢編反 二十三年 祭叔側界反 寰内音縣又音環 故去起呂反 見之賢編反 無朝直遥反下同 主爲于僞反 黝於糾反又於柳反注同 堊烏路反又烏谷反范云黝堊黑色案黝黑也堊白堊 士黈他尚反黃色也麋氏云張斗反 射姑音亦本或作亦 于扈音戶

二十四年 刻桓音克 宮桷音角榱也方曰桷圓曰椽 斲之丁角反削也 礱之力公反磨也 親迎魚敬反下皆同 以惡烏路反注同 乘車繩證反 惡入烏路反一音如字 覿徒歷反見也 列數色主反 雉腒其居反腊也乾雉也士夏執之備腐臭也說文云北方謂鳥腊曰腒傳曰堯腊舜始腒 別有彼列反 爲其于僞反 腐臭符甫反 鍛脩丁亂反脯也鍛而加薑桂曰脩 自脩飭本或作勑同恥力反一本作飾 申職反或作整音征領反 股肱音古下古弘反 惡之烏路反 曹羈居宜反 郭公左氏如字公羊音號 舍而音捨 懲之直升反 復云扶又反 著上張慮反又張略反

反以見賢偏反二十五年女叔音汝五麾毀爲反旌旛
芳元反矛戟亡侯反鉞音越楯時準反又音允擊柝吐洛反以壓於甲
反又於涉反二十六年爲曹于僞反莒挐女居反又女加反郲快
苦史反諸夏戶雅反下同屈完君勿反情好呼報反
二十七年洮他刀反本或作桃衣裳之會十有一范云十三年會北杏
十四年會鄄十五年又會鄄十六年會幽二十七年又會幽僖元年會杅二年會貫三年會陽穀五年會首戴七年
會甯母九年會葵丘有歃所洽反于朾他貞反又敉丁反本亦作揨甯母如字又音
甯下音母又茂后反兵車之會四范云僖八年會於洮十三年會鹹十五年會牡丘十六年會幽
會鹹音咸牡丘茂后反内難乃旦反繆公音穆縣子音玄下同
出竟音境下同焉得於虔反之媿巨愧反越疆居良反本或作竟之
稱尺證反注同來朝直遥反所絀本又作黜勑律反城濮音卜

二十八年何覤（昌慮反）戰衛（絶句）師敗（必邁反）瑣卒（素果反）

築微（左氏作麋）藪澤（素后反）告糴（音狄）之畜（勑六反下同）爲

内（于僞反下文爲内同）古者稅（始銳反）什一（十而稅一）不艾（魚廢反）

二十九年延廏（九又反）六種（之勇反下皆同）功築罕（呼旦反）殺

禮（所界反）有蜚（扶味反）淫佚（音逸）之行（下孟反）一亡（如字又音無）

三十年救鄣（音章）降鄣（戶江反下同）猶下（遐嫁反又如字）魯濟

（子禮反）無從（才用反）内閒（閒厠之閒）燕（音烟注及後同）之分（扶問反又如字本或作介音界注同）大保（音泰）召康（上照反）爲之（如字）

三十一年戎捷（在接反戎菽也捷獲也）外攘（如羊反）親倚（於綺反下文及注同）罷民（音皮下同）則懟（直類反怨也）爲燕（于僞反）辟地（婢亦反注同）惡内（烏路反）行異（下孟反）

三十二年能從（才用反或如字注同）已見（賢徧反）去日（起呂反）絶期（音朞）叔肸（許乞反）以齊（側皆反本亦作齋注同齋絜也）子般（音班）大子（音泰）書弒（音試）所見（賢徧反）

閔公（名開惠王十六年即位）第四　范甯集解

元年繼弒（音試）洛姑（一本作路姑）美稱（尺證反）出使（所吏反）齊仲孫（慶父也左氏爲齊大夫）以累（劣僞反）

二年吉禘（徒帝反）大祖（音泰下大廟同）昭穆（上饒反）未闋（呰穴反）君弒（申志反下同）孫于（音遜本或作遜）與弒（音豫）不復（扶又反）見矣（賢徧反）弟御（魚呂反下同）重罹（直用反）屈完（君勿反）高傒（音奚）其使（所吏反下同）爲賢（于僞反下同）攘夷（如羊反）惡其（烏路反注同）長也（丁丈反注同）兼不反（戶謙反又如字）好利（呼報反）而遠（于萬

反克將子匠反下同于竟音境翶翔五羔反

僖公名申惠王十八年即位第五　范甯集解

元年繼弒音試于聶女輒反齊侯與音餘見其賢徧

反下復見反注同君將子匠反下同以其不足乎揚絶句稱揚也狄

難乃旦反邢復扶又反下注並同是鄉許亮反本又作向注同言見賢徧

反于檉勑貞反一本作朾音同公敗必邁反下皆同于偃于晚反一本作堰音同于

麗力池反莒挐女居反又女加反惡公子烏路反之紿徒乃反欺詐也

相說音悅士卒子忽反相搏音博手搏也孟勞如字孟勞寶刀名王

赫呼白反當舍音捨佻身他堯反又徒堯反爲齊桓于僞反

二年通令力呈反夏陽戶雅反左氏作下陽先晉蘇薦反下文及注同之

塞蘇代反注同屈產其勿反又君勿反地名也之乘繩證反駿馬音俊不

借子夜反及下不借而借皆同中廄音救之奇其宜反而懦乃亂反又乃卧反
又少詩召反下同長於丁丈反言提徒兮反本又作題音同能彊其良反又其丈
反玩好呼報反中知音智下同以上時掌反臣料力彫反又力弔反之
使所吏反不便婢面反謂與音餘諺言音彥挈其去結反操
辟七刀反加長丁長反干貫古亂反勤雨如字麋氏音覲後年同
三年搢音進又音箭笏音忽而朝直遙反插也楚洽反莅盟音利
又音類四年蔡潰戶內反蓋爲于僞反下爲退同于陘音刑
惡之烏路反下同黑臀徒門反召陵上照反欲令力呈反下同得與
音預又如字爲僅其靳反菁茅子丁反下亡交反菁茅香草也尚書傳云菁以爲葅茅以縮酒
縮所六反袁濤徒刀反哆然昌者反又昌氏反鄭詹之廉反惡之
烏路反下同五年惡晉烏路反朝其子直遙反下皆同爲志

于僞反下同 參譏七南反又音三 首戴左氏作首止 敢令力呈反 而復
扶又反下同 塊然苦對反又苦怪反 控大苦貢反 背衆音佩 之稱尺證反下
同 齊稱 舍其音捨 舛而昌兗反 緼於紆粉反 包裹上音苞下音果 其
處昌慮反 相爲于僞反又如字 六年 著鄭張慮反注同 辟
義音避 七年 來朝直遥反 寧毋上音如字又音寗下音無又茂后反
左氏作寗 伯班必顔反 八年 之先悉薦反下同 朝服直遥反 弁
冕皮彦反 以鄉香亮反本又作向注同 得與音豫下請與并下注而與同本或作豫
使者所吏反 汋之由若反一音酌 大廟音泰 始見賢徧反下文而見同 夫
人成風也左氏以爲哀姜 正適丁歷反本亦作嫡 之稱尺證反 無別
彼列反 爲其于僞反 毋總音思 去夫人起吕反 檖音遂
九年 禦說魚呂反本亦作御說音悦 采地音菜 禮柩其救反禮記云在牀曰尸

在棺曰柩令背音佩蔑木才官反本又作攢同笄而古兮反爲殤式羊
反著之丁略反爲見于僞反下賢徧反不復扶又反無歆本又作喢所洽
反又所甲反用豭音加雍泉於勇反塞也以鄣音章又之亮反訖糴音狄
訖止也謂貯張呂反適子丁歷反與國音豫詭諸九委反左氏作佹諸
枉殺紆往反十年弒其君申志反下弒二君所爲弒並同卓勑角反
所爲于僞反下文皆同重耳直龍反殺奚齊申志反又如字麗姬力池
反伐虢所得左氏伐驪戎所得長曰丁丈反稚曰直吏反吾苦如字又枯路反下同
女其音汝下及注同使祠自絲反以酖直蔭反以鴆鳥毛畫酒跪曰求委反
覆酒芳服反地賁扶粉反注同沸起也呼曰火故反喟去愧反又去怪反過
差初賣反又如字刎亡粉反脰音豆頸也雨雪于付反
十一年丕鄭浦悲反大雩音于龍見賢徧反下同麃變

應對之應 索也所白反 以別彼列反下同 雩禱丁老反又音丁報反

十二年 貫之古亂反 遠齊于萬反 而近附近之近 楚爲于僞反 杵臼昌呂反 十三年 干鹹音咸

十四年 以難乃旦反 及繒在陵反 來朝直遥反下文及注同 此近如字又附近之近 林屬之玉反 背叛音佩 侯肸許乞反 惡之烏路反

十五年 不復扶又反 見于外賢徧反 禍釁許靳反 興襄本或作喪息浪反 肯治直吏反 螽音終 晦冥也亡定反 以見賢徧反

二桃他堯反 若羿息列反 敗徐必邁反下相敗同

十六年 隕石云敏反 陽行下孟反下陰行同 隊落直類反 四竟音境 耳治直吏反下目治同 磌之人反又大年反聲響也 六鷁五歷反 不亢苦浪反 于淮音懷

十七年 英氏於京反 滅項戶講反國名也齊滅之左

氏以爲魯臧 爲賢于僞反下爲之諱同 易可以豉反 惡惡並如字又烏路反
其行下孟反 于卞皮彥反 前見賢徧反下同
十八年于巏魚輦反又音言 惡宋烏路反注同 以別彼列反下同 故
去起呂反 于邲蒲必反一音弼 亟戰欺冀反 豎刁音彫 近衞如字
又附近之近 遠齊如字又于萬反 爲其于僞反 省文所景反
十九年求與音豫注及下文同 惡之烏路反下惡其長同 叩其音口 以衈
音二釁也 涖於面善反 正長丁丈反下及注同 之治直吏反 背叛音畔
二十年而治直吏反 郜子古報反 則近附近之近 禰宮乃禮反父
廟也 二十一年獻捷在接反 爲執于僞反 不復扶又反
二十二年須句其俱反 升陘音邢 爲內于僞反 于泓烏宏反 其
知音智又如字 又復扶又反 被甲皮皈反 嬰胄直救反 司馬子

反左傳作子魚要而於遥反非僥古堯反倖也音幸不推如字又他
回反陳亂直覲反則攻如字又音貢則守如字又手又反之狷音絹介音界
焉識於虔反二十三年圍閔左氏作緡二十五年楚圍亦同而惡
烏路反下而惡同惡乎音烏造次七報反顛沛音貝爲襄于僞反背
殯音儐權譎音決折足之設反詩刺七賜反
二十四年巡守手又反下同之行如字或下孟反下同復雅扶又反惡之
烏路反篡文初患反二十五年侯燬況委反自爲其
于僞反下爲祖同復以扶又反下是復同甸師扶偏反累於劣僞反隱去
起呂反下同以見賢編反爲繼于僞反又如字弑音試與會如字一音豫
二十六年于向舒亮反至巂音攜又似兖反施而舒豉反滅
夔求龜反爲魯于僞反中道如字又丁仲反以共音恭本又作供假

借音嫁又古雅反下子夜反又子亦反　二十七年來朝直遥反　齊侯昭或作照非　信夷狄音申注除宋以信義一字皆同音申或讀依字者非也　楚復扶又反　亡義音無　一而見賢徧反下同　碌碌音祿　得與音豫　圍解如字又胡懈反　二十八年以刺七賜反下文及注同　畀宋必利反與也　惡入烏路反下文及注同　復致扶又反　守于音狩下同　之行如字或下孟反　爲天王于僞反　獨公朝與音餘　顛矣都田反　顛倒丁老反　斷在丁亂反　二十九年介音界國名　大雨于付反　雹蒲學反　三十年累上劣僞反　泄冶息列反下音也　近半附近之近　諸正音征　鵠古毒反　之愆起虔反　戰爭爭鬬之爭　救台土來反又音臺　入鄆音運　惡季孫烏路反　美惡烏路反或如字

三十一年幼少詩照反大平音泰岱音代疆界居良反緇衣側其反熏裳許云反閒其苦鵙反不共音恭本亦作恭

三十二年伯捷在接反重耳直龍反之弑申志反子疊亡匪反朝聘直遥反交好呼報反否隔備矣反記注張住反不復扶又反

三十三年敗秦必邁反下同于殽戶交反男女之別彼列反百里子如字或作伯誤也蹇叔子紀輦反已拱九勇反合手曰拱女死音汝下及注同唫本作崟音吟一音欽其處昌慮反險隘於懈反要百於遥反下文要而擊之同倚輪居宜反一隻輪也或於綺反訾樓子斯反敗狄必邁反隕霜云敏反

文公襄王二十六年即位名興第六　范甯集解

元年隱去起呂反以見賢徧反繼弑申志反貴稱尺證反

來錫星歷反 采地音菜地本又作邑 于戚倉寂反 弑其申志反傳同 君髡苦門反 簒立初患反 夷夏戶雅反 謹識如字又申志反

二年 彭衙音牙 爲僖公廟于僞反 所馮皮冰反 長尺直亮反又如字下同 壞廟音怪下同 易檐以占反 伉也苦浪反 爲公于僞反 去處父起呂反下同 高傒音兮 差降初賣反又初佳反 士𣪊戶木反本又作穀 垂斂如字左氏九年同作垂隴 大廟音泰注及傳大祖同 躋僖子兮反升也 祫也戶夾反下及注皆同 昭繆音韶穆下及傳同 南鄉音向下同 雖長丁丈反 以先悉薦反下同 于禰乃禮反 雉雊古豆反雉鳴也 傎倒丁田反下丁老反

三年 伐沈音審 沈潰戶內反 以守手又反 雨螽于付反下同下音終 茅茨在思反茅草也茨蒺藜也 見於賢徧反 有難乃旦反 自解音蟹又古買反

四年 爲其于僞反 公與音餘注同

反覆芳服反　夫人與音豫注同　有貶彼檢反　甯俞羊朱反
五年歸含戶暗反舊作唅　且賵芳鳳反　飯用扶晚反　賵襚
音遂　于殽戶交反　乘馬繩證反下同　皆令力呈反　相者息亮反
稽顙音啓下息黨反　葦席于鬼反　從竟音境　主爲于僞反　入
鄀音若　六年侯驩好官反　累上劣僞反下同或如字　漏言魯豆
反　上泄息列反又以制反　上聾魯公反　否塞備鄙反　夜姑左氏作射
姑　趙盾徒本反　攻伐如字又音貢　惻隱初力反　佐女音汝　以語
之魯處反　竟上音竟　士造七報反　辟而言必亦反君也注同　詭
辭九委反　猶朝直遥反注及下同　朝朝上如字下直遥反　莫夕音慕　敢
泄息列反　不數所古反或所具反　叢徂供反
七年須句其俱反　城郚音吾　壬臣本或作王臣　令狐力丁反　輟

戰丁劣反　爲將子匠反　于扈音戶　喪取七住反本亦作娶
八年衡雍於用反　雒戎音洛本或作伊雒之戎誤　以見賢遍反
九年無復扶又反　刺公七賜反　箕鄭居其反　使萩子遥反又
子小反或作萩左氏作椒　而見賢遍反　共公音恭
十年之冑直又反　國近附近之近　女栗音汝　厥貉亡白反
十一年伐麇九倫反　郤缺苦悅反　來朝直遥反　敗狄必邁反
于鹹音咸　于麗力知反　莒挐女居反　佚害大結反更也害本又作宕
猶更音庚　堅強其丈反　打摘直隻反　射其食亦反下注同　廣一
古曠反　長百直亮反　斷其丁管反　眉見賢遍反　於軾音式　不
重直用反注同　創初羊反　爲內于僞反注同　造次七報反　顚沛音貝
十二年郕伯音成　來朝直遥反　而冠江喚反下及注同　而娶

七住反譙周在遥反而弁古兮反先是蘇徧反後是戶豆反
苟比毗志反或如字得復扶又反曰鯀古頑反禮爲于僞反服
長丁丈反使術音述已亟去異反數也注同有難乃旦反
十三年籧其居反篨直居反大室音泰傳皆同不復扶又反
于沓徒答反于棐芳匪反十四年侯潘浦干反星
孛步內反猶茀李軌扶憒反徐邈扶勿反一音步勿反又音弗魁中苦回反邪
亂似嗟反並殺音試捷菑在接反下側其反長轂古木反五百
乘繩證反下及注同步卒子忽反敻入況盛反遠也貜且俱縛反下子餘
反方悟五故反正適丁歷反爲受于僞反貍蜃力之反下市軫反
踰竟音境下同殺其音試本又作弒傳及注同單伯音善
十五年華孫戶化反奉使所吏反爲好呼報反以見

賢偏反 官稱尺證反，年末注同 來朝直遥反 以難乃旦反 介我音界
注同 其郛芳浮反 十六年欲去起吕反 爲厭於豔反
師丘左氏作郪丘，公羊作犀丘 復行扶又反，又音服，注復使及下注而復皆同 弑其申志反
杵臼昌吕反，下其九反 十七年諸侯會于扈范云言諸侯者
義與上十三年周亦諸侯，皆會公獨不與恥而略之
十八年伯螢乙耕反 弑其申志反，後悉同 使舉所吏反，注同 不
稱介音界，下同，副使也 而數所主反 之稱尺證反 惡宣烏路反，注惡不
奉同 敬嬴音盈，依左傳應作頃熊 姪娣大結反，下音弟 共養並如字，一讀上九用
反，下餘亮反

宣公名捷，子赤庶兄，匡王五年即位第七 范甯集解

元年與聞音豫，下注同 自見賢偏反 之挈苦結反 宣弑音試

來朝直遥反趙盾徒本反棐林芳尾反又音匪列數所主反

攘夷而羊反趙穿音川

二年華元戶化反言盡子忍反其將子匠反下注將師同將帥所類反當復扶又反賢行下孟反弑其音試年內皆同朝諸直遥反而暴暴戲暴也彈徒丹反又徒旦反辟丸音避於竟音境之玦古穴反杜元凱云如環而不連後斷丁亂反徽許歸反纆亡北反徽纆皆繩也三股曰徽兩股曰纆孰爲盾絕句孰誰也志同則書重絕句惡甚如字又烏路反見忠賢偏反或如字下同

三年復死扶又反陸渾戶門反又戶困反

四年及郯音談國名取向書亮反莒邑而爲如字又于僞反弑其音試

五年待迎魚敬反之稱尺證反受使所吏反

六年螽音終　七年伐萊音來國名　黑壤人丈反

八年大廟音泰注同　共殺音試　見其賢徧反注同　故去起呂反下文及

注同　子翬許韋反　猶繹音亦爾雅云又祭也　之享許丈反　去籥

餘若反管也　爲之于僞反注爲卿變同　惡其烏路反　熊氏宣公妾母左氏作嬴氏

舒鄝音了本又作蓼國名　頃熊音傾左氏作敬嬴　不爲于僞反　潦車

音老　載蓑素禾反　笠音立　張設如字又陟亮反　遷柩其又反尸在棺曰柩

眛爽音妹　而引以刃反又如字　遣奠弃戰反

九年行朝直遥反　黑臀徒門反　踰竟音境　以別彼列反　于

操七報反　郤缺去逆反下傾雪反　泄冶息列反下音也　夏徵戶雅反　衣

其衣上於既反下如字　其襦而朱反　在裏音里本又作表　於朝直遥反

十年公娶七住反　不復扶又反下注復以同　不冠工亂反　猶朝直遥

反見變賢編反崔杼直呂反惡其烏路反弑其音試蓋

爲于僞反貴稱尺證反取繹音亦饑本或作飢居疑反

十一年夷陵左氏作辰陵攢函音咸諸夏戶雅反弑君音試

之悖補對反惡入烏路反傎倒丁田反本又作顛邪正似嗟反輔

相息亮反下輔相同而楚強其丈反一音其良反

十二年君弑音試夏姬戶雅反于邲皮必反

十三年先穀戶木反本作穀一

十五年潞氏音路嬰兒一盈反札子側八反召伯上照反

矯王居表反無婁力侯反初稅始鋭反賦也什一音十十稅一也佃

田佃音田又徒編反以共音恭爲盧力魚反田畯音俊田大夫也之去

如字又趣呂反葱韭音九楸桑音秋蝝生以全反劉歆云此蚍蜉子董仲舒云蝗子字林

尹絹反十六年留吁許于反別種章勇反弁盡必政反又
如字宣榭音謝本或作謝災傳例云國曰災邑曰火左氏作火
十七年錫我星歷反斷道徒短反一音短叔肸許乙反宣弒
音試注同織屨九具反十八年子臧子郎反戕在良反殘也賊
也猶殺也繒子本或作鄫在陵反捝殺他活反又徒活反捶打也字林云木杖或作撲普木反
謂捶章蘂反打音頂惡其烏路反距難乃旦反楚子呂
左氏作旅捐殯以全反弃也之使所吏反注同至檉丑貞反左氏作筌魯
竟音境

成公名黑肱定王十七年即位第八　范甯集解

元年夏之戶雅反無復扶又反甲鎧苦開代反夫甲音符貿
戎音茂左氏作茅戎爲尊于僞反孰敗之必邁反又如字行父秃

他木反郤克眇士小反良夫跛波可反公子手僂於矩反一音力

主反御禿音許五嫁反迓也下皆同姪子大節反又丈乙反頃公音傾不說音悅

胥閭思徐反下力居反不解古買反又音蟹而橫華孟反又如字脫此徒活

反又他活反　二年新築音竹僑如本又作喬其憍反公子

手左氏作首于鞌音安欲令力呈反雍門於用反齊城門之茨

在私反門蓋夫甚音符敗衛必邁反敖郤五報反謂笑其跛

跛布可反案杜預注左傳云郤克跛此傳言郤克眇范注當依傳而作跛恐非之甗魚蹇反又

音言又音彥王甗也爲質音致下同侵易以豉反下伐易同取汶音問鄉之

本又作嚮亦作向同許亮反下文同會與盟同月絕句不同月絕句則地

會地盟絕句　三年禰宮乃禮反父廟也所馮皮冰反去

疾起呂反咎如音羔不復扶又反　四年來朝直遥反城

鄆音運五年壅遏於勇反下於葛反伯尊左氏作伯宗不
辟音避將在子匠反君爲此于僞反素縞古老反無續
本或作續攘善如羊反盜竊也蟲牢直忠反下力刀反
六年取鄟音專又市轉反國名來朝直遥反伯費音祕
七年鼷鼠音兮郊吉否方九反斛角其樛反一音求角皃本或作觩
非禦患魚吕反球然音求所能如字亦作耐復食扶又反下同
緇衣側其反纁裳許云反蓋爲于僞反伐郯音談來朝
直遥反八年韓穿音川爲之于僞反召伯上照反曰見
賢徧反注更見同一稱尺證反以上時掌反士燮素協反來媵以證反又
繩證反娶嫡丁歷反姪娣大結反下音弟共公音恭下同
九年剌巳七賜反内稱尺證反又如字注同爲尊于僞反下及此傳注同

滅項平講反 頃音傾 莒潰戶內反 之行下孟反 惡之烏路反

十年強也其丈反 侯獳乃侯反 十一年郤犨尺由反公羊作郤州 十二年常處昌慮反 一見賢徧反注同 今復扶又反 瑣澤素果反 敗狄必邁反下同

十三年郤錡魚綺反 過京師音戈下同 出竟音境 朝聘直遥反下皆同 伯廬力吳反又力魚反

十四年時迎魚敬反傳同本或作逆 剌不七賜反 之挈苦結反 侯臧子郎反 十五年有試音試 惡晉烏路反 斷在丁亂反 宋共音若注及下文同 爲賢于僞反 無咎其九反 子鰌音秋 干葉始涉反 許復扶又音 見也賢徧反

十六年雨木如字成子付反非也 木介音界 甲冑直又反 雨著

直略反 欒黶於斬反 鄢陵音偃又於連反 苕丘音條 叔孫婼五略反 復不扶又反下同 無以見賢遍反下所以見公同 孫紇恨發反 刺公子七賜反傳同爾雅云殺也 戍衛式喻反 十七年單子音善 于柯音歌 謀復扶又反 而強其丈反 荀罃烏耕反 貍蜃上力之反下時軫反 踰竟音境 貜且俱縛反 子餘反 見殺音試又如字 十八年弒其君音試下以弒同 復入扶又反注同 士匄本又作丐音蓋 來朝直遥反下同 鹿囿音又苑也 藪澤素口反 以齊如字又側皆反 士魴音房 崔杼直呂反 虛朾丘魚反下丑丁反

襄公名午簡王十四年即位第九　范甯集解

元年復入扶又反 于鄫似陵反 壬夫而林反 來朝直遥反下

二年伯睔古困反而稱尺證反之

注同孫剽匹妙反將子亮反齊姜如字齊謚也一音側皆反後齊歸同故爲于僞反

三年長樗丑居反受使所吏反而復扶又反

四年杞音起

五年子巫亡符反爲我于僞反善稻吳謂之伊緩左氏作善道曾

夷才登反又如字不復扶又反其數音朔

六年來朝直遥反莒人滅繒似陵反立其甥爲後異姓故言滅也別

之彼列反下同以莅直利反又音類

七年郯子音談來朝直遥反下同城費音秘于鄅本又作鄅

于詭反髡苦門反本又作郡或作顒顒音於倫反左氏作髡頑于操七報反見以賢編

反弒而音試下反注同故去起呂反踰竟音境背華音佩

八年公子濕本又作隰同音濕又音燮二十年同左氏作燮邢丘音刑見魯
賢遍反九年于戲許宜反
十年于祖莊如反復夷扶又反下不復皆同傅陽左氏作偪陽蓋
爲于僞反一眚所景反則并必性反又如字汲鄭音急引也所
殺音試下同爲楚于僞反驕蹇紀輦反公子斐芳尾反左氏作
騑惡上烏路反注同數反所角反覆芳服反
十一年將皆子匠反舍中音捨京城北左氏京作亳復伐
扶又反注同鄭與音豫挈國苦結反是傳直專反
十二年圍郃本又作台他來反又音臺攻守手又反又如字蓋爲于僞反
入郠音運惡季烏路反十三年取邿音詩共王音恭
十四年孫蠆丑邁反于向舒亮反君弒音試與知音豫華

閼音恍 十五年向戌舒亮反下音恤 劉夏戶雅反注同 過
我音戈 成郛音孚郭也 十六年湨梁古闃反湨梁地名
十七年邾子瞯音閑左氏作牼
十八年言朝直遥反下同 其使所吏反下同 同與音餘注同 負芻
初俱反 十九年祝柯古何反 復伐扶又反下及注皆同 伐齊
與音餘 鄟水火號反又音郭水名 軋於八反委曲也 惡盟烏路反 宜墠
音善除地也 乎介音界副使也 二十年于向舒亮反 澶淵
市然反 陳侯之弟光左氏作黃 惡也烏路反注同
二十一年以漆音七 閭丘力居反 來朝直遥反 商任音壬
二十三年伯句古害反 畀我必二反 復入扶又反 雍渝於用
反又如字下陽朱反左氏偷作揄 惡其烏路反下傳惡之同 聑北女輒反 中道

丁仲反又如字遽伯其居反輕行遣政反又如字

二十四年孫羯居謁反陳鍼其廉反宜咎其九反之嗛去簟反不足皃之饉音近臺榭音謝堊飾烏路反又烏洛反弛侯式氏反弛發也侯射侯也廷道徒佞反朝廷之道也一音庭

二十五年弒其音試注同爲此于僞反下爲其同重丘直龍反屈建居勿反公孫夏戶雅反吳子謁左氏作遏見以賢徧反下同脩守手又反或如字門人射食亦反矢創初良反

二十六年弒其音試下文及注皆同君剽匹妙反其日人實皮侯衎苦旦反本作衎見知賢徧反賓與音豫下同弒其如字世子座在禾反踰竟音境

二十七年孔奐呼亂反喜弒音試下弒君皆同而復扶又反惡獻烏路反弟專左氏作鱄已

雖（音紀）見獻（賢徧反）織絇（其俱反）邯鄲（上寒下丹）與約（如字）又（於妙反下同）爲約（于僞反本或作盟約）背之（音佩）

二十八年來朝（直遥反）

二十九年閽弒（音昏守門人也下音試下同）餘祭（側界反）寺人（本又作侍）不近（附近之近下同）臧否（音鄙又方九反）不狎（戸甲反）邇怨（於願反又於元反注同）仇之（音求）杞復（扶又反）使札（側八反）之尊稱（尺證反）北燕（音烟國名）姞姓（其乙反又其吉反）

三十年蘧罷（于委反下音皮）弒其（音試下盡蔡般傳及注皆同）與夷（如字又音餘夷宋殤公名）子般（音班本或作班）髡之（苦門反）以別（彼列反）見（賢徧反下同）少辟（音避下同）逯逮（音代又大計反）爲行（下孟反）長（丁丈反）共姬（音恭注同）惡（烏路反）所爲（于僞反）以見（賢徧反）

二十五

更宋音庚償也所喪息浪反注同償其時亮反

三十一年大子音泰弑其音試

昭公名裯景王四年即位第十　范甯集解

元年子招上昭反于郭左氏作虢取鄆音運弟鍼其廉反

惡也烏路反敗狄必邁反大原音泰下及注同大鹵力古反去疾起呂反彊鄆居良反彊境界也猶竟音境子卷音權左氏作麇

二年刺公七賜反見義賢徧反惡季烏路反

三年來朝直遥反大雨于付反雹皮學反

四年大雨雪于付反左氏作雨雹沈子音審爲齊于僞反弑其申志反注及于弑君皆同粲然七旦反盛笑皃不爲于僞反不肖音笑謂與音餘

五年舍中音捨屈申居勿反敗莒必邁反賁

泉扶粉反左氏作盼泉失台湯來反

六年合比必里反又毗志反七年暨齊其器反孫婼丑略反搕盟音科又音類嚮香亮反本亦作鄉八年同

八年以惡烏路反下及注同侯溺乃歷反秋蒐所求反于紅戶公反以見賢編反蒐狩手又反艾蘭魚廢反置旃之然反通帛爲旃卬車五郎反一音仰本又作昂爲槷魚列反門橜也椹也張林反

中臬魚列反橛也爲褐戶葛反毛布也流旁握握四寸也御轚古帝反桂也劉兆云絓也本或作擊雨轊音衛一音徐歲反車軸頭也挂也戶卦反又音卦礙也候蹄徒兮反馬足也相應應對之應揜禽於檢反本亦作俺能中丁仲反下皆同誅降戶江反惡虐烏路反年末傳及注同幼少詩召反以

共音恭之庖步交反不爭爭鬬之爭公子過音戈

九年許復扶又反見也賢編反陳火左氏作災孫玃俱縛反

郎囿音又舊于目反苑也　十年侯虒彼虬反爲下于僞反

公成音城　十一年子痤在戈反不弟大帝反又如字下不弟同子

虔其然反或作乾侯般音班弒父音試下弒同得惡烏路反下以惡之豈直惡

同陳夏戶雅反醜行丁孟反罰當丁浪反又如字趙盾徒本反有

累力僞反比蒲音毗器械戶戒反稄祥子鳩反北宮佗

大河反厥憖魚靳反又五轄反叩其音口以衈音二惡之烏路反下文及

注同注乎張具反又之住反封疆居良反

十二年挈燕呰結反以去起呂反子憖魚靳反見因賢編

反諸夏戶雅反舍而音捨

十三年圜費音祕弒其凡弒字從式殺字從殳君父曰弒取積漸之名自外則皆

曰殺此可以意求也傳本多作殺字故時復音之後放此乾溪苦兮反君髠苦門反祝吁香于反于濮音卜之稱尺證反不與音豫又如字下注同有難乃旦反不令力呈反

十四年見君賢徧反去疾起呂反意恢苦回反振鐸之慎反下大各反在甸徒徧反已姓音紀又音杞

十五年夷末亡葛反籥入由若反去樂起呂反可復扶又反

十七年來朝直遥反星孛蒲內反茀于音佩本亦作孛曰敗必邁反下夫及注同成陳直刃反檇李音醉

十八年子惡烏路反入鄅音禹又音矩

十九年弑其音試下文及注皆同與夫音豫又如字下音扶弟虺許鬼反歠昌挩反下常挩反飦之然反又居言反粥也粥之六反嗌音益咽喉也容粒音立羈貫古亂反交午翦髮爲飾曰羈貫䩭又作羈以上時掌反累及

劣僞反下同　二十年自夢無工反又亡忠反又亡弄反本或作甍左氏作鄸致

令力呈反　兄輒如字或云音近縶輒者兩足不能相過也左氏作縶　惡其烏路反

適兄丁歷反　齊謂之綦音其又其巽反劉兆云綦連併也　楚謂

之踂女輒反劉兆云聚合不解也　衛謂之輒本亦作縶劉兆云如見縶絆也　處

甚昌慮反　以見賢徧反

二十一年蔡侯東左氏公羊作蔡侯朱　惡之烏路反

二十二年昌閒如字一音簡　亦爲于僞反　單子音善

二十三年雞甫左氏作雞　子髡苦門反　子盈本亦作逞　夏

齧户雅反下五結反　之稱尺證反注之稱同　辟子朝音避　惡烏路反下同

別嫌彼列反　二十四年則挈苦結反　郁釐於六反下力之反

二十五年鸜其俱反本又作鸛音權左氏作鸜公羊作鸛　鵒音欲　濟子禮反　公

孫音遜本亦作遜下同 齊竟音境下同 唁音彥弔失國曰唁 郝公音方又音訪依注讀爲訪謀也 易辭以豉反下同 其爲于僞反

二十六年鄟陵音專又市轉反 召伯上照反 篡君初患反

二十七年君僚力彫反 郤宛於阮反又於元反 祁犂力兮反又力私反 于邑音戶 邾快苦夬反 畀必二反本或作鼻 逋逃布吳反

二十八年鄭伯寧下滕子寧皆如字

二十九年叔倪五計反又五兮反左氏作詣 鄆潰戶內反 則惡烏路反或如字 脩行下孟反 復使扶又反

三十年去疾起呂反 頃公音傾 爲下于僞反 惡也烏路反

三十一年荀櫟音歷舊作躒 適歷丁狄反 既爲于僞反 黑肱古弘反 以濫力甘反又力暫反 别乎彼列反又如字注同

二十六

三十二年取闞口暫反　大叔音泰　不享音許文反　覲見其靳

反下賢偏反下同　不復扶又反　無朝直遇反

定公名宋昭公庶弟敬王十一年即位　第十　范甯集解

元年見無賢適反下注所見同　聽治直吏反　之處昌慮反　敢背

音佩　耕芸本又作耘音云　不艾魚廢反　爲旱于僞反　去讓羌呂

反　是舍音捨　焉請於虔反　應上時掌反　道之音導下同　詒詑

以之反　煬宮餘亮反煬公之廟也煬公伯禽子

二年兩觀工喚反注及下文同闕也　欲令力呈反　差可初賣反

三年子穿音川　于拔皮八反也名

四年國夏戶雅反　召陵時照反　公孫姓音生又如字　皐鼬

叟又反　故復扶又反　劉卷音權　采地七代反　寰內音縣又音環

吴信音申又如字　而攘如羊反却也　挾弓戶牒反又子協反　闔廬戶臘反下力居反　見不賢編反　爲是于僞反下不爲匹夫爲是皆同　朝於直遥反注同　囊瓦乃郎反　南郢以井反又以正反　數年所主反　易無以豉反

壞宗音怪注同　撻平七達反　樂縣音玄下同　能亢苦浪反　御之魚呂反　不肖音笑　而奮方問反　三敗必邁反　復立扶又反注同　楚國復立也

五年見其賢編反　惡也烏路反　子翬許韋反

六年三家張也如字一音丁亮反注同

七年于鹹音咸

八年惡之烏路反　侯柳良久反　曲濮音卜

九年伯蠆丑邁反　分器扶問反　惡得音烏注同惡猶於何　堤下丁兮反又音蹄

十年頰谷古協反左傳作夾谷　爲危于僞反　相

焉息亮反下兩相同 壇徒丹反封土曰壇 鼓譟素報反羣呼曰譟 羣呼火故

反 合好呼報反注同 使御魚呂反 逡巡七旬反 屬其章欲反語

也注同 夫人音扶注同夫人謂孔子也 語也魚呂反 之行下孟反 幕音莫帳也

優俳皮皆反 欲嗤尺之反 鄆讙好官反 蓋為于偽反 以見

賢徧反 圍郈音后 暨宋其器反 仲佗大河反注同 石彄苦侯反

所強其丈反 十一年 者渝羊朱反變也 惡之烏路反下同

取夫音扶 叔還音旋 十二年 墮郈許規反毀也 違背

音佩 墮費音祕 十三年 垂葭音加 淵圉音又 比蒲

音毗 吉射食夜反或食亦反 君比必履反又毗志反

十四年 晉趙陽左氏作衛趙陽 佗人徒河反又如字 子牂作郎反 敗

吴必邁反 檇音醉 于牽去賢反 于洮他刀反 歸脤市軫反主

祭肉也熟曰膰音煩杳或作煩蒯聵苦怪反下五怪反之行下孟反

十五年來朝直遥反鼷鼠音兮一處昌慮反渠篨直居

反弋氏羊職反哀公之母左氏作姒氏於長丁丈反帥之所類反不爲

于僞反下稷如字昃也左氏作昃晡時布吴反定弋左氏作定姒

哀公名蔣敬王二十六年即位第十二　范甯集解

元年不見賢徧反下復見同今復扶又反斛角音糾又音求有

差初賣反則否方九反不復扶又反下同滌宮徒歷反敢擅

市戰反施式氏反又如字始庀匹爾反具也下同管鍵其展反又其偃反監

古銜反享道許丈反注同二年漷東火虢反又音郭沂西

魚依反句繹古侯反下音亦不與音豫來朝直遥反欲弒本又作殺

同音試信父音申書篡初患反得復扶又反曩日乃黨反

鉾本有作矛云侯反楯常允反又音允則拒音巨邪也似嗟反于鐵他結反三年曼姑音萬者辟音避有難乃旦反樂髡苦門反四年盜弒音試下文注皆同微殺如字注同陳夏戶雅反區夫烏侯反辟中音避卽殺如字殺賊同弒君音試頃公音傾五年杵臼昌呂反不數所主反六年于柤莊加反子軫之忍反君荼音舒又音徒一音大加反當去起呂反見當賢徧反子糾居黝反後殺如字惡之烏路反七年瑗于眷反曼多音萬于繒在陵反而擅市戰反表惡烏路反傳及注同八年及闡尺善反惡內烏路反伯過音戈九年雍丘於用反易辭以豉反下及注同將劣子匠反十年以見賢徧反孟彄苦侯反

十一年棘頫破何反艾陵五蓋反

十二年令別如字又彼列反爲官于僞反官稅舒銳反夏謂戸雅反諱取如字又七住反橐皐章夜反一音託于鄖音云螽音終

十三年于嵒五咸反易以豉反下同祝髮之六反斷也斷也音短以辟音避蛟龍音交累累如字猶數數也數數所角反尊稱尺證反下同夫差音扶下初佳反星孛音佩區夫烏侯反

十四年西狩手又反不出如字又赤遂反矣夫音扶不王于況反下王德同闕睢七余反之應於敬反自爲于僞反其適如字適之也道喪息浪反鸛音權又音劬鴝音欲蜮音或

經典釋文卷第二十二經五千三百八十五字注六千五百五字

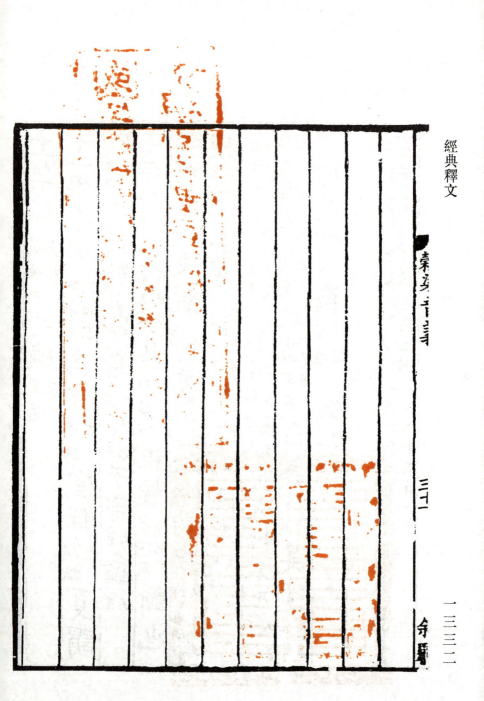

經典釋文卷第二十三

孝經音義

唐國子博士兼太子中允贈齊州刺史吳縣開國男陸德明撰

鄭氏相承解為鄭玄

開宗明義章

仲尼女持反仲尼取象尼丘山又音夷字作尼古夷字也援神契云蟲也居如字說文作凥音同鄭玄云凥
凥講堂也王肅云閑居也孔安國云靜而思道也曾則能反姓也子男子美稱也曾子孔子弟子也名參
字子輿魯人也或作參音同義別下皆同侍卑在尊者之側曰侍子孔子也古者稱師曰子曰語辭也從
乙在口上乙象氣人將發語口上有氣故曰字缺上也凡曰皆放此先王鄭玄云禹三王最先者案五帝官天下三
王禹始傳於殷於殷配天故為孝教之始王謂文王也有至德鄭云至德孝悌也王云孝為之至也要
因妙反注同道鄭云要道禮樂也王云孝為道之要孝悌大計反又順也本今無此字民用和

睦音目字林云忘六反上下無怨紆萬反女音汝本或作汝凡本女字皆放此汝水名音同義別
知之乎曾子辟音避注同本或作避參所林反不敏密隕反遠也夫
音符注及下同人之行下孟反復音服注同坐在臥反注同女音汝本今作汝身
體髮膚方于反不敢毀如字蒼頡篇云毀破也廣雅云虧也傷父母
得其顯譽音預也者丗強其良反而仕行步不逮
音代亦及也又音大計反縣音玄車音居致仕自父母至仕字本今無大雅云此文
王之詩六章文毋音無本亦作無念鄭玄云無念無忘也爾雅云勿念也爾祖聿尹吉反爾
雅循也述也本今作爾

天子章

子曰此一子曰通天子諸侯卿大夫士庶人五章也不敢惡烏路反注同舊如字於人不
敢慢云諫反俗作慢於人愛敬盡津忍反於事親形于

法也字又作刑于四海刑見賢遍反下同本今無刑見字甫刑尚書作呂刑兆知從八正直表反十億曰兆民百萬曰兆民賴之引辟上鹿艾反辟止本或作辟同匹辟反本今無引辟正字

諸侯章

危殆音待本今無殆字滿而不溢音逸費芳味反用如字約於略反儉勤檢反奢書蚳反泰音太爲溢羊栗反富貴不離力智反注同其身薄賦斂力儉反省所景反傜音遙本亦作繇役列士封疆字又作疆同居良反自薄字至居良反本今無詩云此詩小雅節南山之什小旻卒章戰戰章扇反兢兢棘冰反恐丘勇反懼也注及後同隊直類反本今作墜恐陷没陷之陷

卿大夫章

服山龍華胡花反蟲直忠反服藻音早火服粉方謹反

米字或作絲音同皆謂文繡修又反也田本又作佃音同獵力輒反卜筮

市制反冠古亂反又如字素積玆亦反自山龍至玆亦反本今無非先王之德行

下孟反注德行下擇行行滿皆同禮以檢奢紀儉反本今無無口過古臥反注同無

怨惡烏路反舊如字注同宗廟本或作庿爲作于僞反宮室自爲作至室字本今

無詩云此大雅蕩之什烝民篇語夙夜匪懈佳賣反注及下字或作解同夜莫

如字又音暮下並同也解自夜莫至也字本今無惰古臥反注同

士章

資者人之行下孟反也本今無此句兼古恬反并也之者父也

以敬事長丁丈反注皆同則順食稟必錦反公羊傳云稟賜穀祿也爲

爲曰祭一本作始曰爲祭曰音越又人實反別彼列反是非自食字至非字今本

無

詩云此詩小雅節南山之什小宛篇語夙興夜寐面利反無忝[illegible]

反

爾所生所生謂父母本今作爾

庶人章

春生夏長丁丈反秋收如字又手又反本作斂力儉反冬藏才郎反分方云反同

注地之利分別彼列反五土周禮五土一曰山林二曰川澤三曰丘陵四曰墳衍五曰原隰

丘陵阪險阪音反險音許撿反又蒲坂反宜棗棘本作宜種棗棘自丘陵至棘本今無

以養羊尚反父母行下孟反音如字不爲非度待洛反財爲費芳味反

什一音十一而出十而出一無所復扶又反謙自行字至謙本今無故

自天子古文分此以下是爲一章故患難奴旦反不及其身也善一本作難自故患至善字本今無未之有也

三才章

曾子曰甚哉曾從八正甚從甘匹正皆放此語魚據反喟丘媿反又丘恠反
然自語字至然本今無夫音符孝民之行下孟反注同也孝弟大計
反本亦作悌恭敬民皆樂音洛之自孝弟至之字本今無其政不
嚴而治直吏反注同政不煩苛音何自政至苛本今無民之易以豉
反本今作人之易也而民興行下孟反上好呼報反下好禮同義自上字至
義本今無而民不爭爭鬭之爭從爪尹正皆放此若文王敬讓於
朝直遥反虞芮推畔於田則下効戶教反之自若字至之本
今無導音道本或作道之以禮樂示神至反之以好如字又呼報反
惡如字注同又烏路反而民知禁金鴆反注同詩云此詩小雅節南山之詩赫
本又作赤火白反師尹若冢張勇反宰之屬也女音汝下同當
視民常亘反皆放此自若字正放此本今無

孝治章

㫺正皆放此本今作昔聘匹正反問天子無恙羊尚反五年一朝
直遥反下注同郊迎魚敬反又魚荆反芻初俱反禾百車以客苦百反
本或作以客禮待之夜設庭燎力召反本亦作燎同一音力弔反徐力燒反鄭云在地曰燎執之曰
燭又云樹之門外曰大燭於内曰庭燎皆是照衆為明當為于偽反下皆同王者侯者候
戶豆反伺音司又相吏反伯者長丁丈反下同男者任而鴆反也德不
倍步罪反別彼列反優自聘字至優本今無故得萬國之歡字亦
作懽五年一巡音旬守手又反本又作狩勞來上力報反下力代反自五年字至力代反
本今無不敢侮亡甫反於鰥古頑反寡無妻曰鰥無夫曰寡男子賤
稱尺證反下同小大盡津忍反節自男子至節字本今無養羊尚反夫
然音符則致張利反從反音陟里反他皆放此俗作攴非其樂音洛自則致至洛字本今無

祭則鬼享許丈反災本或作灾則才反詩云此大雅蕩之什抑篇語有

覺音角大也德行下孟反注同

聖治章

聖從王正從王非之行下孟反則周公周公名旦文王之子武王之弟祀音似后

稷上音後稷官名后社名弃周公之始祖也故異其處昌慮反辟后稷也音避

本亦作避同於朝直遥反越裳遠國也重直龍反譯本亦作驛同音亦

故異字至音亦本今無夫音符膝辛七反從木入水桼音七正以養羊尚反父母

日嚴人實反注同日者實也日行孝故無闕也象日致其樂音洛下樂同親

近附近之近於母自致其樂至於母本今無其政不嚴而治直吏反不令

力正反而行自不令至而行本今無父子之道古文從此已下別為一章續音俗相續

也焉本今作莫大焉復扶又反何加焉自復字至焉本今無故不愛

其親（古文從此巳下別爲一章）謂之悖（補對反注下同）德若桀（其烈反）紂（丈久反）是也言中詩書（丁仲反下同自若字至下同本今無）行思可樂（如字音洛注同）難進而盡（津忍反）中易（以豉反）退而補過（古卧反）傚（戶教反）漸也不令（力政反下文并注並同）而伐謂之暴（蒲報反自難進至報反本今無）詩云（此詩曹風鳲鳩之篇語）淑人（常六反）其儀（字從人）不忒（他得反差也）

紀孝行（下孟反）章

也盡（津忍反）禮也（一本作盡其敬也又一本作盡其敬禮也今本作居則致其敬）養（羊尚反）則致其樂（音洛）病則致其憂（疾甚曰病）擗（婢亦反）踊（羊冢反）泣（器立反）齋（側皆反本又作齋）必變食色敬忌踧（子六反自必變至丁六反本今無）在醜（昌九反）不爭（爭鬭之爭注及下同）不忿（芳粉反下同）

大ヲ五十二

爭也好呼報反自不忿至呼報反本今無亂則刑罰音伐及其身也自罰字至身也也本今無雖日用三牲之養羊尚反後九字本今無不敢惡烏路反於人親

五刑章

五刑之屬三千墨劓剕宮大辟呂刑云墨罰之屬千劓罰之屬千剕罰之屬五百宮罰之屬三百大辟之罰其屬二百五刑之屬都有三千科苦和反本今無條三千謂劓魚器反截鼻之刑墨刻其額而湼之以墨宮割男子割勢女子宮閉之呂刑及周禮並直作宮字或作𥨊字本今無割字大辟婢亦反下同穿音川窬音俞又音豆盜徒到反盜從次次似延反口液也他放此俗作者全非竊者劓與周禮注不同劫居業反賊傷人者墨與周禮下同男女不與禮交本或無交字者非者宮割周禮無割垣音袁牆本或作廧同疾良反開人關籥音藥字或作鑰通用

與周禮並同微異手殺人者大辟亦與周禮注不同死刑自穿字至此今
無要一傜反君者無上非侮云甫反本今無侮字聖人者巳字
今人行者一本作非孝行行音下孟反
廣要道章
莫善於弟本亦作悌同大計反人行之下孟反次也樂感人
情者也惡烏路反鄭聲之亂樂也上好呼報反禮
則民易以豉反使也則子說音悅注及下皆同盡津忍反禮
以事自人行至事此本今無此之謂要因妙反下同道也
廣至德章
而日人實反語之魚據反但音誕皆放此讀爲擅非天子事三老
三老三公致仕天子兄事五更音庚三老五更謂老人知三德五事者自天子至事者本今無

詩云此大雅生民之什泂酌之篇語 愷本又作豈同苦在反樂也 悌本又作弟同徒禮反一音待亦反 君子

廣揚名章

兄弟大計反本作悌下注皆同 故順可移於長丁丈反注皆同 居家理故治直吏反注同讀居家理故治絶句 是以行成於内下孟反

諫諍章

若夫音符 慈愛恭敬敢問子從父之令力故反下及注皆同 是何言歟音餘下同本今作與 孔子欲見賢遍反 諫諍諍鬬也此字從凡音飢逆反兩凡相對門也象門之形而非門若從門者非他皆放此二士對戟曰鬬 之端自孔子至此字本今無

不失天下本或作不失其天下其衍字耳 左輔右弼皮密反本又作拂音同 前疑後丞本亦作承 使不危殆大改反下同自左輔字至此本今無 則身離

力智反[illegible]於令名陷陷沒也陷從爪下非不同於不義又焉於虔反注同得

為孝乎

感應章本今作應感章

盡津忍反下同孝於父視其常旨反分符問反理也此巳上字本全無

長丁丈反注同幼順故上下治直吏反注同神明章如字本又作彰

矣事生者易以豉反故重直用反又直龍反其文也自事生字至此本合無

孝悌大計反之至則重直龍反譯音亦來貢公弄反自則字至此本今無

詩云此大雅文王之什文王有声之文莫不被皮寄反一本作章移反本今作莫不服

事君章

上陳諫諍爭闘之爭之義畢欲見賢遍反巳上字本今無進

思盡津忍反忠死君之難乃旦反自死字至此本今無退思補過古禍反詩云此小雅魚藻之什隰篇語中本亦作忠心藏之

喪親章

孝子之喪如字又息浪反親也死事未見賢遍反哭苦谷反不偯於豈反俗作哀非說文作悠云痛聲也音同言不文文飾也本或作聞非不爲趨七須反字從芻趍俱反吏步也翔行而張拱曰翔室中不翔行而張足曰趨堂上不趨唯維癸反又以水反而不對也去羌呂反文繡衣於既反衰七雷反字或作縗同竝義俗作衰色追反非也般也自趨字至此本今無聞樂如字不樂音洛故不樂音洛也不甞如字鹹音咸酸素丸反禮三年之喪食無鹽酸而食粥之六反又音謂朝一溢米暮一溢米自不甞至此本今無此哀慼七歷反之情毀瘠情羸力爲反瘦色殺反一本作病又或作憊皮拜反自瘠字至此本今無喪不蘇郎反又

過三年示神志反民不肖者企丘豉反而及之賢者俯音甫而就之再期本又作朞音同自而就之至此本今無爲之棺音官槨音郭衣衾其蔭反注同舊如字而舉之衾謂單音丹一本作殮力贍反可以亢苦浪反舉也尸而起也自謂單字至此本今無陳其簠音甫簋音軌簠簋俱祭器名擗婢亦反字亦作躃踊音勇哭泣起及反啼號戶高反竭情也自啼字至此本今無卜其宅兆兆卦也字書皆作垗廣韻云垗葬地也而安厝之七故反字亦作措爲之宗廟字亦作庿以鬼享之許丈反又作饗之無遺纖息廉反正皆放此也尋繹音亦天經地義究音救竟人情也行下孟反畢孝成自無遺字至此本今無

大ク十六　孝經音義　重刊

經典釋文卷第二十三

五福五代堂古稀天子寶

八徵耄念之寶

太上皇帝之寶

五福五代堂古稀天子寶

八徵耄念之寶

太上皇帝之寶

經典釋文卷第二十四

論語音義

唐國子博士兼太子中允贈齊州刺史吳縣開國男陸德明撰

論語序 此是何晏上集解之序今亦隨本音之

中壘 力軌反 校尉 戶教反 劉向 舒尚反 大子大傅 並音泰

夏 戶雅反 侯勝 音升或升證反 丞相 息亮反 傳之 直專反下同 頗多 破何反

琅 音郎本或作瑯 邪 以嗟反又也差反 膠東 音交琅邪膠東皆郡名 壞得 音怪

大守 音泰下大常同守音手又反 爲之註 本又作注之戍反又張注反 頗爲 于僞反

名曰論語 論如字綸也輪也理也次也撰也荅述曰語撰次孔子荅弟子及時人之語也鄭玄云仲弓子游子夏等撰

集解 佳買反何晏集孔安國馬融包氏周氏鄭玄陳羣王肅周生烈義并下己意故謂之集解

學而第一 以學爲首者明人必須學也 集解 一本作何晏集解

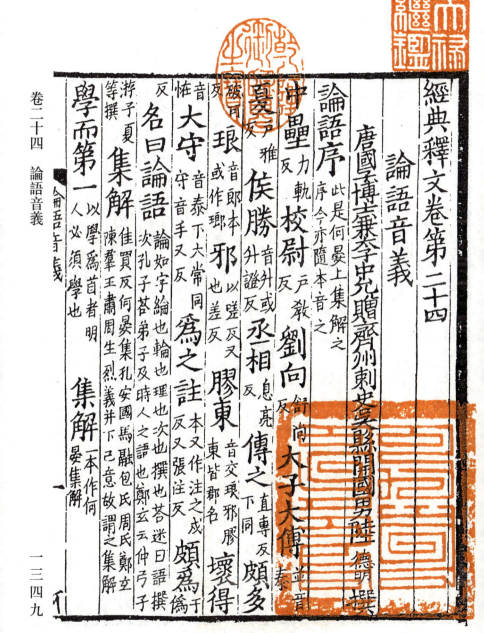

凡十六章

亦說音悅注同通稱尺證反說懌音亦有朋蒲弘反有或作友非亦樂音洛譙周云悅深而樂淺一云自內曰悅自外曰樂不慍紆問反怒也鄭云怨也孝弟大計反本或作悌下同而好呼報反下反注同鮮仙善反少也鄭云寡也下同本與音餘欲令力呈反人說音悅曾參所金反又七南反三息暫反又如字省悉井反視也鄭云思察已之所行也爲人于僞反又如字傳不直專反注同鄭注云魯讀傳爲專今從古案鄭校周之本以齊古讀正凡五十事鄭本或無此注者然皇覽引魯讀六事則無者非也後皆放此道音導本或作導包云治也注及下同千乘繩證反注同千乘大國之賦也司馬法齊景公時有司馬田穰苴善用兵周禮司馬掌征伐六國時齊威王使大夫追論古者兵法附穰苴於其中凡一百五十篇號曰司馬法有畸居宜反田之殘也之對甫用反又如字雖大賦絕句一本或云雖大國之賦包依王制孟子王制及孟子皆以百里爲大國奢侈尺紙反又尺氏反則弟音悌本亦

作悌 汎愛孚劒反 行有下孟反下云其行并注同 觀學文馬曰古文之遺文也鄭云文道藝也 子夏戶雅反 好色呼報反下至好學同 盡津忍反下注同 毋友音無本亦作無下同 憚徒旦反 難乃旦反 子貢本亦作贛音同 之與音餘下之與同 抑與上於力反 陳亢音剛又苦浪反 必與音預 爲治直吏反 信近附近之近下及注同又如字 覆芳服反下同 遠恥于萬反 無諂勑檢反 而樂音洛注同 好呼報反下注同 如切治骨曰切 磋七多反治象曰磋 琢治玉曰琢 摩一本作磨末多反治石曰磨 謂與音餘 患不知也本或作患己不知人也俗本妄加字今本患不知人也

爲政第二 先學而後從政故爲政次學而也

凡二十四章

衆星共求用反鄭作拱俱勇反拱手也猶北辰之不移本或作譬猶北辰之不移蔽必世反包云當也鄭云塞也猶當丁浪反又如字無邪似嗟反道之音導下同以德包云道德也鄭云六德謂智仁聖義中和格加百反正也鄭云來也孫彘直例反不妄亡尚反能養羊尚反下及注養人同以別彼列反注同食音嗣先生饌上眷反馬云飲食也鄭作餕音俊食餘曰餕曾音增馬云則也皇侃云嘗也女音汝人焉於虔反下同廋所留反匿也匿也女力反溫故烏門反尋也繹音亦不比毗志反下同則罔本又作冈則殆音待依義當作怠誨女音汝後可以意求之知也如字又音智姓顓音專寡尤下求反行下孟反注同錯七路反注同置也鄭本作措投也枉紆枉反邪枉似嗟反孝于如字一本作孝乎奚其為為政也一本無一為字車音居無輗五兮反轅端橫

木以縛軛字林五支反無軏五忽反又音月轅端上曲句衡枙音厄反作軛十

世可知也一本作可知乎鄭本作可知於夏户雅反餘以意求之三

綱謂父子夫婦君臣是也五常謂仁義禮智信三統謂天地人三正諂

也勑檢反

八佾第三

凡二十六章

佾音逸列也僭子念反下同雍於容反撤直列反本或作徹

相維息亮反助也辟公必亦反君也注同其易以豉反包云和易注同鄭

云簡寧戚千歷反旅音呂馬云祭名接祭山曰旅救與音餘嗚呼

本或作烏乎音同曾謂則登反則也不享許文反爭責衡反爭鬭之

爭絕句注同必也射乎鄭讀以必也絕句揖讓而升下

中一百二十一　論語音義　三

絶句鄭注詩賓之初筵引此則云下而飲**而飲**王於鴆反注同又如字**多筭**悉亂

反籌也本今作筭**倩兮**七練反**盼兮**普莧反動目貌字林云美目也

又匹簡反又匹莧反**絢兮**呼縣反馬云文貌鄭云文成章曰絢**繪事**胡對反本

又作繢同畫文也**喻美女**如字又夷佳反**解**音蟹**禘**大計反又祭也

旣灌古亂反**袷**戶夾反**爲序**于僞反注同**昭穆**常遥反說文作

佋下同**大祖**音泰下同**鬱鬯**勑亮反本今作卷**躋僖**子兮反

易了以豉反**吾不與**音預**媚**美記反**於奧**烏報反孔云內也鄭

云西南隅**求昵**女乙反亦作暱**所禱**丁老反一音都報反**監**古暫反觀也視也

郁郁於六反**大**音泰注及下同**鄹人**側留反邑名**梁紇**恨没反又

恨發反**復**扶又反**能中**丁仲反下及注同**同科**苦和反**欲去**起呂反注

同**告朔**古篤反**之餼**許氣反牲生曰餼**朝享**直遥反又張遥反**盡禮**

津忍反　爲語紛檢反　關雎七餘反　哀而如字毛詩箋改哀爲衷　問社如字鄭本作主云主田主謂社　可復扶又反下同　不咎其久反　器量音亮　大儉音泰一音他賀反　焉得於虔反　取三如字又七喻反本今作娶　謂嫁爲歸一本無爲字本今作曰歸　爲兩于僞反又如字　之好呼報反注同　反坫丁念反　君別彼列反　獻酢才洛反一本作酬　更酌音庚　子語魚據反　大師音泰注同　翕如許及反何晏云盛也鄭云變動貌　從之何讀爲縱子用反放縱也鄭云八音皆作　皦如古了反其音節奏分明也鄭云清別之貌　繹音亦鄭云志意條達之貌　請見賢遍反　從者才用反　於喪息浪反注同　語諸魚據反　木鐸直洛反木鐸金鈴木舌施政教之所振也　韶常遥反舜樂名　盡津忍反注同

里仁第四里猶鄰也言君子擇鄰而居居於仁者之里

凡二十六章

不處昌呂反後不音者及注同焉得於虔反知音智注及下同處樂音洛驕

佚音逸能好呼報反注同能惡烏路反注及下同無惡如字注同又烏路反否

泰備鄙反惡乎音烏注同造次七報反馬云急遽也鄭云蒼卒也顛沛音貝

僵仆也僵居良反本今作偃仆音赴又蒲逼反好仁呼報反注及下同惡不仁

仁烏路反下及注同難復扶又反之行下孟反各當丁浪反適丁歷反鄭

本作敵莫武博反范甯云適莫猶厚薄也鄭音慕無所貪慕也與比毗志反放於利

方往反依也下同參乎所金反貫之古亂反曰唯維癸反注同忠恕

音庶子曰三年無改於父之道可謂孝矣此章與學而篇

同當是重出學而是孔注今此是鄭注本或二處皆有集解或有無者父母之年不可不

知也此章注或云孔注或云包氏又作鄭玄語辭未知孰是逮音代又大計反爲身于僞反

鮮矣仙善反少也得中丁仲反欲訥奴忽反包云遲屯也鄭言欲難行下孟

反下同遲鈍徒頓反君數何云色角反下同謂速數也鄭世主反謂數已之功勞也梁武帝音色具反注同

公冶長第五

凡二十九章

公冶音也長如字姓公冶名長家語字子張范甯云名芝字子長史記亦字子長可妻七細反下同縲力追反孔云黑索紲息列反孔云攣也本今作絏攣力專反以拘音俱刑戮音六宮韜本又作縚同吐刀反南宮閱一名縚孟僖子之子斯焉於虔反此行下孟反瑚音胡璉力展反簠音甫簋音軌焉用於虔反下同禦人魚呂反屢數色角反下同漆音七彫丁條反本或作凋同子說音悅桴芳符反由與音餘編竹必緜反又蒲典反栰音伐好勇呼報反下同過我絕句一讀過字絕句材才哉二音不解音蟹不復扶又反下同

千乘繩證反下注同 賦孔云兵賦也鄭云軍賦梁武云魯論作傳 於朝直遥反 閒一如字本或作問字非 吾與爾爾本或作女音汝 宰予羊汝反或音餘 晝竹救反 寢七荏反 朽香久反 彫丁條反 腐房甫反 瑑陟角反 晝乎卦反 糞弗問反本或作糞同 圬音烏本或作杇鏝也 槾或作鏝末旦反又末丹反塗工之器 於予予宰我之名 與音餘語辭也下同 其行下孟反 申棖直庚反包云魯人也鄭云蓋孔子弟子申續史記云申棠字周家語云申續字周也 慾音欲或羊住反 焉於虔反 著知慮反 見賢遍反 循音巡 元亨許庚反 天道何云元亨日新之道鄭云七政變通之占 孔圉魚呂反 而好呼報反 僑其驕反 臧子郎反 之守手又反 僣子念反 藻音早水草有文者也 梲本又作棳章悅反梁上短柱也 栭音而 楹音盈 侈昌氏反又式氏反 其知音知下同 名㝅奴斗反本又作穀 於音烏 菟音塗 慍紆問反 未知如字鄭音智注及下同 焉於虔反下同 崔

子鄭注云魯讀崔爲高今從古　弒施志反本又作殺同　十乘繩證反　杼直呂反

惡烏路反　捐其悅全反　辟音避本亦作避　三思息暫反又如字　行父音甫

賢行下孟反　甯武子乃定反　俞羊朱反　則知音智下同　歸與歸與並音餘　吾黨之小子狂簡絕句鄭讀至小子絕句　斐然芳匪反

穿音川　鑿在洛反此章孔注與孟子同與鄭解異　伯夷姓墨名允字公信孤竹君之子伯長也夷謚一本名元　叔齊名智字公達伯夷之弟齊亦謚也夷齊名見春秋少陽篇　乞醯呼西反亦作醯

色足將樹反又如字注同一本此章有子曰字恐非　便僻婢亦反　大史音泰　匿女力反　盍戶臘反　憾戶闇反恨也　少者詩照反　訟自用反責也　焉如字衛瓘於虔反爲下句首

雍也第六

凡三十章

言任音壬又而鴆反諸侯治直吏反一本無治字一本作言任諸侯治國也桑子郎反鄭云秦大夫無見賢遍反而行下孟反又如字下同大簡音泰下同好學呼報反今也則亡本或無亡字即連下句讀過分符問反怒當丁浪反當復扶又反使於所吏反爲其于僞反釜音父六斗四升也庾俞甫反十六斗秉音丙十六斛也衣輕於既反大多上音泰或吐賀反曰毋音無犂牛利之反雜文曰犂又力之反色如狸也又力兮反耕犂之牛騂息營反其舍音捨注同棄也一音赦置也中丁仲反犧許宜反也與音餘下同決斷丁亂反騫起虔反費音秘邑名善爲于僞反注同語魚據反使者所吏反令不力呈反復召扶又反重來直用反則吾必在一本無吾字鄭本無則吾二字汶上音問水名自牖由久反喪息浪反又如字下同矣夫音符一簞音丹食音嗣下同一瓢婢遥反瓠也笥息嗣反陋巷戶降反注同其樂音洛注同不說

音悅　中道如字一音丁仲反　今女音汝　畫音獲止也　女得音汝　澹臺徒甘反　由徑古定反　而殿都練反注同　祝鮀徒多反　宋朝張遥反　及如一本及字作反義亦通　文質彬彬彼貧反文質相半也說文作份文質備　好之呼報反下注同　樂之音洛　以上時掌反注可上同　語上魚據反下同　上知音智　問知音智下章及注同　化道音導　而遠于萬反　瀆徒木反本今作黷　樂音岳又五孝反注及下同　知者樂五孝反下同　有大公周公音秦下同　觚不觚音孤酒爵也容二升　於患難乃旦反　隋待果反　令自力呈反　君子博學於文一本無君子字兩得　矣夫音符　不說音悅注同　矢之孔鄭繆播皆云矢誓也蔡謨云矢陳也　所否鄭繆方有反不也王弼李充備鄙反　天厭於琰反塞也又於豔反　等以爲男子者集解本皆爾或不達其義妄去等字非也今注云舊以南子者　以說始鋭反　治道直吏反　故孔子一本作夫子　之祝州又反本

今作呪民鮮仙善反注同博施始豉反夫仁音符更爲于僞反之

行下孟反

述而第七

舊三十九章　今三十八章

而好呼報反注同老彭包云殷賢大夫也案大戴禮云商老彭是也鄭云老老聃彭彭祖默

而俗作嘿云北反不厭於豔反不倦其卷反是行下孟反能徙

思爾反燕居於見反鄭本作宴夭夭於驕反和舒貌不復扶又反下同本或無復字

非據杖直亮反依倚於綺反以上時掌反注同無誨魯讀爲悔字今

從古不憤房粉反不悱芳匪反爲說于僞反以語魚據反復

重直用反無惻初力反子於是日哭則不歌舊以爲別章今宜合

前章舍之音赦止也一音捨放也與爾與及也或云與謀也是夫音符誰與

如字皇音餘 軍將 子匠反 馮河 字亦作憑皮冰反 徒搏 音博 好謀
呼報反 執鞭 必綿反或作硬音吾孟反非也 吾亦爲之 一本作吾爲之矣 所好
呼報反注同 齊 側皆反本或作齋同 戰疾 之彥反 聞韶 士昭反注同 爲樂
並如字王云爲作也本或作嬀音居危反非 爲衛 于僞反注及下同 大 音泰 蒯 苦怪反 聵
五怪反 鞅 於丈反 于戚 千歷反 曼姑 音萬 吾將問之 一本無將
字 惡行 下孟反 曰飯 符晚反 疏 本或作蔬所居反 食 如字謂菜食也一音
嗣飯也 曲肱 國弘反臂也 而枕 之鴆反 樂亦 音洛注同 數 色主反 學
易 如字魯讀易爲亦今從古 盡性 津忍反 葉公 舒涉反注同葉地名楚縣尹僭稱公
憤 符粉反 樂以 音洛 好 呼報反 奡 五報反 盪舟 吐浪反 弒 音試
下同 我三人行 一本無我字 必得我師焉 本或作必有 桓魋 徒雷反
知廣 音智 隱匿 女力反後章注同 文行 下孟反 忠 李云臣事君也 信 李云

與朋友交 亡而爲有 亡如字一音無此舊爲別章今宜與前章合 子釣 音吊 不綱 音剛鄭本同 弋 羊職反 不射 食亦反 宿 息六反謂宿鳥也 一竿 音干 繳 章略反下同 羅屬 音燭 著 直略反 互鄉 戶故反鄉名 難與言 一本作綸 絕句 童子見 賢遍反注同 惡惡 上烏路反下如字 之行 下孟反 陳司敗 如字孔云司敗官名陳大夫也鄭以司敗爲人名齊大夫 揖 伊入反說文云攘也一云手著胷曰揖 巫馬 音無 君娶 七住反本今作取 爲同 于僞反 後和 戶卧反注同 重歌 直用反 抑爲 於力反 不厭 於豔反 正唯 魯讀正爲誠今從古 子疾 一本云子疾病皇本同鄭本無病字案集解於子空篇始釋病則此有病字非 有之 誄曰 力軌反說文作讄或云作讄禱累功德以求福也以誄爲謚也 神祇 祈之反 素行 下孟反 不孫 音遜 則僭 子念反 坦 吐但反 蕩蕩 徒黨反魯讀坦蕩爲坦湯今從古 戚戚 于歷反 子温而厲 一本作子曰厲作例皇本作君子案此章說孔子德行依此文爲是也

泰伯第八

凡二十一章

民無得本亦作德大王音泰下同少弟詩照反則葸絲里反何云畏懼貌
鄭云殼質貌則絞古卯反馬云刺也七肆反鄭云急也不偷他侯反行之下孟反注下同開
衾若今反兢兢居陵反免夫音符患難乃旦反孫捷在接反本
又作踥同斯遠于萬反注同斯近附近之近鄙倍蒲悔反濟濟子禮
反蹌蹌七良反本或作鏘同惡戾力計反幼少詩照反人與音餘君子
也一本作君子人也弘毅魚氣反能斷丁亂反好勇呼報反注同大甚
音太下大師大公並同驕且吝力刃反又力慎反本亦作悋於穀公豆反孔云善也鄭及孫綽祿也
不易孫音亦鄭音以豉反則見賢遍反又音現行當下孟反恓植隣反古臣字
本今作臣弒音試下同師摯音至關雎七餘反洋洋音羊狂而

求匡反　侗而音通又敕動反玉篇音同　不愿音願孔云謹也鄭云善也　悾悾音空　慤

苦角反　巍巍魚威反　不與音預下注同　之稱尺證反下注同　煥乎音喚明也

天下治直吏反　契息列反　皋陶音遥　予有亂十人本或作亂

臣十人非　召七照反　奭音釋　閎音宏　夭於表反又於遥反　散息但反　宮适

古活反　參分七南反一音三本今作三　殷紂直久反　無間間廁之間注同　能

復扶又反　菲飲音匪薄也　黻冕上音弗下音免　而盡津忍反　溝

洫呼域反　廣光曠反下同　深尸鴆反下同

子罕第九

凡三十一章　皇三十章

子罕呼旱反希也　行之下孟反　也純順倫反絲也鄭作側基反黑繒也　易以豉

反　毋意上音無下同音如字或於力反非　羣萃在醉反聚也　胥暴如字本或作曽

才能反顏剋諸書或作顔亥爲夫子于僞反又如字見在賢遍反將

喪息浪反下及注同得與音預當傳直專反大宰上音太鄭云是吴太宰嚭

者與音餘天縱子用反吾少詩照反下同牢力刀反鄭云弟子子牢也家語有琴牢字子開一字子張史記無文多伎其綺反空空如字鄭或作悾悾同音空我叩音口發動

也兩端如字孔云終始也鄭云末也以語魚據反不爲于僞反不出如字舊尺遂反注同矣夫音符此瑞時恚反齊音咨衰七雷反冕音免

鄭本作弁云魯讀弁爲絻今從古鄉黨篇亦然瞽音古盲也喟然上苦位反又苦恠反鑽之子官反

惚怳況往反本今作恍惚循音巡欲罷皮買反又皮巴反又音皮卓爾陟角反鄭云絶望之辭病閒如字少差初賣反行詐側嫁反韞紆粉

反馬云藏也鄭云裹也匵本又作櫝徒木反馬云匵也鄭同善賈音嫁一音古而沽音姑賣也匱求位反沽之音姑不衒古縣字一音玄遍反九夷馬云東方之夷有九

種 九種章勇反 不爲酒困馬云困亂也 斯夫音符下章有矣夫並同 不舍音捨 好德呼報反下同 一簣求位反土籠也 土籠魯東反 而中丁仲反又如字 雖覆芳服反注同 語之魚據反 不惰徒臥反 也與音餘注同 顔淵解音蟹下同 焉知於虔反 少年詩照反本今作年少 法語之魚據反 巽音遜 無説音悦注及下同 繹之音亦馬云尋繹也鄭云陳也 毋友音無 勿憚徒旦反 奪帥色類反 其將子匠反 衣弊於既反下同本今作敝 縕紆粉反鄭云枲也 袍蒲刀反 狐貉戶洛反依字當作貈 也與音餘 枲絲里反 著竹呂反 不忮之豉反馬云害也書云很也韋昭漢書音義音洎 不臧作郎反 尚復扶又反 後彫丁條反依字當作凋 後別彼列反 處治直吏反 知者音智 唐棣大計反字林大內反 偏音篇 末之音味或作末者非 夫音符注同一讀以夫字屬上句

鄉黨第十

凡一章

恂恂音荀又音旬温恭之貌朝直遥反篇内不出者同廷徒寧反又徒佞反便
便婢綿反辯也侃侃苦旦反和樂音洛誾誾魚巾反踧踖
上子六反下子亦反踧踖恭和貌與與音餘中丁仲反使擯必刃反本又作儐亦作賔皆同
勃如步忽反躩如駈碧反盤辟貌盤步干反字又作磐辟婢亦反襜
赤占反一俛音免鞠躬九六反閾于逼反一音况逼反門限也攝齊
音資裳下也篇末皆同摳衣苦侯反逞顔色勑井反怡怡以之反
没階趨一本作没階趨進課也不勝音升爲君于僞反使所吏
反上時掌反又如字注同下如魯讀下爲趨今從古蹜蹜色六反授玉一本
作受玉曳踵章勇反享許丈反注同私覿直歷反見也注同愉

愉羊朱反 見也賢遍反下同 紺古暗反 緅莊由反考工記云五入曰緅字林云帛青色子勾反 領裹詳又反字亦作袖 緣也悅絹反 齊服上側皆反下同本又作齋 似衣於既反下不衣同 褻服息列反 紾之忍反本又作袗單也 絺勑之反細葛 綌去逆反麤葛 緇衣側基反 麑米低反鹿子也 袂面世反 相稱尺證反 便作婢面反 長一直亮反 狐貉戶各反 去喪起呂反注同 不佩字或從玉旁非 非帷位悲反 必殺色界反注同 齊必本或作齋同側皆反注同 遷坐如字范甯才臥反 常處昌慮反 食不音嗣飯也 厭精於豔反注及下同 膾古外反又作鱠 饐於冀反字林云飯傷熱溼也央莅央冀二反 而餲烏邁反一音遏字林乙例反 魚餒奴罪反說文云魚敗曰餒本又作鯘字書同 失飪而甚反 朝夕如字 食氣如字說文作既云小食也 無量音亮 沽酒音姑買也 撤去起呂反下同 君葷香云反本或作葷同本今作薰 䟽食音嗣又

如字瓜祭古華反魯讀瓜爲必今從古人儺乃多反魯讀爲獻今從古於阼才故
反本或作於阼階逐疫音役送使所吏反饋藥其愧反拜而受
之一本或無而之二字遺孔唯季反本今無此字廄久又反夫子家廄也王弼云公廄也焚
扶云反曰傷人乎絕句一讀至不字絕句賊畜許又反賜腥音星說文字林
並作胜云不孰也賜生魯讀生爲牲今從古先飯扶晚反注同若爲嘗食
然一本作若爲君嘗食然爲于僞反東首手又反注同拕本或作拖徒我反又勑佐反紳
音申南牖由久反不衣於既反大廟音太我殯必刃反昵女力反
居不容苦百反本或作容羊凶反爲室于僞反齊衰士雷反雖狎
戶申反見冕鄭本作弁謂數色角反迅雷音信又音峻車中不
内顧音故魯讀車中内顧今從古也輿中音餘一本作車中枙於革反本今作軛輢
於倚反又居綺反轂古木反山梁音良鄭云孔子山行見雉食梁粟也時哉一本作時

哉時哉　共之本又作供九用反又音恭注同　三息暫反又如字　嗅許又反注同

先進第十一

凡二十三章

先進包云謂仕也鄭云謂學也　輩也必内反　之中丁仲反　猶近附近之近

從我才用反注同　德行下孟反鄭云以合前章皇别爲一章　不說音悦　即解音蟹

人不間於其父母昆弟之言間廁之間注同　三復息暫反又如字　之玷丁簟反又丁念反　可磨音摩　妻之七細反　康子問弟子孰爲好學呼報反一本作季康子鄭本同　顔路回父也名由字季路　之車音居

無椁古廓反　曰噫於其反痛傷之聲　天喪如字亡也舊息浪反下及注同　慟徒送反馬云哀過鄭云變動客貌　從者才用反　夫人音符下章夫人同　之爲于僞反

焉能上於虔反　語之魚據反　誾誾魚巾反　行行胡浪反剛貌或户郎

郎反侃侃苦旦反子樂音洛注同以壽音授仍舊魯讀仍爲仁今從古
貫古亂反事也藏才浪反藏名有中丁仲反注同不解音蟹故復
扶又反得中丁仲反師愈以主反與音餘爲之于僞反又如字注同賦稅
如銳反柴仕佳巢諧二反子羔音高左傳作子羔家語作子高禮記作子皋三字不同鈍也徒遜
反也辟匹亦反在邪似嗟反也喭五旦反之行下孟反叛普半
反本合作畔子曰回也其庶乎或分爲別章今所不用屢空力從反殖
市力反億則於力反度也屢中丁仲反雖數音朔空匱
其位反而樂音洛億度待洛反又徒洛反數子色主反下同踐迹本亦
作跡子亦反是與音餘鄙行下孟反遠于萬反𢘑古文臣字本今作臣
與音餘下同弒父音試費宰悲位反夫人音符惡夫上烏路反下音
符給應應對之應曾晳星歷反史記云曾葴字晳侍坐才卧反又如字長乎

丁丈反　毋音無　吾以鄭本作已　難對乃旦反　治直吏反　先三人悉薦反　千乘繩證反　饑音機鄭本作飢同　饉其靳反　比及必利反下同　知方何云方義方也鄭云方禮法也　哂之詩忍反　非曰音越　小相息亮反注及下同　時見賢遍反　殷覜吐弔反本或作見　衣玄於既反　冠章古亂反　視朝直遥反　鏗爾苦耕反投琴聲本今作瑟聲　舍瑟音捨　之撰士免反具也鄭作僎讀曰詮詮之言善也　亦各言其志一本作亦各言其志也　莫春音暮本亦作暮　冠者古亂反注同　浴乎音欲　沂水魚依反水名也　舞雩音于　而歸如字鄭本作饋饋酒食也魯讀饋爲歸今從古　衣單於既反下音丹　袷古洽反　喟起愧反又苦恠反　夫三音符　也與音餘　焉於虔反本今無此字　宗廟會本或作宗廟之事如會同非　非諸侯而何一本作非諸侯如之何

顏淵第十二

凡二十四章

也訒音刃孔云難也鄭云不忍言也字或作仞　馬犂力兮反史記作秎並云字牛　桓魋徒回反　不疚久又反　夫何音符　浸潤子鴆反　之譖側鴆反　膚受方于反　之愬蘇路反　而去起呂反下同　於斯三者一讀而去於斯為絕句　棘子紀力反馬四音　鞹苦郭反孔云皮去毛曰鞹鄭云革也　去起呂反　別者彼列反　饑居其反鄭本作飢　盍胡臘反　徹乎直列反　而稅舒銳反　辨惑本亦作或　辨別彼列反　惡烏路反注同　亦祇音支　此行下孟反　吾焉得而食諸本亦作焉得而食諸焉於虔反本今作吾得而食諸　片言如字鄭云半也　以折之舌反魯讀折為制今從古　也與音餘　子路無宿諾或分此為別章　無倦其卷反亦作卷　懈倦古賣反　博學於文一本作君子博學於文　矣夫音符　之帥所類反又所律反字從巾同訓並與率同　情慾音欲又羊住反

本今作欲所好呼報反焉用於虔反什也蒲北反草尚尚加也本或作
上夫達音符下同而好呼報反以下遐嫁反注同而行下孟反從
遊才用反壇徒丹反墠音善脩慝吐得反德與音餘問知
音智下同錯諸或作措同七故反下同枉紆往反邪似嗟反鄉也許亮反又
作鄉同吾見賢遍反選於息戀反又息轉反下同皐陶音遙遠
矣如字又于萬反下同忠告古毒反善道導也毋自音無有相
切磋七何反本今作友之道如字

子路第十三

凡三十章

勞之孔如字鄭力報反先道道導也本今作導說以音悅曰毋倦上音
無下其卷反本今作無焉知於虔反其舍如字置也之迂音于包云遠也鄭本

于于往也　不中丁仲反下同　濫罰力暫反　所錯七故反本又作措　學

稼音嫁　爲圃布古反又音布　上好呼報反下同　賓應應對之應　夫如

是音符　繈居文反又作襁同博物志云織縷爲之廣八寸長丈二以約小兒於背　使於所吏反

蘧其居反　瑗于眷反　史鰌音秋　苟完音桓　期月音基注同　勝

殘音外注同　王者于況反又如字注同　退朝直遙反周生烈云君之朝鄭云季氏朝　何

晏於諫反　其與音預　不易以豉反　而喪息浪反　無樂音洛注同

葉公舒涉反注同本今作葉　者說音悅　莒居呂反　父音甫注同　毋欲音無

本今作無　公語魚據反　直躬孔云躬身也鄭本作弓云直人名弓　攘羊如羊反有

因而盜曰攘　父爲于僞反注同　使於所吏反　稱弟亦作悌同大計反　行

必下孟反注同　硜硜苦耕反　噫於其反　斗筲所交反竹器容斗二升

算悉亂反本或作筭　數色主反　狷音絹　醫於其反　善夫音符　所

分拱之

嗜常志反　好呼報反　惡烏路反注及下同　易事以豉反下同　難說音悅下同　度才徒洛反　剛毅魚既反　木訥奴忽反　質樸普剥反　遲鈍徒頓反　偲偲音絲本又作愢　怡怡以之反

憲問第十四

凡四十四章

在朝直遥反本今作在其朝　好勝呼報反　行之下孟反如字　危行下孟反注及下同　言孫音遜　以遠于萬反　宮适古活反本又作括　羿音詣　奡盪上五報反下土浪反　篡初患反　后相息亮反　寒浞仕捉反　少康詩照反　盡力津忍反　溝洫况域反　世皆王于況反　矣　夫音符　勿勞力報反注同　來之力代反　裨諶上婢之反下時針反　草創初向反制也依說文此是創瘢字創制之字當作刱　乘以繩證反本今作乘車以　復治

扶又反掌使所吏反孫揮許歸反更此古衡反故鮮仙善反騈邑蒲田反又蒲亭反地名飯扶晚反蔬所居反本今作踈食如字又音嗣注踈食同當理丁浪反怨難乃旦反驕易以豉反公綽昌略反本又作綽滕薛上徒登反下息列反之知音智孫紇恨發反卞莊子皮彥反鄭云秦大夫少時詩照反公孫拔皮八反不厭於豔反下同樂然音洛以防音房不要一遥反所譖莊鴆反知不音智不辟音避譎而古穴反詐也朝之直遥反狩本亦作守手又反公子糾居黝反注皆同召音邵民慢武諫反從弟才用反殺襄申志反本今作弑九合諸侯不以兵車史記云兵車之會三乘車之會六穀梁傳云衣裳之會十一范甯注云十三年會北杏又會柯十四年會鄄十五年又會鄄十六年會幽二十七年又會幽僖元年會檉二年會貫三年會陽穀五年會首戴七年會甯毋凡十一會鄭不取北杏及陽穀為九也者與音餘又相息亮反下同被髮皮寄

反下同左衽而審反一音而鴆反下同大夫僎本又作撰同士免反公朝直遥反
行如下孟反子曰衛靈公之無道一本作子言鄭本同夫如是
音符下同不喪息浪反下同又如字仲叔圉魚呂反祝鮀徒何反各
當丁浪反其言之不作才洛反慙也弑簡本亦作殺同音試下同而
朝直遥反先齊齊必沐浴側皆反亦作齋字告夫音符下同故
復扶又反下同之三子告本或作二三子吉非也語之魚據反諫爭
下作去聲爲己于僞反注同蘧伯玉其居反使者所吏反下及注同其
行下孟反或如字知者音智不惑音或方人如字孔云比方人也鄭本作謗謂言人之過惡
夫我音符暇行訝反不億於力反怨紆萬反又於袁反本或作宛丘何
或作兵何鄭作丘何是本今作丘何爲是驥音冀善馬也古之夫音符不怨於袁反又於願反注同
不尤鄭云尤非也伯寮力彫反愬悉路反譖也側鴆反恚子

一睡反市朝直遥反也與音餘辟世音避下同適治直吏反長

沮七餘反荷蕢上胡我反本又作何音同下其位反蕢草器也下皆同楚狂接輿

音餘闇人音昏本或作昏同者與音餘契契苦計反一音苦結反硜硜苦耕

反莫己音紀下斯已同則揭起例反揭揭上起例反下起列反又皆起例反

末之難如字或乃旦反不解音蟹本今作不能解諒音亮信也陰如字然也

鄭讀禮爲梁鵠杜預解古傳爲諒闇貌也中興丁仲反治也直吏反本今作治者上

好呼報反易使以豉反病猶難乃旦反原壤而丈反夷踞

音據不孫帝孫弟大計反長無丁丈反叩其音口又音扣脛户定

反傳賓直專反者與音餘不差初佳反一音初賣反

衛靈公第十五

凡四十九章

問陳直刃反注同本今作陳　行列戶剛反　俎豆側呂反　絕糧音粮鄭本
作粻音張下糧也　從者才用反　之難乃旦反　慍紆問反下同　見賢遍反下同
斯濫力暫反何云溢也鄭云竊也　者與音餘下非與也與同　以貫古亂反　鮮
仙善反　而治直吏反　夫何音符　行篤下孟反下行不篤敬亦同　蠻貊亡白
反說文作貌云北方人也　參於所金反注同　在輿音餘　倚於綺反注同　夫然音扶
梔音厄本今作軛　紳音申　大帶如字　史鰌音秋　行直下孟反　卷而
卷免反注同　不與音預　不忤五故反　知者音智　易知以豉反　之
輅音路本亦作路　越席戶括反　蕢吐口反　纊音曠　盡善津忍反下
同　遠佞上于萬反下乃定反　好德如好色並呼報反下章好行音同　者與
音餘　遠怨于萬反注同　怨咎其九反　禍難乃旦反　行小慧音惠
小才知魯讀慧為惠今從古　才知音智　為質本作君子義以為質鄭本略同　孫以音遜

不爭爭訟之爭與比毗志反誰譽音餘下及注同借人子夜反注同今亡矣夫音符衆惡之烏路反注同衆好之呼報反比周毗志反餒在奴罪反餓也知及音智注及下同涖之音利又音類子曰父在觀其志父沒觀其行集解無此章鄭本有云古皆無此章吾見蹈徒報反不復扶又反有種章勇反爲謀干僞反丈艷以驗反冕見賢遍反在處昌慮反道與音餘相師息亮反注同馬云相導也鄭云相扶也

季氏第十六

凡十四章

顓音專臾音瑜顓臾附庸國也見於賢遍反宓音密又音伏本亦作伏羲許宜反過與音餘下同相其息亮反爲之上音下僞反夫顓臾音符下今夫疾夫云如是並同邦域邦或作封周任音壬注同度巳待洛反焉用

於虔反 相矣 息亮反注同下相夫子同 虎兕 徐履反 於匣 戶甲反本今作柙
於櫝 音獨下同 檻 戶覽反 匱也 其位反 於費 悲位反注同 必爲
子孫亶憂 本或作後世必爲子孫憂 疾夫 音符 舍曰 音捨注同 政治 直吏
反本今作理 離析 星歷反 邦內 鄭本作封內 盾 又作楯並食允反 不
在顓臾 或作不在於顓臾 乾侯 音干 陪臣 蒲回反 陪重 直龍反
政逮 音代一音第 故夫 音符 便辟 上婢綿反下婢亦反注及下皆同 便佞
乃定反 三樂 五教反下不出者同 禮樂 音岳 驕樂 音洛下宴樂同 佚遊 本亦
作逸音同 三愆 起虔反 躁 早報反魯讀躁爲傲今從古 隱匿 女力反 之瞽
音古 趣鄉 許亮反本又作向 少之 詩照反 在鬬 丁豆反 在得 或作德非
易知 以豉反 恢疏 苦回反 狎大 戶甲反 侮聖 亡甫反 忿 芳吻反
思難 乃旦反 如探 吐南反 蒲坂 音反 華山 如字又戶化反 謂與 音餘

陳亢音剛又苦浪反　鯉音里伯魚名也　之遠于萬反　之稱尺證反下同　嫡
妾丁歷反本又作適同

陽貨第十七

凡二十四章

歸孔子如字鄭本作饋魯讀爲歸今從古　豚徒門反　故遺唯季反　塗字當
作途音徒　不治直吏反　好從呼報反注同　而亟去兾反　謂知音智注同
數色角反　強賢其丈反　莧爾華版反本今作莞　焉用於虔反
易使以豉反注同　從行才用反　弗擾而小反　以費悲位反　不
說音悅　夫召音符　佛音弼　肸許乞反　磨而末多反　不磷力刃
反薄也　涅而乃結反說文云謂黑土在木中者也　不緇側其反　皁才早反　能汚
汚辱之汚一音烏又烏故反　匏瓜上薄交反下古花反　焉能於虔反　瓠戶故反　一

處昌慮反下同六蔽必世反知音智吾語魚據反好仁呼報反下同

所適丁歷反相爲于僞反也絞交卯反妄抵丁禮反夫詩

音符以興許應反注同以觀如字注同切磋七何反怨刺七賜反邇之

音爾召南上實照反下及注同也與音餘淑女受六反下如字如鄉許亮反又

作向同内荏而審反柔也穿踰音瑜本又作窬音同說文作穿窬木戶郭璞云門邊小竇

音曳一與音餘鄉原如字又許亮反是敗亂敗或作賊字趣鄉

許亮反本今作向則傳直專反說之音悅與哉音餘本或作無哉邪

媚上似嗟反下武巽反廉魯讀廉爲貶今從古忿戾力計反惡紫烏路反下同閒

色閒廁之閒其邪似嗟反覆芳服反注同能說音悅本今作悅天何言

哉魯讀天爲夫今從古孺悲而樹反字亦作獳爲其于僞反令將力呈反期

已久矣音基下同一本作其鑽子官反燧音遂期可居宜反更火古衡反又一

音古孟反　柘章夜反　柞楢上子各反下羊久反又音由　槐音懷　食夫上音嗣下音符下同　衣於既反　不樂音洛　昊天胡老反　博弈音亦　爲其于僞反　據樂五教反又音樂　淫慾音欲又羊住反本今作欲　有惡烏路反除稱人之惡注爲惡三字餘同音　好稱呼報反　而訕所諫反　而窒珍栗反魯讀窒爲室今從古　徼以古堯反鄭本作絞古卯反　爲知音智　抄也初交反　不孫音遜下同　訐以居謁反攻人陰私說文云面相斥字林紀列反　近附近之近　遠之于萬反　見惡烏故反注同　善行下孟反

微子第十八　凡十四章

紂之直又反　行異下孟反　三息暫反又如字　黜勑律反　焉往於虔反　當復扶又反　枉道紆往反　齊人歸如字鄭作饋其貴反　女樂並如字注同　不朝直遥反注同　接輿音餘下同　乃見賢遍反　可復扶又反下同

辟亂音避下同　殆而魯讀期斯已矣今之從正者殆今從古　孔子下包云下車也鄭云下

堂出門也　長沮七餘反　桀溺乃歷反　耦而吾口反　廣古曠反　夫執

音符　丘與音餘　言數所角反　處也昌慮反下同本今無也字　孔子之徒

與音餘一本作子是本今作孔丘之徒與　滔滔吐刀反鄭本作悠悠　治亂直吏反　空

舍音捨　辟人音避　耰音憂　不輟張劣反　覆種章勇反下字同　憮

音呼又音武　徒與誰與並如字又並音餘　子路從才用反　荷何可反又音何

蓧徒弔反本又作條又作莜　不分包云如字鄭扶問反云猶理　而索所白反　植其

音值又市力反　而芸音云多作耘字芸香草也　倚也其綺反　拱居勇反　而食音嗣

見其賢遍反　以語魚據反　長幼丁丈反　已知音紀一音以　朱張

並如字衆家亦爲人姓名王弼注朱張字子弓荀卿以比孔子鄭作侏張云音陟留反　少連詩照反下同　齊

與音餘　之朝直遥反　言中丁仲反下同　應倫應對之應下同　思慮息嗣

反又如字　不復扶又反　廢中方肺反馬云棄也鄭作發動貌　大師音太　亞於嫁反
摯音至　飯扶晚反下同　繚音了　缺窺悅反　播彼佐反搖也　鼗徒刀反亦作鞉
少師詩照反　不弛舊音絁又詩紙反又詩䜴反孔云以支反一音勑紙反落也並不及舊音本今作施
施易音亦下同　周有八士鄭云成王時劉向馬融皆以爲宣王時　伯适古活反　季
騧古花反　四乳如注反又如主反　生所幸反又如字

子張第十九

凡二十五章

焉於虔反注同　爲亡如字無也　而矜居陵反　賢與音餘下同　距具呂反雞
爪也本今作拒下同　汎芳劍反　恐泥乃細反下同　泥難乃旦反　謂好呼報反
不解音蟹　儼然魚撿反本或作嚴音同　厲如字下厲己同王云病也鄭讀爲賴恃賴也己居止
反下同　謗己布浪反　洒掃上色買反又所綺反正作灑經典下素報反本今作埽　應

對抑證反抑末本末之末字或作未非也曰噫於其反先傳直專反注同後倦其眷反必先厭於豔反區羌于反以別彼列反注同焉可於虔反誣音無有卒子恤反而優音憂行有下孟反陽膚方于反輕漂匹照反惡居烏路反以喪息浪反孫朝直遥反焉學於虔反下不學同未墜直類反語大夫魚據反於朝直遥反州仇音求闚棄規反之好如字舊呼報反數仞色主反仞一作刃音同不知量音亮注同爲知音智下同道之音導綏之音雖

堯曰第二十

凡三章

玄牡茂后反擅赦市戰反不蔽必袂反不與音預大賚力代反賜也權量音亮注同權秤尺證反則說音悅注同故傳直專反

不費芳味反下同敢慢武諫反儼魚檢反出尺遂反又如字注同內如字又音納注同本今作納之吝力刃反舊力愼反難乃旦反又如字孔子曰不知命無以爲君子也魯論無此章今從古之分扶問反別其彼列反

經典釋文卷第二十四

經典釋文卷第二十五

老子道經音義

唐國子博士兼太子中允贈齊州刺史吳縣開國男陸德明撰

老子姓李名耳河上公云名重耳字伯陽陳國苦縣厲鄉人史記云字聃又云仁里人又云陳國相人也生而皓首劉向列仙傳云受學於容成生殷時爲周柱下史觀周之衰乃西出關是周敬王時也爲關令尹喜說道德二篇尚虛無無爲劉向云西過流沙真知所終凡五千餘言河上注爲章句四卷不詳名氏文帝徵之不至自至河上責之河上公乃踊身空中文帝改容謝之於是授以漢文老子章句四篇言治身治國之要其後談論者莫不宗尚玄言唯王輔嗣妙得虛無之旨今依王本博采衆家以明同異道生天地之先德道之用也徼小道也邊也微妙也古弔反

較音角又校量深淺也　傾高下不正皃去營反　弱其志心虛則志弱也本無爲字　隆之
稱尺證反一本作号一本作名　也曷河葛反何也　爲而常校音教　能相射
食亦反　穿音川　窬音俞又音豆　探吐南反　聖人之治直吏反　强其良
反又作彊　使夫音符　知者音智　道沖直隆反　不盈本亦作滿　淵兮
河上作乎　挫子臥反　銳悅歲反　解其紛拂云反河上云芬　湛直減反　夫扶
又反　執一家之量音亮　贍涉艷反　滿以造實士報反　又復扶又
反　不盈或作滿　不能累力僞反　萬物舍音捨又作舍　汙音烏
而不渝羊朱反　以萬物爲芻楚俱反　狗古口反　治直吏
爲于僞反下有爲爲不爲皆同　其猶橐他各反　籥音藥　掘求物反又月反河
上作屈屈竭也顧作掘云猶竭也　動而愈出羊主反又羊朱反　排扶拜反
囊乃反　空洞同貢反　多言數窮王云理數也顧云勢也

足以共音恭亦音拱谷古木反中央無者也河上本作浴浴者養也玄牝頻忍反舊云扶比反簡文扶緊反中央無一本作空私邪河上直云以其無私處本合作居惡烏路反注作同也幾音機近也又一音祈善治直吏反揣初委反又丁果反志瑞反顧云治也簡文章標反而梲音銳梲字音莌奪反又徒活反河上作銳末令力征反尖子廉反勢必推粗雷反蚓女六反滿堂本或作室自遺唯季反以之反咎求九反功遂本又作成四時更音庚能無離力智反滌徒歷反疵在斯反邪似嗟反物介音界民治河上本又作活以求匿他得反辟匹亦反開闔戶臘反不昌尺亮反而處昌慮反以知乎音智河上本又直作智恃河上本作恃長丁丈反三十輻音福輻亦是車共一轂古木反車轂當丁浪反無有車音居又去於反挻始然反河上云和也宋衷注本云經同聲類云柔也字林云長也君連反又一曰柔挻方言云取也如淳作縏埴市力反河上曰上也司馬云埴土可以爲器釋名云埴職

杜弼云埴黏土也鑿戶在各反五色青赤白黑黃也令力征反盲陌庚反五
音宮商角徵羽也聾力東反五味酸鹹甘辛苦也口爽爽差也河上云亡也
騁敕領反狂求匡反令人行下孟反妨音芳去羌呂反寵辱簡文
云寵得也辱失也若驚顧云若而也貴重也河上公畏也大患若身河上
云空也何謂寵辱若驚河上本無若驚二字身爲于僞反易以豉
反名武征反曰夷顧云平也鍾會云滅也平也曰希希疏也靜也搏音博簡文
補各反曰微細也致詰起吉反故混戶本反不皦古曉反明式云胡老反
不昧梅對反繩食陵反又民忍反梁帝云無涯際之皃顧云無窮不可序或云寬急河上本作繩
復音服怳虛往反治直吏反強其丈反豫如字本或作懊簡文與此同也儼
魚檢反樸普角反又作朴混胡本反蔽必世反王云覆蓋也鍾婢世反梁武同也蔽覆
芳富反生長丁丈反卒千恤反又尊恤反凡物本作夫則物離力智

反其分扶問反虎兕徐子反無所容鋒刃芳逢反大上音太王云太上謂大人也顧云太古上德之人也行施始致反次侮亡甫反疵字斯反釁許靳反悠孫登張憑杜弼俱作由一本猶用也有應應對之應知慧音智趣七踰反或音促覿形見賢遍反大惡烏路反治直吏反則濡而朱反又而注反百倍蒲罪反令力征反所屬之欲反注同見賢遍反抱樸普角反之善一本作傑行下孟反唯遺癸反舊云維水反相去撫慮反幾居豈反燕於見反雀將龠反鳩九求反鴿古合反有仇音求氈之然反本作旃裘音求續鳧音符截昨結反鵠戶各反衆人熙熙許其反若亨普庚反殺煑也簡文許庚反河上公作嚮用也牢力刀反廓苦郭反河上本作怕普白反咳胡來反說文字本或作孩儽儽兮力追反一本曰損益也敗也歎也說文音雷古本河上作乘乘兮所別彼列反析星歷反所好呼報反沌本又作忳徒損反又

徒門反簡文音頓俗人昭昭章遙反一本作照悶悶如字澹兮其若
海徒紺反古本河上作忽兮若海嚴遵作忽兮若晦飂力幽反梁作飄簡文云數遙反河上淵兮繫
縶張立反一作執母如字德之容鍾云法也簡云狀也恍況往反又呼廣反窈烏了反
冥莫經反説一云恍狀哉河上一本直云吾何狀也見賢遍反枉音往窪烏瓜
反簡文烏麻反顧云洿蔽必世反轉遠于萬反自見賢遍反彰音章淡
徒暫反一作澹故飄毗遙反扶遙反驟狀救反道者於道河上於道者絕句企
者苦賜反河上作跂跨苦化反餘食贅專稅反疣贅也簡文云之春反河上云贅
貪也行下孟反注同郤至之行去逆反郤至晉大夫自伐事見左傳成公十六年更
爲肬音尤惡烏路反混成胡本反先天悉薦反宋本亦作寂寞
音莫河上云寂寥空無形也鍾會作飂云空跡無質也而不殆田賴反危也稱尺證反強其文
反亦復扶又反重爲輕起政反躁早報反離音利輜側其反

重直用反　榮觀古亂反　宴處於見反簡文云謂靜思之所宴居也　萬
乘之主繩證反謂天子也　輕則失本河上作臣　躁則失君謂失君位
喪息浪反　善行下孟反　無徹梁云應車邊今作迹邊者古字少也　跡河上作迹
無瑕下家反疵過也　讁直革反譴責也　不別彼列反　善數色主反簡文色具反河上作許
籌直由反　策初厄反　揵其偃反距門也　所好呼報反　裕羊住反
長丁丈反　谿苦奚反或作溪　不離力智反　摸莫胡反　不忒吐得反顧云
差也爽也　樸普角反　官長丁丈反　百行下孟反　故為于偽反　無
割乾遏反　物或　歔音虛河上本作呴許具反　羸力為反　或挫作臥反𦞂也簡
文在臥反汗上作載　隳許規反毀也　去羌呂反　其事好呼報反　還音旋　治
直吏反　凶年天應惡氣災害五穀盡傷人也　難乃旦反　當復扶又反　佳格牙
反善也河上飾也　惡烏路反　恬揉嫌反本或作栝梁武音膾　憺徒暫反本亦作惔音同又音談

字同河上本作恢梁武云苦回反簡文恬惔樂五教反又音洛戰勝式證反天下莫

能臣也河上本作天下不敢侯王梁武作王侯隤徒回反長中丈反立

名分憤問反錐音隹治直吏反行下孟反道氾本又作汎周張並同

衣於既反河上作愛也施始豉反故復扶又反以其終不自爲大

河上本云是以聖人終不爲大也於易以豉反樂音岳餌而志反過古卧反道

之出尺類反淡徒暫反徒覽反說音悅令力征反中中仲反將欲翕

簡作歙又作給河上本作噏也許及反顧云閉塞也去羌呂反脫代活反吾將鎮之以

無名之樸夫亦將無簡文作不欲河上本作吾將鎮之河上者非老子所作也

老子德經音義

德者得也道生萬物有得獲有故名德經四十四章一本四十三

應對 如字 則攘 若羊反 臂 必寐反 而扔 人證反又音仍引也因也字林云就也數也原

故去 羌呂反 無喪 息浪反 心見 賢遍反 肌 巳其反又音既 無所偏 音遍

之量 音亮 毋 莫后反 舍本 音捨 博施 始豉反 偏 音篇 抑 於反

亢 苦浪反 忿枉 紆放反 尚好 呼報反 敬校 音教 爲贍 言涉反 豔 治 直吏反

穢 於廢反 耽 都南反 行 下孟反 遠 于万反一本作弃 裂 力竭反 恐

歇 許謁反 將恐蹶 蹇月反其月反又衛反 數 色主反 譽 逸注反毀譽也 琭 音祿

珞 音洛又音歷 昧 梅對反 夷道若纇 雷對反簡文云之也河上作類一本作纇

内 如鋭反又若對反 不見 賢遍反 全別 彼列反 有分 符問反 炎 于沾反

貸 吐代反 恭 一作供 栽 音才又才代反 所惡 烏路反 稱 尺證反 可舍 音捨

愈遠 于萬反 非強 其丈反 騁 敕領反 折 章舌反又常列反 名好

呼報反無厭於鹽反又於豔反費芳貴反藏才良反鈌窺悅反獘婢世

反不爲于僞反屈丘物反僞也訥奴忽反躁早報反罷音皮却除也

糞弗問反禍莫大於不知足河上本有此句上有罪莫大於可欲一句咎

其九反不窺起規反羑牖二同由九反搏波洛反歙歙許及反一本作惵惵

河上本作惔顧云許葉反危懼皃簡文云河上公作怵渾胡本反注之樹反咳胡來反本或作

孩冕音勉旒音留說文作瑬充如字黈吐口反纊若放反戚七歷反於

慢武晏反其徑經定反喪息浪反所適丁歷反舍音捨兕

徐履反被皮彼反投音頭錯七路反而令力征反鋒芳逢反累

劣僞反黿蚖二並音元蟺徒多反又音蟺又本作蟮襲音習鷹憶矜反鸇

之然反埤音婢矰作能反繳諸若反網亡兩反罟音古率子戌反餌

離音利稱尺證反長張丈反亭之如字別也毒之徒篤反今作

熟庛必寐反又音祕亦作疵瘞於燋反復扶又反又音服其兑徒外反簡云言

河上本作銳銳自言也見賢遍反小曰音越遺唯季反介音界好呼報反

徑經定反邪徑復扶又反朝直遥反絜好如字蕪音無厭於艷反

夸口花反盜夸非道也哉河上本同不拔皮八反顧云私齊才細

反不輟張劣反孫傳直專反比必履反蜂芳逢反蠆敕賣

反虺虛鬼反蛇食奢反螫失亦反又呼各反河上云毒蟲不螫攫俱縛反不

搏音愽筋柔居勤反筋者俗而握於學反知牝頻忍反牡牟后反

之合而全作全如字河上作峻子和反本一作朘說文子和反又子壘反云赤子陰也子垂反

終日號戶毛反不嗄一邁反氣逆也又於介反而聲不嗄當作噫則夭於驕反又

於表反強其良反壯側諒反挫子臥反銳悅歲反令力正反去羌呂反

不劌居衛反河上作害傷也汙音烏僻匹亦反激經覓反又古堯反拂芳佛

小四ㄗ十六

反不燿以照反匿女力反莫如嗇生力反河上云貪也去羌呂反早

復音服謂之重直容反柢丁計反亦作蔕烹普庚反不當加火小鮮

音仙以道莅力至反■無此字說文作隷治直吏反牝頻忍反靜復扶又

反以下遐嫁反則取七揄反又七踰反卑下遐嫁反過古禾反又古卧反

奧於六反暖也河上烏報反曖音愛暄也說文作僾庇必寐反本袐反蔭於鴆反尊

行下孟反有拱居勇反璧并歷反以先悉薦反所以爲

于僞反不曰于月反淡徒暫反於其易以豉反必多難乃旦

反其脆七歲反河上本作膬昌脊反易泮普半反於累劣被反老

敗必賣反施始志反辟匹亦反好呼報反令力征反復以扶又反

稽式古兮反嚴河上作楷式善下言下遐嫁反厭於豔反夫音扶

大絶句以陳直忍反費芳味反匱其貴反器長張■反

舍音捨而不辟音避於難乃旦反卒尊忽反帥所類反爲于僞
反無行戶剛反攘若羊反扔音仍幾音祈音機易以豉反被音備
褐戶葛反無狎戶甲反無厭於豔反離力智反物擾而小反辟
匹亦反不能復扶又反潰戶對反見賢遍反故去羌呂反之所
惡烏路反猶難乃旦反繟音闡坦吐但反梁王尚鍾會孫登張嗣本有此坦平大皃河
上作墠墠寬也旦尺善反又上單反也而見賢遍反凶先悉薦反恢苦回反是
大匠斲陟角反治直吏反僻匹亦反強其兩反舊其良反柔脆七歲
反枯槁苦老反與音餘抑於力反之量音亮身去羌呂反天下
莫柔弱於水河上本作天下柔弱莫過於水垢古口反和大怨紆万反契
苦計反不令力征反伯絶句河上本不貪貨賂音路輿音餘河上曰車
使人復音服又扶又反樂音洛人已基倚反愈音與而不爭

爭鬬注同

經典釋文卷第二十五

五福五代堂古稀天子寶

八徵耄念之寶

太上皇帝之寶

五福五代堂古稀天子寶

八徵耄念之寶

太上皇帝之寶

經典釋文卷第二十六

莊子音義上　內篇七

唐國子博士兼太子中允贈齊州刺史吳縣開國男陸德明撰

內篇　內者對外立名說文云篇書也字從竹從艸者草名耳非也　逍　音銷亦作消　遙　如字亦作　遊　如字亦作游逍遙遊者篇名義取閒放不拘怡適自得　第一　郭象注

夫小大　音符　之場　直良反　事稱　尺證反　各當　丁浪反　其分　符問反　北冥　本亦作溟覓經反北海也嵇康云取其溟漠無涯也梁簡文帝云窅冥無極故謂之冥東方朔十洲記云水黑色謂之冥海無風洪波百丈　鯤　徐音昆李侯温反大魚名也崔譔云鯤當爲鯨簡文同　其幾　居豈反下同　鵬　步登反徐音朋郭甫登反崔音鳳云鵬即古鳳字非來儀之鳳也說文云朋及鵬皆古文鳳字也朋鳥象形鳳飛羣鳥從以萬數故以鵬爲朋黨字字林云鵬朋黨也古以爲鳳字　夫莊　音符發句之端皆同　性分　符問反下皆同　達觀　古亂反　宜

小五百

莊子音義上　一　半

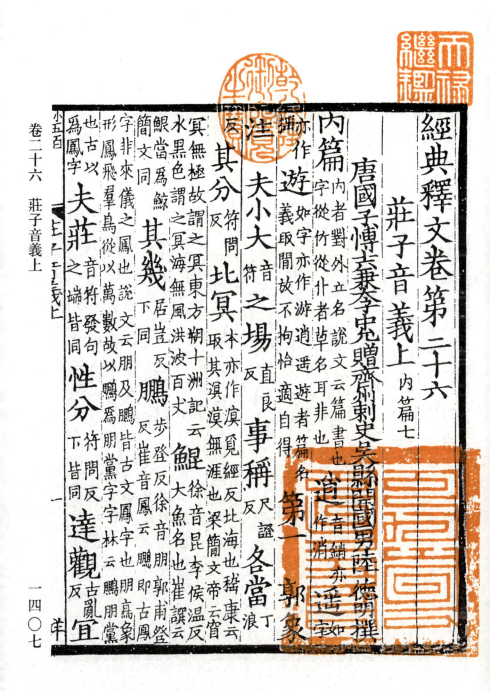

要一遙反 垂天之雲司馬彪云若雲垂天旁崔云垂猶邊也其大如天一面雲也 海

運司馬云運轉也向秀云非海不行故曰海運簡文云運徙也 豈好呼報反下皆同 大處

昌慮反下同 何厝七故反本又作措 齊諧戸皆反司馬及崔並云人姓名簡文云書 志

怪志記也怪異也 水擊崔云將飛舉翼擊水踉蹌也踉音亮蹌音七亮反 摶徒端反司馬云

摶飛而上也一音博崔云拊翼徘徊而上也 扶搖徐音遙風名也司馬云上行風謂之扶搖爾雅云扶搖謂之飆

郭璞云暴風從下上也 而上時掌反注同 自勝音外下同 決然喜缺反下同

數仞色主反下同 非樂音嶽又五孝反 搶七羊反 枋音方 野馬司馬

云春月澤中遊氣也崔云天地間氣如野馬馳也 塵埃音哀崔云天地間氣蓊鬱似塵埃揚也

相吹如字崔本作炊 所馮皮冰反本亦作憑 色邪也差反助句不定之辭後放此

且夫音符 覆芳服反 杯崔本作盃 坳堂於交反又烏了反李又伊力反崔云

堂道謂之坳司馬云塗地令平支遁云謂有坳垤形也 芥吉邁反徐古邁反一音古黠反李云水草也

則膠 徐李古孝反一音如字崔云膠著地也李云黏也 稱事 尺證反後同 其濟 子細反本又作齊如字 之生 本亦作主字 至當 丁浪反後皆同 而後乃今培 音裴重也徐扶杯反又父宰反三音扶北反本或作陪 風 絕句 背負青天 一讀以背字屬上句 夭 於表反司馬云折也 閼 徐於葛反一音謁司馬云止也李云塞也 蜩 音條司馬云蟬 學鳩 如字一音於角反本又作鷽音同本或作鸒音預崔云學讀為滑滑鳩一名滑雕司馬云學鳩小鳩也李云鶻鵰也毛詩草木疏云鶻鳩班鳩也簡文云月令云鳴鳩拂其羽是也 我決 向徐喜缺反李呼穴反李頤云疾貌 搶 七良反司馬李云猶集也崔去著也支遁云搶突也 榆 徐音踰木名也 枋 徐音方李云檀木也崔云本也或曰木名 控 苦貢反司馬云投也又云引也崔云叩也 莽 莫浪反或莫郎反 蒼 七蕩反或如字司馬云莽蒼近郊之色也李云近野也支道云家間也崔云草野之色 三飡 七丹反 果然 徐如字又苦火反衆家皆云飽貌 舂 束容反 糧 音良 小知 音智本亦作智下大知并注同下年知放此 跂 丘豉反後同 尚 累物 劣僞反下皆同 朝菌 徐其隕反司馬云大芝也天陰生糞上見日則

死一名曰及故不知月之緫始也崔云糞上芝朝生暮死晦者不及朔朔者不及晦支遁云一名舜英朝生暮落潘尼云木槿
也簡文云欻生之芝也欻音況物反晦朔朔旦也晦冥也惠本亦作古音姑司馬云蟪同虫惠蛄寒蟬也
一名蝭蟧春生夏死夏生秋死崔云蛁蟧也或曰山蟬秋鳴者不及春春鳴者不及秋廣雅云蟪蛄蛁蟧也案即楚詞所
云寒螿者也蝭音提蟧音勞又音遼蛁音彫螿音將冥本或作榠同靈李頤云冥靈木名也江南生以
葉生爲春葉落爲秋此木以二千歲爲一年大椿丑倫反司馬云木一名橓橓木槿也崔音橓華同李云生江南
一云生北戶南此木三萬二千歲爲一年彭祖李云名鏗堯臣封於彭城歷虞夏至商年七百歲故以久壽見聞世
本云姓籛名鏗在商爲守藏史在周爲柱下史年八百歲籛音翦一云即老子也崔云堯臣仕殷世其人甫壽七百年王
逸注楚辭天問云彭鏗即彭祖事帝堯彭祖至七百歲猶曰悔不壽恨杖晚而唾遠云帝嚳之玄孫特聞如字
崔本作待聞之縣音玄豪分符問反又方云反棘李云湯時賢人又云是棘子崔云齊
諧之徒識冥靈大椿者名也簡文云一曰湯廣大也棘狹小也窮髮李云髮猶毛也司馬云北極之下無
毛之地也崔云北方無毛地也案毛草也地理書云山以草木爲髮其廣古曠反數千色主反下同

角司馬云風曲上行若羊角而上時掌反下同且適如字舊子餘反下同斥如字司馬云小澤也本亦作尺崔本同簡文云作尺非鴳於諫反字亦作鷃司馬云鴳鴳雀也騰躍曲若反翺翔五刀反蓬蒿好刀反知效音智下户教反行下孟反比毗至反徐扶至反李云合也而徵如字司馬云信也崔支云成也宋榮子司馬李云宋國人也崔云賢者也猶然笑之崔李云猶笑貌案謂猶以爲笑譽之音餘加沮慈呂反敗也之竟居領反能復扶又反數數音朔下同徐所祿反一音桑縷反司馬云猶汲彶也崔云迫促意也簡文所喻反謂計數故閒音閑本亦作閑未樹司馬云樹立也未立至德也列子李云鄭人名御寇得風仙乘風而行與鄭穆公同時泠零音六氣司馬云陰陽風雨晦明也李云平旦爲朝霞日中爲正陽日入爲飛泉夜半爲沆瀣天玄地黃爲六王逸注楚辭云陵陽子明經言春食朝霞朝霞者日欲出時黃氣也秋食淪陰淪陰者日没已後赤黃氣也冬食沆瀣沆瀣者北方夜半氣也夏食正陽正陽者南方曰中氣也并天玄地黃之氣是爲六氣音户黨反瀣音下界反支云天地四時之氣之辯如字變也

雀本作和 惡乎音烏注同 无已音紀注同 而王于況反本亦作至 於鍼之鴆反或之林反 堯唐帝也 許由隱人也隱於箕山司馬云潁川陽城人簡文云陽城槐里人李云字仲武 爝本亦作燋音爵郭祖繳反司馬云然也向云人所然火也一云爝火謂小火也字林云爝炬火也子召反燋所以然持火者子約反 浸子鴆反 灌古亂反 天下治直吏反下已治注天下治而治者也既治而治實而治者得以治音同 能令力呈反下同 稷契息列反皆唐虞臣也稷周之始祖名棄契殷之始祖名 能離力智反 玄應應對之應 汎乎芳劒反 非夫音扶下明夫同 鷦子遙反 鷯音遼李云鷦鷯小鳥也郭璞云鷦鷯桃雀 偃鼠如字李云鼹鼠也說文鼢鼠一曰偃鼠鼢扶問反 歸休乎君絕句一讀至乎字絕句君別讀 懷豁呼活反 樂推音洛 不厭於艷反 庖人鮑交反徐扶交反掌廚人也周禮有庖人職 尸 祝之六反傳鬼神辭曰祝 樽子存反本亦作尊 俎徐側呂反 肩吾李云賢人也司馬云神名 連叔李云懷道人也 接輿本又作與同音餘接輿楚人也姓陸名通皇甫謐云接輿躬耕楚王遣使以黃

黃百鎰車二駟聘之不應無當丁浪反司馬云言語宏大無隱當也驚怖普布反廣雅云懼也大有音泰徐敕佐反逕徐古定反司馬本作莖庭敕定反李云逕庭謂激過也不近附近之近藐音邈又妙紹反簡文云遠也姑射徐音夜又食亦反李實夜反山名在北海中肌居其反淖郭昌略反又徒學反字林丈卓反蘇林漢書音火也約如字李云淖約柔弱貌司馬云好貌處子在室女也黃屋車蓋以黃爲裏一云冕裏黃也玉璽音徒纓字或作嬰紱方物反字或作紼憔悴在遙反下在醉反至至者本亦作至足者王德于況反本亦作至絕根音銀又五根反本又作限吸許及反神凝魚升反疵在斯反病也司馬云毀也一音子爾反癘音厲李音賴惡病也本或作厲狂求匡反李云癡也李又力況反閒音閑澹然徒暫反恬靜也皆齊才細反又如字而斷丁亂反瞽音古盲者無目如鼓皮也與乎徐音豫下同之觀古亂反聾鹿工反不聞也者无以與乎鍾鼓之聲崔尚司馬本此

下更有眇者無以與乎眉目之好夫刖者不自爲假丈屨夫知音智注知之同時女司馬云猶
處女也向云時女虛靜柔順和而不喧未嘗求人而爲人所求也旁薄剛反李鋪剛反字又作磅同礡
蒲博反李普各反司馬云旁礡猶混同也世蘄徐音祈李云求也弊弊李扶世反徐扶
計反簡文云弊弊經營貌司馬本作蔽蔽不應應對之應苦思息嗣反大浸子鴆
反稽天音雞徐李音啓司馬云至也不溺奴歷反或奴學反禍難乃旦反
非辟音避塵垢古口反塵垢猶滓汚粃本又作秕徐甫姊反又悲矣反穅字亦作康
音康粃穅猶煩碎陶徒刀反李移昭反本亦作鋾音同鑄之樹反宋人宋今梁國睢陽
縣殷後微子所封資章甫李云資貨也章甫殷冠也以冠爲貨越今會稽山陰縣斷
丁管反李徒短反司馬本作敦云敦斷也四子司馬李云王倪齧缺被衣許由汾水徐扶云反郭方
聞反案汾水出太原今莊生寫言也司馬崔本作盆水窅然徐烏了反郭武駢反李云窅然猶悵然
喪其息浪反注同絕冥亡丁反之竟音魔本亦作境惠子司馬云姓

惠名施爲梁相**魏王**司馬云梁惠王也案魏自河東遷大梁故謂之魏或謂之梁也**貽**徐音
怡郭與志及遺也**大瓠**徐音護**之種**章勇反**而實五石**司馬云實
中容五石**以盛**音成**剖之**普口反**爲瓢**毗遥反徐扶堯反**則瓠**戶郭
反司馬音護下同**落**簡文云瓠落猶廓落也司馬云瓠布護也落零落也言其形平而淺受水則零
落而容也**呺然**本亦作号徐許憍反李云号然虛大貌崔作諤簡文仝**吾爲**于僞反
掊之徐方垢反司馬云擊破也**龜手**愧悲反徐舉倫反李居危反向云拘坼也司馬云文坼如龜文
也又云如龜攣縮也**洴**徐扶經反**澼**普歷反徐敷歷反郭李恪歷反辟聲**絖**音曠小爾雅云絮細者謂
之絖李云洴澼絖者漂絮於水上絖絮也**能令**力呈反**不拘**紀于反依字宜作跔紀于求于二反周書
云天寒足跔是也**坼**勑白反**漂**匹妙反韋昭云以水擊絮爲漂說文作潎豐市反又匹例反**絮**
[redacted]慮反**百金**李云金方寸重一斤爲一金百金百斤也**數金**色主反**鬻**音育司馬云賣也
技本或作伎竭彼反**以說**始銳反又如字**有難**乃旦反**之將**子匠反**大敗**

必邁反
不慮以爲大樽 本亦作尊司馬云樽如酒器縛之於身浮於江湖可以自渡慮猶結綴也案所謂腰舟
蓬之心 郭云蓬生非宜達者向云蓬者短不暢曲士之謂
樗 勑魚反木名
擁腫 章勇反李云擁腫猶盤瘿
不中 丁仲反下同
卷曲 本又作拳同音權徐紀阮反李丘圓反
同去 如字李羌呂反
狸 力之反
狌 徐音姓郭音生又音星司馬云狖也狖音由救反
敖者 徐李五到反支云伺彼息敖謂承夫間殆也本又作慠同司馬音遨謂伺遨翔之物而食之雞鼠之屬也
跳 音條
不辟 音避今本多作避下放此
機辟 毗赤反司馬云固也
罟 徐音古
斄牛 郭呂之反徐李音來又音離司馬云旄中
无何有之鄉廣莫之野 謂寂絕無爲之地也簡文云莫大也
彷 薄剛反又音房
徨 音皇彷徨猶翱翔也崔本作方羊簡文同廣雅云彷徉徙倚也

齊物論 力頓反李如字 第二

而惡 烏路反
南郭子綦 音其司馬云居南郭因爲號
隱 於靳反馮也
机 音紀李本作凡
而嘘 音虛比氣爲嘘向云息也
荅焉 本又作嗒同吐荅反又都納反注同解體貌

似喪息浪反下同其耦本又作偶五口反匹也對也司馬云耦身也身與神爲耦顏成
子游李云子綦弟子也姓顏名偃謚成字子游何居如字又音姬司馬云猶故也槁木
枯老反注同家音寂本亦作寂莫本亦作漠女聞音汝下皆同本亦作汝人籟力帶
反簫也籟夫音扶參初林反差初宜反所錯七故反見矣賢遍反大塊
苦怪反李苦對反說文同云俗由字也徐口回反徐李又胡罪反郭又苦猥反司馬云大朴之貌衆家或作大槐班固同淮南
子作大昧解者或以爲無或以爲元氣或以爲混成或以爲天謬也噫乙戒反注同一音蔭萬竅苦弔
反怒呺胡刀反徐又許口反又胡到反翏翏良救反又六收反長風聲也李本作飉音同又力竹
反畏於鬼反郭烏罪反崔本作喂佳醉癸反徐子唯反郭祖罪反李諸鬼反李頤云畏佳山阜貌
之竅崔本作竅似鼻似口司馬云言風吹竅穴動作或似人鼻或似人口似枅音雞
又音肩字林云柱上方木也簡文云欂櫨也似圈起權反郭音權杯圈也徐其阮反言如羊豕之闌圈也
似臼其九反似洼者烏攜反李於花反又烏乖反郭烏蛙反司馬云若洼曲汚者

音烏司馬云若汚下　激者　經歷反如水激也李古弔反司馬云聲若激嘆也李又驅弔反　謞者　音孝

李虛交反簡文云若箭去之聲司馬云若讙謞聲　叱者　昌實反徐音七司馬云若叱咄聲　吸者

許及反司馬云若噓吸聲也　叫者　古弔反郭古幼反李居曜反司馬云若叫呼聲也　譹　音豪郭又

戶報反司馬云若譹哭聲　宎者　徐於堯反一音杳又於弔反司馬云深者也若深宎宎然　咬者　於交

反或音狡司馬云聲哀切咬咬然又許拜反　唱于　如字　唱喁　五恭反徐又音愚又五斗反李云于喁聲

之相和也　泠風　音零李云泠泠小風也　小和　胡臥反下及注皆同　飄風　鼻遥及又符遥

反李敷遥反司馬云疾風也爾雅云回風爲飄　不稱　尺證反　其分　符問反下不出者同　厲風

司馬云大風向郭云烈風　濟　子細反向云止也　調調　音條　刁刁　徐都堯反向云調調刁刁皆動

猶貌　動搖　如字又羊照反　比竹　毗志反又必履反李扶心反注同　豈復　扶又反　莫

適　丁歷反　此重　直用反　大知　音智下及注同　閑閑　李云無所容貌簡文云廣博之

貌　閒閒　古閑反有所閒別也　炎炎　于廉于凡二反又音談李作淡徒濫反李頤云同是非也簡文

云美盛貌詹詹音占李頤云小辯之貌崔本作閻魂交司馬云精神交錯也其覺古孝

反形開司馬云目開意悟也與接爲構司馬云人道交接構結驩愛也縵者末旦

反簡文云寬心也窖者古孝反司馬云深也李云穴也案穴地藏穀曰窖簡文云深心也小恐曲勇

反下及注同惴惴之瑞反李云小心貌爾雅云懼也縵縵李云齊死生貌悸其季反機

栝古活反機弩牙栝箭括詛側據反盟音明徐武耕反郭武病反其殺色界反徐色例

反注同其溺奴狄反郭奴徼反其厭於葉反徐於冉反又於感反如緘徐古咸反

老洫本亦作溢同音逸郭許鵙反又已質反近死附近之近復陽陽謂生也哀

樂音洛慹之涉反司馬云不動貌姚郭音遙徐李勑弔反佚音逸態勑代反李

又奴戴反蒸之膺反成菌其隕反向云結也以上時掌反萌武耕反旦

暮本又作莫音同相爲于僞反下末爲同而特崔云特辭也其眹李除忍反兆也

趣舍七喻反字或作取下音捨或音赦下皆放此起索所百反情當丁浪反下皆同

別見賢遍反 百骸戶皆反 六藏才浪反案心肺肝脾腎謂之五藏大小腸旁胱三焦謂之六府身別有九藏氣天地人天以候頭角之氣人候耳目之氣地候口齒之氣三部各有天地人三三而九神藏五形藏四故九今此云六氣未見所出 賅徐古來反司馬云備也小爾雅同簡文云兼也 皆說音悅注同今本多即作悅字後皆放此 而更音庚 其遞音弟徐又音第 不應應對之應 无錯七素反下同 雖復扶又反下同 毀譽音餘 物喪息浪反 者鮮息淺反 苶然乃結反徐李乃協反崔音捻云忘貌簡文云疲病困之狀 所好呼報反下同 芒乎莫剛反又音亡芒芒昧也簡文云芒同也 與有音豫 而舍音捨字亦作捨下同 昔至崔云昔夕也向云音者昨日之謂也 不強其丈反 吹也如字又叱瑞反崔云吹猶籟也 鷇苦豆反李音觳司馬云鳥子欲出者也 惡乎音烏下皆同 眞僞一本作眞詭崔本作眞然 道焉於虔反 實當丁浪反後可以意求不復重出 見於賢遍反 更相音庚 反覆芳服反下同 彼復扶又反下同 道樞尺朱反樞要也 以應應對之應

前注同後可以意求不復重音　**天地一指也萬物一馬也**　崔云指百體之一體馬萬物之一物　**浩然**　戶老反　**无物不然无物不可**　崔本此下更有可於可而不可於不可不可於不可而可於可　**故爲**　于僞反下爲是皆同　**莛**　徐音庭李音挺司馬云屋梁也　**楹**　音盈司馬云屋柱也　**厲**　如字惡也李音賴司馬云病癩　**西施**　司馬云夏姬也案句踐所獻吳王美女也　**恢**　徐苦回反大也郭苦虺反簡文本作弔　**恑**　九委反徐九彼反李云戾也　**憰怪**　音決李云憰乖也怪異也　**楹縱**　本亦作從同將容反　**其分**　如字　**復通**　扶又反　**幾矣**　音機盡也下同徐具衣反　**謂之道**　向郭絕句崔讀謂之道勞云因自然是道之功也　**狙公**　七徐反又緇慮反司馬云狙公典狙官也崔云養猨狙者也李云老狙也廣雅云狙獼猴　**賦芧**　音序徐食汝反李音予司馬云橡子也　**朝三莫四**　司馬云朝三升莫四升也　**所好**　呼報反下文皆同　**天鈞**　本又作均崔云鈞陶鈞也　**可勝**　音升　**操弦**　七刀反　**執籥**　羊灼反　**昭文**　司馬云古善琴者　**枝策**　司馬云枝柱也策枝也崔云舉杖以擊節　**據梧**　音吾司馬

云梧琴也崔云琴瑟也之知而智而瞑亡千反故載之末年崔云書之於今也

堅白司馬云謂堅石白馬之辯也又云公孫龍有淬劒之法謂之堅白崔同又云或曰設矛伐之說爲堅辯白馬之名爲

白鼓簧音黃之綸音倫崔云琴瑟弦也滑疑古沒反司馬云亂也屈奇求物

反好惡並如字未離力智反俄而徐音峩確斯苦角反斯又作澌音

賜李思利反即復扶又反纖介古邁反又音界秋豪如字依字應作毫司馬云兎毫

在秋而成王逸注楚辭云銳毛也案毛至秋而耎細故以喻小也大山音泰殤子短命者也或云年十

九以下爲殤殊稱尺證反善數色主反夫道未始有封崔云齊物

七章此連上章而班固說在外篇爲是于僞反有畛徐之忍反郭李音田眞謂封域畛陌也有

左有右崔本作有在宥也異便婢面反有倫有義崔本作有論有議

有分如字注同類別彼列反下皆同有爭爭鬭之爭注一同故分如字下及注同

不稱尺證反注同不嗛郭欺簟反徐音謙不忮徐之豉反又音跂李之移反害

也李云健也 道昭 音照 囩 崔音刓徐五丸反司馬云圓也郭音團 而幾 徐其衣反 向
方 本亦作嚮音同下皆放此 近彼 附近之近 遠實 于萬反 注焉 徐之喻反 葆
光 音保崔云若有若无謂之葆光 宗膾 徐古外反 胥 息徐反華胥國 敖 徐五高反司馬云宗膾胥
敖三國名也崔云宗一也膾二也胥敖三也 聽朝 直遙反 妙處 昌慮反 重明 直龍反
光 被 皮寄反 神解 音蟹 齧 五結反 缺 丘悅反 王倪 徐五嵇反李音
詣高士傳云王倪堯時賢人也天地篇云齧缺之師 惡乎 音烏下皆同 庸詎 徐本作巨其庶
反郭音鉅李云庸用也詎何也猶言何用也服虔云詎猶未也 復為 扶又反 蛣 丘一反 蜣 丘長反爾
雅云蛣蜣蜣蜋也 乎女 音汝注及下同 已不知 音紀 偏死 司馬云偏枯死也 鰌
徐音秋司馬云魚名 惴 之瑞反 慄 音栗 恂 郭音荀徐音峻恐貌崔云戰也班固作眴也 猨
音猿 猴 音侯 異便 婢面反 芻 初俱反小爾雅云秆謂之芻秆音古但反 豢 徐音患又
胡滿反司馬云牛羊曰芻犬豕曰豢以所食得名也 麋 音眉 薦 牋練反司馬云美草也崔云甘草也郭璞

云三蒼云六畜所食曰薦 蝍音即且字或作蛆子徐反李云蝍且蟲名也廣雅云蜈公也爾雅云蒺蔾蝍蛆郭

璞注云似蝗大腹長角能食蛇腦蒺音疾蔾音棃 帶如字崔云蛇也司馬云小蛇也蝍蛆好食其眼 鴟尺夷

反 鴉本亦作鵶於加反崔云烏也 耆市志反字或作嗜崔本作甘 美惡烏路反 徧篇面

反徐敷面反又敷畏反郭李音偏 狙七餘反司馬云狙一名獦牂似猨而狗頭憙與雌猨交也崔云徧狙一名獦牂其雄

憙與猨雌爲牝牡向云徧狙以猨爲雌也獦音葛 爲雌音妻一音如字 毛嬙徐在良反司馬云毛嬙古

美人一云越王美姬也 麗姬力知反下同麗姬晉獻公之嬖以爲夫人崔本作西施 決喜缺反李云疾貌崔

云疾走不顧爲決徐古惠反郭音古穴反 驟士救反又在遘反 所好呼報反 樊然音煩 殽亂徐户

交反郭作散悉旦反 之竟音境今本多作境下放此 未解音蟹 沍户故反徐又户

各反李户格反向云凍也崔云沍猶涸也 蘁敕邁反又音豸 介古邁反又音界 瞿鵲其俱反

長梧子李云居長梧下因以爲名崔云名丘簡文云長梧封人也 夫子向云瞿鵲之師 稱

謂尺證反下放此 而遊崔本作而施 孟如字徐武黨反或武葬反 浪如字徐力蕩反向云

孟浪音漫瀾無所趣舍之謂李云猶較略也崔云不精要之貌　之行如字又下孟反　皇帝本又作黃帝　聽勑定反　熒音瑩磨之瑩本亦作瑩於逈反向司馬云聽熒疑惑也李云不光明貌崔云小明不大了也向崔本作鞾榮　且女音汝下同　亦大音泰徐李勑佐反注同　時夜崔云時夜司夜謂雞也　見彈徒旦反　鴞于驕反司馬云小鳩可炙毛詩草木疏云大如班鳩綠色其肉甚美　雞復扶又反下皆同下章注亦準此　嘗爲于僞反　旁日月薄葬反徐扶葬反司馬云依也崔本作謗　挾戶牒反崔本作扶　宇宙治救反尸子云天地四方曰宇往古來今曰宙說文云舟輿所極覆曰宙　脗本或作𣍐郭音泯徐武軫反李武粉反无波際之貌司馬云合也向音脣云若兩脣之相合也　滑徐古没反亂也向本作汩音同崔戶八反云栝口木也　涽徐音昏向云汩昏未定之謂崔本作緡武巾反云繩也　芚徐徒奔反郭治本反司馬云渾沌不分察也崔云厚貌也或云束也李丑倫反　怵心勑律反　參糅如救反　相蘊本亦作縕徐於憤反郭於本反李於問反積也　予惡音烏下惡平皆同　說音悅注同　相背音佩　惡死烏路反注同　弱

喪息浪反注同　少而詩照反　焉知於虔反下同　至於王所崔云六國時諸侯僭稱王因此謂獻公爲王也　筐本亦作匡徐起狂反　牀徐音床司馬云筐牀安牀也崔云筐方也一云正牀也

蘄音祈求也　樂生音洛下同　覺而音教注皆同　竊竊司馬云猶察察也

牧乎崔本作跂乎云踶跂強羊貌　所好呼報反注同　所惡烏路反　神解音蟹下同　弔如字音的至也　詭九委反異也　其解音蟹徐戶解反　蜕然音悅又始銳反

黮闇貪闇反李云黮闇不明貌　惡能音烏下皆同　和之如字崔胡卧反　天倪李音崔徐音詣郭音五底反李云分也崔云或作霓音同際也班固曰天研　曼徐音萬郭武半反

衍徐以戰反司馬云曼衍無極也　振如字崔云止也又之忍反　无竟如字極也崔作境　罔兩郭云景外之微陰也向云景之景也崔本作罔浪云有無之狀　景映永反又如字本或作影俗也　曩徐乃蕩反李云曏者也

无特本或作持崔云特辭也向云無特者行止無常也　操與音餘　蛇蚹音附徐又音敷司馬云謂蛇腹下齟齬可以行者也齟音士女反齬音魚比反　蜩徐音條　喪息浪反　胡

蝶徐徒協反司馬崔云蛺蝶也　栩栩徐況羽反喜貌崔本作翩　自喻李云喻快也　志與音餘丁同崔云與哉　然覺古孝反　蘧蘧徐音渠又其虛反李云有形貌崔作據據引大宗師云據然覺　可樂音洛

養生主第三養生以此爲主也

有涯本又作崖魚佳反　而知音智注下同　好勝呼報反下升證反　雖復扶又反下皆同　絶膂音旅　以慊苦簟反足也　殆已向云疲困之謂　无近附近之近下同　悶然亡本反又音門　遠已于萬反　緣督以爲經李云緣順也督中也經常也郭崔同　以養羊尚反注同　庖丁崔本作胞同白交反庖人丁其名也管子有屠牛坦一朝解九牛刀可剥毛　爲于僞反　文惠君崔司馬云梁惠王也　所倚徐於綺反向偃彼反徐又於佇反李音妖　所踦徐居彼反向魚彼反李云刺也　砉然向呼鵙反徐許鵙反崔音畫又古鵙反李又呼歷反司馬云皮骨相離聲　嚮然許丈反郭許亮反本或無然字　奏如字崔云聞也馬悲

呼獲反徐許𩐋反向他亦反又音麥崔云音近獲聲大於砉也 中音 丁仲反下皆同 桑林 司馬云湯樂名崔云宋舞樂名案即左傳舞師題以旌夏是也 經首 向司馬云咸池樂章也崔云樂章名也或云奏樂名 因便 婢面反 閑解 音蟹 譆 徐音熙李云歎聲也 技 具綺反下同 所好 呼報反注同 神遇 向云暗與理會謂之神遇 官知止 如字崔云官知謂有所掌在也尚音智專所同察而後動謂之官 而神欲行 如字向云從手放意無心而得謂之神欲 批 備結反一音鋪迷反字林云擊也父迷父節二反 大郤 徐去逆反郭音却崔李云閒也 之處 昌慮反 令離 力呈反下同下力智反 道 音導注同 大窾 徐苦管反又苦禾反崔郭司馬云空也向音空 節解 戶賣反 技經 本或作猗其綺反徐音技 肯 徐告等反說文作肎字林同口乃反云著骨肉也一日骨無肉也崔云許叔重日骨間肉肯肯著也 綮 苦挺反崔向徐並音啓李烏係反又一音罄司馬云猶結處也 經槩 古代反 微礙 五代反 大軱 音孤向郭云軱戾大骨也崔云槃結骨 衂刀 女六反 良庖 司馬云良善也 割也 司馬云曰刀割

肉故歲歲更作崔云歲一易刀猶堪割也族庖司馬云族雜也崔云族衆也硎音刑磨石也崔
本作形云新所受形也砥石音脂又之履反尚書傳云砥細於礪皆磨石也爲戒于僞反下
皆同屬目章欲反謋然化百反徐又許百反已解音蟹下皆同提刀
徐徒嵇反躊直留反躇直於反善刀善猶拭也拭音式弢之他刀
反公文軒司馬云姓公文氏名軒宋人也右師司馬云宋人也簡文云官名惡乎
音烏介音戒一音兀司馬云刖也向郭云偏刖也崔本作兀又作跀云斷足也偏刖音月又五
刮反天與其人與並音餘又皆如字司馬云爲天命爲人事也使獨司馬云一足曰
跀之知音智下之知同一啄陟角反不蘄音祈求也樊中音煩
李云藩也所以籠雉也向郭同崔以爲園中也妙處昌慮反雖王于況反注同長王丁亮
原史直良反老聃吐藍反司馬云老子也秦失本又作佚各依字讀亦皆音逸三號
戶羔反注同倚戶於綺反少者詩照反先物悉薦反又如字理上往

一本往作往遯天徒遜反又作遁倍情音裴加也又布對反本又作背大深音泰憂
樂音洛下文注同所錯七路反縣音玄解音蟹注同崔云以生爲縣以死爲解指
窮於爲薪如字絕句爲猶前也火傳直專反注同也傳者相傳繼續也崔云薪火爝火也
傳延也之中丁仲反

人閒世第四此人閒見事世所常行者也

離人力智反不荷胡我反又音河其累力僞反顏回孔子弟子姓顏名回
字子淵魯人也衛君司馬云衛莊公蒯聵也案左傳衛莊公以魯哀十五年冬始入國時顏回已死不得
爲莊公蓋是出公輒也其行下孟反獨崔云自專也向云與人異也郭云不與人同欲國
量音亮李力章反若蕉似遙反徐在堯反向云草芥也崔云芟刈也其澤如見芟夷言野無青草
稱數所主反治國直吏反醫門於其反思其則絕句崔李云則
法也有瘳丑由反李云愈也譆音熙又於其反役思息嗣反遠身千萬反而

知（音智下反注同）所爲（于僞反）爭善（此及下爭名二字依字讀）雖復（扶又反下皆同）桀跖（之石反桀夏王也跖盜跖也）相札（徐於八反又側列反李云折也崔云夭也亦作軋崔又云或作禮相賓禮也）信矼（徐苦江反崔音控簡文云慤實貌）而強（其兩反注同）人惡有（烏路反下惡不肖及注同崔本有作育云賣也）鮮不（息淺反）涉洽（直吏反）迕（音誤）菑（音災下皆同）菑夫（音扶）不肖（音笑徐蘇叫反似也）惡用（音烏）若唯（郭如字一音唯癸反）无詔（絶句詔告也言也崔本作諮音額云逆擊曰諮）王公必將乘人（絶句）而鬭其捷（在接反崔讀若唯無諮王公絶句必將乘人而鬭絶句捷作接其接引續也）熒之（戶扃反向崔本作營音熒）眼眩（玄遍反）容將形之（謂擊踶也）關龍逢（夏桀之賢臣）王子比干（殷紂之叔父）以下（遐嫁反）傴（紆甫反）拊（徐向音撫李云傴拊謂憐愛之也崔云猶嘔呴謂養也）拂其（符弗反崔云違也又芳弗反）以擠（徐子計反又子禮反司馬云毒也一云陷也方言云滅也簡文云排也）是好（呼報也）欲

令 力呈反 叢文 才公反 有扈 音戶司馬云國名在始平郡案即今京兆鄠縣
也 虛厲 如字又音墟李云居宅無人曰虛死而無後爲厲 語我 魚豫反下同 惡
惡 皆音烏下同 挫之 子卧反 從容 七容反 不訾 向徐音紫崔云毀也
而上 時掌反下同 斬乎 音祈 擊 徐其驚反 跽 徐其里反說文云長跪也 曲
拳 音權 无疵 才斯反 讁之 直革反 諷責 非鳳反 大多 音泰
徐勑佐反崔本作太 不諜 徐徒協反向吐頰反李云安也崔云閒諜也 挾三 戶牒反 曰
齊 本亦作齋同側皆反下同 其易 以豉反後皆同向崔云輕易也 皞天 徐胡老反
向云皞天自然也 不茹 徐音汝食也 葷 徐許云反 數月 色主反 去異
起呂反下同 未始得使 絕句崔讀至實字絕句 不強 其丈反 无毒
如字治也崔本作每云貪也 而寓 崔本作如愚 絕迹易无 絕句向崔皆以无字屬下
句 者粗 音麤 有知知者 上音智下如字下句同 闋者 徐苦穴反司馬云空也

虚室生白崔云白者日光所照也司馬云室比喻心心能空虚則純白獨生也夫徇辭俊反徐辭倫反心知音智所紐徐女酒反崔云系而行之曰紐簡文云紐本也伏李云使也戲本又作羲亦作犧同許宜反即太皞三皇之始也几蘧其居反向云古之帝王也李云上古帝王散焉悉旦反李云放也崔云德不及聖王爲散之聰一本作聽竭喪息浪反葉公音攝子高楚大夫爲葉縣尹僭稱公姓沈名諸梁字子高將使所吏反注及下待使同慄之音栗李云懼也常語魚據反下同藏矣才浪反執衆家本並然簡文作熱粗音麤又才古反而不臧作郎反善也絕句一音才郎反向王爨字爨七亂反无欲清七性反字宜從冫從氵者假借也清涼也之人言爨火爲食而不思清涼明火微而食宜儉薄所饌士戀反內熱與音餘下慎與同向云食美食者必內熱則恐懼丘勇反以任而林反一音而鴆反哀樂音洛注下同施乎如字崔以豉反云移也而惡烏路反下皆同復以扶又反下注同傳意丈專反下文并注同兩

怒如字注同本又作怒下同　未易以豉反下文注皆同　而要一遥反　則近附近之近

共好呼報反　大至音泰本亦作泰徐敕佐反下同　奇巧如字又苦孝反　乎治直吏反　有別彼列反　湛直林反又荅南反　湎面善反　淫液以隻反　實

喪息浪反注下同　偏辭音篇崔本作諞音辯　氣息並如字向本作諰嚚云諰馬氏音息器氣也崔本作諰嚚云喘息嚚不調也又作簞字　茀然徐府弗反郭敷未反李音佛崔音勃　心

厲如字李音賴　蹴之子六反　㾦疑責反又音詣本又作疣音尤　疵士賣反又齊計反上若作疵此則才知反　剋核幸格反　所齊如字又才計反　所惡烏路反

勸強其丈反下欲強同　爲爲上如字下于僞反　顏闔胡臘反向崔本作盧

魯之賢人隱者　衞靈公左傳云名元　大子音泰司馬云蒯聵也　蘧其居反　伯玉名瑗衞大夫　天殺如字謂如天殺物也徐所列反　无方李六方道也　其

知音智　正女音汝下同　反覆芳服反　爲蹶徐其月反郭音厥李舉衛反

模格莫胡反　蘖彥列反　將惡烏路反　悶然音門　安喻無意也崔云喻驕遊也　无町徒頂反　畦戶圭反李云町畦畔埒也無畔埒無威儀也崔云喻守節　无崖司馬云不顧法也　无疵才移反病也　不勝音升　爲其于僞反下同　分之如字　盛矢音成下乃注同矢或作居同　以蜄徐市軫反蛤類　溺奴弔反　蚉音文或本作蟁同　蝱孟庚反　僕緣普木反徐敷木反向云僕僕然蚉蝱緣馬稠概之貌崔音如字云僕御　羣著直略反　而拊李音撫又音付一音附崔本作府音拊　率然疏律反本或作卒七忽反　曲轅音袁司馬云曲轅曲道也崔云道名　櫟力狄反李云木名一云采也　蔽牛必世反李云牛住其旁而不見　絜向徐戶結反徐又虎結反約束也　百圍李云徑尺爲圍蓋十丈也　十仞小爾雅云四尺曰仞仞崔本作千仞或云八尺曰仞　旁十數所具反崔云旁旁披也　觀者古奐反又音官　匠伯伯匠石字也崔本亦作石　不輟丁劣反　厭於豔反又於贍反　散木悉但反徐悉旦反下同　則速如字

向崔本作數向所祿反下同腐扶甫反液音亦樠亡言反向李莫于反郭武半反司馬
云液津液也樠謂脂出樠樠然也崔云黑液出也蠹丁故反見夢胡薦反女將
音汝惡乎音烏下同柤側加反橘均必反柚由救反徐以救反果蓏
徐力果反泄徐思列反崔云泄洩同苦其如字崔本作枯掊普口反徐方垢反幾
死音祈又音機下同數有音朔睥普係反睨五係反而幾死
之絕句向同一讀連下散人爲句崔同覺古孝反而診徐直信反司馬向云診占夢也詬
李云呼豆反徐音垢厲如字司馬云詬辱也厲病也且幾音機或音祈翦乎子淺
反崔本作前于不近附近之近下同義譽音餘注同長物丁兩反泊
然步各反不與音豫南伯李云即南郭也伯長也商之丘司馬云今
梁國睢陽縣是也千乘繩證反隱崔云傷於熱也將芘本亦作庇徐甫至反
又悲位反崔本作比云芘也所藾音賴崔本作賴向云蔭也可以隱芘千乘也李同所

陰於鴆反　異材夫音符　仰而向崔本作從而　則拳本亦作卷音權

軸直竹反　解李云如衣軸之直解也　咶食紙反　嗅崔云齅許救反　狂酲音呈

李云狂如醒也病酒曰醒　爲之于僞反下爲之皆同　荊氏司馬云地名也一曰里名　宜秋

栢桑崔云荊氏之地宜此三木李云三木丈木也　拱恭勇反　把百雅反徐甫雅反司馬云兩手

曰拱一手曰把　而上時掌反　狙七餘反　猴音侯　之杙以職反又羊植反郭且羊反司馬作

朳音八李云欲以栖戲狙猴也崔本作柭音跋云枷也　三圍崔云圍環八尺爲一圍　之麗如字又音

禮司馬云小船也又屋檼也　求禪本亦作擅音膳　傍薄剛反崔云禪傍棺也司馬云棺之全一邊者

謂之禪傍　故解徐古賣反又佳買反注同向古邂反　顙息黨反司馬云顙也　亢鼻

徐苦葬反司馬云高也頞折故鼻高崔云仰也　痔徐直里反司馬隱創也　適河司馬云謂沈人

於河祭也　騂具恤營反　支離疏司馬云形體支離不全貌疏其名也　頤以之

反　於頂如字本作項亦如字司馬云言脊曲頭縮也淮南曰脊管高於頂也　會古外反徐古活

反向音活撮子外反向徐子活反崔云會撮項椎也指天司馬云會撮髻也古者髻在頂中脊
曲頭低故髻指天也向云兩肩竦而上會撮然也管崔本作脘在上李云管腧也五藏之腧皆在上
也兩髀本又作脾同音陛徐又甫婢反崔云僂人腹在髀裏也爲脅許劫反司馬云脊曲
髀竪故與脅並也挫徐子臥反郭租禾反崔云案也鍼執金反司馬云挫鍼縫衣也治繲
佳賣反司馬云浣衣也向同崔作繲音綫餬口徐音胡李云食也崔云字或作互或作䬦鼓筴
初革反徐又音頰司馬云鼓擻也小箕曰筴崔云鼓筴揲蓍鑽龜也播精如字一音所字則當作數精司馬云
簡米曰精崔云播精卜卦占兆也鼓筴播精言賣卜以食音嗣攘如羊反臂於其
閒如字司馬云閒裏也崔本作攘臂於其閒云開門中也竄匿女力反三鍾司馬云斛
斛四斗曰鍾不與音豫豈爲于僞反治亂直吏反下同僅音覲至
易以豉反下同知以音智欲惡烏路反知避舊本作寘云置也不勝
音升畫地音獲迷陽司馬云迷陽伏陽也言詐狂郤曲去逆反字書作㕁[illegible]

雅云匹曲也山木自寇也膏火自煎也子然反也司馬云木生斧柄還
自伐膏起火還自消崔云山有木故火焚也悗然亡本反
德充符第五崔云此遺形棄知以德實之驗也
兀者五忽反又音界李云刖足曰兀案篆書兀介字相似王駘音臺徐又音殆人姓名也從
之如字李才用反下同相若若如也弟子如夫子多少也常季或云孔子弟子立不
教坐不議司馬云立不教授坐不議論五藏才浪反後同丘也直後
而未往耳李云自在衆人後未得往師之耳能遠于万反而王于況反李云勝
也崔云君長也其與庸亦遠矣與凡庸異也崔云庸常人也雖天地覆
芳服反墜本又作隊直類反李云天地猶不能變巳況生死也怪迕五故反本亦作遻下同不
離力智反肝膽丁覽反美惡烏路反下皆同情背音佩中
知音智不慴之涉反所喪息浪反下及注同說然始銳反又音悅脫

屨九具反本亦作屣所買反　斷足丁管反　爲己于僞反　最之徂會反徐
采會反下注同司馬云聚也　鑑古暫反　流水崔本作沫水云沫或作流　保始之
徵李云徵成也終始可保成也　九軍崔李云天子六軍諸侯三軍通爲九軍也簡文云兵書以
攻九天收九地故謂之九軍　自要一遙反　六骸崔云手足首身也　彼且如字徐子
余反下同　假人古雅反借也徐音遐讀連上句人字向下　申徒嘉李云申徒氏嘉名　无
人雜篇作眥人　刖者音月又五刮反　之處昌慮反　而説音悅注同　爭
善如字　知不可如字又音智　羿音詣徐胡係反善射人唐夏有之一云有窮之君篡夏者
也　彀音遘張弓也　中央如字　於良反舊於倉反郭云弓矢所及爲彀中　中地
丁中反下不中注中地中與不中同　單音善　佛然扶弗反　知吾介本又
作兀兩通　子索色百反　蹵子六反　乃稱如字舉也又尺證反　叔山无
趾音止李云叔山字無足趾　踵朱勇反向郭云頻也崔云無趾故踵行　見子賢遍反

不謹前 絕句一讀以謹字絕句 去其 羌呂反 不爲 于僞反下不爲而爲皆同 前行 下孟反 語老 魚據反 賓賓 司馬云恭貌張云猶賢賢也崔云有所親疎也簡文云好名貌 且蘄 音祈 諔 尺叔反 詭 九委反李云諔詭奇異也 幻 滑辯反亦作幻 桎 之實反郭員一反木在足也 梏 古毒反木在手也 爲已 于僞反下爲已者爲人同 舍已 音捨 一貫 古亂反 嚮隨 許丈反本又作向下同 惡人 惡貌醜也 哀駘 音臺徐又音殆 它 徒何反李云哀駘醜貌它其名 常和 戶臥反下同 惡駭 胡楷反崔本作駴 役思 息嗣反 雌雄合乎前 李云禽獸屬也 亂行 戶剛反 期年 音基 傳國 大專反 悶然 音門李云不覺貌崔云有頃之間也 後應 應對之應 氾 孚劒反不係也 醜乎 孝去醜慙也崔云愧也 无幾 居豈反 與樂 音洛 嘗使於楚矣 使音所吏反本亦作遊本又直云嘗於楚矣 㹠子 本又作豚徒門反 食於 音飲邑錦反注同舊如字簡文同 眴若 本亦作瞬音舜司馬云驚貌崔云目動也謂死母目

動　翣資所甲反扇也武王所造宋均云武飾也李資送也崔本作翣妾⿰衤欠音坎坎謂先人賫墓也

為足于僞反　不得復使扶又反章末注同崔本作不得復使入云不復入直也

形好呼報反　毀譽音餘　不舍音捨　以滑音骨　淡然徒覽

反　於兊徒外反李云悅也　閒豫音閑　无郤去逆反李云閒也　是接

而生時乎心者也司馬云接至道而和氣在心也李云接萬物而施生順四時而俱作

情為于僞反　能離力智反　閔子孔子弟子閔子騫也　闉音因郭烏

年反　跂音企郭其逆反　支離无脤徐市軫反又音脣司馬云闉曲跂企也闉跂支

離言脚常曲行體不正卷縮也无脤名也崔云闉跂傴者也支離傴者也脤脣同簡文云跂行也脤臀也

說衛始銳反又如字下說齊栢同　說之音悅下悅之同　脰音豆頸也　肩肩胡咽

反又胡恩反李云羸小貌崔云猶玄玄也簡文云直貌　甕烏送反郭於寵反　㼜烏莽反郭

於兩反李云甕㼜大癭貌後同　大癭一領反說文云癅也　而知音智下同　為孽

魚列反司馬云智慧生妖孽約爲膠司馬云約約束而後有如膠漆崔云約誓所以爲膠固德爲接司馬云散德以接物也工爲商司馬云工巧而商賈起惡用音烏下同不斵陟角反无喪息浪反天鬻音育養也天食音嗣受食如字又音嗣亦如字沈思息嗣反亦如字免難乃旦反掘若其勿反槁木苦老反羣分如字眇亡小反簡文云陋也謷乎五羔反徐五報反簡文云放也今取遨遊義也獨成其天如字崔本天字作大云類同於人所以爲小情合於天所以爲大惡得音烏下惡得同吷扶廢反一分如字足操七刀反未解音蟹无以好惡呼報反下烏路反注同祇足音支倚樹於綺反據槁苦老反梧音吾而瞑音眠崔云據琴而睡也而睡■辭反天選宣轉反舊思緩反

大宗師第六

崔云遺形忘生當大宗此法也

天而生向崔本作失而生　知稱尺證反　不喪息浪反下皆同　或

好呼報反下同　不強其兩反　庸詎徐其庶反　則治[redacted]吏反　不

謩没乎反　不慄音栗　不濡而朱反　登假更百反至也　遠火

于萬反　有槩古愛反　其覺古孝反　深深李云內息之貌　以踵

章勇反王穆夜云起息於踵遍體而深　以喉向云喘悸之息以喉爲節言情欲奔競所致　其

嗌音益郭音厄厄咽喉也　若哇獲媧反徐胡卦反又音絓崔一音於佳反結也言咽喉之氣結

礙不通也簡文云哇嘔也　其耆市志反　說生音悅　惡列烏路反　不

訢音欣又音祈　不距本又作拒音巨李云欣出則營生距入則惡死　翛然音蕭本又作儵

徐音叔郭與久反李音悠向云翛然自然無心而自爾之謂郭崔云往來不難之貌司馬云儵疾貌李同　猶

復扶又反下非復同也　捐徐以全反郭作楫一入反崔云或作楫所以行舟也　則背音佩

容家本亦作寂崔本作宗　其顙息黨反崔云[redacted]也　頯徐去軌反郭苦對反李音

沈一音逵權也主云質朴無歸也向本作顋云顋然大朴貌廣雅云顋大也五罪反凄然七西反煖
然音暄徐況晚反亡國而不失人心崔云亡敵國而得其人心行名下孟
反福應應對之對狐不偕司馬云古賢人也務光皇甫謐云黃帝時人
耳長七寸伯夷叔齊孤竹君之二子箕子胥餘司馬云胥餘箕子名
也見尸子崔同又云尸子曰箕子胥餘漆身爲厲被髮佯狂或云尸子曰比干也胥餘其名紀他徒何
反申徒狄殷時人負石自波於河崔本作司徒狄皆舍音捨下同不承
如字李云迎也又音拯不上時掌反與乎如字又音豫同云疑貌其觚音孤王云
觚特立不羣也崔云觚稜也邴邴徐音丙郭甫杏反向云喜貌簡文云明貌崔乎千罪
反徐息罪反郭且雷反向云動貌簡文云速貌滀乎本又作傗勑六反司馬云色憤起貌王云富有德文也簡
文云聚也厲乎如字崔本作廣云苞羅者廣也謷乎五羔反徐五到反司馬云志遠貌王云高
邁於俗也連乎如字李云連緜長貌崔云蹇連也音輦似好呼報反下皆同悗乎

云本反字或作免李云無匹貌王云癈忘也崔云㛍順也佁之直吏反爲循本亦作脩兩得綽乎昌略反崔本作淖常閒音閑夜旦如字崔本作䵟音怛其卓中學反敢惡烏路反之竟音境泉涸戶各反郭戶格反爾雅云竭也相呴況于況付二反相濡本又作濡音儒或一音如戍反以沫音末相忘音亡下同譽堯音餘注同大塊苦怪反又苦對反徐胡罪反佚我音逸於壑火各反乃揭其列其謁二反索所所百反无樂音洛下及注同可勝音升善妖崔本作𡘾同古夘反本又作夭於表反簡文於橋反云異也善少詩照反否老音鄙本亦作鄙平粹雖遂反可傳直專反注同在大極音泰之先一本作之先未崔本同先天悉薦反長於丁丈反稱也尺證反狶韋氏許豈反郭褚伊反李音豕司馬云上古帝王名以挈徐苦結反郭苦後又司馬云要也得天地要也崔云成也伏戲音義崔本作伏戲氏以襲氣母司馬云襲入也氣母元氣

之母也崔云取元氣之本維斗李云北斗所以爲天下綱維終古崔云終古久也鄭玄注周礼云終古猶言常也不忒它得反差也崔本作代堪坏徐扶眉反郭孚坏反崔作邳司馬云堪坏神名人面獸形淮南作欽負崐崘崐或作峴同音昆下力門反崐崘山名馮夷司馬云清泠傳曰馮夷華陰潼鄉隄首人也服八石得水[redacted]是爲河伯一云以八月庚子浴於河而溺死一云渡河溺死大川河也崔本作泰川肩吾司馬云山神不死至孔子時大山音泰又如字黃帝崔云得道而上天也顓頊音專下許王反玄宮李云顓頊帝高陽氏玄宮北方宮也月令曰其帝顓頊其神玄冥禺強音虞郭語龍反司馬云山海經曰北海之渚有神人面鳥身珥兩青蛇踐兩赤蛇名禺強崔云大荒經曰北海之神名曰禺強靈龜爲之使歸藏曰昔穆王子筮封於禺強案海外經云北方禺強黒身手足乘兩龍郭璞以爲水神人面鳥身簡文云北海神也一名禺京是黃帝之孫也西王母山海經云狀如人狗尾蓬頭戴勝善嘯居洵水之涯漢武内傳云西王母與上元夫人降帝美容貌神仙人也少廣司馬云穴名崔云山名或云西方空界之名彭

祖解見逍遥篇崔云壽七百年或以爲仙不死五伯如字又音霸崔李云夏伯昆吾殷大彭豕韋周齊桓晉文傅說音悅得之以相息亮反武丁奄有天下乘東維騎箕尾而比於列星司馬云傅說殷相也武丁殷王高宗也東維箕斗之間天漢津之東維也星經曰傅說一星在尾上言其乘東維騎箕尾之間也崔云傅說死其精神乘東維託龍尾乃列宿今尾上有傅說星崔本此下更有其生無父母死登假三年而形遯此言神之无能名者也凡二十二字掘然其勿反南伯子葵李云葵當爲綦聲之誤也女偊徐音禹李音矩一云是婦人也年長張丈反孺子本亦作孺如喻反李云弱子也惡惡可並音烏下惡平同十梁倚魚綺反又其綺反李云卜梁姓倚名亦易以豉反參日音三能朝如字李除遥反下同徹如字郭司馬云朝旦也徹達妙之道李云夫能洞照不崇朝而遠徹不惡烏路反下同豁然喚活反殺生者不死李云殺猶亡也亡生者不死也崔云除其營生爲殺生生生者不生李云矜生者不生也

崔云常營其生爲生生　攖　郭音縈徐於營反李於盈反崔云有所繫著也　副墨　李云可以

副貳玄墨也崔云此已下皆古人姓名或寓之耳無其人　洛誦　李云誦通也苞洛無所不通也　瞻

明　音占李云神明洞徹也　聶許　徐乃攝反李云許與也攝而保之無所施與也　需

役　徐音須李音儒云儒弱爲役也王云需待也役亭毒也　於　音烏又如字　謳　徐烏

侯反李香于反云謳煦也欲化之貌王云謳謌謠也　玄冥　李云強名曰玄視之冥然向郭云所以名無而

非無也　參　七南反　寥　徐九彫反李云參高也高邈寥曠不可名也　疑始　李云又疑

無是始則始非無名也　研粗　七胡反　七重　直龍反下同　子祀　崔云淮南作子永行

年五十四而病傴僂　子輿　本又作轝音餘　子犁　禮兮反　爲尻　苦羔反　偉

哉　韋鬼反向云美也崔云自此至鑑于井皆子祀自說病狀也　拘拘　郭音駒司馬云體拘攣也王云不申

也　曲僂　徐力主反　於頂　本亦作項崔本作釘音項　句　俱樹反徐古侯反　贅　徐之稅反

指天　李云句贅項椎也其形似贅言其上向也　有沴　音麗徐又徒顯反郭奴結反云陵亂也李

同崔本作瀝云滿也其心閒音閑崔以其心屬上句跰𨇤步田反下悉田反崔本作邉鮮

司馬云病不能行故跰𨇤也而鑑古暫反曰嗟乎崔云此子輿辭女惡音汝下同

下烏路反曰亡如字絕句予何惡烏路反下及注同一音如字讀則連亡字爲句浸子鴆

反向云漸也予因以求時夜一本無求字爲彈徒旦反鴞戶驕反

炙章夜反哀樂音洛縣音玄解音蟹下及注同向云縣解無所係也喘

喘川轉反又尺軟反崔本作惴惴環而如字徐音患李云繞也叱避昌失反无

怛丁達反崔本作靼音怛案怛驚也鄭衆注周禮考工記不能驚怛是也倚其於綺反

鼠肝向云委棄土壤而已王云取微蔑至賤蟲臂臂亦作膓崔本同不翅

徐詩知反彼近如字則悍本亦作捍胡旦反又音旱說文云捍抵也我且如字徐子

徐反漠音莫鎁以嗟反鏌鋣劒名大鑪力奴反惡乎音烏可解

如字下同成然如字崔同李云成然縣解之貌本或作戌音恤簡文云當作滅本又作眓呼括反視

高貌本亦作俄然遽然李音渠崔本作據又其據反蘧蘧然有形之貌覺古孝反向

崔本此下更有發然汗出一句云無係則津液通也崔云榮衞和通不以化爲懼也相與如字崔云猶親

也或一音豫相爲如字或一音于僞反愛爲于僞反撓徐而小反郭許堯反挑

徐徒了反郭李徒堯反又作兆李云撓挑猶宛轉也宛轉玄曠之中簡文云循環之名莫然如字

崔云定也有閒如字崔李云頃也本亦作爲閒編曲必連反字林布千反郭父殄反史記甫連

反李云曲蠶薄相和胡卧反我猶崔本作獨人猗於宜反崔云辭也哀

樂音洛惡知音烏下皆同稱情尺證反无以命之崔李云命名也

而淡徒暫反而離力知反下同而應應對之應下同數子所主反垣

然吐但反使女音汝下同縣音玄注同疣音尤決徐古穴反𤶅胡亂反

潰胡對反端倪本或作淣同音崖徐音詣反覆芳服反芒然莫剛反李

云無係之貌彷薄剛反徨音皇塵垢如字崔本作塚均云塚音塳均垢同齊人以風

塵爲埄堁憒憒工內反說文蒼頡篇並云亂也以觀古亂反示也注同相造

七報反詣也下同穿池本亦作地崔同相忘音亡下同畸人居宜反司馬云不耦也不

耦於人謂闕於禮教也李其宜反云奇異也而侔音謀司馬云等也亦從也孟孫才李云

三栢後才其名也崔云才或作牛應內應對之應惡知音烏下同焉知於虔

反下皆同覺者古孝反注下皆同駭形如字崔作咳云有嬰兒之形旦宅

並如字王云旦暮改易宅是神居也李本作怛侘上丹末反下陟嫁反云驚惋之貌崔本作靼宅靼怛也所

以乃崔本乃作惡庸詎其庶反下章同造適七報反注同獻笑

向云獻善也王云章也意有適章於笑故曰獻笑及排皮皆反必樂音洛下同寥

本亦作廖力彫反李良救反天一崔本作造敵不及笑獻芥不及鞶安排而造化不及眇眇不及雄漂

淦雄漂淦不及蕈筮蕈筮乃入於漻天一以上時掌反意而子李云賢士也資

女資給也爲軹之是反郭之忍反崔云軹辭也李云是也黥其京反劓魚器反李

云毀道德以爲仁義不似黥乎破玄同以爲是非不似劓乎遥蕩王云縱散也恣七咨反又
如字睢郭李云許維反徐許鼻反李王皆云恣睢自得貌復遊扶又反下同其藩
甫煩反李音煩司馬向皆云崖也崔云域也盲者本又作眇崔本作目云目或作刑刑黥劓也以
與音豫下同之好如字又呼報反黼黻上音甫下音弗之觀古亂反无
莊據梁司馬云皆人名李云无莊无莊飾也據梁強梁也鑪音盧捶本又作錘徐之
睡反又之蘂反一音時蘂反李云錘鶡頭頗口句鐵以吹火也崔云盧謂之⿱㕣毛捶當作甀盧甀之間言小處也
甀音丈僞反鍛丁亂反曰噫徐音醫李云歎聲也崔云辭也本亦作意音同又如字謂
呼意而名也我爲于僞反注同𩐈子兮反司馬云碎也長於丁丈反功
見賢遍反下文同它日崔本作異日下亦然復見扶又反下同樂生音洛
又音嶽蹵然子六反崔云變色貌墮許規反徐又待果反去起呂反知音智坐
忘崔云端坐而忘无好呼報反注同何惡烏路反霖雨本又作淋音林

左傳云雨三日以往爲霖裹音果食音嗣注同有不任音壬其聲而趨七住反舉其詩焉崔云不任其聲備也趨舉其詩無音曲也應應對之應下同

帝王第七崔云行不言之教使天下自以爲牛馬應爲帝王者也

齧缺五結反下丘悅反王倪五兮反四問而四不知何云事在齊物論中蒲衣子尸子云蒲衣八歲舜讓以天下崔云即被衣王倪之師也淮南子曰齧缺問道於被衣泰氏司馬云上古帝王也崔云帝王也李云大庭氏又云無名之君也藏仁才剛反崔云懷仁心以結人也本亦作臧作剛反善也簡文同以要一遥反注同所好呼報反所惡烏路反之竟音境徐徐如字崔本作祛祛其覺古孝反于于如字司馬云徐徐安隱貌于于無所知貌簡文云徐徐于于寐之狀也曰人實反中音仲亦如字始李云日中始人姓名賢者也崔本無日字云中始賢人也以語魚據反女音汝後皆同出經絶句司馬云出行也經常也崔云出典法也式義度人

人絶句式法也崔云式用也用仁義以法度人也欺德簡文云欺妄也涉海鑿待洛反下同郭粗鶴反河李云涉海必陷波鑿河無成也蚉音文本亦作蝱同不勝音升確乎苦學反李云堅貌崔本作橐音託矰則能反李云罔也之害崔本作菑鼷音兮熏香云反天根崔云云人姓名也遊於殷陽李云殷山名陽山之陽崔云殷陽地名司馬云殷衆也言向南遊也或作殷湯蓼水音了李云水名也不豫司馬云嫌不漸豫太倉卒也簡文云豫悅也大初音泰乘夫音符莽莫蕩反崔本作猛眇妙小反莽眇輕虛之狀也崔云猛眇之鳥首也取其行而無迹壙徐苦廣反埌徐力黨反李音浪壙埌无滯爲名也崔云猶曠蕩也无狹戶夾反帠徐音藝又魚例反司馬云法也一本作寱牛世反崔本作爲而自治直吏反下文同又復扶又反於淡徒暫反徐大敢反於漠音莫陽子居李云居名也子男子通稱嚮許亮反李許兩反疾強梁崔云所在疾強梁之人也李云敵疾如嚮也簡文云如嚮應聲之疾故是強梁之貌物徹

踈明司馬云物事也徹通也事能通而闕明也崔云無物不達無物不明不勸其眷反胥如字司馬云踈也簡文云相也易音亦崔以豉反云相輕易也簡文同技徐其綺反簡文云藝也係如字崔本作繫或云作繫簡文云音繫怵心勑律反來田李云虎豹以皮有文章見獵也田獵也猨音袁狙七餘反之便毗肩反舊扶面反藜音來李音狸崔云旄牛也來藉司馬云藉繩也由捷見結縛也崔云藉繫也𧦝然子六反改容之貌之治直吏反下同貸吐代反神巫曰季咸李云女曰巫男曰覡季咸名不憙許忌反心醉向云迷惑於其道也壺子司馬云名林鄭人列子師既其文李云既盡也得道與音餘衆雌而无雄而又奚卵焉司馬云言汝受訓未熟故未成若衆雌無雄則無卵也世亢苦浪反必信崔云絕句相女息亮反注下同示之本亦作視崔云視示之也嘻徐音熙郭許意也旬數所主反鄉吾許亮反本作曏亦作向同崔本作康云向也地文與土同也崔云文猶理也

不震不正 並如字崔本作不誫不止云如動不動也 誠應 應對之應應後同 杜
德機 崔云塞吾德之機 有瘳 丑留反 功見 賢遍反 不齊 側皆反本
又作齋下同 且復 扶又反 泊心 白博反又音魄 得厝 七故反字又作措同 管
闚 去規反 鯢 五兮反 桓 司馬云鯢桓二魚名也簡文云鯢鯨魚也桓盤桓也崔本作鯢拒云魚所
處之方穴也又云拒或作桓 之審 郭如字簡文云處也司馬云審當爲蟠蟠聚也崔本作潘云回流所
鍾之域也 淵有九名 淮南子云有九旋之淵許愼注云至深也 治亂 直吏反 失
而走 如字徐音逸 已滅 崔云滅不見也 委 於危反 蛇 以支反委蛇至順之貌
爲弟 徐音頽丈回反 靡 弟靡不窮之貌崔云猶遜伏也 波流 如字崔本作波隨云
常隨從之 爲其 于僞反 妻爨 七判反 食豕 音嗣下同 彫琢 竹角
反 法華 羌呂反 塊然 徐苦怪反又苦對反 紛而 芳云反崔云亂貌 封
哉 崔本作戎云封戎散亂也 知王 音智注同 无眹 直忍反崔云兆也 應而

莊子音義上

不藏如字本又作藏亦依字讀儵音叔李云喻有象也忽李云喻無形也渾胡本反沌徒本反崔云渾沌無孔竅也李云清濁未分也此喻自然簡文云儵忽取神速爲名渾沌以合和爲貌神速譬有爲合和譬無爲七竅苦叫反說文云孔也七日而渾沌死崔云言不順自然強開耳目也

經典釋文卷第二十六

五福五代堂古稀天子寶

八徵耄念之寶

太上皇帝之寶

五福五代堂古稀天子寶

八徵耄念之寶

太上皇帝之寶

經典釋文卷第二十七

唐國子博士兼太子中允贈齊州刺史吳縣開國男陸德明撰

莊子音義中 外篇十五

莊子外篇駢拇第八 舉事以名篇

駢 步田反廣雅云並也李云併也 拇 音母足大指也司馬云駢拇謂足拇指連第二指也崔云諸指連大指也 枝指 如字三蒼云枝指手有六指也崔云音歧謂指有歧也 而侈 昌是反徐處豉反郭云多貌司馬云溢也崔云過也 於德 崔云德猶容也 附贅 章銳反廣雅云疣也釋名云橫生一肉屬著體也一云瘤結也 縣 音玄 疣 音尤 而侈於性 司馬云性人之本體也駢拇枝指附贅縣疣此四者各出於形性而非形性之正於衆人爲侈耳於形爲侈侈於性爲多故在手爲莫用之肉於足爲無施之指也王云性者受生之質德者全生之本駢枝受生而有不可多於德贅疣形後而生不可多於性此四者以況才智德行 夫 音符發句之端放此 至治 直吏反 之分 符問反後可以意求 物皆有之

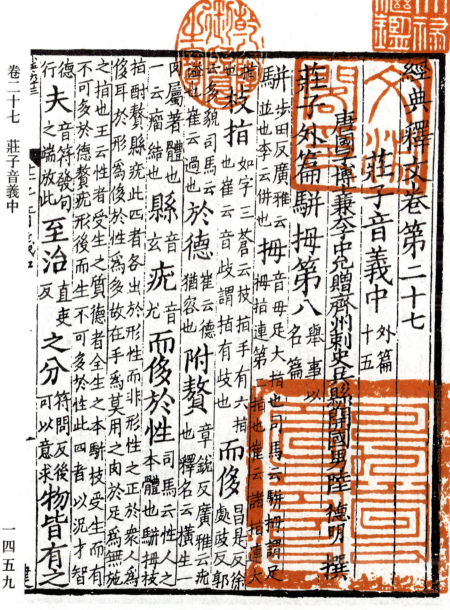

之或作定　五藏才浪反後皆同黃帝素問云肝心脾肺腎爲五藏　淫僻本又作辟匹亦反徐敷赤
反注及篇末同　於仁義之行下孟反崔云駢枝贅疣雖非性之正亦出於形不可去也五藏
之情雖非道德之正亦列於性不可治也今設仁義之教以治五藏之情猶削駢枝贅疣也既傷自然之理更益其
疾也　橫復扶又反徐篇末注皆同　至當丁浪反後皆放此　黼黻音甫下音弗周
禮云白與黑謂之黼黑與青謂之黻　煌煌音皇廣雅云光光也向崔本作韹向云馬氏音煌毛詩傳云皇皇猶
煌煌也煌又音晃　非乎向云非乎言是也　離朱司馬云黃帝時人百步見秋豪之末一云見千里鍼
絳孟子作離婁　是已向云猶是也　五聲本亦作五音　師曠司馬云晉賢大
夫也善音律能致鬼神史記云冀州南和人生而無目　擢德音濯司馬云拔也　簧鼓
音黃謂笙簧也鼓動也　曾史曾參史鰌也曾參行仁史鰌行義　跖之石反　纍劣彼
反　厓危委反向同崔如字一云厓當作丸　結繩李云言小辯危辭若結繩之纍厓也崔云聚無
用之語如厓之纍繩之結也　竄七亂反爾雅云微也一云藏也　句紀具反司馬云竄句謂邪說微隱穿

鑿文句也一音鉤　敝本亦作斃徐音婢郭父結李步計反司馬云罷也　跬徐丘婢反郭音屑向崔本作桂向丘氏反云近也司馬同李郢垂反一云敝跬分外用力之貌　譽音餘　楊墨崔李云楊朱墨翟也　不爲

容思息嗣反　檮杌上徒刀反下音兀　此數色主反下文此數音同

跂其知反崔本作技音同或渠支反　鳧音符　脛形定反釋名云莖也直而長如物莖也本又作踁　鶴戶各反　斷之丁管反下及注同　去憂起呂反注去憂去甚同　意如字下同亦作醫　齕李音紇恨發反齕齗也徐胡勿反郭又胡突反　啼音提崔本作諦　蒿目好羔反司馬云亂也李云蒿目快性之貌　蒿令力呈反下同　於難乃旦反　後

拯拯救之拯　饕吐刀反杜預注左傳云貪財曰饕　囂囂許驕反又五羔反字林云聲也

崔云憂世之貌　屈崔本作詘　折之熱反謂屈折支體爲禮樂也　呴況於反李況付反本又作傴於禹反　俞音臾李音喻本又作呴音詡謂呴喻顏色爲仁義之貌　纆音墨廣雅云索也

索悉各反下同　連連司馬云謂連續仁義遊道德間也　祇足音支　使喪

息浪反下巳喪同 以撓 而小反郭呼堯反又許羔反廣雅云亂也又奴爪反 功見 賢遍反

性與 音餘此可以意消息後皆放此 三代 夏殷周也 以上 時掌反 槃夷 並如字謂創傷也依字應作瘢痍 殉 辭俊反徐辭倫反司馬云營也崔云殺身從之曰殉 鶉 音純

又音𣪘 鷇 口豆反 禿 吐木反 揮斥 上音耀下音赤 臧 作郎反崔云好書曰臧方言云齊之北鄙燕之北郊凡民男而壻婢謂之臧女而婦奴謂之獲張揖云壻婢之子謂之臧婦奴之子謂之獲

與穀 如字爾雅云善也崔本作㝅云孺子曰㝅 牧羊 牧養之牧 挾 音協 筴 字又作策初革反李云竹簡也古以寫書長二尺四寸 博塞 悉代反塞博之類也漢書云吾丘壽王以善格五待詔謂博塞也 首陽 山名在河東蒲坂縣死謂餓而死 東陵 李云謂泰山也一云陵名今名東平陵屬濟南郡 又惡 音烏 取君子小人於其間

哉 崔本無小人於三字 屬其 郭時欲反謂係屬也徐音燭謂屬著也下皆同 雖通

如楊墨 一本無此句 俞兒 音榆李式揄反司馬云古之善識味人也崔云尸子

曰膳俞兒和之以薑桂爲人主上食淮南云俞兒狄牙嘗淄澠之水而别之一云俞兒黃帝時人狄牙則易牙齊桓公時識味人也一云俞兒亦齊人淮南子一本作申兒疑申當爲史**不累**劣僞反後皆放此**舍**

已音捨**愧乎**崔本作騩云騩愧同**之行**下孟反注同**冥復**音服**從**

容七容反**吹**如字又昌僞反字亦作炊

馬蹄第九 舉事以名篇

馬釋名云武也王弼注易云在下而行者也**蹄**音提司馬云馬足甲也**禦**魚呂反廣雅云敵也崔本作辟**齕**恨發反又胡切反**翹**祁饒反**足**崔本作尾**而陸**司馬云陸跳也字書作騹騹馬健也**駑**音奴惡馬也**驥**音冀千里善馬也**義**許宜反又如字徐音儀崔本同一本作羲**臺**崔云義臺猶靈臺也**路寢**路正也大也崔云路寢正室

而惡烏路反**伯樂**音洛下同伯樂姓孫名陽善馭馬石氏星經云伯樂天星名主典天馬孫陽善馭故以爲名**剔之**敕歷反字材云剃也徐詩赤反向崔本作鬄鬄向音郝**雒之**音洛

司馬云燒謂燒鐵以爍之剔謂翦其毛刻謂削其甲雒謂羈雒其頭也 羈居宜反廣雅云勒也 馽
丁邑反徐丁立反絆也李音述本或作馬馵非也馬馵之樹反司馬向崔本並作縶向云馬氏音諫崔云絆前兩足也
編之必然反 皁才老反櫪也一云槽也崔云馬閑也 棧士板反徐在簡反又士諫反編木作
靈似牀曰棧以禦濕也崔云木棚也 不治直吏反 驟士救反 橛向徐其月反司馬云銜也
崔云鑣也 飾徐音式司馬云排銜也謂加飾於馬鑣也 鞭必然反 筴初革反杜注左傳云
馬檛也檛音竹瓜反 陶道刀反謂窯也窯音弋消反 埴徐時力反崔云士也司馬云埴土可以爲陶器尚書
傳云土黏曰埴釋名云埴膱也膱音之食反 中規丁仲反下皆同 應繩應對之應後不音者
放此 揉曲汝久反 矯居兆反 拂房弗反 去者羌呂反 天放如字崔云
作牧天養也 填填徐音田又徒偃反質重貌崔云重遲也一云詳徐貌淮南作莫莫 顛顛
丁田反崔云專一也淮南作瞑瞑 蹊徐音兮李云徑也 隧徐音遂崔云道也 連屬
其鄉王云既無國異家殊故其鄉連屬 混胡本反 芒莫剛反 淡徒暫反 漠

音莫遂長丁丈反又直良反无吞敦恩反又音天攀本又作扳普班反援音袁
廣雅云牽也引也闚去規反物馴似遵反或音純惡乎音烏不離力智反注
音同素樸普剝反蹩步結反向崔本作弊音同躠本又作薛悉結反向崔本作殺音同
一音素葛反踶直氏反向同崔音緹跂丘氏反一音呂氏反崔音枝本云蹩躠踶跂皆用心爲仁義之
貌澶本又作儃徒旦反又吐旦反向崔本作但音憚漫武半反向崔本作曼音同李云澶漫猶縱
逸也崔云但曼淫衍也一云澶漫牽引也摘敕歷反又卒陟革反辟匹辟反向音甓徐敷歷反李父
歷反本或作僻音同李云糾擿邪辟而爲禮也一音婦赤反法也崔云擿辟多節始分如字下分皆同
犧尊音羲尊或作樽司馬云畫犧牛象以飾樽也王肅云刻爲牛頭鄭玄云畫鳳皇羽飾尊婆
娑然也音先河反珪璋音章李云皆器名也鋭上方下曰珪半珪曰璋情性不離
如字別離也交頸頸領也居郢反又祁盈反相靡如字李云摩也一云愛也相踶大計
反又徒兮反又徒祁反李云踶蹋也廣雅字韻聲類並同通俗文云小蹋謂之踶馬知李音智下同
大八十

莊子音義中

衡扼於革反衡軛前橫木縛軛者也扼又馬頸者也月題徒兮反司馬崔云馬頟上當顱如月形者也介徐古八反倪徐五佳反郭五第反李云介倪猶睥睨也崔云介出俾倪也

闉音因鷙徐敕二反郭音蹟曼武半反郭武諫反李云闉曲也鷙抵也曼突也崔云闉扼鷙曼距拒頓遲也司馬云言曲頸於扼以抵突也一云鷙曼旁出也詭九彼反銜口中勒也或云詭銜吐出銜也竊轡齧轡也崔云詭銜竊轡戾銜橛盜齧轡也態作吐代反赫本或作焃呼白反胥氏司馬云赫胥氏上古帝王也一云有赫然之德使氏胥附故曰赫胥蓋炎帝也含哺音步縣企音玄踶直氏反跂丘氏反好知呼報反下音智

胠篋第十舉事以名篇

胠李起居反史記作懀徐起法反一音虛丘之反司馬云從旁開爲胠一云發也篋苦協反探吐南反囊乃剛反匱其位反匵也必攝如字李云結也崔云收也緘古減反縢向崔本作縢同徒登反崔云約也案廣雅云緘縢皆繩也扃古熒反崔李云關也鐍古穴反李

云紐也崔云環舌也**知也**如字又音智下同**揭**徐其謁反又音桀三蒼云擧也擔也負也**擔**丁甘反**而趨**七須反李云走也**唯恐**丘用反**鄉之**本又作向亦作嚮同許亮反**爲大盜**于僞反下及下注而爲同**積者**如字李子賜反**罔罟**音古罔之通名**耒**力對反徐力猥反郭吕罍反李云犁也一云犂柄也**耨**乃豆反李云鋤也或云以木爲鋤柄**所刺**徐七智反**闔**戶臘反**四竟**音境下之竟同**治邑**直吏反**屋**周禮夫三爲屋**州**五黨爲州二千五百家也**閭**五比爲閭二十五家也**鄉**五州爲鄉萬二千五百家也**田成子**齊大夫陳恒也**一旦**宋元嘉中本作一日**殺**音試**齊君**簡公也春秋哀公十四年陳恒殺之于舒州**而盜其國**司馬云謂割安邑以東至琅邪自爲封邑也**聖知**音智下同**十二世有齊國**自敬仲至莊子九世知齊政自太公和至威王三世爲齊侯故云十二世也**以守**如字舊音狩**比干剖**普口反謂割心也崔本作節云支解也**萇**直良反**弘胣**本又作肔徐敕紙反郭詩氏反崔云讀若拖或作施

字胣裂也淮南子曰萇弘鈹裂而死司馬云胣剔也萇弘周靈王賢臣也案左傳是周景王敬王之大夫魯哀公三年六月周人殺萇弘一云刳腸曰胣**子胥靡**密池反司馬如字云縻也崔云爛之於池中也案子胥伍員也諫夫差夫差不從賜之屬鏤以死投之江也**馬得**於虔反**故跖**之石反**之藏**才浪反又如字**知可**如字本或作知可否**分均**符問反又如字**无**

治直吏反下文始治同**魯酒薄而邯**音寒**鄲**音丹邯鄲趙國都也**圍**楚宣王朝諸侯魯恭公後至而酒薄宣王怒欲辱之恭公不受命乃曰我周公之胤長於諸侯行天子禮樂勳在周室我送酒已失禮方青其薄無乃大甚遂不辭而還宣王怒乃發兵與齊攻魯梁惠王常欲擊趙而畏楚救楚以魯為事故梁得圍邯鄲言事相由也亦是感應宣王名熊良夫悼王之子恭公名奮穆公之子許慎注淮南云楚會諸侯魯趙俱獻酒於楚王魯酒薄而趙酒厚楚之主酒吏求酒於趙趙不與吏怒乃以趙厚酒易魯薄酒奏之楚王以趙酒薄故圍邯鄲也**掊**普口反**擊**徐古歷反**縱舍**音捨注同**閈邪**似嗟反

去華起呂反下注去欲去其皆同**聖人已死則大盜不起**向云

事業日新新者爲生故者爲死故曰聖人巳死也乘天地之正御日新之變得實而損其名歸眞而忘其塗刖大盜息矣

爭尚 爭鬭之爭後皆同 聖人不死大盜不止 向云聖人不死言守故而不日新牽名而不造實也大盜不止不亦宜乎 爲之斗斛以量之 向云自此以下皆所以明苟非其人雖法無益 權衡 李云權稱錘衡稱衡也錘音直僞反 符璽 音徙 矯之 居表反 鐍鉤 鉤謂帶也 揭 其謁其列二反 斧鉞 音越 能禁 音今又居鴆反下不可禁同 擿玉 持赤反義與擲字同崔云猶投棄之也郭都華反李云刻也 殫 音冊 盡也 鑠絕 郭李詩灼反向徐音藥崔云燒斷之也 竽 徐音于 瑟 本亦作璱 塞 瞽曠 崔本塞作杜云塞也 膠 音交徐古孝反 喪矣 息浪反 攦 郭呂係反又力結反徐所綺反李云折也崔云撕之也 工倕 音垂堯時功者也一名睡 蜘 音知 蛛 音誅 蛣 起一反 蜣 音羌 之行 下孟反 鉗 李巨炎反又其嚴反 攘 如羊反 之帥 本又作率同所類反 不鑠 失灼反崔云不消壞也向音燿 不僻 匹亦反 爚 徐音藥三

蒼云火光銷也司馬崔云散也　此數所主反　容成氏司馬云此十二氏皆古帝王　驪
徐力池反李音梨　畜徐敕六反　伏戲音義　慊口簟反　樂其音洛　而不
相往來一本作不相與往來撿元嘉中郭注本及崔向永和中本並無與字　至治直吏反注
同　頸如字李巨盈反　贏音盈崔云裹也廣雅云負也　糧音良　而趣七于反徐
七喻反　上好呼報反注下皆同　弩音怒　畢弋機變李云兔網曰畢繳射
曰弋弩牙曰機　之知音智下及注并下知詐皆同　鉤餌如志反　罔罟罾音曾
笱鉤鈎鈎也餌魚餌也廣雅云罶謂之罔罾魚網也爾雅云嫠婦之笱謂之罶　削七妙反　格古百
反李云削格所以施羅網也　羅落罝子斜反　罘本又作罦音浮爾雅云鳥罟謂之羅兔罟謂之
罝罬謂之罦罦覆車也郭璞云今飜車也　漸毒李云漸漬之毒不覺深也崔云漸毒猶深害
頡戶結反　滑于八反頡滑謂難料理也崔云纏屈也李音骨滑稽也一云頡滑不正之語也　解
若懈反　垢苦豆反司馬崔云解垢隔角也或云言曲之辭　每每李云猶昏昏也　舍已

音捨下文同　上悖　李郭云必内反又音佩司馬云薄食也　下爍　失約反崔云消也司馬云崩竭也崔向本作爍同徐音藥　中墮　許規反毀也　之施　始豉反　惴　本亦作蝡又作喘川兖反向音揣　耎　耳轉反崔云蠕蝡動蟲也一云惴耎謂無足蟲　肖翹　音消下音祁饒反崔云肖翹植物也李云翾飛之屬也　種種　向章勇反李云謹慤貌一云淳厚也　而說　音悅下同　役役　李云鬼黠貌一云有為人也　恬　徒謙反　惔　徒暫反徐大敢反　啍啍　李之閏反又之純反郭音惇以已悔人之貌下同司馬云少智貌徐許彭反又許剛反向本作啍音享崔本上句作啍啍少知而芸也一云啍啍壯健之貌

在宥第十一　以義名篇

聞在宥　音又寬也　則治　直吏反下治亂同　欲惡　烏路反　好欲　好報反　有治天下者哉　崔本作有治天下者柎失云強治之是柎之失也　人樂　音洛　恬　徒謙反　瘁瘁　在季反病也廣雅云憂也崔本作醉　愉　音瑜徐音喻　故

譽音餘　毗於如字司馬云助也一云并也　思慮息嗣反　大過音泰　喬向欽消反或去夭反郭音橋李音驕　詰李去吉反徐起列反崔云喬詰意不平也　卓敕角反郭丁角反向音罩　鷙敕二反李豬栗反向豬立反又勑栗反崔云卓鷙行不平也　之行下孟反　能勝音升　匈匈音凶　而且如字徐子餘反　說明音悅下同　是悖必內反徐蒲沒反　是相息亮反助也下及注皆同　於技其綺反李音歧崔同云不端也　說知音智　於疵疾斯反　臠力轉反崔本作欒　卷卷勉反徐居阮反司馬云臠卷不申舒之眹也崔同一云相牽引也　獊音倉崔本作戕　囊如字崔云戕囊猶搶攘　乃復扶又反　而去起慮反　之邪崔本唯此一字作邪餘皆作耶　齊戒本又作齋同側皆反　跪其詭反郭音危　莅音利又音類　无解如字一音蟹散也　龍見賢遍反向崔本作覞向音見崔音睍　從容七容反　炊昌睡反又昌規反本或作吹同　累劣僞反司爲云炊累猶動升也向郭云如埃塵之自動也　崔瞿向崔本作臞向求朱反瞿瞿人姓名也　老聃吐藍反　女

慎音汝攖於營反又於盈反司馬云引也崔云羈落也排皮皆反崔本作俳進上時掌反注及下同其易以豉反因殺如字徐所例反言因殺萬物也淖昌畧反又直角反廉劌居衛反司馬云傷也廣雅云利也琢丁角反縣而天音玄向本無而字云希高慕遠故曰縣天僨向粉問反廣雅云僵也郭音奔驕如字又居表反郭云憤驕者不可禁之勢自見賢遍反下同股音古脛本曰股胈畔末反向父末反李扶蓋反云白肉也或云字當作紱紱蔽膝也崔云胈胝也脛刑定反讙音歡兜丁侯反崇山南裔也堯六十年放讙兜于崇山投三苗崔本投作殺尚書作竄三苗者縉雲氏之子即饕餮也三峗音危本亦作危三峗西裔之山也今屬天水堯六十六年竄三苗于三危共工音恭共工宮名即窮奇也幽都李云即幽州也尚書作幽州北裔也堯六十四年流共工于幽州施及以智反崔云延也大駭駭驚也愈粗音麤下同愚知音智下及注同好知呼報反注同釿音斤本亦作斤鋸音據制焉釿鋸制謂加肉刑也繩墨殺焉並如字崔

云謂彈正殺之椎直追反鑿在洛反決焉古宂反又苦宂反崔云肉刑故用椎鑿
脊脊音藉在亦反相踐藉也本亦作肴肴廣雅云肴亂也大山音泰亦如字嵁苦巖
反一音苦咸反又苦嚴反巖音嚴語銜反一音嵒語咸反以眩玄遍反惡直烏路反
蕃徒音煩殊死如字廣雅云殊斷也司馬云決也一云誅也字林云死也說文同又云漢令曰蠻夷
長有罪當殊之崔本作殀死相枕之鴆反桁戶剛反司馬云𣓤長械也楊向音陽崔云械夾頸
及脛者皆曰桁楊離力氏反又力智反跂丘氏反又丘豉反攘如羊反桎之實反
梏古毒反意如字又音醫无愧崔本作媿㢘音輔方復扶又反椄
李如字向徐音燮郭慈椄反槢郭李音習向徐徒燮反司馬云椄槢械楔音息節反崔本作慴云讀爲牒或作
謵字椄槢桎梏梁也淮南曰大者爲柱梁小者爲椄槢也鑿在洛反又在報反枘人銳反向本作內音同三蒼云
柱頭枘也鑿頭廁木如柱頭枘遠於于萬反下同而禦魚呂反本又作御音同焉知於[illegible]
反嚆矢許交反又亦作、嗃向云嗃矢矢之鳴者郭云矢矢猛者字林云蒿、大呼也崔本作蒿云藁蒿可以爲

箭或作矯矯梟也崔本此下更有有無之相生也則甚曹史與桀跖生有無也又惡得無相穀也凡二十四字大

治直吏反去其起吕反廣成子或云即老子也空同司馬云當北斗

下山也爾雅云北戴斗極爲空一曰在梁國虞城東三十里質也廣雅云質正也雲氣

不待族而雨司馬云族聚也未聚而雨言澤少草木不待黃而

落司馬云言殺氣多也爾雅云落死也益以崔本作蓋以佞人如字郭音寧翦

翦如字郭司馬云善辯也一曰佞貌李云淺短貌或云狹小之貌揃悅全反間居音閑

下注同復往扶又反邀之古堯反要也南首音狩蹷其月反又音厥

驚而起也天下治直吏反吾語魚據反下同女音汝後放此窈窈

鳥了反不邪似嗟反我爲于僞反下同物將自壯側亮反謂不治

天下則衆物皆自任自任而壯也之稱尺證反百昌司馬云猶百物也當我

如字緡乎武巾反郭音泯泯合也遠我于萬反昏乎如字暗也司馬云緡

昏並無心之謂也 **雲將** 子匠反下同李云雲主帥也 **扶搖** 扶亦作夫音符李云扶搖神木也主東海一云風也 **鴻蒙** 如字司馬云自然元氣也一云海上氣也 **拊** 孚甫反一音甫 **脾** 本又作髀音陛徐甫婢反又甫姊反 **雀** 本又作爵同將略反 **躍** 司馬云雀躍若雀浴也一云如雀之跳躍也 **倘** 尺掌反一音吐郎反李吐黨反司馬云欲止貌李云自失貌 **贄** 之二反又豬立反又魚列反李云不動貌 **叟** 本又作傻素口反郭疏■反司馬云長者稱 **不輟** 丁劣反李云止也 **曰** **吁** 況于反亦作呼 **鬱結** 如字崔本作縮音結 **掉** 徒弔反 **有宋** 如字國名也本作宗者非 **鞅掌** 於丈反毛詩傳云鞅掌失容也今此言自得而正也 **之放** 方往反效也注同 **止** **蟲** 如字本亦作昆蟲崔本作正蟲 **皆坐** 才卧反 **意** 音醫本又作噫下皆同 **僊僊** 音仙 **墮** 許規反 **涬** 戶頂反又音幸 **溟** 士頂反司馬云涬溟自然氣也 **渾渾** 戶本反 **沌沌** 徒本反 **不離** 力智反下及注皆同 **而惡** 烏路反 **因衆以寧所聞** 因衆人之所聞見委而任之則自寧安 **不如衆技** 其綺反 **衆矣**

若役我之知違衆人衆人之技多於我矣安得而不自困哉 此攬 音覽本亦作覽 僥 古堯反徐古了
反字或作傲 倖 音幸一云僥倖求利不止之貌 幾何 居豈反郭巨機反 不喪 息浪
反下及注同 萬分 如字又扶問反 饕 吐刀反 冒 亡北反又亡報反 於嚮 許丈
反本又作嚮注及下同 挈 苦結反廣雅云持也 撓撓 而小反 惡 音烏 足復
扶又反 則治 直吏反 匿而 女力反 中而不可不高者德
也 中者順也順其性而高也 不易 以豉反下注同 應動 憶升反 物者莫
足爲也 分外反 而不可不爲 分內也 不與 音預

天地第十二 以事名篇

天地 釋名云天顯也高顯在上也又坦也坦然高遠也地底也其體底下載萬物也禮統云天地者元氣之所
生萬物之祖也易說云元氣初分清輕上爲天濁重下爲地 其治 直吏反注同下官治并注亦同 人
卒 尊忽反 君原 原本也 非邪也 似嗟反本又作爲 技也 其綺反注

下同記曰書名也云老子所作夫子司馬云莊子也一云老子也此兩夫子曰元嘉本皆爲別章崔本亦

爾覆載芳富反洋洋音羊又音詳不刳口吳反又口侯反崔本作軒云

寬悅之貌而去起呂反循音旬或作脩挫作队韜吐刀反廣雅云藏也沛普貝反字林云流也物

逝崔本逝作啓云開也滂沛普旁反不近附近之近不樂音洛縣解上音玄下音蟹不

以王于況反下王德並同蛻然始銳反又音悅漻李良由反徐力蕭反廣雅下巧反云清貌非

好呼報反而知音智注同而供音恭本亦作恭確苦學反斯音賜又如字

赤水李云水出崐崘山下還歸音旋玄珠司馬云道眞也使知音智注及下音

同索之所白反下同喫口懈反詬口豆反司馬云喫詬多力也王倪徐五兮反

被衣音披要之一遙反注同圾本又作岌五急反又五合反郭李云危也給數音朔

在去起呂反於強其丈反方且如字凡言方且者言方將有所爲也物絯徐户

隔反廣雅公才反云東也与郭義同今用廣雅音令應力呈反治亂直吏反注同之

率色類反注同又色律反　殺君音試本又作弒音司　華胡化反又胡花反司馬云地名
也　封人司馬云守封疆人也　曰嘻音熙　請祝之又反又州六反　女獨音女
後同　鶉音淳　鶉居謂無常處也又云如鶉之居猶言野處　鷇口豆反　食爾雅云生
哺鷇鷇食者言仰物而足也　就閒音閑注同　上僊音仙　伯成子高通變
經云老子從此天地開闢以來吾身一千二百變後世得道伯成子高是也　闔本亦作盍胡臘反　无落落猶
廢也　俋俋徐於執反又徐直立反李云耕貌一云耕人行貌又音秩又於十反字林云勇壯貌　治成
直吏反　能閒閒廁之閒　不與音預　侗音洞又音同　泰初易說云氣之始
也　有分符問反　无閒如字　留動留或作流　喙丁豆反又充芮喜穢二反　緡
武巾反　夫子仲尼也　相方如字又甫往反本亦作放甫往反注同　強其兩反　以
反　縣音玄　寓音宇司馬云辨明白若縣室在人前也　易見以豉反　技係其綺
反　執留如字本又作貓音同一本作狸亦如字司馬云猶竹鼠也一云執留之狗謂有能故被留係成愁思

也猨音袁狙七徐反之便婢面反徐扶面反司馬云言便捷見捕復何扶又反
將一本作蔣閭力於反葂字亦作莬音免又音晚郭音問將閭葂人姓名也一云姓將閭名葂
或云姓蔣名閭葂也季徹人姓名也蓋季氏之族魯君或云定公知中丁仲反不
輯音集爾雅云和也又側立反郭思魚反局局其玉反一云大笑之貌螳蜋音堂郎
車軼音轍不勝音升注同自爲遽其據反本又作處觀臺古亂
反注同覤覤許逆反又生責反或云驚懼之貌汒若本或作芒武剛反郭武蕩反舉
滅舉皆也悶然音門豈兄元嘉本作豈足溟亡頂反涬戶頂反圃
布戶反又音布園也李云菜蔬曰圃畦戶圭反李云埒中曰畦說文云五十畝曰畦隧音遂李云道也
甕烏送反字亦作瓮搰搰苦骨反徐李苦滑反郭忽滑反用力貌一音胡没反有械
戶戒反字亦作械李云器械也浸子鴆反司馬云灌也卬而音仰本又作仰挈水口節反
若抽敕留反李云引也司馬崔本作流數如所角反徐所錄反泆湯音逸本或

作溢李云疾速如湯沸溢也司馬本作佚蕩云言其往來數疾如佚蕩佚蕩唐佚也　槹本又作橋或作皐同音羔徐居橋反司馬李云桔槹也　吾師謂老子也　瞞武版反又亡安反字林云目眥平貌李天典反慙貌一音門又亡千反司馬本作憮音武崔本作撫　於于並如字本或作吙吁音間司馬云夸誕貌一云行仁恩之貌　以蓋衆司馬本蓋作善　墮許規反　无乏乏廢也　卑陬走侯反徐側留反李云卑陬愧懼貌一云顏色不自得也　頊頊本又作旭旭許玉反李云自失貌　向之許亮反本又作鄉音同後倣此　復有扶又反　夫人音符下夫人同　汒乎莫剛反　之心心或作道　輿之音餘下同　謷然五羔反司馬本作警　儻然本亦作黨司馬本作儻同勑蕩反郭吐更反　渾胡本反　沌徒本反　背今音佩　之易以豉反　諄郭之倫反又述倫反　芒本或作汒武剛反李云望之諄諄察之芒芒故目諄芒一云姓名也或云霧氣也　大壑火各反李云大壑東海也　苑風本亦作宛徐於阮反李云小貌謂遊世俗也一云苑風人姓名一云扶搖大風也　之濱音賓　酌焉一本作取焉　橫目之民李云倮蟲之屬

大六十二　莊子音義中　三

欲令其治之也 顚闇 本或依司馬本作問下同 聖治 直吏反下皆同 官施 始文反又始智反司馬云施政布敎各得其宜 手撓 而小反又而了反司馬云動也一云謂指麾四方也 顧指 如字向云顧指者言指麾顧盼而治也或音頤本亦作頤以之反謂舉頤指麾也 美惡 烏路反 怊乎 音超字林云悵也徐尺遙反郭音條 儻乎 敕黨反司馬本作儻 德人之容 羊凶反或云依注當作客 天地樂 音洛注同 銷亡 徐音消 混冥 胡本反 門无鬼 司馬本作无畏云門姓无畏字也 赤張滿 本或作蒲 稽 古兮反李云門赤張氏也无鬼滿稽名也 均治 直吏反下及注均治並同 之與 音餘本又作邪 復何 扶又反下章注同 瘍 音羊李云頭創也言創以喻亂求虞氏藥治之司馬云疕瘍也 患創 初良反 禿 吐木反 髢 大細反司馬云髲也又吐帝反郭音毛李云髦髲也 操藥 七刀反 燋然 將遙反又音樵 如標 方小反徐方遙反又方妙反言樹杪之枝無心在上也 校 胡孝反李音敎一本作枝 蠢 郭處允反動也 无傳 丈專反 不諛 羊朱反郭貽附反 不諂 敕檢反 不肖 音笑

之道音導下同豈有背音佩則勃步忽反謂已諛人本多作衆人下同司馬云衆人凡人也則佛符弗反郭敷謂反相坐才臥反注同與夫音符不解音蠻又作買反不靈本又作無靈司馬云靈曉也祈嚮許亮反司馬云祈求也大聲司馬云謂咸池六英之樂也折楊之列反皇䔷況于反又撫于反本又作華音花同馬本作里華嗑然許甲反李云折楊皇華皆古歌曲也嗑笑聲也本又作嗌烏邈反司馬本作榼嘖曲仕責反本又作嗑以二缶鍾缶應作垂鍾應作踵言垂鄉空中少不得有之適也司馬本作二垂鍾云鍾注意也所適司馬云至也而強其丈反下注同比憂眦志反司馬本作鼻云始也趣令力呈反下同令解音蟹厲音賴又如字遽巨據反本或作蘧音同汲汲音急苛役音河犠音羲又素河反其斷徒亂反下同本或作故困如字本或作悃音同㥚子公反郭音俊又素奉反李云困㥚猶刻賊不通也中丁仲反顙桑蕩反濁口本又作蠋音同滑心李音骨本亦作蠋

離力智反跂丘豉反鷸尹必反徐音述本又作鷸音同鳥名也一名翠似燕紺色出鬱林取其月毛以飾冠笏音忽紳音申帶也柴柵楚格反郭音策外重直龍反

纆音墨繳音灼郭古弔反睆睆環版反又戶鰥反李云窮視貌一云眠目貌交

辟歷揞司馬云交辟反縛也歷揞猶歷摟貌檻戶覽反

天道第十三以義名篇

无所積積謂滯積不通六通謂六氣陰陽風雨晦明四辟毗赤反謂四方開也

眛音妹鐃心乃孝反又女交反一音而小反中準丁仲反大匠或云天子也淡徒暫反巍巍魚歸反不與音預俞俞羊朱反廣雅云喜也又音喻從容七容反南鄉許亮反本亦作嚮素王注況反注同而閒音閑人樂音洛下同韲子兮反爲戾力計反暴也長於丁丈反章末同

天樂音洛章內同而王往況反注及下王天同祟雖遂反徐息類反李云禍也

畜天許六反注同知雖音智下愚知同自說音悅咎音羔繇音遥明

斷丁亂反本在於上末在於下李云本天道末人道也之辟

毗赤反比詳毗志反下同一音如字云比校詳審治之直吏反下治之至注至治之道同衰

音崔經田結反隆殺所界反長先而少詩照反萌區曲俱反

朝廷直遥反原省所景反原除省廢也必分方云反知謀音智大

平音泰迕道音悟司馬云横也而說徐音稅又如字不敖五報反兩

施始豉反膠膠交卯反司馬云和也擾擾而小反司馬云柔也案如注意膠膠擾擾

動亂之貌之王往況反藏書司馬云藏其所著書也徵藏才浪反司馬云

徵藏藏名也一云徵典也史藏府之史老聃吐甘反或云老聃是孔子時老子號也免而

歸言老子見周之末不復可匡所以辭去也繙敷袁反徐又音盤又音煩司馬繙冤也十二經

說者云詩書禮樂易春秋六經又加六緯合爲十二經也一說云易上下經并十翼爲十二又一云春秋十二公經也

以說如字又始銳反絕句老聃中丁仲反其說如字絕句曰大音泰徐敕
佐反謾末旦反郭武諫反中心物本亦作勿愷開待反司馬云樂也曰意於其
反司馬云不平聲也下同幾乎音機司馬本作頎云頎長也復言長也迂乎音于牧
乎司馬云牧養也放德方往反偈偈居謁反又巨謁反或云用力之貌揭仁
其謁反又音桀士成綺如字又魚紙反士成綺人姓名也願見賢遍反下同百
舍司馬云百日止宿也重直龍反趼古顯反司馬云胝也胝音陟其反許慎云足指約中斷傷為趼
餘蔬所居反又音所司馬云蔬讀曰縃縃位也鼠壤內有遺餘之粒撒惡過甚也一云如鼠之推壤棄餘益
疏外也棄妹一本作妹之者不仁釋名云妹末也謂末學之徒須慈誘之乃見棄薄不仁之
甚也生熟司馬云生膾也一云生熟謂好惡也而積子亦反李子賜反斂力檢反李狸豔反
復見扶又反有刺千賜反正卻去逆反或云息也夫巧苦教反又
如字知音智為脫徒活反注同毀譽音餘反同容行如字顙頯

上息黨反下去軌反本又作顒如字司馬本作題闞郭許覽反又火斬反又火暫反虓火交反
豁火括反踶直氏反跂去氏反𨘢竟音境有人焉其名
爲竊𨘢垂之人不聞知禮樂之正縱有言語偶會墳典皆是竊盜所得其道何足語哉司馬云言遠方背
有是人奮揀音柄司馬云威權也李丑倫反一本作楝言傳大專反後同爲其
于僞反知者如字下同或並音智去尚起呂反桓公李云齊桓公也名小白輪
扁音篇又符殄反司馬云斲輪人也名扁斲陟角反推直追反而上時掌
反糟音遭李云酒滓也魄普各反司馬云爛食曰魄一云糟爛爲魄本又作粕音同許慎云粕也
淫麤糟也或普白反謂魂魄也已夫音符絕白或如字甘如字又音酣司馬云甘者緩也苦者急也
有數李去色注反數蒔也人與如字又一音餘可傳直專反注同
天運司馬作天負第十四以義名篇
其運爾雅云運徙也廣雅云轉也推而如字一音吐回反司馬本作誰緘古咸反徐古陷

大百七 反司馬本作咸云引也 爲雨 于僞反下及注同 隆施 音弛式氏反 淫樂 音洛又音嶽 而勸 司馬本勸作倦云讀曰送言誰無所作在送天往來運轉無已也 有上 時掌反 彷 薄皇反 徨 音皇司馬本作旁皇云旁皇飇風也 噓 音虛 吸 許急反 披 芳皮反 拂 芳弗反郭扶弗反披拂風貌司馬本作翇 巫咸袑 赤遥反郭音條又音紹李云巫咸殺相也袑寄名也 吾語 魚據反 女 音汝後皆同 六極 司馬云四方上下也 商大 音泰下文大息同 宰蕩 司馬云商宋也大宰官也蕩字也 府藏 才浪反 蕩聞之 一本蕩作盈崔本同或云盈大宰字 郢 以井反又以政反楚都也在江陵北 冥山 司馬云北海山名 愈遠 于萬反 孝易 以豉反下皆同 濡沫 音末 孝悌 音弟 并焉 必領反棄除也注同 去華 起呂反 北門成 人姓名也 洞庭 徒送反 之懼 如字或音句下同一本作戄音況縛反案説文懼是正字矍古文 復聞 扶又反下注同 徵之 如字古本多作徽 大清 音泰 迭起 大節反一本作遞大計反 循生 似倫反 蟄

蟲沈執反郭音執爾雅云靜也霆音廷又音挺徒佞反電也一僨方問反司馬云作也

在阬苦庚反爾雅云虛也塗郤去逆反與隙義同其兌徒外反爲量

音亮不離力智反儻敕黨反一音敞倚於於綺反槁枯老反目知

音智齊限才細反委於危反徐如字蛇以支反又作施徐音絁叢生才公反

林樂音洛亦如字布揮音輝廣雅云振也於窈烏了反稽於古兮

反心說音悅注同焱氏必遙反本亦作炎苞裹音包本或作包共雖遂

反師金李云師魯天師也金其名也之行下孟反芻狗李云結芻爲狗巫祝

用之盛音成下同篋苦牒反本或作筐衍延善反郭恰面反李云笥也盛狗之物也司馬云合也

齊戒側皆反本亦作齋蘇者李云蘇草也取草者得以炊也案方言云江淮南楚之間謂之

蘇史記云樵蘇後爨注云蘇取草也爨之七丸反將復扶又反必且如字徐子餘反

數音朔眯李音米又音美字林云物入眼爲病也司馬云厭也音一琰反推之郭吐回反又如

子下同　陸輿音餘下同　今蘄音祈求也　无方之傳直專反下注同司馬云方常也　桔音結　槹音羔　於治直吏反注同　柤側加反　柚由救反　猨狙上音袁下七餘反　而衣於既反　齕音紇　挽音晚　盡去起呂反　慊苦牒反李云足也本亦作嗛音同　而矉徐扶真反又符人反通俗文云蹙頞曰矉　其里絕句　捧心敷勇反郭音奉　挈苦結反　之沛音貝司馬云老子陳國相人相今屬苦縣與沛相近　惡乎音烏下同　名公器也釋名云名鳴也公平也器用也尹文子云名有三科一曰命物之名方圓是也二曰毀譽之名善惡是也三曰況謂之名愛憎是也今此是毀譽之名也　蘧音渠司馬郭云蘧蘆猶傳舍也　覯古豆反見也遇也　之虛音墟本亦作墟　苟簡王云苟且也簡略也司馬本簡作間云分別也　不貸敕代反司馬云施與也　之圃音補　易養以豉反注同　以爲物于僞反　操之七刀反　舍之音捨注同　喪息浪反　湮者音因李云塞也亦滯也郭音煙又烏節反司馬本作歅疑也簡文作黫云隔也　天門一云謂心也一云大道也　播

甫佐反又彼我反　穅音康字亦作康　蚊音文字亦作蟁　虻音盲字亦作䖟　噆子盍反郭子合反司馬云齧也　通昔昔夜也　憯然七感反　乃憤扶粉反本又作憒古內反

亦放方往反　風而動司馬云放依也依無為之風而動也　易持易行並以豉反　傑然郭居竭反又居謁反巨竭反　夫揭其列其謁二反　鵠本又作鶴同胡洛反

日黔巨淹反徐其金反司馬云黑也　之觀古亂反司馬本作讙　泉涸胡洛反　相呴況付反又況于反　相濡如主反又如瑜反　以沫音末　相忘並如字　不談本亦作不言　嗋許劫反合也　龍見賢遍反　賜亦本又作賜也　倨堂居慮反跂也

夫三王本或作三皇依注作三是也餘皆作三皇　余語魚據反下同　則強其丈反　為其于僞反　殺其殺並所戒反降也注同　孕以證反　孩亥才反說文云笑也　別人彼列反下同　為種章勇反注同　大駭胡楷反　復言扶又反　之知音智下同　上悖補對反　下睽苦圭反又音圭乖也　中墮

許規反之施式豉反憯於七感反蠆敕邁反又音例本亦作厲郭音賴又敕界反蠆許謁反或敕邁反或云依字上當作蠆下當作蠍通俗文云長尾爲蠆短尾爲蠍鮮規之獸李云鮮規明貌一云小蟲也一云小獸也蹙蹙子六反奸音干三蒼云犯也鉤用鉤取也甚矣夫音符篇末同難說始銳反治世直吏反白鶂五歷反三蒼云鶬鶂也司馬云鳥子也之相視眸茂侯反子不運而風化司馬云相待風氣而化生也又云相視而成陰陽蟲雄鳴於上風雌應於下風而化一本作而風化司馬云雄者黿類雌者鼈類類自爲雌雄故風化或說云方之物類猶如草土異種而同類也山海經云亶爰之山有獸焉其狀如狸而有髮其名曰師類帶山有鳥其狀如鳥五采文其名曰奇類皆自牝牡也可勝音升可壅於勇反復見扶又反下賢遍反又如字烏鵲孺如喻反李云孚乳而生也魚傅音附又音付本亦作傅直專反沫音末司馬云傅沫者以沫相育也一云傅口中沫相與而生子也細要一遥反者化

蜂之屬也司馬云取桑蟲祝使似己也案即詩所謂螟蛉有子果蠃負之是舍音捨長張丈反

刻意第十五以義名篇

刻意司馬云刻削也峻其意也案謂削意令峻也廣推云意志也尚行下孟反離世力智反高論力困反怨誹非謂反徐音非李云非世無道怨己不遇也爲亢苦浪反李云窮高曰亢枯槁苦老反赴淵司馬云枯槁若鮑焦介推赴淵若申徒狄所好呼報反下及注皆同爲治直吏反下同此朝直遥反藪素口反處閒音閑下同魡魚本亦作釣同彫叫反吹呴況于反字亦作喣呼吸許及反吐故納新李云吐故氣納新氣也熊經如字李古定反司馬云若熊之攀樹而引氣也鳥申如字郭音信司馬云若鳥之嚬呻也道引音導下同李云導氣令和引體令柔此數所主反僅其靳反焉能於虔反澹大暫反徐音談然一本作澹而百行下孟反下及篇末百行同恬惔大暫反徐音談下皆同質也質正也而

喪息浪反下同人休虛求反息也下及注同平易以豉反下及注皆同元難

乃旦反下同邪氣似嗟反下同蜕然音悅又始銳反去知起呂反其

覺古孝反粹雖遂反不罷音皮悲樂音洛下同好惡烏路

反於忤五故反確苦角反纖介音界干越之劍司馬云干吳也

吳越出善劍也李云干谿越山出名劍案吳有谿名干谿越有山名若耶並出善鐵鑄爲名劍也柙而

戶甲反下蟠音盤音煩倩乎七練反之觀古喚反鞹苦郭反

繕性第十六以義名篇

繕善戰反崔云治也或云善也性性本也滑音骨亂也崔云治也思以李息吏反

注役思同方復扶又反下無復雖復同必離力智反下文同去欲起呂反治

道如字又直吏反養知音智下以意求之樂也音洛注同信行下孟反注

同下以行小行注行音行並皆放此徧音遍不冒莫報反崔云覆也在混胡本反

芒莫剛反崔云混混芒芒未分時也　澹徒暫反　不擾而小反　燧人音遂　與治直吏反　澆古堯反本亦作澆　醇本亦作淳音純　之稱尺證反　心與心識如字衆本悉同向本作職云彼我之心競爲先識矣郭注既與向同則亦當作職也　博溺乃歷反郭奴學反　世喪息浪反下及注皆同　弗見賢遍反　祇所音支　淡大暫反　泊音薄　危然如字郭云獨正貌司馬本作恑云獨立貌崔本作垝音如累垝之垝垝然自持安固貌　於坦敕但反　塊然苦對反　樂全音洛注下皆同　儻來吐黨反崔本作黨云衆也　可圉魚呂反本又作禦　不爲于僞反下同　倒置之民崔云逆其性命而不順也向云以外易內可謂倒置

秋水第十七借物名篇

秋水李云水生於春壯於秋白虎通云水準也　灌河古亂反　涇流音經司馬云涇通也崔本作徑云直度曰徑又云字或作涇　雨涘音俟涯也　渚司馬云水中可居曰渚釋名云

渚遮也體高能遮水使從旁回也 崖 字又作涯亦作厓並同 不辯牛馬 辯別也言
廣大故望不分別也 河伯 姓馮名夷一名冰夷一名巳見大宗馮遲師篇一云姓呂名公子馮夷是公子
之妻 爲盡 津忍反 北海 李云東海之北是也 面目盳 莫剛反又音旁又音望本
亦作望 洋 音羊司馬崔云盳洋猶望羊仰視貌 向若 向徐音嚮許亮反司馬云若海神 聞
道百 李云萬分之一也 今我睹 舊音覩案說文睹今字覩古字睹見也崔本作今睹我云
睹示也 大方之家 司馬云大道也 理分 扶問反後同 以語 如字下同 於
虛 音墟本亦作墟風俗通云墟虛也崔云拘於井中之空也 夏蟲 戶嫁反 曲士 司馬云鄉
曲之士也 尾閭 崔云海東川名司馬云泄海水出外者也 泄之 息列反又與世反 量數
音亮注及下同 而縣 音玄下同 快然 於亮反又於良反 之竟 音境 礨 力罪
反向同崔音壘李力對反 空 音孔壘孔小穴也李云小封也一云蛾冢也 稊米 徒兮反司馬云
稊米小米也李云稊草也案郭注爾雅稊似稗稗音蒲賣反 大倉 音泰 人卒 尊忽反司馬云

衆也崔子恤反云盡也五常之所連司馬云謂連續仁義也崔云連續也本亦作五帝
所爭側耕反任士之所勞李云任能也勞服也證鄉許亮反崔云往
也向郭云明也又虛丈反掇專劣反郭云短也而不跂如字一本作念下注亦然坦吐但
反不說音悅不愕五各反舍故音捨之倪五佳反徐音詣郭五米反下同
垺李普回反徐音孚謂盛也郭芳尤反崔音裒之夥夥衆也異便婢面反徐扶面
反注皆同精粗七胡反下同能分如字不能論本或作諭爲利于僞
反故措七故反行殊下孟反下堯桀之行同辟異匹亦反无已音紀
惡至音烏下同其稱尺證反可勝音升自爲于僞反注內自爲相爲皆
同餘如字之噲音快又古邁反又古會反之者燕相子之也噲燕王名也司馬云燕王噲拙於謀用蘇代
之說欶堯舜讓位與子之三手而國亂而王往況反白公名勝楚平王之孫白縣尹僭稱公作
亂而死事見左傳哀公十六年梁麗司馬李音禮一音如字司馬云梁麗小船也崔云屋棟也窒

珍悉反爾雅云塞也崔李同說文都節反騏音其驥音冀驊戶花反騮音留李云騏驥
驊騮皆駿馬也捕音步本又作搏徐音付狸力之反狌音姓向同又音生崔本作鼬由又反殊
技其綺反鴟尺夷反崔云鴟鵂鶹與委梟同夜撮七括反崔本作最音同蚤音早
說文䟴蟲齧人者也淮南子鴟夜聚蚤察分豪末許慎云鴟夜聚食蚤蝨不失也司馬本作蚤音文云鴟鵂鶹夜取
蚤食今郭本亦有作蚤者崔本作瓜云鵂鶹夜聚人瓜於巢中也瞋尺夷反向處辰反司馬云張也崔音
眩又師慎反本或作瞑師是或云師順也師治直吏反注皆同不舍音捨下同
簒夫初患反取也下如字女惡音汝後放此下音烏反衍如字又以戰反崔云無所貴賤
乃反爲美也本亦作畔衍李云猶漫衍合爲一家反覆芳服反與道大蹇向紀輦反徐紀
偃反本或作與天道蹇崔本蹇作浣云猶洽也謝施如字司馬云謝代也施用也崔云不代其德是謂謝施
參初林反差初宜反嚴乎魚檢反又如字繇繇音由泛泛孚劒
反字又作汎昣之忍反域于逼反舊于目反令去力呈反五藏才浪反

其薄如字崔云謂以體著之之行如字蹢丈益反又持革反躅丈緑反又音濁屈伸音申反要於妙反夔求龜反一足獸也李云黃帝在位諸侯於東海流山得奇獸其狀如牛蒼色無角一足能走出入水即風雨目光如日月其音如雷名曰夔黃帝殺之取皮以冒鼓聲聞五百里憐音蓮蚿音賢又音玄司馬云馬蚿蟲也廣雅云蛆𧊝馬蚿蚿憐蛇蛇憐風風憐目目憐心司馬云夔一足蚿多足蛇無足風無形目形綴於此明流於彼心則質幽為神遊外趻勑甚反郭菟減反一音初稟反卓本亦作踔同勑角反李云趻卓行貌唾吐卧反噴普悶反又芳奔反又孚問反如霧音務郭武貢反可勝音外悗然亡本反蓬蓬步東反徐扶公反李云風貌鰌音秋李云藉也藉則削也本又作𨂂子六反又七六反迫也折大之舌反蜚大音飛又扶貴反孔子遊於匡宋人圍之數色主反匝子合反司馬云宋當作衛匡衛邑也衛人誤圍孔子以為陽虎虎嘗暴於匡人又孔子弟子顏剋時與虎俱後剋為孔子御至匡匡人共識剋又孔子容貌與虎相似故匡人共圍之不惙本又作輟同丁劣反入見賢遍反吾

語魚據反 蛟音交 漁父音甫 兕徐履反 大難乃旦反 閒堂
音閑 无幾居豈反 將甲如字本亦作持甲 公孫龍問於魏牟
司馬云龍趙人牟魏之公子 少學詩照反 長而張丈反 之行下孟反 之
知音智 汒焉莫剛反郭音莽 論之力困反 及與音余下助句放此 所開
如字本亦作闢兩通本或作闓 吾喙許穢反又昌銳反 隱机於靳反 大息音泰
埳井音坎郭音陷 之鼃本亦作蛙戶媧反司馬云埳井壞井也鼃水蟲形似蝦蟇 之鼈
必滅反字亦作鱉 吾樂音洛下之樂大樂同 跳音條 井幹古旦反司馬云井欄也諸
詮之音西京賦作韓音 甃側救反李云如闌以塼爲之著井底闌也字林壯謬反云井甓也 赴水
如字司馬本作踣云赴也 蹶其月反又音厥 泥則 沒足滅跗方于反郭音附司馬
云滅沒也跗足跗也李云言踊躍於塗中 還音旋司馬云顧視也 虷音寒井中赤蟲也一名蜎爾雅云蜎
蠉郭注云井中小蛣蟩赤蟲也蜎音求兖反蠉音況兖反蛣蟩音吉厥 蟹戶買反 科斗苦禾

反科斗蝦蟇子也　夫擅市戰反專也　一壑火各反　巳蟄豬立反司馬云拘也三蒼云絆也　非樂音岳又五教反　逡七旬反　九潦音老　弗爲于僞反下同　頊久司馬云猶早晚也　適適始赤反又丈革反郭莧狄反　規規如字又虛役反李徐紀睡皆適適規規皆驚視自失貌　之竟音境後同　蚉音文　商蚷音渠郭音巨司馬云商蚷蟲名北燕謂之馬蚿一本作蠈徐市軫反　不勝音升　可強其丈反　方趾音此郭時紫反又側買反廣雅云蹋也蹈也履也司馬云測也　大皇音泰　奭然音釋　四解戶買反　索之所白反　壽陵餘子司馬云壽陵邑名未應丁夫爲餘子　邯音寒　鄲音丹邯鄲趙國都也　匍音蒲又音符　匐蒲北反又音服　口呿起據反司馬云開也李音祛又巨劫反　濮水音卜陳地水也　楚王司馬云威王也　先焉先謂宜其言也　巾笥息嗣反或音司　而藏之李云藏之以笥覆之以巾　惠子相息亮反下同　梁相梁惠王　子恐丘勇反　搜字又作搜或作瘦所求反李悉溝反云索

也說文去求也鵷於袁反鶵仕俱反李云鵷鶵鸞鳳之屬也醴泉音禮李云泉甘如醴

嚇本亦作呼同許嫁反又許伯反司馬云嚇怒其聲恐其奪已也詩箋云以口拒人曰嚇嗜時志反

好呼報反豪梁本亦作濠音同司馬云濠水名也石絕水曰梁儵魚徐音條說文直留反李音由白魚也爾雅云鮂黑鰦郭注即白鰷也一音篠謂白儵魚也從容七容反魚樂音洛注下皆同以難乃旦反方復扶又反其處昌慮反

至樂音洛第十八以義名篇

至樂音洛篇內不出者皆同至極也樂歡也奚惡烏路反惛惛音昏又音門

蹲七旬反郭音存又趣允反循音旬又音脣勿爭爭鬬之爭下同誙誙戶耕反徐苦耕反又胡挺反李云趣死貌崔云以是爲非以非爲是爲誙誙本又作脛脛鏗苦耕反鎗七羊反近乎附近之近芒乎李音茫又呼晃反下同芴乎音忽下同萬物職職司馬云職職猶祝祝也李云繁滋貌案爾雅職主也謂各有主而區別箕踞音據盆謂瓦缶也

也長子丁丈反无槩古代反司馬云感也又音骨哀亂貌巨室巨大也同馬云以天地爲室也嗷嗷古弔反又古堯反將令力呈反支離叔與滑音骨

崔本作滴介音界叔李云支離忘形滑介忘智言二子乃識化也冥伯之丘李云丘名

喻杳冥也崐崘力門反之虛音墟所休休息也左肘竹九反司馬本作肘音趺云胕足上也蹷蹷紀衛反動也惡之烏路反後皆同垢也音茍之

境音境髑音獨髏音樓髐苦堯反徐又許堯反李呼交反司馬李云白骨貌有枯形也

撽苦弔反又古的反說文作擊云旁擊也馬捶拙蘂反又之睡反馬杖也愧遺唯季反

凍丁貢反餒奴罪反援音袁枕而針鴆反見夢賢遍反從

然士容反從容也李徐子用反縱逸也復生音服又扶又反深矉音頻蹙本又作顣又作蹴同子六反

頞於葛反李云矉頞者愁貌而復扶又反褚小褚許反綆

格猛反汲索也汲居及反所適適或作通皇帝謂三皇五帝也司馬本作黃帝而

重直用反 舍音捨 且女音汝後同 海鳥司馬云國語曰爰居也止魯東門之外三曰臧文仲使國人祭之不云魯侯也爰居一名雜縣舉頭高八尺樊光注爾雅云形似鳳皇 御而音訝 觴音傷 于廟司馬云飲之於廟中也 九韶常遥反舜樂名 眩玄遍反司馬本作玄音眩 視如字徐市至反 臠里轉反 壇大丹反司馬本作澶音伍云水沙澶也 食之音嗣 鰷音條又音條李徒由反一音由 隨行戶剛反 委於危反 蛇以支反又如字 譊譊乃交反 咸池堯樂名 之樂如字 人卒寸忽反司馬音子忽反云衆也 還而音患又旋面反 其好呼報反 道從如字司馬云從道旁也本或作徒 攓居輦反徐紀偃反又起虔反司馬云捘也或音歐 蓬步東反徐扶公反 若果一本作汝果元嘉本作汝過 養司馬本作餋云死也 子果元嘉本作子過 歡乎司馬本作嚾云呼聲謂生也 種章勇反注同 有幾居豈反 可勝音升 得水則爲㡭此古絕字徐音絕今讀音繼司馬本作繼云萬物雜有兆眹得水土氣乃相繼而生

也本或作斷又作續斷得水土之際則爲鼃戶媧反蠙步田反徐
扶賢反郭父因反又音賓李婢軫反之衣司馬云言物根在水土際布在水中就水上視不見抄之可得如張
緜在水中楚人請之鼃蠙之衣生於陵屯司馬音徒門反云阜也郭音純則爲陵舄
音昔司馬云言物因水成而陸産生於陵屯化作車前改名陵舄也一名澤舄隨燥溼變也然不知其祖言物化無
常形也人之死也亦或化爲草木草木之精或化爲人也陵舄得鬱棲則爲烏
足司馬云鬱棲蟲名烏足草名生水邊也言鬱棲在陵舄之中則化爲烏足也李云鬱棲糞壤也言陵舄在
糞化爲烏足也烏足之根爲蠐音齊螬音曹司馬本作螬蠐云蝎也其
葉爲胡蝶音牒司馬云胡蝶蛺蝶也草化爲蟲蟲化爲草未始有極胡蝶胥也
一名胥也化而爲蟲生於竈下司馬云得熱氣而生也其狀若
脫它括反司馬音悅云新出皮悅好也其名爲鴝其俱反掇丁活反鴝
掇千日爲鳥其名爲乾餘骨乾音干乾餘骨

之沫 音末李云口中汁也 爲斯彌 李云蟲也 斯彌爲食 如字司馬本作蝕

醯 許兮反李音海司馬云蝕醯苦酒上蠛蠓也蠛音眠結反蠓音無孔反 頤 以之反 輅

生乎食醯 輅音路一音洛 黄軦 音況徐李休往反司馬云頤輅黄軦皆蟲名 生

乎九猷 音由李云九宜爲久久老也猷蟲名也 瞀 莫豆反又莫住反又亡角反 芮 如鋭反徐如悦反

生乎腐 音輔 蠸 音權郭音歡司馬云亦蟲名也爾雅云一名守瓜一云蚡鼠也

羊奚比 毗志反 乎不箰 息尹反司馬云羊奚草名根似蕪菁與久竹比合而爲物皆生於非類也

久竹生青寧 司馬云蟲名 青寧生程 李云末聞

程生馬馬生人 俗本多誤故具録之

達生第十九 以義名篇

達生 達暢也通也廣雅云生出也 物稱 尺證反 无離 力智反下同 大

甚 音泰 幾足 徐其依反 常處 昌慮反 相天 息亮反 闋尹

云關令尹喜也 不窒珍悉反 蹈火徒報反 非知音智 之列音例本或
作例 予語魚據反 女音汝後同 相遠于萬反 焉得於虔反 尤
郤去逆反 之隧字或作隊同直類反後皆同 乗亦音繩又繩證反 遌音悟
郭音愕爾雅云遌忤也郭注云謂干觸 不慴之涉反懼也李郭音習 鏌音莫本亦作莫
干李云鏌耶干將皆古之利劒名吴越春秋云吴王闔閭使干將造劒劒有二狀一曰干將二曰鏌耶鏌耶
干將妻名也 忮心之豉反郭李音支害也字書云很也 飄瓦匹遥反李云落也 郭雖
復扶又反下章同 中人丁仲反 不厭李於豔反徐於贍反 幾乎音機或音
祈 痀郭於禹反李徐居具反又其禹反 僂郭音縷李徐良付反 承一本作美 蜩
音條蜩也 猶掇丁活反拾也 五六月司馬云黏蜩時也 累丸劣彼反下
同司馬云謂累之於竿頭也 者錙側其反 銖音殊 若厥本或作橜同其月反
株音誅 拘其俱反郭音俱李云厥豎也豎若株拘也 若槁苦老反 不分如字 操

莊子音義中　二十五

舟七曹反下章同數能音朔注下同鶩音木鴨也之覆芳服反注下同猶其車却也元嘉本無車字惡往音烏閒暇音閑瓦注之樹反李云擊也憚徒丹反又音丹又丈旦反忌惡也一曰難也殙武典反又音昬又音門本亦作殙說文云殙矜也元嘉本作昏所要一遙反田開之李云開之其名也周威公崔本作周威公竈祝腎上之六反下市軫反字又作緊音同本或作腎學生司馬云學養生之道也務中丁仲反下章注而中適同吾子與祝腎遊司馬本以吾子屬上句更云子與祝腎遊操七曹反拔蒲末反徐甫末反李云把也篲似歲反徐以醉反郭予稅反李尋恚反信醉反或蘇忽反帚也亦何聞於夫子絕句而鞭如字崔本作[illegible]云匿也視其羸瘦在後者匿著牢中養之也單豹音善李云單豹隱人姓名也而水飲元嘉本作飲水縣音玄薄司馬云簾也无不走也司馬云走至也言無不至門奉貴富也李云走往也去其起呂反畏塗司馬云阻險道可畏懼者也卒徒子忽

反亦知音智衽而甚反徐而鴆反李云臥衣也鄭注禮記云臥席也動皆之死
地一本無地字不冒音墨牢筴初革反李云牢豕室也筴才欄也說
如字又始銳反彘直例反本亦作豕奚惡烏路反豢音患司馬云養也本亦作檥
曰齊側皆反後章同藉在夜反又在亦反尻苦羔反彫俎莊呂反畫飾之
俎也爲彘于僞反下自爲彘同食以音嗣糠音康糟音遭錯之
七故反置也又如字本又作措腞音直轉反又敕轉反楯食準反徐敕荀反李敕準反司馬云腞猶篆也
楯猶案也聚僂力主反司馬云聚僂器名也今冢壙中注爲之一云聚僂棺槫也一云聚當作菆才
官反僂當作蔞蔞力久反謂殯於菆塗蔞翣之中去反一本作公反誒於代反郭音熙說文云可惡之
辭也李呼該反一音哀詒吐代反郭音怡李音臺司馬云懈倦貌李云誒詒失魂魄也數曰所主
反司馬本作數月皇子告敖如字司馬云皇姓告敖字齊之賢士也鬼惡音烏忿
拂粉反李房粉反滀敕六反之氣散而不反則爲不足李云忿滿

也滀結聚也精神有逆則陰陽內結於內魂魄散於外故曰不足上時掌反下同而不下則使人善怒下而不上則使人善忘忘尚反李云陽散陰凝故怒陰發陽伏故忘也不上不下中丁仲反身當心則爲病李云上下不和則陰陽爭而攻心心精神主故病也沈有履司馬本作沈有漏云沈水汙泥也漏神名竈有髻音結徐胡節反郭音詰李音吉司馬云髻竈神著赤衣狀如美女霆音庭又音挺又徒佞反倍音裴徐扶來反阿鮭本亦作蛙戶蝸反徐胡佳反蠪音龍又音聾躍之司馬云倍阿神名也鮭蠪狀如小兒長一尺四寸黑衣赤幘大冠帶劒持戟泆陽音逸司馬云泆陽豹頭馬尾一作狗頭一云神名也罔象如字司馬本作無傷云狀如小兒赤黑色赤爪大耳長臂一云水神名峷本又作莘所巾反又音臻司馬云狀如狗有角文身五采夔求龜反司馬云狀如鼓而一足方音傍本亦作彷同皇本亦作徨同司馬云方皇狀如蛇兩頭五采文委於危反又如字朱冠司馬本作俞冠云俞國之冠也其制似螺惡聞雷烏路反

捧芳勇反其首司馬本同一本作手䫋敕引反徐敕一反又敕私反司馬云笑貌李云犬笑皃紖濇所景反徐所幸反人姓名也一本作消爲于僞反王司馬云齊王也虛憍居喬反又巨消反李云高也司馬云高仰頭也猶應應對之應下同嚮許丈反本亦作響景於領反又如字李云應響響鳴顧景行呂梁司馬云河水有石絕處也今西河離石西有此縣絕世謂之黃梁淮南子曰古者龍門未鑿河出孟門之上也縣水音玄三十仞音刃七尺曰仞流沫音末黿音元鼉徒多反或音擅鼈字又作鱉必滅反有苦如字司馬云病也拯之拯救之拯數百所主反被髮皮寄反行歌司馬本作行道云常行之道也長乎丁丈反下同與齊司馬云齊回水如磨齊也郭云磨翁而旋入者齊也與汩胡忽反司馬云涌波也郭云回伏而涌出者汩也梓慶音子李云魯大匠也梓官名慶其名也鐻音據司馬云樂器也似夾鍾耗呼報反司馬云損也氣李云氣耗則心動心動則神不專也非譽音餘輒然丁協反輒然不動貌无公朝

直遥反注同　胥消　如字本亦作滑消　成見　賢遍反　材中　丁仲反　是
與　音餘　東野稷　李云東野姓稷名也司馬云孫卿作東野畢　以御見　賢遍
反下同　莊公　李云魯莊公也或云内篇曰顔闔將傅衛靈公太子問於蘧伯玉則不與魯莊同時當是
衛莊公　中繩　丁仲反下同　文弗過也　司馬云謂過織組之文也　使之鉤
百而反　司馬云稷自矜其能圓而駈之如鉤復迹百反而不知止　顔闔　戶臘反元嘉本作盧
崔同　工倕　音垂又音睡　旋而蓋矩指與物化而不以心
稽　音雞司馬本矩作瞿云工倕堯工巧人也旋圓也瞿句也倕工巧任規以見爲圓覆蓋其句指不以施度
也是與化之物不以心稽留也　不桎　之實反司馬云閡也　之易　以豉反　足屨　九住
反　要帶　一遥反　踵門　章勇反司馬云至也　而詫　敕駕反又呼駕反郭都駕反司
馬云告也李本作託云屬也　子扁慶子　音篇又符殄反李云扁姓慶子字也　臨難
乃旦反　賓於　必刃反　惡遇　音烏下同　芒然　武剛反　彷徨　元嘉

本作房皇音同長而丁丈反注同飾知音智明汙音烏若揭其列反又

其謁反九竅苦弔反跛彼我反蹇紀輦反又紀偃反徐其偃反而比

如字又毗志反說之音悅爲具于僞反奏九韶元嘉本作奏韶武以

樂音洛下同食之音飼委於危反蛇如字李云大鳥吞蛇司馬云委蛇泥鰌款

啓李云款空也啓開也如空之開所見小也鼷音兮鷃字又作鴳音晏

山木第二十舉事以名篇

山中釋名云山產也產生物也說文云山宣也謂能宣散氣生萬物也大木釋名云木冒也

冒地而生也字林云木衆樹之揔名白虎通云木踊也夫出如字夫者夫子謂莊子也本或即作夫子

豎市主反亨之普彭反煑也无譽音餘无訾音紫毀也徐音疵一

上如字又時掌反爲量音亮人倫之傳直專反司馬云事類可傳行也則劉

子卧反本亦作挫同之鄉如字一音許亮反市南宜僚了蕭反徐力遙反司馬云熊宜

僚也居市南因爲號也李云姓熊名宜僚案左傳云市南有熊宜僚楚人也 无須臾離 力智反絕
句崔本無離字 居然 崔讀以居字連上句 尚行 下孟反 豐狐 司馬云豐大也 胥
䟽 如字司馬云胥須也䟽菜也李云胥相也謂相望䟽草也 機辟 婢亦反 刳形 音枯
廣雅云暑也 去皮 起吕反下去欲去君同 洒心 先典反本亦作洗音同 去欲 如字
徐音慾 欲令 力呈反章末同 可樂 音洛 无形倨 音據司馬云無倨傲其形
躓 之實反又知吏反 礙 五代反 无留居 司馬云無留安其居 我无食 一本
我作餓 不與 音預 大莫 莫無也 方舟 司馬云方並也 惼心 必善反爾雅云
急也 則呼 火故反下同 張歙 許及反徐許輒反郭獵反張開也歙斂也 北宮
奢 李云衛大夫居北宮因以爲號奢其名也 爲衛 于僞反 賦斂 力豔反 爲
壇 但丹反李云祭也鑄之故爲壇也 上下之縣 音玄司馬云八音備爲縣而聲高下 王
子慶忌 李云王族也慶忌周大夫也怪其簡速故問之 怕然 步各反 侗乎 吐功

敹動二反無知貌字林云大貌一音慟 儻刺蕩反 萃乎在醉反 芒乎莫郎反 欣說音悅 強梁多力也 曲傳音附司馬云謂曲附者隨之也本或作傅張戀反 不挫子卧反 大音泰 公任如字李云入公大大稱任其名 子幾音祈又音機 子惡烏路反注又下同 於好呼報反章內同 翂翂音紛字或作𣿅 翐翐音秩徐音族字或作𣿅司馬云翂翂翐翐舒遲貌一云飛不高貌李云羽翼聲 迫脅而棲李云不敢獨棲迫脅在衆息中纔足容身而宿辟害之至也 從容七容反 其緒緒次緒也 行列戶剛反下亂行同 不斥音尺 卒不子恤反終也又七忽反 飾知音智 明汙音烏 揭其列其謁二反 爲迕五故反 者墮許規反 去功起呂反 居得行如字又下孟反注同 泊步洛反 衣裘於既反 褐戶割反 杼食汝反又音序 子桑雽音戶本又作雩音于李云桑姓雽名隱人也或云姓桑雽名隱 伐樹於衛一本作伐樹於宋削迹於衛 此數所主反 何與音餘下放此 假古雅

反李云國名 林回 司馬云殷之逃民之姓名 爲其 如字下同又皆千僑反 布與 布謂

貨財也 淡 如字又徒暫反 无挹 音揖李云無所執持也 去飾 起呂反 眞

司馬本作直 泠 音零 禹 司馬云泠曉也謂以眞道曉語禹也泠或爲命又作令命猶敎之 莊子

衣 於旣反 大布 司馬云麤布也 正緳 賢節反又苦結反司馬云帶也 孫履

李云履穿故係 而過 古禾反 魏王 司馬云惠王也 憊 皮拜反又薄計反司馬本作病

縢 音騰本亦作騰 柟 音南木名 攬 舊歷敢反 蔓 音萬郭武半反 而王

往況反司馬本作往 長 丁亮反本又作張音同司馬直良反云兩枝相去長遠也 羿 音詣或户

係反 蓬蒙 符恭反徐扶公反司馬云羿古之善射者蓬蒙羿之弟子 眄 莫練反舊莫顯反本

或作脾普計反 睨 音詣郭五米反李云邪視也 長技 其綺反 柘棘 章夜反 枳

吉氏反又音紙 枸 音矩 悼 如字又直弔反 不便 婢面反注同 亂相 息亮反 見

心 賢遍反 強爲 其丈反 槁木 苦老反下同 猋氏 必遙反古之無爲帝王也

犁然力兮反又力牛反司馬云犁然猶栗然有當丁浪反還目音旋而窺徐起規反造大司馬云造適也損易以豉反注下同窮極之賓運物司馬云運動也之詘息列反司馬云發也徐以出反言與之言我也莫知音智鷾音意鴯音而或云鷾鴯燕也目之所不宜處昌呂反言不可止處目已羅絡知之故棄之其禪市戰反司馬云禪授予也焉知於虔反下同雕徐音彫本亦作彫陵之樊音煩司馬云雕陵陵名樊藩也謂遊栗園藩籬之內也樊或作埜埜古野字翼廣光浪反運寸司馬云可回一寸也感周之顙息蕩反李云感觸也翼殷不逝目大不覩司馬云殷大也曲折曰逝李云翼大逝難目大視希故不見人蹇起虔反躩李驅碧反徐九縛反司馬云疾行也案郎論語云足躩如也執彈徒旦反留之力救反司馬云宿留伺其便也螳音堂蜋音郎執翳於計反司馬云執草以自翳也搏之郭音博徐音付之見乎賢遍反其眞司馬云眞身也怵然

莊子音義中

敕律反 誶之 本又作訊音信問也司馬云以周爲盜粟也 三月不庭 一本作三日司馬云不出坐庭中三月 藺 力信反一本作藺 且 子餘反司馬云藺且莊子弟子 夷易 以豉反 不度 直洛反 自見 賢遍反 上搯 普口反 陽子 司馬云陽末也 而去 起呂反 之行 下孟反

田子方第二十一 以人名篇

田子方 李云魏文侯師也名無擇 數稱 雙角反又所主反下同 谿 音溪又音兮司馬本作雞 工 李云谿工賢人也 葆眞 音保本亦作保 大絜 音泰 物邪 似嗟反 儻然 敕蕩反司馬云失志貌 而語 魚據反 聖知 音智 之行 下孟反 形解 戶買反 口鉗 其炎反徐其嚴反 直 如字本亦依眞下句同元嘉本此作眞下句作直 土梗 更猛反司馬云土梗土人也遭雨則壞 温伯雪子 李云南國賢人也 蘄 音祈 從容 七容反 槃辟 婢亦反 遺 如字

本又作逶於危反蛇以支反其道音導夫人音符目擊而道存矣司馬云見其目動而神實已著也擊動也郭云目裁往意已達奔逸司馬本又作徹瞠敕庚反又尹郎反字林云直視貌一音杜哽反又敕孟反不比而周毗志反滔乎前吐刀反謂無人君之器滔聚其前也又杜高反惡可音烏察與音餘下哀與同自喪息浪反下章同薰然許云反日徂如字司馬本作殂云病也能令力呈反下章注同女音汝殆著乎吾所以著也郭著音張慮反注同又一音張略反司馬云吾所以著者外化也汝殆庶於比耳吾一不化者則非汝所及也是求馬於唐肆也郭云唐肆非停馬處也李同又云唐亭也司馬本作廣肆云廣庭也求馬於市肆廣庭非其所也馬處昌慮反可復扶又反不舍音捨離俗力智反下章文同被髮皮寄反而干本或作乾慹乃牒反又丁立反司馬云不動貌說文云怖也泊步各反便而待待或作侍見曰賢遍反眩玄遍反與音餘下同掘若

徐音元槁木苦老反而欻訓弗反口辟必亦反司馬云辟卷不開也又婢亦反徐
敷赤反嘗爲于僞反且孰如字舊子餘反至樂音洛下及注同行小
下孟反又如字胷次李云次中也能滑古沒反所介音界解乎戶買
反注同汋音灼又上若反李以略反李云取也醯雞許西反郭云醯雞甕中之蠛蠓也司馬云
若酒上蠛蠓也甕中烏弄反蠛亡結反蠓無孔反莊子見賢遍反亦
如字魯哀公司馬云莊子與魏惠王齊威王同時在哀公後百二十年冠古亂反圜冠
音圓履句音矩徐其俱反李云方也屨徐居具反緩戶管反司馬本作綬佩玦
古穴反而斷丁亂反號於國號號令也故飯煩晚反忘其
賤與之政也謂忘其飯牛之賤也受揖而立司馬云受命揖而立也舐
本或作䑛食紙反儃儃吐祖反徐音但李云舒閒之貌般字又作般礴傍各反徐敷各反司
馬云般礴謂箕坐也臝本又作臝同力果反司馬云將畫故解衣見形神閒音閑文王觀

於臧李云臧地名也司馬本作文王微服而觀於臧 丈夫本或作丈人 且而屬音燭
之夫夫皆方于反司馬云夫夫大夫也一云夫夫古讀爲大夫 顛而古反郭李而兼反又而銜反
駁馬邦角反 偏朱蹄李云一蹄偏赤也 瘳乎敕留反 蹵然子六反本或作愀在久七小二反
先君王也司馬云言先君王靈神之所致 之令本或作命 王
其无它司馬云無違令 列士壞音怪下同 植音值 散羣司馬云植行列也散羣言不養徒衆也一云植者疆界頭造屋以待諫者也
長丁丈反下同 官者不成德司馬云不利功名也 斔斛音庾李云六斛四斗曰斔司馬本作斔斞六斔讀曰鍾斞讀曰臾 四竟音境下同
太師音泰 昧然音妹 泛然徐敷劒反 夜遁徐困反 剌焉七賜反
爲伯昏于僞反 盈貫古亂反司馬云鏑也 鏑丁歷反 措七故反
其肘竹九反 如拒音矩本亦作矩字 適矢丁歷反 復沓扶又反注及注同
歃色洽反又初洽反 逡巡七旬反 汗流户旦反 揮斥音輝

音尺李音記郭云揮斤猶放縱怵然敕律反有恂李又作眴音荀爾雅云恂慄也目之志恂謂眩也欲以眩悅人之目故怵也於中丁仲反又如字中精神也所喪息浪反後章同栩栩況甫反躊直留反躇直於反得刦居業反元嘉本作却伏戲音羲大山音泰无介音界不僃皮拜反以爲于僞反下同凡君如字司馬云凡國名在汲郡共縣案左傳凡周公之後也隱七年天王使凡伯來聘俗本此後有孔子窮於陳蔡及孔子謂顔回二章與讓王篇同衆家竝於讓王篇音之檢此二章無郭注似如重出古本皆無謂無者是也

知北遊第二十二以義名篇

知北遊音智又如字於玄水之上李云玄水名司馬崔本上作北隱弅符云反又音紛又符紛反李云隱出弅起丘貌白水水名狐闋苦穴反司馬李云狐闋丘名而睹丁古反狂屈求勿反徐又其述反司馬向崔本作詘李云狂屈倘張似人而非也以之言司馬云之是也唉哀在反徐烏來反李音熈云應聲語若魚據反不近

附近之近下同其易以豉反注同更相音庚所惡烏路反注同復化扶又反下同之標必遥反大美謂覆載之美也扁音篇又音惼未離力智反其內謂不能出自化也惛然音昬又音泯油然音由謂無所給惜也物畜本亦作滀同敕六反注同被衣音披本亦作披瞳敕紅反郭菟絳反李云未有知貌齧缺睡寐體向所說畏其視聽以寐耳受道速故被衣喜也大說音悅若槁苦老反媒媒音妹又武朋反晦晦音誨李云媒媒晦晦貌丞如字李云舜師也一云古有四輔前疑後丞蓋官名有夫音符塊然苦對反委形司馬云委積也委蛻吐卧反又音悅又敕外反又始銳反又始劣反天地之強陽氣也郭云強陽猶運動耳案言天地尚運動況氣聚之生何可得執而留也晏於諫反徐於顯反又於見反閒音閑齊戒側皆反瀹音藥或云漬也掊普口反徐方垢反而知音智窅然烏了反將

爲于僞反无形謂太初也形本生於精謂常道也九竅苦弔

反卵生力管反易種章勇反邀於古堯反思慮息嗣反
恂達音荀天不得不高謂不得一道不能爲高也道與音餘下皆
同博之不必知觀異書爲博以斷端管反注同魏魏魚威反
則復扶又反運量音亮萬物而不匱求位反謂任物自動運物
物各足量也之贍涉豔反下同直且如字舊子餘反喑音蔭郭音闇李音飲
一音於感反醷於界反郭於感反李音意一音他感反李郭皆云喑醷聚氣貌幾何居豈
反果蓏徐力果反白駒或云日也過郤去逆反本亦作隙隙孔也勃然
步忽反油然音由漻然音流李音礫天弢敕刀反字林云弓衣也墮
其許規反天袠陳筆反宛乎於阮反絪因音因本亦作烟音因緼於云
反本亦作煴音同則敗補邁反悗然亡本反東郭子李云居東郭也
惡乎音烏欲令力呈反螻力侯反蟻魚綺反在第大西反本

又作梯 薜 步計反本又作稗蒲賣反李云第薜二草名 瓦甓 本又作礕步歷反
屎 尸旨反舊詩旨反本或作矢 溺 乃弔反 正獲之問於監 古銜
反 市履狶 虛豈反 每下愈況 李云正亭卒也獲其名也監市市魁也狶
大豕也履踐也夫市魁履豕履其股脚狶難肥處故知豕肥耳問道亦況下賤則知道也 瘦 色救反
之處 昌慮反 周徧 音遍 澹而 徒暫反 而閒 音閑 寥已 音遼
鶩 如字本亦作騖音務 彷 音旁本亦作傍 徨 音皇 馮 皮冰反又普耕反又步耕反
閎 音宏李云馮宏皆大也郭云虛廓之謂也 衰殺 色界反徐所例反下同 婀 於河反 荷
甘 音河本或作苛 老龍吉 李云懷道人也 隱机 於靳反下同 闔戶 戶臘
反 晝瞑 音眠 奓 郭處野反又音奢徐都嫁反又處夜反司馬云開也 㬥然 音剝又孚
邈反又孚貌反李云放杖聲也 投杖 本亦作放杖 僻陋 匹亦反 慢 武半反徐無見反郭
如字 訑 徒旦反徐徒見反郭音但 已矣夫 音符 弇 音奄 堈 音剛 弔 李云弇堈

體道人弔其名　繫焉謂爲物所歸投也　猶復扶又反　與无爲之知並如字　中而歎崔本中作印　去敎起呂反　大初音太　婺落力各反　窅然烏了反　摶之音博　大馬之捶鉤者年八十矣而不失豪芒捶郭音丁果反徐之累反李之睡反大馬司馬也司馬郭云捶者玷捶鉤之輕重而不失豪芒也或說云江東三魏之間人皆謂鍛爲捶音字亦同郭失之今不從此說也　玷丁恬反　捶丁果反　巧與音餘下同　而好呼報反　以長丁丈反　明日復扶又反　見賢遍反　又爲于僞反　未有子孫而有孫子言其要有由不得无故而有傳世故有子孫不得無子而有孫也如人天地不得先無而今有也　有先悉薦反下及生同　之囿音又　之圃布五反又音布　相整子兮反和也　義冠古亂反　山林與音餘下同　而樂音洛注下皆同　能禦魚呂反　強其丈反　齊知之才細反又如字

經典釋文卷第二十七

五福五代堂古稀天子寶

八徵耄念之寶

太上皇帝之寶

五福五代堂古稀天子寶

八徵耄念之寶

太上皇帝之寶

經典釋文卷第二十八

莊子音義下 十一 雜篇

唐國子博士兼太子中允贈齊州刺史吳縣開國男陸 德明 撰

莊子雜篇庚桑第二十三 以人名篇本或作庚桑楚

庚桑楚 司馬云楚名庚桑姓也太史公書作亢桑 老聃之役 司馬云役學徒弟子也廣雅云役使也 偏得 向音篇 畏 本或作喂又作猥同烏罪反向於鬼反 壘 崔本作纍同力罪反向良裴反李云畏壘山名也或云在魯又云在梁州 畫然 音獲 知者 音智注同 挈然 本又作契同苦計反向云知也又苦結反廣雅云提也 遠之 于萬反司馬云言人以仁智爲臣妾庚桑悉棄仁智也 擁 於勇反 腫 章勇反本亦作踵 鞅掌 於丈反郭云擁腫朴也鞅掌自得也崔云擁腫無知貌鞅掌不仁意向云二句朴纍之謂司馬云皆醜貌也 大壤 而掌反本亦作穰崔本同又如羊反廣雅云豐也 洒然 素殄反又悉禮反崔李云驚貌向蘇很反 日計之而不足 向云

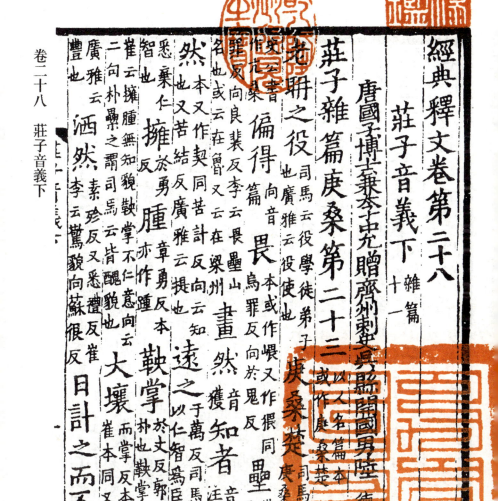

無且夕小利也 歲計之而有餘 向云順時而大穰也 正得秋而萬寶成 天地以萬物為寶至秋而成也元嘉本作萬寶 大道已行矣 本或作天道 環 如字廣雅云圜也 堵 丁魯反司馬云一丈曰堵環堵者面各一丈言小也 俎豆 側呂反崔云俎豆食我於衆人閒 杓 郭音的又匹幺反又音弔廣雅云樹末也郭云為物之標杓也王云斯由己為人准的也向云馬氏作鳥音的標 必遙反一音必小反 尋常之溝 八尺曰尋倍尋曰常尋常之溝則周禮洫澮之廣深也洫廣深八尺澮廣二尋深二仞也 所還 音旋回也崔本作逯 鯢 五兮反 鰌 音秋 為之制 廣雅云制折也謂小魚得曲折也王云制謂擅之也鯢鰌專制於小溝也 步仞之丘陵 六尺為步七尺曰仞廣一步高一仞也孔安國云八尺曰仞小爾雅云四尺曰仞 孽 魚竭反 狐為之祥 李云祥怪也狐狸憙為妖孽言各有宜宜不失則大人有豐祿也王云野狐依之作妖祥也崔云蠱狐以小丘為善也祥善也 函 音含 車之獸 李云獸大如車也一云大容車 介而 音戒廣雅云獨也又古黠反一本作分謂分張也元嘉本同 離山 力智反下注同 吞舟 敕恩反又音天 碭而失水 徒浪反謂碭溢

而失水也崔本作去水陸居也**則蟻**魚綺反**苦之**如字向云馬氏作最又作窮**深眇**彌小反**則粗**七奴反後皆同**二子者**向崔郭皆云堯舜也**蓬**蒲空反**將令**力呈反**而㧜**莊筆反又作擳亦作楖皆同郭音節徐側異反**數米**色主反**而炊**昌垂反向云理於小利也**竊竊**如字司馬云細語也一云計校之貌崔本作察察**軋**烏黠反向音乙**戾拂**符弗反**任知**音智注同**有殺**音試本又作弒下同**穴阫**普回反向音裴云阫牆也言無所畏忌**吾語**魚據反**女**音汝後皆放此**南榮趎**昌于反向音疇一音紹俱反徐直俱反又敷俱反又處由反李云庚桑弟子也漢書古今人表作南榮疇或作儔又作壽淮南作南榮幬云教蹻趹步百舍不休亦作疇**蹵然**子六反**已長**丁丈反**將惡**音烏**其分**扶問反後以意求之**思慮**息吏反下同**可強**其丈反下章可強同**亦辟**婢亦反開也崔云相著也音必亦反**或閒**閒廁之閒注同**勉闇道**崔向云勉強也本或作跷**達耳矣**崔向云僅達於耳未徹入於心也**奔蜂**孚恭反司馬云奔蜂小蜂也一云上蜂**藿蠋**音蜀司馬云豆藿中大青蟲也**越**

雞司馬向云小雞也或云荆雞也能伏扶又反鵠本亦作鶴同戶各反一音戶沃反卵力管反魯雞向云大雞也今蜀雞也贏糧音盈案方言贏儋也齊楚陳宋之閒謂之贏音果曰唯唯癸反挾三音協懼然向紀具反本又作瞿音同又況縛反因失吾問元嘉本問作聞向吾本又作嚮同眉睫音接釋名云目毛也規規李云失神貌一云細小貌若喪息浪反注同揭其列其謁二反竿音干而求諸海也向云言以短小之物欲測深大之域也女亡人哉崔云喪亡性情之人也所好呼報反去其起呂反所惡烏路反注同復見扶又反灑濯大角反鬱鬱崔云孰洒貌津津如字崔本作律律云惡貌猶有惡也李云惡計未盡也外獲向音霍崔云恢廓也又如字本亦作韄音篗又乙虢反又烏邈反又音䍐李云縛也三蒼云佩刀靶韋也而捉徐側角反崔作促云迫促也內揵郭其輦反徐其偃反關也向云閉也反音反下同繆莫侯反又音綢結也崔向云綢繆也放道如字向方往反云依也加病如字

元嘉本作知病崔本作篤云加也衛生李云防衛其生令合道也當則丁浪反後放比能

舍音捨下同脩音蕭徐始六反又音育崔本作隨云順也侗本又作侗大董反又音慟向敕動反而

云直而無累之謂三蒼云愨直貌崔同字林云大也礙也丑代反嗥戶羔反本又作號音同而

嗌音益崔云喉也司馬云咽也李音厄謂噎也一本作而不嗌案如李音有不字不嗄於邁反本又作

嗄徐音憂司馬云楚人謂啼極無聲爲嗄崔本作喝云啞也終日握李云捲手曰握不掜

五懽反向音藝崔云寄也廣雅云捉也共其如字崔云壹也不瞚字又作瞬同音舜動也本或作

瞑莫經反偏不徐音篇委於危反蛇以支反冰解音蟹交食

崔云交俱也李云共也交樂音洛相攖於營反徐又音嬰廣雅云亂也崔云緇貫也若

槁苦老反惡有音烏愛惡烏路反下同宇泰定王云宇器宇也謂器宇同

泰則靜定也學者學其所不能學也言人皆欲學其所不能知凡所能者

故是能於所能夫能於所能者則雖習非習也敗之補邁反或作則元嘉本作則備物以

將形 備具也將順也 億度 待洛反 以滑 音骨 靈臺 郭云心也案謂心有靈智能住持也許慎云人心以上氣所往來也 不見其誠已而發 謂不自照其內而外馳也 每發而不當 丁浪反爾雅云每雖也謂雖有發動不中當 幽閒 音閑 券內 字又作卷徐音勸 卷分 符問反下同崔云券分明也則宜方云反 期費 芳貴反下同廣雅云期卒也費耗也言若存分外而不止者卒有所費耗也 以爲 于僞反 賈人 音古

人見其跂猶之魁 苦回反安也一云主也 然 謂衆人已見其跂求分外而猶自安可羞愧之甚也 物且 且始也 焉 於虔反注同 莫憯 七坎反廣雅云痛也元嘉本作噆 鏌 音莫 鋣 也嗟反鏌鋣良劍名 五藏 才浪反後皆放此 其分 符問反注及下皆同一音方云反 所惡 烏路反下及注皆同 故出而不反 謂情識外馳而不反觀於內也 見其鬼 王云氷渝危殆資死之術巳行及之故曰見鬼也 出而得是謂得死 若情識外馳以爲得者是曰得死耳非理也 滅而有實鬼之一也 廣雅云滅殄也盡也實塞

也既殄塞純朴之道而外馳澆薄之境雖復行尸於世與鬼何別故云鬼一也**出无本入无竅**苦弔反出生也入死也本始也竅孔也所以知有形累於無形者以其出入無本竅故也**欻然**訓勿反**乎**

處昌據反下注同**有長**丁丈反增也又如字下注同**本剽**本亦作摽同甫小反崔云末也

李怖遥反徐又敷遥反下同**有所出**夫生必有所出也**而无**此明所出是無也既是無矣何能有所出耶**竅者有實**既言有竅竅必有實求實不得驗亞無也**有實而无**

乎處者宇也三蒼云四方上下為宇宇雖有實而無定處可求也**有長而无本剽**

者宙也三蒼云往古來今曰宙說文曰舟輿所極覆為宙長猶增也本始也宙雖有增長亦不知其始末所至者也

惡乎音烏**為喪**息浪反注同**融液**音亦**以分**方云反注同**為尻**苦羔反

昭景也著丁略反又張慮反**戴**本亦作載**也甲氏也著**張慮反又也又丁略反

封也非一也一說云昭景甲三者皆楚同宗也著戴者謂著冠世世處楚朝為衆人所戴仰也著封者謂世世處封邑而光著父也昭景甲三姓雖異論本則同也崔云昭景二姓楚之所顯戴皆甲姓顯封雖非一姓同出公族喻死生同也此兩說與注不

大マ卅二

同胕出之耳 已復扶又反 有生黬徐於減反司馬云烏簟反云黬有疵也有疵者欲披除之李烏感反字林
云釜底黑也 披普皮反 然曰移是或云黬然聚而生披然散而死也 臘力闔反 者之有
膍音毗司馬云牛百葉也本或作昆音昆獐也 胲古來反足大指也崔云備也案臘者大祭備物而肴有膍胲此雖從散禮應具
不可散棄也 其偃於晚反司馬郭皆云屛廁也又於建反 屛廁步定反又必領反下同 爲
是子僞反 溲所留反 因以死償節常亮反廣雅云償報也復也案謂殺身以
成名節成而身死故曰以死償節也 爲知音智 蜩音條 學鳩本或作鷽音同 蹍女展
反司馬李云蹈也廣雅云履也 驁五報反廣雅云奔也 嫗於禹反迕同 詡之況甫反 未
曾才能反 辟金必領反除也又婢亦反 之勃本又作悖同必妹反 之謬如字
一本作繆云族反亦音謬 去德起呂反 惡欲烏路反 哀樂音洛 累德劣僞
反後注同 知能音智 不盪本亦作蕩徒黨反郭云動也又徒浪反又吐浪反 德之光
一本光字作先 睨也魚計反又五禮反視也 謂治直吏反 羿五計反徐又戶計反 中

微丁仲反注同巳譽章餘後章同而俍音良崔云良工也又音浪唯蟲一本唯作雖下句亦爾言蟲自能爲蟲者天也惡天烏路反下同威也崔本作或也之籠力東反所好呼報反下及注文同湯以胞本又作庖白交反人籠伊尹伊尹好廚故湯用爲庖人也秦穆公以五羊之皮籠百里奚百里奚好秦而拘於宛故秦穆公以五羊皮贖之於楚也或云百里好五色皮裘故因其所好也介音界郭云刖也又古黠反廣雅云獨也崔本作兀移畫敕紙反又音他又直紙反本亦作移司馬云畫飾容之具無足故不復愛之一云移離也崔云移畫不拘法度也不復扶又反胥靡司馬云刑徒人也一云癃人也崔云腐刑也夫復音服徐扶又反謵音習不餽其愧反廣雅云遺也一音愧元嘉本作愧而忘人復者溫復之謂也謂翫也夫人翫習者雖復小事皆所至惜今溫復人之所習既得之矣而不還歸以饋遺之此至愚不獲人之所惜者也無復相爲之情故曰忘人侮之亡甫反

徐无鬼第二十四以人名篇

徐无鬼 緡山人魏之隱士也司馬本作緡山人徐无鬼
女商 人名也李云元鬼女商並魏幸臣
魏武侯 名擊文侯之子治安邑
武侯勞之 力報反唯山林之勞一字如字餘并下章並力報反
盈耆 時志反下注同
長 丁丈反
好 呼報反下注下章同
惡 烏路反下注下章同
黜 敕律反退也本又作出音同司馬本作咄
掔 苦田反又口閑反爾雅云固也崔云引去也司馬云牽也
超然 司馬云猶悵然也
不說 音悅下文大說同
語君 魚據反
吾相 息亮反下皆同
下之質 一本無質字
執飽而止 司馬以執字絶句云放下之能執禽也
是狸德也 謂貪如狐狸也
示日 音示司馬本作視云視日瞻遠也
若亡其一 一身也謂精神不動若無其身也
直者中繩 丁仲反下皆同司馬云直謂馬齒曲謂背上方謂頭圓謂目
成材 字亦作才言自然已足不須敎習也
若卹 音恤
若失 音逸司馬本作佚李云卹失皆驚竦若飛也
若喪 息浪反下章注同
其一 言喪其耦也
超軼 李音逸徐徒列反崔云徹也廣雅云過也
以說 如字又始銳反下皆同司馬作悅
從說 子容反
金版 本又作板薄版反又如字
六

弢吐刀反司馬崔云金版六弢皆周書篇名或曰祕讖也本又作六韜謂太公六韜文武虎豹龍犬也　樂音洛章末同　鴳一諫反　吾君說音悅　越之流人越遠也司馬云流人有罪見流徙者也　數日所主反　及期音基　夫逃司馬本作巡也　虛空者司馬云故壞冢處爲空虛也　藜力西反　藋徒弔反本或作藋同　柱誅矩反司馬云塞也　乎鼪音生又音姓　鼬由救反　之逕本亦作徑司馬云徑道也本又作跡元嘉本作迭徐音逸崔云迭跡　良位其空司馬云良人謂巡虛者也位其空謂處虛空之間也良或作踉音同　跫然郭巨恭反李曲恭反又曲勇反悚也徐苦江反又祛局反司馬云喜貌崔云行人之聲　而喜矣李云喻武侯之無人君之德而處在防衛之間雖臨朝矯厲愈非其意及得其所思猶逃竄之間人音安能不跫然改貌釋然而喜也　謦苦頂反又音磬　欬苦愛反一音器李云謦欬喻言笑也但呼聞所好猶大悅況骨肉之情歡之至也　久矣夫音扶放此　食芧音序又食汝反本亦作芧栗　韭音久或非下作者非也　以賓必刃反本或作擯司馬云擯棄也又必人反李云賓客也　欲干李云

干求也社稷之福邪李云謂善言嘉謀可以利社稷也萬乘繩證反不
自許司馬云許與也夫姦病王云姦者以正從邪也謂病也所病之何也
李云服而無對也或云養違天地之平獨恣其欲自許不損於神而以姦為病故不知所以以此為病何為乎偃
兵偃息也成固有伐變固外戰王云成功在已亦衆所不與欲無有伐其可得
乎夫偽生形造又伐焉非本所圖勢之變也既有偽伐得無戰乎鶴列李云謂兵如鶴之列行司馬云
鶴列鍾鼓也麗如字又力智反力支反譙本亦作嶕在逍反司馬郭李皆云麗譙樓觀名也案謂華
麗而嶕嶢无徒司馬云徒步也錙壇徐側其反錙壇壇名无藏一本作臧司馬本同
逆於得司馬本作德李云凡非理而貪貪得而居之此藏逆於德內者也孰有貪得而可以德不失哉
固宜無藏而捨之又云謂有貪則逆道也惡乎音烏下同勿攖一營反又一盈反已脫
音奪大隗五罪反司馬崔本作泰隗或云大隗神名也一云大道也具茨一本作次同祀咨反又音
資司馬本作疾山名也司馬云在滎陽密縣東今名泰隗山昌寓音禹驂乘繩證反驂乘車

右也謂音習元嘉本作謂崔同扅舒氏反崔本作扅本亦作朋蒲登反徐扶恒反前馬司馬云二人先馬導也昆閽音昏滑音骨稽音雞後車司馬云二人後車後襄城之野李云地名七聖黄帝一方明二昌寓三張若四謂朋五昆閽六滑稽七也予少詩召反瞀莫豆反郭音務李云風眩貌司馬云瞀讀曰眊謂眩眊也長者丁丈反乘日之車司馬云以日爲車也元嘉本車作居少痊七全反李云除也且復扶又反去其起吕反下注同知士音智不樂音洛下不樂及注同察士李云察識也淩李云謂相淩轢誶音信廣雅云問也又音崇又音峻一本作訙皆囿音又非強其丈反興朝直遥反中民李云善治民也矜難乃旦反枯槁苦老反後章同宿名宿積也王云枯槁一生以爲娛其所寢宿唯名而已廣治直吏反貴際謂盟會事不比毗志反下同商賈音古則壯李云壯猶疾也則惰徒卧反所耆時志反而樂音洛以要一遥反匍音扶又音蒲匐音服

又蒲北反丙中丁仲反注同復相扶又反魯遽音渠又其據反李云魯遽人姓
名也一云周初時人纍七亂反又七端反爲之于僞反廢一廢置也攺調徒弔
反注皆同无當丁浪反合也相拂扶弗反蹢呈亦反投也司馬云齊人憎其子蹢之於
宋使門者守之令形不全自以爲是鈃鍾音刑徐戶挺反又字林云鈃似小鍾而長頸又云似壺而大以
束縛郭云恐其破傷也案此言賤子貴鈃自以爲是也唐子謂失亡子也遺類遺亡
也云其種類故也惠施畔道而好辯猶齊人遠子而愛鍾也遠索所百反而與舟人
鬭司馬云夜上人船人必擲己於水也擲排也未始離力智反注同於岑士金反徐
在林反又語審反謂崖岸也獨上時掌反從者才用反郢人以井反楚都也
漢書音義作懮人服虔云懮人古之善塗塈者施廣領大袖以仰塗而領袖不污有小飛泥誤著其鼻因令匠
石揮斤而斲之懮音溫韋昭乃回反堊烏洛反慢本亦作漫郭莫干反徐莫但反李云猶塗也
爲寡人于僞反大病謂死也惡乎音烏屬國音燭欲與

如字又音餘 且鉤 鉤反也亦作拘音同又音俱 上忘而下畔 言在上不自高於下無背

者也 下人 遐嫁反 所措 七故反 故僅 其靳反 狙 七徐反 恂然

音舜徐音荀又思俊反司馬云遽也 深蓁 徐仕巾反一音側巾反 委 於危反 蛇 餘支反

攫 俱縛反徐居碧反三蒼云搏也郭又七段反司馬本作擭 搔 本又作搔素報反徐本作採七活反司馬

本作條 見 賢遍反 巧 如字或苦孝反崔本作攻 王射 食亦反下同 搏 音博 相

者 息亮反司馬云佐王獵者也 趨射 音促急也 執死 司馬云見執而死也 之狙

也 之猶是也本或作是 其便 婢面反 以敖 司馬本作倖云很也 董梧 有道者也

師其德以鋤色 以助 士居反本亦作鋤 去樂 起呂反 隱 於靳反 噓 音虛 入

見 賢遍反 夫物之尤也 音符一本作夫子則如字 山穴之中 司馬本同李云齊南

山穴也一本作之口 田禾 齊君也尊德故國人慶之 鬻之 羊六反 彼惡 音烏下同 自

喪 息浪反 而泊 步各反 觴之 音商李云酒器之揔名也 孫叔敖執

爵 案左傳孫叔敖是楚莊王相孔子未生哀公十六年仲尼卒後白公爲亂宜僚未嘗仕楚又宣十二年傳楚有熊相宜僚則與叔敖同時去孔子甚遠蓋寄言也 兩家之難 乃旦反注同 解 音蟹注同 司馬云宜僚楚之勇士也善弄丸楚白公勝將作亂殺令尹子西子期石乞曰市南有熊宜僚者若得之可以當五百人乃往告之不許也承之以劍不動弄丸如故曰吾亦不泄子白公遂殺子西子期歎息兩家而已宜僚不預其患 甘寢秉羽 如字又音翮司馬本作翣云讀曰翮或作趐事舞者之所執崔本作翼 郢人投兵 司馬云言叔敖願安寢恬臥以養德於廟堂之上折衝於千里之外敵國不敢犯郢人投兵無所攻伐也郢楚都也 喙 許穢反又丁豆反或昌銳反 三尺 三尺言長也司馬云喙息也宜僚弄丸而弭難叔敖除備以折衝丘亦願有歎息其三尺三尺七首劒 彼之謂此之謂 郭云彼謂二子此謂仲尼也司馬云彼謂甘寢此謂弄丸 總 音揔 不能同 一本作相同 善吠 伐發反司馬云不別客主而吠不止 善言 司馬云失本逐末而言不止也 不舍 音捨 循古而不摩 一本作磨郭云摩拭也王云摩消滅也雖常通物而不失及己雖理於今常循於古之道焉自古及今其

名不摩滅也　摩拭音式　九方歅音因，李烏雞反，又音煙。善相馬人，淮南子作九方皐。

爲我于僞反　相吾子息亮反　梱音困，又口本反，子綦子名。　瞿然紀具反。司馬云：喜貌。本亦作矍，呼縛反。字林云：大視貌。李云：驚視貌。

索然悉各反，又色白反。司馬云：涕下貌。　禦福魚呂反。距也，逆也。　未嘗如字，本或作曾，才能反。　而牂子郎反。爾雅云：牝羊也。

於奧烏報反。西南隅未地也，一曰豕牢也。　好田呼報反　於宎字又作窔，烏弔反，徐烏了反。司馬云：東北隅也。一云東南隅，鶉火地，生鶉也。一云窟也，郭徒忽反，字則穴下犬。

遊於天地司馬本地作汨，云亂也。崔本同。　邀古堯反，遇也。　樂音洛　之償時亮反，又音賞。　怪行下孟反，注同。

无幾居豈反　於燕音煙　全而鬻之音育，絕句。一本作鬻之難。　刖音月，又五刮反。　易以豉反，注同。　售也受又反

渠公或云渠公齊之富室，爲街正，買梱自代，終身食肉至死。一云渠公署者，與梱君臣同食肉也。　之街音佳，一本作術。　然身食肉終本或作身肉食者，誤。

畜畜許六反，郭他六反。李云：行仁貌。王云：卹愛勤勞之貌。　其人與如字　人相食

與音餘言將馳走於仁義不復營農飢則相食譽之音餘所惡烏路反之行下孟反且假夫禽貪者器司馬云禽之貪者殺害無極仁義貪者傷害無窮覬郭薄結反云割也向芳舌反司馬云暫見貌又甫莅反又普結反又初栗反劓子隨反暖吁爰反又吁晚反柔貌姝昌朱反妖貌濡音儒又音如安也需音須濡需謂偷安須臾之頃卷音權婁音縷卷婁猶拘攣也自說音悅之竟音境蝨音瑟奎苦圭反本亦作本曲隈烏回反向云股閒也暖室奴緩反又虛袁反一本作安室操七曹反羊肉不慕蟻魚綺反李云年長心勞無憂樂之志是猶羊肉不慕蟻也羶也設然反羶行下孟反至鄧向云邑名之虛音墟本又作墟童土如字又音杜向云童土地無草木也齒長丁丈反注同若少詩召反惡衆烏路反非好呼報反不比毗志反下注同煬郭音羊徐餘亮反和李云煬炙也爲和氣所炙於蟻棄知音智於魚得計於羊棄意司馬云蟻得水則死魚得水則生羊得水則病一說云眞

人無擅故不致蟻是蟻棄智也共處相忘之大道無沾濡之德是魚得計也羊無擅行而不致蟻是羊棄意也

能去 起呂反

或復 扶又反

堇 音謹郭音覲徐音靳司馬云烏頭也治風冷痺

桔 音結本亦作結

梗 古猛反司馬云桔梗治心腹血瘀瘕痺

雞癰 徐於容反本或作壅音同司馬云即雞頭也一名芡與藕子合

是時 爲散服之延年

豕零 司馬本作豕囊云一名豬苓根似豬卵可以治渴案四者皆藥草名

爲帝者也 司馬云藥草有時迭相爲帝謂其王相休廢各得所用也

勝言 音升

句踐 音鉤

甲楯 純尹反徐音尹

棲於 音西李云登山曰棲

會 古外反

稽 音雞

種 章勇反越大夫名也吳越春秋云姓文字少禽

所以存 本又作可以存言知越雖云可以存也

鴟 尺夷反

脛 刑定反

解之 佳買反司馬云去也一音懈

有損 有形自然相累世能累物物能累人故大夫種所以不免也

不磷 鄰刃反

恃 本亦作特

源而往者 水由源往雖遇風日不能損也道成其性雖在於世不能移也

之長 丁丈反注同

茲苹 所巾反郭云聚也李云多也本又作萃

恃其所不蹍 女展反李云一足常不往故能行廣遠也

解之音蟹下同又佳買反 令各力呈反下同 不撓乃孝反 樞尺朱反 頡徐下結反 滑乎八反向云頡滑謂錯亂也 揚搉音角又苦學反三蒼云搉敲也許愼云揚搉粗略法度王云搉略而揚顯之 或解佳買反注同 復於音服又扶又反

則陽第二十五以人名篇

則陽司馬云名則陽字彭陽也一云姓彭名則陽周初人也 夷節楚臣 王果司馬云楚賢人 譚音談本亦作談李云說也郭徒堪反徐徒暗反 公閱休隱士也閱音悅 擉初角反又敕角反司馬云刺也郭音觸徐丁錄反一音捉 樊音煩李云傍也司馬云陰也廣雅云邊也 予宅司馬云以隱居山陰自顯也 有知音智注同 顛冥音眠司馬云顛冥猶迷惑也言其交結人主情馳富貴 暍音謁字林云傷暑也 之施始豉反下同 能撓乃孝反又呼毛反王云惟正德以至道服之佞人以才辯奪之故能泥撓之也 淡然徒暫反 而化卑居高而以卑爲本也本或作而化卑於人也 不喪息浪反 而飲於鴆反 一閒音閑 綢直周反

繆亡侯反綢繆猶纏緜也又云深奧也周盡一體所鑒綢繆精麤淘盡故言周盡一體一體
天也復命搖作搖動也萬物動作生長各有天然則是復其命也命之也命名也
憂乎知音智而所行恒无幾居豈反時其有止也
若之何王云憂乎智謂有爲者以形智不至爲憂也不知用智必喪喪而更以不知爲憂及其智之所行有弊無
濟故其憂患相接無須臾停息故曰恒無幾時其有止也不能遺智去憂非可憂如何則不知其
美於人生便有見物之美而爲無心人與作名言鏡耳故人美之若不相告即莫知其美於人好
之呼報反注同暢然喜悅貌之緡民忍反徐音昬郭云今也司馬云盛也十九
謂見十識九也見見聞聞見所見聞所聞臺縣音玄衆間音閑注同元嘉
本作閞冉相息亮反注同郭云冉相氏古聖王嘗舍音捨注同皆殉辭俊反所
行之備而不洫音溢郭許的反李虛域反濫也三云壞敗也無心借行何往而不至故曰皆殉也所
行行備而物我無傷故無壞敗也無門尹登恒向云門尹官名登恒人名爲之于僞反下同

傅之音付，下同不與音預之名嬴音盈法得其兩見賢遍

反注同得其隨成之道以司其名名實法立故得兩見猶人鑑之相得也寄治直吏反容成

老子師也魏瑩郭本作瑩音瑩磨之瑩今本多作瑩乙耕反司馬云魏惠王也與田侯

一本作田侯牟司馬云田侯齊威王也名牟桓公子案史記威王名因不名牟約徐於妙反又如字司馬云約誓

在惠王云十六年背之音佩刺之七賜反犀首魏官名也司馬云若今虎牙將

軍公孫衍爲此官元嘉木作齒首萬乘繩證反爲君于僞反下請爲君同忌也

出走忌畏而走或言圍之也元嘉本忌作云扶敕一反二蒼云擊也郭云秩又豬栗反折其

之舌季子魏臣又壞音怪華子亦魏臣也惠子惠施也而見賢遍

反下同戴晉人梁國賢人惠施薦之於魏王蝸音瓜郭音戈李云蝸蟲有兩角俗謂之

牛三蒼云小牛螺也一云俗名黃犢數萬色主反逐北如字又音佩軍走曰北曰噫

於其反言與音餘雖復扶又反惝音敞字林云惘也又吐蕩反怳

管亦作管**嗃**許交反管聲也王篇呼洛反又呼穀反廣雅云鳴也**劒首**司馬云謂劒環頭小孔也

吷音血又呼悅反司馬云吷然如風過**所謦**音餘**蟻丘**魚綺反李云蟻丘山名**之**

漿李云賣漿家司馬云謂逆旅舍以菰蔣草覆之也**登極**司馬云極屋棟升之以觀也一云

極平頭屋也**稯稯**音揔字亦作揔李云聚貌本又作稷一本作稷初力反**聖人僕**

謂懷聖德而隱僕隸也司馬本僕作撲謂聖人坏撲也**藏於畔**王云修田農之業是隱藏於壠畔

銷音消司馬云小也**捎其**本亦作揁**不屑**屑絜也不絜世也本或作肯**陸沈**

司馬云當顯而反隱如無水而沈也**長梧封人**長梧地名封人守封疆之人**子牢**司馬云即

琴牢孔子弟子**鹵**音魯**莽**莫古反又如字**滅裂**猶短草也李云謂不熟也郭云鹵莽滅裂輕脫

末略不盡其分也司馬云鹵莽猶麤粗也謂淺耕稀種也滅裂斷其草也**芸**音云除草也**變齊**才細

反司馬如字云變更也謂更變所法也齊同也**耰**音憂司馬云鋤也廣雅云雅也字林云摩田器也**厭**

飡音孫本又作飱**離其**力智反下同**以衆爲**如字王云凡事所可爲者也豚離滅

亡皆猶衆爲衆爲所謂鹵莽也司馬本作爲僞欲惡烏路反注並同之孽魚列反萑音丸

葦類葦于鬼反蘆也蒹古恬反薕也葭音加亦蘆也並漬回內反漏

發李云謂精氣散泄上漬下漏不擇所出也漂本亦作瘭徐敷妙反又匹招反一音必招反疽

七餘反瘭疽謂病瘡膿出也疥音界溲本或作庾所求反膏司馬云謂虛勞人尿

上生肥白沫也皆爲利欲感動失其正氣不如深耕熟耰之有實不齊才細反又如字栢矩

有道之人辜辜罪也李云謂應死人也元嘉本作幸人強之其良反字亦作彊朝服

直遙反幕音莫司馬云覆也號天戶刀反大菑音哉離之離著

也所好呼報反匿女力反爲物而愚一本作遇不識反物性而

強令識之大爲難而罪不敢王云凡所施爲者皆用物之所能則莫不易而敢矣而故

大爲艱難令出不能物有不敢者則因罪之所易以豉反不勝音升注同民知

音智下同遽其居反詘起勿反廣雅云曲也郭音黜然與音餘又如字然乎

言未然大史音太大弢吐刀反人名伯常騫起虔反人名狶本亦作狶同虚豈反又音希郭音郗李音熙韋李云狶韋者太史官名湛丁南反樂之久也李常滛反欒音洛不應應對之應諸侯之際司馬云盟會之事同濫徐胡暫反或力暫反浴器也史鰌音秋司馬云史魚也所搏音博弊郭作弊帛也徐扶世反司馬音蔽云引衣裳自蔽而扶翼司馬云謂公及浴女相扶翼自隱也此殊郭義故墓一本作大墓沙丘地名掘之其月反又其勿反數仞所主反洗而西禮反不馮音憑其子靈公郭讀絕句司馬以其子字絕句云言子孫不足可馮故使公得此處爲冢也奪而里而汝也里居處也一本作奪而埋之蒯起怪反聵五怪反蒯聵衛莊公名女處音汝下昌慮反之見賢遍反大公音太下同立里之言李云四井爲邑四邑爲丘五家爲鄰五鄰爲里古者鄰里井邑土風不同猶今即曲各自有方俗而物不齊同十姓百名一姓爲十人十姓爲百名則有異有同故合散以定之積卑

如字又音婢 合水 一本作合流 合并而爲公 合羣小之稱以爲至公之一也 天不賜 賜與也 國治 直吏反 淳淳 如字王云流動流貌 反覆 芳服反 所拂 扶弗反戾也又音弗又音弼 自殉殊面 廣雅云面向也謂心各不同而自殉焉殊向自殉是非天隔故有所正者亦有斯差 離也 力智反 比于大澤 本亦作宅 百村皆度 度居也離別區異所大澤爲居離木石萬端同以大山爲壇此可以當丘里之言也 而讀 李云讀猶語也 強字 巨丈反 惡起 音烏 欲惡 烏路反 橋起 居表反下同又音羔王云高勁言所起之勁疾也 片合 音判反如字 隨序 謂變化相隨有次序也序或作原一本作享 橋運之相使 橋運謂相橋代頓至次序以相通理橋運以相制使也 所復 扶又反 季眞接子 李云二賢人 孰徧 音遍徐音篇 吠 符廢反 大知 音智 不可徂 一本作阻

外物第二十六 以義名篇

外物王云夫忘懷於我者固無對於天下然後外物無所用心焉若乃有所執爲者諒亦無時而妙矣

而化爲碧呂氏春秋藏其血三年化爲碧玉　孝已李云殷高宗之太子　曾參李云曾參至孝爲父所憎嘗見絕糧而後蘇　大絯音駭又音該又胡待反　水中有火

乃焚大槐司馬云水中有火謂電也焚謂霹靂時燒大樹也　兩陷司馬云兩謂心與膽也陷破也畏雷霆甚憂心膽破陷也　憂樂音洛　螴郭音陳又楮允反徐敕盡反　蜳郭音惇又柱允反徐敕轉反李餘准反司馬云螴蜳讀曰忡融言怖畏之氣忡融兩溢不安定也　若縣音玄

慰暋武巾反李音昏又音泯慰鬱也暋悶也　沈屯張倫反司馬云沈深也屯難也　僨音頹又呼懷反郭云順也　貸粟音特或一音他得反　監河侯古銜反說苑作魏文侯

將貸他代反　而呼火故反　鮒音附廣雅云鰿也鰿音迹　波臣司馬云謂波蕩之臣　激西古狄反　早索所白反　枯魚李云猶乾魚也　任公子如字下同李云任國名　大鉤本亦作釣　巨緇司馬云大黑綸也　犗郭古邁反云犍牛也徐音

界說文云騬也司馬云犧牛也騬音繩揵紀言反
爲餌音二
蹲音存
會古外反
稽古兮反會稽山名今爲郡也
期年本亦作朞同音基言必久其事後乃能感也
錎沒音陷字林猶陷字也
鶩揚徐音務一本作騖
鬐徐求夷反李音須
憚丹末反
赫火百反
千里言千里皆懼
若魚司馬云大魚名若海神也或云若魚猶言此魚
而腊音昔
制河諸設反依字應作浙漢書音義音逝河亦江也北人名水皆曰河浙江今在餘杭郡後漢以爲吴會分界司馬云浙江今在會稽錢唐
輇七全反又視專反又音權李云輇量人也本或作軨軨小也本又或作輕
諷說方鳳反
揭其列其謁二反
竿累劣彼反謂次足不得並足也本亦作纍司馬云力追反云綸也
趣本又作趨同七須反
灌瀆司馬云溉灌之瀆
守鯢五兮反
鮒音附又音蒲本亦作蒲李云鯢鮒皆小魚也
臚力於反一音盧蘇林注漢書云上傳語告下曰臚臚猶行也
傳治戀反又丈專反向云從上語下曰臚傳一音張戀反遽也
東方作矣司馬云謂日出也
襦而朱反
青青之麥司馬云此逸詩刺死人也
陵

陂彼宜反 布施始豉反 壓本亦作擪同乃協反郭於琰反又敕頰反字林云擪一指案也 其顪本亦作噦許穢反司馬云頤下毛也 金椎直追反 控苦江反 徐別彼列反 老萊子楚人也 出薪出採薪也 趨下音促李云下短也 末僂李云末上謂頭前也又謂背膂也 後耳司馬云耳却後 却近附近之近 視若營四海夫勞形役智以應世務失其自然者也故堯有几龍之喻舜有卷僂之談周公類之走狼仲尼比之逸狗 傴律非反舊魚鬼反又魚威也 去起呂反注同 而本又作女 躬矜躬矜爲身矜修善行 容知音智容智謂飾智爲容好 蹙然子六反 業可得進乎問可行仁義於行乎 今老力成反 而鶩本亦作敖同五報反下同下或作鷔 寠其矩反 之行下孟反 其易以豉反 相結以隱郭云隱括也李云隱病患也雖相引以名聲是相給以病患 譽堯音餘 而閉一本文注並作門 反无非傷也反逆於理 動无非邪也以嗟反動矜於是也 聖人

躊音疇躇直居反以興事以毋成功毋者毋有成功也躊躇者從容也從容興事雖有成功聖人不存猶致弊迹流毒百世況乎矜善行而載之不巳哉不遠于萬反宋元君李云元公也案元公名佐平公之子阿門司馬云阿屋曲簷也宰路李云㳿名故所居予爲如字又于僞反使河所吏反漁者音魚余音預且子餘反姓余名且也覺古孝反令力成反會朝直遥反下同刳口孤反鑽左端反又左亂反遺筴初革反見夢賢遍反知能音智下及注同知有所困一本作知有所不周至知音智下注皆同鵜徒兮反鶘鵜鶘水鳥也一名陶河去小起吕反下注同不矯居表反石師石者匠名也謂無人爲師匠教之者也一本作所師又作碩師廁足音側又音測墊丁念反司馬崔云下也本又作塹七念反掘也致黃泉致至也本亦作至得強其丈反之行下孟反注同任與音餘覆墜直類反所好呼報反豨虛豈反

不波波高下貌不僻四亦反顫舒延反哽庚猛反塞也跈女展反郭
云踐也廣雅云履也止也本或作蹍同不殷如字一音於靳反其竇音豆胞普交
反腹巾胎有重直龍反閬音浪郭云空曠也勃谿音奚勃爭也谿空也司馬
云勃谿反戾也無虛空以容其私則反戾共鬭爭也六鑿在報反相攘如羊反郭云逆也司
馬云謂六情攘奪誸音賢郭音玄急也向本作弦云堅正也柴柴積也郭云塞也銚
七遙反削也能有所穿削也又他堯反鎒乃豆反似鋤田具也到植時力反又音值立也本亦作置
司馬云鋤拔反之更生者曰到植眥于斯反徐子智反本亦作揃子淺反三蒼云揃猶翦也玉篇云滅也
墄本亦作搣音滅又武齊反字林云批也批音千米反非佚音逸以駴戶楷反王云謂改百
姓之視聽也徐音戒謂上不問下也演門以善反宋城門名紀他徒何反而踆
音存字林云古蹲字徐七旬反又音尊窾水音款又音科司馬云收名弔之司馬云恐
其自沈故弔之踣徐芳附反普豆反字林云僵也李云頓也郭薄杯反荃七全反崔音孫香草也可

以餌魚或云積柴水中使魚依而食焉一云魚笱也 蹄 大兮反兔罥也又云兔弶也係其腳故曰蹄也罥音古縣反弶音巨亮反 得夫 音符

寓言第二十七 以義名篇

寓言十九 寓寄也以人不言己故託之他人十言而九見言也 重言 謂爲人所重者之言也 卮言 字又作巵音支字略云巵圓酒器也李起宜反王云夫巵器滿即傾空則仰隨物而變非執一守故者也施之於言而隨人從變己無常主者也司馬云謂支離無首尾言也 天倪 音崖徐音詣詣 藉 郭云藉借也李云因也 譽之 音餘注同 耆艾 五蓋反 曼衍 以戰反 復 不 扶又反下同 惡乎 音烏下同 皆種 章勇反 才知 音智 而好 呼報反注同 惡 烏路反注同 蘁 音悟又丑各反逆也 三釜 小爾雅云六斗四升曰釜 心樂 音洛下注同 不洎 其器反 參 所金反 无所縣 音玄下同 其罪乎 縣係也心再化於祿所存者親也雖係祿而無係於罪也 以爲 于僞反 以養 羊尚反下同 如鸛 本亦作觀同古亂反

蚊音亡孟庚反司馬云䖟雀飛疾與蚊相過忽然不覺文虻也王云鸐蚊取大小相縣以喻三釜三千鍾之多少元嘉本作如鸐蚊無虻字　子綦音其　所復扶又反　天籟力帶反　則

喪息浪反　惡乎音烏下同　天有歷一本作天有歷數　景音影又如字本或作影　也括古活反司馬云謂括髮也　被髮皮寄反　搜搜本又作叟同素口反又素刀反又音蕭向云動貌　蜩甲音條司馬云蜩甲蟬蛻皮也　蛇蛻音悅又吐臥反又始銳反

吾屯徒門反聚也　陽子居姓陽名戎字子居　之沛音貝　遨古堯反要也遇也玉篇云求也抄也遮也　盥音管小爾雅云澡也洒也　漱所又反　巾櫛莊乙反

不聞音閑下同一音如字　睢睢郭呼維反徐許圭反　盱盱香于反又許吳反又音虛廣雅云睢睢盱盱元氣也而汝也言汝與元氣合德去其矜驕誰復能同此心解異郭義　跋步末反　畏難乃旦反　蹏遠于萬反　蹵子六反　家公李云主人公也一讀舍者迎將其家爲句

煬羊尚反又音羊向反炊也　去其起呂反

讓王第二十八以事名篇

子州支父音甫李云支父字也即支伯也　幽憂之病王云謂其病深固也　善卷眷勉反居阮反又音眷李云姓善名卷　衣皮於旣反下同　其處昌慮反　石戶本亦作后之農李云石戶地名農農人也　捲捲音權郭音眷用力貌　葆力音保字亦作保　以入於海司馬云凡言入者皆居其洲島之上與其曲隈中也　大王音太下同　亶丁但反父音甫下同　邠筆貧反徐甫巾反　不以所用養害所養地所以養人也今爭以殺人是以地害人也人爲地養故不以地故害人也　因杖直亮反　筴初革反　相連力展反司馬云連讀曰輦　岐山其宜反或祁支反　不以養傷身不以利累形王云富貴有養而不以昧養傷身貧賤無利而不以求利累形也　弒其音試　王子搜素羔反又悉遘反又邀遘反李云王子名淮南子作翳　丹穴爾雅云南戴日爲丹穴　以艾五蓋反　王輿一本作玉輿　援音爰　而呼火故

反本或作歎以舍音捨非惡烏路反下及下章眞惡同子華子司馬云魏人也

昭僖侯司馬云韓侯攫俱碧反俱縛二反又史虢反李云取也廢李云棄也司馬云病也一云攫者援書銘廢者斬右手其輕於韓又遠絶向魯君一本作魯侯李云哀公也苴音麤徐七餘反李云有子麻也本或作麤非也飯牛符晚反之使所吏反下及下章同家與音餘而遺唯季反下皆同復來音服或音扶又反下章皆同緒餘並如字徐上音奢下以嗟反司馬李云緒者殘也謂殘餘也土敕雅反又片賈行賈二反又音如字苴側雅反又知雅反司馬云土苴如糞草也李云土苴糟魄也皆不眞物也一云土苴無心之貌必察其所以之王云聖人眞以持身餘以爲國故其動作必察之焉所以之者謂德所加之方也所爲者謂所以待物也動作於比不必察也所要一遥反子陽鄭相不好呼報反即

令力呈反拊心徐音撫得佚音逸樂音洛君過古卧反本亦作遇

作難乃旦反下章同殺子陽子陽嚴酷罪者無赦舍人折弓畏子陽怒責因國人逐猘狗而

殺子陽楚昭王名軫平王子屠羊說音悅或如字從者才用

反強之其丈反見之賢遍反下同之知音智入郢以井反毀

約如字徐於妙反而見如字亦賢遍反爲我于僞反三旌三公位也司馬本作

三珪云謂諸侯之三卿皆執珪也安施如字又始豉反茨徐疾私反李云蓋屋也蓬

戶織蓬爲戶桑以爲樞尺朱反司馬云屈桑條爲戶樞也甕牖音酉司馬

云破甕爲牖二室司馬云夫妻各一室褐下葛反郭音葛字或作褐爲塞悉代反司

馬云以褐衣塞牖也匡坐而弦司馬云匡正也案弦謂弦歌中紺古暗反李云紺爲中衣加

素爲表華冠胡化反以華木皮爲冠縰屨所倚反或所買反本或作縰并下曳縰同

三蒼解詁作躧云躡也聲類或作屣韋昭蘇寄反通俗支云屣不著跟曰屣司馬本作踐李云縰屣謂屣無跟

也王云體之能攝舉而曳之也屣或作屨杖藜以藜爲杖也司馬本作扶杖也應門自對門也

嘻許其反逡巡七旬反希世而行司馬云希望也所行常顧世譽而動故曰希世

而行比周毗志反爲人于僞反下爲己同教以爲己學當爲己教當爲人今反

不然也仁義之慝吐得反惡也司馬云謂依記仁義爲姦惡縕袍紆粉反司馬云謂麻縕爲絮論語云衣[redacted]縕袍是也種本亦作腫章勇反噲古外反徐古活反司馬云種噲剝錯也王云盈虛不常之貌胼薄田反胝竹尸反肘竹夂反見賢遍反飦之然反字或作饘廣雅云糜也一云紀言反家語云厚粥一音于謂于餅粥之六反又音育自樂音洛愀七小反徐在九反又七了反二了反又資酉反李音秋又遥反一本作欣行脩下孟反不怍在洛反爾雅云慙也又音昨公子牟司馬云魏之公子封中山名牟瞻子賢人也淮南作詹魏闕淮南作𩲸司馬本同云𩲸讀曰魏象魏觀闕人君門也言心存榮貴許慎云天子兩觀也重生李云重存生之道者則名利輕輕則易絶矣此人身居江海心貪榮利故以此戒之自勝音升下同不能自勝則從絶句一讀至神字絶句无惡如字又烏路反乎絶句一讀連下不能自勝爲句重傷直用反下同萬乘繩證反不火食元嘉本無火字不糝

素感反甚憊皮拜反伐樹於宋孔子之宋與弟子習禮大樹下宋司馬桓魋欲
殺孔子伐其樹孔子遂行藉藉毀也又云陵藉也一云蹙也或云係也喟去愧反又苦怪反語
之魚據反臨難乃旦反之隘音厄又於懈反削然如字李云反琴聲亦作俏
音消扢許訖反又巨乙反魚乙反李云奮舞貌司馬云喜貌執干干楯也亦樂
音洛下同虞於潁陽廣雅云虞安也安於潁陽一本作娛娛樂也共伯音恭下同
得乎共首司馬云共伯名和脩其行好賢人諸侯皆以爲賢周厲王之難天子曠絕諸侯皆請
以爲天子共伯不聽即干王位十四年大旱屋焚卜于太陽兆曰厲王爲祟召公乃立宣王共伯復歸于宗逍遥得意共
山之首共丘山今在河内共縣西魯連子云共伯後歸于國得意共山之首紀年云共伯和即干王位孟康注漢書古今人表以爲
入爲三公本或作丘首畎古犬反畝司馬云壟上曰畝壟中曰畎辱行下孟反下章同漫
我武諫反徐武畔反下章同清泠音零之淵山海經云在江南一云在南陽郡西崿山下
瞀光音務又莫豆反本或作務強力李云阻兵須力忍垢司馬云垢辱也李云弑君須忍

垢也

數閭音朔　椆水直留反本又作桐水徐音同又徒董反又音封本又作稠司馬本作洞云洞水在潁川一云在范陽郡界　知者音智　其難乃旦反　盧水音閭司馬本作盧盧水在遼東西界一云在北平郡界　淡然徒暫反　无槩古代反　孤竹司馬云孤竹國在遼西令支縣界伯夷叔齊其君之二子也令音郎定反支音巨移反　血牲一本作殺牲司馬本作血之以牲　嘻許其反一音於其反　祈喜如字徐許記反　盡治直吏反　揚行下孟反下吾行庚行同　以說音悅　以要一遙反　故被皮義反　貪冒亡北反或亡報反下同　稷契息列反　之噲音快　簒初患反唐云或曰讓王之篇其章多重生而務光二三子自投于水何也答曰莊書之興存乎反本反本之由先于去榮是以明讓王之一高標傲世之逸志旨在不降以厲俗無厚身以全生所以時有重生之辭者亦歸棄榮之意耳深於塵務之為弊也其次者雖復被褐啜粥保身而已其全道尚高而超俗自逸寧投身於清冷終不屈於世累也此舊集音有聊復錄之於義無當也

盜跖第二十九以人名篇

孔子與柳下季爲友柳下惠姓展名獲字季禽一云字子禽居柳下而施
德惠一云惠謚也一云柳下邑名案左傳云展禽是魯僖公時人至孔子生八十餘年若至子路之死百五六十歲
不得爲友是寄言也盜跖之石反李奇注漢書云跖秦之大盜也從才用反卒尊忽
反下同樞戶尺朱反徐苦溝反司馬云破人戶樞而取物也入保鄭注禮記曰小城曰保能
詔如字敎也竊爲于僞反下請爲爲我竊爲使爲皆同說之始銳反飄風婢遥
反徐扶遥反易辱以豉反大山音太膾古外反餔布吳反徐甫吳反字林云
日申時食也髮上時掌反此夫音符又如字冠古亂反枝木之冠
如字司馬云冠多華飾如木之枝繁帶死牛之脅許劫反司馬云取牛皮爲大革帶繆
說音謬孝弟音悌本亦作悌而傲古堯反復通扶又反下同願望
屨慕下司馬本慕作綦云言視不敢望跖面望屨結而還也反走小却行也瞋
赤貞反徐赤夷反廣雅云張也如乳如樹反少長詩召反下丁丈反皆說音悅下同

知維音智勇悍户旦反激丹古歷反司馬云明也齊貝一本作舍貝

音中丁仲反南使所吏反下三字同數百所主反下同罷兵如字徐扶

彼反共祭音恭之行下孟反下同佰民一本作順民後亦爾吾譽音餘

下同好面呼報反下同背音佩下同橡音象煬羊亮反蚩尤神農

時諸侯始造兵者也神農之後第八帝曰榆罔世蚩尤氏強與榆罔爭王逐榆罔榆罔與黃帝合謀擊殺蚩尤漢書音

義云蚩古之天子一曰庶人貪者涿鹿音卓本又作濁司馬云涿鹿地名故城今在上谷郡西南八十里

武王殺音試下同摓衣本又作縫扶恭反徐扶公反又音馮淺帶縫帶使淺

狹矯言紀表反說子路始銳反又如字去其起呂反危冠

李云危高也子路好勇冠似雄雞形背負豭斗用表已勇也其卒子恤反身菹莊居反

以爲于僞反下同堯不慈不授子也文王拘羑里紂之二十年四

文王而強其丈反可羞如字本又作惡烏路反負石自投於河

申徒狄將投於河崔嘉止之曰吾聞聖人仁七民父母若濡足故不救溺人可乎申徒狄曰不然昔桀殺龍逢紂殺比干而亡天下吳殺子胥陳殺泄治而滅其國非聖人不仁不用故也遂沈河而死 以食 音嗣 燔死 音煩燒也 尾生 一本作微生戰國策作尾生高高誘以為魯人 磔 竹客反廣雅云張也 操 七曹反 瓢 婢遥反 而乞者 李云言上四人不得其死猶豬狗乞兒流轉溝中者也乞或作走 離名 力智反 念本 本或作卒 剖心 普口反 以說 如字又始銳反 上壽 音受又如字下同 瘦 色又反 能說 音悅 亟去 紀力反急也本或作極 无復 扶又反 狂狂 如字又九況反 汲汲 本亦作伋音急又音及 詐巧 苦孝反又如字 上車 時掌反 三失 息暫反又如字 芒然 莫剛反 有行 如字 自灸 久又反 疾走料 音聊 扁頭 音鞭又蒲顯反徐扶顯反本或作編音同 須 一本作料頭編虎須 幾不 音祈 可去 起呂反 滿苟得 人姓反 盍 胡臘反 為行 下孟反下注同盍何不也勸何不為德行 臧聚 司馬云謂臧獲盜濫竊聚之人 有

怍音昨 窐相息亮反下相而同 入嫂先早反司馬云以嫂爲室家 爲臣臣或作相 殺君申志反 論則力頓反 悖戰布内反 亦拂扶弗反 長幼丁丈反 五紀司馬云歲日月星辰歷數 六位君臣父子夫婦 爲別彼列反下同 堯殺長子崔云堯殺長子考監明 舜流母弟弟謂象也流放也孟子云舜封象於有庳不得有爲於其國天子之吏治其國而封納貢稅焉故謂之放也 爲適丁歷反 且子正爲名假設之辭也爲音于僞反下爲利同 不監本亦作鑑同 吾日人實反 无約如字徐於妙反 抉眼烏穴反 鮑子立乾司馬云鮑子名焦周末人汙時君不仕採蔬而食子貢見之謂曰何爲不仕食祿荅曰無可仕者子貢曰汙時君不食其祿惡其政不踐其土今子惡其君處其土食其蔬何志行之相違乎鮑焦遂棄其蔬而餓死韓詩外傳同又云槁洛水之上也 勝子自理一本理作俚本又作申子自理或云謂申徒狄抱甕之河也一本作申子不自理謂申生也 孔子不見母李云未聞 匡子不見父司馬云匡子名章齊

人諫其父爲父所逐終身不見父案此事見孟子所傳丈專反无足一本作無知則下遐嫁反下同樂意音洛下同知不音智下知謀同故推正不忘邪忘或作妄言君臣但推尋正道不忘故不用富貴邪爲智力不足故不用邪過世之士焉言人心易動但人與賢人俱生便自謂過於世人況親自爲富貴者乎憯七感反怛丹曷反之恐丘勇反窮美窮猶盡也究埶音勢本亦作勢一音藝究竟也俠人音協欲惡烏路反要名一遥反長阨音厄又烏賣反筦音管本亦作管籥音藥一夲筦籥作壎篪口嗛苦簟反醪力刀反侅溺徐音礙五代反又戶該反飲食至咽爲侅一云徧也於馮氣馮音憤憤滿也下同言憤畜不通之氣也而上時掌反取慰慰亦作畏不舍音捨下同戚醮在遥反李云顦顇也又音子妙反疑刦許業反又曲業反内周樓疏李云重樓内匝疏軒外通謂設備守具財單音丹本或作斸音斫繚音了又魚弔反理也

說劒第三十 以事名篇

趙文王 司馬云惠文王也名何武靈王子後莊子三百五十年洞紀云周赧王十七年趙惠文王之元年一云案長歷推惠文王與莊子相值恐彪之言誤 喜劒 許記反下同 夾門 郭李音協又古洽反 好之 呼報反下同 无厭 於豔反又於豔反 悝 苦回反太子名 募 音慕又音務 說王 如字解也又音悅 與使 所吏反 以幣從 才用反一本作以幣從軍 上說 如字又始銳反下同 蓬 步公反本或作鬔同 頭 蓬頭謂著兜鉾也有毦故如蓬 突鬢 必刃反司馬本作賓云賓讀爲鬢 垂冠 將欲鬬故冠低傾也 曼胡 莫干反司馬云曼胡之纓謂麤纓無文理也 短後之衣 爲便於事也 瞋目 赤夷赤眞二反 語難 如字艱難也勇士憤氣積於心胷言不流利也又乃旦反既怒而語爲人所畏難司馬云說相擊也 乃說 音悅下大說同 與見 賢遍反下劒見同又如字 王脫 一本作說同土活反 千里不留行 司馬云十步與一人相擊輒殺之故千里不留於行也 乃校 司馬云考校取其勝者也校本或作教 士

敦如字司馬云敦斷也試使用劒相擊斷截也一音丁回反御杖直亮反所奉司馬本作所奉燕音煙谿燕谿地名在燕國石城在塞反鍔五各反司馬云劒刃也云劒稜也鐔音淫三蒼云徒感反劒口也徐徒南反又徒各反謂劒鐶也司馬云劒珥也爲夾古協反司馬云把也一本作鋏同一云鐔從稜向背鋏從稜向刃也裹以音果行以秋冬隨天道以行止也芒然莫剛反肝肺芳廢反竊爲于僞反而上時掌反下同三環如字又音患繞也聞義而愧繞饌三周不能坐食服斃婢世反司馬云忿不見禮皆自殺也

漁父第三十一以人名篇

緇帷司馬云黑林名也本或作惟杏壇司馬云澤中高處也李云壇名有漁父者音甫取魚父也一云是范蠡元嘉本作有漁音父則加字須眉本亦作鬚眉交白如字李云俱也一本作皎揄音遥又音偸又褚由反謂垂手衣内而行也李音投投揮也又士由反袂面丗

反李音茵以上時掌反距陸李云距至也飾禮如字本又作飭音敕下以

化齊民李云齊等也許慎云齊等之民也如淳云齊民猶平民元嘉本作化於齊民後句如無於字

君與音餘下同以危危或作僞其分如字本又作介音界司馬云離也杖

直亮反挐女居反司馬云撓也音鐃鄉而香亮反或作嚮同緒言猶先言也

竊待待或作侍咳苦代反唾吐卧反相丘息亮反曰嘻香其

反之好呼報反下同丘少詩召反下同而經子之所以經經營也

司馬云經理也正治直吏反下事不治同不屬音燭長少丁丈反後遇長同

不勝音升行不下孟反工技其綺反貢職職或作賦春秋

後倫朝覲不及等比也不飭音敕不泰本又作大音同徐敕佐反後同八

疵祀知反之揔李云監也道言音導稱譽音餘以敗補邁

反惡人烏路反下同之慝他得反善否悲美反惡也又方九反兩

容頰適善惡皆容顏貌調適也頰或作頯以挂音卦別也又音圭之叨
吐刀反很胡墾反能去起呂反愀然在九反又七少反難語魚據
反下同本或作悟愈數音朔不離力智反故強其丈反下同歡
樂音洛下同祿祿如字人音錄謂形見為禮也司馬云錄領錄也蚤音早字亦作早
湛丁南反下同丘得過也謂得過失也過或作遇而比如字謂親見比數也
又毗志反乃刺七亦反波定李云謂戰如波也案謂船行故水波去遠則波定旁車
步浪反萬乘繩證反下同倨音據敖五報反曲要一遙反磬
折之設反湛於湛或作其下人遐嫁反下及注同而閒音閑蝡
如兗反

列禦寇第三十二以人名篇或無列字

瞀人音茂又音務谿方李云方道也吾驚焉李云見人或已即遠

驚也 惡乎音烏 十𩟔子祥反本亦作漿司馬云𩟔讀曰漿十家並賣漿也 五𩟔

先饋饋遺也謂十家中五家先見遺王云皆先饋進於己 不解音蟹司馬音懈 形

諜徒協反郭云便辟也說文云閒也 成光司馬云形諜於衷成光華也 便辟婢亦

反 貴老謂重禦寇過於老人 而韲子兮反亂也 爲食音嗣 贏音盈

萬乘繩證反 而效如字本又作校古孝反 保女司馬云保附也 无幾

居豈反 敦杖音頓司馬云豎也 蹙之子六反 賓者本亦作儐同必刃反謂通

客之人 跣而先典反 暨乎其器反 發藥如字司馬本作廢云置也 而焉

於虔反 搖而本才一本才作性 又无謂也動搖本才以致求者又非道德

之謂也 小言言不入道故曰小言 人毒以其多患故曰人毒 莫覺莫悟

何相孰也彼不敢告汲汲又不自覺何期相孰哉王云小言爲毒曾无告語也孰誰也謂誰相

親愛者既无告語此不相親愛之至也 而知音智 食而一本作飽食而 敖遊本又

作遨五刀反下同 汎若芳劍反 緩也司馬云緩名也 呻音申謂吟詠學問之聲也崔云呻誦也本或作呻吟 裘氏地名崔云裘儒服也 之地崔本作之地蛇云地蛇者山田茶種也 祇音支郭李云適也言適三年而成也司馬云巨移反謂神祇祐之也 河潤九里河從乾位來乾陽數九也 使其弟墨謂使緩弟翟成墨也 闔胡嘗視其良闔語助也胡何也良者良人序緩也言何不試視緩墓上已化爲秋栢之實良或作垠音浪冢也 而見賢遍反 令墨力呈反 相捽才骨反言穿井之人爲已有造泉之功而捽飲者不知泉之天然也喻緩不知翟天然之墨而忿之捽一音子晦反 不知音智注同 學父本或作久 仍

自而證反本又作認同 道易以豉反 知雖音智 應其如字當也 朱泙李音平郭敷盲反徐敷耕反 漫末旦反又末干反司馬云朱泙漫支離益皆人姓名 屠音徒 單音丹盡也 千金之家如字本亦作賈又作價皆音嫁 三絕句崔云用千金者三也一本作三年則上句至家絕 技成其綺反 愼於兵愼或作順 恬徒謙反

惔徒暫反本亦作淡之知音智注反下爲知同不離力智反苞苴子餘

反司馬云苞苴有苞裹也竿音干牘音獨司馬云謂竹簡爲書以相問遺脩意氣也以遺

唯季反下同敝精神郭婢世反一音必世反道物音導注同甘冥如字

本亦作瞑又音眠發泄息列反徐以世反泊然步各反悲哉乎一本作悲

哉悲哉爲于僞反宋王司馬云偃王也使秦所吏反數所主反乘

繩證反下同王說音悅阨於懈反窘其隕反又巨韻反槁苦老反又祛矯

反本亦作槁居表反項李云槁項羸瘦貌司馬云項槁立也黃馘古獲反徐況壁反爾雅云

獲也司馬云謂面黃熟也秦王司馬云惠王也痤徂禾反舐字又作䑛食紙反痔

治紀反愈下本亦作俞同瘳敕由反圾魚及反又五臘反危也令飾九呈

反下同以視音示下同能復扶又反女與音餘又如字下嚬與同之覓

賢遍反離實力智反施於始豉反下注同而識如字又申志反商

大マサ七　莊子音義下　三六　艮

賈音古鋸音據戉音越捶之蘂反桎之實反梏古毒反宵

人王云非明王之徒謂之宵夜之人也訙之本又作訊音信問也愿音願廣雅云謹慤也有

長丁丈反若不肖外如長者內不似也有順王作愼懁音環又許

㳂反徐音絹三蒼云急腹也王云研辨也外愼研辨常務貧訥縵武半反又武諫反李云內實堅外如縵也

釬胡旦反又音干急也一云情貌相反卒然寸忽反其知音智其側側不

正也一云謂醉者喜傾側冠也王云側謂凡爲不正也側或作則易覲以豉反搜之所求反

正考父音甫宋湣公之玄孫弗父何之曾孫而傴紆矩反而僂力矩反三命

公士一命大夫再命卿三命而夫郭云凡夫也呂鉅矯貌孰協唐許協同

也唐唐堯許許由皆崇讓者也言考父與而夫誰同於唐許也睫音接探射食亦反自

好呼報反注同呲四爾反又芳爾反邪云訾也訾也子爾反皆思奉之

矣本或作皆畢事也美髯人鹽反末曾才能反偃佒於丈反本亦作

央同偃佒守分歸一也杖物直亮反知慧音智乃厚其身耳元嘉本後作厚一本作乃後恒無怨也傀郭徐呼懷反字林公回反云偉也恬解音蟹於知音智者肖音消郭云釋散也十乘繩證反下同驕穉直吏反又池夷反李云自驕而穉莊子也緯蕭如字緯織也蕭荻蒿也織蕭以爲畚而賣之本或作葦音同鍛之丁亂反謂槌破之九重直龍反驪龍力馳反驪龍黑龍也頷下戶感反韲子兮反粉夫音符若挾戶牒反僉曰七潛反其使所吏反衣以於既反食以音嗣芻叔初俱反芻草也叔大豆也珠璣音祈又音機一音其既反大廟音太髑音獨髏音樓矉毗人反蹙子六反齎音資本或作齏子詣反鳶以全反螻音樓蟻魚綺反

天下第三十三以義名篇

惡乎音烏不離力智反下注不離離性下章離於同兆於本或作逃爲行

下孟反章內同薰然許云反溫和貌崔云以慈仁爲馨聞也之粗七奴反卷內皆同以

參本又作操同七曹反宜也以稽音雞考也蕃息音煩畜敕六反又許六反

藏如字又才浪反醇順倫反四辟婢亦反本又作闢鄒莊由反孔子父所封邑

道志音導下以道皆同名分扶問反尚復扶又反下章不復同未易以豉

反得一徧得一術自好呼報反注及下同好惡烏路反淡本又作澹徒暫

反漠音莫衆技其綺反不徧音遍稱神尺證反下章同衰

矣如字本或作喪息浪反不侈尺紙反又尺氏反不暉如字崔本作渾則

瘁在醉反自矯居表反墨翟宋大夫尚儉素禽滑音骨又戶八反

釐力之反又音熙禽滑釐墨翟弟子也不順五帝三王之樂嫌其奢而說音悅下注同後聞風而說

皆同大過音太舊敕佐反後大過大多大少放此大順順或作循度衆徒各反

非樂節用墨子二篇名氾芳劒反愛兼利化同巳儉爲氾愛兼利

令百力呈反下同有夏戶雅反有濩音護有辟音闢作武
武樂名七重直龍反下同未敗敗或作毀墨子是一家之正故不可以爲敗也
崔云未壞其道非歌生應歌而墨以歌爲非也樂而音洛下及注同㱿郭苦角反
徐戶角反郭李皆云無潤也其行下孟反下注以成其行同能任音壬湮洪水
音因又音煙塞也沒也掘地而注之海使水由地下也引禹之儉同巳之道支川本或作支流自
操七曹反槀舊古考反崔郭音託字則應作槖崔云囊也司馬云盛土器也耜音似
釋名耜似也似齒斷物二蒼云耒頭鐵也崔云梩也司馬云盛水器也而九音鳩本亦作鳩聚也雜
本或作衆音同崔云所治非一故曰雜也腓音肥又符畏反无胈步葛反又甫物反又符蓋反脛
刑定反甚雨如字崔本甚作湛音淫櫛側筆反裘褐戶葛反跂其逆
反蹻紀略反李云麻曰屩木曰屐屐與跂同屩與蹻同一云鞋類也一音居玉反以藉鞋下也相息亮反
里勤司馬云墨師也姓相里名勤苦獲已齒李云二人姓字也而倍

郭音佩又裴罪反　譎古究反崔云決也　相訾音紫　以觭紀宜反又音寄　不
仵音誤徐音五仵同也　巨子向崔本作鉅向云墨家號其道理成者爲鉅子若儒家之碩儒
治之直吏反　之好呼報反注同　爲其于僞反　枯槁苦老反　不
舍也音捨下章同　忮之豉反逆也司馬崔云害也字書云很也又音支韋昭音洎　息崔云
明白其心也白或作任　宋銒音形徐胡冷反郭音堅　尹文崔云齊宣王時人著書一篇　華
山之冠華山上下均平作冠象之表己心均平也　以別彼列反又如字　宥爲始始首
也崔云以別善惡宥不及也　聏崔本作聏音而郭音餌司馬云色厚貌崔郭王云和也聏和萬物物合則歡矣
一云調也　合驩以道化物和而調之合意則歡　強以其丈反下皆同　令合力呈反下同
上說音悅又如字　下教上謂國主也悅上之教下也一云說猶教也上教教下也　聒古活反謂強聒
其耳而語之也　見厭於豔反徐於贍反　爲人于僞反下自爲同　圖傲五報反　苛
察音河一本作苛　其行下孟反又如字　不當丁浪反崔本作黨云至公無黨也

易而 以豉反　於知 音智下棄知同　田駢 薄田反齊人也遊稷下著書十五篇慎子云名廣　不徧 音遍　不至 一本作不王　无遺 如字本又作貴　去巳 起呂反章内注同　泠 音零　汰 音泰徐徙蓋反郭云泠汰猶聽放也一云泠汰猶沙汰也謂沙汰使之泠然也皆泠汰之歸於一以此爲道理也或音齋又盲替　謑 胡啓反又音奚又苦迷反說文云恥也五米反　髁 戶寡反郭勘禍反謑髁訛倪不正貌王云謂謹刻也　无任 無所施任也王云雖謹刻於法而猶能不自任以事事不與衆共之則無爲尚賢所以笑也　橫復 扶又反　无行 下孟反下火之行同　椎 直追反　拍 普百反　輐 五管反又胡亂反又五亂反徐胡管反圓也　斷 丁管反又丁亂反方也王云椎拍輐斷皆刑截者所用　不師知 音智　魏然 魚威反李五回反　若飄 婢遙反一音必遙反爾雅云回風爲飄　之還 音旋一音環　若磨 末佐反又如字　石之隧 音遂回也　徐絕句一讀至全字絕句　全而无非 磨石所剴麤細全在人言德全無見非責時言其無心也　不離 力智反　夫塊 苦對反或苦猥反　欲令 力呈反　窢 其亦作罭又作閾況

逼反又火麥反向郭云逆風聲 惡可音烏 不見觀一本作不豙觀 於䲯五管反又
五亂反 斷丁管反郭云䲯斷無圭角也一本無斷字 韙于鬼反是也 暨乎古愛
反 澹然徒暫反 關尹關令尹喜也或云尹喜字公度 老聃他甘反即老子也爲
喜著書十九篇 以濡如兗反一音儒 謙下遐嫁反 若響許文反 芴
音忽 谿苦兮反 之垢音茍 沖泊步各反 蘬去軌反又去類反本或作魏
不費芳味反 蜘音知 蛛音誅 工倕音垂 大初音泰 去甚起呂反
迕逆五故反 无軟如兗反本或作濡音同 挫作卧反 芴元嘉本作寂 漠音莫 死
與音餘下同 芒乎莫剛反下同 謬悠謂若忘於情實者也 荒唐謂廣大無
域畔者也 而儻丁蕩反徐敕蕩反 觭音羈徐起宜反 莊語並如字郭云莊莊周也一
二莊端正也一本作壯側亮反大也 以巵音支 不敖五報反 倪音詣 不譴遣戰反
瓌古回反 瑋瓌瑋奇特也 連犿本亦作抃同芳表反又音獾又敷晚反李云皆宛轉

貌一云相從之貌謂與物相從不違故無傷也 參 初林反注同 差 初宜反注 諔 尺叔反 而辟

婢亦反 深閎 音宏 稠適 稠音調本亦作調 不蜕 音悅徐始銳反又敕外反 汪

烏黃反 惠施 施惠子名 五車 尺蛇反又音居 舛 川兗反徐尺允反 駁 邦角

反 不中 丁仲反 厤 古歷字本亦作歷 物之意 分別歷說之 至大

无外謂之大一至小无内謂之小一 司馬云無外不可一無內

不可分故謂之一也天下所謂大小皆非形所謂一二非至名也至形無形至名無名 无厚不可

積也其大千里 司馬云物言形爲有形之外爲無無形與有相爲表裏故形物之厚盡於

無厚無厚與有同一體也其有厚大者其無厚亦大高因廣立有因無積則其可積因不可積者苟其可積何但千

里乎 天與地卑 如字又音婢 山與澤平 李云以地比天則地卑於天若宇宙

之高則天地皆卑天地皆卑則山與澤平矣 日方中方睨 音詣 物方生方

死 李云睨側視也謂日方中而景已復昃謂景方昃而光已復没謂光方没而明已復升凡中側之與升没

若轉樞循環自相與爲前後始終 大同而與小同異無別則存亡死生與之何殊也 此之謂小同異萬物畢同畢異此之謂大同異 同體異分故曰小同異死生禍福寒暑晝夜動靜變化衆辨莫同異之至也衆異同於一物同之至也則萬物之同異一矣若堅白無不合無不離也若火含陰水含陽火中之陰異於水水中之陽異於火然則水異於水火異於火至異異所同至同同所異故曰大同異 南方无窮而有窮 司馬云四方無窮也李云四方無窮故無四方上下皆不能處其窮會有窮耳一云知四方之無窮是以無無窮無窮也 形不盡形色不盡色形與色相盡也知不窮知物不窮物知與物相盡也獨言南方舉一隅也 今日適越而昔來 智之適物物之適智形有所止智有所行智有所守形有所從故形智往來相爲逆旅也鑒以鑒影而鑒亦有影兩鑒相鑒則重影無窮萬物入於一智而智無間萬物入於一物而物無朕天在心中則身在天外心在天內則天在心外也遠而思親者往也病而思親者來也智在物物爲物物在智爲智司馬云彼日猶此日則見此猶見彼也彼猶此見則吴與越人交相見矣 連環可解也 司馬云夫物盡於形形盡之外則非物也

連環所貫貫於無環非貫於環也若兩環不相貫則雖連環故可解也我知天之中央燕之北越之南是也司馬云燕之去越有數而南北之遠無窮由無窮觀有數則燕越之間未始有分也天下無方故所在爲中循環無端故所行爲始也氾芳劒反愛萬物天地一體也李云日月可觀而目不可見愛出於身而所愛在物天地爲首足萬物爲五藏故肝膽之別合於一人一人之別合於一體也爲大觀古亂反於天下所謂自以爲最也曉辯字林云辯慧也樂之音洛卵有毛司馬云胎卵之生必有毛羽雞伏鵠卵卵不爲雞則生類於鵠也氣成毛羽氣成羽雖胎卵未生而毛羽之性已著矣故鳶肩蜂目寄感之分也龍顏虎喙威靈之氣也神以引明氣以成質賀之所剋如戶牖明暗之懸以晝夜性相近習相遠則性之明遠有習於生雞三足司馬云雞兩足所以行而非動也故行由足發動由神御今雞雖兩足須神而行故曰三足也郢有天下郢楚都也在江陵北七十里李云九州之內於宇宙之中未萬中之一分也故舉天下者以喩盡而名大夫非大君各指其所有而言其未足雖郢方千里亦可有天下也犬可以爲羊司馬云名以名物而非物也犬羊之名非犬羊也非

羊可以名爲羊則犬可以名羊鄭人謂玉未理者曰璞周人謂鼠腊者亦曰璞故形在於物名在於人馬有卵李云形之所託名之所寄皆假耳非眞也故犬羊無定名胎卵無定形故鳥可以有胎馬可以有卵也一云小異者大同犬羊之與胎卵無分於鳥馬也丁子有尾李云夫萬物無定形形無定稱在上爲首在下爲尾世人謂右行曲波爲尾今丁子二字雖左行曲波亦是尾也火不熱司馬云木生於水火生於木木以水潤火以木光金寒於水而熱於火而寒熱相兼無窮水火之性有盡謂火熱水寒是偏舉也偏舉則水熱火寒可也一云猶金木加於人有楚痛楚痛發於人而金木非楚痛也如處水之鳥火生之蟲則火不熱也山出口司馬云形聲氣色合而成物律呂以聲兼形玄黃以色兼質呼於一山一山皆應一山之聲入於耳形與聲並行是山猶耳口也輪不蹍本又作跈女展反地司馬云地平輪圓則輪之所行者跡也目不見司馬云水中視魚必先見水光中視物必先見光魚之濡鱗非曝鱗異於曝鱗則視濡也光之曜形異於不曜則視見於曜形非見形也目不夜見非暗晝見非明有假也所以見者明也目不假光而後明無以見光故目之於物未嘗有見也指不至至不絕司馬云夫指之取物不能自至要假物故至也然假物由指不絕也一云指之取火以鉗

刺鼠以錐故假於物指是不至也　龜長於蛇　司馬云蛇形雖長而命不久龜形雖短而命甚長　矩不方規不可以爲圓　司馬云短雖爲方而非方規雖爲圓而非圓譬繩爲直而非直也　鑿　曹報反　不圍枘　如銳反司馬云鑿枘異質合爲一形鑿積於枘則鑿枘異圍鑿枘異圍是不相圍也　飛鳥之景　音影　未嘗動也　司馬云鳥之蔽光猶魚之蔽水魚動蔽蔽水而水不動鳥動影生影生光亡亡非往生非來墨子曰影不徙也　鏃　子木反郭音族徐朱角反三蒼云矢鏑也　矢之疾而有不行不止之時　司馬云形分止勢分行形分明者行遲勢分明者行疾目明無形分無所止則其疾無間矢疾而有間者中有止也質薄而可離中有無及者也　狗非犬　司馬云狗犬同實異名名實合則彼所謂狗此所謂大也名實離則彼所謂狗異於犬也　黃馬驪　力知反又音梨　牛三　司馬云牛馬以二爲三曰牛曰馬曰牛馬形之三也白黃曰驪曰黃驪色之三也曰黃馬曰驪牛曰黃馬驪牛形與色爲三也故曰一與言爲二二與一爲三也　白狗黑　司馬云狗之目眇謂之眇狗狗之目大不曰大狗此乃一是一非然則白狗黑目亦可爲黑狗　孤駒未嘗

有毋李云駒生有母言孤則無母孤稱立則母名去也母嘗爲駒之母故孤駒未嘗有母也本亦無此句一尺一本無一字之捶章蘂反日取其半萬世不竭司馬云捶杖也若其可折則常有兩若其不可折其一常存故曰萬世不竭桓團李云人姓名徐徒丸反之囿音又其柢丁計反天地其壯乎司馬云惠施唯以天地爲壯於巳世施存雄而无術司馬云意在勝人而無道理之術倚人本或作畸同絕宜反李云異也黃繚音了李而小反云賢人也不墜直類反霆音廷又音挺徧爲音遍下于僞反隩烏報反李云深也謂其道深一蚉音文一䖟孟庚反愈貴羊主反李云自謂所慕愈貴近於道也駘李音殆蕩駘者放也放蕩不得也悲夫音符論者力困反較音角評音病不中丁仲反或倦本亦作勌同其思息嗣反不邪似議反好事呼報反子玄之注論其大體眞可謂得莊生之旨矣郭生前數膏梁之塗涗余亦晩覩貴遊之妻談斯所謂異代同風何可復

言也或曰莊惠標濠梁之契發郢匠之[redacted]而云其書五
車其言不中何也豈契若郢匠襃同寢斤而[redacted]非之言
如此之甚者也荅曰夫不失欲極有教之[redacted]伸明其言
有豈祥不善其辭而盡其喻乎莊生振微音於七篇列
斯文於世重言盡涉玄之路從事要有辭之叙雖談無
貴辯而教無虛唱然其文易覽其趣難窺造懷而未達
者有過理之嫌柱斯之弊
故大舉專子之云辯也

經典釋文卷第二十八

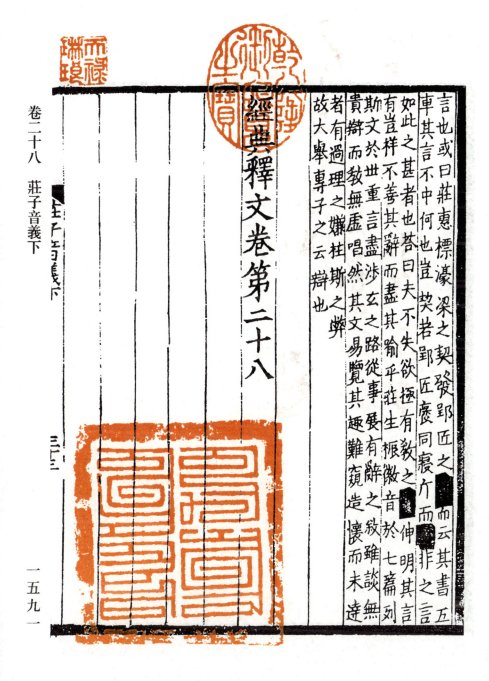

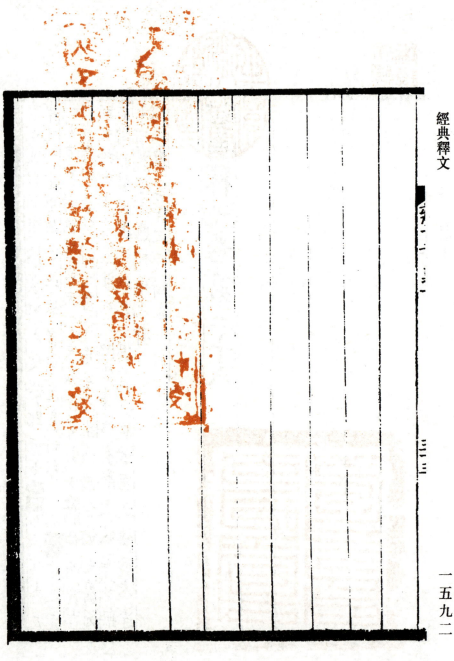

五福五代堂古稀天子寶

八徵耄念之寶

太上皇帝之寶

五福五代堂古稀天子寶

八徵耄念之寶

太上皇帝之寶

經典釋文卷第二十九

爾雅音義上 上中二卷

唐國子博士兼太子中允贈齊州刺史吳縣開國男陸德明撰

爾雅序

夫音符 爾字又作邇 雅字亦作疋 詁音古又音故 輿許慮反 揔子孔反 鈐其廉反 鍵字又作楗其展反字林巨偃反鈐也曰鎋也廣雅云鍵壯也小雅云鍵謂之鑰方言云鑰也自關而東陳楚之間謂鑰爲鍵或一音巨言反 潭徒南反 奧烏報反 摛勑知反說文云舒也 翰寒半反 華胡瓜反 苑於阮反 莫近如字又音附近之近 中古丁仲反又如字中古謂周公也 豹百教反 贍時豔反 玩五貫反 耽丁南反 璞普剝反 不揆巨癸反 檮徒刀反檮檮杌也 少而詩照反 沈直金反 研五堅反 鑽子官反 註之戍反 紛芳云反 謬靡幼反鄭注禮記云誤也方言云詐

也本或作繆音同以復扶又反綴丁衞反又丁劣反會古外反周禮注云計也本又作檜音
同廣雅云檜收也猝子外反又子骨反聚也謠音遥錯綜子宋反剟丁悅反說文云
利也廣雅云削也又都活反瑕戶加反玉翳也礫力的反說文云小礓石搴字又作攓居展反又去虔
反拔也蕭先遼反稂音郎稂童粱穊禾草也詩云不稂不莠隱於謹反滯直例
反援音袁引也所易以豉反了本亦作憭音同照察也袪去魚反寤
五故反篲字又作彗似說反又因醉反一音息遂反說文云掃竹也企丘豉反躅本又作蠋直錄
反漢書音義躅迹也韋昭音擢云三輔謂牛蹄迹爲躅鄭氏音拘蠋按字林蠋音竹足反

釋詁第一

音古又音故樊光李巡本作故說文云詁故言也字林同張揖雜字云詁者古今之
異語也

哉子來反亦作裁肇音趙胎天才反孫炎大才反本或作台俶尺叔反字又作俶權
巨貟反輿音余令力政反肧字又作衃同普才反又匹尤反淮南子及文子並云婦孕三月而肧說文

云肧婦孕一月也肧凝血 烝 本又作蒸同之仍反 辟 必亦反 壬 而心反 通見 賢遍反下
迄卷終注悉放此 宏 戶萌反 溥 音普 介 音界 夏 戶雅反 憮 火吳反下同
厖 云江反又云項反方言云厖深之大也 墳 符云反 嘏 古雅反 丕 字又作丕同普悲反
奕 以昔反 誕 音但 駿 子俊反又荀閏反 假 古雅反 濯 直角反 訏 本又作盱
同香于反 穹 起弓反 壯 側狀反 箌 郭陟孝反顧野王都角反說文云草大也孫都耗反 昄
沇旋蒲板反此依詩讀也孫郭方滿反字林方但方旦二反旋乾蒲滿反顧音板又普姦普練二反 晊 舊音之日
反木又作至又作脛顧音充尸反 蓆 音席 謨 亡乎反 迄 許訖反 臻 側巾反 弔
如字又音的 艘 郭音屆孫云古屆字顧子公反 格 更伯反字或作格 戾 力帝反 摧 昨
雷反又祖雷反 詹 音古 屆 音界 適 傷亦反 賚 力代反又力臺反 貢 字或作贛同
畀 必寐反下及注同 予 羊汝反下同 貺 許誑反或作況 俶 市六反 鮮 息淺
反又音仙本或作尠沈云古斯字郭音義云本或作尠非古斯字按字書尠先奚反亦訓善 省 先郢反

臧子郎反令力政反綝勑金反郭勑淫反㲉古豆反一音古侯反徽音暉藩方元反大姒音泰怡以之反懌音亦衎苦旦反愉羊朱反愷若在反妣丁含反般蒲安反樂也音洛協胡頰反遹孫云古述字讀者亦尹■反率所律反循音旬循行下孟反靖音靜僨孫音莫舍人云心之謨也度徒洛反注同諏子須反猷音猶肇音趙究九又反謨亡胡反基本或作諆音同謀莫浮反虢古伯反閎夭音宏下於兆反原音元彝以而反範音犯字或作范同戛居黠反郭苦八反職之力反秩長栗反柯古河反辟婢亦反下同踰以朱反矩俱宇反辜古胡反辠古罪字秦始皇以其字似皇字改從四非皃本今皆作■五苩反一音如字鮐天才反一音夷背博內反耇音苟耈音壽本反作壽更古孟反隋徒火反又作墮同細先計反耆巨伊反通稱尺證反允音尹孚音敷亶丁但反諶甚針反倠㐻反仁銳岱音徒

謔許虐反笑蘇誚反敖五報反戲虛寄反調徒弔反粵音越爰
音表稼古乍反穡音色征之成反那乃河反繇除又反注同孫音由又音遙於
也音烏注同皋陶音遙敆古荅反郃音合又音合盍胡獵反翕許急
反仇音求偶五口反妃音配又芳非反下同雔市周反樂音洛子馮身
皮冰反媲普計反郭音譬字林匹地反紹市小反肖羊忍反又以刃反纂子管反
綏泄誰反績子狄反係戶帝反繼音計氣本或作氣同許氣反謚時至
反溢以日反蟄直立反貉莫白反又武博反謐彌畢反顗魚豈反又五愷反
頠魚毀反沈王罪反孫郭五果反隕于閔反磒于敏反石落也湮郭音因又音烟又音
翳降古巷反墜本又作隊同直類反標婢眇反又普交符麦二反蘦力丁反字或作
苓說文云神曰苓木曰落沈直今反令力政反說文云發號也禧許其反畛之忍反
誶沈音粹郭音碎告也本作訊音信誥羔報反又古酷反告古篤反悠音由

迵戶項反 逷說文云古逖字他歷反郭湯革反 闊苦活反 虧字又作虧祛危反郭又許宜反 壞音怪說文云敗也籀文作𣪠字林云壞自敗也下怪反𣪠毀也公壞反 圮孫房美反岸毀也 垝古委反 垣音袁 𡰥本作矢同失耳反 繹音亦 旅音呂 尸 寀李孫郭並七代反下句及注同樊七在反 寮字又作僚同力彫反 采業七在反 服本或作艆同符福反又作艆字 貫古玩反 羕羊讓反字從永說文云水長也 引以忍反 駿本或作俊又作峻同子閏反 長直良反 喬郭音橋或音驕 嵩宿忠反 惈音果本今作果 捷才接反 肩音堅 堪字又作戡同苦含反 勝尸證反注及下同 夸口花反或作誇非 鼀郎兮反國名本作黎 殺所黠反舊所例反說文云戮也 獮息淺反說文或作𤢋 刺七賜反說文云君殺大夫曰刺刺直傷也周禮司刺掌三刺之法以聽獄訟或七亦反 應殺應對之應 亹亹字或作斖同亡匪反 蠠彌畢反又亡忍反本或作𧍄說文曰𧍄古蜜字 𢾍丁門反本今作敦 勗許玉反 釗古堯反又之遙反 茂字又作懋亦作懋同亡候反 劭上照反或上遙反 勔

勔作僶又作黽泯又彌兖反僶字又作黽亡忍反又亡衍反　茂哉或作茂才　鶩音務

㬜音閔或作旻　強也其丈反注同　卬五剛反　台孫羊而反下同　予余並羊

如反　妐烏郎烏黨烏浪三反說文云女人稱我曰妐　任而鴆反　眕之忍反　某音丹　躬音弓

畀必二反　陽音賜又如字本或作賜　予羊汝反　巴伯家反　濮音卜　誘余九反

餤沈大甘反徐仙民詩音閻餘占反郭持鹽反　晉本又作晉　藎本又作藎同徐刃反　餞徂淺

反　迪大的反　烝之仍反　左右音佐佑下同　相息亮反下文同　道徒報反本或作

導注及下同　勴力庶反　介音界　反覆芳服反　緝七入反　熙許其反

晧胡老反　頍古迴反　劼苦黠反郭苦八反或作硈字古黠反　鞏九勇反　篤丁幸

反　掔音牽又却閑反郭音義本與慳惜物同　虔音乾　膠音交　疇本又作𠷎直留反　祉

音恥　暀于況反又于柄反　藐亡角反　褘於宜反　懿音意　鑠舒灼反　已上

時掌反　美盛或作晠同　諧下階反　輯音集又七又　嚨嚨於恭反　總

本又作愶同戶牒反 燮蘇頰反 弼白筆反 重也直龍反注同 疊音牒 㲉胡角
反又胡谷反 卒子恤反字或作碎 泯亡忍反 罄苦定反 罊苦計反說文口地反云器中盡
也本或作慤字音同廣雅云慤劇也 殲子廉反 拔步八反 殄大典反 厭一豔反 苞
百交反 蕪音無或亡甫反蕃滋生長也古本作隸 豐敷馮反 揫孫子由反郭音遒案遒音子由祖秋
二反 斂力儉反 屈丘勿反 戢側立反 蒐所求反 裒古字作褎蒲侯反下同字本或作捊
鳩居牛反說文作勼音九尤反 摟力侯反從手本或作樓非 隰音習 拘古侯反 遄市專
反 亟欺異反又居力反 屢力具反 數色角反 迅信峻二音 徂才孤反 疌本或
作疌同子感反 肅 亟字又作苟同居力反經典亦作棘同 壑本或作㕡同許各反郭胡郭反 阬阬
苦衡反 滕徒登反 隍音皇城池也 漮字又作㱂同苦郎反說文云水之空也方言作䆲康亦空也
郭云本或作荒荒亦丘墟之空無 虛也許居反 谿音溪 壍七豔反 墟去魚反 烝
之仍反 洋音羊洋溢多貌讀羊者或為詳非也 觀顧謝音官施古喚反注同 那奴多反本或作

緰差楚佳反柬音簡慄六日反戁女版反竦息勇反恐丘勇反慴之涉反痡普胡芳膚二反詩作鋪瘏音徒詩作屠虺虎回反又呼懷反頹徒回反劬土于句咎音曰顇字或作悴在醉反癉音勤字亦作懃瘉羊朱反又羊主反鰥古頑反注康同癙傷汝反舍人云癙癵瘇痒皆心憂憊之病也孫炎云癙者畏之病也字林音愬詩作鼠癵郭作狗攣同力專反瘇音里痒音羊疷祈支反或丁禮反本作疲字書云疲病也聲類猶以為疷字又音支孫炎云滯之病也疵音慈疚音救痗音昧一音晦

瘥徂河反又子衰反痱符非反又符沸反說又蒲愷反風病也癉丁但反又徒丹反孫炎云疫病瘵側界反字林側例反瘼音莫癠徂細反或徂稗反瘣呼回反字林云病也今經注無此字恙羊讓反寫悉治反悝音里盱本或作忓同香于反繇音遥慘七感反罹力知反勩字或作勃與世反郭音謚字亦作肄邛巨凶反敕本又作飭並恥力反案說文字林來旁作力是勞來之字東旁作攵是始音丑力反愉羊主反又羊朱反癉丁賀反本或作憚音同窳

羊主反字林云汙也音烏說文云汙窬也按汙窬猶汙耶也務力報反任同來本又作勑力代反本或作

賚強其丈反注同剪子淺反篲本又作彗同息遂反又祖歲反迨其音待悠

傷字書作慯尸羊反憂思司嗣反注同惄乃歷反如調竹留反毛詩傳云朝也

祉音恥戩音翦又章善反孫音箭祓音發又音拂又方妹反禧許其反禠

音斯郭常支巨移二反祜音戶俾必爾反禋音因注同祀音似祠音詞周春祭名蒸

之升反冬祭名嘗字又作常秋祭名禴字又作礿同餘若反夏祭名儼魚儉反恪口各反

祇旨夷反諲音因又音真熯而善反郭音罕說文蒼頡篇皆同晙子峻反又音峻頲

音須竢音仕字又作俟亦作祀音同替他計反戾音麗底之視反字宜從一或作底非也

底音丁禮反徯胡禮反嗃郭音聿施音述幾音祈又音機譏音祈又音沂郭音剴案剴

音公哀反說文云摩也汔古愛反施音既樊孫虛乞反摩莫河反近附近之近治如字施宜

吏反肆音四惇字又作憻丁門反亶多但反祜音戶掔却賢反又苦閒苦忍二反

仍本或作扔同汝烝反　肶音毗本或作脾同　婢婢支反又音婢　竺字又作篤同丁毒反　腹分伏

反　皆　重直龍反　謨亡胡反郭音慕　許側駕反　謀亡侯反　話胡快反　猷

音由字亦從犭　載　行下庚反郭下孟反注同　訛字又作吪亦作譌同五戈反　盟音明　詛

側慮反　祆於喬反本又作沃同　遘古豆反　遻也字又作迕同五故反　轉　復扶又反

釗工堯反又章堯反　覿見也賢遍反注同　監音鑒又工杉反字又作䀍　涖音利又音類

覜他弔反　相施息亮反又息良反　訩音凶　閒古閑反隙也舊音閑　隙去戟反　瘞

猗例反郭音翳　匿女力反　蔽必曳反　竄麤亂反　妥孫他果反郭他回反又他罪反劉昌宗音

儀禮同字林亦同　按一旦反　底丁禮反　厎之視反　尼施女乙反謝羊而反　曷何末反

遏烏割反　抑於力反　射羊石反字又作斁同　厭於豔反　梏古沃反郭音角　梗古杏

反　較古學反　頲他鼎反　密亡筆反　易也以豉反注同　弛也尸紙反　弛

易施李音尸紙反下音亦顧謝本弛作施并易皆以豉反注同　鮮息淺反下同　罕火旱反

大五十一

爾雅音義上　六

酢才各反侑本或作宥同于救反毗如字樊光本作庇云蔭也暴本又作爆同邦角反樂
也本又作爍郭音洛又力角反蔭於禁反又作廕同覭郭亡革反又莫經反髳音蒙
茀音弗叢才工反茸如容反或如融反薈烏會反蠱音古謟郭音縚[illegible]他
刀反字或作慆沈勑檢反楨音貞榦本又作幹胡旦反又作翰棐音匪比毗志反注同俌音輔
郭方輔反字林音甫諶市林反本今作沈壃字又作畺音姜經典作疆假借字圉魚呂反埸
羊石反廣雅云界也旁步郎反聊音遼敵音狄彊巨良反下注同應本或作譍同於
矜反者好呼報反浡步忽反蠢尺允反俶昌育反呰子爾反或子移反郭
音些桒廣雅些辭也息計反又息賀反謂語餘聲也已此音以髊本或作髺字林云昔古𡍮字
罝音嗟狎乎甲反串郭音五患反沈謝古患反慣本又作貫又作遦同古患反厭
於豔反忕音逝又時設反張揖雜字音曳云毋伏過度曩奴黨反逮音代一音大計反曁
其器反隲之實反又音陟假音遐躋子兮反陞音升揮許韋反盝音鹿

歊虛謁反涸戶各反渴音竭本或作竭毋音無本今作無漉音鹿去水起呂反
捚音震拭音式㓨字又作㕞所劣反說文云刮也廣雅云削也清也如字劉音儀禮慈性
反抆亡粉反埽素老反間古莧反注同謝古閑反郭古鴈反施胡瞎反饁于輒反字
林于怯反饟式亮反饋也本或作餽同巨愧反遷七延反注同徙斯介反拱
九勇反廞郭音歆又音欽字林火欽反興也如字又許應反蹶居衞反下同假戶嫁
反廢字亦作癈同甫穢反裞始銳反舍音捨注同棲音西遟直犂反憩
起例反本或作愒同㱿又苦怪反又墟季反字林以為喟丘愧反孫本作快郭音苦槩反又作嘳墟愧苦怪二反齂
郭施謝海拜反孫虛貴反顧乎被反呬郭許四反孫許器反施火季反供如字又居用反峙直紀反共
音恭煤亡矩反又音無憐力田反娠指愼反又音身蠢尺允反戁奴板反妯
顧依詩勑留反郭盧篤反又徒歷反騷蘇刀反訛五禾反帨始銳反毛詩傳云佩巾也覆芳福
反後注同副音赴校音教長丁丈反下文并注同諦音帝契郭苦計反字又作挈顧苦結反

注同左傳云盡借邑人之車契其軸是也殄大典反刻音克斷大管反迪音狄繇音由道
也如字或徒報反非僉七廉反胥息廬反耆巨之反禮記云六十曰耆艾五蓋反下同禮
記曰五十曰艾多更音庚秭音姊算字又作筭素緩反郭息轉反數也色具反注
同謝色主反傅也符付反注同覭字又作脈亡華反相息羊反讀者或息亮反今不用
乂字又作嬖亦作女同魚廢反淈郭古沒反又胡忽反治直吏反謝如字作汩古沒反頤
以之反汱姑犬反施胡犬反顧徒蓋反字宜作汱渾胡本反隕于敏反墜也直類反翜
所甲反捷才接反毖音祕溢音逸陶徒刀反繇音由一音遙馘古獲反本又作
聝音同穧本或作齊同才細反依注字宜從禾穫禾一本作獲禾戶郭反難奴旦反注同一音如
字剡羊冉反挈力約反詩本作略郘音似允任而鴆反又而淫反注同壬而今反
注同俾必尒反拼北萌反以利使人曰拼從手抨普耕反案字書拼抨並音普耕補耕二反訓義
亦同今既二字相隨故多互其讀也亦從手彈也字又作伻音同使人也使令力呈反儴樊孫如羊反引

論語其父攘羊釋之作攘注云因來而盜曰攘攘施息羊反督多毒反享虛丈反下注同縱子用反

縮所六反掣昌世反探吐南反篡初患反俘音孚摸亡各亡胡二反爲

治直吏反曩乃朗反爲嚮許亮反本今作鄉省息井反璿音旋又作琁枿

五割反本或作櫱又作木注作櫱並同說文作巘以櫱木爲古文櫱槧爲或體云伐木之餘訝五駕反本又作迓

跛布我反軫之忍反薦遭練反摯之二反臻則巾反賡古孟反沈

孫音庚說文以爲古文續續似欲反祔音附郭音付祪俱毀反尼本亦作昵同女

乙反謝羊而反顫奴啓反下同幾音機又音祈暱女乙反妥郭他回反沈他果反傳命

直攣反貉亡白及下同施胡各反綸音倫繩音乘嗼音莫本亦作莫卒子恤

反又作碎下同猷音由假古雅反輟丁劣反已音以逑巨牛反又作求酋在由

反又子由反郭音遒就如字或作噈子六子合二反又作蹴同𣧩音終本又作終薨火弘反殂

音徂本又作徂𣧴音落本又作落殪於計反同稱尺證反

大百

釋言第二魚鞬反詩傳云直言曰言書傳云言辭章也東方朔云誦詩九萬言謂一字為一言也說文從口從辛聲左傳云介之推曰言身之文也仲尼曰言以足志文以足言廣雅云言從也此釋言篇者釋古今之訓義

中如字又音仲又知衆反距又作岠同音巨斯私貲所宜二反誃尺氏反謖所六反還音旋復音服返音反說文同云春秋傳作彼從彳徇本又作侚樊本作袀並辭峻反郭音巡張揖字詁云徇今巡施音詢進本又為均序徧古遍字馹而實反郭音義云本或作遷聲類云亦馹字同遽其據反

傳也張戀反注同車音居蒙莫公反小爾雅云覆也覆音副告古毒反嗈於容反徠音來本今作来眕之忍反厎之視反恀音是怙音戶恃音市遹古述字一音餘橘反俞羊朱反畣古荅字一本作荅男唯維癸反者

㾐音譍臚呂居反幾音機覲施音館謝音官注同肯口等反敖五刀反憮郭火孤反沈亡甫反傲也五報反穉也直利反又作稚諐去虔反戾力細

反壯阻亮反悈本或作極又作亟同紀力反一音戚褊必淺反說文云小衣也廣雅云褊狹陋也
狹戶甲反貿音茂字又作貿同賈音古屝符沸反字又作陫同側音仄遾
甞例反逮音代一音徒帝反圮皮美反覆芳服反注同荐徂薦反又徂遜反郭徂很反
原舍人本作⿱原䖵音同再子代反重直用反又直龍反憮亡甫反敉亡婢反郭敷靡反孫
敷是反臞字又作癯同求俱反脙音求瘠秦昔反桄孫作光古黃反熲古逈反屢
本又作婁同力住反暱女乙反亟墟記反亦數色角反忒他得反或作惐佴
而志反剸即隨反翦子淺反饙方云反字又作餴同說文作餴云脩飯也饙餴皆或餴也字書
云一蒸米餾力又反稔字又作飪同而審反⿱攸食音脩又西九反又所九反一音孫廣雅饙謂之⿱攸食也蒼頡
篇云⿱攸食饙也飰字又作餅俗作飯同符萬反字林云飯食也扶晚反飤也媵以證反又繩證反方言云
媵寄也記也送也造才早反餥音非餱音侯呼或作評同鞫居六反字又作鞫同
究音救鹵音魯鹶音矜本又作矜鹹音咸粦力田反本今作憐同覃徒南反本又作

燖字叔然云古覃字同　蔓音萬　莚以戰反相連不斷又音延本今作延　佻他堯反郭唐了反

偷他侯反　潛捷鹽反　深如字又尸鴆反　測初力反　鞫居六反　啜常悦反郭音銳顧豬芮反施丑衛尺銳二反說文云啜嘗也廣雅云食也　茹也音汝食也　茹虞如庶反注同

度也侍各反注及下同　強巨丈反注同本或作彊字又其良反　禦圉本或作御同俱魚吕反　窒豬乙反又丁栗反　薶亡皆反　黼字或作黼同音甫白與黑曰黼爲斧形　黻字或作黻同音弗青與黑曰黼黻亞也　已音紀　膺於矜反　愷苦亥反　悌徒禮反

髦音毛毛中之長豪曰髦士之俊傑者借譬爲名　令居力呈反　畯子峻反主田大夫嗇夫也　嗇音色　蓋古害反舍人本作害　裂音列　邕字又作擁　諈謝之睡反郭置睡反　諉郭女睡反顧汝恚反謝音諉孫云楚人曰諈秦人曰諉　累也本又作纍劣僞反字又作絫同注同　屬之欲反

漠音莫樊光云漠然清貌　庇必寐反又音祕　庥字又作休虛求反郭許糾反　廕字亦作蔭於鴆反　度大各反　憯七感反　窶貧也求矩反毛詩傳云窶者無禮

薆僾皆音愛烏槩反　邑烏合也　祺音其下同　先見賢遍反　兆廣雅云葬地也本又作兆音同　塋音營　挾戶牒反　浹子協反郭音接　徹直列反　霵竹簾反

琛勑金反郭舒金反　探吐南反　剌七赤反　選也宣戀反　俾必爾反沈方寐反　紕婢寐反謝房彌反郭音方寐反　飾申職反　緣悅面反　淩力升反案郭注意當作倰埤蒼云倰慄也樊注作凌冰凜也力膺反

慄音栗　懅舊音遽其據反亦謂戰慄反　慼字又作戚七歷反　蠲古玄反又音圭　稱赤證反　好呼報反又如字注同　坎字又作欿苦感反　銓七全反銓即稱　舫方訪反又音方　併步頂反字又作並　泳音詠　底丁禮反

迨音待　冥覓經反字林亡經亡定二反　降下古巷反下音如字一讀降音戶江反下音戶嫁反　傭勑恭反　均音鈞　暴字又作虣同蒲報反　窕吐彫反　好放呼報反　俅音求　弁音卞　瘞於例反又於計反或作[illegible]同　薶莫皆反　氂力知反又力才反李本作毳呂銚反

罽居例反　烘沈顧火公反郭巨凶反孫音恭字林巨凶甘凶二反　燎力皎反又力召力弔二反　煁

市針反烓郭音恚字林口穎反說文云行竈也顧口井烏攜二反隅音虞竈則到反陪
蒲回反朝也直遥反注同苛音何樊音煩藩方元反籬力支反量
音良一音亮以評音病粻音張字林又文庚反糧音良侈也昌氏反又尸氏反
幾音機僥古堯反倖胡耿反與幸通用筑音竹掇丁活反說文云拾取奘
徂朗反秦晉謂大爲奘駔在魯反又子朗反沈集注本作[illegible]音同孫樊二本並作將且而無奘駔沈集衆本合
爲一字評火乎反或作呼同舫謝音方詩亦作方施甫訪反樊本作坊符方反又音方泭也
郭音孚字或作䑧同樊本作坿沈音附篺皮佳反本又作簰同筏音伐方言云泭謂之篺篺謂之筏秦
晉通語洵郭音巡注同謝音荀下句放此龕苦南反字或作含本今作龕逮音代一音大計
反下同遝孫郭徒荅反沓與上同亦徒荅反畫胡卦反賑之忍反又之人之刃二反字林
云富也刃引反局彊六反分也符問反注同懠才計反僁音屑動草聲也郭音與櫻
[illegible]同施私秩反字又作僁葵求維反揆其水反度也徒各反注同惄本又作惄同奴歷反

眕之忍反 別二彼列反 戍式揄反 寇苦候反 硈苦角反 鞏九勇反 棄丘異反 忘音亡 嚚五刀反又許嬌反 襄四羊反或而羊反 懟直類反 縭力知反 介也音界李孫顧舍人本並云縭羅也介別也 閡五代反 號戶羔反又胡到反 謼也火故反又如字又作呼 咎求九反 苞補茅反 稹謝之忍反郭振眞二音 緻直吏反 逜五故反孫本吾字作午吾補反 寤五故反 頙丁佞反字又作定注同 題徒兮反 麟力仁反 肯苦等反或作古肎字字林作肎並同 侮亡甫反 貽以之反 遺也唯季反注同 歸臣位反 貿音茂 賄火罪反 狎乎甲反 菼字又作薍他敢反或待感反 騅章誰反如騅馬色也 薍五患反 毳昌銳反 粲七旦反 飧謝素昆反說文云餔也字林云水澆飯也本又作餐施七丹反字林作飧云吞食 渝音揄舍人作濡同 肴音爻 悈本又作戒音同 顛丁田反 耋田結反孫他結反云老人面如鐵色 輶由久反又餘周反 俴慈賤反 綯徒刀反 絞古卯反 糾吉黝反 索悉各反 跋蒲末反郭音貝

爾雅音義上　十二　卯

又補葛反蹶力輒反狼音郎疐竹利反又得異反又竹季反說文云礙足不行與躓同跲其業反又居業反郭又音甲廣雅云跲我也烝之仍反埃音哀戎如字本或作搣顉如勇反沈如升反相也如字又息亮反飫於庶反孺如戍反本今作儒屬雞欲反幕音莫熻音翕熾昌至反晟市正反本作盛同柢謝音帝窕郭徒了反舍人本作誂云誂者躍之間閒也音閑或如字窌音香隙去逆反罹力知反憂思息吏反慘七感反檢李郭居儉反模亡胡反郵音尤過古卧反遯字又作遁又作遯同徒頓反斃字亦作弊又作獘婢世反又婢設反郭步計反踣蒲北反又音赴或孚豆蒲侯二反前覆芳服反僨甫問反僵居良反畛之引反又之人反殄大典反盍也户臘反虹工音洪頷作訌音同李本作降下江反潰乎内反隌字林或作晻同烏感反闇音暗冥莫定反䵒字又作䵑同女乙反郭音暱膠音交黏女廉反字林云相著也字書云糊也戛居八反闍丁胡反拘音俱休慶虛虯反下注同叫古弔反呼火故反濬音峻整之領

反之令力呈反愧慙九位反本亦作媿小爾雅云不直失節謂之慙慙愧也面慙曰戁心慙曰恧體慙曰
逡方言云悔懢赧慙也晉曰悔或曰懢秦晉之閒凡愧而見上謂之赧梁宋曰懢又云㥏恧慙也荆揚青徐之閒曰㥏若梁益
秦晉之閒言心内慙矣山之東西自愧曰恧趙魏之閒謂之聅懢音歷㥏音腆恧女六反聅音恥亦音秘殛紀力反
鮌古本反乃㜷勅留反訩譊音凶許容反說文作詾同譊即讙字冥也亡定反
逡七旬反外傳直戀反下左傳皆同已復韋昭云已畢也復芳福反疐都麗反一音致
仆也音赴頓躓音致諗音審相思念也說文式荏反屆音戒弇於簡反音揜
謂覆敷救反恫音通握李本作喔云居位處之具也郭云謂備具訐也音信閔
呼歷反恨也孫炎作很云相很戾也很音戶墾反燬音毀李尋云燬一音火孫炎云方言有輕重故謂火
爲燬郭云燬齊人語曩本亦作曩乃黨反嚮也許亮反音向偟音皇不遑音皇
呼王反或作偟通作皇宵音消舍人云陽氣消也懊忼烏報反下五館反愒苦蓋反杜預注
左傳云忨愒皆貪也搘音枝說文作榰拄也音注說文作柱皆從木旁併必頂反卒子忽反

慒音囚字書作悰䶗致耻反紩也音扶郭云今人呼紩衣爲䶗縫奉容反遞音悌
他計反一音待結反迭也待結反音經更迭音庚矧詩忍反辟況本亦作譬同
廩力錦反廯也息淺反廣雅云廯倉也孫炎云廯藏穀鮮絜也舍人云廩少鮮也郭云或說云即倉廩所
未詳逭音換間音諫俔也胡典反之諜徒協反杜預注左傳云諜伺也說文云軍中反
間也沄音云沆也胡黨反說文云沄轉流也一曰沆漭沆莫廣反一音莫郎反大水皃扜
戶旦反趾音止䠊本亦作剕同扶味反又枝逑反刖足曰剕刖也音月鄭注周禮云斷足也夵他簟反
燠於六反塊本作凷說文云塊俗凷字也凷一名塩塩也孚逼反齊也才細反郭云謂分齊王肅
云分齊其肉所當用也分如字餬戶吳反說文云寄食也饘之然反糜也靡爲反粥之稠者曰糜
跪求委反小跽渠几反說文云長跪也莊子云擎跽曲拳臣之禮也矊武延反郭云謂緻密謂緻之侍
反一音智又音至闢本亦作辟婢亦反又甫亦反袍包毛反襺古典反本亦作繭緜衣也禮玉藻云纊爲襺緼爲袍鄭注云衣
有著之別名也重襺直龍反衣裘於既反障知亮反說文云隔也又界也蔽也亦作鄣畛之忍反田間道謂

壅於勇反靦他典反舍人云檀也一曰面貌也謂自專檀之貌姡戶刮反又戶括反孫李云靦人面姡然也
方言云楚鄭或謂狡獪爲姡姡猶獪也凡小兒多詐謂之姡郭注言黠也獪音古外反又音史鬻之六反字林亦作粥
云淖糜也又與六反淖奴孝反又文卓反字林云濡甚也翢徒刀反又徒報反纛字又作纛徒報
反鄭衆云羽葆幢也蔡伯喈云以旄牛尾爲之大如斗在左騑馬頭上所謂黃屋左纛葆音保幢丈江
反壑火各反芼莫報反搴也九輂反取也與攓同郭又音騫音義云本又作毛蹇拔
步八反苛胡柯反妎胡計反又胡界反又音害說文云妎妬也芾芳味反又方蓋反狃女九反
復也扶又反注同孫郭云狃忕復爲也李音服云狃能屈申曰復忕石世反逼彼力反本又作偪
迫音百般郭音班左傳云役將般矣是也一音蒲安反周易云般桓是也說文云般辟也還音旋或音
環濟子細反下同益於亦反緡亡巾反綸音倫繩音乘辟婢亦反一音辟
漦仕具反又呂其反郭音牛齡又音丑之反李云吐沫漦也盝音鹿漉音鹿唌因延反字當作
次又作涎字林云口液沫音末綽昌斫反裕音喻袞古本反說文云從衣從㕣也㕣

羊耎反或云從公衣黻音弗華胡瓜反皇胡光反彌亡移反

釋訓第三

休運反張揖雜字云訓者謂字有意義也案釋詁已下三篇皆釋古今之語方俗之言意義不同故立號亦異至於訓釋墳典其實一焉

斤斤樊居覲反舍人云明明甚明也斤斤物精詳之察孫云斤斤重慎之察也聰七公反條條舍人本作攸攸攸沇亦音條秩秩直栗反智思息嗣反下文并注同便便婢緜反廱於容反優優音憂和樂音洛兢兢音矜繩繩本或作憴同食蒸反戒音界蹌蹌七羊反皆恐丘勇反趨七俞反業業魚法反郭五荅反翹翹巨遙反皆縣音玄惴惴之瑞反憢憢許堯反本又作嘵音同字林云懼也案詩云予維音嘵嘵是也番番布何反詩云申伯番番蹻蹻居北反舍人云蹻蹻得勝之勇也詩云蹻蹻虎臣洸洸古皇反舍人本作僙音同赳赳居黝反說文云輕勁有才也詩云赳赳武天倮音果本亦作倮同藹藹烏害反濟濟咨禮反悠悠音由

洋洋音羊　蹶蹶居衞反　踖踖音夕又音籍　皆便婢面反　捷才接反　薨薨虎弘反顧舍人本作雄雄　衆諸仲反　夥戶果反漢書云楚人謂多爲夥　蒸蒸諸仍反本今作烝烝　作也子洛反　委委於危反詩云委委佗佗如山如河是也諸儒本竝作禕於宜反舍人云禕禕者心之美引詩云亦作禕　佗佗本或作它字同徒河反顧舍人引詩釋云禕禕它它如山如河謝羊兒反　忯忯郭徒啓反與愷悌音同顧舍人渠支反李余之反忯忯和適之愛也　惕惕他狄反　偁偁尺仍反本亦作稱同　蓁蓁郭側巾反又子入反　孽孽魚謁反又五葛反　懕懕於占反說文云安靜也　媞媞徒低反　祁祁巨移反　丕丕本或作丕同普悲反　萌萌郭武耕反施云朋反字或作蕄　懋懋古茂字　慔慔音暮亦作慕　強其丈反　庸庸音容　慅慅郭騷草蕭三音　赫赫郭釋舍人本作奭奭失石反說文云奭盛也謝許格　躍躍余斫反樊本作濯引詩釋云濯濯厥靈　重語直用反又直龍反　坎坎苦感反　壿壿七旬反舍人云舞貌毛傳同郭云謂

小五○九八鼓舞歡喜也說文云壿士舞也宜從士𡕥尊也本或作蹲同瞿瞿居具反休休虛求反又
虛虯反旭旭謝許玉反郭呼老反蹻蹻郭居天反案詩小雅小子蹻蹻音巨虐反今依詩讀
憍九苗反夢夢亡工亡棟二反沈施亡增反訰訰之閏之訰二反或作諄音同顧舍人云夢夢訰
訰煩懣亂也紃因春昌沿二反本無此字爆爆本又作㬥謈蒲卓反又布卓反說文云大呼也自冤也
邈邈亡角反儚儚字或作懜孫亡崩亡冰二反洄洄沈音回郭音韋音義云本或作
愇音韋案字林愇重衣貌于屋反惛音昏版版詩作板並如字李云版版者失道之僻也蕩
蕩本或作盪盪徒朗反李去蕩蕩者弗思之僻也僻也匹亦反皆褎本人作邪似嗟反
爞爞郭徒冬反又直忠反炎炎于廉反熏本亦作燻或作薰許云反炙之石反
究究九又反仇仇音求敖敖本又作謷又作■同五高反傲本或作傲同五報反舍人
本傲作毀釋云仇仇無倫理之■謷謷眾口毀人之貌李同仳仳顧音此郭音徒謝音紫舍人云形容小貌
瑣瑣星果反亦作璅悄悄七小反慘慘七感反慍也於問反痯

瘖郭古郊反又古阬反庚庚羊主反又羊朱反本今作庚庚懇懇於斤反英光於謹反
本今作郛郛惸惸本或作煢巨營反忉忉都勞反慱慱徒端反施逋莫
反郭徂宂徂訟二反忡忡聀忠反惙惙丁劣反怲怲彼病反奕奕
音亦畇畇本或作畇郭音巡沈居賓反謝蘇旬反字林云均均田也又羊倫反墾苦很反蒼頡篇
云耕也廣雅云治也辟婢亦反闢也畟畟楚力反字或作稷耜音以郝郝音釋又呼
各反土解音蟹繹繹音亦種之用反穟穟郭音遂說文云禾垂之皃緜
緜彌延反麃字書作穮同方遙反耘也字林云耕禾間也左傳云穮如農夫是穮是蓘是也說文云穮耨鉏
田也耘字亦作芸同音云挃挃郭丁秩反小雅云截穎謂之挃穫也戶郭反刈魚廢反衆
諸仲反緻直吏反溞溞郭蘇刀反詩云淅之溞溞謝所留反淅蘇歷反洮徒刀反洮
猶淅也烰烰呂郭並音浮又符彪反詩作烰蒸之升反本今作烝俅俅音求本亦
作絿同載丁代反本今作戴弁音卞璋音章韹韹詩作喤喤華盲反字書云鍠樂

之聲也又作鍠一音胡光反　樂如字　穰穰而羊反本今作穣　引余忍余愼二反引長多也

顒顒魚恭反　卬卬五剛反郭魚殃反　丁丁豬耕反　嚶嚶烏耕反

斫音灼　切磋七何反　藹藹於蓋反　萋萋七西反　盡力咨忍反

噰噰本或作雍又作廱同於恭反　喈喈古諧反　應德音譍　佻佻徒彫反詩云佻佻獨行歎息也

契契若声反詩云契契字又作苦許反　愈本或作俞同瑜庾二音　竭本又作竭巨列反

燕燕字又作宴烏殿烏顯二反　粲粲七旦反　尼女乙反謝羊而反又奴落反

飾音式　處音杵　閒音閑本今作閑　悽悽郭本或作萋同古劳反　苦如字又立故反

思息嗣反郭意如字　儵儵郭徒的反顧舒育反樊本作攸引詩云攸攸我里　嘒嘒虎惠反

罹力支反　悼音盜　巳音紀　旦旦本或作悬同都歎反　忒他得反　皋皋古豪反樊本作浩右老反

琄琄胡犬古犬二反　鞙音與琄同　贙胡犬反本今無鞙贙二字　刺字又作誎同七賜反

懽懽本或作懽同古玩反　愮愮音遙本又作搖樊本作遙又作挑挑與愮同訓也書云愮愮

憂無告也廣雅云搖亂也告如字又古毒反訴音素泄泄余誓反或作呭同謔謔虛虐
反謞謞郭虛各反或火角反慝謝切得反諸儒並女陟反言隱匿其情以飾非熇許各火沃
二反本今無此字樂如字又音洛譛側禁反訿訿子爾反字林云不思稱乎上之意供
音恭熾尺志反背公音佩蹙蹙子六反惟逑巨鳩反郭云迫也字林云斂聚
也本亦作求鞫居六反迫音伯抑抑音億諦音帝泠郎丁反秩直乙反
甹普經反夆孚逢反掣本或作摩同充世反說文云引而縱之曳餘世反抴本或
作拕同泰何達可一反廣雅云引也說文云曳也朔所角反不俟事巳反待也宜從來本今作俟字
不來本或作倈逨同力胎反不復如字不遹古述字一音聿不蹟子亦反詩云念彼不
蹟傳云不循道也循音巡徹直列反忘音亡下同萲施音袁謝許袁反郭云義見伯兮詩
云焉得萲草毛傳云萲草令人善忘則謝讀爲是諼許爰反考槃步干反本又作盤饎
尺志反字林云熟食也又充之反舍人本作喜釋云古曰饎饌化戀反號戶高反孫炎云雩之祭有舞有號

雩音于祭名吁許于反暨其器反巳音以蠢昌允反磋七何反琢丁角反治玉也本或作琢非也僩本或作撊同下板反郭音簡恂音荀郭音峻鄭玄注禮記同云謂嚴慄也謝私尹反慄音栗諫思勇反赫火格反烜吁遠反烜者光明宣著今並作喧字音同斐孚尾反既微如字字書作癥三蒼云足創尰本或作瘇同並籀文瘇字也蜀勇時踵二反骭下諫反郭作扞音古案反謂脚脛也瘍音羊腫足之勇反脛戶定反創初良反是乂音刈本亦作刈鑊又作濩同戶郭反煑之與反絺丑尸反綌去逆反敏如字舍人本作畝釋云古者姜嫄履天帝之迹於畎畝之中而生后稷拇音畝足大指指處昌慮反宿先六反重言直用反媛爲眷反好呼報反援音媛本今作媛喭音彦本今作彦猗嗟於宜反眼五限反或作目斥音尺挽本亦作輓同云遠反聲類云引也車音居襢本或作袒同徒坦徒丹一反下同裼蘇歷反脫他活反見體賢遍反暴步報反搏逋莫反郭音付馮河字又作憑皮冰反依字當作淜說文云無船渡河檝本或作楫又作椄同子葉子入二反方言云檝橈也說文云檝舟棹也釋名曰在旁撥水曰櫂又謂之檝檝捷也籧本或作篆同巨魚反篨

直閭反舍人云籧篨巧言也李云籧篨乃言辭以饒人謂之口柔孫郭並云籧篨之疾不能俯口柔之人視人顏色常亦不伏因以各云 **戚施** 七歷反下式支反舍人曰令色誘人李曰和顏悅色以誘人是謂面柔也賈逵注國語曰僂也孫郭並云戚施之疾不能仰面柔之人常俯似之因以名云字書作規頊同 **夸毗** 苦瓜反下鼻口反舍人曰卑身屈巳也樊引詩云無為夸毗李孫郭云屈巳卑身以柔順人也字書作骻骳 **已** 音紀 **婆** 素河反 **辟** 婢亦反字宜作擗詩云寤擗有摽 **拊心** 本亦作撫同芳武反 **推** 本或作槌同直追反字林云擊也 **胷** 音凶 **矜** 几陵反 **憐** 力堅反 **拍** 普伯反 **絨** 許域反又音域 **縫** 扶用反 **殿屎** 丁練反下虛伊反或作敜吹又作慇脲說文作唸吚郭上音香惟反又音丁念反下許利反 **呻也** 音申 **幬** 本或作𢅥同直留反 **帳** 陟亮反 **侜** 本或作倜同張留反 **誑** 俱放反 **幻** 胡辦反 **罶** 本或作罞同力九反 **薄** 蒲博反本今作簿 **笱** 音苟

釋親第四

說文云親至也蒼頡篇云親愛也近也禮記云親親以三為五以五為九尚書云以親九族親者通謂五服九族之親也 **妣** 必里反 **嬪** 毗貞反 **厥長** 丁丈反下皆同 **彝** 音夷 **喪** 息浪反又如字 **頡** 戶結反 **異稱** 尺證反 **晜** 音昆本亦作昆下同 **媦** 于貴反廣雅云媦妹也說文云楚人謂女弟為媦纂文云河南人云妹媦也 **重也** 直龍反下皆同

而别彼列反又如字下皆同適者本或作嫡同丁歷反徠音來本亦作來汲居及反冢竹奉反

窋丁律反又丁滑反不窋后稷之子從舅才用反下注渫從同下音曰甥音生呼壻音細帝

館古半反更相音庚譚大南反姪大結反字林云兄女又丈乙反姒音似娣大計反娶

七具反媵以證反嫂素早反本今作嫂穉直吏反又作稚先蘇練反後胡遘反廣雅云先後

妯娌韋昭云先謂姒後謂娣妯娌音逐下音里廣雅云先後也郭注方言云今關西兄弟婦相呼爲妯娌稱如字少姑

證照反兄妐音鍾本今作公之轉丁戀反又如字姻音因亞一駕反又作婭瑣桑果

反僚力彫反

釋宮第五

世本云禹作宮室呂氏春秋云高元作宮室尚書云王祖桐宮左傳云虢公爲王宮于玤又云作王宮于踐土又云季平子立煬宮詩云作于楚宮又云作于楚室傳曰室猶宮也禮云由命士以上父子皆異宮又云杜氏葬入季武子宮不敢哭此文云宮謂之室室謂之宮郭云皆所以通古今之語明同實而兩名案古者貴賤同稱宮秦漢已來唯王者所居稱宮焉

牖羊九反扆於豈反郭音依又意尾反窻楚江反別彼列反奧本或作隩同於耗反尚書并說文皆云奧室也孔注論語云內也鄭注禮記云

主也廣雅云藏也媿居位反宧音怡李云東北者陽氣始起育養萬物故曰宧宧養也說文訓
同與周易頤卦養義同見禮賢遍反他皆放此窔烏叫反字林同郭又音杳說文云深
貌本或作窅又作宎同埽素老反柣郭千結反顧丈乙反呂伯雍大一反廣雅云砌也閾
域洫二音棖直庚反楔古黠反李謂闑上兩旁木旁步郎反楣亡悲反或作楣亡報
反埤蒼云梁也呂伯雍云門樞之横梁說文云秦名屋櫋聯也齊謂之檐楚謂之梠樞昌朱反椳
烏回反郭又吾回反呂沈一罪反達大末反檼於靳反字林云棼也廣雅云棟也下同危
本或作陒同音佹廣雅云兩砌也本或作扈同音戶垝居毀反本又作度同坫丁念反說文云屏牆
墆達結達計二反高貌也或作端丁果反本或作端墉音容本或作鄘同垣音袁鏝本或作槾又作墁同亡旦
武安二反說文云鐵杇也杇音烏又音胡李云泥鏝一名杇塗工之作具說文云所以塗也秦謂之杇
關東謂之槾椹本或作砧同張林反榩音虔本亦作虔詩云方斲是虔斫音灼櫍音質
黝於糾反郭殃柳反飾音式堊於故反又於各反樴音特又之力反杙羊式

羊特二反下句䲶棲於弋音同橜其厥反後注同楎許韋反縣於音玄箷
羊支反字林云竿也本或作箷音同字林云槅前机也臬魚列反栱九勇反郭又音邛
閣音各闍音都徐特遮反榭音謝栖音西下同又作棲榤巨列反字林云
弋也鑿在各反塒音時穿音川植音殖傳音椽下同突本又作揬徒忽
反鏁本又作瑣桑果反坤課移反杗音亡廇力又反棳之劣反本或作
棁音同侏音朱儒日朱反閞皮彥反本亦作弁同槉音疾欂皮麥反字
林云櫨也又平各反枅音雞字林音肩云柱上方木也榙達合反栭音而楶作截
反又音節本或作榕同字林云欂櫨也舊本及論語禮記皆作節櫨力奴反即欂也字林云柱上枅
也棟多洞反桴郭音浮又音孚字林云極也棟也檼於靳反桷音角榱
踈追反說文云秦名屋椽也周謂之榱齊魯謂之桷字林云周人名椽曰榱齊魯名榱曰桷椽直專
反它閱音悅檐餘占反下同樀丁狄反字從木旁作商郭又也赤反字合手旁作適梠

音呂牀助良反屏步形反簃文知反廚本或作㕑文誅反笓音曜又羊

昭反造阻格反本或作笮鄉本又作鄉許亮反注同屏卑井反朝直遥反

宁音佇閍補耕反說文作鬃云或作祊門內祭先祖所彷徨也祊音同閍觀古玩

反闈音韋劉昌宗儀禮音揮衖戶絳反廣雅云道也聲類猶以爲巷字謂之

閎獲耕反左傳云高其閈閎僖許其反塾音熟劉儀禮又音育夾古合反橛

其月反闑魚列反閫說文作梱同苦本反鄭注禮記云閫門限也闔胡臘反扉

音非著乎直略反所以止扉謂之閎音宏本亦作閣音各郭注本無此字

辟匹亦反閈戶旦反說文云閭也汝南平輿里門曰閈瓴力丁反詩傳作令音名甋丁歷反詩

傳作適音同甓蒲覓反⿰豊瓦力解反甎章沿反字林作摶同壼本或作壺苦本反郭

呂並丘屯反或作韋⿰阝唐音唐本今作唐徑古定反旅音呂場直良反字從易易音陽歧旁

郭如字樊本作技音支劇巨戟反冠軍古亂反樂鄉音岳又音各數

道色主反康苦郎反莊側良反車昌蛇反驂七南反復有扶又反下同逵求追反本或作馗字林云隱也與逵同趨七朱反走祖口反隄都奚、徒雞二反橋音喬杠音江倚郭居義反顧丘奇反說文云舉脚有度也廣雅云步橋也案今關西呼徛與郭同彴音斫廣雅云步橋也案今江東呼彴音約沈徒的反廂音相寑七甚反堭音皇陜戶夾反說文云隘也從𨸏夾聲俗作狹或作押字下甲反今人以陜弘農縣字書陝之字音失冉反狹代陝行之久矣

釋器第六

釋器第六祛記反說文云器皿也飲食之器從犬從㗊聲也㗊莊立反衆口也

豆如字本又作梪籩音邊瓦五寡反登本又作鐙膏音高盎烏浪反缶方九反甌烏侯反瓿步口、步侯二反瓵弋之反甊路口反方言云罃也罌乙耕反字亦作罃康孫郭如字字書埤蒼作㼹音同李本作光字林作甈口光反瓠音護甈丘例反壺音胡斪郭巨俱反謝古侯、嶋于二反本或作拘非斸

本或作欘同丁録反說文云齊謂之兹箕一曰斤柄自曲李云斪斸鉏也定多佞反或作錠郭云鉏屬
李云鉏別名鉏士魚反斸音蜀斫音灼鐯字又作櫡直略反字林竹略反郭云钁也
钁九縛反字林云大鉏也斛郭云古鍬字並七遥反疀本或作⿰金疌郭云古鍤字並楚洽反
緵子弄子公二反緵罶也罟音古罭音域囊乃當反罶力回反嫠
字亦作釐力其反杜注左傳云寡婦為嫠笱音狗罶力九反字書作⿱罒卯薄步各反
罺側交反汕所諫反撩郭力堯反取也又力弔反沈力到反篧郭士角反又捉
廓二音罩陟孝陟角二反字林云竹卓反宫又作⿱竹草捕魚音步槮沈桑感反謝胥
寢反郭霜甚疏蔭二反爾雅舊文并詩傳並朱旁作小爾雅木旁作其文云魚之所息謂之橬橬槮
也積柴水中而魚舍焉郭因改米從木字林作罧山沁反其義同涔郭岑潛二音詩作潛潛字小
爾雅作橬字亦音潛又時占反猶取積柴之義絡音洛兔又作菟同土故反罝子邪反說
文子余反遮之蛇反麋亡悲反罞本或作茅同亡包反又音蒙冒莫報反彘

直例反羉力端反又莫潘反本或作罠亡巾反字林云罠釣也幕音莫罛工胡反罺郭甲

覓反孫芳麥反或彼麥反罿昌凶反字林上凶反罬謝丁劣反郭姜惙反或九劣反罦浮孚二音

覆音副又孚福反車也尺蛇反翻孚袁反罥古縣反又古大反廣雅云罟也解古買

反絇謝其俱反孫九遇反施苦侯反版布綰反牃音業本或作業繩音乘縮所六

反卣由酉二音下同罍音雷盛音成尊本又作鐏酒器也又作樽同案曹獻文字指歸檢字

無此從缶從木者說文云字從酋寸酒官法度也今之尊卑從此得名故尊亦爲君父之稱揔尊董反坎

口感反斛平卜反裗力求反本又作流視五兮反又五啓反又五結反俱謂裗也縷又作

褸洛侯反攣力專反袿音圭重繒爲飾飾音式黼音甫袊本又作領

音同襮音捕又方沃反剌七亦反褗音偃又作偃衣領也緣悅絹反注同純

之閏反又章允反袕胡決反一音術褮胡扃反又於營反眥才細反又子移反衱

居怯反裾郭居渠二音衿謂又作紟郭同今鉗二音顧渠鳩渠金二反袸郭辭見反

孫音荐謝祖悶反　䙺子眷反埤蒼云佩綬也　上屬音燭後注同上持掌反
執至入反　衽而甚反杜預云裳際　袺音結郭居黠反　扱楚洽反　襭胡結反廣
雅云懷也　蔽必袂反　幨本或作襜方言作袡郭同昌占反　膝音悉　幃本或作褘
又作徽同暉韋二音　縭本或作褵同力知反　緌汝誰反　邪字亦作衺似嗟反　削息略
反　幅甫服反　纀音卜　殺所例反又色戒反　輿音余　革姑麥反　鞎
胡根反　靶音霸字林云轡革也本或作鞔七安反次向同　車音居　軾音式　笰音弗
禦魚呂反　簞　衣於既反下皆同　捐呂沇因絹反顧辭玄反郭與專反　著
車直略反　鑣表驕反　钀郭魚謁反沇魚桀反　旁鐵他結反　轡音祕
轙郭音儀施音蟻　軛於革反　首本或作古𦣻字　鈒呼蓋苦蓋二反字林火刈反郭
呼帶反　餯許穢反李云餀餯皆穢臭也　臭昌又反　饐於器反葛洪音懿釋云饐餿臭
也餿色留反字林云飯傷熱濕也央例央異二反　餲於介反字林乙例反一音於葛反食敗也　飯

扶萬反

饖於吠反說文云飯傷熱也字林乙大反蒼頡篇云食臭敗也　摶徒端反　糷郭音輦謝力丹反沈力旦反字林力但反李云糷飯淖糜相著也　著直略反　糪郭普厄反施孚八反李云米飯半腥半熟名糪　腥音星　餒奴罪反說文云魚敗曰餒字書作鯘同　脫吐奪反　麋音眉　斮莊略牀略二反字林云斬也　鰭巨夷反子虛賦云揵鰭掉尾是也或作鰭　冰彼凌反說文云水堅也孫本作凝牛烝反膏凝曰脂　羹又作臛同古衡下庚二反　臛火各火沃二反字林云肉羹也　湆丘及反汁也　鮨巨伊反字林止尸反　鮓側下反　公食音嗣又作飤音同　醢虎改反　臡本又作𦢎同奴黎反字林作腝音人兮反謂有骨醢也　康說文作穅或省禾口郎反　蠱音古　澱徒薦反　垽魚靳反　滓側里反　鼐沈奴戴反郭音乃　圜音員　弇古奄字音於檢反　鼒音咨施音災郭音才字林音載　釴音弋　款本或作窾苦管反闊也　鬲力的反　腳居略反　䰝本或作甑即凌反又子孕反　鬵徐林反又嗣廉反郭財金反　溉古代反　釜音父　鉹昌紙反

璲音遂鞙鞙胡犬反又作琄同區羌于反又烏侯反㲄本或作珏固學反說

文云二玉相合爲珏翮户華反羽本箴章諶反案周禮羽人職云十羽爲審百羽爲摶十摶

爲縳鄭注云審摶縳羽數束名也爾雅曰一羽謂之箴十羽謂之縳百羽謂之緷其名音相近也一羽則

有名蓋失之矣孫同鄭意云蓋誤郭云凡物數無不從一爲始以爾雅不失周官未爲得也縳

音篆又竹眷反緷古本反又户本苦本二反埤蒼云大束也别羽彼列反虡音巨

縣鍾音玄植直吏反旄音毛藣方皮方賜二反蔌速藪二音詩云

其蔌維何維荀及蒲茹如庶反蓋音盍苫失占反璗徒黨反說文云金與

玉同色也鏐力幽其幽力幼三反鐐力彫反說文云白金也字林力召反云美金也磨莫佐

反鉼必領反鈑音版本亦作版鈏余緊弋刃常刃三反鑞力盍反周禮職方氏

揚州之利金錫鄭注云錫鑞也字或作鑞鵠胡酷古毒二反白也本亦作𪘏同廣雅作艁一觷

五角反沈音學犀蘇齎反剒本或作厝同七各反剫徒各反雕丁要反璞

字又作樸丕角反鏤字又作鐂音漏切本或作齺同千結反磋七何反琢丁角反

璆音虯本或作球字渠周反畢如字禮記云呻其佔畢謂呻吟佔視簡畢之文也李本作篳同

不律說文云吳謂筆爲不律點丁簟丁念二反李本作沾孫本作玷銑蘇典反決

作玦反鏃作木反鍭侯候二音錍匹迷反方言云箭廣長而薄鐮者謂之錍骲

火交反埤蒼云骨鏃也沈五爪反顧蒲交反有縁悦絹反下同繳章弱反字林云生絲

縷也纏直連反宛於阮反弭亡婢反鞭卑綿反銑蘇典反蜃市忍

反珧余招反蜯屬也案以蜯飾弓弭蚌本又作蜯蒲項反玠音介琡昌育常育二反

宣如字本或作瑄音同肉倍如字又如授反辟邊也注及下同好如字又音耗辟孔也注及

下同璓爲眷反蒼頡篇云玉珮名繸音遂綬音受組音祖染如琰反下同縓

七絹反說文云帛黃赤色赬恥貞反纁詩云反說文云淺絳也字林同葱七公反黝

於糾反邸丁以反柢丁計反蓐音辱茲子斯反屬之欲反竿

乾幹二音施李本作葹同羊支反字林上支反架音駕簀音責第側士反

辨郭普遍反下同孫蒲莧反釋云辨半分也斷都管反韏音眷又九萬反復分扶又反鏤音漏鋄字又作鋟同蘇婁反又色留反字書云鋟鍬也鍬音速卣

酉由二音

釋樂第七五角反說文云揔五聲八音之名像鼓鞞之形木其虡也周禮有大司樂職掌六代之樂尚書云帝曰夔命汝典樂是也

宮謂之重直冢反劉歆云宮中也居中央暢四方唱始施生爲四聲綱也孫云宮音濁而遲故曰重也商謂之敵亡謹反疾也成也審也達也劉歆云商章也物成孰可章度也白虎通云商彊也案商爲臣而佐君成政故曰敵敵成也角謂之經經常也劉歆云角觸也物觸地而出戴芒角也徵知里反謂之迭大結反劉歆云徵祉也物盛大而繁祉也白虎通云徵止也羽謂之柳劉歆云羽宇也物聚藏宇覆之也白虎通云羽紆也鄭注禮云柳聚

也大瑟字林云庖羲作瑟灑所蟹所綺二反又所賈反孫云音多變布出如灑也長八
尺直亮反又如字下放此廣一尺古曠反琴字林云神農作琴鼖扶云反
應音應注同李云小者音聲相承故曰應應承也孫云和應大鼓也朄本亦作朄余刃反詩
云應朄縣鼓是也案朄引也謂擊小鼓引樂聲縣音玄磬口定反毊虛嬌反又音喬
孫云毊喬也喬高也謂其聲高也李云大磬聲清燥也故曰毊毊燥也犂郭奚反錧古緩
反沇古亂反字林云田器也江南人呼犂刃為錧本亦作貫同笙世本云隨作笙巢孫顧並仕交莊
交二反孫又徂交反巢高也言其聲高瓠胡故反簧音黃和胡戈反下同李云小者聲少音
相和也郭引儀禮云一笙一和而成聲鄭注云三人吹笙一人吹和又胡卧反孫云應和於笙篪字又
作⿰龠虒同直知反管有七孔世本云蘇辛公所作長一尺二寸沂郭魚斤反又魚勤反李孫云篪聲悲沂悲
也或作⿰龠斤又作⿱竹沂音宜肌反翹巨遙反塤本或作壎字同許袁反說文云壎樂器名從土熏聲
釋名云塤喧也聲濁喧喧然案世本云暴
辛公所作也圍五寸半長三寸半六孔也嘂本或作叫字同

居吊反李云大壎也鷙如字銳余祭反似稱尺證反錘直危直僞二反廣雅
云鍾謂之權鍾章容反說文作鐘云樂器也字林同世本云垂所作以此鍾爲酒器今經典通
爲樂器鏞音容以閒閒廁之閒鎛音博字林云匹各反又音薄字書云大鐘也
剽郭音飄孫匹妙反釋云剽者聲輕疾李云其中微小故曰剽剽小也棧郭側簡反李云淺也
東晉興元年會稽剡縣人家井中得一鐘長三寸口徑四寸上有銘古文云棧鐘之小者既長三寸自然
淺也或助板反言如字本或作管音同編畢緜反又方千反或音步典反筊本或作筊字戶
交反籟音賴簥九遥反併步頂反又并之去聲漆音七篞乃結反篎
郭音妙又亡小反籥羊灼反管三孔也本或作龠簅音產字又作產笛徒歷反字
或作篴仲或作衶同箹烏角反又音約徒吹本或作歈字同昌睡反咢五各
反字林或作咢又本作鄂修如字本作脩字寋李云置擊衆聲寋連也本或作謇字同紀
展反或作蹇字非郭云未見義所出未知李何所據上重敲經迭柳郭云皆五音別名其義未詳諸

家或有音訓亦可爲義上下皆類此梲昌熱反桶音動又音甬甬踊斛也深尸鴆反或如字椎直追反下同柄兵命反底丁禮反挏大孔反令左力呈反敔魚呂反鄭衆云木虎籈郭之仁反又音戰謝居延反郭云以木長尺櫟之名籈字林云以竹長尺也鉏事呂反又作鋤鋙魚呂反櫟力的反廣雅云櫟擊也漢書音義云櫟捎也鼗徒刀反本或作鞀同說文云鞀遼也或作鞉又作鼗籀文作磬同麻如字料力彫反穊居器反

釋天第八

天土堅反釋名云天豫司兖以舌腹言之天顯也在上高顯也青徐以舌頭言之天坦也坦然高遠也說文云天巔也至高無上從一大禮統云天之爲言鎮也神也陳也珍也施生爲本運轉精神功效列陳其道可珍重也春秋說題辭云天之言鎮也居高理下爲人經緯故其字一大以鎮之也

穹起宮反蒼且剛反蒼天也郭以穹及蒼蒼俱爲天稱毛詩傳則以蒼天釋穹蒼

隆呂穹反夏胡駕反下同昊胡杲反皓胡老反本亦作昊光明也日出也
旰古案反日光出也旻亡巾反愍亡忍反彫都聊反上時羕反藏
徂倉反英於京反玉燭李云人君德美如玉而明若燭長謝丁兩反李云萬物
各發生長也施直良反嬴本或作嬴以征反大平音泰或作太醴本或作澧
字音禮饑居疑反本或作飢又作舌餁字說文字林皆云饑穀不熟飢餓也蔬音踈饉
巨靳反荐李本作薦字音同在見反太歲音泰下放此本今作太閼烏割反又於歇
反又於虔反逢符隆反旃之然反蒙莫東反強本或作彊字音同渠良反圉
魚呂反戊音茂著施直魚反孫直略反又陟慮遲字慮二反本或作祝字宜章六反廱又
作雍同於恭反本或作黎字宜力低反已音紀重光直龍反默余職反提
徒兮反卯亡巧反單音丹李云盡也又音蟬或音善閼於葛反李云土也又似虔
反執徐此二字依文讀李云執蟄也徐舒也言蟄物皆敷舒而出故曰執徐也在巳音祀

敦如字韋昭音頓反牂子郎反協音叶洽戶夾反涒湯昆反灘本或作攤郭勑丹勑旦二反字林大安他安二反噩本或作咢字同五各反漢書作諤韋昭音折愕案聲類諤音五格反戌先律反閹於檢反漢書作掩同困敦都鈍反奮方問反夏曰胡雅反歲胥征云毒歲孟春祀太甲云惟元祀年見春秋尚書載堯典云朕在位七十載橘均筆反修本亦作脩圉音語己音紀窒知乙反塞先比反正音征陬側留子侯二反隅也又子瑜反寎本或作窉字同郭孚柄反又況病反又臣詠反李陂病反余餘舒二音孫作舒李云余舒也萬物生枝葉故曰舒也皐或作高同且子余反相息亮反壯側亮反陽本或作霷字同詩云日月陽止是也辜音姑涂音徒颽口故反又作凱涼本或作古飆字同力張反隧音遂棼符云反本或作焚頹本或作穨隤同徒回反扶如字字林作颫同搖音遙字林作颻同猋必遙反字林作飆音同下上時掌反庉徒袞徒昆二反本或作炖字同熾尺志反飄音瓢暴

薄報反雨土音芋丁雨覔涯雨雪同霾亡皆反字林云亡戒反本今作霾曀於計
反不應於證反下同雺或作霧字同亡公亡侯二反霧亡弄反又亡付反字林作
霿音同本亦作霿晦音誨冥亡定反螮丁計反本或作蝃蝀同蝀丁孔反詩
作東音同又德紅反雩案字林越俱反今借為芌音于付反虹胡公反字林云工弄反陳國武古巷
反郭音講俗亦呼為青絳也霓五兮反如淳五結反郭五擊反音義云雄曰虹雌曰霓說文曰屈虹
青赤也一曰白色陰氣也故孟子云若大旱之望雲霓也本或作蜺漢書同挈本或作契字同苦結反
貳而至反弇音掩暈音運霆徒丁反字林同又徒佞徒頂二反說文云雷餘聲鈴
鈴所以挺出萬物也激古歷反霹普覓反靂力狄反揚雄羽獵賦云霹靂列鈌吐
火施鞭史記云霹靂者陽氣動也霓本或作霰霹同悉練反霄音消本亦作消說文
日雨霓為霄齊語也涷都貢反郭音東令飄力呈反先驅如字下豈俱羌句二
反灑所買所綺二反霡亡革反字林作霢音同又亡狄反霂亡禄反以上

時掌反濟祖細反霽字林子系反去兩止也郭祖禮反一音徂細反亢音剛又口浪反
或戶剛反數色住反列宿夙又反下同之長丁丈反氐都黎反郭音觝
丁禮反注云若木之有根尋義應作丁計反析木星歷反枵許嬌反左傳云枵耗名也
耗呼報反顓音專頊許玉反顓頊帝高陽氏之虛此一字音墟下如字顁
本或作定同多佞反娵子瑜反觜咨移反又子髓反辟本又作壁布覓反今案此星有人居
之角象宜爲辟降胡江反又江巷反注同婁郎侯反奎口圭反昴音卯本或
作鼎同旄音毛兔佗故反咮猪究反本或作喙許穢反說文云喙口也昌銳反
柳力九反鶉音純何郭胡可反又胡多反注同小爾雅云任也說文云儋也注作荷字音
同檐丁甘反字林負也启口禮反晨見賢遍反下同篲恤遂反又似醉
似銳二反本今作彗欃初銜仕衫二反槍初庚七羊二反孛蒲忽反或音佩埽素報反
彗似銳反又音遂彴蒲博步角皮約二反約如字又於詔反又音握祠如字或音祀注

食音嗣礿本或作禴字同餘弱反汋余弱反爗菜也蒸之升反燔音煩猶焚
也柴仕皆反說文作祡云燒柴燎祭天也瘞於例於計二反薶音埋庪本或作庋
又作攱同居委居僞二反縣音玄注同沈直今反祭星曰布李曰祭星者以
祭布露地故曰布孫曰既祭布散於地似星布列也郭云布散祭於地也指謂敷列羅布也磔張格
反狗音苟禷音類經典作類禡云駕反禱丁老反說文亦作禂同禘
大計反繹以石反五經及爾雅皆作此字本或作䭞字書爲䭞鐸二字同下同復祭扶又
反下注不復同肜余終反夏曰尸雅反復音服胙才各反本又作祚亦作胙同才
故反祚福也胙祭肉也於義並同獵力涉反蒐色留反搜音同上索色白反
任而鴆反爲苗于僞反獮息淺反說文從繭或作𥜽從示狩手又反宵
音消夜也字從宀若雲霄之字即從雨獠郭音遼夜獵也又力召力弔一反或作燎宵田也罼
音畢本又作畢載鑪力吳反字或作爐冢竹勇反攸音由大社音泰下大

常同闐闐徒天反整之領反治音持綢他刀反杠音江廣雅云天子之杠高九仞諸侯七仞卿大夫五仞士三仞韜他刀反纁許云反縿本或作織又作襂緘衫字同所衘反下同旒力周反經典亦作流廣雅云天子十二旒至地諸侯九旒至軫卿大夫七旒至轂士二旒至肩所著直略反陞音升令上力呈反綦音其本亦作纂祖管反飾音式緇側基反廣古曠反充方言云幅廣曰充幅音福長尋直亮反注同旐持小反旆蒲蓋反注之樹反旄亡褒反旌音精本又作旍幢直江反竿音干鈴郎丁反旂音祈縣音玄錯七各反又七故反旟羊諸反剝北角反鳶以專反鴟也旃之然反世本云黃帝作旃旌旂本又作旗凡旌旗之字皆從㫃㫃音偃說文云旌旗得風靡也或示旁乎旁者非也

釋地第九徒利反一音徒細反釋名云地底也其體在底下載萬物也張顯古今訓云土乙力曰地許愼注淮南子云地麗也物理論云地底也著也陰體下著禮統云地施也諦也應變施化審諦不誤

兩河間曰冀州 郭云自東河至西河周禮云河內曰冀州韋昭注漢書云東西南北皆有河故曰河內馬融曰在東河之西西河之東南河之北李巡云兩河間其氣清厥性相近故曰冀冀近也 **河南曰豫州** 郭云自南河至漢也周禮亦云河南曰豫州尚書云荆河惟豫州孔傳曰西南至荆山北距河水李巡云河南其氣著密厥性安舒故曰豫豫舒也春秋元命包云豫之言序也言陽氣分布各得其處故其氣平靜多序也 **河西曰雝州** 於用反郭云自西河至黑水尚書云黑水西河惟雍州孔傳云西距黑水東據河周禮云正西曰雍州雍者擁也東崤西漢南商於北居庸四山之內擁翳也李巡云河西其氣蔽壅厥性急凶故曰雍雍壅也太康地記云雍州兼得梁州之地西北之位陽所不及陰氣壅閼故取名焉案周禮及爾雅皆無梁州則雍州兼有梁州之地也禹貢云華陽黑水惟梁州孔傳云東據華山之南西距黑水韋昭云今益州也太康地記云梁州者言西方金剛之氣彊梁故因以爲名漢時改雍州爲梁州改梁州爲益州也 **漢南曰荆州** 郭云自漢南至衡山之陽尚書云荆及衡陽惟荆州孔傳云北據荆山南及衡山之陽周禮云正南曰荆州釋

名云荊州者取荊山之名荊讋郭云
也南蠻數爲寇逆常讋備故也江南曰揚州自江
南至海尚書云淮海惟揚州孔傳云北據淮南距海
周禮云東南曰揚州李巡云江南其氣燥勁厥性輕
揚太康地記云以揚州漸太陽位濟本又作泲子
天氣奮揚履正含文明故取名焉禮反下同河
間曰兗州悅轉反郭云自河東至濟尚書云濟河
惟兗州孔傳云東南據濟西北距河周
禮云河東曰兗州李巡云濟河閒其氣專質厥
性信謹故曰兗兗信也釋名以爲取兗水之義濟東
曰徐州郭云自濟東至海尚書云海岱及淮惟徐州
孔傳云東至海北至岱南及淮釋名云徐舒
也土氣舒緩太康地記以爲取徐丘爲名云燕烏賢
周合其地於青州案周禮無營州而有青州反
曰幽州郭云自易州至北狄周禮云東北曰幽州李
巡云燕其氣深要厥性剽疾故曰幽幽要也
太康地記以爲因於幽都爲名或云北方太陰故以幽
冥爲號二者相依也周禮云正北曰并州春秋元命包
云并之言併也陽合交并其氣勇壯抱誠信也太康地
記云并州不以衛水爲號又不以恒山爲稱而言并者
蓋以其在兩齊曰營州郭云自岱東至海尚書云
谷之間也海岱惟青州孔傳云東北

據海西南岠岱則爾雅營州爲禹貢之青州矣營者蓋取營丘以爲號周禮云正東曰青州博物志云營與青同海東有青丘齊有營丘豈是名乎太康地記云東方少陽其色青其氣清歲之首事之始故以青爲名焉
九州 案禹平水土畫爲九州禹貢所言是也其後舜分置十二州鄭玄云舜以青州越海而分齊爲營州冀州南北太遠分衛爲并州燕以北爲幽州新置三州并舊爲十二州也夏家依禹貢九州爾雅所言李郭以爲殷制周禮職方氏之敘列是周制也禹貢無幽并營爾雅有徐幽營而無青梁并職方有青幽并而無徐梁營三代不同之故也
鉅 音巨
陊 孫於于反郭烏侯反本或作紆字非也
汧 苦堅反字林水出隴右扶風也
諸 如字左傳同尚書作豬丁魚反
濉 蘇維反水名也本今作雎
夢 本或作蒙亡貢亡工二反
大湖 音泰本今作太
隅 本或作嵎同仰于反
厈 音赤
余 羊如反
祁 巨伊反又止尸反孫本作底音之視反
鄔 於虛反字林云太原縣也又乙祛反
圃 本或作圃字同布古反又音布
熒 乎銘反
穫 胡故反又作護同
瓠 胡故反
十藪 素口反說文云大澤也風俗通云藪厚也有草木魚鼈所以厚養人也
阠 音信郭尸慎反字林所人反又所慎反
䑤 徒登反又作縢同
隃 戍輸二音
溴 古闃反
隄 丁兮反
墳 扶云反
防 音房
八陵

大阜曰陵醫於其反李本作毉音同珣胥均反又音峻說文云周書所謂夷王讀若宣玗音于琪
巨疑反會古外反稽古兮反箭子賤反篠悉了反犀音西華乎花
反又戶化反礝本或作碝同如兖反應劭注子虛賦云礝石出鴈門白者若冰半有赤色霍呼郭反崐
音昆崘路昆反虛羌魚反璆其樛反又音求琳音林瑯音郎又作琅同玕音干
筋音斤本或作簕字非斥山昌亦反又昌夜反縟音辱饒而遙反九府
府猶藏也鰈本或作鰨同音牒又敕臘他盍二反牛脾婢支反翼本或作翌又作翼又
作戜字同羊式反鶼鶼古恬反鳧音扶肩音堅邛邛本或作蛩巨凶反
駏音巨本或作岠又作狟音同驉本或作虛又作𤢺同許伯反爲于僞反齧五結反
或作嚙謝音逝難奴旦反蟨郭音厥孫居衞反李云邛邛岠虛能走蟨知美草即若驚難者邛邛岠虛
便負蟨而走故曰比肩獸孫云邛邛岠虛狀如馬前足鹿後足兔前高不得食而善走蟨前足鼠後足兔善求食走則倒
故齧甘草則仰食邛邛岠虛邛邛岠虛負以走郭云今鴈門夏屋山中有獸形如兔而大相負共行土俗名之爲蟨

鼠穆天子傳云邛邛岠虛走百里之類也同馬相如子虛賦云蟨邛邛轔岠虛又爲二獸也 趨七俞反又作趍非

食之音嗣 夏屋戶雅反 迭食徒結反 更望音庚 枳本或作積顧音居是諸是二反郭巨宜反孫音支云蛇有枝首者名曰率然施音指案枳首謂蛇有兩頭 首舒酉反 牧亡卜反養也此謂牧養之地說文從牛或作目李本牧作田字釋云田敕也謂敕列種穀之處敕音陳 野本或作埜古字羊者反 坰古塋反 假令力呈反 溼俗作濕申入反 隰本或作隰音習 種之用反

陂者彼宜反字林或彼義反又作坡郭皆普何反 阪甫晚反字林父板反 陀大何反 菑本或作甾同側基反孫音災 畬本或作畭同羊如反字林弋恕反 泰音太 邠本或作豳字同彼貧反說文作汾字音同 濮音卜 鉛悅全反 祝章六反又昌六反 觚姜胡反本又作孤同

西王母是西方昏荒國名又曰西王母神名狀如人虎齒豹尾蓬頭戴勝善嘯穴宿周穆王巡狩至崐崘山見之西王母亦來賓昭宮見出竹書及穆天子傳 岠音巨 大平音泰下同 濛音蒙本今作蒙

汜音祀一音似或云祀似同音後放此

釋丘第十 先牛反本又作丠古字非人所爲曰丘廣雅云小陵曰丘

敦丘 郭云音頓或丁回反謝如字讀注宜如後二音 重也 直龍反下同 壇 大干反 堆 丁回反 陶 徒刀反孫云形如累兩盂 濟 子禮反一 銳 唯歲反 鑯 子廉反 如乘 本又作椉繩證反注車乘同李郭皆云形如車乘又市陵反或云如稻田塍埒下文並放此 塍 市陵反許叔重云稻田畦隄埒畔 埒 音劣 陼 章汝反下同 潦 力道反 泥 乃兮反依字作尼又作坭 汙 音烏又烏花反本或作洿 所作 子各反 所還 戶關反又音患下同旋音旋 繞 音遶 涂 字又作途音圖 梧 五故反又音吾 畫 郭音獲謝胡卦反 渻 本或作湇字所景反 沮 孫郭同辭與慈呂二反謝子預反施子余反 湽 仄其反 過 古卧反 覆 孚服反 敦 丁回反下及注同 邐 呂紙反說文云邐迤行也 迆 字或作迤余紙余支二反說文云迤邪行也 旄 謝音毛字林作嵍又作堥俱亡付反 偏 音篇 宛 施於阮反孫云謂中央汙也郭於粉反謂蘊聚隆高也下同 隆 力躬反 解 古買反 背 如字 定 丁佞反 畝 本或作畞 龍界 力勇反木

又作壟不了或作憭故重直用反潛昨鹽反黎力兮反敦丁回反碌

碌音祿更古孟反魁口回反梧五故五胡二反傑渠列反本今作桀望厓

字又作涯魚佳反洒蘇典反又西禮反下同漘音脣坦土但反隩字林烏到反郭於六

反注及下同本或作隩隈本或作渨同烏回反字林一由反漁音魚鞫如字字林作坈云隈厓外

也九六反別彼列反裏音里畢本又作嶧卑吉反重厓直龍反滸呼五

反墳符紛反防音房隄丁兮反涘舊音仕瀆音獨汜音似溦本又

作湄亡悲反又音微

釋山第十一

所閑反或所旃反廣雅云土高有石曰山山產也能產萬物也說文云山宣也

宣氣散生萬物也凡天下名山五千二百七十出銅之山四百六十七出鐵之山三千六百有九

華戶花戶化二反字林作崋同吳嶽音五吾周禮職方氏正西曰雍州其山鎮曰嶽後鄭云嶽吳嶽也

與郭同襲音習亦重直龍反下皆同坯或作伾備悲反又備美反沈五盃反韋昭音䡞

說文作坏　崧思忠反又作嵩嵩崧即嵩也俱是高大之貌　岑吉金反字林才心反　崟魚金反字又作岭　嶠渠驕反郭又音驕字林作嶠嶠云山銳而長也巨照反　鐵子廉反　卑如字又音婢　⿰山扈音戶或作扈　巋丘軌反巋然高峻貌字林丘追反小山而衆也　叢才公反　岌魚泣反岌也　高峘胡官反一音袁埤蒼云峘大山又音恒　過古卧反　屬章玉時欲二反謂相連屬　嶧羊石反說文葛嶧山在東海下邳尚書云嶧陽孤桐　駱音洛　驛音亦　宛於粉反　脊音積　岡又作𡵨皆古郎反　翠七遂反　微亡非反　近上附近之近　陂普河反又彼義反　崒子恤才戌二反字林才沒子出二反　厜姊規反郭才規反字林同顧視規反本或作厜又作𡾋皆才何反　㕒郭語規反字林音危顧魚奇反本或作㕒又作峩皆五何反　巉士杉反又士咸反　嵒五咸反本又作巖字林云巉巖山貌也　密又作美　樅七容反木名　盛時征反又市政反謂山形如黍稷之在器　巒力官反埤蒼云山小而銳　隋湯果反狹而長也字林云山之施嶞者大果反　狹乎夾反　喬巨苗反　重直龍反　甗魚蹇反郭音言又音彥字林牛建[illegible]

隒本或作𩫖字同郭魚檢反字林云山形似重甑居儉反甗力儉力儼二反甗子孕反厒口閤
反霍許郭反別大彼列反下注同鮮息淺反李云大山少故曰鮮或作嶰字又音仙陘
郭胡經古定二反磝字或作磽同字林口交反郭五交五角二反礓居羊反字林云礫也礫力的
反說文云小石也礐字或作确又作壆又作塙郭苦角反又戶角反磐石步丸反今作盤同岵音戶
峐三蒼字林聲類並云猶屺字音起阮孝緒字略音古開反埒音劣字或作浖渟音亭亦作
停同𣸧字林火篤反郭同又徂學反潦音老豄說文云古文瀆字徒木反谿苦奚反
戴土本或作載字同丁代反下同崔徂回反嵬五回反砠說文亦作岨七余反夾
古洽反澞魚俱反本又作虞岫徐究反郭音胄又音由字林弋又反泰山一名岱宗在兗
州界漢在泰山博縣又云在奉高縣華山在豫州界漢在弘農華陰縣霍山一名衡山在荊
州界漢在長沙湘南縣又云在廬江灊縣恒山在并州界漢在常山上曲陽縣以犯漢文帝諱改為常山
嵩高在豫州界漢在河南馮翊音翼夏陽戶雅反臨河河或

作魚依反

釋水第十二尸癸反尚書洪範五行一曰水水曰潤下說文云水北方之行象衆泉並流著微陽之氣也白虎通云水準也言水之平均而可準法也

一見賢遍反一否方有卑美二反廣雅云否不也瀸息廉反又子廉反纔音才瀱居例反孫許廢反汋仕捉反又上若反濫胡覽反涌音勇沃烏毒反縣音玄霤本又作溜力又反氿音軌詩云有洌氿泉仄菹棘反本亦作側仄同湀郭巨癸反孫苦穴反字林音圭闢婢亦反一音匹亦反過本或作渦同古禾反辨普見反回又作洄戶恢反灉於用反又於恭反復還扶又反下及注並同沱徒河反或作汜音似潬徒坦反堆字或作雁又作蜼字同都回反汧口千口見二反瀵敷問反義或方問反水本同而出異尾字或作浘屘同亡鬼反汾又云反車昌蛇反濆扶粉反翊音弋郃戶荅反數里色主反夾古洽反壅於勇反陂彼爲反出處昌慮反下同魁口回反

醮子召反盡也字或作潐同　厬字又作氿音軌　爲灉於用反或於凶反字又作灉注及下同

沮七余反　濟本又作泲　濋初呂反　汶音問　灛字或作潬同昌善反李云溢也

沱　潛徒河反下文及注並同字亦作沲　滸字五反　岷云巾反　道江徒報反本或作導

過又作渦謝古禾反又烏禾反本或作過　洵私旬反　潁餘頃反水名在汝南呂伯雍云水出陽成乾山

濆符云反下同字林作湓工玄反衆爾雅本亦作湓　汧苦見苦堅二反　氾音似　瀾郭力旦反又力安反下及注同李依詩作漣昔連

漪本又作猗於宜反　渙呼貫反　淪音輪　藴紆云紆粉二反

徑古定反字或作徑注同　侹字又作涏他定反又徒頂反徑侹直也　所作子各反

重直用反　見賢遍反　厓五街反　湄本或作瀏濇瀓瀠四字同亡悲反　濟子細反

則厲如字本或作濿說文云濿或作砅履石渡水也俱力曳反　則揭起例反褰衣渡水也下揭者爲揭同

揭衣起例反或丘竭反說文云高舉也　褰去焉反　褌音昆　繇古由字下同

膝字又作郭辛七反　以上時掌反下同　泳于柄反　底丁禮反

汎汎孚劒反紼本或作綍又作絴同甫勿反縭力知反下同繂本或作繂字同
音律索悉各反緌如誰反造草報反廣雅作艁音同又造舟爲浮梁謂比舟船造作橋
梁或音皁案說文艁古文造也郭圖云天子並七船諸侯四大夫二士一方音舫或作舫又音方併
步丁反特大得反本或作犆同泭音桴併水以渡水注之樹反下同谿苦兮反
澮古外反灌古亂反虡昌預反泝蘇故反詩作遡洄胡恢反游
音由江出蜀郡岷山河出崐崘山或云出積石淮出南陽平氏縣胎簪山亦云出桐柏山
濟子禮反出河東垣縣王屋山或云出河內溫西北平地四瀆徒木反廣雅云江貢也河何也淮均
也濟濟也洲音州小洲曰陼字又作渚章渚反本或直云小洲曰沚沚音止本或作洔
音同又音市坻本或作墀同直基反本又作泜音同潏郭述決二音呂伯雍音同案郭圖水中自然可
居者爲洲人亦於水中作洲而小不可止住者名潏水中地也河出崐古門反崘力門反虛
去魚反本亦作墟色白李云河水始出其色白也孫云崐崘山名也墟者山下之地白者西方之色也郭云山海

經曰河出崐崘西北陽墟者山下基也發源處高激峻湊故
水色白也郭音義云禹本紀及山海經皆云河出崐崘山漢
書曰張騫使西域窮河源其山多玉石而不見崐崘也世人皆
以此疑河不出崐崘案山海經曰東望泑澤河水之所潛也其
源渾渾泡泡又云敦夢之水注于泑澤出乎崐崘之西北隅實
惟河源也西域傳又云河有兩源一出葱嶺山一出于闐于闐
在南山下其河北流與葱嶺之河合東注鹽澤鹽澤一名蒲
昌海去玉門陽關三百餘里輪廣三四百里其水停冬夏不
增減皆以爲潛行地下而南出於積石山而爲中國河云然
則河出崐崘便潛行地下至葱嶺及于闐復分流岐出也張
騫所見蓋謂此矣其去崐崘里數遠近所未得而詳也泑澤
即鹽澤也泑音於糾反闐徒徧反圖讚云崐崘三層號曰天
柱實惟河源水之靈府是也 隅 又作嵎堣同音魚吁反 所渠并千七百一川
色黃 李云水流而分交錯相穿故曰川也孫云所受渠多轉流溷濁故色黃郭云潛流地中汩漱沙壤所受渠
多衆水溷淆宜其濁黃 汩 于筆反流水也方言云遥疾行也字林云水聲急也 漱 色救反 溷
戶本反又戶困反謂雜亂字或作渾同 淆 戶交反本亦作濁 百里一小曲千里
一曲一直 李云水勢小曲乃大直也故曰小曲水陰節每一曲一直通無極也故曰千里一曲一直郭云公羊

傳云河曲流河千里一曲一直也**徒駭**李云禹疏九河以徒衆起故曰徒駭孫云禹疏九河此河功難衆懼不成故曰徒駭**大**謝音泰孫如字本今作太**史**李孫云禹大使徒衆於此通水故曰大史或云大史者史官記事之處**馬頰**李孫郭並云河勢上廣下狹狀如馬頰也**狹**胡夾反**覆**孚腹反**鬲**郭云古釜字李孫郭並云水中多渚往往而有可居之處狀如覆釜之形**胡蘇**李云其水下流故曰胡蘇胡下流也孫云水流多散胡蘇然也**簡**古限反李孫並云河水深而簡大也郭云水道簡易**易**以豉反**絜**戶結反孫郭並云水多約絜又苦八反李云河水多山石之苦故曰絜絜苦也或音呼節反又音結**鉤**古侯反**般**步干反本又作盤李本作股云水曲鉤屈折如人股故曰鉤股孫郭同云水曲如鉤流盤桓不直前也**鬲**音革施力的反與今注不同**津**李云河水狹小可隔以爲津故曰鬲津孫郭同云水多阨狹可隔以爲津而橫渡**阨**於懈反**隔**音革**九河**案禹貢在兗州界郭云徒駭今在成平縣胡蘇在東莞縣鬲津今皆爲縣屬平原郡周時齊桓公塞九河并爲一自鬲津以北至徒駭二百餘里渤海東莞成平平原河間弓高以東往往有其處焉

經典釋文卷第二十九

五福五代堂古稀天子寶

八徵耄念之寶

太上皇帝之寶

五福五代堂古稀天子寶

八徵耄念之寶

太上皇帝之寶

經典釋文卷第三十

爾雅音義下

唐國子博士兼太子中允贈齊州刺史吳縣開國男陸德明撰

釋草第十三草亦作艸說文云百卉也從二屮屮讀若徹象草木初生雈羊六反韭居有反說文云菜名也一種而長久故曰韭象形在一之上一地也茖古百反葱本又作蔥音聰

葝字又作剄巨盈反䪥本又作薤同戶界反說文云菜也葉似韭故從韭也蒚力的反蒜西亂反說文云葷菜也一本云菜之美者雲夢之葷菜種之用反[redacted]莖戶耕反或作英薜方奠反郭布華反

蘄古芹字巨斤反麄七奴反後皆同又在古反本今作麤椴徒亂反菫本或作槿音謹下同櫬楚靳反本又作藽別二彼列反下放此隕于敏反爲日人逸反

烝之仍反本今作蒸朮徒律反本或作茉[redacted]古帝反下同案本草木一名山薊一名山達一名山薑廣雅云朮薑也枹沈音孚又音浮又音包前音箭一音子淺反說文作湔同

爾雅音義下　一

藬息遂因銳二反埽素報反下同帚之有反录力辱反芻楚俱反本又作蒭蕁音辱鴟尺之反莎素和反蒚音商藋徒弔反說文廣雅皆云菫也蘩音煩皤白波反白也蒿好高反[redacted]本亦作藍去刃反讀者或作苦見反彖之亦反啗本典作啖又作噉皆[redacted]覽反說文云噍也廣雅云[redacted]也蔚於貴反下同牡亡后反齧魚結反彫一遼反蓬步公反薦作見反孫李本作薦沈平北反黍音著種之勇反萆方寐反又方弭反莞謝音官施音九葝巨盈反皁音造菥思歷反蓂亡歷反薺齊禮反[redacted]蒤大奴反細刺七賜反下同狼音郎茅亡交反覆音副瓠戶故反舍人本又作觚釋云瓠也棲詩作犀音西瓣苻莧苻閑二反謝力見反郭云瓠中瓣也字林云瓜中實也父莧反茹音如字亦作蔡蘆力居反蒐色留反蒨本或作茜七見反臝力果反栝本或作苦古活反樓本或作簍力侯反本草栝樓一名他樓一名天瓜一名澤姑一口果臝實一名

黄瓜陶弘景注云出近道藤生狀似土瓜而葉有乂實中人今以雜作手膏用也根入土六七尺大二三圍者服食亦用之

荼音徒說文同案詩云誰謂荼苦大雅云堇荼如飴本草云苦菜一名荼草一名選生益州川谷名醫別録云一名游冬生山陵道旁冬不死月令孟夏之月苦菜秀易通卦驗玄圖云苦菜生於寒秋經冬歷春得夏乃成今苦菜正如此處處皆有葉似苦苣亦甚食但苦耳今在釋草篇本草爲菜上品陶弘景乃疑是茗失之矣釋木篇有檟苦荼乃是茗耳

萑音隹

蓷他回反或音推郭云茺蔚也本草茺蔚子一名益母一名大札一名益明一名貞蔚陶弘景云處處生葉如萑方莖子細長三楞白華華生節間

茺音充

蔚音尉

萑而甚反

蒀音益本今作益

虉又作虉五歷反郭音五華反

綬音受

粢音咨左傳云粢食不鑿杜注云黍稷曰粢郭云今江東人呼粟爲粢陶注本草云白糧粟或呼爲粢音緇字林云黏稷也今苗及穀似粟

稷本草云稷米味甘無毒益氣補不足陶注云不識書多云稷恐與黍相似詩黍稷稻粱禾麻菽麥此八穀世人莫能證辨如此穀稼米不能明而況芝英者乎氾勝之種殖書無稷粢禮記云子卯稷食菜羹又云君沐粱大夫沐稷士沐粱相承云稷粟也

又郭注衆秫云黏粟而說文字秫皆云黏稷今秫苗及穀全似粟唯色及黏爲異又衆家釋粢皆爲粟知稷即粟也然本草稷米在下品別有粟米在中品又似二物　衆音終　秫音述郭云黏粟也說文云黏稷之黏者字林亦云黏稷本草云秫米味甘微寒主止寒熱利大腸治漆創案江東人皆呼稻米爲秫米爵稻米以治漆創亦驗然北間自有秫穀全與粟相似米黏北人用之釀酒其莖稈似禾而麤大也　黏女廉反字林云相著　朮舒育反本亦作菽　茌而甚反　卉虛謂反　揔子孔反　莌悅轉反又古本反　蘥予若反　麥亡革反　燕烏見反　蘹戶怪反　蕵西存反　萰音練　菟音兔　荄古來反一音皆　蘩音煩　蒵音兮　蔩羊善反又弋仁反　茢音列　蘾音眞　豕傷氏反　彘音滯　蟾音占　豨虛豈反　爓字或作𤏳焆炒𩰲鬻焣七字並音初卯反三蒼云熬也說文云火乾物也　蠶雜南反　蛹音勇　荓音瓶　帚之酉反　蓍音尸說文云蒿屬也生千歲三百莖　埽蘇早反　⿱艹𢫬胡罪反　茭郭胡卯反又音交或尸交反　蘄音芹　葖孫郭並他忽反施徒忽反　蘆郭音力柯反謝

力吴反萉郭音菔蒲北反蕪音無本或作蔓又音萬菁音精又子丁反雹步角反

湞恥力反聲類云湞灌茵芝也莤沈顧音祥由反謝音由芝音之瑞草也筍息尹反竹

初生也萌亡耕反簜徒朗反說文云人竹也尚書云篠簜既敷是也本或作䈞音同案說文簜

大竹筩也字林他莽反莪五河反蘿力何反藁良甚反廣雅云莪蒿藁蒿也

苨奴禮反茋丁禮反絰待節反莕音杏本亦作荇詩云參差荇菜說文作莕接

如字說文作菨音同余羊如反本或作荼非菅古顏反薜方麥反蘄巨斤反菲

芳尾反芴音物葍方服反說文云亦名舜楚謂之葍秦謂之藑蔓地生而連花蕌音富藑

戶坰反荌謝於遂反孫於爲反郭安委反本今作委萎謝於危反孫人垂反郭音痿痹同案痿音

人垂反字林云痺也韓信云痿人不忘起是也讀史漢者或於危反箭笴音幹又音于或古但反

蒟求于反芉天頂反又天丁反熒音迥又音螢竹本又作筑張六反萹匹善

反顧補殄匹緜二反蓄勑六反陶弘景云萹蓄亦呼爲萹竹好生呼報反蟲直中反

　三　徐

葴之金反蘵何干反本今作寒薢郭音皆一音古買反茩古口反秦人名蔆曰薢茩
廣雅云蔆芰薢茩芵古穴反本亦作決光本或作茪古黃反茦常朱反萸
羊朱反蔆字又作菱音陵莁亡符反讀者或常制反又戶耕反荑羊而反蔱
所黠反蘠在羊反蕢巨貴反瓞大結反詩云緜緜瓜瓞瓝步角反字林作
瓟云小瓜也紹市沼反蔓音萬著子丁略反芍戶了反鳧音扶茈
本又作茈沈顧徂斯反謝徂咨反蘈力傀反又力對反薡音頂蕫本或作董丁動
反施音童蕛大兮反本又作稊莊子云道在稊稗是也苵大結反稗蒲賣反字林云禾別
名也鉤古侯反芺於表反又於老反拇音母蘮音計[illegible]胡界反薈烏外
反薔師力反說文作薔云虞蓼也音色蓼音了蓧他彫反蓨他的反
虋詩作穈字林亡昆反郭亡津反本亦作虋粱音良芑羌紀反秬音巨黑黍
也或云今蜀黍也米白穀黑說文作[illegible]或作粔字秠孚鄙反又孚丕反字林匹几匹九夫九三反

稃音敷本作殍𦕎並同　任城音壬　稌稻待古反又他古反詩云豐年多黍多稌爲酒爲醴禮記云牛宜稌羊宜黍本草云秔米主益氣止煩泄稻米主温中令人多熱陶注云道家方藥有俱用稻米粳米此則是兩物云稻米𥡦白如霜今江東無通呼粳米爲稻米耳不知其色類復云何案説文云沛國謂稻爲穤秔稻屬也字林云穤黏稻也秔稻不黏者李登聲類亦以秔爲不黏稻但江東人呼爲秫字林曰秫乃亂反字亦作穤北人呼爲穤粳與粳皆俗秔字也音庚今粳穤甚相類但黏與不黏耳依説文穤即稻也　沛音貝

國名　葍音福　藑巨營反又詳兗反　一種章勇反　苕音條　臺字又作薹同　夫音祛　蕦音須本今作須　箋即田反　蘌音語　笠音立　蘻居輦反本亦作搴字　藅音伐本又作罰　莔亡庚反詩作蝱同本草云貝母一名空草一名藥實一名苦華一名苦菜一名商草

一名勤母　荍祁堯反或巨遶反　蚍婢夷反郭音疕　衃不本或作芣又作蚽房尤反郭芳九反　艾五蓋反　冰彼升反　蕇音典　亭字或作葶同　歷字或作藶廣雅云狗薺大室亭歷也本草云一名大室一名大適丁歷反一名丁歷一名蕇今江東人呼爲公薺　芥音界　狗音苟

璫音當薜布麥反庚字或作蒝謝羊主反孫音臾蔜五高反本今作蔜
蔞字或作蘡謝先老反沈施所留反本草呼爲蘩蔞蘩音煩蔞字亦作縷力主反今
蘩蔞草蘺力知反本今作離活胡闊反茺字或作蔬徒活反瓤女良反三
蒼云爪中子也祖日人一反蘢郭音聾施音龍蘥餘若反蕦音須本今作須
葑方孔反蓯音摠蒡郭音彭又音旁荵音忍注同蒩莊居反瀹
餘若反字林云煑也本亦作汋音同後放此莤郭音由又音酉蔓或作曼通音萬菡
音魯蒫施謝才古反郭才河苦二反字林千古反苴將呂反一云將慮反字苑云䖨苴履
厎柱張縷反本或作拄同夫音扶或如字搖車尺蛇反又音居隧音遂遂蘧
郭音氍巨俱反謝音渠蔬郭音毹山俱反謝音踈菌巨隕反菰音孤廣雅云蔣
也啖大敢反甜徒謙反滑乎八反氊之延反本毛音衢又亦作旃同瞿音渠字
又作瞿毹所俱反又所魚反本今作氀蘄巨斤反茝昌改昌敗二反本草云白芷一名白

茝麋云悲反本今作蘪蕪云符反本草蘪蕪一名微蕪一名江離芎藭苗也陶注云葉似
蛇牀而香如萎於危反字林於僞反臭昌又反茇徂沓反或作薋同蒺音疾
蔾音梨本草蒺蔾一名旁通一名屈人一名止行一名豺羽一名升推一名即梨一名茨多生道上
布地子及葉並有刺狀如雞菱刺人七亦反見詩賢遍反後放此蘮居例反郭巨例反
蒘女居反竊音切芹音勤著人直略反髦音毛顛都年反
蕀古力反雚郭音灌謝音官沈施音丸芄音桓蘭力丹反斷之
丁管反汁之什反蕁孫云古蕈字徒南反說文云或作蕁字莐字或作茺音直
林反藩甫煩反又音煩郭云一名提母本草謂之知母一名蚳母一名連母一名野蓼一名地參
一名水參一名貨母一名蝭母一名女雷一名女理一名兒草一名鹿列一名韭逢一名兒踵一名東根
一名水須一名莐藩一名蕁陶注云形似菖蒲而柔潤葉至難死掘出隨生須枯燥乃止堪治熱病亦生
瘧疾蕍羊朱反蕮本又作舄私夕反下同郭云今澤舄案本草云一名水舄一名及寫

一名芸芋陶注云葉狹而長叢生淺水中仙經服食用之令人身輕能步行水上菌謝其隕反郭巨

阮反施其免反沇巨轉反蔍力斛反本今作鹿藿火郭反說文云尗之少也字又作藿莥

女久其久二反蔓音萬莛以戰反又音延本又作延蒿胡老反莎先禾反媞

尼兮反夏音下小正之盈反蒨弋垂徂規二反廣雅云蒨茀也又云地毛莎蒨也本或

作蓨他狄反莞本或作藐謝音官郭音桓字林音緩俗音關苻蘺力知反本或作

離蒚郭音翮又音歷荷音河芙音苻本或作扶渠本又作蕖音同蓉

音容本亦作容莖戶耕反茄古牙反其葉蕸字或作葭音遐又音加衆家並

無此句唯郭有然就郭本中或復脫此一句亦並闕讀蔤亡筆反蒻音若菡戶感

反萏字又作藺徒感反說文云菡萏華未發也已發名芙蓉張揖同亦日芙渠本今作萏蓮

力田反藕字亦作蕅同五口反案本草云一名水芝丹的丁歷反又戶了反或作菂同薏

於力蘢力恭反又力公反蘬謝丘軌反郭匡龜反爲龍如字本今作龍蒫

才河反又子邪反黂本或作蕡苻下反或扶沸反枲息似反苴七徐反下同別彼列反蕵音孫酢七故反菲孚匪反又音妃蒠音息本又作息蕢字亦作蕢巨愧反又苦怪反莧閑辦反蘠音牆蘼亡彼反又作蘼同虋音門本皆作門郭云門俗字亦作亹字冬山海經云條谷山其草多芍藥虋冬郭云本草一名滿冬案本草天門冬一名顛勒麥門冬秦名羊韭齊名愛韭楚名馬韭越名羊蓍一名禹葭一名禹餘糧葉如韭冬夏生無名滿冬者萹匹緜反濼郭舒若反孫餘若反貫古亂反眾音終本草云貫眾一名貫節一名貫渠一名百頭一名虎卷一名萹苻一名伯藥一名藥藻呰謂草鴟頭也案爾雅萹苻止郭云未詳本草乃是貫眾莙其隕反孫居筠反藻音早蓫他六反薚呂郭他羊反謝他唐反廣雅云馬尾蔏陸也郭云江東呼為當陸一名蓫根一名夜呼如人形者有神蔏音商本亦作商苹音平萍本或作蓱音瓶薸郭音瓢婢遥反廣雅云薸蓱也蘋毗人反說文作薲莃虛祈反菟湯故反葵夬唯反泃以灼反藬本又作蕢同吐回反蘈大回反

穗音遂說文作采云禾成秀人所收也穗俗字廣雅云采䅽采也縹匹眇反又匹妙反字林云青白色
淋音林字林云以水沃也藚音續[艹脣]音脣本今作脣蕮音昔苹皮英反
藾力大反翹字亦作蘒祁饒反本草連翹一名異翹一名軹一名蘭華一名折根一名三廉
苕音條蕵蘇存反傅音付橫目如字胡彭反或音黃結音姑本今作結
[艹縷]本亦作蔞力主反箏側耕反釐力基反蒙亡公反蔆字又作菱力矜
反本今作蓤蕨居月反攈亡悲反孫居郡反又居羣反芰巨義反字林云楚人名蔆曰芰
菊居六反蘧音渠或音劬字或作遽音同麥字亦作麦郭云蘧麥一名麥句薑即瞿麥
廣雅云茈萎麥句薑蘧麥本草瞿麥一名巨句麥一名大菊一名大蘭陶注云一莖生細葉華紅紫赤可
愛瞿求于反薜彼麥反牡亡后反贊子旦反葥子賤反苺音毎
又音梅後注同藨皮苗反又皮表反齧五結反苦堇音謹汋以灼反藫
徒南反菭徒來反郭云一名石髮說文云水青衣也或丈之反本今作苔底丁禮反蘜字或

作蘜居六反說文云蘜治牆也又作鞠云日精也蓎音唐本今作唐蘿音羅別彼列

反苗郭他六反又徒的反說文云從由聲蓨郭湯彫他周二反顧他迪反堇苦圭反

葝去悅反葐步昆反下同蕧芳服反芨居及反又起及反堇草

音謹下注同郭音靳居覲反云即烏頭也案本草蒴藋一名堇草一名芨非烏頭也蘵息廉子廉二反

蓇古曰反茙音戎本今作戎蘻郭音古系反又苦系反狗音茍蕧郭音

服旋乎服反郭云旋蕧也本草云一名金沸草一名盛椹一名戴葚陶注云花似菊花而大庚

本又作羹同古衡反茡孫音嗣本又作字說文作芓云即枲也苴七餘反盛音成瓝

步角反舍人云瓝九葉九枚共一莖樊本瓝字作駁釋云駁也一名九葉藐亡角反又亡校反茈子爾

反䓞力計反倚謝於綺反或其綺反舍人本作猗音同蔏音商本今作商活如字

孫音括脫徒活反字又作梲蘵字又作職諸弋反蒢直居反菹側居反藒

去竭反謝起例反郭去謁反車音居本多無此字芞謝去訖反沈又虛訖反輿字或

作薁音餘唯郭謝及舍人本同衆家並作蒢權其圓反牛芸音云蔜音敖本亦
作目蓿音肅葞彌爾反終本亦作蔠同蘩音煩菋音味又亡戒反
荎直其反藸音除荼字亦作蒤音徒委於詭反或於危反字或作萎同茠李或
作薅火羔反又作𣏾同說文茠或作薅字音了鉤古侯反藈本或作睽顧謝同音圭孫苦圭反
菇音姑本今作姑𤬪音鉤又五侯反𤬏力侯反字林云𤬪𤬏王瓜也桀本又作乘施音繩謝
市證反居本亦作草音同爲索悉各反下同衱居業反桻施音絳孫蒲空反本
今作桻攫沈居縛反把白麻反字從木下同相著直略反皁音造杜音土郭云杜衡
也似葵而香案本草云杜衡味辛香人衣體陶注云根葉都似細辛唯氣小異耳本草經又有杜若一名
杜衡陶注云葉似薑根亦似高良薑而細氣味辛香又絕似旋葍根殆欲相亂如陶之言二種並不似葵
或恐郭誤耳土他覩反蓾本又作鹵音魯衡字或作蘅音行盱香于反又音于虺
虛鬼反牀郭云蛇牀也廣雅云一名馬麻本草云蛇牀子一名蛇粟一名蛇米一名虺牀一名思益一名繩毒

毒一名束棘一名牆靡陶注云華葉正似蘼蕪**蔝**音米**蔜**樊本作蔝蔜麥音王乃反**枹**音包

又音浮**薊**音計**顆**苦果反或音款**涷**謝音東施都弄反讀者亦音冬郭云款涷也生水中

案本草云款冬一名槖吾一名顆東一名虎鬚一名菟奚一名氐冬陶注云其冬月在冰下生則應是冬恐承

音作字**中馗**求龜反郭音仇字則當作頄舍人本異耳作中鳩云菟奚名顆東顆東名中鳩**菌**郭巨

隕反孫去貧反本今作菌**蕈**亂荏反案今人呼菌爲蕈葛洪字苑同云丗作椹蕃二字非也字林式甚反或

云桑菼也沈徒感反菼人宛反**⿱艹耴**猪葉反又阻留反字又作萷**苕**徒彫反下同**蔈**必遥反

茇郭音沛補蓋反又音撥說文云草之葷爲茇音布末反**蘪**亡悲反蘪草生江水中**薇**

音微又音眉顧云水旁生故曰垂水**薜**卑麦反**莽**莫朗反**數節**色角反數猶促

也**促**七玉反**粼**字又作蕣音吝又音鱗**簢**字或作篠密謹反又亡忍反**筡**郭音

徒又音攄施音儲**笐**本又作亢戶剛反**箈**音待說文云竹萌生也字林大才反**箭**音箭

本本作箭**萌**亡耕反**筍**思尹反**菹**側於反**醯**音海**篠**思了反字林作筱云

小竹也別碑列反枹音包霍戶各反素蘇故反又作索鬷子工反郭音揔芏

郭他古反案今南人以此草作席呼為芏音杜夫謝方于反孫音苻莞古九反字又作萑誤藺

力刃反字林云莞屬也藄郭音其字亦作綦綦紫綦菜也說文王藄士夫也或作萁非也案說文云萁

豆莖施謝並音萁蕨音厥葴之林反又音咸藍力甘反姚莖謝戶耕反施郭於耕

反蒤音徒本今作涂芐音戶本草地黃一名地髓一名芐一名芭髓素累反怙音戶

蓎音唐本今作唐拔步八反蘢力恭反藗本又作藗音速牡木后反茅亡交

反菤謝作卷九轉反耳詩卷耳是也本草作枲耳云一名胡枲一名地葵一名葹一名常思陶注云一名羊負來

音中國無此物言從外國逐羊毛中來也廣雅云苓耳蒼耳葹常枲胡枲之類耳苓音零枲音死虌

卑滅反字亦作鱉案此即今蕨菜也葉初出鱉蔽因以名云廣雅云紫綦非也蕎居喬反又音喬邛

巨恭反鉅音巨案本草云大戟一名邛鉅今近道處處有戟九逆反蘩音煩字今作繁莣

音亡字亦作芒杜徒土反舍又作牡屩九略反稂音郎說文云禾粟之莠生而不成者莠羊久

反詩云不稂不莠藨謝蒲苗反或力驕反孫蒲嬌反字林工北反顧平表白交普苗三反麃謝蒲表反
郭又苻富反覆芳伏反酢七故反甜大廉反菂丁歷反本今作的薂字又
作敫戶歷反購古豆反又古侯反蔏音商蔞孫力朱反郭力侯反注同茢勃茢
施謝二茢皆音列沈上音例下音列勃蒲沒反葽烏了反蕀居力反字或作蕀同蒬
於袁反又於阮反廣雅云棘蒬遠志也其上謂之小草案本草遠志一名棘蒬一名葽繞一名細草遠志
字又作蒁惎非茦初革反方言云凡草木而刺人者北燕朝鮮之間謂之茦刺字又作刾又作莿七
賜反注同方言云關西呼茦壯爲莿朝鮮直遙反下音仙萩音秋蕁徒南反藻
子老反本亦作藻本草一名落首一名蕁郭云一名海蘿萇且良反本今作長銚羊招反或羊召
反字或作銚芅音翼字亦作弋小麥士革反蘦詩作苓力丁反蔓音萬
莚餘見反本今作延芣音浮苢字亦作苡音以見詩說文云芣苢馬舄也其實如李令人
宜子周書所說蕮四夕反本今作舄車昌遮反穗音遂好生呼報反蝦

音蟆字又作蟇亡巴反本草云車前一名當道一名
遐蟆芣苢一名蝦蟆衣一名牛遺一名勝舄乆服令
人身輕不老綸古頑反下同組作古反下同秩直乙反嗇音色芫户剛反本
亦作荒蠡音禮緜武延反繅先刀反字林云繅繭也本亦作繰又作繆非也繰宜音于
小反繆音所倚反繭古典反張揖云繭纊新緜萿古活反麇俱綸反本或作麋音眉搴
施居展反謝去虔反柜音巨朐巨俱反種名章勇反芺沈顧烏老反謝烏兆反說
文云味苦江東食以下氣薊音計荂香于芳于二反下同注音俘同蓊烏孔反蔈
芳要反又必招反荼郭音徒又音蛇猋必遥反又方瓢反又方幺反字從三犬俗作三火非也焱
字林弋劍反云火花也藨郭方驕反謝苻苗反一音皮兆反芀徒彫反字或作苕下同
葦于鬼反謝于歸反葭音加蒹古謙反薕力占反藡徒的反本今作
萑音桓字林作雚數尺所主反菼他敢反說文作䓴云菼或䓴字薍五患反蓲
郭音丘說文云烏蓲草也張揖云未秀曰烏蓲𢐂郭音綣丘阮反本或作虇非虇音權說文云弓曲也

繾弃善反或去忍反蕍羊朱反芛郭音䝼羊捶反顧羊述反謝私尹反樊本
作葶葟音皇本亦作皇卷施並如字施或作葹同荺于閔反茭字又作茭胡巧
反又胡交反廣雅云根也藕五口反啖大敢反荄顧謝音該郭音皆說文云草根也
别彼列反韭音久攫俱縛反橐音託華荂香于芳于二反下同說文
云草木華也不榮而實者謂之秀衆家並無不字郭雖不注而音義引不榮之物
謚之則郭本有不字

釋木第十四之卜反說文云木冒也冒地而生也從中下象其根白虎通云木之言踊也陽氣踊躍

槄地刀反郭又他皓反榎古雅反舍人本又作檟楸音秋栲音考郭姑老反南方志云櫄樗栲漆
相似如一櫄音勑倫反樗丑於反桼字又作漆音七柏音百椈弓六反鬯勑亮
反下其九反髡苦門反梱五門反椵徒亂反字林云木似白楊一名柂柂弋支反
梅莫迴反柟而占反又音南杏戶猛反酢七故反柀音彼又匹彼反煔字或

作杉所咸反郭音芟又音纖棺音官腐音父檖音廢椵古雅反柚羊又反
盂音于皮厚戶豆反又如字枳諸氏反杻女九反呂郭並汝九反檍於力反字
又作億說文云檍梓屬也棣大細反飤因志反字林云糧也一曰餅也經典並止作食字借作飼音本
又作飯扶晚反本今作飼車昌蛇反輞音罔下同字林云轅也轅音渠橿居良反楙音茂
椋音良棶力臺反埤蒼字林並作林云椋也本今作來栵字林音例詩音同又音列檽
字又作栭音而毛詩草木疏云葉如榆木理堅韌而赤今人謂之芝檽也槲胡木反本今作槲樕
桑木反詩云林有樸樕毛傳云小木也或作樕同痺音婢檴戶郭反詩云無浸檴薪桮必回
反本今作杯柚羊又反或作櫾條字又作樤橙直耕反上林賦云黃甘橙楱是也楱音直奏反呂忱
云橙橘屬楥孫音袁又于眷反柜謝音巨郭音舉桏郭音邛又作柳良久反栩香羽反郭
又音羽字林丑與反杼謝嘗汝反施音佇孫昌汝反施或音序柞子各反菋音味又亡戒反
本今作味荎直之反舍人本作柢丁計反著音儲舍人本作都樊本作署誤重直用

反又龍反■藲烏侯反詩云山有樞是也本或作蓲同茥謝大結反郭直基反臧孫子郎反
橰舍人本作皐樊本作榕同音羔綦音其朹音求檕工系反本亦作繫樊本作槅工厄反
料郭音糾又居幽反又音皎聊音寮榽芳計反又音奚榼許兮反本亦作醘檀
大丹反上山時掌反斫章略反殫音丹字林云極盡也又云斃也梫字林音寢郭音
浸或初林反一音侵枇房私反又音毗杷步巴反不著丁略反又直略反棆音倫又致的反
疪本又作𤻝辭貲反字書云無𤻝楡也楩鼻緜反又婢衍反上林賦云楩柟豫章是也字指云楩木似豫
章章本或作樟椐音袪字林巳庶反又音舉樻起愧反又去軌反字林巨位反樊孫並云椐樻
腫節可作杖毛詩草木疏云節中腫似扶老即今靈壽是也今人以爲馬鞭及杖引農共北山皆有之腫
之勇反檉勑貞反旄音毛權音拳諸慮如字施力積反字又作櫖力余反
蘽字或作藟音誄力永反下同藤徒登反麆七胡反本今作麤欇郭音涉本
又作聶又作𣠽並同虎呼户反莢古協反下同字林云草實也廣雅云豆角謂之莢周禮云墳衍

之地其植物宜莢物刺七鼓反櫼力輒反又餘涉反杞去已反枸音苟檵音繼杬音元又作芫夘力管反檓況彼反椒字又作茮子消反楰郭音庚又音瑜梓音子楓甫隆反說文云本厚葉弱枝善搖字林音方廉反欇欇之涉反歧音祁脂音之寓木魚具反宛於阮反蔦音鳥或音弔說文或作樢字林云寄生也夷舍人本作桋同櫟力的反梂字林音求舍人云櫟實名梂也孫云櫟實橡也有梂彙自裹郭同彙音謂自裹音果檖音遂楔古黠反施音結櫻乞耕及廣雅云櫻桃含桃也禮記月令云羞以含桃鄭注云今之櫻桃旄音毛字林作楙亡到反榹郭音斯又音雌解古買反核胡革反下同休虛求反又作林痤徂禾反慮李如字施音驢駁字亦作駮棗音早壺字或作[木+壺]孫云棗形上小下大似瓠故曰壺音胡瓠乎故反要一遙反注同字或作櫻櫅子兮反樲而至反徹本或作㯙直列反晳思歷反下同嗜時至反洗屑典反猗乙奇反又於寄反填音田本或作顛同蹶本亦作躗

居衛反泄息引反不著丁略反下同還音旋郭云還味短噂字林作擐一縣反捻
而審反又作捻同櫬初靳反下同梧音吳樸音卜字又作僕枹逋茅反注同屬音欲
反棫于逼反櫟音歷謂舍人本作彙同櫬采七在反下並同薪采薪即
薪舍人引上句櫬梧來合在此句以謂字作彙釋云櫬梧者樸抱者櫬者其理也樸者相迫附也彙者莖也如竹
箭一讀曰抱也櫬名采薪又名即薪樊引詩云薪是檴薪荆州曰柞木采木詩人不曉薪意言薪謂身即薪伐之也
李云采薪一名彙櫬言即薪謂二薪也孫引詩云薪是檴薪薪一名彙櫬郭云指解今樵薪今依郭氏説樵字又
作蕉徂焦反字林云薪也案左傳云不樵樹史記云樵蘇後爨師不宿飽注云樵取薪蘇取草棪餘[illegible]反山海經堂庭
之山多棪木注云子似柰而赤可食樕音速杙音弋阯音止本今作趾櫰郭古回反字林下罪反又音懷
槐音懷或音回聶之涉反合也炕郭呼郎反又口浪反顧云張也樊本作抗槐小葉
郭讀槐為楸音秋或如字榎古雅反反同下皵孫七各七各二反字或作皵下同樊云大者老也皵棤皮也謂
麤皵而老者為楸也孫郭云老乃皮麤皵者為楸本今作散楸音秋椅於奇反郭云即楸也案椅與楸

唯子爲畢耳梓字林音子桋音夷棟又作榡同山厄反郭霜狄反下同而岐巨伊反下同
好呼報反輞音罔本或作軔音刃又音如戰反本今作輞摜古亂反字又作灌音同叢木
才公反本或作最瘣郭胡罪反說文云病也一曰腫旁出也又音回苻婁謝力侯反施力俱反樊引
詩云譬彼瘣木疾用無枝苻婁者尫傴內病磈磊無枝也李云苻婁一名瘣木無枝木也尫烏皇反字書云傴也
傴紆禹反廣雅云曲也癭於井反字林云頸瘤也腫章勇反本或作瘇常勇反蕡扶云
反孫苻粉反藹烏害反菴於檢反枹音包遒又作逎子由反又徂由反說文云遒迫也
謂叢攢迫而生魁字亦作魁謝苦罪反施苦回反瘣郭盧罪反施胡罪反磈本或作傀苦罪反
磊本或作儡力罪反棫音域字林于臭反椶本或作楼字林人佳反刺七智反棃字亦
作梨樆音離本又作離非辨音遍反又皮莧反葚音甚說文云桑實也本或作椹非字林竹
心反梔章移反下注同舍人云桑樹一半有甚半無甚名梔也樊本同桋大兮反或音夷楰以朱反枌苻云
反郤去略反著丁略反莢古叶反字林云草實也棣大計反下同字林大內反栘以支反字林上

泥反夫核音荷檟古雅反與榎同荼音徒下同埤蒼作梌案今蜀人以作飲音直加反茗之類茗

士頂反荓尺究反荓梌茗其實一也張揖雜字云茗之別名也樕音速樸音卜本今作僕槲音斛

棧仕板反干木古丹反樊本作杆同殭居良反字書云死而不朽本或作僵說文云僵偃也又作橿觡加客

反麋烏篳反車昌蛇反轅音袁獘婢世反字又作斃柛音申踣蒲北反或作仆甾

字林作椔同側吏反一音側其反蔽必世反注同翳音殪注同蔭於禁反槸魚逝反郭士逝魚例

二反棤七各反皵謝音舃郭音夕梢郭音朔擢直角反方言云拔也蒼頡篇云抽也廣雅云出也小爾雅

云拔根曰擢榝色界反又色例反樅七容反松字林象容反大廟音泰檜古活反又古外反

楫本又作檝子葉反又一音集句居具反下同喬阮孝緒音橋郭音驕下皆同曲卷巨負反朻

居虯反本又作樛同字林九稠反曰苞如字本或作枹篠先了反娑素河反柷章六反本今作祝

髦音毛棘居力反阿烏河反又於可反那奴何反又奴可反茮音焦本今作椒榝所黠反字

林云似茱萸出淮南本草云茱萸一名榝罙今樹極似茱萸唯子赤細莍音求說文云椒榝實裹如裘也一音巨六反

蓃所留反又所于反茱音殊萸以朱反核何革反華胡化反鄭注禮記云謂中裂不四析也
膽丁敢反疐亦作庢同丁計反樝側加反字亦作查鑽子官反祖端反舜上字又作灆澁又作歰所
立反繚音了檄形的反擢直角反字從手直上時掌反樌古半反或作灌

釋蟲第十五

本亦作虫案此篇是釋蟲依字虫音許鬼反蛇類也並兩虫為蚰音古門反蟲之揔名也三虫
為蟲直忠反有足者也今人以虫為蟲相承假借用耳說文云虫
一名蝮象其形物之微細或行或飛或毛或蠃或介或鱗以虫為
象案此文云有足謂之蟲無足謂之豸月令鱗毛羽介皆謂之
蟲白虎通以聖人為倮蟲之長自上聖下達燋蝢遞有蟲稱耳
螜胡木反螻力侯反蛄古乎反夏小胡雅反正音征蜚扶味反蠦力胡反蜰非
反孫甬尾反螌字又作𧍘蒲安反廣雅云負盤蟅也蟅音章夜反臭昌又反螾以忍反衍以善反本又作
衍虫蚰音由蜒音延方言云宋魏之間蚰蜒謂之入耳字林云北燕人謂蚰蜒為蚰蚭上音女六反下音女其反
蜩直彫反下同蜋音郎又音良螗音唐蟬示延反字林云蟪蛄也蝭郭音荑徒低反蚻側黠
反蜻郭音情又音精縣音立截子列反又祖節反本今作蠽茅莫交反本或作蟊面音緜

字林云去千反蜆五兮反呂郭牛結反蝑子羊反蜓謝徒頂反沈音殄施音亭蚞音本本或作沐非螇
音奚蟅昔鹿蝭音提又音帝蟧力刀反字林同又力公反蟪音惠蛄音姑蛣起吉反蜣音羌
蜋辛良噉大敢反蟦方問反蝎户葛反蟩起勿反蠹丁故反字林云木中蟲也
蠰郭音餉又音霜孫音傷齧五結反喜虛記反下同諸慮本或作蠦施音驢一音力據反
奚相施音葙謝息亮反舍人本作桑蜉音孚又音浮蝣郭音由本又作蟉謝音流渠略如字畧或
作蠭音同陜平夾反本今作挾豬好呼報反下同蛂謝音弗沈苻結反字林大替反蟥音黃郭音王本
或作黃蛢郭音甁蠸音權輿音余父音甫下同字或作釜蝚如由反蛖武江反又亡工反或作駹
非螻來侯反䗐字又作施式移反又式豉反字林弋豉反強巨良反蛘郭音芈六婢反本或作芈說文作羊字林
作蛘弋丈反云搔蛘也不過本或作蝸字林古禾反謝古臥反蟷丁郎反蠰息詳反字林乃郎反螳音塘本今
作螗蜋音郎蜱音裨又婢貽反蛸音蕭蜅普莫反又補莫反蟭音焦字林子彫反蒺音疾字亦作[illegible]
同蔾音梨字亦作蟍蝍施音即孫子逸反蛆子余反蝗華孟反下同字林音皇說文榮庚反范宣禮記音音橫聲

類韻集並以蝗協庚韻腹音福腦奴老反蝝以全反字林尹絹反說文云劉歆說蚳蝝子也董仲舒說蝗子也何
休注公羊云即蝝也始生曰蝝長大曰蝝杜預亦云蝝子郭依董說蝮孚福反郭蒲篤反蜪郭音陶字林他牢反
翄式智反蟲舍音捨蚔直其反蟋音悉說文作悉本或作蟋音瑟蟀所律反詩同本或作蟀說文同
蛬九勇反促字亦作趗七玉反蜻子盈反本今作青蛚音列廣雅云蜻蛚促織也字林云蟋蟀也本今
作蛪蟼郭驚景二音孫音京蟆武巴反蛙戶媧反史游急就云蛙蝦蟇蛝音閑蛓郭仕板反字林仕免
反或仕簡反施仕嬾反蠲古玄反說文云明堂月令腐草為蠲蚐音均馬䗃文六反字林云䗃馬蛗音阜螽
本或作螽音終下同蠜音煩下同本或作蟠趯趯他歷反蝜音負字或作負喓喓於遥反蜤
本又作蟴詩作斯同音私支反蜙字亦作蜙字林先凶反郭先工反說文思弓反蝑相魚反郭才與反字林先呂反說文云蜙
蝑以股鳴蚣本亦作蛹同烏公反字林云蟲在牛皮坤說文坕蚣為或[illegible]字息忠反蝬寸東反字林云蝑蝬似蝗春黍
傷容反本或作蝽蟓蟿音棄字林云口地反螇音奚蚸或作蚸郭音歷孫音昔蠰音壤襄孫音囊字又作
蠰誤又思諒反或式尚反谿苦兮反孫音奚蝶字又作虴竹宅反誥幼云虴虴蜢也善跳蜢音猛螼羌引反蚓

音引郭餘忍反說文以爲螾字同蜸苦顯反蚕他典反𧊔於阮反蟺音善廣雅云𧊔蟺蚯蚓也
螼音寒字又作寒蚓郭許謹反殷仲堪許偃反莫本或作蟆同武博反貈本又作貉孫戶各反下同螳
蜋說文云名所父蛑郭音牟字林云螳蜋也又亡牢反斧音甫虰音丁蛵虛形反蟧力刀
反本今作蟧青本今作蜻蛉力丁反字林云蜻蛉一名桑根狐音乎蜭戶感反蛓七志反說文云毛蟲也讀
若笥案今俗呼爲毛載有毒螫人楚辭云載緣兮我裳蟔字又作蟔亡北反蛅字或作蚺而占反蟴音斯
螫式亦反螫猶蠚也蠚火各反字林云蟲行毒也蟠音煩字或作蟠鼠負本亦作蝜又作婦亦作蝜音同
本草鼠負一名負蟠一名伊威一名委黍陶注云多在鼠坎中鼠背負之今作婦字如似乖理一名鼠姑瓮烏弄反底
丁禮反蟫郭音淫又徒南反蛃音丙𧊈本又作蛾說文同我河反蠶祖南反下同螒胡旦反字林作螒同
莎蘇禾反樗恥豬反廣雅云樗鳴樗雞也傅音付負版字亦作蝂甫簡反強其良反說文云籀文
作彊蚚字林巨希反又下枚反郭胡輩反捋力活反蛶本或作捋郭音劣又力活反螪失羊反字林之亦反何
本或作蚵音河螝郭音龜字林音潰虺音愧蛹音勇蜆下顯反字林下研反孫音俱案俔字下顯、苦見二反縊一賜反一音翳是反　意許記反本今作喜　經古刑反　蚍音毗　蜉音浮　螘魚綺反本亦作蛾俗作蟻字音同案說文蟻羅也蟻或作義蛾蠶化飛蛾也並非螘字　蛘以丈反郭云齊人呼蟻也字林云北燕人謂蚍蜉曰蟻蛘　蠪謝音聾郭音龍　朾本又作虰郭唐耕反孫丈耕反字林音丁　駮布角反　螱於貴反說文字林從蚰　翄矢豉反又吉豉又　蚔直其反　蜃市軫反　螿子亮反　蟗本或作蝵郭音秋　鼅音知說文作䵹云或作蜘　鼄音誅說文云或作蛛　蝥音謀又音無說文作蟊音茅云蠿蟊作網蛛蟊也以此亦爲蟊或字　蝃或作䖦字章悅反　掇章悅反本或作掇拾字非　蠭本又作蠭匹凶反字又作蜂說文云古蠭字字林云飛蟲螫人者　蟺音墠又示延反蓋方言也郭音憚徒旦反　蟦扶味反又扶云反　蠐本又作齎徂西反　螬音曹　蝤徂秋反　蝎音曷　蛜音伊本今作尹　威委黍今爾雅本旁或並加虫並如字　蟰音婦　蠨詩作蕭同悉彫反或音蕭　蛸所交反說文云蠨蛸長股者　踦郭云音崎蝠之崎扶宜反字林巨綺反或居綺反廣雅云踦脛也字從足虫旁作者非　蛭郭豬秩反施徙結反　蝚如由反　國貉戶各反　蠁許兩反說文云知聲蟲也司馬相如作蚴字　蛹音勇

蠖枉略反字林一郭反蚇音尺易云尺蠖之屈以求伸也亦作尺蝍子逸反又音即蠘子六反字
求云蝍蠘蚇蠖果本又作蜾又作蝸同工大反蠃魯果反細要一遥反本今作腰蠮
於結反又於計反螉烏紅反廣雅云蠮螉土蜂也案今俗呼細腰小蜂爲螉蠮在物中作房用土爲隔非上蜂也
螟亡丁反蛉力丁反蟃音萬蝎音曷蛣去一反⿰虫屈立勿反螢戶扃反本今作
熒炤音服肌居疑反繼字又作蠿音計蚅烏革反螐音烏又作烏蠋音蜀說文
云奏中蠶也郭云大蟲如指似蠶也蠓莫孔反下同蠛亡結反蜹人鋭反字林人劣反又作蚋字
同秦人謂蚊爲蚋蛈大結反字林音秩蝪字林音湯或音蕩又音唐螲丁結反蟷丁郎反
蟓音象繭古典反雔市由反本今作雔樗恥余反棘居力反欒力丸反
蚢戶剛反蕭先條反翥于據反⿰缶虎呼暇反本今作鏬剖普口反奮
甫問反迅音信又音峻強其良反捋力活反李孫云以口捋其翅郭云以脚自摩捋蠭
醜螸李孫郭並闕讀而謝孚逢反施作蠭音絲案上有蠭醜奮依謝爲得螸亦作⿰虫欲羊朱反說文云

大十、十六

垂腴　腴羊朱反　蠅餘仍反　扇如字說文作蝙云搖翼也音同　螟亡丁反蟲食苗心者說文云蟲食穀葉者吏冥冥犯法即生螟　蟘字又作蟘又作蚮同徒得反蟲合葉者說文云蟲食草葉者吏乞貸即生蟘　蠈音賊本今作賊　蟊亡侯反本亦作蛑說文作蟊蛑古蟊字云吏抵冒取民則生蟊也字林蟊音亡牛反　豸文爾反無足者說文云獸長脊行豸豸欲有所伺殺也

釋魚第十六

字又作𩵋說文云魚水蟲也

鱣張連反即黃魚也　鱏音尋又音淫字林云長鼻魚也重千斤　頷戶感反　行戶郎反　鰋音偃白魚　額魚格反本今作額　鮎郭奴兼反舍人本無此字　鯷音提字林云青州人呼鮎鯷　鮧大兮反說文云大鮎也陶弘景云今人並呼慈　鱧音禮字或作鱺又作蠡同廣雅云鱺鰑鮦也本草作蠡云一名鮦魚陶注云今皆作鱧字舊言是公蠣蛇所變今亦有相生者　鮦大勇反　鯇華板反郭胡本反字林下短反　鯶胡本反又下短反一本作故本反　鱒才損反　鯊本又作魦音沙詩云魚麗于罶鱨鯊　鮀徒何反　鮂祖秋反　鰦音茲　鰷音條本亦作鮋音由又直留反

音習鰌音秋郭云泥鰌也字林云似鱣短小也泥乃兮反鰹音堅鮦音童又逐拱反鮵

大活反小鱧音禮又力知反魾蒲悲反或音丕鱯下化反一音獲字林下瓠反鮡音兆

又音姚鰝郭音鄗戶老反鰕戶如反數尺所主反酆芳弓反鯤音昆鱀

其冀反字林作鱀音既云胎生魚是本或作鯷非鱁音逐本亦作逐䱜七各七略二反本今作鯌

鱏尋淫二音鮂居六巨六二反字林云魚有兩乳出樂浪一曰出江說文同喙香穢反膏

音高胎他來反啗大敢反鱦郭音繩顧音孕本或作鱦同鮥郭音洛字林作鮥巨

救反叔字林作鮛同書育反鮪于軌反字林于九反或曰即鱏魚也似鱣而長鼻體無鱗甲鱣知連反

以上時掌反鯦具救反又徐秋反似鯿而長三尺字林作鮥音格云當魱也顧作鮥同魱郭音胡一音互

鯿字又作鯾方仙反字林云魚也案魚似魴而大腹細而長鯁工杏反說文云魚骨也字林工孟反鮤

音列顧閭結反鱴亡節反刀字亦作魛字林云刀魚歡而不食鮆徂禮反又徐爾反字林云刀魚

也才豉反字或作鱭鱊郭古滑反字林于一反沈音述又音聿鮬郭音步字林丘于反施蒲悲反鱖

大六十七

音厥本亦作厥字林凡綴巨月二反鯞音酉反本或作帚鮒苻付反廣雅云鰿也音積字林子狄反
鰴字或作鰴許韋反魵苻云反又苻粉反顧乎粉反郭云小鰕別名鰕下家反字或作蝦
邪羊嗟反鮅音必字林云魴也鱒才損反說文云赤目魚一音仕轉反或直轉反鯶呼本反魴
字林音房云赤尾魚魾音丕又音毗鯿必連反鯬力兮反又音梨廣雅云魾鯬鯠郭音來埤蒼云
鯬鯠魾也字林作鯠音七蜎郭狂兗反字林一全反又一兗反蟲貌也一曰蟲也蠉郭香兗反呂火全反
蛣古節反又音吉或五結反蟩居月反孑紀列反字林云無右臂古熱反孓九月反字林云
無左臂也廣雅云孑孓蜎也蛭沈呂豬秩反謝豬悌反一音之逸反本草謂之水蛭一名蚑一名至掌案說文
今俗呼爲馬蜞亦名馬耆即楚王食寒植所得而呑之能去結積也蚑蜞同音其然釋蟲已有蛭蝚至掌郭云未詳
依本草即是水蛭也蟣郭音祈字林云齊人名蛭也本草又作蚑科苦禾反字或作蝌斗樊孫
云科斗蟾諸子也郭云蝦蟇子活東如字謝施音括舍人本作顆東蝦音遐蟇字又作蟆音麻
魁苦回反郭云狀如海蛤案本草海蛤一名魁蛤又有魁蛤一名魁陸一名活東並生東海說文云蛤有三皆生

於海蛤厲千歲雀所化秦人謂之牡厲海蛤者百歲燕所化也魁蛤一名復累老服翼所化從子容反本今作
縱蚶火甘反字書云蛤也出會稽可食蜪徒刀反蚅於革反鼁起據反䵶音秋
蟾音占蠩音諸本今作諸蚥音甫又音扶甫反鼀莫幸反耿耕幸反蛙戶媧反
鴨於甲反蜌步禮反又扶氏反字林小蛤也螷謝步佳反郭毗支反字林作螷沇父幸反施蒲鯁反
本今作螷蚌步項反本或作蜯下注同陜平夾反本今作狹蜃字又作蜃市忍反字林雉入海所化
也鼈字又作鱉畀滅反能如字又奴來反龜字林古追反字又作龜賁謝音奔又音墳
顱彼義反羨似面反蚹音附一音扶卜反蠃力禾反下同注作螺字亦同螔余支反又音斯
蝓羊朱反蝸牛工花反或工禾反蜬本又作函顧古含反又呼含反下同謝音含螺力禾
反張音張又音帳杯布迴反螖音滑字林音骨蠌音澤字林大各反蟧力刀反
埤避移反蟚音彭本今作彭珧餘招反山海經云激女之水多蜃玠郭注云蚌屬也字書云王珧肉
不可食唯杜可食耳衆家本皆作濯低丁兮反謝如字衆家本作射弇古奄字又作揜於檢

反果衆家作裹唯郭作此字獵力輒反左倪五計反亦有本作睨下同不類
力愧反又力魏反俾普計反下同本今作庳賧字亦作猋方遥反魧謝戶郎反郭胡黨反字林
作蚢云大貝也又口莽反車輞音罔鰿郭音賾字又作鰿字林音績貽顛餘之反本又作貽他來
反字林作蛤云黒貝也大才反蚳直其反字或作賑同臭如字本或作蟓蚆音巴反郭音巴字林同云
蠃屬博而頯也博布莫反頯郭巨軌反顴又巨追反蜠郭求隕反又丘筠反汙音烏蟦
施音賾郭音責沈音積本或作鰿又作責又作鰿音皆同楕他果反狹而長也陜平夾反蠑
音榮本或作榮螈音原字林作蚖五九反云蠑蚖蛇醫也說文同蜥先歷反蜴音亦說文字林作易
云在壁曰蝘蜓在草曰蜥蜴案東方朔云非守宮即蜥蜴是二物也方言云秦晉西夏謂之守宮澤中曰蜥蜴南楚
謂之蛇醫或謂之蠑螈蝘烏典反蜓徒典反字或作蜒蛈大結反說文云蛇毒長也蝁烏洛
反蝮芳福反螣直錦反字又作朕螣字又作螣又作蠬並同徒登反字林云神蛇也慎子云螣
蛇遊蟒音莽字林云大蛇也蝮字亦作蝮芳服反又亡六反此蛇色如綬鼻上有鍼大者百餘斤又一名

反鼻鼻一孔虫即虺字也虛鬼反說文云上一名蝮博三寸首大如擘字林同舍人亦云蝮一名虺案蝮大蛇也非虺之類故郭云別自一種蛇名蝮虺本今作虺博三寸博廣也謂身廣三寸首大如擘甫革反劉昌宗音薄歷反孫云頭如拇指郭注三蒼云擘大指也案手足大指俱名擘也一種章勇反鯢五兮反鰕音遐鮎乃兼反猴音侯狗音茍枕之甚反篆丈轉反印一刃反腸音長去羌呂反盡子忍反涪音浮反音苻緣悅絹反瑇字又作瑇音代或作徒妹反瑁字又作帽音妹觜字又作蟕子移反或子髓反蠵以規反或下圭反字林云大龜似猬也攝謝之涉反郭袪淡反施之協反折之舌反解音蟹好食呼報反遺我唯季反筮舌制反蓍音尸叢木空反說文云草聚生也見音現筴初革反本今作策傳直戀反之處昌慮反

釋鳥第十七說文云短尾羽衆禽揔名也案此文云二足而羽謂之禽禽即鳥也

隹如字旁或加鳥非也鳺本亦作夫字林甫于反鴀本亦作不同方浮方九一反夫不楚鳩也

鴉音浮又音孚鶌居勿反九鳩九牛反鶻音骨鵃竹交反或竹牛反字林云鶻鵃小種

鳩也毛詩草木疏云斑鳩也桂陽人謂之斑隹鳲音尸字又作鳸鴶郭古八反字林音吉鵴居六反

穫戶郭反鵖呂郭巨立反施音[illegible]下同鴔謝苻悲反郭力買反苻尸反字林父佳反曰如字

本或作鳴鳥本又作唯七徐反鵰音彫鶚五各反好在呼報反下皆同鷙本又

作摯音至有別彼列反鵅古客反注同鵋巨記反本亦作忌鶀去其反本亦作欺下

欺老同本今作鵂鵂音休鶹音留鉤古侯反本今作鴝鶅側其側事二反鵵他故

反本亦作兔同鴗音立鷚字又作鷚郭音繆亡侯反說文力幼反孫音流又丘虯反鸙予若反說

文作龠鷃音晏又一練反鶉音淳綢音儔鵱音六鷜郭力于反謝施力侯反鵝

字亦作鵞五河反鶬音倉字林丁羊反麋音眉字林作鶥音同鴰古活反說文音刮鵒

音浴鸔郭音駮字林方沃反孫音暴鶂五歷反又五結反水鳥也春秋云六鶂退飛過宋都是也頸

吉郢反駮布角反鴚郭音加說文音柯廣雅云鴚鵝鴈也鳧音苻鶩音木鷝

鴨字又作鴨一甲反鳽郭五革反字林音肩鵁音交本亦作交鶄音精本又作精以厭

冄反輿音餘樊孫本作鸒鵛古形反本亦作徑鷋音徒反鵜大兮反鴮毛詩

傳作洿同音烏郭火布反鸅音澤毛詩傳作澤鶘音胡淘大刀反鶾本又作翰胡旦反樊

云一名山雞鷽郭音握又音學又才五反字林乙笠反鵲本亦作舄七約反𣓧子髓反字或作

觜廣雅云口也鷣音淫負字或作鵖同房九反鷂以照反字林云鷙鳥下同鶨呂郭丑絹反孫

勑亂反鳹巨炎反字林云句喙鳥鳸說文作雇籀文也左傳詩並作扈同音戶鴳音晏竊

音切脂音之鳭丁堯反鷯力小反剖普口反鷦子遙反雌字或作鴜同七

移反鴱本又作鴱謝五蓋反呂郭音乂𪁺亡小亡消二反字林云澤雀鶠音偃鳳郭云瑞應鳥也

雞頭蛇頸燕頷龜背魚尾五彩色高六尺許說文云神鳥也天老曰鳳象麟前鹿後蛇頸魚尾龍文龜背燕頷雞喙五色

備舉出於東方君子之國翶翔四海之外過崑崙飲砥柱濯羽弱水暮宿風穴見則天下大安寧毛詩草木疏云雄

曰鳳雌曰皇一名鶠其雛名鸑鷟或曰鳳一名鸑鷟其形鴻前鹿後蛇頸魚尾龍文龜身燕頷雞喙首戴德頸揭義

背角仁翼挾信心抱忠足履正尾繫武非梧桐不棲非竹實不食朝鳴曰發明晝鳴曰上翔夕鳴曰滿昌昏鳴曰固常夜鳴曰保長得其鳳象之一則過之二則翔之三則集之四則春秋居之五則爲身居之皇本亦作凰瑞

應音譍頸吉井反頷平感反䳭詩作脊同精益反本今作䳭鴒詩作令同力丁

反雝於恭反渠字或作鸈鸒弋庶反毛詩傳云鸒鵯鶋雅烏也小雅云小而腹下白不反哺者謂之雅烏說文字林皆云楚烏也一名鸒一名鵯鶋秦云雅烏斯本多無此字案斯是詩人協句之言後人因將添此

字也而俗本遂斯旁作鳥謬甚鵯音匹鶋音居本或作居燕於見反象形字或加鳥者非白脰音豆鴽音如鴾字或作牟音謀毋如字李音無舍人本作蕪鶕烏南反䳂音密本今作密肌音飢繫音計鶧音英本今作英誤重直用反巂戶圭反說文云周也蜀王望帝淫其相妻慙亡去爲子巂鳥故蜀人聞子巂鳴皆起曰是望帝也鳦音乙本或作乙或音軋鴟

尺之反或作鵄鴞于驕反鸋音寍又音甯鴂音決鸋鴂今之巧婦鳥狂如字本或作鵟茅本或作鶜鴟字又作髦亡項反又亡江反字林云鴟也亡董反廣雅云某鴟鵂也鷹於陵反怪

古拜反梟古堯反鵙音皆又音界劉字或作留音留哺蒲路反說文云尸中嚼食也
鷇謝苦候反字林工豆反郭音同又古互反鳥子須哺而食者燕雀之屬也史記云趙武靈王探雀鷇而食之是
也母食本或作飤同音嗣噣竹角反義當作啄雛字林云雛子也匠于反又仕俱反鳥子生
而能自啄者禮記云雛尾不盈握不食是也字或作鶵同或云仕俱反者是鳥子也匠于反者爲鳳類也爰本亦
作鶢昔袁居本或作鶋同李云爰居海鳥也樊云似鳳皇雜字亦作襍琅音郎邪以差反
駒音俱扈音户鳻本亦作分同扶云反或芳云反鶞勑倫反本亦作遁藍力甘反
行如字唶唶說文亦借字也一云大聲也莊百反子夜反又子亦反廣雅云唶唶鳴也顉嘖嘖
莊華反廣雅云鳴也說云嘖呼也鵖彼及反郭房汲反字林方立反鴔皮及反郭北及反字林房立反
又音伏鵀本亦作紝女金反施汝沁反方言云戴鵀一名戴南一名戴勝勝尸證反鶝皮逼反
鶝音逼又音福鶭本或作鴋說文作鶭孚困反澤虞字林作鸅鸅音同婟
戶故反下同說文云嫪也廣雅云妬也聲類云婟嫪戀惜也字書作嫭一本作誟皆同嫪力報反鶿音慈字林

云似鶌而黑 鷧 郭懿翳二音字林英茁反 觜 子髓反 鷯 字林力彫反 鶉 順春反

鶛 音皆 牝 毗忍反扶死反 舊 庳 婢支反施音婢郭音卑 鵪 烏含反 鸍 郭音

施尸支反字林亡支反 沈 直今反 鴢 謝烏卯反郭音杳字林音幼 頭 字或作投 鵁 本或

作鵃郭音髐虛交反又音交 箭 子賤反 脚近 附近之近 鵽 貞刮直活二反 寇

苦候反 鴿 古合反 歧 音祁 憨 呼濫反字書云愚也 漠 音莫 雚 音桓 鵵 本又

作菟音兔 鶟 徒忽反本亦作突 胡 字或作鶘 鵟 音狂本今作狂 鸏 亡貢反 摶

徒端反 黍 音暑 鷸 聿述二音左傳云鄭子臧好聚鷸冠即翠鳥毛也 紺 古闇反 鸀

濁蜀二音 穴乳 如注反下同 蝙 音邊 蝠 音福 蟙 章弋反 䘃 亡北反 晨

如字本或作鷐 鸇 之然反說文止仙反字林己仙反 鷂 羊召反 鷮 戶橋反字林云鷮飛貌

鶍 音楊 鷢 巨月反說文云白鷢王雎也字林同 鷹 於陵反 鴩 音逸 鵖 田眞

二音 蟁 本或作鴖郭云皆古蚊字音文案說文蟁正字蚊俗字或作蟁字林亡巾反 鵦 布角反

鶶他兮反字或作鷉 鸁力戈反 鵧蒲歷反本今作鸊 鎣烏瞑反本今作瑩瑩磨瑩

也 鼯音吾或作鴮 由字或作鼬 狐音乎 項乎講反 脅許業反 喙許穢

反 人呼火故反 上高時丈反 倉庚 商庚本或旁皆加鳥 鵹音離

鴃大結反說文音吐節反奎今作鴂 鋪音步字或作鵏 豉如字本今作枝 來鳩來字或作

鶆郭讀作爽所丈反衆家並依字樊云來鳩鶆鳩也字林作鶆音來云鶆鳩鷹鷂也 爽鳩本或作鷞

鶼鶼古恬反衆家作兼兼李云鳥有一目一翅相得乃飛故曰兼兼也 鵹鳥詩傳作離院謝

同力知反施音黎說文作鵹云其色黎黑而黃也文釋云離黃倉庚也鳴則蠶生字林作鵹力兮反毛詩草木疏云

黃鸝留也或謂之黃栗留也幽州人謂之黃鸎鳥一名倉庚一名商庚一名鵹黃一名楚雀齊人謂之摶黍關西謂之

黃鳥方言云自關而東謂之倉庚關西謂之黃鸝留也 鴷音列 斲陟角反 錐章誰反

寸所主反 鷇郭古狄反字林工子反 鶶音唐 鷵音徒 鸕謝力吳反施力魚反

鷺音路毛詩傳云白鳥也字林音盧 舂舒容反 鋤字又作鉏仕居反 翰音汗 睫

七八十五字

字又作睞音接說文云目旁毛也三蒼云皆毛也樆力知反纕西雷反又西禾反鵄雉郭音音
遥下同鷮音驕鳪音卜郭方木反又方角反鷩謝必滅反呂郭方世反秩秩
本又作失失謝持乙反施音逸翟音秋本又作鸐又音濯雗戶旦反字又作翰鵫呂郭音罩陟孝
反又音卓鵖音白本今作白鬭丁豆反又丁候反翬音暉翢本或作鵰直留反郭徒留
反字林女知反鶅側其反鵗音希鷷郭音遵謝祖尊反鵌音途鼵徒忽反
鵽丁刮反牝毗忍反牡音母鸛音歡鷒徒瑞反鶝音福字亦作福鶔
而由反本亦作柔或作蹂音同鵲七藥反射之食亦反注同嫷字又作隋徒課反字書云
古以爲懈惰字羿五計反古之善射者言此鳥捷勁雖羿之善射亦懈惰不敢射也故以名云鵙古闃
反字林工役反㚇子工反字林作羽㚇音子弄反竦思勇反上下時掌反鳶悅專反字
亦作鳶鷹字或作應隼西尹反本或作鶽案隹即鳥也無勞更加蹼本又作蹼音補木反有
幕亡博反蹼屬章欲反相著直略反踵章勇反聲類云足跟也

企去跂反字或作皮跟音根釋名云足後曰跟縮所六反亢胡郎反郭云咽也舍人云鳥高
飛也嚨力東反樊云亢星鳥也嚨嚨亢鳥之頸也郭云嚨謂喉嚨舍人云嚨嚨財可見也喉音侯蒼頡篇云
咽也咽於見反說文云嗌也又於賢反粻音張嗉音素之處昌慮反鶉音純鳼
音文鴽音如鸋音寧鵮烏含反雛仕俱反鷚力救反又力求反說文作雡云鳥大
雛也一曰雉暮子也字林力幼反少雞詩照反下文同别者彼列反長醜丁丈反
鶹音留鷅音栗本亦作栗留離詩字如此或作鶹離後人改耳鶷音鎋鶡工鎋反又
午鎋反字林云鶷鶡似伯勞而小鵹力兮反又力知反

釋獸第十八叔又反說文云獸守備也一曰兩足曰禽四足曰獸案此文云四足而毛曰獸

麋亡悲反字林云鹿屬也以冬至日解角牡音母麔其九反牝毗忍反麎郭音
辰又昔腎字林上尸反麌於兆反又於老反麇子也一曰少長曰麌長丁丈反麛音迷
本或作麑音同跡子益反字或作迹又作蹟音訓並同躔郭直連反又持展反方言云躔循也歷也

大八十　爾雅音義下　二三　吴文昌

行也麚音加麀於牛反𪋝素卜反本又作速字林云鹿迹一曰速鹿子麉郭音堅又音牽又音磬麕九倫反本又作麇亦作麏說文麕籀文麇字林云麇麞也又九文反麌作麌魚矩反字林音吴重言直用反麜音栗麆音助本亦作麆同解音蟹施佳買反豜郭音與上麉字同顧五見反又古典反狼音郎字林云獸似犬貛字林子丸反獥胡狄古狄工弔三反迅音信又音峻兔字又作菟勑故反嬎匹萬反又匹附反本或作嬔數萬反䨲字林云兔子也乃俱乃候二反迒音剛又戶郎反諸詮之云兔道也阮孝緒云獸迹也欣如字本或作忻豬張魚反說文云豕而三毛叢居者彘直例反字林云豕後蹄廢謂之彘小爾雅云彘豬也方言云關東西謂之彘或謂之豕豨虛豈反字書云東方名豕也一曰豕足也𧱓羊箠反本今作𧱓豶苻云反謂犍豬犍音九言反幺烏堯反字林云小丸施於還反幼伊秀反豚大昆反奏七豆反本或作湊下同豱音溫腠七豆反碑蒼云腠膚理也蹙子六反豵子公反小爾雅云豕小者曰豵字林云豕生六月也一曰一歲曰豵橧辭陵反舊本多作繒帛字非方言作

木旁蓐音辱蹢丁歷反跡也本今作蹢豥工開反字林下才反或户楷反蹄音啼刻
音克豟於革反豝百麻反牝豕也字林同又一曰二歲豕虥字又作戲謝士版反或士簡反施士
嬾反沈才班反郭昨閑反字林士山反貓亡朝反貘亡白反字林云似熊而白黄出蜀郡一曰白豹豹
必孝反字林云似虎貝文熊音雄麃音婢駁布角反釶音舐本今作舐鐵佗結反
髓素累反辟濕必亦反甝字林下甘反又亡狄反虪式六反本今作虪秭
音姊檻戶覽反下同貀本又作豽女滑反字林云獸無前足似虎而黑召市照反種章勇
反鼳本多作狊經丈既云鼠身宜從鼠音古闃反驢力居反子狗古口反本或作豿沈施火
候反注同麙本或作㺂同五咸反捕音步購古豆反贖也貍力之反字林云伏獸似貙貄
以世反施餘棄反衆家作肆又作肆沈音四舍人本作隸豾字或作狉房悲反一音丕字林云貍也貈
乎各反字林云似狐善睡本作貉亡白反字林云北方人也非獸也貆音桓又音權⿰豸夒字又作獶貗同乃
老反字林云雌貈⿰豸央烏郎反貄山吏反字林云貁謂之貄廣雅云貄貁也貁音餘救反貒他官反說

大字六十九。

吳文昌

文字林云獸似豕而肥　貗郭其禹反字林力丁反　豚音屯本又作肫　貛音懽　貔音毗字林云豹

屬出貉國一曰白狐毛詩草本疏云似虎或曰似熊一名執夷一名白狐其子爲穀遼東人謂之白熊　狐如字說文云祅

獸也鬼所乘有三德其色中和小前大後死則首丘　豰本又作穀火卜反又虎抖反　麝食亦反字林音射云

如小鹿有香李本作澤云澤父獸名　父音甫下同　麇九倫反本或作麕　豺仕皆反字林云狼屬狗足　豻郭音

貙丑于反字林云似狸而大　獌本亦作貓音萬又亡姦反或云半反字林音慢云狼屬一曰貙也

岸字林下旦反云胡地野狗本又作犴說文或豻字陳國武音子虛賦苦姦反觪云胡地野犬似狐黑喙　羆音碑　憨

呼濫反　貑音加　麢力丁反陶弘景注本草云今出建平宜都諸蠻中及西域多兩角者角者爲勝角甚多節蹙蹙

負繞別有山羊角極長唯一邊有節節亦疎大而不入用羌夷云只此名麢羊甚能步峻短角者乃山羊亦未詳其正　麠

音京本或作麖同　麃步交反郭云即麞也張揖同字林云麞屬　郊　雍於用反　麞音章　麐

字又作麂音凡反　旄亡報反　獿乃牢反或乃容反字林云多毛犬也　魋徒回反字林云獸如熊黃而小　麆

七奴反　猰字亦作猰或作窫諸詮之烏八反韋昭烏繼反服虔音堅晉灼音內言餲案字書餲音噎　貐字或

作㲋諸詮之以主反字林弋父反犇昭餘彼反狻先官反麑字又作猊牛奚反犎音封曰
走而一反驨本又作𩦺同户圭反騏音其茸而容反羱魚袁反又五丸反字林云
野羊大角橢字或作隋他果反下同麐字林力人反本又作麟牝麒也一音力珍反猶羊周羊救
二反字林弋又反說文云玃屬也一曰隴西人謂犬子也尸子云五尺大犬也舍人本作鬻郭音育麂音几上
樹時掌反貄本又作貄亦作肆音四脩音蓋毫户高反廣雅云乾謂之毫本或作豪
音同借用也兕本又作兕徐履反犀音西俗作犀非庳音婢彙本或作猬又作蝟亦
作彙同音謂毛刺七賜反狒狒字又作𩿧或作𩿧同說文云周成王時州靡國獻𩿧𩿧人身
反踵自笑笑則上脣弇其目食人比方謂之土螻讀若費費一名梟陽今依許扶味反沈音沸郭簿昧反又音
備郭云俗呼曰山都案相傳云此獸人面長脣身有毛好食人得人則笑而脣覆其面人亦因水獲之故左思吳者
賦云𩿧𩿧笑而被格是也被髮皮義反梟力堯反脣音純蹯說文作番古文作毋竝音
煩案蹯掌也左傳云宰夫胹熊蹯不熟殺之是也厹女九人九二反說文云獸足蹂地也古文爲蹂字林或作

大八十二　二五　陳

狃豦昌慮反蒙莫東反猱奴刀反本或作獿郭女救反蜼餘水反畜許六反捕音步
勝尸證反貓音苗獮音彌猴音侯猨音袁本今作蝯善援音袁猶引也
貜字亦作玃俱縛反說文云大母猴也父音甫貑本或作麚音古牙反眄亡見反脊音積泥
奴細反麔音咎麚音加脰音豆䝞胡犬反獱虢猛反豦音據髯而占反
鬣力輒反擿人字又作擲直戟反蜼音誄字林余繡反或餘季餘水二反卬五剛反又
魚兩反數尺所主反獺勑鎋反又勑末反歧音祁自縣音玄捷才接反
椉本或作乗事陵反峰芳逢反本今作峯猩音生郭云人面豕身能言語又云狀如貛㹠聲
似小兒啼案禮記云猩猩能言不離禽獸是也而好如字又呼報反唬杜奚反作啼同磎音溪
本今作谿阯音止豚徒門反字亦作㹠字林云小豕也說文作豚云籒文也闕其越反又如字洩息列反多
狃女九反寓屬魚具反舍人本作麌孫五胡魚句二反下如字鼢字亦作蚡扶粉扶云二反說文云地中行鼠伯
勞所作也一曰偃鼠廣雅云鼹鼠鼸下簟反孫云鼸者頰裏也郭云以頰
也字或作鼸同方言謂之犁鼠鼣内藏食也字林云即鼢鼠也

頰古協反鼷戶雞反字林云小鼠也郭云有螫毒者博物志云鼠之最小者或謂之甘鼠案春秋食郊牛角
者是也螫音釋鼶私移反又徒奚反鼬餘又反字林云如鼠赤黃而文鼦字書云古貂字也音
彫啖大敢反鼪音性莊子云騏驥驊騮捕鼠不如貍鼪郭音生鼩音劬鼱音精字林云鼱鼩李
云一名鼷鼠⿰鼠從將容反鼭音時鼣字或作⿰鼠監苻廢反人云其鳴如犬也鼫音石孫云
五技鼠也字林同案蔡伯喈勸學篇云五技者能飛不能上屋能緣不能窮木能泅不能渡瀆能走不能絕人能藏
不能覆身是也許氏說文亦云然或云即螻蛄也郭云形大如鼠頭似兔尾有毛青黃色好在田中食粟豆關西呼為鼩
鼠見廣雅鼩鼠即雀鼠也䶂郭音雀將略反字林音灼云䶂鼠出胡地郭注本雀字或誤為瞿字沈旋因云郭以
為鼩鼠音求于反非也瞿音劬鼤音聞又音文鼨音終又徒冬及說文字林皆云豹文鼠也鼮
徒形反又大佞反郭云文彩如豹也終軍漢書云終軍字子雲濟南人初入關棄繻而去至長安上書拜為謁
者給事中使南越為呂嘉所殺死時年二十餘故世號之終童鼳古闃反郭音覭戶狄反覭何狄反齝
謝初其反郭音笞嚼字若反廣雅云茹也字書云咀也說文以為噍字齛郭音泄息列反一音曳埤蒼云

羊粻也張揖音世解云羊食已吐而更嚼之齝丑之初其二反字書以爲古齡字齸字或作嗌於亦反埤蒼云麋粻又音嚼咽於見反又於賢反⿰齒可客加反素音素又私路反裹音果處昌慮反下同嗛下簟反貯丁呂反字林云積也釁許靳反撟几小反又巨小反說文云舉也伸音申夭於表反鰓西才反狊古闃反⿰申支申豉反本或作翅又作翨音同或吉豉反案周禮有翨氏是也

釋畜第十九許又反本又作嘼音同字林云嘼產也說文云嘼牲也經典止作畜字禮記左傳皆云名子者不以畜牲左氏又云古者六畜不相爲用是也案釋獸釋畜二篇俱釋獸而異其名者畜是畜養之呂獸是毛蟲揔號故釋畜唯論馬牛羊雞犬釋獸通說百獸之名

騊大刀反駼大胡反山海經云有獸狀如馬名騊駼青色字林云北狄良馬也一曰野馬也瑞應圖云幽隱之獸也有明王在位即至出塞悉代反駮力角反山海經云可以禦兵倨本亦作居同紀慮反

牙五加反騉古門反本亦作昆蹄徒兮反字或作蹏趼五見反又五堅反本或作研善

陞音升本亦作升甗郭音言又魚輦反字林牛建反云甑也舍人云騉蹄者澀蹄也研平也謂蹄平正善陞甗者能登山嵰也一云甗者阪也言騉善登高歷險上下於阪李巡云騉者其蹄正堅而平似研也顧云山嶺曰甗孫同郭云甗山形似甑也上大下小騉蹄蹄如研而健上山甑子孕反健上時掌反苑於遠反騉駼枝蹄趼善陞甗舍人云騉駼者外國之名枝蹄者枝足也李云騉駼其迹枝平似趼亦能登高歷危險也孫云騉駼之馬枝蹄如牛而下平郭云騉駼亦似馬而牛蹄也驪力知反字林力兮反說文云深黑色馬緑耳力玉反本或作騄駬同駥而充反本亦作戎膝音悉字又作厀馵字林之句反郭式喻反下同骹苦交反字書作跤同云脛也郭云膝下驓辭陵反或辭登辭亘二反蹢丁歷反毛詩傳云蹄也踏徒臘反騱音奚郭又音雞舍人本作雞翑郭音劬又音矩舍人本作駒踦郭去宜反顧居綺反驤息羊反駵音留字或作騮說文字林云赤馬黑毛尾也毛詩傳云亦身黑鬣曰駵騵音原跨口化反或口故反蒼頡篇云兩股間驈字或作𩡧字林于必反顧餘橘反郭音術阮于蚤反髀甫爾反又步啓反下同說文云股外也驠於見反竅苦弔反騴一諫反株音誅駺

本多作狠同音郎　的　字林作馰丁歷反云馬白顙也一曰駁　顙　息黨反　縣　音玄　莖

戶耕反　漫　莫干反　顱　字書作顱力胡反謂額顱也　徹　直列反　駹　武江反　宜

乘　字又作乘施市升反謝市證反　樂　音洛　相　息亮反　肘　竹九反　減陽　古湛反本

或作⿰馬咸　幹　古旦反　茀　音弗　闋　苦穴古穴二反　廣　音光本或作⿰馬廣同　別　彼列反

駺　郭尭允二音字林云馬逆毛也　騋　力才反周禮云馬七尺也　牝　頻忍反下同　驪牡　孫注

改上騋牝爲牡讀與郭異　上　時丈反　玄駒　字林作⿰馬玄音同　褭　奴了反又而紹反字林云騕褭良馬

驂　七南反　騕　烏了反郭注上林賦云騕褭神馬日行萬里　騭　之逸反　父　符甫反本或作駁俗

字　騇　音舍　草馬　本亦作騲魏志云敎民畜牸牛騲馬是也　駁　字林云馬色不純也方卓反　騜

音皇字林于亡反　脊　音積　騝　郭音虔本或作騫去虔反　騽　音習說文作驔音簟字林云又音譚

今爾雅本亦有作驔者　駽　詩音及呂忱顏延之苟楷並呼縣反郭火玄反謝孫犬縣反顧胡眄反　鐵　佗結

反　驄　七工反說文云青黑雜毛馬　粼　本或作驎郭良忍反注同字林良振反郭云斑剝隱粼也或音鄰孫云似

魚鱗也　驒徒河反說文云馬文如鼉魚韓詩字林皆云白馬黑髦　鬣力涉反髦也　騥而周反本又作柔　兩被普義反又皮義反　駂音保說文云黑馬驪白雜毛　駓備悲反字林音丕　桃華音花本亦作花同　駰字林乙巾反郭央珍反今人多作因音　泥奴兮反　騅音佳　彤徒冬反赤也　騢平加反說文云馬赤白雜色文似鰕魚也　赭白音者　白馬黑鬣舍人同衆家並作鬣　駱音洛說文云白色馬黑毛尾也廣雅云白馬朱鬣曰駱　夏音下　駩音詮又音全孫本作犉云與牛同稱汝均反本或作驎音吝　喙許穢反又昌銳反口也　騧古花反毛詩傳說文字林皆云黃馬黑喙曰騧郭云今以淺黃色爲騧馬　瞯音閑本又作瞷蒼頡篇云目病也吳江湖之間曰瞯說文云戴目也字林作瞯音同　魚本又作䲒疑居反字林作驗音同　驔徒南大點二反　差楚佳反　毫音豪

犘亡巴反　犦步角反張揖亡角反字林方沃反案即今之腫領牛出合浦郡　犎甫逢反　犦音與上犦字同本亦作犦鄭注考工記云犦謂墳起　胅大結反　槖音託字又作駝音同又音洛　駝大河反字林云馲駝似鹿而大肉鞌出繞山　日而一反　浦音普　犤音碑又音皮　庳音碑

⿰牛畟子息反本或作稷 高涼音良 犩郭魚威反張揖同字林生畏反云黑色而大重三千斤
犪巨龜反字林云牛柔謹也顧如小如照二反 數千所主反 岷山亡巾反 犣
力涉反字林云牛名也郭云旄牛也本或作鬣字此牛多毛鬣 髦本又作旄同音毛或音亡交反 犤必爾
反又步啓反 犝音童字林云牛名 犑古闃反 俯音甫 觭郭去宜反字林丘戲江宜二反
云一角低一角仰樊云傾角曰觭 低卬五剛反又魚丈反 踊音勇 觢字或作挈郭常世反字林
之世反 犉閭旬反字亦作犉音同 眥才細反說文云目匡也字林云目厓也 牰音袖字林音就本或
作褎音同 犚音尉 犈音權又音眷 犢徒木反 ⿰牛句火口反字林云牛鳴也 ⿰牛巿傅蓋反
⿰牛叚古牙反 羒又作粉同符云反字林云牂羊 羝丁兮反字林云牂羊也廣雅云二歲曰羝 牂子郎
反字林云三歲曰牂 墳扶云反 夏羊戶雅反黑羖羊也 羖音古字林云夏羊牝 ⿰羊歷音歷
羭郭羊朱反字林羊句反 壺音乎 觤九委反 觠呂郭音權謝居轉反 羷謝許簡反
字林力冉反一音力驗反 迊子合反 羳音煩 羜直呂反又之呂反字林云五月生羔 犬說文云狗

縣蹏者象形孔子曰視犬之字如畫狗也㺒子工反獑音祁毫户刀反字又作豪狗古口反字林云家獸也說文云孔子曰狗叩也叩氣吠以守也翰下旦反又胡肝反謂長毛也喙許穢反又昌鋭反獫力驗反字林力劒反吕力冉反郭九占況檢二反猲許謁反字林作猲大遏反獢虚驕反狣吕郭同音兆尨亡江反說文云犬之多毛字林同也吠扶廢反雓音餘字或作餘雛仕俱反本今作鶵僆郭音練力見反又力健力展二反少者詩照反奮迅信峻反二音戎本亦作駥而融反以上時掌反犉閏旬反羬本亦作麙五咸反彘直例反豟於革反大豕也小爾雅云豕之大者謂之豜豟獒五刀反尚書云西旅獻獒孔傳云人犬也說文云犬如人心可使者字林同廣雅云殷虞晉獒楚獚韓獹宋𤟎皆良犬也𤟎音齺鶤音昆字或作鵾同或音運又音輝古侯反

經典釋文卷第三十

五福五代堂古稀天子寶

八徵耄念之寶

太上皇帝之寶

跋

《經典釋文》三十卷，唐陸德明（約公元五五〇——六三〇年）撰。德明名元朗，以字行，蘇州吳縣人。南朝陳後主至德初任國左常侍。陳亡返鄉，隋煬帝擢爲秘書學士，遷國子助教。唐初，秦王李世民辟爲文學館學士。貞觀初，遷國子博士，封吳縣男。卒於封地。

陸德明的治學思想和他對經典的注釋，在當時就有極大的聲譽和影響。因此，受到陳、隋、唐三代帝王的重視，屢蒙提升和封贈。他以畢生精力編著的《經典釋文》，可稱爲集漢魏以下校勘學的大成。考證精深，音義廣博。所採漢魏六朝音切，總計二百三十余家；又兼載諸儒之訓詁，以證諸經各本的異同。後世能考見諸經的古義，除注疏以外，都賴此書以傳。

陸氏編著《經典釋文》，採取「古今並錄，括其樞要；經注畢詳，訓義兼辯」的原則和方法。其內容首列《敍錄》一卷，綜述經學傳授源流；繼釋《周易》、《古文尚書》、《毛詩》、《周禮》、《儀禮》、《禮記》、《春秋》、《公羊》、《穀梁》、《孝經》、《論語》、《老子》、《莊子》、《爾雅》各經，共爲三十卷。後代有人批評陸氏列《老子》、《莊子》於經典，而擯棄《孟子》，似乎有背於儒家正統，未免不倫。實則北宋以前《孟子》不列於經，而《老》、《莊》兩書自西晉以來即爲士大夫所推崇。陸德明生當南朝陳季，受學風影響，把《老》、《莊》列於經典，亦是當時學術思潮的反映。

《經典釋文》原本是用朱、墨兩色分別書寫的。凡經文的切音訓義皆用墨書；注文的切音訓義則用朱書，以便於區別辨認。可是後來雕版印刷雖興，而技術未精，不能兼施兩色。故自宋刻以來，經文和注文的音訓，都已混合並列。

宋代刊刻諸經，卷末多附陸氏所撰音義。以後更將音義散入章句之下。單行刻本《經典釋文》反而甚少流通，故宋本極爲罕見。宋代國子監刊印的《經典釋文》單行刻本，後來重印時曾經兩次補版，到元代又補版一次，版片由西湖書院保存。《西湖書院重整書目》中有《經典釋文》的著錄，即可證明。清錢牧齋獲得明代文淵閣所藏宋槧一部，藏於絳雲樓，時稱海內孤本。清葉林宗曾募筆工謝行甫影寫了一部。絳雲一炬，宋刻被燬。後來，通志堂和抱經堂先後據葉林宗影寫本重刊，《經典釋文》始有刻本流傳。而葉林宗的影宋抄本不久也已散佚。刻本刊行以後，校勘者很多，發現這兩種刻本雖有去塵掃葉之功，但也有很多臆改之處。張金吾《愛日精盧藏書志》與瞿鏞《鐵琴銅劍樓書目》均據原汲古閣所藏的宋刊殘本第二十卷《春秋左氏傳音義》之六對校，發現這兩種刻本把「孋戎」之「孋」，誤改爲「驪」；「玆」誤改爲「滋」等等。上海圖書館所藏葉菊裳臨潘錫爵所傳十三家校《通志堂經解本》，十三家都不是據宋刻原本校勘。歷來學者雖然希望但從未親眼看到宋刻《經典釋文》，皆以爲久已亡佚。殊不知清代內閣還收藏有宋刻宋元遞修本《經典釋文》一部。辛亥革命後，此書流出內府，散在人間。卷一至卷六，爲北平琉璃廠藻玉堂書店收得，於一九四六年售給北平圖書館；其餘二十四卷，解放後也爲北京圖書館收藏。至此，一部分離兩地的「殘書」終得「破鏡重圓」，合成全璧，誠爲一大幸事。

此書每册的首頁與末頁有蒙文篆字官印，紙背面有「國子監崇文閣官書借讀者必須愛護損壞闕污典章者不許收受」木記。據《天祿琳瑯書目》續編卷二所載，宋淳熙三年刻之《大易粹言》識語中亦記有此木記，但「官書」，誤爲「書籍」。此外，還有「文淵閣印」、「萬曆三十三年查訖」木記，以及「天祿琳瑯」、「古稀天子之寶」等印章(以上印記全爲朱文)。可見此書曾爲元、明、清三代內府收藏過。據《文淵閣書目》著錄，《經典釋文》完全的有四部，不完全的一部，惜未注明版刻年代，由此也可知道明代文淵閣所藏的宋刻《經典釋文》，除了曾由錢牧齋收藏一部外，至少還有一部流傳下來。

宋刻《經典釋文》全書共八百六十頁，每頁十一行，每行十六、七字不等，注文雙行，行約二十三字，白口，左右雙邊，版心下記刻工姓名。字體方正嚴謹，猶是南宋初年風格。間有版框大小不一，字體較松軟者，爲後世補版。全書刻工約分三期：陳明仲、張謹、孫勉、張清、徐政、徐昇、徐杲、毛諒、陳錫、包正、徐茂等爲南宋初葉杭州地區良工，是爲第一期。石昌、金祖、丁松年、方至、朱春、龐知柔、徐珙、陳壽係南宋中葉杭州地區補版工人，爲第二期。此外又有張富、何建、余友山、沈貴等則爲元代補版工人。由此可斷定此書確是宋元兩朝遞修本。清彭元瑞等編撰《天祿琳琅書目後編》曾著錄此書爲北宋官刻本，可能是看到卷七後有宋太祖乾德三年和開寶二年校勘官聶崇義、薛居正、趙普等銜名而誤定的。

現上海古籍出版社將八百多年前幸存於今日的珍貴版本影印出版，爲學術研究提供稀見資料，這是很有意義的。

丁瑜　一九八〇年十月

圖書在版編目(CIP)數據

經典釋文/（唐）陸德明撰.—上海：上海古籍出版社，2013.12（2022.10重印）
ISBN 978-7-5325-6849-9

Ⅰ.①經… Ⅱ.①陸… Ⅲ.①古漢語—詞彙—注釋
Ⅳ.①H131.6

中國版本圖書館 CIP 數據核字(2013)第 110365 號

ISBN 978-7-5325-6849-9

經典釋文

［唐］陸德明　撰

上 海 古 籍 出 版 社　出版、發行

（上海市閔行區號景路159弄1-5號A座5F　郵政編碼 201101）

（1）網址：www.guji.com.cn

（2）E-mail：guji1@guji.com.cn

（3）易文網網址：www.ewen.co

常州市金壇古籍印刷廠有限公司

開本 890×1240　1/32　印張 56.625　插頁 8

2013年12月第1版　2022年10月第7次印刷

印數：5,251-5,850

ISBN 978-7-5325-6849-9

H·89　定價：280.00 元